政企合作（PPP）
王守清核心观点

上册

王守清　王盈盈◎著

中国电力出版社
CHINA ELECTRIC POWER PRESS

内容提要

本书分为上、中、下三册，上册为微博篇、发言/采访篇，中册和下册为论文篇，可帮助读者更好地了解和把握国内外PPP的理论精髓和实务知识，掌握PPP的流程和方案，激发读者更浓厚、更坚定地学习并实践PPP的兴趣和决心。

本书适合基础设施和公用事业投融资PPP模式的相关从业人员和研究人员阅读使用。

图书在版编目（CIP）数据

政企合作（PPP）：王守清核心观点：全3册 / 王守清，王盈盈著. —北京：中国电力出版社，2017.5（2018. 3 重印）

ISBN 978-7-5198-0715-3

Ⅰ. ①政… Ⅱ. ①王… ②王… Ⅲ. ①政府投资－合作－社会资本－研究 Ⅳ. ①F830.59 ②F014.39

中国版本图书馆 CIP 数据核字(2017)第080233号

出版发行：中国电力出版社
地　　址：北京市东城区北京站西街19号（邮政编码100005）
网　　址：http://www. cepp.sgcc.com.cn
责任编辑：李　静　1103194425@qq.com
责任校对：铸　创
装帧设计：九五互通　周　赢
责任印制：邹树群

印　刷：三河市航远印刷有限公司
版　次：2017年5月第1版
印　次：2018年3月北京第5次印刷
开　本：787毫米×1092毫米　16开本
印　张：76.5
字　数：1392千字
定　价：268.00元（全三册）

编者序

随着 PPP 在中国的发展与实践进入高潮阶段，全国各地对 PPP 的关注也水涨船高，原先在 PPP 领域长期默默耕耘的行家里手也受到了广泛关注，比如清华大学的王守清教授。想必翻开本书的读者不少都是守清老师的学生或粉丝吧？

如果您仔细浏览守清老师的微博，一定会惊讶地发现，那儿简直就是一座塞满 PPP 知识的宝库。自 2010 年 10 月开通微博以来，守清老师默默编织的 5 000 余条微博里藏着大量的 PPP 相关知识。如果您再去看看他的微信公众号，又会惊喜地发现一座更大的宝库，那里收录了他在清华大学建设管理系的 PPP 团队已发表的绝大多数相关论文，以及他参与有关重要会议和接受媒体采访所发表的主要观点。如果您还有幸听过守清老师的课，更能在课后得到他赠送的 PPP 大礼包，即一个包含其讲义和论文等所有电子资料的压缩文件包。

上面提到的各种资料合计字数已超数百万，然而其承载的知识价值绝非字数可以计量，其反映出的守清老师对 PPP 20 多年的专注，背后研究工作的坚守和艰辛，也远非字面能传达和展现出来的。守清老师把 PPP 理论知识串成一个体系，将国内外 PPP 发展历史、中国 PPP 理论框架、PPP 实施要点等知识图文并茂地展现给世人，如果不是一位恪守严谨、务实、勤勉治学态度的学者，一定无法对 PPP 信手拈来、侃侃而谈、如数家珍，更无法对中国 PPP 发展做出如此突出的重要贡献。同时，守清老师不断学习、不断进步和分享知识的言行，除了反映其本人追求自由、乐善好施的精神境界，更是身体力行地持续追求卓越和慷慨无私地传播知识的榜样。而且，守清老师积极乐观、乐于助人、真诚友善的性格时常感染着我们，以及每一位和他接触过的人。

为更好地传播和分享守清老师的 PPP 知识和成果，《项目管理评论》编辑部作为守清老师的铁打粉丝，受本职工作启发，提出充分挖掘守清老师的知识宝库，在选编

出版了《王守清 PPP 妙语日历》（图文并茂收录了 53 句隽永语录）之后，再将其中 PPP 相关内容精选归类整理，以浓缩精华的形式分享的建议，守清老师欣然应允。于是，以王守清老师牵头，编辑部王兴钊老师负责搜罗整理，弟子王盈盈负责梳理分类的“三王”编著团队于 2016 年 10 月应运而生。本人作为守清老师的众多弟子之一，有幸参与本书编著，倍感荣幸但也压力山大。为不辜负恩师信任以及读者期望，我和兴钊兄全力以赴，投入了十二分的精神在此项工作上。此外，《项目管理评论》编辑部同仁李静、田丽娜、李梦薇、于湘婉、马禹鑫也做了大量细致的工作，在此深表感谢。

本书分为上、中、下三册共三大部分，包括微博篇、发言/采访篇、论文篇，精选守清老师微博上有关 PPP 的精华语录、2014 年以来的重要媒体采访和会议发言、带领弟子发表的重要 PPP 论文以及在国际知名期刊上发表的英文 PPP 论文清单都收入囊中，可谓是一次 PPP 的盛宴，也将成为守清老师研究成果最完整的一次整理和总结，没有之一。书中尤其要隆重推荐的是微博语录中精挑细选出 14 句 PPP 箴言并制成精美的彩页，供读者久久铭记，也感谢我的好友杨苏馈赠摄影佳作。

本书上册包含微博语录、会议发言/媒体采访，其中微博语录共 8 章，包括相关概念与框架、成功要素、实操要点、风险管理、法制与监管、建造—移交(BT)、政策与实践点评和全球视角；媒体采访/会议发言共 3 章，包括公开场合发言、媒体专访报道、媒体其他采访报道。中册和下册为论文，包括 PPP 概念、立法、风险、理论及实践技术、评价、行业应用、展望及英文 PPP 论文清单。

本书所有内容都经过王守清教授逐项确定、审阅，甚至逐字修改、把关（特别是语录部分），任何时候导师都在照耀着我们，改书的态度比我们还认真，比如个别内容在修改过程中因把握不准，于是我们添加批注发给教授，请教授指点，而教授的回复往往都是“我已加上”、“我已修改”、“我已翻译”等等，让我们感动至深，也更加激励我们勤奋。

希望本书能为广大读者更好地了解和把握国内外 PPP 的理论精髓和实务知识，更系统地掌握 PPP 的实践方案等起到一定的作用，最重要的是，授人以鱼不如授人以渔，更希望本书能激发出各位读者更浓厚、更坚定地学习并实践 PPP 的兴趣和决心。

受个人能力和时间所限，本书难免有所纰漏，望读者朋友多多包涵，欢迎批评指正，欢迎交流研讨。

作者序

自 1996 年起的 20 多年以来，我一直专注于 PPP 的教研与推广这一件事情，目睹了国际上 PPP 的发展与波折，更经历了国内 PPP 的三起三落。就像很多学生说他们开始了解、喜欢并立志于从事与 PPP 相关的工作是因为受到我的影响一样，我下定决心专注于 PPP 的教研与推广也是因为我 1996—1998 年新加坡南洋理工大学的博士后导师 Robert Tiong 教授。

自 2014 年 PPP 在国内火爆以来，我过去 20 多年的教研与推广工作迅速受到关注和欢迎，我和我 PPP 团队的研究成果也在短短几年内迅速得到传播、应用、验证和修正。过去 3 年来我应邀参与了大量研讨会、论坛和培训就是一个佐证，期间有无数人与我交流并向我索要 PPP 相关资料，我从最开始的一一回复到后来索性将课件和论文等资料放在公开网站上供大家免费查阅和下载，并一直坚持以微博（新浪实名）、微信（PPPwebChat）和公众号（中国 PPP 智库）等形式继续传播。2016 年 10 月，《项目管理评论》编辑部又一次找我，再次提起要将我和我团队的 PPP 知识成果汇编成册出版的想法。想到社会上对 PPP 知识的渴望，也想到我国 PPP 应用 3 年后正进入一个更需要深入研究和完善实践的阶段，而且，学术界的知识成果（特别是 PPP 这类前沿性、综合性和应用性都非常强，需要既懂技术又懂金融、经济、管理、法律和商务运作等复合性知识的学科），更需要传播到实务界并得到应用，才更能体现其价值，是一件非常有利于 PPP 发展的事情，于是我便应允并于 10 月份起正式开始整理和编辑本书。

全书包括微博语录、会议发言/媒体采访、论文三大部分，在编辑审核的过程中，再次重温有关内容，有一种似曾相识又若如初见的感觉。知识的海洋是浩瀚的，这一次温故知新的经历是难能宝贵的。鲁迅先生说过，写作，是为了忘却的纪念。如今，我对这句话更有切身感受，写作，不仅仅是纪念，也不仅仅是传播知识和影响他人，

更能感悟、升华和激励自己。希望本书也能让广大读者更系统地了解 PPP、学习 PPP、熟悉 PPP，为进一步研究和应用 PPP 打好基础，当然也希望通过本书能在读者的心里种下一颗兴趣的种子，让它生根发芽并茁壮成长。

编辑本书的紧张时期，正值北京的冬季，清华园里寒风瑟瑟，天色阴沉，而我的内心却是激动与温暖的。不仅仅感慨于自己及团队伙伴们对 PPP 20 多年的研究所汇聚成的上百万文字，还感动于弟子王盈盈和《项目管理评论》王兴钊编辑为首的本书编辑团队的执着和辛劳付出，没有他们，就没有本书和 2016 年年底《王守清 PPP 妙语日历》的出版，更没有我系统回顾一遍过去研究经历与成果的机会。这一次的回顾，将为我和我的学生们下一步 PPP 相关的研究和应用奠定更好的基础。

借此机会，我还要感谢 PPP 各界包括我的微博、微信和公众号读者以及各培训班学员的支持和认可，感谢业界给我的“PPP 教父”称号，我自认为是一份荣誉，更是一份责任。最后，还要感谢我的家人对我平时忙碌工作的理解和关怀，感谢我所在的清华大学相关机构给我的平台和对我的各种支持。

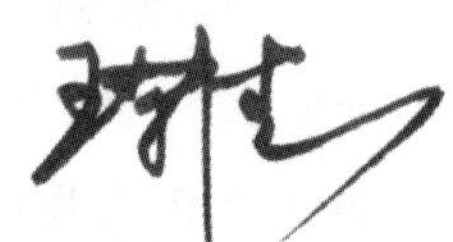

目 录

微博篇

发言/采访篇

微博篇

王守清教授的新浪实名微博（http://weibo.com/botPPP）于 2010 年 10 月开通，截至 2017 年 1 月 16 日，累计发布了 5 600 条信息，主要涉及项目融资/特许经营/公私合作（PPP，含 BT、BOT、TOT、PFI 等）和项目管理等内容，可以说是 PPP 相关的第一微博，也是从事 PPP 教学、研究和实务的宝贵信息源之一。每条微博都非常简洁（140 字以内）且及时传播或点评 PPP 相关理论、政策与实务，为相关人员提供了一个高效传播和交流最新相关信息的平台。为了更好地传播 PPP 相关知识，并及时补充王教授已出版 PPP 系列著作《特许经营项目融资（BOT、PFI 和 PPP》《特许经营项目融资（PPP）：风险分担管理》《特许经营项目融资（PPP）：资本结构选择》《特许经营项目融资（PPP）：实务 1 000 问》《欧亚基础设施建设公私合作（PPP）：案例分析》等之外的最新发展，本书特意精选摘录了王守清教授所发布的部分经典微博，从相关概念与框架、成功要素、实操要点、风险管理、法制与监管、建造—移交（BT）、政策与实践点评及全球视角八个方面进行了分类梳理并经王教授逐条订正，以期帮助读者更好地了解和把握国内外 PPP 的理论精髓和实务知识。

第1章

PPP的概念与框架

PPP概念辨析

1 我参与的《基础设施和公用事业特许经营法》（征求意见稿）中对特许经营的定义与PPP是一样的：本法所称基础设施和公用事业特许经营，是指各级人民政府依法通过竞争方式选择中华人民共和国境内外的企业法人或者其他组织，签订书面协议明确权利义务划分和风险分担机制，授权企业法人或者其他组织在一定期限和范围内投资建设经营或者经营特定基础设施和公用事业，提供公共产品或者公共服务的活动。

2 #暑期读书再悟#最广义的PPP包括“政策层面”和“项目层面”的合作，前者会在制定政策时把政府和企业一起考虑，如在交通领域，将评估各种交通模式、投资和运营的准则及争议解决方案；后者旨在将企业的资本和管理引入项目。美国的PPP多是这种最广义的，甚至定义PPP为：描述国营和私营企业之间合作经营的名称。

3 第二代PPP：现在的PPP概念比较广义，可以覆盖政府与企业的各种合作特别是长期合作，以提供（准）公共产品/服务，这是优点，但PPP名称不能体现要重视用户等精髓。因此，国际学术界提出了第二代PPP的有关名称，如PPPP（最后1个P代表People）（见图1-1）等。

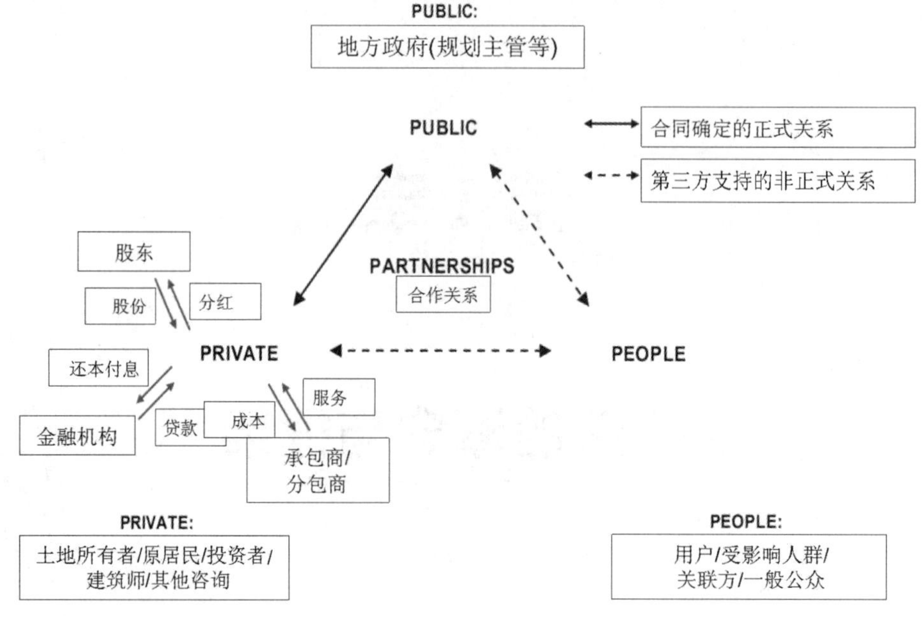

图 1-1 PPPP 框架

4 全球各个国家/机构/个人对 PPP 没有完全相同的共识，把小伙伴们全整晕了，尤其是在建筑业内，大家熟悉的是 BT 和 BOT（含 BOOT/BOO/TOT 等），以为 PPP 又是一种新东西。诚然，PPP 一词刚出来时，曾被当做是与 BOT 等并列的一种融资方式,但现在更多是将 PPP 看做是包含 BOT 等一系列形式的新公共管理模式。

5 项目融资：通过项目（期望收入/资产/合同权益等）去融资。特许经营：分商业特许经营（如麦当劳）和政府特许经营（政府授权企业提供公共/准公共产品/服务）。公私合作（PPP）：政府与私企长期合作，提供公共/准公共产品/服务；我国主要是国企主导，叫政企合作更准确（不同于国外），政府向社会购买服务/混合所有制也算。

6 PPP 的内涵涉及极广，相关概念与用词也多，除了之前提到最关键的“项目融资”（基于项目去融资，含 ABS）、“特许经营”（需要政府的授权），还有“有限追索”、“政府向社会购买服务”、“混合所有制”等。PPP 立法不能回避这些，特别是混合所有制，这是（准）公共产品 PPP 之 SPV 的典型形式。

7 补充一张最能概括体现 PPP（无论是广义 PPP 还是狭义 PPP）的框架、要素和特征的重要图形。一图胜于千言，正如亚里士多德说的“没有图形，心灵就不会思考”。

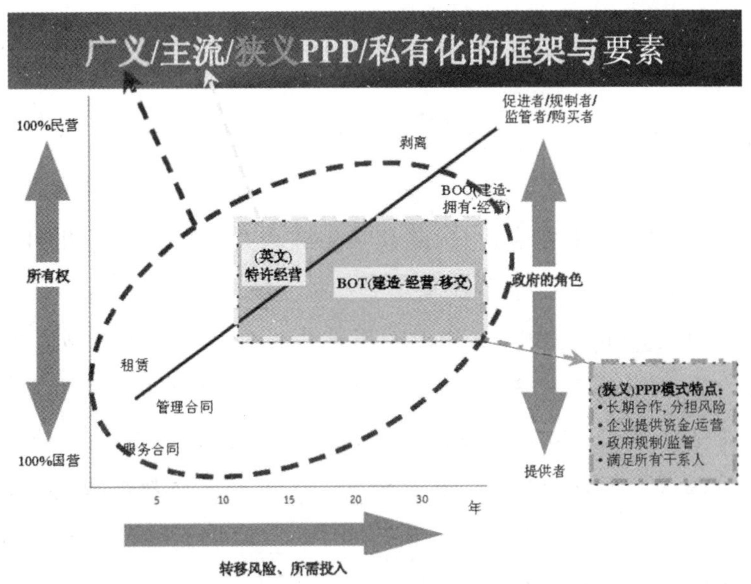

图 1-2 PPP 的框架与要素

8 大家往往把 PPP 与私有化混淆，这两种私企参与项目形式的最显著区别是：私有化涉及之前是公有资产的永久转让给私企，而 PPP 则涉及政府作为“合作伙伴”的角色与私企保持持续关系。

9 把 PPP 翻译成“政府和社会资本合作”有三个问题：①太长，不简洁；②逻辑上有点不妥，政府是机构，社会资本是钱，不同类咋合作？③给人感觉：政府想诓钱。故我 2003 年回国后一直建议翻译成“政企合作”，既简洁，也符合官方翻译欲模糊国企/民企的意图。当然，翻译成啥都行，关键是内涵。

剧本里说评论：政企合作不太明确双方的角色，政府出资，企业运营也算是政企合作，太宽泛了，而社会资本更强调社会资本出钱。

王守清回复@剧本里说：PPP 刚提出时特别强调政府也出钱/出资源/出力，与企业组成项目公司，用商业的方法加强对公共项目的控制，而非用行政的方法去干预（不守契约），因为 PPP 合同长达 10～30 年，政企所签合同是不完备的。

---

10 现在越来越多的 PPP 做法，如土地财政加拉长版 BT、政府（含代表政府的企业）回购股权/名股实债、以短期为目的的财务投资/产业基金……都是投资者和地方官员为做 PPP 绕过中央规制的所谓创新，即使不违法也不应成为主流。凡是不以

婚姻为目的的恋爱，不以长期合作、分担风险和提高效率的PPP，都是要流氓。

hayley_2015：设立一个SPV后，再加个BT，算是PPP么？

王守清回复@hayley_2015：不是，至少我国政府目前认为不是。

Pmei_470回复@王守清：中国建设报上有个关于省道项目用PPP模式的小文章，您觉得他这种方式行得通么？

王守清回复@Pmei_470：如果政府有能力支付且守信用且物有所值，可行。

Pmei_470回复@王守清：像这样操作下来，感觉和BT模式没有实质性的区别，只是从法律主体方面发生点变化，在这个过程中多了一个项目公司，多了一个项目经营期间这个概念，社会资本基本上也没额外承担更多的风险，购买价格上也没有比BT更优惠，政府的监管也没有更严格，物有所值只体现在背景下变通的融资手段。对么？

王守清回复@Pmei_470：还有个时间长短问题，如果3~5年内支付完毕，是BT。如果10年以上，而且支付与绩效关联（企业承担运营责任与风险）、提高效率/服务，才像PPP。

Pmei_470回复@王守清：嗯嗯，对。期限再拉长点就“像”了，呵呵！

11 对投资者和银行而言，PPP的两大特征是：①若投资者提供的公共产品/服务达不到要求，政府或使用者将减少甚至拒绝支付；②若投资者不能还本付息，银行将直接介入甚至接管项目。两种都对投资者和银行有不同程度风险，取决于双方之间合同及与政府的合同。若你看不懂，该听课/看书或找咨询/律师。

老鹰515：王老师，请问政府出资占项目公司注册资本的比例有没有硬性规定？谢谢。

王守清回复@老鹰515：财政部要求0~50%。

老鹰515回复@王守清：王老师，新问题又来了。项目发起单位、实施机构、主管部门、代表政府出资方等PPP项目涉及的部门有没有可能是一个部门或者机构？

王守清回复@老鹰515：有可能，但现实里极少，仔细看发/财部相关文件就知道。

项目融资和法律-Edwin：中国目前银行直接介入可能性不大，但可通过直接协议实现。当然，风险在哪个阶段出现，风险承担主体和救济措施也不同。

PPP 的每方（包括政府）均应聘请律师。这是由项目融资交易的复杂性决定的。

项目融资和法律-Edwin 回复@王守清：其实政府不需出台过多法律法规或规章，风险由主体合理分担就好了。

王守清回复@EdwinLizhiguo：是的，根据现实情况各方协商签约，律师很重要。

12 另类 PPP：①Promises（承诺），Politics（政治），Pitfalls（陷阱）；②Presentation（展示），Practice（练习），Production（成品）；③People（主体），Process（过程），Product（产品）；④当然还有约三分之二的人不知道其英文原意但常错用来表示 Public-Private Partnership（PPP）的那个 3P。

缘君缘道：PPP 模式下，政府不允许为 PPP 项目举债，但如果当地政府需要开展的项目比较多，土地财政和 PPP 项目的盈利性能不佳，当地财政支出10%或更多但却远远不足，建立 PPP 基金难度较大时，有什么破解之道吗？

王守清回复@缘君缘道：建立基金可能也难（基金也要盈利），但政府可把项目与其他资源（如土地）打包招标，加优惠政策，有些项目还可以做。

PPP 问答

从今天（2015 年 2 月 11 日）起，发些 PPP 相关的简单问题，欢迎粉丝回答，以理解 PPP 内涵。本系列绝大多数问题摘自或改编自@亚洲城市发展中心 CDIA 培训中国官员 PPP 材料（我辅讲 Module1&2 和翻译 Module2），但参考答案是我根据该材料或发展改革委/财政部相关文件和个人看法给出。每个问题的参考答案（不一定是标准答案），我会通过评论有关答复而给出；如果没有答复，说明粉丝答复基本正确。注意：答案本身不重要——有些甚至没有标准答案，更重要的是理由，故请给出理由。

1 #PPP 问答#1：某地政府欲升级改造其辖区内排水系统，但缺乏资金，故发起招标，一家私营公司中标，负责出资改建和运营。这是 PPP 么？为什么？

渭滨好mao：符合PPP，公共设施，公私合作，特许建设和长期运营，政府采购服务，BOT也是PPP的一种模式。

成成vince：@王守清 应该不属于PPP项目，PPP项目强调公私合营，按题目的模式，应该理解为BOT吧。

王守清回复@成成vince：BOT是PPP的一种，即使按财政部狭义PPP概念，BOT也算PPP，因为BOT也常设项目公司且政府占股份。

als909：应该不是PPP，PPP政府和私人应成立项目公司，共同投资，共同运营，请王老师点评。

王守清回复@als909：属于广义PPP（国际上多采用广义定义），因为企业获政府授权，承担了投资和运营责任。你说的是财政部说的狭义PPP。

少见V：上周末刚听了老师的课，尝试回答下。首先看标底，政府是想升级改造，并非转让排水系统，所以更可能是特许经营。由于企业完全出资，则属于广义上的PPP，私企负责提供排水量，政府把控排水质量及环境影响，由政府和使用者付费。

2 #PPP问答#2：某地方政府需要流动资金，因此考虑将当地公交网络卖给私营投资者，并授其永久运营权。这是不是PPP？为什么？

王亮-国际工程：以上我认为还是属于PPP项目的，只不过不同于典型的PPP项目进行公私合资，这个做法政府的收益是短期变卖公司所有权，长期收取运营费，优势是迅速得到资金。风险是政策的不确定性，一旦私营投资者不再具有“永久运营权”，资产处理是个大问题。愚见，请王老师多指点。

comeonsing：我认为不是PPP，因为政府失去了对项目的控制权，成了纯私人项目，而且PPP项目应该是从前期社会资本就开始参与的，不是到了运营期才接手。

王亮-国际工程回复@comeonsing：关于项目控制权的不同看法，公共事业项目在这里我认为体现的是政府放弃的是从企业管理角度的控制权，保留的是以法律法规为依据的控制权和监管权。政府并没有完全退出。

comeonsing回复@王亮-国际工程：如果私营投资者在运营期间做出了损害公共利益的行为，那么永久运营权应该继续存在还是被政府收回呢？如果收回，是政府直接取消还是再花一笔钱回购呢？这些在问题里都没有提及，也不好推理政府一定对项目有控制权。

王亮-国际工程回复@comeonsing：我查了一下，国内在 2008 年十堰市市公交集团公司发生第四次停运事件有过实际的案例，政府通过法律法规收回运营权进行整改，所以我认为这个题的关键还是我论点里说的权责利分配的问题，还有合同法规定 52 条无效合同（5）违反法律、行政法规的强制性规定。这些都是政府给企业下的套。

王亮-国际工程回复@王守清：私有化的“永久”我认为是建立在物权的基础上的，这里的“永久”特指运营权，适合理解为无固定期，依旧受政府的监管，可根据情况收回，不得违背法律法规，否则这个“永久运营权”的合同就无效，以上，认为此处是同字不同义。

王守清回复@王亮-国际工程：因为“永久”，这是私有化，按主流观点，已不是 PPP。

王亮-国际工程：理解上应同劳动合同中的“无固定期合同”概念，“永久”是一个迷惑点，结合国情，也存在会被某项法律法规指导意见否定掉的可能。从权责利看，从权的角度，物权归公司，运营权实际控制还是政府；从责的角度，公司提供服务，政府依法监督；从利的角度，政府出售资产换资金，公司购买资产换运营。

王亮-国际工程：国家建设部第 2004 年 126 号令《市政公用事业特许经营管理办法》第十八条规定：“获得特许经营权的企业在特许经营期间，擅自停业、歇业，严重影响社会公共利益和安全的，主管部门应当依法终止特许经营协议，取消其特许经营权，并可实施临时接管。”综上，永久运营权的概念并不是脱离了监管。

王亮-国际工程：国发 2012（64 号）写出推进公共交通投融资体制改革，进一步发挥市场机制的作用。支持公共交通企业利用优质存量资产，通过特许经营、战略投资、信托投资、股权融资等多种形式，吸引和鼓励社会资金参与公共交通基础设施建设和运营，证明这个案例必须采取特许经营的模式进行。

王亮-国际工程：我理解一个典型 PPP 项目应是基于组建项目公司，明确双方责权利的基础。这个项目我理解当地公交网络应该是地方公交集团公司，企业性质是国有独资，属于国有产权转让，如果所有权全部转让，那么公交网络的人力、资产和原有业务全部由私营公司负责。我认为关于永久运营权是这里最有意思的一个陷阱。

3 #PPP 问答#3：某地市政部门决定发包一份供水设施维护合同，以提高运营效率，希望招标该行业内的知名私营公司，但私营公司所获报酬与供水设施绩效表现无关。这是 PPP 么？为什么？

流口水的 YYY：关于付费机制、合同履行环节的监督管理与认定是否 PPP 关系应该不大吧？

王守清回复@流口水的 YYY：按亚开行观点，如果不能实现政府转移风险给企业（如本问中企业没有承担运营风险等），则不算 PPP，至少不算合规的 PPP。

熊伟_同济：应该算 PPP，加州管理评论有一篇 PPP 的文献综述，有提到 operation & maintenance 模式算 PPP。是社会资本参与度最小的一种 PPP。

4 #PPP 问答#4：与私营合作伙伴就城市隧道基础设施的建设和维护达成协议，资金由地方政府和私营合作伙伴者共同提供。这是 PPP 么？为什么？（重申：所有问题都不一定有标准答案，取决于不同国家/机构对 PPP 的不同定义和准则，故理由更重要，我对某些答案的评论是基于我或我所提到机构的观点。）

云无期：私营企业的资金回报怎么处理？这个很像有些城市的 BT 模式的操作方法。

王守清回复@云无期：BT 中，企业没有参与长期维护，顶多有个保修期（一般 1 年）。资金回报取决于合同和市场（政府一般不会担保最低或固定回报）。

云无期回复@王守清：技术上隧道可以采用政府按照车流量付费的形式，同时长期的维护又保证了对于私营企业的长期风险激励，那就应该属于 PPP。

王守清回复@云无期：如果企业参与长期维护，再根据车流量和绩效付费，的确算 PPP。

henryg：如果明确了收费机制，政府单独承担建设和维护情况下的部分风险改由私营合作伙伴分担，有明确的授权经营期限，成立了 SPV 作为项目实施载体，那就算是 PPP 了。否则，将是不成功的 PPP。

5 #PPP 问答#5：在你所在的城镇，一家由公共部门和私营部门组成的联营体建设了一条环路。项目资金 80%来自公共部门，20%来自私营部门。尽管地方政府承担了风险，但是管理和运营的职责完全落在私营方。这是 PPP 么？为什么？

胡药师的救赎：政府有“持股”，私营有“运营”，应该算吧？

王守清回复@胡药师的救赎：可以算但不是好的PPP，因为没有转移风险给企业，按亚开行观点，不算。

胡药师的救赎回复@王守清：请教王老师，这种情况要补充什么条款？

王守清回复@胡药师的救赎：回报与绩效/服务/质量等关联。

henryg：不算PPP。来自公共部门的项目资金比例不应超过50%。管理和运营的职责也应由公共部门和私营部门联合成立的SPV来承担，不应完全落在私营方。

王守清回复@henryg：你的结论对，但依据是财政部对项目公司组成的要求。其实，还有一个依据是没有实现风险转移，不是好的PPP。

6 #PPP问答#6：在一条公路的PPP合同中，投资者要负责公路维护，若未按合同维护，将受处罚；同时，合同要求投资者在政府发出整改通知的一个月内应采取纠正措施。假设你是政府的监管人员，发现两个月前已通知投资者清理公路上的涂鸦，但一个月过了仍未清理掉。你会按合同处罚投资者么？为什么？

henryg：会的，按合同办事，没有问题。

王守清回复@henryg：按合同办正确。除了合同，还应考虑具体情况和原因再做决策，尽量维持长期的友好政企合作关系（partnership），而不是什么都斤斤计较（类似于婚姻）。

7 #PPP问答#7：某PPP污水处理厂位于城郊，政府要求投资者在其入口处种植树木，以美观环境。这些工作的成本虽不高但不包括在PPP协议里。假设你是污水处理厂的经理，你会按照政府的要求做吗？你会为此索价多少？为什么？

henryg：我觉得这件事与PPP无关。就算是一个造家具的私营企业，政府也完全有可能按照城市管理的需要，提出有关要求，此时企业可以去做，可以索价或不索价，也可以不去做，但都与PPP协议的履行无关。

turen111：我会的。在政府强势介入的时候，投资人需适当地为政府的行为埋单。王老师，不知道政治行为如何量化到 PPP 合同中？

心安即是归处 73：问题 7：我会按照要求种树苗，但树苗的所有权是属于我的，树苗成材后通过变卖获得收益。

8 #PPP 问答#8：请尽可能罗列出一个 PPP 地铁项目的干系人（stakeholders）？并给出理由。

-als909：坐地铁的用户是不是干系人？对于一个项目来说用户估计是最重要的干系人吧？

王守清回复@als909：是的。所以 PPP 如果没有机制（如公众参与决策和监管机制）保护公众利益，难说成功（即使政府有政绩、投资者有回报）。

9 #PPP 问答#9：将供水局改造成国有企业，改造后，它将从银行借贷，并基于商业利益提供服务。这是 PPP 么？为什么？

henryg：请教王老师：国企既可能是本地政府管理的，也可能是央企，甚至是由外地政府控制的国企。我的问题是：如果是本地政府管理的国企，按照 PPP 的规则与政府签订合同，投入公共服务设施的投资与运营，叫不叫 PPP？

王守清回复@henryg：按财政部的 PPP 相关文件和国际主流观点，不算；按发展改革委过去的 PPP 相关文件和国际非主流观点，算。

henryg 回复@王守清：谢谢！这个概念终于搞清楚了。

henryg：不是 PPP，原因是政府没有与之签订合同，明确有关风险、收益事宜。尽管供水局是国企，但我认为只要按规范的 PPP 来操作，也可以是 PPP。不知对否，请王老师指正。

王守清回复@henryg：结论对但理由可商榷，查看我的其他评论。

comeonsing：我觉得要看该供水企业的资本属性，如果改造成地方政府下的国有企业，按 PPP 合同的概念仍属于政府主体一方，则不是 PPP 项目；如果改造成被其他央企收购控股的国有企业，就属于社会资本一方，再跟地方政府签署项目合同，则是 PPP 项目。

皇家云海茫茫：不是，这只是企业经营行为，未能提高运营效率。

王守清回复@皇家云海茫茫：结论对但理由不是最好的。

10 #PPP 问答#10：使用公共资金进行投资，并就供水服务的管理与私营合作方达成协议。这是 PPP 么？为什么？

henryg：我觉得这应该是 PPP。准确地说，是供水服务方面的 PPP。供水服务本身也需要投入，假如是由私营合作方投入，政府与私营方为此达成协议，明确有关的收益、风险事宜，并且有明确的合同期限，是在供水服务方面应用了 PPP 模式。但假如供水服务的投入是由公共资金投资的，那就不是 PPP 了。不知对否。

11 #PPP 问答#11：把供水局改造成公私共有的企业（股东是当地政府和公开招标选出的私营合作方）。改造后，它将从银行借贷，并基于商业利益提供服务。这是 PPP 么？为什么？

henryg：不能说是 PPP。如果当地政府在该企业中不控股，而且基于与政府的合同提供供水方面的服务，那应该是 PPP。如果企业是当地政府控股的，或者没有合同，企业纯粹根据商业利益来经营，那就不是 PPP。

王守清回复@henryg：算 PPP，参看我对其他人的评论。政府在项目公司中控股与否不是界定 PPP 的标准。

云无期：更像某种私有化，如果纯根据商业利益运营，没有体现服务的公共属性，不能看作 PPP。

王守清回复@云无期：算 PPP，因为是公私共有（符合财政部要求），且私营承担了运营及其财务风险（符合 PPP 转移风险给私营的目的），当然，政府会控制价格（通过政企合同及政府在公私共有公司的控制权等），可体现公共属性。

12 #PPP 问答#12：与私营合作方达成关于所需基础设施的建设和供水服务的管理的一份协议。资金由当地政府和私营合作方共同提供。这是 PPP 么？为什么？

项目管理杜中：不能做到有限追索责任？

王守清回复@项目管理杜中：这是典型的 PPP，参见我对其他人的评论。是否实现有限追索不是判断是否 PPP 的主要标准，国际上 PPP 多数能实现有限追索，国内多数不能。

henryg：不是PPP。既然是共同提供资金，则政府应与私营合作方成立SPV。在共同提供资金的情况下，政府与私营合作方达成的协议，不算是最终的PPP协议。最终的PPP协议应是政府与SPV之间的协议。请指正。

王守清回复@henryg：肯定是有协议的。这是典型的PPP，参见我对其他人的评论。

子非鱼焉之鱼之乐0：@王守清：我个人认为不是PPP模式！政府和私营方共同出资，没有转移风险给企业！

王守清回复@子非鱼焉之鱼之乐0：这是典型的PPP，即使政府出了部分资金，私营合作方仍然承担着一些财务风险和运营风险，尤其对公益和准经营性项目，政府必须出资（可以是股份、贷款、补贴、资源等）。其实，财政部就鼓励政府在项目公司中占股份。

13 #PPP问答#13：市政府的一个项目需要资金，但是市政府想在建设和运营阶段直接管理项目。该项目适合采用PPP么？为什么？

henryg：不适合采用PPP。这样的项目一定是政府投入占大头的。否则，社会资本不会放心将管理权交给政府，除非政府给出过于优厚的条件，而这样一来，融资成本显然太高。

王守清回复@henryg：结论对，但理由不那么足够，还可加上其他理由：这种做法只是纯引进社会资本，但没有发挥参与经营的优势，转移给企业的风险也不多。

蜗牛123_85911：可以采用PPP，企业作为社会资本方投入占股分红，政府来管理项目。请王老师指正。

王守清回复@蜗牛123_85911：这样没有发挥企业的能动性与创造性，不一定能提高效率，企业也没有承担建设和运营阶段的风险，还拱手把利润让给企业，对政府而言不值得，还不如政府自己去借钱。

蜗牛123_85911回复@王守清：但是政府没有钱啊，以此种方式引进社会资本，解决没有项目资金的问题，而企业风险小，企业更愿意投入，政府在项目建成后，可以逐步回购股权，不知可否？

王守清回复@蜗牛123_85911：政府有钱回购当然可以，在效率和有没有项目之间妥协一下。

云无期回复@王守清：回购股权，算 BT 的一种操作方式了。

王守清回复@云无期：但拉长时间长些如 10 年或更长，期间企业参与运营并承担风险，就是 PPP。

14 #PPP 问答#14：即使有专业顾问（咨询）的帮助，市政府还是无法做出高质量项目。该项目适合采用 PPP 么？为什么？

henryg：有一个问题请王老师指导：政府现有的投融资平台，在推广运用 PPP 中可以发挥什么样的作用，或者说，在推进 PPP 工作中的角色？

王守清回复@henryg：可以做“公”，代表本地政府与社会资本方成立项目公司，做股东；也可以做“私”，与非本地政府签约做 PPP。

henryg 回复@王守清：谢谢王老师！还是关于政府投融资平台的问题。投融资平台可以做“公”，代表本地政府与社会资本方成立项目公司。问题是：1.政府需要与社会资本方成立项目公司时，是否必须找一个企业作为代表。2.做“私”，与非本地政府签约做 PPP 的动机应该是什么。

王守清回复@henryg：答 1：不一定，政府也可以直接出资，也可以找国企代表，财政部没有明说。答 2：得生存啊，因为城投也是企业，也是法人（现在上海很多国企都在走出上海去投资）。

henryg：王老师说得对。是要用 PPP 倒逼政府提高自身能力，特别是与社会力量合作方面的能力。这么说，正确答案应该是适合采用 PPP。但问题是：如何避免 PPP 失败？

王守清回复@henryg：正是因为政府做不好，所以要用 PPP 引入并发挥社会力量的能动性与创造性……

henryg：不适合采用 PPP。因为政府的能力是 PPP 能否成功的前提条件。政府的能力包括许多方面，其中的一个方面是能否充分发挥专业顾问的作用。同时，还有一些方面是专业顾问的作用所无法覆盖的。在这个例子中，要么是政府缺乏运用顾问的能力，要么是存在一些专业顾问难以替代的事。

15 #PPP 问答#15：市政府的一个项目需要资金，但是所有潜在投资者控制风险的能力都不如政府。该项目适合采用 PPP 么？为什么？

项目管理杜中：地铁项目干系人应该包括本地其他交通系统吧，如果其他交通系统参与竞争，这个风险谁承担，政府还是企业？

王守清回复@项目管理杜中：同类项目竞争风险一般由政府主要承担，不同类的一般分担。

项目管理杜中：私人投资者控制风险能力都不如政府，但私人企业承担某些风险的成本却可以比政府低，这样就可以提高效益和收益。

项目管理杜中：春节回来，发现PPP问答已经15个问答了。花一上午时间看完，收获很多。很多问题的答案是需要自己补充假设条件的。

henryg：适合采用PPP。潜在投资者与政府相比，在控制风险方面不具有绝对优势，但可能具有相对优势。政府应通过PPP吸引社会力量进入，一方面培育合格的社会投资者，另一方面，把政府的精力集中到更急需、重要的事情上去。

16 #PPP问答#16：投资者不愿意承担重要的风险，要求政府给予更多的担保。该项目适合采用PPP么？为什么？

我心依旧777777：不可控风险较大的项目不适合做PPP。

王守清回复我心依旧777777：是的，要做也要分担风险。

项目管理杜中：PPP项目中企业必须承担风险吧。什么是重要风险？

王守清回复@项目管理杜中：风险很多，我书中有详细清单。

17 #PPP问答#17：市政府新一届领导人可能反对采用PPP开发项目。该项目适合采用PPP么？为什么？

梦想行动派派俏：老师，您怎么看PPP和影响力投资的关系？

王守清回复@梦想行动派派俏：二者有关系，都涉及环境、住房、健康和教育项目等，但PPP更强调这些公共产品/服务，需政府授权，风险分担，提高效率，这些公益项目多由政府支付或补贴，而影响力投资多涉及与这些项目相关的企业，不一定需政府授权，也非政府支付或补贴，偏商业性但强调影响力，解决底层穷人问题。

梦想行动派派俏回复@王守清：谢谢老师解答。可以用一体两面来形容吗？但是两者的区别还是很大的吧，在具体的理论、方法、工具上面其实都不一样。您觉得目前国内的趋势还是PPP为主吗？

王守清回复@梦想行动派派俏：我没有专门研究影响力投资，不知细节。国内应该还是PPP热吧，毕竟是针对（准）公共产品项目，且中央力推；而社会影响力针对有财务收益和环境及社会收益的企业（而非直接针对完全偏公益的项目），在国内企业目前境界没那么高，还是追求财务收益为主，另两方面不违法就算好了。

项目管理杜中：不适合，关键干系人不支持。PPP不是一个政府部门能摆平的，需要班子协调。最好一把手支持，因为副手之间还存在分工制约及其复杂关系。

王守清回复@项目管理杜中：结论对，但除了你说的理由，更重要的理由是政府对长期PPP合同的支持和遵守。

18 #PPP问答#18：地方政府资金有限（如有300万），但却面临巨额的投资需求（如3个项目需要900万）。在这种情形中，PPP有用吗？为什么？

henryg：有用。理由：在不采用PPP的情况下，所有的投入，不管未来是否能够从项目中收回，都需要由政府筹措。在采用PPP的情况下，需要政府筹措的资金大大减少，政府所需要投入的，可能只有成立SPV时的资本金，以及可能需要的财政补贴。

19 #PPP问答#19：地方政府因为公共财政赤字没有负债能力。在这种情形中，PPP有用吗？为什么？

henryg：PPP有用。正因为政府没有负债能力，才要推广运用PPP，由项目实施主体去举借债务。当然，在采用PPP的情况下，可能需要财政补贴，也可能发生或有负债，这里也存在一个财政承受能力问题。

20 #PPP问答#20：地方政府认为目前的政府采购法律程序无法帮助政府有效地选出好的竞标方。在这种情形中，PPP有用吗？为什么？

henryg：有用。虽然目前法律不完备，但只要地方政府勇于创新，应该可以设计出相关机制，弥补现行法律程序的不足，实现有效、适度的竞争，促进物有所值。

王守清回复@henryg：不妥，因为下位法要服从上位法，如果规章违反采购法，没办法做。

21 #PPP问答#21：地方政府面临一项复杂的隧道项目，且专业技能有限，市政府担心该项目的成本会严重超标。在这种情形中，PPP有用吗？为什么？

流口水的YYY：有后期运营吗？还是纯粹建设？如果纯粹建设，缺资金缺技术，PPP也没有意义吧。真要做，城投直接向银行融资找个牛点的设计机构及建设机构，再不行EPC。如果建设带运营，是用PPP的好机会啊，用运营期的可行性补助或补贴撬动，减少短期债务压力，另外，引进具备专业技能的运营商负责建设和后期运营。

henryg：有用。理由：推广PPP模式的本意，正是利用社会力量在效率方面的优势。如果选择合适的合作方，有可能比政府更有效地控制成本。

布衣生涯回复@流口水的YYY：中国特色，眼看亏损厉害，企业马上公关，改合同，否则撂挑子，留下一地鸡毛。

22 #PPP问答#22（连载完）：单单依靠公共资源，地方政府无法解决城市贫困地区的供水服务短缺问题。在这种情形中，PPP有用吗？为什么？

王守清：有用，引进社会资本，提前建设，提前供水，使用者付费加政府已经在特许期内平滑的补贴。

从理论/学术视角看PPP

1 公共经济学将社会产品分为公共和私人产品两大类。一个人在消费纯公共产品时，不会降低他人对该产品消费的降低；公共产品的特点是消费的非竞争性和受益的非排他性，即消费者的消费不会增加成本或影响他人利益。私人产品是可由个别消费者独自享用，具有敌对性、排他性和可分性。

项目融资和法律-Edwin：当公共产品不能满足需求时，价格杠杆起作用，或在这时要建新公共产品时，竞争仍会出现。

2 公共产品可以分为纯公共产品和准公共产品。对于全社会共同消费的产品，消费过程中同时具有非竞争性和非排他性，就是纯公共产品。而对于准公共产品，通常只具备非竞争性和非排他性两个特性中的一个，而另一个特性一般表现不充分。见图 1-3。

	竞争性	非竞争性
排他性	纯私人物品 Private提供 衣服 私人汽车 拥挤的收费公路	可PPP提供 俱乐部物品 有线电视 图书馆 不拥挤的收费公路
非排他性	公共资源 可PPP提供 公共环境 海洋中的鱼 拥挤的不收费公路	Public提供 纯公共物品 国防 知识 不拥挤的不收费公路

图 1-3　各类物品的典型供应方式

笨笨无言：王老师，还有一类是夹在它们中间的，是准公共产品，准公共产品用 PPP 感觉最适合，老师，您觉得对吗？

王守清回复@笨笨无言：是的，后续会再发。

3 影响 PPP 项目交易成本的因素：所在国和行业，项目类型/细节/复杂度/合同结构，招标时间，投标者数等，在特定国家，可概括为 4 个主要因素：项目信息（功能/产出要求等）、项目规模（投资额）、项目复杂度（设计/建设/运营的复杂性，涉及技术/法律/政治/经济等）、投标者数。

4 交易成本一般分为前端成本和后端成本两类，对各种项目交付模式（含 DBB/DB/EPC/PPP 等）而言，就是签约前交易成本和签约后交易成本。前者包括定义、招标、谈判、签约等活动的成本，后者包括监管和履约等活动的成本。PPP 项目因参与者多/时间长/风险大等，交易成本更高。

5 Chang 于 2013 年建议：应重新考察 PPP 治理的本质，有关交易成本、收益权和产权等方面的研究都可能为理解 PPP 治理提供重要的理论视角。研究 PPP 的，特别是有这些背景知识的研究生们，努力吧！

6 我国做 PPP 的前期流程简单，工作粗放，时间短，交易成本低，但签约后特许期内可能麻烦不断，总成本高；西方则前期流程严谨，工作细致，时间偏长，交易成本高（见图 1-4，甚至高达总投资的 10%），但签约后麻烦少（严格执行合同），可能总成本并不高。对我国而言，找个平衡点很重要。

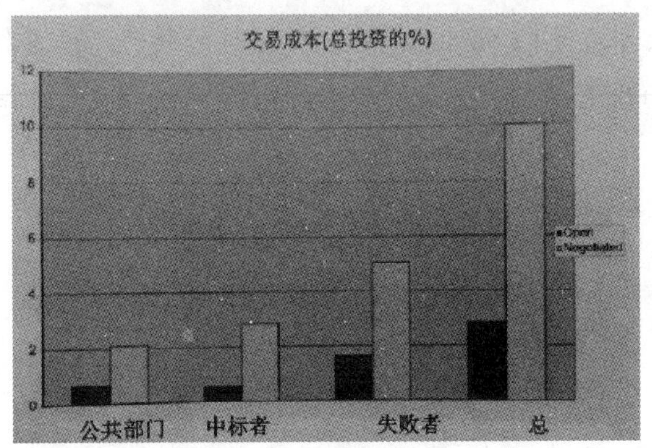

图 1-4　PPP 交易成本

数据来源：A.S. Solino and P.G. Santos

@琳煜 2015：王老师，我想咨询您个问题，我们是一家国有开发公司，现在我们有个项目已经立项，现在想找家企业合作开发，请问能采取 PPP 模式吗？

王守清回复@琳煜 2015：可以啊。

@琳煜 2015 回复@王守清：该项目是商业住宅开发。

王守清回复@琳煜 2015：不需要政府授权的，不是 PPP，但可以借鉴 PPP 的思路（你们相当于第一个 P）。

文成公子_thu：我国也不能一概而论，就我个人之前做项目的体会，比如沿海江浙地区与东北地区完全不同，差距跟中外差不多。我最近做大样本 PPP 案例研究的过程中，深刻体会到中国 PPP 应用具有鲜明的阶段性和地区分异特征。

老鹰 515：王老师，我目前在地方上做 PPP 工作，从目前各县区各行业主管部门报上来的情况看都是抱着“有没有枣，先打杆子再说”的心态。请问您：“前期成本”指的是什么？

王守清回复@老鹰 515：全国各地的 PPP 项目都是这么出来的，多数连可行性研究都没有，更不用说物有所值 VfM 和财政承受力论证了。几乎没有前期成本，但力推 PPP 一年多“雷声大雨点小”是必然的，中央与地方想法差距巨大……

老鹰 515 回复@王守清：地方上热情似火、胡子眉毛一把抓，想法不言而喻。最后难免沦为第二个在海中求生的人。

阿德 JH:很多国有企业签合同的环节很粗略,但合同执行中就有很多问题。外资公司或外国企业谈合同时很计较，合同文本也比较复杂，但真正执行过程中事情倒少了。

项目管理讲师刘贵明：政府债台高筑，以往靠卖地还债的路子行不通了，于是使出了 PPP 大招，只是以眼前的政府诚信，堪忧啊。

7 据 Cheung&Chan（2011）的研究，因 PPP 项目对前期工作要求高和招投标与谈判过程复杂冗长，交易成本是政府投资模式交易成本的 6 倍，这也是我国特别是有钱地方政府不愿采用 PPP 的原因之一，或即使采用 PPP，因不愿意花钱，前期和招投标工作做得简单，从长远而言对 PPP 也极不利，留下隐患。

8 特许经营协议属于行政合同了，在地方政府信用透支时，企业特别是外商/民企更不会干 PPP 了，若是央企/国企干，啥性质合同都行，行政合同可能更好。中央若真想推 PPP，还是特许经营法立法时我们建议的一分为二较好。现在只能摸索“中国特色 PPP”了，结果不用猜，就是拉长版 BT 或名股实债为主导的 PPP。

@鹏鹏 in2012：请教一下：原来设计的一分为二具体是怎样的做法？

王守清回复@鹏鹏 in2012：简单说，就是政府和企业之间的 PPP 协议为民事合同，实施项目过程中需要的政府审批为行政合同。

9 就 PPP 模式而言，值得研究的问题更多，这几年的微博里已发了一些相关问题，图 1-5 是 PPP 的学术问题分类。

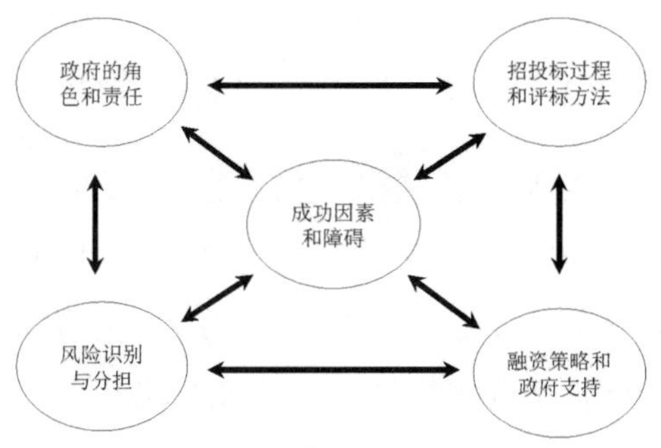

图 1-5 PPP 的学术问题分类

10 从学科看，研究 PPP 的人主要在工程、公管、金融、法律等领域，都有宏观、中观、微观的视角但各有侧重，还有所有行业与不同行业的区别，一个趋势是学科、层级、行业等交叉的研究越来越多。

11 我的研究小组一直努力在投融资体制改革之 PPP 方面做一点教研和推广工作：从企业角度，如何跟政府谈判、签约与实施；从政府角度，如何建立制度、法制、监管、保证各干系人利益……

12 发达国家已经证明，我国也正在证明：（准）公共产品/服务的管理模式主要是两个维度的发展，形成所谓的"新公共管理"：①发展至功能性民营化（在我国更准确地说是企业化），主要是外包任务；②发展至实质性企业化，主要是改变提供过程和管理主体（见图 1-6），所以 PPP（政企合作）是必然趋势，不管你信不信，反正现实已经信了。

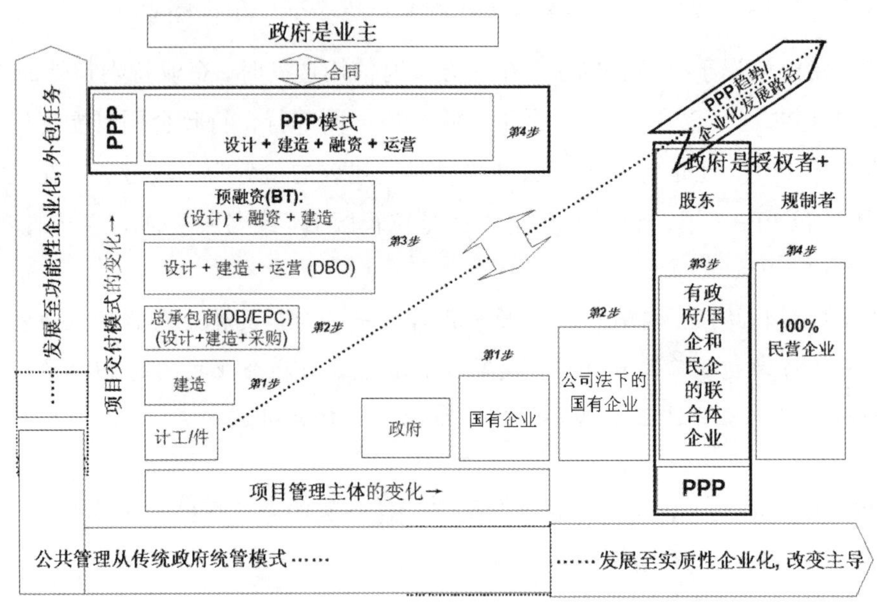

图 1-6 PPP 的趋势与民营化发展路径

13 #暑期读书再悟#PPP 涉工程/经济/金融/会计/公管等，但无一学科能抓住 PPP 的所有本质：工程强调技术/PM/合同/利率等；金融把 PPP 看作一种结构化融资；会计关注政府是否把资产列入负债表；公管把 PPP 视作企业化/私有化的一个环节。应整合这些视角，并分析不确定性和激励机制，这是全球早期研究 PPP 多从风险管理入手的原因。

14 又因为 PPP 应用越来越广、越来越多人关注 PPP，而 PPP 涉及面极广，任何单独一学科无法涵盖其本质，国际上已有大学开设 PPP 学位（如西班牙和日本），不知在我国开设 PPP 学位是否能获教育部大学批准？若不能获准，则可在 MPA、MBA、MEM 或 MEng（PM）下开设 PPP 方向？但不知是否有市场？你觉得呢？清华拟先在 MPA 和 MEM 下开设。

15 #暑期读书再悟#PPP 的基础之一是项目融资（通过项目去融资），核心是追求最大的物有所值/资金使用价值，即满足用户要求的全寿命期成本、质量与适用性的最优组合，在竞争的环境中授予项目，严格应用经济评估和风险评估方法，在政企之间合理分担风险，同时比较政府融资与 PPP 的成本，实现物有所值。

16 因为项目融资（Project Financing，基于项目去融资）和特许经营/PPP（公私合作或政企合作/政府向社会购买服务）的日趋流行（有一说：2014 年是我国 PPP 的元年），因此，“如果没有学过项目融资，你的投融资知识是有缺陷的；如果没有掌握 PPP，你就会失去很多机会”。各位努力吧！

17 知识（含 PPP 知识），只有市场化，才能体现其力量和价值。就知识的价值而言，外企、民企、国企、培训机构、多边机构、NGO、高校、政府……的估价依次衰减。

18 目前阶段举办 PPP 培训班，至少应有 4 方面的内容：学术界结合大小案例讲概念、框架、原则和实操要点等；法律界解读相关法规政策、法律冲突与对策及合同要点等；金融界讲融资渠道、融资产品、融资条件和融资安排优化等；企业/咨询界讲解实际案例策划、实操要点与经验教训等。之后，可再根据侧重选择更专业的专题培训。

PPP 的核心内涵与要点

1 就具体项目实施而言，涉及项目管理的各个方面（如范围/时间/费用/质量/人力资源/沟通/采购/风险/干系人/整合管理+战略/合同管理）、各阶段和各过程的管理，之前微博也已发很多，市面上也有很多书籍（如《项目管理：基于团队的方法》），项目管理学位教育也很火，特别是在职项目管理工程硕士。

2 Public-Private Partnership（PPP，政企合作/伙伴关系），关键不在 Public，也不在 Private，

而在于 Partnership！各方都理解这一点并为此努力，PPP 才可能真正做好（光靠特许权协议等合同是不够的，因为特许权长，世事难料，合同也不可能完备）。

3 PPP 最关键的是政企合作与互补（如政府擅长的政府做、不擅长的交给企业做），但终极目的是促进经济发展、提高生活水平，最主要干系人是百姓（People），故必须有机制（如法规、过程/财务透明、公众参与决策/监管等）保证 VfM（物有所值）和百姓利益，而不仅仅是涉事政府和企业的事。

杜继锋律师评论：PPP 是一个大概念，BOT、BT 都纳入其中。具体建设投资模式，还得靠合同架构具体描述并产生法律约束力。

王守清回复杜继锋律师：是的。我在校内外讲 PPP 终极是为你们律师推广业务啊，因为我都强调：若是法制社会，合同最重要，要认真谈判和签约，不懂就请懂行律师；若非法制社会，合同也要认真签，至少有个说事的依据。

问道青年孙春雷评论：PPP 实则是界定政府与市场边界的一种方式，可以理解为混合经济的效率高于单一经济（无论是计划经济还是无政府的市场经济）的效率，本人理解还是市场逻辑对政府与市场的支配。

王守清回复问道青年孙春雷：是的，全球研究 PPP 的主要有 4 类人（角度不同，目的一致）：经济/金融、法律/合同、公管、工程/项目。

4 有限追索：项目公司基于项目的期望收益、项目资产和合同权益获得贷款，如果项目公司股东母公司在项目公司中不是绝对控股（即占股<50%），则放贷者/债权人对母公司及其其他资产的追索一般是有限度的（当然还取决于有关合同，有时相对控股也可能要财务并表，也会形成有限甚至完全追索和连带责任）。而企业融资则是基于企业的资产、信用和担保等获得贷款，放贷者对企业的追索一般是完全的。

5 或取或付/照付不议（Take or Pay）：用户（在 PPP 项目中，一般是政府或其授权国营机构）承诺购买一定数量产品，不取走也支付相应费用；取后付费（Take and Pay）：用户取走产品后才支付相应费用。

6 浮动担保条款（直接介入权）：借款人以整个项目资产作浮动担保物，含设备/建筑物/土地或使用权/应收款/原材料/合同权益等，如借款人不能还贷，放贷人可接管或变卖或委托他人接管，在 BOT/PPP 项目中，甚至可要求政府赎回。

7 消极担保条款：项目公司保证在还贷之前，不得在自己的资产或收入上设立具有优先受偿的担保权，如不得再举借新债。

8 财务监管约定事项条款：如规定项目公司定期报告财务状况、遵守资产测定标准、禁止合并、限制处分资产等，以监查和指导项目公司的财务活动，以相应预警。

9 由于“财务监管约定”要求，以及项目所在地政府和项目主办人的监管要求，国际 BOT/PPP 项目一般需要设立在第三国（非项目所在国，非主办人所在国）的岸外寄托账号（Offshore Escrow Account），实现财务透明。

10 Bankruptcy Test（破产测试）：合同谈好、在正式签署前要进行的测试，如出现政治风险、法律变更等重大风险时，项目公司会不会破产？当然，这之前还要做敏感度分析（注：破产测试包括定性和定量分析，敏感度分析则主要是定量财务分析）。

11 问：什么是 PPP 项目的非核心服务（non-core service）？我答：除了核心服务，其他的就是非核心服务，例如，监狱的管理、学校的教学、医院的医疗等就是核心服务（软服务）；这些设施的建设和维护（硬服务）和餐饮、零售等（辅助性服务）就是非核心服务。

12 经营性、准经营性与公益性项目常用“可经营性系数 r=全寿命期内收益折现值/成本折现值”区分（若是 PPP 项目，改用含建设+运营的特许经营期替换全寿命期）：若 $r=0$，属公益性，需政府出资，做 PPP 需政府补贴或资源补偿（RCP）；若 $r>1$，属经营性，可 PPP；若 $0<r<1$，属准经营性，做 PPP 需政府给政策或补贴或 RCP。

13 用户都不愿付费，因此，向用户收费的 PPP 项目必须为用户创造价值。向用户收费必须首先考虑这个现实因素。

14 就项目交付模式而言，按资金来源分类：政府出资、企业去干（公共产品/服务传统提供模式）；企业出资、企业去干（非公共产品/服务提供模式）；政府和企业合作（PPP 模式）。还可以按功能性和实质性分类，后者不用移交（见表 1-1）。

表 1-1 PPP 分类

PPP [功能性]		PPP [实质性]	
（D）BOT	（设计） 建造（融资）运营 移交	（D）BOO	（设计） 建造（融资）运营 拥有
	特许权模式	BDBOO	收购 设计 建造 运营 拥有
（D）BOOT	（设计）建造 运营 拥有 移交		
DBFO（T）	设计 建造 融资 运营（移交）	DBROO	设计 建造 租用 运营 拥有
	可用性付费模式		
（D）BOOT	（设计）建造 运营 拥有 移交		

续表

PPP [功能性]		PPP [实质性]	
DBLOT DBROT	设计 建造 出租 运营 移交 设计 建造 租用 运营 合同模式		

15 PFI 更强调企业的主导性：政府发起项目，企业建设/运营并按规定提供所需服务。政府目的在于获得有效服务而非设施，政府在合同期内因使用企业提供的服务而向其付款，合同结束时，有关资产的所有权或留给企业，取决于原合同约定。故可简化说，BOT 侧重于设施的政府最终拥有，而 PFI 侧重于公共服务的私营提供。

16 PFI 热点问题：①前期费用远高于传统方式，如何将资金的时间价值合理考虑到采购成本中？②PFI 是否是最经济的融资方式？③PFI 本质是政府向企业购买服务，多用于福利项目，但发展中国家经济发展水平低，需将资源投入能直接或间接产生经济效益的项目，且基础设施的地位很难使政府放弃其所有权，矛盾怎么解决？

17 PFI 项目更具多样性，大的如国防相关：空对空加油计划、军事飞行培训计划、机场服务支持等；小的如社会服务：教育或政府建筑、警局、医院、养老院，能源管理或公路照明、公路、监狱等。且 PFI 项目可能不能向百姓收费或靠自身运营，不能完全收回投资，需要政府财政支付或补贴。

18 BOT 模式主要用于基础设施项目包括电厂、公路、桥梁、隧道、机场、港口、管廊、电信、供水、垃圾和污水处理等，以及自然资源开发项目，这些项目多是一些投资较大、建设周期长和可以运营收费的项目。

19 BOT/PPP 的 4 个核心原则：①风险分担：由最有能力且高效管理某风险的那方承担相应风险；②产出要求：合同须明确对设施/服务的详细要求；③全寿命期绩效：要求企业负责设施的长期绩效并承担运维风险；④与绩效关联的回报：支付须与（按合同规定的特定或定量准则所进行的）绩效评估结果相关联。

天性使然 cs 提问：请教王守清教授，PPP 中政府的监管能力问题如何加强？或者说在什么样的监管能力和条件下才可实施 PPP？另外，在信息公开的问题上如何平衡公司商业利益与公众的知情权？问题有点多，再次感谢！

王守清回复@天性使然 cs：你的问题很多且大，这里只能简答：国外已有成熟监管机制，你可看几个国家的 PPP 指南。其实，核心原则特别是②、③、④都涉及，但要落实到合同。此外，项目是否应用 PPP 要做 VfM 评估、充分竞争、政府在 SPV 中占股份、信息甚至含财务公开、政府/媒体/公众监管服务质量和水平、有奖惩措施等。

人微言不轻 kien 评论：由于信息不对称，感觉污水 BOT 像对政府放高利贷。

王守清回复人微言不轻 kien：项目公司财务信息不公开，政府又不审计且不懂 PPP 要点（如上述 4 个原则），媒体和公众又没有机制参与决策与监管……自然会造成这种结果。

20 BT/BOT/PPP 中所形成的项目资产的产权归属是个非常重要的问题，因各国法律不同，归属可能不同，会直接影响到项目资产的抵押/质押/处置等，进而影响项目的融资（特别是贷款）和发生风险（如 BOT/PPP 项目市场需求变化）特别是政府违约（如政府未能如期回购 BT）时的风险分担和投资者的退出机制等。

PPP 的适用范围

1 PPP 最适用于：需求大、投资大、技术可靠、收费容易、区域性强、要求明确的项目（见表 1-2，数字越大越适合）。

表 1-2　PPP 的适用范围

		设施数	技术复杂	收费难易	消费规模
教育		2	4	2	1 ~ 4
健康		2	5	2	4
国防		2	3 ~ 5	1	1
社会安全		1	3	1	2 ~ 5
司法		1	4	1	4
文化		2	3	4	4
交通运输	航空	2	5	5	4
	道桥	5	3	4	4
	轨交	4	4	5	3
	水路	2	2	5	3
	海运	3	3	5	4
	城运	4	4	2	5
通讯		5	5	5	2 ~ 5
电厂		5	4	5	3 ~ 5
供水		5	4	5	5

续表

	设施数	技术复杂	收费难易	消费规模
水/物处理	5	4	1	5
路灯	5	2	1	5
娱乐	4	2	4	5
邮政	1	2	5	3 ~ 5
宗教	2	4	2	2 ~ 5
科研	2	5	1	5

2 PPP 主要用于（准）公共产品/服务，先是经营性的自然资源开发和基础设施（产品/用户支付），后扩展到非经营性的公用事业（政府支付），这也是发展中和发达国家之间的区别之一。按融资易难为序：资源开发，电/水厂或废水/物处理，通讯，路/桥/隧，城市轨交，铁/机/港，城镇化，文/体/教/医/养/监/警/政……

3 PPP/BOT 最适用于市场需求（消费规模）大且稳定、投资大、技术成熟、收费容易（现金流入足）且可靠、区域性强（一定垄断性）的项目，所以采矿/油/气、电/水厂或废水/物处理、通讯、路/隧/桥最适合，地铁/轻轨/铁路/机场/港口次之，城镇化、文/体设施、医院/养老院、警岗/监狱、路灯/标等再次之……

4 一个项目要应用 PPP，关键看是否可明确项目的 4 个方面：边界/范围、产出要求、绩效指标、收益来源（对海绵城市项目而言，就是政府付费、污染者付费、受益者付费）。如果不能明确这 4 方面的项目，应用 PPP 较难或效率不高（不能物有所值）或不适合 PPP，还易政企扯皮甚至引起社会不和谐或动荡。

王守清评论：海绵城市是个笼统概念，项目笼统可分为两类：①蓄水保水排水的绿地/湿地/流域等；②雨水/生活污水/工业污水等的治理和利用。第 1 类项目因 4 个方面难明确，应用 PPP 很难；而第 2 类的 4 个方面较明确，甚至可定量，容易应用 PPP。如果都要应用 PPP，则应优先第 2 类，再第 1 类，逐步推广，不能一哄而上都搞 PPP。

5 做社会事业（如学校/医院/监狱）PPP 项目，要区别核心服务（如教学/管理犯人）与非核心服务（如清洁/餐饮）、硬服务（如教学楼/医院楼）与软服务（如教学/管理犯人），责任方（政或企）/合同长短不同。若核心服务交给私营方且监管不足，很易出问题。这都是国际经验，国内这些项目若不区分而整体做 PPP，难成功！

王守清评论：如果有法制，有信息公开，加上有新闻自由（媒体的曝光足以使任何不规范 PPP 项目无处遁形和有关企业与当事人名誉扫地，想想博文学院及其院长吧，其实这也是一个 PPP 或类 PPP 项目），还有后续问责，PPP 项目就会越做越规范。

6 用最简单的话说，PPP 最适用于那些容易确定和监控项目结果/绩效质量/服务水平（Output Specifications/Performance）的（准）公共产品/服务项目，越是不容易确定的越难用好。

7 我这几年讲 PPP 时一直举例说明，独立电厂和水厂做 PPP 较易，厂网打包 PPP 较难（要做也优先做新城区的），原因在于投资者向百姓一家家地收费难等。综合管廊、流域治理等也类似，原因下文说得很清楚……（评论张智《建设好了，入廊费却收不上来，地下管廊：看不清钱途》）

8 2015 年在薛大炮组织的"大气治理与 PPP"研讨会，我从另一角度说了，几个边界（如范围/内容/产出/绩效/收益）难明确的项目，很难直接应用或用好 PPP，雾霾治理属于这类；只有边界明确的公共项目才能用或用好，2016 年年初在 700 人论坛上就海绵/智慧城市也表达了类似观点，总之，要区分项目。（评论《薛涛：环保公司靠 PPP 迎治霾万亿市场？不要那么扯！》）

PPP 的优缺点

1 企业不是慈善家，其参与 PPP 的主要目的是：①利用资金和专业优势拿项目挣钱；②业务转型以利长期持续挣钱；③扩大市场份额/话语权/影响力……政府不是上帝，其采用 PPP 的主要目的是：①解决资金提供基础设施/公用事业等以发展经济和提高生活水平；②转移风险给企业；③解决政府能力不足等以提高效率。

2 PPP 对政府来说其优点是：①利用社会资本，减少财政支出和债务，加快发展设施，提高生活水平；②降低政府融资/设计/建造/经营风险；③发挥企业的能动性和创造性，提高效率，知识管理；④引进外商管理和技术，带动本国企业提高；⑤合理利用资源，避免无效益项目/重复建设；⑥促进经济发展和金融资本市场和法规体系等完善。

3 PPP 对政府来说其缺点是：①政府要承担政治和外汇等风险，税收流失；②若是用户支付项目，如果价格较高，造成国民不满；③耗时长，因为风险多/合同结构复杂，谈判难；④如果政府不懂，外商/民营公司可能出现掠夺性经营；⑤延缓改革。前 4 条大家都能一看就懂，如果你能理解第 5 点，你就太有才了。

财科所孙洁评论：延缓改革，没有那么严重，英国铁路改革过度市场化导致失败，后来重新回到 PPP 上来。德国铁路改革就避免了英国所走过的弯路。不知道王老师是从哪方面理解的，如果不便公开说，望能私信明示。谢谢！

王守清回复财科所孙洁：这是 WB 学者观点，所说 PPP 主要是 BOT 和 BT，政府通过这些方式满足了百姓对基础设施和公用事业的需求，就有了不需着急政改的理由，客观效果就是延缓了政改。我国过去 20 多年经济和基础设施高速发展而政治制度等改革没什么进展似乎也验证了这一点，何况我国 PPP 是国企主导，与西方原意不同。供学术讨论，不一定对。

财科所孙洁回复：谢谢王老师的分析。我个认为，PPP 对改革还是有着一定程度的促进作用。即便是市场完善国家也在使用这种方式。说明它是不同经济制度国家所普遍接受的方式。对于国企参与 PPP 或主导 PPP 下，可能会导致 PPP 发生与我们所说的公私合作有许多变味。这应当视为另外一个问题。再次谢谢王老师。

4 PPP 项目对主办人/投资者来说其优点是：①利用项目经济状况，减少资本金支出，实现“小投入做大项目”；②拓宽资金来源，减轻母公司债务负担（表外融资）；③提高主办人谈判地位，获得最有利税收条件；④转移风险给放贷方（若实现有限追索），加上其他合同和保险，转移风险给分包商；⑤提高设计/承包/供应商竞争力和商机（若作为主办人）。

5 PPP 项目对主办人/投资者来说其缺点是：①融资成本较高；②投资额大、合同期长、不确定性大；③合同文件繁多复杂；④有时融资杠杆能力不足（项目规模大）；⑤母公司仍承担部分风险（即使做到了有限追索……对主办人/投资者的综合能力要求极高，最难的是法律、政府信用、金融和市场风险的应对）。

6 若做得不规范，PPP 的确不能提高效率，特别是在我国（典型败笔就是 BT，国家审计署已说比传统模式贵很多且不可持续)。国际上也有不少对 PPP 的怀疑派，代表学者之一是英国曼大 Jean 教授，我请她来清华做过讲座，她的结论是有英国案例数据支撑的。但这不表明 PPP 本身不对，是做得有误，因此，英国 2012 年推出改进版 PF2。PF2 在几方面的改进，特别是要求有政府资本金、I 类和 II 类的私营资本金，分离出软（非核心）服务由政府另行发包等，就是为了保障公众利益。

7 利用 PPP 解决地方政府债务问题？别期望过高了，国际上 PPP 应用比较成熟的国家里，（准）公共产品采用 PPP 的比例，无论是项目数量还是投资额，也就占 15%～25%（1/6～1/4）。这个比例对解决我国地方政府目前的债务和将来的资金缺口能起多大的作用？算算就明白，千万不能全国各地一窝蜂上 PPP。

王守清回复@谁人不识君 007：存量债务是不能完全缓解。如果政府一定要做一个项目，政府又没钱的话，经营性项目 PPP 不会直接增加地方债务。当然，PPP 的主要目的是提高效率等（我昨天微博有猜发展改革委和财政部的目标），融资只是其中一个功能，但目前地方政府过多期望其融资功能了。

banyab5：市政道路无法收费，政府又不愿纳入财政预算逐年还款，463 号文不准 BT，企业投入无积极性。无解了？延期付款可行否？求教了。

王守清回复@banyab5：若企业敢，可做（别用 BT 或 PPP 名义），但对企业风险极大，要极慎重，最好跟政府要点实在的能起增信的安排，如让政府叫城投担保或支付（挂账）或让政府给点将来能换钱的资源，正如男的（政府）不要光说爱女的（企业），要直接给点聘礼或房产证上写女的的名字，才实在（增信/资源）。

banyab5 回复@王守清：谢谢！估计一季度经济数据出来后地方积极性会更高了。也不排除国资委会对央企参与 PPP 做窗口指导了，这点底子不够造的。

王守清：说严谨点，如果政府有足够长期支付和补贴的钱，公益和准经营性项目做 PPP 也不会增加地方债务，但要花政府的钱（我理解的“债务”是“欠钱待还”）。

8 #苍穹之下#与 PPP：就一个城市或区域的大气污染治理用 PPP 是很难的，因为边界和范围不明确，如果真能有个大罩把城市罩起来，则可行。就一个具体建筑或工厂或一类设备（如汽车）应用 PPP（或类 PPP）减少污染排放则是可行的，但关键是如何收费？……

—lzy426：针对具体项目来说，环境治理效果都是可以定量和考核的，但是不同项目的费用和效果关系太复杂，这也是我们想参考合同能源管理，推广合同环境服务最大的困难。

—lzy426：虽然没有边界，但是能够进行效果考核的，首先是排放总量的统计，其次污染源解析可以分析本地污染源和外来污染源成因的影响。最大的困难是污染产生和治理责任主体太多，有政府、企业、居民，数量巨大。

9 对需政府补贴特别是本贷比低的 PPP 项目，若投资者在短期就获得政府的全部补贴（如补贴建设），投资者会出售股份/不重长期尽职/甚至放弃项目，对政/银/用户不利，故从后三者而言，应把政府补贴分摊在长期（如补贴运营）、要求高本贷比、限制转让股份、加大违约惩罚等。故财政部改“补建设”为“补运营”。

Bert 可以的：看两会新闻，说很多地市的工作报告中都有 PPP，突然想，有很大的概率让好东西被玩坏了～不要和当初的 BT 一样就好……老师的社会责任还是任重道远啊……

王守清回复@Bert 可以的：俺一介书生，力量微薄，但一直在尽力。

10 现在大家对 PPP 走火入魔，有些用传统模式可以做好的项目，非要为 PPP 而 PPP；有些企业则非要把项目过程甚至分部拆分，孰不知，PPP 之所以能提高效率，就是因为通过全过程和整体集成优化而实现的，免了不懂专业的政府协调集成之苦，实现政府从提供向购买公共产品/服务的转变……

带刀的熊：有很大一部分是由于财政预算法改革，不把项目“操作成 PPP”就没钱启动，而且这么大规模的由上到下推进 PPP 模式，这种结果也是必然情况。

11 地方政府为了融资而做 PPP，除了逼银行降点利息（这的确是好处），但通过集成管理提高效率、转移专业的建运维风险给社会资本，以及转变政府管理方式的目标根本没有实现甚至没考虑，地方政府和中央部委想法有很大不同（先不说与国际 PPP 很不同）。

布衣生涯回复@带刀的熊：是的，所以回报，社会资本要求高于债权，但又低于一般股权。

带刀的熊回复@布衣生涯：他那个股权优先回购是用成本价回购，政府也可以选择不回购抛给社会，完全是看运行情况政府完全有选择权，没有私企会同意的。实际上政府在这里面比直接举债承担的风险和压力还要小，而且还不计入政府债。

布衣生涯回复@带刀的熊：股权是要在若干年后以成本回购的，再加上补齐收益。很接近名股实债，跟邮储的利率也靠近，当然其对于这部分股权的赔付包括增信没有债权那么强。

带刀的熊回复@布衣生涯：SPV 是要根据工程量计算持有股份比例，在回报率一定的情况下，工程量决定股份比例，决定合作期内投资回报总金额，所以由 SPV 做项目运营管理方。另外此项目的运营管理风险应该还包括项目运行中出现的各种工程和管理不善带来的风险，其采用 BOT 模式也符合这一判断，不过没看到完整合同，只能从现有信息推测了。

布衣生涯回复@带刀的熊：补齐收益啥意思？另外，这里收益率指的是啥？

带刀的熊回复@布衣生涯："社会资本承担筹资、运营风险，政府承担项目推进风险；社会资本享受高铁运营分红和财政可行性缺口补贴，政府享受未来股权优先运作权。"邮储是要成立 SPV 负责项目筹资及运营的，指的应该是这里的运营中的各种风险。

布衣生涯回复@带刀的熊：政府补齐收益，不存在运营风险。

带刀的熊回复@布衣生涯：还是有区别的，邮储方还要和政府成立项目公司负责运营管理，也要承担运营风险，就政府方面来说少花了钱还没有对项目失去控制必然欢喜。

布衣生涯回复@带刀的熊：有点明股实债意味了。

邱闯 JCM：这个案例很典型地反映了囫囵吞枣的中国 PPP 大跃进，非常赞同王老师的评述。

带刀的熊：单就此项目来说，任何业主都会选择邮政储蓄银行作为合作方，直接原因还是邮储的投标条件远远优于复星。现在"真正民资"竞争不过"所谓民资（国企）"主要还是在资金规模和资源能力上有极大差距，至于政府关注少花钱和项目控制力无可厚非，除非打破我国现有政治体制，否则很难改变。另：济青高铁这篇报道很不错。

12 虽 PPP 能帮政府解决提供公共产品所需资金不足的问题和带来其他好处如转移风险，但政府的招标、监管和履约成本比传统方式增加不少，因此，若投资者不能降低项目全寿命期成本，提高效率，则应用 PPP 意义不大，除非政府迫于公众需求没钱也必须做该项目，即要在项目和效率高低之间平衡。

13 PPP 的另一个重要特点是转移投建运维等风险给企业，有严格的惩罚机制，需要投资者和放贷方的尽职调查并签订一系列合同，因为 PPP 的投资风险和绩效风险远大于私企通过管理或分包合同参与公共产品/服务，如承包。

天天天才理论：请问王教授，PPP 项目合同签订是在工程可研确定之后，还是初步设计确定之后签？

王守清回复@天天天才理论：不一定。一般是在 PPP 招投标选定投资者之后签，你仔细看看 2012 年 2 月 1 日施行的《招标投标法实施条例》和 2015 年 3 月 1 日施行的《政府采购法实施条例》，但没有（预）可研，就没有参数，很难做 VfM 和财政承受力评估，也难比选投资者。

14 在 PPP 项目中，提供公共产品/服务的终极责任还是政府的，且政府与私企之间有直接的合同关系；而私有化中，公共产品/服务的直接责任可能转移给私企了（虽然百姓还可获得政府承担责任的保证）。

15 因公共产品的传统模式效率不佳，政府鼓励社会资本通过项目融资方式参与。公共产品的私有化有时不如项目融资好，因为：①私有化更加复杂；②项目融资是一次性的且有期限，而私有化是长期的；③有些行业如医/教/监等不适合私有化，但可以项目融资；④项目融资有利于市场、金融和担保体系发展。

16 项目融资有优点但过程费时费力，包括 SPV 的建立、股东与债权人的合作、各方合同的签订及各项文件的准备等。高昂的招投标和过程成本使政府和竞标者叫苦连连，成本甚至达到商业项目的 5 倍。潜在的竞标者通常有相同的技术和承接项目的欲望，但为了防止串标/围标，政府总会吸引/邀请至少 3 个竞标者参与竞标。

17 PPP 不是万能钥匙，不可能天上掉馅饼，但至今还有一些人不明白，常问我：如果政府没有钱也不能给资源补偿，如何用 PPP 做非经营性项目？我只能答：用做慈善的方法（如果你愿意），或去骗（如果有更傻的可骗对象）。

18 发展中国家政府因缺钱，推广 PPP 往往造成不均衡：①经营性基础设施 PPP 项目落地多，公益性社会项目少，不匹配；②PPP 项目因过程长和风险大而造成额外成本，若不能 VfM，会造成一些百姓无力承担，不和谐。这些都涉及社会和 PPP 项目的可持续发展问题，必须在项目立项和招投标时就考虑。

地上爬的超人：王教授，我在发改工作，因为刚刚接触 PPP 的内容，所以有很多内容不明白，目前买了您的书在学习。我看到很多购买服务型的 PPP 实施方案里都有这么一句话，购买服务期限 x 年，如果政府提前获得资金，可以对项目一次性提前回购。这样的话除了前期成立项目公司，其他的和 BT 模式有什么区别？

王守清回复@地上爬的超人：关键看投资者有没有参与项目的运营和维护并承担风险，还有时间长短，这是区别 PPP 与 BT 的最重要的两点，特别是第一点。

地上爬的超人回复@王守清：老师，那如果政府打着 PPP 的名义，实际上在项目完成后就回购，这样不就是披着 PPP 外皮的 bt 吗？这样的提前回购条款合理吗？

王守清回复@地上爬的超人：目前不少项目是这样，财政部不认，但估计也管不过来，但以后可能被清理整顿。

地上爬的超人回复@王守清：工作真难做，没有法律法规依据说这样做不行，在方案讨论的时候提出反对意见也没有依据，反而在一些文件里还鼓励建立提早退出机制，太不合理了。

王守清回复@地上爬的超人：财政部 6 月 25 日的 57 号文算依据。

---

19 如果公共产品或服务交给社会资本去干（PPP），不能提高效率（通过物有所值评价），不能在保证质量和服务水平（通过明确产出要求和严格监管）的前提下降低价格（通过政府考虑百姓和政府支付能力的定价与调价），后果就是本文所说的，热衷于瞎推 PPP 的官员该清醒了！（评论李玲《我们国家宏观治理出了问题》）

20 政府推广 PPP，让企业负责投资和融资，不仅是政府做 PPP 的目的和结果，更是政府转移风险给企业的手段。因此，国际共识是：如果搞不清一个项目是否 PPP，就看政府是否有转移适当（不是全部）风险给企业。

仁馨薇语：适当是多少呢？

王守清回复@仁馨薇语：根据对风险的控制力和控制成本双方谈判。

21 学员：在没有各部委统一政策下，财政部政策依靠性弱，PPP 可操作性不强，多出省和市政府审批，程序又复杂多了。答：你说得对，PPP 有优点但过程复杂，交易成本高，对各方要求高，一旦合同签不好或做不好，公众遭殃。所以，不是什么项目都适合 PPP，不是什么人都适合做 PPP，更不能像搞运动一样搞 PPP。

22 看完后脊梁发凉，GDP 可以依赖一些 PPP，但不要迷信全部 PPP：要么短期放水，要么长期放水。如果 PPP 做好了，的确有益；如果做不好，还不如政府投资呢，后者至少落地快、交易成本低、模式成熟、各方熟悉。做不好的 PPP 比 BT 的不利后果也大且影响更长远。（评论财税大观《中国财政在遭遇——悬崖峭壁还是置之死地而后生？》）

23 PPP 若运作不当（如政企双方对高层次目标无正确理解时，见表 1-3），不一定会节省政府开支，特别是当政府签有兜底合同时更是如此。例如，传统的公路使用是免费的，修建收费 PPP 公路可以节省政府的一次性开支；但若政府用影子价格支付过路费，而让公众免费使用，并不一定能节省政府的总开支，特别是合同签得不好时。

表 1-3　PPP 模式的目标层次分解

目标层次	部门之间		部门内部
	公共部门	私营部门	
低层次	增加基础设施/公共服务供应	获取项目回报 （投资/管理）	分配责任和效益
高层次	有效利用资金 改善设施/服务水平	增加市场占有份额	提供高效设施/服务

24 对 PPP 了解不够或有偏差，常会造成企业参与或政府实施项目的动机不恰当。例如，如果企业的动机是拿到施工承包或销售设备而不愿意运营，这样可能很难实现有限追索项目融资，因为 PPP 项目主要靠项目的运营收益还本付息，银行对企业有严格的要求和限制，包括要求其不得在运营期中途退出或对其退出有限制。

25 PPP 参与方都有不同动机和目标，政府的动机是利用社会资本解决基础设施短缺问题和发挥企业效率，获得社会和经济效益；有战略眼光企业的动机是利用资金/技术/管理优势，拿项目并赚利润，并进一步扩大市场占有率。在低层次目标上，主要是政企之间责任和效益的分配，在高层次目标上，都是追求效率提高。

26 中央力推PPP已两年，现在还有人问“为什么要推PPP?”（政府）、“为什么要做PPP?”（企业），呵呵，我不想重复政治家和经济学家的话，请看表1-4吧。

表1-4 特许经营项目融资的优缺点

	优 点	缺 点
对政府	• 拓宽资金来源，引进外资和本国民间资本，减少政府的财政支出和债务负担，加快发展公共基础设施 • 降低政府风险（基础设施项目周期长、投资大、风险大），政府无须承担融资、设计、建造和经营风险，大多转移给项目公司承担 • 发挥外资和民营机构的能动性和创造性，提高建设、经营、维护和管理效率，引进先进的管理和技术，从而带动国内企业水平的提高 • 合理利用资源，因为还贷能力在于项目本身效益，且大多采取国际招标，可行性论证较严谨，避免了无效益项目开工或重复建设 • 有利于发展国民经济、金融资本市场和法律体系	• 承担政治（法律变更等）和外汇等风险 • 使用价格较高(由于商业化运作)，造成国民不满（这些服务/设施的使用原来是低价甚至是免费的） • 延缓改革(因为满足了短期基础设施要求,有了不改革的理由)
对主办人（如承包商做主办人）	• 充分利用项目经济状况的弹性，减少资本金支出，实现“小投入做大项目”或“借鸡下蛋” • 拓宽项目资金来源，减少借款方的债务负担 • 达到最有利的税收条件 • 提高了项目主办人/项目公司的谈判地位 • 转移特定的风险给放贷方（有限追索权），极小化项目发展商的政治风险，加上其他风险管理措施合理分配风险，减少风险危害但保留投资收益 • 避免合资企业的风险，因为项目公司可以独资 • 创造发展商/承包商的商业机会（如果他们作为主办人/项目公司）	• 融资成本较高,因此要求的投资回报率也高 • 投资额大、融/投资期长、收益的不确定性大 • 合同文件繁多、复杂 • 有时融资杠杆能力不足,且母公司有时仍需承担部分风险（有限追索权） • 适用范围有局限,较适用于营利性的公共产品、基础设施和自然资源开发项目
对放贷方	• 承担同样风险但收益率较高 • 易于评估中等信用借款方风险，只需评估项目本身 • 提供了良好的投资机会，而且较少竞争。因为项目投资额一般巨大，一般的放贷方无法参与竞争，而且需要工程知识	• 投资额大、融/投资期长、收益的不确定性大 • 合同文件繁多、复杂

27 政府在决定应用PPP之前，应比较不同模式的优缺点，以能提高项目的建设和运营效率、提高服务水平为标准，选择最有价值的方案。一旦决定应用PPP，应进行项目的财务评估决定是否提供补贴，还应考虑合理分担项目风险和收益。对承包商而言，要拿到并实施成功项目，最根本的就是要能提高效率、降低成本。

28 一旦公众接受了收费公路的理念，政府也可以自己修建收费公路，通过运营收回政府投资。传统的水和电都是有偿使用的，PPP 并没有改变这一特性，因而也不一定能节省政府开支，如 PPP 合同签得不好时。总之，政企双方之间通过合同公平分担风险和收益、提高效率和服务水平最重要。

29 PPP 虽然在清运与处理垃圾项目中得到广泛应用，但似乎不能解决清洁工的工作条件与生活水平问题。在发达地区香港看到的这种场景，不管与 PPP 是否相关，但 1986 年至今，30 年已过去，仍没有任何改进，人、穿着、推车、工具、垃圾袋等一如既往。

30 不理解为什么那么多人那么关心 PPP 项目落地率？PPP 不是灵丹妙药，不是天上掉馅饼，不是所有项目都适合 PPP 的，为了 P 而 P，结果很容易是 P。

31 PPP 有很多优点，但不是万能的。公共产品的交付一定要比较各种模式，各个项目不同、各地情况也不同，哪个地方、哪个项目用哪种模式做得好，就用哪种模式，千万不要一刀切。这 3 年中央力推 PPP，京沪广深等政府就比很多地方理性得多，难道他们不听中央的话？非也，是有钱与经验。

32 #暑期读书再悟#PPP 有优点但推广困难：对小项目过于复杂、交易成本高；对大和复杂项目，PPP 运作与管理超出政府能力；有些项目难准确定义产出要求。这些问题催生出新的混合型和渐进型 PPP，如不同形式管理合同、捆绑一批项目分阶段实施、联盟模式、信用担保融资（=企业用政府贷款+金融机构为企业担保）。

PPP 的干系人

1 过去一些 PPP 项目的失败并不意味着 PPP 模式的失败，问题的主要根源不是 PPP 模式的问题，而是应用 PPP 模式的人的问题。应用 PPP，必须真懂，必须考虑一系列技术、金融、管理、法律、社会和政治等问题，必须尽职调查、确定最佳资金组合、集成建运维、保障公众利益、合理设计合同结构和条款，公平分担风险，提高效率，实现共赢。

2 基层人员无论是政府的还是企业的，对 PPP 的理解与相关部委政策及 PPP 大咖们的理解差距不小，无怪乎 PPP 实施的结果与期望差距不小。最悲观的看法是，过几年，PPP 这个词可能会像 BT 一样，又将声名狼藉。故我常说，各种模式没有错，是用模式的人出错。

電培 lady 特种部队评论：对建 PPP 产权交易所怎么看？元芳！

王守清回复@電培 lady 特种部队：难，公共产品项目的产权是政府的，业界大咖与政府研讨的共识是，将来会发展二级金融市场，不同阶段的实质股权的交易会受约束，但非实质控制人的股权可以自由交易。

3 好的 PPP 投资者，不仅自己有主营业务能力，更有资源集成能力。

4 表 1-5 概括了 PPP 项目的各个干系人参与项目的主要目的和对项目的主要贡献，其中实施机构是指政府，主办人是指牵头的投资者。各干系人优势互补、强强联合、同舟共济、平等合作、各尽其职方容易成功！

表 1-5 项目主要干系人及对项目的贡献

目　标	贡　献
项目实施机构	
• 提高绩效 • 平衡财政预算 • 加速项目 • 提高服务质量 • 遵守要求和规则	• 特许权/许可 • 服务费或补贴（一般来自财政部门）/补偿资源（一般来自政府的综合决策）

续表

目　标	贡　献
主办人（牵头投资者）	
• 适当的投资回报率 • 战略需求 • 社会责任感/使命感	• 资本金 • 能力和经验 • 整合资源的渠道
投资者	
• 最大化利润	• 私营股权 • 质量监管 • 融资能力
贷款行	
• 收回贷款 • 谨慎的财务评价	• 贷款 • 质量监督 • 融资能力
开发性金融机构	
• 收回贷款 • 支持发展目标	• 贷款 • 质量监督 • 融资能力
建设承包商	
• 足够的利润	• 所需的建设工程 • 交钥匙固定价格合同或固定单价、工程量清单合同（取决于谁做设计）
设施管理和运营商	
• 足够的利润	• 所需的服务 • 固定价格合同（含有条件调节）

5 项目主办人作为准备和提交标书的主要投资者，会选择优势互补合作伙伴，聘请技术、法律与融资等顾问。融资顾问帮助设计融资结构，制定转移主办人风险的融资策略，融合市场上各类资金，最大化杠杆作用，并使融资方案具有低融资成本、高信誉、最小财务风险和相对于收入而言的最小偿债负担等特点。

东外大街99号：融资顾问有哪些？国际项目这块，譬如大非洲。

王守清：回复@东外大街 99 号：一般都是与银行关联的，不过，做国际投资项目，国内银行或其融资顾问可能不行，问问多边银行吧，特别是如果从他们那贷款。

王守清评论：融资顾问制定融资策略过程中，最关键的是考虑：①市场需求；②贷款平均期限；③资金结构中的杠杆比率。

王守清评论：融资顾问制定融资策略过程中，最关键的是考虑：①市场需求（如市场对项目产品/服务的需求——影响收益，市场对资金的需求——影响利率）；②贷款平均期限（如各种渠道不同期限各种融资产品的优化组合，降低利率、匹配项目资金需求）；③资金结构中的杠杆比率（如优化本贷比、股东结构和贷款结构，以分担风险）。

6 文中俺最后一句之问“……合同、成本等什么都不公布，这样做 PPP，公众心里踏实吗？”也许对政府和企业等相关方要求过于超前和苛刻了，特别是目前，但从长远而言，PPP 应逐步做到公开和透明（包括合同和成本，除了国家机密和企业专利等商业机密等），否则很难保护公众（和政府）利益。（评论“南方周末——地方‘激进版’vs‘渐进版’万亿 PPP 里的诱惑与陷阱”）［注：财政部已于 2017 年 1 月 23 日印发了《政府和社会资本合作（PPP）综合信息平台信息公开管理暂行办法》（财金〔2017〕1 号）］

7 之前讨论过，“央企/国企参加 PPP 到底算第一个 P 还是第二个 P？”可以从该企业是否受签约方政府的管辖操控角度来考虑，也可以从另一个角度来考虑：如果 PPP 项目公司破产，是投资企业还是签约政府（直接）承担损失？若是前者，则算第二个 P；若是后者，则算第一个 P（或者，该项目就不是 PPP 了）。你觉得呢？

8 决策准备者（文件起草者）对决策者的影响很大，虽然一个决策出问题后，决策者会被问责，但准备者并不会，特别是当准备者是多人或外聘的咨询时。据此可理解领导的秘书/助手/顾问或外聘咨询的重要性了吧，呵呵。当然，决策者规避责任的方法目前多是集体决策，但一把手往往还是难逃干系，取决于上级想咋问责。

9 情人节刚过，俺忽然想到一句话“不保护公众利益的 PPP 都是要流氓”（改编自“不以婚姻为目的的谈恋爱都是要流氓”）。因为政企合作的目的是为公众高效地提供物美价廉的公共产品/服务，但 PPP 合同中公众并非合同主体，故政、企自觉承担社会责任很重要，公众参与决策和监管也很重要。

---

henryg：不保护公众利益的 PPP 是否仍是 PPP？

王守清回复@henryg：可以算是，但不是成功的 PPP。

limm00：非常同意您的观点，中国应该加快引进发达国家在重大项目规划和可研阶段就组建干系人（Stakeholders）委员会的先进做法，并将公众代表作为重要成员，从制度和形式上保证公众利益和诉求。

汪小金博士：不把公众利益放在首位的PPP注定要失败。PPP的本质必须是有效提供公共服务的一种手段，而不是政府融资的新途径。必须由政府机构、公众代表和企业三方组成最高PPP项目治理（决策）机构。如果没有这个治理机构，其结果必然是牺牲公众利益。

10 中国的企业由于历史的原因，不具备集成优化项目全过程、提高效率的能力，加上对地方政府守约信心不足、融资难和融资成本高等原因，倾向于跟政府要固定回报的短期行为，而政府迫于没钱也要上项目而同意各种伪PPP，其中大部分国企领导的短期任职升职周期又正好契合，这一现象又催生了短期行为。这些不改变，PPP前景堪忧，也许真会应验某城投董事长的预测：3年以后PPP会不了了之。

粉色满天星ccc：但是有什么办法！

王守清回复@粉色满天星 ccc：难，只能在规范和不规范之间找平衡，但绝对不能搞运动一样搞PPP。

项目融资和法律-Edwin：其本质是契约精神，风险各阶段共分担。PPP不是喊出来的，政府和企业要潜心学习，看看巴西最近的例子，也值得思考。不能用新瓶装闷酒。

11 由表1-6可见，PPP项目主办人的合理组合很关键，表现在组合所带来的专业实力、综合能力和执行效率。以波兰Gdansk码头项目为例，2003年即由港口运营商DCT中标，但因其投融资能力不足，融资在2年内未落实，项目无法启动，直到2005年，麦格理介入（持股90%），项目才能完成融资、启动和实施。

表1-6　国际典型PPP/BOT项目案例的主办人构成分析

案例编号	项目类型	项目主办人的构成	主办人构成分析
1	公路	运营商+承包商	运营商牵头发起，组合能力不足
2	公路	承包商+承包商	大型承包商具有专业和融资优势
3	机场	综合承包商+设备商+政府	各方优势互补
4	机场	机场专业运营商+政府	组合不合理，后被迫调整为承包商+资本商的组合
5	港口	投资机构+运营商+承包商	投资机构的参与和主导，直接推动了项目的落地实施
6	铁路	综合建筑商+运营商	构成合理，推进顺利
7	铁路	建筑综合商+金融机构	构成合理，推进顺利

续表

案例编号	项目类型	项目主办人的构成	主办人构成分析
8	光伏电站	专业开发商+实力投资机构	构成合理，推进顺利
9	政府楼宇	公共设施投资+运营及管理商	构成合理，推进顺利
10	医院	建筑商+医疗设备专业商	因是建筑商主导，运营能力不足，纠纷主要集中在设备及运营方面
11	垃圾处理	专业技术商、运营商+政府	构成合理，推进顺利
12	垃圾处理	专业技术商、运营商	构成合理，推进较顺利
13	垃圾处理	专业技术商、运营商+地方政府	构成较合理，推进顺利
14	垃圾处理	专业技术商、运营商	构成较合理，后私营方失去控制权
15	水电站	设备商、运营商+机构投资者等	构成较合理，推进过程相对顺利
16	水电站	运营商	构成不合理，单一力量、综合能力不足，过程推进遭遇民众反对
17	水电站	建筑商+设备商	构成合理，推进顺利
18	水处理	专业技术商	构成合理，推进顺利

小小瀑布 2012：王老师，请问一下：若咨询机构做 PPP 项目物有所值评价及财政承受能力论证，需要具备什么资质？

王守清回复@小小瀑布 2012：目前国家没有任何要求，但各地可能有些要求，你具体看各地要求。

12 王守清回复@als909：的确比之前政策好很多，现在是真正考验地方政府是否守信用、政企有争议时如何司法救济、银行是否愿意有限追索放贷……的时候了。//@als909：@王守清：请问王老师对《打造经济增长“双引擎” 国务院再释放支持 PPP 信号》怎么看？这能成为民企通过 PPP 进入公用事业项目的好机会吗？

13 政府选择 PPP 项目时应关注：①项目范围和要求及理由，即可研评估；②项目是否可用 PPP 交付？要考虑政府或使用者的支付承受力（前者是政府财政承受力评估），以及项目的商业可行性（投资者有利可图）；③项目该用 PPP 交付什么及各细节，即物有所值评估等；④如何选择投资者；⑤如何监管。

14 从投标的成本而言，投资者更关注能形成一系列而非一个项目的投资。在前者的投标准备中，他们可能有多个机会中标，并能分摊投标成本。故政府在准备 PPP 项目库时，还应考虑从长远而言所希望的项目供应市场，以尽早引导市场，如鼓励企业提供长期服务、建立优秀企业名录形成标杆。

15 必须在给投资者灵活性和局限性之间取得平衡，这取决于项目类型和合同性质，也取决于国家/行业部门 PPP 方案的成熟度。发布标准的指南和具体部门的合同范本有利于缩短前期交易时间/成本、实现 VfM，有利于从已实施的项目中积累和传播经验，故推广初期聘请有国内外 PPP 法规/合同经验的律师很重要。

王守清评论：但在负责准备和招标 PPP 项目的政府机构之间形成良好的做法以及积累足够的经验之前，出台标准化示范合同可能是一个错误，这也就是发展改革委和财政部分别于去年（编辑注：指 2014 年）12 月和今年（编辑注：指 2015 年）1 月仅出台 PPP 合同指南而非示范合同的原因之一。而且，长时间采用标准化合同可能也不是最佳的，因为会限制创造性/灵活性。

16 PPP 项目投资者/放贷者都需明确的合同作为参与的前提条件，以管控风险。有的政府会准备合同，明确各方详细责权利，可能不再需要复杂谈判（如印度），也可能辅以更多条款和强制性条件再解释合同的核心原则（如英国 PFI 合同）。另一极端是，每个项目的合同都单独谈判（如中国目前）。

段博原：为什么单独谈？

王守清回复@段博原：因为我国 PPP 经验不足，还没有总结出规范合同（只有指南）；国人前期工作不细且合同意识不强（特别是官员），不想完全依赖合同，更倾向于到时商量；每个项目不同，时间又长，合同很难完备；中国太大，各地发展不同，各人理念不同，也很难出规范通用合同……

17 发展中国家尤其是地方政府往往缺乏 PPP 能力，中央部委须总结国内外经验，制定 PPP 法律核心原则，并以具逻辑性/一致性/咨询服务性的规章规制给地方政府。若给地方政府（及其外聘咨询）留下太多自由度，可能导致结果低效，因地方官员没有专长证明自己可以指导和监督他们的外聘咨询。

18 企业高层最关注的三个市场（商品市场、资产市场、资本市场）都与资金/融资相关，PPP 涉及这三个方面，自然应由企业高层做决策，依赖于他们对这些方面的经验判断和项目层与职能部门员工尽职调查后提供的相关信息。

19 放贷方除关注满足还本付息的现金流确定性、法律和监管框架的健全和稳定性、直接介入权、投资者资金实力和履约能力、保险等，还要特别关注 PPP 协议条款

（涉及风险分担），特别是保护放贷方的权利（如破产时的优先权）、政治风险、不可抗力/征用、提前终止付款、合同终止后残值、纠纷解决机制等。

20 雇主聘了咨询，就须让咨询了解项目目标和约束条件，以提供最好建议；咨询并不需附和雇主意见，应坚持在专业领域内提供专业、客观和独立的建议；双方应定期讨论咨询报告及其依据，最好就关键阶段有阶段性成果的认可，以利于推进；聘请总咨询再让其分包可简化聘请流程、减轻协调，但也要考察分包。

21 PPP 涉及面广，过程复杂，一般要聘请咨询（特别是头几个项目），但咨询费较高。政府成立 PPP 中心对降低咨询费、知识管理等有益，可提供很多支持，如帮助政府选择和用好咨询，参与项目筛选和招投标等，协调不同职能部门、制订更一致的规章并完善流程，项目信息平台、统计和交流培训等。

22 一个 PPP 项目，特别是对政府而言，需要的外部咨询通常包括技术咨询、财务咨询（含物有所值，但不一定包括财政承受力评估，因为这可能由政府财政部门做更妥）、法律咨询、环保顾问，有时可能也需要其他专家如社会影响、保险、会计、税务咨询等。

23 咨询（特别是政府的咨询）通常可参与 PPP 项目的每个阶段：预可研、可研、PPP 方案策划（含合同草案、支付与履约机制、风险分担、财务模型与测算、环保评估等）、招投标（含招标文件、谈判与评标）、建设和运营监管、合同管理与争议解决如重新谈判或调整方案、提前或到期退出等。

24 投资者不知如何推进，故我讲课时建议，要主管县/市长牵头，成立由所有相关职能部门派代表组成的工作小组一起协商，若有关职能部门没把握的，则请示省/中央相关职能部门。总之，光靠地方一个职能部门是没法走清楚流程和推进的。

带刀的熊：王老师对目前的 EPC+PPP 模式有何评价呢？

王守清回复@带刀的熊：实质就是 PPP 啊，而且国际 PPP 的惯例，投资者（股东）为了减少管理界面并转移设计施工及协调风险，都是 EPC 分包给工程公司（当然，后者一般是股东，也可能不是）。

25 过去十几年，不少 PPP 项目，因政府不重视前期评估、谈判与签好合同，或不懂又不请咨询，或受贿，提供兜底但未封顶（典型的不对称/不公平），造成投资者的暴利，后来特别是换届后政府觉得亏了，自然就违约，造成政府既做了冤大头，还落个不守信用的罪名。这一轮力推 PPP，千万不要重蹈覆辙。

26 政府部门之间，以及政府和投资者之间的协调是 PPP 项目中的一个大问题，国外如此，我国更是如此，体现在相关政府部门之间的竞争而非合作与互相支持上，常造成一个部门的成功就是另一个部门的失败，冲突自然不可避免，下级单位和企业也无所适从，交易成本增加，还会打击投资者参与 PPP 的积极性。

27 绝大多数 PPP 项目是由政府发起的，若政府动机不对加咨询不专业/不客观，项目开发计划和投资策略就基于有偏差信息（如需求和其他风险），在实施中就会出现问题，导致政府和投资者等干系人都要共同承担后果。很多情况下，投资者只能要求政府把原先的 PPP/BOT 改为 BT，这对政府付费/补贴项目就可能是灾难。

28 要做好 PPP，政府和企业的律师是最关键的，甚至比咨询还关键，如果不真懂、不中立、不公平，则很难保证 PPP 交易合规和保护公众利益（不能仅考虑当事人利益），PPP 项目也就很难可持续。即律师（和咨询）不能仅做红娘，光让政企结婚，而应让婚姻持久美满。此所谓职业道德也。

邱闯 JCM：总体来说，律师与管理人员的专业精神是有区别的。比如，律师通常是对风险极度厌恶的（这是其专业要求），造成看似只保护当事人利益。因此，有时应该理解律师看似吹毛求疵，这需要最终决策者（管理人员）来平衡收益与风险以及合同条款的风险分配。

杜继锋：王老师早！律师在 PPP 投融资架构搭建时风险防控职责重大，不可缺位。PPP 合同设置条件不公正，无可持续性，将损害政、企、银利益及公众利益。律师目前常是咨询机构的跟班，希望未来律师能主导和牵头 PPP 方案设计。

29 PPP/政府特许经营的含义和应用面越来越广。其实，香港割让给英国管理 99 年也是，只不过那是清政府被迫的；最近湘西凤凰城授权企业收门票也是，只不过那是政府主动的但没考虑公众利益而挨骂。当然，这两例不是 PPP 本身的错，而是用 PPP 的人的错！

胡药师的救赎评论：前者好歹给香港留下些“经营性资产”；后者政府不考虑公需、企业不需要融资，风险分担设计“出色”。

王守清回复胡药师的救赎：你的点评戳中要害，看来你对 PPP 和对政府很了解。

30 由于各干系人不同的目标和所关心的问题，影响了他们对哪些是风险的看法，他们据其需要和能力采用不同的策略应对这些风险，很容易产生与其他干系人的冲突。故不同观点应在最开始时就在干系人之间充分沟通，全面的信息管理和持续的沟通对避免干系人之间不必要的冲突是非常重要的。

第2章

PPP的成功要素

成功要素概论

1 不听学者言，吃亏在眼前！我从 2004 年起就一直在讲、在强调要做规范 PPP，还被批学究，现在呵呵了吧，不合规项目将面临整改和追责。我说可以打擦边球，但要打现在是擦边但将来是合规的球，不要打现在是擦边但将来是违规的球，因此了解规范 PPP，了解政策走势非常重要！（评论《财政部监察专员办事处对 PPP 项目融资模式的影响》）

2 再次提醒：应用 PPP 的首要目标是在保证质量和服务水平的前提下，提高效率/降低价格，否则意义不大，更不能作为政府推卸提供公共产品/服务责任的借口！

3 听和看、琢磨和研究、经历和实践得越多就越发现：PPP 实施好坏与民主有很大关系，涉及政治和法律体系，涉及官员和公务员表现，涉及公众和公知的意识和作为，涉及经济、环境、社会和文化……

4 利益冲突会导致项目失败，只有协同各方（主要是政、企、银、民）利益才能保证项目的成功。

5 PPP 投资大、时间长、公共性强、干系人多、法规冲突、合同复杂、管理难……别提多纠结了，绝非宣传上说的那么简单和容易操作。特别是法制、信用、公平、效率、透明、人才……哪个方面出一点问题，都可能造成官商勾结（政府/百姓倒霉），或投资者爆亏（政府/百姓也没赚）或爆赚（政府/百姓爆亏）。

6 造成 PPP 项目不可持续性的因素主要有（概括性的，括号里的则是细化示例）：①资源利用不充分（效率不高）；②未能促进社会发展与生态系统集成（可负担性差）；③人类代际不公平（寅吃卯粮）；④未能促进社会生态和人口治理（人与人之间及人与自然不和谐）；⑤没有适当措施预防不利后果（风险与应急管理差）。

7 PPP 项目的可持续性常常受到高维护成本的影响，这往往是由施工过程中的低效率和腐败所导致的低施工质量造成的。不恰当的维护计划和投资者尽可能降低维护成本的做法会使情况变得更糟，进而快速降低设施的质量，结果，从长期而言项目将对干系人不断造成麻烦。

8 做好 PPP 的大前提：国家法制、政企守信、金融成熟、市场公平、竞争充分、能力建设、咨询专业、公众参与……特别是 No competition of private sector, no value for money（没有私营部门参与竞争，就难有物有所值）。目前竞争问题：国企与民企不同起点/层次/能力……国企间竞争未能为国家带来好处（都是国家的钱，赔赚都是国家的）；而民企？唉……

9 项目成功是经常被讨论却很少达成共识的话题，其概念含糊不清。由于不同的理解，不同的人对项目成功有不同的认识，这导致在评价项目是否成功时产生分歧。Belout 认为成功与效率是同义的，如目标的实现程度，因为项目的提出是为了实现所设定的目标，项目成功就可通过这些目标实现的程度来衡量。

10 做 PPP 动机不对，有多少法规政策也没用：①做 PPP 不强调 VfM 就是为了 PPP 而 PPP，可能建设成本低了，但运营成本却高了；②目前的定性 VfM 评估几乎没有不过的（既如此，何必浪费时间和咨询费？）；③定量 VfM 不全靠 PSC，充分竞争和透明更重要；④现在不开始积累数据，多年以后我国的 VfM 评估仍将原地踏步……

11 解决 PPP 长期性造成难以预测的做法是：①签动态合同，至少要设定上下限，有重新谈判触发机制，以应对极端情况；②有调节（含调价）机制，以动态分担风险；③政企有真正的伙伴关系，合同未及事项平等协商解决……这也是咨询与律师的专业能力问题，按国际专业团体的观点，也属于职业伦理范畴。

12 Kwak 等（2009）的研究表明：影响 PPP 项目成功的 4 类因素是：①选对的投资

者；②恰当的风险分担；③优化的融资方案；④胜任的政府官员。我国在招投评标方法（还是沿用传统工程项目方法），长期风险预测、风险对价与分担管控，融资渠道和工具优化，以及政府能力建设等方面还有改进余地。

合同期限的确定和完工风险的分担

1 BOT/PPP 项目的特许期原则上一般不超过 30 年，除了现金流因素（如市场需求与价格 vs 成本），主要是由下列因素决定（书上一般不会解释这些）：①决策者（一般>35 岁）/实施者（一般>30 岁）的工作年限（一般<60 岁）/寿命（一般<80 岁）；②设施的最佳经济寿命（如火电厂一般<15 年）；③技术的寿命（如通信一般<10 年）。

2 特许期的设计主要取决于两大因素：项目的施工难度（简单或复杂）和市场特性（市场型或合同型）。施工简单的项目，可较准确估计施工期，完工风险较小，故采用单时段或双时段差别不大；施工复杂的项目，难以估计施工期，完工风险较大，应使用双时段以降低完工风险，再用激励措施调整完工风险在政企间的分担。

3 特许经营期下的 8 种设计：①选择特许经营期的结构（单时段或双时段）；②确定特许经营期的长短及形式（固定或可变）；③激励措施（有激励或无激励）。上述 3 个要素各有两个选择，可组合成 8 种设计，如图 2-1 所示。

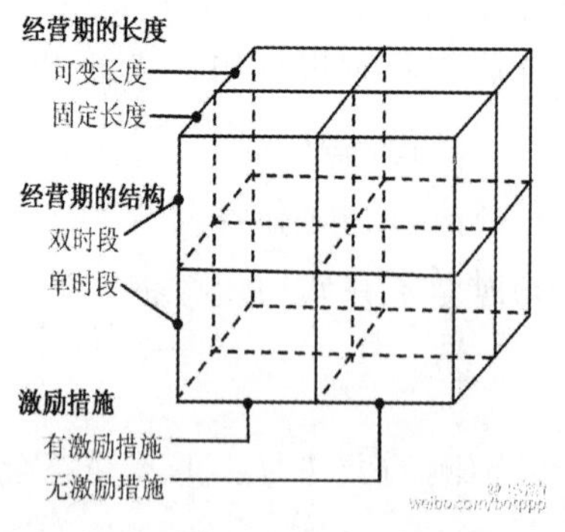

图 2-1　特许经营期下的 8 种设计

4 PPP 项目的特许期绝大多数是固定的，经营期的结构与激励措施结合可形成 4 种特许期的设计：①单时段带激励措施；②单时段不带激励措施；③双时段带激励措施；④双时段不带激励措施。激励措施可根据项目特点设计出不同奖励和惩罚措施，得出更多的特许期设计，实现不同的完工风险分担，如图 2-2 所示。

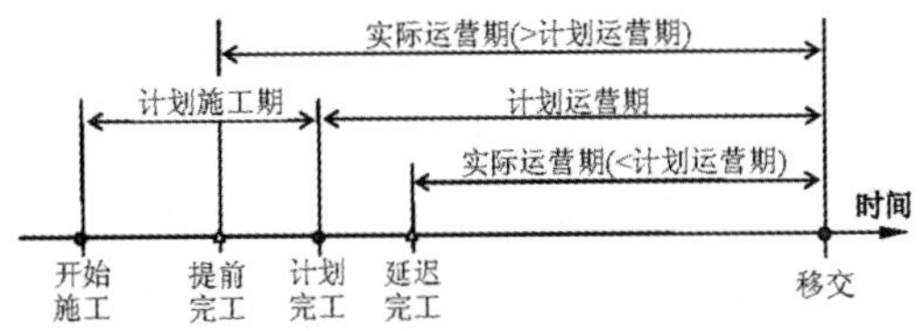

（a） 单时段不带激励措施的完工风险

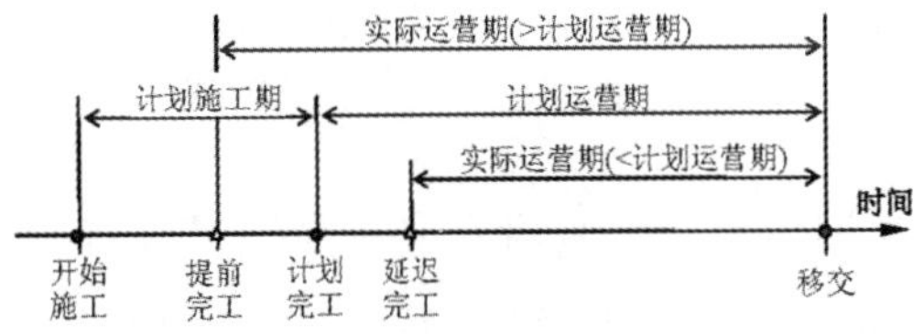

（b） 单时段带激励措施的完工风险

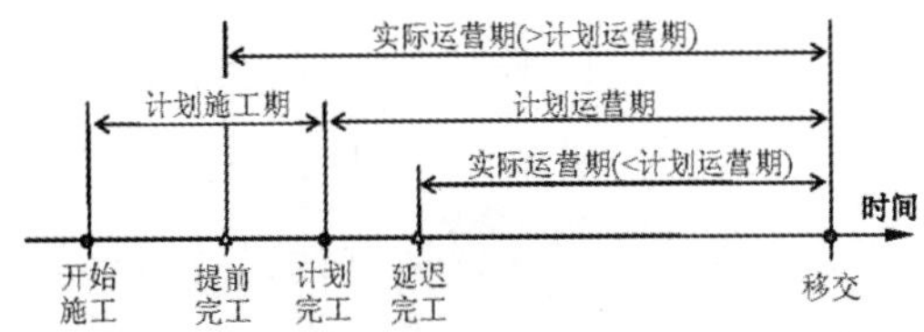

（c） 双时段不带激励措施的完工风险

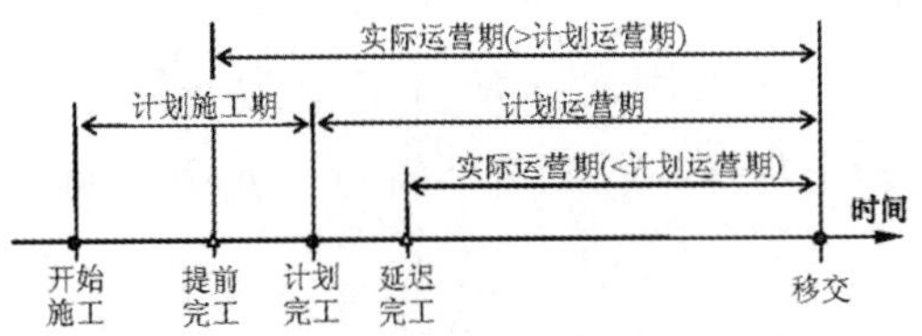

（d） 双时段带激励措施的完工风险

图 2-2 固定经营期下的 4 种方案

5 单时段下的风险分担原理：①在单时段不带激励措施的特许期设计中，实际运营期取决于完工时间：提前完工，则实际运营期比计划运营期长；延迟完工，则实际运营期比计划运营期短。故完工风险主要由项目公司承担：若提前完工，享受比计划更长的运营期所带来的收入；若延迟完工，承担因运营期缩短所造成的损失［见图 2-2（a）］。②单时段带激励措施的特许期设计与单时段不带激励措施的特许期设计类似，完工风险还是由项目公司承担，只是完工风险比无激励措施的特许期设计中的更大，提前完工，实际运营期比计划运营期长并有奖励；延迟完工，实际运营期比计划运营期短并受处罚［见图 2-2（b）］。

6 双时段下的风险分担原理：①在双时段不带激励措施的特许期设计中，实际运营期与完工时间无关：提前完工或延迟完工，实际运营期都和计划运营期相同。移交时间取决于完工时间：提前完工，提前移交；延迟完工，延迟移交。因此，完工风险主要由政府承担［见图 2-2（c）］。②在双时段带激励措施的特许期设计中，实际运营期与完工时间无关但奖惩不一样：提前完工，实际运营期与计划运营期相同，移交时间与计划相同，但有奖励；延迟完工，实际运营期仍和与计划运营期相同，移交时间延迟，但受处罚。完工风险由政府和项目公司共同分担，分担大小取决于激励措施［见图 2-2（d）］。

7 实践常见方案：合同型市场中，政府有多种激励措施选择，而市场型市场中，政府的激励措施选择较少。实践中，绝大多数的 PPP 项目都是单时段的特许期，有的还加激励措施；只有少数的 PPP 项目才采用双时段，而且一定有激励措施。

8 实践中常见的错误是特许期的设计不符合项目的特性，完工风险的分担不符合风险公平分担原则，如让政府承担过多完工风险；但若只强调把完工风险完全转移给项目公司，可能导致项目公司提高报价或提出较长的施工期来降低完工风险，项目公司可能将获得超额利润。

9 基于 2005—2015 年全球国际学术期刊发表的与 PPP 特许期相关的论文的统计，影响 PPP 项目特许期的重要因素有 63 个，分为 6 类：①财务指标；②项目可实施性；③收益；④国家特点；⑤联合体特点；⑥用户购买力。

合理的资本/资金结构

1 政府还应考虑 PPP 项目二次融资（和 ABS）后超额收益的分享问题，英国十几年前发生了投资者独享超额收益，引起较大争议。还有 ABS 后的风险分担改变问题等，这使得 PPP 合同得事先约定，又复杂了，也给懂行律师创造了挣钱机会。ABS 应主要解决投资者未来收益早变现问题，次要解决股权退出问题，以避免投机。

2 资金是实施 PPP 项目的必要条件，但谨慎挑选和策划合理的项目才有可能获得资金。

3 表 2-1 给出了各种融资方式在 PPP 项目发起阶段（投入运营前）的使用频率调研

结果，可见主办人牵头的直接股权投资和项目公司长期银行贷款是最常采用的两种融资方式，访谈对象对这两种融资方式使用频率的选择也主要集中于“经常”和“总是”。

表 2-1　项目发起阶段融资方式使用频率

编号	融资方式	很少	偶尔	不时	经常	总是	频率均值
（1）	主办人作为股东的直接投资	0	0	0	25	36	4.59
（2）	短期银行贷款（一年以内）	11	32	18	0	0	2.11
（3）	长期银行贷款（一年以上）	0	0	3	31	27	4.39
（4）	政府财政或专项资金支持	0	21	26	12	2	2.92
（5）	私人借款（如股东借款）	8	11	32	8	2	2.75
（6）	商业信用（如应付款、供应商款项）	9	15	22	13	2	2.74
（7）	融资租赁	17	32	11	1	0	1.93
（8）	发行债券	23	30	6	2	0	1.79
（9）	夹层融资（介于股和债之间）	16	27	14	4	0	2.10

4 表 2-2 是 PPP 运营阶段的融资方式使用频率，与之前表 2-1 发起阶段一样，股东投资和项目公司长期银行贷款比较常用；但有些不同：短期银行贷款和股权转让引进新股东在运营阶段也经常使用；除这 4 种融资方式外，原股东追加投资和增资扩股引进新股东也具有较高的使用频率。

表 2-2　项目运营阶段融资方式使用频率

编号	融资方式	很少	偶尔	不时	经常	总是	频率均值
（1）	主办人作为股东的直接投资	0	4	12	39	6	3.37
（2）	短期银行贷款（一年以内）	0	4	19	36	2	3.39
（3）	长期银行贷款（一年以上）	0	6	29	24	2	3.59
（4）	政府财政或专项资金支持	5	32	20	4	0	2.38
（5）	私人借款（如股东借款）	6	29	24	2	0	2.36
（6）	商业信用（如应付款、供应商款项）	3	27	26	5	0	2.54
（7）	融资租赁	27	29	2	3	0	1.69
（8）	发行债券	24	29	8	0	0	1.74
（9）	原股东追加投资	4	23	29	5	0	2.57
（10）	增资扩股引进新股东	6	18	32	5	0	2.59
（11）	股权转让引进新股东	0	4	29	24	24	3.46
（12）	发行新股上市融资	35	24	2	0	0	1.49
（13）	夹层融资（介于股和债之间）	18	41	2	0	0	1.74

5 表 2-3 中给出了我国 PPP 项目资金的来源渠道，企业自有和银行资金是最主要来源。政府资金/信托资金/基金等虽有一些应用但偏低，这一结果与国际上有较大差异（见之前发的微博），反映了我国金融市场不够成熟，政府对各机构的资金运用监管严格；也反映了我国 PPP 项目的收益性和安全性未达到保险/基金等的要求。

表 2-3　资金来源渠道频率分析

编号	融资方式	很少	偶尔	不时	经常	总是	频率均值
（1）	企业自有资金	0	0	0	24	31	4.61
（2）	银行资金	0	0	0	17	44	4.72
（3）	保险公司、养老基金、主权基金等长期资金	42	18	1	0	0	1.33
（4）	信托等其他金融机构资金	5	29	27	0	0	2.36
（5）	证券、股票等金融公开市场	40	18	3	0	0	1.39
（6）	私募产业基金/基础设施基金等非公开市场	16	29	16	0	0	2.00
（7）	政府财政资金/专项基金（政府资金）	0	29	26	6	0	2.62
（8）	外商资金	27	32	2	0	0	1.59

布衣生涯：保险和基金的安全性比银行贷款高吗？尤其后者？真心不觉得。

王守清回复@布衣生涯：结论给的是统计结果，不能说明所有个例，而且说的是保险和基金对安全性要求更高。

布衣生涯回复@王守清：我见过银行不给贷款的，保险资金杀进来了。

王守清回复@布衣生涯：说的是项目的安全性，不是说资金来源的安全性。

JerryZhao2010：就美国高速公路 PPP 来看，好像债券和银行借贷是大头，企业权益较少，保险/基金也罕见……

6 不同主办人可根据自身能力和目的，在发起阶段单独或与不同主办人组成联合体共同主办项目；也可以在运营阶段新进入或退出项目公司，减持或增持股份。不同类型和资产特征的 PPP 项目，项目公司中通常有与项目特征相一致的主要股东，也可以有与项目其他需求相应的其他股东，如表 2-4 所示。

表 2-4　PPP/BOT 项目的常见股东构成

项目类型与特征	发起阶段的潜在股东构成	运营阶段经调整后的潜在股东构成
固定资产投入大的固定资产投资类项目	金融机构+承包商+设备和技术提供商+运营管理商	金融机构+运营管理商+设备和技术提供商+承包商

续表

项目类型与特征	发起阶段的潜在股东构成	运营阶段经调整后的潜在股东构成
对核心设备系统和关键技术要求高的核心设备技术类项目	核心技术和设备提供商+金融机构+承包商+运营管理商	运营管理商+金融机构+核心技术和设备提供商+承包商
对于运营管理复杂的综合运营管理类项目	运营管理商+承包商+金融机构+设备和技术提供商	运营管理商+金融机构+设备和技术提供商+承包商

7 PPP 的融资、建造、运营和移交的特征决定其债务水平趋势（见图 2-3）。融资建造阶段因各方目标达成一致，负债比例确定，负债比变化小。运营阶段 PPP 项目的运营水平逐渐成熟，虽可能因改扩建等致负债比短期上升，但总体因移交必须无债务，负债比降低直至移交时为零。移交后政府可能改扩建/盘活资产等，可能提高负债比至稳定区间。

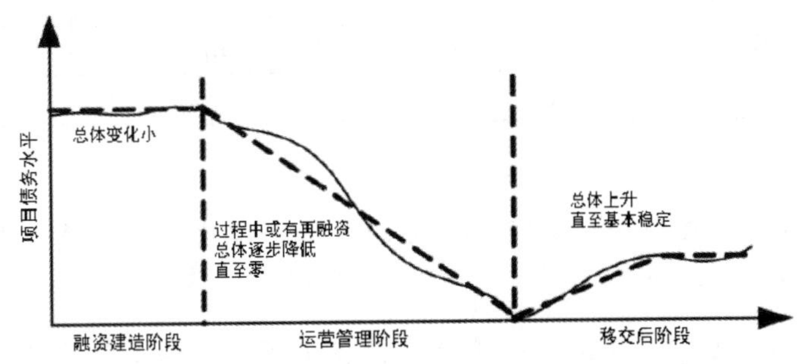

图 2-3 PPP/BOT 项目债务水平的变化过程示意图

8 关于目标债务水平的取值，实务界和学界一直有争议：①目标债务水平可以是一个具体数值；②目标债务水平更多体现在多因素影响下的合理区间。更多人逐步认同“区间”的概念。Phil Breaden 等根据经验总结了部分项目的常见债务区间（见表 2-5），多在 30%～80%，且一般在 50%以上，以发挥高杠杆的优势。

表 2-5 项目类型与债务水平经验

项目类型	常见债务水平
通讯	30%～40%
煤矿	40%～60%
电厂、高速公路	60%～70%
电力和煤气输送	70%～75%
已签订购买协议的燃气电站等项目	75%～80%

9 我国推行的是“一刀切”的项目资本金制度，项目资本金即投资者的出资额，主要特性有非债务性、收益性、不可撤销性（但可转让）。目前我国对各行业固定资产投资项目的最低资本金比例的规范如表 2-6 所示，投资规模较大的项目，资本金比例越大；城市水务/环保等投资规模较小的其他项目，资本金比例较低。

表 2-6 我国对项目资本金比例的最低要求

项目类型	最低资本金比例	对应最高债务水平
钢铁、电解铝项目	40%	60%
水泥项目	35%	65%
煤炭、电石、铁合金、烧碱、焦炭、黄磷、玉米深加工、机场、港口、沿海及内河航运项目	30%	70%
铁路、公路、城市轨道交通、化肥（钾肥除外）项目	25%	75%
保障性住房和普通商品住房项目	20%	80%
其他房地产开发项目	30%	70%
其他项目	20%	80%

Jerry_AmG：在市场环境下，实际的资本金配比决定于债权人的风险评估体系，而非政府的一纸空文。

布衣生涯回复@王守清：这是个最低要求了，更高是没问题的。当然有些项目如环保可能风险要小于某些电力，应该由投资方和债务方自主决定。

布衣生涯：最后两句讲资本金比例有问题，我国一是按照风险选择确定比例，二是将资本金比例当做了调控手段。投资规模巨大的电力行业，规模大的水电和核电，总投资超 500 亿甚至上千亿，资本金比例都只需要 20%。

王守清回复@布衣生涯：谢谢纠正。因为 140 字太少，原文较长，我删除简化后的后两句意思有误，具体看当时政策。原意想批评“一刀切”规定不合理。

10 实施资本金制度对项目有积极作用，可减少烂尾工程、确保资金到位；对放贷方而言，资本金表明投资者对项目的信心，也反映其实力，对投资者形成一种约束，促其增强风险意识、投入精力确保项目建运维，保证还债能力；对投资者而言，合理资本金可使 SPV 保持合理负债比率，有利于项目的持续稳定运营。

11 根据 Gatti 等的研究，不同项目类型的偿债覆盖率经验值如表 2-7 所示。在实际应用中，可以根据不同放贷方的要求和项目实际进行综合确定。

表 2-7 利用特许经营项目融资的各领域偿债覆盖率贷款期覆盖率

项目类型	平均 DSCR	平均 LLCR
电力：商业电厂（无包销协议）	2.0—2.25	2.25—2.75
仅一个收费合同	1.5—1.7	1.5—1.8
在涉及管制的业务的情况下	1.3—1.5	1.3—1.5
交通/运输	1.25—1.5	1.4—1.6
电信	1.2—1.5	—
水	1.2—1.3	1.3—1.4
废能发电	1.35—1.4	1.8—1.9
其他民间融资行为	1.35—1.4	1.45—1.5

12 PPP 项目是高负债资金结构，资本金由项目主办人提供，政府通过投资或补缺基金支持项目。贷款通常由商业银行、资本市场、国家或区域性开发银行提供。总之，PPP 资金提供机构有：投资者、EPC 承包商、设备供应商、出口信贷机构、双边及多边组织、机构投资者、国家银行和开发银行等。

王守清：回复@DB_TK：地方政府可能有这个目的，但投资者无利不起早，特别是民企。我担心的是如何保护公众利益。

13 项目融资是通过 BOT/BOOT/BOO/TOT 等 PPP 方式交付基础设施/公用事业的现代流行模式，指项目贷款主要基于项目运营所产生的现金流、项目资产与合同权益，放贷人对上述之外仅有有限追索权。放贷人最关注项目是否能产生足够的现金流以还本付息，投资者则关注项目是否能为其投资提供合理的回报。

14 PPP 项目的资金来自企业（第 2 个 P）和政府（第 1 个 P），但资金来源/融资工具略有不同，见表 2-8。

表 2-8 企业和政府融资工具的区别

融资工具		私营融资	政府融资
普通资金		无	普通税
特别资金		无	特别用途税
资本金		普通股	
夹层融资	资本金种类	优先股、带沽权的股票等	
	债务种类	次级贷款、次级债券、可转换债券	

续表

融资工具			私营融资	政府融资
债务	贷款		商业贷款 （银团贷款）	政府贷款、国际金融机构贷款、区域开发银行贷款
	债券	私募	项目债券	政府保证债券、地方政府债券、公开发行的公司债券、国际金融机构担保债券
		公开发行		
担保			由商业银行、信用额度、备用贷款和专业保险担保	由政府、政府金融机构、国际机构、地区机构担保
项目收入			通行费、其他捆绑项目的收入	
未分配利润			保留的盈余、保留的资金	
资产证券化			债券	无
资本市场股票的增长			股票市场波动	无
溢价回收：利用项目所带来发展的部分收益			无	房地产税的增加，资产增值，特别效果费，贡献，区域增值，空间出租，税收增加融资

15 PPP 项目特许期一般长达 10～30 年，保证项目的资金流非常重要，必然涉及项目各阶段的融资安排优化，如资金来源，表 2-9 概括了加拿大政府和联合国工业署文件中的 PPP 项目各阶段对应的主要资金来源。

表 2-9　加拿大政府和联合国工业署文件中的 PPP 项目各阶段对应的主要资金来源

加拿大产业部（2005）		联合国工业发展组织 UNIDO （1996）	
项目阶段	融资来源	项目阶段/活动	融资来源
识别、评估和开发	主办人 国家基础设施开发计划 开发性金融机构 出口信贷机构 国际金融机构 资本金/投资基金	投资前成本	主办人资本金
		投标和获取项目的相关成本	政府承担编撰招标文件、与投标者谈判的成本 投标者以风险资金承担相应成本
		项目开发成本	主办人的风险资金
建设和试运营	投资银行 非银行金融机构 商业银行	建设成本	资本金 商业银行贷款 双边/多边/出口信贷基金 机构投资者
运营	资本市场 机构投资者 内部现金流	运营成本	内部收入 短期商业贷款

16 PPP 项目类型与资产特征从侧面将影响和反映资本结构选择的前提条件，即项目应该由具有什么样能力的机构来主导，简单而言，即公共部门也应该考虑根据不

同项目的资产特征来选择不同能力的实施主体，不同的实施主体应选择具有自身优势的项目类型。

王守清：以垃圾处理项目为例，总投资通常不高，但由于垃圾处理涉及环境等公众重心关注问题，对于核心技术的掌握和特许经营期内技术更新的要求，更考验投资者在技术方面的能力，高于对建设等能力的要求。同理，投资者的经营和物业管理能力，是成功运作公用设施 PPP 项目如医院和体育场等的关键。

让自由做主：问题是，中国的企业从政府受骗太多了，企业不愿意再次受骗，我们局五六年前好几个投资项目，政府换领导了，新官不理旧账，一句话就把上亿赖掉，施工企业为了长远考虑，只能忍气吞声，现在政府又开始鼓吹 PPP，我们一直是观望状态！

捷泊停车：细分市场下的专业管理公司，就能发挥自身专业优势，承担专业类实施主体，专业管理公司与政府、投资人，形成政府监管、投资人投资、专业运营管理三位一体的格局。

17 固定资产投资大的（如路/铁/港），综合能力强的承包商和投资机构的组合有优势；对专业设备和综合运营能力要求高的（如垃圾/水处理），运营商和设备商的组合是成功保障；核心设备技术要求高的（如电站），专业技术商是关键；对综合运营能力要求高的项目（如公用建筑），综合运营商很重要。见表 2-10。

表 2-10　国际典型 PPP/BOT 项目类型、资产特征与主办人构成

类　型	资产特征	可行主办人构成	代表性案例编号
公路	固定资产投入大	承包商+投资机构	2
机场	固定资产投入大	承包商+投资机构	3、4
港口	固定资产投入大	承包商+投资机构	5
铁路	固定资产投入大	承包商+投资机构	6、7
电站	设备及综合运营要求高	设备及运营商+投资机构	8、15、17
垃圾处理	技术及综合运营要求高	专业技术及运营商	11 ~ 14
水处理	对技术的要求高	专业技术及运营商	18
公用建筑	对综合运营能力要求高	运营管理+专业投资机构	9、10

18《特许经营项目融资（PPP）：资本结构选择》对 18 个项目中各股东的职责分析发现，在发起阶段（通常包括运营阶段之前的一段时间），PPP 项目的股东通常按

照项目的关键需求进行职责分配，而具体职责通常对应了与职责相同的权益比例，体现了各股东承担的风险和追求的利益目标（见表 2-11），以顺利实施项目。

表 2-11　国际典型 PPP/BOT 项目主办人利益责任与权益结构分析

主办人类型（项目公司股东）	主要利益目标	承担责任体现	绝对控制权案例（≥50%）	参股案例（<50%）
承包商	获得工程总承包权	承担建造风险	2、3、4、6	7、15、17
投资机构	获取运营期的稳定收益	承担投融资的主要责任	5、8	3、7、14、15
运营商（含设备系统供应与维护商）	提供大型设备系统，获得运营期的管理权利	发起阶段的项目策划	8、9、10、16、17	3、4、5、15
专业技术及运营商（含核心设备供应）	提供专业核心技术或核心设备	技术应用与更新责任	10、11、12、13、14、8	—
政府或国有公司	撬动项目、获取更好的服务或收益	行政审批、信心支持	3	13、14、15、18

19 国际著名 PPP 学者 Yescombe（他写了很多 PPP 畅销书）等学者，提出了 PPP 项目的收益特征、市场风险等影响着金融机构/银行对贷款的提供。放贷方对项目现金流的要求和项目杠杆比例的要求，也对项目的债务水平提出了要求，他们提出的主要经验和建议如表 2-12 所示。

表 2-12　项目的收益类型与债务水平经验

项目类型	最高债务水平	市场风险
基本没有市场风险，已经签署项目购买或使用协议的基础设施项目，如医院和监狱等项目	90%	很低
对于已有包销协议的电厂或加工厂	85%	较低
有一定市场风险的基础设施项目，如收费公路或大型交通基础设施项目	80%	低
对于自然资源项目	70%	一般
无包销协议或价格对冲安排的项目，如商业电厂	50%	大

王守清回复：主要还是因为项目收益、合同结构、担保结构、法规体系、政府和投资者信用等（英国达尔夫大桥还做到了 99.999%、沙角电厂做到了 97% 的债务）。

20 我昨天讲课已提到，今年（编辑注：指 2016 年）以来几乎所有央企工程公司做PPP，基本上都实现了有限追索项目融资，这个项目提供了实证。不过，这个项目还是政府支付的非经营性项目，政府将来的支付能力和守约将是关键！希望能看到经营性项目的有限追索实例——肯定已有，这样就全面了。（评论郑大卫《PPP项目融资成功案例》）

政府实施要点

1 PPP 项目中，政府能提供的支持有：授特许权，减免税，担保（汇率/项目唯一性/救济等），提供补贴或捆绑盈利项目，投资（出部分资本金），放贷或协助放贷，承购产品/服务，拆迁/提供土地，供应原料/水电等，提供配套设施，分担风险（不可抗力/调节机制等），立法/发布政策，调控宏观经济……

2 企业都不愿意承担 PPP 风险，但企业最擅长实施 PPP 且财务利益至上，因此，从政府和用户角度而言，发挥企业的能力很重要，监管他们提供的产品/服务也很重要。

3 做 PPP，政府不是把提供公共产品/服务的工作甩给企业了，而是工作方式和工作重点变化了。

4 PPP 项目有政府支付、用户支付、用户支付加资源（钱/地/旅游/矿等）补偿 3 种，3 种都能降低政府当前财务支出，但只有后两种能减轻政府全生命周期财务支出（项目收费高至影响百姓生活、资源补偿影响可持续发展的情况除外），不了解这些的政府瞎做 PPP，又会类似 BT 一样形成大量地方债务（而且是长期的）；不了解这些的企业乱投 PPP，又会类似于政府不能回购的 BT。选对政府、选对项目、选对模式、签对合同非常重要！

5 PPP 项目实施前期，政府需做很多准备工作、投入大量资源，从长远而言，这些投入通常是值得的，可以把不可能实现政府整体要求或没有前景的 PPP 项目在政府蒙受更大损失或项目与政府的公信力受损之前就淘汰。我国 2014 年力推 PPP以来，落地项目比例极低，原因之一就是政府能力和前期准备工作不足。

6 王守清评论：我国各地 PPP 项目库（其实不是 PPP 项目库而仅是项目库），多数连（预）可研都没有（有些还不适合 PPP），直接就 PPP 招商，项目很多参数未定，要么没法谈要么结果差异极大，加上各方能力不足和动机不一，典型的摸着石头过河，即使谈成，但走流程时若可研或其他未过，政企的时间和资源都浪费了。

墨者流徽回复@王守清：那您觉着有希望推广吗？现在地方领导张嘴闭嘴就是“3P”……但最终也基本都是个噱头。每次做项目都觉得很捉急啊！

王守清回复@墨者流徽：中央的方向是正确的，各地做法在逐步改进当然需要一个过程。

7 政府在 PPP 项目准备中常见错误之一：对想从项目中获得什么及相关产出要求缺乏认知（只关心上项目不关心用户需求）；缺乏对项目的领导权（条块分割）；项目团队资源和知识不足（PPP 涉及面广）；选择投资者主要基于成本而非经验和产出；项目干系人缺乏有效参与（特别缺乏公众参与机制）。

8 政府准备 PPP 常见错误之二：缺乏对投资者高层的了解和接触（不敢），不了解市场（期望不切实际）；让投资者做政府能做更好的事（不作为）；缺乏对政府相关部门履约权力/意识的认知（越权/违约）；招标过程与法规冲突（招投标法或政府采购法）；过于紧急的项目准备计划（领导太急）；发布不完整信息（让猜）。

9 对政府而言，充分准备 PPP 项目是一项艰巨的任务，但若把这项任务分解为一系列清晰的步骤和流程（很多也适用于传统政府投资项目），就可大大简化过程。政府不要期望拥有所有必需的智力资源，需要经常聘用法律/技术/财务/环保和其他领域的专家，正确选择和管理咨询也是政府面临的挑战。

10 做 PPP，政府的工作量不是减少了，而是前置了：可研、立项、评估、招投标、谈判……再加上特许期内对投资者所提供产品/服务的质量/服务水平/价格的监管，这期间的工作简单了但不是不重要了。

11 做 PPP 时，如果觉得有些政府官员的理念过时或做法不对，投资者可采取各种方法去影响官员，例如，在企业内训时，邀请相关政府官员免费参加，让知名学者的理论和业界专家的实践知识去间接影响他们，可能比自己去说服更有效，毕竟学者/专家多是公平和中立的，有时会起到意想不到的效果，利于公平谈判。

12 政府的支持和承诺对 PPP 项目的成功实施非常重要，但过多和直接的参与和干预会降低效率，无法发挥企业的能动性和创造性；政府的工作重点应放在如何授权及建立法规和机制上，全程监管企业所提供的产品/服务的价格、质量和适合度，保证公众利益。

13 PPP项目中，尤其是对百姓生活重要的，谁对谁错暂不讨论，但政府一定要有应急方案！因为如果项目出问题，百姓骂/找的不是企业，而是骂/找政府！所以我一直说“提供公共产品/服务是政府的终极责任，PPP不是政府推卸责任的借口“。（评论《河南杞县疑因两部门发生矛盾致全县停水》）

14 余杭事件再次提醒有关官员和投资者：任何项目特别是PPP项目，若可能引起社会不和谐或政权受威胁，项目可能取消，或牺牲企业，所以项目立项和评估时一定要考虑百姓，有公众参与机制，即PPP应是PPPP，最后一个是People!（注：2014年5月10日，杭州余杭区中泰乡九峰村5 000余居民抗议规划中的垃圾焚烧发电厂，少数人在抗议过程中堵截杭徽高速，拦截过往车辆，围攻追打前往依法处置的公安警力和无辜群众，推翻甚至焚烧车辆。）

工程法律师评论：3P改4P吧，趁着国内刚要起步推广！把人民的利益放在首位，符合我党执政方针。近来的政策提人民少了，提PPPP比PPP概念好！

王守清回复工程法律师：最好不用3P代替PPP，特别是跟老外交流时，因为英文里3P是另一个很那个的意思，用P3还更好，但被一个很有名的项目管理软件占用了。因此大家都还是用PPP，虽然中文发音不好听。

zjyue1016评论：Public不仅可以指政府，也可以指公众，况且政府代表的就是人民，这里PPP中的第一个P是否可以理解概括了People的含义。

王守清回复zjyue1016：本意是应包含People，但如果没有公众参与机制、透明机制和民主机制等，很难保证官员会代表百姓。

---

15 公用事业（如供水）PPP项目还必须包含有效的有利于弱势群体/贫困人口的条款，即要求投资者提供“普遍服务”，这类PPP项目的失败往往与缺乏照顾弱势群体/贫困人口的措施有关。根据用户情况进行差异定价或提供交叉补贴能照顾他们，但现实中往往考虑不足（若政府不考虑，企业更会忽视）。

16 地方政府规范运作PPP是最重要的，但其理念与中央的意图差距很大，加上中央把地方政府想为百姓谋福利和发展经济及出政绩而必须自己和平台公司举债投资的路掐断了，只能一窝蜂乱做PPP，难指望好结果。

17 企业说，评劳模要盖的章比投资要盖的少多了。我们在 PPP 立法调研时企业也反映，过去 PPP 都是政府让企业负责办手续，往往要多花 3~6 个月时间。故 PPP 法（征求意见稿）中的精神是，政府应负责或协办手续，以缩短时间，提高效率。可现实中还是难，即使政府现在力推，当然政府负责的事也多了，如 PPP 方案/VfM/承受力……

18 昨到北京市财政局 PPP 中心评审某 PPP 高速公路实施方案和物有所值评估报告，北京各界 PPP 代表性大咖到场，评审工作简单但研讨极热烈。结论：目前做 PPP 的障碍主要在审批流程上，迫切需要政府各部门特别是中央部委之间的协调，这等于各部委要先革自己的命，故极难，所以，建立部级之间的协调机制迫在眉睫。

19 在基础设施/公用事业特许经营（PPP）项目中，对“政府授权”的理解应至少从 4 方面考虑：①传统投资模式所需的政府所有审批；②PPP 相关的政策与规章（目前国家无专门法律）和相关的法律如公司法/税法/会计法/招投标法/政府采购法等；③政府的级别（最好县级或以上，或有其授权）；④行业主管部门。

20 #暑期读书再悟#政府核心职能之一是制度的建立和维护，含法律和制度体系，以保障经济和社会的政策运转。对公共产品/服务而言，政府提供方式不一定是生产，也可是使用者付费或政府购买；不一定是购买设施，也可是购买产品 /服务。

21 制订基础设施/公用事业项目发展计划或项目优先级清单是政府向投资者展示发展计划和示范高级别政策承诺的好方法，但一般不要承诺具体 PPP 方法，而是罗列所需的投资、政企合作关系、政府计划发挥 PPP 作用的方面，经试点后再择机制订具体行业的 PPP 方案。大家理解财政部示范项目库的意图了吧？

投资者实施要点

1 王守清回复@桃李春风 1 杯酒：除了工程技术知识，还得补财务、会计、金融、法律、管理等方面的知识，取决于做 PPP 哪方面的咨询（因为 PPP 涉及面太广了），PPP 咨询不是一个人能做的，需要一个复合型团队。

2 投资 PPP 的第一步是选择项目和政府：单个项目（如资源、电厂/供水/废水/物处理厂、路桥隧）好做，多个项目或多个用户（如城镇化/产业新城/智慧城市/棚户区、综合管廊/流域治理）难做；财政收入多/守信用地方政府的项目好做，反之难做；经营性好做，公益性难做；短期好做，长期难做。

3 不是危言耸听，建筑业企业和个人都必须转型升级，特别是大企业和现在三十几岁以下的个人，企业得做 PPP，个人得成复合型；若不改变，后半生的职业发展会成问题。就图 2-2 中图（b）而言，十几年前美国斯坦福大学对美国建筑业的统计结果与之类似（但波动性没那么大），建筑业生产效率几乎没啥提高。（评论《麦肯锡：建筑业瓦解时机已经成熟》）

4 因为 PPP 的核心是流水作业，批量复制，一波未平一波又起，这样才能以战养战，以项目带项目。“持久”和“连续”是 PPP 企业步入正轨的标志，是一个企业人才储备和资金实力以及业绩积累的充分体现。而偶尔做一两个，还不在一个行业里，那是纯属玩票，没有任何意义。（评论《2016 国际承包发生了什么？》）

5 投资者不是慈善家，银行不是冤大头，政府不是弱者，百姓也不是鱼肉，唯有公平和共赢，PPP 才可长期成功！PPP 项目 3 类主要投资者：①产业商，项目是其产业上下游或与其核心业务相关，如有核心技术或成套设备者；②承包商等专业商，通过投资参与项目的规划、建设或运营，如高速公路等通常由承包商发起；③金融机构，有与设施资产特征匹配的资金优势，通过投资和/或放贷参与，如产业/保险/养老/教育/家族基金等。

6 不少建筑业老板告诉我，做 BOT/PPP 项目特别是国际 BOT/PPP 项目，的确最难的是 3 点：①不太懂融资安排优化且项目融资难做到有限追索；②不太懂项目所在地法律法规且极少国内律所能提供咨询而国外律所又极贵；③市场需求很难预测准确。前两点花钱找咨询尚可解决，第 3 点就是找了咨询也不敢全信其结论啊！

杜继锋律师评论：项目环境变动风险，BOT 项目建设期有几年，但运营期更长达十几年、数十年。此间，项目所在地的政策、经济环境、运营条件等在不断地发生着变化。有时候，条件好得不得了，有时却差得要命。对了，刚想起来，判断 BOT 项目的收益，有点像炒股，风险大，有赚有赔啊。

王守清回复杜继锋律师：所以“长期”项目与“短期”项目本质不同，一定要转变观念，任何一方都不可能单独预测和承担长期风险，一定要有动态调节措施甚至重新谈判和退出机制。

贾怀远-国际工程律师评论：中国的企业对海外的 BOT/PPP 项目还是谨慎些好，相对比较安全的地方也就是在亚洲区域。对于工程领域的企业而言，对某些项目可以考 EPC+Financing+Shareholding 的模式，把短期的工程收益演变为长期收益。

王守清回复贾怀远-国际工程律师：是应该慎重，中国工程企业缺人才缺经验。你说的形式很对，是 BOT/PPP 基本模式的变化，可减轻风险。国际 BOT/PPP 非常强调几个优势互补强强联合的股东（跟政府关系强的企业+EPC 商+运营商+金融实力强的机构等）。

膜术师小陆评论：我觉得还有一个问题，就是喜欢做国际的按照国内的习惯来……不能适应国外的监管。

王守清回复膜术师小陆：你说得很对。我讲课时经常跟中国企业特别是国企/央企说“几个千万”：因为 BOT/PPP 项目时间比承包项目长多了，千万不要认为在国内能搞定的事情在国外也能搞定，千万不要以为能搞定短期的事情也能搞定长期的事情，千万不要把在国内做项目的方式简单地带到国外去！

7 在刘三姐的故乡和邓小平百色起义战斗过的地方——长寿福地，神奇河池参会，给我 1 小时，我多讲了 15 分钟，又答问 15 分钟。从所提问题看，民企最担心的还是政府没有契约精神，再次验证了我之前一直说的法制和政府信用是民企做 PPP 最担心的问题，项目层面的问题都不是事儿。

8 央企工程公司做 PPP 的理想目标地是全国一线城市（但项目很少）、财政情况较好或政治上可做但财政不一定好的二线城市（项目较多），省企工程公司可能就只好做本地或周边的三、四线城市的 PPP 了，更了解当地情况，不与央企正面竞争（无论是资金实力还是融资能力等可能略逊一些），也许还能分一杯羹。

9 目前一些 PPP 项目的投标中，出现一些零回报、零资金成本的报价。政府千万不要被忽悠了：没有利益（直接或间接、短期或长期的利益），企业是不会干的，因为他们不是慈善家，也许他们应用了不平衡报价或打算偷工减料或利用合同不完善索赔或利用 PPP 项目的公共产品属性敲竹杠或撂挑子等对策……

汆粜：业务中会发现，真正聪明的群体是政府官员。零回报或零资金成本多半是达成默契后的排他手段，在建设期（不用等换届）就会以其他形式补偿了。

王守清回复@汆粜：也有这种可能，所以要信息公开、公众参与监管（官员和产出）、问责官员等制度。

10 民营企业在决定参与 PPP 项目前需要仔细评估自身的优势（Strength）和劣势（Weakness），以及当前面临的机会（Opportunity）和威胁（Threat），见表 2-13。注意，不同民营企业、不同地区的项目和政府都不相同，要针对具体项目，参考表格具体分析，并依此决定是否投资该项目，以及做出合理全面的投资计划。

表 2-13　民营企业参与 PPP 项目的 SWOT 列表

优势列表（S）		劣势列表（W）	
分　组	单　项	分　组	单　项
优势 1 对市场开拓的迅速决策和创新	市场灵敏度高 自主决策 创新性强 体制灵活 运营效率高	劣势 1 自身内部经营问题	资产负债率高 整体竞争力不强 经营行为不规范 结构松散和聚合度低
优势 2 自主经营能力	符合国情的服务网络/销售方式 能动性强 产权清晰	劣势 2 对外沟通的地位和能力	谈判时间长 谈判成本高
优势 3 内部组织结构和管理能力	职工/管理者素质较高 管理/经营水平先进 内部治理结构日益完善 资源运用能力强	劣势 3 投融资方面的问题	融资困难 与政府谈判能力不足 投资空间狭窄
优势 4 对已有市场的竞争优势	市场竞争经验强 适应市场能力强	劣势 4 参与基础设施项目的直接问题	PPP 项目经验缺乏 组织结构的协调能力不足 风险承担能力有限 对公用事业建设的认识局限
优势 5 投资公用事业的前提条件	拥有剩余资金/资源 制造/经营成本低	劣势 5 企业可持续发展的限制	规模小 发展观念/战略淡薄

续表

机会列表（O）		威胁列表（T）	
分　组	单　项	分　组	单　项
机会 1 国家的宏观社会环境	政府宏观管理/监管的增强需求 国内外 PPP 项目的成功经验 创新方法的推广应用需求 行业稳定性日益加强 业界/政府对 PPP 的了解加深	威胁 1 政府管理相关的问题	地方保护壁垒/部门垄断 项目审批繁杂 观念障碍/所有制歧视 采购模式缺乏竞争/透明度 社会服务体系不完善
机会 2 国家的宏观经济环境	国民经济持续发展 人民生活水平进一步提高的需求	威胁 2 国内 PPP 模式应用的局限性	PPP 风险管理不适当 PPP 人才匮乏 PPP 管理体制不完善
机会 3 社会对民间资本的看法	对非公有制资本的政策变化 民营企业社会地位得到认可	威胁 3 国民经济波动	利率反常 通货膨胀率反常 汇率反常
机会 4 政府引进民间资本的积极态度	融资政策的积极变化 政府对 PPP 的支持和激励措施 公共基础设施建设的巨大需求 PPP 相关法规的逐步颁布	威胁 4 可能遇到的社会问题	公众对项目的反对 各方责任界定欠缺 政局的不稳定
机会 5 政府在公用事业领域的缺陷	政府投资效率低 政府财政压力过大 政府管理/运营效率低	威胁 5 基础设施领域市场化特定限制	权益保障障碍 外部融资渠道不畅 项目参与限制过多 退出机制缺失 合同处理耗时冗长
		威胁 6 国家法律环境问题	法律法规不完善 法律变更

11 #促进民企 PPP# 民企参与 PPP 的 SWOT（优势、劣势、机会、威胁）分析（见表 2-13）与如何利用优势的具体措施（见表 2-14）。

表 2-14 对应于优势列表的措施建议

优　势	具体措施
优势 1	制订立足公用事业投资领域的长期计划，主动寻找可投资项目和合作伙伴
	利用外部资源，避免因自主决策引起的决策失误和局限
	建立和完善企业技术创新体系，将企业研发摆在组织架构的重要位置；建立有效的技术创新机制，从制度上保证企业技术创新的动力和源泉
	实施企业战略管理，确立企业的长期发展目标
	发挥高效率优势，以独资、合作、联营、参股、特许经营等多样化方式，参与经营性的基础设施项目建设

续表

优　势	具体措施
优势 2	制订长期计划，正确引导能动方向，避免盲目滥动
	明确投资者、经营者及员工在企业中的产权，确保企业健康长久地发展
	凭借先进的网络和销售方式，着眼于投资能引起其他资本的注意、公共部门的兴趣的公用事业，以求最大可能地获得合作
优势 3	建立人力资源管理制度，职工素质可持续发展，避免人才流失现象
	凭借管理水平优势，与政府合作经营，帮助政府从管理事务中解脱出来
	加快治理结构的完善，考虑与他方合作后，内部治理结构复杂扩大化后的管理
	凭借高效运作，建立信用凭证，获得外部各方信任，使得进入公共事业领域更加顺畅
优势 4	将零散的竞争经验程序化，树立科学竞争意识，引领企业更加规范地运作
	为获得发挥自身强适应能力的优势，树立自身品牌，实现自身与经济社会的协调发展
优势 5	建立高效的激励机制，调动拥有剩余资金者融资的积极性，将剩余资金/资源切实有效地利用起来
	凭借低成本制造/运营的优势，积极寻找公共部门等合作伙伴，互相弥补不足

12 #促进民企 PPP# 民企参与 PPP 的 SWOT（优势、劣势、机会、威胁）分析（见表 2-13）与如何弥补劣势的具体措施（见表 2-15）。

表 2-15　对应于劣势列表的措施建议

劣　势	具体措施
劣势 1	采用由地方政府、民营企业各出一部分资金入股的 PPP 形式，或与经济实力强劲的国有企业联合投资形式，以减少负债
	提升管理水平、促进技术创新、开展市场营销，从而全方位提升整体竞争力
	避免盲目的扩张和多元化经营，注重在经营专业化的道路上扎实前进，选择自己较有优势的技术、产品或市场营销能力的项目，集中企业的优势资源，实施专业化运营模式
	实行所有权与经营权的独立管理层经营模式，使公司管理经营科学化和专门化
	强化企业文化建设，要在企业中逐步形成重视人才、尊重人才和崇尚科学技术的文化氛围，并逐步形成统一的企业价值观，增强企业的凝聚力
劣势 2	及时准备并呈送谈判所需的全部报告和可行性研究资料，主动沟通交流，跟进谈判的每一个进程，并促成谈判每一个环节的顺利进行
	努力获得尽可能大的股份，确保在项目公司董事会的控制权
	建立有效的激励与约束机制，控制谈判成本中内部因素最小化
劣势 3	运用企业内部职工集资和社会集资等方式，筹集民间零散资金；运用政府参股、挂牌上市，争取政府担保与保险、政府出口信贷和优惠贷款，或与有政府背景大公司合作等方式，筹集公共部门等集中式资金
	保持和政府及高层官员的良好关系，加强沟通，做好政府部门对民营企业进入公共事业领域投资顾虑的思想开导工作
	与有声誉的合作伙伴，尤其是中央政府代理人或国有企业建立联盟；或者寻找所在城市商业银行和农村信用社的参与机会，积极参与合法化的私募基金和民营银行等机构的投资机会
	保持适当且最优的基础设施投资规模，调整和优化基础设施投资结构

续表

劣　势	具体措施
劣势 4	获取政府准确信息，挑选最合适的、经验丰富的伙伴，在合作合同中事先设置争议解决条款
	积极改变政府部门原有干部的观念问题，保持良好关系，提高管理者自身素质来提升组织结构的协调能力
	事先确定调价公式，签订合作协议以分散风险
	积极积累和学习 PPP 经验，拓宽对公共事业建设的认识程度
劣势 5	完善组织架构和制度，重视人才培养并签订正式劳动合同，建立专业化运营模式
	走联动一体化之路，发展混合经济、股份合作制经济或股份制经济
	建立或加入各种协会、商会、同业公会，通过各种制度建设和非正式交流活动的组织，促进商务合作
	实施企业战略管理，培养从高层管理者到基层每个员工的战略竞争意识，强化企业文化建设，建立共同的企业价值观

13 #促进民企 PPP# 民企参与 PPP 的 SWOT（优势、劣势、机会、威胁）分析（见表 2-13）与如何利用机会的具体措施（见表 2-16）。

表 2-16　对应于机会列表的措施建议

机　会	具体措施
机会 1	分析宏观政策走向，选择合适发展方向（电厂、路桥、通信、公共服务、基础设施等）
	分析国内外 PPP 项目运作的成败经验，结合自身情况，建立合适的项目运作机制
	引进创新的项目建设技术方案和项目运作机制
	积极推动与政府间的项目谈判，规范化的合同谈判和合同文件的签订和管理
	认真地完成项目，建立长期信誉，为以后的项目做铺垫
	帮助拟定相关的政府文件，促进政府项目运作的规范化
机会 2	分析不同地区的需求缺口（西部地区基础设施跟不上，东部发达地区，人们对基础设施的需求量有进一步要求）
	积极借助中介机构和信息咨询机构，了解各种项目信息
机会 3	投身公用事业，用优质的工程（专家技术财务指导，建设监理，信息公开）提高公众信用
	积极拓展民间资本投资空间，向民间投资成分比较小且当前国家大力发展的基础设施行业发展
机会 4	依靠政府的法律支持积极拓宽融资渠道（担保法等），分散融资风险
	依靠政府政策、信用支持，积极促成融资过程的合同谈判、缩短谈判时间
	利用政府的税收支持，合理安排财务计划
	分析宏观政策走向，选择合适发展方向（电厂、路桥、通信、公共服务、基础设施等）
	充分获得政府的财政支持，在项目建设过程中利用政府的示范效应吸纳更多的社会资金
	加强与银行财团的合作，促进资本的积聚

续表

机　　会	具体措施
机会 5	积极组织社会民间资本参与政府公用事业
	扬长避短，采用竞争招标等形式选择优秀的运营商、承包商，提高建设效率
	发挥运营优势，引进国内外先进管理方法，加强成本管理，提高利润率
	加强项目的规范运作，提高运作过程中财务的透明度

14 #促进民企 PPP# 民企参与 PPP 的 SWOT（优势、劣势、机会、威胁）分析（见表 2-13）与如何削弱威胁的具体措施（见表 2-17）。

表 2-17　对应于威胁列表的措施建议

威　　胁	具体措施
威胁 1	通过宣传或召开高级别的 PPP 专题工作会议，使政府各部门、社会各界对民营企业以 PPP 形式参与基础设施建设有一个更清楚的认识
	利用上级政府的协调机制，协调下一级行政区域基础设施的共享性和流域性问题
	寻找政府亟须的投资项目，比较容易获得政府的积极配合
	提高项目运作效率，缩短项目前期时间
	采用创造性的技术方案，缩短项目建设周期
威胁 2	设计合理的风险分担结构
	积极培养熟悉 PPP 知识的专业人才
	配备金融、财务、法律、合同、保险、技术、行政等各方面组成的顾问小组
	预先辨识风险，特别是合同条件中隐含的一些风险，预见风险后果并提出风险防范办法，一方面在合同谈判时争取得到招标方的谅解，修改风险分担不合理的合同条件；另一方面在招标方坚持不同意修改合同条件时，可以在项目实施时注意防范风险，还要准备一定的风险费。最好在合同签订前，就提出合理的风险分担方案和预防措施
	建立经济实力比较强的企业联合体，充分利用国有企业和民营企业的各自优势，合理控制风险
	明确投资风险的分担方法和渠道，以消除投资疑虑
	利用完工担保、缺额担保、“或取或付”合同等，分散转移相应的各种风险
威胁 3	合理安排固定利率与浮动利率的比例，对利率波动进行预测，积极应对
	与政府共同承担风险，即在一定的比例之内的利率变化由参与方承担，但在利率变化超过此比例之后由政府补贴项目公司的损失
	针对通货膨胀，可以和政府或对项目产品有需要的第三方签订长期购销合同分担供应风险；可采用固定定价方式，然后在整个合同履行期内按照某一预定的价格指数加以调整
	要将项目运营期间的收费或价格能够与成本相关并在合同文件中以公式的形式进行规定，并根据现实情况允许进行适当的调整，设定上下限
威胁 4	积极争取政府的支持，充分利用政府的示范效应
	为风险投保，转移风险，或获得政府担保

续表

威　胁	具体措施
威胁 4	使用相应的金融工具，为远期打算
	在合同中明确各方的权益和义务，将各方的风险分担和权益界定清楚，并在项目执行过程中做好文档的记录和归类
威胁 5	积极争取政府的支持，充分利用政府的示范效应
	建立合理的项目管理机构，协调好项目各方的关系，建立规范的合同文本
	聘请高水平的咨询公司，包括法律顾问、技术顾问和财务顾问等，做好前期的可行性研究
	一方面要积极认真的完成项目；另一方面要加强与政府的良好合作
	在与政府签订特许权协议时，一定要明确政府所能给予的权益保障来源
	了解项目所在地负责项目的政府官员的信用，区分清口头承诺和切实承诺，落实到合同文档
	明确政府的投资回报政策以及竞争保护政策
威胁 6	项目立项前，对国家相应的法律法规进行仔细的分析，并对类似项目的运作环境进行分析
	政治风险的主要管理策略是投保，向商业保险公司或其他官方机构投保政治风险，也可以在项目融资过程中引入多边机构，达到风险合理分担目的
	如果没有相应的法律法规，一定要规范行事，包括合同文件的制订等，或争取政府颁布项目专营办法
	在不损害政府利益及不违反中国法律的前提下，尽可能遵照国际惯例行事，以使项目进展顺利，尤其是顺利完成融资
	积极获得政府的支持，协调好与政府的关系

15 推 PPP 还是应促进民企，因为：①央企/国企不用促进，也会参与；②回归 Private 本质，省得 Private 难译，与老外也难交流；③政府对央企/国企更多还是靠行政/乌纱帽去管理，很难用合同管理（谁敢让央企/国企破产？）；④民企动起来（当然很难），才更有活力和效率（改革开放时的包产到户就是实例），当然要严格监管。

16 听说目前央企工程公司做 PPP 的内部审核标准是：施工利润 12%～15%（会分些利润给财务投资者如基金），自有资本金 IRR8%～12%，总投资 IRR6%～10%（因他们只做大项目，利润额还凑合）。当然，趋势是好项目越来越少，且后两者能否实现，看各方是否遵守合同、项目及大环境是否出意外……

王守清评论：有央企补充：“内部收益率综合在 15%。”这对工企是不错，但对政府和公众，若 PPP 比传统模式贵太多，意义就不大了。还有国企补充：“目前的现实投标情况是，价格竞争越来越惨烈，收益率越来越低，而且还根本无从考虑对政府违约、项目不规范导致的投资失败等因素附加的风险溢价。”各地各企业各项目很不同呢。

17 讲 PPP 应用于公路时一再提醒投资者：如果在现有免费路上升级改造为收费路时，一定要保障百姓的既有通行权。拔高一点，决策和实施者要尊重人权也；再拔高一点，决策和实施者要有人性也。

18 昨天（编辑注：2015 年 2 月 13 日）听说：如果央企在项目公司控股，即使是相对控股（<49%股份）且母公司没有提供担保，国资委也认为项目公司的债务是母公司的责任（即要合并报表），两三年前开始有此规定的。这是真的么？求核实。若是真的，PPP 不可能做到有限追索，央企的融资优势也不大了。

als909：那就是说只要合并报表就算母公司债务？之前听一个讲座，那个老师说了一句在中国国企做 BOT 项目，在 T 的这个环节好像存在 T 不出去的问题……

王守清回复@als909：现在已有法律对 PPP 还有障碍，他说的有可能。

WaterOnTheRiverbed：如果央企是境外公司，得看项目公司的治理结构符不符合并表要求，会计师事务所点头才能并。

19 投资者常见的错误是忽略对相关法规的研究，造成得不到许可，项目胎死腹中的结果；有些国家银行不愿按有限追索放贷，投资者会面临如期融资和完全追索风险的困境；或在实施过程中，由于法律变更导致项目无法继续或利益受损（如英法隧道项目中，由于政府对运载火车的安全要求比投资者预期的高，导致制造成本大大超支）。图 2-4 是 PPP 项目的风险分类。

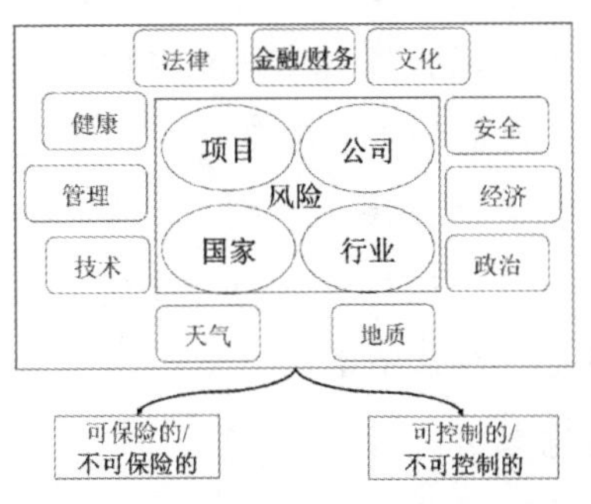

图 2-4　PPP 项目的风险分类

20 承包商参与 PPP 的主要目的：通过投资创造出项目；通过承包收回投资；通过运营延长业务期；通过全过程集成转型升级提高竞争力。目前我国承包商参与 PPP 的主要目的多为前两项，希望以后能变成四项。

21 从国外趋势看，目前，专业投资管理机构发起的基础设施或公用事业投资基金在项目融资中逐渐扮演了重要角色，以市场化、专业化投资基金的形式，参与了大量 PPP 基础设施项目的投资。

谁丢了帽子：我一直想进这类企业。

王守清回复@谁丢了帽子：国内几乎没有类似，但有在琢磨的。麦格理在国内也有做 PPP，但反映，在国内做 PPP 太难了。

谁丢了帽子：王老师，是不是目前国内这类机构暂无？

王守清回复@小清唇：例如麦格理，构建了全球最大的基础设施投资管理机构，认为对长期机构投资者来说，配置基础设施资产与其业务特征是非常匹配的。从养老基金、主权基金、保险资金等机构中调动资金，使用组合策略投资于基础设施项目，最初主要投资在澳大利亚，随后快速扩展到了世界各地。

22 对投资者而言，好项目指：经营性项目在特许期内收入稳定且足够还本付息加利润，准/非经营性项目政府有财政补贴/支付能力且守信用。项目可通过适当选择加合理策划，使之适用于 PPP。懂 PPP 与相应法律法规政策、财务、造价、融资、保险、市场、技术、管理、政治等复合型知识与经验的可以策划出合适方案。

问：现在好项目很少，是真的吗？好项目的标准是什么？好项目可以研发出来吗？我们这些人能研发吗？

王守清答：是真的。对投资者而言，好项目指：经营性项目在特许期内收入稳定且足够还本付息加利润，准/非经营性项目政府在特许期内有财政补贴/支付能力且守信用。在一定前提下，项目可以通过适当选择加合理策划，使之适用于 PPP。懂 PPP 与相应法律法规政策、财务、造价、融资、保险、市场、技术、管理、政治等复合型知识与经验的可以策划出合适方案。

追问：看来大部分人个人单干不行，换个问法，如果研发策划出一个好项目的合适方案，这方案能卖出好价钱吗？

王守清答：当然，过去两年咨询（含律师）就靠这个赚钱。

23 承包商在投资基础设施的决策时切勿跟风而上，盲目投资。要保证投资决策的科学性和投资的成功率，首先必须做好企业参与 PPP 投融资发展战略规划，这是承包商参与基础设施项目投融资前需要做好的基础工作，应参考的依据包括政治环境、经济环境、行业现状等，具体如表 2-18 所示。

表 2-18　承包商制订发展战略的决策依据

决策阶段	决策与评估依据		依据内容
企业PPP投资战略规划分析——外部环境	政治环境	政治的稳定性	目标市场国政局的稳定性、政府对工程市场的干预度、法律法规是否健全
		外交关系	目标市场国与我国的外交关系、接受援助情况、是否为 WTO 成员或我国公司是否享受双边或多边优惠待遇、受到制裁情况
	经济环境	经济现状	人均和总体 GDP 或 GNP、价格水平、高新技术产业占工业的比重、近三年的物价指数和通货膨胀率
		经济发展趋势	国民经济与社会发展以及行业、地区发展规划、经济增长率、经济开放度、经济危机预警指标
		利率和汇率	利率和汇率的波动、国内实际利率水平、汇率的可持续性、汇率担保
		其他因素	吸引或限制投资的相关政策、指令性贷款与投资、银行业对政府提供资金、经济中的拖欠、政府在控制和管理中的作用
企业PPP投资战略规划分析——外部环境	建筑业与相关产业现状	建筑业	建筑业在目标市场国所占比重、行业与地区发展规划、当地机电设备采购和租赁条件、建筑材料供应与价格、当地技术规范和标准的要求和限制、行业合作伙伴与竞争对手
		金融保险业	外汇储备额、货币和汇率的稳定性、业主支付的保险、受理工程保险总额、保险险种与保险费费率。
		交通运输/通信	交通运输业情况、通信业情况
		劳务市场	目标市场国劳工法与劳工政策、劳务的工资水平、当地技术工人状况
		制度因素	相关政策法规、监督与计量准则
	承包工程市场现状	经营基础	中国公司的经营基础、合作伙伴
		市场的隶属性	目标市场的隶属关系、世界最大 225 家承包商在该国的市场份额
	PPP 项目情况	成功典型案例	项目概况、投资结构包括建筑企业与设备供应商参与投资的情况、项目公司、融资结构、担保结构、设计与工程承发包、保险、政府参与和控制的情况、投资效益、成功经验/失败原因
		失败典型案例	
企业PPP投资战略规划分析——内部环境	企业战略发展规划规状		企业发展阶段、企业产品构成、目标市场、企业经营理念、经营手段、经营模式
	企业能力与条件		国内外市场竞争力、市场覆盖、市场信誉
			企业资源储备（资金、设备、技术、人才、管理、装备）现状与利用效率
			企业内部产业链前后延伸现状与需求（项目策划管理、咨询/设计、配套机电设备产品或其他服务）
			资本运营的经验、EPC 能力

续表

决策阶段	决策与评估依据	依据内容
企业PPP投资战略规划分析——内部环境	企业能力与条件	与银行或非银行金融机构、投资机构合作互动的可能、获得金融机构综合授信额度、投资贷款的可能性与优惠条件
		承担和应对风险的水平与能力
		企业合作方式、与国际承包商及供应商的合作伙伴关系、EPC合作经历、操作控制力
	企业竞争环境	主业竞争环境、行业盈利水平、竞争对手竞争模式
		主业盈利水平、盈利模式、盈利潜能
		主业市场容量与增长趋势
	参与 PPP 的能力与条件	国内外大型工程承包经验、EPC 承包经验、参与 PPP 的经验与条件
企业PPP投资战略规划建议	根据上述分析，并基于上述条件，建议建筑企业将资本和核心竞争力有机地结合起来，融投资商和承包商为一体，由建筑产品建造服务提供者转变为工程项目的拥有人和运营管理者，实现多元经营战略与发展主业（施工服务）相得益彰的目标。并在此前提下提出 PPP 投资战略规划（目标市场、地区、投资行业、投资规模、投资/合作方式、投资及回收时间计划、投资效益目标、投资执行机构），上报企业经营领导层研究	
企业PPP投资战略规划决策	企业经营领导层研究分析、研究、评估、完善 PPP 投资发展战略规划建议，并向企业董事会提出，经董事会（战略规划委员会）与经营层进行充分沟通、交流、研究，确立企业 PPP 投资战略规划意见，提出企业 PPP 投资方向及重点，交由经营层执行，并随时对重大投资项目进行监控	

24 作为牵头的投资者，选择适当合作伙伴组成联合体一起投标 PPP 项目非常重要，须做到优势互补、强强联合，而且伙伴数量不宜太多，一般是 3~4 家。2004 年北京实施《特许经营办法》、2006 年升格为《条例》前后多数 PPP 项目的中标项目公司都有一个共性，都是由三家企业组成，这就是上述原则的一个体现。例如，在某地投资一个 BOT 电厂，最好有当地控制电网的国有公司合作，他们对当地情况更了解且对政府有一定影响力，境外合作方则往往具有较好的融资渠道和管理经验，设计建造商则能更有效地控制建造风险（特别是工期延误和成本超支），设备供应商则能够提供高效的设备和运营设备，他们参与都直接有利于项目的成功，这是一个强强联合的策略问题。另一个原因则是《公司法》中的规定：如果母公司在子公司的股份超过 50%（绝对控股）时，子公司的债务就是母公司的债务，即要合并财务报表。3 家企业组成项目公司，就可避免某家企业股份超过 50%，

避免合并报表，以实现项目融资的有限追索。

25 投资者运作 PPP 项目，须从银行贷款，故很有必要了解放贷者的要求：还本付息取决于项目在合理的假设条件和现金流敏感度分析之后，证明 PPP 项目可行；融资计划中要采取措施保证特许期内项目产生的现金流量收益足以支付现金流量支出包括还本付息和运营成本，并留有一定余地以应付不可预见事件和相关费用。

安大胖子：施工方做 PPP 项目的优势在于前期大量资金投入通过施工回笼了，而大量资金其实是银行贷款，所以十几年的银行贷款是银行必须面对的风险。

王守清回复@安大胖子：这是因为“可用性付费被曲解为建成后的可用性而非全生命周期内的可用性，直接造成了目前政府付费类 PPP 项目普遍重建设轻运营的问题。”

第 3 章

PPP 的实操要点

交易结构与支付方式

1 PPP 这个词本身不具备法律意义，是描述各种涉及政府和私营企业以某种方式一起工作的合同安排，包括合同期内双方承担的权利和义务。不同形式的 PPP 可能存在涉及政府和私企融资与风险分担的各种组合，反映对风险及基于行业和市场性质的私企角色变化的不同承受度。

2 PPP 的本质是政府授权企业去提供本该由政府提供的公共产品或服务，涉及建设与运营提供这些产品或服务的项目，可以笼统分为功能性（不一定有产权，有也最终移交）和实质性（有产权，不移交）两类 PPP，并根据企业职责特点，又有不同的具体的合同安排/名称/模式。

3 PPP 项目涉及参与方多、专业性强，项目公司的股东和管理层、各专业服务提供机构（如承包商、供应商）之间存委托代理关系，如政府与投资者之间、承包商与项目公司之间。如何构建和评价项目公司的合理股权结构，以降低委托代理成本、实现各方的最优目标，是投资者的重要考量。

4 BOT/PPP 项目的支付设计非常重要，直接影响项目效率和服务水平。一般应考虑：①可用性支付（设施建成并开始提供服务时才支付，固定值）；②绩效支付（若服务达不到标准，将扣减支付额）；③用量支付（多用多支付；若低于最低用量，得不到全额支付）；④移交支付（取决于合同——有偿或无偿移交）。其他项目也可借鉴。

5 基于可用性支付的 PPP 对发展中国家含中国政府的挑战是政府的长期支付能力和相应预算安排、需求的准确预测和稳定性、产出要求的明确定义和严格监管。这种 PPP 的典型特征是政府向企业购买产品/服务而非购买设施，是政府治理的变革之一，政府多作为股东，参与全过程，与企业成为真正伙伴。

时间之新欢：王教授，PPP 与 BOT 到底有什么区别？我在网上查了但还是感觉有点模糊，谢谢您。

王守清回复@时间之新欢：没必要纠结这些概念，你只需知道 PPP 是笼统广义概念且包括 BOT。

s-小米儿：王教授，国立大学搬迁项目，能否采用 PPP 推进？该项目盈利点会在哪里？谢谢。

王守清回复@s-小米儿：来自教育预算、学费、住宿费、实验室使用费和经营性设施如食堂、咖啡馆等。

6 基于可用性支付的 PPP，起源于独立发电厂（IPP）的购电协议（PPA），政府或其国有电网公司按或取或付（Take or Pay）合同支付电费（若是私营电网，则非 PPP），政府兜底需求风险。后来扩展应用于各种处理类项目如污水/垃圾项目，再至社会项目如学校/医院/养老院/监狱等。

7 对公益性和准经营性 PPP 项目而言，是由政府根据设施/产品的可用性（Availablity）支付，需求风险由政企双方分担。这种 PPP 对相关细节特别是产出要求的定义和监管、政府的配合和财政支付能力、项目招投标方法等有很大影响。

8 基于可用性由政府支付（公益项目）与使用者支付（准/经营性项目）的 PPP 适用性和做法主要不同：前者的需求可明确定义且在特许期内不会显著变化，政府要兜底（如签 Take or Pay）但基于绩效有奖惩；而后者的需求难准确预测，政府可能兜底但更多是政企双方通过调节机制分担需求风险。

9 PPP 项目的范围和产出要求（而非做法）应尽量明确，如道路应含几条车道？等级/服务/绩效水平？路线？或建轨交是否更好？PPP 项目失败的主要原因之一，往往是政府对项目的确切范围和产出要求不明确，这会导致之后的变更，进而造成企业索赔/政企扯皮/政府成本或违约可能增加/绩效下降。

10 基于可用性由政府支付的 PPP 项目，在一些国家也叫做年金计划，如果年金与项目绩效（PPP 合同的重要内容）无关，这些做法本质上就是政府借款的另一种形式，很难说是规范性 PPP；如果不能提高效率/服务水平，意义不大；另一个问题是政府的长期财政承受力，若政府后来支付不起，违约可能性增大。

11 即使是使用者付费的完全经营性 PPP 项目，也可能造成政府的或有债务，例如，如果政府在合同中向投资者担保了收费高速公路的最低车流量，则一旦实际车流量低于担保最低车流量时，车流量缺口部分就是政府的或有债务，因此，政府财政承受力评估应该考虑或有债务。

12 许多 PPP 项目高度依赖于其他设施，如火力发电厂取决于燃料供应交通和电力传输网。这些设施的状态和可用性的确认非常重要，要在相关协议的条款中体现，交易对手的信誉对项目的可行性特别是融资可行性非常重要，必须在法规和相关协议中明确界定责任，这是政府准备项目的工作之一。

13 不存在一个可适用于所有或多数 PPP 项目的固定模式，每个项目都应根据自身特点和参与者的管理/技术/资金实力等优化所用模式，以物有所值，主要原则是发挥政府和企业各自优势，企业做不了或不愿做的由政府做，其余由企业做，但政府要监管价格/质量/服务并分担风险和收益，且监管是以统一的法规进行的。

14 工程企业投资者是 PPP 项目建设期的实质控制人，故建设期不能退出，运营期可退出但受约束如有一定锁定期（如 3~5 年），以避免质量出问题；PPP 效率多是通过集成设计、建设与运营实现的，参见之前@熊伟_同济 从经济学解释 PPP，若投资者不能集成优化全过程，就难提高效率、抵消较高的融资成本。

调节和调价机制

1 BOT/PPP 项目中常见的收费调节机制与作用：与消费指数挂钩以降低通货膨胀的影响，与汇率挂钩以降低汇率波动的影响，与需求挂钩以降低需求变化的影响，与原材料价格和质量挂钩以降低价格和质量起伏的影响……

2 收费调节机制与作用（续）：收费的成本构成分析很重要，收费可以设计成组合收费，也可以单一收费……要对产品/服务的价格做成本构成分析（并区分固定成本和变动成本），找出各占百分比，分别设计调节机制。

3 PPP 收费调节机制主要有指数调整法：如与消费指数、汇率、需求、原材料价格/质量等挂钩；此外还有标杆评定法和市场测定法。后两种主要是项目公司对分包商提出调价要求而进行价格评估的方法；政府有时也会在投标时明确首次行使价格标杆评定的时间和期限。

4 图 3-1 是某国 Gautrain 高铁 PPP 项目中，政府给出的运量担保，也是动态调节风险的例子，有意思的是，投资者得承担最低运量风险（如果运量低于一定量，投资者倒霉），这样可倒逼投资者认真做好可行性研究，避免投资者投机。

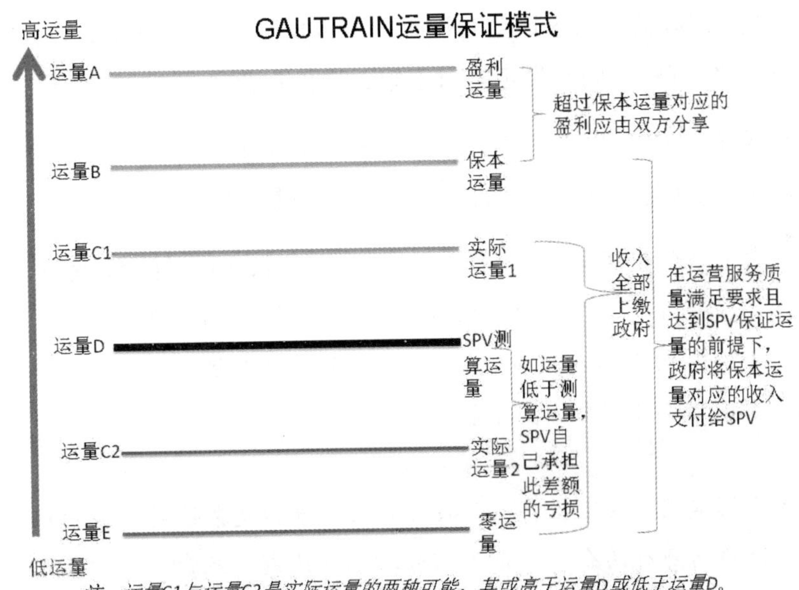

图 3-1　某高铁项目的政府运量担保模式

5 对长期项目如 BOT/PPP 项目，任何一方都不可能单独预测和承担长期风险，故一定要有动态调节/调价措施甚至重新谈判和退出机制。调节/调价时就要区分固定成本和可变成本，以公平和易于谈判，图 3-2 特别适用于电厂/水厂等政府购买产品的 BOT/PPP 项目，对其他 BOT/PPP 项目或非 BOT/PPP 项目也可借鉴。

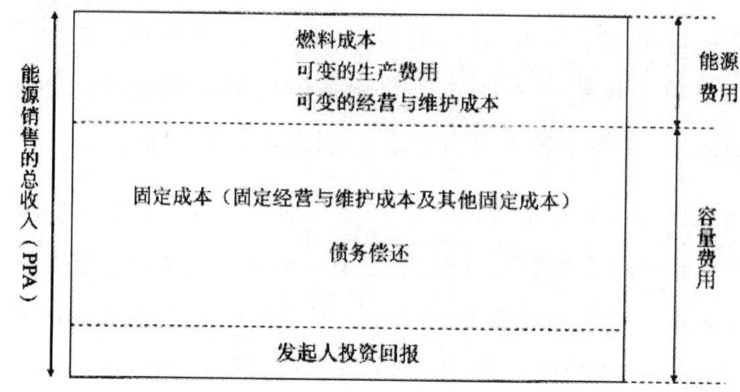

图 3-2　根据成本构成设计动态调节/调价模式

6 动态调节以公平动态分担风险的例子是，BOT/PPP 交通项目采用影子价格（政府而非终端用户支付投资者），根据交通流量不同区间设定不同的支付水平，既促进企业投资（因降低了需求风险和回报的不可预测性），也激励企业提高服务（支付与服务水平关联），同时设定支付上限，避免企业暴利。

7 工程承包或投资（BT/BOT/PPP）项目的风险应对/处置的主要具体措施无非是三类：签好合同、买适当保险、准备应急的钱（不可预见费/备用资本金/备用贷款）。

8 越来越多大中型企业在尝试 BT/BOT/PFI/PPP 项目，但项目管理特别是合同/风险管理不加强，项目可能就会变成噩梦！特别是国际项目，规范的合同文本一般长达成百上千上万页（国内一般只是几十页）。千万不要套用国内合同！千万不要沿用国内不正当（如行贿）方法！

青青山影提问：实际上，PPP 项目的长期性和复杂性对政府管理的要求极高，最关键的问题有两个：一是如何分担融资比例、融资方式；二是如何分担长期的运营风险。此外，有研究表明，PPP 项目的融资成本一般要高于债务融资。如果国家实施 PPP 战略的目的是减债，从而减少纳税人的负担，那我只能呵呵了。对么王老师？

王守清：回答青青山影：基本正确，但理论认为，如果能更好地分担与转移风险给企业，并提高效率，高出来的融资成本可被抵消（通过集成优化设计、建设与运营），此即 VfM 原理。另外，政府支付和用户支付的 PPP 项目也有不同。

9 监控 PPP 财政风险工作量大、需专业知识，很多国家已建立专门的 PPP Unit（PPP 机构）。负责 PPP 和预算内项目财政风险监控的 PPP Unit，可设置在财政部之下，包括发展改革委、央行、银监会等代表；其他与 PPP 相关的专业 PPP Unit 则可设在专业部委或地方政府之下。

10 西班牙至今约有 10%的 PPP 项目公司破产，这不仅说明投资 PPP 的风险，也说明西班牙的 PPP 真正实现了政府向投资者转移风险。英法海峡隧道 PPP 项目公司也破产了。如果一个国家没有 PPP 项目公司破产，说明这个国家的 PPP 做法对政府和公众可能不是公平的。

11 国际上绝大多数 PPP 项目都是基于有限追索（limited recourse）的项目融资（project financing），以实现风险分隔，但我国直至 2005 年才有有限追索的 PPP 项目，现在虽越来越多（如投资者仅需抵押质押收费权等即可贷款），但有限追索项目的比例还是极少，主因之一是金融系统垄断和信用担保体系不完善……

12 很多国家上网电价实行两部制电价：①容量电价（生产能力造价），由政府制定；②电量电价，由市场竞争形成。容量电价按一定区域内所有电厂的平均造价而非某个电厂的造价确定，实行同网同价，并保持相对稳定，可促使各电厂投资者尽量降低项目全寿命期单位成本，避免建造非生产性设施。

13 影子价格合同的 PPP 公路中，SPV 总收入一般基于两部分：可用性支付+车流量支付，但很多近年项目中，总收入还与下列指标挂钩（也叫绩效支付）：维护状况、交通事故率、事故抢救效率、因维护而关闭的小时数、服务站水平等。政企谈判焦点是资本金 IRR、贷款成本、资本金成本、DSCR（放贷方底线是=1）。

14 采用影子价格合同，政府的支付还可以根据不同车型定价（当然取决于自动识别车型的信息统计系统），并担保最低车流量，即政府承担最低需求风险。若车流量预测错误，政府可能承担了过大的需求风险，故影子价格与特许期要综合考虑，设计为动态机制，甚至考虑在极端情况下，要辅以使用者部分付费。

15 车流量预测在全世界都是难题，且都偏乐观，特别是政府及其咨询，甚至还有政府把咨询的预测人为提高，因此有“乐观偏见”一词。PPP 合同中的解决办法就是双方都预测，达成合同车流量，然后加上动态调节/调价机制和重新谈判触发机制（即设定上下限），加上其他风险分担措施，形成柔性或动态合同。

项目公司/SPV 管理

1 PPP 项目公司与常规公司的区别主要是 PPP 项目公司的典型寿命周期（阶段性），产品性质区别（公共产品和市场产品），产品定价/调价机制（政府主导），注重资本金和贷款结构与比例、与风险高度相关和多方深入参与的价值判断难度等。

2 BT/BOT/PPP 项目中投资者成立项目公司的好处至少有：①便于投资者股东的进出和财会税处理；②有可能以项目公司名义贷款，实现有限追索，分割风险；③利于项目化管理，责权利对等，考虑全寿命期最佳；④利于投资者享受项目所在地公司待遇。

CHEN_CCCC 评论：中国的银行对以项目公司名义贷款还是比较保守吧？

王守清回复 CHEN_CCCC：是的，这正说明了中国法制和金融体系的不成熟，银行的保守和垄断、不愿承担任何风险［发达国家 PPP 多是财务投资者和金融机构在主导，而我国是（工程）企业；发达国家银行的利润来源多元化，而我国银行利润绝大多数靠利差］。

3 #PPP 项目公司组织形式#之 1：合作经营，又分：①法人式：投资合作方组成具有法人资格的合营实体，有起诉/被诉权，承担全部债务责任，设董事会为最高权力机构；②非法人式：合作方不组成具法人资格的实体，各方都是独立法人，合作方可组成一个联合管理机构也可委托一方或聘第三方管理项目。

4 #PPP 项目组织形式#之 2：股权式合资经营，由投资合作方共同组成有限责任项目公司，共同经营/分担风险并按股权分利润。项目公司作为借款人，将项目公司资产作为贷款的实物担保，以项目收益作为还本付息的主要资金来源。各合作方向放款人提供有限担保，有限承担项目公司偿还债务的责任。

5 PPP 项目治理中常见问题：项目经理及其团队有限的资源配置；团队管理不善或频繁变动造成缺乏连续性和知识传递；决策时过分依赖于咨询；团队权力不足，小决定也要上报；受治理构架之外机构的干扰，以至于没人知道谁是真正的管理者；资源管理含对咨询管理不善；董事会规模过大，无法及时决策。

6 对 PPP 项目实施有效项目治理，成立董事会制度是比较有效的制度，成员包括政府相关部门代表（得指定牵头负责部门并给予授权）、项目其他干系人和独立成员，但通常不包括外部法律、财务、技术、环境等咨询（但必要时他们可以列席会议）。

王小永北京：让政府参与肯定乱套。

王守清回复@王小永北京：我说的是政府对项目的治理特别是项目立项、招投标和谈判等前期阶段。

7 治理应用很广，如公司治理、项目治理。良好项目治理概念是由 Abednego 等提出的，有助于评估 PPP 项目的绩效，其关键要素为：公平、透明、可问责、可持续、效力/效率。这些要素可进一步细分为子要素，每个子要素又可细分为关键点，如表 3-1 所示，这些关键点可用来识别 PPP 项目中的治理问题。

表 3-1 良好项目治理关键要素细目［来源：Abednego & Ogunlana（2006）］

<table>
<tr><td rowspan="11">公平</td><td rowspan="3">项目设计和计划文件</td><td>项目设计和计划负责专家的选取</td></tr>
<tr><td>项目设计和计划发展过程</td></tr>
<tr><td>计划/设计/进度变更的管理过程</td></tr>
<tr><td>合同文件</td><td>合同文件发展过程</td></tr>
<tr><td rowspan="3">政府规章/法律/政策</td><td>与私营部门参与有关的现行政府规章</td></tr>
<tr><td>与私营部门参与有关的现行法律体系和法律</td></tr>
<tr><td>对私营部门参与的建设项目有影响的现行政策</td></tr>
<tr><td rowspan="4">项目采购</td><td>私营部门选择过程</td></tr>
<tr><td>建议书评估方法</td></tr>
<tr><td>评估准则</td></tr>
<tr><td>项目采购策略/方法</td></tr>
<tr><td rowspan="7">透明</td><td rowspan="3">信息管理</td><td>信息管理系统</td></tr>
<tr><td>信息分类</td></tr>
<tr><td>通讯方式</td></tr>
<tr><td rowspan="4">财务管理</td><td>财务状况</td></tr>
<tr><td>项目融资/投资策略</td></tr>
<tr><td>激励/补偿计划</td></tr>
<tr><td>支付机制/程序</td></tr>
<tr><td rowspan="3">可验证性</td><td rowspan="3">用户/社会参与</td><td>公众参与过程</td></tr>
<tr><td>项目需求分析</td></tr>
<tr><td>经济及社会影响分析</td></tr>
</table>

续表

可验证性	质量保证	施工监理
		分包商选择过程
		价值工程运用
	管理能力	项目管理培训系统
		公司经验水平
可持续性	干系人管理	基础设施开发计划
		干系人管理方法
		协调程序和实施
		争端解决办法
	运营和维护管理	基础设施运营策略
		基础设施维护计划
	组织结构	组织决策制定方式
		组织的层级系统
效力/效率	项目监控系统	进度报告系统
		项目评估过程
	项目管理	文件形成过程

8 据老外对3个典型PPP案例的研究发现：影响项目公司政企双方关系的5个主要因素是：股东责权利不明确，利益冲突，三角关系，各方目的不明确，各方组织结构不清晰。

9 影响 PPP 项目公司的外部组织因素主要是项目实施方责任与项目使用方责任之间的不同、政府部门在项目利益与项目许可与批准过程中的可问责性的不同，后者是因为政府部门在监管与执行法规方面的责任与项目公司在法规约束下交付项目产品/服务的责任是不同的，即政府相关职能部门（线）与项目公司（点）间的冲突。

10 PPP项目公司中企业股东对政府股东及政府股东主管部门的相关信息、责任和决策流程的清晰了解，有利于项目公司政企股东之间合作和项目的如期成功实施。

11 PPP项目政企合同责任与项目相关组织之间协议脱节，如项目设施的最终用户（政府部门或国有公司或公众）与签约政府方（项目授权方）及项目公司（实施项目者，建设和运营设施）并无直接协议，对项目公司股东之间的合作是不利的。

12 PPP项目政企双方的4个干系人（项目的政府或其授权实施机构、项目公司政府股东、投资者/企业、项目公司企业股东）之间的合同与非合同关系对项目公司有很大的影响，一定要好好梳理、协调、谈判、签约并聘请合适的主管。政企股东对项目公司外部关系有共同认识有利于股东之间的合作。

13 如果政府部门或其主管的国有公司在 PPP 项目公司中占有股份，对项目实施过程中获得政府的相关审批是有帮助的，但这种做法有点敏感，特别是如果项目公司是从代表政府占股份的政府部门自己或其上级获得相应的审批，要注意避免利益冲突。我国物有所值（VfM）评估该由哪个政府部门批准就是类似的问题，呵呵。

投资测算/财务评价/决策评估

1 选择 BOT/PPP 项目，3 个最基本也是最重要的问题一定要研究清楚：项目的期望收益来源（特许期内是否可持续）；项目资产的产权和处置权（各国法规不同）；项目相关合同权责的分配及与相关法律的吻合（一环扣一环）。否则，迟早要出事。

2 从政府/社会的角度，决定是否要上一个 PPP 项目，应至少评估 5 方面：该项目是否必须？进行常规可行性分析；要否应用 PPP？进行 VfM 评估；若用 PPP，应用哪种具体模式、关注哪些要点？进行比较分析；如何选择投资者？要进行哪些监管及如何监管？确定 Output Specification、绩效关联支付、公众参与等。

3 实施 PPP，评估要点有：①经济/政策合理性；②技术/合同/环境/社会可行性；③配套设施情况/界面/依赖性；④可融资性：企业兴趣/市场容量/融资条件/信用；⑤可负担性：建设/运维/融资成本+合同条款和期限等；⑥可交付性：主办人管控全过程能力/相应法规健全/政府审批顺利/进度合理/干系人支持（via Akin）。

4 PPP 的定量评估 PSC（Public Sector Comparator，公共部门比较因子）方法，即定量化的公共部门投资成本/效率核算：假设公共部门能采用最有效的方式融资和实施项目，提供与 PPP 方式提供相同的产品或服务，计算项目全寿命周期成本，并根据投资风险对成本进行调整的现金流模型，得出净现值等财务指标，作为比较。

胡药师的救赎评论：PSC 和 VfM 从概念看只适用政府，对吗？而且真要换算还挺费劲。我感觉就像实物期权之于私营部门决策，理论上最合理，但仅供仰望，着实不好用。

王守清回复胡药师的救赎：是的，学术界也对此有争议，现在英国政府似乎已放弃之。我讲课时给我国官员推荐的是基于对政府投资项目审计结果取平均值作为比较和评估PPP效率的简化方法。

5 政府购买服务的PPP项目（特别是销售渠道是政府控制的）在做财务分析与谈判时，往往需确定基准情景，即政府须承诺的最低支付额（SPV符合绩效要求时政府担保的需求量×影子价格）。从政府角度而言，这个支付额仅保证企业不亏本或微利，政府需求超过一定量时，得降价，以鼓励企业提高效率扩大利润。

6 交通PPP项目收益不足的6大原因：①区域内现有的交通网络造成竞争而非互补；②对经济发展和需求的不现实、不准确预测；③其他机构开发的竞争性项目；④使用者不愿甚至抵制支付所确定的收费；⑤有提供类似服务但免费的传统项目；⑥连接至该项目的配套不完善。做交通类PPP项目得解决上述问题。

7 应特别关注交通量的预测以实现预期收入，公路用户初期往往不习惯交费，他们大多宁愿绕行。若没把这个现象考虑到一定现实量，用户量就会高估，对项目的成功构成严重威胁。项目公司应尽最大努力做准确交通量预测，不能迷信政府的可行性研究，政府往往也无法承担需求风险。

8 银行常用本息覆盖率（DSCR）评估项目，并知风险随项目（建造/经营）阶段变化，但利率在贷款期内一般固定（其实是在贷款期的前期低估了风险/降低了利率，而在后期反之），故根据不同阶段调整利率和要求不同担保是银行管控风险主措施，投资者也可根据对风险的预测适当采取二次融资和组合融资等，降融资成本。

布衣生涯：10%的资本金项目要求项目本身很好，否则生存能力都成问题，资本金内部收益率反而更低。我国资本金制度要求最低资本金20%，出现10%的项目也是违规的。

王守清回复@布衣生涯：当然。

9 投资者更常用资本金回报率（ROE）而非投资回报率（ROI）评估项目，资本金和贷款的比例（本贷比）影响ROE：其他情况相同时，本贷比越高，ROE越小，银行风险越小；本贷比越低，ROE越大，银行风险越大（因运营收益与还本付息额之间的缓冲越小），故银行要求的利率越高。PPP 项目，本贷比一般在 1∶9~3∶7。

nicoxu：1∶9？！

王守清回复@nicoxu：10%：90%。

nicoxu 回复@王守清：我就惊讶资本金那么低！

王守清回复@nicoxu：法制、担保、金融和信用体系成熟的国家就容易做到高杠杆，发达国家可低至 5%~10%资本金，发展中国家则要 10%~30%或更高。我看到的国内最低资本金项目是我国第一个 BOT 即沙角二期电厂的 3%，全球最低的是英国达尔夫大桥，约等于 0%。

10 王守清回复@杜继锋：是的，可以预见的风险要谈好，不能预测到的风险更要谈好。//@杜继锋：@王守清 从实践经验看，在最初的 PPP 合同中事先安排未来变更、退出时的清算、补偿机制很重要。如此，无论何种情况导致项目变动，各方的利益仍将有保障。//@杜继锋：也证明合同中约定退出时的机制的重要性。

熊伟_同济：除了合同安排，产权安排也很重要。您的学生做的项目控制权的安排也是解决此类问题的途径之一。

王守清回复@熊伟_同济：是的，但公共设施产权问题在中国比较难研究，涉及法律；但之前已毕业的博士盛和太研究的资本结构也相关，现在还有一个博士生打算继续盛和太的研究。

11 财政部推 PPP 的 2014 年文件说，因 PPP 项目提供的是公共产品，回报率应在 8%~10%。这不是说 PPP 协议中写回报率 8%~10%，而是双方尤其是政府做财务测算的取值（对产出要求明确的如电厂水厂，据此可推算出政府期望的单价，作为招标评标的参照之一）。若投资者效率高，在同样质量、服务和价格时，回报率可高于 8%。

王守清评论：例如，来宾 B 电厂评标时，60%的权重是电单价，法电与阿尔斯通联合体最终以 0.40 元左右/度中标，但 ROI 在 17.5%以上，而第 4 名联合体要价是 0.70 元左右，ROI 不一定有这么高。这就是法电联合体的竞争力和效率的体现：在提供同样质量和服务的前提下，要价最低，但还有可观回报率（ROI、ROE、IRR 等）。

12 Stambrook 通过大量的案例研究，提出了“谁最终承受 PPP 项目的失败或破产”的问题，指出政府和纳税人将为此承受更大的风险，对政府如何预防失败、破产提出了建议措施，例如规定投资者最小权益资金比例、将一定的风险转移给纳税人或用户、明确破产处理机制等。

13 Zhang 的研究显示，PPP 项目的本贷比在 20∶80～35∶65 较为合适，30∶70 是最合适的，与项目实际情况相关，低风险项目甚至可以 0∶100，如英国的 Severn 大桥；风险增大，就需要提高权益/资本金比率，以此满足债权人的要求。

14 风险管理就是对所有识别出的每个风险采取回避、转移、减轻、分担或自担策略，应用合同、保险、准备金或应急方案等应对措施进行管控，别漏球了，长期项目如 PPP 项目尤为重要。

15 PPP 项目公司与其他公司有共同点，也有两个独特之处：①在确定公司债务融资规模时非常关注金融机构和公共部门的态度。②PPP 项目建设运营期长，投资风险较大，需要构建多种专业能力以满足项目需求，由运营商、技术提供商和金融机构等共同投资，持有项目公司股权，可合理分担风险。

神经质的人类-啊哦：王老师您好，金融公司和公共部门意见不一致该如何平衡呢？

王守清：回复神经质的人类-啊哦：只能折中协调，因为任何一方不同意，都没法签约。

16 无论是讲 PPP 还是项目管理/项目计划与控制，我都会提醒听众：不冒风险挣不到钱，但冒风险，最怕的不是已知的未知/风险，而是未知的未知/风险（识别风险很重要）；一定要考虑对风险的控制力（最有控制力的去承担相应风险）和承受力（不要承受不在承受力之内的风险，否则会跳楼）。

17 PPP 要做到有限追索，下面的确是基本条件：基础设施和公共服务项目需现金流稳定，使用者及政府的付费要能覆盖贷款本息。若使用付费者为公众，若未通过价格听证，应追加有效抵押担保方式；若项目完工后无法通过价格听证的，应立即停止放款，并要求客户立即还本付息和有关费用。（评论安邦咨询《大规模 PPP 自摸的游戏没意义》）

18 调动企业的特别是长期资金，在发展中国家是挑战。应区分项目本身的风险或风险组合与资金长期供应的风险（如金融市场与流动性风险），对后者风险，可通过多边金融机构（如世行/亚行）或世界各地政府贷款降低（把这些风险转移给更有能力的第三方），否则商业银行和投资者不愿提供资金。

19 在绝大多数国家，长期（如 15~30 年）的贷款很难甚至不可能获得，多数都是 3 ~ 10 年的贷款，需要不断有新贷款接替已到期贷款，但如果旧贷款到期而新贷款未能获得（或即使获得但利率升高）的风险就需由投资者承担（故融资优化很重要）；若投资者不能还本付息，则造成债务违约，放贷方将实施介入权或其他保障程序。

20 PPP 项目财务评价与传统的不同：①对企业，计算期从项目启动到特许期末，若免费移交则无残值；对政府，计算期有 2 个：项目启动到项目经济寿命期末、移交到经济寿命期末。②PPP 协议会对产品/服务价格/需求/通膨/利率/税率等做约定，将直接影响各方收益/风险。③项目参与方多，分析结果需体现各方收益。

> 诗情画意 smile：传统指的是？
> 王守清回复@诗情画意 smile：政府投资的提供公共产品/服务的项目。

21 PPP 项目财务评价指标：①对政府：自偿率（SLR）——反映政府的财务负担；移交后净现值（NPV）——表示政府的收益；资金价值（VfM）——表示运用资金的效率。②对投资者：特许期内的净现值（NPV）或内部收益率（IRR）等——表示企业的收益。③对放贷方：债务偿付率（DSCR）或利息保障倍数（TIE）——反映借款方还本付息的能力。

22 问：做 PPP 项目财务评价时，现金流量表中建设期和运营期是分开或合并？答：取决于评标准则和特许权合同。一般不分开，因特许期多是单时段（建设期和运营期合并且多固定年限）；但对建设风险较大的项目，特许期也有双时段（建设期实报实销，运营期多固定）；要综合考虑特许期/价格/市场需求等。

23 PPP 项目的财务分析并用如图 3-3 等形象表示成本构成和动态变化非常重要，如果没有项目参数的确定、没有成本数据的积累、没有对市场需求和其他情况的尽职调查与合理预测等，谈判与投资决策就是“4 拍”（拍脑袋、拍胸脯、拍大腿、拍屁股）！如果政府与投资者或其咨询不懂，结果就像买彩票。

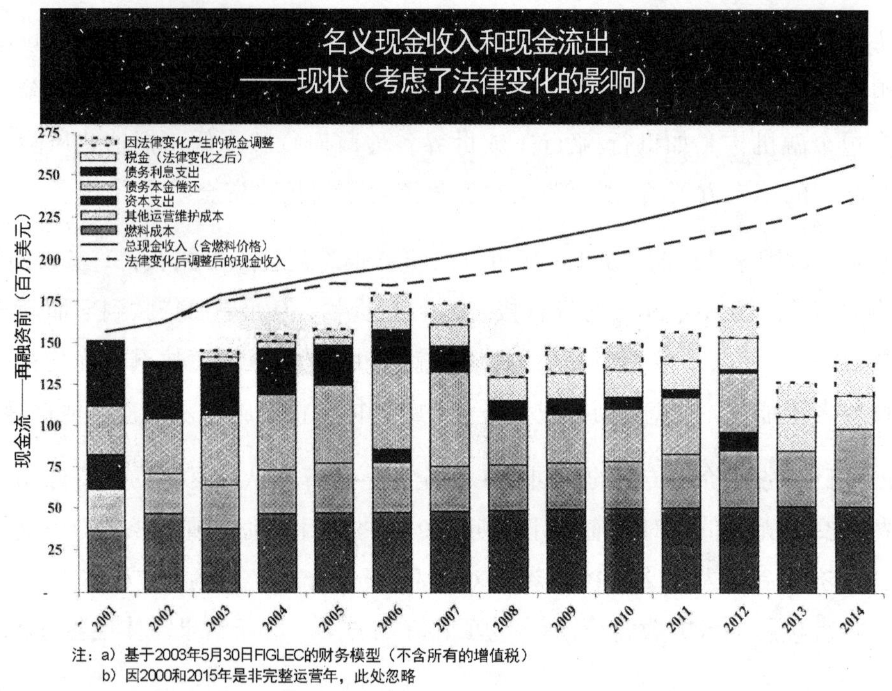

图 3-3　某国 2001—2014 PPP 项目的财务分析

24 政府更关注经济评价，投资和放贷者则关注财务评价。财务评价计算 PPP 项目的建设运维成本和特许期内的收入，也分析政府须提供的补贴、本贷比的影响、资金成本和放贷者风险/回报偏好之间的关系。用于评价项目财务可行性的指标有：投资回报率、资本回报率、净现值、投资回收期、还本付息率。

25 经济评价分析实现项目目标的所有成本和效益，不仅关注投资者的投资回报，也关注与项目有关的宏观经济成本和效益。经济评价的计算与财务评价类似，但要将现金流之外的间接利益与代价转换为直接成本和收入，如项目对所在国经济环境的影响，其他产业的增长、工作机会增加、技术转移和劳动技术的提高等。

26 PPP 做得好坏与项目有无收入没有太直接关系，关键看是否物有所值。此外，对投资者而言，无经营收入项目更要重视资源补偿（捆绑集成，即两三个项目打包，互相促进，以丰补歉，加上政府支付与补贴，总体盈利）、政府财政承受力与信用；对政府而言，支付更要与项目运营绩效关联。

27 资本金投资者（PPP 项目公司股东）更关心投资回报，主要有如下评估指标：①投资回报率（ROI）/内部收益率（IRR）：使特许期内所有现金流出量折现值等于流入量折现值的折现率。ROI 根据税后现金流量确定但不考虑利息。如果 ROI 足够高（如比贷款利率高 8 ~ 10 个百分点），则项目财务上可行。②资本金回报率（ROE）：使资本金折现值等于所有净现金流量折现值的折现率。ROI 是根据所有投资计算，而 ROE 仅根据资本金计算。如果 ROE 比贷款利率高 10 个百分点，则项目具吸引力。③税后净现值（NPV）：所有净现金流量的折现值减去资本金折现值之差。如果该 NPV>0，则项目可行。

招投标与签订合同

1 PPP 是涉及面很广的项目，需要共赢。选对 PPP 投资者的重要性，不亚于选对项目。

2 完全同意燎总的提醒。我补充：如果政府或其咨询/律师不懂，在合同中不约束投资者，就会有越来越多投资者投机，我在济邦论文颁奖典礼报告上提到对各阶段的实质控制人的退出必须施加一定的约束。

张燎：[PPP 资产证券化的真实出售]真实出售、完全出表对于项目发起人具有很大吸引力。但在 PPP 基础合同的框架下，如果原始投资人真的可以将项目现金流“卖断”，想象一下政府方和 ABS 产品的投资人，面对基础合同违约情况，谁来承担原先社会资本的运营风险？这是难以克服的根本性障碍。

[中泰电话会议纪要]中泰建筑：PPP 资产证券化深度解读与投资机会

张燎：我提醒的是，对于 PPP 项目的 ABS 真实出售不可抱太过乐观的预期，但是，对于融资性质，增加流动性的 ABS，还是值得积极探索的。

3 问：公开竞标如何？答：几个人同时追一个人就是公开竞标，一定要摸清那人的真实意图，如果他不说清楚的话，投标前期成本很高的，故一定要慎重选择项目，该投的投，不该投的别去浪费精力。当然，他若聪明的话，要想办法促进充分竞争，让自己的选择机会多。知道 MM 们都想出名的原因了吧？

4 公开规范招投标的 BOT/PPP 项目一般分 4 个阶段（见图 3-4），要注意其中几处字体有所变化的部分，特别是对投资者而言，投标与融资是同步进行的（要非常了解融资渠道和银行放贷要求），否则中了标（草签特许权协议）而融不到资就惨了，特许权协议没法生效（正签），保函被没收。而融资阶段又可再细分为概念化阶段和实施阶段（见图 3-5）。

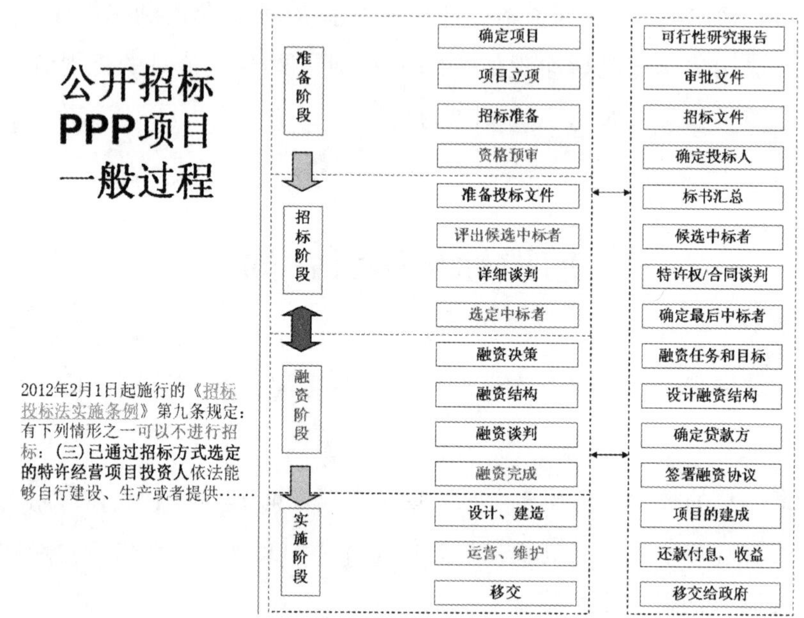

图 3-4　PPP 公开招标过程

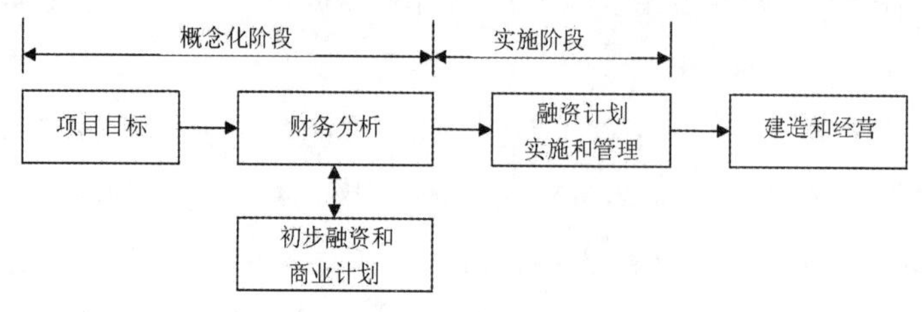

图 3-5　PPP 的融资阶段

杜继锋律师评论：现行国内标法不允许定标前谈判，但普遍谈判。

王守清回复杜继锋律师：各国招投标法律的确不同，但因 PPP 项目长期/复杂性，不可能所有细节在招投标时都能说清，故国际惯例是政府一般先选出 2～3 家候选中标者（短名单），再从第 1 标起逐一谈判，若谈成，则选定；若未谈成，则再跟第 2、3 标谈；再不成，则重新招标。选定中标者后草签特许权协议并给融资期，要保函。若融资完成（financial close），正式签特许权协议。

5 PPP 项目常用评标法：①打分法，将评标准则分为价格（商务）和非价格（技术）两大类指标，评标专家对各标书的各个指标打分（各指标还可赋权重），加权总分最高的列前；②门槛法，先对标书进行技术类指标评估，拒绝不满足指标最低/门槛要求的标书，对满足的标书再评估其价格，价格最低的列前。

6 为保证标书的可比性，特别是涉及法律、金融和技术标准的信息，PPP 招标书中可能需要提供一系列通用内容和有关融资、财务的假设，使投标者在提交的标书中，既有通用的内容，又有一些相关方面特定格式的内容，其中一些可能是财务模型和财务参数。

7 各国现有的政府采购或招投标法律法规、政府官员的不信任、缺乏能力、可能流标风险等都会在 PPP 项目市场中的招投标和评标过程中形成显著障碍，因此，要权衡 PPP 新评标过程所带来的好处与现实中的障碍，折中选择。

和风肃霜：王老师，政府的信用问题归根结底也是 PPP 项目风险的一部分，但在实际谈判过程中谈得好好的，但是在后期出现政府换届以及其他问题所带来的风险应该如何避免，如果出现这种风险，社会资本合作应该怎么规避？谢谢。

王守清：回复@和风肃霜：尚无太有效的方法，只能：上级政府支持（如已入国家/省财政库的项目）、尽职调查和分析政府信用、符合所有法规且合同公平、找对政府有影响力的股东和放贷机构（如央企/多边机构）、百姓强烈需要和支持项目、（国际项目）买政治风险保险……

8 对复杂 PPP 项目，可能涉及政府与各投标者之间的竞争性对话，澄清标书中的细节但不能变更范围、要求和政府明确不能变更的其他内容。对话结束后，在预定的评标过程中选择最终或首选投标者，该评估可以是比较很简单的单一参数如最低单价、最小收入、最低补贴，也可能是更复杂的质量和价格的平衡评估。

王守清评论：从百姓和政府角度而言，在获得符合质量和服务要求的前提下，单价最低是物有所值的体现，也是投资者的综合竞争力。故政府只要合同签得好，并有应对企业违约的应急方案，不怕企业低价竞争，若企业不能履约，将血本无归，还会受到政府惩罚。当然，政府得敢下决心收拾企业（含央企/国企），但后一点很难。

9 招标阶段中最重要的是招标书的质量和清晰度、产出要求说明、预期合同文件、流程效率，好的咨询可以起到显著作用。招标文件和流程越清晰，得到的投标就会越清晰，也能更快、更容易地评估和比较标书，进而有更大可能把好的投标者留在竞标中；有效率的流程有助于降低投标和评标的高成本。

10 印度财政部 2007 年建议的资格预审标准：①技术经验，过去 5 年内须有类似项目的建设经验，得到最高权重值的是涉及可比经验的项目，得到最低权重值的是涉及更广义施工经验的项目；②运维经验，有同行业同等规模项目至少 5 年的运维经验；③财务能力，必须有项目概算 25%以上的资本金。

11 投标 PPP 项目耗时费钱，各国法规不一，未强制但常有资格预审，以剔除缺乏技术和财务能力交付项目的投标者，避免这些投标者浪费更多时间和金钱，也可使政府集中精力评估有能力交付项目的投标者。但确保资格预审标准不会淘汰合适的投标者很重要，尤其是有系列同类项目时。

12 政府应保证招投标过程中的竞争性，有竞争的过程比无竞争的过程能以更低成本提供更好解决方案，有利于鼓励市场发展优秀企业，减少对个别企业的依赖（这点在项目遇到困难及之后需要准备备选企业时尤其重要，防止风险转回政府）。由于 PPP 合同的长期性，这是政府利用充分竞争，获得最好交易的机会。

王守清评论：政府招标 PPP 投资者，不仅仅是选出投资者，还应：①最大化投标人之间竞争所带来的好处；②选出最佳投资者的最佳标书；③最大限度地减少项目时间和成本；④经得起公众、政府其他部门和上级政府，以及其他竞争者的质疑/评议。

13 一个 PPP 项目正式招标前，国际上一般会做市场测试，涉及项目范围，影响潜在投资者提供产品/服务的技术问题，供应能力限制、成本估算、支付机制、预计要转移的风险、合同结构和条款，从招标到提供产品/服务的预计时间。当然，市场测试不是招投标的一部分，投资者即使不参加市场测试，也可以投标。

14 招投标在我国政府项目中用了很久，主要为了降成本、提效率、促公平和反腐败，但现实很残酷（包括用于 BT/BOT/PPP 也出很多问题）：未透明，走形式（如官员干预/腐败，串标/围标），招标人/代理/投标人相互之间关系微妙，流程时间长但评标时间短，交易成本高，效率低，学者不愿参与（怕受牵连）……该检讨了！

15 组建#PPP 项目联合体#时，应围绕三大目标来选择股东：①确保联合体在项目议标/竞标中的优势，增加中标的概率；②确保中标后所组建的项目公司在特许期内各阶段各方面都有足够能力，保障特许权协议的顺利执行并实现预期收益；③在运营期中有股东进出时，尽可能优先保障原始股东的利益。

16 选择#PPP 项目联合体#伙伴时应遵循原则：①考虑拟选伙伴对联合体整体能力的贡献，其须至少在某方面有核心竞争力且此能力恰为联合体急需；②考虑合作伙伴能力的优势互补和战略协同性；③有利于风险的合理分担与控制并降低整体成本；④考虑合作伙伴的诚信及伙伴间企业文化的相融性。其流程见图 3-6。

17 PPP 项目因合同结构复杂，其招标和谈判等前期成本约为项目总成本的 2% ~ 3%，大于政府投资项目的前期成本，而且项目越小，所占比例越大，故 PPP 项目不太适合于小项目；政府不应在政府投资模式和 PPP 模式之间，而应在 PPP 模式和不做该项目之间进行模式选择（内涵很深吧？）。

18 #PPP 项目的招标评标方法#：①最短运营年限中标法。评标过程简单，可最大限度减少人为因素，加剧投标者之间的竞争，但并不一定能够完全反应投标者的整体综合实力。（待续）

李了了的幸福：王老师你好！目前重庆市大力鼓励社会资本投资公共停车场，而且对于社会资本投资的公共停车场采取的是自主定价，我想请问王老师，这样会不会导致停车费用过高，损害公共的利益？

王守清回复@李了了的幸福：当然会。

19 #PPP 项目的招标评标方法#：②最低收入现金净现值中标法，即当中标者从项目所得净收益的净现值达到投标值时，特许期终结，项目移交政府。该法所选中标者的特许期将随其收入状况变化，但不能激励其缩短建设工期或通过改进服务来增加收入。（待续）

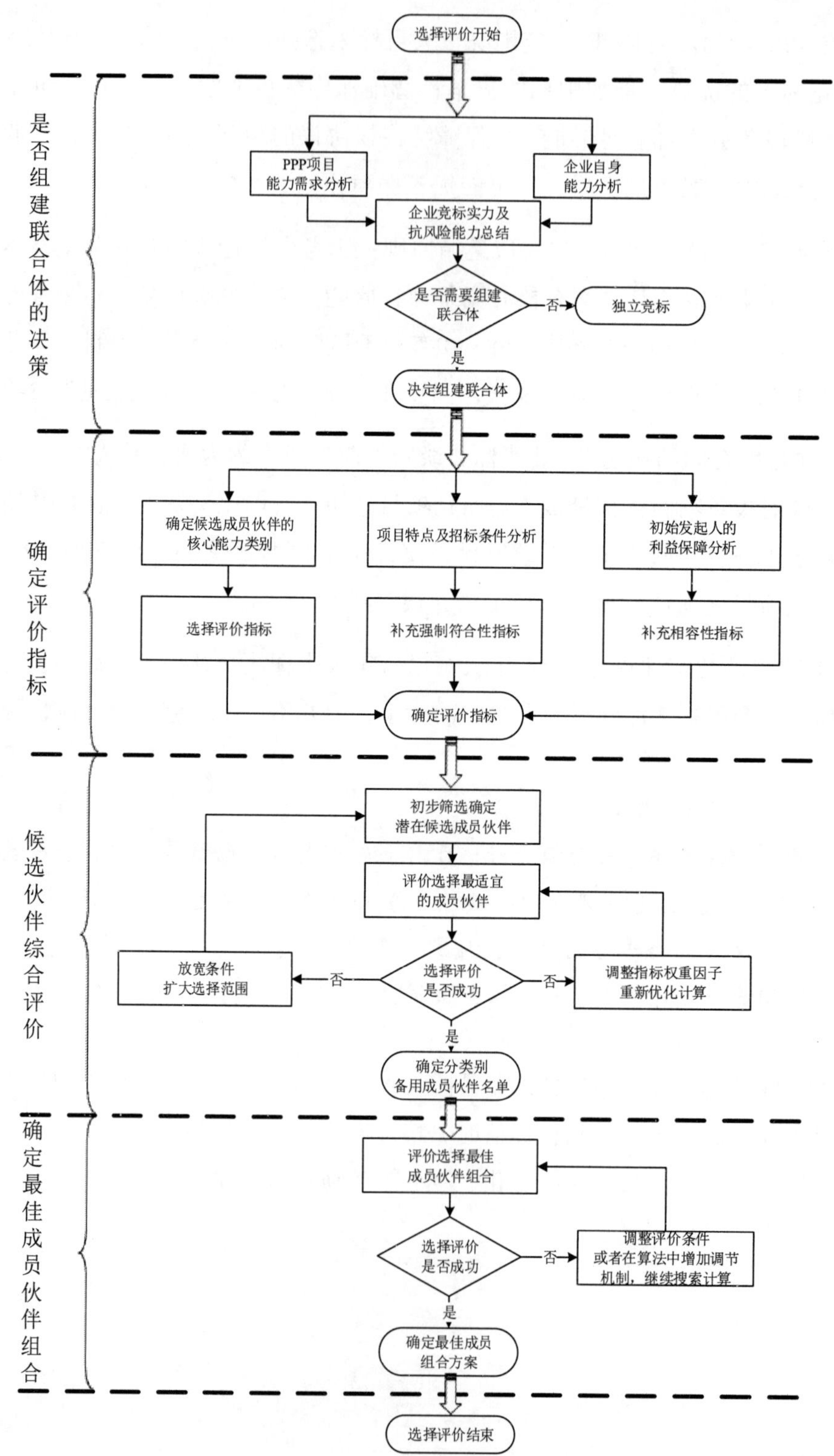

图 3-6　选择合作伙伴的流程

20 #PPP 项目的招标评标方法#：③综合评标法，即综合考虑投标者对标的响应程度，和在融资/设计/建设/运营/维护等所提出的方案进行评审。该法优势在于适用面广，能够全面综合判断投标者的情况，但不能排除评标过程中的人为因素。（待续）

21 #PPP 项目的招标评标方法#：④门槛法：将评标准则分为价格和非价格两大类指标，先对投标书进行非价格指标评估，拒绝不满足非价格指标最低要求（门槛）的投标书；再对满足的投标书评估其价格，价格低的优先。此法评标过程简单且客观，既体现投资者综合实力和激励其提高效率，也最大限度地满足了用户对价格的诉求；但非价格指标的确定很关键。

项目管理杜中：目前一线用哪种方法多？

王守清回复@项目管理杜中：目前我国多用传统评标法，即第③种。

豆子-一个人的精彩：这个方法就类似于现在招标程序中的资格预审与正式投标分步走啊。

王守清回复@豆子-一个人的精彩：程序类似，但评审内容重点有不同。

22 PPP 项目谈判签约时，我觉得政府和企业双方的水平会影响到合同水平、风险分担公平性甚至于项目的实施结果：如果双方水平都高，结果最好；如果一方水平高另一方水平低，结果最差；如果双方水平都低，结果好坏就随机了。弥补一方水平低的方法就是找咨询。可能其他合同、合作甚至包括婚姻亦类似。

23 B. Selten 的研究表明，5 个投标者参与施工投标，竞争最激烈，投标书质量也还高，对业主降低成本有利，但更多竞标者，投标成本（间接也是社会成本）加大（因最终只有 1 个中标），投标书质量下降。因 PPP 比施工项目投标成本大，但 PPP 项目规模也大，可能 4～5 家比较合适。

王守清评论：若竞标者达到 8 个，建筑业中投机行为就很常见，特别是不确定性大且业主没有经验的项目，投标者会利用变更索赔获取额外利润。换句话说，若竞标者超过 8 个，很可能是业主的要求不够明确，很多竞标者觉得可以低价中标再利用索赔获利。此时业主可用资格预审改善。

24 招标过程有 3 种：①单阶段，用简单的打分法按价格评标；②双阶段，资格预审

+评标，多准则和综合法评标；③三阶段，资格预审+评标+谈判。单阶段法适用于选择中标者前需要较少信息，双阶段特别是三阶段法适用于选择前需要获取较多信息，以减少中标后的过多调整（会增加成本）。

孺子牛的微博人生回复@王守清：两阶段招标（方案和成本）好像是前面综合评标法、门槛法的糅合？

王守清回复@孺子牛的微博人生：有点，但门槛法更强调符合要求之产品/服务的价格，以激励企业创新能降低成本、提高效率的过程、管理和方法/技术等。

孺子牛的微博人生回复@王守清：嗯嗯，是否可以根据 PPP 项目的产品类型、项目的风险设计的不同具体应用？或者对报价分阶段报价招标。（没有详细研究 PPP 资料，凭经验和直觉提出来的）

-孺子牛的微博人生：两阶段招标行否？先进行融资/设计方面的方案招标，再进行/建设/运营/维护等和最终报价方面的招标？

王守清回复@孺子牛的微博人生：我国相关法律没有说不可以，但分开招标可能不利于投资者集成优化。

25 PPP 协议是项目核心合同文件，决定政府和 SPV 之间的责权利和风险分担，也是政府管制投资者的主要法律工具。PPP 协议虽因项目类型等而变化，但有类似的核心要素，影响着其他合同如融资、设计和建造、运营和维护、用地、终止、担保，以及监控和变更程序、争议解决机制等，所有这些构成一个整体。

26 签约 PPP 项目时应预测到特许期内会发生变化，合同应包括变更条款和机制，预测变化如：再融资（尤其是项目建成后能以更低风险获得更低利率的贷款），市场或基准测试（获得周期性调整的成本构成），价格调整，产品/服务要求或范围改变，政企之间的收益分成或额外成本共担，法律和市场需求的变化等。

王守清评论：管理合同不是变更合同，而是在合同中考虑到预期的变化，设置变更条款和调节机制，并考虑为政府的长期监督建立适当预算；而且，在 PPP 项目招标谈判时，政府应邀请那些以后会参与合同管理和监管的人员加入，让他们熟悉项目和 PPP 合同条款，还可以确保运营相关事宜更好地体现在合同条款中。

27 合同非常重要，但没有任何合同是完备的，PPP 合同更是如此，因为项目时间长（甚至 30 多年）、涉及面广（还有政府和指望获得廉价公共产品/服务的百姓）……因此，PPP 合同必须是动态（含触发重新谈判机制和调节/调价机制等）而不是静态的。

投融资模式与退出机制

1 BOT/PPP 是比较典型的项目融资，有限追索（limited recourse）贷款融资是其主要特点之一，但由于我国银行垄断、法律和担保保险体系不成熟，加上地方政府和企业常常不守信用和合同条款不完善等原因，我国 BOT/PPP 很少能做到有限追索融资，听说直到 2005 年我国国内银行放贷项目才有第一个做到有限追索的。

2 我企业在国内做 PPP/BOT 的大问题之一是很难或不可能做到有限追索项目融资，加上法制合同和政府信用问题，风险极大；在国外做更难、风险更大，因我国企业缺国际融资能力，都是境内融资，而国内银行不接受以 PPP/BOT 合同或境外项目资产作为融资担保。因此，人民币和国内银行不“走出去”，对外投资难上加难！

3 为了保护公众利益和防止投资者投机，未经政府同意，PPP 投资者不得提前退出；但政府可以让投资者退出并给合理补偿。

壹羞叔回复@王守清：企业的风险可控吗？是否有政策性风险？

王守清回复@壹羞叔：看重长期产业链集成+多元化+通过管理和集成挣钱。

王家没大院_CFA：投资者没有 duration match 的理念，项目方再怎么尽力也解决不了 preference disparity 的问题。

紫泰：有这种霸王条款，谁还敢投？这投钱跟捐赠也差不多了。项目做得好，用点赔偿就把私人打发了；项目做得不好，把私人钱活活套死不给你。

王守清回复@紫泰：合同里会事先说好退出条件和补偿标准，如果不事先说好，当然不公平，也是投资者无知。

紫泰回复@王守清：是不是把 PPP 这部分证券化更好一点，谁也保不准要急用钱什么的，再说现在地方政府往往出现后任不认前任的账的情况，证券化之后通过市场监督地方政府，免得“老赖”。

王守清回复@紫泰：有证券化的。投资是长期投入，若要退出，签合同时要事先谈好。

下一站是_幸福：这太流氓了，退出也不应该是政府说了算，应该是尊重合同。

王守清回复@下一站是_幸福：合同里会事先说好退出条件和补偿标准。

4 PPP 项目对项目资产和现金流的依赖性和有限追索权，以及受项目本身的风险影响，促使银行高度重视项目的技术和经济可行性论证，只有切实可行，并能将风险限制在可接受范围内，银行才会放贷，因此，投资者要成功融资，必须进行严谨的技术和经济可行性研究。

5 财政部主管、中国财政经济出版社主办的《新理财》杂志最新一期的采访（记者陈琴）。我文中所说的 PPP 基金起担保作用是指政府可设立 PPP 担保基金，为地方政府提供担保（印尼等国政府就有类似基金，解决地方政府信用不佳问题），不是目前我国政府设立的仅为 PPP 投资或放贷的基金。

6 争议/争端在 PPP 项目实施中经常发生，多数是由于合同不完备、法规政策之间的矛盾造成的；政府为了自身利益，对法规政策的解释也会不同；又因法律体系也是政府设计的，尽管应对每一方都公平，但政府滥用法律并利用法律体系为其获得优势，也会造成矛盾。故很多项目特别是有争议时，很难实现政企公平。

绩效评价/中期评估/后评价

1 英国和日本的 PPP 经验表明：合同需要经常变更的项目，如技术快速变化的如 IT/通讯，以及设施管理（Facility Management）要求高（经常维护建筑和调整布局）的如医院，要用好 PPP 比较难。故如果要用，事先一定要对特许期内可能的变化考虑周全并设计好调节机制。

2 基础设施中 PPP 应用最多，但勿狭义理解为仅是基础设施的投融资模式。PPP 确是投融资模式创新，但更是制度创新：政府和企业合作提供本该由政府提供的（准）公共产品/服务；既适用于基础设施，也适用于任何本该由政府出资的，改由企业出资（可能有政府出资/补贴加使用者付费）和提供；形式多样，如发教育/医疗券。

3 做 BOT/PPP 项目时，投资伙伴（股东）的选择至少必须遵循两大原则：①不要单独做，但股东也不要太多，核心股东宜 2～3 家，以分担风险但又保证控制力；②不要找同质股东，而应找优势互补、强强联合的股东，以增强项目全寿命期抗风险能力。

4 应用 PPP 的纠结：可用性 vs 效率。若政府没钱按传统模式提供公共设施/服务，可能就要等 5～10 年甚至更长，经济发展和生活水平就会受影响，有个“要不要”的问题，故 PPP 是选择之一；但不是所有项目都能 PPP，应评估 PPP 是否比传统模式效率高，这是个效率/VfM 的问题。故发达国家和发展中国家的应用目的略有不同。

5 基础设施的成本和效益可分为两大类：经济成本（直接人力物力和资金投入）和社会成本（如环境污染和生态破坏）；财务经济效益（如现金收入）和社会经济效益（如促进经济发展），是否值得兴建取决于两种效益是否大于两种成本，但 PPP 将社会经济效益和财务经济效益分开：政府追求前者，企业追求后者，需要妥协。

王守清评论：若项目财务经济效益低于经济成本，难以吸引企业，政府就应提供支持：如若公路车流量不足，可给一定土地用于房地产开发或授予运营已建成的公路隧道桥梁的特许权；或把盈利和不盈利的项目捆绑开发，如把运动场馆和运动员宿舍楼捆绑招标，利用房地产的较高利润补偿运动场馆的收益不足。

6 政府和咨询必须理解和实施 VfM 评估，近期不能做到，长期也必须做到，这是实现 PPP 提高效率的原则问题，但现在就必须开始积累数据。至于用什么方法，可以结合国情，国际上主要是两种方法：以美国为代表的充分市场竞争，以英国为代表的 PSC（公共部门比较因子）。

蓝白色角宿：咨询实践中 VfM 真是一个困惑，觉得该做，但又不知该如何做，发改和财政的指导文件也说得较模糊。如果不做成流于形式，岂不真的为 PPP 而 PPP？请老师指点。

王守清回复@蓝白色角宿：财政部已公布 VfM 评估指南。目前因缺数据积累，可先定性为主，定量为辅（定量则可对标政府投资经营项目的审计结果），但一定要充分和公开竞争，同样可以实现物有所值（VfM）。

7 王守清："并不是所有项目都适合 PPP 模式的。'物有所值'评估将从项目建设的必要性、PPP 模式的适用性、财政承受能力等方面，对项目进行评估"……详见：PPP 良药而非万能药 by 中国交通新闻网记者佟亚涛，2015 年 4 月 1 日。

8 物有所值（VfM）是一种理念，国际上实现 VfM 的方法主要有：①以英国为代表的定性评价+PSC 定量评价（见图 3-7）；②以美国为代表的通过充分的市场竞争。

效率的提高：VfM 和 PSC 的概念

英/加/德/澳/日/荷/南非/台/港等采用基于 PSC 法（有缺点），美/罗/奥/比/新/中等采用基于竞标法（缺点更多）来实现 VfM，如英国：

— 1999 年、2004 年《VfM 评估指南》

— 2008 年《基于长期价值的基础设施采购法》

— 不断改进……于 2012 年年底推出《PF2》

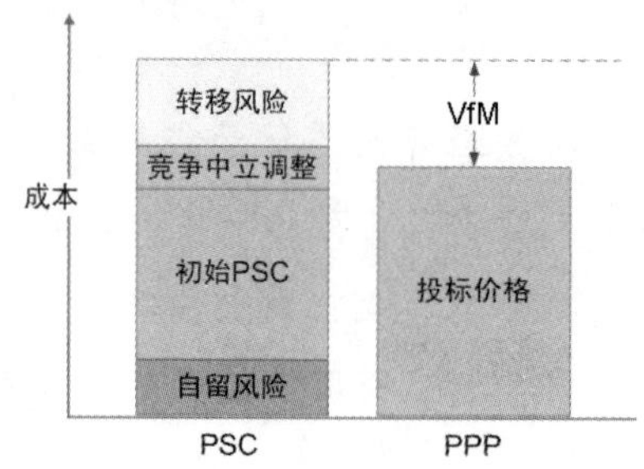

图 3-7　VfM/PSC 的图示

PSC 法的图示说明：

- 初始 PSC：政府采用传统模式的成本和收益总值。
- 竞争中立调整：传统模式与 PPP 模式的差异调整。
- 转移风险：企业承担的风险值。
- 自留风险：政府承担的风险值。

PSC 法的缺点：

- 缺乏真实准确数据，假设很重要，仅比较 PSC 与投标价过于单一。

9 “要不要一个项目”与“一个项目要不要用 PPP”本质不同，很多人把二者混为一谈，前者是由可行性研究决定的，主要由发展改革委和行业主管部委负责；后者是由物有所值和财政承受力评估决定的，主要由发展改革委和财政部等负责。这就是我常说的“PPP 五步曲”中的前两步，“出来走两步？”

G 伍戈：政府都是很浮躁的，你给他讲专业，他其实真正考虑的是头上的乌纱帽！凡是利于他乌纱帽的都可以搞！所以如果你和政府谈专业知识就显得你不专业了！

静筱好：同意！现在各平台用存量项目改 PPP 转型，一直在折腾，一直避重就轻，风险真的一直存在！

王守清回复 G 伍戈：会逐步改进的，总得有人特别是学者不断宣传。

10 如果该文统计数据靠谱，中国污水处理 PPP 项目的物有所值（VfM）之定量评估方法（PSC）的基础就有了。现在全国的污水处理成本 1 元至 6 元，方差太大了，说明有多少企业在忽悠政府，有多少政府和百姓是冤大头啊！（评论《227 座污水处理厂样本分析，成本均远高于当地平均污水处理费》）

带刀的熊：这个差距应该是处理方式、建设选址、收水标准、管网规模等不同造成的（应该主要是生活污水处理厂和工业废水处理运行成本的差距较大）。文章很好，基础数据感觉应该使用的是住建部城建司或者计财司的年报，结论也靠谱，相比于政府运营，目前社会资本 BOT 建设的污水处理厂整体运行成本更低，运行情况更好。

limm00：是不是根据污染物和污染程度的不同会存在如此大的成本差异呢？

11 评估 PPP 市场时投资者最关注的法规政策：选择项目促进 PPP 的大方针，招投标流程和准则（谁在何时依据什么评估/批准什么），解决纠纷的过程和方法（法律规章/合同细节及法律救济），签约后的监管（部门/机制）。投资者还关注投标时间/成本、公开/公平/公正，政府如何参与和管理合作关系。

和为贵 1982：PPP 有点老王卖瓜的意思，正面引导的很多，是不是也弄点负面清单。

王守清回复@和为贵 1982：就项目而言，立 PPP 法时，建议正面和负面的清单都有，我的建议是根据项目特点、物有所值和财政承受能力选择适合做PPP的项目，听过我课的都知道。就政策而言，财政部6月（编辑注：指2015年6月）底的57号文就是典型的负面清单啊！

12 可研决定要不要项目，VfM决定项目要不要PPP，不能混为一谈。去年（编辑注：指2014年）在参加一些相关活动或接受媒体采访时我就兜售“PPP项目的5步曲”：要不要项目？要不要PPP？PPP合同框架与要点？如何选投资人？如何监管？也许那时大家不太理解PPP或我说的不合时宜。不过，时间和实践已让大家越来越理解。

13 财政部“PPP物有所值（VfM）评估指引（草案）”2014年年底就起草好了，2015年上半年征求意见，遇到地方政府和一些咨询的阻力，至今未能发布，但各地上PPP项目时，还是得做类似定性、定量分析。财政部网站似乎没有公布但郑州市PPP中心公布了该文件，需要者赶紧下载吧。

14 杜记者财经信息来源广，这篇的确是猛（萌）文，2016年各地政府和咨询公司的申报将有参照，但打分可能会有变化，否则十几二十分甚至没有做财政承受力评价就入库，结果有点那个。（评论《第二批示范项目怎么选出来的》）

15 PPP招投标时，若要考虑企业的创新和需求，政企协商过程很重要。若招投标过程中不允许协商，则政府在招投标之前，必须合理筛选项目、界定项目范围、定义产出要求、识别/分担风险、了解市场反应和投资者态度等，否则项目将无人问津。中央力推PPP两年落地项目极少，原因之一就是政府这些工作不足。

段博原：协商就意味着议标，内定啦。国情，现在明目张胆议标的不多了。

王守清回复@段博原：协商是经过招投标选定短名单2、3家后就细节的协商，不是指议标。当然，我国目前的招标投标法是有些与PPP不匹配的问题。

段博原回复@王守清：企业的招标，通过这种所谓的协商或者我们叫做标前引导，可以使得甲方从乙方获得专业知识或者获得合理的范围与质量要求。但是，政府招标过程中，没有一定的背景与后台，有几家愿意陪着政府玩？这是个社会风气问题。越是地市或者县级政府，管理能力越薄弱，更需要有集中式的合同管理资源池建设。

王守清回复@段博原：我说的协商不是你说的这个。你说的的确是目前很多地方的做法，那是政府偷懒且不想花前期成本，而企业愿意做这些工作的都是有想中标目的和把握的，多是央企或有影响力的民企。

16 评估 PPP 项目可融资性的考虑之一是，匹配项目收益的长期贷款的可行性，因贷款期对项目的支付能力有影响，长期的贷款意味着较低的年度还本付息额。固定利率有助于减少还本付息额的变化，但长期固定利率贷款比短期项目或基于浮动利率的贷款缺乏灵活性，对放贷方不利。故支付能力和灵活性要平衡，例如银行常用的随行就市，不过需要考虑是否上封顶或下封顶或上下各设置区间等细节。

17 脑力劳动者的价值与劳动时间或工作量无关，只与不可替代性相关。话虽绝对但有道理，因此，通过常规的竞标报价方式来选择高层次咨询（特别是复合型的 PPP 咨询）是有问题的（这与同样是脑力劳动的软科学课题竞标不同，后者有选题报告做评估依据），也许这类竞标方式的改进可作为一个研究选题。

18 一旦大致确定了项目的范围和要求，进行物有所值评估时，还应考虑 3 个关键问题：①谁为项目买单，怎么买（政府/百姓支付能力）；②项目有哪些固有风险，如何应对这些风险（风险分担）；③项目是否能筹到足够资金（能否吸引投资者投资和银行放贷）。

19 公共产品/服务项目是否该用 PPP，应进行物有所值（VfM）定性和定量评估，对 PPP 全寿命期成本与政府投资模式成本进行比较（考虑风险转移和中立调整）。但 VfM 特别是定量评估也有缺点，如：若缺乏数据，计算不准确；若缺乏尽职调查，测算的边界条件给定可能不准确；计算未考虑对环境和社会的影响；诱导投资者为降低成本而不采用可持续方案；诱导投资者投机，将矛盾和压力后置到许多年以后再暴露……

20 我国物有所值评估流于形式不是物有所值理念的错，是物有所值评估方法不完善，特别是做物有所值评估的人的错！

21 来宾电厂评标准则：①均衡电价（在评标中占 60%的比重），EdF&GEC 中标的主因之一是最低电价；②融资、技术和运营维护移交（占 40%），其中财务规划、成本分析、融资方式和资本金比率（占本类 60%比重），技术的可靠性和质量（占 20%比重），运营维护移交和培训的可行性及适应性（占 20%比重）。

王守清评论：南非第1个PPP医院，15年可用性支付，挂钩CPI且随绩效奖惩；23家申请资格预审，4个通过资审的投标者要交投标保证金，以确保他们投标的严肃性；加权评标指标：技术（70%=设施管理20%+信息管理25%+设备25%）、法律（10%）、融资及报价（10%）和黑人经济赋权（10%）。

王守清评论：没竞争难提高效率，竞争过烈社会成本高（仅1家中标），故常有资格预审，如来宾B电厂，1995年8月：政府发资格预审邀请书，61家公司购买了预审书；9月：31家提交资格预审申请，国家计委/电力部/广西政府和中国国际工程咨询公司专家评审；10月：12家获准独立投标（A组）；19家获准与A组的一起联合投标（B组）；12月8日：给通过资格预审的发出招标邀请，12家购买了标书；1995年12月—1996年1月：组织潜在的投标者察看现场；1996年1月28日：投标前期会议，对有关问题予以澄清和解释；在截止日期前有6家投标者递交标书；1996年5月8日：开标。

22 PPP项目评估很重要，作为一种手段，可保证政策目标如物有所值的实现，检查预期利益是否获得，也是经验教训的来源，以反馈和完善PPP政策与流程。第一次评估常在建成运营后一两年内，重点评估投标过程、交付的设施及其初始性能；后续几次评估则主要评估运营绩效；最后一次评估往往在项目移交之后（即盖棺定论），重点总结经验、吸取教训，为以后的项目提供参考或借鉴；公开评估结果更能改进PPP。PPP项目评估流程见图3-8。

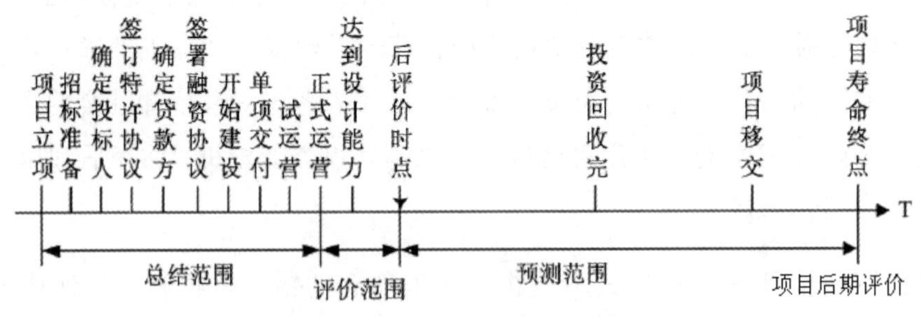

图3-8　PPP项目评估流程

23 不管啥模式、如何计算？本质上都是是否物有所值的问题，各方斗智斗勇。若政府不积累数据，咨询也无数据，实施结果，倒霉的就是百姓，反正都是百姓直接出钱（付费）或间接出钱（纳税）。搞运动乱推，不考虑VfM，结果难好——听说有些地方对官员的考核居然有是否做PPP及做得多少了。（评论《为财政省11

亿元反成淘汰理由　政府“贵买”PPP 项目疑云》）

王守清评论：当然价格不是唯一指标，特别是对医院/学校等产出要求难明确的项目；但像水/电厂/污水/垃圾处理等产出要求（很多可定量）很明确的项目，单价是衡量效率/VfM 和投资者的重要综合准则，占评标准则比重一般应>50%。无此基本常识，就会出现我国污水处理单价在 1～6 元的巨大差别！或超高价和恶意低价的结果！

24 评估现金流的主要指标：①还本付息率，为每年可用于还本付息的现金流量，适用于有限追索融资。②还款覆盖率，为特许期内税后现金流的净现值/尚未还款额，适用于油气开采。还款覆盖率=1，表示项目收益能偿还贷款；还款覆盖率<1，表示计算期内不能偿还贷款。③还款期，为还清贷款本息的时间（应短于特许期）。

现阶段 30 个实操难点[①]

1 多重征税问题何时会有说法呢？承包商第一道，项目公司第二道，股东第三道，股东的受益者第四道。我想，对于税务部门，他们在现阶段可能没有动力为 PPP 开专门通道，所以税负最终都会成为项目成本。而且，营改增后 PPP 中哪些税能用于抵扣，我看暂时也没有很完美的答案。

2 PPP 项目公司并表问题也没有一个妥善的答案。政府方不想因为并表带来债务，所以一般不会绝对控股。施工企业不想并，因为央企有一些财务约束。那么只有金融机构初期占大头，理论需要并表，但如果按这个逻辑演绎，以后 PPP 项目形成的债务都堆在了金融界。以前是融资平台，后来是施工企业，下一轮该金融相关机构了。

3 PPP 项目股权管理问题也没有清晰的成熟的套路，要不要按国企的管法，要不要完全市场化，甚至要不要成立党委、团委等，议事规则需不需要结合党政，这些都有待进一步突破。当然，有的投资人认为，项目公司不就是一个壳公司吗，用 BT 的套路不就好了。个人不敢苟同，PPP 与 BT 在合同约定风险、责任、权利、

① 本节是王盈盈的观点，经王守清审改和认可。

利益分配等问题上都发生了很显著的变化，还是需要专业人士专门研究。

4 对于财政承受能力公式的理解，我们真的想通了吗？我也好想知道是谁提出的。我把自己和大家交流的结果在这里汇总，一是我理解了两年的思路认为，运营补贴公式是一个时点数，每年算一次，所以 n 在不断变化，结果就是一条指数函数。二是最新听到的理解，n 不变，是一个常数，这样算出来也是一条水平线，与现金流折现模型结果一致。两种理解都有局限性，好想知道这个公式之母是谁。

5 PPP 项目中几个回报率的概念，至今没有完美答案，而且存在地域、行业、人员等引起的差异。最直接的对比就是财承公式中的合理利润率和折现率，前者本质上是项目内部收益率，后者是折现用的因子，指引建议取地方债利率。那么问题来了，到底取几年期的债券利率，第 1 年和第 10 年能一样吗？肯定不一样，怎么取更合理？还有一个对比，政府方算自己财政支出的贴现率和投资人测算时用的贴现率，能一样吗？显然不同，因为两者的资金成本不一样，那么取多少，不太确定。

6 关于 PPP 项目合作周期，我们一开始就会想到政策希望的 PPP 项目为 30 年。然而，绝大部分现在的投资人都承担不起这么长时间的投资周期，觉得会降低资产周转率，会加大资金收回风险，甚至出现资金成本倒挂现象，因此大部分投资人的做法是：①合作周期在 10~15 年之间，有的含建设期，有的不含建设期。②合作周期真的是 30 年，但投资人的想法是现在先拿下项目，以后再要求政府完善退出机制，待建设期结束后，再全身而退。那么，推动 PPP 项目来促进重运营和重资产管理的改革目标是否能实现？值得探讨。

7 PPP 项目与拉长版的 BT 到底有多少距离，一个显著的差距是，PPP 项目是基于绩效表现付费而 BT 项目是基于协议付费，前者是支付责任，后者是债务责任，理论完美且合理。那么，绩效评价体系是否健全、是否实用，成了需要真正讨论的问题。而一般这类项目是没有经营性、需要政府付费的项目，一般也是大建设小运营的项目，那么绩效指标、分值、评价主体和评价流程等，值得探讨，真的有效果吗？需拭目以待，尤其是很多项目的绩效评价方案现阶段是投资人提供时。

8 国内 PPP 项目现阶段的投资人，有很大一部分的诉求是希望通过投资来拿工程，最理想的是实现小投资大建设（注意昨天提的是大建设小运营，建设仍是现阶段的主流，但这样的周期还能持续多久呢？），这要通过两招并一招实现（注意我不用标，是因为非招标方式也被希望做成达到同样的效果）。在这样的情况下，我特别想反问，第一招成功就能做第二招，我们有没有问过第二招主管和监管部门的意见，他们到底怎么想的，我们这么做是否在他们不认可的情况下导致无效。部门之间的协调，也就是假设在组织行为模型和官僚政治模型下，急需通过上位立法或者部门间的规章来进行规范。

9 昨天提到了小投资大建设，那么投资人的理性做法是希望通过建设期化解投资风险，也就是说，投资人在建设期能拿到的净利润将是它初始投资的上限。如有结余，还可以作为筹码邀请资金供应方，即金融机构共同参与。站在理性投资人的角度，为他们找到了最优解，然而，如果站在公共治理的角度，这么做真的好吗？运营期政府没有什么大筹码去约束投资人，政府自己也因为债务规模问题已不承担具体债务，那运营效率的压力到底是谁接了盘？最后结果别是等东西真的掉下来了，底下看似争抢热闹的众干系人等都各自散去了。

10 PPP项目投资金额与工程建设金额一定一致吗？如果实际造价节约了，就能少出一点投资金额了吗？那么超支了，又得谁来承担呢？这个问题经常被人问且至今仍有人问。我们可以设计几个风险承担方式，提前谈好，双方认可的情况下，签协议后按协议执行。政府部门需要考虑的是如何结合激励机制，就是预判社会资本的行为。那么社会资本需要考虑的是预期收益保障，以及股东、项目公司和承包商之间的委托代理关系是否能如他们预想的实现。

11 PPP项目几十年在英国落地了665个，在中国短短两年落地了上千个。真是印证了某位律师说的，英国人是想得多、做得少，我们正好反过来。所以第三方机构也是杀红了一片海，但其实等待他们的是下一阶段更忙。顺便答复一下上一条自提问题：①提前约定不带激励机制的投资金额，那么社会资本的动力是用足投资，需要事前严格算定工程投资。②提前约定带激励机制的投资金额，那么是投资金额与工程结算价保持一致，还是两者脱钩，需要政府部门内部提前商量。如果前期投资测算不那么精确，带激励机制的投资金额认定会更有利于节约。

12 PPP项目在签署一系列协议时，到底有哪些协议需要准备，目前没有一本政策文件能完全回答这个问题。有人可能会说，财政部和发展改革委都有合同指南，但是没有正面解释特许经营权授予的形式。而且，也没有回答另一个问题，就是协议层级的问题，是否所有其他协议都是PPP协议的附件，那么任何一份协议的变更都视为 PPP 协议的变更，还是有些协议可以单拎出来？需要实现在有关协议中约定，否则到时候会有争议。

13 PPP 项目的运营期该怎么界定，按协议约定的绝对日期执行，还是按协议约定的触发条件执行，如通过验收或拿到验收文件等？另外，如果存在分标段完工的情况，是定一个运营期还是多个运营期？这些问题都值得斟酌和提前谈判确认。此外，还需要考虑，如果没有按期执行，风险谁来承担？那么，请参照王守清教授课件中激励机制下的特许期时段设置，再思考在此基础上的合同条款设置。

14 PPP 项目的融资增信方式中，政府付费和补贴承诺需纳入地方政府当年财政预算和中期财政规划且需出具人大决议。据黄华珍律师的分享，实践中增信方式五花八门，有的政府明确表示不出人大决议，有的项目只有财政和行业主管部门纳入预算的承诺，有的政府如新区根本没有人大机构，等等。个人认为，PPP 项目应该从政府方增信、股东方增信、项目增信三个方面去考虑，如果前两者都不明朗的话，金融机构确实到了有必要配备专业人才去看看项目了，就是做真正的尽职调查。

15 PPP 项目选择社会资本的方式有很多种，但是最吸引投资人的并不是方式本身，而是方式带来的两标并一标的效果。我有一点没想明白，既然是这么重要的一环，为什么不出一些更针对性的政策来规范和约束，却偏偏只是在招投标法实施条例的第九条第三点这样不起眼的地方提出来呢？我建议国家出些政策，一是明确招标和非招标方式适用范围及主要监管部门；二是明确不同方式下两标并一标的效力；三是明确两标并一标时小投资带动大建设的比例和适用领域，例如勘察、设计、监理等适用吗？

16 今后尽量站在公管的视角思考 PPP。比如说，被环保行业称作野蛮人的大资本企业纷纷开始成立环保运营或投资公司，试图大举进军环保 PPP 项目。可是，这种行为的风险有多大？是盲目的，是理性的，还是有阴谋的？如果野蛮人不思考或者不愿意深思，甚至懂装不懂，那么国家有必要提前思考和做足应对准备。别告诉我，国家希望通过增发货币来兜底，从而牺牲的又是老百姓的利益。

17 PPP 项目从 2014 年以来迅速蹿红，投资人也趋之若鹜，特别符合中国人的言行。投资人不问自己投资能力，不问自己建设运营把控经验，也不问将来对公共服务的贡献力度，反正先拿下，先占上再说，典型的没有专业和安全感的表现。只可惜 PPP 太复杂，于是便宜了短期能见效的培训和咨询市场。而中国的专家们，亦荣亦辱的压力可能也已经让他们习以为常了，于是我发现他们都是特别能自我催眠、自我安慰、心态很好、很看得开的一群人。

18 PPP 项目融资条件正在日益细化和明朗，比如项目的所在地，申请人的资质，项目的担保，资金的监管要求，资金的使用要求，等等，可即使是这样，如果出现问题，还是没法善后。建议地方政府责任到机构或人，申请人责任到人，项目负责人也责任到人，且有一个灵活的调整机制，那么我看会有戏。

19 PPP 项目资产转让的时候，是否需要做资产评估，需要思量和斟酌。当使用资产价值作为标的时，评估价值作为确定抄底的依据，招标人觉得自己责任会小一些。然而，恰恰是这次评估，将历史遗留问题带出来，比如原来的账务不清，原来的资产混乱，原来的成本高起，等等。于是，有人又犹豫了，这个时候也有人大踏步往前迈，用一次评估来彻底与历史说拜拜。我个人好奇但也不知道哪种做法更好，只能说，中国太大，普遍适用的规则不好找，需要继续摸索或进一步细分。

20 PPP 项目协议到底有多大威力，签完协议后，哪些权利开始转移，哪些权利开始赋予社会资本方，而此后，当成立项目公司后，随着协议主体的正式出现，实施机构与项目公司之间是重新签署协议还是补充签署协议，也需要提前谋划。

21 PPP 项目在完成建设之后，开始进入运营阶段时面临一个选择，就是选谁做运营。这几年，随着国家整体大一统的推进，PPP 业界也陆续出现跨界选手和全能选手，比如综合咨询服务方案提供商、建设运营服务一条龙提供商等，我们都知道套餐是求快而非最佳选择，为什么我们还要在这条路上重蹈覆辙？

22 今天听取了君合组织的 PPP 立法研讨会，很多次听到大佬们提出狭义广义、适用范围等，受教很多，也验证了我近期对 PPP 思考的要点，也就是 PPP 这个词如果非要普遍适用，那么，PPP 内涵必须细分了，针对不同的领域等约定不同的特征，当然示范项目也正是起到这样的作用。然而，我想说，示范项目做得好，普通项目照着做一遍，就一定能做好吗？学霸分享一遍自己的学习经验，其他学生照着做就一定能做好吗？所以一定也要理性看待示范项目，当然我说的不是示范本身有问题，说的是看待示范的眼光和心态需要理性。

23 这几日我在思考自己如何转变思维，如何从技战术层面走向道德伦理层面，这个过程很难，人类依赖历史路径不是随着年龄阅历的增加就能驾驭，而是伴随精力的下降和路径的固化越来越难驾驭。因此，对于 PPP 自身游戏规则层面的探索研究，需要暂时告别实务，需要回顾历史，向已有的巨人们问一问，才能知道自己身处何方。

24 财金〔2016〕90 号文“六、充分发挥示范项目引领作用。各级财政部门要联合有关部门，按照‘又快又实’‘能进能出’的原则，大力推动 PPP 示范项目规范实施。要积极为项目实施创造条件，加强示范项目定向辅导，指导项目单位科学编制实施方案，合理选择运作方式，择优选择社会资本，详细签订项目合同，加强项目实施监管，确保示范项目实施质量，充分发挥示范项目的引领性和带动性。要积极做好示范项目督导工作，推动项目加快实施，在一定期限内仍不具备签约条件的，将不再作为示范项目实施。”当前中国推广 PPP，以解决市场和政府双失灵的问题，是不是有一种似曾相识的感觉？是的，和十一届三中全会后推改革开放的试点是相同的思路和策略。在法不足以规范的领域，推先进、推榜样，是有其独特作用的。但是，其中有些机制说清楚了吗？选哪些行业、地域、资本布局，鼓励哪些先进理念和经验，我们有没有一个相对长期的规划和安排呢？还是说走到哪儿算哪儿？不行改改再看走不走？

25 发展改革委 2016 的工作导则和财政部 2014 的合同指南等重要文件都提出过关于项目公司股权及经营权稳定的问题，尤其是本次《工作导则》明确提出：除 PPP 项目合同另有约定外，项目公司的股权及经营权未经政府同意不得变更。这一举措通过保持社会资本方的稳定性来换取项目运作的稳定性，个人认为这一导向是非常积极的，不仅提醒想挣快钱的资本别来碰传统基础设施 PPP，也提供金融创新的可行性。未来尝试金融机构基于特许经营权项下的收费权有限追索创新，正需要一个相对稳定的股权结构和项目公司（外部治理环境）来支撑。然而我一直没参透的是，张维迎和林毅夫关于产业政策的思辨范畴，到底有没有涵盖目前 PPP 领域发布的各类上述政策指导。

26 基建逐步市场化的及时佐证，别说民资进不来，这些领域目前还真是国企相对实力更强、经验更丰富、资源更厚实，以后不好说。

27 PPP 项目公司成立之后（当然投标时就得想好），面临一个和政府同样的选择，一是自己施工还是外包施工，二是自己运营还是外包运营。现在有个有意思的问题是可以推理的，施工我们现在都比较明确，用两标并一标交给投资人施工。那么运营呢，大部分运营都是项目公司自己做，运营业绩属于谁的？属于 SPV 还是投资人股东？属于 SPV，运营业绩无法积累；属于投资人，运营业绩容易造假。未来的趋势有两种：一是学施工，服务外包，运营专业化并培育出市场；二是用类似于工程师等资格认证来输出运营经验。再问一下，这政策哪个部委主导比较好？我不太知道。

28 转自“PPP 知乎”中李兵教授对政府出资人代表的问题启发，加上我个人的思考，供大家参考：政府出资代表是否应列为 PPP 合同主体？是否应当分红？出资代表出资资金是出资企业自有资金还是财政资金？出资支出是计入 PPP 项目政府采购支出责任还是计企业自身资产中的“长期股权投资”？能否在项目公司解散清算时获得剩余资产分配？如果与中标社会资本同股同权同收益，政府出资代表是否应与社会资本一起要通过竞争性采购程序才能获得投资机会？政府出资代表这部分是否需要交纳履约保函，是否需要购买保险？归根到底，这些问题的核心都是在问，政府出资代表到底是市场投资行为还是政府监管手段？

29 今天的问题是关于第一个 P，即实施机构的。实施机构设计有没有不同的方案？答案是：有的。根据项目的类型不同（单一 VS 捆绑）、行业不同（经营性 VS 公益性）、地域不同（一个县级行政区域内 VS 跨县以上行政区域）、项目立项层级不同，考虑实施机构设置的不同，具体有所辖区域内单一行业主管部门、上一级主管部门、本级综合部门、上一级综合部门、本级两个部门主副关系、本级两个部门同等关系等。

30 近期国家推广 PPP 领域的资产证券化，以完善 PPP 项目投资人的退出机制，也完善 PPP 项目的合理回报机制，并促进我国整体资产证券化的发展。然而，关于 PPP 项目资产证券化的实施细则、流程等都有待示范项目的尽快出现和落地。

第 4 章

PPP 的风险管理

风险与风险管理概论

1 风险管理婚姻论：人生最大的风险之一是什么？是婚姻，因为“人生最大的冒险是要与一个你以前从来不认识的人共度一生”（《冒险王》，李连杰/金城武主演），其核心是：未知的未知 vs 已知的未知，涉及控制力和承受力（婚姻失败后对男女造成的后果不同），但“不冒风险，不可能赢得生活的最高奖赏”（罗斯福），故风险管理非常重要，“诺亚并不是在已经下大雨的时候，才开始建造方舟的”（巴菲特），PPP 也类似。

2 我讲 PPP 时经常强调 2 点，以免听众误解我强调的东西：①我讲 PPP 国际惯例不是要求听众都按国际惯例去做，而是提供一个参照，供分析不同做法的原因和后果，以利做更好决策；②我强调 PPP 风险，不是吓唬听众不做 PPP，而是提醒做项目时要考虑这些风险发生可能性和后果，再根据自己的控制力和承受力去适当分担和管理。

3 投资 PPP 项目时，风险管理中的下述概念尤其重要：已知的未知（风险）不可怕，最怕的是未知的未知；有风险不可怕，最怕的是没有干系人对风险有控制力；承担风险不可怕，最怕的是承担了超出承受力的风险。安得死蹬？哈哈，就是 Understand?

4 应用 PPP，政府可转移一些风险给企业，但非转移所有风险，要考虑各自管控能力、管控成本、回报匹配风险，合理分担并动态调节。如图 4-1 所示，随着政府转移给企业的风险增加，项目效率上升，总成本下降，资金价值越高（越 Value for Money）；但当风险转移到一定程度，项目效率下降，总成本上升，资金价值下降。

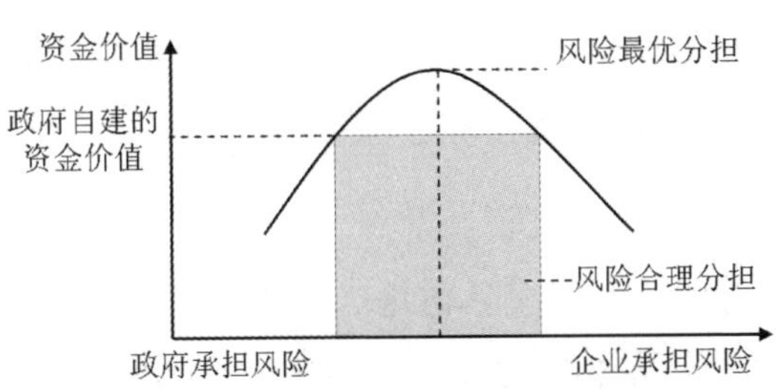

图 4-1　PPP 的风险分担与资金价值的关系

天性使然 cs 提问：PPP 的一个重要原因就是把风险从公共部门转移给私人部门，私人部门在竞标价格中包含承担风险成本，那么私人承担风险能力是否高于公共部门？如果不是，那么私人承担风险成本要高于公共部门，仅此来看，PPP 似乎不能达到降低成本的目标，通常 PPP 是长期合同，风险成本占比更高，而且不确定。

王守清：回答天性使然 cs：私人部门承担风险的能力（特别是设计/建设/运营的风险，因为他们是吃这碗饭的）肯定比公共部门强，但承担法规变化/不可抗力/市场需求等风险的能力不如公共部门，所以后者应承担或分担这些。你可以看看有关 PPP 风险管理的书，如柯永建和王守清的《PPP：风险分担管理》。

5 PPP 风险分担原则：①由对某风险最有控制力的那方承担相应风险，如企业承担融资/建设/经营等风险，政府承担土地/法律变更/外汇风险，双方分担不可抗力和需求风险；②风险由管理该风险成本最低的那方承担；③各方所承担的风险与所得回报匹配；④各方所承担的风险有上限（超过则启动重新谈判或实施调节/价机制）。

6 就上述第④条具体而言，就是在合同中尽量约定，如果风险超过某方的上限［多用财务或绩效等（定量）指标衡量］，如何？调价、延期、减免税、补贴、调责、再融资、全部/部分退出、处罚、终止和补偿、移交等，还涉及重新谈判、调解、仲裁、诉讼等程序和细节……每个点（含定上线）都可以做博士论文研究且已有很多成果。

7 上述第④条的“风险上限”，企业主要根据财务指标进行判断，例如DSCR/LLCR/IRR/ROE/PVR/PVNR/收益/需求等；政府主要根据产出要求和财务指标定，如完工期/产量/资本金/投资限额等；公众类似政府，但更关注价格/环保/产品和服务质量等。后者需民主和公众参与机制，光指望政府官员是不够的，实践已证明这一点。

8 常造成PPP风险超出上限的因素：市场需求低，公众反对（收费/环保），不可抗力，（上位）法规变化，增税，政府补贴减少，政府额外要求和范围，项目唯一/垄断性减弱，（建安/维营/融资等）成本超支，工期延误，货币贬值，通胀，企业资金断链，企业对高利润的投机。当然，政府违约不在上列（谈判也没用）。

9 CDIA 培训导师文森特：风险和不确定性的定义是有微妙区别的：风险是可衡量其发生概率及其后果的，故可以定价并交给有控制力的一方去承担；不确定性是很难甚至无法衡量其发生概率及其后果的，故难以定价，无人愿意承担，应该在合同中约定分担机制共同分担。

young19981：王老师，能请您解释一下PFI吗？

王守清回复@young19981：就是主要由政府支付/购买公共服务、主要用于社会事业如学校/医院/养老院/监狱/政府楼等项目的PPP，英国人的叫法，但对核心服务与辅助性服务、硬设施与软服务等区别对待，更强调透明（如政府和公众参与）和效率（简化流程），等等。

10 风险识别方法有：自上而下法（分解分析法）、头脑风暴法（集思广益法/专家研讨法）、问卷/访谈调查法、德尔菲法、核对表法、现场调查法、因果分析法、流程图分析法、财务报表法（损失分析法）、情景分析法等，但在工程项目中，自上而下法、个人和团体的经验、头脑风暴法、核对表法是最常用且有效的方法。

青春的抛物线回复@王守清：定标前做风险评估，支持！个人愚见，风险评估由类似监管部门独立完成，其人员异地组建，对参与招标人员及利益相关的外围人员进行纵横交叉直至点的评估，存在实质性风险一票否决，其他话分级给分按一定比例折算纳入评标总分内……

11 风险评估：评估风险发生的可能性及发生后造成的影响（对局部或整体、长期或短期）。不仅要定性分析，还要定量分析，将可能性和影响量化（影响甚至可用货币表示）。评估时常用专家打分法和层次分析法，对已识别风险的发生可能性及其影响大小评估风险度（=发生可能性×影响大小）并进行排序。

12 风险定量分析主要是对定性分析结果中风险度较大的即对项目存在潜在重大影响排序靠前的风险进行的分析，对这些风险的影响要确定具体的数值，许多财务指标（如收益率、负债率等）常常是决策的依据，常用的定量分析方法有决策树分析、敏感性分析、期望值分析和蒙特卡罗分析等。

孺子牛的微博人生：不具体点名是国家哪个部委，主张“PPP 项目效益不进行定量分析，只进行定性分析”。我怎么有种不祥的预感。

王守清回复@孺子牛的微博人生：是财政部被人忽悠了。现在定量分析是有难度，但导向不能错，应开始积累数据。如果数年后还不加定量分析，PPP 后果的确不详。到时再擦屁股吧，政府、百姓和投资者都得倒霉。

孺子牛的微博人生回复@王守清：嗯嗯，肯定要定性分析。担心的就是不进行定性分析，就无法完成对政府本身的考核管理，同时测算指标不清晰，容易形成利益输送，到时候只有百姓倒霉，投资者获利跑路、政府管理部门推卸责任。所以政府管理部门做出有利于自己、有利于干系人的短视策略。

13 PPP 风险应对含应对策略（如回避/转移/减轻/分担/接受）、应对措施及其优先级、管理流程等，就风险公平和动态分担与有关参与方谈判，设计出各方能接受的项目结构，以及特许权协议、融资、建设和运营等合同条款，还需购买保险、准备不可预见费等，实现对风险的有效管控。不怕有风险，就怕不可控。

14 风险管理错误观点：①官员：采用 PPP 就是尽量把更多风险转移给投资者。②投资者：承担更多风险就可获得更多回报（把承担风险看成是获得高额回报的机会）。事实上，让投资者承担其无法承担的风险，一旦风险发生时又缺乏控制能力，必然会降低提供公共设施/服务的效率和增加各方（含政府）的成本，最佳分担见前面图 4-1。

15 风险分担关系到 PPP 各方利益，分担不合理会增加合作方的成本，从而影响其积极性甚至导致项目失败。合理风险分担原则必须具备两大功能：①减少风险发生的可能性、风险发生后造成的损失和风险管理的成本，使项目对各方都具吸引力；②引导各方理性/谨慎行为，即各方要有能力控制分担给己方的风险。

16 业界早已对 PPP 项目的风险分担原则达成共识：①由对风险最有控制力（和/或控制成本最低）的一方承担相应风险；②承担的风险大小与所得的回报相匹配；③每方承担的风险要有上限，超过上限启动重新谈判或调节/调价机制。根据这些原则，可得 PPP 项目的风险分担流程如图 4-2 所示。

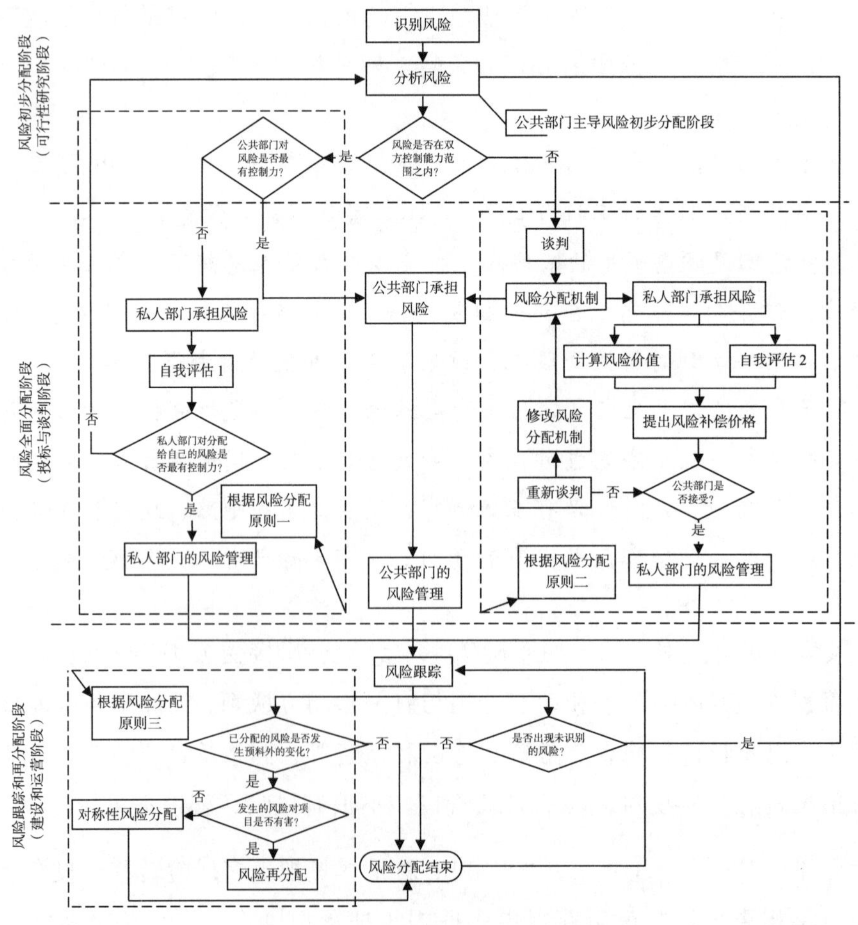

图 4-2　PPP 项目的风险分担流程

17 据荷兰统计：PPP 交通项目中 87%的风险是项目内生风险，74%的风险由政府承担了（不合理）；风险对项目形象的影响比对成本/时间/环境的影响大，对时间和成本的影响是风险的主因且二者相互影响，故对 PPP 项目成本和时间相关风险的合理分担和严格管控是项目成功的重要因素，这些风险应主要由企业承担。

18 据荷兰政府统计：对资金和时间影响较大的风险最危险；对项目形象、安全、环境和质量影响大（即使对资金和时间影响不大）的风险也很危险；项目内生风险一般也很危险，后果小的风险一般但并非总是不重要；项目外生风险一般应由政府承担，内生风险可以由政府、投资者承担或二者分担。

19 水电站 PPP 项目（特别是大型项目）的主要风险之一是环保风险和地质风险，往往造成公众反对、工期延误、融资困难和造价昂贵。中电投在缅甸投资的密松水电站，缅甸政府违约的原因之一就是公众反对，也有某些西方国家和 NGO 等捣乱。

20 风险减轻是减少风险发生可能性或风险发生后的影响，最常用措施是把风险转移给能以更低成本更好地管控风险的一方，主要通过合同，项目公司把与设计和建造设施有关的风险转移给 EPC 承建商，把与运营和维护有关的风险转移给运维商。若项目公司选择有经验的合作方，风险将进一步降低。

王守清评论：保险是 PPP 中常用的另一种减轻风险的方法，除了转移风险，还可把风险可能造成的损失通过保费覆盖。投资者可选择购买一些保险以减轻业主责任、某些不可抗力/法律和政策风险（如货币可兑换性）等。其他减轻风险的方法是应用某些对冲工具（如远期合同/期货/外汇掉期和期权），降低如利率、通胀和汇率等风险。

xinki-www：中国的总包公司，管理水平，真的很让人，呵呵。就算合同写了，执行上嘛，业主不一定转得出去。

王守清：回复@xinki-www：今天上午刚讲过：如果合同签得不好，你拿来说事的东西都没有；如果业主不守合同，合同签得再好也没用。

21 风险定性分析方法主要用来列出可能的风险来源及其后果，常用方法有风险登记表法和概率—影响表格法。登记表法把所有与项目相关的风险和管理该风险所需信息列出，概率—影响表格法中，对风险发生概率和影响先定性分级（如很高/

高/中/低/很低），再转换成数值，然后将概率和影响的数值相乘即得风险大小。

王守清评论：分析法和模拟法是应用概率的风险定量评估方法。在分析法中，不确定性变量赋予概率分布函数，所有输入变量的概率分布函数通过模型的数学运算即可推导出输出变量的概率分布函数。蒙特卡洛模拟法等则通过对模型中每个概率分布的随机取值进行分析，以产生许多可以建立模型结果概率分布的情景。

22 风险定量评估方法评估风险发生的可能性并以时间或金钱表示其影响大小，常用确定性和概率分析。敏感性分析是确定性分析中最有代表性的方法，通过改变模型中一个或多个自变量数值来观察模型中因变量数值的改变。使用敏感性分析时每次只改变一个自变量的值，可分析该自变量对因变量的影响。

王守清评论：[续]另一敏感性分析是情景分析，可分析一组输入变量的变化对输出的影响，一次组合变化即一个情景。大多数情景分析通常考虑 3 种情景：乐观、正常和悲观情景。敏感性分析虽简单但也有缺点，如：①考虑了输入变量之间的相互作用；②假设各种情景的发生概率相同；③对大型项目而言，情景数量太多。

23 任何国家特别是发展中国家都有政府信用问题，优先去有签投资保护协定的国家、买政治风险保险、获国际多边机构贷款和买其保险、与央企国企合作、获上级政府增信（支持与担保等）、与政府与公众利益挂钩……可缓解一些。

长期合作中的动态风险分担

1 谁也无法准确预测和独立承担 PPP 项目未来二三十年的风险，故动态风险分担很重要（通过设立重新谈判触发机制和动态调节/调价机制等）。美国政府开始做 PPP 时也犯低级错误，但其做法与前几天报道的国内项目争议（湖南 BOT 高速公路成闹心项目）形成有意思的对比。顺便说一句，美国政府 2014 年也开始力推 PPP 了。

黄块块__粉星星：王教授，您好！我是一名项目管理专业研一的学生，关于 PPP 的认识也处于入门阶段。好像针对 PPP 风险方面的研究很多，我想请问一下政府和私人承包方在定价方面大概是怎样的一个机制呢？质量不达标的话，政府扣费按照什么样的标准呢？还望老师赐教，谢谢老师！

王守清回复@我叫姚小楠 Nan：你的问题太大，建议你看书（我之前微博有"建议阅读 PPP 书目.doc"）。简答：定价须考虑成本、利润、公众承受力和风险分担等，须动态调节；质量不达标要扣费甚至罚款，要根据纠正成本、机会成本和罚款等。都取决于谈判，公平分担风险和收益，并保护公众利益。

黄块块__粉星星回复@王守清：谢谢老师！问题确实太大了，正想让老师给推荐点书呢！定价是一个讨价还价的博弈过程对吧，我还需要多看书多了解！再次谢谢老师！

2 收费公路 PPP 项目的最大风险之一是车流量，Flyvbjerg 等对 210 个收费公路的调研发现，一半以上公路项目的车流量预测误差超过了 20%，而最大误差达到 80%！车流量风险在政府和投资者之间的合理分担是 PPP 成功的最主要因素之一，银行也需介入谈判，否则不放贷，项目还是做不成。

智能交通_徐赫：@我只是一小小鸟：BOT 了的高速公路，应该都有得赚，那些有误差的公路应该都没什么人去 O 他。投资人要真金白银投进去，算算术应该做得很有数。

我只是一小小鸟回复@智能交通_徐赫：预测有偏差太正常不过，BOT 决策时的依据大概不会是看似靠谱的交通量预测，因为大家都心知肚明那是怎么出来的。

王守清回复@我只是一小小鸟：有误差不怕，关键是有动态风险分担机制。

3 PPP#政治风险#。因项目公司与政府所签合同的长期性和不完备性，需防止政府对项目作不利决策：①让政府参股/放贷，拉政府上船；②实现有限追索贷款，选择有垄断性质的国家银行或巨大影响力的跨国银行（如 WB/ADB 等）放贷且多为次级债，而商业银行为优先债；③拉上一级政府上船，因其对下一级政府有约束力。

王守清评论：当然，投资者股东中有央企和对地方政府有影响力的国企，也是管理政治风险的方法之一；而让项目入发展改革委/财政部的库就是方法③中的具体做法之一……欢迎补充（顺便说一句，行贿不是合法方法，对长期项目更不能用）。

4 热衷于急上 PPP 项目的官员一定要看并吸取教训，“煤价上涨时，我们才知道法方的风险管理做得确实比我们好很多”。（所以我一直对政府运动式搞 PPP 泼冷水，官员的能力差远了！）投资者更应看，学习法国人的风险管理！对投资者而言，来宾 B 是极佳案例，一签约就获得国际所有大奖。（评论华维《来宾 B 厂得失》）

5 缓释 PPP 项目风险的常用工具（特别对放贷方而言）：部分信用担保，全额信用或“换行”担保，出口信用机构，债务支柱（政府担保还债一定额度），政治风险保险，政策银行放贷，可行性缺口基金（VGF），政府担保基金，其他担保（如政府担保最低车流量/垄断性），其他资金来源（如政府放贷）……

6 风险的分担除了要考虑各方对特定风险的控制力、风险控制控制成本、风险与回报平衡、每一方承担的风险上限和动态调节/调价，还要考虑项目所在国现有法律对风险分担的约束（如有的国家规定中央政府不提供主权担保、不允许地方政府提供固定或最低回报甚至最低市场需求担保）。

7 对称，是 PPP 项目公平分担风险的原则之一。例如收费高速公路中，若政府在法规允许前提下担保了最低收入或车流量（“兜底”），则必须限制 SPV 的最高收入或车流量（“封顶”），所以，图 4-3 中的图（a）不公平，图（b）才是公平的。去年某些已签约项目是不公平的，政府或其咨询/律师，谁之错?!

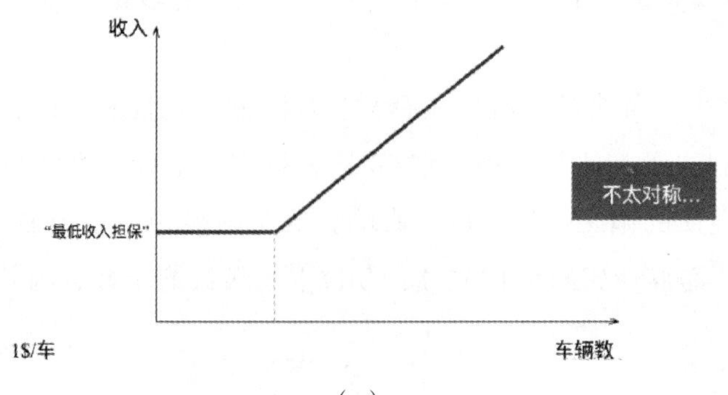

（a）

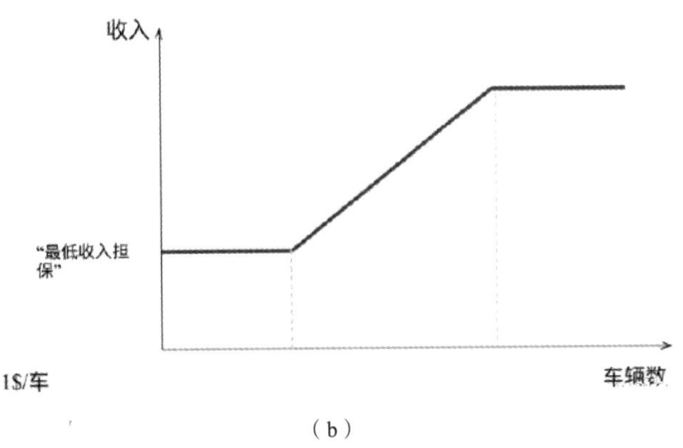

（b）

图 4-3 收费公路中的“最低收入担保”

8 图 4-5 直观地表示了 PPP 项目在开发、建设和运营不同阶段的风险和现金流大小情况，原作者虽然以道路项目为例，但也适用于其他类型项目。我的不同意见是：风险高峰应往建设阶段偏（钱砸进去了，骑虎难下）。当然，也许原作者强调开发阶段的重要性，也许本来就是示意图画得不精确（或翻译后制版不准）？

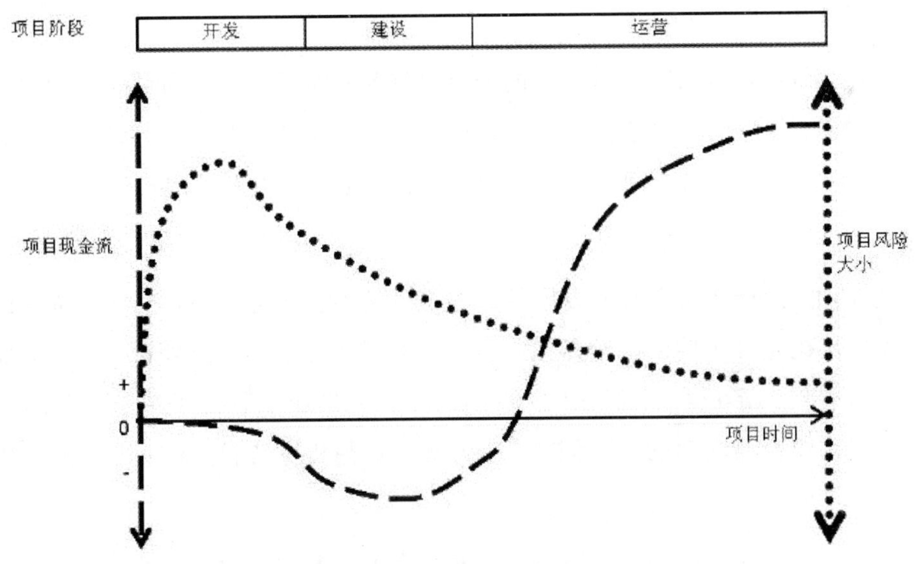

图 4-5 PPP 道路项目在不同阶段的典型风险和现金流状况

9 在实践中，合理安排风险的分担是很困难的，因为参与项目的各方常常对项目的风险及其来源有不同的认识和理解，各方都希望实施不同的方案来分担和管理这些风险，而且他们往往有不同的目标，而这些目标形成了他们对项目成功含义的不同理解。

10 制约风险识别过程的最重要因素之一就是缺乏有关风险来源的历史信息，使政府和投资者很难预测 PPP 项目中可能出现的潜在风险，因而阻碍他们制定准确估算和适当计划。没有风险及其后果的所需信息，还会阻碍干系人以最适当的风险应对策略分担和管控风险，难以公平、有效和高效管理项目。

11 无论是工程承包，还是 PPP 投资，合同中都会涉及风险特别是不可抗力风险的分担，不过到底什么是不可抗力？估计没多少人懂其严格的定义，看看 FIDIC 的定义吧，作为起步知识："不可抗力"的含义是指如下所述的特殊事件或情况：①一方无法控制的；②在签订合同前该方无法合理防范的；③情况发生时，该方无法合理回避或克服的；④主要不是由于另一方造成的。

12 我不好战，但必要时得打一仗；口头抗议没用，实力最重要（美国霸道，就是靠实力）。我十几年来给央企讲对外 PPP 投资也一直强调：投资最怕政治风险之对方政府违约，故必须获中口行/中信保支持，但后者归根结底还是靠我国对外（军事/外交/经济/技术/文化等）实力。（评论央视新闻《关于南海仲裁案全世界必须要知道的 10 个问题》）

13 #暑期读书再悟#以风险管理为导向的金融创新对金融机构是挑战，未能识别和控制风险时，政府的承诺或担保是金融机构过去参与 PPP 的唯一风险管控办法，但一旦从手段（如数据积累）和细节（如合同+保险）可对风险进行识别与控制及各方之间分担，企银就愿参与 PPP 了，故关键是细节，需要高水平的咨询含律师。

14 #暑期读书再悟#面向未来的投资都具有不确定性，即构成风险。任何资金的交易都是对不确定性预期的合约即风险合约，不同风险采用不同处置方法，形成不同的风险合约，形成金融市场上的不同产品，就形成了有别于单纯以时间价值为核心的传统金融活动的金融创新。故金融体系垄断打破后，金融机构参与 PPP 是必然。

15 当与政府签有 PPP 兜底购买合同时，投资者常犯的另一错误是建造非生产设施，认为只要政府兜底，让建啥就建啥。然而，建造非生产设施只会增加投资成本但不会增加生产能力，结果导致提高收费以收回投资，如印尼 Paiton 电厂的投资者因承担修建娱乐中心、维修中心和公路，使电价每度增加 0.75 美分，最终失败。

王守清评论：电价给Paiton电厂带来许多麻烦：被指控行贿、被要求降价等。降低单位投资成本（效率提高的直接体现）是PPP项目成功的关键。例如，可能是特许期较短的原因，沙角B电厂把一些必需的辅助设施安置在室外、厂房设计比较简单、通过竞标采用效率较高的机组来降低单位投资成本……使项目获得成功。

Loving-Young：王教授，签协议一般不应该是实际使用者付费不足弥补建设投资、收益及运维的部分，政府予以可行性缺口补助吗？

王守清回复@Loving-Young：是的。我这个微博是，不能盲目听政府的，乱建非生产设施，造成单价高，公众不满，政府没有补贴能力。

16 在PPP项目如电/水厂中，当政府担保一定市场需求如购电/水量，即签订Take or Pay（或取或付/照付不议）合同进行兜底时，投资者常犯的错误之一是把政府的担保需求当做市场需求，忽略市场调研，若政府也忽略市场调研或做出乐观的“可批性”需求预测，忽略对供求平衡的控制，就会导致供过于求，使项目不成功。

王守清评论：该情况曾在多国发生，如菲律宾/印尼/巴基斯坦的电力PPP。我国20世纪80年代电力短缺，因而大力发展电力，90年代供过于求，21世纪供不应求，现产能过剩。因此，项目的实际市场需求比政府的兜底承诺更重要，否则政府很难守约。总之，投资者也应认真评估项目的市场需求并在协议中包括适当的控制措施，确保需求。

17 一旦设施建成并运作良好，许多项目风险会逐步减小或消失，即贷款条件随着时间推移而改善，投资者就可利用这些有利条件调整贷款，获得更长期、更低利率的更多贷款，以降低资金成本，提高股权回报率，且不一定影响与政府已签的PPP协议。英国很多PPP投资者即基于此获得极大利益，引起很多争议。

王守清评论：这种形式的再融资引起争议的原因之一是，违反了资本金“先进后出”的原则，也不公平（投资者基于公共项目过度受益），故英国等很多国政府已调整政策和PPP合同，以让政府与投资者共享PPP再融资的利益。我在清华所带的第2个博士生刘宇文（2005级直博）就是研究PPP再融资的利益共享问题。

smart-Carl：王教授您好！不知道您指的具体情况，是否可以理解为，在项目建成后，相应风险降低，既可以更好地利用项目预期收益，向金融机构融取更多的资金呢？

王守清回复 smart-Carl：不仅更多（因为项目需要的钱基本是固定的），更重要的是获取更便宜的贷款。

第 5 章

PPP 的法制/监管机制

PPP 的法制化进程

1 PPP 的内涵涉及极广，相关概念与用词也多，除了之前提到最关键的“项目融资”（基于项目去融资，含 ABS）、“特许经营”（需要政府的授权），还有“有限追索”、“政府向社会购买服务”、“混合所有制”。所以，PPP 立法不能回避这些，特别是混合所有制，这是（准）公共产品 PPP 之 SPV 的典型形式。

2 除 PPP 立法，也有必要设立中央和省级的专门 PPP 机构，以综合或协调各部门职责，完善所辖区域的项目选择/比较/优先级，建立一站式审批机制。PPP 机构可以是实体，或虚拟但明确牵头部门的，有关财政的监管可设在财政部的 PPP 中心，其他专业职能如技术和招商引资则可分别设在行业主管部委和地方政府的 PPP 中心。

3 跨省/市/县的项目应分别由中央/省/市级的 PPP 机构一站式透明审批，避免各地政府盲目上项目，造成类似于现在的地方债务。目前，PPP 项目需经过多个同级职能部门审批，周期长，不规范，既影响项目进展，效率不高，也不利于经验和教训的总结与推广和政府官员的能力建设，加上不透明，还可能造成各部门寻租。

4 中国很多事（如 BT/地方政府融资平台等）多是先干、出事、禁止、立规再做（像试错法），西方多是先立规矩，然后再干、纠偏、完善（像项目管理的动态控制 PDCA）。希望我国这次力推 PPP 时要先立规建制（基于过去 30 多年 PPP 实践），且规制要遵循 5 大原则：一视同仁（无歧视）、激励性、灵活性、稳定性、控制性。

5 参考国际上对 PPP 的不同描述，建议我国立法中将 PPP 定义为政府和企业合作一系列方式的总称，含 BOT/BOOT/TOT/DBFO/PFI/特许经营等，但不包括 BT（因企业未参与运营）和 BOO（因资产已完全转移给企业）等，且应强调合作过程中的双方平等、风险分担、利益共享、效率提高和保护公众利益等。

6 这几天的头条都有与 PPP 相关的，刚刚有李总理力推社会力量参与基础设施，这又是社会各界期待《基础设施和公用事业特许经营法》加快出台，“五一”后征求意见稿（初稿第 6 稿）该公开了。但勿过于乐观，因为县市领导内心是不愿搞 PPP 的（指挥私营企业多难呐，还是指挥国企简单）。当然，你也可以认同某咨询公司老总跟我说的：按现在这种搞运动的做法，至少有两轮活干了，一是帮助政府或企业上 PPP 项目，二是过几年后再帮助这些政府或企业收拾 PPP 烂摊子。

7 一个国家若没有法律来规范 PPP 项目，政府就需要用合同来规范，这意味着项目结构将更为复杂，政府就需要更多的咨询服务。反之，若有法律在某些程度上能够规范 PPP，大家就必须明白其局限性，法律保证了确定性，但牺牲了灵活性。

8 没有明确 PPP（含 BOT/PFI/政府向社会购买服务等，以后都类似包含）法规政策的地方 PPP 很难成功，因为法规政策的模糊或缺失为急于出政绩的政府提供了推进项目的过大自由且加大了政府违约的可能，这也是近年地方政府债台高筑、违约增多的原因之一。

9 李克强总理 2013 年 7 月 31 日主持召开国务院常务会议，研究推进政府向社会力量购买公共服务，部署加强城市基础设施建设，这是新一届政府就公共服务开始 PPP 的信号，不过，之前类似信号（如 2004 年“投资体制改革”、2005 和 2010 年“非公经济 36 条”）已不少，缺关键的 PPP 立法/指南/机构/制度，否则还是难！

金永祥：公用事业特许经营属于 PPP，是政府与社会企业之间的合作。政府监管特许经营企业不能用传统的管理方式，必须重新制定规则和流程。只有监管机制理顺了，特许经营才会发挥作用。这可以理解为特许经营的顶层设计，由此看来顶层设计就是把该做的事做好，任何顶层设计都一样，神秘兮兮的。

王守清评论：同意金总看法，宏观上我再补充 3 点：①要尽快立 PPP 法，过去相关法律都没有考虑 PPP，造成很多冲突；②建立国家级 PPP 机构（PPP Unit），总结各地经验，向各地提供指导和规范，避免中央政出多门、各地重复交学费；③建立国家级 Gap Fund（补缺资金），统筹跨省项目、补贴落后省份项目。

10 希望我们国家层面有关 PPP 的突破：①PPP 立法含评估/实施指南；②设中央/省级 PPP 机构，负责决策/评估/监管/知识管理；③建项目信息发布机制；④建公众参与和监管机制。

JerryZhao2010 评论：PPP 的立法和相关管理规控机制，仍在早早春阶段，相信在未来几十年内都还处于上升期。值得有兴趣的“童鞋”长期努力。

王守清回复@JerryZhao2010：是的，而且 PPP 涉及面极广，可以从各个角度和集成角度研究（如公共管理/财政、法律合同、工程/项目管理、金融财务、担保保险、社会文化等），也特别需要复合型人才。

法律图书馆：十二届全国人大常委会公布五年立法规划，人民法院组织法将修改。十二届全国人大常委会立法规划 2013 年 10 月 30 日公布，已明确的 68 件立法项目中，一类项目包括修改法律 33 件，新制定法律 14 件。立法法、人民法院组织法、人民检察院组织法、行政复议法、行政诉讼法、专利法、著作权法、税收征收管理法等将修改。

张燎评论：基础设施和公用事业特许经营法终于正式列入本届人大立法规划！中国 PPP 拉开法制建设的序幕。国家发展改革委法规司做了大量前期工作，功不可没！

王守清评论：绝对是好消息，希望能如期。但这也仅是起步，还要进一步强化法制和机构等制度建设，否则有法也是白搭。

11 应在确定的法律框架和能随时间推移应对发展的最佳实践框架之间取得平衡。投资者对法律框架的确定性/细节/清晰度有强烈偏好，但 PPP 立法和部门规章往往是在推广 PPP 的早期阶段建立的，缺少实际项目经验，这种法律框架不佳或难落实。应在立法中体现核心原则，再利用规章逐步细化，以应对现实变化。

12 要实施 PPP，须有适当法律体系，表明政府明确和长期的支持，因为 PPP 涉及复杂的商业和融资结构（许多干系人参与；大量风险需合理分担；PPP 项目的长期性）。可以制订专门但又有一定灵活性的 PPP 法，也可以是相互匹配的系列规章政策。这个法律体系的建立是个漫长的过程，有时需要数年甚至更长时间。

13 如果没有有效的公共管理作为支持，对授予和保护投资者权利的法律体系也是毫无价值的。PPP 涉及对政府角色和职能的重新定义，包括政府行使对项目特许期的全面监督管理，即检查、监控和管制。政府最重要的一个职责是采用适当的招标程序，以使项目满足所设定的目标，特别涉公众利益的。

14 #暑期读书再悟#好制度能：①激励各方促进公共产品数量的增加、服务和质量的改善与效率的提高；②降低交易成本。PPP 从理论上应能实现①但难实现②（流程与合同太复杂），若制度不完善，则实践中既难实现①，更难实现②。我国两年的 PPP 推广，更多实现了公共产品数量的增加，其他有些许完善但还有很大改进空间。

PPP 的监管机制

1 有人担心实施 PPP 后企业不好好干咋办？多虑了，当然关键是政府懂如何做：① 政府与企业签合同且监管，若企业违约，政府可收拾企业；②合同会明确 output specification，若企业提供的产品/服务不符合要求，政府和用户就不支付或扣减支付（与绩效/用量挂钩）；③项目由企业投资/贷款，若不好好做则收益不足，将血本无归。

2 监管主要是依据特许期协议等进行合同管理，由合同签订方实施或授权有关方实施有关活动，目的是实现：①特许权协议中的绩效指标得到满足；②合同签订方的风险受控。合同管理活动必须：①有效率（非时时盯着，以最小投入）；②有效力（特别是对高发或后果大的风险）。

3 公共或准公共产品的自然垄断等性质可能导致市场失灵、效率损失，而企业由于利益至上可能导致所提供的产品/服务绩效差（如质量不高、服务不足而价格过高等）。但监管应主要依靠法规（如 PPP 法等）与合同（如特许权协议等），必要时才行政干预（但也要符合法规并依法定程序）。

4 #PPP 的监管#：发达国家主要有两种监管模式，独立监管机构监控或合同监控。有的项目没有监管机构，仅靠合同监管，而且，有些项目即使有监管机构，但 PPP 交易必须签订具约束力的合同。发展中国家中则多是混合监管，因 PPP 经验有限，光靠合同监管不足（还涉及观念），习惯还用常规项目监管方式。

5 监管机构可：①单独设立，如美国；②在综合行政部门中设立相对独立的监管机构，如英国；③设立分行业的法定机构同时行使监管和提供服务双重职能的混合模式，如新加坡；④在纵向分权或协调机制下不单设监管机构，如德国、法国；⑤让已单独设立的 PPP Unit 同时行使监管职能。各种形式各有优缺点。

杜继锋律师评论：PPP 项目宜有地方立法机构设置监督委员会，这样才能防止政府与企业联手，扩大收费价格、年限及成本，加重项目所在地民众的负担。

王守清回复杜继锋律师：是的，监管机构必须是独立的、必须有公众参与。

6 监管机构需具：①独立性：不受干系人干扰特别是作为项目公司股东的政府的干涉；②合法性：其设立、职权和监管政策是立法确定的；③广泛性：监管领域覆盖项目各方面；④公正性：其独立性和权威性确保公正；⑤专业性：除了官员，还有行业管理、技术、经济、律师和公众代表等组成。

7 监管内容：①准入监管：选择最合适的企业/联合体，以实现 VfM；②价格监管：审查定价和调价方式，保证公众利益；③产品或服务的质量和安全监管：保证环保、卫生、安全、健康和不间断服务；④退出监管：合同到期时或期满前因各种原因的合规退出；⑤普遍服务监管：保证广泛和公平地向公众提供产品或服务。

8 监管方式应包括：①用“资格/信用预审+竞争招标/谈判”进行准入和激励监管；②“基于绩效的合同监管+支付”是最基本的落实方式；③项目公司中设有“政府股”和“公开招募股”并公开财务是依据产权保证社会参与监管；④建立用户投诉/媒体监督/听证/行政仲裁/司法裁决等机制能落实公众和第三方监管。

9 政府在项目公司中占股份是通过产权与合同保证公众利益，政府股特征：①对项目公司一般正常经营活动不干涉；②政府不一定派董事，只在政府股所附带明确的条件下与权利范围内进行干预；③把政府对项目公司的有效干预与保证项目公司的独立地位和独立经营妥善地结合起来。

杜继锋律师评论：我的一个 BOT 项目中，政府指定两家国资公司进入，做小股东。小股东不干涉主投资人的经营决策，但保留有召开股东会、董事会的特别权。个人推测，政府希望小股东介入，方便按公司法利润分配机制获取利润。但项目总投资额大时，小股东按比例的出资款可能跟不上，股东担保融资责任也会给小股东带来压力。

王守清回复杜继锋律师：政府股分享利润只是其中一个目的（既然分享了，就得分担一定风险，要量力而行），其他（有的可能还更重要）目的之一是：在政府股附带的特定条件下和权力内，用合同而非行政手段，保证公共/准公共产品/服务的广泛性和持续性供应。

10 如前条所述，在项目公司中，除了政府股和主办人股（主要投资者，类似于英国 2012 年年底推出的 PF2 中的 I 类，见图 5-1）之外，设定一定比例的公开招募股，即通过市场公开募集而非由主办人选定，以政府/企业之外的相对第三方（PF2 中的 II 类），有利于通过更透明和更公平的社会参与方式对项目公司进行监管。

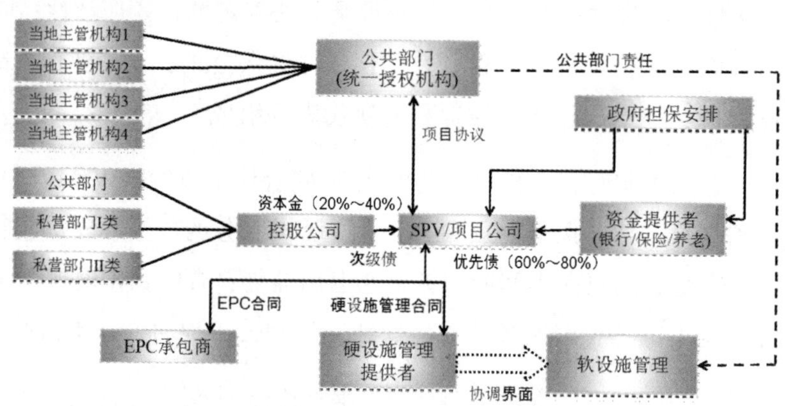

图 5-1　英国 2012 年推出的 PF2 模式

11 之前说过制度层面的监管要点，在实施层面，至关重要的是基于绩效的系统的合同设计与管理，应确保三级的绩效确认，包括体系确认、过程确认和结果确认。其中“结果”最重要，而“体系”和“过程”正是为了保证“结果”（类似于项目管理的组织/制度建设和阶段/过程管理）。

12 实施层面基于绩效的具体监管：政府说明所需要产品/服务的细化绩效要求；企业负责满足要求，政府不干涉企业的方案。保证措施：企业建立保障体系，确保过程合规并自我确认结果符合要求；政府或授权第三方根据风险情况监控过程和结果；政府对企业实施绩效关联的支付机制。见图 5-2 和图 5-3。

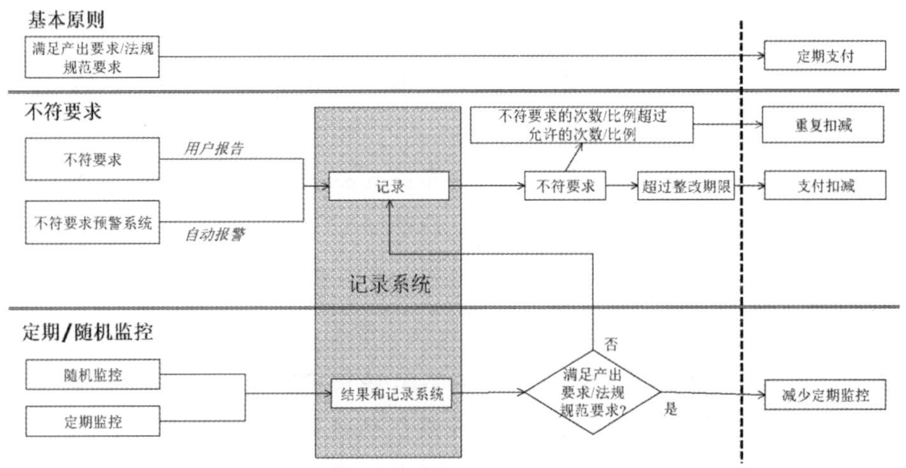

图 5-2 实施阶段的重要监管

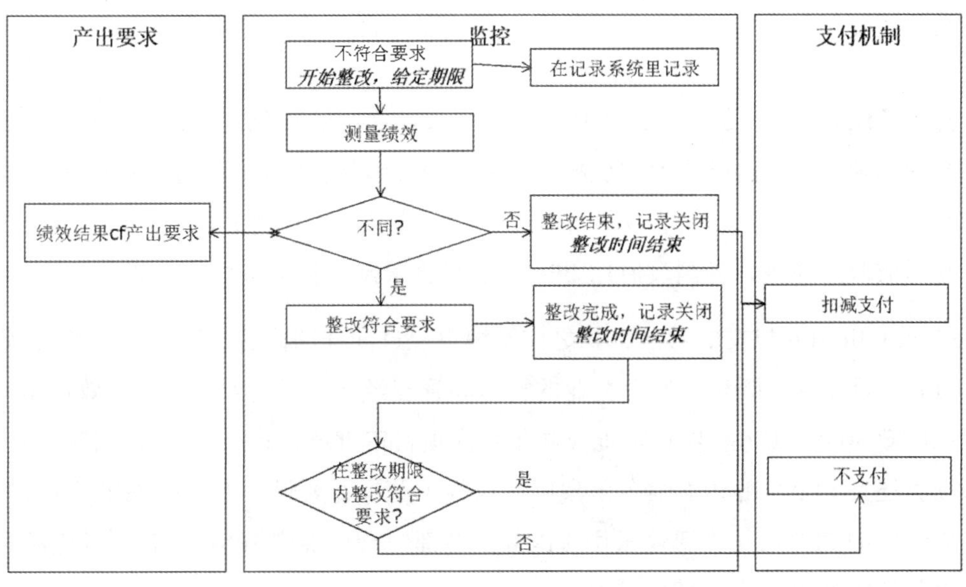

图 5-3 绩效不符合要求的处理流程

13 从 2012 年 3 月起，英国将加强财政部监管 PPP 项目全过程的角色，为了增加透明度，所有 PPP 合同将可公开获得（除了受保密条款限制的个别文件）。什么时候我国 PPP（含 BT/BOT）项目的合同可以公开呢？现在中央要求县级以上政府的三公支出都要公开，PPP 项目的投资都很大，涉及公众利益，应该也公开！

中国预算网：推荐两个网站，（http://www.usaspending.gov/）可查询美国联邦政府自2000年以来的政府资金使用情况，包括近30多万个政府合同承包商所承包政府项目的详细数据；（http://www.fedspending.org/）可跟踪、记录、分析美国预算管理局发布的每一笔财政支出，而且是一个民间组织的网站。这些预算数据在美国都是公开的。

王守清评论：要是中国有这样的公布而且公布的是真实数据，对研究中国政府采购（特别是PPP）的人来说就是福音了。

王文杰律师：中国政府网近日（2013年10月16日）公布国务院总理李克强签署国务院令发布《城镇排水与污水处理条例》，条例规定，国家鼓励采取特许经营、政府购买服务等多种形式，吸引社会资金参与投资、建设和运营城镇排水与污水处理设施，以充分发挥市场机制作用。

王守清教授评论：建设部几年前就颁布了5类项目的示范合同文本，好不好可争议，但至少有了，而且定额所在编《市政设施特许经营评价导则》。的确，建立PPP法律和制度体系包括指南和示范文本等很重要。

14 转 Jin Hui 校友观点：①财政危机多发于公私之间的灰色地带，如希腊医院、葡萄牙高速公路、西班牙地方机场；②灰色地带包括：PPP（多用于基础设施），国有企业、国有金融机构，预算外公立机构如学校、医院等；③PPP比当期支出更易形成政府债务，各国政府用PPP绕过预算限制，易形成财政危机。

15 很同意 Jin Hui 校友的看法，我之前微博也说过同样的内容（除最后1条）：要对PPP项目监管，既充分发挥企业的技术和管理经验、提高效率，又有效控制可能的财政风险：①PPP项目审批要和预算内项目审批统一进行：项目是否必须？用预算还是PPP？用PPP后各阶段财政风险把关？②要设立专门的PPP机构；③要立专门的PPP法；④建议采用《国际公共部门会计准则 IPSAS 32》，并以项目为单位披露PPP资产负债等信息。

16 公用事业（如供水）是天然垄断行业，一旦相关产品/服务出现问题，用户别无选择，后果严重。因此，必须进行有效的监管，选择合适的绩效指标和构建绩效激励/惩罚机制十分重要，使问责（包括政府和企业）成为该类PPP项目中的关键。

17 最近又有人问我国内PPP项目数量、投资额和占比等，我只能苦笑：之前也有政府部门问我，他们都不知道，我咋可能知道？故要成立 1 个（不是多个！）PPP

机构。一个项目是否要应用 PPP，我国目前无 VfM 评估，原因是缺少相关数据，咋不开始积累数据呢？至少可从已审计的项目开始，这也是 PPP 机构的要事……

张燎评论：【历史不会简单重复，但往往有惊人的相似之处】2000 年、2003 年前后分别颁行的招标投标法和政府采购法令中国公共采购活动形成两法并列的局面至今。现在，财政部和发展改革委在 PPP 上的分兵突进，尤其是在 PPP 管理机构上的分歧，难免让人担忧交叉重叠之事会再现。

王守清回复张燎评论：类似于当初成立国土局，最后的结果是国土局管地，建设部管房子。没有地，你盖什么房子啊？所以搞建设的比以前又多了道国土局的手续。这么条块分割，搞个什么 PPP？！国外成立 PPP 机构就是要减少条块分割和多重审批，以提高效率和利于投资者。国外的好经都被国内的和尚念歪了。

18 政府在监管企业提供产品/服务中若涉及检测费，还可规定，若检测结果合格，则由政府承担（其实也可以事先约定由企业承担，企业投标谈判时会计入运营成本），若检测结果不合格而需再次检测，则再次检测费由企业承担。企业和其分包商之间也可就检测费达成协议。

19 PPP 项目中，政府必须对企业所提供的产品/服务、项目财务和项目对环境影响等进行定期加随机监管（当然企业自己也有内部监管）。监管主体主要有：政府、政府授权第三方或政府与第三方联合、公众参与，有时放贷方也有监管（如世行监管项目招投标、财务和环境影响等）。

20 中央政府应重视政府投资项目或 PPP 项目的结果，可签订类似于英国的 PSA（Public Service Agreement，公共服务协议），即中央政府/财政部与中央行业主管部门签 PSA，或中央与地方政府签 PSA，明确未来 3 年将要达到的各项服务的数量和绩效目标。我国政府其实也有签，类似于军令状，但没 PSA 那么具体。

21 PPP 财政监管法：项目审批、机构、立法、会计准则和信息披露。PPP 和预算内项目立项审批要统一进行：①项目是否合理？——可行性研究；②用预算还是 PPP？——VfM 评估；③如用 PPP，每个关键阶段进行财政风险把关-Gateway Process。目前中国大致只有第 1 步，无第 2、3 步。（via Jin Hui）

22 PPP 特有的时间差，使政府年度财政预算和中期预算框架无法显示未来现金支出，好像政府不花钱也可办事。地方政府常利用这个时间差隐藏债务、规避预算监管；当债务问题暴露时则为时已晚，形成财政危机，如 20 世纪 90 年代的墨西哥/匈牙利和 2000 年后的葡萄牙/西班牙。

23 除了财政部或上一级政府要监管地方政府的 PPP 财政风险，地方政府更要在特许权合同中约定：要监管 PPP 项目公司的财务，特别要防止企业抽逃项目公司资本金和未经政府同意私自将项目资产与特许权合同权益抵押质押去融资，还要对企业在项目公司中的资本金设定最短退出年限和最低持有额或比例……

24 PPP 的 Gateway Process：财政部在每一关口都可否决/暂停项目：第 1 关预可研/第 2 关可研，确保 VfM；第 3 关招标/第 4 关谈判签约，确保财政风险可控，PPP 的确优于政府传统采购模式；第 5 关运营，监督合同实施及所需财政资金变化，若变更协议，重新审查财政风险和 VfM。

25 转 Jin Hui 观点给想利用 PPP 化解地方财政风险的泼冷水：财政危机多发于公私之间的灰色地带，如希腊（公立医院）、葡萄牙（PPP 公路）、西班牙（PPP 机场）；灰色地带包括 PPP（多集中于基础设施，比当期支出更易形成债务）、预算外公立机构（如学校/医院）、国有企业/金融机构。

26 2004 年《国务院关于投资体制改革的决定》虽然已过去 10 年，但绝对仍是里程碑性文件，其中“谁投资、谁决策、谁收益、谁承担风险”的原则、不同类型项目的审批/核准/备案制、吸引社会投资等都是突破（见图 5-4），但 PPP 项目该走图中哪条路径呢？PPP 立法该解决么？

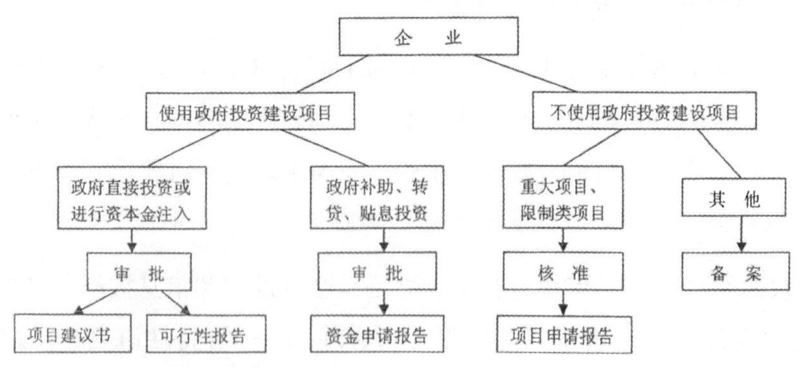

图 5-4　PPP 监管路径的思考

27 PPP/特许经营立法是权利义务责任的划分，特别是在发展改革委和财政部、政府和各业界/产业链、国企和民企、政府/实务界和学术界、国内与国外、政府/企业和百姓之间的合作或妥协，PPP 的核心三大主体是政府、企业和百姓，现在前两者都有代表，最缺的是谁在代表百姓及如何保证其利益。

28 PPP 项目不一定是政府投资项目（如用户付费的），但因是提供公共产品，应该按政府投资项目进行招标或采购选择特许经营者，并进行监管（特别是质量、价格和服务水平）等，以保护政府和公众利益。

29 PPP 合同是长期的，私营部门（我国应称企业，含央/国企）比在传统采购模式中承担了更重要的角色。但政府在任何情况下都负有提供产品/服务的终极责任，必须在特许期内对企业进行持续有效的监管，确保项目在其控制范围内合理实施。此外，即使企业承担了所有财务风险，政府仍需承担一定经济责任。

30 PPP 的监管很重要，不仅对政府，对企业亦是如此，建立自我监控体系也很重要，例如，对公路而言，至少应包括日检/周检/月检/半年检/年检/15 月检/2 年检。每次检查不同的内容，随复杂程度的增加检验频率减少，如日检：开车巡检+摄像机监视；月检：检查路面/路肩/环岛/人行道清洁，检查装置（照明/泵井/标识等）。

31 PPP 项目信息公开和公众参与是 PPP 的重要原则之一，有利于保护公众利益、提高效率和服务，也有利于保护政府（如提升信用/反腐败）和投资者（如承担社会责任/提升品牌/降低政府违约），更有利于案例分析以总结经验等。可惜我国信息公开严重不足，造成案例分析只能靠访谈和新闻报道，恐不全面或偏颇。

32 信息公开也是做好中国 PPP 研究和实践的前提之一，一起推动 ing。//@寿涌毅：//@子夏曰：【政府信息公开一例】依据信息自由法案，《华尔街日报》拿到了美联储主席耶伦截至去年（编辑注：指 2014 年）12 月底每一天的工作日程，放在网上以满足公众的好奇心。

33 王守清回复@als909：是的。所以 PPP 如果没有机制（如公众参与决策和监管机制）保护用户利益，难说成功（即使政府有政绩、投资者有回报）。//@als909：坐地铁的用户是不是干系人？对于一个项目来说，用户估计是最重要的干系人吧。

34 王守清回复@檬铯風爔：要区分定价和调价，定价主要考虑固定成本、收益和效率（可对标，如对标传统模式和对标同类项目）；调价主要是分担变动成本和收益、如由可预见但非单方可控风险或政府造成的风险造成的（如通胀，汇率，市场需求等）。故垄断性主要在定价中考虑（如净现值），调价中也可考虑（如效率递增）……

35 演绎 1：政府不必刻意就 PPP 项目招商，只需公开项目信息和条件，如果项目好、政府规范运作和守信用，投资者自然会来。演绎 2：投资者只要有实力、效率、口碑，PPP 项目及其利润自然来。演绎 3：只有讲课口碑好，课约自然来找。演绎 n……

律途步行者：我在@知乎提了一个问题：PPP 模式下，市政道路项目（非经营性），比如投资方投资 10 个亿，怎么获取投资回报的方式？实现退出。

王守清：要么政府投资，要么 PPP。PPP 只有三种方式及其组合收回投资：政府分期支付费用，政府分期回购股权，政府给资源（土地、旅游、矿产等）补偿，没有其他办法（除非慈善或跟用户收费）。

律途步行者回复@王守清：多谢王老师！另外，在财政部发布的合同指南里，要求政府在项目公司中的持股比例不超过 50%，如政府分期回购股权，是否会超限？

王守清回复@律途步行者：签约时不超过即可，十几年后的比例可谈。再说，又不是完全靠回购（如果是，那和 BT 有何本质区别？），还要辅以其他方法［见我昨天（编辑注：指 2015 年 4 月 6 日）微博或评论］。

36 PPP 的推广有赖于坚实的政策基础、长期的政治承诺，已经健全稳定的法律和监管环境。有经验的私企对这些因素有清醒的认识，并在做投标决策时会充分评估这些因素。

JerryZhao2010：都是成功运作 PPP 所需的 social capital。从乐观的角度看，新近的 PPP 热有助于倒逼促进社会资本的增长，或者至少让人更深刻认识这些方面的现有欠缺。

37 政府尤其是发展中国家政府推广 PPP 面临的挑战是，相比于一个具体项目采购所需的资源，通常更缺少为成功实施 PPP 项目奠定基础的资源，包括缺少正确的政策、机构和流程，这些不改进，项目即使签约成功，后期通常也会失败。

PPP 的信息公开与公众参与机制

1 群里就 PPP 信息公开吵得热烈，我也说了几句：非涉国家安全和企业专利的信息一般得公开；公开有不同方法，如政府在 SPV 占股份（了解财务信息）、上市股东披露、账号质押、审计、监管、第三方等；公开并不是都向公众公开，有不同范围和层级；公开有不同时限，实时、过程中，事后，主动、被动……

2 PPP 项目公开信息有很多分类，如按可公开性：强制公开/可申请公开/有偿公开/不能公开；按公开时间：事前公开/即时公开/延迟公开/合同期内不公开/合同期后公开；按受众：中央政府/地方政府/政府实施机构/行业协会/项目直接干系人/媒体与公众（最重要的受众）；按公开主体：政府/实施机构/社会资本……

3 PPP 法律和监管框架很重要，这也是投资者关心的，以确保 PPP 合同长期有效。该框架包括：允许投资者参与公共产品、必要时允许其向用户收费、价格/税收等政策明确、监管框架和法律救济制度等，关键是具备可预测性和透明度，在这些基础上，其他细节可在 PPP 合同中再明确。

4 [续上条]例如有关法律框架问题：允许民间自提？招投标过程公平和透明？政府的前瞻性规划和长期支付能力？政府能恪守长期承诺？允许长期建/运/维等综合交付？政府不同部门与合同内容直接的层次关系一致？合同签订后监管框架变化后的处理？监管机构的权力和自由度？用户支付或可用性支付的税收处理？

5 政府制订 PPP 项目产出要求时，特别是对基于可用性由政府支付的 PPP 项目，要详细罗列产品/服务的交付要求，作为合同内容和监管依据，可应用 SMART 原则：Specific（具体），Measurable（可衡量），Achievable（可实现），Realistic（现实），Timely（及时）。

项目管理杜中：建设阶段的产出和运营阶段的产出是需要分开吧？

王守清回复@项目管理杜中：同时列入合同，重点是运营产出。

第 6 章

有争议的 PPP：BT

PPP 与 BT

1 按照世行/亚行等的观点，企业（老外多是指私营，而我国这问题比较复杂，涉及央企/国企的归属及与签约地方政府的管辖关系，微博上讨论过）不承担运营责任或不承担财务风险的，不管支付机制如何，都不能算是 PPP！因此，按其观点，BT 不属于 PPP！

胡药师的救赎提问：王老师，那 TOD 是什么样的权责？

王守清：回答胡药师的救赎：TOD 属于 PPP，政府授权交通设施投资、建设、运营的企业开发沿线房地产或其他商业设施，分享交通设施对周边的溢价收益，以回收和/或补偿交通设施投资，尽量实现 Self-finance。

2 这轮政府力推 PPP，没钱的施工企业日子会不好过，活少了，还不好干。我 2003 年回国时就开始忽悠央企/国企/大民企，要转型搞 BOT/PPP，否则长远日子会难过，从国际承包商发展路径和业务模式变化可知这点，因发达国家建筑业是夕阳产业，而发展中国家业主特别是政府没钱，只做承包（或垫资承包或 BT），难发展，难持续。

3 BT 项目时间相对短（类似于 EPC），比较容易预测，合同最关键，而且比较成熟，可以写很细且相对固定。BOT/PPP 合同也很重要，在类似于 BT/EPC 合同之外，更应注意合同须有动态调节机制，而且双方志同道合，Partnership 很重要。

4 改编自李继忠律师（精炼概括中国的 PPP）：中国式 BT 是“回购模式”，中国式 PPP 是“拉长版回购模式”，1 个 PPP=数个 BT。

Kaaaaaten：请教王教授，那理想中的 PPP 应该是什么模式呢？可以不回购么？

王守清回复@Kaaaaaten：微博写不清楚，你下载我之前发过的讲稿看。不是可以不可以回购的问题，而是该不该叫 PPP 或是否符合国家政策的问题（中央期望 PPP 能实现缓解地方债务、物有所值、提供效率和服务水平、共担风险、共享收益、转变政府管理方式等）。

5 企业是聪明的和创新的，政府是缺钱要做项目的。若中央不限制，该模式将流行：号称 PPP 的定向拿地股权回购拉长版 BT。未违反 463 号文，没增加地方债务，但物有所值、转移风险？一个愿打一个愿挨，无可厚非，但财政部该哭了，力推一年 PPP，得到这样的结果。

hhujyh：@王守清：王教授，地方融级平台到另一行政区域投资，即可视为社会资本，这种理解是否正确？我个人觉得不能理解喔。

王守清回复@hhujyh：按财政部文件，是的。

hhujyh 回复@王守清：从上到下，操作层面变异太大了。

周老师-清华 PPP 负责人：政策还不完善，但要不迈出去，永远不知道该如何完善！

流口水的 YYY：真债假股，老套路了，不过周期过长有风险，特别是境外资金有汇率风险。这种 12 年的没有 8%拿不下来。政府其实可以有更优的办法获得更低的融资。要追究决策者的责任……

6 其实广义 PPP 是包含 BT 的（狭义不包含），只是因为我国过去十几年把 BT 做坏了（如成本高和政府寅吃卯粮造成债务），这一轮中央力推 PPP 时排除了 BT。但因为投资者怕长期 PPP 地方政府不守信用，还是偏好 BT，政府也喜欢和熟悉，俺觉得 PPP 应包含 BTO，作为一种折中，当然要强调降低成本提高效率和长期服务水平。

7 问：就回购而言，PFI 与所谓的加长版 BT 有什么本质性的区别呢？答：①PFI 的时间更长；②PFI 中企业参与运营；③PFI 有很明确的产出要求和相应监管并按绩效付费；④PFI 还区别硬设施和软服务，软服务还区分核心服务和辅助性服务；⑤PFI 升级版 PF2 中政府占股份，且投资者分两类，一类由投资者自找，一类公开招募……

BT 与垫资承包

1 主体不同：垫资承包针对施工企业，BT 项目则可以是施工企业也可以是具有资质的各类投资型企业；做 BT 的企业是投资者（出资本金）/项目业主/法人；做垫资承包的企业不是项目业主/法人。

2 签订的合同不同：垫资承包只签订承建合同；BT 项目签订的是转让合同，可以是项目资产转让，也可以是特殊目的公司（SPV）/项目公司的转让（即政府或政府指定企业回购 BT 项目），同时还会约定分期还款期限、资金占用利息及投资回报计算方法、合同生效所必备的政府文件等条款。

3 付款方式不同：带资承包建设方式的合同价款只是工程建设费用，一般为按进度付款或一次性付款；BT 建设方式的合同价款不仅包括工程建设费用，还计算了融资利息及投资回报，因此会分期付款。

4 银行介入和风险考虑不同：银行不介入带资承包方，银行主要通过提供流动资金贷款与带资方进行合作；银行要介入 BT 方式承包方，银行提供的是中长期贷款，需要对项目进行考察评估，形成完整项目可行性报告，并设立资金监管账号，以确保信贷资金的专项用途及回购款的安全回收。

5 法律保障不同（最为关键的不同）：垫资承包被国家明令禁止（见建设部等 4 部委[建市〔2006〕6 号]《关于严禁政府投资项目使用带资承包方式进行建设的通知》），得不到法律保障。

BT 的利与弊

1 过去十几年我国做了大量 BT，对政府短期和企业都有好处，但也引起很大争议（主要在学术界）。利：有利于缓解政府财政压力（当前缺钱，避免将来拆迁/造价上涨）；有利于减轻政府工作（简化为选择 BT 商、明确建设要求、验收/回购条件）；提前建设/受益；有利于设计优化（若是 DB/EPC）；有利于周边土地的增值。弊：垫资施工，若政府无支付能力/不守信，易引起拖欠；很多未经招投标，不透明，且易造成腐败；融资成本高，若合同不公平，易投资失控，政府/纳税人买单；激励不足，质量有提高但效率未提高；政府难了解企业融资能力，若企业资金不到位，纠纷多，建设延误；易成政绩工程，寅吃卯粮。

海龟海归_7af 评论：施工企业不是出于无奈是不会为政府垫资的，政府信誉不是 AAA，这一点王教授应有所耳闻吧。很多在国外可行的事情，在中国暂时还行不通。

王守清回复海龟海归_7af：对企业而言，做 BT 最大的风险的确就是回购风险，但过去十几年很多做 BT 的（特别是国企/央企）都挣了大钱，那个时期房地产暴涨，政府用土地出让金回购。2013 年 1 月在上课开 2 个有关 463 号文（主要是限制 BT）的影响与对策研讨会，在场企业家都说在长三角至今还没有不回购的，顶多耽误一点时间，当然，其他地方就不行了。我个人反对做 BT，因为据我所知，BT 的成本远高于传统模式。

第7章

PPP 政策/实践点评

PPP 的哲理性/幽默点评

1 偶然看到几个 PPP 相关的 Logo，附图是两个典型的：相对而言，第 1 个图反映了 PPP 核心理念之一，即政企优势互补；而第 2 个图我总觉得有点违背 PPP 的过程与目的：低效（3 个和尚），而且错误理解了第 3 个 P。希望现实中是第 1 个图而非第 2 个图。

2

做有趣的事（如从事PPP），说有趣的话（如讲授PPP），识有趣的人（如PPP志同道合者）

想必PPP会是最复杂的项目，投资大，时间长，涉及光脚的百姓、精明的投资人和强势的政府，还有考验人性的契约精神

PPP项目参与方多，不选择共赢是无法成功的

做PPP，不仅要跑得快，还要跑得远、跑得长久、跑得开心、跑得有人跟

政府选对投资者，就像选对配偶一样，是产出成功PPP项目的第一步

患难与共，同舟共济，有福同享，有难同当，谓PPP也

投资者做PPP有2条底线：不能让百姓用户上街，不能让决策官员坐牢，否则梦想不会照进现实

不要把PPP当做借口，当做政府推卸提供公共产品责任的借口

PPP不是只有眼前竞争、谈判的苟且，
还有诗和远方的田野

想问天问大地，让换个角度看PPP
推广PPP需要：顶层设计与制度建设，含组织、法规、流程、指南、合同、监管体系等

好马配好鞍，PPP需要复合人才，含技术+管理+金融+法律+合同+保险+商务+市场+政治……

得不到的永远在骚动，实践经验和学术功底两手都要抓，才能得到PPP

恋爱时间太短，了解会不深；而时间太长，成本又太高，恋爱真难！
PPP前期工作也如此

凡是不以长期合作、共担风险、提高效率、兼顾公平和可持续发展为目的PPP都是浮云

3 家庭也是类 PPP，丈夫（政府）负责挣钱，老婆（企业）负责持家，子女（百姓）能按兴趣选择专业/职业快乐成长；结婚说简单也不简单，找彼此喜欢、信得过的对方，共同培育子女，三方共赢就可持续发展；各方不能仅从自己的角度去看问题，要有智商也要有情商，要学会沟通与妥协，家庭就能和睦相处。

4 类似于“幸福的家庭千篇一律，不幸的家庭各有各的不幸”，成功的 PPP 项目千篇一律（干系人全满意/共赢），不成功的 PPP 各有各的不成功（有的干系人不满意/有的阶段、有的方面不成功）。

5 目前一些 PPP 项目的做法，就是直接糊弄财政部和发展改革委等中央部委（好上项目），间接和最终糊弄百姓和自己（高成本、低效率、不可持续、代际不公平……），也越来越为国际上个别人对 PPP 的批评（“PPP 阴谋论”）提供了证据。

2017

2月 投资者做PPP有两条底线：不能让百姓用户上街，不能让决策官员坐牢。

Mon	Tue	Wed	Thu	Fri	Sat
2月6日 初十	2月7日 十一	2月8日 十二	2月9日 十三	2月10日 十四	2月11日 十五

Tomhick：这样，地方政府不是可以间接性地指定企业来运行？

王守清回复 Tomhick：你说的有点意思，正是中央想改革的方向：小政府、大社会。

Tomhick 回复@王守清：政策的开放性恰恰成为地方执政者违规操作的空间，擦边球事件频发！

籴粜：真正糊弄的都是央企，仗着亲爹撑腰大肆捞钱。假 PPP，转包抽点，稳赚不赔……如果要说有阴谋的话，也应该怀疑中央部委是在给央企和朋友圈里的咨询机构输送利益——中央部委自己定了政策不执行，建了个各库却不监督。

和清投服：#咨询新解 50# PPP 人才的稀缺就是在一开始它所要求的学科综合性，我在读《论复杂》。

王守清回复@籴粜：也有这种可能，所以要信息公开、公众参与监管（官员和产出）、问责官员等制度。

小小幸福裙子：这种低回报的项目让金融机构如何参与股权和债权融资呢？

王守清：但总比不做等死好啊，何况他们应该有考虑我提醒政府考虑的那几点。

6 如果说 PPP 是政府与企业的婚姻，那更像新中国成立前的，政（夫）比企（妻）地位高，特许权协议是行政而非民事合同，政府可纳妾（非垄断）和中止合同（休妻），反之不可。现在男女平等了，政与企合同是否该改为民事？是否该允许国企参与（同性恋）？政企出现争议找法院（族长）有用么？企业可中途退出（离婚）并获补偿么？

7 世上本没有车和路，经济要发展，生活要舒服，便有了车和路。世上本没有收费处，走的车多了，便有了收费处。PPP 原来是抄袭鲁迅的思想啊。

8 凡事不是非此（如 0）即彼（如 1），所以有了模糊数学（如介于 0 和 1 之间）；类似地，产品/服务不是非得由政府或企业单独提供，可以由双方共同提供，PPP

正是基于这种思想，由政府和企业长期合作，共同提供基础设施/公用事业产品/服务，以提高效率和最佳服务。有台湾教授说，应从小学起就灌输这种思想，窃以为是。

9 建筑业产业链中做劳务，分包，施工总包，工程总包（DB/EPC），DBO，BT，房地产开发，BOT/PPP，越往后的竞争力约强、风险越大、对企业的要求越高，如果做得好，业务也可持续、利润越大……做施工相当于收人头（农民工）费，规模越大赚得越多；做 BT 相当于做批发，一个项目拿到了，所有相关业务都拿到了，如果政府不能还钱过去还可以拿块地搞房地产；做 BOT/PPP 就相当于零售，只要有一个好产品（项目），每年都能卖，不是一年一下子赚很多钱，但每年都有钱进账。

10 作为研究生院课程专家去听“博弈论……”课，听到一句觉得很有意思的结论：相对而言，求利的比较容易合作，如商人；求名的不容易合作，如文人/学者（很多名人例子），最难合作的是演员（除了辈分/档次差别大的）。你和你目前合作的小伙伴们主要是求名还是求利？就 PPP 而言，参与 PPP 的企业家/银行家等多是求利的，而政府官员多是求名的，因此，在没有公众（求利的）参与决策和监管机制，政府又不重合同和法制的地方，PPP 很难做好。这从另一个角度解释了我之前微博表达过的观点。

11 中国家庭文化以长为尊，少有子女敢跟父母讲理；中国社会文化也是以强势政府为范，少有百姓能跟政府协商；延伸到 PPP，自然第 1 个 P 比第 2 个 P 地位高，就像我之前微博说过的新中国成立前的夫妻关系。不过，也有道理，父母抚养子女多，反之少；政府对（准）公共产品/服务负终极责任；老公养家糊口义不容辞。

12 项目融资，特许经营，都是政企合作的特点；招标投标，谈判签约，应有男女搭配的身影；妇女能顶半边天。谨以此自撰对联祝所有女粉丝三八妇女节节日快乐！

13 公私合作（PPP）中的政企关系，类似于婚姻中的男女关系。但又有不同：PPP 中政府地位比企业高，政府除了合同约定的可提前中止（如企业提供的产品/服务不符要求），还可以无理由提前中止（但要给企业补偿）；婚姻中则男女地位是平等的（至少法律如此），若对方不同意，另一方不能无理由中止。

王守清回复@那只破鞋：新中国成立前我国和现在有些伊斯兰国家还可以一夫多妻，类似于特许经营合同是由1个地方政府与多个股东组成的项目公司签（一夫多妻制国家法律往往规定：老公要再娶二、三房，需经大老婆同意，且老公要对各老婆公平，类似于股东协议和牵头主办人）。

14 终于回到北京了，虽然都是阴天，但上海的空气质量比北京的好多了。真的又在想，PPP是否还有可直接用于治理大气污染的模式，除了已经采用了的带有间接PPP的EMC模式。如果再不治理，北京就会像穿了多年的短裤，只剩首（ku4）都（yao1）名称（dai4）了。

15 现在PPP大热，但很多人包括政府官员都没有搞清楚什么是PPP。转某老总讲的真事：我前几天去某地跟政府谈BOT项目投资，对方说，现在财政部在推PPP，我们不谈BOT，谈PPP吧。

16 我每次讲PPP监狱项目的收入来源时，都以过去枪毙犯人时跟家属要子弹费为反例，说明监狱项目的收入不能来自犯人家属，否则，你懂的。

17 在这样的环境里和床上睡觉（注：出差住宿宾馆有类似于传统新房的装修风格），有结婚的感觉；这次给财政部组织的地方财政官员讲课，希望他们为PPP（政企联姻）创造好的环境和床，因为“PPP不是政府推卸责任的借口”。

18 政府和企业得有过长期日子的打算，得以诚相待，患难与共……可以做婚前约定，但更得考虑家人子女，重原则而非斤斤计较，不能动不动就离婚……

19 有人说咨询就像红娘，俺不敢苟同，因为红娘的主要目的是撮合婚姻，并不太在意他们过得如何，而咨询不仅要让政企双方谈成PPP协议，更应体现专业精神和职业道德，把项目做好，保护公众利益，特别是在没有民主或公众参与时，毕竟PPP做的是公共产品，而婚姻不是。

20 有史以来第一次给地方区政府讲 PPP，大家都说这是真正的“走群众路线”，我说不是，因为我不够资格（不是领导，也不是党员），我是来交流接地气的。

21 回国后在校外讲了十多年特许经营/BT/BOT/PPP，从没像今年这样经常遇到企业家和官员特别是官员对相关内容的好学，以及（更常见）对相关概念的迷惘。很多地方在谈PPP项目，看合同其实是BT，还美其名曰创新的FEPC（融资+工程总承包）；很多官员说不做 BOT、要做 PPP，其实又搞不清 PPP 是啥及咋做。谁之责？唉！

22 不透明、没有公众参与决策与监督的 PPP，是“官商勾结”而非“政企合作”。

23 人没有好坏之分，只有适配之分（前提是不违法和不违背社会公共准则）。所以，婚恋中有“你是我的菜”之说，音乐中有“配乐”之说，社会/政治中有“和谐”之说，砼学科中有“级配”之说，项目管理中有“项目组合”之说、团队成员有“人员组合/将帅配”之说，项目融资（BOT/PPP）中有“合同/股东/资本结构”一说，《PPP/BOT：资本结构选择》就是试图解决这个问题……

24 原文很有道理，也非常赞同熊伟的评论：完全可以移植到 PPP 项目里，政府和私营方都不要想坑对方，因为坑了对方下次他完全有机会坑回来！（评论陈华强《会员深度思考系列：成功的投资和成功的婚姻都只需要做两件事》）

25 今天在西安建设大讲堂给市相关部门官员讲授 PPP，校长总结我的课程要点：1 个项目，2 方（政企）签约，3 方（政企民）受益，4 个原则（风险转移/产出要求/全过程集成/回报与绩效关联），5 步流程（要否项目/要否 PPP/具体方式/选择投资者/监管），6 类风险（政治/建设/运营/市场与收益/财经/法规）……

26 联合国报告：1990—2030 年城市人口的增长。人口的增长对基础设施提出需求，因政府资源有限，这也是需要 PPP 的原因之一。

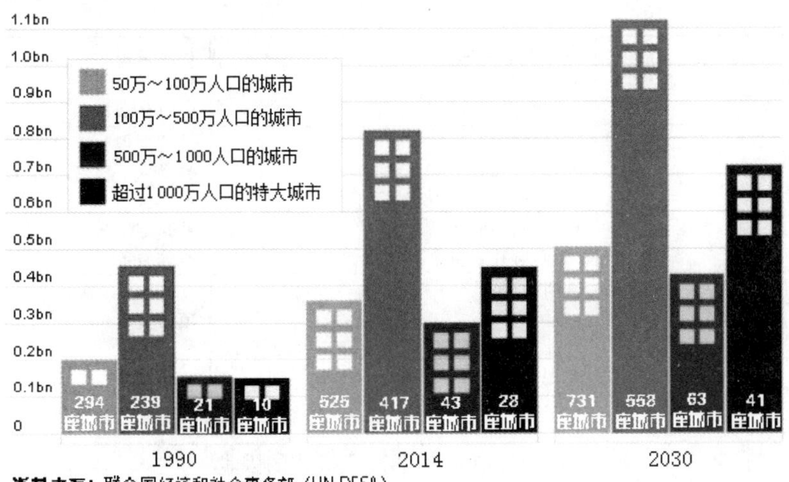

图 7-1　1990—2030 年全球城市人口增长

27 刚给一个央企的建议：你们如果现在不做，现在或将来就没活，就会死；现在做了，将来结果还不一定呢，即使死，也是十几年后的事，何况中央不会让央企死的。央企做 PPP，不一定要做得如何好，关键是不要比其他央企里做得差！正如两个人碰到熊，你不一定要跑得很快，关键是要比另一个人快！

28 Most Common-held Functions of S&P 500 CEOs 标准普尔 500 强企业老总最常见职能：
；Finance 融资（银行/财务）>25%，Operations 运营≈24%，Marketing 市场≈24%，Sales 销售≈17%，Engineering 工程>10%，Planning 企划>8%，Law 法律>7%。一句话：复合型人才，PPP 尤其如此！

29 PPP 四大原则（风险公平分担、明确产出要求、全寿命期绩效、回报与绩效关联）与人生四大自由（财务自由、时间自由、人格自由、言论自由），前者实现物有所值，后者实现身心健康。

30 做 PPP 项目如开车，不会的时候看人开车似乎很简单，等自己学开时才知道很难，而且驾校教的似乎谁也不会在实际开车时用，但会开车后，谁也没有觉得开车难啊！做 PPP 的无论是官员或企业家都在经历这个痛苦过程，认真规范做，不断总结和推广经验教训，就能熬过去，就会越来越好，否则学习成本太高。

31 PPP 很复杂，需要一种方法论去系统地分解和表示（见图 7-2）。PPP 是一种统称，影响其商业模式的因素有很多，尽职调查、分析、谈判和签约，这些都得考虑周全，不是因为中央“力推”，阿猫阿狗就可以做咨询的，咨询的不专业必然害政府、害企业、害合作关系、害公众。

基本模式 • 城市建设 • 公共服务提供	**合作关系类型** • 垂直的 • 水平的	**设施类型** • 单体建筑 • 群体或网络
应用行业 • 交通 • 供应/处理 • 公共房地产	**支付模式** • 预算支付 • 用户付费（收费站、年费） • 用户付费+预算支付 （政府补缺基金，VGF）	**工程类型** • 新建 • 续建 • 扩建 • 修复
私有化形式 • 正式的 • 功能性的 • 实质的	**合同类型** • DBFO • 特许经营（BOT、BOOT、BOO 等） • 混合的特殊目的公司（SPV） ……	**项目类型** • 新建 • 已建

图 7-2　决定 PPP 商业模式的因素

32 PPP 很复杂，需要一种方法论去系统地分解和表示（见图 7-3）。换个角度，PPP 有 5 个维度的问题：各个主体，应从不同行业、不同层次，分析和应对不同阶段、各种具体问题。这些都做好了，PPP 就容易成功了。咨询和学术界更应深入研究和解决更具体问题，比一般人看得深、全、远，此专业性也！

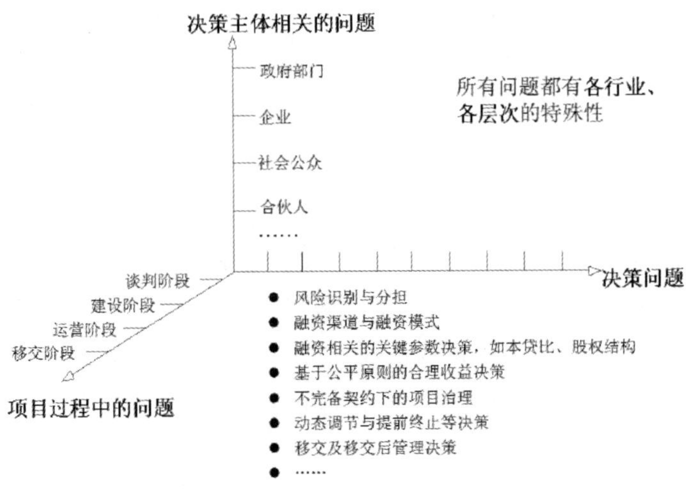

图 7-3　PPP 学术问题的 5 个维度

33 PPP 很复杂，需要一种方法论（“工具箱”）去系统地分解和表示（见图 7-4），以利于分析、实施与改进。不同参与方应根据自己的目的、能力与优势有所侧重，如中央部委应做全局顶层设计，重点考虑国家和行业层面，并兼顾项目层面等局部；各类咨询公司则在国家和行业法规与制度框架下，提供更具体和专业的服务……

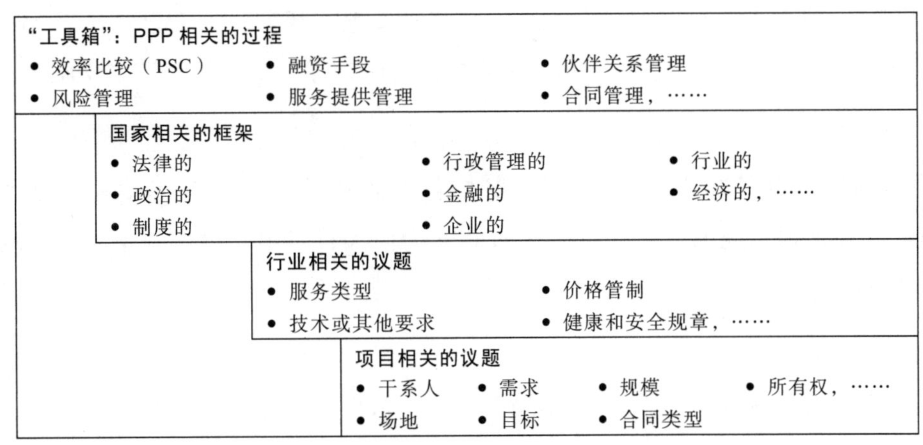

图 7-4　PPP 相关过程的工具箱

34 等一些 PPP 项目出问题后，大家就开始吊打 PPP 了，全然忘了真正的干系责任人，就像 BT 项目出问题后（如造价比传统模式高太多、地方政府寅吃卯粮形成 20 万亿地方债、政府无力回购后违约等），中央 2012 年 463 号文封杀 BT，似乎是 BT 的错！（评论 Emarketing《百度的中枪掩护了多少人安全撤退？| E 个观点》）

35 转：英国脱欧已无悬念，什么是脱欧？通俗一点说就是起初几个大佬（英法德意）建了个微信群，没事发发红包，互惠互利，后来进群的小弟越来越多，只抢不发，大佬不高兴了，现在这世道，地主家也没余粮啦，于是有个大佬叫英国，退群啦，估计后面还有跟着退的，最后只剩几个不发红包的啦。

王守清改编：几个投资人（英法德意）打算搞个 PPP，就组建了 SPV（欧盟），本打算互惠互利，后来不断有新股东加入参与利益分配，有些投资人觉得风险和收益不对等，利益协调机制又出了问题，经过谈判未能解决问题，有人（英）就决定退出了，SPV 将面临危机了。我前天（编辑注：指 2016 年 6 月 23 日）在青岛有关再谈判和退出机制的报告很重要啊。

36 所以我总说：央企千万不要把在国内做 PPP 的方法用到国外去，在国内央企基本能搞定任何事，即使搞不定做砸了，也是肉烂在锅里，到国外就不是一回事了。我理解楼继伟 2013 年年底第一次明确提出要力推 PPP 的第 3 个目的——帮助企业走出去，是希望大家在国内也好好做，学会了再走出去。

37 改编自刘志中：中央力推 PPP，地方政府和社会资本在还没有完全了解对方甚至还没有看过《父母必读》或《育儿须知》的时候，就匆匆结婚，匆匆生下项目这个孩子，孕检正常么？孩子有先天性缺陷吗？怎么抚养？怎么教育？怎么监护？长大后怎么办？……这么多问题，双方事先真该好好学习，来清华学吧！

38 了解了房价暴涨真相又如何？你不买，总有人买，没有房子，老婆都娶不了，你没看新闻说想多买房子的已婚的人都忙着离婚呢。不能不怀疑运动式 PPP 也是类似真相，否则不规范且未提高效率的 PPP 为何大行其道且没人制止？解决政府目前债务问题！

39 对央企而言，按目前体制，做大是硬道理，否则会被兼并掉。何况经济下滑，需要投资拉动。做 PPP 也一样，不做是等死，做砸了也不会死，关键是做大，但不要做得最差。

40 于安：这民资得哄着。又出钱又担风险，不哄着怎么行。我附和：所以男的要给钱，但仅给短期的不行，人家服务好但可能不忠诚，还要给长期的，不仅给回报，还要用真情，也要立家规，各自努力奋斗，人家觉得有奔头，才会好好长期跟你过日子，男的还不能出轨，否则她也会，甚至会离家出走。

41 PPP 是个国际趋势，大企业不做，就是等死（因为政府出钱的项目越来越少）；当然，如果不懂瞎做就是找死，而且国内目前 PPP 过热，过几年就会如发达国家一样理性（他们的 PPP 只占公共产品项目的 10%～30%，而我国目前恨不得什么公共产品都 P）。

42 投资不冒风险是难有机会的(见第 1 个图——无限风光在险峰),但这几点很重要：①未知的未知（风险）才可怕，已知的未知总有对策；②风险可控是王道，关键是把风险分担给有控制力的那方；③风险后果在风险承担者的承受力之内；④对长期项目如 PPP，风险分担要动态公平，实现同舟共济（见第 2 个图）……

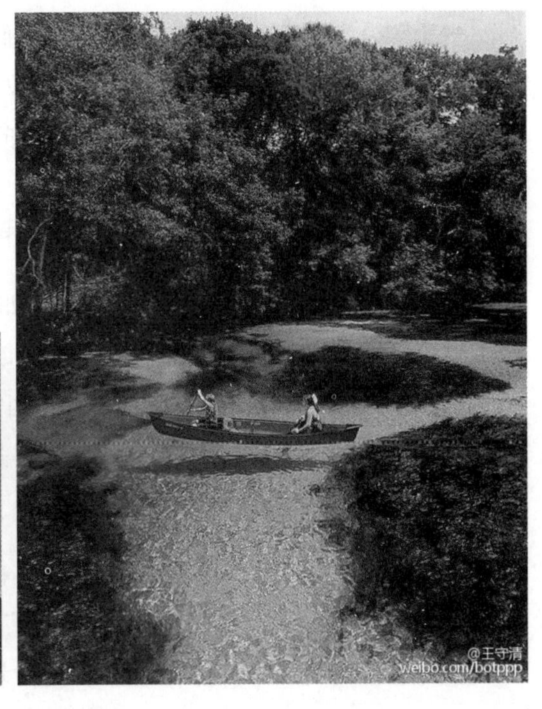

项目管理杜中：风险的合理定价？是风险风险可能造成损失的价值吗？
王守清回复@项目管理杜中：基本是，也包括采取风险管理措施的成本。

43 王守清回复网友：是的，在政府一刀切做 PPP 的形势下，企业不做 PPP 就没活干（逐步会死掉）；做 PPP 也可能会死（因不会做），但死是数年后的事。//网友：

PPP 对企业的影响已初步显现，尤其对传统的设计和施工企业，如不及时调整思路，寻找出路，等着的就是破产。原来我们已中标的几个项目被叫停，改为 PPP，我们连参与资格都没了。

44 完全不是一个圈子的人、机构和会，寻觅一圈，只认识清华建筑学院庄惟敏院长、听说过崔愷院士和俞孔坚院长。我也不知为何他们要我来，后来他们说项目管理和 PPP 对国家机关房地产非常重要。项目管理真是个大筐，PPP 则是一条长长的纽带，把各行各业或动土动木的人全串在一起了。

PPP 的相关政策/事件点评

1 不仅是经济学有此问题，管理学也类似。所以我一直劝年轻人，本科还是学硬一点，如理工科；研究生再学软一点，如经济/金融/管理/人文/法律。前者了解一个行业、学微观做法；后者学从宏观看问题，更好地做微观的事，万一混不好还能回到行业去。中国目前金融界做 PPP 缺懂行业项目的人才。（评论《清华教授：经济学不是科学是宗教，拿自由市场机制说事的人，不是傻子就是骗子》）

2 “美国人靠好莱坞大片输出理念……如果通过餐馆来输出我们的文化，那一定事半功倍。慕尼黑有个很受外国人欢迎的中餐馆，菜式是很传统的中国菜，但其布局和上菜方式非常西化。”PPP 也是西方人输出理念，但我们国人的包容性很大，而且也不断改变自己，其实是先让它进来后再悄悄改变它。（评论《马未都：到处都称老师，妓女也都叫嫖客为老师了》）

3 很多与 PPP 相关啊！关键是理解 PPP 的精髓，把其原理运用好。从大的角度说，是中央逐渐改革为“小政府、大社会”的战略；从小的角度说，是专业的人做专业的事，提高效率和服务水平，同时培养综合竞争力企业与复合型人才，“走出去”!（评论《正式确定，未来 5 年中国最赚钱的 20 个领域》）

4 做项目，特别是做涉及政府和百姓的 BT/BOT/PFI/PPP 项目而言，如果用不规矩的方法去做，出了问题往往只能用不规矩的方法解决，结果可能越来越糟；为什么不用规矩的方法去做呢？这样出了问题就可以用规矩的方法去解决，结果再差也不会差到哪去。作为学者，就是应该讲规矩、公平、中立的方法，引导各方共赢。

5 这个报道真是给现在的 PPP 热（或虚热）添堵。如果说刺桐大桥项目失败是民企犯了低级错误（政府并未违约），这个项目中，民企还算聪明但过于相信合同和政府了。在中国，不懂 5 个 P（另 2 个是 People 和 Politics），最好别干 PPP。（评论《湖南 BOT 高速公路成闹心项目》）

云无期：某桂林高速公路项目也遇到过这个问题，最终是以多条高速统一收费后再分摊的形式解决。

王守清回复@云无期：这是国内趋势，以省为单位，统收统支，相对比较公平。

王文杰律师：王教授拓展概括成 PPPPP 很有实际意义，以免人们只关注特许协议双方利益，而忽略了政治和公众利益，导致项目遇阻。从项目的投资机会研究开始关注政治环境和公众利益，是必要条件。

Chopin 鹏：可以在合同中有最低需求保证条款，因政府建设竞争性项目而造成 BOT 项目实际收益不足以支付项目公司成本及合理收益，政府应从竞争性项目收益中拿出一部分给予项目公司一定补偿！仅仅说不能在附近建设竞争性项目，太模糊了！

6 “严禁通过保底承诺、回购安排、明股实债等方式进行变相融资，将项目包装成 PPP 项目。”逐步把我们一直在批评的半年多以来签的假 PPP 路堵死了（除非地方/企/银又想出新招），PPP 终上正轨和理性发展。当然，企/银将更观望。中央下一步应进一步解决地方政府信用和金融垄断问题。（评论《财政部〈关于进一步做好政府和社会资本合作项目示范工作的通知〉》）

7 PPP 涉及面极广，非任何单个学科可覆盖，而且理论前沿性和实务操作性极强，需要复合型人才和复合型团队，需要理论密切结合实践系统学习。（评论申铖《业内人士：专业人才缺失或将制约 PPP 持续发展》）

8 “地方政府融资平台今后将与其政府所有者之间真正保持一定的距离，意味着它们的债务将不再是‘政府’债务。……但 IMF 不相信融资平台的所谓独立性。”另外，从 2014 年力推 PPP 起，中央的目的是把政府负债变为企业负债，没想到全是央企/国企干了，非上市的民企不干，故本质上还是百姓花钱。（评论吴佳柏《中国地方政府融资平台卷土重来？》）

9 有人说我是“PPP 有限论”者，总是反对“PPP 万能论”者。当然，限于研讨 PPP 理论与实务问题，对事不对人，更不涉及政治。（评论 PPP 头条《PPP 大跃进：萝卜快了不洗泥，10%预算制约伪命题》）

10 这似乎是中央力推 PPP 两年以来我看到的最符合我讲课要点且最全面的地方政府 PPP 文件。听过我 1～2 天 PPP 课的人（半天的不够），不仅能理解该文件所有要点，更能知道为什么文件强调这些要点？如何实现这些要点？当然，即使有好文件，项目实施结果是好是差，还取决于具体干活的人。（评论《关于在公共服务领域推广政府和社会资本合作模式的实施意见（浙财金〔2016〕13 号）》）

11 有人问医院 PPP，我答“很难”，因公立医院是非营利机构，PPP 后算啥性质（公立或私立）？要学英国区分核心与非核心服务、硬设施与软服务的 PFI/PF2 的做法还有法规等障碍……这个文件给了一些原则，特别是第十九款。期待里面提到的几个 PPP 项目试点成功。（评论《北京市城市公立医院综合改革实施方案》）

12 PPP 项目目前签约少的原因：①地方政府提出的不少项目不适合 PPP；②PPP 期限长/风险大/合同复杂，谈判需时间；③金融体系不成熟，融资成本高，银行虽也跟踪但尚未积极；④政府和企业缺经验和人才，高水平咨询也缺；⑤企业/银行担心地方政府信用特别是换届后不履约。

> 鸵鸟也有春天：老师，第五条是主要原因，真正的民营资本没几个愿意跟政府签十年以上的合同，何况 20～30 年呢，政府都不知道换了多少届了，随便给个政策障碍，项目也运行不下去。

13 推广 PPP 之初，为避免滥竽充数的咨询（含律师），中央部委如财政部建立一个推荐但非强制的咨询公司名录是必要的，每个省/直辖市建立也是可以的，但现在很多市甚至县也建立就没有必要了，既重复（浪费政府资源和加重咨询公司负担），也令人怀疑市县政府的目的（为了权力和寻租？）。

14 在政府部门流程和机构能力薄弱的国家，管理相对复杂的 PPP 过程是很难的。政府应特别重视项目前期，因这个阶段的产出要求难界定且政府资源难到位，而该阶段政府的时间和资源投入对项目的成功极重要。我国政府不重视前期评估和谈判的做法不改，PPP 将难成功，政府/百姓利益易受损，可能就违约。

15 企业做 PPP 最怕地方政府不守信用，其实政府和银行也怕企业不守信用。该文（想做 PPP 的最好别看，以免悲观）所说的也许就是国际上普遍实现的有限追索项目融资在我国 PPP 项目中普遍不能实现、PPP 推广不易的最主要原因，因为这些最依赖于长期合同，最需要契约精神。（评论《我们根本没有契约精神》）

16 今天（编辑注：指 2015 年 8 月 21 日）讲课还提到：这两年中央各部委力推 PPP，仅银监会和国土局还没发文，今天银监会就发了：鼓励银行业金融机构实施银团贷款、联合授信等信贷创新，开展排污权抵质押等担保方式创新，探索金融租赁、资产证券化等融资模式创新。

王守清评论：银监会发文鼓励但没法强迫各金融机构。另一关键是国土局，不久应也会发文，若能允许土地收入专项专用甚至土地捆绑并豁免招拍挂更佳，因经济下滑，中央最近似力推 PPP，可惜他们明知企业特别是民企不积极，最关键问题是担心地方政府信用，但他们没着力解决该问题。若解决，投资者和金融机构定会积极参与。

17 如果政府不能吸引尽量多的投资者，或者投资者不搜索尽量多的项目，PPP 的结果类似，要么落地的项目少，要么落地的项目结果差。（评论丹·艾瑞里《麻省理工经济学家的试验告诉我们男女配对的真相！》）

18 今天（编辑注：指 2016 年 6 月 22 日）在“2016·青岛中国 PPP 论坛”上介绍 PPP 经验的 3 个城市，都有一个共同点，就是成立了市政府（而非单个职能部门）直接领导的 PPP 机构，大大加快了前期工作、减少了部门之间不作为或扯皮、社会资本跑手续难度。这也是我讲课时一再强调的，道理很简单，只要不是为了部门的权与利，用脚都能想清楚，这也是项目管理的思想！

19 过几年 PPP 里的造假也会暴露。期待 PPP 信息公开办法赶紧出台，应该能起点作用。（评论叶檀《特大丑闻，几十万可以假离婚，新能源车几十亿补贴被骗走》）

20 如果 PPP 项目不需要财政支付或补贴，发展改革委的这个文件梳理清楚了推进 PPP 项目很多流程方面的细节，也把传统可行性研究扩展至包含 PPP 实施方案……应该与行业主管部门的想法接近，与住建部的“市政公用设施特许经营评价导则”（送审稿）也比较匹配。（评论“国家发展改革委关于印发《传统基础设施领域实施政府和社会资本合作项目工作导则》的通知”）

王守清补充：有些行业应由政府支出的钱已分给行业主管部门负责，故在行业主管部门负责的这些具体 PPP 项目上，需要政府支付与补贴的应该也不再需财政部门审批。

21 企业做 PPP 项目就是一种投资，本文说的都适用，特别是稳定收入（即盈利模式）；且 PPP 项目投资大/期限长，故有限追索项目融资隔离风险/动态调节很重要；涉及强势可能不守信用的政府、光脚不怕穿鞋的公众，故合同/保险/担保等分担风险和共赢很重要……（评论阎炎《创业的首要目标就是赚钱，没有盈利模式的创业全是扯淡》）

22 基础设施和公共服务各种交付模式孰优孰劣？我国政府投资模式和 BT 模式分别已做六十多年和十多年，已有大量结算与审计数据，完全可作为其他模式特别是 PPP 的比较基准，政府应引导相关协会/咨询或自己做好这些数据的整理分析等基础性工作……，信息公开也非常重要，期待 PPP 项目信息公开管理办法尽快出台。［注：财政部已于 2017 年 1 月 23 日印发了《政府和社会资本合作（PPP）综合信息平台信息公开管理暂行办法》（财金〔2017〕1 号）］

23 如果政府不能严格执行设施建成开始提供产品/服务时才支付，而且原则上是特许期均布支付（关键是后一句），怎么招标都没有用（分别招设计、建设和运营根本没法集成优化），企业必然重建设轻运营（赚了施工利润就跑）、长远质量没保证、设计不为运营优化……国际上通用的 PPP 支付原则到国内全变样了。

政府或使用者支付原则/机制：

- 可用性支付。
  - — 设施建成开始提供产品/服务（即可用）时才支付，而且一般是特许期均布支付（即“前补贴→后补贴”）。
- 绩效支付。
  - — 与绩效挂钩，若所提供服务达不到所要求的标准，支付将扣减，甚至罚款。
- 用量支付。
  - — 与使用量挂钩，若低于所期望的用量时，得不到全额支付；若用量多，价格应打折。

- 移交支付。
  - 特许权终止（提前中止或到期终止）时的支付，取决于合同（区别有/无过错）。

24 某大咖群中就目前做的 PPP 项目成本高的原因讨论热烈。我在各地跑及与各方交流后发现，绝大多数政府、企业和咨询还是在用传统方法思维做 PPP。目前 PPP 成本高的核心问题是如何实现物有所值的方法与程序（重中之重是不同模式比较与充分竞争），是否严格执行这些方法与程序，并明确产出要求、严格监管与奖罚。

25 中央为地方政府增信吸引投资者做 PPP，国务院“要求各级政府严格兑现依法做出的政策承诺和合同，不得以政府换届、领导更替等理由违约毁约”，最高法：对政府违反承诺，特别是仅因政府换届、领导更替等原因违约毁约的，要坚决依法支持行政相对人的合理诉求……要依法判令补偿财产损失。

26 该文解释了交通部说的全国高速亏本 600 多亿的部分原因。因 PPP 应用的是公共产品/服务，财务必须公开，我一直强调这一点（当然还有其他点），可惜第一个 P 不愿意，第二个 P 不愿意，他们更愿意第三个 P（不透明可能勾结）。（评论《官员进高速公司上班年薪百万》）

直上重霄九：王老师，2P 都不愿意，这 3P 模式前景乐观吗？

王守清回复@直上重霄九：中央和地方观点不一样，我估计全国还是会做，但也担心做不好。

直上重霄九回复@王守清：其实在目前形势下，各方面都想利用这种模式，如何结合好大家的利益共同点是关键问题，王老师你们专家可以成立相应的咨询机构，为项目从构思论证一直到签约实施提供一条龙服务，这样既积累了经验，树立了典型样板，又可发挥你们的聪明才智，取得多方共赢的最佳效果。这是瞎琢磨的，您别见笑。

王守清回复@直上重霄九：我是老师，做咨询只是服务一个企业或政府，讲课则可教会更多人；何况我已很忙，没时间做咨询，学校又不允许老师开咨询公司；再说，社会上已有很多咨询公司。

带刀的熊：高速亏本和这个没啥关系，这些高管的年薪再涨一倍，他列举的这些企业仍然盈利，媒体根本不清楚那个全国高速亏 600 多亿是什么意思才会盯着深高速、山东高速这种企业。而即使 PPP 得到完全的执行，只要建设量和规划不变，亏损的情况也不可能改变。

王守清回复@带刀的熊：从整体而言有关系，听说以后可能所有高速统收统支，先以省为单位。

带刀的熊回复@王守清：而所谓的全国高速整体亏损从根本上说和这些上市公司的营收关系都不大，媒体盯着的方向就是错的，哪怕这些高速给自己的高管再涨薪一倍，他们的盈利数据依然会相当好看，而全国高速依然是亏损。而这种情况是由我国高速发展阶段和体制决定的。

27 除了“扣款”可为地方政府增信，我还建议：可以建立中央为地方政府担保的基金，根据项目的轻重缓急在必要时提供担保，这远比那 1 800 亿投资基金起的作用大。（评论杜涛《财政部推 PPP 管理办法，政府不履约将强制扣款》）

王守清评论：为什么韩国等国的中央为地方政府的担保基金制度在我国不被采纳，我只能瞎想：父亲也不相信儿子，只好以不给生活费吓唬。

28 绝对不是最好方法（最好是有跨部委有效协调机制），是次好方法；若中央不进一步明确划分“公共服务”和“基础设施”，仍没法操作，因很多基础设施就是提供公共服务（如提供教育的教学楼），有的基础设施可跟使用者收费但很多不能；像产业新城类项目，没法划分，划分就没法集成优化。（评论 PPP 导向标编辑部《PPP 分工一锤定音，千帆竞渡蓄势待发》）

29 “在政出多门的背景下，大家都按照对自己有利的政策来执行，近期地方出现的用政府采购代替 PPP 项目、逃避两个评价就是其中一例。”其实，这次用政府采购逃避 PPP 的物有所值评价和财政承受力评价，更多是由政出一门但不协调造成的。（评论周哲《PPP 立法曲折路》）

30 设计师不易，施工人员也不易，传统模式是如果业主不把尾款付了，就等着吧。当然，如果是 PPP 模式，业主就高枕无忧了，投资设计施工运维集成都是投资者的事，不达产出要求，业主不支付，投资者就收不回投资和贷款了。（评论海尚风《这个设计师自从有了这些作品，他就戴着钢盔上班了……》）

31 喜见发展改革委和财政部等有共识要协调合作！其实若理解 PPP 精髓、常接触实务、在几个重要微信群里混，应能预测到“要坚决杜绝各种非理性担保或承诺、过高补贴或定价，避免通过固定回报承诺、明股实债等方式进行变相融资”等精神。（评论财政部《关于进一步共同做好政府和社会资本合作（PPP）有关工作的通知》）

32 财政部某副司长 2014 年年底听了我的 PPP 讲座后说“学术研究影响政策制订，政策则靠合同实施，学者、官员、律师/咨询/业界必须密切合作”。2014 年 5 月 5 日我在中国第一届 PPP 沙龙上发言时就强调“PPP 的五步曲”，现在乐见 32 号文强调前两步。（评论李竞一《32 号文点评》）

33 这两年应邀评审了几个 PPP 项目（有些还是示范项目）的实施方案等相关文件（除了合同），基本上都是上榜（就是大家知道的那个榜）咨询公司做的，水平嘛，我只能说呵呵，好的很少，有的甚至惨不忍睹，难怪我们的 PPP 项目做不好。因此，能力建设、做事态度和动机很重要啊！前者可教，后者无药。

34 动物园里不守规矩害的只是自己和家人，还教育了他人；做 PPP 不合规，短期可能不出事，但长期可能害了自己和百姓，当然，也能教育他人。（评论斑马《比老虎更可怕的，是一个人对规则的蔑视》）

35 力推 PPP 才两年就变异了：政府购买服务已盖过了 PPP，只要地方人大一纸决议“同意某项目资金纳入公共财政预算支出”就可作为地方各家银行放款依据，用一个非财政融资平台承接，且冠冕堂皇地说这不是政府举债，也没有政府担保，人大只做了支出预算决议……你有你的 PPP 法则，我有我的屁屁屁对策！

杜继锋：《政府采购法》和《招标投标法》本来对服务、工程和货物三者的区分很清晰。但现在“政府购买公共服务”一词有扩大化、滥用的倾向。

王守清回复@杜继锋：现在看来财政部也有责任，一是把地方政府各种路堵死，只剩唯一 PPP 路；二是没有界定清楚政府购买服务，扩大化了。当然，主要责任在地方政府和银行，动机不对。

36 非经营性和准经营性 PPP 项目再不严格按财政承受力评估去做，大家就等着吧，等着政府以后没钱支付或补贴，等着投资者挣不到钱、银行收不回贷款本息，等着央行玩命印钞票，等着人民币贬值和通货膨胀……（评论金羊毛工作坊《全国人大警告：今年政府债务利息支出 5 300 亿，仅次于国防支出》）

37 自然资源开发是特许经营/PPP 最容易做成的项目融资（Project Finance）项目（虽

然很少有人以特许经营/PPP 宣传），最大的风险就是国有化等政治风险，但我国多数对外投资者不懂或以为不会发生或为省保险费，连相应的基本保险都不买，不是个别案例了。（评论《津巴布韦宣布将钻石矿国有化》）

38 国内一些保险公司、私募股权投资机构等也在积极探索进入医院、养老院等公共服务领域，但由于我国公立医院在医疗体制、用地性质、房屋设备等资产产权、医务人员性质等方面存在诸多特殊情况，采用 PPP 模式推进，还存在较多的挑战。

黄谊江：PPP 其实还是换汤不换药，中国政府职能的改革还有相当长的路要走，目前所谓的 PPP 还只是形式上的 PPP。

39 粉丝来信，我知其一但不知其二：实务中我注意到两个现象，报告于您。①PPP 有一哄而上的苗头，各地纷纷推出真假难辨的项目，先报上再说。地方官员对 PPP 认识非常肤浅，有很多误区。②地方反映，底下真想做事的官员，感觉到省级部门的阻挠和刁难，原因是，PPP 的实施，动了省级行政审批权的奶酪。

40 这种做法的确有成本易预测的优点，但把投资者优化设计、有利于运营、提高全过程效率和服务水平的可能性给灭了。不过，中国公司有集成优化能力的极少，连 EPC 中的设计与施工也是两张皮。（评论邢昀《福州 PPP 项目经验：融资成本上限锁定》）

41 问题都是事实，但造成的原因不同，对策也应不同：有些问题是双方前期工作不深入，有些问题是合同签得不周全，有些问题是有关方面不履约……该文主要从企业角度看问题，从政府角度能做个类似调研就更全面了。该文主要涉及环保行业，还可扩展到其他行业。（评论《PPP 实践调研中建设运营问题梳理》）

42 “华人社会是个关系社会、熟人社会、人情社会，又是个圈子文化、地域文化，人的成功与否取决于上述特征，无法通过法律、能力和努力获取对等的成功，这就是东西方文化的本质区别。”推问：是否在国内推广 PPP 只能在“熟人”（政府与央/国企）之间才能成功？当然成功与否看如何定义。（评论黑白先生《“国人的关系社会”与“西人的契约社会”》）

43 PPP 投资者早就（该）明白了，只要提供的最终公共产品/服务符合产出要求（Output Specification），一定要优化规划和设计，以降低建设和运营成本。（评论《东京奥运会主场馆，隈研吾 VS 扎哈，胜在成本控制！》）

44 那时上海政府犯了低级错误：认为 PPP 项目产权归投资者。现在中央政府明白了，但可能很多地方政府和投资者不明白，以为到时又可要政府回购或找当地国企"擦屁股"。明白是一回事，合同签得如何又是一回事（律师责任重大），政府敢不敢让恶性低价投标的投资者血本无归又是另一回事。（评论王强《从安庆污水项目看 PPP 的物有所值和低价竞争》）

PPP 的行业应用点评

1 根据世界银行私营部门参与基础设施数据库（Private Participation in Infrastructure Database，2015），中国大陆在东亚和太平洋地区的 PPP 投资最多。更重要的是，自 1990 年以来，这些区域高达 33%的 PPP 投资来自中国大陆。

2 来宾电厂中政府提供的担保和支持：①特许权和产权（BOOT）；②购电担保（PPA）；③燃料供应担保（FSTA）；④不可抗力担保；⑤外汇担保：汇率（5%上限）、可兑、汇出；⑥政府过失和政治/法规变化风险的补偿；⑦税收优惠（2 免 3 减半）；⑧放贷人权利的担保；⑨土地、配套设施和其他支持措施。

3 城镇化是个非常复杂的问题，光看新浪财经城镇化专题"聚焦中国新型城镇化"（http://finance.sina.com.cn/focus/chengzhenhua/）就知其面广、复杂、长期……就建筑业而言，至少涉及基础设施、公用事业、住宅、商业设施、工厂、公园等的规划、投融资、设计、建设、运营维护、废弃回收等；就具体项目而言，涉及材料、构件、构筑物及其对人、周边、城镇、区域甚至地球的影响……

4 就项目间关系而言，涉及互相匹配以优化供需和互相促进、开发顺序（先开发的带动后开发的并反哺先开发的和相邻不开发的，同时解决城镇化资金问题如 self-financing）、溢价评估与分享、局部和整体最优平衡等问题……而这些问题都有时间（静态和动态）、空间（平面和立体）等的考虑……

5 目前有些车站综合体，出于资金平衡需要，将其酒店和写字楼等设计为 PPP 项目的一部分，并把这些商业项目纳入政府兜底范围，这是有问题的，应把其公共和商业项目分开，商业项目是作为对公共项目的补偿，应给公共项目带来补贴，其风险应由企业承担，而非政府兜底，否则企业不会很好地做公共和商业项目。

6 产业新城 PPP 主要靠土地出让金做还款保障，含溢价与招商引资分成，属广义 RCP。关键是官员敢做、国土能批［流程要走好但别入财政部库（否则要 10 年）］、投资者敢冒风险且能获参与规划权，且背景和实力特别是规划和招商引资能力强，自己有产业且能带进产业上下游最好，否则开发成鬼城就玩完，谁也救不了。

王守清评论：这里说的不超过 10 年，是从不愿意做长期投资的承包商做投资者而言的，需要政府分期支付或补贴；如果没有政府支付或补贴，可能就要超过 10～30 年甚至更长（根据财务测算定），最好入财政部 PPP 库（为地方政府增信），利于融资。

7 王守清：就该案例，我点评的主要观点是：①我无资格评论 4 号线 PPP 成功与否，一是还没有到移交，二是要不同干系人评。②从我作为用户而言，觉得挺好。从投资者而言，刚才港铁易总也说好；就缺北京市相关部门/首创/京投/北京地铁等的评论。③易总的报告挺好，我很同意其理念特别是风险分担、动态调节、伙伴关系等。④做 PPP 关键 5 步：（a）要不要该项目？用可研；（b）要不要用 PPP？要做 VfM 评估，目前我国缺此步；（c）若用 PPP，具体用哪种模式？要方案比选；（d）实施 PPP 后如何监管企业和地方政府？靠法制/透明等；（e）如何保证公众利益？除了政企双方，还应有公众参与决策与监管。⑤要评估 4 号线，能做 4 个比较就更全面（PPP 与非 PPP、期望与现实、结果与合同、4 号线与类似其他线）……［评论由中国财政学会公私合作研究专委会主办、大岳咨询公司承办的《中国 PPP 沙龙》（第 1 期），共同研讨北京地铁 4 号线 PPP 项目经验的活动］

8 工程企业如果缺某方面的能力（如设计和运营），就应该找合作伙伴组成联合体，而不应让不懂专业的政府去统管全过程。现在有远见的工程企业都在转型升级，把自己打造成“城市运营商”，有的央企甚至已经开始设立运营公司了。当然，这需要一个过程，但这是一种原则和趋势，政府应该鼓励、引导和培育。

9 PPP 确可应用于海绵/智慧城市、产业新城/城镇化/特色小镇等，但不容易，因都是项目群，涉及面广、开发期长、合同复杂、市场需求难测，需各项目之间匹配、互补、滚动开发、供需平衡等，有些还是笼统概念，4 个边界（范围、责权、产出、收入）难明确，且含不少非或准经营性项目，需政府合理规划甚至短期与长期投入，失败不起……

10 以垃圾处理项目为例，总投资通常不高，但由于垃圾处理涉及环境等公众重心关注问题，对于核心技术的掌握和特许经营期内技术更新的要求，更考验投资者在技术方面的能力，高于对建设等能力的要求。同理，投资者的经营和物业管理能力，是成功运作公用设施 PPP 项目如医院和体育场等的关键。

11 导致水务和环保等投资规模较小的项目未能充分利用杠杆是两项因素综合造成的：①这类项目投资规模较小，投资者筹措资本金相对容易；②这类项目对专业技术能力和综合运营管理水平要求较高，具有较高的专业壁垒，有较好的投资收益，所以企业一般希望持有较高的股权，避免投资收益转移给债权人。

12 问：城市综合管廊做 PPP 是否合适？风险如何？答：政府最近力推管廊 PPP，故肯定可以去探索做，但初期的确很难，如：没有成本数据/收费标准/财务模型，难谈判；向入廊的各企业收费难，万一将来有一两家违约，就麻烦了；需要政府支付和补贴，万一政府没有支付能力或将来不履约，争议解决难……

13 轨道交通，PPP，各自就非常复杂，合起来就是复杂的平方。如何既满足财政部规范要求，又考虑项目地具体情况、政府观念和乘客需求，还兼顾项目公司不同股东和放贷机构各自不同的诉求，就是复杂的五次方，求解的确不易，但意义重大。

14 亚投行成立和“一带一路”实施，必然涉及基础设施和 PPP，而且是立体 PPP：中国政府与项目国政府、亚投行与项目国政府和 SPV、中国企业与项目国政府、项目国政府与项目国企业和 SPV、项目国企业与中外企业等都签合同。若中国企业竞争力不足，中国政府可能就做冤大头，出了钱，中国企业拿不到项目。

15 简单地说，中国工程企业“走出去”应有一定层次性分工，避免恶性竞争：央企工程公司应以 PPP 和 DB/EPC 模式为主做“一带一路”的先锋，地方国企和大民企应以 DB/EPC 和施工总包模式为主，其他企业则应以专业分包模式为主……

16 中央力推 PPP 和提出“一带一路”战略后带来行业兴衰/人才需求变化/企业发展变革，那些既懂技术又懂管理、既懂金融又懂法律、既懂国际贸易/商务运作又懂外语的创新/复合/协作型人才大为走俏，那些具有专门技术/设备优势或专业承包能力，又有投融资能力或资源集成与风险管控能力的企业大有机会。

第 8 章

PPP 的全球视角

国际对比和分析

1 我国 PPP 项目的债务水平在 50% ~ 80%（见表 8-1），与国际的负债比例有较大差距，这与我国的项目资本金下限制度有关。该制度虽有诸多优势，减少了“钓鱼工程”，但是也提高了进入门槛，限制了企业规模较小的民营资本，以及追求资金高安全性、有着分散投资需求的大型企业的进入。

表 8-1 我国 PPP/BOT 项目实际目标债务水平区间

项目类型	目标债务水平区间
铁路	50% ~ 70%
路桥	50% ~ 75%
电力	50% ~ 80%
水务	60% ~ 70%
环保	60% ~ 70%
学校等其他公共设施	50% ~ 75%

2 相比我国而言，世界银行对 2011 年其 PPI 项目数据库 80 个 PPP 项目的债务/股本比例进行了统计（见图 8-1），各国对 PPP 项目并无显著的最高债务水平或最低权益资金比例限制，但 PPP 项目的本贷比分布也体现出一定的集中度，约 57%的项

目的债本比为 70:30、16%的为 60:40、10%的为 80:20。

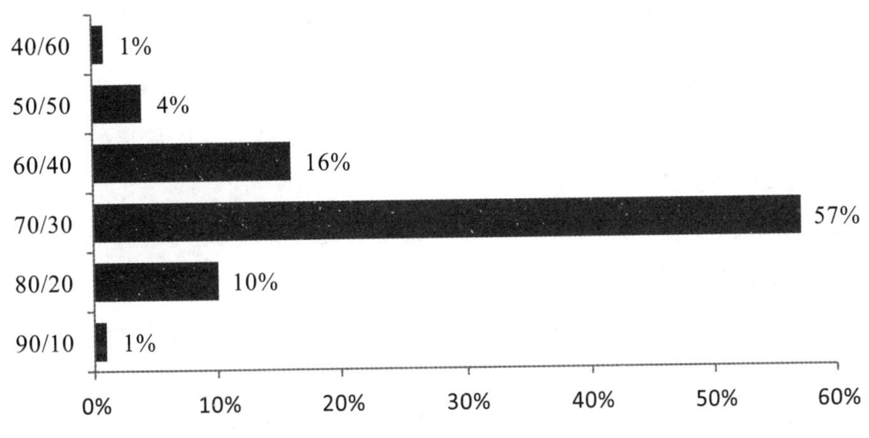

图 8-1 PPP 项目债本比例（D/E）统计（数据来源：世界银行）

3 印度虽落后，但在推公路 PPP 时，有值得我国学习的：政策层面，成立了由总理担任主席的委员会，为 PPP 制订中央政策，委员会还负责监督适合 PPP 的项目的选择和优先方案；制度方面，建立了以中央部门牵头的机构，负责开发和管理国家公路发展项目、实施符合政策的公路 PPP 框架和适用 PPP 方法。

王守清评论：立法层面，对公路法修改，允许企业（含外企）建造、运维国家高速公路，在特许期（长达 30 年）收费以收回成本并获合理回报；企业可 100%控股；在竞争和透明框架下，制订标准化 PPP 招标文件和合同文本，覆盖风险分担、责任与回报对称、费用与责任可预测性、退出机制、车公路通行费等。

4 国际 PPP 项目多实现有限追索且银行主导，对其集成管控能力要求高。我国银行仍习惯于挣利息差，动力和能力不足，不能自己或聘咨询进行详细技术/经济/法律/合同/社会/财务等分析，也无能力对项目进度/质量/成本/运维进行有效管控，加上法制和信用体系不成熟等原因，难/不做有限追索。

5 为解决政企之间可能出现的纠纷，保加利亚政府在某供水 PPP 项目合同中，规定了不具约束力的调解程序并由 3 名共同委任的成员组成争议解决委员会，含主席（很有经验的仲裁律师）、技术专家和财务专家。若当事人不同意委员会调解建议时，可在 30 天内申请境内仲裁，否则委员会建议自动有约束力。

王守清评论：当签约前述供水PPP协议时，保加利亚没有水务监控机构，故协议中专门授权建立了1个特许权监控中心CMU（含技术、客服、财务专家），作为协议生效的前提，政企双方签约前须对CMU的职责和功能达成一致。CMU是代表市政府和消费者的独立机构，负责监管，但协议中的决定权如处罚权仍在政府手中。

上帝不玩骰子-：老师PFI模式到底指的是什么？我们有个项目是这个模式，有什么特点，搞不清楚，谢谢老师。

王守清：回复@上帝不玩骰子-：英国的PPP叫法，前面微博有解释。

6 Baeza和Vassallo（2015）的研究发现：西班牙高速公路特许经营项目中有两个显著和普遍的现象：对交通量的高估和对投资额的低估。造成发生再谈判的次数非常多，而且，一旦某个地方有过再谈判的先例，新项目中的竞标者就更可能会竞相压价。

7 王守清：有关交通量预测准确性最完整的研究是由Bain和Polakovic在2005年基于104个收费公路项目进行的。研究发现，特许经营者一般高估第一年的交通量20%~30%。该研究还证明，相比投标者的估计，由银行委任的预测更不容易出现很大的误差。结果表明，交通量预测准确度的缺乏也不仅仅是与模型相关。

8 按照哥伦比亚的PPP法律1508号、2012号，实施PPP项目的SPV必须由一个代表政府和公共利益的机构监管，以保证政府对本项目的支付和其他投入资源只能用于本项目，以及SPV的履约情况。

9 葡萄牙政府基于影子价格（政府支付）合同，根据NPV（净现值）决定动态特许经营期的PPP方案于2004年获得Eurofinance奖，之后，葡萄牙政府宣布，以后所有PPP高速公路项目都采用动态特许经营期，Estradas de Portugal公司负责拟实施PPP项目的经济评估，向政府建议支付或融资策略，政府最终决定收费结构。

10 欧洲2011年所有的PPP公路项目中，基于影子价格（政府支付）合同的PPP项目占32.6%，似乎与财政部信息平台中的8 000多个PPP项目的比例差不多。发达和发展中国家，咋没有区别呢？有意思。

11 哥伦比亚于2012和2013年分别发布1508和2012号法令，所有PPP项目必须按照项目融资模式进行有限追索融资，实现项目风险与投资者母公司的隔离。都是发展中国家，我国的法令与金融机构，差距咋这么大呢？不要告诉我是因为中国特色。

12 应由谁承担交通流量风险仍存在争论。有些国家如英国倾向于逐步将投资者的收益与车流量脱钩，而与安全、可用性等绩效指标挂钩。其他国家如西班牙、法国、意大利、美国和拉丁美洲国家，则倾向于在合同中将车流量由或至少部分由私营方承担。越来越多国家则开始在合同中引入私营方和政府的分担机制。我国现阶段在轨道交通中出现的车公里付费方式也是逐渐将投资者收益与车流量脱钩的有利尝试。

13 图 8-2 是英国带护理住房的成本构成，具体细节看图下部文献。我国应已有类似统计，但构成肯定不同。可以预测，养老相关的任何方面，都可作为我国相关年轻学者将来十几年的研究方向之一，关键是要喜欢和找个点深入，清华建筑学院周老师是从设计开始的，已很有成果。

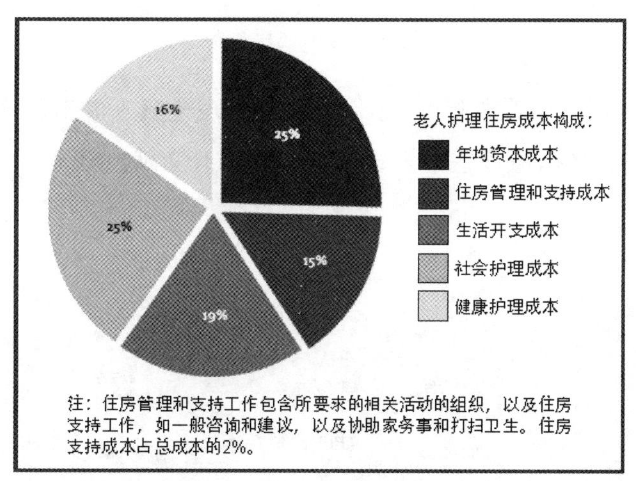

来源：Netten, A, Darton R, Bäumker T and Callaghan L（2011）Improving housing with care choices for older people: an evaluation of extra care housing. Personal Social Services Research Unit, University of Kent, December

图 8-2 英国老人护理住房的成本构成

14 发达国家如英国，住房分 3 大类：主流住房（不区分住户），特殊住房（适于 55+ 老人），护理住房（适于不能独居的人）；每大类下又细分几小类，充分考虑老年化社会中不同群体需求。我国的房地产特别是养老地产这几年刚起步，包括规划、设计、投融资（含 PPP）、护理、租售、政企民责权利等各方面，都值得研究与改进。

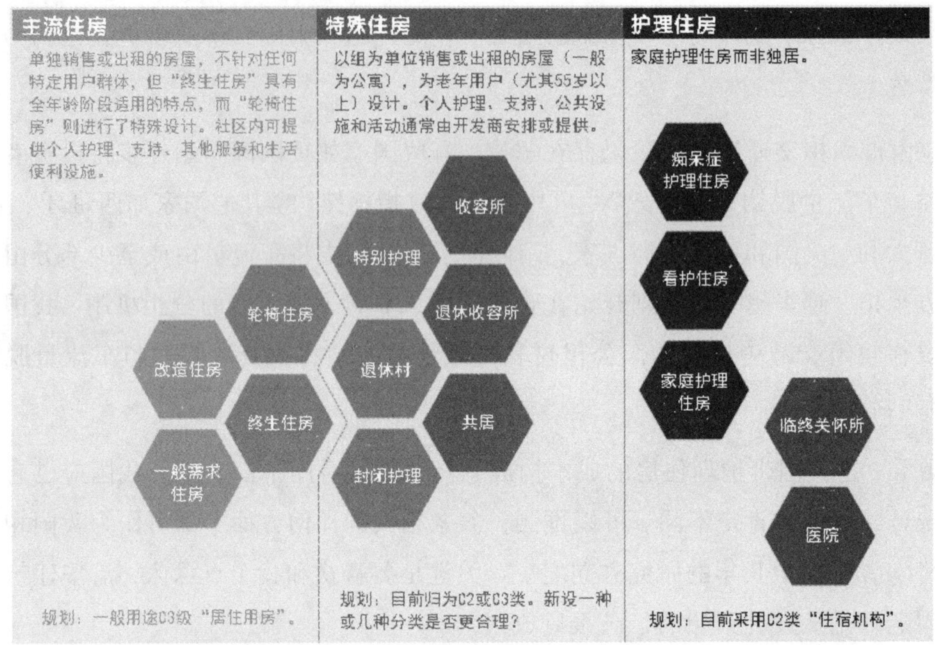

图 8-3　英国住房分类

15 社会事业 PPP 项目如养老院/医院/保障房等的现金流入流出，这张图比较细，虽是英国人整的，各国应该差不多，关键是底部有文献出处。

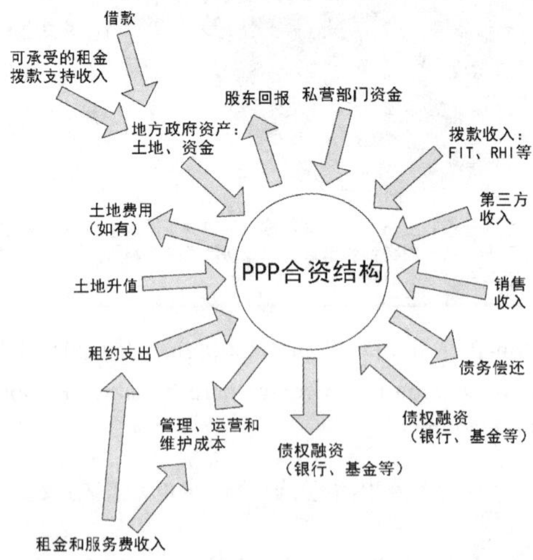

来源：Crocker D (2012) A long-term game for an old age problem. Innovative funding and delivery options in extra care sheltered housing A Housing Learning and Improvement Network "Get Smart" guide Brian Johnston and Jeremy Porteus (edt) © Housing Learning & Improvement Network, www.housinglin.org.uk, December

图 8-4　社会事业 PPP 项目现金流入流出

16 英国森德兰市采用 PFI 方式对市内街道的照明、标志和街道设备进行设计、安装、运营、维护和融资，所涉区域服务了约四百万居民，先翻新和复原由市政府确定的优先区域，然后扩展到其他区域。中标者将接管现有员工、场所、照明灯柱、标志和街道设备，特许期满，再把“如新一样”的设施移交给政府。

17 森德兰市政府认为高质量的街道照明和交通标志对改善城市设施和生活质量有重要的正面效应，如道路安全、犯罪率、休闲和商业活力，以及本地居民、商业和旅游的宏观环境质量。政府考虑了 4 种方案：最少更换、加快更换、到期更换，全部更换，并做了 VfM 和 BCR 评估，最后选定加快更换并以 PFI 方式实施。

表 8-2 方案评估汇总

利　　益	单　　位	最少更换	加快更换	到期更换	全部更换
资金成本净现值	百万英镑	3.39	22.87	13.87	34.21
基准净现值	百万英镑	45.29	71.97	58.48	129.49
风险净现值	百万英镑	3.40	7.96	8.25	9.95
总净现值	百万英镑	48.69	79.93	66.74	139.44
更换的灯柱数量	个	8 954	28 070	28 070	43 000
新加的灯柱数量	个	0	4 218	4 218	4 218
更换的标志数量	个	0	10 000	10 000	20 000
非融资方式	最多 30	7	29	19	29
TRA 利益净现值	百万英镑	2.84	33.45	12.13	48.92
犯罪（减少）利益净现值	百万英镑	1.54	18.16	6.59	26.56
益本比		1.30	2.26	1.35	2.21

注　表 8-2 中更细节的数据请查看 Merna & Lamb（2004），TRA（Trades Recognition Australia）指技工职业评估机构

王守清评论：主要条款：特许期 25 年；到期时每台照明设备至少有 5 年使用寿命而无须更换；提前终止时，资产移交给政府并给予补偿；初始状况调研及信息准确性相关风险的处理；合同范围的变更机制；到期时的资产移交；一般法律变更造成的成本由 SPV 承担，与街灯相关的特定法规所造成的成本由政府承担；符合相关法令。

18 英国第 1 个 PPP 医院为卫生部提供高质量的服务和适当的风险分担与管理，使项目能按时在预算内完成并在建设阶段实现物有所值，但运营成本大大超出原先估计，引起不小争议："对卫生部如何为项目获得资金进行必要的再评估的时机到了，因为 PPP 已变为卫生部鼓励投资而滥用的工具。"似乎在批我国的 PPP？

19 一个国家的法律框架对实施 PPP 很重要，但从国际经验来看，前期明确界定的法律框架只能为 PPP 项目的成功提供条件，合作双方都必须依赖法律基础和可预测的风险分担。此外，即使各参与方在项目中都有各自的利益，将各方之间的合同关系视为伙伴关系并因此行事是极其重要的。

20 德国使用者付费模式下收取的通行费是用来偿还投资的，从法律而言，是按照公共收费条例收取。在计算特许期内的收费额时，都要考虑两方面：动态建设成本的折旧；运营和维护成本。根据联邦私营公路融资法案第 3 条第 5 款，上述两类都可以按照固定价格写入特许权合同。第 3 类是还贷的融资成本和股本金回报。

21 德国 PPP 公路采用使用者付费模式时，联邦政府和州政府的合作很重要，项目所在州政府负责实施，联邦政府负责指导、审批并给财政补贴。收费定价权以前归联邦政府，但需先与州政府协商一致；2005 年 PPP 促进法修订了相关条款，现在各州政府基本上可负责通行费定价，但联邦交通部保留对州政府决策的控制。

22 德国使用者付费特许权可在两种设计阶段授予：详细设计，投资者不能再对设计有任何实质性的改变。概念设计，投资者可提出替代性设计，但需承担公众质询和审批程序的部分责任——多数情况下，这可能成为投资者的重大风险之一。但基于结果的后者做法，为投资者设计优化和创新留下空间。

23 德国采用使用者付费 PPP 模式时，项目规划过程是从准备可行性研究开始的，项目费用、预计交通量和相关收入以及提高收费的敏感度影响都要进行评估，必不可少的结果是评估以使用者付费模式实施项目的基本可行性、收费额及其与公共财政补贴量的关系。

24 法律对 PPP 项目的实施有很大影响，要特别注意项目所在国的相关法律法规政策，合理管理由此引起的风险，还要注意项目发包政府的级别、权限和信用。很多国家没有专门的 PPP 法，即使有，各国法律也不同，如有些国家的宪法不允许外商参与重要基础设施，有些国家则以个案形式批准；税和环保等法也有很大影响。

25 PPP 咨询和律师必看，过去 13 年发生重新谈判的 PPP 项目比例高达 50%！主要原因就是合同不完善。发达国家尚且如此，更不用说发展中国家了，过几年你们真的可以挣第二轮的咨询/律师费了。不用谢我，谢谢乱做 PPP 项目的官员或投资者或金融人士吧。

表 8-3　1990—2013 年按地区和行业统计的合同重新谈判比例

地区/国家	行　业	合同重新谈判的比例
拉丁美洲和加勒比海地区	合计	68%
	电力	41%
	交通	78%
	供水	92%
美国	高速公路	40%
法国	高速公路	50%
	停车场	73%
英国	所有行业	55%

注　摘自 Makovsek 等（2015 年）

26 重新谈判的结果多是收费上涨、特许期延长、投资者责任降低……或者政府在中止合同与重新谈判之间痛苦权衡抉择，倒霉的最终还是百姓。当然，这是国外的情况，我国政府会更强势。

项目越复杂，通常对政府支持的需求就越高。Guasch 等（2014）收集整理了 1993—2011 年间，拉丁美洲涉及政府支持的项目重新谈判情况，发现 62% 的案例导致价格提高，38%涉及特许期延长，62%涉及投资责任减轻。换句话说，重新谈判将导致成本超支和项目延期。这种情况下，制度建设较弱的政府将面临在要么终止 PPP 合同，要么重新谈判之间进行权衡的窘境。

27 下午（编辑注：指 2015 年 2 月 10 日）接受了 Economist Intelligence Unit（EIU）长达 1 小时的长途电话采访，问了很多有关中国 PPP 的问题，都很难回答，而且还是英文，俺表达起来比中文忽悠能力差多了。EIU 最近再受亚开行委托，更新亚洲各国 PPP 成熟度，之前 2011 年的报告很有价值（如图 8-5 所示），可下载自 https://www.adb.org/publications/evaluating-environment-public-private-partnerships-asia-pacific-2011-infrascope。

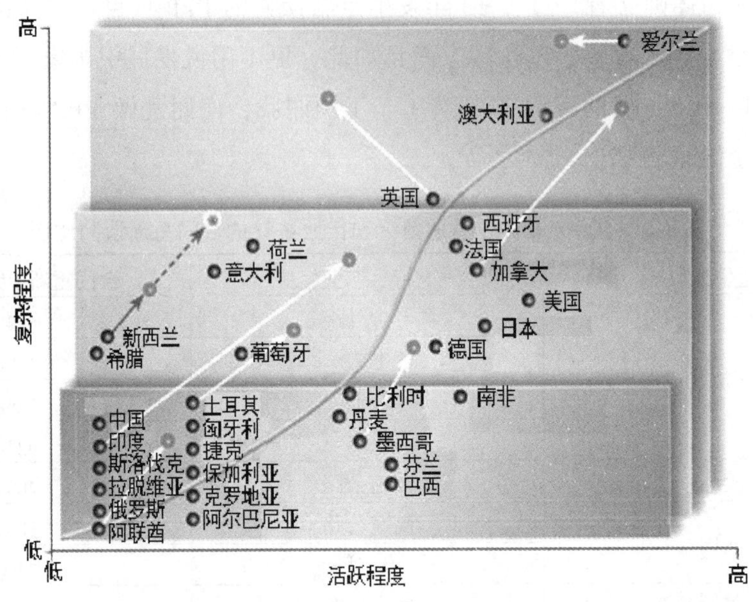

图 8-5　PPP 市场成熟度曲线

28 研究 PPP/PFI 的童学们注意了，据 Neto 等在 JCEM 期刊对过去 25 年发表的 500 多篇统计分析，发表 PPP/PFI 论文最多的前 10 份国际顶级学术期刊见图 8-6，图 8-7 则是英国、中国和美国作者论文的主题，发达国家与发展中国家作者因 PPP 发展阶段的不同，侧重的主题也有区别……

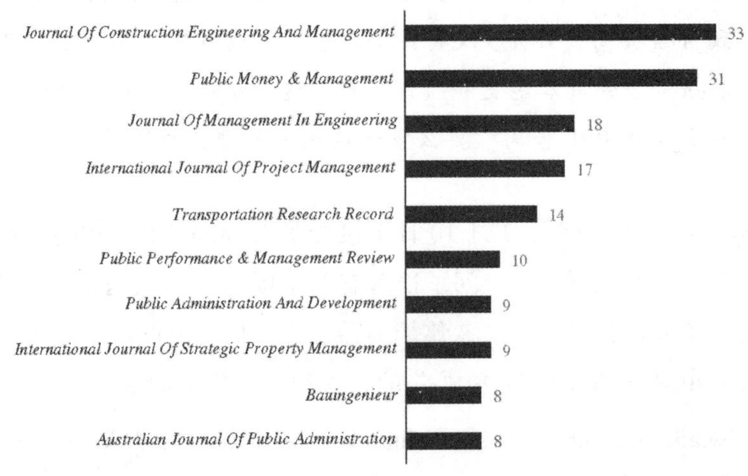

图 8-6　按发表 PPP 和 PFI 论文量排名前十的杂志

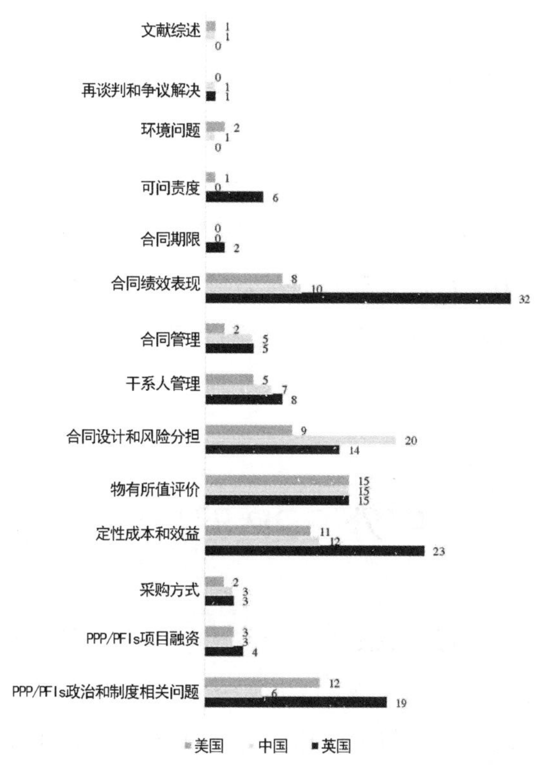

图 8-7 英国、中国和美国关于 PPP 相关研究论点的论文数量对比

29 与传统模式一样，PPP 必须重视项目可持续性，否则政府只想上项目而投资者唯利是图。英国公共服务业工会（UNISON）和加拿大公务员工会一直批评 PPP 所带来的负面融资/环境/社会后果。印度联邦政府计划采用 PPP 升级 Chennai（我去过）和 Kolkata 机场的地铁线，也遭遇强大阻力。

地上爬的超人：王教授，我想咨询个问题。公路项目影子收费模式在中国真的可行吗？中国车辆多，每天来往车辆不计其数，采用影子收费的模式最后会不会导致政府在特许经营期内的支出远远大于投资方的建设资金，反而加大了政府的财政负担？

王守清回复@地上爬的超人：政府财力不足时可能会出现你说的情况，但可以在合同里与投资者约定调价机制（如与车流量挂钩）、支付费封顶（如达到一定车流量时）……

睡不醒的温小度：但是各地政府目前在推进 PPP 过程中，太过于激进。上级连正确的范本都没有，下级搞不懂什么是 PPP，甚至有些县市只有两个人负责 PPP，没有成立中心，都在轰轰烈烈地上报项目。或者用以前的存量项目来转做 PPP，以应对上级领导审查。这种情况该怎么处理？另外就是在各县市没有范本的情况下，上级推荐第三方机构进入，做范本。第三方张口要价 180 万，如果是这样的 PPP 项目，做下来有什么意义！

王守清回复@睡不醒的温小度：不能为了 PPP 而 PPP，不能搞运动；一个部门没法做，各机构要有协调机制；官员要学习，不懂则找咨询（特别是第 1 个项目）；咨询是花了钱，但若做得好，可省出后来的数百上千万（当然，找了咨询还做得不好就冤，故选择好咨询很重要）。

中外 PPP 的异同

1 发达国家 PPP 项目投资主要是金融机构主导（做项目公司股东和牵头人，兼放贷），我国则主要是工程企业主导。这至少说明我国金融机构与国外金融机构的业务/盈利模式、竞争力/创新力和服务意识等的不同，也说明我国工程企业的胆大和无奈，因为他们有资金、人才结构和知识结构等的先天不足。

2 发达国家的项目是否要采用 PPP 模式，要经过评估和比较，特别是物有所值的评估，以保证 PPP 比传统政府出资方式效率高，具体方法有 PSC（公共部门比较因子）法等；我国则基本上没有做严格的 Value for Money 评估，应用 PPP 主要是为了解决政府资金不足。

3 发达国家应用 PPP 多为公用事业项目如学校、医院、养老院、监狱等，而发展中国家多为基础设施项目如电厂、公路、桥梁、水厂等，体现了经济发展的不同阶段、应用 PPP 的不同目的、生活/服务水平的高低等。

4 发达国家的 PPP 项目一般可以做到有限追索（放贷人对投资者的追索仅限于项目收益、项目资产和合同权益）/表外融资（项目公司负债而非母公司负债，即不合并报表，若母公司不是绝对控股的话），投资者风险相对较小；而在我国则很难做到，投资者风险相对较大。

5 发达国家的 PPP 项目一般都有非常明确的建设（如质量/功能）和运营/服务（如用户满意度）产出要求（Output Specification）及详细的评测方法（含定量的）与相应的奖惩，而我国这方面比较粗放，特别是运营与服务方面。

6 因为PPP项目时间长达10~30年，让政府和企业等任何一方去预测和独自完全承担风险是不现实和不公平的，所以发达国家的PPP项目很早就应用特许期间的调节（如调价）机制，而我国近年来才开始应用（早期的项目几乎没用，造成社会不和谐/不公平后政府强行调整而不守法/合同，影响极差）。

7 发达国家PPP项目的过程和信息（包括财务信息）基本上是公开的，任何公民可获得，但国内特别是财务信息几乎是不公开的，后者造成国内的相关研究只能是定性研究或主观（拍脑袋）研究或假设数据研究。

8 发达国家应用PPP的主要目的是提高效率和服务水平，顺便缓解政府一次性支出资金压力；而我国应用PPP主要是为了解决资金短缺、增加基础设施、促进经济发展（包括GDP和政绩）。主要目的的不同造成国外主要用于公用事业（政府分期支付），我国主要用于基础设施（百姓支付）。

9 发达国家PPP项目的资金和主办人主要来自本地，而我国早期（20世纪80、90年代）主要来自境外企业，现在（21世纪以来）主要来自本地企业，而且多是央企/国企主导。

10 发达国家的PPP项目有不少改建项目（brownfield），如TOT，有一些unsolicited（企业主动建议）项目；而我国主要是新建项目（greenfield），多是solicited（政府立项招标）项目，这与中外经济发展（基础设施成熟度）处于不同阶段、项目干系人的经验/水平高低、政治/法律/金融/社会体系成熟度等有关。

11 因现有政府机构很难适应PPP的复杂，越来越多国家（包括发展中国家）已有或开始PPP立法/指南，并建立PPP专门机构（赋予规划/比选/评估/指导/咨询/监管/审批项目的不同权力），以规范PPP运作和总结PPP经验（知识管理），而我国没有国家层法规和专门机构，各地各部门的做法迥异，低效、重复交学费。

12 国外PPP本意是Public-Private Partnership，而我国多数PPP其实是Public-Public Partnership，因为授权的是政府，主办的是央企/国企，放贷的是国有银行。要想在中国特色环境中做好PPP，还真不容易，因为还要考虑Politics和Public Community，可惜无机制保证最后一个P。

13 发达国家对PPP项目最小规模有要求（如澳洲>5 000万澳元），因为PPP项目前期时间长/费用高，若项目太小，前期费占比太高。若单个项目规模小，可把同类项目打包一并招标/谈判；我国没有规模规定。也许这是我国PPP效率不见得比政府投资项目高的原因之一（不过又有谁关注和有何机制保证效率呢）。

14 发达国家 PPP 项目的贷款除了来自银行，还有不少来自养老/社保等基金和保险机构的资金（这些基金的长期性正好匹配于 PPP 项目长期的特点），而我国 2010 年刚允许保险金（但尚不允许社保基金）参与投资/放贷，国内贷款来源较单一。

15 发达国家 PPP 项目的招投标谈判周期长、前期成本相对高，但全寿命期成本相对低；而我国 PPP 项目招投标谈判周期短、前期成本相对低，但全寿命期成本相对高。发达国家政府羡慕中国政府的想干就能很快干成，而我们似乎没有人羡慕国外的全寿命期高效率和高质量服务。

16 发达国家一般是先立规建制（如法律、指南、机构等）后再开始应用 PPP，而我国是先应用，出现问题再开始考虑立规建制，虽然发展快，但也交了不少学费而且是各地重复交。

17 国人还是不善于与这种不靠谱外国政府打交道，太迷信官方之间的关系，而非商业上的交易（投资本来就是商业性最强的业务），之前答应对方政府无理要求的 PPP 模式（我猜不是投资者的本意），本身就是违反国际 PPP 惯例的，现在对方无理要求继续升级。（评论《印尼高铁再生变数，无理要求再升级》）

18 多边金融机构如世行等，作为 PPP 项目结构和商业可行性、长期资金来源，在项目准备中能起重要作用，他们应参与前期，作为市场测试的重要组成部分，如通过发布投标人可纳入其资本结构的融资指引和放贷条件，为项目提供前期支持。虽这些机构只提供一定比例资金，但可为项目提高吸引力和增信甚至担保。

19 发展中国家中 PPP 项目的可行性研究多受官员控制，他们倾向于在其任期之内谋取更大政绩，研究结果中提供的多数是乐观的数据，以使项目通过其主管和其他政府机构的审查，造成项目是基于有偏差的信息下实施的。不幸的是，很多项目公司未尽职调查，将接受这些由于官员不称职和咨询不专业所带来的后果。

PPP 相关国际惯例

1 据 ACCA2012PPP 报告：目前发达国家的 PPP 项目主要是公用事业如学校/医院/养老院/监狱并由政府支付（Government Pays、Unitary Charge），而发展中国家的主要是基础设施如路桥/电厂/水厂并（主要）由用户支付（User Pays），前者目的主要强调物有所值（Value for Money），后者主要强调增加供应（Additionality），当然，也包括物有所值。

2 在英/加/德/澳/日/韩/荷/港/南非等应用 PPP 时，要基于 PSC（Public Sector Comparators，公共部门比较因子）进行评估（见前面图 3-7），以实现 VfM（Value for Money，物有所值），但 PSC 也有缺点，如缺乏真实准确的数据特别是前期，投资/折现率/风险分担的假设可能不合理，仅用 PSC 与投标价来判断项目是否 VfM，评价内容过于单一。

3 英国财政部 2012 年年底提出 PFI/PPP 的新模式 PF2（见前面图 5-1），重点是控制资金及组成：投资者须公布资本金回报信息，资本金中的一定比例须通过竞争投入，政府应提供部分资本金，再融资的收益要分享给政府，贷款来源多元化（应包括债券、私募、银行贷款等）。这些都是过去 PFI/PPP 所未强调的。

4 各国对 PPP 的会计准则不一，最严格的《国际公共部门会计准则 IPSAS32》规定：以项目为单位，所有 PPP 资产和负债都要计入政府资产负债表（包括收费公路等，视为应得税收）。这最适用于采用权责发生制的政府，采用收付实现制的我政府可借鉴，将 PPP 资产负债在预算中单列，供人大参考。

5 国际 PPP 项目的本贷比并无显著区间，但在一定程度上反映了项目的基本特征（如投资规模/项目类型），并与股东信用/项目本身偿债/盈利能力高度相关。国际上大量养老基金/险资/主权基金/基础设施基金等为 PPP 项目提供了多渠道/大规模且与设施特征（规模大/周期长/收益稳定但偏低）一致的长期低成本资金支持。

6 由表 8-4 和图 8-8 可见：①PPP 项目的债本比变化区间较大；②债本比体现项目投资规模和投融资难易性；③债本比也体现投资者的融资能力和项目的偿债能力；④国际市场的债务资金来源渠道较多，有政策行/商行/政府基金/保险公司/投资基金等；⑤国际上具有成本、规模和久期优势的险资/养老基金等，通过专业投资机构，大量参与了投资。

表 8-4 国际典型 PPP/BOT 项目的债本比例与债务资金来源分析

案例编号	项目类型	债本比例	债务资金主要来源
1	公路	4.3	政策性银行、商业银行、政府基金
2	公路	4.6	政策性银行、保险公司和商业银行
3	机场	11.5	政策性和商业银行、政府基金、投资机构

续表

案例编号	项目类型	债本比例	债务资金主要来源
5	港口	1.1	商业银行、投资机构
6	铁路	8.7	政策性银行及政府补贴
7	铁路	8.1	政策性和商业银行、政府基金、投资基金
9	政府楼宇	9.2	商业银行、保险公司、投资基金
10	医院	19.0	商业银行、夹层资金
11	垃圾处理	0.8	政府基金
15	水电站	4.5	商业银行、投资机构
16	水电站	2.3	政策性银行
17	水电站	1.7	政府和银行
18	水处理	4.3	政策性银行、商业银行

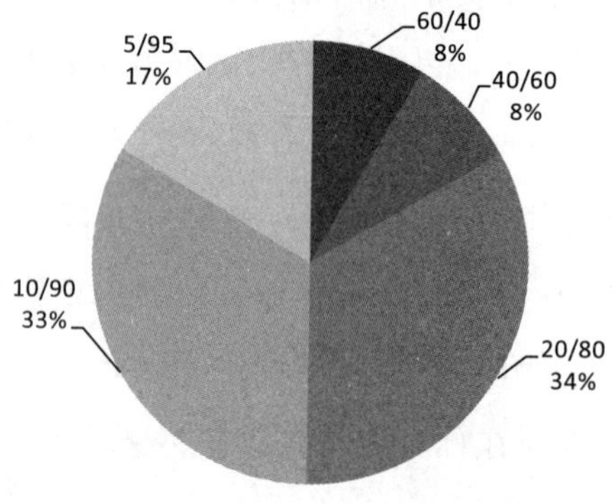

图 8-8　项目股本金/债务资金比例分布

7 PPP 项目从发起至运营前，是风险最大的阶段，融资、建设、技术等风险最多，很多项目因主办人风险分担能力不足，而不得不被动地遭受资本结构的调整。随后的运营阶段，部分主办人的利益目标逐步实现，同时项目的运营逐步进入稳定阶段，出于权益价值的考虑，PPP 项目资本结构的主动调整更具可能性。见表 8-5。

表 8-5　国际典型 PPP/BOT 项目的股权结构调整分析

编　号	调整阶段	调整方式	调整原因
1	运营阶段	被动国有化	项目盈利能力差、项目公司陷入困境
2	运营阶段	一承包商股东退出，另一承包商股东接盘	退出股东自身价值考虑，实现权益价值
3	运营阶段	长期资金或投资基金的介入	原股东部分权益价值的兑现
4	发起阶段	运营商退出，综合承包商接盘	原主办人是运营商，建造和融资能力不足
	运营阶段	长期资金或投资基金的介入	原股东部分权益价值的兑现

续表

编　号	调整阶段	调整方式	调整原因
5	发起阶段	运营商减持、引入专业投资者	运营商融资能力不足
	运营阶段	长期资金或投资基金的介入	原股东部分权益价值的兑现
9	运营阶段	长期资金或投资基金的介入	原股东部分权益价值的兑现
11	运营阶段	原承包商股东逐步退出	运营商逐步增持
14	运营阶段	政府增持、获得控制权，私营方被动减持	项目合作范围扩大
15	运营阶段	承包商增持，投资机构减持	承包商职能逐步向运营商转变，获得更多权益，投资机构逐步退出并获利
18	运营阶段	私营方减持，员工股权激励	激励员工

注　其中案例6～8、16不详，案例10、12、13、17未作调整

8 由表8-5可知股权结构调整特征：①发起阶段股权结构调整较少；②发达金融市场为原股东在运营阶段的退出/减持提供了接盘资金，如险资/养老金等长期资金；③项目失败时政府/国企常是PPP项目的最终持有人；④原股东的转型发展为股权结构调整提供了机会；⑤员工股权激励也带来股权结构调整。

9 从表8-6可见：①股权结构影响实施效率，承包/设备/运营商等为获得合同，更有动力发起项目，也增强各方信心和对融资/建造/运营风险的应对能力；②有综合实力的投资者更有利于实施；③政府参股对投资者各有利弊；④股权在建设期的合理变化能有效促进实施，在运营期的合理变化能提高治理效力和公司价值。

表8-6　其他股权结构调整的国际案例分析

所在地	项目名称	项目公司成立时股权组成	项目公司股权组成现状
澳大利亚	悉尼港隧道	Transfield+Kumagai Gumi	Transfield25% +Tenix25%+?50%
	Berwick 医院	ABN Amro100%	Plenary Group100%
英国	West Middlesex 大学医院	Bouygues（Ecovert FM+Bouygues UK）	Ecovert FM
英国	AV&S 水务项目	Thames Water49%+MJ Gleeson41%+MWH10%	Veolia Water90% + MWH10%
加拿大	407高速公路	Cintra 61% +SNC-Lavalin 23% +Capital d' Amerique 16%	Cintra 53% +SNC-Lavalin 17% + Macquarie 30%

10 项目的类型特征影响着投资者对债务水平的需求或选择。对于固定资产投资大的项目，由于总投资规模大，通常具有较高的债务水平；而对于投资较小的技术型

项目，通常具有较低债务水平，权益资本偏高。

11 PPP 项目交易（准备+招标）成本高，据国外经验，除非模式已成熟，否则项目规模小于 1 亿美元的，交易成本占总投资的 3%～4%；大于 1 亿美元的，交易成本占总投资的 2%～3%；大于 5 亿美元的，交易成本占总投资的比例小于 2%。故无大量同类的小规模项目不宜做 PPP，各地也不宜独自做，应在中央行业主管框架下做。

梨子爱吃梨子：请问老师，PPP 项目是否与其他工程项目一样，需遵守招投标相关规定，是否可以直接委托？

王守清回复@梨子爱吃梨子：得遵守《招标投标法》及其实施条例，《政府采购法》及其实施条例，财政部《PPP 政府采购管理办法》和《竞争性磋商办法》。

12 在项目层面之上的项目群管理有额外好处，如印度在全国公路 PPP 中，不是按每个项目单独谈单独做，而是摸索出统一模式，既降低交易成本，也获得标准化结果和比其他行业更好的 PPP 应用结果。英国对很多小规模同类项目也是打包进行统一谈判，最终形成该类项目的统一模式，由一家单独做或几家分别做。

王守清评论：采用项目群管理的好处：改善项目渠道的管理和需求供应的匹配；使市场沟通政策更有效；改善干系人的参与度；建立市场信心和提高供应方能力；标准化的可复制性，降低交易成本；借政府的大宗购买力，影响风险的转移；实现项目群质量保证流程的建立……

13 世界银行 2015 年建议，公路 PPP 项目的收入应分为 3 个区间：①底线，保证高级债务的还本付息，但不提供资本金回报；②中线，提供资本金回报率；③上限，SPV 没有额外收入。当然，如果有夹层资金，则学术界建议，在底线和中线之间，再增加一限，保证夹层资金的还本付息和部分回报。

14 2011 年全球 PPP 项目收益的来源构成：①按购电、购水等协议支付费用，占 39%；②用户支付费用，占 34%；③复合型政府支付（收入和税收减免），占 23%；④市场销售，占 2%；⑤政府支付固定费用，占 1%；⑥上述之外的其他类型，占 1%。

15 #PPP# Virginia 州 10 个高速公路 PPP 案例的资本结构。图 8-9(a)区分 public finance 和 private finance 的比重。图 8-9(b)把债务分给政府债和公司债，便于比照传统的资本结构分类：现金、债务和权益。亮点和说法还在琢磨……

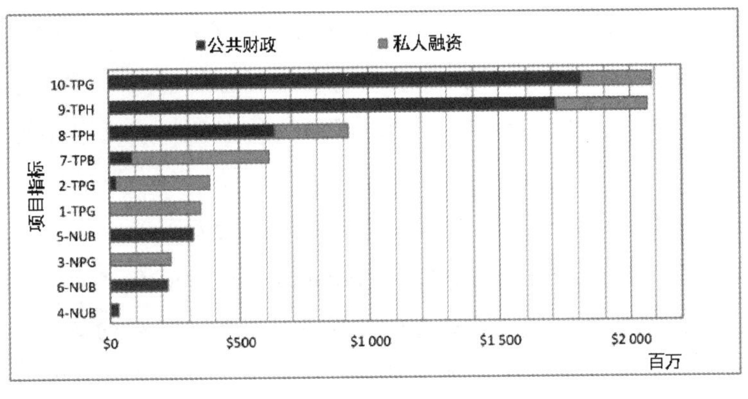

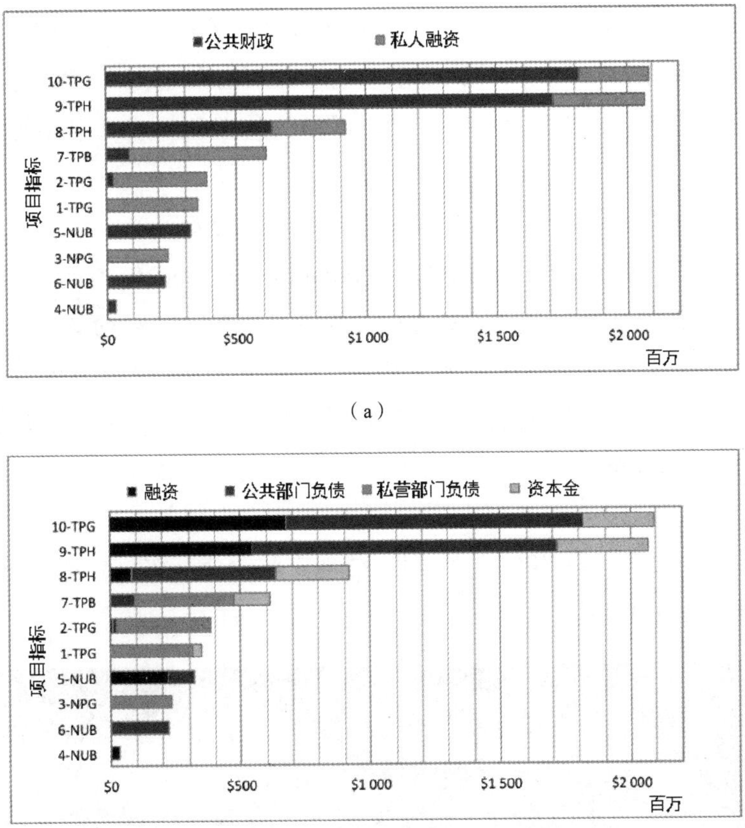

(a)

(b)

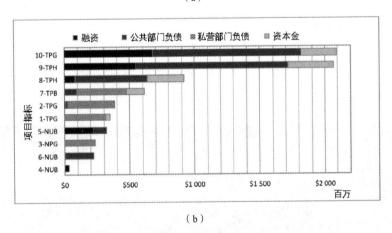

图 8-9　Virginia 州 10 个高速公路 PPP 案例的资本结构

JerryZhao2010：多谢王老师！//@王守清：我没专门研究，但法律/信用/金融体系成熟国家本贷比低、高速公路因车流量稳定和增长性，本贷比低。合同一般也保证银行收回贷款//@JerryZhao2010：请教@王守清 老师，和其他类别 PPP 相比，美国高速公路 PPP 的本贷比好像低很多？历史经验表明，最后收费不足的风险还是政府兜底……

16 国际多数 PPP 项目是基于有限追索项目融资的，放贷方依靠的不是项目资产和投资者母公司的资产与信用，本质上依靠的是政府与投资者所组成项目公司之间的

合同及合同所衍生出的现金流。若政府或投资者信用不佳，放贷方不愿按有限追索项目融资放贷，投资者只能走企业融资，风险较大。

17 据世界银行对 1996—2008 年全球的统计分析，对市场需求的高估是经营性交通类 PPP 项目失败的主要原因；对政府购买服务的公益类 PPP 项目，则市场需求和政府长期信用是主要失败原因。故政府和投资者分担需求风险是最基本做法，且项目收入最好包括两部分：基于市场需求的收入和基于可用性的收入。

mystar220：王老师，可用性收入是什么类型的收入？

王守清回复@mystar220：原文是 Availability Payment，译成可用性支付/收入或可达性支付/收入，指设施建成开始提供服务时才支付的款项。

mystar220 回复@王守清：那它和基于市场需求的收入的区别是什么？

王守清回复@mystar220：那就是政府或使用者用了多少就交费多少（按事先说好的单价×数量）。

18 中央特别是财政部力推 PPP 两年，但一些地方政府或其咨询背离了 PPP 的要点和中央力推 PPP 的初衷。

PPP四大原则：真正的风险分担、明确的产出要求、强调全寿命绩效、回报与绩效关联
@王守清
weibo.com/botppp

基本概念

什么是 PPP？——PPP 合同的要点：

- 公共和私营部门共同分担风险。
- 合作双方通过合同或法律分配风险。
- 私营部门为公共基础设施提供资金，并/或运营该设施。
- 私营部门希望收回投资并获取合理的回报。
- 公共部门保留财产和承担服务的责任。
- 公共部门拥有终止合同的权力。
- 公共部门需保证所选定的 PPP 方案在可用的采购方案中能提供最好的投资回报。

必须有效转移运营和财务责任。

PPP 的要点：

- PPP 应帮助实现公共目标——物有所值。
- PPP 需要私营部门作为伙伴。
- PPP 需要来自私营部门的资金。
- 公共部门是项目的最终责任承担方。
- 公共部门拥有产权和持有责任。
- 风险转移——不只是融资。

发言/采访篇

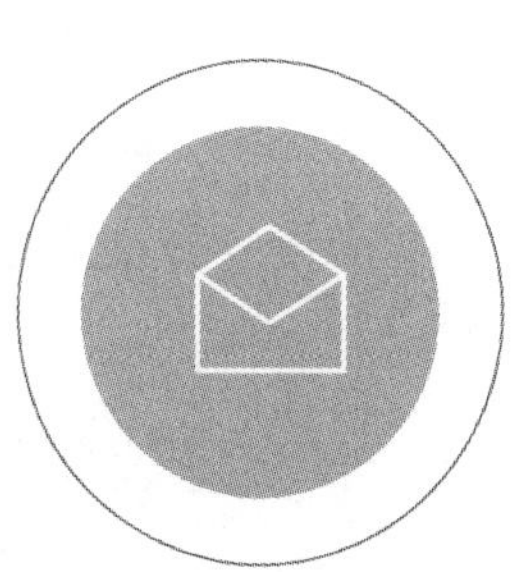

第1章

公开场合（会议或网络）发言（2012—2017年）

学习PPP：王守清教授建议学习路径和阅读书目

PPP涉及面极广，非任何单个学科可覆盖，而且理论前沿性和实务操作性极强，需要复合型人才和复合型团队，需要理论密切结合实践系统学习。

一、建议学习PPP路径

1. 参加一个3~5天的系统培训班，内容包括（至少应含前三项）：

a）学者结合案例实务做法讲1天概念、框架与实务要点；

b）律师讲1天近年相关法规政策，包括现有法律障碍与对策，合同要点和相关案例；

c）咨询师或投资者（对企业）/官员（对政府）讲1天近一两年的真实典型案例项目（如财政部PPP示范项目库中的）的筛选立项、方案策划、财务评估、物有所值评估、财政承受力评估、招投评标、谈判签约要点和经验教训等；

d）金融机构专家讲半天目前市面上可用融资渠道、融资产品、融资条件、融资优化和相关案例；

e）其他相关专家讲 1~2 天有关税务、会计、保险、行业市场、政策走势、管理、技术、运营和维护等更具体的内容，也可再加上城镇化、产业新城、园区开发、综合管廊、智慧城市、海绵城市、流域治理、轨道交通等复杂类项目以及“走出去”的专题性内容，等等。

2. 至少看中外学/业界各 2~3 本书，特别是学者（系统理解相关概念与理论，有了思维与方法，就很容易理解法规与合同，并结合具体项目把握实操要点）、律师（系统了解相关法规与合同要点特别是不同类型项目的）、咨询或投资者（对企业）/官员（对政府）（系统掌握实施流程与实务）结合案例写的书，最好也看一两本国际多边机构如世行、亚开行、联合国、APEC 等推荐的书，以了解国际经验与发展趋势，“发达国家今天的做法可能就是发展中国家明天的做法”。

3. 至少研读分析 10~30 个真实案例特别是失败案例。

4. 至少全程参与 1~2 个真实项目的跟踪、谈判和签约。

5. 不断地悟和总结提高。

二、建议阅读 PPP 书目/资料

（一）**必读书目**（考虑了国内如清华图书馆可获得性和网上免费下载可能性，宜按类别按顺序挑选看，加粗部分是王守清参与的）

1. 王守清，柯永建.《特许经营项目融资(BOT、PFI 和 PPP)》，清华大学出版社，2008 年 7 月(多次加印，如 2016 年 6 月第 10 次)

2. 周兰萍(顾问：王守清).《PPP 项目运作实务》，法律出版社，2016 年 5 月(多次加印，如 2017 年 5 月第 7 次)

3. 王盈盈，冯珂，王守清.《特许经营项目融资(PPP)：实务问答 1000 例》，清华大学出版社，2017 年 7 月

4. 柯永建，王守清.《特许经营项目融资(PPP)：风险分担管理》，清华大学出版社，2011 年 8 月(多次加印，如 2016 年 8 月第 4 次)

5. 盛和太，王守清.《特许经营项目融资(PPP)：资金结构选择》，清华大学出版社，2015 年 4 月(多次加印，如 2016 年 8 月第 4 次)

6. 戴春宁主编，王守清主审.《中国对外投资项目案例分析－－中国进出口银行海外投资项目精选》，清华出版社，2009 年 1 月(多次加印)

7. EU-Asia PPP Network 编著，王守清参编和主译.《基础设施建设公私合伙(PPP)：欧亚案例分析(Public-Private Partnership in Infrastructure Development: Case Studies from Asia and Europe)》(中英文对照版)，北方联合出版传媒集团，2010 年 8 月(多次加印)

8. G.M. Winch, M. Onishi and S. Schmidt 主编(王守清、柯永建和谢菁编写第 4 章)，Taking Stock of PPP and PFI Around the World (涉及 12 个国家的 PPP 概况)，The Association of Chartered Certified Accountants, Feb 2012 (ISBN: 978-1-85908-475-5)

9. E.R. Yescombe.《项目融资原理(Principle of Project Finance)》，2nd Edition, Academic Press (imprint of Elsevier Science), 2013 (该版中译本似未上市，但第 1 版中文译本叫《项目融资原理与实务》，王锦程译，清华出版社，2010 年已上市)

10. 2015 年开始，财政部 PPP 中心出版的 PPP 丛书含《PPP 示范项目案例选编》等，详见：http://www.cpppc.org

11. 2017 年开始，清华大学 PPP 研究中心出版的《中国 PPP 年度报告》和 PPP 国际系列丛书等，详见微信公众号“清华 PPP 研究中心”

12. 世界银行 PPP 资源中心(PPP in Infrastructure Resource Center)：http://ppp.worldbank.org (有全球各国 PPP 政策、项目等信息和分析)，大家也可关注英国、加拿大、澳大利亚政府等相关网站，有很多相关信息和合同文本

13. 林华主编.《PPP 与资产证券化》，中信出版社，2016 年 7 月

14. 余文恭.《PPP 模式与结构化融资》，经济日报出版社，2017 年 5 月

15. 蒲明书，罗学富，周勤.《PPP 项目财务评价实战指南》，中信出版社，2016 年 11 月

16. 曹珊.《政府和社会资本合作(PPP)项目法律实务》，法律出版社，2016 年 4 月

17. 李亢.《PPP 的法律规制：以基础设施特许经营为中心》，法律出版社，2017 年 1 月

18. 黄华珍等.《完胜 PPP：融资与建造的全域解析》，法律出版社，2016 年 11 月

19. 王亦虹，潘敏，尹伊林主编.《双赢之道：PPP 项目全过程咨询手册》，天津大学出版社，2016 年 3 月

20. 济邦投资咨询有限公司.《基础设施 PPP 与操作实务》，化学工程出版社，2016 年 3 月

21. 吕汉阳主编.《PPP 模式全流程指导与案例分析》，中国法制出版社，2016 年 7 月

22. 马海顺，梁舰主编.《政府与社会资本合作(PPP)模式》，中国建材工业出版社，2017年1月

23. 陈民，陈非迟.《解密轨道交通PPP》，北京交通大学出版社，2016年5月

24. 丁伯康.《新型城镇化政府投融资平台的发展转型》，中国商务出版社，2014年1月

25. Jeffrey Delmon. 《Private Sector Investment in Infrastructure: Project Finance, PPP Projects and Risk》. 2nd Edition. PPIAF and The World Bank, Kluwer Law International, The Netherland, 2009 (ISBN 978-0-8213-7786-4)

26. [英]E. Farquharson, [哥伦比亚]C. T. de Mästle, [英]E. R. Yescombe, [英]J. Encinas 著，唐李雅宁译，《新兴市场公私合作模式(How to Engage with the Private Sector in Public-Private Partnerships in Emerging Markets)》, Publisher: World Bank Publications (中国电力出版社，2015年5月，2016年修订后加印)

27. [英] Darrin Grimsey, Mervyn K. Lewis 著，济邦咨询公司译.《公私合作伙伴关系》，中国人民大学出版社，2008年(2016年4月修订翻译后更名为《PPP革命：公共服务中的政府和社会资本合作》再版)

28. [瑞]Barbara Weber, [德]Hans Wilhelm Alfen 著，罗桂莲、孙世选译.《基础设施投资策略、项目融资与PPP》，机械工业出版社，2016年6月

29. [意] Stefano Gatti 著. 尹志军，赵丽坤译.《项目融资理论与实践(Project Finance in Theory and Practice: designing, structuring and financing private and public projects)》(优先看英文版)，电子工业出版社，2011年3月

30. [美] M. Fouzul Kabir Khan & Robert J. Parra 著，朱咏等译.《大项目融资：项目融资技术的运用与实践(Financing Large Projects using Project Finance Techniques and Practices)》 (优先看英文版)，清华大学出版社，2005年6月

31. 张极井.《项目融资》(第2版)，中信出版社，2003年11月

32. 叶苏东.《项目融资：理论、实务与案例》(第2版)，清华大学出版社和北京交通大学出版社，2008年8月

33. 陈健，陶萍主编. 王守清主审.《项目融资》，建筑工业出版社，2008年11月

34. [美] E.S.萨瓦斯著，周志忍等译.《民营化与公私部门的伙伴关系》，中国人民大学出版社，2002年6月

35. John D. Finnerty, Project Financing – Asset-based Financial Engineering, John Wiley & Sons, Inc. 1st ed., 1996; 2nd ed. 2007[供学习相关的资产证券化(ABS)融资知识]

36. Richard A. Brealey, Stewart C. Myers, Franklin Allen. Principles of Corporate Finance. New York: McGraw-Hill/Irwin (供复习相关的企业融资知识，机械工业出版社2007年起每1~2年会翻译出版最新版)

37. 中国施工企业管理协会《施工企业管理》06年6月号专题"BOT是陷阱，还是馅饼"；10年5月号专题"BT模式探索"；11年10月号专题"民企融资路漫漫"；14年9月号专题"PPP：共营与共赢"……(含王守清的文章)

38. 中国对外承包商会.《国际工程与劳务》2011年9、10月号特别策划："PPP模式——转型升级的选择"；2014年5、6月号特别策划"BOT/PPP离我们有多远"……(含王守清的文章)

（二）获取PPP法规政策与实务信息的重要微信公众号和微博

1. PPP知乎（源于亚开行中国、后来独立的微信公众号，PPP信息最全且中立、实务信息与研讨文章并存）

2. 道PPP（财政部PPP中心的官方微信公众号，主要发表财政部方面的PPP信息）

3. PPP导向标（发展改革委指导、中国经济报社主办的微信公众号，主要发表发展改革委方面的PPP信息）

4. 清华PPP研究中心（发展改革委、保监会和清华大学联合发起成立的清华大学PPP研究中心的官方微信公众号）

5. 中国PPP智库（王守清的个人微信公众号，主要发表原创PPP文章，已有上百篇并随新文章发表而推送）

6. PPPwebChat（王守清的个人微信，从2015年起与微博同步发送PPP相关内容，因粉丝数已达5000人上限，加入后只能联系，不能看我朋友圈）

7. 微博http://weibo.com/botppp（王守清的实名微博，内有数千条与PPP相关的内容，被誉为"中国第一PPP微博"）

（三）下列可能不易获得的也可看（清华图书馆有Akintoye和Riham的，更多英文原著可用关键词如"PPP"等搜亚马逊）

1. M. Jefferies and S. Rowlinson（ed.）, New Forms of Procurement: PPP and Relational Contracting in the 21st Century（谢菁、王守清、M Jefferies和柯永建编写第12章）, Routledge（Taylor and Francis）, London and New York, May 2016, ISBN: 978-1-138-79612-6（hbk）, 978-1-315-75805-3（ebk）.

2. Akintola Akintoye, M. Beck and M. Kumaraswamy（ed.）, Public-Private Partnerships: a global review（柯永建和王守清撰写第5章）, Routledge, Taylor &

Francis Group, Nov 2015（ISBN: 978-0-415-72896-6）.

3．T. Yagitcanlar（ed.），Sustainable Urban and Regional Infrastructure Development: Technologies, Applications and Management（王守清参编第 20 章 Value for money: Procuring infrastructure, 物有所值：基础设施采购），IGI Global-Hershey PA, 2010（ISBN 978-1-61520-775-6）.

（四）下面是王守清参编的与“项目管理/国际工程”相关的书籍，供有兴趣者阅读

1. [美] Karen Brown 和 Nancy Lea Hyer 著，王守清和亓霞等译，《项目管理：基于团队的方法》. 机械工业出版社，2012 年 9 月（多次加印，如 2015 年底第 6 次）

2. 郑超，王守清.《中国对外承包工程案例分析》(内含我国第 1、2 个对外 BOT 项目——柬埔寨基里隆水电站、印尼巨港电站). 中国建工出版社，2007 年 6 月（两次加印）

3. 中国国际工程咨询协会(王守清编写第 2 章“国际工程承包模式与项目融资”).《国际工程承包实施指南》. 机械工业出版社，2007 年 8 月

4. 中国对外承包工程商会（王守清编写第 13 章“国际工程项目风险管理”和第 10.5 节“项目融资”).《国际工程承包实用手册》. 中国铁道出版社，2007 年 9 月

[截至 2017 年 6 月（实时更新）]

我国 PPP 研究与实践概述

谢谢张总给这么一个机会。非常钦佩张总一直支持 PPP 研究，组织全国高校 PPP 论文竞赛。

前面大家发言都很好，我也学到很多。有意思的是，大家都说 PPP，不说其中文翻译，我想一是为了简单，二是因为 PPP 不好翻译。在我国，PPP 叫公私合伙/合作/协作/伙伴关系、特许经营、政府与社会资本/力量合作、政府向社会力量购买服务、民间参与等的都有，但都不是非常准确，至少没有反映出中国现阶段的实情，后来我也干脆不翻译了，因为在我国，PPP 中的第二个 P 不是老外说的 Private，我国主导 PPP 项目的多是国有企业包括央企，是 Public，所以我觉得 PPP 要翻译，还是译成“**政企合作**/合伙/伙伴关系”比较准确，可以覆盖国企、民企和外商。当然，现在大家所谈的多是广义 PPP，即只要企业获政府授权，出钱出力与政府合作提供本该由政府投资提供的公共或准公共产品或服务，我们都可以叫 PPP。早期学术界对 PPP 的定义则是偏狭

义的，即政府和企业长期合作，但政府不是直接去行政干预，而是通过政府在项目公司占有股份等商业方式来干预项目运作，以保证公众的利益，同时体现契约和商业精神。

因为我们今天是PPP论文竞赛颁奖典礼和论坛，除了各界人士，还有不少学生，而且，不管是谁，了解一下我国PPP研究和实践的发展都是有好处的。因此，张总要我发言，我就选了这个题目，主要是根据我的博士生梁伟的文献综述工作，结合我的经验和看法准备了今天发言的PPT。梁伟把过去十年我国大陆地区研究PPP的所有公开发表的学术论文都分析了一下，对重要的典型案例也都进行了梳理，详细文字可见PPT最后一页所列的第一篇参考文献。

现在PPP的应用越来越广，已经从投融资模式扩大为一种**制度创新**，相关研究也越来越多。我刚回国的时候，全国真正专门研究PPP的学者可能不超过5个，现在可能有一个加强排，加上学生就更多了。我回国后的开门博士弟子柯永建前几年写了一篇英文文章，总结了国际上PPP研究的一些趋势，有兴趣的可以去美国土木工程学会（ASCE）2009年的Journal of Construction Engineering and Management上找来看看。一般来说，现在研究PPP的主要有**四类群体**的人：第一类是**公共财政**管理像贾康所长那边的，包括经济学家像曹远征先生那样的；还有一类是就是我们这些搞**工程**的，在座的很多人都是，所研究的问题都比较具体，偏项目层面，如风险管理、财务分析等；PPP做得越多，就会发现，涉及很多政府管理体制的问题，所以**公共管理**学院里也有不少人在研究；大家还发现，最核心的问题，也是目前中国最缺乏的制度建设、法律法规方面相关的，因此，搞**法律合同**的也有不少人在研究。前几年我给世行和亚行（与发展改革委合作）在国内策划了两次比较大的PPP论坛，在研讨环节发现，很多问题讨论到最后都没法或不敢再讨论下去了，因为还涉及法律制度甚至政治制度问题。前面其他嘉宾在答问过程中涉及的多数问题几乎都是制度方面的问题。了解上述这些，对学生而言，就可以知道应该根据自己的背景和社会的需求，从什么角度去研究什么具体问题。实际上，国际上特别是西方国家已经解决了很多包括法律和制度问题，但中国有些特殊，多数问题差不多解决了，但最难解决的还是法律和制度方面的问题。

从研究内容看，PPP相关的所有研究基本上可以归纳为**四个方面**，即各个主体、各个行业、各个阶段、各类要点的决策问题研究。主体包括PPP项目的各个参与方或干系人，包括政府、投资者、银行、咨询机构和律师等，我国比较缺失的研究是如何让**公众参与**决策；每个行业都有一些其他行业所不具备的特点，因此，PPP有共性，但也要考虑每个行业的特性，需要有针对性地做；PPP项目的过程包括很多阶段，包括前期的立项招标谈判，后期的设计建设运营移交，每个阶段都有非常多的具体问题，我们这些工程背景的很多人多是研究这方面的问题；另外，对任何一个主体，在任何一个阶段、方面、角度、行业都有很多决策要点，其实，一篇学术论文基本上就是解决其中的具体问题。

从研究性质看，也体现了我国目前存在的问题。前年我接待了英国曼彻斯特大学一个非常有名的 PPP 学者，她是反对做 PPP 的，认为 PPP 是金融和咨询机构提出来的一个阴谋。当然她代表的是国际学术界的少数派，但她的观点也不是没有依据的，因为是基于**定量研究**，通过统计比较分析英国的相关项目，发现 PPP 的效率并没有所期望的比传统的政府投资项目效率高。在中国，我们是没法做这种研究的，因为你跟政府要数据，它说很敏感，不能给；跟企业要数据，它说是商业机密，不能公开。所以，各位不要骂学术界，因为我们真的没法做定量研究，只能做定性的，即使有一些是定量的研究，也几乎都是基于一些假设，建立一个模型，然后用假设的或不完全的数据去验证，其实最后结果是对是错真的很难说，这是在座的学生做研究时要考虑的一个重要问题。当然，研究最终应该往定量走，但这也涉及制度建设，包括项目决策民主和项目数据**公开透明**，不透明就没法去研究这些问题。在西方国家，这些数据基本上都是可以从网上下载的。

至于**研究过程和方法**，我就不多说了，基本上跟其他领域特别是管理学领域的研究类似，就是找问题、搜集信息和数据并分析之，可能涉及建模或框架，最后得出结论并验证。而且，基本上这些问题都是现实中出现的，然后去研究解决这些问题，所谓理论来源于实践并指导实践。

至于我国 PPP 的研究热点，时间关系，没法详细展开，我只提提要点。大家可以看 PPT，你们可以跟组委会要，我不保密，也可以看 PPT 后面提到的参考文献。PPT 中蓝色字体的研究都是我所带学生做的。昨天参加我系博士生答辩，一个教授跟我说，王老师，你们已经把 PPP 的问题都研究得没什么好再研究的了。我说，不一定，我们现在越研究，越觉得问题多，而且似乎对我国将来的 PPP 研究发展感到困惑甚至悲观，因为有些问题你没法研究，如定量的，有些问题你不敢研究，如体制的，或者不是你该研究的，如有些涉及宏观问题的，是经济学家和政治家的事，涉及法律的，是法学家和政治家的事，我们学者没法解决，尤其是我们这些工程背景的。

我国早期很多研究都是从行业应用如该用哪种**模式**的角度去研究，这是我国 PPP 早期研究的一个热点。但是所有的研究结果都很难说是对或是错，因为没法从实践去检验，PPP 项目的特许期很长，不是签约就可以说成功的。但从研究角度而言，只要你能自圆其说就可以了，何况主要的问题在于不透明，没有数据，如果透明，对一个项目进行长期定量跟踪研究是很有意义的。

另一个研究热点是**融资结构**优化，而且可以进行一些定量研究，因为现在有些上市公司有数据，这属于具体问题的研究。这两年我正好都有博士和硕士在研究。但是融资结构和绩效的关系因为缺乏真实或完整数据，光靠上市公司的数据（常常没有按项目区分）也很难验证研究结论的真正对错。

风险管理是工程和法律背景学者研究得比较多的一个长盛不衰的热点，我自己从1996 年开始研究 PPP 也是从这方面去研究的。回国后我招了一些研究生致力于 PPP 研究，包括我最得意的开门博士弟子柯永建，他是从中立的角度看政府和企业之间各种问题的本质，归根到底还是风险的公平分担问题，例如，谁该承担什么风险，怎样分担利于项目成功，等等。风险分担后，再通过合同去落实，也会涉及到法律问题，涉及不同行业的特性。他主要是通过案例分析、访谈和多轮问卷调研得到结论的，主要依靠案例依靠专家的判断，因此所涉专家和案例的代表性对结论的影响非常大。

法律相关问题也是一个研究热点，不过，我觉得奇怪的是我国早几年这方面的研究很多，这几年反而少了。我国目前没有 PPP 法律，其他相关法律又没有考虑到 PPP 这种新生事物，造成应用过程中不少法律层面的问题，在座的法学院的学生（和律师们）应该重点去关注和解决这些问题。当然，我也体会到你们的难处，因为一旦涉及到敏感问题，学位论文很难写，写了可能也难通过，通过了也可能很难公开发表。前面说过，绝大多数 PPP 的问题归根到底就是法律和体制问题，这不是我们学者能够解决的，需要法学家、官员、学者、还有业界人士一起去呼吁去促进去解决。目前我国有些规章政策文件的出台是不太严谨的，我也参与过一些相关文件出台的过程，很多时候就看主管的官员，他知道谁相关就找谁去做，有时候会发现起草这些文件的人不一定真正懂 PPP，其水平类似于大家已经见识过的有些两会代表的参政议政水平，何况 PPP 涉及面很广，政治、经济、金融、财务、造价、工程、管理、法律、合同、保险、市场、民生、文化等都相关，且前沿性和实务性都很强，需要**复合型**人才。中午吃饭时，我问在座的有谁参加了政府正在制定的一个相关导则，居然没有任何一个人参与。我觉得就有问题了，因为在座的至少是研究和从事 PPP 的，也有不少 PPP 大家，但都没有参加。可能你们会想，不是我不想参加，而是人家不让我知道、不让我参加（还是透明和公众参与的问题）。现在导则草稿出来了，官员请我看一看，我一看就知道起草的人不太懂 PPP，便推荐了很多 PPP 专家（主要是实务界的，考虑了前面我提到的四类人），但可能也不会被邀请。我们有些官员就是这样，请你去了，如果你提的看法跟他的想法不一样，他以后可能就再也不会请你了。我就碰到过类似情况，有一次给一个地方政府部门的特许经营条例提意见，他们后来再也不找我了。我觉得那个条例最大的问题就是不**公平**，政府几乎没有承担任何重要风险，把本该由政府承担的风险都推给了企业，可是企业家不是慈善家啊，他觉得风险大，必然要价高，最后吃亏的还是公众和政府。

因此，**政府和企业双方的行为**，是一个非常令人头疼但值得研究的一个热点。我也带了一些学生做这方面的研究。现在的麻烦是，现在一些学者为了发表论文，用了很多理论如委托代理、博弈、契约等，但是没有解决双方行为的实际问题，特别是政府的行为问题。前面说过，法律问题不解决，其他问题都很难解决。前几天我在西部给某国营投资公司讲课，课后结合与企业家的讨论我在微博上发了一句话：对企业而言，如果能做 BT，绝对不做 BOT；如果要做 BT，一定要看主管官员是否刚上台，快要换届了就等换届后再做。也就是说只要**法制和政府信用**问题不解决，谈其他问题没有太大意义。总之，政府能够提供什么保证，这些保证有什么法律效力，政府守不守信用非常关键。作为企业，跟政府签合同，你如果违约，政府会收拾你。但如果政府违约，你怎么应对？当然民营企业有办法，因为有老板告诉我：可以使用美人计，一般政府官员都会将计就计，“12 秒”就是这么出来的，你懂的；还有就是行贿和用黑社会手段等。因为政府不讲理，企业被逼急了，也只好不讲理。去年起节假日高速公路取消收费后，经常有受损失的企业问我怎么办？我马上反问：你是国有企业还是民营企业？他说是国有企业。我说那你就当承担社会责任了吧，很难跟政府计较的，呵呵。话是这么说，但民营企业怎么办？外商怎么办？当然，政府是有权取消收费的，但必须给企业补偿，否则就是用企业的钱去请全国开车人的客！政府有没有契约精神，这是一个大问题。刚才王霁虹律师所讲的事，最重要的还是法制和政府信用的问题。

特许期是比较具体的研究热点问题，从学术而言，国内外已有很多人研究，我觉得国内学术界基本上是按国际趋势去走的，即特许期不能是死的，应该根据项目进展中出现的问题进行动态调整。因为任何一方不管是政府还是企业，要单方面预测和承担将来十年、二十年的风险，是不现实的。所以特许权协议包括特许期应该是动态的，开始有些初始的模式和规定，但要设定调节机制、设定上下限，现实中发生的问题超出事先定好的上下限时便启动重新谈判或实施调节/调价机制，后面会提到的调价机制也是类似的。

更具体点，就涉及**项目合同和具体条款**了，这是另一个研究热点，特别实务。我研究 PPP 也是从 1996 年研究来宾 B 电厂的合同开始的。来宾的合同是符合国际惯例的，因为是国际招标，项目又在中国，谈判和签约结果结合了中国实际。我仔细研究了合同框架、研究了合同中的每一句话，中英文对照着去琢磨，看看里面对项目风险是怎么通过合同条款落实的、有什么不足、应如何改进，并据此发表了多篇 SCI/EI 论文。我国现在还有很多研究都是研究合同细节，特别是咨询公司和律师事务所。

因为 PPP 是政府授权企业去做，故企业的能力对项目的成败影响很大，因此还有一个研究热点就是**企业的能力评价**。研究的一种小用途是企业用于决策，比如企业给你出点经费，你出主意，他该不该去做 PPP？如何一步一步去做？等等。另一种大用途是帮助政府选择合适的企业，政府很关心什么样的企业最合适？企业派来的人是不是有这方面的能力？等等。过去的**招标评标方法**不太适用了，因为 PPP 是投资、与承包很不同，对企业的要求也不同。当然，非经营性和准经营性项目又有区别，对私营企业来说，在中国最重要的一种能力就是搞定与政府的能力。我在外面给企业讲 PPP 讲了上千场，我只讲合规的做法，很多是国际惯例，国内很多不合规的我不讲，不能教坏企业家。在法治国家里，只要桌面上搞定了，就基本上都搞定了。但在我国做 PPP 项目，很多是因地而异、因项目而异、因阶段而异，这些都还是合理的，但有些却是因人而异、因人的心情而异、因行贿的钱而已，就麻烦了。

投融资**绩效评价**，无论是投资者还是政府，都是比较关心的，这是另一个研究热点。尤其是投资者，很关心我投了多少钱，能挣多少钱。对政府而言，可能更重要。因此，发达国家对项目模式是有比选制度的，要做一个项目，不是一定要用 PPP，而是首先要做模式的选择比较，是由政府投资做好还是政府和企业合作做好？抑或是完全市场化做好？要做这种比较，就有 PSC（Public Sector Comparators，**公共部门比较因子**），VfM（Value for Money，**物有所值**）这些概念，但我国没有这种评估。我认为对政府而言，应用 PPP 时，至少要搞清楚 **5 个问题**：要不要这个项目？用传统模式或 PPP 模式哪个更好？如果用 PPP,应找哪个企业？用什么具体模式？做了后如何监管、评估和奖惩企业、保护公众利益？

我要说的最后一个研究热点就是跟动态特许期类似的**定价和调价机制**，这几年国内的 PPP 项目几乎都有应用。我相信这主要归功于好学（从学术界）的咨询和律师机构，是他们给政府说了这些机制。电厂、水厂、高速公路、轨道交通项目如北京地铁 4 号线都有这类调节机制，就是为了解决**动态风险分担和收益共享**问题，因为将来二三十年的事情谁也预测不准，重新谈判触发机制和调节/调价机制可以解决这个问题，实现政府、公众和企业之间“有福同享，有难同当”。

我国 PPP 的研究热点大概就说这么多，下面简单说说我国 PPP 的应用。PPP 的应用面非常广，刚才贾所长也说了，他用的是广义 PPP 概念，几乎所有地方都可以用，但是我想将来我国还是有相对更主要的应用领域。从国外发展来看，一个就是**公用事业**，如学校、医院、养老院（不是民办的，是政企合作办的，硬件一般由企业提供，但软件如教学、医护（国外称核心服务）多是政府提供，主要是**政府支付**或加用户支付）。过去我国主要集中在**基础设施**（主要是**用户支付**），未来公用事业将成为应用热点；另一个就是我国比较特殊的**城镇化**（其实就是基础设施+公用事业+住宅+商业设施+产业+公园等的集成体）。目前这也是最新的一个研究热点。

中国做了这么多 PPP 项目，有好的也有失败的。总结起来，如果要做成功（特别是从公众的角度），还是**要竞争要透明**，政府**要立法和加强信用**，光给口头支持是不够的，还必须有**合理决策**机制，包括**公众参与**机制。目前我国虽然有听证机制，但是十个听证十一个都通过，缺乏真正的公众参与。要有机制保证**公平**，保证**提高效率**。但公众是一个很空泛的概念，到底谁能代表公众，让我去参与算不算，我觉得可能不算，因为谁能决定、如何决定我去？我能代表谁？还是**制度**问题。另外，我前面提过，要有**动态**机制，而且事前比事后更重要。因为，项目的市场需求本来就很难准确预测，过去的项目多是**政府立项招标**（Solicited），政府最有条件了解一个区域对某种设施的需求，因此**市场需求**这种风险完全交给企业是有问题的，当然，如果是**企业自提**（Unsolicited）项目，则企业应分担多一点，除非也是公开招标的。

PPP 的应用前景，还是比较乐观的，因为要发展经济、要提高生活水平，又要城镇化，政府没有那么多钱，过去几个月，各个部委连篇累牍地出文件鼓励社会资本参与就体现了这一点。但如果政府信用和法制、各类企业能公平竞争这两件最重要的事情不解决，可能难见好效果。

最后给企业提几点建议：项目出了争议后，在目前情况下，不到万不得已，最好不要和政府打官司，会两败俱伤甚至企业会死掉，最好通过重新谈判、调解或仲裁解决争议；这两年出了一些与项目相关的群体事件（如什邡、宁波、如东），虽然不是 PPP 项目，但国内外经验是，在这种情况下，为了和谐和稳定，**政府能牺牲的可能只有企业**。因此，投资者要注意，国企特别是央企可能没太大问题，反正都是国家的，但是民企和外商要特别重视这一点。

要提醒政府的是，PPP 要做得越规范和专业才能**提高效率和服务水平**。2011 年我应 APEC 邀请去澳大利亚参加两周 PPP 研讨和调研，发现人家的政府预算支付 PPP 项目，政府真的就是按照 Output Specifications（产出要求）严格进行监管的，即根据企业所提供的产品或服务符合要求的情况来给企业支付，有奖惩措施，以提高服务水平，利于公众。例如，一个火车站的卫生情况如何监管？政府或其委托的咨询机构会先做调研，假设一个清洁工巡视和清理其所管辖区域一圈需要 10 分钟，特许权合同附件中就会定相应的一个**监管指标**：若有垃圾，必须在 15 分钟之内清理掉（考虑了工人的休息时间 5 分钟）。然后一个政府监管人员就会微服巡视几个项目去监管（也会公布监管标准让公众监管）卫生情况，比如他来后发现某处有垃圾（如果没有他就故意扔一件垃圾），然后坐在一边看表计时，如果 15 分钟之内该垃圾没有清理掉，就算一次监管不通过。如果一定时期（如一周或一月）有多少次没有通过，就扣多少绩效分；如果一个月达不到所要求的绩效分，政府这个月支付给企业的钱就会扣减。这才叫真正的监管，理论上非常简单，但关键是我们政府签约时没有考虑这么具体，这么专业，更没有落实。

政府还应改进的一个问题是促进**资本市场**的成熟，因为，融资成本最低的资金来源还是上市发行股票和发行债券。资本市场不成熟，融资就会困难，成本就高，就会转嫁到政府和公众身上。

总之，要做好 PPP，有很多关键点，我觉得最关键的终极目标就是要保证**公平、效率和透明**。前面说过，在国外如英国、澳大利亚、加拿大，所有政府投资或 PPP 项目的绝大多数据（包括财务数据）是可以上网下载的，我国在透明度方面还差得很远。

（2012 年第 3 届“全国高校 PPP 论文竞赛颁奖礼”暨第 7 期“地方投融资平台与城市发展沙龙”，2012 年 12 月 10 日）

在“第 12 次文津圆桌闭门研讨会：PPP 的政策背景与发展”的发言实录

本来我不想发言的，想等最后研讨过程再回答媒体问题，因为我发微博、微信四年，说了很多有关 PPP 的观点，而且过去十多年讲了上千次的 PPP 课程，怕把大家讲烦了。其实，就这次开会我还有很多内容要说的，但时间有限，我还讲讲 PPP 的核心原则，对这些没有正确理解，我们讨论的东西要么很空泛，要么太具体。国际学术界和国际业界研究和应用 PPP 三十多年了，甚至有人认为 PPP 的研究已经告一段落，没有学术问题好研究了，但为什么在中国推了两年还是这么难？还是涉及 PPP 的四个核心原则，对这四个核心原则没有正确理解，推广还都是各自为政，难成体系。

第一个核心原则：真正的风险分担

做 PPP，必须实现政府和企业之间真正的风险分担，由最有能力管理某风险的那方承担该风险，以实现物有所值（VfM）。政府跟企业合作做 PPP，过去政府和企业都有错误认识。对于政府来说，做 PPP，并不是把所有风险都推给企业，否则企业承担了风险大，就会要高价。对企业来说也绝对不是说通过承担高风险而去获得高回报，因为有个风险和控制力的问题。例如，土地的获取风险和地方政府信用风险就必须由政府解决，如果政府不解决，企业确实没有办法或不敢做。而企业就必须承担专业性的如建设、运营风险，所以要求政府保底回报是过分的要求。还有银行，中国的银行 80%左右的收入来自利息差，这一轮力推 PPP，国际通行的有限追索项目融资很难落地，他们根本不愿意承担风险。

第二个核心原则：明确的产出要求

PPP 合同必须明确政府对设施/服务的详细要求即产出要求，如果企业不能满足这些要求，将血本无归。PPP 是政府管理的改革，本质上政府不是去购买企业的设施，而是购买企业提供的公共产品或服务。因此，政府重点根据百姓的要求，盯着企业所提供产品或服务的质量、服务水平和价格，至于企业是如何提供的，就看企业的能动性和创造性，如何提高效率。如果企业的效率高，就赚钱。这就是物有所值的概念。比如说政府出钱借钱用传统模式建一条高速公路，一辆车收 10 块钱通行费，可以达到 10%的回报率。现在改让企业出钱借钱去干（PPP），如果企业要求收 15 块钱，政府为什么要 PPP？不值得嘛。但企业如果要求收 11、12 块钱，这是合理的，这多收的一两块钱叫风险补偿金。因此，在同样的条件下，如果企业的效率高，可以赚高于 10%的利润，如果效率不高，可能一分钱都赚不到。现在企业不是琢磨怎么提高效率，而是跟政府要求保底回报，这是错误的。再举个例子说明产出要求和监管的重要性：墨尔本有一个 PPP 火车站，合同里有明确的清洁指标。假设这里有垃圾，5 分钟之内必须处理掉，政府签合同公布给全社会，全社会也参与监管，政府的卫生官员也会去抽查卫生，他如果看到有个垃圾，就在边上计时，如果 5 分钟清理掉就合格，没有清理掉就不合格，不合格是要处罚的，这就是真正的监管。有了这样的清洁要求，企业就要有办法，如安装摄像头全覆盖，只要这个火车站运营，监控值班室就有人，一旦发现有垃圾，对讲机马上通知清洁人去清理。

第三个核心原则：强调全寿命期集成绩效

PPP 合同会要求企业（特别是承包商做投资者）负责设施的全寿命期集成绩效，并承担相应风险。在这方面，我们的企业先天不足。例如，我国的企业很少能够具备设计、施工和运营全过程集成的能力，其实连 EPC 中的设计和施工都是脱离的。如果没有集成优化，企业在设计的时候不考虑后面的建设和运营，是很难提高效率的。另外，我国的企业特别是央企都是宁做鸡头，不做凤尾，不愿意跟其他企业合作，以实现优势互补、强强联合，企业只有通过集成去提高效率，才可能把 PPP 中高于传统模式的融资成本覆盖掉。

第四个核心原则：回报与绩效关联

即政府或使用者支付给企业的费用必须与按合同规定的特定和定量准则（产出要求）所进行的绩效评估结果关联。现在很多投资者一直要求政府兜底最低回报，这是不合理的。因为，如果政府给企业担保最低回报了，企业自然会故意做大成本。因此，对于政府来说，必须根据的是绩效和效率，就是质量、服务水平和价格。符合产出要求，政府给支付；干得好，政府给奖励，反之罚款；企业效率高（在其他同样条件下，单位价格是效率的最直接体现），盈利就高，效率低，盈利就低甚至不挣钱。

上述这四个核心原则，就是我们力推 PPP 必须努力的方面。说大点，就要依法治国，政府守信用，否则投资者不会来，即使来，也会要高价。因此 5 月 1 号施行的行政诉讼法及司法解释，把特许经营合同列为行政合同，这对力推 PPP 绝对是个打击，特别是在地方政府信用透支的时期，因为政府和企业签订 PPP/特许经营合同，如果发生争议，不能仲裁不能打官司，那企业特别是民营企业谁敢跟政府签一个长达 10～30 年的合同？所有的企业和银行自然只能做短期打算。还有一个大的问题就是金融体系，这回对 PPP 项目的放贷，银行的放贷评估过程和条件几乎跟过去的模式一模一样，企业贷款甚至更难。说小一点的问题，就是合同的谈判与签署，合同必须公平和动态，必须有重新谈判触发机制，更要有调节和调价机制，因为谁也没法独立预测和承担将来 10～30 年的风险。在操作层面还有一个物有所值问题，这问题说大很大，涉及政府和百姓的利益；说小很小，涉及投融资模式的选择与评审。我参加过一个大城市某不收费的公路项目 PPP 方案的评审，根据测算，如果这个项目做 PPP 的话，整个特许期 30 年中政府总共的支出是 80 亿。但是如果用传统政府投资模式来做，就是 50

亿。你说做PPP值得不值得？这明显不值得呀。但如果政府的确没钱，而且百姓哇哇叫，迫切需要这个项目。官员问我怎么让这个项目的PPP方案通过物有所值评审。我说可以把项目的外部效益内部化，因为如果不做PPP，要再等5年、10年才能有这条路，环境污染、出行时间长、老百姓幸福感差等等，可以把这些效益折为钱，再做比较。时间关系，我就先说这些，不一定对，仅供参考。

媒体提问：我想问王老师，现在“一带一路”也好，亚开行也好，都会涉及基础设施建设，前一段时间联合国有一个报道，PPP模式推广非常现实，非常耗时，在这一块涉及SPV模式，PPP模式走到头就会面临三对立体的多元化环境，这个时候中国企业参与其中，王守清老师有没有好的建议？

王守清：25号我参加了一个比较高端的400多人参加的“一带一路”论坛，我做了一个主题发言，就是有关“一带一路”和PPP的关系。刚才我已经说了很多。中央特别是财政部去年初开始推PPP时就提出，其中一个目的是帮助中国企业特别是央企走出去。因为“一带一路”涉及的多是落后国家，缺基础设施，因此，我6月29日还发了一个新浪微博说：亚投行成立和“一带一路”实施，必然涉及基础设施和PPP，而且是立体PPP：中国政府与项目国政府、亚投行与项目国政府及SPV、中国企业与项目国政府、项目国政府与项目国企业及SPV、项目国企业与中外企业等都签合同。若中国企业竞争力不足，中国政府可能就做冤大头，出了钱，中国企业拿不到项目，因为所有成员国企业都可以参与投标。这个立体PPP项目非常复杂，我们应在国内好好做规范的PPP，积累了经验，就可以走出去做，而且不限于“一带一路”和亚投行的PPP项目，并且还能做好和赚钱。

我不太懂政治，但20年以来只专注于PPP教学、研究和推广一件事，去过30多个国家，跑遍中国所有省份，以前给央企讲很多走出去PPP课，后来给民企讲很多国内PPP课，去年开始给中央和地方政府也讲，甚至去区、县讲，主要就是了解各国和我国各地企业和官员的看法和做法，形成中立、可行和规范的PPP做法，不偏颇，帮助各方博弈，做好PPP。

（中国政府网和中国人民大学重阳金融研究院，
2015年7月1日）

我对海绵城市应用 PPP 的看法

我是学术界的，还是先复习一下 PPP 的基本概念，再回答主持人如何选择社会资本的问题。

一个项目要应用 PPP，关键看是否可明确项目的 4 个方面：界面、产出要求、绩效指标、收益来源（对海绵城市项目而言，就是政府付费、污染者付费、受益者付费），如果不能明确这 4 方面的项目，应用 PPP 较难或效率不高，还易政企扯皮，甚至不适合 PPP。

海绵城市是个笼统概念，项目笼统上可分为两类：①蓄水保水的绿地/湿地/流域等；②雨水/生活污水/工业污水等的治理。第 1 类项目因 4 个方面难明确，应用 PPP 很难；而第 2 类项目的 4 个方面较明确，甚至可定量，容易应用 PPP。

总之，不是什么项目都要用 PPP，国际上 PPP 做得好的国家，PPP 项目也不过是所有公共项目的 10%～20%，我们不能像搞运动一样搞 PPP，海绵城市很重要，但海绵城市项目不能 100%都应用 PPP。如果都要应用 PPP，则应优先第 2 类，再第 1 类，逐步推广，不能一哄而上都搞 PPP。

第 1 类项目对投资者的整体规划、集成设计和优化很重要，宜交给央企/国企牵头的优势互补股东组成的联合体 SPV，有全方位全过程集成优化能力，容易提高整体效率，也可避免因 4 个方面不明确而产生的争议，毕竟央企/国企与政府主要诉求接近。第 2 类项目的 4 个方面都较明确，可以交给单个投资者甚至民企，只要他有钱、有技术、有建设运维能力即可。

（中国 PPP 百人沙龙，2016 年 1 月 25 日）

“PPP 融资专题研讨会”中国 PPP 项目融资相关问题与对策建议

存在问题

能力建设问题

1. 缺少专业经验和人才，政府和金融机构也缺。

2. 政府希望金融机构和企业做 PPP 项目方案，既不合理，也说明政府缺能力。

3. 缺少具备全过程全方位能力的投资主体，特别是有运营意愿和能力的。

4. 现有融资平台的转型改造问题：如何参与 PPP？如何公告其债务与政府无关？

动机与观念问题

1. 投资主体缺乏长期投资意愿，都强调快速收益和尽快退出。

2. PPP 被泛化了，而且政府还包装项目，不规范，投机拿中央政策优惠。

3. 政府定价调价强势地位，缺乏市场化，投资者没有风险对价谈判和实施能力。

4. 金融机构只做副省级地方政府的项目或中央部委特别是财政部的入库项目。

5. 各方观念都没有改变，还是传统思维，如地方政府主要还是为了上项目，不考虑物有所值、财政承受力和效率提高；投资者还是要求签 8%～12%保底或变相保底收益率；金融机构还是按传统放贷流程和标准进行评审和放贷。

法律法规政策与流程问题

1. 政府对项目的入库、筛选和审批程序与过去不同，财政承受力评估不透明，缺物有所值评价指引（注：研讨会是在财政部 2015 年 12 月 28 日发布指引之前召开的，即使该文发表了，只要求定性评价，定量评价由地方政府决定，后者也不知如何做）。

2. 不同部委特别是发展改革委和财政部的相关政策不清晰、不完整和不一致。

3. 法规、政策、手册、工作机制等待完善，特别是招投标程序（招标投标法或政府采购法？各种方法的前置条件与适用流程不同）、税收优惠、配套融资政策、项目的排他性、定价调价机制、法律救济措施（特别是对金融机构和投资者）。

4. 对政府补贴或支付的支持、担保或保证措施不足。

5. 政府财政还不够透明，财力与支付能力难评估和监管。

6. 政府补贴或支付纳入预算只考虑 3 年，虽然有滚动考虑，但长期如何保证？

7. 资产产权一般不能给金融机构，只能给经营权。

8. 虽然政策已明确可质押经营权和收益权给金融机构，但物权法未明确可质押；即使可以，如何办理登记？是否可以转让？而且，由于银行法不允许银行经营，即使允许，银行也不会经营。

9. TOT 涉及的资产让渡文件不匹配，按并购处理又涉及 7 年 60%贷款限制.

10. 纳税政策不明确，特别是涉及二次纳税问题，而且，营改增后如何纳税？

11. 项目如何折旧与摊销方法尚待明确。

12. 联合体的准入资质问题，政府常要求各个股东都有资质，既不合理，也没必要。

13. 项目失败后的退出和救济问题，特别是后者，因行政诉讼法及司法解释明确了特许经营合同是行政合同，但 PPP 合同呢？

项目的适合性问题

1. 缺优质项目，或即使有，政府也不拿出好项目做 PPP，而是留给本地国企传统模式做。

2. 大部分项目都需要政府补贴和支付，受制于地方政府财政承受力。

3. 很难实现国际惯例的有限追索，对投资者来说风险极大；即使少数做到有限追索，对金融机构来说风险较大，但主要取决于项目本身好坏、项目干系人经验及干系人之间所签合同水平，由于上述种种问题，金融机构还是满足于传统企业融资方式，躺着挣利息差。

对策建议

1. 中央部委应规范市场环境（包括规范地方政府），加强市场引导。

2. 广泛吸引社会投资者，吸引各种基金。

3. 促进 PPP 项目的证券化，完善相关法律，建立交易平台。

4. 加强对项目的筛选和评估，至少得有概算和预可研。

5. 中央政府要加强对地方政府的培训、指导、审核与监管，包括提供合同文本、专家库、流程、评标和谈判等。

6. 加快建立信息平台，公开相关信息，如项目、政府财政与债务、咨询、律师、平台公司名单（注：2015 年 12 月 28 日财政部已发表有关综合信息平台文件）。

7. 建立政府违约后的救济机制（目前企业对政府违约后没有有效办法），中央政府提供增信，完善担保和保险制度，甚至可建立担保基金。

8. 因有限追索项目融资难实现，可让有实力的融资平台公司提供各种支持。

9. 推动创新融资的保障机制，倒逼金融机构放松放贷和风控标准与流程，并降低融资成本。

10. 金融机构要转变做 PPP 放贷和投资的思维和流程，例如，如果符合信贷条件，则按信贷评审流程；如果不符合信贷条件，则总行专门运作（而不是各地分行各自为政），利于知识管理、风险管控和产品创新，尝试各种融资模式，如：

（1）A+B 模式：A 为工程公司，出 90%资本金和贷款，允许快进快出（类似 BT 的短期参与）；B 为运营公司，出 10%资本金和贷款，长期参与。

（2）股+债+贷模式：小股大债，投资者和金融机构共同出资本金，但金融机构持有的股份不是同股同权，只是通过赚取利息承担相应风险，类似于夹层资金（其实就是明股实债），实现项目全过程风险分担；但只适用于好项目，需要严格规范运作，政府须公布财政收入与债务并增信。

（3）工程企业与产业基金组成联合体：产业基金控股投资，工程企业参股完成建设，解决股权问题；产业基金负责其他贷款融资；政府提供有关支持或担保（不一定是融资担保，因可能违规）、必要回购和补贴承诺等。这样，有可能实现有限追索。

（王守清博士基于中央某部委研讨会的记录与整理，2016 年 2 月 2 日）

在中国财政科学研究院“PPP 立法研讨会”上的发言要点

我怎么觉得受到了不公平待遇（停顿数秒），因为其他人都是事先知道要发言的，而我是刚刚才知道，呵呵。不管怎样，谢谢主持人临时让我发言，我刚才赶紧构思了一下思路和要点，就即兴讲几个观点吧。因为发言时间很短，我就直奔主题了，话很直接，不一定正确，仅供参考，因为是研讨会嘛。

应从制度上保证各干系人共同参与 PPP 立法：

- PPP 涉及政府各相关部门，如国务院法制办、发展改革委、财政部、国土局、住建部、交通部、环保局等。
- PPP 的干系人众多，除了政府，还有投资者、金融机构、咨询、律师、学者，以及特别重要的公众——PPP 是向公众提供公共产品的，而提供公共产品的终极责任是政府的，如果投资者撂挑子，公众不会去找投资者，而是去找政府。
- PPP 涉及学科极广，主要有公共管理（特别是财政管理）、法律法规合同、金融财务会计税务、工程与管理等，既有实务也有学术。

要加强法制和信用体系建设：

- 现在投资者最担心的是地方政府换届后违约，而政府也担心企业乱来甚至撂挑子，所以现在的 PPP 项目主要是央企国企在做。
- 其实央企国企也怕地方政府违约，但几万几十万的队伍要吃饭，还有社会和谐问题，不做 PPP，企业现在可能就会死掉，因为没有项目供投标；如果做 PPP，又怕五年十年以后会死掉，因为项目不那么好、投资那么大、交易那么复杂、周期那么长、公众那么挑剔……但毕竟是央企国企，肯定没有民企怕，而且民企很少有央企国企的实力特别是融资能力，以及对地方政府的影响力。

要加强各主体的能力建设：

- PPP 是新兴模式，各参与主体的能力、动机都有问题，即使是央企国企，由于自身的经历和经验，缺少项目全过程、全方位的集成能力，而且很多“宁做鸡头、不做凤尾”，不太愿意跟其他企业合作。他们参与 PPP，也都希望短期退出，都希望直接间接变相要求地方政府担保最低或固定回报率。央企中综合能力最强的可能也就是中信集团，涉及几乎所有行业，而且是全产业链。
- 金融机构也是类似，习惯于吃利息差躺着挣大钱，当然也有贷款企业信用体系等其他问题，融资成本与国外相比奇高无比；加上金融机构由于历史形成的人才结构和知识结构缺陷，不了解工程建设与运维管理，没有能力准确评估一个项目是否具备可融资性，故这两年金融机构虽然也热衷于学 PPP，但至今对 PPP 项目的放贷流程、评审标准和担保要求与传统放贷无异，国际上通行的有限追索项目融资在国内更是难以实现。
- 多数地方官员也是如此，虽然政府也组织了很多培训，但多是宣传，而且很多人“四十以后不学艺”，很少有人真正理解 PPP 的内涵和精髓，错误以为 PPP 是万能钥匙，反正地方政府没钱但要上项目，就像搞运动一样推 PPP 吧。而好项目（经营性项目）过去多已瓜分完毕，剩下的多是非经营性或准经营性项目，迟早还是要政府买单的，因为投资者不是慈善家，算得比政府精多了。幸好财政部有财政承受力评估要求，否则得有多少 PPP 项目不规范落地。即使如此，我在全国各地去区、县、市讲课时，不少具体干活的官员也说，财政承受力评估不做假，如“一女多嫁”，就我们这点财政，也做不了几个 PPP 项目。另外，目前因为是由财政系统主导力推 PPP，地方上一些财政系统官员也委屈和为难，我们最擅长的也就是管钱，不懂项目、不懂项目管理和项目流程，让我们主导 PPP，加上其他职能部门多一事不如少一事，不配合，难啊！我去年应某省发展改革委邀请去讲课，我奇怪地问他们，去年你们省不是财政主导 PPP 么，今年怎么由发改主导了？答：财政力推一年多，进展不佳，省领导改由我们发改主导了。

做 PPP 必须有动态的概念：

PPP 的新颖和复杂的确难为地方官员了，很多内涵没有理解，特别是动态的概念，因为政企合作期长达十几年甚至二三十年，不管各方或其咨询多聪明，都不可能准确预测将来情况，因此，政企观念上必须有合作伙伴的精神，技术上必须有动态的概念和做法，例如：

- 设施没有建成时，是没有收入也没有什么价值的，对银行来说风险较大，故融资可能是完全追索，但建成进入正常运营后，风险较小。在做融资方案时，应事先利用这些特点，安排主动二次融资，优化融资方案，降低融资成本。
- 对非经营性和准经营性项目，需要政府支付和补贴，政府的财政承受力也应该是动态的，做财政承受力评估时，不要简单地认为将来一定符合或不符合财政承受力要求，要动态预测将来的财政收入与支持。山西就是一个典型例子，过去政府那么有钱，去年我去山西，很多官员说，他们的主要压力是保发工资。
- 现在大家都知道 PPP 风险要分担，但有多少人知道动态分担更重要，特别是如何实现动态分担？动态分担的两个主要具体做法是，合同里要设置上下限，尽量保证每一方承担的风险有上限（个别风险例外），超过上限就触发重新谈判，当然，事先要写好重新谈判原则；合同里还要设计调节包括调价机制，动态分担特别是长期运营期的很多风险。

最后我以三句话作为我发言的结束，话有点刺耳，但内涵极深，希望能获得各位的理解和谅解：

- 不要把 PPP 作为政府推卸提供公共产品责任的借口。

- 不要把 PPP 做成政府“二次纳税”的结果（这里“二次纳税”有双重意思）。
- 不要把 PPP 作为政府和（央企国企）投资者逃避将来责任的方法。

谢谢大家！

（2016 年 2 月 28 日）

几天后补充：

因为有人说看不懂最后那三句话，我补充解释一下：

（1）提供公共产品的终极责任是政府的，不能啥都 PPP，更不能 PPP 后不监管。

（2）两重意思，纳税人已交过税，使用有些 PPP 产品可能要再交费，有点类似于“二次纳税”（虽然谁使用产品谁交费是比较公平但得有个度，有些基本的公共产品必须普遍服务，必须保护穷人。这是政府的责任）；因税法有空白或如果合同签得不好，做 PPP 的企业可能二次纳税。

（3）做 PPP 不能光顾眼前，政府不能寅吃卯粮超出财政承受力，央企国企不能因不会破产而乱决策投资。

特许经营（PPP）项目合同期内的再谈判与协议变更

特许经营项目是政府和社会资本之间长达 10～30 年甚至更长的合作伙伴关系，不管政府和社会资本双方（及金融机构，以前他们的咨询和律师等）有多聪明、多有经验、多尽职调查，都不可能完全准确预测将来 10～30 年的风险，需要各方公平分担风险，而且，不能是静态风险分担，必须是动态风险分担；而且，由于上述同样的原因，即使特许经营协议中设计了上下限、调节（含调价）机制和重新谈判触发机制等各种实现动态风险分担的机制，也不可能完全覆盖长期的运营期内将来可能发生的各种情况，故双方所签的特许经营协议本质上是不完备的，再加上外部环境在长达 10～30 年间也肯定会发生各种双方都无法预测或无法控制的变化，因此在将来的执行期间必然会出现协议变更的情况。

根据《合同法》第 77 条第 1 款规定：“当事人协商一致，可以变更合同。”也就是说，合同变更可征求双方当事人的意见。但特许经营协议因涉及公共产品，为了保护公众利益，除安排了经济条款外，还安排了行政条款，因此与一般意义上的合同有区别，因此，特许经营协议变更的情况除部分可适用《合同法》外，还需给出协议变更的特殊说明和约定。

广义的协议变更包括协议主体和内容的变更，狭义的变更则特指内容的变更，由于《合同法》中将合同主体的变更称为合同的转让，参照此定义，本文所指“协议变更”为内容的变更，即当事人权利义务的变化。因此，如涉及主体变更、协议性质变更、标的变更的情况，建议归为不可变更的范畴。这是因为，特许经营协议的特殊性，政府和社会资本合作的领域为涉及公众利益和具有公共产品属性的基础设施和公用事业，因此协议应对社会资本方的权利进行约束，例如，社会资本对资产的处置权、对外抵押担保权、对公众利益造成不利的其他变更权（如项目实质控制人的股权变化）等，由于这些变更将会导致国有资产流失、公众利益受损甚至造成社会不和谐等隐患，建议归为不可变更的范畴。

综上，建议以下属于不可变更的部分，除非事先有约定：

（1）协议主体变化，包括签约政府主体或社会资本方主体的变化、项目公司中不同阶段实质控制人（如建设期的承包商股东、运营期的运营商股东等）股权发生未经事先约定的转让等。

（2）协议性质变化，包括特许经营权由通过竞争授予变为直接授予、由上级政府授予变为本级政府授予、到期直接续约等。

（3）协议标的变化，包括扩大或减小投资内容、范围和地点、改变产出要求（如质量、服务和规范）等。

（4）协议内容的重大变更，包括社会资本对资产的拥有权属、政府承诺的限制竞争性措施、未经论证就增加或减少的财政补贴、预期可获得的投资回报率上限、无偿移交变为有偿移交等。

（5）未经协商一致的内容。

建议以下属于明确可变更的部分，但仍需对方同意（含事先约定的），前提是不影响项目运作和产出要求：

（1）随经济发展发生变化的费用性成本（如可变成本），包括人工价格、原材料价格、能源费、修理费、管理费等。

（2）随管理体制发生变化的经济规则，包括税务体制、会计准则、政府其他优惠措施等。

（3）随金融市场发生变化的经济参数，包括利率、汇率、通货膨胀率等。

（4）随市场供求发生变化的政府承诺事项，包括最低量保障、价格承诺、竞争限制等。

（5）项目不同阶段的非实质控制股东，如基金股东的股权变化。

（6）协议附件非核心内容（如标准和规范等）的变更，如修订公司章程等。

（7）因不可抗力事件发生，按协议约定的风险分担原则，相应调整的协议内容。

建议协议变更程序为：

（1）协议已约定的，按协议变更并报董事会、股东会同意后履行，同时报签约政府及其实施机构备案。

（2）协议未约定可变更的，签署补充协议并按（1）审批通过后，确需有必要的，应报原报备部门（市政府或县政府等）重新报备，如涉及市场价格调整等有规定需公开的事项还需向公众听证或公示，履行完程序后继续履约。

（3）除上述情况外，一方坚持变更的，可依据法律规定请求人民法院或仲裁机构决定。

（中国 PPP 论坛，2016 年 6 月 21—22 日）

PPP 项目公司的退出机制之股权交易

特许经营（PPP）所涉及的项目公司大部分属于新设立的非上市公司，但不排除部分项目公司具备条件后上市进行股权交易。因此，本文中所指项目公司及其股权交易事宜为股权转让、置换、赠予、新增、减少等，也包括公开发行募集股份的情形。

为保证社会资本的投资积极性、合作效率性、资金流动性，社会资本股权原则上可以进行交易，而且各个股东由于优势不同，各自的投资战略和策略也不同，因此在 PPP 项目合作期限内，必然会产生社会资本股权转让的需求。

然而，影响到项目公司正常运转、项目建设运营效率降低或进程受阻等违法违纪、损害公众利益、社会资本合理收益的股权交易应进行约束和限制。

结合国内现状，针对股权交易方式、情形，笔者提出以下建议：

（1）非上市股权交易应通过合法的产权交易市场进行，上市股权交易应按《公司法》、《证券法》等法律法规依法通过公开市场进行。

（2）社会资本可以按协议约定，通过股权交易实现退出，股权交易对象可以是政府方出资人代表或政府方指定的当地国有企业，也可以是由社会资本按照协议约定选择的其他社会资本方，但如果协议中未约定的其他交易对象社会资本方，则需经政府同意。

（3）按照合作协议事先约定且经依法批准的股权交易事项，可进行交易，交易主体可以是项目公司的股东方，也可以是项目公司，如项目公司以增资方式引入新的股东方。

（4）项目公司股权交易应设置锁定期，即限制社会资本（特别是项目不同阶段对项目的实质控制人）转让其所直接或间接持有的项目公司股权的期间。锁定期的期限需要根据项目的具体情况进行设定，常见的锁定期是自合同生效日起至项目开始运营日后的一定期限，例如建设期后 5 年，通常至少直至项目缺陷责任期届满；而且，可能还需至少保留原股份的一定比例（如 20%）。这两个规定的目的是确保在社会资本履行完其全部出资义务之前不得轻易退出项目。而且，即使同意转让股份，所引入的新股东特别是项目实质控制人必须事先经政府同意，以保证项目顺利运营，保护公众利益。

当然，在锁定期内，如果发生以下特殊的情形，建议可以允许发生股权变更，但以不影响项目顺利运营和不影响公众利益为前提：项目贷款人为履行本项目融资项下的担保而涉及的股权结构变更；将项目公司及其母公司的股权转让给社会资本的关联公司；如果政府参股了项目公司，则政府转让其在项目公司股权的不受上述股权变更限制。

（5）项目公司股权交易的结果是，建议政府出资人代表等原始股东仍持有股权，即使比例很小，也可以约束原始股东的出资行为不是短视行为。

（6）项目公司违约且无法在约定期限内进行补救时，可按照债权人的要求进行保障债权人权益的且合法合规的股权交易，但以不影响项目顺利运营和不影响公众利益为前提。

（7）未经依法批准或者合作协议约定，社会资本或项目公司不得擅自转让股权和核心资产，不得将合作项目的设施，土地和项目收益权等相关权益用于合作项目之外的用途，也不得以上述资产和权益为他人提供担保。

（中国 PPP 论坛，2016 年 6 月 21—22 日）

在财政部“解析不规范的PPP和用政府购买服务构成变相举债问题”座谈会上的发言要点

昨天接到某地方官员的电话问：“听说做 PPP 如果地方政府以后支付不了了，财政部会兜底，但不会让该地政府再做 PPP，是真的么？”近几个月以来，我也常听银行的人说，现在钱放不出去，只好放手做政府支付的 PPP 特别是政府购买服务了，后者简单且快，反正地方政府还不上，中央会还的，最多是延期，总比现在饿死好；因此，今天研讨的内容非常重要。

1）要研讨这个问题，应复习推广 PPP 的目的。若控制地方债务仍是目的之一，则应不忘初心，应规制政府购买服务，否则会有系统性风险。

2）要理性看待 PPP，有的项目适用 PPP，有的不适用。就公共产品项目而言，哪种模式效果好（如改善供给、提高效率），就用哪种模式（类似于小平的“不管白猫黑猫，抓到老鼠就是好猫”），不要什么项目都 PPP，不要一刀切禁止其他模式。

3）做 PPP 的观念和做法要改变（目前政府、投资者和银行，甚至咨询还是用传统模式思维做 PPP，如总是想签固定回报合同、总想短平快），做 PPP 必须物有所值、提高效率、结果导向，以抵消 PPP 流程复杂、交易成本高等缺点，否则没有太大意义，还可能给政府带来长期问题，让下一届政府承担、让下一代百姓承担。

我之前一直讲，现在还有必要重申，做 PPP 最重要的 4 个相互关联的核心原则是（适用于任何一方，也是国际共识）：一是风险分担，二是全过程集成，三是产出和绩效要求明确，四是回报与绩效关联。不遵循这 4 个原则，PPP 很难做好。

4）目前有些 PPP 项目做不好，不是 PPP 本身的问题，是做 PPP 的人、政策和机制出问题。不懂 PPP 的人可以进行培训、加强能力建设，但明知故犯的人是没法教育的（“装睡的人是叫不醒的”），必须有问责，政策和机制的问题应该不断完善、可以不断完善，今天研讨的结果就有利于完善。

5）我不太同意设立正面或负面 PPP 项目清单的建议，因为各种情况会变，现在鼓励或反对做 PPP 的，以后可能会反对或鼓励，而法规政策不能随时修改，因此，PPP 法规政策应重点要项目结果（故 PPP 项目产出要求和绩效考核及相应支付机制非常重要），而不必盯过程（盯的成本也高，而且不符合简政放权精神），建立引导和激励机制；若一定要建清单，则优先建负面清单，但不要定负面“项目”清单，而应定负面“结果”清单，如政府债务不能超过百分之多少，既控制地方政府债务，又给地方政府一定的项目自主权。

6）明股实债要区别对待实质控制人投资者与财务投资者，若政府不给财务投资者承诺固定利率和回购，或实质投资人投资者给财务投资者的承诺，则应允许，以发展二级金融市场。

7）拉长版BT也不必一竿子打死，关键看效率是否比传统模式提高，且运作规范，回购期支出都列入预算，进行债务总量控制并有问责。

8）政府给投资者提供保底回报的BT和PPP必须封杀，因为没有转移风险，投资者没有动力去提高效率，还可能故意做大成本，损害政府和公众利益。但企业（如工程公司）与企业（如财务投资者）之间的保底回报是企业之间的商业行为，政府不必干涉。

9）财政部应重点协调部里不同司局包括其他部委，政出多门（不同部委）的冲突还有可理解的缘由，但政出一门的冲突则很难被理解。应赶紧协调，界定与完善政府购买服务的相关政策，但应注重政策的导向性。还应做些基础性工作，如用于物有所值分析的基础性数据（根据传统模式项目的审计结果、根据造价协会的数据）、公开更多信息以规制各方（PPP信息平台的建立非常重要但目前公布的数据太少太简单）、协调和加强各方监管（政府、媒体、第三方、公众）。

（2016年8月4日）

“政能量沙龙——发力PPP：机遇与挑战”录播节目报道与发言速记

自今年9月财政部相关负责人宣布第三批政府与社会资本合作（PPP）示范项目评审结束并即将对外公布项目名单以来，社会各界对PPP的关注持续升温。此次财政部联合二十个部委启动的第三批示范项目申报工作，旨在推出一批可复制、可推广的示范案例，助推更多PPP项目落地。而在二级市场，PPP概念股备也受各方资本追捧。

PPP不是全新的概念，早在20世纪末中国就已通过相关项目。但多数人对这个热点概念知之甚少。PPP缘何成为近期政府的决策焦点？它对我国经济底部逆袭、对公众生活又会产生何种影响？

近日，凤凰网政能量沙龙邀请到来自财政部政府与资本研究中心副主任莫小龙、清华大学 PPP 研究中心首席专家王守清、济邦咨询董事长张燎就第三批 PPP 示范项目进行多角度、深层次的交流讨论，为大众答疑解惑。

第四期“政能量沙龙”讨论现场

财政部政府与社会资本合作中心副主任莫小龙在凤凰政能量沙龙上表示，相比于前两批，第三批示范项目存在多方面的特殊之处：一是组织方式新颖，此次示范项目的申报、评审和发布都由财政部联合二十个部委共同实施；二是评审的规范性高；三是项目数量多、覆盖领域广，共计 516 个项目，覆盖 19 个领域；四是示范导向性强，重视行业引领、区域带动和创新示范效应。

据了解，财政部从 2014 年开始推广 PPP 项目，截至当前，财政部共推出三批示范项目：2014 年 12 月推出第一批项目 30 个，总投资 1 800 亿元；2015 年 9 月推出第二批项目 206 个，总投资 6 340 亿元；今年 10 月联合二十部委推出第三批示范项目 516 个，总投资 11 708 亿元。三批的项目数和金额呈明显递增趋势。除示范意义外，这些项目还将发挥稳增长和规范 PPP 市场的作用，也标志着我国 PPP 的发展进入新阶段。

第三批 PPP 示范项目评审专家、济邦咨询董事长张燎在政能量沙龙上则指出，本次示范项目评审特别注重两个新领域的拓展。以往国内外 PPP 项目都主要是在经济基础设施领域，像交通、能源行业，相对来说比较容易推广 PPP 模式，但在民生类的社会基础设施领域比较难推广。张燎认为，在财政部本次公布的第三批示范项目里，民生类、社会类的比较多，还有类似华夏幸福固安高新区综合开发 PPP、南京溧水产业新城的综合开发类和区域性综合开发的也比较多，这反映了我国 PPP 在应用领域和行业模式上的进一步深入，也符合我国关于新型城镇化改革和深化的要求。中国经济进入新常态以后，随着经济转型升级的持续深入，城市现代化治理、新型城镇化、产业转型升级的持续推进，以产业新城为代表的综合类 PPP 模式已经成为一种有益探索，在推进中国经济转型和可持续发展的新型城市建设过程中，释放出了更综合的示范价值。

清华大学 PPP 首席专家王守清则在政能量沙龙上指出进一步推动 PPP 的必要性。“过去传统模式是，政府用了纳税人的钱，去给老百姓提供公共产品。从全世界的统计结果来说，这样的效率都是不高的。PPP 模式下，则是让投资者用自己的钱或者借来的钱，替政府提供公共产品和公共服务。如果投资者提供的产品和服务不能达到标准，政府可以拒绝支付，使用者也可以拒绝支付，这就倒逼投资者提高效率和服务水平。PPP 模式下，清晰界定了政府与合作企业各自的责任和利益边界，保证了政策的连续性和稳定性，推动资源配置依据市场规则、市场价格、市场竞争，实现效率最大化和最优化。”

王守清的主题发言和答问要点速记

第三批示范项目是中央给地方政府增信

首先，基础设施、公用事业和社会事业对一个国家的经济发展是非常重要的；其次，提高人们的生活水平。如果是可以跟老百姓收费的项目，那就不需要政府付费，解决了政府的预算约束问题。但是如果属于公益性项目，不能向使用者收费，而政府短期内财力有限，就可以让社会资本先投资建设为老百姓提供公共服务，政府在将来进行长期支付。还有一个好处是，政府并不足够了解某行业，要是用政府传统模式去经营，能力不足就会导致效率不高。曾经有经济学家说，用别人的钱去为别人做事是无法提升效率的。过去传统模式是，政府用了纳税人的钱，去给老百姓提供公共产品。从全世界的统计结果来说，这样的效率都是不高的。PPP 模式下，则是让投资者用自己的钱或者借来的钱，替政府提供公共产品和公共服务。如果投资者提供的产品和服务不能达到标准，政府可以拒绝支付，使用者也可以拒绝支付，这就倒逼投资者提高效率和服务水平。

我给大家举个例子，2002 年，固安还是一个典型的农业县，随着当地政府与华夏幸福的携手，以 PPP 模式对固安开始进行综合开发，实行“政府主导、企业运作”的市场化管理模式，在这个过程中，华夏幸福承担了产业新城规划、基础设施与公共设施建设、园区融资、产业招商服务、市政运营服务等运营工作，政府方面负责重大决策，组织制定规划，确定标准规范，提供政策支持，负责基础设施及公共服务价格和质量的监管。政企双方用“契约精神”取代了“身份观念”，建立利益共享、风险共担机制，通过大幅度减少政府对资源的直接配置和对资源要素价格的干预，清晰界定了政府与合作企业各自的责任和利益边界，保证了政策的连续性和稳定性，推动资源配置依据市场规则、市场价格、市场竞争，实现效率最大化和最优化。目前廊坊固安已经成为“京南第一县”，跻身全国经济百强县，公共预算收入列河北省第二。

再说风险转移，政府不懂行业要求，由投资者代替政府去实际操作就实现了一种风险转移。还有很多其他风险，暂不赘述。就另一层次而言，这倒逼地方政府实施改革。过去分阶段的立项、审批做不好，通过PPP可能对整个国家，从金融体系、从企业全方位的能力、从老百姓参与的意识以及信息透明等各方面都有好处。

财政部和发展改革委的文件都有考虑。项目分成两大类，一种是经营性项目，是会向老百姓收费的。贵州等地撤回担保函的项目属于政府付费或政府要补贴的。这种项目存在一个问题，如果地方政府只是为了上项目而不考虑后续的财政承受能力，就会出问题。实际上地方政府为了做项目，可能会绕过中央的政策，提供这些融资性担保函，这是违反国家政策的。还有一种是支持性的承诺函，它不会形成地方政府的债务。这两天热点讨论的撤回的承诺函，就要具体分析是否属于融资性担保。通俗地分析：假如属于会形成地方政府债务的融资性担保函，那么当初签的合同就是违规的，政府提供担保也是违规的，财政部要求他们撤回就是有道理的。但如果属于不会形成政府债务的支持性担保函，那么它实际上是给投资者增加信用，称其为安慰函。如果它需要政府支付，就会涉及代际公平的问题。如果政府只是想在这一届任期内做项目，留下一个好名分，而将来不可持续，这就很麻烦。所以财政部文件要求，用于支付和补贴的项目不能超过一般公共开支的10%。这个问题主要是因为地方政府没有严格执行规定，而非这个顶层制度设计有问题。

通过这两年做示范项目，我认为它的一个重要作用是中央部委为地方政府增信。很多地方机构和投资者的内部发文表示，如果这个项目入了财政部的示范项目库，就可以投资。财政部官员强调：第一，要严格按照规范实施；第二，如果地方政府该支付的不支付，该补贴的不补贴，财政部会采取相应措施。

私募，也是一个真正的社会资本。项目一般分为经营性项目、公益项目和介于二者之间的项目。如果地方政府比较有钱，信用很好，我建议私募优先投资政府采购项目。如果地方政府没有钱，信用也不好，我建议社会资本优先参与经营性项目。它们的风险点是不一样的，经营性项目必须对市场需求有正确的预测，由政府支付的项目就要对政府的信用进行评估，它是否会因换届而不履约。还有一个从更细化的角度看，并非所有的项目都必须采用PPP模式。产出要求比较明确的项目适合PPP模式，所以全世界的PPP都是做电厂、水厂的比较多，还有污水处理。产出要求不明确或者难界定的项目，比如海绵城市、智慧城市、片区开发、社会事业就比较难做。

单个项目好做，多个项目捆绑的难做。再说收入的模式，一般由政府付费和使用者付费。而有的并非从项目本身获得收入，而是由于项目完成后对其他项目带来的溢价。这种主要是在片区开发，如果策划好是有可能成功的。如果一个产业新城需要政府大量的补贴投入，这种项目采用 PPP 模式要是做不好就没必要做了，因为一个产业新城可以带来很多其他的东西。

还有就是要考虑项目的边界。产业新城、智慧城市、海绵城市的边界上界定难，并且成本难以估算。例如综合管廊，没有标准，就很难做。再有就是收费是否方便，例如高速公路，只要设个关卡就能向使用者收费。综合管廊涉及了 7 类或 9 类企业，投资者要向这 7 类或 9 类企业收费，不管是从机制、法律还是从行业主管来看，都非常困难。综合考虑，就没有一个标准的答案。

如何避免 PPP 项目“拿钱就跑”问题

PPP 涉及面非常广，最基础的理论是项目融资。大学生创业往往是从一个项目开始，把项目融资的理论和 PPP 学透，创业就比较容易成功。

但在 PPP 领域即使是做轻资产，没有多年的积累是很难成功的。就业也不是全民创业，PPP 也不是灵丹妙药，并非所有的项目适合做 PPP。即使是在 PPP 发展最好的国家，PPP 项目也只占公共产品的 10%～80%，在中国能达到 50%都比较难见。所以应该考虑到底哪种模式效率高，便用哪种模式。

当前的 PPP 大都是建设，不是运营。这实际上属于对基本概念的一个误会。比如，很多人把“可用性支付”理解为，项目建成就支付投资费用，然后运营就收服务费，事实上并不是这样的。首先是建成之后才开始支付，其次是总投资分摊到一个特许期。某咨询公司提出一个质疑——中国已落地的 PPP 项目中运营的服务费占总投资的比例有多少？我们估计不超过 5%，那就会造成投资者“建成后拿钱就跑”，一旦项目运营出现问题，百姓还是要找政府。

过去作为提供者的政府现在变成合作者、规制者和监管者。规制在前期，签了合同则变成合作，之后职能部门在监管。从学术上分析：第一，政府不太懂商业，所以过去是分阶段交货——分别找不同的专业企业承担设计、施工和运营，政府负责协调。PPP 模式下是交由一个投资者或一个联合体完成，政府提出要求并说明能提供的政策支持。第二，通过 PPP 模式政府把很多风险转移给投资者，相应地要把对项目的管控力或者控制权让渡给投资者。政府不能再管规划、管设计、管运营。就政府的控制力而言，还有产权或称市场处置权的问题，有些能给而有些不能。完全交给投资者，就变成了私有化，所以要在控制权上把握政府和投资者之间的平衡。产权交给投资者是有限产权，即在期限内的产权。

假如签了二十年的合同，期限内全部由投资者负责。根据不完全契约理论，合同在当下是公平的，可能三五年之后就变成不公平的了，老百姓不满意，那政府就要管，一旦政府干预就违背了契约。在 PPP 模式下，政府作为合作者进行干预管理就不违背契约精神。因为，投资者和政府都出钱，组成了联合体。即使将来出现问题，政府股份多，有控制权或者话语权，就能通过商业的方法，而不是用行政的方法进行控制。所以一方面的变化是，政府要重前期和重监管，而不要干涉整个的过程。另一方面是 PPP 几乎涉及所有的职能部门，单靠一个部门是无法完成的。这也是财政部联合 20 个单位一起做第三批示范项目的原因。

国内外关于 PPP 已有共识，就是四条原则缺一不可。第一必须有风险转移。风险转移给投资者，并且是非完全转移，政府擅长控制的风险由政府控制，政府不擅长的由企业控制。第二，要有明确的产出标准。第三，绩效支付，政府根据企业的绩效表现付费。第四，投资者要形成全产业链，否则不可能提高效益。

32 号文和 47 号文发出以后，一个项目要进示范项目库就有了一个评价标准。首先项目必须有一个规划或者立项可行性研究，假如没有就没法判断项目是否适合做，项目参数是非常重要的。财政部一个重大的改革，就是让行业部门参与监管，这些就是职能转换。

PPP 绝对是全世界的一个发展趋势，它有很多的好处但切勿神话 PPP。PPP 已取得非常大的成效，但并不否认其中有很多的问题需要深入解决，需要在前行中不断完善和改进。中央力推 PPP，我是其中一个受益者，因为二十年来我就专心致志关注这一件事情，但也给我一个挑战，因为我还有很多问题要研究，同时也要在全社会宣讲 PPP 的规范理念。

中国工程企业跟国外比有一先天缺陷

在一个市场体制成熟的国家，金融人员是比较专业的，有能力判断一个项目是否可融资。在国际上更多的是由金融机构主导一个项目，而不像中国是由工程公司主导。工程公司了解工程建设，但对融资和资本运作的掌握是有先天缺陷的。由于历史和人才的问题，中国金融机构的做法简单粗暴——只要政府和投资人提供担保，银行就给放贷，而没有能力判断项目是否可行，工程企业也没有集成全产业链的能力。

银行的风控体系也要有相应的变化。我曾说金融体系不成熟是做好中国 PPP 项目的五大障碍之一。令人欣慰的是：几乎所有的央企工程公司都跟我交流过，有限追索和基于项目的融资在过去是不可能做成的，但从去年年底开始，金融机构的日子不好过，必须考虑承担风险，跟工程公司找投资者合作，一起分摊风险。国资委对此也有管控。因为很多的央企，特别是工程公司负债率太高了，他们也拒绝为其提供担保。

比如医院、学校、政府办公楼、监狱等设备事业，比经济性基础设施更难做。主要困难有：第一，它涉及老百姓的基本公共服务，这是政府没法推卸的责任。第二，它的产出要求非常难界定。国际经验证明，做此类项目要区别硬服务和软服务。比如说建设一个医院，把医院盖起来并提供十年或二十年的维护，属于硬服务。对于软服务，分为核心服务和非核心服务。学校的核心服务是教学，医院的核心服务就是医疗。在医疗方面，由政府提供的免费或廉价的基本服务，以及高端服务，二者又要区别对待。

在 PPP 起步阶段，核心服务一般由政府提供。例如学校，由政府指定教育机构或事业单位做，否则就属于民办学校。但老百姓不信任民办学校，而相信公立学校。再说监狱，在中国的体制下，对犯人的管理若完全交给社会资本，就会出现问题。在西方国家就有报道：监狱对犯人的管理交给社会资本，犯人在监狱的时间就比政府管理的监狱平均多四年。因为犯人住的时间越长，监狱收费的机会越多。如果医院连基本的公共服务都交给社会资本，那就是莆田系，不是公立医院。

要区别硬服务和软服务、核心服务和非核心服务。非核心服务是辅助性服务，比如医院里的咖啡店，学校里的食堂。过去这些都是签长期合同交给投资者，从而形成一种垄断，垄断投资者唯利是图就导致高价格或低服务。后来改成短期合同，并且对绩效要求很严格，干得好则到期自动续约，干得不好就到期结束合同。由于是辅助性服务，换人并不影响整个项目的效率，影响不大。

辅助性服务也有硬服务，比如学校里的学生宿舍。按照国际经验，学生宿舍是学校里采用 PPP 模式最容易成功的。学校的招生人数是可预测的，每个学生住宿必须交费，而且它和教育最核心的方面并不直接相关，所以是比较容易成功的。

[国务院办公厅信息公开办公室、凤凰网评论部（陈白等整理），2016 年 10 月 14 日]

PPP 的核心原则与运作要点

各位同仁，很高兴有机会参加这么一个高大上的活动。前面很多的领导和嘉宾已经就 PPP 宏观的方面做了很好的引领和铺垫，我要讲的还是从学术方面，指导着我们立法和实践。

PPP 在国内国外的业界和学术界，认为它并不是天上掉馅饼，如果要把 PPP 做好，必须遵循下面四个相互关联的核心原则。

第一个核心原则：真正的风险分担

谁最有控制力？谁去承担这样的风险？为什么要这样？就是因为如果风险是由政府来承担，政府不是专业人士，肯定是不合适的。通过 PPP，可以把一些风险转移给企业。但是如果转移给企业的风险太多了，企业肯定会要高价，这样整个价值就会下降。

怎样找出一个最优分担？在现实中不可能，所以我们找出一个合理分担是最重要的!这样才有可能实现物有所值。物有所值有很多的方法，PSC 是一个基本的方法，但是光有 PSC 也不太可能实现。PSC 是一个对标的概念，我们搞一个交通项目，到底有哪些投融资模式，哪一种方法最好，要去做比较。除了定性，还必须有定量。

另外还有就是充分的竞争，没有竞争就不太可能去实现物有所值。现在广义的物有所值，更强调的是精力、效率和效能，时间的关系，我就不去展开了。

第二个核心原则：明确的产出要求

如果产出要求不明确，政府就很难监管，没法保证社会资本所提供的产品和服务是不是符合政府的要求，符合老百姓的要求。

产出要求的界定是非常关键的，如果政府对产出要求界定得太明确，可能就会限制竞争。但是如果太含糊，投资者就可能创新，但是这种创新有可能会丧失基本的功能。在现实中，像电厂、水厂，垃圾处理，因为产出要求是可以明确界定的，甚至可以定量，全世界包括中国，是做得最多的。像交通行业，虽然不可能像电厂、水厂那样有明确的界定，但是因为我们有非常严谨的标准和规范，也是做得比较好，因此从投资规模来看，交通行业是做 PPP 项目最多的。

这边给大家看一个例子，可以加深理解这个概念。比如说我们要去机场打出租车，你可能跟出租车司机说我要去机场，要快，这就很含糊，甚至他可能会跑错机场。我们说要去首都机场，要快，就绝对不会跑错目的地。我们说要去首都机场，最好 30 分钟到，因为我时间来不及了，司机可能就会找他认为最好的路。但是如果我们再告诉他，要去首都机场走北四环上机场高速，实际上你界定得非常明确，当然创新就少了。这种不同的方式，风险的分担是不一样的。大家就能体会产出要求非常重要，没有产出要求就没有监管。

第三个核心原则：强调全寿命期绩效

让政府找人做设计，找人去施工，找人去做运营，就没法提高效益。因为社会资本融资比政府融资的成本要高，做 PPP，社会资本去做，能够提高效率，把多余的融资成本覆盖，重点就是在全寿命期的集成。涉及一个项目的融资方式和交付模式，而且这些决定了绩效。过去我们都是业主找钱，分阶段交付，后来发现这样有问题，不专业的业主就很麻烦，后来慢慢变成让社会资本整体交付，现在到了让企业去找钱，整体交付，这是一个发展趋势，国际潮流，这就解释了为什么 PPP 会变成一个基本国策，是一个国际趋势。

第四个核心原则：回报与绩效关联

要让社会资本好好干，我们给他的回报必须跟绩效关联。如果跟绩效不关联，可能就会麻烦。不管这个项目是老百姓支付还是政府支出，必须有可用性支付，意思是设施建成以后才开始支付，并不是像过去一样，没有建成就开始支付，这样有可能出现烂尾或者是钓鱼工程。但是这个可用性支付也不是现在大家所理解的项目建成以后，把投资建设成本就已经给他了。而应该是把投资建设成本分摊到运营期内承担。财政部出的一个文件，“逐渐要把前补贴过渡到后补贴”，实际上就是强调这个概念，而不仅仅是收一点运营管理费。另外，一定要有绩效，如果所提供的产品和服务达不到所要求的绩效，支付就要扣减，甚至罚款。有些销售渠道是政府控制的，比如说电厂、水厂，政府要兜底，这个不是兜回报率，是兜需求量。如果你达不到我的量，比如说一天三万度的电，可能很多老百姓就用不上电。我如果市场需求大了，你就应该打折，这叫有福同享，相当于团购的概念。另外还涉及移交，涉及主动移交、被动移交，到期移交、延期移交、提前移交，有过错移交、无过错移交，整个结果是完全不一样的。如果我们做这样的合同没有考虑这些东西，有可能你做了 PPP，最后的结果并不是很好。PPP 里面还有很多其他重要的核心概念和操作要点，前面我已经把最重要的点到了。

对于政府来说，推 PPP 实际上是管理制度的变革。他不去管这个具体过程是怎样的，他更重视的是你提供出来的产品和服务，政府购买的是产品和服务，当然也可以由老百姓来支付，而不是购买设施。在做的时候，一定要区别硬服务和软服务，核心服务和非核心服务。像交通、公路、桥梁这些是属于硬设施，相对比较简单，但是像社会事业、公用事业、学校、医院、养老院，是经过 30 年的经验教训总结出来的，我们应该去区别对待不同的项目类型。

英国 2012 年推出了 PF2 模式（编辑注：见“微博篇”图 5-1），政府有一个统一的授权机构，政府强调不同的职能部门要合作，任何单一的职能部门去推是很难做好的。控股公司有政府，有投资者，英国把它分成两类，一类是投资者可以自己找合作伙伴，但是英国现在有经验，应该留出一定的比例在社会上公开招募。为什么要这样？加强这个项目的透明，加强这个项目的公众参与，因为 PPP 提供的是公共产品，然后投资注入项目公司，项目公司再去考虑各种各样的融资渠道，包括商业银行、政策银行，长期的贷款，还有短期的，还包括基金、养老金。政府可能要给一些担保支持，当然这个担保并不是融资性担保。整个 EPC 交给承包商，这个设施建成以后，提供硬设施和软设施，软设施可以分成核心服务和非核心服务。比如说搞一个学校，学校的教学楼是硬设施，政府授权社会资本出钱借钱去干，这个学校的教学是核心服务，一般还是由政府指定事业单位去做，当然如果他相信社会资本，可以让社会资本去做。像辅助性的，比如说学校里面的学生食堂、学生宿舍，和教学不直接相关，过去英国人犯了一些错误，也是签了一个长期合同，这在一定范围内就是垄断，就很难去做好，后来就变成了短期合同，干得好接着续约，干得不好滚蛋，这是非常重要的，对于我们国家将来的社会、学校、医院、养老院、政府办公楼等等都是非常重要的。我们不需要再去重复西方国家犯过的错误，要正确地理解这些理念。

PPP 项目不是天上掉馅饼，国际上已经有总结了。很遗憾，我们这次很多人以为是掉馅饼，有些项目是适合的，有些项目其实是不适合的，判断一个项目适不适合 PPP，主要是看一些指数（编辑注：见“微博篇”表 1-2）。数字越高说明越合适。大家会发现，像电厂、水厂、污水处理、垃圾处理是最合适的，交通项目也很合适，这就解释了全世界，包括中国的区别。这个就是结论，市场需求大，投资大，技术可靠，收费容易，区域性强，意思就是有一定的垄断性，要求非常明确的是最合适的。并不是别的不能做，但是做别的，可能在合同方面、结构方面、投融资设计方面就应该有相应的变化。

另外，做 PPP 是一个长期的合同，涉及强势可能不太守信用的政府，涉及老百姓，光脚的不怕穿鞋的。这些对于投资者来说风险非常大，必须在融资结构、合同结构的设计上有一些安排，不然没法分担这个风险。企业融资，这是我们过去非常熟悉的做法，所有的事情都由母公司去承担，当然这有很多的优点，但是最大的缺点是，一个项目的失败有可能造成母公司的破产，这是谁也不愿意看到的。如果用项目融资，可能就不会这样。总公司他要做项目C，他自己的钱不够，他可以根据对项目C的分析、调研，根据对项目C的信心，根据自己有多少钱，根据他的控制力和承受力，从中拿出有限的一笔，比如说我有一千万，我拿出三百万，拉上几个股东优势互补，强强联合，又会设计，又会建设，又是运营，是全过程，全方位的集成，以项目公司的名义去银行贷款。银行是比较保守的，为了做这样的项目，最看重项目是不是有期望收入，足够还本付息，一般来说需要覆盖到120%。看项目公司这些人水平怎么样，要看整个合同签得怎么样，他可能会加上几个额外的条件，一是总公司为项目公司提供一点担保，这个是有限担保。第二，银行的风险很大，所以他一定要盯着这个账，我把钱借给项目公司，只能用在项目C，不能挪作他用。项目C做成功以后，有了收入，必须优先支付运营成本，优先还本付息。项目公司还需要跟所有人去签合同，合同权必须质押在银行。对于银行来说，有最后一道防线，万一项目公司不能履行还本付息，银行可以接管项目C，重组项目公司继续运转下去，这就是合同权益。

项目融资这么做下来当然有很多缺点，一是复杂，二是总公司对于项目公司的控制度，如果不是大股东做不了董事长。第三个特点，项目C做成功以后，利润是按照股份去分红，你不要光想着这些缺点，万一项目C选错了，人不可能不犯错误，不可能每个项目选择都是正确的。或者项目没有选错，或者由于种种原因做砸了，这个项目十年、二十年、三十年，谁也不可能准确预测将来的事情。如果做砸了，银行只能接管项目公司，接管项目C，对于总公司来说，损失的是项目C，损失的是这笔有限投资，损失的是这笔有限担保，银行不可以再来追索总公司的其他资产，如项目A和项目B。当然一个项目没有建成之前，要实行有限追索，银行去承担有限风险，这是不公平的。

项目当中要分阶段，建设期由投资者，特别是投资者里面的工程公司做股东，他必须提供完工担保，提供完全担保，但是建成投入使用以后，进入了运营期，现金流比较稳定，这个时候应该自动转化为有限追索，银行、投资者和运营商及政府都要共同分担一些风险。我们说的分担风险不是笼统地说分担，我们还要考虑不同的阶段，考虑不同的投资者，这样就可以实现母公司的风险比项目公司的风险更合理。

2003年我一直给央企讲PPP这个概念，他们认识到这个确实很重要，特别是“走出去”，跟银行谈贷款，银行都拒绝项目融资，但是很高兴的是从去年年底，特别是今年开始，我们已经看到了，如果银行不去分担一些风险，还是像过去一样躺在那边挣利息差，你慢慢就会被边缘化。平安集团实际上已经同意开始这么做了，当然这取决于项目，取决于做项目的人，取决于你签出来的合同怎么样，所以金融机构必须改革，不改革就很难做这些事。

另外一个背景，因为国资委鉴于很多工程公司负债率太高，要求他们降低负债率。集团公司，一级集团也不允许再为二级公司提供融资性担保，造成很多央企已经实现了有限追索。十几年前跟他们说，拿着高速公路看不见摸不着的收费权，可以质押给银行贷款，那时候大家觉得很困难，但是现在如果项目好，这是可以实现的，没有任何问题。

另外一个很重要的就是融资，融资就涉及很多的合同，我们前面说了风险的分担，主要是靠合同。合同并不是政府和企业签一个合同，这是一个主合同，会涉及投资者主导的项目公司，要跟政府、银行、分包商、供货商、保险公司签合同，通过这种合同的设计可以实现风险分担。项目公司实际上就是核心，他在主导。这和过去是不一样的，过去政府是主导，政府不是专业人士，他很难去做到。由专业的人组成的项目公司，他去主导，就有可能实现共赢。这里面当然很难，而且这个合同应该是同步签，如果不同步签，也必须同步生效，我们很多人并没有真正理解，尤其是在“走出去”上，某些合同签了，但是另外的合同没签，最后会造成被没收违约保函，这是概念的问题，没有理解透，只理解了一点皮毛，就出了这些问题。

还有一点，PPP 是长期不完备合同。不管是政府还是投资人，他们都很聪明，他们的咨询和律师都很聪明，不可能完全预测准确的，所以我们一定要实现公平的风险分担。对于一般意义上来说有 10 个原则，PPP 里面用得最多的是下面这 4 个原则。第一，谁有控制力谁去承担相应的风险。投资者承担这个风险并不是一个人，他通过其他保函、保险、合同再转移出去。当地政府必须承担土地获取、法律的变更和外汇的风险，特别是在发展中国家。发达国家外汇是自由兑换的，政府就不承担。再进一步，本级政府直接管控的政策变化，这个风险必须由本级政府承担；但是上级政府政策的变化，这个风险必须由双方分担，但因这毕竟是政府的上级部门，应该政府分担大头，投资者也得分担小头。

双方分担不可抗力。还有就是界定市场需求，其实有两个方面的意思，一个是像电厂、水厂的销售渠道是政府控制的，政府必须兜底。如果不是政府控制的，比如说高速公路，政府就要提供车流量担保，最低车流量，但是如果政府不同意（因为越来越多的政府不同意提供最低车流量担保），就必须给垄断性，这个垄断性的意思是，在给定的时间，比如说 10 年，在给定的范围，比如说方圆 10 公里之内，不允许修平行的高速。但是由于经济的发展，生活水平的提高，必须再修一条高速公路，就要启动重新谈判，事先说好谈判原则，主要是用定量指标、财务指标来确定。如果新修了一条路，对项目公司的投资回报，某个财务指标下降超过一定的幅度，政府就必须给补偿。当然，如果没有什么影响，可能就不需要。

另外一个意思，原来国际多边机构，像世行、亚行都认为最低市场需求应该由政府承担，但是现在态度有一些变化，这是因为基于发展中国家的经验，很多政府更多考虑的是上项目，他才不考验这个项目将来是否财务上可行。现在他们的意见变了，最低市场需求风险应该由投资者承担，因为投资者是专业人士，可以做净值调查，如果你觉得项目需求根本不可能维持，就不可能去做，不管政府怎么忽悠你也不可能去干，这样就可以避免政绩项目，不可持续项目变成 PPP，给政府造成债务负担，这是非常重要的一个变化。

有的风险，谁最有控制力，就要看谁来控制风险成本最低，如果每一个风险都由控制成本最低的一方来承担，这样总投资就可以降低，就可以实现物有所值。为了鼓励每一方积极主动承担风险，第三条原则叫风险回报平衡原则，这是非常重要的原则。

但是第四条，这是这十几年来越来越重要的，因为谁也不可能准确预测将来，所以我们要设定上下限，超过上下限以后，启动重新谈判，这叫重新谈判触发机制。如果老百姓上街游行怎么办，更多的使用定量指标，这样就不会出现 20 世纪 80、90 年代的情况，那时候很多的外商来投资做的都是基础设施，特别是高速公路，获得暴利，这是因为我们当时不理解，为了吸引外资，外资要求政府兜底，但是我们上面没有封顶，这是绝对错误的。对称原则是非常重要的，政府给你兜了底，利润就必须封顶。

还有就是必须要有调节机制，当然包括调价机制。不要跟政府谈今年收多少钱，明年收多少钱，因为这是没法决定的，公共产品的定价和调价权是政府的权力，西方国家也是。我们应该转变思路，更多跟政府谈一个影子价格，定下来一辆车收 10 块钱，政府说影子价格是 10 块钱，政府说收 8 块钱，政府必须补贴 2 块钱。政府说收 12 块钱，多出的 2 块钱，必须还给政府，影子价格的概念非常重要。过去大家理解影子价格，更多认为是政府来支付，这是错误的，使用者支付上也可以用影子价格，重点是谈影子价格，地铁 4 号线用的就是这个概念。

风险的分担最后落实在合同，落实到保险，落实到一笔准备金，投资者必须在股东之间达成协议，万一超支了以后，每个人按现金流的股份比例追加多少投资，跟银行必须存备用贷款，如果真的超支了，再找银行贷款，银行都是锦上添花的，从来没有雪中送炭的，所以事先说好放贷条件，如果我需要这笔钱，按照说好的条件给我追加贷款，也可以不追加。

一旦建成以后，我们可以创造性地去利用二次融资，利用建成以后风险小，融资成本低，降低总的融资成本。有的时候是被动二次融资，就是预测太糟糕了，这样比较麻烦。交通项目里面，预测车流量是非常困难的问题，欧盟有一个统计，交通流量的预测实际需求量和理论需求量的误差在 30%～80%。你可以想象。交通项目，绝对不能相信政府的可行性研究，也不能相信投资团队前线的可行性研究，因为他们都有利益在里面，一般国际性大项目都要找独立第三方，独立第三方因为他没有利益在里面，考虑问题会相对客观，这是非常重要的。

还有就是动态调节机制。特别是在特许经营，几十年非常长，这种调节，我们要懂造价，区分固定成本和变动成本。调节也是，固定价格和变动价格也要区分，设定重新谈判触发机制。现实中用得最多的调节机制就是跟消费指数挂钩，这个很好理解，其实我们也可以对标。比如说北京地铁 4 号线，通货膨胀了，员工工资要涨，涨工资的幅度不能低于北京地铁运营公司，国有公司涨工资的幅度，也可以与汇率挂钩。每年评估一次，如果汇率变化在 5%之内，汇率变化风险由投资者承担；如果超过了 5%，投资者亏了，政府必须补贴。但是如果由于汇率的变化，投资者多赚了，多赚的钱应该还一半给政府，这就叫公平；如果你没有还，就是不公平，不对称。

还有跟原材料价格挂钩，比如说火力发电厂，煤涨价了，煤是政府提供的，电卖给你也要涨，可以做成本分析，一吨煤涨 10 块钱，对应一度电涨多少钱。但是在高速公路里面，主要的成本是在建设期，这个时间短，可以用固定工期、固定总价，除非有巨大的设计变更，才由政府来承担。但是在运营期里，更多的是这些小指标，他们无所谓原材料的问题，按照这些条件基本上就可以公平了。

这个动态调节机制，最主要是上下限和动态调节机制。给大家看两个例子，一个是高速公路，我们必须有一个区间的车流量，保证高级债务偿还和固定经营与维护成本。对于银行来说，要求的底线就是这个点。再往上是次级债务偿还和可变运营成本，有时候他要求兜这个交通流量，多余的交通流量就是让投资者赚钱的。

如果车流量达到上限，政府一般就要继续支付，如果继续支付，可能造成投资者暴利，当然我们也可以考虑超额分成，超额的量越多，政府分得越多。另外就是要考虑老百姓，如果车流量太大，就堵车了，老百姓满意度下降了，我们必须时时刻刻想到老百姓，才有可能做到更好。

动态调节机制，大家看一个非常成熟的污水处理厂的例子。污水处理基本单价，每一年的价格等于两年前的价格乘以一个调节系数，笼统去谈调节系数是很难谈的，一定要做成本构成分析，发现变动成本主要和人工费、化学药剂、企业所得税、电费、CPI 这些相关，今年的工业用电和两年前的工业用电没有变化，电费这一部分组成就不需要调价，人工费有变化就要调整，化学药剂有变化就要调，税收没有变化就不用调，CPI 有变化就要调，这一套思路是最重要的，咨询公司和律师最大的价值就在这里。刚才我在微信里发了一句话，人家问咨询费怎么收，我说没有标准，完全是双方去谈，完全由市场产品来决定。因为智力劳动的价值不是取决于工作量，而是由你的不可替代性决定的。我们要做咨询，做律师，你所提供的产品和服务，别人无法替代你，你的价格就可以高一点，如果你做的是低级的，就是给政府准备一些文件，你收一个咨询费是不可能天价的。为什么去年很多咨询公司的咨询收费很高，而今年下来了，就是因为大家都学会了，这里面我的功劳很大，我在全国各地把这些东西讲给大家，让咨询也有竞争，这样可能就会做得更好。

还有就是第一次做项目的时候，我们是没有经验的。因为这个交易成本非常高，PPP 涉及面非常广，并不是有多深奥，关键是复杂，复杂就是涉及面广，所以我们做第一个项目，千万不要省咨询费，因为国际上统计下来，第一个项目的交易成本可能是第二个的一倍，是第三个的三倍。如果你做了两三个以后，其实我们已经非常有经验了，我这里说的是同类项目，不管是政府还是投资者，抑或是银行，知识的总结和提高形成一套模板，知识传递，这是非常重要的，要不然每次干一个项目换一波人，交易成本是非常高的。

怎样快速学习，我在微信里面（公众号：中国 PPP 智库）发布了一个建议学习路径，分成 5 个步骤，还给了 30 多本参考书，这就叫知识管理。PPP 还有很多其他的难点，时间关系我只是提出来，在立法的时候，所有的这些问题都在考虑，你们只看到这个文件出来是这样的，但是你不理解为什么这么多，这是基于大量的实务，基于理论，理论其实就是国际上的实务提炼总结出来的。

我要讲的就这么多，谢谢大家！

（金融畅想演绎交通新征程——PPP 与交通基础设施投融资高端对话，2016 年 10 月 19 日）

民营企业投资 PPP 项目的操作要点和风险管控

2016 年 10 月 18 日　民营企业投资 PPP 项目推介研讨会

PPP 项目的重要成功因素

- 项目所在地政治稳定且愿意授权外/民/国企做。
- 对项目有迫切需要（经济发展、生活水平提高）。
- 有较成熟立法和执法制度且各方守信用/重合同。
- 项目要求（规划/范围/产出等）明确。
- 项目经济（对政府）/财务（对企业）上可行。
- 经济发展到一定程度，公众有一定消费能力（收费合理）。
- 外：资源开采的产品主要用于出口。
- 技术方案可行并具有经验。
- 可行的融资和担保方案（“境内融资、境外投资”更难）。
- 合理/公平的风险分担（需项目多方长期共同努力）。
- 符合环保标准并考虑国际变化趋势。
- 有复合型人才或发挥咨询公司的作用（PPP 涉及面广）

民营企业参与 PPP 的 SWOT 分析

可从下列参考文献中看（“中国 PPP 智库”里有全文）：

- 柯永建，赵新博，王盈盈，王守清. 民营企业发展基础设施项目的 SWOT 分析[J]. 商业研究，2008, (12): 7-10.
- 赵新博, 王盈盈, 柯永建, 王守清. 民营企业发展基础设施项目投资措施[J]. 建筑经济[J]. 2008, 306(7): 58-61.
- 柯永建, 赵新博, 王盈盈, 王守清. 民营企业发展基础设施项目的投资决策模型[J]. 项目管理技术, 2009, (2): 9-14.
- 柯永建, 王守清, 陈炳泉. 私营资本参与基础设施 PPP 项目的政府激励措施[J]. 清华大学学报(自然科学版), 2009, 49(9): 1480-1483.
- 盛和太, 王守清, 柯永建. 民营企业发展 BOT 项目的风险管理研究:基于某污泥处理项目的案例分析[J]. 土木工程学报, 2012, 45(1): 142-147.
- 程哲, 王守清. 我国民营资本参与医院 PPP 的 PEST-SWOT 分析[J]. 工程管理学报, 2012, 26(1), 53-58.
- Ke Y J, Zhao XB, Wang Y Y, Wang S Q. SWOT Analysis of Domestic Private

Enterprises inDeveloping Infrastructure Projects in China. Journal of FinancialManagement of Property and Construction, 2009, 14(2): 152-170.

实施 PPP 项目的重要评估要素

- 法规合理性。
  — 法律/法规/规章/政策等。
- 可行性。
  — 技术/经济/财务/合同/环境/社会可行性。
  — 配套基础设施情况、对接界面、依赖性。
- 可融资性。
  — 投资者（承包商）兴趣。
  — 市场容量/规模。
  — 可满足融资条款/条件。
  — 信用。
- 可负担性。
  — 用户可负担得起，要考虑建设和运维成本、融资成本、合同条款和期限等。
- 可交付性。
  — 主办人有能力管理全过程。
  — 有相应且可接受的法规。
  — 政府审批/准证。
  — 进度。
  — 干系人。
- 可监管性。
  — 产品/服务的要求可明确界定。

民营企业投资 PPP 要做好“5 个选择”

- 选择政府。
  — 经济发展（前景）好、信用好、契约精神强、市场化高。
  — 区域特点与战略？中央转移支付多？

- 选择项目。
  - — 经营性：定价/调价机制（影子价格）。
  - — 准经营性/公益性：财政（将来）收入、程序合规、可补偿资源。
  - — 轻资产/重运营/（前景）市场需求大：单个的环保、生态、园林、养医、文化等。
- 选择模式。
  - — PPP 无定式：企业和政府的参与程度和风险分担→合同。
  - — 事前/事中>事后：尽职调查、评估、策划、谈判，如行业特点？市场发展？政策走向？政府需求与支持？自己优势？合作伙伴？期望回报？担保/保险？
- 选择合作伙伴。
  - — 合作：跟央企/国企等实力雄厚企业合作，拾遗补阙，掺小股或分包。
  - — 抱团：优势互补、全产业链、全方位（而非同质同类）的抱团。
- 选择咨询。
  - — 找咨询（第 1 个项目）：个人>单位、项目经验>宣传品牌。
  - — 知识管理：培养复合型人才；学习路径：培训→看书→案例→实践→悟！

[国务院办公厅信息公开办公室、凤凰网评论部（陈白等整理），2016 年 10 月 14 日]

在北京律师协会“PPP 法律问题”研讨会上的发言速记

主办：中国政法大学 PPP 研究中心、北京律师协会 PPP 课题组
时间：2017 年 1 月 19 日下午 14：00—18：00
地点：北京律师协会三层报告厅

主持人（郑律师）：刚才周主任表示在目前中国 PPP 项目既要抓民间资本介入，又要规范法律问题的两难困境下，由一个律师机构或者一个民营的机构来推动这项事情的发展具有重大的意义。同时周主任从自身角度对中国的 PPP 乃至世界的 PPP 问题发表了重要的讲话，其中也看出周主任对中国的 PPP 以及中国的律师是充满了感情，也对我们律师队伍提出了希望，让我们再次感谢周主任。

第二位专家有请清华大学教授，清华大学 PPP 研究中心首席专家，中国 PPP 法起草小组核心成员王守清教授，有请。

王守清：谢谢各位，先纠正一点，我的头衔第三个不要用了，如果要用，就说严谨点《基础设施和公用事业特许经营法（征求意见稿）》核心起草成员。

我很高兴参加这个会议，为什么，一是因为过去我一直说，在 PPP 领域真正中立的可能只有三种人，一是学者，二是律师，三是咨询。经过这一轮力推 PPP，我发现只有不做咨询的学者才是真正中立的，做咨询的律师也是基本中立的。当然，做咨询的学者、律师和咨询也是可以中立的。律师的主要作用，第一是保证 PPP 交易合规，符合各种法规政策，这是合格 PPP 律师的底线；第二是尽量体现公平，因为所有的风险都靠合同，律师在做最后的把关，这是专业性；第三还要考虑点情怀，考虑可持续性和导向性。因此，律师不仅在项目前期把关合同，还应在后期帮助监管和履约，同时去影响甚至引导行业发展，这是好律师应追求的。

今天 12 个律所的 12 个题目非常好，但是课题组长薛律师给的时间太少了，一人 8 分钟，每个人的问题谈得都非常具体，谈解决方案的时候我也想知道律师的看法是什么，但因时间不够没有讲透。

因为时间有限，我只能挑一些我觉得重要的做一些回应，2014 年我参与特许经营立法，过去几年也参与了很多部委相关的研讨，有些可能是今天在座的有些律师不太了解的。

第一个是社会资本发起 PPP 项目。立法的时候专门讨论过这个问题，在征求意见稿里面有写基本原则，后来没有公布：企业可以主动发起，这个发起是两方面的，第一是项目发起，这个项目要做，政府没想到你想到了；第二你建议做项目的方案是什么，这个也算发起。但是发起后并不是政府一定要接受，如果政府没有接受，企业白发起了。如果政府接受了，并不是说发起企业就中标，还必须按照法律法规走招投标程序，但政府应给补偿，补偿方式当初定了三条，第一就是看你做这些发起的事情花了多少钱，政府给你补偿大部分（不是全部）成本。第二就是给你同等条件下的优先中标，刚才高律师也提到过。第三就是老外叫的“瑞士挑战法”，意思是政府接受了你的发起，并不是说你中标，但会给你最后一个机会，例如，按你发起的方案招投标，如果你的报价是 100 亿，其他竞争者报价 90 亿，政府问你 90 亿干不干，如果干，项目就归你了，如果你不干，那家竞争者就中标，而你可能没有任何补偿。

第二个是投资者跟政府签个框架协议的事。可以告诉大家，上周日和本周一（15—16 日），我参加了发展改革委 PPP 示范项目评选（结果公布可能在今年年中或下半年），很多项目涉及这个问题。经过评审专家研讨，共识是，只要同时符合下列条件的项目都没入选：①竞争性磋商的；②工程公司为主中标的；③政府支付为主的；④支付与绩效关联不大的。这几条不是评判项目合规不合规，只是评判项目的导向性好不好，因为现实中这种项目太多了，多数的央企国企在地方上跟政府都是用这种方式先拿项目再补程序的，故作为律师要注意。平时讲课我也常提醒，可以打擦边球，但是你要对将来有个判断，可以打现在是擦边球，将来会合法的，不要打现在是擦边球，将来会被清理整顿的。这就要求律师不能光学国内的，一定要学理论，理论就是全世界所有经验教训的提炼，也要看国际多边机构的东西，这样可以了解趋势；不能光看我国现在这一步，还要知道将来可能怎么发展。

第三个是主体问题。首先是投资者，这是中国和国外最大的区别。因为西方国家 PPP 中的第二个就是私，而中国这几年都是央企国企在主导，虽然鼓励民企，但现在做 PPP 的民企有两大特点，第一是上市公司，用的是别人的钱，可能他做 PPP 是为了把股价往上炒；第二是有的民营企业确实很厉害，真有央企国企不具备的优势。如央企国企主要是做重资产项目，民企主要是做轻资产，但运营要求特别高的，像污水处理、垃圾处理。而地铁、综合管廊等，民企现在想做也难，当然个别特大民企是有可能的。所以公和私是目前我国一个头疼的问题，立法时讨论了这个问题。在中国如果不让央企国企做 PPP，显然不符合中国国情，但是如果不对央企和国企增加限制，就会出现我们今天的结果。财政部虽然对央企国企有限制，但是限制不够。央企国企用的是老百姓的钱；而且央企国企很难倒闭（只能被其他央企国企合并），即使倒闭，也是老百姓的钱；加上对高管任期内的评估，就可能会造成为拿短期业绩而恶性竞争，但不太考虑长期。然后是政府主体，征求意见稿没有公布之前一直用的是“县级”，公布后是“各级”，但要注意内涵：该政府有没有独立财政权，如果需要政府支付或补贴，又涉及入预算和有没有人大的问题；还有政府的信用问题，级别越低信用越差，你到村里镇里试一试做 PPP？还有政府主体的合规性，财政部和发展改革委的文件说必须是政府部门或者政府指定的事业单位，而城投公司、平台公司也是企业法人，跟投资者是一样的，可能就有合规性问题。但是现实中就有这么做的，也拿到了政府授权，值得你们律师研究。2015 年京投获得北京市政府 ABO，大家还在讨论是不是 PPP。其实不用讨论了，就是类似于父亲让儿子去经营一个商铺，儿子做不下去了，父亲能不管么？今天上午还有人微博里问我一个问题：国家电网到底是第一个 P 还是第二个 P？我只能这么回答，因为我国电网是垄断的，如果搞一个独立电厂（IPP），国家电网代表政府是购电方，则是第一个 P。国家电网也可以去投资电厂，它就是第二个 P。

这些细节其实就是概念理解和逻辑的问题，所以我经常跟律师说，虽然我不是律师，但是因为对国内外 PPP 理论和现实了解非常透，有时候可以预期中央下一个文件会写什么。当然，这有吹牛的成分，呵呵。另外，中央出一个文件，我大概浏览一遍就能记住要点，能跟企业说，当然，我也跟他们说，细节去找律师。我一直提醒他们，不要舍不得花钱请律师，特别是在不懂的情况下做第一第二个项目，懂行的律师是非常专业的，而且关注细节。顺便提一下，中国还有个文化是事前不舍得花前找律师，事后舍得花钱，所以你们说将来三年五年会有大量的问题，的确。去年就有律师告诉我开始帮企业解决 PPP 争议挣钱了。也有律师问我，第一轮 PPP 热潮我没有关注，没有挣到钱，我还有没有机会？我说有机会，你可以去挣第二轮的钱。刚才在休息室我也说了，过去三年 PPP 有点过火，萝卜快了不洗泥，很多做得不规范、合同签得不好，虽然 2016 年好了很多，但过几年的确会开始有履约和争议问题，需要律师帮忙解决。特别是很多小地方（其实也有些大中城市），一些官员对 PPP 的理解是错误的，至少与中央的意图差距很远。一个例子是某大城市一个国企在另一个大城市中标一个 PPP 大项目，应该是该国企做业主，成立项目公司管项目，但是因为合同中没谈那么细，政府原来成立的指挥部 200 人，什么都想管。那个国企老总看着我苦笑，这个项目变成两个业主了。但研讨时，地方政府官员顶了我一句话，他说如果按照你说的，做 PPP 政府应主要关注结果，不用太多干涉过程，那我这 200 人喝西北风啊？我觉得他说的也有道理，要考虑现实。但从长远看，会慢慢改变的。因为政府是买产品和服务，不是买设施，而投资和贷款是企业出的，只要合同规范、政府和社会监管产品/服务/价格等到位，企业也不敢乱来，刚才也有律师提到这个问题。这些疑虑其实就是地方没有理解 PPP 精髓，也没有理解 PPP 中央战略：管理体制改革、发挥市场力量、提高效率等，逐步发展成小政府大社会。这就是为什么中央说 PPP 是一个国家层面的治理，而以前大家更多地理解成项目层面的治理、行业层面的治理。因此，大家要有战略意识，PPP 这几年非常火，但要理性，今年就会更理性，理性的律师提供的服务就是理性的。如果你做得不好，名声就毁掉了，特别是去年财政部搞的 PPP 信息公开管理办法征求意见稿，已经研讨两轮了，如果办法发布了，以后相关信息都公开，大家就更得注意规范。这个文件只强调两样东西不公布，一个是涉及企业的专利，二是涉及国家安全。

第四个是争议问题。如果政府违约，企业怎么办？我同意可以增加一种可能更有效且有效率的方式，即仲裁，所以上海仲裁委也在推动这件事情。12 月 2 号在厦门的建筑高峰会上我也讲这件事，刚才也有人提到。可以有点像 FIDIC（国际咨询工程师联合会）发现的一样，建筑业争议打官司成本太高、时间太长，可能对任何一方都是灾难。采用仲裁方式比较好，甲方负责找一个人，乙方负责找一个人，不需要跟对方商量，但是第三个人任何一方都可以提出，但是必须获得对方同意，由这三个人做出一个仲裁的结果。这个方法在 PPP 争议解决中也可以借鉴，但 PPP 项目复杂，如果三个人不行那就多加几个人，比如说多加一个政府的，多加一个企业的，因为涉及金融，多加一个金融的，六个人不是单数，则再加一个学术或技术或财务的。因此，搞仲裁的张律师等就真的一直有饭吃了，我们大家可以一起推动。

其实我再讲一两个小时也行，还是控制时间，不多说了。先回答赵律师的问题，我曾经说过，真正靠智力吃饭的人是律师、学者、咨询等，但定价不是靠时间和工作量，而是不可替代性。你想做到全国的不可替代性很难，但是第一步先做到比如说某北京事务所在 PPP 方面具有不可替代性，你就有地位定价了；或者做到在轨道 PPP 方面具有不可替代性，基本上这个价格就是你定了。这就是我们奋斗的目标。其他方面我不懂，但吹个牛，学术界讲 PPP 培训课，我过去二十多年就一直在努力，争取不可替代性：我讲课就这个价，你愿意，我就去，你不愿意，我不去，正好年纪大了，我也想保重身体，呵呵。

回答魏律师的第一个问题。采购时没有批复概算或预算就两标并一标，就目前的法律法规政策，如果说违法又有点问题，但是 2016 年发展改革委和财政部的 32 号文出来以后，还有财政部的 47 号文基本上明确了，规划、预可研或可研获批准、项目立项后才考虑是否 PPP。因此，至少在 6+1 类传统基础设施，作为律师必须严格尽量按照这要求走。另外，如果没有预可研或可研、没有初步设计、没有概预算，就没有参数，没有参数怎么去做物有所值评价和财政承受力评估？这是常识和逻辑的问题，如果律师了解这个逻辑，可以有两个层面的追求，因为有的客户就是这么刁钻，就要这么干，你只能告诉他合规性要求，决定权在他，这样就体现律师的水平不是太低，即使信息公开之后也不会被骂。但是如果想做更好的律师，就要提高一级，跟他讲道理，跟他解释为什么不能这么做，也许当时他还是不接受你的看法，或者接受了但心里不痛快，但以后他还是会觉得你水平高，你看得长远。上述也就算间接回答你的问题了，没有批复概预算，两标并一标最好不要去干。

第二个问题，补贴是给社会资本还是项目公司。如果你懂财务，那么两种方式，目前的法规政策没有说不可以，也没有说必须用哪一种，主要应考虑采用什么样的财务模型，两种都可以，比较两种财务模型后把优缺点告诉地方政府，由地方政府去决定，主要是涉及交税多少。另外，有时补贴的钱来自中央或省里，他们对资金使用有规定，不能直接补贴给社会资本，只能补贴给政府。还可以考虑第三种模型，这个项目算下来能收回多少钱，要补的那块切出来。例如，一个项目 100 亿，投资者 30 年运营能收回 30 亿，那 70 亿就是政府补贴，那就当成是 30 亿的项目去做。北京地铁 4 号线就是这样的思路，因为调研发现，地铁运营就只能收回 30%，那么把项目分成 A 和 B 两部分，A 部分用传统模式，B 部分做 PPP。明白这些道理之后马上就能提出创造性的做法。实际上我没有直接回答你的问题，但是你现在应该知道我说的思路是什么。

第三个问题是资产证券化会不会增进促进 PPP 更规范，更具有流动性。这是肯定的，但是我对中国目前的金融体系没有很强的信心，对中国的金融监管体系也没有很强的信心。这次 PPP 资产证券化政策出来以后各界都是一片叫好，唯独只有学术界发表的观点比较理性，因为我基本同意这样的说法，在金融体系不成熟特别是监管体系不健全的国家，有些金融创新都是聪明人，利用制度的不完善和信息不对称及不聪明人的贪婪做的击鼓传花，很容易出问题。幸好这个政策对适用于 ABS 的 PPP 项目有四个前置条件，如果这些条件有一个不符合，就有可能出问题，如果四个都做好了那就没有问题的，甚至可以倒逼各方更规范地做 PPP，也更具有流动性。

时间到了，我就先讲这些。谢谢大家！

郑律师：高手就是高手，大家都看在眼里，王教授对中国的 PPP，可以说是洞若观火、明察秋毫，搂一眼就尽收心底。王教授对律师的发言做了重点点评，另外指出了律师参加 PPP 项目的作用，认为律师在 PPP 项目中的作用是贯穿始终的，无论是前期的项目合规、合同签订和风险防范，还是后期的项目运营、履约和监管都离不开律师的参与。王教授同时为我们律师参与 PPP 指明了方向，也就是我们律师一方面要参加 PPP 实践，另一方面也要学习 PPP 的理论，我们律师应该要以更热烈的掌声感谢王教授。

第 2 章

媒体专访报道选编（2014—2016 年）

王守清：PPP 绝非天上掉馅饼

秦长城

从去年下半年以来，随着有关中央部委的大力推动，PPP 的热度逐渐升温。然而，在这样的时点，清华大学教授王守清却表示："PPP 不是天上掉馅饼，且 P 且珍惜。"

这位著名的 PPP 专家，多年来一直致力于 PPP 的教学和研究以及 PPP 在我国的推广工作。但如今全国上下围绕 PPP 所兴起的近乎运动式的做法，显然让他有些担心。"甚至有些政府和企业，在对 PPP 的概念、做法和优缺点还没有完全理解之时，就准备大干快上 PPP 项目。有些企业对于 PPP 项目也是磨刀霍霍。在过去很多 PPP 相关的经验教训还未很好总结的情况下，这种运动式做法，不仅解决不了实际问题，弄不好，还可能造成新的错误，而且，PPP 项目合同一签就是二三十年，出了问题一时半会还很难纠正。"

"PPP 概念仍待理清"

《新理财》：虽然我国很早就开展了 PPP 的模式实践，但前几年似乎一直不温不火。

而今终于有了一定的社会温度，但您却说“PPP不是天上掉馅饼”。为什么？

王守清：主要是因为我国很多地方官员或者企业，目前并未真正理解PPP的概念和功能，以为PPP是现在中央不让做的依赖于土地财政的BT模式之后，一种能解决地方资金不足但又可上项目的新的替代方式。但实际并非如此，如果弄不好，又可能造成新的地方债务问题。过去很多PPP相关的经验教训未很好总结，这种运动式的做法很容易造成重犯过去的错误。

有很多地方，本来准备采用BOT、TOT模式实施项目，后来突然提出要改为PPP模式来实施项目。这不仅是对PPP模式的误解，更可能会成为推进PPP模式良性发展的一种障碍。

《新理财》：目前，在PPP范围或者概念的界定上，国内是否存在一定的分歧？

王守清：实际上，不止在国内，在国际上，各国和有关国际机构对于PPP的定义和界定，同样不一致，有些概念仍待厘清。比如欧盟委员会将PPP定义为公共部门和私营部门之间的一种合作关系，双方根据各自的优劣势共同承担风险和责任，以提供传统上由公共部门负责的公共项目或服务。而在加拿大，PPP委员会则将PPP定义为公共部门和私营部门基于各自的经验建立的一种合作经营关系，通过适当的资源分配、风险分担和利益分享，以满足公共需求。

从字面上看，虽然PPP通常被直译为公私合作或者公私伙伴关系，但在我国，因为过去一二十年以来市场的主要参与者是公有的央企或者国企，但都是以独立法人的形式参与PPP的，因此，PPP表述为“政企合作或者政企合伙”，应该更为准确。

此外，对于我国而言，由于存在国有、集体、私营等多种经济主体，因此，对于PPP的理解，还有一个重要问题需要澄清，即PPP中的“私”并不是单指私营经济主体。经济主体的外在形式只是资本性质的载体，所谓“公”与“私”的区别，更应强调的是资本目的的“公”与“私”。在我国，“公”应该指追求社会公益性，“私”应该指追求经济利益，两者的根本区别不是经济主体性质之间的区别，而是追求公共利益与追求经济利益的区别。

《新理财》：抛开这些分歧不谈，关于PPP的概念和功能认定，国内外有没有形成一些共识？

王守清：有一些共识，特别是在学术界和咨询界。比如都认为PPP是政府和企业在基础设施和其他公共服务方面一系列长期的合作关系，其特征有：政府授权、规制和监管，企业出资、经营和提供公共产品/服务，共担风险、共享收益，提高效率和服务水平等。

“当下热潮只是一种虚假繁荣”

《新理财》：据您的观察，在PPP这股热潮之下，目前主要存在着哪些问题或者乱象？

王守清：其实只是关注热而已，这更像是一种虚假繁荣。据我所知，目前，并未有新一轮PPP项目签约。最近亚开行在洛阳和哈尔滨的PPP试点项目触礁，一定程度上也说明了这一点。即便有签约的，也大多数是“挂羊头卖狗肉”。很多号称PPP的各种创新模式，实际上仍为BT（Build-Transfer，建造—移交。由于我国BT项目成本非常高，政府虽然解决了短期资金缺口，却背上沉重的债务负担。2012年12月BT基本上已被中央有关部门的463号文禁止）。对于企业，特别是民营企业而言，目前大多数都还处在观望状态。而很多地方政府，并不知道该如何操作，尚在学习和探讨中。

《新理财》：为什么处于观望状态？其背后有没有什么深层次的原因？

王守清：一个重要原因是目前我国围绕PPP的法律制度建设仍不完善，企业特别是民营企业的权益在政府违约时无法得到有效保障。

目前，我国与PPP相关的法规政策层次较低，多为国务院/地方性行政法规，或国务院部门规章/地方政府规章，尚未有国家层面的立法，权威性不够，部分文件之间甚至相互矛盾，如各种模式的称谓和内涵、项目所有权的转移与归属、税务的征收、会计处理等等，尽管近几年我国政府出台了数十个文件吸引社会投资，但效果其实并不明显。

这些问题的存在，直接造成了中央和地方政府之间往往缺乏相关项目的一站式立项、评估和审批，各地各部门各自为政，重复或交叉审批，效率不高，或管理缺位，经验教训不能很好地总结和推广，重复交学费，等等。

《新理财》：具体来看，在PPP制度、法规层面，有哪些问题亟待解决或者加以确认？

王守清：比如明确PPP的定义和适用范围，完善立项审批程序，特别是补充VfM（Value for Money，物有所值）评估（以避免为了PPP而PPP），设立PPP机构协调不同政府部门和规范操作，出台操作指南和合同示范文本，加强政府监管、公众参与和信息公开，完善与其他法律的衔接特别是税收、土地及溢价回收等，建立风险公平分担与动态调节/调价机制，明确合同性质与法律救济机制，实现签约主体政府与企业的平等以及不同所有制企业之间的平等，提升政府信用和追责过失决策官员，等等。

只有把这些问题做好了，PPP 模式才能成为未来基础设施和公用事业项目的一种长效交付机制。

“PPP 参与双方需双向监督”

《新理财》：近些年，在参与 PPP 项目的过程中，企业和政府间出现纠纷的案例屡见不鲜。您觉得这主要是什么原因造成的？

王守清：由于 PPP 模式多运用于一些大型项目，建设周期长，经营时间久，涉及的利益主体多元化，合同关系复杂。PPP 项目参与方契约精神的缺乏，是造成冲突频见的一个主要原因。

《新理财》：您觉得，从企业的角度来说，在参与投资 PPP 项目时，应该持何标准或者立场，或者应该格外注意哪些风险因素？

王守清：由于 PPP 所应用的是公共产品或准公共产品，所以，企业在运作 PPP 项目的过程中，必须公平和合乎规范，并兼顾公众利益，而不能唯利是图。企业不要觉得和政府签了 PPP 合同后就万事大吉了，因为一旦引起老百姓的不满，就会造成社会不和谐。这种情况下，不管是西方政府还是东方政府，首先要牺牲的可能就是企业。

对于 PPP 项目来说，风险始终贯穿于项目的全过程，而且，企业面临很多风险。但就目前而言，企业最应关注政府信用和违约风险。如果需要政府财政支付或补贴的项目，企业要特别注意政府的财政支付能力。

同时，对于双方来说，在合作的过程中需要双向监督甚至加上社会监督（如透明和公众参与机制）。从企业的角度来讲，为了防范政府的信用和违约风险，企业要尽量把自身利益和政府利益捆绑在一起。同时，建立相应的退出机制以及纠纷处理机制十分重要。这样，企业不仅可避免长期的风险，也可提高资金使用效率。

而对于政府而言，可以允许企业转让股份退出，但必须在一定年限（如 10 年）之后，且转让后须至少持有一定比例（如 20%），以鼓励企业重视提高项目全寿命期效率和避免企业短期投机特别是偷工减料。目前，我正在参与起草的我国《基础设施和公用事业特许经营法》（征求意见稿）中就明确规定：“特许经营者在特许经营期限内不得单方提出解除特许经营协议。确有特殊原因需要解除协议的，特许经营者应当提前提出申请，实施机关应当在收到申请的 3 个月内做出是否同意的答复。”

《新理财》：在 PPP 模式中，政府和企业的权责划分一直是一个焦点问题。您觉得，在对企业和政府间的权责进行划分时，应该注意哪些问题？相应的风险分担机制又该如何设定？

王守清：目前，在进行风险分担机制的设定时，国际 PPP 业界和学术界公认和采用的风险分担的公平原则主要包括以下几点：

（1）由对某风险最有控制力的那方承担相应风险。因此，一般应由企业承担项目的融资、建设、采购、经营和维护的风险；当地政府主要承担土地、审批延误、法律变更和外汇的风险；双方共同分担不可抗力和市场需求风险。

（2）风险由管理或控制该风险成本最低的那方承担。

（3）企业所承担的风险与所得回报要相适应。

（4）任何一方所承担的风险要有上限（超过上限后要启动重新谈判或实施调节、调价机制），例如，企业在运营期内会面临通胀、汇率、需求、材料价格和质量、利息等风险，因此，除了应关注起始收费高低，还应设计动态调节、调价机制（区别对待固定成本和变动成本）以降低风险，甚至重新谈判。

对于企业来说，实现风险分担的主要方式其实还是签好合同（特许权协议），但需要注意的是，在此过程中每个风险都要合理管理，因为“一粒老鼠屎也会坏一锅粥”，另外，千万不要利用官员的暂时无知和受贿签订不平等条约，因为从长期而言，企业可能会因此倒霉，原因你懂的。

（原载《新理财》，2014 年 4 月第 8 期）

PPP 专访——王守清：PPP 无定式

袁谨言

在 3 月份召开的“两会”上，国务院总理李克强在政府工作报告中提出，要制定非国有资本参与中央企业投资项目的办法，制定非公有制企业进入特许经营领域具体办法，为民间资本提供大显身手的舞台。

“两会”一结束，财政部、住房城乡建设部及国家发展改革委等多部门就联合国内知名智库机构，开始推动 PPP 领域的相关工作。一时间 PPP 成为不少业内人士热议的名词。

PPP 的概念到底是什么呢？近日，中国环保网（Chinaenvironment.com）对清华大学建设管理系暨清华大学国际工程项目管理研究院王守清教授进行了专访。

PPP 并非新兴概念

PPP 是 Public-Private Partnership 的缩写，有人说它是公私合作，也有人将其翻译为公私合作伙伴关系。说简单些，就是指公共部门通过与私营部门建立伙伴关系提供公共产品或服务的一种方式。

虽然私营企业参与提供公共产品或服务已有很长的历史，但国际上 PPP 术语出现的时间是 1997 年，而在我国热起来不过是最近的事情，在此之前人们广为使用的术语是 Concession（特许经营）、BOT（Build-Operate-Transfer）、PFI（Private Finance Initiate）等。BOT 是 1984 年土耳其总理奥扎尔提出的，“土耳其是现代社会最早应用 BOT 的国家，而我国 1984 年签约的沙角二期电厂是有文献记载的全球第一个成功移交的 BOT 项目。”王守清说，“不过，沙角二期电厂当时不是国家级批准而是省级（广东）批准的项目。我国国家级批准的第一个 BOT 项目是 1996 年的来宾二期电厂。”

当时间进入 20 世纪 90 年代初期，全球的公私合作项目迅猛增长，并于 1997 年达到顶峰。“我国则从 90 年代中后期开始应用 BOT 特别是 BT（Build-Transfer）模式。”王守清说，“但是 BT 模式中存在较大问题。” 于是，2012 年年底，财政部、国家发展改革委、中国人民银行、中国银行业监督管理委员会四部委联合下发了财预〔2012〕463 号“关于制止地方政府违法违规融资行为的通知”。虽然它主要是规范地方政府融资行为，不是专门针对 BT，但是对 BT 却影响很大，几乎做 BT 的路都堵死了。

“其实，PPP 的概念和内涵一直都有不同观点。早期的 PPP 一般是狭义的，因为公共产品和服务不能完全交给私营企业去做，以免影响本该由政府提供的产品和服务，但特许期协议一签就是二三十年，万一出问题政府又不能违约而用行政干预，因此，政府往往通过在项目公司中占有股份的方法保持一定的控制力。”王守清说，“后来，PPP 则越来越广义了，泛指政府与企业长期合作，提供本该由政府提供的公共产品或服务，作为各种具体形式（如 BOT、TOT、PFI 等）及其各种演变形式的统称，至于 BT 是否是 PPP，则仍有争议。”

亚洲开发银行对于 PPP 的定义主要从特征和负面清单考虑，它认为在 PPP 模式的特征有：政府授权、规制和监管私营部门，私营部门出资、建设和/或运营提供公共产品和服务，公私双方长期合作、共担风险和收益，提高效率和服务水平。因为只有这样，才能保证私营企业长期实质参与 PPP 项目，避免企业的投机行为，不会让项目效率低下甚至“烂尾”。下列情况则不属于 PPP：私营部门不承担运营责任的服务合同，不论采用何种支付机制（因此 BT 不属于 PPP）；私营部门不承担财务风险的管理合同；所有权发生转移的公共资产出售或私有化（因此BOO不属于PPP）；管理权被分配给国有企业，没有私营合作方承担运营和财务风险。

王守清表示，PPP在具体项目中的体现形式并不固定，需要政府和企业根据项目特点，因时、因主体、因地制宜，各方达成公平协议并保护公众利益等即可。不过，虽然PPP并没有固定形式，但是大致框架还是有的，就是“专业的人做专业的事”、各方（含公众）共赢、提高效率。政府将某些专业领域的事情如运营交由最擅长的企业，把政府从烦琐但并不擅长的具体事务中解脱出来，更关注规制和监管，而发挥企业的能动性和创造性，比政府大包大揽会做得更专业和更有效率。“以污水处理为例，在引入PPP模式之前，即采用传统模式时，政府要投入资金，让国企建设和运营，要考虑很多专业问题，效率不高。但是如果采用PPP模式，一方面引进社会资本，缓解了政府一下子拿不出那么多钱建设污水处理厂的问题，另一方面是政府可根据企业的污水处理达标情况及数量进行支付，如果不达标则有惩罚。因此，企业有动力好好干，因为可以多劳多得，有投资回报；政府得到了企业专业的高效服务；百姓也有了较好的环境。也就是说，政府通过PPP模式，购买了企业污水处理的服务而不是政府自己去建设运营污水处理厂。”王守清说。

王守清进一步强调，政府与企业签订PPP合同应该建立在公平、公正、公开的原则上，这是让公私合作模式顺利运转的基础。在国外，有不少成功经验可以借鉴。

“虽然一般认为现代社会PPP最早出现在发展中国家（如1984年土耳其首先应用BOT于基础设施项目），但实际上全世界PPP模式运行比较规范的却是发达国家，按APEC的看法，最好的当属加拿大、澳大利亚等。”王守清说，“为何说其成功？因为政府（Public）、企业（Private）、百姓（People）三方都满意，因为政府寻找的企业合作伙伴实现物有所值；企业得到投资回报，当然不是暴利；百姓享受了合理价格的服务。”

简言之，成功的PPP项目是各方共赢、可持续的。而世界上应用PPP模式比较成功的国家中，企业追求的是长久、稳定、持续的收益，而非一时的暴利。“如果企业只想赚取暴利，不适合参与PPP，因为PPP的应用领域是公共产品和服务，政府必须考虑公众利益。”王守清表示，“总之，PPP是长远的事情，在特许期内有适当的投资回报，对企业就是成功的项目。”

路，依旧漫长

目前，我国中央政府正在大力推进PPP模式的应用，“但是未来一段时间我们依然处在PPP初级阶段，并将持续一段时间，这与我国本身的国情分不开，因为还有很多关键问题还有待统一认识并从法规制度层面予以明确”。王守清表示。

首先，就是PPP模式中第二个P的问题。在PPP模式中，第一个P指的是Public，即“公”，而第二个P则是Private，即“私”。而在中国，有“央企”和“国企”的存在，如果这两者主导PPP，“那么第二个P也就变成‘Public’了。”王守清表示。既然是公对公，那么PPP模式本意中的吸引民间资金就没有太大意义了。但是，如果排除央企和国企参与PPP，这又不符合国情。现在比较被认可的观点是，要看签约的国企是否直接受签约的政府所直接管控，如果不是，则该国企可以当成是Private，因为企业也是独立法人，也是以盈利为主要目的的；如果该国企受签约政府直接管控，则不算Private。当然还有更多细节有待明确，如占股份的比例。

另一个问题是，PPP签署的合同都是长期的，一般都将持续二三十年。而其中会发生哪些变故（风险）谁也无法准确预测和完全承担。有些事情的发生甚至会让PPP项目失败，让企业、政府和百姓都蒙受损失。因此，如何动态公平地分担风险，如何处理法律与合同纠纷，政府如何更有效地监管企业，等等。比如英国1989年通过《自来水法》成立“自来水服务监管办公室”和“国家江河管理局”，美国的“加利福尼亚公用事业监管委员会”的建立则可以追溯到1911年“宪法修正案”建立的铁路委员会。而我国目前尚未有相应法规和机制。另外，王守清说：“合同最好签署动态的，如设立触发机制，这样即便出现变动，也可以重新启动谈判（当然事先要说好一些原则），也应建立调节/调价机制，这样对于双方都有利。”

风险分担一直是PPP模式中很关键的一部分。王守清表示，有几条关键原则。首先，应让最有控制力的一方去承担相应风险。比如，外币汇率风险应该是政府承担，通货膨胀也应该是政府主要承担，而市场的供需变化则应该政府和企业一起分担，因为只有政府更清楚一个城市或区域需要多少基础设施。至于不可抗力，比如地震、洪水等，则应该由双方分担，当然，企业会购买保险。其次，谁控制风险的成本最低则由其承担相应风险。再次，则是风险回报平衡原则，如果企业承担了较大的风险，则可以要求更高的回报。最后，则是要签订动态合同（前面说过）。此外，也可以设定上下限作为触发机制，如当盈利或损失超过某一限度，则重新谈判，重新进行分配或补偿。“这就像夫妻结合，不能一出问题就撂挑子离家出走，要坐下来谈。”王守清说。

“对于政府来说，PPP 补贴可能要持续二十年甚至三十年，所以财政部对地方政府要实施财政监管。而对于企业来说，做 PPP 投资不是赌博，风险要在企业的控制和承受范围之内。”王守清建议道。总之，只有保证公平、公正、公开，才有可能保证 PPP 项目成功和可持续发展。

（原载“中国环保网”，2014 年 5 月 16 日）

“铿锵三人行”之王守清：“我应该给 PPP 泼点冷水”

张凌超

5 月 20 日，清华大学王守清王教授客座中国水网“铿锵三人行”，就 PPP 专题与网友进行了一次宝贵的分享交流。王守清教授幽默地说：“我过去努力推 PPP，现在要给 PPP 泼点冷水了。”他指出，要理性看待 PPP，总结经验教训，避免由“PPP 热”走向“PPP 过热”。

关于 PPP 全世界仍未达成共识

王守清教授说，2014 年是中国 PPP 模式的元年，已经形成了相当的社会热度。然而王教授强调，实际上国际对 PPP 模式还没有达成一个共识，它真正的含义，大家并不十分清楚，每个人的观点也都不同，像加拿大、澳大利亚、英国等国家，都有自己对 PPP 的定义。王教授指出自己更倾向于加拿大“公共部门和私营部门建立合作经营工作，通过适当的分配和利益分享满足公共需求”的简洁定义，但这个定义仍旧存在概念模糊的问题。“PPP 火起来变成广义的概念，只要政府和企业合作都可以叫 PPP。”这样的说法也是不合适的。亚洲开发银行和欧盟则从其特征来定义，双方各自根据优势互补共同去承担社会责任，政府根据公共利益确定对服务、质量、价格的要求，并进行监管。“政府必须授权、政府必须制定规矩、政府必须监管，不监管不行。私营部门必须出钱，不出钱不行。必须长期合作，如果不长期合作容易出现投机现象。为了提高效率和服务水平，私营部门不承担财务风险同样没有意义，但如果完全交给企业也不叫 PPP，所以 BOO 不认为是 PPP。”从特征上面来描述，用国内国外所有的观点去解释，有这样一个好处：不管它叫什么，关键看内涵，只要跟政府谈成了对大家都有好处。

PPP 模式中政府和企业之间的合作和管理形式一直是个很大的难题。首先，要加强政府对项目的控制。政府授权，提供公共产品、公共服务，但如果完全交给民营企业，让民营企业承担社会责任，难免会出问题，因为企业是独立的。如果合同一签就是二三十年，合同不完备，老百姓就会不高兴。那么就需要政府用行政力量干预。政府通过占有股份进行调控的话，这个股份的比例就最好是这样的：如果对老百姓非常重要就控股，如果不那么重要就占小股或者不占股。王守清教授在此用 PF2 的规定做了印证，PF2 规定项目股份要分为三大块，第一块必须政府占股份，第二是投资者找股份，第三是投资者在市场上。现在规定必须有一个比例，股份分成三类：有政府的，有投资者的，还有投资者向社会公开寻找的。其次，就是公众参与，公众参与可以让政府控制得以透明化。这个概念类似于最近财政部说的“混合所有制”的概念。

搞好 PPP 需要四法宝

王守清教授说：“其实在一个法制尚在建设中还不够完善的国家里，真正做成功一个 PPP 项目是非常困难的。”那么想要做好 PPP 应该注意哪些因素呢？

1. 契约精神

首先，王教授主张大家要重视合同，签合同后还需在法律框架下遵守。投资人应该尽量与政府直接签约，而不要选择其下属职能部门。这样可以避免合同的效力受到个别领导人的牵制，比如因为领导人换届而导致之前签订的合同失效。其次我们还要尽量把自己的利益和政府的利益捆在一起。除了以上两点，投资人还必须将百姓的影响力考虑在内，不要觉得 PPP、BOT 作为企业和政府签的合同就万事 OK 了，因为一旦引起老百姓的不满，就会造成社会的不和谐。这种情况下，不管西方政府还是东方政府，首先要牺牲的就是企业。在这种法制和契约精神下，尽量大家有福同享有难同当，我们一定要考虑老百姓。政府和企业都应该重视和遵守契约精神。

2. 管好财务投资者的腿脚

由于某些地方政府可能会不守信用，从投资者的角度来说，作为项目协议等“桌面上”能够摆出来的东西一定要合法合理，一旦要走法律程序是可以拿出法律依据保护自身的。但很多企业家过于依赖关系，更相信“桌面下”的东西，就有可能吃亏。

当然“桌面下”的在这个阶段不可能没有，但企业必须是具备一定实力可以对政府产生影响的。“对投资者来讲，钱没有砸进去时，政府或是认可你的，一旦钱砸进去就不一样了。当然，和老百姓密切相关的垃圾、污水处理项目，政府一般不会一直拖欠不给钱。”不能让财务投资者随意地进和出，对股东的退出和变换应该有所限制。

3. PPP 也要“傍大款”？

再者投资者能够干什么呢？王教授在此指出尽量不要被动，要主动；还有一个办法是，最好不要单独去办，我们要“傍大款”，这个“大款”指的是央企等可以作为强大后盾的对象，这在目前是比较行之有效的方式，但又不能完全去主导，完全主导要看对对方有没有控制力。

王守清教授说：“我曾讲过一千多场课，今年主要是教政府和民营企业，目前很多官员转变过来了。我是持中立观点的，我会告诉你为什么这样考虑，讲完之后以前他们是不管的，现在有很多方法都能解决；以前一签合同就是死合同，现在都是活合同，学术界根据显示出的问题去解决。现在要求信息透明，不透明就可能有各种问题出现。主流应该是通过透明公开来解决问题的，除了涉及你的技术专利可以不透明，另外一个除非涉及国家机密，不能一下子放开。现在企业不愿意放开，政府也不愿意放开。另外，公众的知情权和参与权是要有的，一公布总是有业内人士能提意见的。”

公开透明是个好手段。做到公开透明需要法制的屏障，法就是要解决现实中的问题，如果不能解决问题立法是没有用的。要进入法制契约的阶段。

4. 打碎国有资本形成的“玻璃门”让市场说话

国有经济的覆盖面比较大，是国内 PPP 发展相较于国外存在的又一问题。王守清教授这次推 PPP 指出：要不要限制央企、国企的参与，不让它参与肯定不合适，但不能都给它，一个是从项目的规模上不能都给，另外是从项目的股份上，要不要限制它的股份？最彻底的就是不让国有企业参与。在前期很多数据没有，很多东西很难量化，比较出来的结果就会不准。另一个思路是充分公开竞争，只要是充分竞争，就可以提高效率。

“我们可以有简化的类似的方法，修了三个污水处理厂，可以取一个平均值，现在有第四个污水处理厂，把这个东西交给你来干，你给我报，或者我招标，你给我的东西跟我单方去比差距太大，我干吗让你干。因为政府去银行借钱比你融资借钱便宜得多，这是很重要的思想。”在前期很多数据没有，很多东西很难量化，比较出来的结果就会不准。总之一定要让市场说话。

PPP 职权管理需要顶层设计

中国水的问题难解决，某些时候就会提到九龙治水的问题，也就是部门条块分割的问题。

PPP 的事情现在也是各部委都在发声。在 2013 年 7 月 31 日李克强总理提出政府采购公共服务后，各部委都在大力推进，落到财政部是 PPP，在发展改革委叫第三方服务，环保部叫合同环境服务，也叫第三方的专业治理服务。在国外的 PPP，比如加拿大的并不隶属任何一个部门，是独立的。财政部在做 PPP 中心，这是好事，财政是有钱的，改变财政资金的投入方式，避免国进民退，促进 PPP 是好事，但 PPP 中心在部委的协调上也会有难度。

王守清教授指出，因为 PPP 涉及面太广，没有任何一个学科可以完全覆盖 PPP。在行政管理上没有任何一个部委的职能可以覆盖 PPP。国际组织建议让发展中国家最好成立跨部委的协调机构，叫 PPP 中心或者叫 PPP 机构。这一机构的职责权利可以由中央政府来做。让财政部率先进行，已经成立了，慢慢再往这方面发展，起到推动作用，将来如何发展还要根据实际情况。王教授的主张顺应我国的政治制度，要真正成立一个跨部委的有形机构，不限制形式，可以是无形的，也可以是有形的，在中国组织结构发生变化很难，建议成立一个无形的机构，比如跨各部委的领导小组。这个机构主要还是从顶层设计角度去考虑，涉及的专业由行业主管去做。在这方面世界各地存在各种各样的形式，像菲律宾就是独立的。而最关键的还是要有一个顶层设计，比如污水肯定是交给住建部，公路肯定是交给交通部。无形更好些。

在项目管理中要分解结构，PPP 要清晰全面。要是按照这个要求所建立的 PPP 管理机构一定不能审批项目。不能按传统的方式什么事情都统统交给它。中央的 PPP 管理机构负责顶层设计，是宏观的，各部委按各自职权也可以有一个对应的 PPP 管理中心。有的项目不在一个区域，是跨境的，跨境的东西涉及不同的政府去协调。其次是在具体项目中涉及各职能部门时，不能由投资者跟各个职能部门去谈，这对投资者来说风险很大，前期成本非常高，一定是要深思熟虑。自己跑和政府跑的手续审批时间相比至少增加 3 ~ 6 个月。市一级如果有这样一个协调机构来统一解决是好的。立法要明确，只能跟市政府签约，有协调方向，提高效率。

混合制推进“合得来才结婚”

关于职责划分的问题，混合所有制的话，找股东一定要根据项目和股东的特点。“跟结婚一样，合得来才结婚，如果父母给我包办真的没办法。”政府占股，也只是在合同里面说明在什么情况下有决策权，其他是不包括的。

国资委副主任写了一篇文章，针对混合所有制，把国资委的国企分成四类，有些是可以的，有些是不可以的；有些是鼓励的，有些是不鼓励的。包括股份的问题，“比如咱们俩志同道合可以有一套规矩，比如就两个股东，实在吵得不行就分手，不要把PPP当成非常特殊的东西，对于政府来说只要跟公司签约，对于公司来说只要自己公司治理好就没有太大问题”。

加强 PPP 监管，防止政府信用透支

公共产品、公共服务的评估，归根结底是政府的责任，要政府来承担。我来检测你不符合了要做第二次评估。我们说这种监管是持续的监管，光靠政府肯定不行，光靠企业自己也不行，应该是二者结合，还有一个是公众，把所有标准公布。台湾有一个教授说我们这里搞了一个垃圾处理厂，大家都反对，政府说我们已经按照标准做了，你有什么问题随时打电话，如果有问题我们收拾企业，老百姓天天在这盯，盯了半年不盯了，老百姓也觉得没有问题了。

我们应该注重机制、注重透明公开；企业自身要注重品牌、注重抽检，不让老百姓投诉。现在政府说的什么话老百姓都不相信，这是一个大事情。“我们的政府信用有点被透支了。”

PPP 并非万能钥匙

总而言之，PPP 不是万能钥匙，国际经验基本上有这么几条，第一条项目的范围比较容易鉴定，流域为什么不好弄，因为范围不好鉴定，所有环境介质都得考虑，这是第一个。第二个原则是环境效果要容易确定，容易测量计量。环境在这个方面是容易的，但是前面的范围不容易确定。发达国家 PPP 做得好的，公共项目真的用 PPP 的只是 10%~15%（加拿大公用基础设施多）。此外，PPP 模式的推广结合了城镇化的发展需求，在城乡接合部土壤修复和小流域治理的需求是非常普遍的，王守清教授

幽默地说："我过去努力推PPP，现在要给PPP泼点冷水了。"理性看待PPP，总结经验教训，避免由"PPP热"走向"PPP过热"。

（原载"中国水网"，2014年5月22日）

王守清：地方基建转向PPP 立法争执待解

霍侃 王长勇

经过一年预热，财政部力推的PPP模式（Public-Private Partnership，政府和社会资本合作），得到地方政府的积极响应。9月24日，财政部发布《关于推广运用政府和社会资本合作模式有关问题的通知》，称将在全国范围内开展PPP项目示范。

同时，财政部将制定PPP模式操作指南和标准化的PPP模式项目合同文本，并要求省级财政部门结合部门内部职能调整，积极研究设立专门机构。

三季度，福建、江苏、重庆、青海等省份密集推出PPP试点项目，部分地方政府还制定了开展PPP的规范性文件，最新的是福建省政府9月11日发布的《关于推广政府和社会资本合作（PPP）试点的指导意见》。

PPP模式在基础设施领域的探索和实践始于20世纪80年代，当前被赋予新的使命，被认为是替代地方融资平台债、不增加政府存量债务的一种更规范的模式。政策基点是十八届三中全会提出的"引导社会资本参与基础设施建设和运营"，财政部将这一要求与处理地方政府债务存量相结合，力推PPP。

在9月下旬二十国集团（G20）财长和央行行长会议上，中国财政部长楼继伟表示，财政部主要采取三方面措施：一是面向社会推出了80个PPP项目；二是成立了PPP中心，主要负责提供不同行业的PPP项目标准文本；三是对地方财政进行培训，推动各级官员转变观念，并指导其分类开展PPP项目。

财政部力推、地方积极试点中，PPP项目的各参与方尤其是社会资本，期待能有统一的基础性法律，以解决相关法律、部门规章和规范性文件衔接不畅甚至相互冲突的问题；也希望通过立法，建立部门间的监管协调机制，解决政出多门、重复审批等问题。

与PPP相关的立法工作今年已提速，即目前由国家发展改革委牵头研究、调研并起草的《基础设施和公用事业特许经营法》（以下简称"《特许经营法》"）。

《特许经营法》起草小组成员、清华大学建设管理系教授王守清告诉记者，发展改革委已完成第 5 稿，6 月向各部委征求意见，7 月召开过一次业界人士参与的研讨会，目前正根据各方反馈意见修改完善，希望尽快完成第 6 稿。

记者看到的《特许经营法》征求意见稿版本，其突破点包括对所有企业一视同仁、政府承诺、监管企业、风险分担和动态调节机制等方面。但是，由于特许经营涉及的问题较复杂，目前在关键事项上遭遇瓶颈。

王守清说，一是《特许经营法》跟其他现行法律法规冲突如何解决、如何衔接；二是相关部门的职权划分和调整，涉及项目的审批流程。“都是棘手问题，涉及体制或权力再分配，需要国家层面来主导协调。”

记者获悉，按照国务院领导的最新批示，特许经营立法将由国务院法制办牵头推进。由于条件并不成熟，很多事项并未确定，可能先由国务院制定暂行条例，而不是由全国人大完成立法，待条件成熟时再上升为法。

财政部相关司局一位官员对记者说，如果制定特许经营暂行条例，希望明年初能拿出可以提交讨论的草稿。财政部和其他相关部委应该作为起草成员，参与整个立法过程，而不是目前由国家发展改革委一家起草。目前尚未明确是财政部和国家发展改革委各拿出一稿，还是共同成立起草班子。

法律属性和定位分歧

“特许经营法”被视为 PPP 领域的重要立法。但 PPP 与特许经营到底是什么关系，两者能否画等号，目前看法不一。

对于法律的名称为何定为“特许经营法”，而不是“公私合作法”？国家发展改革委提交的“起草说明”解释称，公私合作有多种形式，基础设施和公用事业特许经营只是其中之一。

王守清也认为，在中国叫“公私合作法”不太合适。因为中国有央企、国企存在，如果有不受当地签约政府直管的国企参与签约时，就形成了 PPP 中的 Private 一方，但并不能叫“私”。

财政部确定 PPP 的中文译文是“政府和社会资本合作”，规避了对“私”的认定难题。从重庆 8 月 7 日签约的 10 个 PPP 试点项目看，社会投资者的来源广泛，包括香港地铁、中法水务、苏伊士水务等外资，有重庆民企，也有中电建路桥集团、国家交通投资集团、中铁建等央企。

道和律师事务所合伙人律师刘敬霞认为，特许经营立法跟 PPP 立法不是一个概念。在市场经济下，特许经营适用范围应该比 PPP 更窄。财政部上述官员也认为，特许经营所指的范围更窄。

对此，王守清说，如果细究，特许经营和 PPP 确实不是一回事，特许经营是很狭义的词，但是发展改革委在立法过程中扩展了特许经营的含义。

《特许经营法》征求意见稿第三条规定，本法所称基础设施和公用事业特许经营，是指各级人民政府依法选择中华人民共和国境内外的企业法人或者其他组织，并签订协议，授权企业法人或者其他组织在一定期限和范围内建设经营或者经营特定基础设施和公用事业，提供公共产品或者公共服务的活动。

王守清说，从这个定义看，征求意见稿所指的特许经营，实质就是 PPP，可以说是特许经营一词"旧瓶装新酒"。

尽管发展改革委组织的起草小组认同扩展了内涵的"特许经营"，但征求意见稿并未明示，外界也很容易产生混淆和误解。基于对特许经营和 PPP 关系的不同看法，各方对特许经营法的法律属性认识亦有分歧，究竟属于民商法律关系还是行政法律关系？

一位接近财政部的专家认为，《特许经营法》应属于行政法律关系，适用比较窄的范围。在行政法律关系下，政府部门既是合同的甲方，还负有行政监管的责任。而 PPP 更侧重于民商法律关系，政府部门不能摆着监管的架子，政府和社会资本是平等的合同主体，如果双方发生争议，应通过民商法律，按照《合同法》来调解仲裁。

对于《特许经营法》的法律属性，目前的征求意见稿在"法律救济"条款中规定："特许经营者与实施机关就特许经营协议发生争议并难以协商达成一致的，可以依法提起民事诉讼或仲裁。"由此可见，特许经营协议是民商合同，而非行政合同。

但征求意见稿紧接着规定："特许经营者对行政管理部门就特许经营活动作出的具体行政行为不服的，可以依法提起行政复议或行政诉讼。"这意味着在特许经营活动中涉及的行政许可，如项目审批、核准等，是行政法律关系。

王守清说，对于法律关系，起草时基本已经达成共识，即政府和企业签订的特许经营协议是民事合同；但具体做项目的过程中，可能会涉及政府的行政审批，这部分则是适用行政复议。

刘敬霞认为，征求意见稿的"法律救济"条款区分协议和特许经营者，会让大家很迷惑。她认为，应该是民事法律关系。虽然政府是行政机构，但并不意味着所有行为都是行政行为。在行政管理行为中双方是不平等的，而在特许经营中，双方是平等的民事主体关系，可以平等协商。

北京资略律师事务所合伙人律师徐向东接受记者采访时说，从发展改革委和财政部给出的定义看，特许经营和 PPP 没有实质性区别；从特许经营和 PPP 的渊源看，如果都集中在基础设施和公用事业上，本身也没实质性区别。

因此，他希望“PPP 法”和“特许经营法”是一个法律，希望两个部门统一，不要因为人为造成的分歧，带来类似《政府采购法》和《招标投标法》的分歧，让各参与方无所适从。

根据十八届三中全会《中共中央关于全面深化改革若干重大问题的决定》重要举措的分工方案，财政部是落实“允许社会资本通过特许经营等方式参与城市基础设施投资和运营”的第一责任人，故财政部提出 PPP 的概念。而由于历史沿革，发展改革委是特许经营改革的第一责任人。

“这是由于部门分工不同而造成的，属于人为可控因素，应该也可以人为合并。”徐向东说。

财政部上述官员说，目前财政部对于 PPP 还没有立法的想法，而是通过发个通知，解决实际操作中的问题，让地方先做示范，财政部总结地方经验，再向全国推广。

监管协调机制待明确

企业最关注的是，《特许经营法》能否解决实际操作中面临的突出问题。其一是监管中的分工协调机制不清楚，存在重复审批、多头管理的情况。

对于 PPP 项目监管的必要性，王守清说，因为提供公共产品和服务的终极责任还是政府，故政府应加强对 PPP 项目的监管，以保证社会力量所提供的服务满足要求。PPP 项目的监管主要分两个阶段：一是项目立项和特许经营者选择时期的准入监管；二是项目建设运营时期的绩效监管。

目前，财政部成立 PPP 工作领导小组，而发展改革委主导《特许经营法》的起草，已经令业界困惑，到底谁是 PPP 项目的监管部门。

对于特许经营的管理体制，发展改革委在“起草说明”中解释，没有完全采用国外常用的 PPP UNIT 的方式，不对现行管理体制做重大调整，在加强对重要制度、重大规划统筹的同时，通过部门合作实现对特许经营项目的管理。

具体而言，征求意见稿关于“职责分工”的条款指出，省级以上人民政府发展改革部门负责指导和协调本行政区域内基础设施和公用事业特许经营工作，会同有关部门制定基础设施和公用事业特许经营的重要制度、重大规划。

关于“协调机制”的条款指出，政府有关部门应当建立协作机制，为特许经营者办理城乡规划、土地、环保、节能等手续提供方便，对于实施方案阶段有关部门已经审批的内容，不得在特许经营协议签订后重复审查。

对于项目操作，《特许经营法》中这样的规定还不够清晰。大岳咨询总经理金永祥认为，从中央到省级、市县政府各管什么、如何管，是否需要设立跨部门的协调决策机构，是否需要设立发达国家普遍采用的从事专业支撑的PPP中心，都是特许经营立法的核心内容之一，不能回避。

上述财政系统的专家认为，PPP项目监管涉及很多环节，是一个完整的链条，立项和建设由发展改革委负责，建设前期的资金筹集、后续利益补偿都涉及财政部门，后续的监管维护则是建设、水利等行业主要部门都要参与。

讨论的焦点是，是否要设立跨部门的PPP机构。君合律师事务所刘世坚律师认为，目前征求意见稿的安排比较务实，但需要有后续递进安排。设一个跨部门的管理机构很有必要，PPP中心的设立是更加微观层面的事，可以不在《特许经营法》中规定，但《特许经营法》应为此留出通道，之后再制定相应的实施细则。

王守清建议，中央和省级设立跨部门的PPP机构，最好是实体机构。如考虑到设立新机构太复杂，难以落实，也可设立虚拟的协调机制，但必须明确牵头负责部门。例如，由发展改革委或财政部牵头，成立跨部委的中央级和省级PPP机构，统一负责政策指导、总体规划和综合平衡，对政府财政风险进行监管和审批，并与央行、银监会保持密切沟通。

目前，中央级的跨部门PPP机构尚未建立。财政部内部设立了PPP工作协调机制办公室，并在金融司设立PPP处。此外，记者获悉，财政部还以下属的中国清洁发展机制基金管理中心为基础，在财政部内部设立PPP中心，但目前尚未对外公布挂牌。

上述财政部官员说，设立跨部门的PPP中心没有法律依据。所以，目前财政部更多是从加强财政支出管理、提高财政资金使用效率的角度考虑。

地方政府的管理协调机制在逐步建立。吉林省已成立PPP管理协调工作组；江苏省作为全国推广运用PPP试点的首批省份，已设省级PPP试点中心。

厘清政府市场边界是根本

关于《特许经营法》定位和法律属性的争议，根源在于政府与市场的边界尚未厘清。徐向东认为，《特许经营法》首先要在国家治理层面，厘清政府投资和企业投资的界限，政府部门之间的权限、分工与合作，推进政府行政管理体制改革，加强政府的自我革命。

厘清政府与市场、政府投资与企业投资的界限，贯穿特许经营立法的全过程，体现在《特许经营法》的适用范围、审批流程、部门分工协调等多处细节中。

国家发展改革委在“起草说明”中称，特许经营立法，有利于发挥市场机制作用，促进政府职能转变。通过特许经营，政府从市场能有效配置资源的领域退出，有利于解决管办不分的问题，妥善处理好合同签订者与监管者的身份。

但财政部门的专家认为，征求意见稿的部分细节并未体现出更多发挥市场机制的作用，反而带来审批范围扩大、行政壁垒增加的可能。

焦点之一是，可实施特许经营的行业范围。征求意见稿采取列举加兜底的“正面清单”，列出八大类、40 多个基础设施和公共服务领域；同时，正反结合，规定项目特性和预期服务质量有不确定性、难以明确项目要求或难以明确划分风险的项目，不实施特许经营。

刘敬霞认为，正面清单的局限性是所有列举都不可能穷尽。立法初衷应该是这些行业“可以”（而不是“应当”或“必须”）尝试，但所列范围太宽。现在大方向是市场化改革，鼓励各种资本参与，不应该做过多限制。

上述财政部官员也认为，不管是 PPP 还是特许经营，如果没有搞清楚政府和市场的边界，特许经营适用范围包罗万象，把竞争性领域、完全可以交给社会资本承担的也列入，不太合适。

刘世坚认为，已经完全开放、不需要特许经营权的领域，不应强行适用特许经营模式，但 PPP 可以适用。

徐向东建议，从立法角度可改变表述办法，用概论法替代列举法，规定只要符合降低成本、提高效率、改善公共服务要求的，非必须政府投资不能实行市场化的项目，均可实施特许经营。

对于征求意见稿中的适用行业和领域，王守清说，起草中讨论了很久，第 5 稿是正面清单，是按发展改革委之前的一个文件套的；最近讨论后达成共识，第 6 稿将不列项目清单，而是列出一些鼓励的领域，重点描述项目特征，例如若项目产品和服务不能明确界定和监管，不适用于特许经营；同时，强调物有所值的理念。

涉及厘清政府与市场边界的另一个焦点是，特许经营项目的立项和审批程序。国家发展改革委的“起草说明”称，无论哪类项目，确定是否进行特许经营时，都参照政府投资项目审批决策程序管理。与常规政府投资项目审批决策程序不同的是，征求意见稿在项目报政府审批前，参照国际上的 VfM 标准，增加了评估论证程序。

王守清认为，因为历史沿革，行政审批不可能一下子推翻。按照现有的部门职权划分，项目的立项、审批都是发展改革委负责；如果项目需要财政出钱，财政部门可以一票否决。

今年以来，财政部推动的 PPP 项目，尝试多种方式的财政资金支持。财政部 9 月 24 日的通知指出，财政部将积极研究利用现有专项转移支付资金渠道，对示范项目提供资本投入支持；地方各级财政部门可以结合自身财力状况，因地制宜地给予示范项目前期费用补贴、资本补助等多种形式的资金支持。

福建财政厅称，将根据全省 PPP 项目实施进展情况，逐步安排 5 亿元专项资金，成立风险池，为地方 PPP 项目贷款提供增信支持。

目前的征求意见稿中，对涉及使用财政资金项目的财政部门一票否决权，并不明确。特许经营项目的审批决策程序是按现行的政府投资项目管理办法执行。

但是，《政府投资条例》也正在制订过程中。记者获悉，国务院法制办近期修改完成《政府投资条例（草案）》，定义的政府投资的资金范围大幅缩小，仅包括使用政府预算资金进行的固定资产投资建设活动。“特许经营法”关于项目审批决策的规定，应与国务院审议通过的《政府投资条例》保持一致。

记者获悉，就“特许经营法”征求意见稿，财政部 6 月初向发展改革委提出的意见函建议，待时机成熟后再出台“非公有制企业进入特许经营领域具体办法”。因为涉及政府与市场关系问题，而对目前正在制订中的最新版的《政府投资条例（草案）》，财政部官员认为“尚未按十八届三中全会改革要求，明晰政府与市场的边界”。

对特许经营事务的管理，财政部的意见认为，不同于基建投资项目管理，应体现“引入市场竞争机制、政府和社会资本平等有序合作的运作机制”，而不是以审批替代管理，这样既难以达到鼓励社会资本进入特许经营领域的目的，也可能影响市场投资积极性，降低市场运作效率。

（原载《金融混业观察》，2014 年 9 月 29 日）

PPP模式尚存法律空缺
——专访清华大学国际工程项目管理研究院副院长王守清

张舒

王守清认为，由于缺乏相关的法律和制度建设，PPP这一模式在实践中虽然取得了一些成绩，但也存在大量问题。

从10月22日召开的APEC（暨亚太经济合作组织）财长会议，到10月24日召开的国务院常务会议，再到即将召开的G20峰会，均作为或将作为主要议题出现的“PPP模式”可谓出尽风头。

随着地方债务风险逐渐集聚，PPP模式作为一种创新的偿债方式在近段时间一再被各方提及。

据法治周末记者查阅公开资料发现，截至2013年6月底，我国地方债余额已经达到17.9万亿元。另据财政部估算，未来6年城镇化建设的成本将高达42万亿元。

“在地方政府融资平台遭遇瓶颈、预算限制日益紧张之时，仅仅依靠政府资金来提供公共产品的难度逐渐加大。”著名PPP和项目管理专家、清华大学国际工程项目管理研究院副院长王守清介绍道。

去年12月，中央城镇化工作会议曾明确鼓励社会资本积极参与城市公共设施投资运营。

2014年9月24日，财政部发布《关于推广运用政府和社会资本合作模式有关问题的通知》，要求推广PPP模式，为城镇化建设提供融资渠道；同年10月，国务院办公厅下发《国务院关于加强地方政府性债务管理的意见》，将PPP模式列入建立规范的地方政府举债融资机制之中。

随后，财政部再度印发《地方政府存量债务纳入预算管理清理甄别办法》，明确规定“通过PPP模式转化为企业债务的，不纳入政府债务”，为PPP模式保驾护航。

“PPP模式通过引入民营资本，能够破解城镇化建设中的融资难题，缓解地方债的压力。”王守清说。

2014年10月31日，在接受《法治周末》记者专访时，王守清提出，有关部门应陆续出台配套政策、法规，以确保PPP模式顺利推进。

推行 PPP 模式应考量三个因素

《法治周末》：国务院及财政部为何选择力推 PPP 模式？这一模式有何优势？

王守清：这主要是由 PPP 模式的特点决定的。如果所有基础设施全部交由政府独自承担，则可能会出现政府资金不足而造成基础设施不足的情况，或者因为政府供给与市场需求失配而出现项目高成本、低效率、高风险等问题。

如果把基础设施完全交给企业去做，则可能出现企业以利润最大化为目标，忽视社会责任，为项目推进埋下隐患。

因此，推行 PPP 模式，让政府和企业长期合作，各自发挥各自的优势，利益共享，风险共担，既能减轻政府财政负担，转变政府管理方式，充分发挥市场的力量和企业的能动性，又可以引进先进的管理和技术。

《法治周末》：在推进与应用 PPP 模式的过程中，应该注重哪些方面的考量与调研？

王守清：要保证 PPP 模式的科学应用与推进，至少要考虑三个要素。

一是要保证物有所值。对一个基础设施项目是否要采用 PPP 模式，一定要做评估比较。要保证应用 PPP 模式后，项目会比传统的政府投资模式有优势。既要保证投资者可以获得一定利润以吸引社会资本，又要保障政府和社会公众的利益不被破坏。

二是要重视政企合作。PPP 项目涉及两大核心参与主体，分别是政府和企业。政府应对公众负责，企业则应分担原本由地方政府承担的部分或全部责任与风险。双方在合作过程中一定要各尽所能，各取所需，既充分发挥企业的技术和管理经验，又能有效控制政府的财政风险，保障社会公众的利益。

三是应强调公平分担风险。要想成功应用 PPP 模式，政企双方就要正确识别和公平分担项目风险，并通过特许权协议或合同进行落实。

对政府而言，应用 PPP 模式并不是把所有风险都转移给企业，要同时考虑企业利益；对企业而言，也不能把承担更多风险作为获得更多回报的机会，要考虑自身承受能力。

因此，在推进 PPP 模式的过程当中，要明确政府和企业各自应承担的责任和义务。

缺乏相关的法律和制度建设

《法治周末》：据资料显示，在财政部力推 PPP 模式解决地方债的大背景下，我国的 PPP 模式其实还没有完善的法律法规做保障，这是否会为 PPP 模式的发展埋下隐患？

王守清：其实从 20 世纪 80 年代开始，我国就已经开始了 PPP 模式的应用。然而，由于缺乏相关的法律和制度建设，这一模式在实践中虽然取得了一些成绩，但也存在大量问题。

其中最主要的原因就是，目前我国与 PPP 模式相挂钩的法规政策法律效力较低，多为国务院或地方性行政法规、部门规章，尚未上升到国家法律层面。同时，有一部分文件之间甚至在这一模式的称谓和内涵、项目所有权的转移与归属、税务的征收等方面出现相互矛盾的情况。

缺少国家层面的法律和制度会造成一个情况，即中央和地方政府缺乏相关项目的一站式立项、评估和审批机构，致使各地各部门各自为政，重复或交叉审批，效率低下，甚至出现管理与监管的缺位现象。

另外，由于 PPP 模式多运用于大型项目，建设周期长，使用时间久，涉及的利益主体多元化。没有国家层面的法律和制度，很容易出现各种纠纷难以有效解决的状况。

因此，要应用好 PPP 模式，构建一套国家层面的 PPP 法律和制度体系迫在眉睫。

《法治周末》：有关部门应具体从哪些方面入手，构建我国 PPP 模式的法律制度体系？

王守清：首先，从国家层面制定的 PPP 法律，内容应全面详尽，包括 PPP 模式应用范围的界定；政府审批权限、流程和管理程序；政企的核心权利和义务；合同框架和风险分担原则；退出机制和纠纷处理机制；各地项目规模上限与政府财力比例；信息披露、政府监管与公众参与制度等。

其次，要设立中央和省级 PPP 模式监管机构，完善一站式透明审批机制以提高效率，规范运作。

再次，建立公众参与决策和监管机制，以完善政府决策机制和弥补政府监管的不足。

基础设施关系到广大社会公众的切身利益，社会公众应对这些项目享有知情权和建议权。项目从科研、立项、招投标开始，一直到签约、设计、建设和运行等全过程，都应征求各干系人包括社会公众特别是受直接或间接影响人群的意见和建议，做到公开、透明。

《法治周末》见习记者 张舒

《法治周末》实习生 代秀辉

（原载《法治周末》，2014 年 11 月 5 日）

王守清：一直在路上的 PPP 行者

王兴钊

在时下的中国，一场自上而下、政府与民间联动的 PPP 模式正在如火如荼地进行。作为一项系统工程，PPP 就是让专业的人做专业的事。而说到 PPP 领域的专家，有一个人不得不提，他就是清华大学土木水利学院建设管理系教授王守清。多年来，王教授一直致力于推动 PPP 发展，先后发表近 300 篇论文，出版几十部著作，举办数百场关于 PPP 的培训、讲座。作为 PPP 法起草小组的核心成员，他为立法工作的加快完成尽职尽责。他同时还担任全国项目管理领域工程硕士教育协作组（161 所大学）组长，为培养项目管理的后备人才呕心沥血。

人们常说，身体和心，总有一个要在路上。而对于王守清教授来说，他却是读万卷书，行万里路，身体和心两个同时都在路上。他 18 年来一心扑在 PPP 模式的教学、研究上，治学严谨，学术成果丰硕，至今共发表近 300 篇论文，出版几十部著作。同时，因为国内外的邀请不断，他经常奔波在路上，风尘仆仆赶往各地给政府机关和企业去做关于 PPP 的培训和参加学术活动，倾情为 PPP 的普及推广而大声鼓与呼。

对于当下的 PPP 热潮，王教授有着自己的冷静观察和深刻思考。他表示，从专业性的角度，政企谈判签约与合作时，官员“斗不过”企业家，只有提高官员能力，做好顶层设计，加快法治和制度体系建设，公平分担风险，加强监管，保护公众利益，才能保证 PPP 项目的成功和可持续发展。

正本清源

尽管从 20 世纪 80 年代开始，我国就已经开始了 PPP 模式及各种演变模式的应用（特别是 20 世纪 80 年代后期至 90 年代后期以外商为主导的 BOT，以及 90 年代后期至今以国企为主导的 BT），但由于我国存在国有、集体、私营等多种经济主体，对于 PPP 的理解，还有一些问题需要澄清。

根据长期的研究经验，王教授指出，我国 PPP 中的“私”并不是单指私营经济主体；经济主体的外在形式只是资本性质的载体，所谓“公”与“私”的区别更应强调的是资本目的的“公”与“私”；在我国，“公”应该指追求社会公益性，“私”应该指追求经济利益，两者的根本区别不是经济主体性质之间的区别，而是追求公共利益与追求经济利益的区别；当前国有企业是国内PPP市场上最重要的主体，也具有逐利性，并非以追求公共利益为最高目的，因此可以认定为PPP中的“私营投资主体”，除非该国企是直接受签约方政府直接管辖操控的，但毕竟我国国企具有民企所不具有的天然优势，故应限制国企在项目公司中的股份比例，以发挥民企的能动性和创造性。基于我国实际，建议将PPP称为“政企合作”，既简洁直接，也易与国际接轨。

尽管各国和有关国际机构对于PPP的理解不尽一致，但王教授说，国际上对PPP模式还是达成了一些共识。

第一，必须应用PPP。如果所有公共产品（包括准公共产品，下同）全部由政府独自承担，则会因为政府资金不足造成公共产品供给不足，或者因为政府机构所存在的内在缺陷及政府供给与市场需求失配所带来的高成本、低效率和高风险等问题。然而，如果把公共产品完全交给企业去做，则可能由于企业以利润最大化为目标，忽视社会责任，造成对公众不公平等问题。因此，推行PPP模式，政府和企业合作，应发挥各自优势，可以既缓解政府资金不足的问题又可以提高供给公共产品的效率。

第二，PPP非常复杂，涉及面广。PPP项目是一项复杂的系统工程，涉及众多法律关系和主管单位，涵盖工程、融资、法律、经济和管理等众多学科，投资规模大，时间跨度长，风险因素多，参与或涉及者众多并且各方之间的关系也错综复杂。同时，由于各项目的具体实施条件各不相同，常常是无先例可循，更增加了项目的复杂性。

第三，不是所有的项目都可以用PPP。全世界PPP做得较好的国家，其公共项目采用PPP模式的也不过10%～20%，这是因为，提供公共产品终归是政府的责任，不能完全推向市场，并且按照发达国家的实践经验总结，PPP的效率也并没有理论上所说的那么高。

顶层设计

推广PPP模式，意在实现1+1>2的目标。但要想如愿，王教授认为，关键取决于如下因素：一是项目所在地必须加强法治，政府要守信用，这是重要条件，否则投资者不敢长期投资；二是最好有相应的立法，即PPP法，以解决与其他法冲突的问题；三是各方都要有契约精神，在现有法律框架签订合同并严格遵守；四是要符合专业性要求，PPP项目对政府来说，应做到物有所值，既缓解政府资金压力，又提高效率；

而对企业来说，财务上可行，有适当的盈利空间。

但一个不容忽视的问题是，中国目前存在政府部门条块分割的现象，PPP的事情现在也是各部委都在发声，但各种声音并不完全相同。

对此现象，王教授分析，正像前面提到的，PPP因为涉及面太广，在行政管理上没有任何一个部委的职能可以覆盖全PPP。他主张要顺应我国的政治制度，做好顶层设计，可以设立中央和省级的专门PPP机构，最好是实体，如果难落实，也可以是虚拟的，但要明确牵头负责部门，如由发展改革委或财政部牵头成立跨部委的国家级和省级PPP机构，统一负责政策指导、总体规划和综合平衡等，对政府财政风险进行监管和审批，并与央行、银监会保持密切沟通。

此外，在市级地方政府也应设立实体或虚拟的PPP中心，以协调或综合各部门的职责，完善所辖区域的项目选择、比较、筛选和优先级，建立一站式谈判和审批机制以提高效率，规范运作，也可避免各地政府盲目上项目特别是需要政府支付或补贴的项目，造成类似于现在高额的地方政府债务。

加强监管

虽然政府在PPP合同中具有特权，相对主体即企业却处于劣势地位，但王教授风趣地说："官员是'斗不过'企业家的。"他解释，这不是从权力而是从专业性的角度来说的，一是做事态度上，企业花了自己的钱，肯定会用心做好，而政府不是花自己的钱，可能不会太用心；二是精力投入上，官员每天忙于事务性的工作，虽然很勤奋好学，但花在PPP项目上的时间毕竟有限；三是有些地方官员PPP决策不当时，因面子和责任等种种原因，可能无法及时纠正或总结与传播经验教训。

为尽量避免此种问题，也因为提供公共产品的终极责任还是政府的，故政府应加强对PPP项目的监管，以保证获得政府授权的企业所提供的产品满足要求。王教授建议可以从以下几方面发力。

首先，加强准入监管和绩效监管。PPP项目的监管主要分两个阶段：一是项目的立项和特许经营者选择时期的准入监管，二是项目建设运营时期的绩效监管（包括质量、价格、服务水平和财务等方面的监管）。准入监管的目的在于剔除不能实现物有所值的PPP项目方案和企业，以提高效率；绩效监管的目的在于解决市场失灵、普遍服务和绩效不符合要求等重要问题，以保护公众利益。

其次，建立统一的项目信息发布机制。不仅要向人大，还要向社会公布相关信息，保证项目信息的及时、准确和一致性，做到公开、公平和公正，以利于提高效率，防止腐败，也有利于研究、总结和传播经验教训，包括对相关官员进行培训，进行能力建设，以实现知识管理，不断优化和改进 PPP 模式的应用。

最后，建立公众参与决策和监管机制。公共产品关系到广大社会公众的切身利益，社会公众应对这些项目享有知情权和建议权。项目从可研、立项、招投标开始，一直到签约、设计、建设和运行等全过程，都应采取各种形式和措施进行广泛深入的宣传、报道，征求各干系人包括社会公众特别是受直接或间接影响人群的意见和建议，做到公开、透明，处在社会公众和媒体的严格监督下，并积极发挥独立第三方咨询机构的作用，完善政府的决策机制，保障社会公众的利益。

风险分担

合理分担风险直接关系到协议各方的经济利益，是 PPP 项目成功的又一个重要因素。风险分担的不合理必然会增加协议一方的成本，从而影响合作方的积极性并可能导致项目失败。因此合理的风险分担原则必须具备两个功能：①减少风险发生的可能性、风险发生后造成的损失和风险管理的成本，使 PPP 项目对各方都具有吸引力；② 培养各方理性和谨慎的行为，即各方要有能力控制分担给己方的风险，并为项目的成功而有效努力。

王教授说，目前，学术界和业界对 PPP 项目的风险分担原则已达成共识：一是由对风险最有控制力（或控制成本最低）的一方承担相应的风险；二是承担的风险程度与所得的回报大小相匹配；三是各方承担的风险要有上限，超过上限，启动重新谈判或实施调节/调价机制。

国家立法

目前我国应用 PPP 中出现了一些问题，特别是出现了一些法律障碍以及一些地方政府不守合同或扯皮的现象，其中一个主要原因是，目前与 PPP 模式相关的法规政策层次较低，多为国务院/地方性行政法规或国务院部门/地方政府规章，尚未有国家层面的立法，权威性不够。另外，PPP 项目的协议长达数年、十几年甚至数十年，地方政府可能换届多次，只有国家层面的完善法律和制度体系才能给企业特别是私营企业更强的信心，才能更好地保证企业的权益，从而更有效地吸引社会投资参与。因此，要应用好 PPP 模式，迫在眉睫的任务是构建一套国家层面的 PPP 法律和制度体系。

让人振奋的是，与 PPP 相关的立法工作今年已提速，全国人大决定由国务院负责，由发展改革委牵头研究、调研并起草《基础设施和公用事业特许经营法》（以下简称“《特许经营法》”）。

作为《特许经营法》起草小组核心成员，王教授表示，发展改革委已完成的第 5 稿作为征求意见稿已于 5 月公开征求意见，7 月召开过一次业界人士参与的研讨会，目前已根据各方反馈意见修改完善。

为提高《特许经营法》的立法质量，王教授建议，这套从国家层面制定的 PPP 法律，加上后续再出台的实施指南和示范合同模板等工具，内容应包括但不限于 PPP 及其应用范围的界定，项目的立项、评估、审批、监管流程和管理程序，选择投资者的程序和方法，各方的责权利，风险分担，退出机制和纠纷处理机制，各地项目规模上限与政府财力比例，中长期预算机制，会计准则（如采用权责发生制或收付实现制），信息披露、监管与公众参与制度等，使之具备全国统一的原则性做法和较强的法律效力，避免由中央各部门或地方法规政策所带来的冲突，特别是处理过去国家层面其他法律如《合同法》《公司法》《招标投标法》《政府采购法》《会计法》《税法》《银行法》《仲裁法》等未覆盖到或与 PPP 模式有冲突的内容。

王教授进一步指出，在一定规模以上或跨区域的项目应由中央级的 PPP 机构审批，其他由省级或市级 PPP 机构审批。PPP 项目的立项和审批应重点考虑下列五个方面的问题：①应该做哪个项目?所建议项目是否必须?如果必须，有哪些核心要求?②这个项目是用传统的政府投资模式做还是用 PPP 模式做?采用 PPP 模式是否能实现物有所值?③如果决定采用 PPP 模式，应采用哪种具体模式（如 BOT、BOOT、TOT 等）?应考虑哪些要点?项目收益来自政府支付还是用户支付抑或二者共同支付?如何定价和调价?④如何选择合适的投资者？⑤如何监管投资者所提供的产品/服务符合要求？等等。上述关键原则和要点应写在前述《特许经营法》或相应指南和示范合同中。

他山之石

虽然我国中央政府推进 PPP 模式应用的决心很大，但是未来一段时间内我们依然处在 PPP 初级阶段，并将持续一段时间。在国外，有不少成功经验可以借鉴。

王教授解释说，虽然一般认为现代社会 PPP 最早出现在发展中国家，如 1984 年土耳其首先应用 BOT 于基础设施项目，但实际上全世界 PPP 模式运行比较规范的却是发达国家，按 APEC 的看法，最好的当属加拿大、澳大利亚、英国等。总结它们的成功经验，无外乎这么几条：一是有完善的制度安排和信用体系；二是项目选择适当且项目要求（规划、范围、产量、质量等）明确；三是风险分担公平，合同规范，追求全寿命效率；四是金融体系成熟，融资方便。

桃李争妍

能者总是多劳的。除了是 PPP 方面专家，王教授同时还担任全国项目管理领域工程硕士教育协作组（161 所大学）的组长。他说，自 2004 年国务院学位委员会办公室和全国工程专业学位研究生教育指导委员会正式批准开展项目管理领域工程硕士的培养以来，项目管理领域工程硕士的实考和录取人数连续数年列 40 个工程领域第一，占 40 个领域招生总人数的 15%左右，其中，从 2010 年起，该工程硕士每年招生录取人数一直高位稳定在 1 万人左右，而且生源素质（按 GCT 统考成绩看）也名列 40 个领域前茅。同时，协作组也深知质量是教育的生命线，是关键问题，花了大量的精力组织培养问题研讨、核心课程教学研讨、与国际权威机构 PMI 和 IPMA 合作等，致力于提高培养质量，逐步建立起了内部和外部的教育质量保障体系。

在倾力抓好协作组工作的同时，王教授始终不曾忘记自己教书育人的本职工作。他主讲的“项目融资（PPP）”被评为清华大学研究生精品课程。王教授充满深情地介绍道，通过该课程的学习，学生们既掌握了技术，又懂得了融资、经济、管理、法律和商务运作等；不仅自己懂，还能领导团队一起干；既学习了国内外理论发展，又了解了国内外实务操作。因此，该课程对培养研究生的综合知识、能力和素质是很好的载体，特别有利于培养研究生综合应用工程、融资、法律、经济和管理等相关知识进行科学研究和解决实际问题的能力。

项目管理

目前，项目管理市场认知度高，越来越多的人希望学习项目管理知识，社会对项目管理人才也有着非常稳定和规模化的长久需要，这促使项目管理相关的教育、培训、认证与研究等发展迅猛；另一方面，项目管理人才的培养完全符合我国的国家人才战略，《国家中长期人才发展规划纲要（2010—2020 年）》中已将项目管理人才纳入到国家发展战略规划中，列为一个独立的急需专门人才，要加紧大力培养；而国务院国资委与国家外国专家局也于 2011 年联合举办了“中央企业项目管理创新技能大赛”。这些无不说明了市场对项目管理确有需求，反过来也说明项目管理在各行各业中发挥着越来越重要的作用，确有实用价值。

对此热潮，同时还兼任中国（双法）项目管理研究委员会副主任委员的王教授认为，掌握项目管理这种系统做事的方法后，个人做事的目标将更加明确化，实现目标的过程将更条理化，对过程的控制将更加明确、有效，从而自己做事和领导团队的能力将大为提高。同时，项目也是组织发展的主要载体，项目管理可让组织的资源实现优化整合和高效率发挥，最终达到干系人满意。

另类“爱好”

大凡在事业上有所建树的成功人士，都是有张有弛的——既有紧张的工作，又有令人松弛的业余爱好。但是，王教授的业余爱好却与众不同。

王教授在国外时，喜欢打排球、羽毛球，并且球技也不错。回国后，他变成了一个十足的“工作狂”，一心埋在工作上，用足了“八小时以内”，也常利用“八小时以外”，有时还占用公休日，因此根本无暇顾及原来的爱好，于是忙碌的工作也就成了他的“爱好”。对于这一“爱好”的“新常态”，王教授乐此不疲，甘之如饴。他解释说，因为深爱自己所从事的工作，所以也就不觉得辛苦。

鲁迅曾经说过：“哪里有天才，我是把别人喝咖啡的工夫都用在工作上的。”王教授的勤奋程度不输鲁迅，只是唯一不同的是，他在紧张忙碌工作的同时，喜欢喝咖啡，也爱喝茶，偶尔还会小酌几杯。此外，刷刷与 PPP 有关的专业性微博，对他来说也是一种休息和放松，他的新浪实名微博已有数千条有关 PPP 和项目管理的微博。

梦在远方

除了前述职务，王教授还担任清华大学国际工程项目管理研究院副院长和清华大学恒隆房地产研究中心政企合作（PPP）研究室主任，兼欧亚公私合作（PPP）联络网中方代表、亚开行 PPP 专家库成员暨亚洲城市发展中心 PPP 培训导师、（美）项目管理协会（PMI）全球项目管理学位认证中心中国区副主席、中国 PPP 法起草小组核心成员、中国财政学会 PPP 研究专业委员会特聘专家、《International Journal of Project Management》《Journal of Financial Management of Property and Construction》等 10 多份国内外期刊的编委等。面对这些头衔，他报以淡淡的微笑，他说："头衔更意味着责任和奉献。"

心总在远方，路就在脚下。作为一位坚定的行者，王教授在 PPP 的跑道上始终处于不知疲惫地向前奔跑的状态。他表示，在已有成绩的基础上，他会再接再厉，带领弟子们潜心钻研，争取在 PPP 领域取得更多成果，为推进新型城镇化建设、改进政府公共服务做出更大的贡献。

北宋哲学家张载有言："为天地立心，为生民立命，为往圣继绝学，为万世开太平。"王教授勇于担当的士子精神、以天下为己任的家国情怀，可以当此言矣！

（《项目管理视点》2014 年 11 月第 4 期"封面人物专访"）

王守清：PPP 不是政府推卸责任的借口

王昀

PPP（Public-Private Partnership），在国际上，依据其字面含义，指的是"公私合作伙伴关系"，但在中国的实践中，与政府合作、代表商业力量的一方，不乏国企或混合所有制企业，故也有学者认为"政企合作"的表述更准确。近几个月以来，中国兴起 PPP 热潮，受财政部"76 号文"的推动，各地纷纷上马 PPP 项目。但对这一概念，大家仍有诸多疑惑。

清华大学的王守清老师，对 PPP 领域的前沿理论、国内外实践有长期深入的研究。他认为，PPP 不仅是一种投融资模式，更是一种制度创新。对我国《基础设施和公用事业特许经营法》（PPP 法）的立法，他也做了大量工作。10 月，《东方早报 · 上海经济评论》对他做了专访，请他为我们解答 PPP 实践中最紧要的原则性问题。

记者：当下中国为何要推 PPP?

王守清：我们现在所谈的 PPP，更多的是广义的，即只要企业获政府授权，出钱出力与政府合作，提供本该由政府投资提供的基础设施和公用事业等公共或准公共产品或服务（以下统称"公共产品"），都可以叫 PPP。

而国际业界对 PPP 的定义开始是偏狭义的，即政府和企业长期合作提供公共产品，但政府不是直接行政干预，而是通过政府在项目公司占有股份等商业方式来干预项目运作，以保证公众的利益，共担风险，共享收益，同时体现契约和商业精神。

这轮财政部力推 PPP 的背景，是城镇化进程特别是基础设施和公用事业（以后统称基础设施）的巨大需求驱动的，地方政府财政支出压力加大，而地方政府之前的债务已经高企，难以为继，因此，从中央到地方政府，都在积极鼓励社会资本进入基础设施和公用事业等领域，参与投资和运营，即 PPP，也就是说，PPP 将为基础设施提供重要的资本和专业支持。首先，PPP 可以提升公共产品的效率和服务水平，发挥企业的能动性和创造性；其次，PPP 的更重要意义，在于转变政府管理方式，从参与提供基础设施的全过程，变成对这个过程进行规制，更关注产品、服务和价格，发挥市场的力量；最后，PPP 可以部分缓解政府资金短缺问题（特别是通过 PPP 经营性项目），用社会资本提前建设，提前受益，促进经济发展，提高人民的生活水平。

不过，做 PPP，政府不是把工作完全甩给企业，也不能逃避特定性质项目的支付/补贴责任，而是转变管理方式和重点，要严格监管产品质量、服务水平和价格等，因为提供公共产品的终极责任还是政府的。另外，PPP 项目有政府支付、用户支付、用户支付加政府资源（钱/地/旅游/矿等）补偿（RC, Resource Compensation）3 种，且只有后 2 种能减轻政府财政支出特别是当期财政支出。因此，政府不能全部依赖 PPP 去解决财源问题，对需要政府支付或补偿的 PPP 项目做多了，会形成大量政府长期债务或损失资源。

记者：PPP 有诸多类型，政府应当怎样选择？什么样的项目适合用 PPP？

王守清：是否采用 PPP，很大程度上取决于项目本身的性质，包括技术复杂性、收费的难易程度、生产或消费的规模、设施的规模等。比如，因为 PPP 项目复杂，谈判耗时，前期费用高，因此对项目规模有一定要求，除非其 PPP 模式已经比较成熟，各方很容易谈判签约，否则会因前期费用占项目总投资的比例过大，而并不合算。

自然资源开发是最适合做 PPP 的，其次是基础设施，因为通过自身的运营可以收回投资并挣钱。对政府而言，最应关注的是，应用 PPP 能否提高项目的建设和运营效率，其最典型的体现就是，项目产品或服务价格的降低，以及服务水平的提高。否则，除非迫切需要该项目但政府又没钱，做 PPP 意义不大，政府不能以 PPP 作为推卸提供公共产品/服务责任的借口。一般而言，技术比较复杂，对设计、建设和运营全过程集成要求高的项目，更容易通过 PPP，让企业全过程集成交付产品的项目比较容易提高效率、降低价格。另外，不能把 PPP 模式当做万灵丹，不管项目的特性和环境，例如，与国家安全有关、易受百姓反对的项目（如核电站），或对项目的范围、其产品/服务的质量和要求等不能明确界定的项目（如纯软件系统），一般不太适合采用 PPP。

政府在短期和长期都没有钱时，可优先做用户付费的项目，即经营性项目（如收费高速公路、桥梁等基础设施项目）；政府短期没钱但长期有钱时，做用户付费加政府补贴运营的项目，即准经营性项目（如污水和垃圾处理等市政/公用事业项目）；政府有钱时，做主要由政府支付的项目，即公益性项目（如学校、养老院和监狱等社会事业项目）。

经营性、准经营性与公益性项目，常用“可经营性系数 r=全寿命期内收益折现值/成本折现值”区分（若是 PPP 项目，改用含建设+运营的特许经营期替换式中的全寿命期）：若 $r=0$，属公益性，需政府出资，做 PPP 需政府补贴或资源补偿（RC）；若 $r>1$，属经营性，可 PPP；若 $0<r<1$，属准经营性，做 PPP 需政府给政策，或补贴/RC。

对新建项目（如绿地项目），对应的模式常是 BOT（Build-Operate-Transfer，建造—经营—移交）或 BOOT（Build-Own-Operate-Transfer，建造—拥有—经营—移交）；对升级改造项目，主要对应 TOT（Transfer-Operate-Transfer，移交—经营—移交）；还有各种演变形式，如服务外包、运营外包等。当然，这些都是广义 PPP。

在我国实践中，自 90 年代末以来，大量应用的是 BT（Build-Transfer）形式，指企业获得政府的授权后出资和贷款为政府建设项目，项目建成后交给政府使用，政府一般在 2~4 年内向企业分期支付（回购）。与政府投资建设项目不同的是，政府用于回购项目的资金往往是事后支付（多通过财政拨款或其他资源如土地补偿）。但是，因我国法规不完善，操作不规范，特别是不少地方政府不顾财政（回购）实力，造成大量地方政府债务，主要只是解决了政府当时缺钱建设基础设施的燃眉之急。而且，由于企业仅参与建造，没有参与运营，没有考虑全寿命期的效率提高——我国 BT 项目的成本是比较高的，一般比传统模式贵 10%~20%。2012 年 12 月，BT 模式已被中央有关部门基本叫停（见财预〔2012〕463 号通知）。

为规避 463 号文对 BT 的限制，各地出了很多假 PPP 之名但实为 BT 的所谓创新模式。其实，只要政府在特许权协议中限制一下企业转让股份的时间（如必须 10 年以后）和转让后必须持有最少股份（如>20%），这些模式都被限制住了。本质上，这些模式的存在，还是地方官员想做政绩，不想提高效率，不考虑可持续性；当然，中央和地方政府的财权、事权等不对等，是宏观原因。

依照国际惯例，投资者多是以成立项目公司（特殊目的载体，Special Purpose Vehicle，SVP）的形式来做 PPP，这样，以项目公司的名义去贷款，有可能实现有限追索，同时便于管理，比如责权利明确、追求全寿命期绩效、利于股东进出等。如果政府在项目公司中占股份，那么就是狭义 PPP，这也是财政部目前在力推的，它最适用于对国计民生比较重要的项目是比较合适的，用商业而非行政的方法加强对项目的控制和共担风险、共享收益。当然，因为我国金融体系不成熟和垄断，即使成立项目公司，也比较难实现有限追索，故过去不少项目并未有成立项目公司，采用混合所有制的项目公司则更少。

记者：一个 PPP 项目的实施，应该分为几个阶段？现下的实践操作及改进方向是？

王守清：国际上一般分为“准备”“招标”“融资”及“实施”四个阶段（见图 2-1）。但我国目前更多还是按照传统工程项目的流程，多数采用 2000 年 1 月施行的《招标投标法》。我国的流程主要是缺少是否该应用 PPP 的物有所值评估，缺少开标后政府与企业的详细谈判，缺少草签特许权协议后到正式签约之间的融资期（融资完成后才能正式签约）。

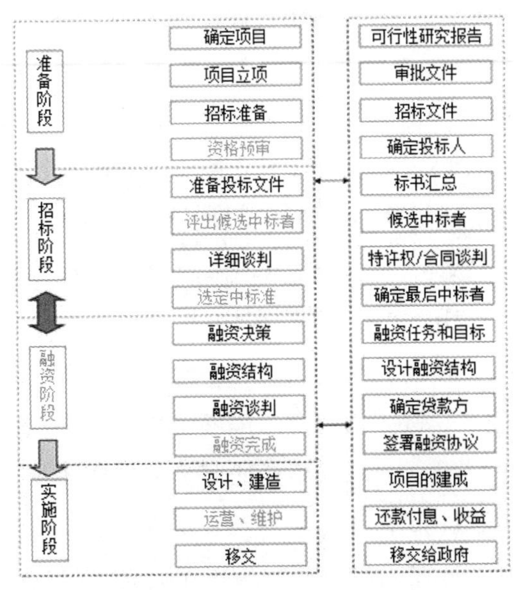

图 2-1　PPP 项目实施的四个阶段

这其中有很多问题。我们目前没有专门针对 PPP 的法律，而《招标投标法》和 2003 年施行的《政府采购法》，在选择投资者方面，都有不适应 PPP 项目的地方。

《招标投标法》强调工程建设项目，《政府采购法》强调使用财政性资金。二者虽都适用于大多数 PPP 项目，但有些 PPP 项目并非工程建设项目，故不应适用《招标投标法》；有些 PPP 项目则是用户付费，或无法判断是否属采购范围，不应适用《政府采购法》。

在实践中，两部法律都以公开招标作为主要方式，整个招标过程过于严格，对长达十几、几十年的合同，没有给政企双方足够的协商空间。如需发布招标文件，禁止就投标价格、投标方案等实质性内容进行谈判，投标人（供应商）不足三家者应予废标，等等。《政府采购法》还规定，采用公开招标，其具体数额标准，应由国务院或相应级别的人民政府规定。这使得合同关系复杂的 PPP 项目的程序手续更加烦琐。

相比而言，《政府采购法》的使用较麻烦，而在项目设计没出来的时候，《招标投标法》也不适用，因为很多细节包括政府的要求未知，很难估算成本。故而多数时候，地方政府多是采用《招标投标法》，不知 PPP 应如何改善招标过程。

总之，目前选择 PPP 项目投资者时，两法的适用性各有优缺点，应考虑项目类型（如基础设施、社会事业）、付费来源（如政府、用户）相应选用，当然，最好还是应完善相应法律，完善 PPP 项目的招标方法与流程。

记者：我们在实践中，把 PPP 等同于特许经营，怎么看这种理解？管理体制如何对应？

王守清：我国特许经营的内涵，比英文原文 Concession 的内涵扩大了，其实已基本等同于 PPP。前述《特许经营法》本质上就是针对 PPP 的法律。法律之所以用“特许经营”，是尊重中国过去法规政策一直用“特许经营”的历史，但其内涵已做扩充（见征求意见稿第 2 条的定义），与 PPP 基本相同了，可与国外接轨，且考虑目前国企主导 PPP 市场的现实——若用 PPP，很难用“私”来定义国企。

目前财政部推的 PPP，强调成立混合所有制的项目公司。其实，过去的特许经营项目公司也有混合所有制的，故不能以此去隔断 PPP 和特许经营。

至于管理体制，PPP 涉及面太广，不是任何一个单独部委能完全管控的。因此，建议成立一个专门的 PPP 机构，协调管理立项、评估、筛选、招投评标、监管、统计、经验总结推广、实施指南、示范合同等。如果不能成立实体机构，则应成立一个明确由某个部委（发展改革委和财政部都行）牵头的跨部委 PPP 机构。不过，依照过去各部委权力和职责划分，项目立项是发展改革委或专业部委（如交通部、住建部等）负责，而这次是财政部力推 PPP，但对不需要财政出钱的项目，财政部似乎还没有什么实质权力。

记者：当下民企有活力，但国企更具实力。怎样看民企和国企在 PPP 中各自承担的角色？

王守清：从实力而言，民企和国企主要的差别，在于融资能力的问题。国企负债达到 80%~90%，都还能贷到款，而民企负债大大低于这个比例，也贷不到款，这当然有企业信用的问题，但这也是目前国企、民企起点差距最大之处之一，或可称作最不公平的地方之一。

对一些需要大型设备和高技术的项目，比如地铁，国企的确有优势。但在其他方面，民企和国企没有太大的本质区别。因此，地铁、高铁这些项目，可能更适合于国企，其他类型的 PPP 项目，民企都可以做，且它们的表现不差，特别是在污水和垃圾处理等领域。但民企最担心的，就是政府没有契约精神。法制和政府信用是比较大的问题。国企虽然也担心这些问题，但没有那么在乎，因为毕竟都是体制内的。

实际上，对混合所有制，民企并不热衷。如果必须采取混合所有制的话，在目前法制、政府信用等方面不足以让民企放心并且融资难的情况下，民企肯定需要控股或具备较强的控制力，否则，他们不太愿意投资或仅投资一点点，在项目初期就争取收回了，即在乎短期而非长期投资。

因此，PPP 要得到企业特别是民营企业的参与，在目前阶段，政府得给些实在的鼓励和优惠政策，如最近国务院出台的铁路与土地开发的意见、财政部与税务总局出台的三免三减半等。不过，目前的鼓励政策远不足以吸引企业特别是民营企业。

我认为，在 PPP 领域，完全排除国企、央企，是不合适的。但如果一直由他们主导，也就与以前财政部没有力推 PPP 时没什么区别了。

因此，我们主要应从法制、信用、融资、公平等方面进行改善。这些大问题解决了，项目层面的都是小问题；这些大问题不解决，项目层面的问题解决得再好如合同签得好，企业也还是赌，毕竟 PPP 是长达几十年的长期投资，一旦政府不遵守合同，企业损失严重。

记者：政府和企业合作，其合约应该包括哪些层面内容？您认为当下最易被忽视的是？

王守清：《特许经营法（征求意见稿）》里说的都是重点，特别是土地获取、特许期、定价和调价机制、产权归属、政府保证、风险分担、利益共享方式、产品/服务要求、争端解决方式等。例如，如果政府与企业发生争端了，如何公平合理解决？这是一个令企业感到非常无奈的问题，如果告政府，可能赢了官司，丢了市场；如果不告，则失去该得的利润甚至损失惨重。

现实中，政府方面的主要问题是，重上马项目，但 PPP 知识和能力不足，不重视物有所值，不重视政府监管（产品和服务）。

为确保物有所值，政府需要在招投标时，就通过充分的竞争，选出能够提供物有所值项目/产品或服务的投资者，再在签合同时落实下来，政府应主要关注产品质量、服务水平和单位价格，切忌承诺回报率。如承诺回报率，则企业几乎不承担什么风险，也就没有太大动力去提高效率和改进服务，甚至可能有意做大成本。

PPP 要做得越来越专业，才能提高效率和服务水平。而政府在特许期内要特别重视监管，并实施奖惩，以保证企业所提供的产品和服务符合政府的要求。2011 年我应 APEC 邀请去澳大利亚参加两周 PPP 研讨和调研，发现人家政府支付的 PPP 项目，政府真是按照 Output Specifications（产出要求）严格进行监管的，即根据企业所提供的产品或服务符合要求的情况来给企业支付，有奖惩措施，以提高服务水平，利于公众。

对企业而言，需要注意的是，“没有金刚钻，不揽瓷器活”，如果所提供的产品或服务不能符合政府的要求，则可能血本无归。

从根本上说，成功应用 PPP 模式的基础工作之一，是识别项目各个阶段、各个方面的风险，然后与项目干系人就每个风险进行合理分担，每个风险应由具有相应最佳管控能力和最低管控成本的一方承担。对政府而言，应用 PPP 模式不是把所有风险都转移给企业，要考虑效率，因为企业对其没有管控能力的风险会要高价；对企业而言，也不能把承担更多风险作为获得更多回报的机会，要考虑自身的风险管控力和承受力。

记者：PPP 项目，您认为可以有哪些创新？（这个问题想请您谈谈企业自提）

王守清：如果能让目前存在但不规范、不透明的企业自提（unsolicited proposal）也作为 PPP 项目的规范和透明立项方式之一，而不仅局限于现有的政府招标（solicited tendering）方式（如发展改革委发布的 80 个 PPP 项目），必将激发企业的能动性和创造性，有利于 PPP 发展。当然，政府建立相应的规制很重要。

记者：关于 PPP 项目的财政可持续问题，金融体系需要如何对应完善？

王守清：PPP 成功的关键，在于各参与方之间实现公平有效的风险分担和利益共享，这需要合理的资本结构安排。对 PPP 项目而言，现行金融体系的最大问题之一是金融机构垄断和政府管制太多，直接融资渠道少等，造成企业的融资成本与发达国家相比高得离谱，使得 PPP 的效率提高效果大打折扣。同时，应区别对待各类项目，对政府补贴或政府付费的项目，要列入长期预算管理，避免寅吃卯粮。

国际上绝大多数 PPP 项目，都是基于有限追索（limited recourse）的项目融资（project financing），以实现项目风险与投资者母公司的分隔，但我国直至 2005 年才有基于有限追索项目融资的 PPP 项目，现在虽越来越多（如项目公司仅需抵押质押收费权等即可获得贷款），但有限追索项目的比例还是极少，主因之一是金融系统垄断和信用担保体系不完善，例如，发达国家人口比我国少多了，但都有上千甚至上万家银行，银行之间的竞争降低了融资成本，而我国仅有几百家银行；国外银行的利润来源不是主要依赖于利息差，很多来自各种金融创新产品和服务，而我国银行绝大多数利润来自利息差；这些造成银行嫌贫爱富、服务水平低、不愿创新。另外一个事实可能也说明了我国金融体系对 PPP 项目的影响：国外 PPP 项目多数是金融机构主导，而我国目前多是由缺乏融资优化能力的工程或投资企业主导。

同时，我国主要的融资主体，即政府和国企，不太在乎融资成本（反正想法转移给后一届政府或转移给百姓），这也间接推高了融资成本。而且，由于前面提到的国企与民企的区别，造成民企的融资成本更高。

记者：在 PPP 项目中，如何保障公众利益？

王守清：应该做到的是，全过程程序透明，财务公开，公众和第三方参与立项和评估决策，参与对产品/服务的监管，追究决策失误者官员责任，把违法合同的企业打入黑名单，只有这样，才能保障公众利益。过程和财务不透明、没有公众参与决策与监督的 PPP，很可能造成官商勾结，而非政企合作。

（原载《东方早报·上海经济评论》，
2014 年 12 月 2 日）

王守清：推行 PPP 模式亟须法治

屈新正

11 月 30 日，亚太项目管理大会“PPP 与新型城镇化”分论坛在北京航空航天大学新主楼举行。本次论坛的主题是：推动新型城镇化，为什么在今天选择了 PPP？

随着新型城镇化建设的深入进行，不断增长的基础设施建设需求和地方政府捉襟见肘的财政收入的矛盾日益凸显，如何突破融资难题是当前地方政府关注的重点。

PPP 模式（Public-Private-Partnership）即“公私合营”，是指政府与私人组织之间为了项目合作而形成的一种伙伴关系，引入社会资本参与基础设施和公共服务建设，是减轻政府财政负担和提高城镇化建设质量的有效手段。在城镇化建设过程中引入社会资本，已经得到了中央政府的肯定和大力支持。

清华大学国际工程项目管理研究院教授王守清是 PPP 立法的核心人物之一，其在本次论坛上演讲时表示，至今全世界对 PPP 也没有达成共识。从我国 30 多个地方政府公用事业特许经营管理办法或条例来看，地方政府更倾向于将适用的项目列举出来，甚至再加上一个兜底条款，以使得适用范围更加全面，但这些特许经营范围实际上很狭窄，已大大落后于实务。

王守清在讲述城镇化的本质与投资战略要点时表示，PPP 模式的发展需要靠进一步金融改革做支撑。而 PPP 模式更准确地说应该是 PPPP 模式，即政府（Public）和企业（Private）之间的长期合作（Partnership，包括收益共享和风险承担），最终要造福百姓（People）。

王守清表示，我国推进 PPP 项目依然处于摸索阶段，未来还有很长的路要走。目前，PPP 模式在我国已经开展试点应用，如武广高铁、北京地铁 4 号线、国家体育馆“鸟巢”等项目。

王守清认为，PPP 试点推广还存在较大难度，常态化普及还存在较多问题。一方面是我国缺乏 PPP 推广所要具备的政策环境，包括清晰健全的法律规章、强有力的政府监管、完善的市场机制和企业信用体系。另一方面是专业机构和人才不足，PPP 处于起步阶段，对于政府和投资者尚属新事物，具有 PPP 实践经验的机构和人才更为缺乏。

王守清表示，推进 PPP 模式还有很多关键问题没有形成统一认识，并需要从法规制度层面予以明确。

比如，PPP 项目中，“央企”和“国企”是否可以参与投资，占股比例如何划定；PPP 合同二三十年的执行期中，不可预测的动态变故或风险如何分担，等等。

王守清认为，由于在政策机制等顶层设计方面的缺陷，中国 PPP 发展之路波折起伏，本该成为助力民营经济壮大发展、实现经济增长方式转型的良药，但在实践中却遭遇到了国进民退的局面。

“民营企业资产不足、信用度偏低等原因，导致银行对民营企业特别是私营企业的贷款慎之又慎。与之相反，在负债率高达 85%的情况下，央企仍旧能得到银行贷款的支持。”王守清认为，改革投融资体制机制，拓宽融资渠道，创新融资方式，才能使更多民企有信心参与 PPP 项目中来。

（原载《财经国家周刊》，
2014 年 12 月 3 日）

用PPP内涵去经营人生
——专访清华大学建设管理系教授、中国PPP学界第一人王守清

付强

阳春三月，草长莺飞，万物复苏，一年一度的“两会”也如期而至。在网友对李克强总理政府工作报告提炼的100条干货中，有一条是这样描述的：“在基础设施、公用事业等领域，积极推广政府和社会资本合作模式。”这即是近年来逐渐热火的PPP（Public-Private Partnership）模式。PPP在经历了数十年的起伏后，又迎来了新一轮最高潮。与以往有所不同的是，此次PPP高潮的直接推手来自政府强势部门——国家发展改革委、财政部等主管部门。他们都在连篇累牍发布相关政策，力推PPP模式的深度和广度应用。各级地方政府亦开始蜂拥借道PPP这一模式，试图纾解地方债务风险和城镇化资金困境，解决融资乏途问题，同时也能腾出一些财政资源空间来应对更为迫切的社会需求。

3月初，记者有幸参加了由成都市发展改革委组织、中建三局承办的针对全市相关政府人员的PPP培训讲座，与PPP来了一次亲密接触。尽管极强的专业特性和欠缺的工程经历让自己大多处于“云里雾里”的状态，但在王守清教授深入浅出、幽默生动的讲解下，也大体了解了PPP相关内涵和要点，长进不少。作为被媒体赞誉的中国PPP学界第一人、中国PPP教父，王老师一站上讲台便生龙活虎、开足马力，足足站着讲了近两小时才稍事休息，然后接着讲到午饭时间，下午又是如此半天。他思维敏捷、有条不紊、提纲挈领、娓娓道来，不时还夹带几句通俗生动的俏皮话，或冒出几个网络热词，让会场顿时轻松灵动起来，如“千万不要把PPP叫3P，否则老外会惊讶你口味重”，“没文化真可怕”，“因为目前是央企/国企在主导，公私合作不如叫政企合作”，“不懂PPP就会失去很多的商业机会”，“PPP是一场婚姻，不是一场婚礼”，等等，赢得阵阵掌声。

王教授更为人称道的是，作为参与了不少实际项目的策划和谈判顾问，以及我国《基础设施和公用事业特许经营法》起草小组核心成员，他对实际问题的解决能力，这一点比将理论条款演绎得绘声绘色更有价值。面对众多听者的举手提问，他总能非

常迅速而极具耐心地给予解答，且能切中要害、有的放矢。培训结束后，他也非常有风度、有亲和力地接受我的采访（培训是没有请媒体的），尽管时间不长，但相关信息足以让我们对 PPP，对王教授本人有了一个更为直观的认知。

《读城》：没有从事 PPP 相关研究或工作的人对这个概念还是很陌生的，请您用最简洁的话介绍 PPP 的概念内涵。

王守清：广义 PPP 泛指公共部门与私营部门为提供公共产品或服务而建立的长期合作关系，而狭义 PPP 更加强调政府通过商业而非行政的方法如在项目公司中占股份来加强对项目的控制，以及在与企业合作过程中的优势互补、风险共担和利益共享。现在国际上越来越多地采用广义 PPP 的定义，作为公共部门和私营部门之间一系列合作方式的统称，包括 BOT、TOT、PFI 等。无论是广义还是狭义，PPP 本质上是公共部门和私营部门为基础设施和公用事业而达成的长期合同关系，公共部门由在传统方式下公共设施和服务的提供者变为规制者、合作者、购买者和监管者。

《读城》：PPP 究竟有什么重要的意义？

王守清：这个模式，本身就是政府为增加公共产品和服务供给能力，促进经济发展，提高生活水平。政府通过特许经营、购买服务、股权合作等方式，与社会资本建立优势互补、利益共享、风险共担的长期合作关系，提高效率，有利于创新投融资机制，拓宽社会资本投资渠道；有利于推动各类资本相互融合，促进投资主体多元化，发展混合所有制经济；有利于理顺政府与市场关系，加快政府职能转变，充分发挥市场配置资源的决定性作用。

《读城》：尽管从 20 世纪 80 年代开始，我国就已经开始了 PPP 模式及各种演变模式的应用（特别是 20 世纪 80 年代后期至 90 年代后期以外商为主导的 BOT，以及 90 年代后期至今以国企为主导的 BT），但由于我国存在国有、集体、私营等多种经济主体，对于 PPP 的理解，是否还有一些问题需要澄清？

王守清：我国 PPP 中的“私”并不是单指私营经济主体；经济主体的外在形式只是资本性质的载体，所谓“公”与“私”的区别更应强调的是资本目的的“公”与“私”；在我国，“公”应该指追求社会公益性，“私”应该指追求经济利益，两者的根本区别不是经济主体性质之间的区别，而是追求公共利益与追求经济利益的区别；当前国有企业是国内 PPP 市场上最重要的主体，也具有逐利性，并非以追求公共利益为最高目的，因此可以认为 PPP 中的“私营投资主体”，除非该国企是直接受签约方政府直接管辖操控的，但毕竟我国国企具有民企所不具有的天然优势，故应限制国企对项目的主导或限制国企在项目公司中的股份比例，以发挥民企的能动性和创造性。基于我国实际，建议将 PPP 称为“政企合作”，既简洁直接，也易与国际接轨。

《读城》：那么国际上对 PPP 模式达成了哪些共识？

王守清：第一，必须应用 PPP。如果所有公共产品（包括准公共产品）全部由政府独自承担，则会因为政府资金不足造成公共产品供给不足，或者因为政府机构所存在的内在缺陷及政府供给与市场需求失配所带来的高成本、低效率和高风险等问题。然而，如果把公共产品完全交给企业去做，则可能由于企业以利润最大化为目标，忽视社会责任，造成对公众不公平等问题。因此，推行 PPP 模式，政府和企业合作，应发挥各自优势，既缓解政府资金不足的问题，又可以提高供给公共产品的效率。

第二，PPP 非常复杂，涉及面广。PPP 项目是一项复杂的系统工程，涉及众多法律关系和主管单位，涵盖技术、融资、法律、经济和管理等众多学科，投资规模大，时间跨度长，风险因素多，参与或涉及者众多且各方之间的关系也错综复杂；同时，由于各项目的具体条件各不相同，常常是无先例可循，没有定式，更增加了项目的复杂性。

第三，不是所有的项目都可以用 PPP。全世界 PPP 应用得最好的国家，其公共项目采用 PPP 模式的也不过 10%～20%，这是因为，提供公共产品终归是政府的责任，不能完全推向市场。而且，按照发达国家的实践经验总结，PPP 的效率提高也并没有理论上所说的那么高。

《读城》：请问您为什么走上 PPP 研究和推广这条路？

王守清：（笑）这是历史机遇造成的吧！当时我清华大学硕士毕业后留校任教，生活相当清苦，面对继续任教、下海、出国深造三条路，选择了辞职到新加坡南洋理工大学做博士后。导师问我想研究什么，我傻傻地反问了您什么方面最厉害，他说是 BOT 项目融资，我说那跟你研究 BOT 吧。就这样就走上了这条路，而且越研究越觉得有意思，博士后出站后到新加坡国立大学任教后继续专注于 PPP 研究，学术成果也较多。7 年后再回国，我国企业“走出去”转型升级和国内基础设施建设迫切需要 PPP 指导，而国内研究基本处于空白，学有所用自然兴趣倍增，近 20 年专注于 PPP 研究和教学推广一件事，慢慢就有了一点成绩。

可见很多事是冥冥之中都有个安排，走上这条路后发现特别喜欢，喜欢就能心无旁骛、专心致志，成效自然而然也就出来了。而且，做 PPP 研究和教学推广有点像 PPP 本身一样，需要且能够结识政府、企业和学术等各方面的人，也给自己的研究与实务、工作与生活等形成资源共享、优势互补、合作共赢的良好态势。这也许是 PPP 内涵的另一种应用价值吧。

《读城》：PPP 这条路在中国的前景怎样？有哪些具体问题？

王守清：目前问题还是不少的，比如信用的问题，合同规范性的问题，对项目负责人短期或长期考评的问题，地方政府观念转变和能力建设的问题，以及专业性应用的问题，这些都是良性发展的一定制约因素。笼统而言，PPP 现在是东部发达地区做得比较规范，东北和西部还相对欠缺。不过 PPP 的发展是一大趋势，会更加规范合理，最关键的是政企各方注重长远、公平，并考虑公众利益，实现各方共赢。当然，考虑到中国现阶段，企业和银行害怕长期风险而不敢参与 PPP 项目等具体情况，可能项目现金流稳定且特许经营期能设计为 10 年左右（如政府回购股权或用资源补偿）的项目比较容易签约。

《读城》：那么多年的 PPP 研究与教学推广工作，您觉得枯燥吗？这个工作给您的治学、为人带来哪些感触与启示？

王守清：一个人要有兴趣和专注度，要沉下去做事，做正确和喜欢的事，才能把事情做好。如果过于浮躁，或过于现实而忽略兴趣和专注，就不容易做好。人生活、工作、处事很多也是 PPP 内涵的演绎，故有人说，PPP 理解和运用得好，人际关系一般较好，婚姻也比较美满。

我个人是崇尚自由的，就是按照自己喜欢的去做，没想那么高深远大，尽力做好眼前喜欢的事就行了。自己的人生信条也是追求五大自由：财务自由，不是要很有钱，但不会为了生存而被工作选择；时间自由，基本上能够自己掌控自己的时间；人格自由，不是想做什么就做什么，而是不想做什么就不做什么；言论自由，能就公共事务发表自己的合理合法言论，并被听见甚至起作用；身心自由，身体健康且不会愧对他人和自己。总之，任何光鲜的背后都是磨难和失败的堆积，只要有兴趣，只要坚定信念一直走下去，福报自然会来到的。

（原载《读城》，
2015 年 4 月第 4 期）

内涵 PPP：政企从长相思到长相守
——专访知名 PPP 专家王守清

李亚臻 史可

继国务院总理李克强在 2013 年 7 月 31 日主持召开的国务院常务会议上，对社会资本进入基础设施领域释放了强烈的信号之后，十八届三中全会又再次释放发展 PPP 的利好信息，在这之后，PPP 的系列通盘政策包相继问世。在国内，PPP 无疑迎来了史上最有利的发展契机。

回顾过去几十年，PPP 分别经历了三个发展时期的转变，分别是自 20 世纪 80 年代中后期，在沙角二期电厂首次采用 BOT（PPP 的一种方式）以来的由港澳台商主导；90 年代中后期，自来宾二期电厂、成都第 6 水厂等由中央批准的 BOT 项目，由外商主导且基本按国际惯例实施，以及随后国企和民企跟进参与或主导；自 2013 年年底全国人大启动特许经营（PPP）立法，中央部委特别是财政部和发展改革委四五十个文件强力推 PPP。

三个时期转变，PPP 项目已经从前期铺垫、市场培育进入 2015 年的实践元年。然而，现实情况是：社会资本尤其是民间资本仍多处于较被动状态，金融机构热情不足，项目签约落地的效率和成果有限。

政热企冷、PPP 蜕变、PPP 俨然国资盛宴……今年年中的一段时间，关于 PPP，总有很多难释的质疑。为此，本刊记者特别专访了知名 PPP 专家、清华大学建设管理系暨清华大学国际工程项目管理研究院教授、博导、副院长王守清博士。

大热背后的冷思考

为何我国政府出台一系列政策大力推广 PPP？王守清教授说，此前政府财政收入很大一部分来源于卖地，随着 2008 年起的国际金融危机、中央调控房地产、清理地方融资平台和地方政府债务，以及人口红利将尽，地产大周期面临拐点，政府与企业都迫切需要一种新的引擎去开动中国经济的发展。

“PPP 项目分经营性、准经营性和公益性三类，可减少或部分减少政府的财政支出特别是当期支出，利用社会资本及其技术和管理，发展基础设施和公用事业，提前建设提前受益，促进经济发展，提高人民的生活水平，并向社会资本转移风险。PPP项目的债权和股权的投资者往往会对项目进行更严格的尽职调查，避免无效率或重复项目的建设；发挥企业的能动性和创造性，集成运作和管理项目全过程，提高效率。政府预计2020年城镇化率将达到60%，由此带来的投资需求约42万亿元，单独靠政府投资是很难实现的。”王守清说。

谈到PPP的火热现象，王守清向记者列举了如下数据：2014年至今，财政部及各地政府培训了4 000多官员，发展改革委培训中心及其合作机构、各协会或社会培训机构等举办了大量PPP公开培训班或企业内训班；2014年5月28日，发展改革委发布第1批80个项目，2014年11月30日，财政部发布第1批30个示范项目；2015年5月25日发展改革委发布1 043个项目。之后，根据《河南PPP开发性基金设立方案》等数据：中央设立500亿PPP引导性资金，各地也设开发性基金，如江苏100亿，河南50亿等。

然而，这场PPP的饕餮盛宴背后，项目多，落地少，不规范的做法依旧。据新华网报道，发展改革委80个项目中仅12%获得社会资本投资，财政部30个示范项目中不到一半签约。在各地已签约的非财政部示范项目中，甚至有些是“拉长版BT”或“名股实债”或“保底回报”项目。同样据人民网报道，发展改革委2014年推出的近1.97万亿元的PPP项目清单中，截至今年初，签约率仅为10%～20%。

投资回报达不到社会资本的期望是PPP项目落地难的一个原因。“目前与PPP相关的，挣到钱的是培训机构和培训师，正在挣钱的是咨询，快要挣钱的是律师，5～10年之后可能挣到钱也许是社会资本，10年后挣钱的可能是放贷者。”王守清说，周期长，回报慢，这是逐利社会资本不太愿意承担的风险。

政策层面对于PPP的现状也有着清醒的认识，近段时间，财政部金融司司长孙晓霞就曾有段广为业界流传的关于PPP面临的六大点疑难杂症的分析。具体包括：一是观念认识转变难。部分地方政府把思想局限在缓解债务压力上，没有把注意力转向加强监管上。二是规范推广运用难。一些地方将PPP简单等同于新的融资渠道，将部分项目包装成PPP项目。三是社会资本寻求难。社会资本参与PPP项目的积极性还有待提高。四是工作协调推进难。相关部门在项目立项、规划等方面，不能与时俱进，工作协调推进难。五是操作实施过程难。地方政府和项目实施机构既缺乏真正熟悉政策和业务的人员，又缺乏PPP项目运作经验，操作能力相对不足。六是融资渠道通畅难。融资主要依靠银行贷款，难以实现无追索或有追索的项目融资，融资成本较高。

从社会资本角度来看，一部分企业认为是 PPP 运作程序透明度不够，负责 PPP 项目的公务人员经常变动，很多项目的竞争只是走过场。另外，企业还认为，政府契约精神差，导致随意违约现象普遍，而且法律救济手段不足（**王守清及其团队分析了我国 16 个 PPP 典型失败案例后发现，各个项目都有“地方政府信用风险”这一点**）；企业普遍还遇到的难点是项目融资难，社会各界认为项目融资只是少数银行和少数投资人的事；最后，企业还认为咨询等中介机构未能发挥应有的作用。

所以说，PPP 是一把双刃剑也不为过。王守清告诉记者，“目前民营企业还有一些不足，与央企、国企相比，一是自身资金有限，融资能力也不行；二是信用和名声可能给政府印象不好；三是多数缺乏自有技术。其中第一和第二是最重要且相互关联的。但是不能永远都让它不行，要创造平等条件发展民营企业。真正让民营企业参与 PPP，才是 PPP 本来的内涵，即政府（公）与民营企业（私）长期合作。”

“千万不要把 PPP 模式当成地方政府解决地方债务的灵丹妙药，不要作为地方政府推卸其提供公共产品和服务责任的借口，很多项目是不适合 PPP 的，而且如果 PPP 项目做砸了，不利后果可能比传统政府投资甚至 BT 模式更长远。全世界 PPP 做得最好的国家，PPP 项目在所有公共产品项目里也只占到 10%～20%。”**王守清强调。**

厘清误区

在王守清看来，**PPP 毕竟是政企之间长达 10～30 年甚至更长的合作伙伴关系，不管双方多么聪明、有多少经验、做多少尽职调查，都不可能完全准确预测将来 10～30 年的风险及不确定性**。双方所签的 PPP 合同本质上是不完备的，即使设计了上下限、调节各种机制，也不可能完全覆盖将来可能发生的各种情况。何况社会和科技的发展如此迅速，如技术更新、用户需求、价值观等都在发展演进。

“而且，政府永远没有企业精明，但政府又有企业所没有的强势，加上有些咨询和律师等中介机构的可能不够专业、有意无意地不中立、没有社会责任感甚至缺失职业道德等等因素，都有可能加剧合同的不完备和/或造成合同的不公平，进而引起各种违约。”王守清说。

具体而言，王守清说，对 PPP 的认识误区主要有三方面： PPP 适用范围的认识误区、化解地方债务的认识误区、提高效率的认识误区。

例如，前面提过，PPP 模式并不适用于所有项目。如果 PPP 项目缺乏“物有所值”和“财政承受力”等评估论证支撑，就可能分别造成成本的增加和政府违约的可能。

按照 PPP 项目的支付模式分为用户支付、用户支付加政府支付或资源补偿、政府支付或资源补偿等三种模式，前两种模式的确可减轻或部分减轻政府财经负担，但后两种特别是最后一种归根结底还是需要政府支付的，故应注意政府支付的“财政承受力”。

另外，在决定是否采用 PPP 模式的决策中，政府应该着重关注 PPP 能否提高项目的建设和运行效率，如带来项目产品或服务价格的降低、服务水平的提高等。

任何项目的提出到落地都会有风险，PPP 项目也不例外。PPP 项目的初期调研费、咨询费、投标等费用都相当高，对投资者而言，如未中标，时间成本和经济成本都将覆水难收。特许权协议的谈判、签约和审批都十分复杂，项目能否如期执行，投资者也应特别注意。

王守清说，国际上的 PPP 多是有限追索的项目融资，贷款本息的偿还和投资者的回报主要依靠项目未来的收益，但 PPP 项目也会遭遇工期延误、成本超支、技术失败、运营不善及市场需求不足等风险，或所提供的产品或服务无法满足产出和绩效要求，从而导致现金流不足，不能按时还本付息。这就决定了放贷方比其他模式面临更多和更长期的风险，所以它们对项目的长期收益能力及项目参与方的长期信用自然会给予更多的关注，如果不能满足，放贷方就不会同意做有限追索贷款，这也是我国目前投资者做 PPP 所面临的另一问题，基本上都是完全追索贷款。对投资者而言，不能实现有限追索，就没法实现项目的风险与投资者母公司的隔离，更不敢做长期的 PPP 投资了。

突破障碍

与国际上 PPP 做得比较成功的国家如英国、澳大利亚和加拿大等相比，我国 PPP 的制度和法律环境仍需完善。王守清称，现行法律中仍有部分与 PPP 推行不匹配或有空白的地方，如土地招拍挂、税收、会计准则和银行法等。而且，当出现各部委之间出现不同政策甚至冲突时，缺乏一种高效有力的协调机制。

另外，对于 PPP 合同到底是行政合同，还是民事合同，在业界仍存在争议。对此争议，王守清介绍：“财政部 2014 年 11 月 29 日发布的《政府和社会资本合作模式操作指南》（以下简称‘《操作指南》’）第三部分可找到解决方案：‘在项目实施过程中，按照项目合同约定，项目实施机构、社会资本或项目公司可就发生争议且无法协商达成一致的事项，依法申请仲裁或提起民事诉讼。’”

可是按照 2015 年 5 月 1 日起施行的修订后的《行政诉讼法》第 12 条 1 款 11 项

及《行政诉讼法司法解释》第 11 条，人大及法院均将 PPP（特许经营）合同视作“行政协议”，纳入行政诉讼而非民事诉讼范围。如此，纠纷将由行政法院受理，仲裁机构无权处理 PPP 争议，所以上述《操作指南》中提出可申请仲裁或提起民事诉讼，如同虚设。

王守清说，鉴于 5 月 19 日颁布的国发“42 号文”中突出强调了政府与社会资本在 PPP 模式中应处于“平等协商”的地位，张燎在点评“42 号文”时指出，PPP 合同虽然不属于完全的民事法律关系，但涉及服务提供和对价支付的相关合同应被归入民事合同关系。综上，若将 PPP 合同简单的归类为行政合同，无疑会增加社会投资者的疑虑，应给予社会投资者依法申请仲裁甚至提出民事诉讼的一定权利。

虽然推广 PPP 的政策大礼包非常丰厚，但部分形同虚无，没有相应的配套措施，难言项目的顺利落地。王守清举例称，虽国务院 2014 年 8 月 11 日出台的《关于支持铁路建设、实施土地综合开发的意见》、财政部与税务总局给予公共基础设施项目企业所得税“三免三减半”政策等，但目前的鼓励政策远不足以吸引企业特别是民营企业。

再比如，国家发展改革委今年 1 月发布的《关于加强城市轨道交通规划建设管理的通知》称，实施轨道交通导向型土地综合开发，吸引社会资本通过特许经营等多种形式参与建设和运营，虽然，土地资产至今仍是地方融资平台手中最重要的资产，在如何在 PPP 项目实施中发挥土地资产的作用，但目前国土部门并无具体的文件出台。2014 年 12 月，国务院发布了《关于清理规范税收等优惠政策的通知》（以下简称“62 号文”），“ 62 号文”的初衷是清理规范一些扰乱市场秩序的税收优惠政策，但在打破市场竞争壁垒的同时，客观上也压缩了企业能享受到的税收优惠扶持，加重了企业负担，因此颁发之初就引起了较为强烈的反应和质疑。而 2015 年 5 月 10 日，国务院下发了《关于税收等优惠政策相关事项的通知》（以下简称“25 号文”），实质上却暂停了“62 号文”的相关工作。

王守清认为，PPP 成功的关键，还需要合理的资本结构安排，包括政企之间、银企之间、股东之间优势互补、强强联合，以利于各参与方之间实现公平有效的风险分担和利益共享。特别是对企业特别是民企而言，银企之间最大的问题之一是金融体系与信用体现的不成熟和政府管制太多，直接融资渠道少、融资成本高等。

选择大于努力

广义 PPP 可以分为外包、特许经营和私有化三大类，是否采用 PPP，很大程度上取决于项目本身的性质，包括技术复杂性、收费的难易程度、生产或消费的规模、设施的规模和垄断性等。

王守清说，一个项目是否应做 PPP，政府主要应考虑经济发展和提高生活水平的要求、是否物有所值即能否提高项目的建设和运营效率。自然资源开发项目是最适合做 PPP 的，其次是基础设施，因为这些项目通过自身的运营可以收回投资并盈利。因此，政府在短期和长期都没有钱时，可优先做经营性、用户付费的项目，如油气矿等自然资源开发项目、收费高速公路和桥隧等基础设施项目；政府短期没钱时，长期有钱时，可做准经营性，用户付费加政府补贴运营的项目；政府有钱时就可做公益性项目，即主要由政府支付的学校、医院、养老院和监狱等社会事业项目。

他用公式给出了在物有所值前提下如何选择经营性、准经营性与公益性项目的简单方法，用 r 代表常用可经营性系数，等于项目全寿命期内收益折现值/成本折现值，若 $r=0$，属公益性，需政府出资，做 PPP 需政府补贴或资源补偿（RC）；若 $r>1$，属经营性，可 PPP；若 $0<r<1$，属准经营性，做 PPP 需政府给政策或补贴/RC。

“PPP 项目只有全过程透明，财务公开，公众和/或第三方参与立项和评估决策、参与对 PPP 项目所提供产品和服务的监管，追究决策失误者官员责任，把违法违规的企业打入黑名单，才能保障公众利益。PPP 过程和财务不透明、没有公众参与机制，就很可能造成‘官商勾结’，而非‘政企合作/政府与社会资本合作’。” 王守清最后强调。

（原载《投资与合作》，
2015 年第 11 期）

透视 PPP 模式：访谈我们的大 Boss 王守清

周文媛

作为本小组社会调研实践的收尾工作，我们最后就很多 PPP 相关的概念和专业问题，专访了我国著名 PPP 学者、清华大学建设管理系教授王守清老师。

PPP 的基本问题

PPP 的定义

对于 PPP 的定义，王守清教授表示比较喜欢亚洲开发银行的定义，分两个层面：第一，公共部门和私营部门在基础设施和其他公共服务方面一系列的合作都是 PPP。很广义，考虑到大大多数国家的实际；第二，进一步用特征来界定，由政府授权、规制、监管，由企业投资和运营，政府和企业长期合作，实现风险共担、提高效率和服务水平。每个关键词都体现和强调了 PPP 的特征和原则，对各国包括中国都很重要。

从广义 PPP 而言，是包含 BT 的，但不是国际 PPP 的主流，因为没有涉及运营。我国在这一轮力推 PPP 中，BT 已被 2012 年财政部等 4 部委的 463 号文限制，未被列入其中，因为 BT 模式是造成我国巨额地方债的主因之一，而且成本比传统政府投资模式高太多。

PPP 法律问题

王老师觉得我国需要立 PPP 法。首先，因为我国已有的很多法律与 PPP 有冲突，有律师曾梳理出十大法律冲突。其次，因为我国很大，如果没有一部 PPP 法，因 PPP 比较复杂，恐各地把握不准而乱做。现在财政部、发展改革委等中央部委所发的法规规章效力低于法律且可能变化快，与长期的 PPP 合同不符。但立法不是一件简单的事，可能还需要较长的数年甚至十几年时间。

PPP 的实操问题

PPP 的合理回报与固定投资回报

王老师说，对于经营性项目，企业可以向公众收取费用；对于非或准经营性项目，则需要政府支付或补贴。对于销售渠道由政府或其国企控制的水或电项目，需要政府兜底，承诺每年至少购买的水或电量，但是运营过程中仍然会涉及定价和调价的问题。传统政府投资模式则是政府分别找一家公司设计、一家公司施工，再找一家公司（一般是国有的）运营。但 PPP 则不同，全过程或至少大部分过程是让一家由股东组成的项目公司运作。采用 PPP 一般要做物有所值评估，包括定性和定量评估（国际上特别是英联邦国家主要是采用 PSC 公共部门比较值进行定量评估）并辅以充分的竞争，中标公司需要提高自己的运营效率才能获得更大的收益，而不是要求政府担保固定或最低回报率。目前我国定量评估采用 PSC 方法所面临的主要问题是缺少数据，更多观点可参阅王老师微信订阅号“中国 PPP 智库”11 月 2 日推送的“杂谈 PPP 的物有所值”一文。

PPP 的运作模式

轨道交通+土地开发模式在大陆未来的发展

对于轨道交通+土地开发模式，王老师表示，像港铁的直接划拨土地模式在国内目前还有法律障碍（用于经营性的土地必须“招拍挂”），不能直接照搬。但通过走程序，把一块土地的收益拿来专项补贴一个 PPP 项目是可能的。最新的进展是，2014 年国务院出台的 37 号文《关于支持铁路建设实施土地综合开发的意见》已经开了一点点口，即红线范围内的土地可以划拨。

PPP 模式是否可以标准化

王老师认为 PPP 没有定式，因为每个项目具体情况不同，处于不同地方，有不同的投资者、放贷方、政府和用户。但是像电厂、水厂、污水/垃圾处理厂等行业，PPP 模式已经比较成熟，也可以是有标准，或更准确点，成熟的模式或做法，如向政府收费（政府再向用户收费）、设置定性和定量的上下限（兜底和封顶）、基于成本构成分析的动态调节/调价机制等。港铁公司主导的北京地铁 4 号线分为 A、B 段则是对轨道交通除“轨道交通+土地开发”之外的另一种创新模式，在北京甚至全国其他的地铁项目中也得到了不少应用，正在逐步成熟中。高速公路的 PPP 模式也已经很成熟的了，可以设立收费站向用户收费，也可以不设立收费站由政府支付（基于影子价格）而不向用户收费，而且也可以像轨道交通+土地模式一样，对路旁的土地进行联合开发，加上沿路的广告收益，也是对项目收益的重要补充。总之，取决于对标准化的不同定义，这个问题就可能有不同的答案。

PPP 项目中企业主动向政府建议项目

企业主动向政府建议 PPP 项目，属于民间自提（unsolicited proposal），这种模式在韩国等发达国家做得多，目的是为了鼓励和利用企业的能动性和创造性，因为政府不一定知道市场需求是什么，而企业可能更了解市场需求。但是，企业建议的项目政府不一定接受，即使接受，不一是说项目就给出建议的企业做，还是要走招投标程序，当然，政府会给建议被接受的企业一定补偿或奖励，如补贴一定费用，或在评标时奖励一定分数。

瑞士挑战法

对民间自提项目，政府除了上述补偿或奖励方法之外，还有一种奖励的方法就是瑞士挑战法（Swiss Challenge）。这种方法主要应用于印度，提建议的企业有机会追平或超过任何竞争标书，提高中标的可能性：如果他所提供的标书不是最有竞争力的，他并不会被淘汰，反而有一次机会重新提交一份更好的标书。有点类似于女排赢得世界杯冠军（民间自提项目被接受）之后直接进军奥运会（不必参加预选赛）一样。

小城市的 PPP 推广难点

现如今全国上下正在大力推广 PPP 模式，但是不同于大城市政府的财力雄厚和人才充足，地方政府的财政实力往往比较单薄。而要想吸引企业参与基础设施和公用事业项目，合理收益是必要的，这些收益的来源只有政府支付和用户支付两个。而 PPP 模式所应用的基础设施和公用事业是公共产品/服务，不可能暴利，因此对非或准经营项目，收益只能依赖于政府的支付或补贴。这对于较为贫困的地方政府是个难题。对此，王老师表示目前也没有很好的解决方法，只能在法律允许的条件下给投资者一些资源（如捆绑土地、矿或旅游开发）作为补偿，或寄希望于中央或省政府的财政支援，否则 PPP 很难在这些地方开展。

PPP 中的政府角色

政府在 PPP 项目中占股

王老师建议，如果政府觉得这个项目盈利机会大，或者想加强对项目的控制力，就可多占些股份。当然，政府也可以占股但不参加经营也不分红，但要有一定条件下的一票决策权或否决权。另外，对银行而言，如果项目风险大，就会希望投资者多出股份。财政部去年发文说政府或其国有企业占股一般不超过 50%，并不是说政府一定要占股份。

对于少数地方政府为了 PPP 而 PPP 的现象

在王老师看来，一些地方政府为了上项目以满足民生需求或政绩追求，将不适合 PPP 的项目按 PPP 模式推进，或者为了尽快推进项目落地而忽视前期评估、谈判和合同的做法是不负责任的，后果可能不利，因为 PPP 特许期长达十几二十年。千万不要重蹈覆辙：过去十几年我国不少 PPP（BOT）项目，因政府不重视前期评估、谈判与签好合同，或不懂又不请懂行咨询，或受贿，提供兜底但未封顶（典型的不对称/不公平），造成投资者暴利，后来特别是换届后政府觉得亏了，自然就违约，造成政府既做了冤大头，还落个不守信用的罪名。

中国 PPP 走向世界

其实，新世纪以来我国最早力推 PPP 的中央部委是商务部。为了落实中央“走出去”战略，商务部从 2003 年起就一直通过其主管的中国对外承包工程商会和其倡议成立的清华大学国际工程项目管理研究院组织了大量研究和培训推广工作（王老师承担了大量具体工作），帮助和鼓励我国央企和实力强的地方国企在走出去过程中从施工总承包向工程总承包、带资承包和对外投资转型升级，参与境外基础设施的投资、建设和运营，2009 年商务部还出台了“境外投资管理办法”（2014 年进行了修订）。铁道部后来为了高铁“走出去”也做了大量宣传和推广工作。这样，一些发展中国家政府本无资金和实力投资的基础设施，我国企业就可以利用 PPP，创造出原本无法开展的工程项目，提高竞争力，业务期也得以延长。随着“一带一路”战略的提出和亚投行的建立，PPP 在我国企业“走出去”战略中越来越显得重要。

民营企业参与 PPP

王老师表示，由于大多数的民营企业尚不具备央企和国企的投资、融资、技术、信用等优势，目前参与 PPP 的较少。在民营企业创造性强、灵活性大、效率高，目前阶段采用抱团的方式也许是一种参与 PPP 的途径。例如，王老师说，他曾应邀与一些民营企业协会一起集体去考察一些项目，如果大家认为某个项目不错，就由协会中实力相对雄厚、号召力强的企业牵头，其他有兴趣的成员企业再各出一些资金参股，共同投资这个 PPP 项目，有点类似于众筹的概念。但这种形式做法因股东较多，特别需要股东之间的优势互补，而且要志同道合，并有一套很好的决策和治理机制。

PPP 的未来发展

加强 PPP 的宣传与培训

从教育角度而言，越来越多的高校在开设有关 PPP 的课程，这是好现象。王老师说，PPP 的理念与传统的政府提供公共产品或民间提供商业产品不同，其实应从更早的阶段就开始教育公众，有利于长远。有台湾学者告诉我，他们有的小学就已经开始科普 PPP 的理念。当然，从目前应急而言，特别应加强对相关政府官员的培训，而且可能不能局限于过去的比较虚的培训，而应加强偏实务性的培训。就投资者而言，特别是民营企业，他们是很好学的，不必担心。另外，还应创造条件，规范和扶持专业性的第三方咨询（含律师）机构。现在真正懂 PPP 的咨询人才奇缺，尤其是既懂理论又懂实务的人，因此，能够牵头做 PPP 咨询的优秀人才收入非常高。但是，不能否认，我国咨询的专业性、独立性和公平性还有待完善之处，有些甚至已经成为客户的御用。

王老师说，教育是从长远给社会提供各种人才（其实是人才的自学、应用和创新知识，以及发现、分析和解决问题的能力），而培训则主要是短期内给社会已有人才补充急需知识和经验。就培训而言，目前最火爆的似乎是民间培训机构和政府或协会合作的培训（用 PPP 的理念，政企合作，搞培训），因为民间培训机构的嗅觉非常灵敏，只要有市场，找到几个相关的老师，利用政府或协会的信用，优势互补、强强联合，就可以招生了。而且，民间机构的培训在课程设置、师资选择、服务水平和工作效率等方面比较好。当然，目前我国的 PPP 培训更多还是单向式大规模（老师讲，学员听）的科普，今年下半年以后的则越来越趋向更专业的主体培训，但离国际上的小班交互研讨式尚较远。目前国际多边机构，如世行、亚行和 APEC 等，他们常年有一些 PPP 相关的技术援助（包括培训），他们的培训就是后面这种，例如，去年 4 月至今，由亚行、德国国际机构、上海财政部等合办了亚洲城市发展中心（CDIA），培训了 12 期中国政府官员，国外专家与王老师等中国专家共同作为培训导师（Facilitator），教材也是王老师根据中国国情进行了改编。

至于老百姓，不需要了解 PPP 太多，他们更关心的就是价格、质量和服务水平。不论是传统政府投资模式，还是 PPP 模式，只要质量和服务好，价格合理就行。但是，要有公众参与决策与监管机制，这点在我国也有待完善。

NGO 引入 PPP 服务评价体系中

王老师说，NGO（非政府组织）也是属于第三方范畴。政府把一个公共项目授权给一家企业来做，不是说政府就没事了，政府是要监管的，因为提供公共产品或服务的终极责任还是政府的，如果公共产品或服务出问题，百姓不会去找投资者，而是会找政府。但在监管过程中，有时会涉及一些很专业的事情，可能就要聘请专业机构来监管，这就是第三方的意义。对于一些不是十分专业但与百姓利益密切相关的事情也可以让 NGO 和公众参与。还有，PPP 项目还需要有百姓的投诉机制，以及时反馈 PPP 项目所提供产品和服务中的不足，有利于持续改进。这些都属于监管或服务评价体系的重要组成部分。

咨询公司作为第三方的作用

王老师说，在 PPP 项目的全过程中，尤其是在 PPP 推广的初期阶段，由于 PPP 项目的复杂性，特许期又长，以现有的知识和经验而言，官员和投资者都不太懂，故专业的咨询是非常重要的。但是在目前 PPP 推广的初期阶段，各地方政府难以在鱼龙混杂的咨询市场中找到适合的咨询机构，因此，建立中央一级或者省一级的咨询机构库是有必要的，但是如果每个市甚至每个县都建立咨询机构库，就没有太大的意义了，造成咨询机构在不停地重复提交入库申请和资料，有的地方甚至还要求咨询机构交一定数量的保证金，增加了麻烦，无形中提高了咨询公司的成本，而且还可能造成政府寻租。

政府如果在选择咨询公司的时候出现了差错，或选择的咨询公司水平不高，政府可能花个冤枉钱，没法让项目落地，或即使落地，项目后果严重。另外，咨询公司一定要有职业道德，坚持专业性、独立性和公平。现在有些个别咨询公司，只考虑让政府和企业双方尽早签约，所提出的方案并不一定公平甚至不合规。如果政企双方都有较好的 PPP 知识和经验的话，问题不大，如果双方中有一方不懂或没有经验，可能在签署合同的时候，就已经吃亏了，不 PPP 项目的长期。而且，如果政企双方和咨询，如果没有顾及 PPP 项目的最终用户百姓的利益，轻则百姓利益受损，重则百姓上街造成社会不和谐。

还有一个是咨询费的问题。现在有人说政府要管控咨询公司的收费，王老师建议，还是交给市场来决定为好，只要是项目方案及其实施效果做得好的，品牌口碑好的，咨询费就高，反之则低。但是，要注意出现的恶性竞争现象，听说前一段时间，有一个 PPP 项目，政府用 3 万元就签了一个咨询公司。要知道，3 万元可能连人工成本都覆盖不住，不知道其 PPP 实施方案（含财务分析、物有所值评估、财政承受力评估、合同草案等）是怎么做的，这肯定是不合理的。还听说一个地方，一个不大的项目，一般公司的咨询报价都在 30 万元左右，但有一家报了一个 18 万元，而且是全程的咨询，还中标了。等到了咨询该交差的时候，根本拿不出合格的咨询方案。王老师估计，这个咨询公司动机存在问题，也许是没有 PPP 咨询履历和业绩，想低价拿一个项目做，但是却远远低估了 PPP 项目策划的复杂性和工作量。

当然，王老师说，中央并没有强制要求政府（或投资者）聘请咨询，而且，政府建立的咨询机构库也不应该是强制的。中央或省级政府建立的咨询机构库，如果为了给地方政府更有参考价值，可以对这些咨询进行分类，有一类是综合类的，可以接手各类 PPP 项目，当然这种咨询机构会比较少；另一类则是专门类，如专门做交通类、处理类 PPP 项目的咨询的。一个咨询公司可以仅属于一个类别，大的好的咨询公司则可以跨两三个类别。

（原载公众号“T 大光辉岁月”，
2015 年 12 月 18 日）

PPP 项目融资难在哪里？
——专访清华大学教授王守清

陈琴

随着 PPP 的深入推进，融资问题越来越引起关注。PPP 项目本身资金投入巨大，如果主要依靠银行贷款或者社会资本自身资金，很难满足 PPP 发展的要求，而且潜在风险巨大。那么，PPP 项目应该怎样融资，其中存在哪些问题？本刊专访了著名 PPP 和项目管理专家、清华大学教授王守清。

不是钱的问题

《新理财》：当前融资方面存在哪些问题？

王守清：实际上，对 PPP 来说，所有的融资方式、融资产品都可以用，不同之处在于 PPP 涉及强势的政府和广泛的公众，这就使得它要考虑很多相关的内容。也就是说，PPP 项目的融资不是简单地从银行贷款就可以了，涉及很多问题，与法律体系、合同体系、信用体系、能力建设等密切相关，其中有四个核心问题尤其需要关注。第一，有限追索的问题。其本质是风险分担，而风险分担本质上是各参与方特别是政府的信用问题。所以我在 2014 年就说中国要推 PPP，宏观层面的成功因素，首先要依法治国。这个问题中央已经提出来了。第二，地方政府要有信用。第三，金融体系要改革。这两年金融机构虽然也热衷于学 PPP，但至今对 PPP 项目的放贷流程、评审标准和担保要求与传统放贷无异，国际 PPP 项目通行的有限追索项目融资在国内不是不可能，但很难实现。第四，能力建设。现在政府和金融机构都缺少 PPP 专业经验和人才，也缺少具备全过程全方位集成能力特别是有运营意愿和能力的投资主体。

《新理财》：就 PPP 本身融资来说，最大的难题是什么？

王守清：现在一个 PPP 项目要找到资本金不难，贷款也不难，但要做到有限追索项目融资才难。对社会资本而言，特别是从民营企业的角度考虑，把一个项目总投资 20%～30%的资金作为资本金砸进去，与政府签订期限长达 10～30 年的合同，剩下的资金通过贷款等方式实现，风险是非常大的。若是失败，要优先还债，资本金有可能血本无归。所以一般来说，国际上 PPP 项目都是基于项目融资，即通过项目本身的收入（来自使用者、政府或二者）、资产和合同权益通过合同安排等来分担风险。如果项目失败，也只是本项目的项目公司破产，而社会资本的母公司不会受太大牵连，即金融机构对母公司的追索是有上限的。这是国际上特别是发达国家 PPP 和发达国家投资者到发展中国家投资 PPP 的通行做法。

国内金融机构对 PPP 项目一直很慎重，要求社会资本的母公司完全担保，甚至要求政府担保。另外，因为 PPP 完全取决于合同来分担风险，金融机构也很担心万一地方政府不守信用怎么办？财政部对此采取了一些措施，比如推出示范项目、成立 1 800 亿元的 PPP 基金，以及两会期间国务院今年又批复给国家开发银行 1.2 万亿 PPP 专项基金等，除了引导项目投资导向，引导地方规范运作 PPP，同时也是给项目和地方政府增信。

《新理财》：现在 PPP 各主体在能力建设方面是什么情况？

王守清：政府和金融机构都缺少 PPP 专业经验人才，而且有些参与项目的动机有问题。

虽然中央部委和各地政府组织了很多培训，也请官员和专家做了很多培训，但过去很多是宣传，而稍微专业一点的培训机构的培训班的听课人员则大都是具体办事人员而非有决策权的主管官员。很少有人真正理解 PPP 的内涵和精髓（PPP 涉及面很广，需要复合型人才），错误以为 PPP 是万能钥匙，只要可以上项目就想方设法包装成 PPP，当然不排除有一些是懂装不懂的官员。而且一些准经营性或公益性项目需要政府买单，即使有财政承受力评估，有“每一年度全部 PPP 项目需要从预算中安排的支出责任，占一般公共预算支出比例应当不超过 10%”的要求，但因 PPP 项目投资大，而这一支出有限，造成地方政府在实际操作中想方设法规避。另外，PPP 需要多个部门的协作，一些地方由财政部门或发改部门主导，这些部门各有所长，也有所短，协调不利则难以顺利推进。

对金融机构来说，传统融资模式对能力要求不高，放贷只需要有资产抵押、信用抵押或担保即可，而要做基于项目收入的有限追索项目融资，则要求金融机构必须懂行业，能判断这个项目是不是确实可行（可融资性）。金融机构由于历史形成的人才结构和知识结构缺陷，如不了解工程建设与运维管理，尚没有能力准确评估一个项目是否具备可融资性。

社会资本方尤其是央企和地方国企，缺少项目全过程、全方位的集成能力，且不太愿意跟其他企业合作；他们参与 PPP，绝大多数都希望短期退出，直接间接地变相要求地方政府担保最低或固定回报率。

好消息是，虽然最初真正懂 PPP 的人不多，但学得很快。这两年我去讲课，咨询与律师行业去听课的人很多，有人甚至听了两遍，最多的有听五遍的（我都不好意思了）。经过 2014 年推广、2015 年实干，我感觉今年咨询和律师已经成长起来了。

我的看法是，推广 PPP 是必需的，这是国际趋势，但如果我们没有具备复合型能力的人才，市场化程度也还没有到位，推得太猛是可能出问题的。

具体问题具体分析

《新理财》：怎么看地方成立的各类 PPP 产业基金？

王守清：首先，无论什么样的基金，最终都是要赚钱的。产业基金，顾名思义，有“产业”两个字，应该对特定项目的行业非常了解，如环保基金对环保行业很了解。现在又有政府的支持，比如财政资金做劣后级，引入金融机构和社会投资者等的资金。现在的问题是，国内产业基金经理大都不太懂行业，而且产业基金的融资成本要高于商业银行贷款，更重要的是，这些产业资金大都是短期投资，很多进入 PPP 是明股实债，往往要求合同写明回报是多少，即使是股权也要求回购，一开始就想好了怎么退出，这对 PPP 项目可能不利。

国外产业基金一般是长期投资，项目建设期和运营期的投资都是事先安排好的，而且有动态的概念和做法，比如主动二次融资和被动二次融资。所谓主动二次融资，是指一个项目没有建成之前，风险是最大的；一旦建成开始运营稳定了，项目收入稳定了，风险也就小了，所以 SPV 公司一开始可以不用长期贷款，也不要贷那么多资，建成后再融资，融资成本就降低了。所谓被动二次融资，是说发现市场没有当初设想得那么好，项目现金流出问题了，不得已要重新融资。

简而言之，主动二次融资，是为了利用项目建成后风险降低来降低融资成本；被动二次融资属于风险管控事后补救。

在这个问题上，英国政府也吃过亏。投资者按照最初的预测成本与政府签合同，结果二次融资后成本大降，使得社会资本没从项目本身挣到钱，反而通过二次融资获利丰厚。当然，二次融资在国外能做成主要是因为二级市场发达，而我国的二级市场还没有发展起来，不过发展方向是对的。

《新理财》：PPP 项目的资产产权、经营权和收益权能否用来融资？

王守清：PPP 项目的资产产权一般是不能给社会资本用来融资的，只能给经营权，这是由于 PPP 项目是提供公共产品/服务的，但也要具体情况具体分析。打个比方，购房向银行贷款，如果不还贷，房子就归银行所有，银行可以拍卖处置。但对于路和桥这种公益性强的公共项目，政府如果把其产权交给社会资本，社会资本抵押或质押给金融机构贷款，一旦不能还本付息，路和桥就归金融机构所有，会带来很多问题。因此 PPP 中应用最早和最多的 BOT 模式下，就只给经营权没有产权。不过另一些项目，如水厂或电厂，也有把产权给社会资本的，但也只是有限产权，其目的是让社会资本融资，而且给了产权，就必须 SPV 监管账号，必须限制资金的使用等。

我国政府曾在这方面出过问题。一家民营企业投建污水处理厂后，运营不下去，要求政府回购。当时人们都认为污水处理厂是民营企业投建的，产权应该归企业。从商业属性出发，这个逻辑没错，但污水处理是公共产品，政府给社会资本的产权，一定有特定的期限、特定的范围和特定的目的，终极产权仍属于政府。从这一要求看，社会资本没有达到政府的要求，即便血本无归，政府也没有很强的理由回购，当然，这里涉及很多法律问题，目前有空白。

另外，虽然中央部委近年的文件已明确可质押经营权和收益权给金融机构，但物权法未明确可质押；即使可以，如何办理登记？是否可以转让？而且，因为银行法不允许银行经营，即使允许，银行也不会经营。再如政府投资建设时产权是国家的，做 TOT 模式，产权要移交给社会资本，这与国资委的相关要求也是冲突的，即 TOT 涉及的资产让渡文件不匹配等。

总之，产权是个非常复杂的问题，这个问题一定要在 PPP 立法上解决，不然推行 PPP 会很难。

《新理财》：能否介绍一下您提到的金融机构参与 PPP 的三种具体融资模式？

王守清：这三个模式不是我首先提出来的，我是记录整理再加上我个人的理解和解读。

第一种是 A+B 模式。A 为工程公司，出 90%的资本金和贷款，允许快进快出（类似 BT）。工程公司出资高，是因为做完项目后，工程公司能通过工程款收回大部分投资；B 为运营公司，出 10%资本金和贷款，要考虑长远的维护运营。这是一个优势互补、产业链集成优化的组合模式。这种模式在现实中很多，但不同类型的项目一定有不同的股东，且不同的股东占的股份是有规律的（有相对固定的比例），以此出发，90%的要求对某些类型如运营成本占比高的项目可能太高，对工程公司风险较大。

第二种是股+债+贷模式。即小股大债，就是投资者和金融机构共同出资本金，但金融机构持有的股份不是同股同权，只通过赚取利息承担相应风险，类似于夹层资金，实现项目全过程风险分担。这种模式只适用于好项目，需要严格规范运作，政府须公布财政收入与债务并增信。这里的"股+债"就是明股实债，债则是真正的贷款，不太符合财金〔2015〕57号文件的精神。

第三种是工程企业与产业基金组成联合体。产业基金控股，工程企业完成建设，解决资本金问题；产业基金负责融资，解决降低融资成本的问题；政府提供担保、必要回购和补贴承诺。注意：政府为投资者提供融资担保目前多是违规的，合规的担保则是非融资担保和支持，比如政府给予金融机构直接介入权，在SPV不能还本付息时可以接管SPV和项目。对于回购，3年期左右的回购本质就是BT，更长期特别是10年期左右的回购是可以的，关键是此期间企业有在经营项目、承担维护运营责任，否则就是拉长版BT。

《新理财》：为何要提出让有实力的融资平台公司提供各种支持？

王守清：融资平台公司即城投公司是国有企业，现在政府不能为PPP提供担保，但与政府债务脱钩的平台公司可以提供担保，也可以参股SPV。这是在我国特有的政治和文化下的一种缓冲措施。以前外商来华投资，我们常常建议他们找当地对政府有影响力的国企合作。这是因为仅靠合同，一旦政府违约就上法庭，后果会很严重。国企能在其中起到缓冲的作用，如政府不能及时支付是可以让国企代为支付。这其实也就是我讲课时常提到的——做PPP也要讲政治，不能让政府没有面子下不了台阶。

需破除外部阻碍

《新理财》：根据上面介绍，实际上很多外部因素影响了PPP的融资和推进？

王守清：是这样的。比如在当前环境下，仅靠一个部门来推动PPP而其他部门不配合，项目会很难推进，效率低。我一直建议，要想顺利推行PPP，最好上层成立一个有形的行政机构，如果成立不了，成立一个无形的部际协调机制，财政部、国家发展改革委都可以牵头，但一定是他们和其他行业主管部委都参加。地方上则应该由主管的市长或者副县长牵头，成立一个由所有相关职能部门参与的工作小组。这个小组就相当于一个协调机制，平时各部门负责自身该做的事，不懂之处可以找咨询机构，咨询机构向小组汇报；所有问题小组成员都要拿主意，包括是否符合法律法规、操作流程等。之后将实施方案和合同草案上报市委常委决策和本级人大举手通过。此外，这些协调机制还有利于很多其他问题的解决，比如不同部门的观念问题、部门政策统一问题、法律法规协调问题、财政政策透明问题、税收问题等。

在推进 PPP 时，财政部的大方向是对的，其中三个手段非常重要：一是财政承受能力评估，二是物有所值评价，三是综合信息平台。其中第三个最关键，有利于公开和公平，财政部提出，任何 PPP 项目，只要不录入综合信息平台，财政原则上不安排支出，这对规范 PPP 是很有效力的。当然，也要看信息公开到什么程度。我认为合同文本和财务数据（特别是产品/服务的单价）也要公开透明，只要公开，即使业外人士不看，业内人士会看，我们研究人员也会看，看了就可以评论、指出问题。因此，我觉得今年起的 PPP 项目会更规范地运作。

（原载《新理财》，
2016 年第 2/3 期）

民营资本需要抱团取暖
——专访清华大学 PPP 研究中心首席专家王守清教授

饶霞飞

“尽管 PPP 模式强调公共资本与民营资本的合作，但这一模式在我国的推广，已经具体备了一定的特色，民营资本的参与度明显偏低。”日前，本刊记者专访了清华大学 PPP 研究中心首席专家（PPP 项目融资与管理）、清华大学建设管理系教授王守清，在王守清看来，我国现行的 PPP 借鉴了国外 PPP 的模式，但也结合中国国情，具有一定的特色。

“我国 PPP 中的‘私营资本’扩大至包含国有（包含中央和地方国有）独资、控股、参股、混合所有制企业等在内的‘社会资本’。”王守清表示，国有企业具有与中央和地方政府有天然联系、资质和信用较好、融资渠道通畅等得天独厚的优势，在 PPP 项目中抢占先机，导致民营资本在参与 PPP 时腹背受敌。

正如王守清所言，相关数据的统计也显示，我国民营资本在 PPP 项目的参与率极低，且都集中在投资较小的项目，其规模与参与程度都不可与国企同日而语。

“民营资本要真正成为政府的合作伙伴，任重道远。”王守清表示，先天和后天的一些因素，导致民营资本参与 PPP 面临诸多难点，但并不代表毫无机会。

王守清表示，随着 PPP 的深化改革，政府将陆续推出有利于民营资本介入 PPP 的政策。“在现行阶段，民营资本最需要做的是强练内功，加强自身的技术研发，掌握某一领域具有优势甚至是无可替代的技术，并继续发挥创新和管理效率优势。”

“另一方面，民营资本要在 PPP 中占有更大份额，还需要抱团取暖。”王守清一针见血地指出，现行阶段，民营资本若要深度介入 PPP 项目，具备实力的企业抱团发展，不失为一种有效的方法。这里说的抱团，不是简单的同类企业抱团，更多是优势互补、强强联合、全产业链和全方位的抱团。

被边缘化的民营资本

毋庸置疑，最近两年的 PPP 很火，全国 PPP 综合信息平台项目库季报第 2 期数据显示，截至 2016 年 6 月末，入库项目近一万个，并且总量持续上升，总规模超过 12 万亿。

不过，这种火似乎是“虚火”，按照实施阶段统计，处于识别、准备、采购、执行、移交阶段的项目数量分别为 6 024、1 051、277、369、0 个，可见，大部分的 PPP 项目仍处于识别阶段，实际的签约率仅为 4.8%，不足 5%，落地难的问题十分突出。

更令人担忧的是，已落地的 PPP 项目中，民营资本的身影并不多见。

从数据统计分析可知。从签约项目数量上看，截至 2016 年 3 月末，全国 PPP 综合信息平台项目库中已签约项目 369 个，其中国企签约项目数量 199 个，民企 170 个，数量上民营资本参与的 PPP 项目略少于国企，但差距不大，几乎平分秋色。

而从签约项目的总额上看，国企取得了绝对性的胜利。国企总体签约金额 3 819.48 亿，民企签约金额约 1 424.01 亿，差距十分明显，国企签约的 PPP 项目金额是民企近 3 倍。

对签约项目的投资规模按区间进行划分后可以看出国企和民企的投资偏好，民企投资的 PPP 项目多集中在 3 亿以下的小项目，而国企有能力且更偏好于 3 亿以上的大项目。

而从签约项目分布上看，民营资本参与的领域多为养老、生态环保、文化等投资规模相对较小，且易产生现金流的领域，对于交通运输、市政工程等大型项目的参与力度不够，尚处于试水阶段。

“国企特别是央企是PPP项目的主力军，民营资本参与PPP项目相对有限，大多集中于投资额较少的小型项目，在夹缝中艰难生存。”王守清指出，民营资本参与PPP面临着众多困难，这导致民营资本顾虑重重。

众多障碍下的民营资本

“说民营资本参与PPP面临几座大山，一点也不为过。当然，有些也是国营资本面临的共同问题”王守清笑言。

他指出，社会资本首先面临的就是主管机构交叉重叠，权责利界限难分清，国营资本尚且难搞清楚，民营资本更是难摸清。

“管项目的发展改革委，管政府资金的财政部，管城市建设的住建部，管银行的银监会……PPP涉及的部门众多，但谁是PPP的第一主管机构，并没有中央文件明确界定，至少媒体上没有公开。”王守清介绍道，尤其是财政部和发展改革委之间存在较大的权责重叠。在实际操作中，地方官员反映，一个管项目一个管资金，哪个都绕不开，而且双方在推广PPP的思路上还是有些区别：财政部偏重于“存量”项目，发展改革委偏重于“新建”项目。“部委之间职能界限划分不清晰，难免会出现部门设置和流程重复、资源浪费甚至冲突的情形，这导致社会资本无所适从。”

另一方面，尽管在国务院和各部委的大力配合下，PPP相关政策密集出台，政策体系逐步完善，基本形成了“法律规范+配套政策+操作指引”的框架体系，为PPP的操作实施提供了相应的指导。但较为遗憾的是，权威的PPP立法尚未出台，现存的多为部门规章条例，层级较低，法律效力不足，且相互之间不完全匹配，特别是与已有的法律之间存在不明确甚至冲突之处。

“简言之，我国的PPP法律体系的现状为上位法体系尚未建立、下位法交叉重复甚至冲突。导致民营资本在参与PPP项目时更为谨慎，担心争议产生时无法可依。”王守清同时指出，我国PPP模式配套改革和制度建设不到位，这导致民营资本参与运营十分被动。

如城市水务行业属于资本密集型产业，单个项目少则几亿元，多则十几亿元。随着水务市场的开放，许多民营资本参与到水务PPP项目中，解决了政府的资金困境。“但是问题由此产生，下游水价定价调价补贴机制改革不到位或不成熟，导致民营资本相对处于弱势，议价空间较小，收益难以保障。”

“相对民营企业，部分政府在选择合作对象时，可能是考虑到国企的较高信用，以及不易被质疑等原因，对国企青睐有加，这导致民营企业相对弱势，难以从 PPP 项目竞争中取胜。”王守清表示，政府偏好的问题，也是阻碍民营资本进入 PPP 的一大阻力。“很多地方政府，对于产生稳定现金流收益可观的项目，首选国企，进而导致国企成为 PPP 领域的主导者，迅速抢占商机，国企主导的 PPP 样本层出不穷。”

而据国务院专项督查结果显示，由于国企同政府的联系紧密，民企在 PPP 项目申请过程中自然处于弱势。更有甚者，有的地方 PPP 项目就是为国企量身定做，有的甚至直接拒绝民企参与。

“与此同时，值得注意的是，公共服务领域建设投资大、周期长、收益低，对民企的综合实力如资金、融资和技术等提出了挑战，部分民营资本难以达标。”王守清指出，这些因素都导致大部分的 PPP 项目被国企央企所垄断，民营资本参与“无门”。

“事实上，民营资本介入 PPP，还存在许多压力。”王守清表示，有些地方政府契约意识淡薄，法律救济手段缺乏，民营资本投资缺乏保障；金融体系配套不完善，民营企业融资渠道较为有限，难以承受高成本融资等等因素，都是导致民营资本难以参与 PPP 项目的因素所在。

救赎

针对当前民营企业参与 PPP 项目的一些问题，王守清表示，一方面，加强政府对民营资本的扶持，“加快培育 PPP 项目参与各方尤其是地方政府的契约精神，并建议探索建立三大机制，保障社会资本的合法权益”。

“一个好的现象是，国家各部委正在加强对民营资本的扶持力度。”王守清介绍道，近来，财政部和发展改革委加强了合作，两个部门首次联合发布《关于进一步共同做好政府和社会资本合作（PPP）有关工作的通知》（简称“32 号文”），第二条提到进一步加强协调配合，要求各地要进一步加强部门间的协调配合，形成政策合力，积极推动政府和社会资本合作顺利实施。对于涉及多部门职能的政策，要联合发文；对于仅涉及本部门的政策，出台前要充分征求其他部门意见，确保政令统一、政策协同、组织高效、精准发力。

王守清期望，“各部门能够真正践行通知精神，找准自身的定位，理清各自的职能范围，协调推广 PPP”。

王守清同时指出，对于民营资本的扶持，政府部门需要做的工作远不止如此。他表示，首先就需要建立风险分担机制。“PPP 项目在启动前期要识别、分析风险，然后根据政府和企业的能力，决定适当的风险分担方式。如果政府不懂，就需要聘期有经验的 PPP 专家和咨询（含律师）公司。”

“还要建立动态调节含调价机制。”王守清表示，PPP 项目时间跨度长，谁也没法准确预测将来的所有风险，因此必须建立动态调节机制，必要时设立上下限重新谈判触发机制，事先说好谈判原则，否则社会资本极有可能因各种难以预测的风险如成本增加等原因难以为继、陷入困境。林江等专家认为，对公共事业和基础设施的 PPP 投资，应根据成本因素确定好社会资本的浮动收益率。此外，在税费方面也应给予适当优惠。

其中，“要充分发挥价格机制在 PPP 项目中的关键作用，合理确定价格收费标准和调价机制，保障民营投资者合理的收益”。王守清表示，就像婚姻一样，政府和民营资本要做好有福同享、有难同当的准备。因为 PPP 项目提供公共产品，最后是老百姓来使用，一旦出现问题，需要双方共同承担。

“更重要的是要提高政府的契约意识，保障民营资本的合法权益。”王守清重点指出，政府部门参与 PPP 时必须转变心态，强化契约精神，提高对民营资本合法权益的重视程度，健全保障机制，切实履行合同约定，让民营资本放心、安心地参与 PPP 项目，全身心地投入 PPP 项目的运作实施。

“在政府及其政策的支持下，民营资本也需要从自身寻求出路。”王守清向记者表示，目前民营资本在技术和资质上不具备优势，这就要求民营资本必须加强技术研发，掌握在特定领域“无可替代”的技术。

“与此同时，民企的单打独斗在与国企竞争时明显心有余而力不足，抱团取暖显然让民营资本更有胜算。”

（原载《投资与合作》，
2016 年第 8 期）

PPP 这三年

杜涛

三年转瞬而逝，无论是在金永祥还是刘世坚，抑或是王守清，这三年都是忙碌而转变的三年。

而对于财政部的金融司、PPP 中心，发展改革委的政策法规司、投资司则是充满动力、充满竞争的三年。

金永祥是大岳咨询总经理，刘世坚是君和律师合伙人、PPP 一代网红，王守清是清华大学教授、著名的 PPP 专家。

他们是 PPP 的参与者和受益者，而 PPP 的推动者则是现任的中国财政部部长楼继伟。在 2013 年年底的全国财政工作会议中，刚刚上任财政部部长不足一年的楼继伟提出要推动 PPP，并且在财政工作会议中专门召开研究会议。

在当时刚刚结束的十八届三中全会中，提出了财政是国家治理的基础和重要支柱，科学的财税体制是优化资源配置、维护市场统一、促进社会公平、实现国家长治久安的制度保障。

在 2013 年财政工作会议刚刚结束几天之内，审计署就公布了地方债务的审计结果，地方政府偿还责任、担保、救助的债务加起来，接近 18 万亿，并且地方高度依赖土地财政。

在当年，也就是 2013 年，税收决算数为 11 万亿，政府性基金决算数为 52 000 亿，其中土地出让收入决算比预算暴增 52%。

地方财政高度依赖土地收入，大量的不规范融资让不少地方政府处于破产的边缘，虽然会有上级政府救助。

或许刚刚上任的楼继伟就是想解决这个问题，从而建立科学的财税体制，而这也是十八届三中全会所要求的。

楼继伟讲过，推广使用 PPP 模式，不仅是一次微观层面的“操作方式升级”，更是一次宏观层面的“体制机制变革”。

PPP 模式已经被提升到国家治理现代化、市场发挥决定性作用、快速转变政府职能、建立现代财政制度和推进城镇化健康发展等机制变革的高度。

一

2013 年的金永祥、刘世坚、王守清并没有预知到 PPP 会在中国这么热、这么火。

金永祥知道在 2013 年的财政部内部是做过 PPP 研究报告的，但是当时的金永祥完全没有意识到 PPP 的商机已经要降临。

当时的金永祥已经做过第十水厂、北京地铁 4 号线等一批 PPP 的知名项目，虽然当时并不叫做 PPP。

对于财政部提到做 PPP，金永祥也是半信半疑。他以为 PPP 会是行业主管部门的事，比如住建部、交通部，水利部等。所以在很长一段时间，财政部提出来，金永祥并没有当一回事儿。

导致在最先开始的财部门的 PPP 培训金永祥并没有意识到重要性，对于他也担任职务的中国财政学会 ppp 专委会，也仅仅是参与。

当时的王守清自 2003 年从新加坡回国后一直在给央企讲 PPP，一直讲到 2013 年，这一讲就是十年。当时商务部准备向国外推 PPP，当时王守与商务部对央企进行了调研，为什么 PPP 是国际趋势，反而央企不做，因为不懂，不知道怎么做，商务部希望王守清给央企讲。在 2007 年、2008 年也开始给民营企业讲。2014 年开始给政府授课，王守清的学生 90%的都是企业，并且绝大部分都是央企。

王守清在 2014 年到 2015 年讲课特别多，2016 年王守清已经在刻意控制这些讲课次数。PPP 圈内专家周兰萍、王盈盈都是王守清的学生。

二

虽然 2001 年金永祥就和刘世坚相识，但是在这次金永祥和刘世坚重视 PPP 的时间差不多，都在 2014 年。

刘世坚在 2014 年 5、6 月份，在君合内部搞了合伙人群。当时的刘世坚给君合内部介绍 PPP 的事情，认为和前两轮不太一样。还搞了一个微信群，包括外地和这个业务有关系的合伙人，一直保持六十来人的规模。

刘世坚所说的两轮指的是第一轮是发展改革委（原来的计委）搞了几个试点不管了，第二轮住建部做得很好。

或许 这个时候刘世坚就已经具有 PPP 网络达人的潜质。在 2015 年 4 月份，P3 一带一路群成立，10 月 8 日刘世坚公众号建立。刘世坚现在已经是多个 PPP 的群的群主，里面不乏财政、发改决策部门的人士。

在 2014 年，国发 43 号文的横空出世，让地方政府在借债方面不再像以前那样肆无忌惮，而是有了规矩。甚至从实际效果来看，43 号文的实际影响力都会超过预算法。

43 号文是 2014 年国发 43 号文，也就是国务院关于加强地方政府性债务管理的意见。在意见中明确提出推广使用政府与社会资本合作模式，也就是 PPP 模式。在之后的国务院关于深化预算管理制度改革的决定也提出推广 PPP 模式。

财政部正式发出了关于推广运用政府和社会资本合作模式有关问题的通知，从此

PPP 正式登堂入室，在各种会议文件中屡屡露面。

而这个时候的金永祥、刘世坚、王守清也已经可以经常参加财政部、发展改革委政策的研讨。

《政府和社会资本合作模式操作指南（试行）》、财政可承受能力、物有所值都可以看到他们的身影。

2014 年的财政部对于 PPP 是动作不断，在年中就成立了政府和社会资本合作（PPP）工作领导小组，时任财政部副部长王保安担任领导小组组长。财政部金融司、经建司、条法司、预算司、国际司、中国清洁发展机制基金管理中心相关负责人为成员，办公室设在金融司。

另外财政部在金融司新成立金融五处负责 PPP 业务。在中国清洁发展机制基金加挂 PPP 中心的牌子。

2014 年 3 月，财政部就成立 PPP 中心咨询王守清的意见。这个时候的王守清感觉，到了 2014 年开始培训明显开始多了，在 2015 年就特别多，仅仅是王守清知道的全国 30 多个机构培训 PPP。2014 年中旬到 2015 年中旬，各个部委开的会特别多，更重要的是王守清在 2014 年年初参与了发展改革委主持的特许经营法的工作。

金永祥真正重视 PPP 的时候，是在 2014 年下半年的时候，当时财政部在国家会计学院组织了一次 ppp 培训，全国的财政厅长、局长四五百人，由财政部金融司组织。这也是财政部的重要举措之一，这也为地方政府中财政牵头 PPP 工作提供了专业支持。

金永祥后来坦言，全国财政局长厅长是一次很好的机会。金永祥后来采取的补救措施就是去会议现场发书。这个时候的金永祥才了解到全国的财政系统都在开会，研究 PPP 这件事。

金永祥在这次培训结束后拜访财政部。从这个时候开始，金永祥才对财政部有所了解。金永祥坦承，从这几年参加的会议来看，财政部真的比较重视专家。假设一些

政策没有参加起草，那些政策法规文件也会发给我们进行征求意见。

也就是从财政部开始力推 PPP，金永祥的公司规模从 100 人扩张到了 300 多人接近 400 人。

现在进行中的项目，累计执行中的合同 480 多个，正常进行的合同有将近 200 个。其中轨道交通的有 20 多条，海绵城市和地下管廊示范项目的 30%是大岳咨询在提供服务。

这得益于金永祥有一批成熟有经验的总监，大岳咨询现在有 16 个总监，基本从业经验都在十年以上。

他举例，毕志清从业 13 年，徐志刚从业十四年，郑洁是 2001 年开始，已经 15 年。毕志清做过地铁 4 号线和池州项目，青岛海湾大桥、哈尔滨污水处理厂是徐志刚操刀的。

现在的大岳咨询平均每两个工作日就有一个项目落地。平均每个工作日签一个合同。1 159 亿，是去年 2015 年，79 个项目实际落地的投资额。2016 年保守的说也是 100 个项目以上，2 000 亿以上。

这段时间财政部推出了 PPP 示范项目第一批和第二批，并且 PPP 中介机构在其中起到了巨大的作用。发展改革委也推出了一份师范项目单子。

在现在目前的情况下，一家好的中介机构可以给政府提供更有效的服务，从而可以让 PPP 让规范的发展。

在这轮 PPP 发展中绕不开的就是财政部与发展改革委。

三

虽然财政部在 2013 年年底就已经提出推动 PPP，但是财政部的具体动作基本都是在 2014 年的年中开始，成立 PPP 小组、成立 PPP 中心、成立金融五处。

发展改革委在 2014 年 2 月的时候就已经开始研究特许经营法的立法工作。当时是现在发展改革委政策法规司司长李亢，时任副司长推动。当时的特许经营法几易其稿，最后却难产。

2014 年属于这轮财税改革元年，当时的 PPP 在财税改革中没有那么显眼。一直到 2014 年年底，财政部 PPP 中心才出台了项目操作指南。

这个时候的竞争或者死磕也没有那么明显，当时一家媒体的报道，还被时任财政部金融司官员否认两家有争执。

自从进入2015年之后，一直到现在，大戏上演，大幕拉开，眼花缭乱，迷人眼呀。

2015年的4月财政部印发《政府和社会资本合作项目财政承受能力论证指引》，发展改革委公布关于《基础设施和公用事业特许经营管理办法》。之后特许经营法到政府与社会资本合作法，政府和社会资本合作模式操作指南（试行）与政府与社会资本合作项目通用合同指南，发展改革委从中央预算内切出专项资金支持PPP项目做前期费用，财政部设立PPP项目以奖代补专项资金，支持前期和运营。

这段时间各种专家、媒体，各种声音，组成了PPP竞争交响乐。

其实更多的故事都在背后，都在内容之外，比如7月7日的故事，但是那些都是道听途说，不知真假。

但是在这三年中，应该记住这些部门，要是没有这些部门的推动，PPP肯定不会有这么快速的发展。

（原载公众号“财税大观”，
2016年8月21日）

PPP立法曲折路

周哲

7月7日国务院常务会议上，发展改革委和财政部分别提请了“特许经营立法”和“PPP立法”的意见，“其中许多内容重复交叉，还有不少意见相左”。

面对此种局面，国务院总理李克强指出，“国务院法制办要超越部门利益。在起草相关法律法规条例过程中，既要充分听取吸收相关部门的意见和建议，更要站在‘法治’的高度，超越于部门利益之上。”法制办负责人表示，应该统筹协调两部门意见，推进单一法案的立法工作，为推广PPP模式提供根本的法律保障。

发展改革委主导的“特许经营条例”和财政部主导的“PPP法”，均是针对PPP领域的立法，内容和框架多有重复，但涉及主管部门、适用范围、操作流程等方面又意见相左，彼此相持不下。

国务院法制办统筹立法，无疑是给推进PPP单一立法带来了一线希望，然而部委之间的拉锯和博弈不会停止，法制办面临的协调工作难点重重。何况部委之争之外，还有复杂的法律冲突待解。

尽管困难不少，业内对 PPP 法却翘首以盼。现实操作层面，因为上位法的缺失，经常出现 PPP 项目和现行管理体系的冲突；在政出多门的背景下，大家都按照对自己有利的政策来执行，近期地方出现的用政府采购代替 PPP 项目、逃避两个评价就是其中一例。

“现在是一个非常宝贵的时间窗口，PPP 经过两年的发展，业内的专家参加了非常多的研讨和会议，形成了一部分共识，趁现在尚未形成更多的既得利益格局，正处于 PPP 与旧格局互相纠结的时机上，应该抓紧时间立法。”君合律师事务所合伙人刘世坚直言。

主导权易主

在国务院常务会议决定将主导权交由法制办之后，法制办的第一次发声是在 8 月中旬的“PPP30 人论坛”第二次研讨会上。法制办财金司司长刘长春透露，立法工作需要统筹考虑 PPP 立法和特许经营立法的关系问题，防止碎片化，更要防止多头立法导致立法本身可能带来风险问题。

法制办的立法思路是：第一，关于立法方向，要坚持四点：双方对等；长期合作，风险共担；全生命周期管理；项目回报机制要明确。第二，关于借鉴和国情结合的问题，强调要立足国情。“在借鉴国外立法经验的过程中，要结合我国政治、经济、社会、历史、文化、法律框架、法律渊源等具体情况来有针对性地解决问题。”第三，立法过程中需要研究和探讨的重点问题有以下几个方面：一是关于条例名称的定位问题；二是相关职责及管理体制问题；三是 PPP 的具体适用模式和具体方式；四是项目实施相关程序问题；五是 PPP 合同问题；六是纠纷解决机制问题；七是 PPP 立法和其他法律法规衔接问题。

有接近法制办的人士对记者透露，可能会是以条例的形式出台，这样不用经过全国人大几轮审议程序，可以尽快出台。刘长春此次发言等于证实了这一猜测。

《财经》记者从多位接近财政部和发展改革委的专家获悉，自 7 月 7 日会议以来，截至 8 月中上旬，法制办还未开展实质性的工作，可能仍处于消化发展改革委和财政部立法成果的阶段。

有接近财政部的人士向记者透露，其实近期部委正在进行大动作。该人士于 8 月初接到财政部通知，被要求对财政部的 PPP 的立法建议进行反馈。据悉，这是财政部向法制办提交立法建议。“法制办不可能不顾之前两部委的立法工作重头来过，两部委也想通过法制办体现自己的意见。”这位人士直言。

记者于 8 月上旬分别向发展改革委、财政部和法制办发出采访申请。发展改革委于 8 月 15 日给出的回复是，现在立法工作由法制办牵头，目前还未开展工作，因此不太适合接受采访。财政部则回复称相关工作将按法制办的要求开展，不单独接受采访。截至记者发稿时，法制办并未回复记者的采访要求。

具体的时间表也没有定论。在发展改革委主导特许经营立法的时期，原计划是 9 月底之前将初稿上报国务院。发展改革委法规司在回复记者时称，该时间表是在发展改革委牵头特许经营立法的情况下制定的，现在变成法制办牵头立法，所有的工作安排就要等法制办重新去统筹部署。

PPP 领域的立法历程，发展改革委和财政部均对此做了大量的工作。清华大学教授、PPP 专家王守清向记者梳理，发展改革委的特许经营立法最早起源于 2008 年 5 月，发展改革委做了一个特许经营立法的可行性研究，研究的结论是要启动立法。2013 年 10 月全国人大决定将特许经营法列入立法计划。

据悉，《基础设施和公用事业特许经营法》被列入十二届全国人大立法规划中的二类立法计划。随后，这项工作就交给了国务院法制办，法制办将其交给了发展改革委。发展改革委法规司于 2014 年 2 月启动了特许经营立法，负责人是发展改革委法规司司长李亢。立法工作就此正式开启。

2014 年 5 月 3 日，《基础设施和公用事业特许经营法（征求意见稿）》发布，在各部委和各省市之间征求意见，其中财政部也反馈了一些简单意见。

到 2014 年八九月，立法工作却暂停。王守清分析，可能是中央当时要力推 PPP，PPP 立法工作复杂，不太可能那么快达成共识，加上个别人事变动，立法工作就暂停了。

2015 年 6 月，发展改革委财政部等多部门共同颁布《基础设施和公用事业特许经营管理办法》（下称“25 号令”，即业内俗称的“特许经营小法”）。在王守清看来，25 号令和《特许经营法》的内容大部分一样，只是把各部委没有达成共识的部分给删除了。

特许经营立法暂停，大部分内容以“管理办法”的形式出台之后，一直鲜有动作。直到 2016 年初，去江西挂职的发展改革委法规司副司长张治峰回到北京，张治峰和 2014 年特许经营立法专家组的核心成员都交流了想法，于是特许经营立法工作在他的主导下，于今年初重启了。

2016 年 5 月，发展改革委成立了一个由 11 个部委参与的立法工作领导小组，发展改革委出任组长，财政部出任副组长，成立了 50 多人组成的专家小组，分成了法律组、项目管理组、财政金融组、公共管理组、国际组等。

2016年年初特许经营法立法工作重启以后，发展改革委总共召开了五次专家立法论证会，每一次都对一些要解决的问题进行讨论，每一个核心问题一般都有两个专家在重点研究、重点发言，每场会议结束都会形成一些共识，根据这些共识会写一个会议纪要。发展改革委最后一次特许经营立法论证会于2016年7月15日召开，此后立法工作便由国务院法制办统筹了。

因为并未列入人大立法计划，财政部在2015年底对《政府和社会资本合作法》（下称“PPP法”）征求意见之后，被曝光的行动并不多。

部委之争

PPP领域立法的部委意见冲突一直存在，主要集中于PPP和特许经营的定义和范围、项目操作的流程和主管部门、项目合同性质和争议解决，以及社会资本的选择等方面。

核心分歧是定义和范围的划分。7月7日会议后，发展改革委公布《国家发展改革委关于切实做好传统基础设施领域政府和社会资本合作有关工作的通知》，将发展改革委的职责范围定义为“6+1”个传统基础设施行业。但传统基础设施归发展改革委主管、公共服务归财政部主管的双轨制划分方式也存在很多担忧及隐患，如何协调好两部门的冲突，是法制办面临的一大难点。

过往，发展改革委和财政部各自开展PPP立法工作，政策和文件也是分开密集出台。多位业内人士均表示，即便现在立法工作由法制办统筹，两部委拉锯也不会停止。

2016年8月10日，发展改革委向全国各省级发展改革委下发了一份文件——《国家发展改革委关于切实做好传统基础设施领域政府和社会资本合作有关工作的通知》，将传统基础设施，即“6+1”个行业归于发展改革委主导推进，包括能源、交通运输、水利、环境保护、农业、林业以及重大市政工程等基础设施领域的PPP项目。

北京中建政研信息咨询中心PPP事业部项目总监姚海林直言，此举让他们意识到了即便由法制办主导立法，两个部委还是想划分各自的职责范围。

发展改革委和财政部的冲突和争议点，首先出现在定义和范围上，以及随之而来的主管部门和操作流程，还有合同性质和社会资本的选择等方面。

大岳咨询有限公司总经理金永祥直言，“每个部门内部对特许经营和PPP的定义都没有完整的、明确的、统一的表述。”

据悉，现在财政部和发展改革委对这两个词的定义呈现趋同的趋势，基本上没有本质区别，只不过财政部认为 PPP 是包含特许经营的，而发展改革委认为特许经营是广义的，可以覆盖我们理解的 PPP。财政部财政科学研究所研究员孙洁对《财经》记者解释，PPP 是由两大类组成，即使用者付费的特许经营和政府付费的政府购买服务，也就是国外 PPP 常提到的 PFI 模式。

但关于各自负责的范围和 PPP 项目分类，在业内并没有达成共识。刘世坚建议在统筹立法的过程中可以考虑双轨制。当然，双轨制的具体落实也有一些问题需要考虑和解决。比如如果按照传统基础设施和公共服务的范围来划分相关部委的权责，怎么划分其中的交叉部分就是难点。

北京中建政研信息咨询中心 PPP 事业部项目总监张胜坦言，中国 PPP 还在起步发展阶段，内涵及范围还在不断变化，按照项目类型划分，永远分不清楚。PPP 主要是激发社会资本和市场的活力，要留出空间，搞条块划分是计划经济的观念。

另一方面，PPP 中心独立，或是由发展改革委和财政部其中一个部门统筹主管的难度更大，更加不现实。如何对特许经营和 PPP 做出准确的定义，如何划分好财政部和发展改革委的职责范围，是法制办接手立法工作所需直面的一大难题。

定义和范围之外，财政部和发展改革委关于操作流程也存在分歧。济邦咨询公司董事长张燎称，两部门由于各自职责不同，对于操作流程的侧重点的关注也有所不同。财政部侧重关注政府债务、财政预算、财政可承受能力、奖补资金、资金使用绩效等等，但是发展改革委侧重以投资稳增长的促进作用、投资规划和投资项目的前期工作，主张把两个论证纳入可行性研究工作里面。

《财经》记者对比了《特许经营法（征求意见稿）》和《PPP 法（征求意见稿）》，可看出两者在操作流程中的部分差异。

前者（《特许经营法（征求意见稿）》）指出，实施机关应将项目建议、立项申请、实施方案报本级发展改革部门，实施方案应当达到可研报告深度。本级发展改革部门会同有关部门，进行评估论证，并将评估论证结果报同级人民政府批准。实施方案批准后，实施机关应通过招标等市场竞争方式选择特许经营者，并签订书面特许经营协议。

后者（《PPP 法（征求意见稿）》）指出，省级财政部门会同本级发改部门和行业主管部门制定 PPP 合作指导目录，纳入目录的项目应当通过物有所值评价和财政承受能力论证两个评价。行业主管部门根据目录可提出 PPP 实施方案，县级及以上财政部门会同其他有关部门，对实施方案进行联合评审，报请同级人民政府批准。实施方案批准后，实施单位应与选定的社会资本签订 PPP 合作协议。

这是在项目的提出、申请、评估评审和签订合同等流程上的差异。在项目实施之后，如何监管也存在分歧。

后者要求，行业主管部门会同财政部门对项目进行绩效评价，财政部门根据绩效评价结果，根据合同约定对政府付费、可行性缺口补助进行调整。前者未提及评估结果与政府付费挂钩，只是要求实施机关监测和评估项目实施情况。

合同性质和争议解决方式也不一样。前者指出，特许经营者与实施机关就特许经营协议发生争议并难以协商达成一致的，可以提起民事诉讼或仲裁；或提起行政复议或行政诉讼。后者则规定，社会资本和实施单位就合作协议发生争议并难以协商达成一致的，可以提起民事诉讼或仲裁。

在社会资本的选择上，张燎指出，财政部不允许本地国企和融资平台以社会资本身份参与 PPP，但是发展改革委对社会资本范围的界定比较宽泛，可以允许本地国有企业参与。据悉，财政部 2014 年底《政府和社会资本合作模式操作指南（试行）》将本级政府所属融资平台公司及其他控股国有企业排除在合格的社会资本范围之外。

他解释，这是由于两部门的工作思路和重点不一样，发展改革委希望利用 PPP 带动投资和经济增长，而财政部希望提高资金使用效率，附带要求则是控制地方政府债务。

发展改革委和财政部的冲突点基本上可以借此梳理出来，分歧主要集中在定义和范围、主管部门和操作流程、合同性质和争议解决，以及社会资本的选择等几方面。

2016 年 7 月，财政部的《PPP 财政管理办法》（征求意见稿）流传出来，遭遇了发展改革委较为激烈的反对意见，认为有些职责没有法律依据，增加了财政部的权力。

其一，《办法》的适用范围是能源、交通运输、水利、环境保护、农业、林业、科技、保障性安居工程、医疗、卫生、养老、教育、文化、体育等公共服务领域的各类 PPP 项目，包括能源、交通运输、水利、环境保护、市政工程等特定领域实施特许经营的项目。

发展改革委的反馈意见认为，使用者付费项目不涉及财政补贴，不宜纳入财政管理办法，建议在适用范围中，将范围界定为政府付费和可行性缺口补贴项目。此则是针对各自负责的范围的划分出现的分歧。

其二，《办法》对项目识别、提交材料要求、初步方案评审、物有所值评价、财政可承受能力论证、PPP 目录管理、采购管理、合同审查等作了详细的规定。发展改革委建议将此章删除，认为项目识别、物有所值评价、PPP 目录管理、合同审查等大部分内容没有法律依据，新增了财政部门权力。此外，发展改革委认为财政部门进行绩效评价缺乏法律依据，不符合部门职责划分，应由各行业主管部门负责。PPP 项目库也无需另建，因为国办秘书二局明确提出，“依托投资项目在线审批监督管理平台和国家重大项目库建立统一的 PPP 项目库。”

此则是针对项目操作流程出现的分歧，包括项目申请的流程、PPP 项目库和绩效评价等方面。

其三，发展改革委提出，建议结合财政部职责，主要从预算和财务管理角度制定《办法》，将内容定位于预算管理、会计处理、财务管理等方面，并将名称修改为《政府和社会资本合作项目预算财务管理办法》；且建议对其出台时间、必要性作进一步斟酌，主要理由是，现在法制办牵头制定 PPP 领域的法律法规，《办法》要与上位法进行衔接，目前还不具备出台条件。

刘世坚对此点评称，财政部《办法》是想对实操问题做一个反馈，从专业角度看，里面很多内容都很务实，想解决问题；但是发展改革委的评述也有一定依据。正是因为现在没有顶层设计，每个声音都有道理，所以必须加快立法。

法律冲突难解

比部委冲突更为难解决的，是深层次的法律冲突。PPP 作为一种新的模式，和现行的管理体制和法律之间存在重重摩擦，需要法制办不断去协调和妥协。PPP 模式在实际操作过程中和招标投标法、政府采购法、土地管理法、行政诉讼法、仲裁法、合同法、担保法、预算法等都有摩擦。

在 2016 年 5 月的金永祥主笔的亚行技术援助项目《中国基础设施和公用事业特许经营立法研究报告》中，将 PPP 项目与现行法律体系的冲突做了梳理。

以和土地管理法的冲突为例，实践中，有些地方政府以投资人为外商投资企业或者民营企业等非国有商业资本为由，不同意以划拨的方式供地，或是认为此操作违法违规。这是因为《划拨土地目录》规定，“城市基础设施用地和公益事业用地”以及“国家重点扶持的能源、交通、水利等基础设施用地”均采用划拨方式供地，但并未明确上述项目所对应的建设项目是由政府投资，还是由社会投资者投资建设或运营。

有不少地方政府有意以 TOD 模式（以公共交通为导向的开发模式），将大型交通等基础设施的建设和运营与沿线及站点周边土地和物业的开发结合起来，以交通项目带动周边土地物业的增值，以土地物业的开发收益弥补交通项目的亏损。但是受制于土地管理政策的以下几方面难以成行：一是必须以招拍挂的形式出让经营性用地的土地使用权；二是禁止宗地捆绑出让；三是土地出让收入必须收支两条线，专款专用。

刘世坚分析称，新的政策导向需要建立自己的法律体系，肯定要侵蚀过去的一些法律体系已有的地盘，所以一定会有摩擦。一个法律体系自从诞生之日起，就慢慢扩张，和其他法律的势力范围碰撞之后，形成了一定的边缘和势力范围，这是一个既有的格局，一个新的模式、新的政策想要在这个既有的格局下开辟一个新天地是很不容易的。

对法制办而言，和最高院、国土部等等各个部门去协商，在既有的法律格局下开出几道新的口子，是比发展改革委财政部两个部委更难解决的事。

虽然法制办面临的困难不少，立法工作却迫在眉睫。实践中因为没有高位阶的法律，出现了许多混乱。比如近期地方政府在基础设施和公共服务领域，以政府购买服务规避PPP模式的应用。地方政府采取简单没有烦琐程序的政府购买服务来替代PPP，很容易带来政府债务风险提高和PPP推广受阻的问题。“但又不能说它违法，因为也有相关文件支持。”刘世坚直言。

现在也是立法非常宝贵的时间窗口，经过两年多的PPP实践和密集的讨论，业内人士已经达成了部分共识。

发展改革委今年5月以来连续召开五次特许经营立法专家论证会议，会议纪要记录了每一次会议达成的共识，包括：①政府和社会资本合作（PPP）领域只立一部法；②应给予PPP一个较宽泛的定义，并通过附属文件进行补充，为PPP创新预留空间；③融资安排应基于特许经营项目的特殊性做出针对性制度设计；④通过立法对特许经营活动进行原则性规定或引导，不宜规定过细；⑤特许经营协议不能简单地划分为民事协议或者行政协议，应当两者兼而有之；等等。

因此应抓住机会，将业内达成的小共识发展到大共识，即与其他诸如最高院、住建部、国土部等都达成共识，尽快立法。

PPP领域立法被寄予厚望，一是希望可以协调好发展改革委和财政部的冲突，避免政出多门，建立相应的管理体系、管理部门；二是需要顶层设计来协调好法律冲突，规避操作时步入灰色地带的风险；三是给社会资本以稳定的预期和强烈的信心。

北京中建政研信息咨询中心主任梁舰建议，国务院法制办先行启动PPP领域立法工作，以条例的形式尽快出台，与此同时全国人大也应启动立法，中央改革办也将其作为一个综合性改革的事项来统筹，这样才能完善好PPP领域的法律体系，为PPP的发展保驾护航。

（原载《财经》，2016年9月第23期）

王守清：不参与 PPP 将会被边缘化

杨秦

为贯彻落实国务院关于鼓励和推动民间资本投资 PPP 项目的工作部署，促进民间投资平稳增长，10 月 18 日，国家发展改革委投资司、全国工商联经济部共同在京召开 2016 民营企业 PPP 投资项目推介会。本文是清华大学 PPP 研究中心专家委员会副主任、首席专家王守清教授的演讲整理稿件。

我演讲的题目是《民营企业投资 PPP 项目的操作要点和风险控制》，下面我根据自己的理解，当然重点还是从民营企业的角度说一下。

PPP 的项目重要成功因素非常多，国际上类似的研究也很多，我这边罗列了一下。政治稳定，我们国家没有问题。愿意民企做，也没有问题。对项目有迫切需求，经济要发展、生活水平要提高，我们有大量的基础设施的需要，遵纪守法，如果说不足可能主要在这个方面。对项目的要求要明确，经济上要可行，企业上财务要可行。如果是跟政府收费，政府要有财政承受力。

投资者必须有经验，民营企业可能在大型项目的时候他的技术不行，但是在小项目，比如说污水处理、垃圾处理方面，比央企更厉害。可行的融资和担保方案。最重要的还是公平分担的问题。还有一个，因为是长期性，所以还要考虑将来，不能光考虑现在，要考虑技术的生命。PPP 形式不是有多深奥，关键是涉及的面太广，可能在初期的时候我们没有复合型人才，那就要发挥咨询公司的作用，包括律师。

过去几年我和我的团队发表了 5 篇文章，专门从民营企业的角度分析参与 PPP 项目的经验。

民营企业参与 PPP 有一些优势，也有一些劣势，同时也面临很多的机会。现在整个中央都在力推 PPP，可以说是一个准的国策，但是我们也碰到一些危险。结合 SWOT 重点的说说看，我们作为一个民营企业应该从哪些角度去考虑，如果我们打算参与 PPP。

对于民营企业来说，参与 PPP 是一个必然的趋势。不仅是个国内趋势，其实也是个国际趋势。从企业的角度来说，它的发展路径，和政府的整个项目交互模式变化是有关系的。这个变化一个是功能性企业化，因为政府把越来越多的事情，全元产业链越来越交给企业去干。所以这是项目交互模式的变化。因为越来越多的事情交给企业去干，相应的政府必须把对项目的控制权让渡给企业，这个我们叫实质性企业化。对项目的管控总体在发生变化。

回想一下新中国成立以后到现在我们一步一步就是这么走过来的，新中国成立以后到改革开放以前是计划经济，政府大包大揽提供公共产品。改革开放以后，政企分家，国有企业替政府去提供公共产品。到1994年我们出台了《公司法》，按照《公司法》，不管国企、民企、央企、外企大家都是平等的。现在我们到了第三步，政府或者政府通过他直接管控的国有企业跟外企、民企，当然在中国很特殊，还包括国有企业，特别是央企，也包括已经和政府脱钩的国有企业，这实际上就是政企合作，当然这是狭义的政企合作。

对我们的企业来说，大企业从战略上必须向产业链的上游和下游去延伸，如果你不参与PPP，你慢慢就会被边缘化。对一些小企业，我觉得你就可以把一件事情做到精致，我们不去主导投资，但是我们可以给投资者做分包或者参一点小股。

参与PPP宏观考虑主要有六个方面：一是法律法规方面，这几年出了四五十个文件，应该说政策环境越来越好。二是项目的可行性，项目的可行性比传统的可行性要广义得多，特别是要注意社会可行性。如果老百姓上街游行，你这个项目是不可持续的。三是光订合同也不行，合同要可实行；还有配套，政府该提供的配套，你自己做好了，这个项目也是没办法运营的。四是可融资性，一个是投资者必须感兴趣，他们有能力筹到钱，另外要说服金融机构、基金和保险去放贷。可融资性可能是民营企业一个比较大的问题，但是慢慢地会好转，尤其是今年开始，因为实体经济不好，银行放贷不出去，所以他们现在也在放下身段在考虑PPP。五是可负担性。如果政府支付要考虑政府的财政承担能力，如果是老百姓支付，更多的要考虑客户的支付意愿。六是可交付性，作为投资者必须有管控全过程、全方位的能力，这叫集成，很多时候是集成在起作用。

清学PPP研究中心成立半年到现在做了很多事情，主要是在做转型集成，集成是投资者主导的。另外，相关的所有的手续流程能够及时地办下来。还有一个，做出来的东西提供的是公共产品给老百姓，所以必须有严格的监管。

有一点遗憾，目前政府在监管方面可能意识不够，没有那么重视。因为如果没有监管，肯定就没有质量和服务的提高，可能将来就会出问题。有一些企业，包括野蛮企业超低价中标可能就是利用了政策的不同将来他在质量和服务上面去做文章。

结合这些方面，我们作为一个民营企业要做PPP，规划一下，五个选择。

第一，选择政府，就是我们去哪里做。我个人觉得看经济发展，不是看现在的趋势，更重要的是看将来。就像 20 世纪 80 年代中期，中国第一轮搞 BOT，很多港、澳、台的人最后都获得了暴利，这得益于中国改革开放经济高速发展。比如说高速公路车流量增长非常快，当初谈的时候可能一天只有 2 万辆，但是后来实际上是 10 万辆，当时合同签得不好，所以是超额暴利。

还有政府的信用要好，一个不守信用的地方政府是没有人敢投资的，政府要有契约精神，市场化高。当然这也是一个悖论，越是这样好的地方项目越难拿到。还要考虑区域特点与战略，中国分成几个大区域，可能最适合于做的，最不怕政府违约的就是长三角、珠三角，再就是中部，比较糟糕的是西南、西北，最糟糕的是东北。

另外有些地方虽然是西部，经济不好、信用不好，但是中央从全国一盘棋有考虑，可能有转移支付。这个可以用一个例子来解释，为什么像新疆经济不好，但是所有的企业家在新疆跑马圈地，我觉得他更在乎的是中央将来的转移支付。

第二，选择项目。对于民营企业来说，毕竟有你的不足，应该优先选经营性的项目。至于定价、调价是政策来决定的，没有问题。从技术上来解决，因为我们重点是跟政府去谈影子价格，比如 6 块钱，政府决定收 2 块钱，政府要补贴 4 块钱。政府收 5 块钱，就补贴 1 块钱。如果政府收 8 块钱，投资者多收入的 2 块钱就得还给政府。这个概念非常重要，千万不要纠结我跟政府谈今年收多少钱，明年收多少钱，这个在全世界都没有办法谈，所以影子价格的概念非常重要。

另外考虑准经营项目和公益项目，准经营项目和公益项目需要政府的财政将来的投入。我们投资不是投眼前，是投将来，一个地方的经济发展是在走下坡，这种地方是比较可怕的，我们更应该看到增长性的行业，就像嫁人要嫁绩优股，类似这个概念。

还有程序必须合规。因为这是一个长期合同，短期合同你可以蒙一下，但是长期合同谁都会变化，政府的政策也要变化，合规非常重要。如果政府没有钱可以考虑补偿性的支援，当然过去中国的土地可以作为补偿，现在不太好弄了，你可以考虑商业价值。挖掘它的商业价值。

这是我最近加进去的，我们重点应该去做轻资产的，地铁不要去碰，因为投资太大。我们和央企不一样，我们更重要应该去考虑运营要求比较高的，这就可以发挥企业钱少但是效率高、经验丰富的作用。另外看前景。按照这些看起来，基本上就可以解释为什么现在国内民营企业也在做 PPP？第一，他要是上市公司。第二，他选的项目是比较符合民营企业特点的。单个的环保项目、生态、园林、医疗、养老，还有文化。我认为这些运营是非常重的，而投资并不是非常大。央企工程公司更喜欢的是地铁，因为投资非常大，运营特别广，我们在这方面可以跟他结合，可以参个小股，5%，跟央企说好运营我来帮你做。

第三，选择模式，因为PPP没有定式。最极端的就是完全政府主导，另外一个极端是完全市场主导，我们在中间可以找到一个点，其实这个点就是风险分担的问题和各方参与的程度深厚的问题。另外我们要特别重视事前，以前民营企业在前期可能不太重视，更多的是拍脑袋。所以前期的尽职调查，评估项目、策划项目、谈判，考虑行业的特点，考虑市场将来的发展，还有政策的走势。我们可以打擦边球，但是千万不要打现在是擦边球，将来可能会被禁止的，我们可以打现在是擦边球，将来是合规合法的。

所以对整个政策的理解非常重要。我们要正确评估政府的需求，有些需求你要了以后将来可能要完蛋。我们自己的优势是什么？我们应该找谁去合作？我们的回报要降低。过去暴利的时代已经过去了，从房地产商业牟利也已经过去了，有些政府给了支持，有些担保不是融资性担保，当然这是合规的，融资性担保是不合规的。当然我们可以买一些保险，我们的保险市场不像西方那么发达，但是慢慢会好的。

第四，选择合作伙伴。原来我们叫做傍大款，和大企业合作，我参个小股。其实北京很多项目都是这么干的，在新政策出来之前。我们的主要目的是拾遗补阙，央企不做的我们来做。另外是抱团的概念，优势互补。抱团民营企业之间也可以去抱团，但抱团不是同质同类企业。我们有一个民间协会，这个协会都是污水处理行业，有的更擅长前端，有的更擅长后端，比如垃圾处理有收、有分解、有运输、有处理，我们这种产业链上的抱团可能更有意义。民营企业如果协会能够起到作用，那是非常好的。

第一个项目和第二个项目本质不同，第一个项目建议民营企业还是要请咨询，请咨询的时候不能太重视选哪个机构，更重要的是给你做咨询的人跟比例。我找清华一个老师讲课，肯定他讲PPP不会比我讲得好。更重要的是看这个人真实的经验，而不是看他的宣传，所以这个时候更多的是个人经验。

第五，选择人才。我们要开始重视培养人才，央企的优点除了融资和自己资金实力外，就是有很多人，因为人更强调稳定性。如果民企里头能自己培养出复合型人才，这很重要。原来发过一个公众号推过一篇文章，叫学习路径，你必须经过这几个环节你才能学透。不是说随便一个项目就可以去做了，交易成本是非常高的。有过统计，不管是对政府还是投资者，第一个项目交易成本会比第二个至少高一倍，第二个可能就会比第三个高1/3，第三个比第四个可能高1/4。所以一般从第三个、第四个项目，交易成本就已经基本上稳定下来了。所以为什么我们特别强调第一个一定要请咨询。

复合型人才是短缺的，过去没有任何一个大学开这门课，我是第一个把它当成一个完全的课程给研究生讲课的。我们现在怎么办？就是靠自己的学习，最重要的还是自学的能力。谁给你讲也不可能给你讲透。另外，我们要培养一种发现问题的能力。每个项目不管是做承包还是投资都是有风险的，如果我们知道这个项目有风险根本不可怕，因为我们可以交给有控制力的人，可以找有控制力的人合作伙伴，最可怕的是我没有想到有这个风险。所以短期的项目我们凭经验是可以预测到的，但是长期项目过去没干过，很多的思维、很多的知识是有问题的，我们最重要的是培养发现问题的能力。

我讲课也说，发现问题，第一你必须有理论。有了理论，有一种思维，有一种方法论，你就会分析。第二，你有经验。刚开始没有经验，我们就可以找咨询，通过一个、两个去研究问题。第三，我们必须去看案例。你想通过自己做项目来积累经验，这是永远来不及的，而且代价太高。第四，我们可以真正去做一个项目。这可以提高我们的能力。

刚才提到发现问题，其实已经有非常多的研究，这个也就是我过去 20 年前总结出来的。虽然现在可能会有一点点变化，但是这个清单已经相当详细了。

我的 PPP 智库里所有这些都会公布，讲稿也会公布。金融机构和基金来说更多的不是去考虑项目的类型，更多的是从风险本身去分类。

另外我们可以按阶段去考虑，还可以按层次去考虑。做项目的人，具体做事情的人，老是把眼睛盯到项目和公司层面，这是不够的，因为决定项目成功往往是国家层面的风险，比如说金融危机，比如说政策的变化，比如说行业里出了一个新的技术、一个新的竞争对手，风险还有其他的分类。有的可以买保险，但是并不是保险都可以买。有些风险是不可以买保险的，我们尽量去分担。有的风险有人有控制力，谁有控制力谁去承担，有的风险谁都没有控制力我们必须共担。

项目融资可以实现有限追求，这是一个结构，金融机构是可以做到有限追求的。发展改革委法规司就这个问题专门做了研讨，通过结构的设计把项目相关人捆在一起，有福同享有难同当，所以律师是非常重要的。一个项目有很多的风险，PPP 里面用到最多的是四个原则：一个是控制力。有的风险谁比较有控制力，那就看谁的控制风险最低，然后风险和回报必须平衡，每一方风险必须有一个上限，因为这是一个长期的合同，是一个不完备的合同。刚刚获得诺贝尔经济奖的就是从这个地方取得贡献的。一定要有上下限，可以用定性指标来定，更多的是用财政指标定量指标来定，超过上下限可以重新谈判，实施调节机制，包括调降机制。

还有上下限的概念，比如高速公路，一个车流量就是保证高级债务偿还的，接下来就是刺激债务偿还和还给投资者。如果车流量达到一个上限，政府拒绝支付或者老百姓拒绝支付，因为再支付的话投资者就暴利了，而且老百姓满意度就下降，因为堵车了。

有的时候政府可能可以兜个底，兜底是兜需求，保证你不亏本，但是不保证你赚钱。所以对投资者来说风险管控是非常重要的。

我们可以用矩阵表去说明，对特定的一个风险，我们有没有管控能力，或者我通过努力能够实现所需要的管控能力，或者我不管怎么样努力都不可能实现。这样我们就有管控能力可以承担风险，也可以承担部分风险，也可以转移风险。如果我们有管控能力，在任何情况下我们都不要承担风险，风险分担就是靠合同来实现的。

（原载《中国经济导报》社公众号“PPP导向标”，
2016年10月19日）

第3章

媒体其他采访报道选编（2014—2016年）

地方政府突进PPP模式

霍侃

最近几个月，PPP（Public-Private Partnership，公私合作模式）成为很多地方政府官员关注的热点，培训、研讨、出国学习，都围绕于此。

致力于推广PPP模式的亚洲城市发展中心（CDIA），在春节后不到两个月的时间里，已经在北京、洛阳、哈尔滨举办几场培训，来听课的多是财政系统官员。根据CDIA与财政部的初步合作意向，下半年CDIA将面向更多地方财政厅局人员开展培训。

财政部部长楼继伟称，推广使用PPP模式，不仅是一次微观层面的“操作方式升级”，更是一次宏观层面的“体制机制变革”。PPP模式已经被提升到国家治理现代化、市场发挥决定性作用、快速转变政府职能、建立现代财政制度和推进城镇化健康发展等机制变革的高度。

PPP在中国并非新鲜事，为何突然被提到如此高度？这主要源于中央态度和政策导向的变化。

去年 7 月 31 日的国务院常务会议，讨论加强城市基础设施建设时指出，利用特许经营、投资补助、政府购买服务等方式，吸引民间资本参与经营性项目建设与运营。9 月初，国务院出台《关于加强城市基础设施建设的意见》。

“政府向社会购买服务，就是 PPP 的概念。这是新一届政府开始推 PPP 的信号。”清华大学建设管理系教授王守清告诉财新记者。

政策导向变化的背景，则是地方政府面临债务激增和城镇化仍需大量资金的矛盾，亟须寻找新的基础设施和公用事业融资运营模式。

财政部财科所所长贾康和研究员孙洁近期的报告指出，PPP 将助推新型城镇化，也在治理地方政府债务方面潜力可观。

主体要平等

结合中国国情，PPP 最终被称为“政府与社会资本合作模式”。这一提法最早公开出现于 2014 年财政预算报告中。

财政部是 PPP 模式的积极推动者。去年底的全国财政工作会上，楼继伟专门要求召开 PPP 专题会议。

今年 3 月 17 日至 18 日，财政部举行 PPP 培训班。财政部副部长王保安在培训班上说，财政部正在从制度、机构、项目和能力建设等多方面着手推广 PPP 模式。

王守清说，过去也曾出现过让社会资本参与基础设施和公用事业建设的政策信号，例如 2004 年的投资体制改革、2005 年和 2010 年的新旧“非公经济 36 条”，但都是雷声大雨点小，关键是缺乏 PPP 的立法、指南、机构和制度。

财新记者获悉，立法方面，发展改革委正在牵头推进 PPP 相关的立法调研和初稿起草；工作机制和机构方面，财政部正在酝酿成立 PPP 中心。

PPP 的试点正在推进。洛阳和哈尔滨被选为亚洲开发银行（下称“亚行”）PPP 项目试点，这两个城市将分别获得亚行 1 亿美元的长期优惠贷款。

财政部已请部分地方和部门提供一些备选项目。王保安说，要尽快筛选出合适的项目先行先试，将通过中央基建预算投资、外国政府贷款、保险资金和养老金等多种渠道给予融资支持。

据悉，江苏省已被财政部确定为建设省级 PPP 试点中心的省份之一。湖南、浙江等省份仍在争取 PPP 模式在当地率先试点。

PPP 的概念在 20 世纪 90 年代由英国最先提出。中国从 20 世纪 90 年代末开始在公路、水务和城市轨道交通建设中采用这一模式。北京地铁 4 号线被视为 PPP 模式成功的范例。然而，也有过不少失败的尝试，甚至扭曲变形，导致风险。那么，目前力推的 PPP 模式与过去相比有什么不同，是只变了中文叫法，还是会有本质差异？

“我觉得本质不一样。”王守清告诉财新记者，首先，大环境不同，目前政府强调简政放权和市场化方向；其次，重大突破是强调公平，即政府和企业是平等的主体。

过去，政府与企业的合作中，很难真正做到平等。往往是如果作为“私”方的企业违约，政府可以追究企业；但如果作为“公”方的政府变卦推诿，企业基本无计可施。

王守清认为，这次应该从立法和政策理念上，把政府和企业作为平等主体，如果政府违约也要追究，包括追究主要领导的责任。双方的合同应属于民商法范畴，而非行政诉讼合同。

3 月 18 日，财政部金融司司长孙晓霞在培训班上讲话时阐述了这一理念。她说，在实施一个 PPP 项目时，作为政府的财政部门，首先要事先订立“经济性”合同，通过“合同条款”而不是“行政权力”，来约束政企双方的行为；其次，要严格按照合同办事，PPP 项目需要政府与企业长达十几年甚至数十年的合作，政府要树立契约精神，严格按契约规则办事。

此前，地方政府在基础设施建设中资金不足时，主要的解决方式是与融资平台签订 BT（建设—移交）协议。BT 模式因政府与债务的关系不明晰而备受争议，当前地方政府的大量或有债务即由此所致。

“千万不要把 PPP 理解成只是融资。”财科所研究员孙洁强调，BT 只是为了给项目融资，而 PPP 是一种管理模式，强调项目管理，融资只是其中一个环节。

王守清认为，今后应从立法上明确规定，PPP 合同只有政府能签，职能部门不能签；如果职能部门签，必须得到政府授权。这样，将来出了事政府就得担着，而且必须列入财政预算。

孙洁说，跟过去的做法相比，现在提的 PPP 更强调规范性，重视项目公司（也叫特殊目的公司，SPV），融资平台可以作为 SPV 中的政府一方，持有一些股份，代表政府一方来参与部分管理，但不需要通过融资平台融资，也就不会形成债务。

PPP 中的“私”方企业，担心的是未来经济收益的不确定性和政策风险。贾康和孙洁的文章指出，PPP 有三大特征，即伙伴关系、利益共享和风险共担。

孙洁认为，PPP 项目都是带有公益性的项目，不能以利润最大化为目的。共享利益包括使作为参与者的私人部门、民营企业或机构取得相对平和、长期稳定的投资回报。

对于如何激发社会资本的积极性，王保安在培训会上指出，要通过建立动态调整的收费定价或政府补贴机制，对社会资本产生足够的吸引力，形成长期稳定的投资回报预期。

风险共担机制方面，孙洁认为，原则是应该让更有能力、更有优势的一方承担相应风险，每一种风险都由最善于应对该风险的合作方承担，进而实现整体风险最小化。根据风险的性质分，政策风险应由政府来承担，市场风险则主要由企业承担。

运作有机制

“旧瓶”里要真能装上“新酒”，关键在于制度。

王守清认为，所需的制度建设包括，推动 PPP 立法；设立中央和省级 PPP 机构，负责政策、评估、监管和知识管理；建立项目信息发布机制；建立公众参与和监督机制。

去年 12 月公布的《十二届全国人大常委会立法规划》，将《基础设施和公用事业特许经营法》列为二类立法项目，即需要抓紧工作、条件成熟时提请审议的法律草案。

国家发展改革委的信息显示，发展改革委法规司从 2007 年起就着手研究立法，在总结国际国内实践经验的基础上形成了初稿。目前，将按照在 2014 年上报国务院、2015 年完成国务院审查并提请全国人大常委会审议、本届人大任期内出台的目标，倒排工作进程。

3 月 13 日，发展改革委法规司在全国工商联法律部调研，听取商会和企业对非公有企业进入特许经营领域立法的建议。

财新记者获悉，目前发展改革委已经成立工作小组和专家小组，法律草案初稿已经在讨论修改中。

财政部则正在着手建立 PPP 工作机制，并推动设立 PPP 管理机构。王保安说，要加强对风险分担、竞争机制、政府合理承诺、后续合同管理等方面的统一指导。

从过去的经验教训看，PPP 项目需由多个同级职能部门审批，周期长、不规范，加之不够透明，还可能造成各部门寻租。“所以我一直建议设立透明的一站式审批机构。”王守清说。

国际上的 PPP 实践中，多数国家都成立了名为“PPP Unit”的机构。王守清说，这类机构可以是有形的实体，也可以是无形的，有牵头部门可以在必要时协调相关部门。

孙洁认为，如果能设立高级别的 PPP 管理机构，推动会更有力。而且，在这个管理机构中，财政部应起决定性作用，因为 PPP 事实上是增加了财政的长期债务。但是，设立管理机构比较复杂，涉及是设什么级别的机构、人员编制如何安排等。

财新记者获悉，财政部有可能先在财政部内部设立 PPP 中心。

财政部下属的中国清洁发展机制基金管理中心（下称“清洁发展中心”）成立三年多来，摸索出了通过 PPP 模式动员社会资金参与节能减排项目的路子。

财政部副部长史耀斌提出，希望清洁发展中心放大 PPP 发展模式，提高基金影响力，提高管理科学化、规范化、专业化水平。

王守清认为，在初期 PPP 中心可以定位为全国的知识中心，在技术层面制定 PPP 的规章制度、操作指南，总结和推广经验，并统计 PPP 项目的开展情况，涉及具体行业领域的 PPP 项目，仍由各部委主管。

地方政府也在尝试建立 PPP 中心。2 月 11 日，史耀斌在深化与国际金融组织合作部分省份专题座谈会上称，还在探讨在一些地方财政部门建立 PPP 中心的可行性，“一些省市已经表示了强烈兴趣”。

风险早防范

中央力推之下，嗅觉灵敏的地方政府正积极响应。但过去中国很多领域“一放就乱”的教训，不免令人担心各地一哄而上可能带来的风险。

“如果债台高筑的地方政府，只是想用 PPP 来解决债务问题，就又念歪经了。”王守清说，PPP 一方面是解决地方没钱的问题，更重要是一种新的治理模式，其本质是政府不再是向企业购买一项资产，而是按规则和条件购买一整套服务。

3 月 23 日，亚洲开发银行行长中尾武彦在“中国发展高层论坛上”指出，PPP 模式有助于帮助地方政府转变职能，但应警惕其对地方政府隐含的潜在风险和财政成本。

孙洁认为，PPP 是化解当前地方政府存量债务和防范新的债务发生的有效方法。但如果过度采用 PPP，也会导致新的风险。如果地方政府不顾自身财力及项目现金流量，一味选择 PPP 模式来建设基础设施，可能造成更为严重的潜在政府债务。

“现在最重要的是，不能让地方政府乱来，要控制地方政府的冲动，特别是主管一把手的冲动。”王守清认为，应该先定规矩，明确划定那条线不能越，在此框架之内，地方可以发挥能动性。

但从 PPP 的实际进展看，今年应该就会出现不少 PPP 项目，实践会远远走在立法之前。

王守清寄希望于，通过中央释放出的政策信号和专业化的培训，改变地方官员的想法，“特别是，地方政府官员更看重上级的态度，弄不好乌纱帽就要丢的。”

过去一些 PPP 项目失败，是因为签订合同时，地方政府由于不完全懂或处于短期考虑，随意做出承诺，但最终却无法兑现。

对此，王保安强调，要借鉴“物有所值”评价方法，在项目选择时进行全面评估，对不同采购方式所对应的资本结构、运行成本及可获得的利润进行综合分析，重点关注财政承诺、定价机制、风险分担、项目效率、运营成本等要素。

（原载财新《新世纪》，
2014 年 4 月第 13 期，
财新实习记者苏石伟对此文亦有贡献）

地方政府误读 PPP：“第一反应是又可以上项目”

吴建华

中央政府再次释放力推 PPP（公共私营合作制）的重大信号。

4 月 23 日，国务院常务会议决定在基础设施等领域推出 80 个示范项目，面向社会公开招标，鼓励和吸引社会资本以合资、独资、特许经营等方式参与建设营运。

“如今不同处室办公室里同事见面，已经到了言必称 PPP 的地步了。”这是济邦咨询董事总经理张燎近日在《亲，您 PPP 了吗？》一文中引用的某财政部门一位处长的话。

事实上，今年 3 月以来，在北京、上海等地各种形式的 PPP 论坛、沙龙、研讨会几乎每周都有。而在 5 月 5 日的中国 PPP 沙龙上，《华夏时报》记者了解到，一部专门规范 PPP 的《基础设施和公用事业公私合作法》正在紧锣密鼓的制定。据参与起草的专家透露，该法的征求意见稿很快将正式对外发布。

PPP 热潮

从事 PPP 研究长达 18 年的清华大学建设管理系教授王守清最近十分忙碌，几乎每隔两天就会收到相关研讨会、讲课的邀请。同样忙碌的还有 2013 年新成立的中国财政学会 PPP 专业委员会。

5 月 5 日下午，由 PPP 专委会与北京大岳咨询有限公司联合举办的中国 PPP 沙龙在北京举行。此前一周，该委员会还与中央财经大学联合组织了一场由众多学者参与的研讨会。

“原来以为能来个几十上百人就不错了，没想到报名超过 300 人，现场来了 200 多人。”大岳咨询总经理金永祥在会场兴奋地说。

金永祥认为，从 2013 年开始 PPP 进入了一个新时代，在未来五到十年内将会有大量 PPP 项目涌现。据他透露，公司目前进行的 PPP 咨询项目约有 100 个，业务量较往年几乎翻倍。

而在这股 PPP 热潮当中，一个重要的主角是地方政府。沙龙上一位给四川、河北一些城市政府做综合融资方案的咨询人士对《华夏时报》记者表示，现在主要是政府热心，然后才是投资人热心，原因很简单——地方政府缺钱。

王守清也持相似观点，“面临严重的地方债压力，地方政府真的没钱搞大规模基础设施建设，财政部一推 PPP，地方政府第一反应就是又可以上项目。”

据记者了解，黑龙江哈尔滨、河南洛阳、江苏泰州、湖南株洲等地都在积极开展政府官员培训，建立投资引导基金，建立地方项目库。其中哈尔滨和洛阳作为财政部试点城市已经率先启动了个别 PPP 项目。

另一方面，多地省级财政部门正在谋划成立 PPP 项目统一管理机构，而浙江省有望成为首个设立 PPP 中心的省份。

中国财政学会 PPP 专委会秘书长孙洁对本报记者表示，目前各地还基本上在学习培训阶段，并没有大量上马 PPP 项目。现在的热潮主要是学习、培训、研讨活动。

啃硬骨头

在这一轮 PPP 的热潮中，作为主要参与方的地方政府和民间资本，能否真正理解 PPP 的含义和功能，避免一哄而上，是各界普遍的担忧。

“以前大家把 PPP 和 BT、BOT 并列来看，我最早提出 PPP 是一个广义的概念，BT、BOT 等是其主要的实现方式。”孙洁说，“融资只是功能之一，（PPP）更是一种管理模式，兼有利用新技术和机制创新的职能。”

王守清认为，判断一个项目是不是 PPP，简单来看就是民间资本必须出钱，同时必须参与项目运营，与政府共同分担项目风险，分享收益。“以前很多 BOT 项目都是政府向私人部门承诺固定收益，私人部门基本不承担风险。”

据记者了解，目前PPP模式在中国的实践经验尚浅。多位业内人士对本报记者表示，基础设施特许经营在中国搞了二十多年，BT、BOT 等简单的模式已经把好做的项目瓜分完毕了，如今剩下的都是难啃的骨头。

专注PPP法律咨询的李刚博士对《华夏时报》表示，此前在业界，PPP与BT、BOT被看作并列的公私合作模式，BT在实际运用中变成了“垫子”施工，政府虽然解决了短期资金缺口，却背上沉重的债务负担，得不偿失，目前财政部门对BT已不支持。

而BOT基本覆盖了可向使用者收费的基础设施领域，这些项目本身有可观的经营现金流，容易市场化操作。如污水处理、垃圾处理，高速公路，轨道交通。如今剩下更多的是需要财政资金付费、补贴的项目。这些项目需要较长的运营期限，以发挥财政资金的杠杆作用。

王守清表示，目前还是雷声大，雨点小，大家都在学习的过程中，PPP能不能真正做起来，国务院80个示范项目能不能顺利签约非常关键。

立法加速

PPP说白了是公私双方收益共享、风险共担的合作机制，但这些高投入的合约要经受住二十年甚至更长的时间检验并不是一件容易的事。

一个PPP项目的成功实施一般需要2~3年的准备工作。金永祥在沙龙上表示，目前国内大多数PPP项目的前期工作做得很不充分，“物有所值”的评估体系还未建立，PPP项目适用类型不清，如果在这种情况下一哄而上，项目的前景令人担忧。

而项目一旦实施，核心的问题是如何建立风险和收益分担的适时调节机制。

孙洁认为，“在PPP管理框架下，政府为了吸引民间资本进入，减少民营部门的经营风险，会确保其经营具有一定的收益水平，但又不应收益过高，如果收益过高，政府方面也会作出相应控制。”

更重要的是，基础设施、公共服务领域的PPP，不只是政府与私人投资部门双方的合作，如何体现公众利益也是重要考量。王守清举例说，比如地铁涨价，票价提高政府可以减少补贴，PPP公司也可以有更多利润空间，但公众的福利会损失。

而目前与PPP相关的法规政策层次较低，权威性不够，部分文件之间甚至相互矛盾。

国家发展改革委近日发布消息称，发展改革委法规司早已着手研究《基础设施和公用事业公私合作法》立法工作，将按照在 2014 年上报国务院，2015 年完成国务院审查并提请全国人大常委会审议，本届人大任期内出台的目标安排工作进程。

作为该法三位起草专家之一的王守清透露，目前该法律草案已经进行到第 6 稿，征求意见稿很快将会与公众见面。PPP 合同究竟是民商合同，还是行政合同？法律如何规定 PPP 项目的透明度，保障公众参与和监督，这些都是王守清最关注的问题。

（原载《华夏时报》，2014 年 5 月 8 日）

PPP 大潮将至：地方热情高涨　部委加速跟进

兰亚红

2014 年以来，清华大学教授王守清和财政部财科所研究员孙洁，是 PPP 培训领域最繁忙的两个人。前者忙于奔赴各地给企业家们讲课，后者的授课对象则是政府官员。虽然他们研究 PPP 都已经十余载，但从来没感觉到企业和官员对 PPP 的求知欲如此强烈过。

《财经国家周刊》记者近期跟随两位专家，在北京分别听了两场课，从听课的地方政府官员和企业家的言谈举止中可以看出，其对采用 PPP 模式做基础设施和公用事业项目充满渴求。

PPP 之所以如此受关注，与中央的力推息息相关。2014 年 3 月 5 日，国务院总理李克强在政府工作报告中指出，将制定非国有资本参与中央企业投资项目的办法，在金融、石油、电力、铁路、电信、资源开发、公用事业等领域，向非国有资本推出一批投资项目。制定非公有制企业进入特许经营领域的具体办法。

一个多月后的 4 月 23 日，李克强主持召开国务院常务会议，提出首批推出 80 个示范项目，面向社会公开招标，鼓励和吸引社会资本以合资、独资、特许经营等方式参与建设营运。5 月 21 日，国家发展改革委公布《关于发布首批基础设施等领域鼓励社会投资项目的通知》，80 个项目清单面世。

PPP 正是落实特许经营制度的主要方式。然而，PPP 到底是什么？PPP 的优势与风险何在？如何操作 PPP？这些看似简单的问题，要真正解答却十分复杂。PPP 之热，仍需冷静面对。

楼继伟进言

公开资料显示，此前中国开展 PPP 项目实践，主要强调的是项目融资功能，大体可以分为三个阶段：第一阶段是 1995 年以前，在电厂、高速公路基础设施领域采用；第二阶段，1995 年到 2009 年间，开启市场化进程，开始在水处理、垃圾处理等领域引入；第三阶段是 2010 年以后，覆盖到小城镇建设、安置房建设、医院改革等领域。

虽然 PPP 模式的实践早已有之，但真正升温并引起决策层关注，还是在 2013 年后。

接近财政部的人士对《财经国家周刊》记者透露，楼继伟就任财政部长后，在一次随李克强总理出访途中向总理介绍了 PPP 理念，随后国务院要求财政部加紧研究推进。

对于 PPP，财政部 2014 年给出的最新定义，是政府与社会资本合作模式，是政府与社会资本为提供公共产品或服务而建立的全过程合作关系，以授予特许经营权为基础，以利益共享和风险分担为特征，通过引入市场竞争和激励约束机制，发挥双方优势，提高公共产品或服务的质量和供给效率。

已经有 18 年 PPP 研究经历的王守清告诉记者，PPP 项目分经营性和非经营性，前者是项目的使用者付费，后者是政府付费。还有一种是介于两者之间，可称为准经营性项目，使用者付费不足以覆盖项目公司的投资运营成本，政府还要给予一定的补贴。

楼继伟此前曾公开表示，对于未来 PPP 模式的发展，财政部将着手研究三方面的具体操作问题，包括研究明确“建设什么”的问题，尽快梳理建立 PPP 项目库；研究明确“如何管理”的问题，建立健全循序渐进的 PPP 模式法律体系；研究明确“怎样支持”的问题，营造良好的 PPP 模式运作环境。

目前，PPP 模式获得了决策层首肯，多个中央部委也表现出较高热情。财政部科研所金融研究室主任赵全厚认为原因有三：一是 PPP 模式在国外已有成熟的经验；二是地方债压力激增，城镇化过程中的政府债务风险被高度重视；三是它属于推进市场起决定性作用的机制改革。

楼继伟也曾公开表示，在创新城镇化投融资体制、着力化解地方融资平台债务风险、积极推动企业“走出去”的背景下，推广使用 PPP 模式，不仅是一次微观层面的操作方式升级，更是一次宏观层面的体制机制变革。

总结楼继伟多次表态，有着 12 年 PPP 研究经验的孙洁认为，决策层之所以推动

PPP，有五方面考虑：一是国家现代化机制体制的变革，二是让市场发挥决定性作用，三是建立现代财政制度体系，四是转变政府职能，五是保障城镇化健康发展。

部委加速跟进

孙洁告诉《财经国家周刊》记者，财政部继 2013 年底在全国财政工作会议上专门召开 PPP 专题会议之后，接连组织了多场针对全国财政系统干部、金融机构和大型企业业务骨干人员的 PPP 专题培训和研讨，一直在力推 PPP。

目前，财政部正式成立了 PPP 工作领导小组。5 月 26 日下午，财政部副部长王保安主持召开了 PPP 工作领导小组第一次会议，研究 PPP 管理机构设立方案，讨论完善 PPP 工作指导性通知，明确各成员单位职责分工，部署了下一阶段工作。

就相关工作的具体进展情况，财政部回应《财经国家周刊》记者说，目前并没有太多可披露的新进展。但《财经国家周刊》记者从财政部内部人士处获悉，目前由财政部金融司主导，正在制定 PPP 管理办法，并且部领导已同意在财政部中国清洁发展机制基金管理中心下设立 PPP 中心，作为财政部的跨部委协调机构。

与此同时，国家发展改革委作为经国务院授权的 PPP 立法部门，正在加速立法进程。《财经国家周刊》记者从参与立法的核心人士处获悉，目前 PPP 立法（基础设施和公用事业特许经营立法）已经出了第 6 次征求意见稿，正在征求各部委意见。

同时，据接近国家发展改革委的内部人士透露，早前被列为十二届全国人大常委会立法规划中第二类项目的 PPP 立法，已经被调整为第一类，这意味着 PPP 立法将被提速，预期在本届人大任期内出台。

另一个对推动 PPP 具有重要作用的部委——住建部，经过多年探索，已经逐步建立了市政公用事业特许经营管理体系。据接近住建部人士介绍，住建部正在联合财政部编制《关于在城镇市政公用领域推广和规范政府与社会力量合作的指导意见》，目前已完成征求专家意见的工作，即将对外公开发布。《财经国家周刊》记者了解到，在征求意见稿中，住建部对市政公用领域采用 PPP 模式的总体要求、规范运作等方面进行了较为详细的规定。

这份征求意见稿提出，要优先在城镇污水处理、污水处理厂网一体、污泥处理处置、供水厂网一体、垃圾处理、地下综合管廊等方面的新建、改扩建和运营项目中加大 PPP 机制的推广力度，鼓励住房维修基金、住房公积金、社保基金、医保基金、各类保险金等公共基金以优先股方式参股 PPP 项目公司，PPP 项目公司可探索发行企业债券。

地方热情高涨

中央层面加速立法和研讨，处于债务压力之下的地方政府对 PPP 更是保持着高度关注。

亚洲开发银行、世界银行等国际金融机构多年来一直倡导 PPP 模式，目前亚行正在哈尔滨、洛阳开展 PPP 试点。黑龙江、河南、浙江、湖南、福建、上海等多个省市正在密集展开调研，着手筹备 PPP 项目。

亚行东亚局公共管理、金融及区域合作处处长钱鹰接受《财经国家周刊》记者采访时表示，目前哈尔滨和洛阳的试点正处在项目具体咨询和技术支持阶段。之所以选定两地试点，是因为亚行在两地有技术援助层面的工作。

“去年还没感到这么热，但是今年明显需求增多了。”钱鹰表示，除了上述两处试点外，还有多个城市和亚行进行了接触。目前亚行对中国内地 PPP 项目主要提供四方面服务：正确认识 PPP，帮助组建 PPP 中心、团队，咨询技术服务，金融服务。

浙江省是推广 PPP 比较积极的省份之一。在 2014 年年初召开的浙江省财政地税工作会议上，省长李强就明确提出要积极探索 PPP 等模式，解决“融资平台债务高”、“公共服务供给效率低”、“民间资本进入难”三大问题。

目前，浙江省财政厅已经成立 PPP 试点工作领导小组，浙江省财政厅近日也举办了 PPP 专题业务培训班，2014 年将加快推进试点工作，将在供需矛盾突出、群众广泛关注的城市基础设施和重大民生等领域筛选项目先行先试。厦门也将开展公私合作 PPP 模式试点改革。未来五年，厦门将进入新一轮的基建资金需求高峰期，地铁、翔安新机场、第二东通道、第二西通道等项目投资上千亿元，财政支出压力与债务压力日益突出。目前，厦门市已着手试点改革的前期准备工作。

虽然地方层面非常积极，但是在赵全厚看来，在 PPP 立法及相关配套政策文件尚未出炉的背景下，地方推动 PPP 项目并不容易，且还蕴藏着较高风险。“有的地方面临政府债务压力，官员是奔着要财政补贴来的，只是想通过 PPP 化解地方债务。”一位财政系统内部人士表示，这实际上是没有真正读懂 PPP。

“PPP 模式，只是将政府一次性财政支出转化为长期的支出，并没有在根本上减少债务。”这位人士说。

为了使缺钱的地方政府官员不误读 PPP，孙洁给地方政府各级官员做 PPP 培训时，也屡屡强调 PPP 是一种新型的管理模式，BT（Build Transfer，建设—移交）、BOT（Build Operate Transfer，建设—经营—转让）等是其主要的实施方式，融资只是 PPP 功能之一，不要过分夸大。

“参与 PPP 项目的企业家多是求利的，在没有公众参与决策和监管机制、政府又不重合同和法制的地方，PPP 很难做好。”王守清说。其介绍，中国企业在国内做 PPP 最大问题就是制度缺陷和政府信用问题。从其培训企业学员反馈来看，虽然参与 PPP 项目意愿较为强烈，但企业特别是民营企业仍然持谨慎态度。

顶层立法分歧

虽然地方政府对 PPP 模式热情高涨，中央层面的立法工作也在加速推进之中，但《财经国家周刊》记者调查发现，相关 PPP 的一系列基本问题目前仍待厘清，从而影响了 PPP 立法进展。

《财经国家周刊》记者从参与立法的核心人士处获悉，PPP 立法在征询专家意见的过程中存在较大的意见分歧，主要集中在八个方面：一是特许经营合同到底是民事合同还是行政合同，这事关政府和企业在合作中是否是平等的主体；二是 PPP 要不要限制国有企业参与；三是 PPP 的定义和内涵，比如 BT、BOOT（Build Own Operate Transfer，建设—拥有—经营—转让）算不算；四是特许经营期应重点考虑哪些变化因素，怎么调整；五是企业如何退出；六是会计法、税收制度等和 PPP 若有冲突，如何处理；七是 PPP 的应用范围，什么项目适合，是构建正面清单还是负面清单；八是对政府行为如何监管。

尽管存在分歧，但前期 5 轮征求意见过后，也达成了部分立法共识。比如，PPP 项目所有前期审批手续由政府做，可减少企业操作时间；企业不能中途退出，政府终止合同要给企业补偿；中央专项补贴资金不补建设期，只补运营期，这样可以堵住烂尾的项目也能享受补贴的漏洞。

孙洁表示，从中国曾以 BT、BOT 等方式开展的项目实践来看，存在着高成本重复建设和“豆腐渣”工程两个极端。PPP 模式相比以往的 BT、BOT，更强调公私部门全过程合作，利益共享，风险共担。

但也有业内人士指出，中国尚存在法律法规不够完善、项目风险分担机制不够成熟、经济收益确定性不高、融资条件难与国际接轨等诸多问题，此外尚未形成风险共担、利益共享的前期工作机制。

有多年PPP项目实操经验的北京市资略律师事务所副主任、合伙人律师徐向东认为，项目实践和现行的法律法规还存在较多歧义或矛盾之处。比如，特许经营权的获得并不能保证项目公司获得土地使用权，实践中严重降低了项目公司的融资能力。

《财经国家周刊》记者了解到，目前国家发展改革委PPP立法征求意见稿第6稿正在征求各部委意见，预计还会遇到较多的意见分歧。相比PPP立法，财政部的PPP管理办法可能会提前出台，可指导地方实践。

推广不宜过急

包括王守清和孙洁在内，多位研究和实践PPP模式多年的业内人士对《财经国家周刊》记者表示，PPP模式若成为未来地方政府项目建设的长效机制，还需要加紧立法、厘清政府角色、确定立项标准多项准备工作先行，不可操之过急。

从事十多年PPP咨询服务的济邦咨询公司董事总经理张燎表示，PPP绝对不是天上掉“馅饼”。要从立法和制度建设上进行PPP的顶层设计。加紧PPP立法，加紧制定与法律配套的条例、指南、示范合同等。

赵厚全建议，找准自身角色，是政府在加速推动PPP模式前要先做好的功课。

“推动PPP重要的就是一种理念，尽可能引进资源，将可持续发展搞活，减轻地方政府的财政压力，既能保证公共服务的质量，又能带来一定的经济效益。”

赵全厚说，政府首先要明确自身定位，减轻不必要干预，要有合作精神，不能只摆出个姿态让社会资本进入，但是在时间成本和经济成本上却让企业望而却步。

赵全厚建议，财政部力推PPP，应该注意在财权和债权上对地方政府的职能部门进行约束和考核。“财政部门应该是理念上倡导，不能主导。要设计预算和债务约束机制，调动其他职能部门去积极探索PPP。”

确定立项标准，则是在操作层面上的一项重要准备。王守清认为，从政府和社会的角度，决定是否要上一个PPP项目，应至少评估4方面：项目是否要应用PPP，要进行财政支出价值评估；若用PPP，应用哪种具体模式、关注哪些要点；要进行哪些监管及如何监管；要保证老百姓利益。

“需要动用政府资金的，必须列入监管。过去老说监管企业，其实比监管企业更重要的，是监管签约的政府的支付能力。”王守清同时建议。

孙洁认为，PPP项目具有多样性、复杂性、长期性的特点。因此其操作应注意以下几个方面：第一，前期要认真准备；第二，准备过程中要有专业人员参与，不能政府“拍脑袋”；第三，每个地方要根据自己的经济总量和财政收入总量适当地选取 PPP 项目。

“首先要选择有收益性的项目，比如交通、自来水厂等。”孙洁建议，在项目规模控制上，总体规模要往小处控制，不能做太多；单个项目上，要挑规模大的，3 千万 ~ 5 千万元投资的项目不要用 PPP，因为前期准备时间长，会增加整个项目的成本。

（原载《财经国家周刊》，
2014 年 6 月）

PPP 盛宴　防止地方念“歪经”

兰亚红　于春美

李永乐（化名）是西部某县的一名常务副县长，他既负责城建工作，也负责融资。其所在的县正在建设一个新区，对于引入 PPP 模式进行道路等基础设施建设非常感兴趣。

如李永乐所在的县一样，全国不少城市特别是发展比较滞后的中西部地区，对基础设施和公用事业的投资和融资需求较大。而这些地方都面临资金不足的困扰，亟须寻找新的融资运营模式。在中央的力推下，PPP 正进入地方政府视野。

但正如清华大学教授王守清担忧的，不少像李永乐这样的地方基层政府官员还未真正了解 PPP 是什么，更不知道怎么去正确运用 PPP。

“我过去努力推 PPP，现在要给想利用 PPP 化解地方财政风险的人泼点冷水了。”王守清表示，通过 PPP 引入社会资本建设基础设施，只是改变了政府资金支出的时间，并不改变总量，本质上还是政府长期债务。

而财政部财政科学研究所所长贾康表示，运用 PPP 的机制创新，针对适合项目选择性地适当降低地方政府债务规模，有助于化解地方政府债务风险、减少地方债压力。

地方筹谋

5 月中旬，李永乐所在的城市政府安排下属区县政府的官员集中到北京进行了为期 10 天的城镇化专题学习，PPP 培训课是主要的内容之一。

“比如我们新区要建一条市政道路，不收费，没有回报，怎么做 PPP 呢？组建项目公司，到银行融资的时候用什么东西担保啊？”李永乐在课后向培训讲师提出疑问。

河南省财政厅厅长赵庆业也对 PPP 很感兴趣。他认为 PPP 模式可破解目前政府融资平台政府融资债务高、公共服务供给低下和民间资本难以进入的困境，呼吁国家能够尽快出台全国性的 PPP 指导意见或者操作指引，指导各地开展 PPP 实践。

河南省是 2014 年计划引进民间投资的大省。在 3 月河南省发展改革委发布的“河南省 2014 年向民间资本推介的重大项目表”中，鼓励民间资本参与的重大项目共 400 个,涉及城市基础设施、社会事业、交通、能源、水利等方面,总投资近 4 000 亿元。

河南省洛阳市被财政部确定为亚洲开发银行 PPP 项目试点城市之一。在上述河南省引进民资的重大项目中，与洛阳有关的项目有 18 个，均为新建项目，总投资约 157 亿元。

洛阳市 PPP 项目管理办公室负责人接受《财经国家周刊》记者采访时表示，洛阳引入 PPP 模式的原因在于，随着洛阳市工业化和城镇化进程的加快，传统的投融资模式已无法满足日益增加的城市基础设施建设的需求。

洛阳市财政局局长谷树森在做洛阳市 2013 年财政预算执行情况和 2014 年预算（草案）的报告时坦言，2014 年财政用于保障和改善民生、促进社会事业发展的支出刚性增长，政府性债务还款压力仍然很大，全市财政工作任务艰巨而繁重。

亚行支持的另外一个试点哈尔滨市选定了“既有建筑节能改造项目”作为 PPP 试点。黑龙江省财政厅透露，黑龙江省将成立省级 PPP 工作机构，负责制定相关政策、制度。同时明确，未来省财政厅在各类专项资金投放上，重点考虑优先支持 PPP 项目。对于已建成运营的项目，运用 PPP 模式盘活存量资产，化解项目现有债务，创造更多现金流用于新项目建设。

消债抓手

无论是李永乐所在的西部某县，还是黑龙江省，抑或洛阳市，都把利用 PPP 来解决融资难题、化解债务压力作为了主要目的。

洛阳市 PPP 项目管理办公室负责人表示，目前已初步确定了六个洛阳市城市基础设施公私合作试点项目，概算总投资 30 亿元。

“我们期望通过 PPP 模式寻找一家私营合作伙伴进行项目建设，由私营合作伙伴负责项目的融资、建设、运营和维护，市政府以绩效为基础在项目合同期限内分期支付。”洛阳市 PPP 项目管理办公室负责人表示。

同时，从财政部力推 PPP 模式的主要背景，也可以看出地方政府债务和城镇化带来的巨大投资需求，是财政部力推 PPP 的主要动力之一。

“PPP 模式抓住了有效解决城镇化融资需求这一关键环节。”3 月 20 日，财政部副部长王保安在 PPP 培训班上表示，预计中国 2020 年城镇化率达到 60%，由此带来的投资需求约为 42 万亿元。审计署 2013 年年底发布的全国政府性债务审计结果则显示，截至 2013 年 6 月底，全国各级政府负有偿还责任的债务超 20 万亿元。

“通过 PPP 模式，政府和企业共同成立一个项目公司，要求有注册资本金，资本金之外的需要贷款融资。过去是政府贷款，债务算在自己头上，现在是由项目公司贷款融资，债务就从政府头上计入到了公司头上。”财政部财科所研究员孙洁向《财经国家周刊》记者解释，“从这个角度看，减轻了政府债务压力。”

贾康同时详解，对于已建成的基础设施，政府可考虑选择 TOT 实施方式（Transfer-Operate-Transfer，转让—经营—转让）来化解债务，即将已建成的基础设施转让给私人部门，政府将转让所得化解原来债务，而私营部门运营较长时间取得合理回报，运营期结束再交还给政府；对于扩建和改造现有基础设施，政府可以通过租赁—建设—经营、购买—建设—经营、外围建设等形式与民营企业合作，化解前期因建设形成的债务和因需要扩建和改造带来新的债务；对于新建的基础设施，政府可以采用建设—转让—经营（BTO）、建设—经营—转让（BOT）、建设—拥有—经营（BOO）等 PPP 模式，来有效避免政府债务的发生。

双面 PPP

PPP 的融资化债功能，确实让李永乐非常心动。但是他也意识到，地方政府实际操作起来比较难。

“正规商业银行贷款就是 3 年、5 年，到了还贷的时候要搭桥，还了之后重新贷，再融资 3 年、5 年，最后 30 年还是还不了。实际上是把风险往后面转移了。”李永乐表示，通过 PPP 模式政府和社会资本组建项目公司后，也需要向银行融资，但是目前中国商业银行放贷不灵活，并不看项目本身是不是有偿还能力，经营情况是不是正常。如果这个问题不解决，很多 PPP 项目特别是本身没有直接经营收益的项目（比如市政道路），难以用好 PPP。

同时，多数业内专家还表示，PPP 虽有消化债务功能，但绝非是消债的灵丹妙药。

孙洁坦言，在其给地方政府官员做 PPP 培训的过程中，确实感觉到为数较多的地方政府官员推动 PPP 的主要目的，是为了缓解政府债务压力及新增项目的资金缺口。而这正是学术界普遍担忧的。因为 PPP 虽然减轻了政府债务压力，但实际上是把一次性支出转变成若干年的支出，如果折现过来的话，依然是政府的债务。

“现在力推 PPP，学术界非常担心，因为地方政府官员有几个能懂 PPP 的？PPP 不是完全的融资模式，指望 PPP 来解决地方债的问题，这是不可能的。”王守清表示。

他向《财经国家周刊》记者解释，不能期望通过 PPP 解决地方政府债务问题。国际上 PPP 应用比较成熟的国家里，（准）公共产品采用 PPP 的比例，无论是项目数量还是投资额，仅占 15%～25%。这个比例对解决地方政府债务和将来的资金缺口作用有限，千万不能全国各地一窝蜂上 PPP。

“PPP 既是天使也是魔鬼。本质上来讲，PPP 是政府举债的一个新的方式。只不过这个本质经过 PPP 化妆，打扮得很漂亮。”北京市基础设施投资有限公司融资计划部负责人任宇航说。

“不客气地讲，有的地方本来就是饮鸩止渴，原有的举债模式行不通了，融资平台受限，因房地产调控土地财政难以为继，突然来了 PPP，肯定要抓住的。”一位不愿具名的业内专家表示，“透支未来的钱干今天的事”蕴含着较大的风险。当前大多数地方政府官员对 PPP 了解有限，如果不进行合理的项目筛选、方案设计、服务监管，待特许经营期满后，政府收回的可能不仅仅是一堆超越使用寿命的“垃圾”，还有可能债台高筑。对于不少地区采用 PPP 或者计划采用 PPP 模式提速轨道交通建设，“港铁的老总都跟我说，他非常忧心，因为一些地方没有那么多的客流量，花那么多资金去修地铁，将来运营是不可持续的，又会变成地方债务”。亚行东亚局公共管理、金融及区域合作处处长钱鹰接受《财经国家周刊》记者采访时透露，原计划给洛阳市和哈尔滨市各提供的 1 亿美元的长期优惠贷款，因总部其他原因已经取消，目前做的主要是咨询服务工作。

（原载《财经国家周刊》，
2014 年 6 月）

PPP 背后的政府信用风险

兰亚红

“PPP 不是一场婚礼，而是一段婚姻。”在 PPP 业界，这是一句非常有名的话。

有着 20 多年国内 PPP 项目运作经验的大岳咨询有限公司总经理金永祥认为，当前中国 PPP 模式推广的最大难点在于，PPP 项目是长期的合同，而且很专业，政府运作 PPP 项目必须高度重视，要当作专业的事来管理，政府的商业意识和契约精神得到位，这比 PPP 立法更为重要。

总结以往 PPP 项目推广的经验和教训，金永祥认为，PPP 项目运作首先必须专业化，其次要透明公平竞争，同时政府要有足够专业的监管能力。

“有的 PPP 项目是一把辛酸泪，真心希望政府部门真有契约精神。”接受《财经国家周刊》记者采访的一些企业家认为，政府不守信用是过往 PPP 项目运作过程中最难防控的风险。新一轮的 PPP 不应单纯强调 PPP 的融资功能，而应更加注重政府管理水平和服务理念的提升，如此才能真正打开民营企业投资的“玻璃门”、“弹簧门”、“旋转门”。

政府信用羁绊

A 公司是总部位于北京的一家比较有名的央企，其在西部的贵州和东部的福建都有以 BOT（Build Operate Transfer，建设—经营—转让）方式实施的 PPP 公路项目。虽然有着央企身份，但在操作 PPP 项目的过程中也遇到了各种心酸。

“高速公路的土地国土部批没问题，到省级国道改建和市政道路，好多土地由地方政府提供，就存在着违法违规用地的问题。”A 公司位于贵州项目的负责人对《财经国家周刊》记者表示，至今其做的 PPP 公路项目因为没有土地指标，还没有办好用地手续。

“但是地方政府又要求必须按期通车。如果我们不同意，这块市场就丢了。我们也只能采取倒逼机制，先拿一个、两个口通车，先垫资 1 到 2 个亿。”这位负责人说。

其同时表示，在很多地方，税务部门还存在着违规多收税的情况。以城建税为例，按照国家规定，税率按纳税人所在地分别规定为：市区 7%，县城和镇 5%，乡村 1%。“但地方政府说把乡镇税务所全部搬到城市来了，都得按照 5%或者 7%交。”

这位负责人呼吁，地方政府要发展又要吸引社会资本，就得提高服务质量，得信守兑现相关承诺，“信用是最最重要的”。

同时，《财经国家周刊》记者获悉，中国国内最早采用 BOT 方式建设的收费路桥项目——福建泉州刺桐大桥项目，目前处境艰难。

20 世纪 90 年代，泉州市只有一座跨越晋江的泉州大桥，不堪重负，决定再建一座跨江大桥。经过谈判，引入了民营资本泉州名流公司以 BOT 的方式投资建设了刺桐大桥，1995 年 1 月开工，1996 年年底投入运营，特许经营期为 30 年。

“但是，由于福建省政府在 1997 年将泉州大桥收费权移交给泉州市，泉州大桥和刺桐大桥就形成了竞争关系，政府后来还投资建设了与泉州大桥并行的两座新桥。”一位知情人士表示，“由于刺桐运营的头几年盈利能力大大超出政府预期，泉州市还让刺桐大桥 PPP 项目公司耗费 1.2 亿元修了两条与项目毫无关系的两条路。”

上述知情人士表示，目前泉州市民对于刺桐大桥取消收费的呼声很高，名流公司董事长陈庆元目前最想做的就是放弃剩余的运营期，要回 1.2 亿元的与 PPP 项目无关的修路款。

“榜样的力量是强大的，但修理榜样的后果也是严重的。”上述知情人士说。

企业投资谨慎

前述 A 公司的项目负责人直言，社会资本参与地方 PPP 项目，首先要选择地方一把手主抓的项目，否则到项目具体实施的时候“方方面面都很难”。

国内知名的基础设施咨询公司——上海济邦投资咨询有限公司总经理张燎接受《财经国家周刊》记者采访时表示，目前社会资本投资 PPP 项目，只能依靠双方签订的合同来防控风险，约定清楚双方的权利义务。

“PPP 合同，像写一本小说一样，我们要考虑得很清楚，人物场景，哪个情节会跌宕起伏，如何能够化险为夷。”一位做了 10 年医废处理厂 PPP 项目的民营企业负责人表示，由于实际情况（比如新法律法规出台、经济形势、物价指数等）会发生变化，在后续补充协议的签订上，企业往往处于比较弱势的位置。

因此其表示，企业特别是外资介入国内 PPP 项目，一是会选择履约精神比较好的地方政府推出的项目，二是项目本身所在的行业竞争性不是“一片厮杀”。

“现在基本是央企和国企在干，赔了是国家的。”清华大学教授王守清表示，在其培训的企业学员中，目前 70%左右还是央企或者国企的人员，民营企业学员占比较少。“民营企业脑袋很清楚，不会轻易介入未经认真筛选和评估的项目。”

王守清认为，当前中国推动社会资本以 PPP 模式投入基础设施和公用事业项目，最主要的是要吸引民营资本进入。“如果推了半天，只有国有企业和央企来做，实际上没有太大意义。只有民营企业感兴趣了，才是真正实现了吸引社会资本的目的。”

上海济邦投资咨询有限公司总经理助理李竞一同时表示，目前即便是央企和国企对 PPP 项目投资也是相当谨慎的。

原因有三：一是相对市场化的私人竞争和比较强势的政府，使得风险分担和收益水平并不利于企业；二是央企和国企自身大多已混合或上市，只是国有成分过大，经营体制和考核机制与 PPP 长期性并不匹配，反而会承担过大的投融资压力；三是对法律保障缺乏信心。

“监管”政府

“PPP 项目经历的时间长，参与方多，各方关系错综复杂，风险贯串于项目的全过程。PPP 模式能否成功，在很大程度上取决于能否辨识各种风险，并合理分配给参与方共同分担。”北京市资略律师事务所副主任、合伙人律师徐向东建议。

徐向东指出，虽然当前 PPP 项目中企业承担风险的可能性较大，但实际上政府主体也有风险。以环保项目为例，经常是投资人要承担最低保证供应量、政府延迟支付、法律变更的风险，而政府也要承担项目不能完工建设、停运或者运行质量不高的风险。

“我们有过一个案例，东北一个污水处理厂项目做了一半，政府不付费了，私营部门一气之下就把污水放进松花江，结果也遭到了罚款，闹得不可开交。”亚行东亚局公共管理、金融及区域合作处处长钱鹰向《财经国家周刊》记者表示。

从社会资本层面讲，王守清建议，投资人应尽量与政府直接签约，而不要选择其下属职能部门。“这样可以避免合同的效力受到个别领导人的牵制，比如因为领导人换届而导致之前签订的合同失效。”

王守清同时建议，企业要尽量把自身利益和政府利益捆在一起，同时还必须将当地居民的影响力考虑在内，“不要觉得企业和政府签完合同就万事 OK”。因为一旦引起老百姓的不满，就会造成社会的不和谐。而这种情况一旦发生，首先牺牲的就是企业。

而从政府层面来讲，首先要提高政府的现代管理和治理能力。

“美国 8%公务员专门研究合同，14%专门研究政府购买合同的管理和绩效，这就是管理体系和能力建设，我们公务员差远了。”住建部一位部门负责人接受《财经国家周刊》记者采访时表示，兰州水污染事件（见《财经国家周刊》2014 年第 9 期《大城市“水防线”》）就是地方政府在 PPP 项目中管理和治理能力不到位的充分体现。

“地方最大的问题是把 PPP 又当成一种融资模式了，不管 20、30 年以后的情况。根本不考虑项目可行不可行，可不可持续。所以必须监管政府的支付能力。”王守清表示。

“现在法律层面对政府没有足够的约束力，导致政府信用堪忧。这一方面需要契约精神和契约意识。另一方面需要履约能力，如果没有中长期预算机制的支持，政府难免在二三十年的合作中出现违约。”李竞一表示。

（原载《财经国家周刊》，
2014 年 6 月）

PPP 立法再启程

田晨彤

2014 年 12 月 31 日，财政部发布《政府采购竞争性磋商采购方式管理暂行办法》。2015 年 1 月 19 日，发展改革委发布《基础设施和公用事业特许经营法（征求意见稿）》，财政部发布《关于规范政府和社会资本合作合同管理工作的通知》并附《PPP 项目合同指南（试行）》，2014 年 8 月后一度沉寂的 PPP 立法，再次出发。

PPP（Public-Private-Partnership）意指“公私合营”，指政府和社会资本合作，多用于资金量大、回收期长的市政基础设施建设。亚洲开发银行、联合国发展计划署、欧盟委员会、世界银行认为，“使用者付费”“政府付费”“适应性补偿基金模式”均属于 PPP，BT（Build-Transfer，建设—移交）、BOT（Build-Operate-Transfer，建设-运营-移交）都属于其表现形式。财政部中国财政学会 PPP 专业委员会秘书长孙洁眼里，PPP 则与其说是建设模式，不如说是管理模式，事情交给最专业的人做、风险交给最能控制者承担，双方共享收益共担风险。

“公主和王子永远幸福地生活在了一起”的结局，往往姗姗来迟，常被喻为“结婚”的 PPP 亦复如是。任何背叛、隔膜甚至怀疑，都能使花好月圆一夜倾圮。立法，也就有了现实意义。

现状：鸟巢与水厂

2015 年 1 月 20 日，下午五点。离春节还有一个月，天虹百货超市里，艳丽的广告牌、稻香村糕点、红螺特产已经在齐心协力点染欢欢喜喜过大年的气息。傍晚通常是客流量高峰，却只有零星顾客偶然穿过货架，每个收银处只有一两个人。

和同样紧邻鸟巢、水立方的新奥购物中心一样，天虹百货选址也是看中了“奥运地块”，但时至今日，大众点评上的留言还是频现“人不多”。

提到这个，全程参与鸟巢建设运营的前国家体育场有限责任公司副总经理张恒利就苦笑：“鸟巢太多曲折了。当初我们拿不到土地使用权证，所以拿不到营业执照，但客流量明明很大，肯德基天天爆满，只好派个小姑娘在门口站岗，远远瞄见工商局人来了就关门。”

2008 初，他们想通过中国银行在全球发行鸟巢亿万圆梦卡，常规功能之外，附赠免费参观和在鸟巢上雕刻名字、梦想的服务。“买几千万元的卡，我们就给刻在专门制作的大脚印上，几百万的刻在大砖上，一千块的就一小块马赛克。我们写了详尽的计划书，请了埃森哲，做了市场调研，北京、上海、广州、大连，90%的家庭都是全家买，卖 500 万张就是五百亿呐！结果，主管市长给两个下属批示‘请研究负面影响’，说是万一有人要刻法轮功标语就没法弄。就这么卡着，一拖就是半年，本来这种文化产品能借着奥运的热乎劲儿能赚一大笔，也耽误了。”

哪怕属于常规营利项目的商业演出，都遭遇了埋伏。“2008 年 10 月我们筹备一个美国还是加拿大的女歌星演唱会，报批都快完了，却说没验收证明。开幕式都办了怎么可能没验收！我们那时才发现，嗬，消防部门发的是‘奥运赛事验收证明’，过了奥运就无效。后来还多亏一个演唱会举办方老板认识相关领导，才办了消防许可证，2009 年 1 月才办了第一场演唱会。”

最令人猜不透的还是结局。“2003 年约定了如果盈利政府不分红，如果亏损政府也不补贴。奥运会后，政府一看，10 个月的毛利润就到了 4 个亿，就琢磨怎么收回。因为这是国际招标产生的，不好毁约，它就想了个名字叫‘股份制改造’，口头承诺了四个条件。社会资本的股份还在里面，政府从只有监督权、没有决策权分红权，变成有了完整的股东权益。四个条件中，一个是分配账上现金，这本来就是我们作为股东的权利，不用它额外承诺；一个是维持所有人员工资和职位，这倒兑现了；第三个是另给一块地用于一级开发，到现在也没给；第四个我都不记得了。”

但更难处理的，是他现在负责的另一 PPP 项目——北京第十水厂。这个水厂有三大问题至今无解，最棘手的就是土地。1998 年，北京市政府在特许权协议里承诺无偿划拨。2008 年国家出了政策，市政基础设施 BOT 项目，如果是营利性的，土地也得走出让程序。“多花钱没关系，关键是其他所有手续都是按划拨办的，如果这么弄就得全废了。这一年我一直在跑北京所有相关部门，发展改革委、规委、国土局、水务局、南水北调办公室……它们内部就打起来了，发展改革委、规委支持老问题老办法，国土局死活不依。所谓代表政府的甲方也只能代表一个部门而已，部门间又没沟通动力。”他无奈地叹息。

“一个项目一般得 200 多个许可，各部门口径不一样、对政策理解不一样，申请起来特别麻烦。郭公庄有个项目，和第十水厂规模、用途都一样，但全由政府投资，领导天天在现场盯着，所以审批一路绿灯，现在已经开始运营了。我们这边儿就是跑断了腿（也没用），现在感觉行政许可就是你让他干啥、他不干啥。”

那么，外国政府是如何做的呢？

孙洁介绍，2000 年，英国政府专门设立了 PUK（Partnerships UK），25 家金融机构持股 51%，政府持股 49%，集结了专业人才，调查可能适用 PPP 模式的项目情况，提供给股东在内的金融机构，方便其投资 PPP 项目。2010 年，为了加强规划管理、提高与地域经济政策的协同效应，英国改 PUK 为 IUK（Infrastructure UK），原有员工自由选择去其他商业机构或转为公务员。他建议，我国也应设立这种促进信息交流的专业机构。

入场：物有所值

最众说纷纭的，莫过于应否采纳“物有所值论证”，即比较 PPP 模式与传统政府投资模式，看前者能否提高公共服务质量和效率或降低成本。

物有所值论证英文为 VfM（value for money），计算公式是 VfM = PSC−LLC。PSC 即 Public Sector Comparator，“公共部门参照值”，即全部投资均来自公共部门时的净成本；LCC 即 life cycle cost，“全生命周期成本”，在这个公式里就指采 PPP 模式建设运营的净成本。二者都是所有现金流出、现金流入（包括返还的税收）折现后的净成本。VfM 为正值时，PPP 模式更高效，此时才应采取 PPP。

这次，发展改革委、财政部的文件双双落实了 VfM 的名分。发展改革委将其列为采用特许经营的第四个条件，财政部《PPP 项目合同指南（试行）》中，风险分配、合作期限、担保、调价、市场测试、绩效监控几方面都提到了物有所值。其首创竞争性磋商采购方式，也旨在倡导“物有所值”。

然而，大岳咨询总经理金永祥表达了忧虑。“VfM 是比较传统制度、PPP 制度两种制度的方式，套在单个项目上极不现实。我国不是法治社会，政府和国企尚未完全隔离，很难说相互独立，国企获得的补贴不少是隐性的，很难准确量化。另外，只考察现金流，忽略了环境效益、公众福利，也是不对的。”

但学术界、实务界都不乏叫好声。“数据的可获得性的确是个突出问题，但这就更应该由一家机构统一管理，逐渐积累数据，建成覆盖全国的数据库。去年我们公司就在具体项目上尝试了 VfM，其实财务模型都是大家通用的，只要数据可靠，就能进行有效的比较。这个理论被 30 多个国家采用，说明还是有价值的，我们可以分步分阶段推进。”曾师从于清华大学建设管理系王守清教授的某实务界人士表示。

王守清教授也持乐观态度：“不可混淆决定项目要不要做的定性环节和决定怎么做的定量环节。第一步应该是先判断要不要做，这一步无论是政府投资还是 PPP 项目都不能省，而且肯定要考虑社会影响、环境效应。现在我们给地方政府官员培训时，都会强调，政府、企业乐意还不够，还必须得群众满意，否则项目早晚会出问题。接下来决定选政府投资还是 PPP 时，我们才用 VfM 这个重财务指标的标准。至于国企的税费优惠，我们计算 PSC 时也有税费调整。另外，去年 12 月发了《国务院关于清理规范税收等优惠政策的通知》，政府也在着手清理这些优惠。”

期望：政府诚信

“当下 PPP 的问题不是立法立规，很多现实问题需要解决，比如政府违约问题、社会资本欺诈问题和运作不规范问题，出再多的文件也不一定能解决现实中存在的阻碍 PPP 的问题。写文件易，干实事难。”金永祥并没有太多惊喜。

上海大成律师事务所朱涛律师也认为，PPP 最大的难题是政府的定位。这如同国有土地出让一样，政府既是裁判员，又是运动员，政府在 PPP 模式中的身份，成了最大的问题。“现在已经有地方出现这个问题了，比如政府为了自身利益，以不符合法律规定为由终止合资。这中间也可能出现一些利益输送、权力寻租问题。”

北京资略律师事务所合伙人徐向东曾服务于鸟巢、水上公园、垃圾发电和水务等众多 PPP 项目，对社会资本一方的酸辛也感受颇深。他建议明确签约前政府的诚信义务，如明确规定“政府在招标文件中不得作出明显偏离事实的虚假承诺”。

这涉及民法上的缔约过失责任：合同签署前，当事人在接触磋商时，如果未尽合理注意而违反诚信、告知、保密、警告等义务，应承担相应赔偿责任。就记者提出的如何判断该责任的构成要件“过错”有无的问题，上海中伦律师事务所周兰萍律师认为，“更多要从介入时点和沟通技巧上解决。若是投资人能更早参与项目发起、主动推进前期工作，前期的部分费用可以在落选时让政府承担。”就损失额的确定，周兰萍建议，“不能以项目金额倒推受害人损失，应以实际损失确定赔偿责任。”

争议：特许权授予

PPP 项目中，特许经营权授予方式除了招投标，还有拍卖、竞争性谈判、直接授予等。(地方法规的招商、招募和财政部的竞争性磋商类似竞争性谈判。)徐向东认为，竞争性谈判的比例应该增加。“风险界限清晰的项目才适合招投标，其他项目中，政府需求往往还很模糊，具体化还少不了漫长的磋商。财政部最近在《政府和社会资本合作项目政府采购管理办法》中倡导‘采购结果确认前的谈判’，更重视缔约过程的沟通，也是看到了这一点。”

多年以来，招投标的弊端一直还在。参与住建部评审的专家透露，有时，刚到住建部门口，就有人迎上来问“您是参加××招标评审的吗”，他开始还以为是专门接待的，聊着聊着就发现是投标企业埋伏在这儿的卧底，天天徘徊在那里，观察到谁不像上班的公务员，就凑上去，目的是趁专家在路上的几分钟拿下他。

此外，王守清教授提到，每家投标人的投标文件都是半尺多高，现在 PPP 评审又改采综合评审，比原有标准复杂多了，工作量大多了，时间还是半天，只能走马观花。

虽然如此，孙洁还是看好招投标这一更阳光的方式。“谈判是不透明的，收费年限和投资回报率等问题都可以通过招标达到最有效的结果。”

某政府方的投资人士也表示，制度不容破坏，但也不可盲目依赖，执行才是关键。“无论是竞争性磋商还是招投标，只要执行不好，都可能流于形式。关键是谁用，看他想不想真正选出好的投资人。我们走招投标的项目中，虽然不会有实质性谈判，但会有非常详尽的前期尽职调查，最后落实到纸面上的东西（意指投标文件），我们都核实了个大概。”

设想：捆绑土地

土地使用权和特许经营权脱钩，是现实中另一难题。

“如果土地招拍挂有人捣乱，被特许经营者得不到地，那该怎么做项目？”徐向东建议，不如直接将特许经营权和土地使用权打包进行招投标。

财政部及亚行 PPP 专家库成员、毕马威咨询师邢佶勇介绍，如此捆绑在现实中虽然存在，但都是在操作程序上花心思，很少写进书面文件。

周兰萍指出了这样做的法律风险，“土地使用权与特许权捆绑是很多项目平衡资金（支出）的做法，但是目前法律上还有障碍，只有《国务院办公厅关于支持铁路建设实施土地综合开发的意见》对铁路建设有例外规定，说新建铁路项目未确定投资主体的，可在项目招标时，将土地综合开发权一并招标。理论界对定向挂牌也有争议。”

定向挂牌，即对招标单位提出特别要求、设置一些条件。

周兰萍认为，“关键在于条件的合理性、可行性。撇开法律障碍不谈，我认为或者开始时与特许权捆绑一并招标，或者特许权投资人确定后设置定向条件，倒没必要将通过资格预审或已入围竞争性磋商设为定向条件。”

2015 年 1 月 20 日，下午三点，鸟巢的银色钢架像阳光的手指温暖地交叉着。桁架柱 24 根、钢架 800 多根、总重量 4.6 万吨、连接误差小于 2 毫米……PPP 立法，也和这幢诞生于 PPP 的建筑一样，需要的不仅仅是梦想。不厘清各方的权利和义务，就不能量化公共产品的成本收益和公共资产的投入产出，不能助力财政体制改革。设施如何选址、资金如何筹集、股权如何配比、红利如何分配、收费对象如何确定、收费金额如何权衡，一个又一个问题，等待着立法者细微、持久的努力。

（原载公众号“PPP 知乎”，
2015 年 2 月 4 日）

万亿 PPP 里的诱惑与陷阱：地方“激进版”vs“渐进版”

张霞 欧阳柳依

“PPP 以前是一条小道，现在大家都一下子涌到这条道上。”

PPP 元年

面临“缺钱”和“欠债”的双重压力，地方政府亟须寻找新的融资模式。

“从项目落地看，2015 年才是真正的 PPP 元年。”研究 PPP 模式十多年的清华大学建设管理系教授王守清对《南方周末》记者说。

PPP 火了，王守清也火了，自 2014 年开始，他一直在路上。1 月 26 日，王守清在微信朋友圈中写道：“一周之内，从西北边陲乌鲁木齐经北京、杭州到东南沿海深圳，从零下 19 度到零上 19 度，从国企到大民企……不变的还是俺讲 PPP。”

2013 年 7 月 31 日，国务院总理李克强提出，利用特许经营、投资补助、政府购买服务等方式吸引民间资本参与经营性项目建设与运营。作为新一轮城镇化建设中的重大改革举措，这被认为是 PPP 模式开启的信号。

2014 年以来，国务院、财政部、发展改革委接连发文倡导 PPP 模式。目前，从各省公布的地方政府报告来看，全国有 19 个省市自治区将 PPP 写进了政府工作报告，“探索”、“鼓励”、“积极推广”PPP 模式。

根据《南方周末》记者不完全统计，截至目前，2015 年省级地方政府披露的 PPP 项目计划投资总额达 1.1 万多亿。

一时间，各级地方政府忙着推出 PPP 项目，国企央企、民营企业、银行、律师纷纷解读政策、进行 PPP 培训。

忙碌的不只是王守清。律师、咨询机构、大学教授、离退休官员都加入 PPP 授课队伍中。

张燎是济邦咨询的董事总经理，2002 年他创立了这家专门为基础设施和公用事业提供投融资咨询服务的公司。“从去年 5 月份开始，我去过十多个省级财政部门给政府和企业讲 PPP 模式。”

作为 PPP 项目咨询机构总经理，张燎用一种专门的 APP 统计了自己近三年的飞行记录，2012 年到 2014 年，他的飞行次数分别为 55 次、73 次、120 次，“朋友开玩笑说这个数可以作为指示中国 PPP 热度的指针。”

名词解释

PPP 模式（Public-Private-Partnership，即政府和社会资本合作），简而言之即政府和社会资本合作共同提供基础设施及公共服务。社会资本负责承担设计、建设、运营、维护基础设施的大部分工作，并通过“使用者付费”及必要的“政府付费”获得合理投资回报；政府部门主要制定公共物品的价格和质量监管。

2014年，国务院一纸“43号文”，结束了地方政府传统的融资平台和融资模式。但地方政府的偿债压力仍然巨大。审计署数据显示，2013年6月底，全国各级政府负有偿还责任的债务约为20.7万亿。

与此同时，中国的城镇化进程并未完成，财政部网站刊登的财政部副部长王保安的讲话称，预计2020年城镇化率达到60%，由此带来的投资需求约为42万亿元。

面临“缺钱”和“欠债”的双重压力，地方政府亟须寻找新的融资模式。而“43号文”的出台为地方政府指明了路径：发行政府债券和政府与社会资本合作（PPP）模式。

今后，以PPP模式由政府和社会资本合作提供公共产品，这意味着像高速公路、城市交通、污水处理、供水、供热等跟大众密切相关的公共服务，在将来都可能由社会资本提供并运营，而服务的价格究竟如何变化，取决于政府和社会资本的合同设计。

对地方政府而言，这种模式不仅减轻了财政压力，更重要的是，PPP模式实际上是对地方政府转变职能、改革创新、依法行政的“倒逼”。

《南方周末》记者了解到，许多省份都选出了一批PPP试点项目，力争在短时间之内上马。

面对这一热潮，不少专家和实务界人士也表示出了担心。“感觉PPP这个弯转得太大了，以前是一条小道，现在大家都一下子涌到这条道上了。”大岳咨询的董事长金永祥说。

30年运行经验

“我曾见过一份只有3页的BOT合同管一个二十几年的项目。”

实际上，在中国，PPP模式并不是一个新名词，也曾经遍地开花。

这种模式最早起源于20世纪80年代的英国，此后传入中国，最初在公路、水务、城市轨道交通建设中被部分采用，当时的社会资本方大多为国外资本，主要采用BOT（建设—运营—转让）模式。

从1990年到2000年，一批港商进入了中国高速公路建设领域，以合资企业的形式，与多个省市政府合作，在中国建造了至少80个合资高速公路项目。

2000年以后，全国各主要城市掀起了市政公用事业市场化的高潮，PPP被大规模运用到了污水处理行业中。此外，采用PPP模式的还有自来水、地铁、新城开发、开发区建设、燃气、路桥等若干项目。

虽然有成功的案例，但失败的例子更多。其中的重要原因，就是公共利益和企业收益之间经常产生矛盾，在引入私人资本之初，由于缺乏相关的行业经验，政府缺少跟私营企业签订公平合理合同的能力，也没有一整套的制度设计，政府违约的情况屡见不鲜。

相比而言，欧美会根据当地经济发展水平合理定价，同时又会随时间等因素进行调整，有一个“利益分割带”。另一方面，国外在设计一个项目时，会请专门的咨询机构进行评估设计。

上海财经大学助理教授王茵介绍，在国外，由于项目周期长，中间变数多，从立项之初，就要充分考虑到各种问题，“招投标过程中企业的一份企划书由设计方、施工方、金融机构、律师等专业团队打磨几轮完成，光是企划书的造价就高达500万~1 000万美金”。

国内则是先做了再说，问题都是在过程中才慢慢出现，并没有一个合同能够约定责任主体，这也是造成很多PPP项目最终“流产”的原因之一。“我曾见过一份只有3页的BOT合同管一个二十几年的项目。”张燎说。

2007年左右，中央要求清理此类项目。2008年推出“四万亿”后，地方政府“不差钱”了，PPP模式受了“冷遇”。但不久后，强刺激弊端开始显现，PPP重回中央和地方政府的视线。

地方政府很着急

“如果报人大进行决议，半天就能搞定。”

2014年，全国各地纷纷推出PPP项目。据南方周末记者不完全统计，截至目前，已有四川、河南、福建等八省份共推出了469个PPP试点项目，总投资额共计8 223亿元。

2014年8月到9月，就有安徽、重庆、江苏、福建、青海五省份推出共计175个项目，而在去年12月，四川公布了264个项目，总投资额达到2 534亿人民币，是目前项目最多的省份，但已签约的合作项目协议仅28个，总投资额约404亿元。

“这一轮的参与方大大拓展了，行业也拓展了，不再局限于供水、垃圾处理等市政工程，拓展到几乎所有公共产品和服务，养老、医疗、教育、旅游、水利建设等。”

君合律师事务所律师刘世坚透露。

“PPP 成了目前地方政府重要的抓手。”君合的客户中除了政府和行业投资人，还扩展到了财务投资人，券商、信托、基金。“我个人比较乐观，估计高潮要持续 5 ~ 10 年。”

“地方政府对 PPP 这种模式非常热情，如果报人大进行决议，半天就能搞定。”一位股份制银行公司部老总对《南方周末》记者说。

但在张燎看来，“和 BOT 如火如荼地推进的形势相比，地方政府对 PPP 的认识程度很让人担心，他们不知道 PPP 的关键点是什么，采购流程怎么搞，合同如何起草……”

国际上的 PPP 项目，一般根据不同的项目需要，设计成不同的方式，千差万别，但企业都会参与 PPP 项目运营。

企业一旦参与运营，意味着企业和政府之间就形成一个长期的契约关系。多位专家都强调，这轮 PPP 模式和过去还有一个重大的差异，即企业和政府是平等的关系，需要利益共享，风险共担，如果地方政府能力不强、水平不高，不能妥善设计和实施，可能导致项目失败，带来风险。

此外，社会资本的投资选择非常敏锐，如果一个地方没有良好的发展环境和发展潜力，没有法治、高效的政府支撑体系，PPP 项目无法落地，更无法生根。

“政府很难适应跟企业平起平坐，以前是由政府拍板，而今后政府说了还不算。”常年跟地方政府打交道的中信银行机构业务部总经理张春中说。

但不管适不适应，行动已经开始了。地方政府出文件、上项目、成立专门的工作小组、培训、开推介会…… “政府目前很急，希望能够尽快推进 PPP 项目的落实。”一位基层政府工作人员说。

而在实际操作中，则是五花八门，无奇不有。

“目前是省一级政府想得比较明白，但到了县市级就不一定了！”张春中说，“哪负责的都有，不见得就是财政部门负责，有的甚至是政协、统战部门！”

“有一次我问一个企业家，我说，你谈成啦？他说，早就谈成了，这已经是第三次签约了！”王守清说，“好多项目的细节并没谈好，很多只是签一个框架协议。”

“戴着 PPP 帽子做 BT”

使用者付费项目普遍集中在高速公路、供水、燃气等领域。

“很多地方政府宣传的项目并不是 PPP 模式，只是戴着 PPP 的帽子做 BT（建造—移交）。”常年在一线调研咨询的张燎告诉《南方周末》记者。

在一个由专家、媒体等人组成的 PPP 微信群里，一条消息蹦出来得到很多人认同，“新建基础设施市场如今充斥着满脑子 BT 思维的工程承包商，面对如山洪般爆发奔涌的 PPP 项目，承包商不改变 BT 思维，将在新一轮 PPP 卡位战中频频失分！”

王守清说：“2014 年 10 月份，各省政府向财政部报了六七十个 PPP 示范项目，但是不少都是打着 PPP 旗号的 BT 项目，第一轮就刷掉近一半。”

张燎说：“我曾接到一个中部省份官员的电话，当地一个用 BT 模式做的商贸市场，现在做不下去了，想设计成 PPP 模式。这根本就不能做啊，商贸市场根本就不属于公共服务产品。”

过去几年，地方政府往往采用 BT 方式建造基础设施，政府根据与企业签订的回购协议分期向其支付资金。

实际上，从广义上来讲，BT 也属于 PPP 模式的一种。但此轮重提 PPP 则排除了 BT。

从中国城市基础设施投资的运作情况来看，BT 项目很多是由政府所属融资平台或其控股国有企业承担；这种项目往往造成政府大量的债务问题，而且项目本身的质量也难以得到保证。

PPP 和 BT 的主要区别是：第一，时间长短，BT 项目时间一般在 3～5 年，而 PPP 项目时间一般都在 10 年以上；第二，也是很关键的一点就是企业有没有参与这个项目的运营维护中。

参与运营维护目的是要让企业真正提供服务，提高效率。吸引社会资本来做项目是政府最迫切的愿望。财政部力推的是“使用者付费”的项目。

从项目收入来源上划分，PPP 项目主要包括使用者付费、使用者付费与政府补贴相结合、政府付费购买服务三种方式。

相比之下，有固定现金流的“使用者付费”模式更能吸引企业。但一位东部省份的地方官员对《南方周末》记者说，“这类项目并不多，比较多的还是一些政府补贴的项目。”

使用者付费项目普遍集中在高速公路、供水、燃气等领域，“这种项目就像是肉，需要政府补贴或付费的项目就像是骨头，谁愿意把肉扔出来，肯定是先把骨头扔出来啊。”张燎说。

从目前各地推出的一些项目来看，主要涉及交通设施、市政基础设施、生态环境治理、城镇生活垃圾污水处理、网管改造等领域。

目前推出的多数项目为准经营性项目和公益性项目，即政府补贴与使用者付费相结合、完全由政府补贴的方式。

但对企业来讲，他们“优先选有现金流的项目，无论是百姓还是政府付费，另外还要选守信用的地方政府”。

根据目前财政部的文件，可以参与 PPP 项目的社会资本包括，除本级地方政府融资平台和控股国企之外的所有企业。

当前，不管是国企、央企还是民企，都特别想参与到 PPP 这股大潮中。但是，“投资者因 PPP 项目时间太长、地方政府信用不好、融资成本高、对回报期望也高等因素，还比较谨慎。”王守清说。

一个正在负责 PPP 项目的地方政府官员对《南方周末》记者说，“我们目前还是考虑央企、国企为主。”

王守清告诉《南方周末》记者，“目前民营企业还有一些问题，与央企/大国企相比，第一是融资能力不行，第二是信用不行，第三是技术可能还不行，其中第一和第二是最重要的且相互关联。但是不能永远都让它不行，要扶持它。真正让民营企业动起来才是 PPP 本来的内涵，即政府（公）与民企（私）长期合作。”

张燎则担心，“从经济结构的调整上不会有太大的改变，无非是央企和地方国企之间利益格局重新洗牌而已。”

戴着枷锁前行

全世界做得最好的国家，PPP 项目在所有公共物品提供里面只占到 10%～20%。

“千万不要把 PPP 模式当成地方政府解决地方债务的灵丹妙药，不要作为地方政府推卸其提供公共产品/服务责任的借口，很多项目是不适合 PPP 的，而且如果 PPP 模式做砸了，后果比传统模式更糟糕。全世界做得最好的国家，PPP 项目在所有公共产品项目里也只占到 10%～20%。”王守清说。

全国各地都在着急上项目，但真正如何运作，如何避免走过去的弯路，地方政府难说真正想清楚。

在王守清看来，当前面临的主要问题是法制、地方政府信用、金融体系和公众参与决策与监管（包括透明）机制等问题。2011 年亚洲开发银行对亚太地区 15 个国家及英国的 PPP 成熟度进行评估，结果显示，虽然中国 PPP 操作成熟度排名首位，但法律环境和机构设置得分较低。

当前对于规范政府和社会资本双方的权利，究竟是用行政法来管还是合同法来管，目前在法律层面并无界定。

但常年在一线运作具体项目的金永祥认为，目前来看，在实践过程中出现的问题，没有哪个是找不到法律的。“目前的法律规章就已经足够了，重要的是要去践行。”

践行过程中缺乏公开透明的机制，更缺少公众和社会的监督。王守清说：“这次财政部的第一个示范项目——池州项目，合同、成本等什么都不公布，这样做 PPP，公众心里踏实吗？”

（原载《南方周末》，
2015 年 2 月 12 日）

为 PPP 立规矩

冯禹丁

在“缺钱”和“发展”的双重压力下，目前 PPP 模式成了最受地方政府青睐的抓手。

但是，PPP 的规则谁来制定？管钱、花钱部门一齐上阵，能否改变地方政府花钱、筹钱的固有模式？

部委“飙”文件

两个实权部门在同一领域一齐“飙”文件，极为罕见。

2015 年 4 月 14 日，财政部在官方网站上发布了关于印发《政府和社会资本合作项目财政承受能力论证指引》的通知，这是财政部关于政府和社会资本合作（PPP）发布的最新政策。按照财政部的定义，所谓 PPP 项目财政承受能力，是指识别、测算 PPP 项目的各项财政支出责任，科学评估项目实施对当前及今后年度财政支出的影响，为 PPP 项目财政管理提供依据。

财政承受能力论证的结论分为“通过论证”和“未通过论证”。“通过论证”的项目，各级财政部门应当在编制年度预算和中长期财政规划时，将项目财政支出责任纳入预算统筹安排。“未通过论证”的项目，则不宜采用 PPP 模式。

换句话说，如果未通过财政承受能力论证，该项目将申请不到财政预算资金。

财政承受能力论证是财政部提出的 PPP 项目评价体系的两大标准之一，另一标准是物有所值（VfM），其征求意见稿也已于 2015 年 1 月底发布。“评价体系是命门，VfM 和财政承受能力测试掐住了地方政府的脖子。”君合律师事务所律师刘世坚评论说。

自 2014 年 5 月财政部 PPP 工作领导小组成立以来，财政部一直不断地颁布为 PPP 立规矩的政策。但在过去，公共服务和基础设施新增项目的审批权和主管权，是国家发展改革委的领地。

在十八届三中全会上，财政部被中央选为“社会资本进入公共服务基础设施建设和运营”改革的第一责任人。多位 PPP 业内人士认为，这是因为中央既想通过基础设施建设来维持经济增速，又想控制地方债风险，因此希望通过 PPP 让社会资本取代财政资金，接力进行基础设施投资。

“财政部是管钱的，发展改革委是花钱的。让财政部来管这个事，主要是为了防止地方政府借此乱上项目欠一屁股债。”一位与这些部委多有交道的 PPP 专家对《南方周末》分析说，选择对地方债负有“兜底”责任的财政部来主导 PPP，可以从动力机制上解决地方债问题，并为存量项目解套。

但发展改革委似乎也并未放弃 PPP 的主导权。

2014 年 12 月 4 日，财政部发布《政府和社会资本合作模式操作指南（试行）》，从项目识别、准备、采购、执行和项目移交五个方面对相关实务操作给出了具体的指导意见。同一天，国家发展改革委通过官网公布了《关于开展政府和社会资本合作的指导意见》以及《政府和社会资本合作项目通用合同指南》（2014 版），并要求各地发展改革委 2015 年 1 月起按月报送 PPP 项目，建立发展改革委的 PPP 项目库。

2015 年 1 月 20 日，国家发展改革委公布《基础设施和公用事业特许经营管理办法》公开征求意见的公告。同一天财政部也公布了《关于规范政府和社会资本合作合同管理工作的通知》，并发布《PPP 项目合同指南》。

一边是有着 7 位正部级官员在任的“小国务院”，一边是强势部长领导的“钱袋子”，两个实权部门在同一领域一齐“飙”文件，极为罕见。

财政部当仁不让

在一个机构都不能增加的背景下，财政部 PPP 中心的编制获得特批。

“这一轮 PPP 浪潮里财政部是弄潮儿。”刘世坚评论说。

2013 年年底，财政部副部长王保安在一次内部讲话中指出，财政部将从组织建设、制度建设和试点推广三个层面推动 PPP。遵循这一路线图，2014 年财政部当仁不让地行动起来。

2014 年 5 月，财政部成立 PPP 工作领导小组，由王保安任领导小组组长，财政部金融司、经建司、条法司、预算司、国际司等相关负责人为小组成员。

12 月 3 日，财政部网站发布消息称其事业单位 PPP 中心正式获批，“楼部长说 PPP 是个大活、硬活、细活，必须要有专业机构支持，所以在一个机构都不能增加的背景下，财政部 PPP 中心的编制获得特批。”该中心一位人士透露。

财政部还聘请了法律和财务方面的两家国际机构——英国律所品诚梅森和普华永道，作为自己的“外脑”。之所以选择品诚梅森，据说是因为考虑到 PPP 起源于英国。

此外，财政部一边会同国家发展改革委研究制定《基础设施和公用事业特许经营法》（以下简称“《特许经营法》”），一边还在拟定《政府采购法》修正案，以适应 PPP 模式。

但由于立法进程的缓慢，财政部更倾向于在既有法律框架内，用部门规章为 PPP 立规。

“如果你是法治国家，根本不用为 PPP 立法，就用合同法。法不宜多，要有通用性才能保证屁股不决定脑袋。”上述财政部人士说，“财政部更多的是推进指南，指南都是两年有效，可不断修正修改，像我们的 PPP 操作指南广泛征求意见，修改了一百多次。”

但《特许经营法》起草小组成员、清华大学建设管理系教授王守清认为，在中国为 PPP 专门立法还是必要的，原因有三：一是我国现行法律制度中很多是有碍于 PPP 推进的，比如土地招拍挂制度、税收制度、会计准则等，部委出的规章政策的法律效力不如这些法律；二是因为 PPP 项目周期一般长达 10～30 年，靠两三年一修的短期文件来规范，在政府信用不足时加大了投资者风险；三是如果没有一部法律，可能出现多个部委各自发文，若有冲突，反而是给地方政府和投资者出难题。

试点方面，财政部公布了 30 个 PPP 示范项目，总投资规模约 1 800 亿元，涉及供水供暖、污水处理、垃圾处理等多个领域。这些项目中有 22 个是存量项目，8 个是新建项目。

财政部还要求地方要新上 PPP 项目必须向财政部报批，实施文件要向财政部 PPP 中心报备，接受财政部门监管，进行绩效考核。财政部还要设立 PPP 基金用于投资，参与项目退出等。

一位财政部 PPP 中心负责人近日在一次研讨会上指出，从 PPP 的几大属性来说，它都应该属于财政部的职能范围之内。首先 PPP 项目需要政府来规划管理，它是政府的资产，如果需要安排财政支出付费，最后 PPP 也是政府采购。在以上属性中，规划管理、资产管理、预算管理和政府采购，都属于财政部的职能。“真的就是真的，假的就是假的，终归有真理。”他说。

“按说财政部只应负责存量资产、地方债的处理，为增量部分立规矩已超出了它的传统职权，最起码应该是和发展改革委商量着来。”一位 PPP 专家说，“财政部想做的事情远远超出它说的。”

不同所在

在财政部颁布的关于 PPP 的规章和文件中，没有一处提到招投标法。

财政部力推 PPP 做得风生水起时，国家发展改革委内部反腐正如火如荼。2013 年原国家发展改革委副主任刘铁男被调查，随后 2014 年共有 11 名国家发展改革委官员涉案被查。

“发展改革委去年顾不上别的事，所以在 PPP 上比较‘低调’。”一位接近国家发展改革委的人士透露，发展改革委最早只有法规司受人大法工委和国务院法制办的委托，在起草《特许经营法》。由于涉及多个部委包括发展改革委、建设部、财政部、交通部、水利部、环保部等的利益和权力划分，《特许经营法》立法推进极其缓慢，2014 年 5 月发布了征求意见稿第 5 稿，目前已改到第 8 稿，“改一个字，都要争论几小时”。

自从 2014 年年中国家发展改革委法规司一位负责起草法律的处长离职后，《特许经营法》的立法工作一度陷于停滞，目前最新的消息是可能要成立多个部委都参与的工作小组联合起草，由于财政部的主张，法律的名称可能也会向全国人大法工委申请调整。

4 月 21 日，国务院常务会议通过了《基础设施和公用事业特许经营管理办法》，多位专家告诉《南方周末》记者，该管理办法就是《特许经营法（征求意见稿）》的删减版，其删去了争议较大的条文。“管理办法中的那套项目遴选和实施方案的报批、确定、监管这套体系，实际上发展改革委原来就有，只是这次为 PPP 进行了相应的调整。”一位专家说。

到 2014 年下半年，财政部要全面主导 PPP 的意图显现无遗时，发展改革委投资司和体改司才更多参与 PPP 工作中。

从业界对两家发布的 PPP 合同指南的反馈看，多位业内人士认为，财政部的指南“活儿更细”，有 6 万多字，而发展改革委的只有 1 万多字。

刘世坚告诉《南方周末》记者，财政部与世界银行和亚开行素有渊源，在 PPP 制度引进方面做了扎实的工作，“他们出的东西不是外行做出来的。”他说，“但是否跟中国的实践契合，还需要实践检验。”

而国家发展改革委的文件则脱胎于住建部和几十个地方政府的特许经营办法/条例，相关行业监管部委、地方政府和投资者都比较熟悉。

发展改革委把能做 PPP 的项目分为三类：一类是经营性项目，其收入能覆盖成本并盈利，以高速公路为代表；一类是准经营性项目，指有收入但不足以覆盖成本，比如地铁；一类是非经营性项目，比如湿地公园、河套治理等，这类项目的收入很少，收益主要是社会效益。

发展改革委认为，前两类项目适合于搞 PPP 即特许经营，第三类则最好搞政府采购或委托经营。换句话说，在发展改革委眼中，除公益项目外的 PPP 应以特许经营为主。特许经营便适用于发展改革委或住建部、地方政府之前颁布的特许经营条例或办法，按其规定，大多数特许经营项目都要走招投标流程。

而财政部则回避了特许经营，它认为 PPP 是政府采购行为，坚持 PPP 只能适用于政府采购法及相关法规。“在财政部颁布的关于 PPP 的规章和文件中，没有一处提到招投标法。”一位 PPP 专家说。

“我们不太爱用特许经营这个词，它有管理的色彩，实际上 PPP 是政府和市场之间基于合同的关系，长达二三十年的购买服务的合同关系。”上述财政部 PPP 中心人士说。

但据王守清介绍，发展改革委所指的特许经营与财政部所说的 PPP 并无实质区别。事实上特许经营法起草时争论的第一个问题就是该法的名称到底该叫特许经营法，还是 PPP 法，之所以沿袭了特许经营的提法，一是尊重历史，二是因为 PPP 中的第二个“P”本意是私人资本，但在中国把国企央企排除在外不现实，后来财政部对第二个“P”的定义也是模糊的“社会资本”。

王守清不赞同政府采购可以替代特许经营的观点，“财政部老说 PPP 不需要政府授权，但 PPP 是提供具有一定垄断性的公共产品或服务，比如给老百姓供水，当然需要政府的同意和监管，否则出了事谁负责？”

两套规矩

纳入预算管理后，对地方政府有了更强的法律约束，有利于打消社会资本的疑虑。

由于规矩并未明晰，地方政府和 PPP 业者有点无所适从。

按传统，项目的立项报批是发展改革委在管，但现在财政部在高调力推 PPP，又管着钱袋子。“我告诉他们，在目前中央还没有明确 PPP 的审批主管部门时，如果这个项目需要动用财政补贴或转移支付的，必须听财政部的。如果不需要，就听发展改革委的。”王守清说。

但事实上也没那么简单。刘世坚最近碰到一个医院项目，投资人已经准备投资了，发展改革委反馈说建议这个项目搞 PPP，投资人就“懵了”。按过去的模式，民营资本投资医院，财政自然会给补贴，但现在想拿到财政资金的 PPP 项目，必须按照财政部的要求和流程进行报批。

“现在的情况就是，你要想做一套财政系统认可的 PPP，实际上要报财政和发改两条线。”刘世坚说，“两个部门都各自有一套项目识别、准备、报批、确立的流程，各有各的规矩。”

对于地方政府来说，上述部委的各自发力也构成了直接的法规冲突。比如某地要上地铁项目，如果它想申请成为财政部认可的 PPP 项目，得遵从财政部的规定适用于政府采购法，或财政部颁布的竞争性磋商管理办法。但同时，它又不能回避和违背发展改革委的现行法规，即按照特许经营管理条例（或办法）进行招标。

在过去发展改革委主导的特许经营项目中，其管理职能主要体现于划定边界条件，进行项目审批，立项后进行招投标。项目进入建设和运营阶段之后，由相关职能部门管理。

而财政部则强调一种“全生命周期管理”，即从项目发起时政府就要实质性参与，项目实施过程中政府要监管，退出时要兜底。“过去我们设计、建设、运营分别是不同的部门，但通过我们搞全生命周期管理，政府的支出完全是按绩效、质量付费，替代了过去的基本建设支出、人头费、机构费、维修费，使 PPP 的业态发生变化。”财政部 PPP 中心人士说。

在一位 PPP 专家看来，财政部是想为 PPP 重新立一套自己的规矩，“PPP 走招投标还是政府采购，只是形式之争，最重要的是 PPP 的评价体系，即什么项目才能做 PPP。”

发展改革委的评价体系已经通用了很多年，但财政部提出两个新标准——物有所值（VfM）和财政承受能力论证。VfM 是指 PPP 方案必须证明该项目采用 PPP 模式，比政府自己做成本更低，这需要基于大量的历史数据进行的风险定价和外部性价值的计算。

在最新发布的《财政承受能力论证指引》中，财政部规定“每一年度全部 PPP 项目需要从预算中安排的支出责任，占一般公共预算支出比例应当不超过 10%”，在之前的征求意见稿中，这一比例是 5%。刘世坚认为之所以改为 10%是因为 5%偏低，“10%‘一刀切’成为财政系统自定天花板，接下来发展改革委如何应对成为焦点，部门协同依然是大问题”。

根据国务院提出的 2015 年中央和地方预算草案情况看，今年地方一般公共预算支出为 145 988 亿元，这意味着将有 1.46 万亿的 PPP 资金入市。

《财政承受能力论证指引》还规定，通过财政承受能力论证的 PPP 项目，其财政支出责任将纳入预算统筹安排。这被业界视为该指引的一大亮点，PPP 项目推广的主要风险包括政府信用风险，包括地方政府换届、法律法规环境变化、审批延误、项目唯一性风险等。“纳入预算管理后，对地方政府有了更强的法律约束，有利于打消社会资本的疑虑。”信用评级公司中债资信的一份报告说。

（原载《南方周末》，2015 年 5 月 1 日）

PPP 模式为“一带一路”开辟“钱”途

朱海峰

新华社北京 7 月 10 日电（记者朱海峰）资金融通是保障“一带一路”战略顺利实施的核心要素，沿线国家参与“一带一路”基础设施建设需要大量的融资支持。专家表示，资金已成为“一带一路”的一大掣肘和难题，单一的投融资模式难以满足发展需要，政府应该有效运用 PPP 模式创新，尽快打通“一带一路”的融资渠道。

今年 5 月，国务院办公厅转发《关于在公共服务领域推广政府和社会资本合作模式的指导意见》，明确指出，要在能源、交通运输、水利、环境保护、农业、林业、科技等公共服务领域，鼓励采用政府和社会资本合作（PPP）模式。

财政部金融司司长孙晓霞日前在第 12 次文津圆桌闭门研讨会上表示，这份意见在一定程度上就是推广 PPP 模式的全局规划和顶层设计，为激发社会资本活力打开了思路。

中国国际经济交流中心副理事长、商务部前副部长魏建国表示，据亚开行测算从现在到 2020 年，亚洲地区每年基础设施投资需求约 7 300 亿美元。政府可以运用 PPP 模式，鼓励民间社会资本参与“一带一路”建设。“沿线 60 多个国家和地区，涵盖 93 个港口和城市，涉及上千个重点项目，其中基础设施项目至少就有三四百个，现有的融资渠道远远不能满足需要，因此亟需引入大量的民间社会资本，PPP 公私合营模式在这方面将大有可为。”魏建国说。

清华大学建设管理系教授、中国 PPP 法起草小组成员王守清说，“一带一路”沿线国家基础设施相对落后，因此，必然涉及大量的基建项目，需要在多个不同主体之间签署合作协议，构建立体式的 PPP 模式，如中国政府和项目国政府之间、亚投行、特殊目的实体（SPV）和项目国政府之间、中国企业和项目国政府之间、中国企业、SPV 和项目国企业之间等。推广 PPP 模式一个重要目标就是要帮助中国企业特别是央企走出去，通过在国内的规范运作，积累投资经验，提高企业国际竞争力。

据了解，PPP 模式在“一带一路”建设中已有实际应用，中巴经济走廊中的卡洛特水电站就是其中一例。今年 4 月，丝路基金、三峡集团与巴基斯坦私营电力和基础设施委员会在伊斯兰堡共同签署了《关于联合开发巴基斯坦水电项目的谅解合作备忘录》。根据协议，丝路基金将投资入股由三峡集团控股的三峡南亚公司，为巴基斯坦清洁能源开发、吉拉姆河卡洛特水电项目提供资金支持。投资各方将通过新开发和并购等方式，完成项目开发目标。巴基斯坦私营电力和基础设施委员会将为丝路基金和三峡集团在巴基斯坦的能源项目投资提供便利。

“卡洛特水电站项目就是一种可持续的 PPP 模式，我们在推进‘一带一路’建设时，应该通过类似的 PPP 模式创新，充分调动社会资本参与基础设施投资的积极性。”中国人民大学重阳金融研究院执行院长王文说，“下一步要尽快塑造 PPP 模式的‘样板间’，通过亚投行等一些多方合作平台，在国际规则和市场规则的框架内，让更多的国家和企业投入 PPP 合作中来。”

PPP 落地难问题待解

周伊雪

破解 PPP 项目落地难，让政府和社会资本方实现合作共赢，是备受关注的话题。

2015 年，被许多业内人士称为 PPP（Public-Private-Partnership ，即政府和社会

资本合作）元年。素有改革魄力的广东正交出答卷。

8 月 20 日，省政府召开了推广运用 PPP 模式项目推介会。会上共发布了 122 个 PPP 推介项目，投资总额为 2 814 亿元。当天，共有 10 个项目达成合作协议并现场签约，签约投资额达 242 亿元。

省委常委、常务副省长徐少华在会上表示，PPP 模式可以实现政府、社会和企业的多方共赢，希望企业敢当“第一个吃螃蟹的人”，积极参与投资。

一个“吃螃蟹”道出了新事物推广的不易。从全国来看，虽然在政府的大力推介下，PPP 模式正在为越来越多的企业所了解，但真正的签约率仍不高。据国家发展改革委 4 月底发布的数据显示，各地签约率大致在 10%～20%。

如何破解 PPP 项目落地难，让政府和社会资本方实现合作共赢，是亟待讨论的话题。

好项目，不愁没人关注

2014 年以来，国务院、财政部、发展改革委接连发文倡导 PPP 模式。在地方政府资金紧张的背景下，PPP 以其在引入社会资本、缓解财政负担、促进政府治理模式改革中可能发挥的作用而受到社会各界关注。

政策暖风频吹，地方政府也频频上马 PPP 项目。5 月，国家发展改革委在其官方网站上发布了 1 043 个 PPP 项目，投资总额近两万亿元。

项目如此之多，社会资本反应如何？国家发展改革委投资司副司长罗国三曾对媒体表示，各地签约率基本不到两成。“一些地方政府盲目推项目，也不论证是否合适用 PPP 模式来做。”清华大学土木水利学院建设管理系教授、PPP 领域著名专家王守清说。

PPP 呼唤好项目。在王守清看来，好项目应兼具经济效益和社会效益，“对投资者来说，如果回报不足以支撑投资，那这个项目就不好”。

佛山市南海区财政局的一份报告中提到了同样的问题：PPP 模式下，政府关注财政及公共需求，社会资本则关注回报和资本效率。

事实上，这两者之间并非绝不相融。比如，高速公路、桥梁等用户付费的经营性项目，或污水处理、垃圾处理等可由用户付费加政府补贴运营的准经营性项目，都能够包装成具有经济效益的 PPP 项目，吸引社会资本的参与。

然而，现实问题却是不少地方政府对 PPP 的运作模式和理念知之甚少，推出的项目缺乏可行性论证。“政府以为只要把公共工程清单向社会公布，社会资本就会蜂拥而至。事实上，很多 PPP 项目并没有设身处地为社会资本着想。”中山大学岭南学院财政税务系主任林江认为，政府应学会包装。比如，可以把营利性项目和公益性项目打包成一个 PPP 项目，吸引社会资本投资。

汕头市污水处理厂项目就是个典型案例。该项目采用“多个子项目捆绑，厂网一体，同步招商”的模式，“厂”保证了营利性，企业可从政府征收的污水处理费中获利，“网”则体现了公益性，政府给予一定补贴，“厂网一体”大大增强了项目的吸引力，项目一经发布就有 13 家社会资本表达投资意向。

除了要在项目设计上让社会资本看到“有利可图”，地方政府在推出 PPP 项目之前，还必须按照财政部的要求，对项目进行“物有所值”评估。王守清打了一个比方，以高速公路建设为例，如果交给企业建设，比政府用传统模式建设成本更低、质量更好，就叫物有所值。

“国家推行 PPP，一方面是缓解地方政府资金压力，另一方面也是借此提高公共基础设施建设的效率。现在很多 PPP 项目都没有进行物有所值评估，这与提高效率的目标是相悖的。”王守清说。因此，一个好的 PPP 项目在推向社会之前，必须要经过充分论证，既要满足物有所值评估，还需考虑到项目未来的运营收入或政府支付的补贴是否能够吸引社会资本投资。

“如果是好项目，根本不愁没有社会资本找上门。”王守清说。

风险共担，权责明确

王守清把 PPP 项目中的政府和企业比作两个准备结婚的人，结婚之前，双方各有各的顾虑。

企业方的顾虑是，PPP 项目动辄一二十年，万一政府不守信用怎么办？对企业来说，政府的换届风险、兑现风险、随意性风险都是双方长期合作的潜在威胁。而政府方的顾虑是，企业的建设和运营能力是否能保证？毕竟，公共服务产品直接面向公众，政府要对此负责任。

要打消双方顾虑，就必须在合作机制中明确双方权责，实现风险共担，并遵守契约精神，信守合同。

在 8 月 20 日的 PPP 项目推介会上，徐少华特别提到，推广 PPP 项目，需坚持重诺履约，完善合同管理，保障政府和社会资本法律地位平等、权利义务对等。此外，他还强调，在 PPP 合作中，要厘清政府与市场的边界，明确风险承担对象。

在实践中，PPP 项目合同往往长达十多年，其间可能出现各种事先难以预料的情况或风险。王守清对此认为，为应对合同期内的突发状况，在最初的合同设计中，必须设立重新谈判触发机制，才能保证项目参与双方的公平。

作为广东参与 PPP 项目的社会资本“大户”，广业集团目前已投资污水处理、垃圾处理和城市道路建设等 70 个 PPP 项目，合计投资超 100 亿元。广业集团董事长何一平在总结经验时谈到，为保证项目成功运行，政府和社会资本方需有契约精神，并信守合同。他表示，合同应做到规范、清晰、可操作性强，才能明确双方权责。

王守清持同样的观点，他认为，从提高效率角度出发，在合同中还必须明确项目的产出要求，并且最终给企业的回报要与项目绩效相关联，政府切忌给企业担保最低回报。“一旦有最低回报，企业几乎不承担风险，没动力去提高效率和改进服务。”王守清说。

仍需走出融资难困境

PPP 项目落地难，还在于融资难。

“PPP 项目持续时间长、风险较高，因此很难获得商业银行的贷款。”林江表示。

与传统的以实物做抵押获取贷款的方式不同，PPP 模式多采用项目融资方式，即以项目未来产生的现金流收益权做抵押获得贷款，商业银行对这一融资模式并不熟悉。

PPP 项目迫切需要走出融资难的困境。省财政厅鼓励各级政府依据自身财力状况，设立 PPP 融资支持基金，对 PPP 项目给予适当补贴，对项目融资适当给予贴息。同时，还鼓励金融机构针对 PPP 模式特点，创新金融产品和服务，对 PPP 项目给予中长期信贷等融资支持。

“可以采用银团贷款、发项目债券、资产证券化、融资租赁等方式，为 PPP 项目融资。”王守清说。

据了解，目前，江苏、安徽、山东等省份均已成立百亿甚至千亿元规模的 PPP 融资支持基金，以推进项目落地。江门市在推广 PPP 模式中走在了前面，其也在考虑由省、市共同设立 PPP 融资引导基金，为江门大道等项目提供资金支持。

林江认为，广东铁路发展基金的模式，作为一种创新融资模式，值得思考与借鉴。

根据《广东省铁路发展基金设立方案》，该基金主要用于广东省铁路项目的省本级资本金出资，首期募集400亿元，其中省财政投资100亿元，余下300亿元向社会募集。方案显示，社会投资人可根据约定获得稳定合理的投资回报，在基金当期可分配收益不足支付时，由省铁投集团予以补足。

“该方案还明确了退出机制，社会投资人出资到位一年之后可转让股权。明股实债的方式降低了社会资本的投资风险，在探索资金退出机制方面，也是突破。”林江说。

（原载《南方》，2015年7月10日）

PPP争夺连续剧

杜涛

2016年的1月，北京依然感受着冬天的寒冷尾巴。

刚刚结束地方挂职的国家发展改革委政策法规司张副司长来到了北四环外的清华大学，来这里拜访王守清教授。

王守清是清华大学建设管理系暨清华大学国际工程项目管理研究院教授，著名的PPP学者，也是发展改革委2014年第一次启动特许经营法的专家组成员之一。

在清华大学中，张治峰开门见山地问王守清，《基础设施和公用事业特许经营法（征求意见稿）》出来这么长时间，从学术的角度，他认为有什么问题。当时的王守清给张治峰罗列了很多问题，在王守清看来都是很重要的。

这一步也许在整个《基础设施和公用事业特许经营法》（以下简称“《特许经营法》”）立法的过程中微不足道，但是这是停滞了一年半的特许经营法重新启动的开始。

2016年3月30日下午，发展改革委召开了《特许经营法》立法工作专家小组第一次会议。

在这次会议中，将特许经营法多面临的问题全部罗列、梳理，几大块问题，比如属性的问题，流程的问题，包括主管的问题，包括法律协调的问题，就所有这些问题基本上都梳理了。

在此前一天，国务院关于落实《政府工作报告》重点工作部门分工的意见完善政府和社会资本合作模式，用好1 800亿元引导基金，依法严格履行合同，充分激发社会资本参与热情。（发展改革委、财政部等按职责分工负责。）

争论并没有结果，众多参与者希望的PPP顶层设计也还没有定论。这场主导权的争夺将会持续下去。

据笔者了解，现在地方政府中，PPP 除去陕西、深圳等有限的几个地方归发展改革委主导，大部分都是归口到了当地的财政部门。

《特许经营法》重启

2016 年年初，而此时的张治峰刚刚结束在外地的挂职不久，回到发展改革委的政策法规司，分管特许经营立法工作。

在 3 月 28 日的一次论坛中，张治峰表示，经国务院同意，国家发展改革委牵头成立了 11 个国务院部委参加的立法工作领导小组，财政部、国务院法制办为副组长单位，国土资源部、环境保护部、住房城乡建设部、交通运输部、水利部、国资委、人民银行、银监会等 8 个成员单位参加，并于前不久召开了领导小组会议。

2016 年 3 月 11 日上午，国家发展改革委副主任副组长林念修副主任主持召开《特许经营法》立法工作领导小组第一次会议，通报立法工作进展，审议立法工作方案，部署加快推进特许经营立法进程有关工作。财政部、国务院法制办、住房城乡建设部、国土资源部、水利部、国资委等 11 个领导小组成员单位负责同志、办公室成员和联络员参加会议。

这也就意味着，2014 年下半年停止的《特许经营法》立法工作又将重启。

据笔者了解，在这次立法中，发展改革委将许多问题具体化，并且进行分工研究。比如特许经营使用的领域以及适用条件、调整范围，并且将继续梳理正面清单。另外还有对现行的土地政策进行讨论，以让其与特许经营项目需求相适应。还对特许经营项目政企双方主体范围进行研究。

比上次更重要的是这次对特许经营项目的股权交易、市场退出机制、项目融资资产证券化及金融机构介入都进行了研究。

发展改革委表示，这次特许经营法，争取在 9 月底前形成送审稿，按照立法程序上报国务院。

这次启动距离上次停滞，将近一年半时间过去了。

2013 年 10 月，全国人大就将《特许经营法》正式列入立法计划，之后国务院法制办就把这个事就交给了发展改革委，发展改革委就交给了政策法规司，2014 年 2 月正式启动。

当时主管这项工作的是现任发展改革委政策法规司司长李亢，时任政策法规司副司长。当时为《特许经营法》立法组成了一个专家组，分别是当时政策法规司的一名处长李茂年及王守清等几人。

国务院法制办是希望发展改革委在 2014 年年底就交初稿，

在初稿出来的时候很快，在 2014 年 2 月启动，3 月底初稿就已经出来，当时的初稿参考了北京市的特许经营条例、建设部的一些规章制度、上海的一些特许经营办法等。

发展改革委为此专门去深圳、上海先后进行了调研工作。并且在发展改革委内部系统征求意见至少两轮，所有职能部门都走过，就是发展改革委内部各个司局发展改革委内部全部征求过意见。有时候甚至因为特许经营法上的一个词争论一个小时。

这样持续到 5 月份发布了对外公开的第一稿。也就是特许经营法征求意见稿。在当时许多人以为财政部会有很多甚至很大的意见，但是出乎所有人的意料，当时财政部没有什么意见，提了几条比较官面的意见。

笔者从知情人士获悉，对于《特许经营法》，财政部的确没有提出很多的意见，在财政部看来，《特许经营法》与 PPP 法，并不是一回事，不可能画等号。

到了 2014 年的 9 月，风云突变，李茂年的离开，特许经营法的立法工作突然停了下来。乃至后来出台了特许经营管理办法，

也就是国务院转发六部委的《基础设施和公用事业特许经营管理办法》（以下简称“《管理办法》”）。在一位参与了《特许经营法》立法的专家看来，《管理办法》就是《特许经营法》的简化版与缩编版。

相比《特许经营法（征求意见稿）》，《管理办法》删掉了两样内容，一个是跟过去的现有的法律有冲突的地方给删掉了，另一个是不同部委（因为有六个部委）之间有不同观点的地方删掉了，也就是六个部委没有共识的条文给删掉了，比如原来特许经营法说明，发展改革委主导，其他部委协同，这个删掉了。

同时，国外机构在中国推动 PPP 的脚步却没有停止，亚洲开发银行委托大岳咨询总经理金永祥在这段空白期，研究特许经营立法的问题。金永祥介绍，在这段时间，金永祥他们研究了 PPP 在各个行业的成败得失，认为做得比较好的是污水处理行业，市场竞争充分，做得最不好的是公共交通行业，运作得不规范，造成了大量的问题。

“还研究了特许经营法与现在的法律冲突问题，价格问题，土地问题。”金永祥告诉记者。

《特许经营法》的偃旗息鼓，以及后来财政部推动的政府与社会资本合作法的开展，导致了 PPP 归谁主导的问题越来越大，在南方某经济大省，该省即将成立的 PPP

中心，当地发改部门和财政部门都希望将其落在自己部门。

部门之争

也许楼继伟在提出推动 PPP 的时候，也没有想到两个部委的焦灼状态。。

在 2013 年年底的财政工作会议中，楼继伟单独开了一个 PPP 的专场后，财政部推动 PPP 的进程就已经加快。

2014 年财政部已经成立了政府和社会资本合作（PPP）工作领导小组，由一位副部长担任组长，办公室设在财政部金融司。并且在金融司成立了金融五处，也就是 PPP 处。

同时在财政部的中国清洁发展机制基金管理中心加挂政府与社会资本合作中心的牌子，为财政部金融司推动 PPP 提供智力支持。

在 2014 年下半年，财政部、发展改革委骤然加速，加快了对于 PPP 的政策法规的出台进度。

2014 年 12 月 4 日，财政部发布了《关于政府和社会资本合作示范项目实施有关问题的通知》（下称"《通知》"）和《政府和社会资本合作模式操作指南（试行）》（下称"《操作指南》"）。《通知》公布了财政部第一批 30 个 PPP 示范项目，《操作指南》从项目识别、准备、采购、执行、移交等方面规范了操作流程。

就在同一天，国家发展改革委在官网也公布了《关于开展政府和社会资本合作的指导意见》以及《政府和社会资本合作项目通用合同指南》（2014 版），并要求各地发展改革委 2015 年 1 月起按月报送 PPP 项目，建立发展改革委的 PPP 项目库。

2015 年 1 月 20 日，国家发展改革委公布《管理办法》公开征求意见的公告。同一天，财政部也公布了《关于规范政府和社会资本合作合同管理工作的通知》，并发布《PPP 项目合同指南》。

2015 年年底，财政部的《政府和社会资本合作法（征求意见稿）》（下称"《征求意见稿》"）征求意见结束。与发展改革委原来的《特许经营法》相同，首先就是财政部门牵头主导 PPP 工作，外界据此认为，财政部赢得 PPP 主导权。

在 2016 年的年初，发展改革委支持下，清华大学、香港城市大学和欧洲经委会签署 UNECE PPP 中国中心的共建合作协议，三方将利用 PPP 中国中心这一综合性、全球化的合作平台，携手推动 PPP 的多维度研究，同时促进 PPP 模式在中国的应用。

国家发展改革委宏观院投资体制政策研究室主任吴亚平解释称，PPP 实施方案涉及经济、产业、技术、财政、金融和项目管理等多个专业，是项目各项工作的指南和依据，而作为投资主管部门的发展改革部门已经建立了一套完善的政府投资项目决策审批机制，包括机构和人员配置。如果财政部门再建一套 PPP 项目决策审批机制，资源重复配置的浪费问题不可避免。

业内人士判断，从开始的财政部推广 PPP，发展改革委推动特许经营，到现在来看，都只是名字上的不同了，在内容和看法上越来越趋近。

但是 PPP 与特许经营是一回事吗？

PPP 等于特许经营？

中国财政科学研究院院长刘尚希认为作为治理方式和资源配置方式，政府特许经营与 PPP 模式存在理念上的本质不同。特许经营可分为政府特许经营（基础设施/公用事业特许经营）与商业特许经营。商业特许经营在我国起步较早且发展相对成熟，相关法律主体之间基于平等的法律主体地位和民商事合同而协同合作。政府特许经营起步较晚，且主要是指公共基础设施和公用事业领域的特许经营。

“政府特许经营是政府管理中重要的工具。政府特许经营通过行政授权，允许社会资本进入公共基础设施和公用事业领域。政府痛过行政合同特许社会资本经营，侧重政府管理，与传统计划经济的‘正面清单’思维相吻合。”刘尚希认为。

发展改革委在 2014 年进行特许经营法的时候，采取的就是正面清单的模式。当时发展改革委在特许经营法征求意见稿中列出了很长的正面清单，这份正面清单提到，特许经营适用的行业包含煤炭、石油、天然气、电力、新能源、铁路、公路、水运、电信、通信、网络、信息、农田、水利、水域流域、生态环境治理、土地整治、矿山修复、供水供气供热、垃圾处理、电动汽车充电桩、城市园林、公用事业和工业园区等。

在张治峰看来，特许经营立法的目的，是为社会资本以协议方式参与基础设施和公用事业开发、建设、运营提供法律保障，充分发挥其融资、创新、技术和管理优势，改进公共产品或公共服务的质量效率。

特许经营之“特”：从主体上看，在于作为协议一方当事人的政府，不仅要履行协议约定义务，还要履行法定职责；从对象上看，在于其客体并非一般商品，而是公共产品或公共服务，在项目确定、回报机制、绩效监管等方面都需要特殊考量和制度设计；从内容上看，在于不仅要对当事人之间权利和义务进行清晰划分，更要强调政企双方之间长期持续的合作安排。特许经营之“许”， 就是同意或允诺，其特别之处在于选择社会资本合作方不能完全遵从意思自治和合同自由原则，而要通过招标等竞争方式，确保公正性和透明度。尽管如此，上述种种特殊性并没有改变特许经营属于一种契约安排的本质属性，不意味着延续政府主导的思维定式，也不意味着重新划定特定领域以许可社会资本进入，更不意味着新增设一道许可程序。

一位财税人士认为，发展改革委负责的是规划、价格、审批。审批是项目的前段，价格是一个规则的制定，一个只是项目前端的问题，一个是规则问题，并不能贯串于整个 PPP 项目本身。特别是发展改革委这么多年投资，应该拥有很多投资项目的数据，特别是审批项目的数据。但是却一直没有，不然的话，现在的物有所值指引可以依据这些数据做得更好。

但是财政部、发展改革委对 PPP 工作的“推动”，并没有停止。

在 2016 年的 3 月 30 日，发展改革委网站表示，国家发展改革委组织召开《特许经营法》立法工作领导小组第一次会议，部署加快推进特许经营立法。

就在当天稍微晚些，财政部网站中表示，加快推进 PPP 立法，做好与特许经营条例立法的衔接，明确政府和社会资本的权责利分配，保障社会资本合法权益，创造良好的法律环境。

上述的财税人士则表达了不同的看法，他向记者表示，现在发展改革委从开始认为 PPP 就是特许经营，到现在认识到 PPP 是特许经营的重要模式。其实发展改革委做特许经营，财政部做 PPP 就是了，现在提出市场在资源配置中起到决定性的作用。特许经营并不适合。

“财政共有四块业务，预算、税政、会计、资产。现在财政部部长楼继伟重视预算和税政，本身会计管理已经很强。对于资产管理这一块一直都是财政的弱项。但是在政府资产或者说公有资产中，其实是 PPP 最能显示作用的。

在 2016 年预算报告中，楼继伟也将 PPP 作为 2015 年积极财政政策的重要一环来体现，2015 年，大力推动广政府与社会资本合作模式，通过特许经营、投资补助、运营补贴等方式，拉动民间资本进入公共服务领域。

从楼继伟的讲话中似乎可以看出特许经营是 PPP 的一种重要模式，但是不是 PPP 的全部。

这部 PPP 的连续剧如同一位业内人士的猜测一样，或许到了最后，上帝的归上帝，撒旦的归撒旦，PPP 归了财政部，特许经营入了发展改革委。

（原载公众号“财税大观”，2016 年 4 月 2 日）

十万亿 PPP，为何成了国企的盛宴？

张霞　陈远林　吴小飞

中央力推 PPP 的本意是鼓励社会资本尤其是民间资本进入基础设施和社会公共事业领域，但现实中，央企国企已然成为此轮 PPP 热潮中的主角。

“如果把项目交给民企去做，可能会有输送利益的问题，但是央企国企没有这个问题。钱都是政府的，无非是从左口袋到右口袋。”

想要吸引民资进入，但闯进来的却是央企国企。这是中国自两年前开始大力推广 PPP 模式之后出现的怪现状。

PPP 模式（政府和社会资本合作），即政府和社会资本合作共同提供基础设施及公共服务。从 2014 年 10 月国务院下发“43 号文”，结束了地方政府传统的融资平台和融资模式之后，与社会资本合作（PPP）则成为地方政府提供公共产品和服务的主要方式。

截至 5 月 31 日，财政部 PPP 中心平台项目库中共有 8 644 个 PPP 项目，总投资额高达 9.88 万亿。比 3 月末增加 923 个项目；投资额增加 1.1 万亿，增幅为 12.6%。

PPP 项目看上去是在巨量增长，但落地率却并不高，截至 5 月 12 日，进入执行库（处于采购、执行和移交阶段）项目 865 个，仅占 10.8%。

除了落地率低，民企参与度也低。据民生证券研究院院长管清友统计，截至 2016 年 3 月末，全国 PPP 中心项目库中已签约项目 369 个，其中国企签约为 199 个，民企 170 个，从数量上看，民企参与的 PPP 项目略少于国企，但差距不大。不过，从签约项目总金额上看，国企签约的 PPP 项目金额达到 3 819.48 亿，是民企的近 3 倍。

中央力推 PPP 的本义是，鼓励社会资本尤其是民间资本进入基础设施和社会公共事业领域，但现实中，央企国企已然成为此轮 PPP 热潮中的主角。面对万亿 PPP 市场，民资为什么难以进入？

民资站在门外

近两年，济邦咨询执行董事、副总经理李竞一为各地的 PPP 项目做咨询工作时发现，央企国企参与的项目越来越多，民企越来越少。

“我们现在做了一个项目，前期通过资格预审的是15家企业，其中，央企国企加起来就13家，只有2家民企，还是上市公司。”李竞一告诉《南方周末》记者。

其实，社会资本与地方政府合作自20世纪80、90年代就开始了。一批港澳台商进入了中国高速公路建设领域。

20世纪90年代之后，外商开始进来，当时比较知名的项目有广西来宾B电厂、成都第六自来水厂等项目；2000年之后，民企开始进入BOT（建设—运营—移交）、BT（建设—移交）等项目中，这一时期，民资、央企国企、外资都是市场上的玩家。

但从2008年推出“四万亿”政策到2013年，地方政府“不差钱”了，PPP模式受了“冷遇”。这个阶段民企也逐渐洗牌，一些小企业不断被央企国企并购。

到2014年下半年，PPP重回中央和地方政府的视线时，PPP的社会资本方主角已经变成了央企国企，民企参与度非常低，而外资更低。

管清友统计的数据显示，截至今年3月末，民企投资的PPP项目更多集中在3亿以下的小项目，多为养老、生态环保、文化等投资规模相对较小，且易产生现金流的领域；而国企偏好3亿以上的大项目，更多集中于交通运输、市政工程等。后者的PPP项目签约金额是民企的近3倍。

一位西部省份的PPP中心主任告诉《南方周末》记者，“财政部前两批的示范项目，我们落地的8个项目，只有一个是民企参与，其他全是央企和国企。”

今年5月下旬，国务院派出9个督察组分赴河北、山西、辽宁等18个省（区、市）调研。财政部副部长刘昆事后介绍，有企业家反映，各地优质的PPP项目基本都被国企垄断，民企要投入PPP项目的难度比较大，取得好项目更是难上加难。

以工程建设起家的民营上市公司龙元建设，在PPP领域的主要竞争对手都是国企央企。龙元建设副董事长、总经理赖朝晖告诉《南方周末》记者，虽然他们目前已经签约了11个PPP项目，但投资总量仅140亿，而央企和国企，“一个项目可能就动辄几十亿上百亿”。

“从2007年到目前，我们项目已经有186个，合同总额7680亿元，累计已经完成3 000亿元。其中，80%都是进行PPP模式的操作。”中国交通建设集团（下文称“中交建”）总裁助理、投资事业部总经理赵喜安6月22日在青岛的中国PPP论坛上说。

央企和国企家大业大，更受地方政府的欢迎，经常跟地方政府打交道的瑞致咨询总经理崔宏伟对《南方周末》记者回忆，他曾经听一个市领导跟央企进行内部磋商时说，“我们都是一家人，什么事情都好商量。”

对于民资和外资来说，央企和国企是他们难以跨过的竞争对手。苏伊士亚洲执行副总裁孙明华在上述青岛 PPP 的会议上发言时举例说，一家以前做钢铁的国企，收购一家水务公司，以前做钢铁时亏损，现在收益只要持平就是赚，“所以，跟国企根本没法竞争。”她说，“一个以国企为主，没有外资和民企参加的 PPP 不会是一个完美的 PPP。”

她的发言在七百多人的会场上得到了最热烈的反响。

“麻秆打狼两头怕”

接受南方周末记者采访的多位专家和业内人士认为，民企之所以难以进入 PPP 项目，最重要的一个原因在于地方政府歧视民资。

即便作为上市公司，赖朝晖在竞标 PPP 项目时，也经常感受到来自地方政府的各种歧视。他曾经看到过一个地方政府的 PPP 项目，总投资额才 12 亿，但是在招标文件中要求企业至少要有 120 亿净资产，“看上去是公开招标，但是有几个民企净资产超过 120 亿？这摆明就是要央企国企嘛。”

地方政府歧视民企的一个原因是避嫌。PPP 领域专家、清华大学建设管理系教授王守清告诉《南方周末》记者，由于中央大举反腐，地方政府怕把项目交给民企“最后会惹麻烦”。李竞一也对南方周末记者分析，如果把项目交给民企去做，可能会有输送利益的问题，“但是央企国企没有这个问题。钱都是政府的，无非是从左口袋到右口袋。”

现实中，一个 PPP 项目究竟能否落地，往往取决于当地政府一把手。在一线做项目咨询的瑞致咨询总经理崔宏伟经常听到这样的说法，“这个项目（作为 PPP）报上去了，但我们领导还没决定做不做 PPP”，或者“我们领导出事了，这个项目就搁置了，现在我们也不知道怎么办”。另一个原因则是 PPP 项目动辄需要 10 ~ 20 年的长周期，对于地方政府来说，国企央企的抗风险能力更强，即使中途发现不赚钱，也不会“撂挑子”，而民企的风险承担能力相对较弱。

而对民企来说，跟地方政府合作也会有所顾虑，他们担心的是地方政府的信用风险。“民企投资前是大爷，投资后就是孙子啦。短期投资无所谓，长期投资涉及好几届政府，如果政府违约，民营企业跑进去就跑不出来了。”王守清说。

长期以来，地方政府的信用并未得到市场的肯定。王守清做了一项研究，在过去的两年间，一共发生了 38 个重大再谈判项目，大部分是企业发起。而再谈判的原因，最多的是市场需求风险，占到了36%；其次是政府信用问题，占到34%；然后是政府过度担保，占23%。

常年与政府合作PPP项目的孙明华，在6月22日的青岛PPP论坛上说，“曾经我们做的一个东北的BOT水厂项目，地方政府违约，最后走了国际仲裁，并判我们胜诉，地方政府要还我们2 500万元人民币。我们每年都要请他们吃饭，求他们还钱。5年后才还完了2 500万。”

“这就是现在真正的心态，‘麻秆打狼两头怕’，政府也怕，民资也怕。”崔宏伟对《南方周末》记者说。

赖朝晖告诉《南方周末》记者，如果公平竞争，他并不惧怕，但是他最担心的是，“我们再怎么努力，还不如领导一个电话。”

地方政府的“小九九”

比起地方政府的信用风险，民资更担心PPP项目的规范性风险。

虽然在过去的两年，地方政府普遍都接受了各种PPP培训，但是仍旧不乏一些政府对PPP并不是真正理解，或者理解了，也不愿意做真正的PPP模式。

PPP项目还款机制一般分为三种，对于经营性的项目，如收费高速公路、供水供热等项目，是使用者付费，有长期稳定的现金流，但这部分项目一般已经通过BOT方式做完了。

另外两种是准经营性项目和公益类项目，目前推出的多数项目为这两种，即政府补贴与使用者付费相结合或完全由政府补贴的方式，这类项目的利润空间比较小，需要政府出资或部分出资。

“这是落地难的一个原因，这类项目本身不太受市场欢迎。”君合律师事务所律师刘世坚对《南方周末》记者说。

2014年至今，财政部要求地方政府上报了两轮的PPP项目，目前正在征集第三轮。据王守清介绍，前两轮申报的项目中，充斥了各种包装成PPP的BT项目，而地方政府在不了解PPP的情况下，选择先占个坑，“有枣没枣先打一竿子”。

上述西部省份的PPP中心主任告诉《南方周末》记者，该省第三轮接到上报的PPP项目有两百多个，很多县市政府其实就是为了占个坑，有些地方都不想报了，“因为一旦报了，可能就要求他们必须得做。”

不想做的原因，当然是缺钱，“大部分也是报上去就报上去了，根本就没打算真正做，地方政府没钱，就在等政策呗，等着跟国家财政要钱。”该 PPP 中心主任说。

但既然上报项目占了坑，就必须得填坑。自从去年 10 月成立 PPP 咨询公司后，崔宏伟多次遇到来找他重新包装项目的地方政府人士，有一次某市政府的客户对他说，“我们领导很急，这个项目和社会资本方已经达成了合作框架协议，已经报上去要做 PPP，所以要重新包装一下，只要补上几个报告，保证审核的时候能够通过就行。”

这种事情并非个案。崔宏伟说，一开始好多地方政府根本没有意识到 PPP 是很规范的一件事，觉得可以先报项目上去，再暗度陈仓，后来发现不对劲，担心程序不合规通不过审核，有的地方政府就找上门来，要求从当时申报的时间起点开始，“倒回去把各种手续给他们做全，”崔宏伟说，“这样的情况，会留下巨大的窟窿，将来一旦产生法律纠纷，国家社会的损失会非常大。”

《南方周末》记者采访的多位 PPP 业内人士都感觉，近年来地方政府对企业的态度，变得更强势了。

曾经多年在央企做工程建设的中扶普惠投资董事长滕讯飞记得，六七年前，地方政府招商引资都是求着企业。那时候地方政府需要修路、修污水处理厂，但财政支出很多，负债率又高，为了把面子上的工程做起来，一种方法是找央企，二是找房地产企业，允许企业低价拿地的同时负责修路。“那时候都是地方政府主动上门找企业。”他说。

但现在，“央企想见一个市长都要通过各种关系，地方政府总会说不缺钱。”滕讯飞现在大部分工作是给地方政府做产业基金，前不久他刚跟沿海某市领导吃饭，领导一上来就说，“我们不缺钱，农发行给我们 400 亿的支持，才 1.7%的年利率。”

实际上，很多金融机构如国开行的贷款是完成对政府的信用评级、项目真正落地后才会真正放贷。等到项目真正实施之后，PPP 项目一般是由建设方和资本方主导，地方政府官员无权左右，将来的运营期地方政府官员也没有话语权。

还有的地方政府在财税改革启动后，开始算账到底要不要做 PPP 项目。

一位地级市财政局官员曾经对滕讯飞私下埋怨，在营改增之后，地方上不是很喜欢做 PPP 了。原因是，原来工程建设中的营业税改成了增值税，税率从 3.41%变成 11%，这部分计入成本后，将来埋单的还是地方政府。

地方政府算的另一笔账，是中央划定的 10%的 PPP 财政支出“红线”。湖北襄阳老河口市委书记伍军在青岛的 PPP 论坛上说，“我们中西部绝大多数的县级市，每年财政总收入规模大约在 30 亿 ~ 150 亿。如果是 10%，就是 3 亿 ~ 15 亿，如果我们以 10 倍的杠杆率，也就是说类似老河口这样的城市，每年 PPP 项目的投资总规模，应该在 10 亿 ~ 150 亿。”

如果是这样的规模，“可能做三四个项目，10%的红线就达到了。”李竞一说。

（原载《南方周末》，2016 年 7 月 2 日）

PPP 大跃进

王晓霞　吴红毓然

在中央政府的强力推动下，PPP 快速发展，但物有所值评价和财政可承受力评估流于形式，PPP 正成为地方政府的新融资渠道

经济下行压力不减，稳增长离不开公共部门的投资。在新预算法对地方举债做出明确限制、“开明渠堵暗道”的背景下，中国的政府与社会资本合作（PPP）快速推进。

10 月中旬，财政部再度发文提出，在中央财政给予支持的公共服务领域，探索开展两个“强制”试点：①在垃圾处理、污水处理等公共服务领域，项目一般有现金流，市场化程度较高，PPP 模式运用较为广泛，操作相对成熟，各地新建项目要“强制”应用 PPP 模式，中央财政将逐步减少并取消专项建设资金补助；②在其他中央财政给予支持的公共服务领域，对于有现金流、具备运营条件的项目，要“强制”实施 PPP 模式识别论证，鼓励尝试运用 PPP 模式，注重项目运营，提高公共服务质量。

文件一出，即有业界人士对如此大力度推动 PPP 表示震惊。此前，业内已有看法认为，PPP 的推进速度过快。

根据财政部全国 PPP 综合信息平台统计，截至 9 月末，PPP 入库项目数为 10 471 个，总投资额 12.46 万亿元。按照财政部划分的识别、准备、采购、执行、移交五个阶段，截至 9 月末，进入识别、准备、采购阶段的 PPP 项目依次分别为 6 831 个、1 885 个、809 个，进入执行阶段的项目数为 946 个，比 1 月末增加了 648 个。PPP 正在急速膨胀。PPP 概念股在 9 月初“一飞冲天”，领涨大盘指数。

“几乎业内对 PPP 有了解的人，都觉得速度快。” 清华大学国际工程项目管理研究院副院长、PPP 研究中心首席专家王守清对财新记者表示。

“萝卜快了不洗泥。”相对于速度，更多的担忧在于 PPP 项目的实施效果。多位 PPP 业内人士对财新记者表示，前期准备时间短，PPP 最关键的物有所值评价、财政可承受能力论证流于形式，两三年后很可能会出现问题，比如提供的产品是否能符合要求、政府是否还有能力支付或提供补贴。

在稳增长和规范地方政府举债的双重压力下，不少地方政府的“钱袋子”捉襟见肘，PPP 被视为新的融资方式，这有悖于推广 PPP 的初衷，其带来的隐性负债风险更是不容小觑。

虽然相关部门逐渐意识到这一风险，近期财政部紧急摸底地方债，地方财政支出责任中涵盖了 PPP 项目、政府购买服务等新型工具，但未来是否能有效遏制这一势头仍未可知。

如何在稳增长、控制地方政府性债务规模、实现 PPP 模式的价值三者之间找到平衡点，考验中央、地方政府及主管部门的智慧。

超高速发展

近两年在中国引发热潮的 PPP 模式，在全球也被广泛采用，不同的是，中国的推广速度、覆盖规模要远超于其他国家。

根据经合组织（OECD）2008 年的统计，1985—2004 年的 20 年间，全球共有 PPP 项目 2 096 个，总额近 8 870 亿美元。截至 2013 年末，最早推行 PPP 模式的英国共有 725 个 PPP 项目，其中 665 个项目进入运营阶段。日本自 1999 年开展 PPP 项目以来，共开展了 600 个左右的项目。

中国自 2014 年 9 月起开始大规模地推广 PPP 模式，短短两年间，入库项目超过 1 万个，进入执行阶段的近千个，可谓超速发展。可以预见的是，两个“强制”试点推开后，PPP 项目仍将在未来一段时间内快速扩张。

王守清对财新记者表示，从国际上看，即使是 PPP 做得最好的国家，PPP 项目在公共产品项目中的占比也不过 10%～20%，从来没有超过 30%，但现在中国一些公共领域恨不得每个项目都要采用 PPP 的方式，这合适吗？

中央政府力推 PPP 模式的初衷是一石三鸟：既能通过 PPP 模式带动社会资本投资，缓解政府提供公共产品的资金压力，又能改变政府提供公共服务的方式，将政府的发展规划、市场监管、公共服务职能，与社会资本的管理效率、技术创新能力有机结合，提高公共服务的效率与质量，还可以借机促使地方政府改变热衷投资的习惯，更加注重提供高质量的公共产品和服务，向现代国家治理方式转变。

但地方政府最看重 PPP 的一点则是，可以作为一条新的融资途径。多位专家对财新记者表示，在地方举债受到管控的情况下，中央政府力推的 PPP 模式因其融资功能及高杠杆特性，受到地方政府青睐。PPP 模式一定程度上可以化解地方政府性债务，特别是对于政府有收费权的公共服务产品。

从财政部的统计看，经济状况相对好的地方政府，PPP 项目的个数较少，热衷于 PPP 的更多是财政收支压力较大的省份。而对 PPP 可能带来的提升效率、政府职能转变等，地方政府并不那么看重。

在 PPP 推广中，项目落地率被过度强调。所谓落地率，是指进入执行和移交两个阶段项目数在总项目中的占比。这会导致前期准备工作并不充分。

济邦咨询董事长张燎对财新记者表示，PPP 项目基本都是大额投资，对企业和政府部门而言，很多关键问题需要充分论证和考量，交易双方必须有一个研究决策的过程，短时间内难以完成。

王守清则表示，西方国家特别是英国，项目从发起到签约需要一两年时间。1996 年中国第一个正式批准的 PPP 项目来宾 B 电厂项目，从立项到招标也将近两年时间，涉及尽职调查、分析、按法律法规走流程、谈判、合同审核及签订等。目前中国 PPP 项目从发起到签约，比较合理的时间应该是半年到一年。

PPP 项目投资大、期限长、管理复杂度高，在项目的识别、准备阶段需要研究项目采取 PPP 模式的可行性、风险分配基本框架、运作方式、投融资结构、回报机制和相关配套安排、项目的合同体系、项目的监管架构等。

PPP 项目质量如何，核心要看是否物有所值。2015 年 12 月，财政部出台《PPP 物有所值评价指引（试行）》，要求拟实行 PPP 模式的项目，在识别和准备阶段要分别进行物有所值评价论证及验证，判断是否采用 PPP 模式代替政府传统投资运营方式能够节约成本、提高服务质量和效率。

有业内专家告诉财新记者，2014 年年底财政部起草的物有所值评价指引征求意见稿，一度遭到地方政府、咨询公司的强烈反对，正在试行的指引中做出一定妥协，即必须要做定性评价，鼓励做定量评价但不强求，这一妥协大大降低了物有所值评价的效果。

正在征求意见的 PPP 物有所值评价指引修订版中，对定量评价的要求有所提高。

即便如此，目前绝大多数 PPP 项目的物有所值评价仍流于形式。北京财指南咨询有限公司总经理徐向东表示，现在很多地方政府和社会资本将物有所值评价理解为一个简单的报告，这是有偏差的。与传统模式相对比，采用 PPP 模式能提高质量和效率、降低全生命周期成本的项目，才适合采用 PPP 模式。他强调，物有所值是 PPP 的核心。

王守清认为，物有所值评价流于形式，一方面理念不正确，一些地方政府采用 PPP 模式的目的是融资，不会关注采用 PPP 模式是否比传统模式物有所值；另一方面，基准数据缺乏，评价方法不完善。政府、行业协会和咨询公司应在 PPP 推广的同时，积累整理统计数据，同时评价方法需从现在主要做定性分析转变为定性分析与定量分析并重，不能只是做一个简单报告来应付所需的 PPP 程序，丧失了独立性。

10%预算制约伪命题

PPP 一拥而上，风险有多大？市场的关注点在于，在大量政府隐性担保的现实操作情况下，政府能够为这些超速膨胀的项目最终埋单吗？回答这一问题的是，项目推行前的财政可承受能力评估。

按照财政部的规定，地方财政部门应会同行业主管部门（可通过政府采购方式聘请专业中介机构协助），在 PPP 项目识别和准备阶段分别开展财政可承受能力论证和验证，识别、测算 PPP 项目全生命周期过程的各项财政支出责任。这些支出责任包括股权投资、运营补贴、风险承担、配套投入等。每一年度全部 PPP 项目需要从预算中安排的支出责任，占一般公共预算支出比例应当不超过 10%。

“不超过 10%的标准还是比较审慎从紧的，如果能真正落实这一规定，财政风险不大。”张燎表示，具体执行时发现部分地方玩数字游戏，比如论证时并未把当年需要从预算中安排支出的全部 PPP 项目政府付费及补贴相加，而是只挑一两个来计算，也有些地方没有考虑以前已经实施的 PPP 项目，如 BOT 项目，这些项目政府也要付费，也应该纳入论证体系计算。

PPP 项目有三种支付方式：使用者付费、政府付费和政府支付可行性缺口补助，后两种方式政府未来都存在支付责任。

根据财政部的统计，截至 9 月末进入财政部项目库的 10 471 个 PPP 项目中，使用者付费项目 4 518 个，投资额 4.3 万亿元；政府付费项目 3 214 个，投资额 3 万亿元；可行性缺口补助项目 2 739 个，投资额 5.1 万亿元。政府付费项目和可行性缺口补助项目占入库项目总数的 69%，投资额占入库项目总投资额的 65%。

张燎称，多数 PPP 项目不能靠自身的经营性现金流实现财务平衡，不同程度地需要政府付费或可行性缺口补贴。这种情况下 PPP 项目实施的越多，未来政府的支付义务就会越多。

为规避 10%的预算制约，还出现了一些地方政府和银行用政府购买服务、回购协议或固定收益回报承诺等，来规避物有所值评价和财政可承受能力评估。

“关键是 10%的制约真实吗？”一位大行中部某省审批部总经理对财新记者表示，实际操作中，地方政府往往先把政策用足，然后继续大力推行不太符合政策的政府购买服务。“对于纳入财政部PPP项目库的规范项目，政府付不付得起不是考量重点。在银行授信实务中，使用者付费才是我们风险关注的重点。”前述大行人士说。

中央政府推广PPP模式的目的之一，是带动社会资本投资，目前来看，参与PPP项目的社会资本以央企和国企居多，民企相对较少。而且财力强的地方政府往往不太着急推广PPP，越是财力差的地方越热衷PPP，未来地方政府的支付能力存疑。

一位股份制银行高层表示，在“资产荒”下，整个市场中最大的资产就是PPP，政府体现了主导作用，但市场主体却不是真正的参与主体，“现在都是银行理财资金以明股实债的方式进入，都有回购条款，没听说哪个民营企业去投资了”。

隐性举债冒头

相比真正PPP项目的财政可承受能力论证，“假股真债加杠杆”的假PPP项目带来的隐性债务问题，更令业界担忧。

区分真假PPP项目关键看风险分担机制。真正的PPP项目会在政府和社会资本之间合理分担风险，通常由社会资本承担项目设计、建造、财务和运营维护等商业风险，由政府承担政治、法律、政策和最低需求风险，不可抗力风险则由双方合理共担。假PPP项目中，社会资本通常只承担债务违约风险，政府并未实现风险转移。

换句话说，真正的PPP在项目的全生命周期内，让社会资本承担项目设计、建设、融资、运营、维护工作，产生优良的运营效果，政府购买的应是硬件、软件及管理的整套服务，而不是仅得到硬件设施。

但在新预算法加强对地方政府举债管理的背景下，地方政府往往只看中了PPP的融资功能和高杠杆特性。张燎表示，很多做PPP项目的政府及社会资本，沿用了过去做BT项目的思路，私下签订回购协议或承诺固定收益回报，仅把PPP当做融资工具，这是财政部极其反对的做法。

“资产荒”之下，商业银行理财资金以产业基金的形式涌入PPP项目。张燎指出，目前绝大多数PPP产业基金都是明股实债，属于被动型债性基金，既不关心PPP项目本身的运营，也不能给PPP全生命周期带来资源整合的增值效应。

前述银行审批部总经理向财新记者表示，从退出模式来看，绝大多数银行理财参与的PPP项目，都是到期由社会资本回购，一般签抽屉协议，甚至心照不宣，这种情况主要适用于地方政府或国企。“有的政府喜欢玩概念，只需在政府工作报告中说成立了某某基金，就达到目的了，谁会管成本或用途呢？”

审计署今年审计地方政府债务时发现，部分省市以政府购买服务名义变相融资。“目前市场的共识是，政府购买服务有扩大化和泛滥化的趋势，被地方政府和银行利用，将原制度本意购买的具体事务性服务，扩大到了基础设施服务等领域。”前述银行人士说。

实操过多起 PPP 业务的银行人士指出，公共基础设施建设过去由政府投资为主，目前准备将一部分转为 PPP 模式，减轻政府债务压力的同时，还可以提高服务质量和效率，这一想法很好，但政策制定者的初衷，应该不包括通过政府购买服务方式投资建设大型政府基础设施，也不应该让政府购买服务扩大化、泛滥化到基础设施服务领域。

目前在财政部和发展改革委的文件中，仍有一些基础设施服务被列入政府购买服务，比如棚改服务中的基础设施建设、交通服务中的农村公路建设、地下管廊建设、海绵城市建设等，“地方政府当然也乐意做”。

从形式上看，这种“伪政府购买服务”，类似于拉长版的 BT，与假 PPP 相似，但是，躲避了 PPP 的物有所值评价和财政可承受能力论证，实质是一种隐性政府债务。

财政部已经意识到这一风险。8 月初财政部组织“解析不规范的 PPP 和用政府购买服务构成变相举债问题”座谈会，10 月又紧急摸底地方债，不仅包括政府举债的传统渠道，还包括近两年增长迅速的 PPP 项目、政府购买服务、政府投资基金、专项建设基金等新型工具，时间跨度也从 2015 年延续到 2020 年及以后。11 月 3 日，财政部再次重申，2015 年新预算法实施以后，地方国有企业（包括融资平台公司）举借的债务依法不属于政府债务。

但现实是，地方政府的举债“创新”能力总是超前于中央的监管，财政可承受能力论证往往流于形式，可以按地方政府意图随意变通，解决隐性债务问题并不容易。

前述银行人士认为，需要规范政府购买服务，防止泛滥化或扩大化的政府购买服务，对政府债务管理和 PPP 模式形成冲击。

他建议，顶层设计应该进一步明确界定政府购买服务和 PPP 模式各自的适用范围，不能有任何交集和漏洞让地方政府有空子可钻。比如，可取消省级以下财政部门制定购买服务指导性目录的权力，由财政部制定政府购买服务目录的负面清单，建立全国统一的购买服务审查公示系统，明确不在系统中的购买服务合同不合法，财政将不予支付等。

“凡是涉及基础设施项目建设的服务，均应适用 PPP 模式，政府购买服务仅限于小金额、短期限、高频率的事务性服务，现在已有交集的项目要纠正，这应该是个方向。”他说。

（原载《财新周刊》，2016 年 11 月 12 日）

PPP项目资产证券化开闸 业内人士大呼“利好”

陈益刊

政府和社会资本合作（PPP）项目融资难，以及社会资本在长达几十年里退出难，资本流动性不足，一直制约着PPP模式推广，社会资本观望较多。而这一问题有望缓解。

12月26日，国家发展改革委和证监会联合发布《关于推进传统基础设施领域政府和社会资本合作（PPP）项目资产证券化相关工作的通知》（下称“《通知》”），明确提出适合资产证券化PPP项目的四点要求，通过优化政策和监管来积极支持PPP项目资产证券化。各省级发展改革委将于2017年2月17日前上报1～3个首批拟进行证券化融资的传统基础设施领域PPP项目。

这一重磅文件刚一发布，不少PPP业内人士大呼“利好”。

PPP专家、清华大学教授王守清对《第一财经》分析，这个文件从中长期而言，对多元化PPP融资渠道、发展二级金融市场有好处，对PPP项目进行二次融资降低融资成本也可能有益。

大岳咨询总经理金永祥告诉《第一财经》记者，未来有稳定现金流的PPP项目可以通过资产证券化，使得社会资本能够提前收回投资，还可以赚取差价，这将增加社会资本投资PPP积极性，并提高资金使用效率。

《通知》称，资产证券化是基础设施领域重要融资方式之一，对盘活PPP项目存量资产、加快社会投资者的资金回收、吸引更多社会资本参与PPP项目建设具有重要意义。

哪些PPP项目可以进行资产证券化？

此次通知给出四点要求：一是项目已严格履行审批、核准、备案手续和实施方案审查审批程序，并签订规范有效的PPP项目合同，政府、社会资本及项目各参与方合作顺畅；二是项目工程建设质量符合相关标准，能持续安全稳定运营，项目履约能力较强；三是项目已建成并正常运营2年以上，已建立合理的投资回报机制，并已产生持续、稳定的现金流；四是原始权益人信用稳健，内部控制制度健全，具有持续经营能力，最近三年未发生重大违约或虚假信息披露，无不良信用记录。

“从短期而言，不要过高期望，因为文件里对项目有前提要求，比如上述 PPP 项目运营 2 年且有稳定收入，不符合条件特别是过去三年不规范的 PPP 项目很难应用。”王守清称。

金永祥认为，PPP 项目进行资产证券化有两点很关键，一是项目有稳定的现金流，二是政府信用要高。未来 PPP 项目资产证券化更多地和地域相关，一些政府信用好、财力充裕的地方做资产证券化更有利。

《通知》要求，各省级发展改革委应当优先选取主要社会资本参与方为行业龙头企业，处于市场发育程度高、政府负债水平低、社会资本相对充裕的地区，以及具有稳定投资收益和良好社会效益的优质 PPP 项目开展资产证券化示范工作。

PPP 项目资产证券化推进中，完善的监管也至关重要。

王守清表示，政府应尽快完善相关法规政策，特别是加大监管与惩罚无良业者、完善流程和加强信息公开等，因为“在大多数国家，资产证券化和其他金融‘创新’本质上就是一些聪明人利用制度不完善和信息不对称等，对不够聪明的人玩的击鼓传花游戏。如果政府监管不到位，‘聪明’的机构就可能乱来，本质上就是把风险转移给不够聪明的散户投资者老百姓，后果将不堪设想”。

此次《通知》也强调，积极做好 PPP 项目管理和配合资产证券化尽职调查等工作。

比如，项目实施单位要严格执行 PPP 项目合同，保障项目实施质量，切实履行资产证券化法律文件约定的基础资产移交与隔离、现金流归集、信息披露、提供增信措施等相关义务，并积极配合相关中介机构做好 PPP 项目资产证券化业务尽职调查。

《通知》称，各地发展改革部门和相关行业主管部门等要按职责分工加强监督管理，督促项目实施单位做好相关工作。

与此同时，为了鼓励各类市场资金捧场 PPP 项目资产证券化，国家发展改革委和证监会将积极引入城镇化建设基金、基础设施投资基金、产业投资基金、不动产基金以及证券投资基金、证券资产管理产品等来推进建立多元化、可持续的 PPP 项目资产证券化的资金支持机制。

另外，证监会将积极研究推出主要投资于资产支持证券的证券投资基金，并会同国家发展改革委及有关部门共同推动不动产投资信托基金（REITs），进一步支持传统基础设施项目建设。

（原载《第一财经》，2016 年 12 月 26 日）

政企合作（PPP）王守清核心观点

中册

王守清　王盈盈◎著

中国电力出版社
CHINA ELECTRIC POWER PRESS

内 容 提 要

本书分为上、中、下三册，上册为微博篇、发言/采访篇，中册和下册为论文篇，可帮助读者更好地了解和把握国内外 PPP 的理论精髓和实务知识，掌握 PPP 的流程和方案，激发读者更浓厚、更坚定地学习并实践 PPP 的兴趣和决心。

本书适合基础设施和公用事业投融资 PPP 模式的相关从业人员和研究人员阅读使用。

图书在版编目（CIP）数据

政企合作（PPP）：王守清核心观点：全3册 / 王守清，王盈盈著. —北京：中国电力出版社，2017.5（2018. 3 重印）

ISBN 978-7-5198-0715-3

Ⅰ. ①政… Ⅱ. ①王… ②王… Ⅲ. ①政府投资－合作－社会资本－研究 Ⅳ. ①F830.59 ②F014.39

中国版本图书馆 CIP 数据核字(2017)第080233号

出版发行：中国电力出版社
地　　址：北京市东城区北京站西街19号（邮政编码100005）
网　　址：http://www. cepp.sgcc.com.cn
责任编辑：李　静　1103194425@qq.com
责任校对：铸　创
装帧设计：九五互通　周　赢
责任印制：邹树群

印　刷：三河市航远印刷有限公司
版　次：2017年5月第1版
印　次：2018年3月北京第5次印刷
开　本：787毫米×1092毫米　16开本
印　张：76.5
字　数：1392千字
定　价：268.00元（全三册）

编者序

随着 PPP 在中国的发展与实践进入高潮阶段，全国各地对 PPP 的关注也水涨船高，原先在 PPP 领域长期默默耕耘的行家里手也受到了广泛关注，比如清华大学的王守清教授。想必翻开本书的读者不少都是守清老师的学生或粉丝吧？

如果您仔细浏览守清老师的微博，一定会惊讶地发现，那儿简直就是一座塞满 PPP 知识的宝库。自 2010 年 10 月开通微博以来，守清老师默默编织的 5 000 余条微博里藏着大量的 PPP 相关知识。如果您再去看看他的微信公众号，又会惊喜地发现一座更大的宝库，那里收录了他在清华大学建设管理系的 PPP 团队已发表的绝大多数相关论文，以及他参与有关重要会议和接受媒体采访所发表的主要观点。如果您还有幸听过守清老师的课，更能在课后得到他赠送的 PPP 大礼包，即一个包含其讲义和论文等所有电子资料的压缩文件包。

上面提到的各种资料合计字数已超数百万，然而其承载的知识价值绝非字数可以计量，其反映出的守清老师对 PPP 20 多年的专注，背后研究工作的坚守和艰辛，也远非字面能传达和展现出来的。守清老师把 PPP 理论知识串成一个体系，将国内外 PPP 发展历史、中国 PPP 理论框架、PPP 实施要点等知识图文并茂地展现给世人，如果不是一位恪守严谨、务实、勤勉治学态度的学者，一定无法对 PPP 信手拈来、侃侃而谈、如数家珍，更无法对中国 PPP 发展做出如此突出的重要贡献。同时，守清老师不断学习、不断进步和分享知识的言行，除了反映其本人追求自由、乐善好施的精神境界，更是身体力行地持续追求卓越和慷慨无私地传播知识的榜样。而且，守清老师积极乐观、乐于助人、真诚友善的性格时常感染着我们，以及每一位和他接触过的人。

为更好地传播和分享守清老师的 PPP 知识和成果，《项目管理评论》编辑部作为守清老师的铁打粉丝，受本职工作启发，提出充分挖掘守清老师的知识宝库，在选编

出版了《王守清 PPP 妙语日历》（图文并茂收录了 53 句隽永语录）之后，再将其中PPP 相关内容精选归类整理，以浓缩精华的形式分享的建议，守清老师欣然应允。于是，以王守清老师牵头，编辑部王兴钊老师负责搜罗整理，弟子王盈盈负责梳理分类的“三王”编著团队于 2016 年 10 月应运而生。本人作为守清老师的众多弟子之一，有幸参与本书编著，倍感荣幸但也压力山大。为不辜负恩师信任以及读者期望，我和兴钊兄全力以赴，投入了十二分的精神在此项工作上。此外，《项目管理评论》编辑部同仁李静、田丽娜、李梦薇、于湘婉、马禹鑫也做了大量细致的工作，在此深表感谢。

本书分为上、中、下三册共三大部分，包括微博篇、发言/采访篇、论文篇，精选守清老师微博上有关 PPP 的精华语录、2014 年以来的重要媒体采访和会议发言、带领弟子发表的重要 PPP 论文以及在国际知名期刊上发表的英文 PPP 论文清单都收入囊中，可谓是一次 PPP 的盛宴，也将成为守清老师研究成果最完整的一次整理和总结，没有之一。书中尤其要隆重推荐的是微博语录中精挑细选出 14 句 PPP 箴言并制成精美的彩页，供读者久久铭记，也感谢我的好友杨苏馈赠摄影佳作。

本书上册包含微博语录、会议发言/媒体采访，其中微博语录共 8 章，包括相关概念与框架、成功要素、实操要点、风险管理、法制与监管、建造—移交(BT)、政策与实践点评和全球视角；媒体采访/会议发言共 3 章，包括公开场合发言、媒体专访报道、媒体其他采访报道。中册和下册为论文，包括 PPP 概念、立法、风险、理论及实践技术、评价、行业应用、展望及英文 PPP 论文清单。

本书所有内容都经过王守清教授逐项确定、审阅，甚至逐字修改、把关（特别是语录部分），任何时候导师都在照耀着我们，改书的态度比我们还认真，比如个别内容在修改过程中因把握不准，于是我们添加批注发给教授，请教授指点，而教授的回复往往都是“我已加上”、“我已修改”、“我已翻译”等等，让我们感动至深，也更加激励我们勤奋。

希望本书能为广大读者更好地了解和把握国内外 PPP 的理论精髓和实务知识，更系统地掌握 PPP 的实践方案等起到一定的作用，最重要的是，授人以鱼不如授人以渔，更希望本书能激发出各位读者更浓厚、更坚定地学习并实践 PPP 的兴趣和决心。

受个人能力和时间所限，本书难免有所纰漏，望读者朋友多多包涵，欢迎批评指正，欢迎交流研讨。

作者序

自 1996 年起的 20 多年以来，我一直专注于 PPP 的教研与推广这一件事情，目睹了国际上 PPP 的发展与波折，更经历了国内 PPP 的三起三落。就像很多学生说他们开始了解、喜欢并立志于从事与 PPP 相关的工作是因为受到我的影响一样，我下定决心专注于 PPP 的教研与推广也是因为我 1996—1998 年新加坡南洋理工大学的博士后导师 Robert Tiong 教授。

自 2014 年 PPP 在国内火爆以来，我过去 20 多年的教研与推广工作迅速受到关注和欢迎，我和我 PPP 团队的研究成果也在短短几年内迅速得到传播、应用、验证和修正。过去 3 年来我应邀参与了大量研讨会、论坛和培训就是一个佐证，期间有无数人与我交流并向我索要 PPP 相关资料，我从最开始的一一回复到后来索性将课件和论文等资料放在公开网站上供大家免费查阅和下载，并一直坚持以微博（新浪实名）、微信（PPPwebChat）和公众号（中国 PPP 智库）等形式继续传播。2016 年 10 月，《项目管理评论》编辑部又一次找我，再次提起要将我和我团队的 PPP 知识成果汇编成册出版的想法。想到社会上对 PPP 知识的渴望，也想到我国 PPP 应用 3 年后正进入一个更需要深入研究和完善实践的阶段，而且，学术界的知识成果（特别是 PPP 这类前沿性、综合性和应用性都非常强，需要既懂技术又懂金融、经济、管理、法律和商务运作等复合性知识的学科），更需要传播到实务界并得到应用，才更能体现其价值，是一件非常有利于 PPP 发展的事情，于是我便应允并于 10 月份起正式开始整理和编辑本书。

全书包括微博语录、会议发言/媒体采访、论文三大部分，在编辑审核的过程中，再次重温有关内容，有一种似曾相识又若如初见的感觉。知识的海洋是浩瀚的，这一次温故知新的经历是难能宝贵的。鲁迅先生说过，写作，是为了忘却的纪念。如今，我对这句话更有切身感受，写作，不仅仅是纪念，也不仅仅是传播知识和影响他人，

更能感悟、升华和激励自己。希望本书也能让广大读者更系统地了解 PPP、学习 PPP、熟悉 PPP，为进一步研究和应用 PPP 打好基础，当然也希望通过本书能在读者的心里种下一颗兴趣的种子，让它生根发芽并茁壮成长。

编辑本书的紧张时期，正值北京的冬季，清华园里寒风瑟瑟，天色阴沉，而我的内心却是激动与温暖的。不仅仅感慨于自己及团队伙伴们对 PPP 20 多年的研究所汇聚成的上百万文字，还感动于弟子王盈盈和《项目管理评论》王兴钊编辑为首的本书编辑团队的执着和辛劳付出，没有他们，就没有本书和 2016 年年底《王守清 PPP 妙语日历》的出版，更没有我系统回顾一遍过去研究经历与成果的机会。这一次的回顾，将为我和我的学生们下一步 PPP 相关的研究和应用奠定更好的基础。

借此机会，我还要感谢 PPP 各界包括我的微博、微信和公众号读者以及各培训班学员的支持和认可，感谢业界给我的“PPP 教父”称号，我自认为是一份荣誉，更是一份责任。最后，还要感谢我的家人对我平时忙碌工作的理解和关怀，感谢我所在的清华大学相关机构给我的平台和对我的各种支持。

目　录

论文篇（一）

论文篇
（一）

第1章

开启 PPP 解析之旅

第 1 节　PPP 如婚姻与开车

为什么 PPP 是一场婚姻，不是一场婚礼？（更新版）

作者：王守清

为什么 PPP 是一场婚姻，不是一场婚礼？因为：

（1）PPP 是政（Public）企（Private）之间长达 10～30 年甚至更长的合作/伙伴关系（Partnership），不管政企双方（及银行、咨询、律师等）有多聪明、多有经验、多尽职调查，都不可能完全准确预测将来 10～30 年的风险/不确定性。

（2）基于同样的原因，双方所签的 PPP 合同本质上是不完备的，即使合同中设计了上下限、调节/调价等各种机制，也不可能完全覆盖将来可能发生的各种情况。何况这世界变化快，如技术更新、用户需求、社会发展、价值观等一直在变化（就像二三十年前谁能准确预测到现在工作和生活的各个方面包括 PPP 一样）。

（3）在绝大多数国家特别是没有民主也没有公众参与机制的发展中国家，由于制度和利害关系等问题（请复习诺贝尔经济奖获得者弗里德曼“用自己/别人的钱办自己/别人的事”的4种不同结果理论），政府永远没有企业精明，但政府又有企业所没有的强势，加上有些咨询和律师等的可能不够专业、有意无意地不中立、没有社会责任感甚至职业道德，也可能加剧合同的不完备和/或造成合同的不公平。

（4）PPP项目所提供的是公共产品/服务，并不会因为改由企业提供后，政府就没有责任了。如果由于风险预测的不准确和/或合同的不完备/不公平，公共产品/服务的供给出了问题，甚至企业撂挑子，政府绝对不能坐视不管，因为提供公共产品/服务的终极责任是政府的，正如我之前说过的“PPP不是政府推卸公共产品/服务的借口”。

（5）判断一个PPP项目是否成功，不是签约就叫成功。对政府而言，一般要等项目移交后看百姓是否满意、政府是否获好评、投资者是否挣到钱、银行是否收回贷款和本金等，即所谓的“共赢”。对投资者而言，签约更不算成功，成功要等两个最关键的时间点才能判断：①项目的现金流由负变正，开始挣钱了，一般都得七年之后（婚姻七年之痒）。②项目移交了，一般是十几年甚至二三十年（纸婚银婚）之后，才可以知道到底挣了多少钱。当然，前面提到的“共赢”依然适用。

因此，不是男女双方拿结婚证（政企签约）办婚礼（签约仪式）就叫婚姻生活幸福（项目成功），后面日子（建设经营期）还长着呐；PPP中最重要的是第三个P（伙伴关系），最需要婚姻（PPP）中夫妻（政企）双方之间的坦诚与长期包容与合作伙伴关系，要经营婚姻（有共同目标，未预测到的事情及合同中未尽事宜要友好商量）。如果夫妻（政企）双方在结婚（签约）的时候就想着离婚，那干吗要结婚？不是占便宜（投机）么？如果结婚后凡事斤斤计较，婚姻生活（公共产品/服务）能幸福么？子女（百姓）能幸福么？所以，把PPP比喻做婚姻而不是婚礼，是非常体现PPP的内涵的。当然，如果夫妻（政企）双方实在协商（谈判）不成过不下去了，可以离婚（退出机制），但一定要安排好子女（百姓）的未来。

再看看下面两个例子，就更能体会维持政企之间长期友好合作/伙伴关系的重要性。

（1）在一条公路的PPP合同中，企业的部分职责是维护道路及其结构。企业如果没有按照合同实施预防性维护和纠正措施，将会受到处罚。同时，合同要求，企业应在政府发出问题整改通知的一个月内采取纠正措施。假设你是地方政府的项目监管人员（为政府工作），你发现两个月前已通过沟通渠道通知企业清理的一些涂鸦至今仍然没有清理。你会对其进行处罚吗？

你如果有伙伴关系的意识，在处罚前，应该先思考几个问题：①企业为什么拖了这么长时间？是否在忙于处理不在合同之内但却是政府要求的事情，或者有特殊情况耽误了企业的清理工作，如由于民众上街抗议别的事情造成到处都有涂鸦。②这是企业第一次没有履行维修的义务么？若是，是否该原谅？③企业何时将解决问题？不管怎样，最重要的是要尽快解决问题。

（2）一个 PPP 污水处理厂位于城市附近，投入使用后，地方政府要求企业在入口处种植树木绿化，以大大改善视觉美观和市容，这些工作的费用虽然不高但并未包含在已签的 PPP 合同中。假设你是污水处理厂的运营经理（为企业工作），你会按照政府的要求做吗？如果做了，你会为此向政府索要多少费用？

你如果有伙伴关系的意识，特别是如果这项费用不是很多，你应该考虑承担这项费用。这可以给政府留下良好印象，建立良好关系，有助于之后双方长期关系的维护和解决问题。

上述两个例子都是说明，PPP 中第 3 个 P（伙伴关系）的重要性，建立政（Public）企（Private）之间的信任和维持友好关系是非常重要的，因为 PPP 的基础是合作，而且是长期合作。这意味着在许多情况下，并不是事事都完全按照合同字面上的规定去做（特别是在签约时预测不准确和/或合同不完备/不公平相关的，而且可能造成对方和其他干系人特别是百姓不满的），因此，要理解和评估所发生事件背后的原因、相关合同的合理/公平性和你所做决定的后果，在做出决定之前进行明智理性的分析和判断。我给政府讲 PPP 时，一直提醒，一定要设身处地从企业角度考虑，你会按政府所给条件投资该项目么？百姓和其他干系人会反对么？我给企业讲课时，一直提醒，一定要坚持“两条底线”：不能让百姓因该项目上街，不能让主要决策官员因该项目坐牢。故 PPP 的本质其实是 PPPPP，第 4 个 P 是百姓（People），第 5 个 P 是政治（Politics）。

（微信公众号“中国 PPP 智库”，2015 年 11 月 2 日）

婚姻和工程类比解析

婚姻与工程的类似性

- 征婚=公开招标
- 相亲=邀请招标
- 红娘（费）=招标代理（费）
- 自由恋爱=议标
- 婚前同居=串标
- 带婚托的=围标
- 证婚人=剪彩领导
- 婚后生活安排=施工组织设计
- 洞房花烛夜=场地交付使用
- 蜜月=施工启动期/施工赶工期
- 钟点工=计日工
- 岳父母额外要求=业主变更要求

- 岳父母=业主
- 打探女方家情况=调查业主资信
- 过岳父母关=资格预审
- 给女方家彩礼=投标保证金
- 过朋友关=公示
- 恋爱期间=公示期
- 确定恋爱关系=确定中标候选人
- 恋爱失败=废标/流标
- 婚前约定=合同谈判
- 婚前指导=技术交底
- 婚前体检医生=法律合同顾问
- 办结婚证=签订合同
- 给男方钱=工程预付款
- 给女方钱=履约保证金
- 筹划婚礼=图纸会审
- 举办婚礼=开工典礼
- 女方不育=法律合同顾问疏忽
- 男方不育=冒用资质/挂靠
- 不生孩子=怠工
- 生孩子=立项（打造精品工程）
- 满月酒=竣工验收
- 孩子周岁=质保期
- 孩子教养=工程维护运营
- 亲子鉴定=事故调查
- 找二奶事实婚姻=违法分包
- 找情人=私自分包
- 私房钱=截留工程款
- 吵架=争端
- 和好=争端解决
- 分居=停工待料
- 离婚=解除合同
- 白头偕老=达到设计使用年限

（王守清整理完善）

PPP开车论

作者：王守清

去年底写过一篇长文“为什么PPP是一桩婚姻，不是一场婚礼”（见我微信公众号“中国PPP智库”，2015年11月2日推送：http://mp.weixin.qq.com/s?__biz=MzA5NTUzODExMw==&mid=400441172&idx=1&sn=6f0fa9e8e169a61101248b833795db44&scene=0#wechat_redirect），算是详细解读了“PPP婚姻论”。

今年讲课时则开始兜售我的“PPP开车论”，我把做PPP比喻为开车：不会开车时，坐车上看驾驶员随意自如，以为开车很简单；等自己去驾校学车时，手忙脚乱，被教练骂个狗血喷头，不仅觉得开车很难，还觉得自己很笨；即使通过考试拿到驾照，也往往不敢独自开车上路，更不用说上高速了，有的人还要找专业教练陪练一段时间；等独自上路开了一段时间，尤其是经历了高速公路、夜路、雨天道路、下雪道路等等各种路况之后，对于普通的道路基本了然于胸，甚至对开过的路都有一定印象，以至于也间接提高了认路的本领。

做 PPP 也类似，不懂 PPP 时，以为 PPP 很简单，看中央和地方政府那么鼓励，便摩拳擦掌，想大干一番，特别是有些无知者无畏，也就知道几个名词就贸然做，犯了很多低级错误，进退两难，或即使目前没有出问题，但有经验者都知道项目将来有很大隐患，等着哭吧。有些人开始做时，才发现 PPP 涉及面太广，有那么多的法规政策约束、那么多的麻烦流程、那么多方面的专业知识（法律、合同、经济、金融、财务、会计、保险、技术、工程、管理、市场、政治、公共财政与管理等，所以我总说：做 PPP 难，并不是有多深奥，而是要知道得太多）、那么多的风险与合同问题、那么高的交易成本……有些谨慎的人（聪明人啊!）便开始去参加 PPP 培训班并自学，越学又发现问题越多，再继续钻研与交流；而且，即使觉得学会了也得找有 PPP 理论与实操经验的人带着做甚至找 PPP 咨询（含律师）。只要一两个 PPP 项目流程完整走完（只需到签约但最好是项目建成并进入稳定运营一段时间，不必等到项目移交），又发现，做 PPP 其实并不难，特别是如果做的项目再多几个，经验已经非常丰富，成为 PPP 大咖了：只要给任何一个项目，稍微了解一下项目和行业与所在地政府等情况，就可以马上判断出做该项目的关键要点。

要做好 PPP，每个人都必须经过这个“开车”过程。预祝各位成功!

（微信公众号“中国 PPP 智库”，2016 年 8 月 1 日）

第 2 节　PPP 中几个理不清的概念

特许经营的内涵及其与 PPP 的联系与区别

作者：王守清

到底立特许经营法还是 PPP 法或二法合一（我建议二法含一），需要先澄清特许经营与 PPP 的联系和区别，根据王强的文章[1]，特许经营先诞生在法国，后经英国发扬光大，接着 PPP 在英国诞生了。而且概念发生了变化，在法国的特许经营指的是社会资本直接向使用者收费，而在英国的 PPP 则锁定在了需要政府付费的项目上，这几个概念引入国内时，由于内涵外延的混淆，导致国内一度将特许经营和 PPP 混为一谈。

其实，无论是特许经营还是PPP，都是基础设施和公用事业建设运营的一种区别与过去政府主导的方式，世界各国没有统一的定义、统一的模式[2]。而且，特许经营在我国应用了二十多年后，其内涵已经比英文Concession扩大了[3]。

中文的“特许”与传统意义上的“行政许可”并不完全相同，因为是通过竞争招投标选定的社会资本方，签订合同后由社会资本方按合同约定去实施项目：①如果社会资本需要向公众收费，就需要政府的“特许”，因为公共产品的收费权归政府；②即使不需要向公众收费的项目，但因为提供公共产品的终极责任人是政府，也需要履行一定程序（如招投标等）交给社会资本代替政府去提供公共产品，这也可以理解为广义的“特许”但非行政许可，而是通过合同约定的许可，政府还需要严格监管，以避免社会资本方提供的服务不符合要求甚至撂挑子。

“经营”也不一定是一般意义上的经营，其本质更是“运营”的概念，不一定意味着向公众收费，即使是政府支付，也是用了政府（本质上是纳税人）的钱，需要社会资本方在合同期内好好干，以满足合同要求特别是产出和绩效要求，以保护公众利益。另外，我国的PPP中的第二个P（央企/国企主导）与国际上的第二个P（真正的私企）本质不同，因此没有必要完全按国外的PPP或完全按字面上的别扭的“政府和社会资本合作”去讨论。

从上述这几点去理解“特许经营”，就能理解我国的特许经营与PPP的差距并不大，都是提供公共产品的一种创新模式（可以说是介于0和1之间的一种模式，如果1代表完全由政府提供公共产品的模式，0代表完全由市场提供商业产品的模式）。也许是因为上述原因和中国过去二三十年的特许经营或PPP的实践，2016年5月底在亚开行和发展改革委发展改革委组织的立法研讨会上，与会专家共识之一是，不管如何定义特许经营和PPP，我国90%甚至更多的PPP项目本质上就是特许经营。其实国际上，无论是政府、业界和学术界，都没有统一定义，何况国际上还有英国和日本等的PFI、世行、德国和阿根廷等的PSP（Private Sector Participation，私营部门参与）、台湾地区的“促进民间参与”等其他很多相关用词，因此，我国没有必要刻意去区分或学国外，只需立法中明确用词及其定义和内涵/原则即可。我觉得我国的《基础设施和公用事业特许经营法（征求意见稿）》和基于此修改和简化得到的《基础设施和公用事业特许经营管理办法》里的定义就很好：“特许经营是指政府采用竞争方式依法授权（建议把这个“授权”改为“选择”更好，可淡化“特许”的意思）中国境内外的法人或者其他组织，通过协议明确权利义务和风险分担，约定其在一定期限和范围内投资建设运营或运营基础设施和公用事业并获得收益，提供公共产品或者公共服务。”

参考文献

[1] 王强. 特许经营立法之理论与现实. E20水网固废网，2016.05.31、2016.06.11.

[2] 叶继涛. 特许经营和PPP到底是个什么关系. 弘鲲咨询.

[3] 王守清，刘云. 公私合作（PPP）和特许经营等相关概念[J]. 环境界，2014，25（1）：18-25.

（微信公众号“中国PPP智库”，2016年7月9日）

我国PPP政策中没有解读的几个关键概念

作者：王守清

中央力推PPP已经两年多，取得了不少成绩，但也不可否认，由于有关方对PPP内涵和中央部委有关政策的理解不到位、不准确甚至错误（懂装不懂的人除外），有些项目做得不规范，为将来留下隐患，偏离了中央推广PPP的初衷。因我国目前尚未正式出台国家层面的PPP法或特许经营法，故本文基于我国目前层级最高、涉及部委最多的政策，即国务院转发的由发展改革委、财政部、住建部、交通部、水利部和人民银行联合发布的2015年第25号令《基础设施和公用事业特许经营管理办法》（业内俗称“PPP小法”，以下简称“办法”），重点解读“办法”和其他相关PPP政策基本上都涉及的几个关键概念，希望能帮助PPP有关方更好地理解和实施PPP项目。

一、为什么PPP的合作期限原则上是10～30年？

“办法”第六条中规定PPP的合作期限“最长不超过30年”，其主要原因是：①人的寿命决定的。因为投资PPP项目必然需要公司高层做决策，高层管理人员一般都四五十岁，基于职业道德和负责任，希望在退休或有生之年看到项目现金流由负变正（开始盈利，公共产品一般要10年左右甚至更长，取决于财务分析）和移交（此时可知道确切盈利额）；另外，规范的公司一般有奖惩机制，参与者和决策者根据项目实施结果可能再获额外奖金或被追责。②设施的寿命决定的。最典型的例子是电厂等设备投资占比很高的项目，社会资本希望在设备的最佳经济寿命期前后盈利并移交，以避免设备大修甚至更换而需要延长合作期而夜长梦多；而公路、桥梁、隧道、轨道交通等项目的设施寿命较长，故主要是由人的寿命决定的。③技术的寿命决定的。最典型的例子是信息和通信技术（ICT）等技术发展极快但项目残值很低或几乎没有的项目，特许期一般更短。

财金〔2015〕57号文“关于进一步做好PPP项目示范工作的通知”第二（六）条规定PPP示范项目“原则上不低于10年”，其主要原因是：①财务分析决定的。因为PPP项目是提供公共产品/服务，如果是经营性项目（使用者付费），要考虑使用者的支付意愿和支付能力，价格不能太高；如果是公益性项目（政府付费），要考虑政府的财政承受力，“每一年度全部PPP项目需要从预算中安排的支出责任，占一般公共预算支出比例应当不超过10%”（财金〔2015〕21号文“PPP项目财政承受能力论证指引”第二十五条）；如果是准经营性项目（使用者付费+政府补缺），则上述二者都要考虑。②全过程集成决定的。如果合作期限太短，不利于设计、建设、运营的全过程集成优化、减少协调界面和提高效率，不利于设施长期质量和性能、不利于降低项目全寿命期成本和提高服务水平，甚至有可能造成社会资本短期投机行为。③倒逼地方政府完善信用和管理制度决定的。如果合作期限太短，政府付费项目就变成了BT或拉长版BT，而BT的缺点在我国过去十几年的实践中已经证明：很容易造成地方政府寅吃卯粮、形成巨额地方债务；项目成本高企（比政府投资模式一般高10%~30%）。而且，10年一般是政府的两届任期，如果经过这种倒逼完善，即历经了两届政府，政府仍遵守PPP合同，说明这个地方政府信用和管理制度已经比较完善，反过来又有利于改善当地投资环境。

二、什么是项目融资？为什么国际上的PPP多是项目融资？

“办法”第十二条提到“融资方式”，第二十四条提到“结构化融资”，第二十三条“预期收益质押贷款”等，都与项目融资相关。对一般公众而言，项目融资可以作广义和狭义两种理解。作广义的理解，项目融资是指为特定项目的建设、收购或债务重组等进行的融资活动，即“为项目进行融资”。从金融学角度而言，广义项目融资是指债权人（如银行）对借款人（如项目公司）抵押资产以外的资产有100%追索权的融资活动，本质上就是企业融资（Corporate Finance）。若狭义地理解，项目融资就是本文所指的“通过项目去融资”，即通过一个项目的期望收益即现金流量、项目资产与合同权益去融资。从金融学角度而言，狭义项目融资是指债权人对借款人抵押资产以外的资产没有追索权或仅有有限追索权的融资活动。按照FASB（美国财会标准手册）所下的定义，“项目融资（Project Finance）是指对需要大规模资金的项目而采取的金融活动。借款人原则上将项目本身拥有的资金及其收益作为还款资金来源，而且将其项目资产作为抵押条件来处理。该项目主体的一般性信用能力通常不被作为重要因素来考虑。这是因为其项目主体要么是不具备其他资产的企业，要么对项目主体的所有者（母公司）不能直接追究责任，两者必居其一。”本文此后所提到的项目融资都是指狭义项目融资。表1-1是项目融资与企业融资在几个重要方面的比较，图1-1是示例比较，结合图后的段落就很容易理解项目融资和企业融资的区别和优缺点。

表 1-1　项目融资与企业融资的比较

比较要素	项目融资（狭义）	企业融资
融资基础	项目收益/现金流量（债权人最关注项目收益）	借款人的资产和信用
追索程度	有限追索（特定阶段或范围内）或无追索（现实中很难实现）	完全追索（用抵押资产以外的其他资产偿还债务）
风险分担	所有参与者	集中于借款人/债权人/担保者
资本金与贷款比例（本贷比）	借款人出资比例较低（通常<30%项目总投资），杠杆比率高	借款人出资比例较高，通常>30%~40%项目总投资
会计处理	资产负债表外融资，债务不出现在借款人母公司的资产负债表上，仅出现在项目公司（子公司）的资产负债表上	项目债务是借款人债务的一部分，出现在其资产负债表上，即俗称的合并财务报表

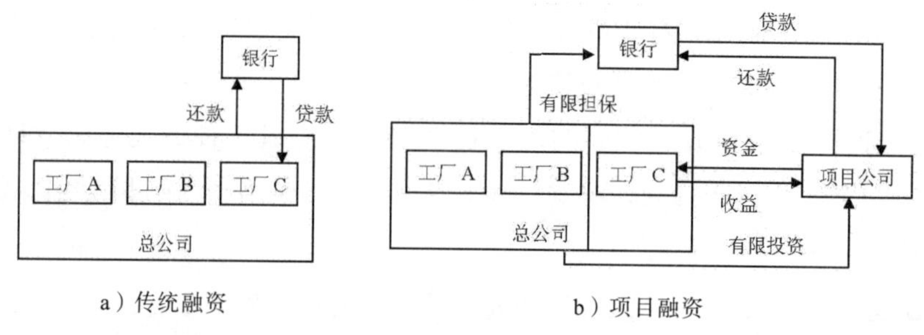

图 1-1　项目融资与企业融资的图示比较

在图 1-1a）所示的企业融资中，总公司已有项目 A 和项目 B，现拟扩大再生产向银行等金融机构贷款建设项目 C。尽管贷款是用于运作总公司的一个项目 C，但是负责偿还项目 C 的贷款和利息是总公司的责任，可能用到项目 C 所产生的现金流，如果项目 C 的现金流不足，则要用到其他项目（如项目 A 和项目 B）所产生的现金流。也就是说，企业融资中，银行有要求总公司用其所有项目的现金流和资产还本付息的法律权力，即完全追索。企业融资的优点是，融资过程简单，总公司对项目 C 有全部的控制权，如果项目 C 运作成功，所得利润全部归总公司所有；缺点是，如果项目 C 运作不成功而不能还本付息，总公司将受到牵连甚至倒闭。这就是完全追索的最大缺点，对短期项目还比较合适，但对长期项目，特别是涉及政府（比较强势和可能不守信用）和公众（需要基本公共产品/服务，且光脚的不怕穿鞋的）的 PPP 项目（提供公共产品/服务），投资者的风险较大。

而图 1-1b）所示的项目融资是总公司出一定的有限投资，注册成立一个专门运作项目 C 的项目公司（还应找几个对运作项目 C 有帮助的股东，如工程建设、设备/材料供应、销售商等，实现优势互补，强强联合）并以项目公司的名义，通过项目 C 的期望收益和资产说服银行放贷，当然银行也可能要求总公司和其他股东的母公司为项目公司提供一定的有限担保（不是全额担保），要求监管项目公司的资金流向和使用（通过项目公司账号质押）、要求直接介入权（在项目公司不能履行贷款合同时银行接管项目和项目公司）。由此可见，项目融资的好处是，因为还本付息责任是项目公司的，银行没有权力要求项目C和总公司抵押担保之外的其他赔偿，即为有限追索。因此，如果项目C运作不成功而不能还本付息，只是项目公司倒闭，项目C被银行接管，总公司只是损失已投入的有限投资和有限担保，但不会受到太致命的牵连；缺点是，项目融资过程和合同结构复杂，总公司对项目公司没有全部的控制权（取决于所占股份大小），如果项目C运作成功，所得利润将按项目公司中各股东所占股份进行分配，不是全部归总公司所有。

要提醒的是，在项目融资模式下，项目C实际上是总公司根据在项目公司中所占股份进行有限控制的，但形式上是经过项目公司的，因为项目公司对银行有自己的承诺与义务（通过贷款合同等，包括前述的专款专用和账号质押），所以总公司对项目C的管理跟其他项目不一样，受到的限制也是比较严格的。因此，在选择项目融资方式之前，总公司也应考虑清楚给项目C及其项目公司一定的独立性是否真的符合总公司的战略，是否不会出现失控等其他问题。

另外，在项目融资模式下，虽然银行承担了比企业融资模式更大的风险，但在适当的法律和制度框架下，通过合同结构（如不同参与方优势互补共担风险）、合同条款（如动态调节和调价条款）、担保机制（如项目资产抵押、项目收益权的质押）等的设计，很多风险都分担了，银行的风险也并不大。图1-2就是PPP项目的典型合同结构，特别值得一提的是，其中银行等债权人与政府和各个分包商之间的直接协议等就保证了债权人的直接介入权，在项目公司不能履行贷款合同时，债权人就可以接管和重组项目公司、接管有关合同权益和项目资产，继续运作项目而不至于收不回贷款，或者变卖资产（如果有产权的话）并优先受偿。

从上述可知，项目融资的流程与合同都比较复杂，因此，并不是所有项目都适用于项目融资。一般而言，要应用项目融资的项目（包括商业项目和公共项目）必须具有这些特征：经济上和法律上都有一定的独立性、项目本身产生的现金流稳定且足够还本付息、项目有明确的目标而且常常有限定的运营期，而且最好规模比较大、长期合同关系比较清楚。基础设施、公用事业和自然资源开发项目正好具备了这些特征，故国际上这些领域的PPP项目一般多是项目融资，至少笔者所接触到的多是，就像2016年3月22日清华大学举办的日本PPP论坛上有人问：你们国家的PPP多是有限追索项目融资么？美原融和赤羽贵回答非常干脆和直接：为什么不是？日本现在PPP

基本上都实现了有限追索，你们知道，国际上也多是这样。风险主要通过合同进行分担，有时也有股东之间通过合同的增信，如备用资本金增资等。

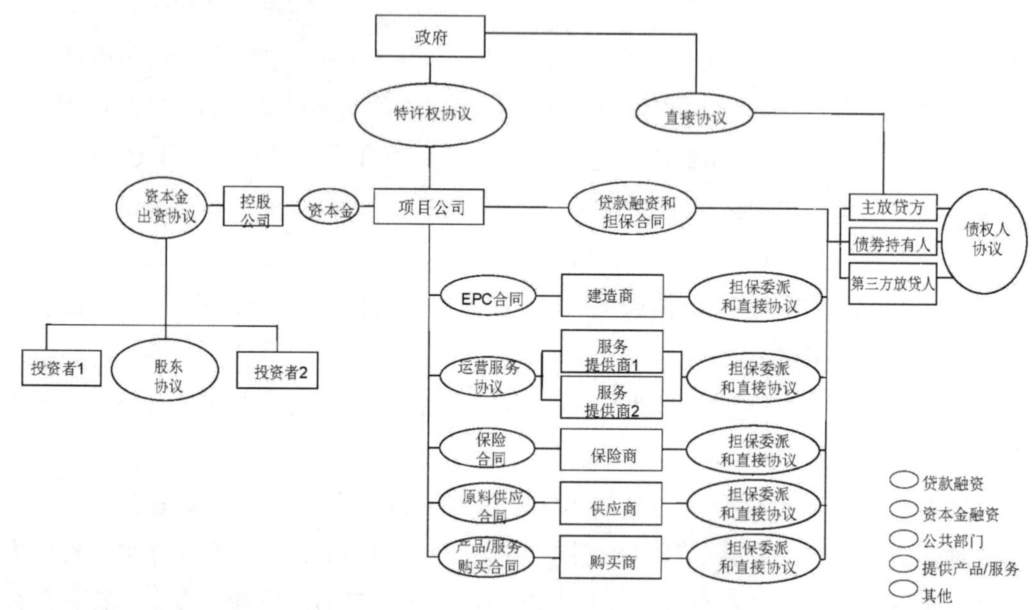

图 1-2　通过合同结构分担 PPP 项目的风险

另外，因为项目融资最适用于上述领域项目都是提供公共产品/服务，都需要政府的特许授权，因此，笔者的三本 PPP 系列书都冠名“特许经营项目融资”，即《特许经营项目融资（BOT、PFI 和 PPP）》、《特许经营项目融资（PPP）：风险分担管理》、《特许经营项目融资（PPP）：资本结构选择》，以示与其他商业项目的区别。

三、为什么要成立项目公司？

“办法”第十六条中提到“在招标或谈判文件中载明是否要求成立特许经营项目公司”，而且国际惯例中，PPP 项目一般也都成立项目公司（也叫 Special Purpose Vehicle，特殊目的载体）而且多是股份制，这样做有很多优点：①有可能以项目公司（而非项目公司股东母公司）的名义基于项目的现金流、项目资产（需要政府同意）与合同权益去融资贷款，做到有限追索（参见前面项目融资），实现项目风险与母公司的隔离。②有利于项目公司的治理，可根据项目和股东的特点，合理确定本贷比、股东结构和贷款结构，优势互补，强强联合，并根据各自股份的多少决定各股东的管理权、控制力，如投票权等。③有利于股东的进入和退出，只需要转让股份（当然，需事先获得政府同意），因为 PPP 项目合作期限较长，而各个股东的优势不同，投资战略也可能会发生变化。④项目公司在项目所在地注册，便于管理，最关键的，纳税是给项目所在地政府而非股东母公司所在地政府。⑤项目公司员工的责权利非常明确，就是做好该项目并获得相应奖惩，有利于项目的全过程、全方位的优化和管控，如融资要根据建设与运营期现金流进行优化，设计要考虑缩短建设工期与降低成本、利于运营维护和降低成本，建设要保证质量、利于长期运营和提供合规公共产品/服务，等等。

四、为什么要强调提高效率和物有所值？

"办法"第四条提到项目需要"提高效率"、第十一条提到"物有所值评估"，财金〔2015〕167号文则给出了"物有所值评价指引"，这些都表明，实施PPP必须提高效率和服务水平、实现物有所值（Value for Money，简称VfM）是非常重要的，否则意义不大。167号文第五条说"物有所值评价包括定性评价和定量评价。现阶段以定性评价为主，鼓励开展定量评价"，但是否做定量评价，则由地方政府自定。物有所值定性评价比较简单，167号文已给出详细方法，很容易理解，这里不再赘述。但定量评价比较复杂，有必要解读一下。167号文第二十六条说"定量评价是在假定采用PPP模式与政府传统投资方式产出绩效相同的前提下，通过对PPP项目全生命周期内政府方净成本的现值（PPP值）与公共部门比较值（PSC值）进行比较，判断PPP模式能否降低项目全生命周期成本。"通俗地说，就是比较提供同样质量和服务的同一个项目在同样的期限（合作期限），用PPP做的成本特别是单价，如1度电的电价、1立方米水的水价、1辆车1千米的高速公路通行费等，是否比用传统政府投资模式贵太多。PPP比传统模式更贵是可能的，因为有部分风险从政府转移给社会资本了，有个风险对价补偿的问题；另外，因为PPP项目前期工作比传统模式多，项目交易成本也比传统模式高；而且，社会资本的融资成本也可能比政府融资成本高。但如果社会资本通过发挥自己的能动性和创造性，全过程和全方位集成优化，是有可能消化这些多余的成本，提高效率的。

定量评价涉及国际上常用的PSC（Public Sector Comparators，公共部门比较值）概念，这是同样项目政府投资模式的成本或单价。因为政府投资模式是有审计的，在同地区、同时期的同一个行业（如电、水、路等），统计成本特别是最终产品和服务的单价并不难，有了这些数据，物有所值定量评价也不难。目前我国环保行业这方面就统计得就比较好，如单方污水或垃圾处理费，政府招标此类PPP项目，定量评价主要就是看单价。当然，如果政府投资模式也是一本烂账，则无法做物有所值定量评价，或者做了也没有什么意义。总之，如果政府想规范且其所聘请的咨询机构有职业道德，一个项目做PPP是否物有所值，首先得定性评价通过，等统计积累了足够的数据，就可进一步做定量评价。更多细节请参见笔者另文《杂谈PPP物有所值评价》（载《新理财》，2015, 240（12）: 38-39）。

五、为什么要风险分担？而且要动态风险分担？

“办法”第三条提到“风险分担”、第三十八条提到“不可抗力”、第二十条提到“价格或收费的确定和调整机制”、第四十三条提到“对价格或财政补贴进行调整的机制”、第四十九条至第五十二条提到“争议解决”等，这些都是动态风险分担的具体要求。政府和社会资本在合作期限之内动态公平分担风险是 PPP 项目成功的关键之一，这是因为：

（1）PPP 是政府和社会资本之间长达 10～30 年甚至更长的合作伙伴关系，不管政府和社会资本双方（及金融机构、咨询、律师等）有多聪明、多有经验、多尽职调查，都不可能完全准确预测将来 10～30 年的风险，需要各方公平分担风险，而且不能是静态风险分担，必须是动态风险分担，如可在合同中设置各方承担的风险上下限（可以用定性指标，但更多是也结合定量财务指标，特别是对很难预测且任何一方都无法独自承担的风险，如不可抗力），并有针对性地设计调节和调价机制（特别是对长期运营期中的通货膨胀、利率、汇率、市场需求、政府提供原材料的质量和价格等风险）。

（2）基于同样的原因，双方所签的 PPP 合同本质上是不完备的，即使合同中设计了上下限、调节和调价等各种动态机制，也不可能完全覆盖将来可能发生的各种情况。何况这世界变化快，如技术更新、用户需求、社会发展、价值观等一直在变化。

（3）PPP 项目所提供的是公共产品/服务，并不会因为改由社会资本提供后，政府就没有责任了。如果由于风险预测的不准确和/或合同的不完备或不公平，公共产品/服务的供给出了问题，甚至社会资本撂挑子，政府绝对不能坐视不管，因为提供公共产品的终极责任是政府的，需要各方齐心协力，共同承担风险，解决问题。

（4）判断一个 PPP 项目是否成功，不是签约就是成功。对政府而言，一般要等项目移交后看公众是否满意、政府是否获好评、投资者是否挣到钱、金融机构是否收回贷款本金和利息等，即所谓的“共赢”。

有关风险分担的更多细节请参见笔者另文《为什么 PPP 是一桩婚姻，不是一场婚礼？》（载笔者的微信公众号“中国 PPP 智库”，2015 年 11 月 2 日）。

（《中国财经报——PPP 周刊》，
2016 年 3 月 17 日、3 月 24 日、3 月 31 日、4 月 7 日）

第 3 节 PPP 落地前的门当户对论

国内外 PPP 项目适用范围“PK”

作者：王守清 程珊珊

并不是所有的基础设施和公用事业项目都适用公私合作（PPP）模式，这已经是国际上的共识了；但是国际上对 PPP 适用范围的相关规定，则不尽相同。本文简介国内外的有关规定并进行比较分析，以为我国 PPP 立法提供参考建议。

一、我国有关部委和地方政府（不含港澳台）文件的相关规定

因我国目前没有专门的 PPP 法，其适用范围尚无国家层面明确、统一的规定，但有关部委和地方政府有关文件有些规定。1997 年 4 月 16 日国家计委和国家外汇局发布的《境外进行项目融资[①]管理办法》规定，“项目融资主要适用于发电设施、高等级公路、桥梁、隧道、城市供水厂及污水处理厂等基础设施建设项目，以及其他投资规模大，且具有长期稳定预期收入的建设项目。”2004 年 3 月 19 日建设部发布的《市政公用事业特许经营[②]管理办法》规定“本办法所称市政公用事业特许经营，是指政府按照有关法律、法规规定，通过市场竞争机制选择市政公用事业投资者或者经营者，明确其在一定期限和范围内经营某项市政公用事业产品或者提供某项服务的制度。城市供水、供气、供热、公共交通、污水处理、垃圾处理等行业，依法实施特许经营的，适用本办法”。很多地方政府的规章如 2006 年《北京市城市基础设施特许经营管理条例》中也提到“本办法所称城市基础设施特许经营，是指经行政特别许可，企业或者其他组织在一定期限和范围内经营下列城市基础设施：①供水、供气、供热、排水；②污水和固体废物处理；③收费公路、地铁、城市铁路和其他城市公共交通；④其他

① 在国际上，PPP 项目一般是由投资者设立专门的项目公司，由项目公司基于项目的期望收入、项目资产和有关合同权益去融资（即“通过项目去融资”），故 PPP 多是项目融资，放贷方对项目公司的追索权是有限的。

② 按照欧盟等的定义，PPP 是指政府和私营部门之间的合作关系，双方根据各自优劣势共同承担风险和责任，提供本该由政府负责的公共服务，需要政府的授权，因此，PPP 在我国常称作（政府）特许经营。

城市基础设施”。

从我国 30 多个地方政府公用事业特许经营管理办法或条例来看，地方政府更倾向于将适用的项目列举出来，甚至再加上一个兜底条款，以使得适用范围更加全面，但是这些条款很多提出的特许经营范围很狭窄，已经大大落后于实务了。范围最全面的应该是 2010 年 12 月出台的上海市《上海市城市基础设施特许经营管理办法》中规定的：“下列基础设施和公用事业项目可以实施特许经营：

- 煤炭、石油、天然气、电力、新能源等能源项目；
- 铁路、公路、水路、航空、邮政、运输枢纽等交通运输项目；
- 电信枢纽、通信、信息网络等通讯项目；
- 防洪、灌溉、排涝、引（供）水、滩涂治理、水土保持、水利枢纽等水利项目；
- 生态环境破坏与自然灾害防治、土地整治、矿山地质环境恢复治理等生态环境保护项目；
- 供水、供电、供气、供热、污水和垃圾处理、公共交通、园林绿化、照明等城乡设施项目；
- 科技、教育、文化、卫生、体育，以及社会福利设施等项目；
- 廉租住房、公共租赁住房、经济适用住房等保障性住房项目。”

上海的条例采用完全列举的方法，并没有加上诸如“政府或法律规定的其他情形”这样的兜底条款，基本上已经囊括了各类基础设施和公用事业，对于 PPP 项目而言，好像是为挑选项目节省了时间，但是，这种范围的界定，对 PPP 实务的指导作用其实并不明显，因为不管采用何种列举方式，涉及的都是有限的范围，企业既不能因为这种列举而直接应用 PPP（无论是政府或企业都必须通过可行性研究和物有所值等评估提出实施方案等一系列程序，才能应用 PPP），在有兜底条款时又不能因为没列举到的项目而排除适用 PPP；而且，若是采用完全列举的方式，使得可能潜在的 PPP 项目因不在列举清单里而使得项目难以成行。总之，列举的作用是有限的，它至多能体现政府对于某些行业应用 PPP 的鼓励，提示政府可以将一些项目进行 PPP 的招标或采购，提示企业可以主动提出 PPP 项目。

二、其他国家和地区对 PPP 应用范围的相关规定

（一）完全列举 PPP 应用范围的国家和地区做法

柬埔寨和台湾地区对 PPP 的适用范围都作了列举。《柬埔寨王国关于 BOT 合同的法规》规定，“只有柬埔寨发展理事会或柬埔寨王国政府授权的单位宣布的基础设施项目才是 BOT 合同的客体。该类基础设施包括下列项目：电厂、道路、高速路、港口、电讯网、铁路、民用住宅、医院、学校、机场、体育场、旅游饭店、新建城市、

水电站、水坝、工厂、净水厂及垃圾处理”。

台湾地区的《促进民间参与公共建设法》规定，“本法所称公共建设，指下列供公众使用或促进公共利益之建设：

- 交通建设及共同管道；
- 环境污染防治设施；
- 污水下水道、自来水及水利设施；
- 卫生医疗设施；
- 社会及劳工福利设施；
- 文教设施；
- 观光游憩重大设施；
- 电业设施及公用气体燃料设施；
- 运动设施；
- 公园绿地设施；
- 重大工业、商业及科技设施；
- 新市镇开发；
- 农业设施。”

柬埔寨和台湾地区采用的也是完全列举的方式，这样做的好处和坏处都是遇到没有列举到的项目，可以直接不考虑采用 PPP：节省时间和有可能浪费物有所值的机会。同样，完全列举也能起到部分正面清单的作用。

（二）不列举 PPP 应用范围的国家和地区做法

国际上更多的国家和地区并未明确限定 PPP 的具体适用范围，而仅仅是通过对 PPP 的定义以及评估项目是否适用 PPP 的方法，从另一个角度间接表达出适用范围。

香港效率促进组编制的《PPP 简要指引（An Introductory Guide to Public Private Partnerships）》将 PPP 定义为一种涉及私营部门交付公共服务的合同安排，考虑到“适用 PPP 的项目具有如下特点：

- 对建设和交付期间高效的风险管理有要求的重要投资项目：可能是单独的一个主项目，也有可能是一系列可复制的小项目；
- 私营部门有交付所需设施和服务的专门知识，能够实现物有所值；
- 服务的结构应该是适当的，允许公共部门将服务需求定义为产出/成果要求（以便准确地形成合同，保证企业能够高效率地、公平地和可问责地长期提供公共服务）；
- 政府和企业之间的风险分配能够清晰地界定和执行；

- 设备及其服务的自然属性在长期的寿命期内可以作价；
- 项目规模要足够大，以确保招投标成本能够与之相称；
- 技术和其他方面相当稳定，而且不易受到短期快速变化的影响。当项目涉及的设备受快速发展的技术影响时，PPP 合同能作出相应的其他安排；
- 期限是长期的，同时固定资产可预期长期使用。”

而“不适用于 PPP 项目则具有一些困境，比如：

- 公共部门不能够完整和清晰地明确项目要求，即项目特性和预期服务质量的不确定性；
- 由于迅速的技术变更导致难以明确项目的要求；
- 需要整合优势技术时难以更换供应商；
- 过度依赖于企业贷款，但缺失独立尽职调查的私营企业又难以从金融机构获得贷款。”

对于什么项目适用 PPP，香港《PPP 简要指引》中有借鉴国际经验的意思，其中提到澳大利亚维多利亚州的伙伴政策（Partnerships Victoria Policy），表示当需要公共基础设施及其相应服务时，政府不应预判公共部门和私营部门哪一个更好，而应根据其在一个具体项目全生命周期的成本控制和风险转移的好处大小来进行决策。如果私营部门能更加有效节约地提供服务，那么通过公共利益测算后，就可承接公共项目。英国政府则明确，PPP 是为了有效节约地提供安全的公共基础设施，招投标方法要看企业是否能够实现最佳的物有所值（Value for Money）。

物有所值是指综合考虑全生命周期内项目采购的所有的利益、成本、风险后最佳结果，评估变量的价值需要一定程度的判断和定量分析方法的应用，即“物有所值是经济、效率和有效性的综合体现，具体如下：

- 低价提供服务；
- 由于关键风险较少，预期的经济回报有更大的确定性；
- 由于公共部门关注的是服务交付而不是资产获取，最终用户受益更多。”

物有所值除了不受备选交付方法（PPP 与否）预算的影响，也应独立于私营财务安排的会计账目。不管借款是不是体现在政府的资产负债表上，备选方法对财政预算的影响都应该独立于政府的资源管理架构，包括 PPP 在内的私营融资模式若能比其他方式更好地保证物有所值就可以采用。

香港《PPP 简要指引》中也对 PPP 项目特点，以及不适用 PPP 的项目特点进行了描述，客观上更加实用：对于一个项目而言，根据这些特点，初步判断是否适用 PPP，然后再根据物有所值的概念，对适用的项目进行后续的评估，最终确定是否使用 PPP。

这种方法明显比完全列举要公正且合适得多：具体项目具体分析，对选择真正适用 PPP 的项目而言，考虑得更加全面；而且，其物有所值的评估方法中，也必要地考虑了公众的利益。

新加坡则在《PPP 手册（Public Private Partnership Handbook）》中更加明确地提出 PPP 的适用条件：政府采用资源最优的方法决定是否采用 PPP，即将 PPP 采购方法与政府传统采购方法进行比较，如果 PPP 更加物有所值，政府就会采用 PPP。“影响 PPP 能对政府实现物有所值、同时对私营部门充满吸引力的关键要素有：

- 私营部门供应商的竞争力：可信赖的、有能力的私营部门比政府更加可能提供更好和更有效率的服务；
- 可量化的产出/结果说明书；
- 足够大的项目规模：项目规模越大，通过私营部门的潜在的管理效率更高；
- 私营部门创新和管理效率的程度：当私营部门能够引进创新技术，PPP 的方法使得项目更易成功。如果有可能，政府应当听取私营部门的建议共享设备设施，当这种资源共享有碍于公共政策和目标时除外；
- 采用 PPP 模式和招投标的充分时间：不充分的时间不利于政府清晰地表述自己的要求，也不利于私营部门考察商业机会和提出新的主意；
- 与其他项目或者已有合同的界面可控。”

新加坡《PPP 手册》中也提出了政府选用 PPP 需要考虑的要素，实质也是在判断 PPP 是否能够提供更佳的物有所值，但是，与香港的《PPP 指南》相比，没有提到具体的物有所值方法和不适用的情形。

亚开行等几个机构成立的 CDIA（亚洲城市发展中心）所编制的《市政项目 PPP 指南（PPP Guide for Municipalities）》中提到，PPP 适用于交通运输、公共事业和服务业等诸多行业，但是在不同项目中 PPP 的适用程度不同，CDIA 认为，原则上任何能够带来收入的基础设施项目均有潜力实施 PPP。多数情况下，仅需计算项目预计收入能否在合理时间框架内与项目成本实现平衡即可做出判断，与此同时，要确保用户愿意为新服务或改进后的服务付费；即便用户不愿意付费也未必表示该项目不适用 PPP，但必须为投资者找到其他回报方式，道路、公立学校、医院、监狱等均可以考虑通过政府支付的方式回报投资者。CDIA 同时指出，PPP 应比传统政府融资项目更加物有所值，通过物有所值分析法，可以帮助制定项目采购政策。

澳大利亚《全国 PPP 指南（National PPP Guidelines）》则提出了 PPP 的核心服务与非核心服务的概念，对于公共产品中的核心服务（不同项目的判断标准不一样，没有提出界定）只能由政府提供，但是非核心服务可由私营部门提供，PPP 也可适用于非核心服务，但要体现物有所值。而判断物有所值的方法，仍然是根据项目的特点来确定的，但 PPP 项目要考虑以下几点要素：足够大的规模、长期性、成本、创新、资产利用率、设计建造和运营的整合、竞争性。

欧盟的《PPP 成功指南（Guidelines for Successful PPPs）》中提到，决定物有所值的因素有：减少的全寿命期的成本、更好的风险分担、更快的完工、改善的服务质量。而进行物有所值的评估，要从两方面进行比较：货币性比较（Monetary Comparison），比较指标有财务 Financial Comparator，Best Available Alternative，Comparable PPP Projects；非货币性比较，比较的是服务质量和安全等对政府和公众很重要的指标。PPP 只有在比传统模式具备更好的物有所值时才能应用。

美国在《建立 PPP 项目工具（Establishing a PPP Program Toolkit）》中提到，当公共部门将 PPP 定为备选方法之一时，需要选择出最好的方法。分析方法主要有流量和收益研究（针对收费公路的）、风险评估、初步设计和成本估算、经济可行性研究和物有所值分析，其中物有所值评估是把考虑了风险而调整后的项目全寿命期成本与公共部门比较因子 PSC （Public Sector Comparator）进行比较，而 PSC 是用公共部门传统模式交付同样项目的基准成本，通过这个比较来确定项目是否适合应用 PPP。与此类似，英国财政部的《物有所值指南（Value for Money Assessment Guidance）》同样也将 PSC 作为物有所值的判断标准。

总之，国际社会上更主流的做法是通过强调 PPP 项目的一般特点，以及 PPP 是否能够更好地提供物有所值这两点来反映出 PPP 的适用范围，这对我国的 PPP 立法具有借鉴意义。

三、PPP 学者对 PPP 适用范围的看法

本文作者认为，是否采用 PPP，很大程度上取决于项目本身的性质，包括技术复杂性、收费的难易程度、生产或消费的规模、设施数量等，表 1-2 主要从这四个方面对各种公共基础设施项目的差异情况进行了对比分析。对于政府而言，最应关注应用 PPP 能否提高项目的建设和运营效率（其最典型的体现就是，项目产品或服务价格的降低和服务水平的提高）。

表 1-2　各种基础设施项目特性比较表

设施类别	设施数量	技术复杂性	收费难易程度	生产或消费规模
教育	2	4	2	1 ~ 4
健康	2	5	2	4
国防	2	3 ~ 5	1	1
社会安全	1	3	1	2 ~ 5

续表

设施类别		设施数量	技术复杂性	收费难易程度	生产或消费规模
司法		1	4	1	4
文化		2	3	4	4
通信		5	5	5	2 ~ 5
电力		5	4	5	2 ~ 5
水供应		5	4	5	5
卫生		5	4	1	5
路灯		5	2	1	5
娱乐		4	2	4	5
邮政		1	2	5	3 ~ 5
宗教		2	4	2	2 ~ 5
科研		2	5	1	5
交通运输	航空	2	5	5	4
	道路	5	3	4	4
	铁路	4	4	5	3
	水路	2	2	5	3
	海运	3	3	5	4
	城市运输	4	4	2	5

注　其中1分表示适用性指标值最低，5分表示指标值最高

（1）从设施数量上看，道路、通信、电力、水供应、卫生、路灯等项目的数量大，适于采用PPP。

（2）从技术复杂性上看，健康、航空、通信、科研等项目需要复杂的技术，不太适用。一般而言，技术可靠的项目较适于采用PPP。

（3）从收费的难易程度上看，基于消费的一般性公共服务的收费（例如，铁路、航空、水路、海运、电力、水供应等）比纯公共服务（例如，国防、社会安全、司法、卫生等）更为容易采用PPP。一般而言，收费越容易，外资或民营企业介入的程度越高。

（4）从生产和消费的规模上看，城市运输、水供应、路灯等项目的区域性较强，即这些项目局限于一定的区域范围内，而项目的区域性越强，引入外资或者民营资金应用PPP的可能性就越大。

综上可发现，PPP主要适用于自然资源开发、基础设施和公用事业项目，按融资易难为序分列于下：

- 自然资源开采，如采矿/油/气及其加工处理或输送储存设施等。
- 电厂、供水或废水/物处理厂。

- 通信。
- 公路、（城市）隧道或桥梁。
- 铁路、地铁。
- 机场、港口。

其中，第一类项目是自然资源开采，因为自然资源在全世界都是紧缺物质，只要开采出来，总能以一定价格卖出，即使国内卖不了，也可以出口，因此较易应用PPP，但前提是储量一定要已经探明的，另外，项目所在国或国际上对所开采的产品没有禁运和限售等限制；第二类项目是电厂、水厂、污水和垃圾处理厂，因为这类项目的承购者往往为政府，项目公司只需跟一个用户（即政府）打交道，但是要保证政府的承购量足以支付运营成本和还本付息，并有一套严格的支付保障机制；第三类是光缆（如互联网）、固定或移动电话网、卫星等通信项目，这些本来就是利润率较高的高科技项目，而且多数项目还可能有外汇收入，外汇风险较小，但要注意市场的竞争，特别是新技术的出现和后来的竞争者；第四类是公路、（城市）隧道或桥梁（即非高速公路上的隧道或桥梁）等独立式设施，虽是跟一个个零散用户收费，但收费站设立后可收费性较有保障，但要注意保证在一定区域范围之内项目的唯一性，以避免竞争；第五类是铁路和地铁，但这类项目的投资相对较大（而用户主要是普通百姓，收费不能高），施工难度和内部结算方式（因为项目的独立性一般不强）等可能导致风险较大；第六类是机场港口，这类项目除了与铁路类项目类似的风险外，货物运输量和旅行人数受国际经济和政治形势等影响很大，还涉及与国外航空、航海公司之间的结算，不确定性较大且不易控制。除了上述项目，大型制造业（如轮船、飞机、大型武器制造等）也适用。

在发达国家，PPP已经广泛应用于公共服务设施，如学校、医院、文化体育、政府办公楼、路灯路标、警岗、甚至监狱等，由私营部门融资、建设，提供硬件和部分软件服务，由公共部门使用。和典型的BOT不同的是，该模式中更多的是由政府根据项目公司提供服务的质量向项目公司付费而不是由公众消费者直接付费，这样既可以保证公用事业公益性服务和社会目标的实现，又可以把商业性的事务交给民营企业高效率地运作，实现政府和企业的双赢。

要特别提醒的是，因为PPP项目复杂，谈判耗时，前期费用高，因此对项目规模有一定要求，否则不合算，因为前期费用占项目总投资的比例过大。对国际工程而言，项目投资最好不低于3 000万美元。另外，不能把PPP模式当做万灵丹，不管项目的特性和环境，例如，与国家安全有关的项目（如军事用房）或非常敏感的项目（如核电站）一般不适合采用PPP。

总之，PPP适用的项目具有一定的特点，并不是所有的项目都适用于PPP。对于某些应用非常广泛的PPP项目，按照融资难易这样的方式来罗列，可能对于政府和企业而言更有价值，这也可以作为另一种PPP适用项目类型的正面清单。

四、小结

对比国内外的立法实践，对PPP适用范围的确定方法主要有两种：限定范围（柬埔寨，中国台湾和大陆各个地方条例）和不限定范围（中国香港、新加坡、澳大利亚、英国，亚行等）。限定范围的又可分为完全列举（台湾地区、柬埔寨、上海）和不完全列举（北京等地方条例）。基础设施和公用事业项目均具有长期性、复杂性、投资大和涉及面广等特点，可复制性不强。因此，不管是通过列正面清单、负面清单的方式，还是通过完全列举的方式来限定PPP的适用范围，都可能会扩大或缩小实际的应用范围。国际上大多数的处理方法是从项目特点入手，而不是从行业入手，重点判断项目的指标（如经济指标和非经济指标），将物有所值作为一种评估方式，通过判断相比于传统采购方式，PPP是否具有优势。所以，物有所值的判断标准和操作方法，对一个具体项目是否适用PPP就有了决定性的作用。

参考国际上对PPP应用范围的相关规定，很多国家或地区的PPP相关法规或指导文件中，都提出了PPP项目的特点，这样能更加直观地表达PPP的适用条件，特别是像香港《PPP简要指引》中提到的两种情形：PPP项目的特点以及不适用于PPP的情形，对选择PPP项目而言更具参考价值。而且这跟正面清单和负面清单不同，强调的是项目特性对PPP适用与否的影响，这些特性不一定跟行业相关。在项目评估之前，政府和投资者可以根据这些项目特性，迅速而直接地判断是否适用于PPP。若是在这之后，再次对适用PPP的项目进行进一步评估，就可以最终判断该项目是否适合用PPP。这就需要提出一种PPP适用性的评判方法，物有所值则是认可度相当高的一种方法，值得借鉴。

综上，对我国PPP立法中关于PPP应用范围的规定建议如下：

（1）不采用现行特许经营法（征求意见稿）中，用完全列举或部分列举的方法来限定PPP的适用范围，而是通过提出PPP项目的特点，尤其是使得PPP项目成功的关键要素，相应地也可以提出不适用PPP的情形，以帮助政府和企业迅速判断项目是否适用PPP。在此条件下，可以部分列举已经成功运用PPP项目类别清单，以表示政府对这类项目应用PPP的支持来吸引投资者；同时，也可以设置负面清单，将必须由公共部门负责提供的项目（如涉及国家安全的）排除在PPP应用范围之外。

（2）建立物有所值的判断准则，以判断具备PPP潜在应用可能的项目采用PPP是否比传统模式更加适用。如果借鉴其他国家和地区采用物有所值的判断标准，就需要同时考虑对政府、企业以及对社会公众三方的物有所值。对于政府而言，着重判断项目交给公共部门或交给企业，谁更能体现物有所值；对于企业而言，着重考虑PPP和传统模式相比，以及跟其他投资机会相比哪个更有把握且有利可图；对于公众而言，哪种模式能以更低的价格获得更好的产品或服务。但在设计物有所值评估方法时，建议仍从项目着眼，而不对行业设置障碍，这样可以结合我国发展中国家的特点，并借鉴国外处理方法，设计出有效和实用的物有所值评估方法。

参考文献

[1] 付于江，刘露. 论新一轮公私合营——浅议 BOT/PPP 的适用范围[J]. 经济论坛，2006（5）: 35-37.

[2] 王守清，柯永建. 特许经营项目融资（BOT、PFI 和 PPP）[M]. 北京：清华大学出版社，2008.

[3] 柯永建，王守清. 特许经营项目融资（PPP）：风险分担管理[M]. 北京：清华大学出版社，2011.

[4] 欧亚 PPP 联络网编著，王守清主译. 欧亚基础设施建设公私合作（PPP）：案例分析（中英文对照）[M]. 沈阳：北方联合出版传媒集团，2010.

（《施工企业管理》2014 年第 9 期，第 87-89 页）

PPP 项目特许经营者选择研究——基于《招标投标法》与《政府采购法》的适用性比较

作者：刘婧湜　王守清

【摘要】我国有关政企合作（PPP）模式选择特许经营者的相关法律尚不完备，目前适用法律主要有《招标投标法》和《政府采购法》，但各有适应与不适应 PPP 之处。本文以相关实践为背景，从二者法律适用的项目属性、政府在法律中的角色、选择特许经营者的方式和法律作用的时效等方面入手，分析比较两种法律对选择 PPP 项目特许经营者的优势和不足，并借鉴欧洲 PPP 专业中心和法国 PPP 机构的采购规范，为我国选择 PPP 项目特许经营者的法律完善提供参考建议。

【关键词】PPP 项目　特许经营者　招标投标　政府采购

近年来，我国政府多次发文鼓励和引导社会资本进入基础设施和公用事业等领域，政企合作（PPP）模式已越来越广泛的被社会关注，但现阶段我国相关法律、行政法规和规章等还存在标准不同、相互冲突的问题，例如，选择PPP项目的特许经营者（即政府的合作伙伴）时到底是应采用《招标投标法》还是《政府采购法》就有争议。本文就此进行一些比较分析。

一、我国PPP项目选择特许经营者相关法律的背景与问题

PPP模式强调政企合作的长期关系，如共享收益、共担风险和社会责任，强调政府的参与及在项目公司中占有股份[1]。这种长期合作性决定了在准备阶段和招标阶段选择PPP项目特许经营者的重要性。有关选择PPP项目特许经营者的方式，我国地方政府采取的是以招标为主、其他方式为辅的方式。包括北京、上海、深圳在内的约30个省市都出台了关于公用事业和基础设施的特许经营管理办法或条例，这些文件虽不完全一致，但是主题框架相差无几。以北京、深圳、上海、青海四个地方的特许经营条例为例，分别代表了北部、南部、东部和西部地区的相关法规情况。

《北京市城市基础设施特许经营条例》[2]第十一条规定：实施机关按照实施方案，通过招标等公平竞争方式确定特许经营者并与之签订特许经营协议。《深圳市公用事业特许经营条例》[3]第八条、第九条规定：市政府应当采取招标、拍卖等公平竞争的方式确定经营者，通过招标、拍卖等方式不能确定的，也可以采取招募方式。《上海市城市基础设施特许经营管理办法》[4]第十一条规定：实施机关应当依法通过招标投标方式选择特许经营者，没有投标者或者投标者不符合招标条件的，可以采用竞争性谈判方式确定特许经营者。《青海省市政公用事业特许经营管理条例》[5]第十三条规定：主管部门应当采取招标方式选择特许经营者。通过招标不能确定特许经营者的，可以采取直接委托或者其他方式确定特许经营者。

目前可以用于选择PPP项目特许经营者的法律主要有《中华人民共和国招标投标法》（以下简称《招标投标法》）及其实施条例和《中华人民共和国政府采购法》（以下简称《政府采购法》）及其实施条例。从上述地方条例来看，有关政府给出的选择PPP项目特许经营者的方式，已部分超出《招标投标法》的适用范畴；而且由于PPP项目多为提供公共产品/服务，有些还是政府付费的，似乎应该采用《政府采购法》。然而，在实际操作中，大多数PPP项目多是使用《招标投标法》。那么，选择PPP项目的特许经营者，到底应适用哪一部法律？

二、《招标投标法》与《政府采购法》的比较分析

《招标投标法》是为了规范“必须招投标项目”的招标投标活动而制定的法律，自2000年1月1日起施行[6]。《政府采购法》是为了规范政府采购行为而制定的法律，自2003年1月1日起施行[7]。二者既有相通之处，又有相别之处，对于PPP项目而言，都分别具有一定的局限性。

依据法学研究的常用研究方法，在对以上两法进行比较研究时，既要比较其法律规范、法律体系的内容和结构以及法律关系、法律责任的要素，又要比较法律的实际效力、效果、作用和价值[8]。具体而言，二者立法主体均为全国人大常委会，效力是一致的；规范对象虽略有不同，但可认为都是以政府、特许经营者为主体的招投标（采购）干系人，虽具体条款中涉及的权利与义务、法律行为、法律关系、法律责任不尽相同，但仍具有可比性。将两法相似条款一一对应进行比较并汇总后，可以发现不同点集中在以下四个方面：法律适用的项目属性、政府在法律中的角色、选择特许经营者的方式和法律作用的时效。故本文基于 PPP 项目特点及选择 PPP 项目特许经营者的特定要求，针对以上四个方面进行具体分析。

（一）适用项目的属性

对于适用项目的属性，二法分别作了各自的规定。《招标投标法》第三条规定：大型基础设施、公用事业等关系社会公共利益、公众安全的项目；全部或者部分使用国有资金投资或者国家融资的项目；使用国际组织或者外国政府贷款、援助资金的项目的工程建设项目适用《招标投标法》。而《政府采购法》第二条规定：各级国家机关、事业单位和团体组织，使用财政性资金采购依法制定的集中采购目录以内的或者采购限额标准以上的货物、工程和服务的行为适用《政府采购法》。《招标投标法》强调工程建设项目，《政府采购法》强调使用财政性资金。二者虽都适用于大多数 PPP 项目，但有些 PPP 项目并非工程建设项目（似乎不应适用《招标投标法》），有些则是使用者付费项目（似乎不应适用《政府采购法》）。另外，《政府采购法》第二条规定的上述采购范围，使其适用范围进一步缩小。尽管可以认为政府采购的对象范围广泛，但对于具体的一个 PPP 项目是否属于集中采购目录或采购限额标准以上也不能给出绝对肯定的答案。因此，现在 PPP 立法时，无论是依据《招标投标法》或《政府采购法》选择 PPP 项目的特许经营者，都要求对这两部法律的适用范围进行相应的扩充，进一步明确什么情况应适用哪一部法。

（二）政府的角色

政府的角色在二法之中也不尽相同。在《招标投标法》中，各主体角色基本平等，框架较为清晰，标准容易界定。招标人、投标人及招标人组建指定的招标委员会和评标委员会，都有其明确的责任与义务，且明文规定各方应做什么、禁止做什么，以及相应的法律责任。而在《政府采购法》中，由名称可知，它是用来规范采购者即政府的行为。第十四条指出，政府采购当事人是指在政府采购活动中享有权利和承担义务的各类主体，包括采购人、供应商和采购代理机构等。但在当事人中，采购人起主导作用，承担主要责任。在第六章质疑与投诉和第七章监督检查中，其主要被监督对象也为采购人。在 PPP 项目中，政府发起项目选择特许经营者，在甄选阶段应起主导作用。同时项目是提供社会公众基础性设施或服务，其受益人为公众，政府代表公众组织项目的开展，应承担主要责任。由此看来，《政府采购法》更有利于政府在 PPP 项目的准备、招标阶段掌握主动权，对整个项目进行控制，把握长远方向。

（三）选择特许经营者的方式

二法选择 PPP 项目特许经营者的方式有所不同。《招标投标法》第十条中规定，招标分为公开招标和邀请招标。而《政府采购法》第二十六条中则规定了政府采购的六种方式：公开招标、邀请招标、竞争性谈判、单一来源采购、询价及国务院政府采购监督管理部门认定的其他采购方式。

二者都将公开招标作为主要方式，且规定任何单位和个人（采购人）不得将依法必须进行招标的项目（应当以公开招标方式采购的货物或者服务）化整为零或者以其他任何方式规避招标。且二者对于招标方法的规定基本一致，如公开招标需发布招标文件，禁止就投标价格、投标方案等实质性内容进行谈判；投标人（供应商）不足三家的应予废标，出现影响公正、违法违规行为的应负法律责任且废标等。但《政府采购法》另有规定，采用公开招标方式的，其具体数额标准，应由国务院或相应级人民政府规定。这使得原本合同关系复杂的 PPP 项目的程序手续更加烦琐。

对于不适用公开招标的项目，二法也给出了相应规定。《招标投标法》第十一条指出：国务院发展计划部门确定的国家重点项目和省、自治区、直辖市人民政府确定的地方重点项目不适宜公开招标的，经批准，可以进行邀请招标。而《政府采购法》第二十九条至三十二条分别具体给出了邀请招标方式采购、竞争性谈判方式采购、单一来源方式采购和询价方式采购的适用情况。

PPP 项目干系人众多、合同结构复杂，需就各方特别是政府和特许经营者之间的利益共享、风险分担等进行细致的协商谈判。而《招标投标法》及《政府采购法》的公开招标或邀请招标，都禁止开标后进行实质性谈判，且整个招标过程过于严格，没有给政企双方足够的协商空间。这种严格的规定消除了 PPP 项目前期政企双方就长达十几、几十年的合同进行协商完善磨合的机会。相比之下，《政府采购法》规定的竞争性谈判方式采购、单一来源方式采购和询价方式采购更加灵活，为 PPP 项目的政企合作合同质量的提升创造了条件。

《政府采购法》第三十八条给出了竞争性谈判方式采购的程序：成立谈判小组；制定谈判文件；确定邀请参加谈判的供应商名单（不少于三家）；谈判；确定成交供应商。第三十九条规定采取单一来源方式采购的，采购人与供应商应在保证采购项目质量和双方商定合理价格的基础上进行采购。第四十条给出了询价方式采购的程序：

成立询价小组；确定被询价的供应商名单（不少于三家）；询价；确定成交供应商。总体而言，都遵循着协商为主、竞争为辅的原则，有利于政府与企业对项目实施方案进行细化，就利益、风险的分配进行商讨。使双方在签署合同协议之前达成最大共识，降低后续项目过程中产生分歧的可能性。

但《政府采购法》对每种采购方式的应用范围作出了严格的限定，相当于对各类PPP项目的特许经营者的选择模式作出了相应限制。基础设施与公共事业PPP项目多带有一定的垄断性，如市政地下管网，城镇供水设施，燃气、供热管网等，政府只能从有限范围的供应商处采购，则可以采用邀请招标方式。另一些带有一定技术革新、城市升级的性质，如污水和垃圾处理后的再生利用设施，智能节能环保产品等，由于技术复杂或者性质特殊，或只有唯一或极少数供应商能提供，则可以采用竞争性谈判方式或单一来源方式采购。然而，更多的PPP项目是技术较为普及、特殊性并不很强的，如公路、桥梁、医疗和教育等，这些项目则更适合于采取公开招标进行采购。

另外，PPP项目的特殊性并非仅指项目本身，更重要的是指这种合作模式的特殊性。不管具体项目是什么，它都强调政府作为公共一方与企业作为社会一方之间的长期合作关系，强调收益的共同分享、风险和社会责任的共同分担，强调政府的参与及对提供公共产品/服务的PPP项目的规制和监管。而这些复杂且明确的合同关系需要双方深入地沟通协商和多轮谈判，以形成双方关系公平和匹配于PPP模式特点的长期合同，约束双方的行为，保障双方履行承诺。而《政府采购法》仅以项目的性质来区分采购的方式，显得不甚匹配。若能根据政府参与项目的程度来确定采购的方式，尤其是可以进行谈判的程度，则会更加匹配PPP模式的特性。如政府在PPP项目公司中占有股份的狭义PPP项目中，政府在采购时对谈判的需要可能会略强于典型特许经营的BOT项目。①

（四）作用时效

二法作用的时效长短不完全相同。《招标投标法》第四十六条规定：招标人和中标人应当自中标通知书发出之日起三十日内，按照招标文件和中标人的投标文件订立书面合同，至此招投标整个工作已结束。而《政府采购法》第四十二条规定：采购文件的保存期限为从采购结束之日起至少保存十五年。采购文件包括采购活动记录、采购预算、招标文件、投标文件、评标标准、评估报告、定标文件、合同文本、验收证明、质疑答复、投诉处理决定及其他有关文件、资料。在政府付费的PPP项目中，政府作为使用者的代表，应对整个项目负责。尽管政府与企业后续的行为都受根据招标

① 本文发表后不久，财政部发布了《政府和社会资本合作项目政府采购管理办法》（财库〔2014〕215号），实务操作应参照该办法。

文件签署的合同（或采购合同）制约，但仅就前期选择特许经营者的过程来讲，《政府采购法》更侧重于长期的考虑，更适合。

同时，《政府采购法》的第六章质疑与投诉中明确了供应商以及群众对于采购人或采购行为监督和质疑的权利，也规定了采购人回应的义务。第七章监督检查中指出了监督管理部门的职能；第八章明确了各政府采购当事人的法律责任。相关规定使得政府采购体系能更有效的保证项目全寿命周期内的政企合作质量，降低“重签约，轻监管”现象发生的可能性。这样的法律基础对于 PPP 项目长期合作尤为重要，也为后续项目协议、合同的签署做好铺垫。

另外《政府采购法》第三十三条规定：负有编制部门预算职责的部门在编制下一财政年度部门预算时，应当将该财政年度政府采购的项目及资金预算列出，报本级财政部门汇总。这是对中长期预算规划的一种考虑，是推行跨年度预算制度的前奏。PPP 项目一般持续时间长，资金回收慢，但现金流稳定。如果在预算编制中，能不仅考虑本年度、下一年度，继而把项目初始期乃至整个项目周期的资金预算考虑在内，不失为更科学的考量规划方法。

PPP 项目的优越性之一就在于把政府从过于琐碎的项目细节中解放出来，转而着眼于中长期的整体规划和整个社会区域的资源整合。如果在甄选特许经营者阶段就能以法律的形式，把政府与企业的合作关系限定在一个更长的时间区间里，无论是从规划、考核还是监管的角度，无疑将大大提升政府与企业的合作效率和合作水平。

表 1-3 是《招标投标法》和《政府采购法》选择 PPP 项目特许经营者的适用性比较结果汇总。

表 1-3　《招标投标法》与《政府采购法》对选择 PPP 特许经营者的适用性比较

<table>
<tr><th>要素</th><th colspan="2">招标投标法</th><th colspan="2">政府采购法</th></tr>
<tr><td rowspan="4">适用项目的属性</td><td rowspan="4">右侧工程建设项目包括项目的勘察、设计、施工、监理以及与工程建设有关的重要设备、材料等的采购（3）</td><td>大型基础设施、公用事业等关系社会公共利益、公众安全的项目</td><td rowspan="4">使用财政性资金采购的依法制定的集中采购目录以内的或者采购限额标准以上的货物、工程和服务（2）</td><td>采购，是指以合同方式有偿取得货物、工程和服务的行为，包括购买、租赁、委托、雇用等</td></tr>
<tr><td>全部或者部分使用国有资金投资或者国家融资的项目</td><td>货物，是指各种形态和种类的物品，包括原材料、燃料、设备、产品等</td></tr>
<tr><td rowspan="2">使用国际组织或者外国政府贷款、援助资金的项目</td><td>工程，是指建设工程，包括建筑物和构筑物的新建、改建、扩建、装修、拆除、修缮等</td></tr>
<tr><td>服务，是指除货物和工程以外的其他政府采购对象</td></tr>
</table>

续表

<table>
<tr><th>要素</th><th colspan="2">招标投标法</th><th colspan="2">政府采购法</th></tr>
<tr><td rowspan="6">选择特许经营者的方式</td><td rowspan="3">公开招标（10）</td><td rowspan="3">一般情况</td><td>公开招标（26）</td><td>一般情况</td></tr>
<tr><td>邀请招标（26）</td><td>1）具有特殊性，只能从有限范围的供应商处采购的；2）采用公开招标方式的费用占政府采购项目总价值的比例过大的（29）</td></tr>
<tr><td>竞争性谈判（26）</td><td>1）招标后没有供应商投标或者没有合格标的或者重新招标未能成立的；2）技术复杂或者性质特殊，不能确定详细规格或者具体要求的；3）采用招标所需时间不能满足用户紧急需要的；4）不能事先计算出价格总额的（30）</td></tr>
<tr><td rowspan="3">邀请招标（10）</td><td rowspan="3">国务院发展计划部门确定的国家重点项目和省、自治区、直辖市人民政府确定的地方重点项目不适宜公开招标的项目（11）</td><td>单一来源采购（26）</td><td>1）只能从唯一供应商处采购的；2）发生了不可预见的紧急情况不能从其他供应商处采购的；3）必须保证原有采购项目一致性或者服务配套的要求，需要继续从原供应商处添购，且添购资金总额不超过原合同采购金额百分之十的（31）</td></tr>
<tr><td>询价（26）</td><td>1）采购的货物规格、标准统一、现货货源充足且价格变化幅度小的（32）</td></tr>
<tr><td colspan="2">国务院政府采购监督管理部门认定的其他采购方式（26）</td></tr>
<tr><td rowspan="2">可谈判性</td><td rowspan="2">公开招标、邀请招标</td><td rowspan="2">禁止（43）</td><td>公开招标、邀请招标</td><td>禁止（71）</td></tr>
<tr><td>竞争性谈判、单一来源采购、询价及其他采购方式</td><td>允许</td></tr>
</table>

注　括号中序号是指对应《招标投标法》或《政府采购法》第几条

三、国际上选择 PPP 项目特许经营者的方式

自 20 世纪 90 年代，PPP 模式取得了很大进展，广泛适用于世界各地的公共管理领域。从区域看，欧洲的 PPP 市场最为发达。据欧洲 PPP 专业中心（European PPP Expertise Centre, EPEC）数据显示，2013 年，在欧洲市场达到融资完成阶段的 PPP 项目的交易总值达 163 亿欧元，较 2012 年增加 27%（128 亿欧元）[9]。

（一）欧洲 PPP 专业中心采购规范

欧洲发达国家 PPP 项目的规模和管理水平较高，EPEC 制定的《指导指南》（The Guide to Guidance, How to Prepare, Procure and Deliver PPP Projects）对各国 PPP 立法及制定指导手册很有参考价值。

《指导指南》中指出，采购阶段（即本文中特许经营者的确定阶段）开始于采购文件的发布，结束于融资完成，即项目可以开始建造的时间点。为了方便可将其分为两阶段：①招标阶段；②从确定中标人到融资完成的阶段[10]。其中招标阶段应按以下四步进行（见图 1-3）：

（1）采购人应公开发布采购公告，以标志正式采购过程的开始。之后向回复公告的当事人发出简短的项目信息说明，并邀请进行资格预审。资格预审的目的是仅纳入有足够实力完成项目的企业。最终确定入围投标人，并发布资格预审报告。

（2）向入围投标人发出招标邀请和详细的招标文件。

（3）与投标者交流，包括召开标前会议，并进行必要的书面澄清。为了使 PPP 项目效益最大化，最大的物有所值（VfM，Value for Money），招标阶段的恰当管理至关重要。

（4）投标文件评审，确定最优投标者，宣布中标人并签署合同。

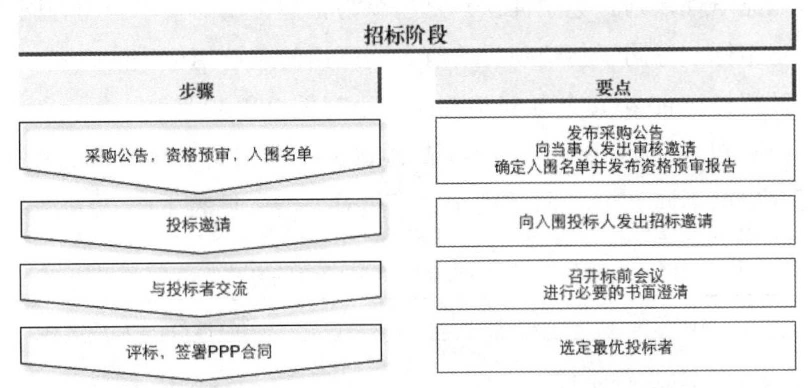

图 1-3 欧洲 PPP 项目的招标阶段

由《指导指南》可看出，欧盟对于 PPP 特许经营者的确定更倾向于两阶段招标，即先进行资格预审，确定入围名单，再进行正式招投标。而在招投标的过程中，也并没有禁止就投标价格、投标方案等实质性内容进行谈判。相反，EPEC 鼓励采购人在招标过程中与投标者的交流，认为这是 PPP 项目取得效益最大化，VfM 最大化的关键。《指导指南》给出的招标规范更接近于我国《政府采购法》中的竞争性谈判采购方式，但对于适用范围并没有任何限制。且《指导指南》针对 PPP 项目的 VfM 的特点给出了相应的招标环节的扩充和改善，并针对每一个具体步骤在附录中给出了更具体的解释说明与指导参考。

（二）法国 PPP 项目采购规范

法国有着悠久的特许经营（特别是使用者付费的 PPP）的传统。其增长于 20 世纪下半叶最为突出。而近些年来，法国已经成为世界“政府付费 PPP”的最繁荣市场。早在 1988 年，法国就已出台第一份政府付费 PPP 官方文件，即政府付费 PPP 合同说明第一版。法国 PPP 有着行之有效的组织框架的支持，尤其是 MAPPP（Mission d'appui aux partenariats public - privé，即 PPP 支持组织）的支持。

MAPPP 设立于 2005 年，是法国经济与财政部直属的“PPP 智囊团”，负责 PPP 项目的基础评估工作。根据 MAPPP 发布的《法国 PPP 机构与制度框架》（France, Cadre institutionnel & Unités de PPP），PPP 项目周期应分为四个阶段：项目确定；项目准备；项目采购；项目实施[11]。其中项目采购阶段，MAPPP 指出 PPP 法规定了三种可以用于选择特许经营者的采购程序：

（1）竞争性谈判。每一次采购部门希望激励私营部门在技术、合同或融资方面的创新必须采用竞争性谈判，竞争性谈判是迄今为止最常用的授予合作合同的方式。

（2）邀请招标。等同于传统项目政府采购所用的邀请招标采购方式。

（3）协商招标。自 2008 年始可应用于较小规模 PPP 项目。

同时，MAPPP 给出了基于欧洲国家或地区文件总结的 PPP 项目特许经营者选择方式汇总，并根据不同 PPP 合同类型作出了相应分类。见表 1-4。

表 1-4　欧洲国家选择 PPP 特许经营者的方式与合同类型

合同类型	特许经营者选择模式
DSP（délégation de service public） 公共服务代表（使用者付费）	密封投标 简单招标 协商招标
CP（contrat de partenariat） 合作合同（政府付费有使用者付费可能性）	竞争性谈判 邀请招标 协商招标
BEA（Bail emphytéotique administratif） 行政长期租赁（政府付费）	竞争性谈判 基于候选人资料的非正式竞标
BEH（Bail emphytéotique hospitalier） 医疗长期租赁（政府付费）	竞争性谈判 协商招标
AOT/LOA 公共领域临时占用许可/租赁选购契约（政府付费）	竞争性谈判 邀请招标 协商招标

在实践中，类合作合同（即 CP 以及其他政府付费合同的统称）尤其是合作合同

（CP）几乎总是选用竞争性谈判采购方式，这主要是 PPP 项目的复杂性所导致的，典型的竞争性谈判一般会持续九至十二个月。

从法国政府选择 PPP 项目特许经营者的方法规定可以看出，法国极其重视政府与企业之间的沟通交流。不同于中国以招投标为主的政策，法国政府选择以竞争性谈判为主的项目采购模式。另外，在采购阶段之前的项目准备阶段，PPP 发要求采购人必须依法进行资格预审。资格预审的主要目的有两个：①确认项目符合 PPP 法给出的相关规定；②要求采购人给出合作合同（CP）优于传统形式合同的原因，即体现 PPP 物超所值的概念。

四、小结

《招标投标法》与《政府采购法》应用于 PPP 项目各有优缺点，社会各方给出的意见也各不相同。《招标投标法》标准更严格，操作更规范，而《政府采购法》给政府更多选择与谈判空间，更加灵活。但二者都有一定的局限性，影响 PPP 项目发挥其优势。

欧洲尤其法国的 PPP 项目特许经营者的选择方法更倾向于竞争性谈判，且其概念亦不同于我国《政府采购法》中的竞争性谈判采购方法。EPEC 及 MAPPP 给出的竞争性谈判方式并不限制项目的应用范围，并鼓励采购人在招标过程中与投标者的交流，认为这是 PPP 项目取得效益最大化，VfM 最大化的关键。另外，欧洲多采用两阶段招标的方法，即引入资格预审，缩小入围名单，确保应用 PPP 模式物有所值。

综上所述，建议我国 PPP 立法相关机构应考虑 PPP 项目的复杂性，并针对其物有所值的要求，结合《招标投标法》或《政府采购法》相关条款在 PPP 相关立法文件中明确：鼓励采购阶段采购人与投标者的交流沟通，必要的情况增加资格预审（作者注：财库〔2014〕215 号文件中已明确应该资格预审），以保证政企之间长期和高效的合作关系，为 PPP 项目选择最佳特许经营者提供法律依据和可行操作方法。

参考文献

[1] 王守清.《项目融资》课程讲义.

[2] 北京市人民代表大会常务委员会.北京市城市基础设施特许经营条例[Z]2005.12.1.

[3] 深圳市人民代表大会常务委员会.深圳市公用事业特许经营条例[Z]2005.9.27.

[4] 上海市人民政府. 上海市城市基础设施特许经营管理办法[Z]2010.12.20.

[5] 青海省人民代表大会常务委员会.青海省市政公用事业特许经营管理条例[Z]2009.7.31.

[6] 全国人民代表大会常务委员会.中华人民共和国招投标法[Z]1999.8.30.

[7] 全国人民代表大会常务委员会.中华人民共和国政府采购法[Z]2002.6.29.

[8] 杜宴林，樊安，周元.法理学[M].北京：清华大学出版社，2014.

[9] European PPP Expertise Centre. Market Update Review of the European PPP Market in 2013. 2014.2.

[10] European PPP Expertise Centre. The Guide to Guidance, How to Prepare, Procure and Deliver PPP Projects. 2011.7.

[11] Mission d'appui aux partenariats public-privé.France, Cadre institutionnel &Unités de PPP. 2012.4.

（《建筑经济》2015 年第 7 期，第 9-12 页）

第2章

PPP 立法在路上

第1节　PPP 相关政策述评

BOT/PPP 的应用之十二：我国的相关法规

作者：李湛湛　王守清

法律问题可以说是 BOT/PPP 在一国是否适用的核心问题，目前我国尚没有国家层面的关于 BOT/PPP 特许经营的专门立法，有的主要是一些国家部委就特许经营方式的某一方面的原则性规定，如 1995 年原国家外经贸部颁发的《关于以 BOT 方式吸收外商投资有关问题的通知》、1995 年国家计委、交通部和电力部的《关于试办外商投资特许权项目审批管理有关问题的通知》、2004 年建设部的《市政公用事业特许经营管理办法》、2005 年国务院的《关于鼓励支持和引导个体私营等非公有制经济发展的若干意见》等等。

一些省市地方政府也陆续出台了市政公用事业和基础设施的特许经营地方法规、条例、政策或办法，其中都蕴含了 BOT/PPP 模式，如深圳市、河北省、成都市和北京市等。一些地方政府还颁布了一些针对某一单项 BOT/PPP 项目的法规政策，如上海市政府于 1994 年发布的《上海市延安东路隧道专营管理办法》、1996 年的《上海市大场自来水处理厂专营管理办法》等。

此外，针对不同行业的特点，各有关主管部委还颁发了一些专项规定，如有关收费公路、污水和垃圾处理等项目的特许经营文件等，建设部还提供了相关的示范文本，如2004年9月的《城市供水特许经营协议示范文本》、《管道燃气特许经营协议示范文本》和《城市生活垃圾处理特许经营协议示范文本》，2006年5月的《城镇供热特许经营协议示范文本》和《城市污水处理特许经营协议示范文本》。

其他与BOT/PPP特许经营相关的法律法规主要有：《合同法》、《担保法》、《中外合资经营企业法》、《中外合作经营企业法》、《外资企业法》、《外商投资开发经营成片土地暂行管理办法》、《环境保护法》、《税收征收管理法》、《外汇管理条例》、中国人民银行《境内机构对外担保管理办法》、国家外汇管理局《境内机构借用国际商业贷款管理办法》和《境内机构提供外汇担保管理办法》等。

在我国现有的相关法律框架下，BOT/PPP的应用中所面临的最重要问题还是政府保证和支持的有效性和长久性问题。BOT/PPP 项目运行过程中的最突出和常见问题是，项目发起人/投资者的利益缺乏有效的保护，主要是（地方）政府经常变更政策、不履行特许权协议中的承诺，或将许多风险不公平地推给特许经营者。因此，像我国这样的立法/执法/金融体系有待健全和成熟的发展中国家，若希望引进民营/外国资本参与公用事业基础设施建设，就应当而且必须向投资者提供一定的政府保证和支持等激励措施，如项目实施基本条件（土地、水、电、通讯等）、原材料供应、市场需求保证、外汇兑换与汇出保证、不予国有化保证等等，以公平地分担风险、提高效率等（参见《中华建筑报》2007年连载文章之六）。

但是我国对政府保证和支持的范围、合法性、法律效力等问题没有明确的法律规定，现存的部委法规之间、实践与既存法规之间都常常存在着冲突之处。为了促进BOT/PPP的应用和发展，我国迫切需要对政府保证和支持出台新的法律，以明确的法律规定避免这些冲突，激发投资者的积极性。

在目前的情况下，当 BOT/PPP 特许权协议的政企双方产生冲突时，如何解决政府和项目公司/投资者之间的争端是一个非常棘手的问题，我国的实践中多采用提交中国国际经济贸易仲裁委员会申请仲裁的方式进行解决，但是笔者的研究表明，关于BOT/PPP特许权协议争端的仲裁解决在我国还存在立法上的缺失和漏洞，有待进一步完善（详见《建筑经济》2006年7月专刊）。

（《中华建筑报》，2007年5月31日）

我国 PPP 相关法规的发展

作者：冯珂　王守清

PPP 项目离不开完善的法律体系的支持，这对于创造政企互信环境、降低交易成本、提高运作效率等都至关重要。本文梳理了我国 PPP 法规的发展历程，并介绍了目前特许经营法（征求意见稿）的要点。

一、我国 PPP 相关法规的发展历程

依据我国 PPP 的发展历程和相关法规的演变情况，可以将我国 PPP 法规的发展概括为三个阶段：

第一阶段：1994 到 2001 年为 PPP 法规的探索阶段。1994 年，国家计委选择了包括广西来宾 B 电厂在内的五个 BOT 项目进行试点。1995 年，对外经济贸易部颁布了《关于以 BOT 方式吸收外商投资有关问题的通知》。同年，国家计委，电力部和交通部联合颁布了《关于试办外商投资特许权项目审批管理有关问题的通知》。这些法规内容多属于原则框架上的规定，管理对象主要为国外资本。

第二阶段：2001 年至 2008 年为 PPP 法规的普及阶段。2001 年 12 月，国家计委发布了《关于促进和引导民间投资的若干意见》，提出了“鼓励和引导民间投资参与供水、污水和垃圾处理、道路、桥梁等城市基础设施建设”。2002 年，建设部出台了《关于加快市政公用行业市场化进程的意见》，提出要在“供水、供气、供热、污水处理、垃圾处理等经营性市政公用设施”的建设中吸引社会资本和外国资本的参与。2004 年 7 月，国务院颁布《关于投资体制改革的决定》，决定“转变政府管理职能，确立企业的投资主体地位”。同年，建设部颁布了《市政公用事业特许经营管理办法》，并逐步发布了一系列不同领域的特许经营协议示范文本。随后，各地方政府也相继出台了当地的公用事业特许经营实施办法。2005 年 2 月，国务院下发了《关于鼓励支持和引导个人私营等非公有制经济发展的若干意见》（“旧 36 条”）。2006 年，原铁道部发布了《关于鼓励支持和引导非公有制经济参与铁路建设经营的实施意见》，将铁路建设、运输、装备制造、多元化经营四大领域向非公有资本全面开放。

这一阶段的 PPP 应用拓展到了自来水，燃气，地铁，路桥等领域。项目的参与者包括了外企、民企和国企。特许经营领域的法规逐步健全，但在 PPP 的合同设计、利益分配、风险分担和外部监督等方面仍然不够细化，如缺乏合理的定价和调价机制、公私部门风险分担不合理、特许经营合同性质不清、社会公众参与不足、难以实现对企业的外部监管等。

第三阶段：2008 年至今为 PPP 法规的深入阶段。以 2012 年底、2013 年初为界又可再划分为两个子阶段。2008 年至 2010 年，地方政府从 4 万亿财政刺激计划中获得了充裕的信贷支持，对 PPP 的兴趣不高，社会资本参与基础设施建设的规模有所萎缩。随着地方债务危机的凸显，政府开始再次重视社会投资。2010 年和 2012 年，国务院先后出台“新 36 条”及其实施细则，但因法制和地方政府信用不足，以及金融体系“嫌贫爱富”，对民间资本的吸引效果欠佳。2012 年 12 月，四部委联合下发了《关于制止地方政府违法违规融资行为的通知》（“463 号文”），试图制止地方政府及其融资平台公司的各类违法违规融资行为。

2013 年，十八届三中全会提出了“让社会资本进入公共服务基础设施建设和运营”，发展改革委、财政部等相关部门随后颁布了系列改革举措。9 月 30 日，国务院办公厅发布《关于政府向社会力量购买服务的指导意见》。同年 10 月，《基础设施和公用事业特许经营法》正式列入十二届全国人大常委会立法规划。2014 年 4 月 30 日，发展改革委发布了《关于 2014 年深化经济体制改革重点任务意见的通知》，指出将“推动非国有资本参与中央企业投资和进入特许经营领域。”5 月，发展改革委推出了首批 80 个鼓励民资参与示范项目。9 月 23 日，财政部发布《关于推广运用政府和社会资本合作模式有关问题的通知》，要求进一步推广运用 PPP 模式，并在全国范围内开展项目示范，10 月初，“政府与社会资本合作模式操作指南”已进入征求意见阶段，后续还会有物有所值（VfM，Value for Money）评价指南、示范合同模板等更多操作性文件出台。

二、特许经营法（征求意见稿）要点

目前与 PPP 相关的法规多为行政法规、部门规章和地方性法规，法律效力不足，且在实施细节上存在矛盾冲突。制定一部基础性的特许经营法对于推广 PPP 模式，促进 PPP 制度发展至关重要。受全国人大法工委的委托，发展改革委法规司已于 2014 年 2 月正式启动了特许经营法的起草工作，并经多轮调研、研讨和修改，已于 5 月发布了征求意见稿，根据反馈意见，目前正在修改，截至目前的主要突破或要点可归纳如表 2-1 所示。

表 2-1　特许经营法（征求意见稿）要点

要　点	解　释
法律救济	特许经营协议可民事诉讼/仲裁，其他行政复议/诉讼
政府主体	县级以上人民政府（非职能部门，仅中央可职能部门），职能部门做实施机关
政府信用	要监管政府（特别是需政府长年财政支出的）和追责主要官员
企业主体	一视同仁（签约政府直管国企例外），可成立混合所有制项目公司

续表

要　点	解　释
适用范围	增量和存量，根据项目特点和物有所值（VfM）确定
适用方式	BOT、TOT、外包，其他（须报批）
立项评估	政府建议或企业自提，可行性研究+物有所值（VfM）
项目程序	政府办前期手续，公开竞标、直接谈判（须报批）
财政补贴	后补贴重于前补贴（防止地方政府乱上项目），补贴对象待一视同仁
监管企业	基于绩效/产出要求进行监管和支付/奖惩
退出机制	企业未经政府同意不能退出，政府可令退出但需合理补偿
风险管理	公平分担和转移风险，动态调节（重新谈判/调价机制等）
信息公开	公众参与决策与监管、过程透明
PPP 机构	建议设立，以协调/指导，指南/合同、项目选择/统计、监管、补贴资金等

参考文献

[1] 金永祥. 从中国 PPP 发展历程看未来[EB/OL]. http://opinion.caixin.com/2014-08-01/100712038.html. 2014-10-01.

[2] 发展改革委. 基础设施和公用事业特许经营法（征求意见稿）. 2014-5-3.

（《项目管理视点》2014 年第 3 期，第 32-35 页）

第 2 节　PPP 制度建设漫漫路

构建中国的 PPP 法律和制度体系迫在眉睫

作者：王守清　张博

一、引言

基础设施（含公用事业，下同）是一个城市经济正常运转的基础，世界银行 1994 年的报告指出“基础设施如果不是经济发展的引擎，也是经济活动的车轮”。同时，基础设施关系到城市中每个人的日常生活，是决定城市居民生活质量的重要方面。另外，在城镇化进行的过程中，基础设施也发挥着重要作用。中央对基础设施的建设愈发重视，温家宝总理在 2005 年政府工作报告中首次提出建立服务型政府的目标，北京、上海、广州、南京、深圳等各大城市政府纷纷响应，为公众提供完善、优质的城市公共服务成为城市公共部门的首要任务之一。

然而，基础设施一般具有投资规模大、建设周期长等特点，仅仅依靠政府投资，会带来较大的财政压力。2011 年审计署报告指出，2010 年年底，地方政府性债务总额高达 10.7 万亿。以武汉为例，2011 年末地方政府性债务为 1 964.47 亿元，债务率达 185.64%，超过美国最高警戒线 1.5 倍。

在政府日益加重的财政压力的背景下，随着城市经济发展和人们生活水平的不断提高，仅依靠政府财政投资，很难满足人们对基础设施的需求，迫切需要创新的投融资模式，中央各相关部委和地方政府近年来连续出台了四五十个文件，吸引和鼓励社会资本参与。最新的动向是，国务院总理李克强在 2013 年 7 月 31 日主持召开国务院常务会议，研究推进政府向社会力量购买公共服务，对社会资本进入基础设施领域释放了更为强烈的信号。

在这种背景下，PPP（Public-Private Partnership 的缩写，直译为“公私合作”，或意译为“政企合作”能更准确反映我国现实）模式已经或必将成为我国基础设施开发的趋势之一。这主要是由 PPP 模式的特点决定的。如果所有基础设施全部由政府独自承担，则会因为政府资金不足造成基础设施不足，或者因为政府机构所存在的内在缺陷及政府供给与市场需求失配所带来的高成本、低效率和高风险等问题。然而，如果把基础设施完全交给企业去做，则可能由于企业以利润最大化为目标，忽视社会责任，造成不公平等问题。因此，推行 PPP 模式，政府和企业合作，发挥各自优势，可以既解决政府资金不足又更好地提供基础设施等公共服务。

尽管从 80 年代开始，我国就已经开始了 PPP 模式及各种演变模式的应用（特别是 80 年代后期至 90 年代后期以外商为主导的 BOT，以及 90 年代后期至今以国企为主导的 BT），然而，由于缺乏相关的法律和制度建设，实践中虽然取得了一些成绩，但也存在大量问题。其中一个主要原因是，目前与 PPP 模式相关的法规政策层次较低，多为国务院/地方性行政法规或国务院部门规章/地方政府规章，尚未有国家层面的立法，权威性不够，部分文件之间甚至相互矛盾，如各种模式的称谓和内涵、项目所有权的转移与归属、税务的征收等等，所以虽然近年来政府出台了四五十个文件吸引社会投资，但效果并不很显现；缺少国家层面法律和制度造成的一个主要问题是，中央和地方政府缺乏相关项目的一站式立项、评估和审批等机构，造成各地各部门各自为政，重复或交叉审批，效率不高，或管理与监管缺位，经验教训不能很好地总结和推广，重复交学费，等等。因此，要应用好 PPP 模式，迫在眉睫的任务是构建一套国家层面的 PPP 法律和制度体系。

下面结合笔者长期致力于 PPP 模式的研究、教学、培训和咨询经验，就我国 PPP

法律和制度体系的构建原则和要素等有关内容，提出一些建议，抛砖引玉，供大家研讨。

二、我国 PPP 法律与制度体系的构建原则

结合 PPP 模式和基础设施的自身特点及 PPP 在中国的应用历史和发展现状，在构建 PPP 法律和制度体系时，应至少遵循以下四个原则。

原则一：强调物有所值（Value for Money）。对一个基础设施项目是否要采用 PPP 模式，一定要做评估比较，保证应用 PPP 模式后，比传统的政府投资模式有改进，包括风险的转移、服务水平和效率的提高等，既要保证投资者可以获得一定利润以吸引社会资本，又要保障政府和社会公众的利益，以承担社会责任；既要考虑基础设施对经济发展和生活水平提高的重要性，又要考虑项目的可持续性（如果项目自身收益不足，需要政府的资金支持或补贴，要考虑政府的财政实力）。千万不要为了应用 PPP 模式而应用 PPP 模式，千万不要为了建设基础设施而不考虑可持续性。

原则二：重视政企合作。PPP 项目涉及两大核心参与主体，分别是政府（一般是地方政府）和企业（可以是国企、民企或外企）。政府应对公众负责，企业则应分担原本由地方政府承担的部分或全部责任与风险。双方在合作过程中各尽所能，各取所需，实现既充分发挥企业的技术和管理经验，提高效率，又有效控制政府的财政风险，有力保障社会公众的利益。因此，良好的合作关系是 PPP 模式应用成功的首要前提。为了确保合作关系的顺利，在进行法律和制度体系设计时，应特别重视政企的合作关系。

原则三：重视顶层和框架设计。PPP 项目的特许经营协议/合同长达数年、十几年甚至数十年，地方政府可能换届多次，因此，只有国家层面的完善法律和制度体系才能给企业特别是私营企业更强的信心，更好地保证企业的权益，才能更有效地吸引社会投资参与。前面所述我国应用 PPP 中所出现的一些问题特别是出现一些法律障碍（如现有法律的模糊或空缺地带以及不同法规政策之间的冲突）和一些地方政府不守合同或扯皮的现象，其原因之一就是缺乏国家层面的 PPP 法律和制度体系。另外，由于 PPP 模式多运用于大型项目，建设周期长，使用时间久，涉及的利益主体多元化，没有国家层面的法律和制度，很容易出现各种纠纷且难以有效解决。因此，应该从顶层开始，进行框架设计，建立国家层面的 PPP 法律和制度体系。

原则四：强调动态公平分担风险。成功应用 PPP 模式的基础工作是正确识别和动态公平分担配项目风险，并通过特许权协议/合同落实，各个风险应由具有最佳管控能力和管控成本最低的参与方分别承担。对政府而言，应用 PPP 模式并不是把所有风险都转移给企业，要考虑效率，因为企业对其没有管控能力的风险会要高价；对企业

而言，也不能把承担更多风险作为获得更多回报的机会，要考虑自身承受力。而且，因为特许期长，让政府或企业任何一方独立去预测和承担特许期内的风险是不现实的，必须设立重新谈判触发机制和谈判原则，或建立动态调节（如调整价格或特许期等）机制，以实现项目参与各方长期的动态公平（俗话所说的“有福同享，有难同担”）。因此，在进行PPP法律和制度体系设计时，要明确政府和企业各自应承担的责任和义务，既充分保障企业的合法权益，增强投资者的长期信心，也要提高效率，保障政府和社会公众的利益。

三、我国PPP法律和制度体系的构建要素

（一）启动国家层面的PPP立法，包括制订全国性的PPP项目实施指南，以规范运作

从国家层面制定的PPP法律，内容应包括但不限于PPP及其应用范围的界定，政府审批权限、流程和管理程序，政企的核心权利和义务，合同框架和风险分担原则，退出机制和纠纷处理机制，各地项目规模上限与政府财力比例，会计准则（权责发生制vs收付实现制），信息披露、政府监管与公众参与制度等，使之具备全国统一的原则性做法和较强的法律效力，避免由中央部门或地方法规政策所带来的冲突，特别是处理过去国家层面其他法律如《合同法》、《公司法》、《招标投标法》、《政府采购法》、《会计法》、《税法》、《银行法》、《仲裁法》等未覆盖到或与PPP模式有冲突的内容。同时，制订全国性的PPP项目实施指南，包含但不限于对上述PPP法律各方面内容的更具体的操作程序和细节，特许经营协议/合同示范文本等，规范全国各中央部门和各地政府的不同做法。（截至本书付印之际，上述提到的实施指南已在国家级政策层面落地。）

（二）设立中央和省级PPP机构，完善一站式透明审批机制，以提高效率和实现物有所值

设立中央和省级的专门PPP机构（最好是实体，如果难落实，也可以是虚拟的但要明确牵头负责部门，有关政府财政风险的监管与审批可设置在财政部之下的专门PPP中心，但应加强与发展改革委的协调，并与央行、银监会保持密切沟通，其他与PPP相关的专业职能如技术和招商引资可分别设在行业主管部委和地方政府之下的专门PPP中心），以综合多个部门的职责，完善所辖区域的项目选择、比较、筛选和优先级，建立一站式透明审批机制以提高效率，规范运作，也可避免各地政府盲目上项目特别是需要政府支付或补贴的项目，造成类似于现在高额的地方政府债务。在一定规模以上或跨区域的项目应由中央级的PPP机构审批，其他由省级或市级PPP机构审批。目前，PPP项目在立项、建设和运营过程中，需要经过多个部门的审批，相

互制约，审批时限长，既影响项目进展，效率不高，也可能造成有关部门寻租，更不利于经验和教训的总结和推广以及政府官员的能力建设。另外，PPP 项目的立项和审批应重点考虑下列四个方面问题：①应该做哪个项目？所建议项目是否必须？如果必须，有哪些核心要求？②这个项目是用传统的政府投资模式做还是用 PPP 模式做？采用 PPP 模式是否能实现物有所值（Value for Money）？③如果决定采用 PPP 模式，应采用哪种具体模式（如 BOT、BT 等）？应考虑哪些要点？项目收益来自政府支付或用户支付或二者共同支付？如何定价和调价？④在特许期内，需要监管哪些方面？具体产出要求指标（Output Specifications）有哪些？监管应如何落实？相关政府部门、媒体、公众等的职责与权力如何确定？等等。上述有些关键原则和要点可能还应写在前述国家层面的法律和实施指南中。（截至本书付印之际，上述提到的组织架构原则已在各级政府层面实现。）

（三）建立公众参与决策和监管机制，以完善政府决策机制和弥补政府监管的不足

基础设施关系到广大社会公众的切身利益，社会公众应对这些项目享有知情权和建议权。项目从可研、立项、招投标开始，一直到签约、设计、建设和运行等全过程，都应采取各种形式和措施进行广泛深入的宣传、报道，征求各利益相关方包括社会公众特别是受直接或间接影响人群的意见和建议，做到公开、透明，处在社会公众和媒体的严格监督下，并积极发挥独立第三方咨询机构的作用，完善政府的决策机制，保障社会公众的利益。同时，由于应用 PPP 模式后，实现了投资主体的多元化，政府对基础设施的管理由过去的内部管理变成了外部管理，对政府的监管力度和监管水平提出了更高的要求。政府必须依据法律法规和特许权协议/合同的规定对企业的经营进行监管，在企业违规时进行干预和处罚，并发挥公众和媒体的监督作用，以激励企业不断改进管理和提高服务水平，保证社会公共利益，为全社会提供优质、充足和持续的服务。

（四）建立国家级补缺资金，以促进经济落后地区的基础设施建设，平衡全国发展

基础设施项目投资大、周期长、风险多、涉及面广，光靠地方政府特别是经济落后财力不足的地方政府很难开发，即使应用 PPP 模式，有时光靠向用户收费等项目本身的收益也不足以保证项目在财务上可行，难以吸引社会投资者，因此，为了促进经济落后地区的经济发展和提高生活水平，中央政府应该给予这些地区的项目特别是对国家具有宏观和战略性意义的跨区域项目一定的资金支持，以吸引投资者。因此，建议中央政府应建立国家级补缺资金，用于支持或补贴经比较筛选出来的跨区域项目或落后地区项目，统筹全国平衡发展。（截至本书付印之际，这条建议也已陆续实现落地）

（五）建立项目信息发布机制，保证公开、公平、公正，以提高效率、预防腐败和总结经验

基础设施项目涉及各方利益，过程复杂，周期长，信息丰富，因此，应建立统一的项目信息发布机制，不仅要向人大，还要向社会公布相关信息，保证项目信息的及时、准确和一致性，做到公开、公平和公正，以利于提高效率，防止腐败，也有利于研究，总结和传播经验和教训包括对相关官员进行培训，进行能力建设，以实现知识管理，不断优化和改进 PPP 模式的应用。特别是在招标和评标过程中，政府公开有效信息，利于潜在投标企业评估和决策，提高项目对企业的吸引力，利于公众和独立第三方咨询机构等其他各方参与，提供合理化建议，完善决策过程，也利于避免暗箱操作，预防腐败；在项目建设和运营过程中，公开信息则有利于社会监督和激励企业控制成本、提高效率，提高服务水平，保障政府和公众利益，提高后续类似项目的决策和管理水平，等等。

四、结束语

PPP 模式可以有效地促进基础设施建设，特别是在我国的城镇化进程中发挥着非常重要的作用，对促进经济发展和提高人民生活水平具有非常重要的意义。中央和地方政府越来越意识到 PPP 模式的重要性，释放出积极推广应用的强烈信号。但是，由于基础设施和 PPP 模式的特点，以及我国过去二三十年 PPP 实践所积累的经验与教训表明，要保证 PPP 模式的成功应用，保证 PPP 项目的良性和可持续性发展，构建国家层面的法律和制度体系迫在眉睫。

（《济邦通讯》2013 年第 10 期，第 13-17 页）

信息公开是 PPP 项目共赢和可持续的基础

作者：王守清

财政部印发《政府和社会资本合作（PPP）综合信息平台信息公开管理暂行办法》（以下简称《办法》）非常有意义，对推广规范的 PPP 必将起到非常重要的作用，其必要性和意义至少可以从以下几个方面去理解：

（1）从 PPP 项目的目的看，PPP 项目是企业替代政府去向公众提供公共产品和服务，因此，必须保护公众利益，包括满足质量、服务和价格等的要求，而且，与政府

提供的传统模式相比，应实现物有所值，因此，信息公开非常重要，让公众知情和参与监管，避免项目提供的产品和服务不达标，或投资者获得暴利，以及由以上两点引发的大规模公众反对（据笔者团队的调研，我国 20 世纪 90 年代以来发生政企再谈判的 38 个 PPP 项目中，15.8%的项目是由于大规模公众反对引起的）。

（2）从 PPP 项目的特点看，PPP 项目投资较大、政企合作期较长、流程和合同较复杂、交易成本较高，虽有助于减轻政府资金压力和加强债务透明化，但由于一些地方政府更考虑融资作用，不考虑物有所值，个别咨询和律师也存在不专业不尽职等问题，不能客观中立地提供专业意见（例如，市场长期需求预测本来就很难，但不尽职调查甚至为了项目可行而人为高估，或合同设计不合理不公平等），而是顺应政府只想上项目而物有所值和财政承受力评估走过场，可能造成效率不高、矛盾后移、政府或有债务高、寅吃卯粮、代际不公平甚至违约等，因此，公开信息有利于促进各方规范地“真做 PPP”和“做真的 PPP”，有利于监管政府（特别是或有债务和信用）、企业（如高效提供达标公共产品与服务）、咨询和律师（如提供专业尽职的服务），实现物有所值和可持续发展。

（3）从 PPP 项目的合同看，PPP 项目合同期较长，由于外部环境的不确定性、信息的不完整和不对称、人的有限理性，即便合同中设定了上下限和动态调节/调价等机制，仍然无法覆盖未来所有的或然情况（contingency）及采取相应的合理对策，属于典型的不完全契约（2016 年诺贝尔经济奖获得者哈特的理论）。一方面，在大多数国家特别是法制化和/或民主化程度不高的国家，企业与政府在契约关系中地位不对等，面对不确定性和政府的强势甚至违约，企业无法保障未来的权益，只能借助信息不对称追求短期利益，甚至利用 PPP 项目资产的公共性、专用性和垄断性“敲竹杠”；另一方面，PPP 将公共项目的部分控制权和风险转移给了企业，但终极责任仍然是政府的，一旦公共产品和服务提供出现问题，甚至合同提前终止，企业和公众利益受损，政府也将为此付出巨大政治和经济代价。因此，政企之间长期友好的合作，对未预测到及合同中未尽事宜的友好协商公平解决，也需要信息公开。

（4）从 PPP 项目的干系人看，PPP 项目参与方众多，成功的标准是“共赢”，即公众满意（享用了公共产品和服务）、政府获得好评、投资者得到合理回报、银行收回贷款本金和利息。其中，公众作为用户和重要干系人，却不在 PPP 项目的合同关系中，如果缺乏事先了解信息、参与决策和监管等机制保障自身利益，若项目可能或已经损害公众利益，就有可能遭到大规模的公众反对，造成社会不和谐甚至动荡。因此，政企双方及其咨询和律师更应保证公正、公平、公开，保证交易合规合法，不仅要考虑当事人利益，还应考虑公众利益，以利于“共赢”。而且，PPP 项目通常是较大规模的公共项目，对社会和自然环境影响深远，需要通过法律与合同来约束政企双方的行为，但仅有这些约束是不够的，因为如果政府官员短视、腐败，企业缺乏社会责任感，咨询和律师不专业或有意无意地不中立不公平，PPP 就有可能成为政府推卸提供公共产品和服务责任的借口，咨询、律师和投资者攫取短期利益的工具，这将损害公众利益，反过来又将损害政府的公信力、企业的投资收益、咨询和律师的声誉和未来业务机会，进入恶性循环。为了避免这些不利情况，让各方理性、谨慎、有担当和可被问责，需要信息公开，以利于有效监督和约束各方，因此，可以说：**信息公开是 PPP 项目共赢和可持续的基础**。也正是因为这些原因，绝大多数国际咨询团体如 PMI（项目管理协会）、FIDIC（世界咨询工程师协会）和 CIOB（皇家特许建造师协会）等对咨询师的职业伦理要求中都有“向干系人充分披露实际/潜在的利益冲突”、“提供平等的信息获取渠道和同等的机会”和“决策过程公开透明”等信息公开的要求。

（5）从 PPP 的知识管理看，PPP 涉及的知识面极广，非任何单一学科可覆盖，而且理论前沿性和实务操作性极强，需要具备复合型知识的复合型人才，还需要理论密切结合实践，故知识管理非常重要，如数据的积累（特别有利于财务测算和物有所值定量评估等）、经验的总结（如各种文件和合同文本等，供其他地方其他项目其他人借鉴）、教训的反思（避免不同地方不同人在不同项目上重复犯他人已经犯过的错误）等知识传递非常重要，以提高各参与方特别是政府与企业的能力，缩短流程，完善文件与合同，降低交易成本，提高效率等，这些都迫切需要信息公开。

笔者参与了《办法》制订研讨，这次又认真通读了全文，虽然觉得还有可完善之处（如加强与相关部委的合作），但认为《办法》在以下几方面较有亮点，很有利于实现前述信息公开的意义。

（1）《办法》所依据的法律法规政策明确，除了在开篇就给出了所依据的三个重要法律和规章。

（2）《办法》覆盖了 PPP 项目的识别、准备、采购、执行及移交的全过程，并以分阶段的方式详细给出了应该公开的信息，有利于实操。特别是下列不同阶段要求公开的信息，有一定突破，很有意义：

1）项目识别阶段：实施方案概要、物有所值评价报告、财政承受能力论证报告，特别是“项目各年度财政支出责任数额及累计支出责任总额，本级政府本年度全部已实施和拟实施的 PPP 项目各年度财政支出责任数额总和及其占各年度一般公共预算支出比例情况”等（有利于实施方案和“两评”报告的严谨而非走形式、约束政府和咨询，对投资者和金融机构了解政府财务支付和补贴能力非常有益）。

2）项目准备阶段：政府方授权文件、经审核通过的项目实施方案及批复等（有利于规范流程、增强投资者和金融机构信心）。

3）项目采购阶段：资格预审申请文件、合同草案、评审专家、评审细则、主要产出说明及绩效指标、回报机制、调价机制等核心条款等（有利于知识管理、公众知情，约束政府、企业和专家）。

4）项目执行阶段：股东认缴资本金及资本金实缴到位情况、融资结构及融资交割情况、绩效监测报告、定价调价情况、财务报告、成本监审、合同变更、重大违约及履约担保提取情况、对公众投诉的处理情况、政府财政预算执行和决算、争议解决等（有利于避免投资者投机和政府支付违约、有利于各方包括第三方和公众参与监管）。

5）移交阶段：移交达标检测结果和后评价报告等（有利于资产保值和总结经验）

（3）《办法》明确了地方各级财政部门会同同级有关部门负责 PPP 项目信息公开工作；还明确了信息公开平台是财政部的“PPP 综合信息平台”及网址，有利于财政部主导的 PPP 项目的信息共享和集成，也有利于保证各方获取信息的统一渠道。

（4）《办法》明确了信息公开方式包括即时公开和适时公开，并给了相应的程序和具体时限要求等，并以表格的形式详细给出了公开的内容、方式、时点和信息提供方，还特别说明了“期限届满后未选择公开的信息将转为自动公开”以及相应的监督管理措施，有利于实际操作，也有利于保证信息公开的及时性；还明确了“涉及国家秘密、商业秘密、个人隐私、知识产权”等信息的例外处理方法，避免有关方以各种借口阻扰信息公开或随意公开。

总之，《办法》的印发，是我国 PPP 实践中的一个重要里程碑，对我国 PPP 项目的规范、共赢和可持续发展将起到非常重要的作用。

（财政部 PPP 中心，2017 年 1 月 25 日）

中外 PPP 模式的政府管理比较分析

作者：黄腾　柯永建　李湛湛　王守清

【摘要】 PPP（Public-Private Partnership，公私合营）模式在各国高速公路、电厂、污水处理等基础设施领域得到了广泛应用，而政府对 PPP 模式的体现在相关法规、政策和指南等文件中的管理成为 PPP 模式持续健康发展的关键所在。本文从政府机构设置、项目评估、私营机构选择、合同范本管理、监管和争端处理等方面将英国、澳大利亚、中国香港特别行政区的 PPP 法规、政策和指南与我国进行对比，分析我国在这些方面存在的不足，进而对我国应用 PPP 模式的政府管理提供合理的建议。

【关键词】 公私合营（PPP） 政府管理 法律法规 比较分析

PPP （Public-Private Partnership，公私合营）模式在减轻政府财政压力、满足公共基础设施建设、提高投资和管理效率等方面具有特殊的优势，很多国家政府将 PPP 融资模式作为有效地吸引国内外私营资本参与基础设施建设的创新途径。尽管项目融资模式已于 20 世纪 80 年代中期被引入我国的电厂、高速公路等基础设施领域，我国目前关于 PPP 的政府管理仅限于地方政府或部委层面，层次较低且杂乱，虽然在一定程度上为 PPP 的发展提供了法律依据和政策支持，但远未达到完善的程度。因此，本文将比较分析英国、澳大利亚、中国香港与我国内地 PPP 模式的政府管理，并基于所识别出的差异和不足提出相应的改善建议。

一、国内外 PPP 模式的政府管理概述

（一）英国

为了解决对教育、医疗、住房、国防、废物处理等公共设施不断增长的需求，英国政府对 PFI（Private Finance Initiative）/PPP 模式做了大量的探索，并率先推动私营资本在公共领域方面的投资[2]。在 PFI/PPP 方面，英国政府没有专门的法律，大多数是以政策（policy）和指南（guideline）的形式出现。到目前为止，有三本最重要的相关政策出台：2003 年 7 月的《PFI：适应投资挑战》（*PFI: Meeting the Investment Challenge*），2006 年 3 月的《PFI：加强长期合作》（*PFI：Strengthening Long-term Partnerships*）和 2008 年 3 月出版的《基于长期价值的基础设施采购》（*Infrastructure Procurement: Delivering Long-term Value*），这些为 PPP 融资提供了主要依据。

其中，《PFI：适应投资挑战》是英国关于 PFI/PPP 项目最早的政策指南，对政府责任做了详细规定，包括基于物有所值（value for money）的正确选择 PFI 方式，改进 PFI 方式采购方法，保证私人资金有效性和灵活性等[2]。《PFI：加强长期合作》中肯定 PFI 在公共设施服务中的重要作用，并提出 PFI 的选择标准[3]。《基于长期价值的基础设施采购》与以往政策相比，对 PFI 方式的必要性做出了新的阐述：不仅为了满足公众对基础设施的需求，同时也为了满足经济繁荣的需求。并且为适应英国日益繁杂的采购需求，该政策针对性地列出基础设施采购纲要，以实现对重要项目的有效监管和采购过程的物有所值[4]。

（二）澳大利亚

1999 年以来，澳大利亚为了满足对学校、医院、交通以及污水处理等公共设施日

益增长的需求，进行了很多包括 PPP 模式在内的创新尝试[5]。并且，澳大利亚 PPP 模式的实施是基于物有所值[5]。

澳大利亚也没有 PPP 专门的法律，并且其对 PPP 项目的指导是分州进行的。以维多利亚州为例，其对 PPP 的指导主要分成了四个方面：政策（policy）、指南（guideline）、建议注释（advisory notes）和技术注释（technical notes）。其中最主要的政策部分包括 2001 年的《维多利亚合作伙伴政策》（*Partnerships Victoria Policy*），2003 年 1 月的《合同管理政策》（*Contract Management Policy*），以及 2007 年 3 月的《政府公示政策》（*Public Disclosure Policy*）。《维多利亚合作伙伴政策》为政府参与 PPP 项目提供了一个大的理论框架；《合同管理政策》是政府在认识到合同管理在保证长期物有所值重要作用时，颁布的框架性的政策措施和管理建议；《政府公示政策》则要求政府相关部门需要及时告示各个 PPP 项目，包括项目的概况、组织方式、风险分担等商业属性，以满足社会大众的监督需求。

（三）中国香港特别行政区

香港对 PPP 的政策起步比英国和澳大利亚都要晚些，为了更好地指导 PPP 项目在香港的实行，效率促进组（Efficiency Units）先后在 2003 年和 2008 年出台了《公私合营项目 PPP 指南》和《公私合营项目 PPP 指南 2008》[*An Introductory Guide to Public Private Partnerships*（*PPPs*）2008]。其中，2008 年版指南是香港政府适应国际和地方 PPP 项目的发展趋势以及综合以往项目的经验后，对前一版进行修订得到的更具可操作性的版本。修改内容包括增加了公共部门参照值（Public Sector Comparator）的构建具体步骤，风险管理矩阵的构建实例以及保持政府公正性的具体原则及措施等条目。

（四）中国内地

私营资本在中国基础设施的投资可以追溯到 20 世纪 80 年代，沙角 B 电厂被认为是我国第一个 BOT（Build-Operate-Transfer，建造—运营—移交）项目。1995 年，为了满足发展需求，原外经贸部于 1995 年 1 月颁布了《关于以 BOT 方式吸收外商投资有关问题的通知》，这是我国第一部相关的管理规定。此后，基础设施投资在中国经历了两次热潮，期间政府也颁布了许多相关政府管理，如原国家计委于 2001 年 12 月颁布了《关于促进和引导民间投资的若干意见》；国务院于 2002 年 9 月颁布了《国务院办公厅关于妥善处理现有保证外方投资固定回报项目有关问题的通知》；2004 年出台了《国务院关于投资体制改革的决定》；又于 2005 年 2 月颁布了《关于鼓励支持和引导个体私营等非公有制经济发展的若干意见》等。

分析 PPP 政府管理的在中国的历史演进，可以发现除了从外资到内资的转变，最显著的还有立法调整范围的扩大，不再局限于外商投资 BOT 的狭义概念，而是以市政公用领域的特许经营模式来调整包括 BOT 模式在内的广义 PPP 项目。但是，我国目前关于 PPP 的立法还是局限于地方政府或部委层面，层次较低且杂乱，虽然在一定程度上为 PPP 的发展提供了法规依据，但远未达到完善的程度，尤其是随着基础设施的蓬勃发展和特许经营模式的推广，日益显示出其缺陷与疏漏：

- PPP 项目的法律关系非常复杂，在一个项目流程的各个环节都会涉及许多领域的法律问题，有些问题在上述针对特许经营的法规中有统一的规定，但更多的方面仍由该领域内我国现有的其他法规或行政法规来管制。
- 采用部委下“通知”，作“政策”的方式来规范，往往被外商归结为政治风险，不利于我国法律环境的改善和项目的统一管理。从法律渊源角度来说，由国务院下属的各部委制定的规章、制度，其法律效力较低，而 PPP 的特殊性决定了要对项目公司、招投标、税收优惠等问题做出特别法律规定，这就意味着 PPP 立法与一般法必然存在一些冲突。
- 现有规定以国家计委（现为发展改革委）和国务院其他部门制定的部门规章为主，而国务院各主管部门在各自管理范围内做出的规定，只能适用于一部分行业，且都是从自身管理的角度出发，法规文件各自为政，很多时候不能相互衔接，缺乏全局性和系统性。
- 对于 BOT 类项目的称呼问题上，我国各种规定就比较混乱，如有的采用“BOT 项目”“特许经营项目”“法人招标”的称呼，也有的称作“外商投资特许权项目”“经营权转让项目”。虽然这与该模式的历史演进有一定关系，但是这种混乱的立法已经在事实上构成了对于此类项目在我国发展的法律障碍。
- 各地方政府颁布的法规之间存在较大的差别和冲突，对于中央颁布的法律法规构成了挑战和威胁。并且在很多问题上，各省市必然存在规定尺度不一的情况。这会造成国内制度的不统一和不公平的现象发生。各地方政府颁布的条例或专营办法的法律位阶是地方行政法规，法律位阶较低，政府在其中规定的一些保证和担保也往往会超越中央立法的法规规范或者与之相冲突。

但是值得关注的是，国家发展改革委法规司于 2008 年 5 月 9 日发布了“基础设施特许经营立法研究概述——基础设施特许经营立法前期研究报告之一”，报告中明确指明要建立完备的基础设施特许经营法律体系、理顺监督管理体制、规范特许经营合同和确立科学合理的定价机制。这说明了中央政府也认识到目前特许经营立法存在的问题，并积极寻求解决的办法，这也再一次反映出政府对促进 PPP 在中国发展的决心和积极态度。

二、中外比较分析

（一）政府机构设置

英国、澳大利亚和香港对 PPP 项目没有专门的立法，采用的都为政策+指南的管理方式，但是这三个国家都有自己专门的 PPP 政府管理咨询机构：英国由财政部及其下的专属机构负责；澳大利亚分州制定政策，每个州都有 PPP 专属机构[1]；香港则由政务司司长办公室下的效率促进组作为 PPP 专属机构。

以英国为例，英国采用财政部+财政部专设协助机构的管理模式（财政部 HM Treasury+财政部下的英国合伙经营机关 Partnerships UK plc+财政部下的公私营机构合作署 Public Private Partnership Programmer）共同负责 PPP 模式的运作。财政部负责所有 PFI 项目政策的制定，与此同时，国家审计署（The National Audit Office）和公共事业管理委员会（The Public Accounts Committee）负责对重要的 PFI 政策方面进行调查研究并且提出意见。英国合伙经营机关（Partnerships UK plc）是财政部为所有的公共管理部门提供 PFI 专业管理，尤其是采购方面知识的协作部门。公私营机构合作署（Public Private Partnership Programmer） 是通过建议及指南对地方政府进行 PPP 项目提供支持，并且帮助地方政府制定更加标准化合同的部门。

与此相比，我国没有专门的制定 PPP 政策的机构，国务院、原外经贸部、原国家计委、建设部和交通部都有各自的与 PPP 相关的政策性文件。这种管理形式造成 PPP 管理系统混乱，PPP 规定可操作差等问题。建议我国参考英国 PPP 机构设置模式，由政府某一特定部门对 PPP 项目进行专属管理，负责制定与之相关的政策；此外，我国还应该在此部下设立 PPP 项目采购、合同管理指导的经济咨询机构，以及利用现有行业部委具有相应专业知识（比如交通、污水处理等）的技术咨询机构，用以满足 PPP 模式在各行各业的应用需求。

（二）项目评估

英国、澳大利亚和香港的项目评估方法均基于物有所值。其中英国采用三阶段的物有所值评估方法：前项目阶段评估（Programme Level Assessment）+项目阶段评估（Project Level Assessment）+采购阶段评估（Procurement Level Assessment）[8]；而澳大利亚和香港采用相当于英国项目阶段评估的以公共部门参照值（public sector comparator）为基础的评价体系[6]。

以英国为例,前项目阶段评估是在年度预算中对任何有可能适合于 PFI 模式的项目进行初步评估，但是必须在总的投资预算中为那些可能不适合 PFI 模式的项目留下足够的预算空间。项目阶段评估，作为项目经济大纲（Outline Business Case）的一部分，是要对项目的质量和数量进行全面的评估。而采购阶段评估主要强调的是对市场可能风险尽早预测和对物有所值的进一步评价[7]。英国在2007年3月的《物有所值定量分析电子表格》（*Value for Money Quantitative Evaluation Spreadsheet*）中，提供了投入估算（Input assumptions）、投入价值概论（Input Summary）、主要产品的敏感性分析（Output indifference）、产出敏感性分析结果存储表格（Output stashed scenarios），四部分的计量物有所值工具，增强了物有所值计算的可操作性[8]。

我国现行的政策法规在PPP项目评估方面缺乏规定，到目前为止没有任何政策提出过物有所值的概念和定量计算物有所值的方法，也没有任何政策为PPP项目的选择提供可靠依据。物有所值评估体系的缺失以及对PPP项目的适用类型理解不清直接导致目前我国PPP模式选择的盲目性，这也是目前我国很多PPP项目失败的重要原因。

（三）私营机构的选择

英国、澳大利亚、中国香港对私营机构的选择方式均为招投标方式，选择标准均包括要求私营机构在合同规定时间范围内对要求的特定服务提供可行性方案，并且均提供了私营机构选择的一般步骤。

以英国和澳大利亚为例，英国选择私营机构的基本原则还包括实现项目生命周期的物有所值[9]。并且，在《公私合营联合体建立指南》（*A Guidance Note for Public Sector Bodies forming Joint Venture Companies with the Private Sector*）中详细阐述了私营机构选择的一般步骤（市场调研、主要投标者调研、设立评标规则、列出候选人、协商五个方面），合理的评价规则，保密性协定在竞标过程中的使用以及政府监管这四个私营机构选择中最重要的四个问题[10]。

澳大利亚维多利亚州在《PPP从业指南》（*Practitioner's Guide*）中对如何正确选择私营机构进行了详细的阐述，提出了两阶段，包括意向书阶段（expression of interests）和制定项目概要（project brief）及定标阶段（final bids）应该注意的具体事项[8]。

我国现行对PPP项目私营机构的选择方法采用的也是招投标的方式，但是，规定过于笼统，可操作性不强，没有提出私营机构的选择标准和私营机构的选择过程，导致现有私营机构选择方法具有盲目性。

（四）合同范本/管理

英国、澳大利亚均有专门的合同指南：英国的《PFI合同规范化第四版》（*Standardization of PFI Contracts V4*）和澳大利亚的《合同管理指南》（*Contract Management Guide*）。香港虽然没有专门的关于合同管理的指导，但是在《公私合营项目PPP指南2008》中，用大量篇幅（第6到第13章）阐述合同管理事宜。这些文件都制定了合同管理的相关细则，对各种合同期间可能出现的不利情况，包括服务开始时间延迟、服务变更、法律变更、通货膨胀等都进行了规定，提出了风险处理方法，这种合同中的提前的规定避免了紧急情况出现时处理不当导致的 PPP 项目的失败。

以英国和澳大利亚为例，英国在《PFI 合同规范化第四版》中对 PFI 项目合同管理做出了详尽的规定，各章节包括合同的持续时间、项目的开始时间、防止服务开始时间延迟、意外事件的防护、担保、服务定价方案、服务标准、服务监督、设施维修、服务变更的处理、法律变更的处理、通货膨胀时的价格处理、分包和雇员变动时的处理、所有权变更时的处理、交接时的资产估价、提早结束服务的处理、损害赔偿及保险争端、信息及保密处理、知识产权处理、争端解决方式、政府合法介入等均做出了详尽的规定[12]。

澳大利亚以维多利亚州为代表，《合同管理指南》列出了合同管理成功的关键要素，和合同管理的工具。并且，其分别就以下九个方面进行了详细论述：①规划、信息收集及分析；②合同管理中的政府职责及资源分配；③服务监督；④关系处理及争端处理；⑤政府公正性；⑥知识信息管理；⑦合同更改管理；⑧偶然事件管理；⑨项目实时进展情况等[13]。

我国现有的合同管理政策中，包括《城市供水特许经营协议示范文本》《管道燃气特许经营权协议示范文本》《城市生活垃圾处理特许经营协议示范文本》《城镇供热特许经营协议示范文本》和《城市污水处理特许经营示范文本》等，对服务定价、服务标准、服务监督以及包括延误风险、法律风险在内的部分风险进行了规定，但是仍然存在以下问题：①规定过于笼统，缺乏可操作性；②对包括通货膨胀在内的金融风险缺乏评估规定及缺乏处理措施；③对知识产权处理缺乏规定；④对政府公正性缺乏规定。

（五）监管办法

英国、澳大利亚维多利亚州和香港的监管都包括两个部分，招投标阶段的监管（主要是市场准入限制）和运营阶段的监管。其中，英国的相关文件最完善。

以英国为例，在招投标阶段的监管中，英国在 2001 年的《公私合营指南》（*A Guidance Note for Public Sector Bodies forming Joint Venture Companies with the Private Sector*）中详细描述了在初选投标者阶段的监管。其提出对投标人的财务能力、专业知识、组织能力以及关系管理进行严格的筛选的招标准则，比如说：①公司规模：限定为在特定市场超过 25%的市场份额或者超过 7 000 万英镑；②联合体：根据《英国联合体管制协议》[*The EC Merger Regulation*（ECMR）] 联合体必须具有 50 亿欧元的营业额或者所有组成联合体的企业都有 2/3 的营业额在英国[10]。

英国也在《如何与选定投标者合作》（*How to appoint and work with a preferred*

bidder）提出了在选定投标者阶段和定标阶段间仍然需要满足的条件。包括满足强制的产出（服务）要求、实现物有所值、同意合同的主要条款以及相应的风险转移、可靠的财务来源（不需要政府提供相应的担保）、联合体是一个统一整体等[9]，这里没有明显的市场准入限制，但这些要求实际上起了市场准入的作用。

在运营阶段的监管，英国也有两部主要的文件：《运营任务指南 2 之项目移交指南》[*Operational Taskforce Note 2*（*UK*）] 和《PFI 合同规范化第四版》。其中《运营任务指南 2 之项目移交指南》第 3 章中提出了应该对价格、服务水平、客服帮助平台（helpdesk）、里程碑事件进行监管[11]；而在《PFI 合同规范化第四版》的第 10 章中对如何明确监管的责任、谁进行监管、什么时候进行监管、谁为监管付钱、监管需要注意哪些信息等均做了详细的论述[12]。

在我国，在招投标阶段监管中，没有将 PPP 项目与一般的招投标项目区分，没有专门的针对 PPP 的市场准入措施，在此方面我国政策基本上是一个空白，与完善的招投标阶段监管仍然有很大的差距。在运营阶段监管中，我国提出了应该对价格制定监管、对产品服务质量评价标准监管、对特许经营者违法行为依法进行查处等各方面的内容；但是仍然存在很大的问题：规则过于笼统，可操作性差；没有合适的监管机构；没有明确监管流程说明；没有全国性的监管方面的专门政策；对 PPP 项目可能的意外问题考虑不足等。

（六）争端解决办法

PPP 项目由于合同时间长，出现争端难以避免，英国、澳大利亚维多利亚州以及香港对此方面都有专门的指南。英国在 2007 年的《PFI 合同规范化第四版》的第 28 章中，列出了 PPP 项目争端解决随严重性递进的三个阶段：①相互协商解决阶段；②专家建议阶段；③法律仲裁或者宣判阶段；法律手段是最后的方法[12]。而澳大利亚在 2001 年的《风险分担及合同管理》（*Risk Allocation and Contractual Issues* 2001）中也提出了类似的争端解决过程：相互协商——专家建议（或者第三方协调）——法律仲裁[15]。香港在《公私合营项目 PPP 指南 2008》第 8.12 小节中也对争端解决提出了包括基准评价、协调商议、专家决议、调停、法律宣判、法律仲裁和诉讼等方法[6]。

可以看出国外的指南在争端解决方面主要是提出了争端的解决过程及方法，但是值得进一步注意的是实际上在英国、澳大利亚、中国香港，PPP 项目争端是可以仲裁的，也就是说，国外在 PPP 项目争端解决中的政府与私营机构看成平等的两个主体；虽然有政府的介入但是 PPP 项目争端被看成商业争端处理。比如说，澳大利亚仲裁依据的法案就是 1984 年的《商业仲裁法案》（*Commercial Arbitration Act* 1984）[15]。但是在我国，在处理争端的过程中，虽然已经出现了仲裁的方式，但是根据我国仲裁法的规定，此种方式的合法性值得进一步讨论。《中华人民共和国仲裁法》（以下简称《仲裁法》）第二条规定："平等主体的公民、法人和其他组织之间发生的合同纠纷和其他财产权益纠纷，可以仲裁。"第三条规定："下列纠纷不能仲裁：（一）婚姻、收养、监护、抚养、继承纠纷；（二）依法应当由行政机关处理的行政争议[16]。"PPP 项目由于其特殊性，不仅有行政机关的参与，满足《仲裁法》的消极条件；同时也有 PPP 特许经营权合同，满足《仲裁法》的积极条件：所以导致目前 PPP 项目在中国不能够仲裁仍然存在争议。

综上，在争端处理方面，我国现行政策还没有明确的处理方法和步骤，并且在 PPP 项目是否具有可仲裁性的关键性问题上法律规定存在自相矛盾的地方。我国应该出台相关政策，完善争端处理的方法及步骤；对《仲裁法》中关于 PPP 项目的矛盾成分做出法律解释。

三、结论与建议

PPP 模式作为有效地吸引国内外私营资本参与基础设施建设的创新途径，在全世界范围内已经广泛的认可和应用，而其中合理的法规、政策和指南是 PPP 模式能够成功运用的关键。英国、澳大利亚、中国香港已经建立了较为完善的 PPP 政府管理体系，为实际操作者提供了较为完善的政策指导，值得我国借鉴。而我国现行的 PPP 政府机构设置、PPP 法规、政府政策、指南的建立尚处于初步阶段，仍然存在很大的不足。

具体来说，①政府机构设置方面，本文认为应该参考英国 PPP 机构设置模式，由政府某一特定部门对 PPP 项目进行专属管理，负责制定与之相关的政策，并进行监管；此外，还应该在此部下设立 PPP 项目采购、合同管理指导的经济咨询机构，以及利用现有行业部委具有相应专业知识（比如交通、污水处理等）的技术咨询机构，用以满足 PPP 模式在各行各业的应用需求。②项目评估方面，本文认为应该提出物有所值的概念和定量计算物有所值的方法，为 PPP 项目的选择提供可靠依据。③私营机构选择方面，本文认为应该提出包括实现生命周期物有所值和满足强制服务要求在内的招标标准，并且建立规范化的招标流程。④合同管理方面，本文认为应该增强规定可操作性；对包括通货膨胀在内的金融风险制定评估规定及处理措施；对知识产权处理制定规定；以及对政府公正性制定规定。⑤监管方面，本文认为应该在招投标阶段监管中提出专门的针对 PPP 模式的市场准入措施，在运营阶段监管中，增加规则的可操作性、利用现有行业部委的专业技术咨询机进行监管、提供明确监管流程说明、出台全国性的监管方面的专门政策。⑥争端处理方面，本文认为应该出台完善争端处理的方法及步骤的政策，以及出台对《仲裁法》中关于 PPP 项目的矛盾定义方面的法律解释。

参考文献

[1] 袁竞峰，邓小鹏，李启明等. PPP模式立法规制及其在我国的应用研究 [J]. 建筑经济，2007（3）: 95-99.

[2] H M Treasury. PFI: Meeting the Investment Challenge [M]. 1 Horse Guards Road, London: HM Treasury Public Enquiry Unit, 2003.

[3] H M Treasury. PFI: Strengthening Long-term Partnerships [M]. 1 Horse Guards Road, London: Correspondence and Enquiry Unit, 2006.

[4] H M Treasury. Infrastructure Procurement: Delivering Long-term Value [M]. 1 Horse Guards Road, London: Correspondence and Enquiry Unit, 2008.

[5] Partnership Victoria. Public Disclosure Policy [M]. Treasury Place Melbourne, Victoria 3002 Australia: Partnership Victoria, 2007.

[6] Efficiency Unit. An Introductory Guide to Public Private Partnerships(PPPs)2008[M]. 11 Ice House Street, Hong Kong: Efficiency Unit, 2008.

[7] H M Treasury. Value for Money Assessment Guidance [M]. 1 Horse Guards Road, London: Correspondence and Enquiry Unit, 2006.

[8] Partnership Victoria. Practitioners' Guide [M]. Treasury Place Melbourne, Victoria 3002 Australia: Partnership Victoria, 2001.

[9] H M Treasury. How to Appoint and Work with a Preferred Bidder [M]. 1 Horse Guards Road, London: Correspondence and Enquiry Unit, 2006.

[10] Partnerships UK plc. A Guidance Note for Public Sector Bodies forming Joint Venture Companies with the Private Sector [M]. 10 Great George Street: Partnerships UK plc, 2001.

[11] H M Treasury. Operational Taskforce Note 2 Project Transition Guidance [M]. 1 Horse Guards Road, London: Correspondence and Enquiry Unit, 2007.

[12] H M Treasury. Standardization of PFI Contracts V4 [M]. 1 Horse Guards Road, London: Correspondence and Enquiry Unit, 2007.

[13] Partnership Victoria. Contract Management Guide[M]. Treasury Place Melbourne, Victoria 3002 Australia: Partnership Victoria, 2003.

[14] Partnership Victoria. Risk Allocation and Contractual Issues[M]. Treasury Place Melbourne, Victoria 3002 Australia: Partnership Victoria, 2001.

[15] 李湛湛，王守清. 论 BOT 特许协议纠纷的可仲裁性 [J]. 建筑经济 2006（S1）: 178-180.

（《项目管理技术》2009 年第 1 期，第 9-13 页）

中、英、日、韩 PPP 项目模式的政府管理比较研究

作者：梁时娟　张子龙　王守清

【摘要】　为解决基础设施和公用事业需求增长与政府财力限制之间的矛盾，我国自 20 世纪 80 年代以来，政企合作 PPP 模式（包括 BT、BOT 等）得到了越来越多的应用，但政府对 PPP 模式的管理出现了一些问题，如法规制度缺失、政府权责划分不清、流程复杂、管理效率不高等。本文对我国与英国、日本、韩国 PPP 模式的政府管理进行了梳理，在主管部门设置、项目实施流程、法律政策和政府作用等方面进行了比较研究，并提出了一些改进建议。

【关键词】　PPP　政府管理　比较研究

一、引言

PPP（Public-Private Partnership，政企合作/公私合伙）是世界各国政府为解决财政不足，发展社会所需基础设施和公用事业而广为使用的新兴方法，在发达国家，主要应用于涉及民生的公用事业设施和服务，并不断拓宽应用领域。公用事业主要有大中小学及附属宿舍、养老院、医院、监狱、污水和垃圾处理等。这些设施和服务在国家政策和相关部门的管理规定方面，形态和功能逐渐标准化并且有向全民统一提供服务的趋势，过去都有政府出资，但随着时间的流逝，设施和服务质量下降，由于运营及管理资金、法律依据等限制，政府很难对其进行修复或升级。另外，对这些设施和服务的多样化和快速变化的要求，传统的政府大包大揽的方法已无法满足，缺少及时应对变化的能力。我国早在 20 世纪 80 年代就开始应用 PPP 模式（时称 BOT/建造—运营—移交；本世纪应用最多的则是 BT/建造—移交），特别是在基础设施项目中得到广泛应用。但是，目前我国政府对 PPP 的管理依然存在着法规制度缺失、政府权责划分不清、流程复杂、管理效率不高等问题。“他山之石可以攻玉”，本文对我国与英、日、韩四国的 PPP 模式及政府管理方法进行比较研究，试图根据比较结果，结合我国国情，就我国 PPP 政府管理的不足提出一些改进建议。

二、国外 PPP 立法和政府管理概况

（一）英国

1979 年，英国保守党撒切尔夫人的政权为了公共支出的减小开始探索 PFI（Private Finance Initiative，私营主导融资）制度，并率先推动吸引私营资本的一系列措施，成为世界上其他国家研究和应用 PPP 模式的典范。英国目前主管 PPP 的代表机构是财政部（HM Treasury），并采用财政部与财政部专设 Task Force（任务小组）的共同负

责和指导 PPP 模式的实施，该 Task Force 是 1997 年在财政部下专为 PFI 的推广应用而设立的，旨在给政府机构和私营部门提供咨询和指南。在法规方面，英国并未出台专门针对 PPP 的法律，指导 PPP 实施的一般是政府的相关政策和指南，但比较细致，例如，在项目模式决策方面，英国采用 PSC（Public Sector Comparators，公共部门比较基准）和 VfM（Value for Money，物有所值）的原则选择和评估 PPP 项目。

（二）日本

为了推动公共部门的财政改革、为民间企业提供更多的投资机会，日本在 20 世纪 90 年代就对 PPP 进行了实质性的探索并取得了显著的成绩。《关于充分发挥民间事业者的活力来促进特别设施整备的临时措施法》（简称民活法/PFI 法）于 1999 年 7 月制订，同年 9 月实行，正式成为 BTL（Build-Transfer-Lease，建设—移交—租赁）项目的法律指南。日本负责管理 PPP 项目的政府部门是总理室（由总理任命的专家组成小组），包括负责主要政策制定及项目实施者的选择。

日本 PFI 后来停滞不前的主要原因是在与道路法、下水道法等法案的冲突上，后者一直不允许民间企业成为这类项目的主体。于是，民活法（PFI 法）于 2011 年 5 月 24 日修改、2011 年 6 月 1 日公布、2011 年 12 月 1 日施行后，PFI 的适用范围扩大到租赁住宅、船舶、飞机等运输设施及人造卫星等。此外，医疗设施、城市公园、下水道、铁路、港口等方面也可以设定特许权。为了修订法律制度上的对 PFI 应用范围的限制，在法律上真正确立 PFI 的地位和推广应用，日本还设立了活用项目推进委员会等，制定了公务员派遣制度和民间提议项目制度等。

（三）韩国

韩国政府于 1994 年 8 月制定了《促进民间资本参与社会间接资本设施投资法》，引入 PPP 模式。跟其他国家一样，政府一般负责项目的计划、评估、审批、支持，民间部门负责设计、建设、融资、运营，在项目的全过程上通过政府和民间的持续合作提供公共基础设施和服务。

韩国初期的民间投资项目大部分是公路、铁路等，采用的也多是 BOT，但后来韩国逐渐参考了英国和日本的做法，于 2005 年 1 月修订法律《对社会基础设施民间投资法》以后，韩国引入了 BTL 方式并大力推广，将民间投资项目的范围大大扩大。为了通过综合系统的管理提高国家基础设施发展的效率和透明度，韩国在法律上明确了民间投资项目的管理机构，于 1998 年设立了 PICKO（Private Infrastructure Investment Center of Korea，韩国民间基础设施投资中心），统一负责管理民间投资基础设施的有关事宜，以统一标准向项目干系人提供服务，包括项目评估、可行性研究、资格评审、招标和评标、技术和行政支持等，结束了以前的混乱状态和不便之处。2005

年 PICKO 已更名为 PIMAC （Public and Private Infrastructure Investment Management Center of Korea，韩国公私基础设施投资管理中心），成为韩国公共基础设施投资管理的唯一窗口。

三、我国 PPP 立法和政府管理的概况

20 世纪 80 年代以来发展中国家陆续采用了 PPP 模式，将外资吸引到本国的道路、铁路、电站、污水处理等公共项目中，取得了良好的效果，中国也尝试应用 PPP 模式吸收外商投资于基础设施领域，中国第一批由私营/外商资本参与的项目是 1984 年采用 BOO 方式投资建设的广州市佛山柴油发电厂、采用中外合作建设的广东城大亚湾核电站以及采用 BOT 方式建设的深圳沙角 B 电厂。中国政府为了促进外商/民间资本投资，原对外经贸部于 1995 年发布了《关于以 BOT 方式吸收外商投资有关问题的通知》(简称“通知”)，国务院 2005 年发布 《关于鼓励支持和引导个体私营等非公有制经济发展的若干意见》(简称“36 条”)，2010 年 05 月 13 日发布《国务院关于鼓励和引导民间投资健康发展的若干意见》(简称“新 36 条”)。

1995 年的“通知”发布以后，中央政府批准进行 4 个外商投资 BOT 试点项目——成都第六自来水 B 厂、来宾二期电厂、长沙电厂和北京第十自来水厂，成都和来宾项目已建成并在运营中，但长沙和北京的项目终止或改内资了。

根据世界银行最新数据，国务院“新 36 条”出台以来，中国民间投资占城镇固定资产投资的比重明显扩大，表明“新 36 条”鼓励民间资本进入这些领域的政策已经开始发挥积极作用。但是，虽然我国的相关政策相继出台，对 PPP 应用起到了促进作用，但在 PPP 项目实施过程中，还是出现了诸多问题，主要表现在以下几个方面：

1. 主管部门缺失

PPP 项目涉及众多法律关系和主管单位，目前我国没有统一的 PPP 项目主管部门，导致 PPP 项目审批程序复杂，责任划分不清。发展改革委、建设部、交通部、国土资源部、财政部等多个部门同时对同一 PPP 项目的各个方面都有控制力量，政出多门，流程复杂，导致项目决策、管理和实施效率低下。

2. 地方政府贯彻国务院精神力度不一

各中央部门和各地方政府对 PPP 项目的理解并不相同，所颁布的政策、规定也不尽相同甚至有冲突，导致很多民间资本尤其是外资在选择某些项目时顾虑过多，或因对地方法规的理解不到位造成亏损，严重打击了民间投资者的积极性。

3. 法律制度不完善

我国通过部委和地方政府发“通知”、“文件”等的方式鼓励或规范 PPP 项目投资，一来法律层级低，公信力不够，二来对税收、收费等优惠政策的规定与现有法律相冲

突，对项目的实施留下了隐患，引起不少扯皮和争议。

四、中、英、日、韩四国的比较分析

（一）主管部门设置

英、日、韩三国都有专门负责 PPP 项目管理和咨询的机构，英国由财政部及财政部专设协助机构共同促进 PPP 项目的完成；日本由总理室、总理任命的专家组共同制定相关政策、评估 PPP 项目；韩国设立了 PIMAC，是韩国公共基础设施投资管理的唯一窗口。

以英国为例，财政部及其下属的一系列公署为 PPP 项目的推进、监管提供全方位的管理和咨询，其主要部门设置如表 2-2 所示。

表 2-2　HM Treasury（财政部）下的公私营机构合作署

负责部门	主要业务
PPP Policy Team	负责主要政策、指南的制订和 PPP/PFI 的统计资料与出版。
Infrastructure UK	分析国家对基础设施尤其是 PPP 项目的需求。
The Infrastructure Finance Unit（TIFU）	给具有健康财务指标的项目发放优先长期贷款。
Project Review Group （PRG）	地方政府，公共部门的 PFI 项目需要政府的智力援助时，对项目进行评估和监管，同时负责 PFI 信贷资金支持额的调整。
Partnerships UK （PUK）	财政部为所有的公共管理部门提供 PFI 专业管理知识尤其是项目采购方面知识的协作部门。

来源：HM Treasury, 2008, Infrastructure procurement; delivering long-term value

我国目前还没有专门负责 PPP 项目的管理部门，对某一特定的项目而言，发展改革委、建设部、财政部等各部门都对该项目有一定的管理权限。这就造成了 PPP 项目管理系统的混乱，以及项目立项、招投标、实施和监管过程中的低效率，而且，各部门、各地方各自为政，既给投资者带来混淆，也使很多部门和地方的经验和知识得不到总结和推广。因此，建议我国能够参照英、日、韩三国的经验，设立专门负责 PPP 项目管理的政府主管部门，从 PPP 相关法规政策的制定，到项目的审批、咨询、招投标和监管等进行统一协调管理，同时对地方政府和相关部门起到统一协调和统筹规划的作用。还建议设立专职的政府咨询部门，对重点发展 PPP 项目的行业提供相应的扶持，也利于经验的总结和推广。

（二）PPP 项目实施流程

由于各国政府部门设置不同、法律法规政策有一定的差异，各国之间的 PPP 项目实施流程也不尽相同，这样直接影响了 PPP 项目的前期成本和项目审批的效率，同时也对所选择 PPP 模式的科学性也有很大的影响。

英、日、韩对 PPP 项目的实施流程都有很具体的规定，以韩国为例，韩国 PPP 模式根据项目提案的主体分为政府公告项目和民间提议项目。政府公告项目是政府挖掘到项目需求后，由政府（主管机关）考虑相关计划和设施需求等，建立项目计划，并审查民间投资相比政府投资是否更有效，然后考虑项目的性质和项目收益性等选择适当的具体实施方式（如 BOT、BTL 等）。民间提议项目是私营企业挖掘项目需求，并向政府主管机关提议所选定的项目，然后综合考虑设施需求、项目收益性、项目结构、建设、运营计划、资金来源和融资方案等制定项目计划向主管机关提交项目提案书。私营企业除了本项目以外还可以开发有收益的附属项目提案，以提高项目的财务可行性。对民间的提案内容，政府主管部门再评审其合理性，然后再立项和招标或议标。

图 2-1 和图 2-2 分别为韩国 BTL 和 BTO 项目的流程图，这两个流程都是 KDI（Korea Development Institute，韩国开发研究院）在 PPP 指南中提出的，从中很容易看出各阶段的政府主管部门。

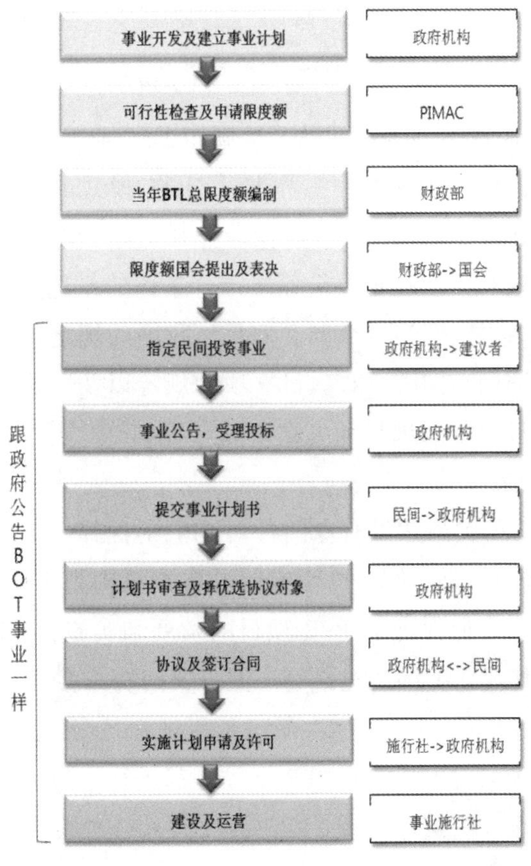

图 2-1　韩国 BTL 项目流程图（来源：KDI）

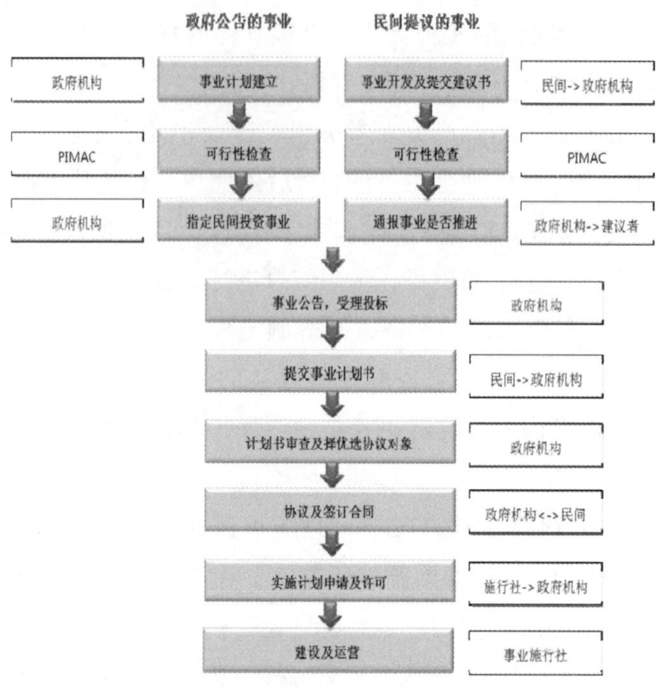

图 2-2　韩国 BTO 项目流程图（来源：KDI）

相比而言，我国原对外经贸部 1995 年颁布的“通知”和原建设部 2004 年颁布的《市政公用事业特许经营管理办法》等也对 BOT 模式的流程做了相应的规定：①提出特许经营项目，报上级政府批准后向社会公开招标，受理投标；②根据招标条件，对投标人进行资格审查和方案预审，推荐出符合条件的候选人；③评委会评审，确定中标者；④公示中标结果；⑤签订合同。但是，我国的规定相对比较笼统，没有明确规定各个环节的负责部门，同时，对项目立项的规定以及所签署的合同过于简单，容易造成后续的争议，甚至导致项目的失败。

（三）相关法律政策

在法律政策方面，英国虽然没有专门针对 PPP 的法律，而是通过一系列的政策和指南对 PPP 进行管理，但是英国设立了专门的咨询机构为 PPP 项目提供咨询。日本民活法的推出和实施，不但促进了 PPP 项目的发展和实施，同时对 PPP 项目的规范和管理起到了重要的作用。韩国通过颁布《促进民间资本参与社会间接资本设施投资法》来规范 PPP 项目的实施，后经过四次修改形成现在的《社会基础设施民间投资法》，从适用民间投资的项目范围、选择的 PPP 模式等都进行了或多或少的扩充和修改。我国到目前为止还没有正式的法律管理 PPP 项目，只是通过政策和规定来引导民间资本投入到基础设施建设。虽然“通知”和“36 条”与“新 36 条”的相继实施确实鼓励了民间资本进入 PPP 项目，但是在法律层面上依然存在较大的问题，如地方政府相关规定与中央政策相悖，PPP 项目的税收、收费等优惠政策与相关法律的冲突，对资本性质和贷款等限制打击了民企特别是外商投资的积极性等。

（四）政府的作用

英、日、韩的 PPP 政府管理架构中，政府的作用也具有相似之处，英国 PPP 项目的主要特点就是追求政府介入的最小化；在韩国的 PPP 模式政府管理中，企划财政部负责民间投资政策的提出、相关法律制度的制定、支援赔偿费或建设补助金等的设定，KDI 则负责民间投资者的资格审查、参与谈判和提供技术支持等。

而我国作为一个中央集权国家，行政系统是影响项目评估过程的一个关键因素。政府官员根据自己的判断或偏好做出决定，公民社会（包括专业人士或学者）几乎无法参与最后的决定。而且，尽管 PPP 项目进行了可行性研究，但相关信息（如项目细节特别是财务信息等）通常不会公开，这些信息被公司视为商业机密，或被政府作为官方机密，公众也无知情权，这使得 PPP 项目的评价、相关研究特别是定量研究更加困难。2012 年起中国政府继续鼓励民间投资事业，但是政府对项目评估和项目实施过程中的控制还是很强，民间投资的范围有限、公众参与度低。

建议我国政府能够将政策和权力放开，政府部门更加关注法律法规的制定、项目评估框架的搭建和评估制度的完善、监管机制的建立等问题，从实际的项目评估和控制中解脱出来，充分发挥市场竞争的作用和企业自身的能动性和创造性，发挥公众的参与和监管，真正体现出 PPP 提高产品和服务的水平、提高项目实施效率的优点。

五、结语

在经济高速发展的中国，基础设施和公用事业的需求居高不下，在政府财政受限情况下，PPP 能有效吸引私营资本参与。但政府对 PPP 模式和具体项目的管理，相关法律法规、政策指南的出台对 PPP 的高效实施有着举足轻重的作用。英国作为世界上应用 PPP 模式最广泛、最成功的国家之一，其管理制度确有值得我们借鉴之处。日、韩两国作为中国的近邻，文化背景相似，PPP 的政府管理水平也较高，对我国也具有很强的借鉴意义。同时，出于地理和文化等各方面的考虑，中国企业也可考虑进入韩日参与有关项目。因此，了解和借鉴这些国家的政府管理，无论是对我国更好的应用 PPP，吸引更多的外商和私营资本投资我国，还是促进我国企业走出去投资都很有意义。

对比这些国家的政府管理，我国应在以下几个方面考虑改进：①设立专门的 PPP 管理部门，打破多部门混合管理的复杂局面；②规范化 PPP 项目实施流程，建立以 VfM 为基础的项目评估机制，减少项目决策的盲目性和不科学性；③法律法规政策的标准化和统一化，加强地方政府规定与中央政策、中央各部委之间的协调一致，包括减少价格、税收、补贴和监管等方面各地不同做法的问题；④优化政府部门在 PPP 模式管理过程中的定位，注重法律法规、政策制度、监管机制的建设和完善，适度减少在 PPP 项目实施过程中的介入，以充分发挥企业的能动性和创造性，提高效率。

参考文献

[1] 黄腾，柯永建，李湛湛，王守清．中外 PPP 模式的政府管理比较分析[J]．项目管理技术, 2009（1）: 9-13.

[2] 叶秀贤，孙慧，范志清．韩国 PPP 法律框架及其对我国的启示[J]．国际经济合作，2011（2）: 52-55.

[3] Wang S Q, Ke Y J, Xie J. Public private partnership implementation in China[J]. The Association of Chartered Certified Accountants Report, London, 2012, p33.

[4] Ye S D, Tiong R L K. NPV-at-Risk method in infrastructure project investment evaluation[J]. Journal of Construction Engineering and Management, 2000, 126（3）: 227-233.

[5] 柯永建，赵新博，王盈盈，王守清．民营企业发展基础设施项目的 SWOT 分析[J]．商业研究，2008（12）: 7-10.

（《项目管理技术》2013 年第 5 期，第 17-21 页）

中外 PPP 管理制度对比及建议

作者：王守清　刘婷

PPP （Public-Private Partnership，公私合作）模式在减轻政府财政压力、满足公共基础设施建设、提高投资和管理效率等方面具有特殊的优势，很多国家政府将 PPP 模式作为有效地吸引国内外社会资本参与基础设施和公用事业的创新途径。尽管 PPP 模式已于 20 世纪 80 年代中期被引入我国的电厂、高速公路等基础设施领域，我国目前关于 PPP 的管理制度仍仅限于地方政府或部委层面，层次较低且杂乱，虽然在一定程度上为 PPP 的发展提供了支持，但远未达到完善的程度。因此，本文将比较分析英国等国家和地区与我国 PPP 模式的管理制度，并基于所识别出的差异和不足对我国相关的管理制度建设提出相应的改善建议。

一、国内外 PPP 模式的法律框架和机构概述

（一）英国

英国政府率先推动私营资本在公共领域方面的参与[1]，但在 PPP（英国称作 PFI，Private Finance Initiative，私营主动融资）方面，英国并没有专门的法律（law），大多以政策（policy）和指南（guideline）的形式出现。到目前为止，有五份最重要的相关文件出台：2003 年 7 月的《PFI：适应投资挑战》（*PFI: Meeting the Investment Challenge*），2006 年 3 月的《PFI：加强长期合作》（*PFI：Strengthening Long-term Partnerships*），2008 年 3 月的《交付长期价值的基础设施采购》（*Infrastructure Procurement: Delivering Long-term Value*），以及 2012 年 12 月的《PPP 的新方法》（*A New Approach for Public Private Partnerships*）和《PF2 合同的标准化》（*Standardisation of PF2 Contracts*）等[1-3]。

（二）澳大利亚

2000 年开始，以维多利亚州为开端[4]，澳大利亚各联邦部门和州政府相继发布了 PPP 模式的规范指引、准则和协议等，但由于各地存在差异，造成 PPP 模式在全国范围内发展不平衡、效率不高、私营企业难以参与等问题。为此，联邦政府在 2004 年组建了国家 PPP 论坛（National Public Private Partnership Forum），并在 2008 年以《澳大利亚基础设施法案 2008》（*Infrastructure Australia Act 2008*）为基础组建了澳大利亚基础设施委员会（Infrastructure Australia），从而建立了统一合作的 PPP 沟通管理平台；同年，委员会颁布《国家 PPP 政策及指引》（*National PPP Policy and Guidelines*）替代各州、管辖区的原有文件，对全国的 PPP 项目进行规范。[5]

（三）日本

1999 年起实行（2011 年修改）的《关于充分发挥民间事业者的活力来促进特别设施整备的临时措施法》（简称“民活法/PFI 法”）是日本 PFI 项目的法律指南。

为了完善法律制度上对 PFI 应用范围的限制，日本还设立了活用项目推进委员会机构，制定了公务员派遣制度和民间自提（Unsolicited Proposal）项目制度等。[6]

（四）韩国

韩国政府于 1994 年制定了《促进民间资本参与社会间接资本设施投资法》，引入 BOT（Build-Operate-Transfer，建设—运营—移交）模式，后于 2005 年修订《社会基础设施民间投资法》，引入了 BTL（Build-Transfer-Lease，建设—移交—租赁）模式并大力推广，将民间投资项目的范围显著扩大。[6]

（五）菲律宾

菲律宾开展 PPP 项目的历史较久，1994 年修订的菲律宾法令第 6957 号（BOT 法）

规定了基础设施类 PPP 项目的指导原则，促使菲律宾国内涌现出各种 PPP 模式；项目采购方面，1998 年菲律宾重新修订其国内采购法，引入竞争性招标流程。[7]

（六） 印度尼西亚

2005 年颁布的印尼第 67 号总统令规范了 PPP 项目的制度环境，2010 年修订后增加了风险分担、竞争性招标、财政支持和非财政支持等内容。[7]

（七）南非

南非内阁在 1997 年批准成立了一个跨部门工作小组（PPP Unit），负责制定政策、法律并进行体制改革，为 PPP 模式的发展与应用创造有利环境。《公共财政管理法》及《财政部 16 号准则》是国家、省一级层面的 PPP 法，而《市级财政管理法》是市一级层面的。此外还有国家、省层面的《PPP 手册》（*Public-Private Partnership Manual*）及《PPP 标准化规定》（*Standardized PPP Provisions*），和市级层面的《市政公共服务供应和 PPP 指南》（*Municipal Service Delivery and PPP Guidelines*）等规章政策。[5]

（八）中国台湾地区

2000 年 1 月通过的《促进民间参与公共建设法》（简称《促参法》），是台湾地区基础设施 PPP 的最主要法律依据，在其基础上，又陆续制订了《促进民间参与公共建设法施行细则》（2000 年 10 月）、《民间参与公共建设甄审作业参考手册》（2000 年）、《民间参与公共建设财务评估模式规划》（2001 年）等子法和细则。[8]

（九）中国香港特别行政区

为了更好地指导 PPP 项目在香港的实施，香港政府效率促进组（Efficiency Units）先后在 2003 年和 2008 年出台了《PPP 指南》（*An Introductory Guide to Public Private Partnerships*）和《PPP 指南 2008》，后者增加了公共部门比较因子（Public Sector Comparator，PSC）的具体构建步骤和风险管理矩阵的构建实例，以及保持政府公正性的具体原则与措施等条目。

（十）小结

与 PPP 相关的法规制度主要有两类：

一是由立法机关或行政机关制定针对 PPP 模式的统一立法，在 PPP 方面相对先行的亚洲国家和地区大多采用了统一立法的模式，如日本的《关于充分发挥民间事业者的活力来促进特别设施整备的临时措施法》，韩国的《对社会基础设施民间投资法》，菲律宾的《法令第 6957 号（BOT 法）》，印度尼西亚的《第 67 号总统令》，以及台湾地区的《促进民间参与公共建设法》等。

二是不专门立法，但以现行法律加以规范，采用政策+指南的方式进行管理，同时有全国性的机构对 PPP 的政策、方针给予全面、权威的控制与解释，并对 PPP 模式的推广与执行提供全面支持，法律体系完善的发达国家和地区多采用这一模式。如法国的 PPP 模式直接适用法国行政法中的公共特许工程法律制度[9]，英国、澳大利亚、中国香港等都有专门的 PPP 中心负责统筹管理 PPP 项目。

二、国内 PPP 模式的法规框架和机构概述

社会资本在中国基础设施的投资可以追溯到 20 世纪 80 年代，沙角 B 电厂被认为是我国第一个 BOT 项目。为了满足发展需求，原外经贸部于 1995 年 1 月颁布了《关于以 BOT 方式吸收外商投资有关问题的通知》，这是我国第一份部委级相关的管理规定。此后，基础设施投资在中国经历了两次热潮，期间政府也颁布了许多相关政府管理，如原国家计委于 2001 年 12 月颁布了《关于促进和引导民间投资的若干意见》；国务院于 2002 年 9 月颁布了《国务院办公厅关于妥善处理现有保证外方投资固定回报项目有关问题的通知》，2004 年出台了《国务院关于投资体制改革的决定》，又于 2005 年 2 月颁布了《关于鼓励支持和引导个体私营等非公有制经济发展的若干意见》等。2014 年起，财政部和发展改革委发布《关于推广运用政府和社会资本合作模式有关问题的通知》（财金〔2014〕76 号）、《政府和社会资本合作模式操作指南（试行）》（财金〔2014〕113 号）、《关于开展政府和社会资本合作的指导意见》（发改投资〔2014〕2724 号）等文件，这些政策文件都及时地为 PPP 实务给予了指导，但是仍存在部委之间政策冲突的问题。

分析 PPP 政府管理在中国的历史演进，可以发现除了从外资到内资的转变，最显著的还有适用范围和概念内涵的扩大，不再局限于外商投资 BOT 的狭义概念，而是以市政公用领域的特许经营模式来调整包括 BOT 模式在内的广义 PPP 项目。但是，我国目前关于 PPP 的法规政策还是局限于地方政府或部委层面，层次较低且杂乱，虽然在一定程度上为 PPP 的发展提供了法规依据，但远未达到完善的程度，尤其是随着基础设施的蓬勃发展和特许经营模式的推广，日益显示出其缺陷与疏漏：

- PPP 项目的法律关系非常复杂，各个环节都会涉及许多领域的法律问题，很多方面在上述相关的规章政策中没有统一规定。
- PPP 的特殊性决定了要对项目公司、招投标、税收等问题做出特别的法律规定，这就意味着 PPP 立法与一般法必然存在一些冲突，而从法律渊源角度来说，各部委制定的规章、政策法律效力较低，因此采用部委下“通知”、“政策”的方式来规范，往往被外商归结为政治风险。
- 国务院各主管部门在各自管理范围内做出的规定，只能适用于一部分行业，且都是从自身管理的角度出发，法规文件各自为政，很多时候不能相互衔接，缺乏全局性和系统性。

- 我国各种规定对 PPP 类项目的称呼比较混乱，包括“政府与社会资本合作”、“政府购买服务”、“BOT”、“特许经营”、“法人招标”等，也有的称作“外商投资特许权项目”、“经营权转让项目”在事实上构成了此类项目在我国发展的法律障碍。
- 各地方政府颁布的规章之间也存在较大的差别，对中央的法律法规构成了挑战和威胁，导致国内制度不统一和不公平的现象。

PPP 模式的成功依赖于公私部门之间的长期合作，政府法规政策的稳定性、透明度是保障健康合作关系的基础，制定针对 PPP 的高位阶的统一立法，建立全国性统一的 PPP 机构很有必要。

三、国内外 PPP 项目的政府管理机制比较

（一）项目选择和私营机构选择

PPP 项目的选择方法基于物有所值（VfM，Value for Money，即采用 PPP 模式比传统政府投资模式有更佳价值如效率提高）的理念，操作上主要有 PSC 法和竞争性投标法两种方法。

英国、加拿大、德国、澳大利亚、日本、荷兰、南非、中国台湾、中国香港等都是基于 PSC 法来考察 VfM。PSC 法的基本原理是对用 PPP 模式和传统模式的全寿命期成本（PSC）进行比较，如果一个 PPP 方案的成本（投标价）低于用传统模式的成本（当然要考虑风险转移的价值），就实现了物有所值（见图 2-3）。

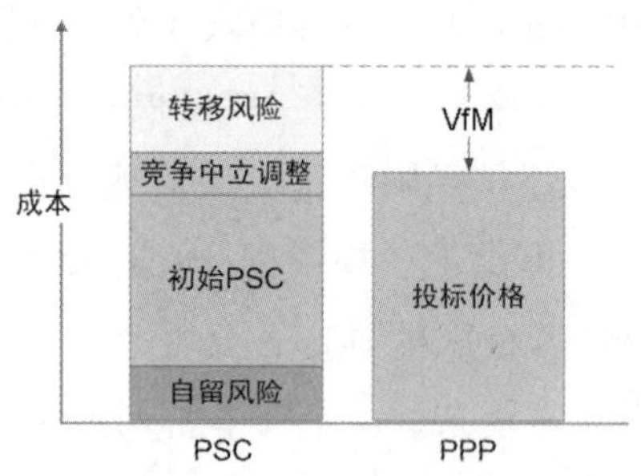

图 2-3　PSC 图示[10]

美国、罗马尼亚、奥地利、比利时、新加坡等国家则是采取竞争性投标法来实现 VfM 的。我国采取的是传统模式项目的评估方法（可行性研究和招投标等），到目前为止没有任何法规政策提出过物有所值的概念和定量计算物有所值的方法（作者注：财政部在 2015 年底发布的《PPP 物有所值评价指引（试行）》（财金〔2015〕167 号）第五条规定：物有所值评价包括定性评价和定量评价。现阶段以定性评价为主，鼓励开展定量评价。定量评价可作为项目全生命周期内风险分配、成本测算和数据收集的

重要手段，以及项目决策和绩效评价的参考依据）。物有所值评估体系的缺失以及对 PPP 项目适用类型的理解不清直接导致我国应用 PPP 模式的盲目性，这也是很多 PPP 项目失败的重要原因。

然而 PSC 法计算复杂，重视定量化工具，建立难度大，特别是在项目前期，因缺乏真实准确的数据，投资、折现率、风险分担等方面的假设很重要；此外，仅仅比较 PSC 与投标价似乎过于单一。建议我国在现有竞争性招标方法的基础上：

- 政府加强与专业咨询机构的合作，为 PPP 项目的 VfM 评价提供智力支持；
- 建立 PPP 数据库和信息平台，为将来类似项目的评估提供基础资料，实现国家或区域内 PPP 采购的标准化，共享最佳实践经验，促进市场竞争；
- 明确规定私营机构的选择标准和选择过程；
- 全面考虑 PPP 项目的环境效益和社会效益。

（二）合同范本/管理

英国、澳大利亚等均有专门的合同指南，如英国的《PFI 合同规范化第四版》（*Standardization of PFI Contracts V4*）和澳大利亚的《合同管理指南》（*Contract Management Guide*）。这些文件都制定了合同管理的相关细则，对各种合同期间可能出现的不利情况，包括服务开始时间延迟、服务变更、法律变更、通货膨胀等都进行了规定，提出了风险处理方法，这种合同中的提前的规定避免了紧急情况出现时处理不当导致的 PPP 项目的失败[11,12]。

我国现有的合同管理政策中，包括《城市供水特许经营协议示范文本》、《管道燃气特许经营权协议示范文本》、《城市生活垃圾处理特许经营协议示范文本》、《城镇供热特许经营协议示范文本》和《城市污水处理特许经营示范文本》等，对服务定价、服务标准、服务监督以及包括延误风险、法律风险在内的部分风险进行了规定，但是仍然存在以下问题：①规定过于笼统，缺乏可操作性；②对包括通货膨胀在内的金融风险缺乏评估规定及缺乏处理措施；③对知识产权处理缺乏规定；④对政府公正性缺乏规定。而发展改革委于 2014 年 12 月发布的《PPP 合同通用指南》从酝酿到正式发布略显仓促，而且只是一个大纲，缺乏可操作性，也可能影响相关文件的前后连贯性。

（三）监管办法

英国、澳大利亚和香港的监管都包括两个部分，招投标阶段的监管（主要是市场准入限制）和运营阶段的监管。其中，在招投标阶段的监管中，英国在 2001 年的《公私合营指南》（*A Guidance Note for Public Sector Bodies forming Joint Venture Companies with the Private Sector*）中提出对投标人的财务能力、专业知识、组织能力以及关系管理进行严格的筛选的招标准则[13]；在《如何与选定投标者合作》（*How to Appoint and*

Work with a Preferred Bidder）提出了在选定投标者和定标阶段之间仍然需要满足强制的产出（服务）要求、实现物有所值、同意合同的主要条款以及相应的风险转移、可靠的财务来源（不需要政府提供相应的担保）、联合体是一个统一整体等条件[14]。

在运营阶段的监管，英国也有两部主要的文件：《运营任务指南 2 之项目移交指南》[*Operational Taskforce Note 2*（*UK*）]和《PFI 合同规范化第四版》，提出应对价格、服务水平、客服帮助平台（helpdesk）、里程碑事件进行监管[18]，并对如何明确监管的责任、谁进行监管、什么时候进行监管、谁为监管付钱、监管需要注意哪些信息等均做了详细的论述[11]。

我国在招投标阶段监管中没有将 PPP 项目与一般的招投标项目区分，没有专门针对 PPP 的市场准入措施；在运营阶段监管中，我国虽提出了应该对价格和产品服务质量评价标准监管、对特许经营者违法行为依法进行查处等，但规则过于笼统、可操作性差，没有合适的监管机构和明确的监管流程，对 PPP 项目可能的意外问题考虑不足。

（四）争端解决办法

由于合同期长，PPP 项目出现争端难以避免，英国的《PFI 合同规范化第四版》、澳大利亚维多利亚州的《风险分担及合同管理》（*Risk Allocation and Contractual Issues*，2001）列出了争端解决的三个阶段：相互协商→专家建议（或者第三方协调）→法律仲裁或宣判[11,15]。香港在《公私合营项目 PPP 指南 2008》中也对争端解决提出了包括基准评价、协调商议、专家决议、调解、法律宣判、法律仲裁和诉讼等方法[16]。

值得进一步注意的是，在英国、澳大利亚、中国香港，PPP 项目争端是可以仲裁的，政府与私营机构是平等的主体，按商业争端进行处理。但是在我国，《中华人民共和国仲裁法》（以下简称《仲裁法》）第二条规定："平等主体的公民、法人和其他组织之间发生的合同纠纷和其他财产权益纠纷，可以仲裁。"第三条规定："下列纠纷不能仲裁：（一）婚姻、收养、监护、抚养、继承纠纷；（二）依法应当由行政机关处理的行政争议[16]。"PPP 项目不仅有行政机关的参与，满足《仲裁法》的消极条件，同时也有 PPP 特许经营权合同，满足《仲裁法》的积极条件，导致 PPP 项目在中国能否仲裁仍然存在争议。[15]

四、对我国 PPP 制度建设的主要建议

PPP 模式作为有效地吸引社会资本参与基础设施建设的创新途径，在全世界范围内已经获得广泛的认可和应用，而其中合理的法律、规章、政策和指南等是 PPP 模式能够成功运用的关键，而我国现行的 PPP 政府机构设置、法律、法规、政策和指南的建立尚处于初步阶段，仍存在很大的不足。

对我国 PPP 制度建设的主要建议包括以下几点：

（1）法律层面，应加快我国 PPP 法的立法工作，明确 PPP 模式的应用范围和评估方法、PPP 合同的性质和争议处理的途径、完善私营机构的招标方法等。

（2）政府机构设置方面，应由国务院对 PPP 项目进行专属管理，负责制定与之相关的政策，在国务院下设立 PPP 中心，包括负责 PPP 项目招标、预算管理、审计、合同管理等方面的小组，借助现有行业部委具有相应专业知识（如交通、环保等）的技术咨询机构，满足 PPP 模式在各行各业的应用需求。

（3）项目评估方面，应该提出物有所值的概念和定量计算物有所值的方法，为 PPP 项目的筛选和排序提供可靠依据，并建立标准化的流程。

（4）合同管理方面，应该增强规定的可操作性；对包括通货膨胀在内的风险制定评估方法及动态应对措施，对知识产权和政府公正性等制定规定。

（5）监管方面，应出台全国性监管方面的专门政策，明确监管主体和流程，提出专门针对 PPP 模式的市场准入措施，借助现有行业部委的专业技术咨询机构进行监管，包括公众参与决策与监管。

（6）争端处理方面，应该出台完善争端处理的方法及步骤的政策，以及出台对《仲裁法》中关于 PPP 项目的矛盾定义方面的法律解释。

参考文献

[1] H M Treasury. PFI: Meeting the Investment Challenge [M]. 1 Horse Guards Road, London: HM Treasury Public Enquiry Unit, 2003.

[2] H M Treasury. PFI: Strengthening Long-term Partnerships [M]. 1 Horse Guards Road, London: Correspondence and Enquiry Unit, 2006.

[3] H M Treasury. Infrastructure Procurement: Delivering Long-term Value [M]. 1 Horse Guards Road, London: Correspondence and Enquiry Unit, 2008.

[4] Partnership Victoria. Public Disclosure Policy [M]. Treasury Place Melbourne, Victoria 3002 Australia: Partnership Victoria, 2007.

[5] 陈坤龙. 我国地方政府 PPP 项目指南框架构建研究[D]. 重庆：重庆大学, 2013.

[6] 梁时娟,张子龙,王守清. 中、英、日、韩 PPP 模式的政府管理比较研究 [J]. 项目管理技术, 2013（5）: 17-21.

[7] 中国财经报网. 亚洲国家如何实施 PPP. < http://www.cfen.com.cn/web/meyw/2014-06/05/content_1090816.htm>（2014-06-05）.

[8] 张燎. 台湾的民间参与公共建设之我识我见.

[9] 巨强.法国公共工程的特许经营权管理及启示[J]. 财会研究，2000（11）:57-61.

[10] 李佳嵘（导师王守清）. 基于我国国情的 PSC 评价体系研究——以北京地铁 4 号线为例[D]. 北京：清华大学，2011.

[11] H M Treasury. Standardization of PFI Contracts V4 [M]. 1 Horse Guards Road, London: Correspondence and Enquiry Unit, 2007.

[12] Partnership Victoria. Contract Management Guide[M]. Treasury Place Melbourne, Victoria 3002 Australia: Partnership Victoria, 2003.

[13] Partnerships UK plc. A Guidance Note for Public Sector Bodies forming Joint Venture Companies with the Private Sector [M]. 10 Great George Street: Partnerships UK plc, 2001.

[14] H M Treasury. How to Appoint and Work with a Preferred Bidder [M]. 1 Horse Guards Road, London: Correspondence and Enquiry Unit, 2006.

[15] 李湛湛，王守清. 论 BOT 特许协议纠纷的可仲裁性[J]. 建筑经济 2006（S1）: 178-180.

[16] Efficiency Unit. An Introductory Guide to Public Private Partnerships （PPPs） 2008 [M]. 11 Ice House Street, Hong Kong: Efficiency Unit, 2008.

（《项目管理评论》2016 年第 2 期，62-65 页）

PPP 项目监管：国内外经验和政策建议

作者：王守清　刘婷

【摘要】 我国政府正在力推 PPP，吸引社会力量参与基础设施和公用事业，提供公共产品或服务。因为提供公共产品或者公共服务的终极责任还是政府的，故政府应加强对 PPP 项目的监管，以保证社会力量所提供的服务满足要求。本文就此综述监管的有关概念和国内外经验，并提出可供我国政府参考的有关建议。

【关键词】 PPP　项目监管　建议

一、引言

PPP 是 Public-Private Partnership 的缩写，直译为“公私合作”，但在我国意译为“政企合作”更准确，以反映我国 PPP 项目多为央企/国企主导，我国官方文件则多称为“特许经营”。按照第一作者正在参与起草的《基础设施和公用事业特许经营法》

（2014 年 5 月 3 日征求意见稿），PPP 是指“各级人民政府依法选择中华人民共和国境内外的企业法人或者其他组织，并签订协议，授权企业法人或者其他组织在一定期限和范围内建设经营或者经营特定基础设施和公用事业，提供公共产品或者公共服务的活动。”因为提供公共产品或者公共服务的终极责任还是政府的，故政府应加强对 PPP 项目的监管，以保证获政府授权的企业法人或其他组织（以下简称“特许经营者”）所提供的服务满足要求，促进市政公用事业市场化健康发展[1]。

PPP 项目的监管主要分两个阶段，一是项目的立项和特许经营者选择时期的准入监管，二是项目建设运营时期的绩效监管（包括质量、价格、服务水平和财务等方面的监管）。准入监管的目的在于剔除不能实现物有所值（VfM，Value for Money）的 PPP 项目方案和特许经营者，以提高效率；绩效监管的目的在于解决市场失灵、普遍服务和绩效不符要求等重要问题，以保护公众利益。

上述两个阶段的监管是从政府管理 PPP 项目的角度出发的。除此之外，由于 PPP 合同（特许经营协议）尚有行政合同或民事合同的争议，不管最终对其定性如何，政府在特许经营协议中具有特权，相对主体即私营部门（投资者和放贷方等，在我国含央企/国企，下同）处于劣势地位，需要明确的合同救济规则和信用约束机制对政府特权进行规制，以保证公平[2]。

因此，下面分别从政府规制、准入监管和绩效监管三个方面，梳理监管的内容、方式和主体（见图 2-4），并在此基础上对我国政府提出相关建议，包括立法方面的建议。

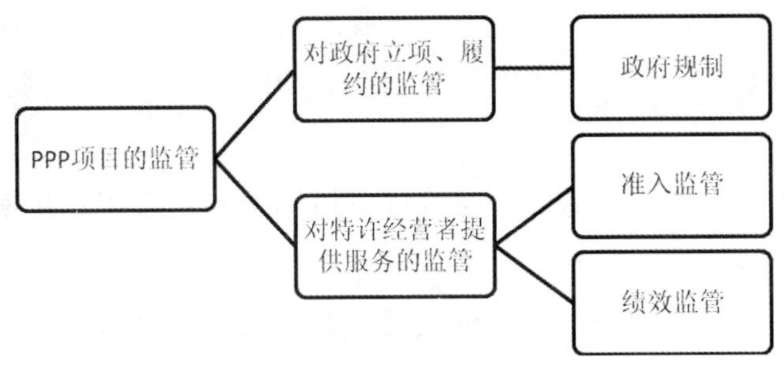

图 2-4　PPP 项目的监管框架

二、政府规制

（一）明确行政救济和司法救济

从法理上看，PPP 合同具有很强的“行政属性”（即使规定为民事合同也如此），政府部门在合同中具有特权（包括合同履行的指挥权、单方面变更合同权、单方面解除合同权和制裁权），因而私营部门在 PPP 合同中处于劣势地位，需要明确的合同救济规则对政府特权进行规制，以寻求法律上的平衡[2]。

- 政府在PPP合同中行使特权时，应履行充分说理义务，并且在采取行动前，应通知私营部门[3]。
- 私营部门具有咨询权、抗辩权、听证权等权利[4]。
- 将PPP合同规定为民事合同，如果不能规定为民事合同，则要将PPP合同当做特殊的民事合同处理，明确适用行政合同特有的规则和救济方式。

（二）建立政府信用约束机制

从实践角度看，PPP项目的期限往往会超过数届政府的任期，下一届的政府官员由于政绩或其他要求，很可能会改变当地的发展战略，当违背合同能获得大于遵守合同的利益时，政府部门就可能出现失信违约行为，因此需要建立政府投资信用约束机制，保持政策的持续性和透明性。

- 结合现有的财税制度改革，建立中长期预算机制以保证政府按照协议付费。
- 通过信息公开，实现对地方政府/部门财政风险和履约能力的监管，实现制约政府权力、督促政府履约。

其中，行政救济和司法救济应以法律形式（明确适用于民事合同或行政合同的法律规定）明确，信用约束机制可通过政策法规加以要求。

三、准入监管

（一）准入监管的内容

准入监管可以进一步分为两个阶段：

一是立项监管，制定基础设施和公用事业的发展规划，考察项目的必要性（可采用我国现有可行性研究制度），以及是否适用于PPP模式（目前我国缺少这个评估制度）；

二是对特许经营者选择的监管，通过竞争招标选择一家（或几家组成的联合体）最优秀的企业授予其特许经营权。

准入监管最核心的内容是考察PPP模式及特许经营者能否实现物有所值，即比传统模式效率高。

（二）准入监管的方法

各国实践中所采用的方法可以分为两类：公共部门比较因子法（Public Sector Comparator, PSC）和竞争性投标方法。

1. 公共部门比较因子法（Public Sector Comparator, PSC）[5]

英国、加拿大、德国、澳大利亚、日本、荷兰、南非、中国台湾、中国香港等国家或地区都是基于PSC法来考察VfM，如英国于1999年和2004年出台《VfM评估指南》，2008 年出台《基于长期价值的基础设施采购法》。

PSC 法的基本原理是对用 PPP 模式和传统模式的全寿命期成本（PSC）进行比较，如果一个 PPP 方案的成本（投标价）低于用传统模式的成本（当然要考虑风险转移的价值），就实现了物有所值（见图 2-3）。

2. 竞争性投标方法[6]

我国和美国、罗马尼亚、奥地利、比利时、新加坡等国家是采取竞争性投标法来实现 VfM 的。以新加坡为例，PPP 项目的采购流程分为七个阶段（见图 2-5），其中实现 VfM 最重要的时段是市场反馈期。投标者们分别与公共部门进行沟通和谈判，不断提出修改初始投标文件的要求和反馈，以提高项目的 VfM。公共部门此期间也需要根据新的信息修改招标文件，并随时公开发布。最终通过竞争性谈判来决定中标者，而中标者最终的投标文件和之后签订的特许经营协议也会包含谈判期间修改的部分内容。

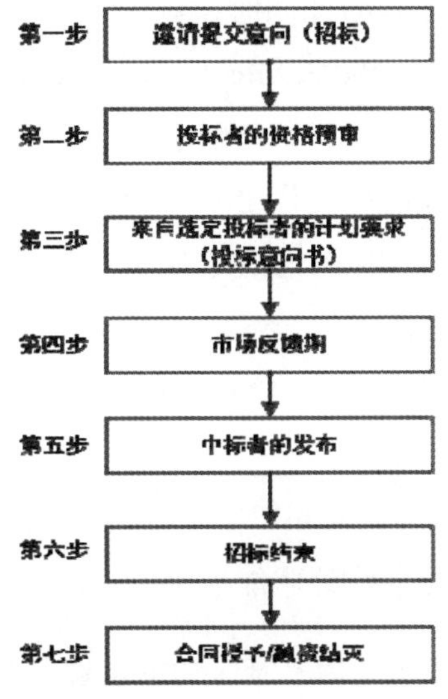

图 2-5 新加坡 PPP 项目的采购流程[2]

3. 两种方法的比较分析

PSC 法计算复杂，重视定量化计算和分析，应用难度大，特别是在项目前期，因为缺乏真实准确的数据，因而在投资、折现率、风险分担等方面的假设很重要；此外，仅仅比较 PSC 与投标价似乎过于单一。[5]

而竞争性投标方法相对更有弹性，但我国竞争性投标方法的主要缺点是：很多未真正做到公开透明，走形式（如官员干预/腐败，串标/围标），招标人与投标人、投标人之间、招标代理机构和投标人之间的关系复杂和微妙，学者不愿参与（怕受牵连），项目规模大、复杂、时间长，但评标时间短，难选到合适特许经营者等。[5]

建议我国在定量和弹性之间寻找平衡，即在现有竞争性招标方法的基础上：

- 政府转变管理理念，加强自身能力建设，加强与专业咨询机构的合作，为PPP项目的VfM评价提供智力支持。
- 建立PPP数据库，构建PPP信息平台，为将来类似项目的评估提供基础资料，逐步实现国家或区域内PPP采购的标准化程度，并共享最佳实践经验，促进市场的竞争。
- 增加有关项目外部性评价的内容，全面考虑PPP项目的环境效益和社会效益。

（三）准入监管的主体

各国监管机构的主体是政府（见表2-3），有多种形式：

- 有单独设立监管机构的，如香港的财政司效率促进组。
- 有在综合行政部门中设立相对独立的监管机构，如英国，财政部负责所有PFI（PPP）项目政策的制定；与此同时，国家审计署（the National Audit Office）和公共事业管理委员会（the Public Accounts Committee）负责对重要的PFI政策方面进行调查研究并提出意见，财政部下属合伙经营机关（Partnerships UK plc）为所有的公共管理部门提供PFI专业管理，尤其是招投标方面的知识，财政部下属公私合营机构合作署通过建议及指南对地方政府提供PPP项目支持，并帮助其制定标准化合同。[7]
- 有依托现有行业主管部门，设立分行业的法定机构同时行使监管和提供服务双重职能的混合模式，如新加坡。
- 也有让已经单独设立的PPP Unit （世行/亚开行等建议发展中国家最好设立）同时行使部分（宏观的）监管职能。

表2-3　几个国家/地区PPP监管体系比较[3]

国家/地区	澳大利亚	香　港	南　非	英　国
PPP主管部门	国民基础设施部/地方财政部	政务司效率促进组	国民财政部PPP小组/地方政府部门	财政部/国家审计署和公用事业管理委员会
组织类型	中央部门/地方部门	中央专项小组	中央专项小组/地方	中央部门/下属机构
职能	发布政策和指导文件/发布地方管理办法和实施监管	发布指导文件 协助政府其他部门	发布政策、指导文件/政府实施监管	发布政策、指导文件，并实施监管
政策体系	中央政策、指导文件+地方特殊要求	中央政策、指导文件	指导文件	中央政策、指导文件
文件类型	技术文档、案例模型、FAQ	技术文档、案例模型	案例模型	技术文档、案例模型、Excel模型

续表

国家/地区	澳大利亚	香 港	南 非	英 国
主要文件	1. National PPP Policy, Dec 2008 2. National PPP Guidelines, Dec 2008（Volume 4: Public Sector Comparator Guidance） 维多利亚州： 1. PSC Technical Note, 2001 2. PSC Supplementary Technical Note, 2003 3. Partnerships Victoria Statement, Feb 2009 4. Partnerships Victoria Requirements, Feb 2009（PSC Development FAQs）	1. An Introductory Guide to Public Private Partnerships, Aug 2003（Chapter 8 The Public Sector Comparator） 2. An Introductory Guide to Public Private Partnerships（2nd Edition）, Mar 2008（Chapter 4 Making a Business Case - Annex D Constructing a Public Sector Comparator 12 Steps）	Municipal Service Delivery and PPP Guidelines（Module 4: Feasibility Study - Stage 6: Value Assessment）	1. The Green Book 2. The Green Book Guidance: A Toolkit Guide 3. Supplementary Green Book Guidance（Adjusting for Taxation in PFI vs PSC Comparisons） 4. Value for Money Assessment Guidance, Nov 2006 5. Quantitative Assessment User Guide, Mar 2007

以上国家或地区都有单一的中央部门负责 PPP 项目的政策制定和准入监管。此外，政府还聘请、授权或与第三方合作，并让公众和媒体，以及放贷方等也参与监管，世行/亚开行等国际多边机构也会对其放贷或援助项目的招投标、财务状况和环境影响等进行监管。

一般而言，监管机构应具备如下特征：

- 独立性：可以独立地执行监管政策而不受利益相关方的干扰，特别是作为项目公司股东的政府的不必要干涉。
- 合法性：监管机构的设立、职权范围和基本政策都是通过法律法规确定的。
- 广泛性：监管机构的监管领域十分广泛，覆盖项目的各个方面。
- 专业性：独立监管机构成员一般由行业管理专家、技术专家、经济学家、法学家、用户代表等组成。
- 公正性：监管机构的独立性、专业性和权威性等，确保监管机构的公正监管。

四、绩效监管

PPP 项目应通过基于产出/结果的绩效要求（Output/Outcome-based Performance Specification）促使特许经营者确保所提供的产品/服务的质量并提高效率，政府监管的重点是产品/服务的质量和数量，而不必干涉特许经营者通过什么方法满足绩效要求，以发挥他们的能动性和创造性。

（一）产品/服务质量监管

1. 美国[8]

美国的《PPP 项目立项（Establish a P3 Program）》中认为各方的监管责任分配见表 2-4。

表 2-4　绩效监管职责分配

部　门	职　责
特许经营者	• 制定管理计划 • 搜集监管数据 • 编写监管报告
公共部门	• 制定技术标准 • 审查特许经营者的管理计划和监管报告，审计财务 • 评估与奖惩
第三方	• 独立审计 • 数据搜集 • 争议处理

2. 英国[9]

英国的《标准化 PFI 合同指南（Standardised PFI Contracts）》中指出，绩效监管应与付款机制（Payment Mechanism）相结合，技术要求和监管方法应在主要的招标文件中列明，以便各方明确自身职责。包括英国在内的欧洲国家，绩效监管主要在三个层面进行：

- 项目内部的质量管理（由特许经营者负责）。
- 对项目内部质量管理的审查（由公共部门负责）。
- 用户反馈（作为用户的权益，有途径向公共部门举报）。

监管的结果要通过报告形式体现，且监管的费用一般由政府和项目公司分担，但如果结果不符合要求，需要再次检测的费用，则由项目公司承担。

3. 中国香港[10]

中国香港的《PPP 指南（PPP Guide 2008）》中指出，服务水平协议（Service Level Agreement）中的基于产出/结果的绩效要求很大程度上影响最终的服务提供水平，因此，为了促进合同管理：

- 特许经营者要定期向政府业主部门就几个关键绩效指标的监控结果进行汇报。
- 除了日常的监管之外，还要接受抽查和第三方的独立审查/审计。

上述各个国家或地区对绩效监管的思路和做法基本一致，主要包括，先明确监管做法：

- 政府说明所需要产品/服务的绩效要求。
- 特许经营者负责如何满足这些绩效要求。
- 政府不干涉特许经营者的设计、建设和运营过程，以及后者所采取的解决方案。

再建立保证措施：

- 企业建立质量保证体系，确保过程合规。
- 验证和确认绩效。
- 企业自我确认结果（包括对其分包商的绩效负责）。
- 政府或授权独立第三方根据情况定期/随机监控过程和结果。
- 绩效关联的支付机制。

所涉及的监测费用，一般由政府和项目公司分担：

- 政府承担由其提出的首次或例行的监测费用。
- 但由于项目公司的绩效不达标而引起政府对同一内容进行第二次监测的费用则由项目公司承担。

项目公司对其分包商绩效的监测费用则由项目公司和其分包商协商承担。

（二）价格监管与调节机制

因为特许经营期长达十几甚至几十年，要求任何一方准确预测和独立承担特许期内所有的风险是不现实也是不公平的，特别是没有完全控制能力的风险。例如，在特许经营期内，特许经营者会面临通胀、汇率、需求、材料价格/质量、利息等风险，因此除了应关注起始收费高低，还应设计动态调节/调价机制（区别对待固定成本和变动成本）以降低风险，甚至设立重新谈判触发机制。总之，政府应根据不同的制度环境、风险和监管目标，除了采取不同的定价方式，要设立动态调节/调价机制。常用的收费调节机制（指数调整法）有：

- 与消费指数挂钩以降低通货膨胀的影响。
- 与汇率挂钩以降低汇率波动的影响。
- 与需求挂钩以降低需求变化的影响。
- 与原材料价格/质量挂钩以降低价格/质量起伏的影响，等等。

此外，还有标杆评定法和市场测定法，主要是项目公司对分包商提出调价要求而进行价格评估的方法，政府有时也可在招投标时明确首次行使价格标杆评定的时间和期限。对电厂、水厂、污水/垃圾处理等项目，一般还采用组合收费法，分析对成本的主要影响因素及比例，然后分别设立调节/调价机制，以保证政府和企业之间的长期动态公平。

以污水处理厂调价公式为例：

$$P_n = P_{n-t}K \tag{2-1}$$

式中，P_n 为第 n 年的污水处理基本单价，P_{n-t} 为第 $n\text{-}t$ 年（上一调价年,调价周期为 t）的污水处理基本单价，K 为调价系数①。

上述调价机制是针对支付给特许经营者的价格而言。面向用户的价格要根据社会需求来确定。两者之间如果存在偏差，差价应由政府财政补贴。

（三）财务监管

为了避免投资企业投机，以及防止企业抽逃资本金和未经政府同意抵/质押项目资产/合同权益去融资，还应对企业的资本金设最短退出年限和最低持有额/比例。

另外，在 PPP 项目公司中设有“政府股”和“公开招募股”并公开项目财务是依据产权保证社会参与 PPP 项目，进行财务监管的主要有效方式。

1. 政府股

- 政府股对项目公司的一般正常经营活动并不进行干涉。
- 政府不必派出自己的董事，只是在政府股所附带明确的特定条件下与权利范围内对项目公司进行干预。
- 把政府对项目公司的有效干预和保证项目公司的独立地位与独立经营妥善地结合起来。

2. 公开招募股

- 公开招募股类似于英国 2012 年 12 月提出的 PFI 升级版 PF2 中的私营部门 II 类股，见图 2-6[11]。

---

① $K = C1\left(E_n/E_{n-t}\right) + C2\left(L_n/L_{n-t}\right) + C3\left(Ch_n/Ch_{n-t}\right) + C4\left(Tax_n/Tax_{n-t}\right) + C5\left(CPI_n/CPI_{n-t}\right)$

$C1$：电费（E）在价格构成中所占的比例；

$C2$：人工费（L）在价格构成中所占的比例；

$C3$：化学药剂费（Ch）在价格构成中所占的比例；

$C4$：企业所得税（Tax）在价格构成中所占的比例；

$C5$：价格构成中除电费、人工费及化学药剂费、企业所得税以外的其他因素在价格构成中所占的比例；

且：$C1+C2+C3+C4+C5=1$。

• 公开招募股通过市场公开募集，而非项目公司主办人选定。

这样，就通过更透明的社会实质参与对项目公司进行监管，有利于保护项目公司和公众利益。

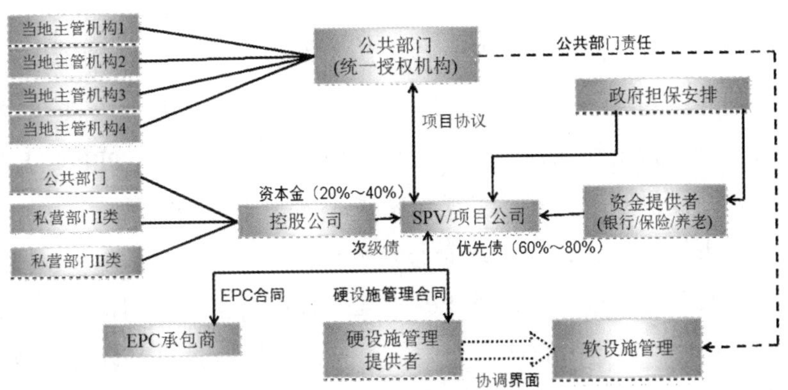

图 2-6　英国 PFI 的 2012 年升级版 PF2 的框架

（四）绩效监管的主体

综上，可以看到绩效监管的主体包括特许经营者、公共部门和第三方机构（负责审计的会计事务所，仲裁法庭等负责争议处理的机构，放贷方等）。

绩效监管与绩效要求及与绩效挂钩的支付和调节/调价机制密切相关，因此技术经验、项目数据的积累至关重要，需要有专门的部门负责数据库的搭建和数据的积累，帮助公共部门制定合同范本。

五、对加强我国 PPP 项目监管的建议[12,13]

（一）国家层面的 PPP 立法和 PPP 指南

把 PPP 法定性为民事合同，或者不能如此定性时，则将 PPP 合同当做特殊的民事合同处理，明确适用行政合同特有的规则和救济方式，以对政府行为进行规制，保护特许经营者权益。

在国家层面的 PPP 立法中规定政府审批权限、流程和管理程序，退出机制和纠纷处理机制，各地项目规模上限与政府财力比例，中长期预算机制，会计准则（如采用权责发生制或收付实现制），信息披露、政府监管与公众参与制度等，使之具备全国统一的原则性做法和较强的法律效力，避免由中央部门或地方法规政策所带来的冲突，特别是处理过去国家层面其他法律如《合同法》、《公司法》、《招标投标法》、《政府采购法》、《会计法》、《税法》、《银行法》、《仲裁法》等未覆盖到或与 PPP 模式有冲突的内容。

同时，制订全国性的 PPP 项目实施指南，包含但不限于对上述 PPP 法律各方面内容的更具体的操作程序和细节，特许经营协议/合同示范文本等，规范全国各中央部门和各地政府的不同做法。

（二）中央和省级PPP机构，以及立项和审批要点

设立中央和省级的专门PPP机构，最好是实体，如果难落实，也可以是虚拟的但要明确牵头负责部门。如由发展改革委或财政部牵头成立跨部委的国家级和省级PPP机构，统一负责政策指导、总体规划和综合平衡，对政府财政风险进行监管和审批，并与央行、银监会保持密切沟通；负责建立PPP数据库，构建PPP信息平台，为将来类似项目的评估提供基础资料，实现国家或区域内PPP采购的标准性，并共享最佳实践经验，促进市场的竞争，提高政府监管水平。

在市级地方政府之下设立专门的PPP中心，以综合多个部门的职责，完善所辖区域的项目选择、比较、筛选和优先级，建立一站式透明审批机制以提高效率，规范运作，也可避免各地政府盲目上项目特别是需要政府支付或补贴的项目，造成类似于现在高额的地方政府债务。

在一定规模以上或跨区域的项目应由中央级的PPP机构审批，其他由省级或市级PPP机构审批。PPP项目的立项和审批应重点考虑下列四个方面问题：①应该做哪个项目？所建议项目是否必须？如果必须，有哪些核心要求？②这个项目是用传统的政府投资模式做还是用PPP模式做？采用PPP模式是否能实现物有所值？③如果决定采用PPP模式，应采用哪种具体模式（如BOT、BOOT、TOT等）？应考虑哪些要点？项目收益来自于政府支付或用户支付或二者共同支付？如何定价和调价？④在特许期内，需要监管哪些方面？具体产出/结果要求有哪些？监管应如何落实？相关政府部门、媒体、公众等的职责与权力如何确定？等等。上述关键原则和要点还应写在前述国家层面的法律和实施指南中。

（三）项目信息发布机制，以及公众参与决策和监督机制

建立统一的项目信息发布机制，不仅要向人大，还要向社会公布相关信息，保证项目信息的及时、准确和一致性，做到公开、公平和公正，以利于提高效率，防止腐败，也有利于研究，总结和传播经验和教训包括对相关官员进行培训，进行能力建设，以实现知识管理，不断优化和改进PPP模式的应用。

特别是在招标和评标过程中，政府公开有效信息，利于潜在投标企业评估和决策，提高项目对企业的吸引力，利于公众和独立第三方咨询机构等其他各方参与，提供合理化建议，完善决策过程，也利于避免暗箱操作，预防腐败。

在项目建设和运营过程中，公开信息则有利于社会监督和激励企业控制成本、提高效率，提高服务水平，保障政府和公众利益，提高后续类似项目的决策和管理水平，

等等。

积极发挥独立第三方咨询机构（包括会计事务所、律师事务所、银行等）的作用，完善政府的决策机制，保障社会公众的利益。

参考文献

[1] 中华人民共和国住房和城乡建部.关于加强市政公用事业监管的意见. 建城[2005]154 号[EB/OL]. [2005-09-10]. http://www.mohurd.gov.cn/zcfg/jsbwj_0/jsbwjcsjs/ 200611/t20061101_157147.html.

[2] 朱蕾，袁竞峰，杜静. 基于 PPP 合同行政属性的政府介入权研究[J]. 建筑经济，2007（10）: 87-90.

[3] 胡鹏翔. 论合同法上的自由裁量权[J]. 暨南学报（哲学社会科学版）, 2002, 24（1）: 71-74.

[4] 蒋吉才，付东年. 行政合同中相对人权利救济制度研究[J]. 行政论坛，2003（9）: 44-45.

[5] 李佳嵘（导师王守清）. 基于我国国情的 PSC 评价体系研究——以北京地铁 4 号线为例[D]. 北京：清华大学，2011.

[6] 高会芹, 刘运国, 亓霞, 傅鸿源. 基于 PPP 模式国际实践的 VfM 评价方法研究——以英国、德国、新加坡为例[J]. 项目管理技术，2011（3）: 18-21.

[7] 黄腾，柯永建，李湛湛，王守清. 中外 PPP 模式的政府管理比较分析[J]. 项目管理技术，2009，7（1）: 9-13.

[8] Establish a P3 Program. 第 7 章：Oversight and Monitoring.

[9] Standardised PFI Contracts, Version 4, 第 10 章: Payment Mechanism Management and Monitoring.

[10] PPP Guide 2008 - the Government of the Hong Kong Special Administrative Region, 第 8 章: Managing Performance.

[11] Infrastructure UK and HM Treasury. A new approach to Public Private Partnerships [EB/OL]. https://www.gov.uk/government/publications/private-finance-2-pf2.

[12] 王守清, 张博. 构建中国的 PPP 法律和制度体系迫在眉睫[J]. 济邦通讯, 2013, 40（10）: 13-17.

[13] 王守清的新浪实名微博：http://weibo.com/botppp.

（《地方财政研究》2014 年第 9 期，第 7-12 页、25 页）

第3章

谨防PPP项目风险

第1节　运筹帷幄之中

试论PPP项目的风险分配原则和框架

作者：刘新平　王守清

国家自然科学基金资助项目“PPP/BOT项目财务评价方法的改进和风险分析方法的应用（70471004）”

【摘要】 PPP项目融资模式在世界范围内已经得到广泛的应用，但在实际的应用中公共部门和私人部门往往就PPP项目中风险的分配难以达成一致，大大延长了双方谈判的时间和增加了交易成本。本文分析了影响PPP项目风险分配的因素，提出了更为合理的风险分配原则，并设计了相应的风险分配框架，对指导公共部门和私人部门谈判PPP项目具有实际指导作用。

【关键词】 PPP　项目融资　风险价值

一、前言

PPP（public-private partnership，即公私合伙关系）项目融资模式在全世界的应用已经成为一种趋势[1]。然而，由于PPP模式的特点和项目各方（特别是公共部门和私人部门）的目标和出发点不同，在 PPP 模式的应用中，公共部门和私人部门的前期谈判旷日持久，大大增加了交易成本。Marcus 通过对英国 PPP 项目的调查研究发现，98%的 PPP 项目在签订合同前所耗费的时间都超过非 PPP 项目，超出范围在 11%～166%，谈判时间所耗费的成本越过正常咨询和投标所必须的 25%～200%[2]。

导致 PPP 项目谈判时间长、成本高的一个主要因素就是公共部门和私人部门对项目风险的分配难以达成一致。

二、影响 PPP 项目风险分配的因素

影响 PPP 项目风险分配的因素是多方面的，总的来说，可以归纳为 4 个方面：

（1）PPP 项目本身的特点。由于 PPP 项目投资大、时间长、合同关系复杂等，使私人部门和公共部门对风险均持非常谨慎的态度。

（2）双方对 PPP 项目融资模式的理解误区。公共部门采用 PPP 模式的主要动机是利用私人部门资金、管理和技术的优势解决政府财政预算不足、基础设施短缺问题，通过私人部门的介入提高项目的效率并为社会带来其他经济效益，但公共部门往往错误地认为：采用 PPP 模式就是把项目中存在的所有风险都转移给私人部门；而私人部门也往往错误地认为：PPP 项目较长的合同期（特许期）蕴含着巨大的风险，因此，私人部门更乐意为获得施工合同或销售设备合同而不愿意经营基础设施。这些错误的理解导致双方在分配项目风险时不能持有合理和公平的心态，从而影响谈判的进程。

PPP 模式本质上是公共部门和私人部门之间一种长期的伙伴关系，是一系列介于传统政府采购方式和完全私有化之间的具体融资方式的统称。因此，项目所采用的具体 PPP 方式不同，公共部门和私人部门参与项目的程度和所承担的风险也不同，如图 3-1 所示。

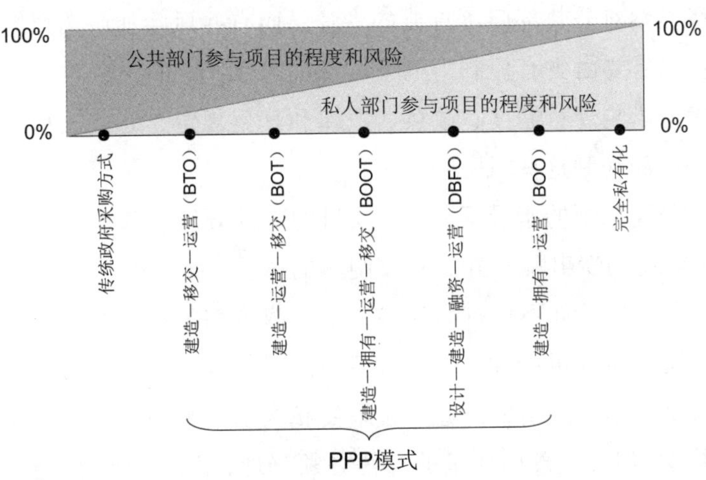

图 3-1　PPP 模式的具体方式与风险分担

（3）双方承担风险的意愿。双方承担风险的意愿将直接影响谈判的进程，有关的主要因素有：①对风险的一般态度，即对风险的态度是厌恶还是偏好，这取决于决策者的主观意识和性格等；②对项目风险的认识深度，如果一方对风险的诱因、发生概率、发生后的后果以及可采取的措施有足够的认识，则可能乐意承担较多的风险；③风险发生时承担后果的能力，这主要取决于各方的经济实力等；④管理风险的能力，这取决于各方管理风险的经验、技术、人才和资源等。

（4）缺乏标准的程序和合同文件。由于各国或各地区 PPP 模式应用的不成熟或不平衡，尚没有一套能够为各方都接受的程序和合同文件，双方在谈判时无章可循，一切只能按照各自对项目的理解进行谈判，大大延长了谈判的时间。

三、PPP 项目的风险分配原则

合理的风险分配需要遵循一定的原则，这些原则必须具备两个功能：①分配的结果可以减少风险发生的概率、风险发生后造成的损失以及风险管理的成本，使 PPP 项目对各方都具有吸引力，任何一方都不需要为另一方没解决好他应该承担的风险而付出代价；②在项目周期内，分配的结果可以培养各方的理性和谨慎的行为，这意味着各方要有能力控制分配给自己的风险，并为项目的成功而有效地工作[3]。

目前，学术界对于 PPP 项目的风险分配原则已达成共识：由对风险最有控制力的一方承担相应的风险。一方对某一风险最有控制力意味在他处在最有利的位置，能减少风险发生的概率和风险发生时的损失，从而保证了控制风险的一方用于控制风险所花费的成本是最小的，同时由于风险在某一方的控制力之内，使其有动力为管理风险而努力。按照上述风险分配的原则，应该把建设风险分配给私人部门，因为私人部门处在最有利的位置控制项目的建设过程，他可以通过建设合同将建设风险转移给建设承包商，但他将仍然对公共部门负首要的责任；而有些风险如政治风险、法律变更风险、国有化风险则需要由更有控制力的公共部门来承担，因为公共部门作为政府或政府的代表，有能力影响规章制度、政策、法律和其他规定，处在比私人部门更有利的位置来识别、评价和控制这些风险。

在上述风险分配原则的指导下，PPP 项目的大部分风险基本上都可以得到合理的分配，但仅限于容易判断出哪一方更有控制力的风险，而 PPP 项目中还存在一些双方都不具有控制力的风险，如不可抗力风险。对于双方都不具有控制力的风险，分配时则应综合考虑风险发生的可能性、政府自留风险时的成本、政府减少风险发生后所导致的损失和私人部门承担风险的意愿。如果要私人部门承担此风险，则政府应该给私人部门一定的补偿，但私人部门要求的补偿必须合理，最起码要能为公共部门所接受。因此“承担的风险程度与所得回报相匹配”也应该成为项目风险分配的一条原则。

另外，在实际项目中还存在常常易被忽略的情况：在合同的实施阶段，项目的某些风险可能会出现双方意料之外的变化或风险带来的损害比之前估计的要大得多。出现这种情况时，不能让某一方单独承担这些接近于无限大的风险，否则必将影响这些大风险的承担者管理项目的积极性，因此，应该遵从“承担的风险要有上限”的原则。

综上所述，PPP 项目的风险分配应该遵从三条主要原则：①由对风险最有控制力的一方控制相应的风险；②承担的风险程度与所得回报相匹配；③承担的风险要有上限。

风险分配的目的是要达到最优的、最合理的公平风险分配，认为“采用 PPP 模式就是要把尽量多的风险转移给私人部门”和“承担较多的风险就可以获得较多的回报（从而把承担风险看成是获得高额回报的机会）”是错误的。事实上，让私人部门承担其无法承担的风险，一旦风险发生时又缺乏控制能力，必然会降低提供公共设施或服务的效率和增加控制风险的总成本（包括公共部门的成本）。提供公共设施或服务的效率（简称“效率”）和控制风险的总成本（简称“总成本”）与风险分配的关系如图 3-2 所示。可以看出，效率和总成本与风险分配的关系不是简单的正相关或负相关的关系，只有达到最优风险分配时，才能达到效率最高和总成本最低。

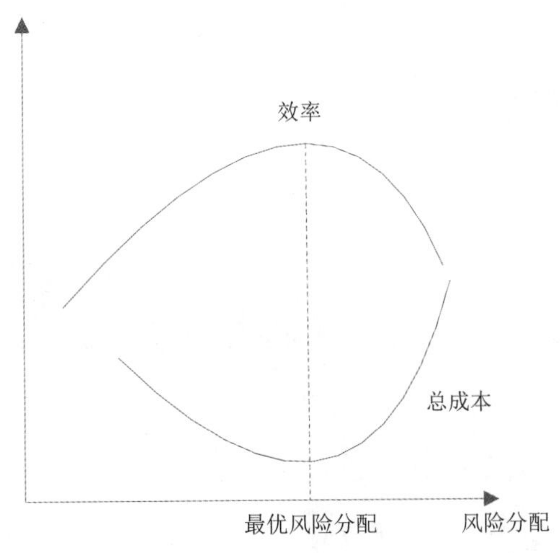

图 3-2　风险分配与 PPP 模式的效率和总成本的关系

四、PPP 项目的风险分配框架

风险分配作为风险管理的核心贯穿项目的整个合同期，为了帮助公共部门和私人部门更好地对 PPP 项目的风险进行合理的分配，本文在上述风险分配原则的基础上，结合调研、讨论和试用，提出了一个风险分配框架（见图 3-3）。在此风险分配框架中，把 PPP 项目的风险分配划分为三个阶段：

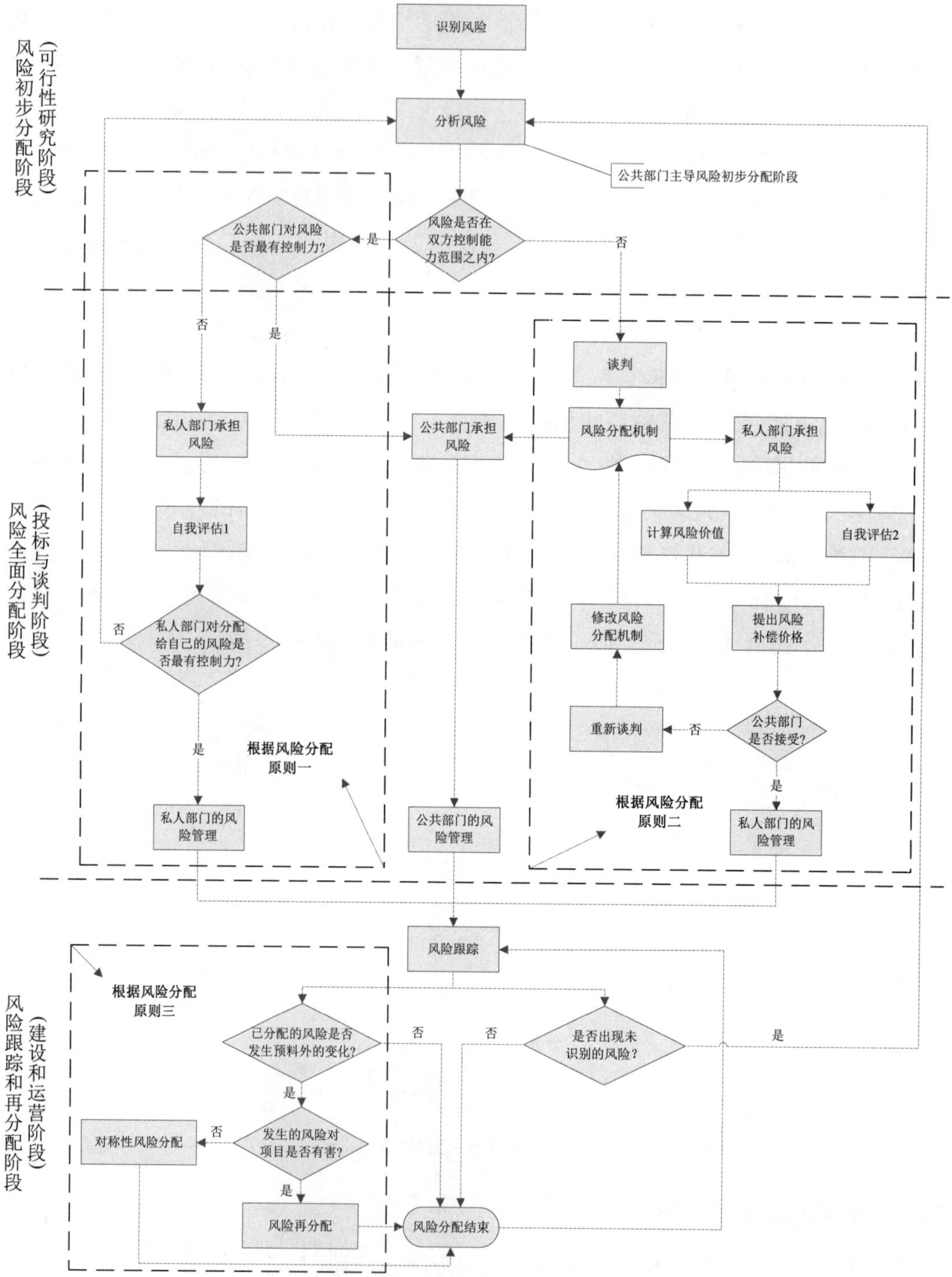

图 3-3　PPP 项目风险分配框架

1. 风险的初步分配阶段

风险的初步分配发生在项目的可行性研究阶段，通常这一阶段是由公共部门来主导的，因为公共部门最了解当地经济发展情况，最了解是否需要上马一个项目。公共部门首先进行风险识别，之后进行风险分析，主要是计算风险的发生概率和风险发生时带来的损害以及风险价值（风险价值=风险发生的概率×风险发生时带来的损害）。

计算风险价值的目的是：①在可行性研究阶段判断项目是否应采用 PPP 模式；②在确定采用 PPP 模式后，为选择最佳 PPP 模式投标者提供评标依据。由于各种风险发生的时间是不一样的，因此计算时应考虑资金的时间价值。

风险分析结束之后，公共部门根据分析风险的结果初步判断哪些风险是在公共部门和私人部门控制力之内的，哪些是双方风险控制力之外的，对于双方控制力之外的风险，留待下一阶段分配。公共部门最有控制力的风险是公共部门需要自留的，剩余的风险则需要转移给私人部门的，至此，风险的初步分配结束（见图 3-3 上部）。

需要注意的是，可转移给私人部门的风险不仅包括传统模式下由私人部门承担的风险，还包括在 PPP 模式下特有的应该由私人部门承担的风险，因为私人部门拥有资金、技术和管理上的优势，同时还有在传统模式下所没有的承担风险的积极性。当然，项目的情况不同，应该转移给私人部门的风险也不尽相同，需要具体情况具体分析。

2. 风险的全面分配阶段（投标与谈判阶段）

（1）私人部门就第一阶段的初步风险分配结果进行自我评估 1，主要评估其拥有的资源（包括经验、技术、人才等），据此判断其对公共部门转移给他的风险是否具控制力。如果私人部门通过自我评估 1 确定对转移给他的风险最有控制力，则进行相应的风险管理；反之，则返回风险分析阶段。双方控制力之内的风险主要根据风险分配原则一进行分配（见图 3-3 左上虚线框部分）。

（2）分配公共部门和私人部门控制力之外的风险。双方经过谈判确定风险分配机制，之后私人部门计算风险价值并进行自我评估 2，主要是评估其对风险的态度（厌恶或偏好）、拥有的资源（经验、技术、人才等），然后结合风险价值和自我评估 2 的结果提出风险补偿价格。如果公共部门接受，则双方进行相应的风险管理；反之，则重新谈判，修改风险分配机制。如此循环，最终双方达成一致。双方控制能力之外的风险主要根据风险分配原则二进行分配（见图 3-3 右上虚线框部分）。

在风险全面分配阶段，私人部门需要进行两次自我评估：自我评估 1 和自我评估 2。其中自我评估 1 不能考虑私人部门对待风险的态度，因为自我评估 1 的目的是检验私人部门对风险的客观控制能力。按照风险分配原则一，无论其对待风险的态度如何，只要私人部门对风险最有控制力，就应该承担分配给他的风险。而自我评估 2 则需要考虑私人部门对待风险的态度，因为私人部门要承担其控制力之外的风险应该获得一定的补偿，而他对待风险的态度是决定其要求风险补偿价格的影响因素之一。

公共部门和私人部门分别就双方控制力之内和控制力之外的风险分配达成一致之后，双方将签订合同，至此，风险全面分配阶段结束。

签订合同时还要根据风险分配原则三设置调整条款，调整条款是指由于情况变化而影响了协议双方的权利和义务平衡时，允许协议双方重新审定协议并调整部分条款，以求再次达到双方的权利和义务的平衡。在项目的建设和运营阶段，项目可能会发生预料之外的对双方有利或不利的变化，通过设置调整条款可以增强双方的信心[4]。

3. 风险的跟踪和再分配阶段（建设和运营阶段）

公共部门和私人部门签订合同后，项目的风险分配就进入了风险的跟踪和再分配阶段，这一阶段的主要任务是跟踪已经得到分配的风险是否发生意料之外的变化或者出现未曾识别的风险，然后进行风险的再分配。

如果出现了未识别的风险，则按照风险初步分配阶段的方法分析和初步分配风险。如果已经识别的风险发生了双方预料之外的变化，则需要判断这种变化对项目是否有害，如果这种变化是有害的，则根据风险分配原则三启动调整条款进行风险的再分配（见图 3-3 左下虚线框部分）；如果风险发生的变化对项目是有利的，则对项目进行“对称性风险分配”。所谓“对称性风险分配”，就是合同在条款中规定，如果项目寿命期出现的变动（如原材料价格的下降时）带来正面的影响即带来收益时，允许双方共同分享该收益。

五、结论

PPP 项目的风险分配是否合理是影响 PPP 项目成功的关键因素之一，公共部门和私人部门都应该本着双赢的态度就项目的风险分配进行谈判。分配项目的风险时，不仅应该遵从**对风险最有控制力的一方承担相应的风险**的原则，还应该遵从**承担的风险程度与所得回报相匹配**和**承担的风险要有上限**的原则；为保证公共部门和私人部门权利和义务的平衡，在合同中还应该设置调整条款，当出现对项目有利的变化时，要进行对称性风险分配。风险分配作为风险管理的一个重要环节，应当贯穿项目合同期的全过程，公共部门和私人部门应该采用有效的措施管理各自分担的风险并尽可能帮助对方管理风险，从而保证项目的正常进行。

参考文献

[1] Zhang, X.Q. and Mohan M. Kumaraswamy, Procurement Protocols for Public-Private Partnered Projects[M]. Journal of Construction Engineering and Management, 2001.

[2] Marcus Ahadzi, Graemebowles, Public-Private Partnership and Contract Negotiations:

an empirical study[M]. Construction Management and Economics, 2004.

[3] Ronsen, Oddvar Sten. Requirements of Successful Public Private Partnership Projects-Risk Allocation between the Private and Public Sectors[C]. Moscow Seminar PPP - Global Experience and Challenges in Russia, Feb 10, 2005.

[4] 沈际勇，王守清，强茂山. 中国 BOT/PPP 项目的政治风险和主权风险：案例分析[J]. 华商·投资与融资，2005（1）: 1-7.

（《建筑经济》2006 年第 2 期，第 59-63 页）

基于案例的中国 PPP 项目的主要风险因素分析

作者：亓霞　柯永建　王守清

【摘要】 PPP 项目的风险管理是非常重要和复杂的，从实践中吸取经验和教训是提高风险管理水平的重要途径之一。本文通过对中国 PPP 项目失败或出现问题案例的汇总分析，从中找出导致这些项目失败或出现问题的主要风险因素，对其产生原因和内在规律进行深入分析，并为规避和管理这些风险提出了相应的措施建议。

【关键词】 PPP　风险因素　风险管理　案例分析

一、引言

PPP（Public-Private Partnership）项目融资方式在中国基础设施建设领域越来越受到青睐，通过民营资本的介入不仅解决了基础设施建设的资金短缺问题，更可以降低成本和提高项目的效率。早在 20 世纪 80 年代，民营资本投资就出现于我国的高速公路、电厂和水厂等项目中，当时大多采用 BOT 模式（Build-Operate-Transfer，是 PPP 的一种具体操作模式）。近年来，随着经济的持续发展和北京的申奥成功，PPP 模式在我国众多基础设施项目和一些奥体场馆项目中又得到进一步的应用。

我国很多的 PPP 项目是成功的，解决了我国基础设施落后又缺乏建设资金的问题，提高了效率。但是也不可否认，由于 PPP 是一种新生事物，我国的政府和民营机构普遍缺乏经验，PPP 在我国的应用也遇到了诸多实际问题，所以也有许多项目遇到了较大问题甚至失败。笔者认为成功的经验固然重要，但从失败中得到的教训，更能使我们进步。对这些失败项目进行分析总结，找出导致项目失败的主要风险因素，在今后的项目实践中加以重点关注，对我国今后的 PPP 实践更有指导价值。本文正是基于这一出发点，通过对过去中国 PPP 项目中失败或出现问题（下文简称为“失败”）的 16 个典型案例进行重点分析，找出导致他们失败的主要风险因素，对其产生原因和内在规律进行深入分析，并就风险规避和管理提出建议。

二、案例的选取

本文选取了自 20 世纪 80 年代以来在中国实施的 PPP 项目中 16 个失败的案例，表 3-1 为这些案例的基本情况（从参考文献[1-15]中整理而来）。这些项目主要涉及高速公路、桥梁、隧道、供水、污水处理和电厂等领域，基本涵盖了我国实行 PPP 模式的主流领域。

表 3-1　案例情况

案例编号	项目名称	出现的问题
1	江苏某污水处理厂	2002-2003 年出现谈判延误、融资失败
2	长春汇津污水处理	2005 年政府回购
3	上海大场水厂	2004 年政府回购
4	北京第十水厂	Anglian 从北京第十水厂项目中撤出
5	湖南某电厂	没收保函，项目彻底失败
6	天津双港垃圾焚烧发电厂	政府所承诺补贴数量没有明确定义
7	青岛威立雅污水处理项目	重新谈判
8	杭州湾跨海大桥	出现竞争性项目
9	鑫远闽江四桥	2004 年走上仲裁
10	山东中华发电项目	2002 年开始收费降低，收益减少
11	廉江中法供水厂	1999 年开始闲置至今，谈判无果
12	福建泉州刺桐大桥	出现竞争性项目，运营困难
13	汤逊湖污水处理厂	2004 年整体移交
14	延安东路隧道	2002 年政府回购
15	沈阳第九水厂	2000 年变更合同
16	北京京通公路	运营初期收益不足

三、项目失败的主要风险

通过对表 3-1 所示 16 个案例失败原因的汇总分析，我们认为中国 PPP 项目的失败主要是由以下风险造成的：

1. 法律变更风险

主要是指由于采纳、颁布、修订、重新诠释法律或规定而导致项目的合法性、市场需求、产品/服务收费、合同协议的有效性等元素发生变化，从而对项目的正常建设和运营带来损害，甚至直接导致项目的中止和失败的风险。PPP 项目涉及的法律法规比较多，加之我国 PPP 项目还处在起步阶段，相应的法律法规不够健全，很容易出现这方面的风险[18]。例如江苏某污水处理厂采用 BOT 融资模式，原先计划于 2002 年开工，但由于 2002 年 9 月《国务院办公厅关于妥善处理现有保证外方投资固定回报项目有关问题的通知》的颁布，项目公司被迫与政府重新就投资回报率进行谈判[1]。上海的大场水厂[3]和延安东路隧道[14]也遇到了同样的问题，均被政府回购。

2. 审批延误风险

主要指由于项目的审批程序过于复杂，花费时间过长和成本过高，且批准之后，对项目的性质和规模进行必要商业调整非常困难，给项目正常运作带来威胁。比如某些行业里一直存在成本价格倒挂现象，当市场化之后引入外资或民营资本后，都需要通过提价来实现预期收益。而根据我国《价格法》和《政府价格决策听证办法》规定，公用事业价格等政府指导价、政府定价，应当建立听证会制度，征求消费者、经营者和有关方面的意见，论证其必要性、可行性，这一复杂的过程很容易造成审批延误的问题。以城市水业为例，水价低于成本的状况表明水价上涨势在必行，但是各地的水价改革均遭到不同程度的公众阻力和审批延误问题。例如，2003 年的南京水价上涨方案在听证会上未获通过；上海人大代表也提出反对水价上涨的提案，造成上海水价改革措施迟迟无法落实实施。因此出现了外国水务公司从中国市场撤出的现象。比较引人注目的是，泰晤士水务出售了其大场水厂的股份，Anglian 从北京第十水厂项目中撤出[3]。

3. 政治决策失误/冗长风险

是指由于政府的决策程序不规范、官僚作风、缺乏 PPP 的运作经验和能力、前期准备不足和信息不对称等造成项目决策失误和过程冗长。例如青岛威立雅污水处理项目由于当地政府对 PPP 的理解和认识有限,政府对项目态度的频繁转变导致项目合同谈判时间很长。而且污水处理价格是在政府对市场价格和相关结构不了解的情况下签订，价格较高，后来政府了解以后又重新要求谈判降低价格。此项目中项目公司利用政府知识缺陷和错误决策签订不平等协议，从而引起后续谈判拖延，面临政府决策冗长的困境[3]。相类似的在大场水厂、北京第十水厂和廉江中法供水厂项目[10]中也存在同样问题。

4. 政治反对风险

主要是指由于各种原因导致公众利益得不到保护或受损，从而引起政治甚至公众反对项目建设所造成的风险。例如大场水厂和北京第十水厂的水价问题[3]，由于关系到公众利益，而遭到来自公众的阻力，政府为了维护社会安定和公众利益也反对涨价。

5. 政府信用风险

是指政府不履行或拒绝履行合同约定的责任和义务而给项目带来直接或间接的

危害。例如在长春汇津污水处理厂项目中，汇津公司与长春市排水公司于 2000 年 3 月签署《合作企业合同》，设立长春汇津污水处理有限公司，同年长春市政府制定《长春汇津污水处理专营管理办法》。2000 年底，项目投产后合作运行正常。然而，从 2002 年年中开始，排水公司开始拖欠合作公司污水处理费，长春市政府于 2003 年 2 月 28 日废止了《管理办法》，2003 年 3 月起，排水公司开始停止向合作企业支付任何污水处理费。经过近两年的法律纠纷，2005 年 8 月最终以长春市政府回购而结束[2]。再比如在廉江中法供水厂项目中，双方签订的《合作经营廉江中法供水有限公司合同》，履行合同期为 30 年。合同有几个关键的不合理问题：问题一，水量问题。合同约定廉江自来水公司在水厂投产的第一年每日购水量不得少于 6 万立方米，且不断递增。而当年廉江市的消耗量约为 2 万立方米，巨大的量差使得合同履行失去了现实的可能性；问题二，水价问题。合同规定起始水价为 1.25 元人民币，水价随物价指数、银行汇率的提高而递增。而廉江市每立方米水均价为 1.20 元，此价格自 1999 年 5 月 1 日起执行至今未变[9]。脱离实际的合同使得廉江市政府和自来水公司不可能履行合同义务，该水厂被迫闲置，谈判结果至今未有定论[10]。除此之外，遇到政府信用风险的还有江苏某污水处理厂、长春汇津污水处理和湖南某电厂等项目。

6. 不可抗力风险

是指合同一方无法控制，在签订合同前无法合理防范，情况发生时，又无法回避或克服的事件或情况，如自然灾害或事故、战争、禁运等。例如湖南某电厂于 20 世纪 90 年代中期由原国家计委批准立项，西方某跨国能源投资公司为中标人，项目所在地省政府与该公司签订了特许权协议，项目前期进展良好。但此时某些西方大国（包括中标公司所在国）轰炸我驻南斯拉夫大使馆，对中国主权形成了严重的实质上的侵犯。国际政治形势的突变，使得投标人在国际上或中国的融资都变得不可能。项目公司因此最终没能在延长的融资期限内完成融资任务，省政府按照特许权协议规定收回了项目并没收了中标人的投标保函，之后也没有再重新招标，从而导致了外商在本项目的彻底失败[4]。在江苏某污水处理厂项目关于投资回报率的重新谈判中，也因遇到非典中断了项目公司和政府的谈判[1]。

7. 融资风险

是指由于融资结构不合理、金融市场不健全、融资的可及性等因素引起的风险，其中最主要的表现形式是资金筹措困难。PPP 项目的一个特点就是在招标阶段选定中标者之后，政府与中标者先草签特许权协议，中标者要凭草签的特许权协议在规定的融资期限内完成融资，特许权协议才可正式生效。如果在给定的融资期内发展商未能完成融资，将会被取消资格并没收投标保证金。在湖南某电厂的项目[4]中，发展商就因没能完成融资而被没收了投标保函。

8. 市场收益不足风险

是指项目运营后的收益不能满足收回投资或达到预定的收益。例如天津双港垃圾焚烧发电厂项目中，天津市政府提供了许多激励措施，如果由于部分规定原因导致项目收益不足，天津市政府承诺提供补贴。但是政府所承诺补贴数量没有明确定义[1]，项目公司就承担了市场收益不足的风险。另外京通高速公路建成之初[15]，由于相邻的辅路不收费，致使较长一段时间京通高速车流量不足，也出现了项目收益不足的风险。在杭州湾跨海大桥和福建泉州刺桐大桥的项目中也有类似问题。

9. 项目唯一性风险

是指政府或其他投资人新建或改建其他项目，导致对该项目形成实质性的商业竞争而产生的风险。项目唯一性风险出现后往往会带来市场需求变化风险、市场收益风险、信用风险等一系列的后续风险，对项目的影响是非常大的。如杭州湾跨海大桥项目开工未满两年，在相隔仅 50 千米左右的绍兴市上虞沽渚的绍兴杭州湾大桥已在加紧准备当中，其中一个原因可能是因为当地政府对桥的高资金回报率不满[5]，致使项目面临唯一性风险和收益不足风险。鑫远闽江四桥也有类似的遭遇，福州市政府曾承诺，保证在 9 年之内从南面进出福州市的车辆全部通过收费站，如果因特殊情况不能保证收费，政府出资偿还外商的投资，同时保证每年 18%的补偿。但是 2004 年 5 月 16 日，福州市二环路三期正式通车，大批车辆绕过闽江四桥收费站，公司收入急剧下降，投资收回无望，而政府又不予兑现回购经营权的承诺，只得走上仲裁庭[6-7]。该项目中，投资者遭遇了项目唯一性风险及其后续的市场收益不足风险和政府信用风险。福建泉州刺桐大桥项目和京通高速公路的情况也与此类似，都出现了项目唯一性风险，并导致了市场收益不足。

10. 配套设备服务提供风险

指项目相关的基础设施不到位引发的风险。在这方面，汤逊湖污水处理厂项目是一个典型案例。2001 年凯迪公司以 BOT 方式承建汤逊湖污水处理厂项目，建设期两年，经营期 20 年，经营期满后无偿移交给武汉高科（代表市国资委持有国有资产的产权）。但一期工程建成后，配套管网建设、排污费收取等问题迟迟未能解决，导致工厂一直闲置，最终该厂整体移交武汉市水务集团[13]。

11. 市场需求变化风险

是指排除唯一性风险以外，由于宏观经济、社会环境、人口变化、法律法规调整等其他因素使市场需求变化，导致市场预测与实际需求之间出现差异而产生的风险。例如山东中华发电项目，项目公司于 1997 年成立，计划于 2004 年最终建成。建成后运营较为成功，然而山东电力市场的变化，国内电力体制改革对运营购电协议产生了重大影响。第一是电价问题，1998 年根据原国家计委曾签署的谅解备忘录，中华发电在已建成的石横一期、二期电厂获准了 0.41 元/度这一较高的上网电价；而在 2002 年 10 月，菏泽电厂新机组投入运营时，山东省物价局批复的价格是 0.32 元/度。这一电价不能满足项目的正常运营；第二是合同中规定的“最低购电量”也受到威胁，2003 年开始，山东省计委将以往中华发电与山东电力集团间的最低购电量 5 500 小时减为 5 100 小时。由于合同约束，山东电力集团仍须以“计划内电价”购买 5 500 小时的电量，价差由山东电力集团自己掏钱填补，这无疑打击了山东电力集团公司购电的积极性[8]。在杭州湾跨海大桥、闽江四桥，刺桐大桥和京通高速等项目中也存在这一风险。

12. 收费变更风险

是指由于 PPP 产品或服务收费价格过高、过低或者收费调整不弹性、不自由导致项目公司的运营收入不如预期而产生的风险。例如，由于电力体制改革和市场需求变化，山东中华发电项目的电价收费从项目之初的 0.41 元/度变更到了 0.32 元/度，使项目公司的收益受到严重威胁[8]。

13. 腐败风险

主要指政府官员或代表采用不合法的影响力要求或索取不合法的财物，而直接导致项目公司在关系维持方面的成本增加，同时也加大了政府在将来的违约风险。例如由香港汇津公司投资兴建的沈阳第九水厂 BOT 项目，约定的投资回报率为：第 2 ~ 4 年，18.50%；第 5 ~ 14 年，21%；第 15 ~ 20 年，11%。如此高的回报率使得沈阳自来水总公司支付给第九水厂的水价是 2.50 元/吨，而沈阳市 1996 年的平均供水价格是 1.40 元/吨。到 2000 年，沈阳市自来水总公司亏损高达 2 亿多元。这个亏损额本来应由政府财政填平，但沈阳市已经多年不向自来水公司给予财政补贴了。沈阳市自来水总公司要求更改合同。经过数轮艰苦的谈判，2000 年底，双方将合同变动如下：由沈阳市自来水总公司买回汇津公司在第九水厂所占股权的 50%，投资回报率也降至 14%。这样变动后沈阳自来水厂将来可以少付两个多亿。其实对外商承诺的高回报率在很大程度上与地方官员的腐败联系在一起，在业内，由外商在沈阳投资建设的八个水厂被誉为“沈阳水务黑幕”[13]。

以上为从 16 个案例中总结而来的导致 PPP 项目失败的主要风险，从对这些风险和案例的描述中也可以看出，一个项目的失败往往不是单一风险作用的结果，而是表现为多个风险的组合作用。表 3-2 就是对每个案例所遇到的主要风险的汇总。

表 3-2　导致我国 PPP 项目失败的主要风险因素

风险＼案例编号	1	2	3	4	5	6	7	8	9	10	11	12	13	14	15	16
法律变更	√		√											√		
审批延误				√												
政治决策失误/冗长				√			√				√					
政治反对				√												
政府信用	√	√			√	√	√		√	√	√				√	
不可抗力	√				√											
融资					√											
市场收益不足						√		√				√				√
项目唯一性								√	√			√				√
配套设备服务提供													√			
市场需求变化								√	√	√		√				√
收费变更										√						
腐败															√	

注　表 3-2 中的案例编号对应的案例参照表 3-1

四、风险分析

PPP 项目的风险管理非常复杂，一直以来是业界和学术界的研究热点。通过对上面表 3-2 所归纳风险的深入分析，我们可以看到导致中国 PPP 项目失败的风险存在以下规律和特点：

(1)导致 PPP 项目失败的风险因素虽然复杂多样，但是这些风险之间具有关联性，有些风险是起因，可以导致后续一系列的风险，例如腐败导致过高承诺，最终产生政府信用风险，项目唯一性、市场需求变化等风险会导致市场收益不足等等。在对搜集到的 16 个失败案例的分析中，我们发现表 3-2 所列的某些风险呈现出如图 3-4 所示的主要关联关系。

(2) 政府信用风险是出现频率较高的一类风险因素，这并不代表我国政府缺乏信用，而是由多方面的原因造成的。

第一，由于政府信用风险是一种结果性风险，多种风险均会导致政府信用风险的产生，如图 3-4 所示。

第二，由于 PPP 项目大多都是基础设施，这些项目与公众利益、国计民生密切相关，特别是收费、环保等敏感问题备受关注，合同中如果有触动公众利益的地方，定会导致公众反对，政府迫于压力也无法兑现原有的承诺，产生政府信用风险。

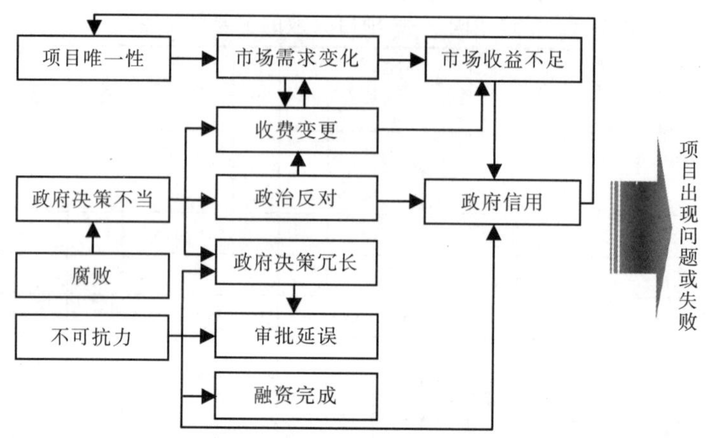

图 3-4　主要风险间的主要关联关系

第三，某些地方政府官员为了提升政绩，在短期利益的驱使下，做出与整体利益和长远利益不相符的决策，一旦中央政府发现或者地方政府换届，项目就会被清理，面临信用风险。

第四，国际形势的变化以及战争、灾害等不可抗因素也会导致政府信用风险的产生，例如湖南某电厂项目中遇到的情况，这一类的信用风险是政府无法控制和承担的。

第五，政府信用风险是与我国 PPP 项目的发展过程直接相关的。在采用 PPP 模式初期，中国的政府和相关部门对 PPP 项目的理解和认识有限，处在摸索和学习的阶段，而经验丰富的国外发展商出于投机心理利用了我国政府急于招商引资的弱点，在签订的合同中存在大量不平等的内容，例如过高的固定投资回报率，过高的收费标准，过长的特许经营期等等。过高的风险超过了我国公共机构的承受能力，最终产生信用风险。

值得注意的是，随着 PPP 项目在我国的发展，政府信用风险已不是主要风险。我国从 20 世纪 80 年代开始实行 BOT 项目，刚开始由于种种原因，产生了一些信用风险。但是随着几十年的实践，我国政府对 PPP/BOT 的了解越来越深入，并表示出鼓励支持和引导民营资本参与基础设施建设的积极态度，政府信用风险在中国的严重性排名大幅下降，而且标准普尔公司也在逐年上调对中国政府的信用评级，这也可以作为中国政府信用风险逐渐减弱的另一个有力证据[18]。

（3）中国有关 PPP/BOT 项目的法律法规还不够完善，特别是缺乏统一的、全国性的有关 PPP 的立法，因此出现了例如江苏某污水处理厂和大场水厂等项目遇到的法律变更风险。

PPP 项目的法律关系非常复杂，在一个项目流程的各个环节都会涉及许多领域的法律问题，有些问题需要在针对特许经营的法律法规中进行统一的规定，但更多的方面受相关领域内我国现有的其他法律或行政法规来管制。

虽然现在有不少地方政府在 PPP 项目立法方面做了很多有益的尝试，比如建设部和北京、上海等地都先后出台了一些有关“特许经营管理办法（或条例）”和“示范合同文本”等文件，起到了一定的作用，但这些多是以地方政策为主，位阶较低，法律效力不强。

由于现有规定以国家计委（现为发展改革委）和国务院其他部门制定的部门规章为主，而国务院各主管部门在各自管理范围内做出的规定，只能适用于一部分行业，且都是从自身管理的角度出发，法律文件各自为政，很多时候不能相互衔接，缺乏全局性和系统性。

各地方政府颁布的法规之间也存在较大的差别和冲突，对于中央颁布的法律法规构成了挑战和威胁。并且在很多问题上，各省市必然存在规定尺度不一的情况。这会造成国内制度的不统一和不公平的现象发生[18]。

五、建议与小结

在今后的 PPP 项目中，笔者认为政府及民营机构可采取以下措施来应对前面所提到的风险：

（1）公共部门与民营机构都要进行充分的市场调查，做好市场预测工作。民营机构不要将政府的承诺作为市场的实际需求，如果政府承诺偏离实际市场需求将会产生守信风险。公共部门也要独立地进行市场的调查工作，不要盲目接受民营部门的市场预测，应掌握准确的决策信息。

（2）政府应加强对 PPP 知识的学习，做好有关 PPP 项目的法律规制与政策支持工作，创造良好的投融资环境和稳定的政治环境。并且建立完善科学的决策机制，必要时聘请专业的咨询机构提供决策支持，弥补对专业知识的欠缺。政府部门可采用建立收费调价机制、退出接管机制以及持有金股等手段来保证公共服务的质量和特殊情况下对基础设施的控制权；对于与公众利益密切相关的问题应进行公示，使公众享有知情权和参与决策的权力；另外在合同签订中应特别注意不能提供固定投资回报率之类的承诺或担保。

（3）民营机构不要抱有投机心理，试图利用政府部门缺乏专业知识的弱点签订不平等的合同，显失公平的合同在以后的执行过程中很容易造成政府出现信用风险。另外更不可利用极少数官员的腐败，采用贿赂手段牟取暴利，当这些领导换届或受到法律制裁之后，项目也会面临失败的风险。民营部门应维持与政府的良好关系，保持项目与企业的良好形象，获得公众的认可，或者采用与政府公司合作、寻求担保或投保政治险等方法来应对政治风险。

（4）在风险的分担方面，应建立公平合理的风险分担机制。对于政治风险、法律变更和配套设施服务方面的风险，政府部门的控制力强于民营机构，应由政府部门提供担保。融资风险、市场风险等，项目公司更有控制力，而且与其收益相关，应由项目公司承担。不可抗力风险由于各方均没有控制能力，所以应由各利益相关方通过设计有关机制（如调价、可变特许期、缓冲基金等）共同共担。

在PPP项目实行过程中包含的风险多种多样、纷繁复杂，本文主要研究的是导致中国PPP项目失败的风险，并不代表其他的风险不重要，其实要做好PPP项目的风险管理不能放过任何一个风险，只是本文所提到的风险是在实践中有失控的现象，可以说是我国过去PPP项目风险管理中的弱项，因此应成为以后PPP项目实践中的重点控制对象。相信随着我们对PPP项目研究的不断深入，PPP在我国基础设施的建设中将发挥越来越重要的作用。

参考文献

[1] Wang S Q. Lessons learnt from the PPP practices in China（keynote speech）[A]. Asian Infrastructure Congress 2006 [C]. Organized by Terrapinn and sponsored by IAPF, Hong Kong, Nov 29-30, 2006.

[2] 中华环保频道. 长春汇津污水处理有限公司诉长春市人民政府案一审结案[OL]. http://www.cctvep.com/news/news1721.htm，2008-8-20.

[3] 亚洲开发银行. 中国城市水业市场化（PPP）推进过程中遇到的一些重要问题及相关建议 [R]. 亚洲开发银行技术援助项目-4095：中华人民共和国/政策调整. 2005, 1.

[4]沈际勇，王守清，强茂山. 中国BOT/PPP项目的政治风险和主权风险：案例分析[J]. 华商·投资与融资, 2005（1）: 1-7.

[5] 浙商网. 谁动了杭州湾跨海大桥的奶酪？[OL]. http://www.zjol.com.cn/gb/node2/node138665/node257861/node257865/node257874/userobject15ai3951216.html，2005-3-2.

[6] 中金在线. 投资商数亿投资血本无归 [OL]. http://news.stock888.net/040804/101,1317,1009454,00.shtml，2004-8-4.

[7] 新华网. 盲目承诺出恶果：港商索赔 9 亿元 [OL]. http://news.xinhuanet.com/comments/2004-08/04/content_1708128.htm，2004-8-4.

[8] 赵燕凌. 中华发电命系电力改革，竞价上网危及当年 BOT 承诺[OL]. 搜狐，转自：财经时报，http://it.sohu.com/34/12/article209271234.shtml，2003-5-15.

[9] 中国水网. 中法水务廉江触礁 [OL]. http://news.h2o-china.com/finance/information/

114651029478620_1.shtml，2002-8-16.

[10] 新华电信宽频网. 广东廉江引资 1669 万美元建成水厂后空置 8 年[OL]. http://xnews.xintv.com/html/NEWS/JIUZHOUQUANLIAOWANG/2007/06/19/430016.html，2007-6-19.

[11] 陈庆元. 运用 BOT 方式投资建设刺桐大桥的认识与实践[J]. 中国投资, 2001(6): 19-21.

[12] 黄全权，吴亮. 泉州刺桐大桥连不上高速路[N]. 中国青年报, 2002-9-26.

[13] 世界新能源网. 武汉汤逊湖污水处理厂 BOT 项目夭折[OL]. http://www.86ne.com/Jnhb/200409/Jnhb_38197.html，2004-9-29.

[14] 张维然，林慧军，王绥娟. 延安东路隧道复线 BOT 模式之评价[J]. 中国市政工程, 1996（9）: 48-53.

[15] 王亦丁. BOT 陷阱 [J]. 环球企业家，2002（2）.

[16] 王守清，柯永建. 特许经营项目融资[M]. 北京：清华大学出版社，2008.

[17] Wang S Q, M F Dulaimi and M Y Aguria. Risk management framework for construction projects in developing countries [J]. Construction Management and Economics. March 2004，22: 237-252.

[18] 柯永建，王守清，陈炳泉，李湛湛. 中国 PPP 项目政治风险的变化[A]. 第六届全国土木工程研究生学术论坛论文集[C]. 北京：清华大学出版社，2008.

（《中国软科学》 2009 第 5 期，第 107-113 页）

基于解释结构模型的 PPP 项目风险关系分析

作者：梁伟　王守清

【摘要】 风险管理对于 PPP 项目具有重要意义，准确了解 PPP 项目风险中风险因素间的相互影响有助于更有效地进行风险管理。本文首先通过风险识别、两两风险间影响关系的研究，建立了一个包含 20 个风险因素的 PPP 项目风险系统，并进一步以此风险系统为研究对象，采用解释结构模型（ISM）系统结构分析方法对其进行了分析，构建了一个能够清晰描述各个风险因素间影响关系的风险系统结构模型，并依据该模型的特点把所有的风险因素分为三大类，即主导变量、中间变量和指标变量。

根据上述每一类风险所具有的特性，本文最后提出了具有针对性的风险管理建议。

【关键词】 风险因素 风险系统 解释结构模型 系统结构分析

一、引言

中国正在积极探索项目融资的应用，特别是通过公私合伙（Public-Private Partnership, PPP）模式进行项目开发。风险管理是PPP模式成功的关键，然而目前针对PPP项目风险的研究中大都将重点放在单个风险的识别、评估和管理上，很少有关于这些风险之间是如何相互影响的深入研究。不可否认的是，存在于整个项目中的各个风险不可能是孤立存在的，它们之间必然有一定的联系，进而会产生相互的影响。弄清各个风险间的影响关系，对于安排风险分担、采取合理的风险规避措施都是十分必要的，否则很容易出现顾此失彼或头痛医头脚痛医脚的不理想局面。为此，从PPP项目风险系统的整体出发，对项目风险因素相互影响的系统性研究有助于从整体上把握这个动态的系统，进而更有效地管理其中的每一个风险。

把PPP项目中存在的所有风险看成一个完整的系统，从而可以采用系统工程中常用的解释结构模型（Interpretive Structural Model，ISM）[1]来分析各个风险因素间的相互影响。ISM描述的是系统的结构形态，也就是描述系统各个组成部分之间以及它们与外界环境之间的关系。它是从系统的概念模型过渡到定量分析的中介。

本文研究中所用到的解释结构模型，是描述PPP项目风险系统中各个风险因素间影响关系的影响关系网络图。这个网络图的构建是基于结构分析矩阵中所包含的两两风险因素间的影响关系进行的，这个结构分析矩阵及其中所包含的影响关系将在文章后面详细说明。根据这个结构分析矩阵所提供信息，再结合建立结构模型过程中用到的层级划分、分部划分、强连接元素划分等分析方法，最终能够建立一个清晰的描述PPP项目风险系统中各个风险因素相互影响关系及其层次结构的模型。

二、PPP项目风险系统的建立

（一）PPP项目风险识别

关于国际PPP项目中存在风险的识别，目前已有不少研究，如Ashley and Bonner（1987）[2]；Han and Diekman（2001）[3]；Li and Tiong（1999）[4]；Wang et al（2003）[5]；Li（2003）[6]；Clifton and Duffield（2006）[7]；Ng and Loosemore（2006）[8]等，且理论已经相对比较成熟，各个文献中所说明的结论有很多的共同点，这也为本文的研究提供了很好的基础。

根据上述文献中的风险识别成果，并按照无遗漏、不重复、保证所选取风险因素重要性三条原则对总共80多个细目风险因素进行归纳整理，本文选定的20种具有代表性的风险因素见表3-3（按照专家打分的重要性排序[5]）。

表 3-3 本研究中确定的 20 个重要风险因素

R1	R2	R3	R4	R5
批准和许可	法律体系	合作伙伴信用	政治动荡	成本超支
R6	R7	R8	R9	R10
腐败	通货膨胀和利率变化	政府信誉	欺诈	竞争
R11	R12	R13	R14	R15
外汇风险	市场需求	不明确的项目范围定义	项目管理低效	征用
R16	R17	R18	R19	R20
人力资源	建筑生产力低下	不可抗力	现场安全	社会环境差异

（二）风险因素间直接影响关系的确定

ISM 系统分析方法需要两两变量间的直接影响关系作为分析的输入。系统结构分析矩阵能够清晰有效的表明上述变量间的关系。这个矩阵中行和列中的变量就是前面确定下来的 20 个风险因素，矩阵中的每一个元素 a_{ij} 定义如下：

- 如果第 i 行的变量对第 j 列的变量有直接影响，则 a_{ij} 的赋值为 1。
- 如果第 i 行的变量对第 j 列的变量没有直接影响，则 a_{ij} 的赋值为 0。
- 根据约定，对角线上的元素都为 0，即认为变量对自身没有直接影响。

确定两个风险因素间是否存在影响关系分两步进行：首先，找出第一层次的关系，即存在于两个风险之间的最直观、最容易被人们观察意识到的影响关系，这可以根据常识判断，只要是社会公认的或两者关系非常明显的就可以；之后，找出第二层的关系，即需要具备相关专业知识或实践经验才能够发现的影响关系，这一方面可以借鉴已有文献中相关的对专业人员的调研结果，另一方面也可以通过尽量全面的综合文献研究成果及相关理论给出判断（本文主要参考了 Wang et al 的研究结论[5]）。本文所建立的结构分析矩阵结果见表 3-4。

表 3-4 结构分析矩阵（包含两层直接影响关系）

	R1	R2	R3	R4	R5	R6	R7	R8	R9	R10	R11	R12	R13	R14	R15	R16	R17	R18	R19	R20
R1	0	0	0	0	1	0	0	0	0	0	0	0	0	0	0	0	1	0	0	0
R2	1	0	1	0	1	1	0	1	1	0	1	0	1	1	1	1	0	0	1	0
R3	0	0	0	0	1	0	0	0	1	0	0	1	0	1	0	1	1	0	0	0
R4	0	1	1	0	1	1	1	1	1	0	1	0	0	0	0	0	0	1	0	1
R5	0	0	1	0	0	0	0	0	0	0	0	0	0	1	0	1	1	0	1	0
R6	1	0	1	0	0	0	0	1	1	0	0	0	0	1	0	0	0	0	1	0
R7	0	0	1	1	1	0	0	0	0	0	1	1	0	0	0	0	0	0	0	0

续表

	R1	R2	R3	R4	R5	R6	R7	R8	R9	R10	R11	R12	R13	R14	R15	R16	R17	R18	R19	R20
R8	1	1	1	1	1	1	1	0	1	0	1	1	0	0	1	0	1	0	0	0
R9	0	0	1	0	1	0	0	0	0	0	0	0	0	0	0	0	0	0	0	0
R10	0	0	0	0	0	0	0	0	1	0	0	1	0	0	0	0	1	0	0	0
R11	0	0	0	0	1	0	0	0	0	0	0	0	0	0	0	0	0	0	0	0
R12	0	0	0	0	1	0	0	0	0	1	0	0	0	0	0	0	1	0	0	0
R13	1	0	0	0	1	0	0	0	0	1	0	1	0	1	0	0	1	0	1	0
R14	0	0	1	0	1	0	0	0	0	1	0	1	1	0	0	1	1	0	1	0
R15	0	0	1	0	1	0	0	0	0	0	0	0	0	0	0	0	0	0	0	0
R16	0	0	0	0	1	0	0	0	0	0	0	0	1	1	0	0	1	0	1	1
R17	0	0	1	0	1	0	0	0	0	1	0	0	0	0	0	0	0	0	1	0
R18	0	0	1	1	1	0	1	0	0	1	1	1	0	0	1	0	0	0	1	1
R19	0	0	0	0	1	0	0	0	0	0	0	0	0	0	0	0	0	0	0	0
R20	0	0	1	0	0	0	0	1	0	0	0	0	1	0	0	1	1	0	1	0

三、基于 ISM 的分析

（一） 风险因素间关系的划分

1. 层级划分

如果某个系统中元素的结构层次比较清晰，就可以把其中的元素划分为由高到低层级（层级越高，越属于系统的末端，影响力越小）。针对本研究，对于每一个风险因素 R_i，把 R_i 能够影响的风险因素汇集成的集合称为 R_i 的可达集；把能够影响 R_i 的风险因素汇集成的集合成为 R_i 的前因集。对于一个多层级结构的系统而言，位于最高层级的元素，没有更高的层级可以到达，所以它的可达集中只能包括与它有强连接关系元素（a 影响 b，b 也影响 a，则 a、b 称为强连接）。而这个最高层级元素的前因集则包括可以到达它的下级各元素和与他同级的强连接元素。这样一来，对于最高层级的元素而言，其可达集与前因集的交集应该和其可达集是完全一样的。因为如果不是最高层级中的元素，它的可达集中还有更高层级中的元素，这不会出现在它的可达集与前因集的交集之内。

得出最高层级各元素之后，就可以把它们在整个系统中去掉，再用同样方法便可求得次一层级（也就是去掉最高层级后的最高层级）各元素。重复以上过程，就可以一级级地把各元素划分开。

通过系统结构分析矩阵，可以清晰地找到每一个风险因素的可达集（每个因素所在的行）与前因集（每个因素所在的列）。经过上述过程得到的 PPP 项目风险层级划分如表 3-5 所示。

表 3-5　PPP 项目风险因素层级划分

风险层级	风险代号	风险层级	风险代号
I	R5	V	R16
	R19	VI	R3
II	R9	VII	R6
	R11		R7
	R17		R15
III	R1	VIII	R2
	R10		R8
	R12	IX	R20
IV	R13	X	R4
	R14		R18

2. 分部划分

除了纵向把整个风险系统分为不同层级的风险因素之外，还可以对系统进行横向的分部划分，即分解为没有什么直接或间接联系的几个部分。上面的层级划分是从风险影响系统的最上端（处于被影响地位）的风险因素开始考虑的，这里的分部划分则是从系统的最下端入手。为此，首先要定义一种底层元素。所谓底层元素，就是那些前因集和前因集与可达集的交集相同的元素。

显而易见，如果 R_i 是底层元素，则其前因集中只能包含与其有关的某些强连接元素。如果有一个元素在 R_i 的下层，它只能包含在 R_i 的前因集中而不能包含在 R_i 的前因集与可达集的交集中。所以，符合上述要求的一定是底层元素。

进而可以定义，如果有两个底层元素的可达集中有相同的元素，那么这两个元素在一个分部之内（也就是在一个用箭线图表示的关系网内），否则就不在一个分部之内。

就本文研究的 PPP 项目风险系统而言，从表 3-5 中可以看出，满足条件的底层单元只有 R4 政治动荡和 R18 不可抗力。而两者的可达集中有很多共同的风险因素，如 R3 合作伙伴信用、R5 成本超支、R11 外汇风险、R20 社会环境差异等，因此这两个底层风险因素属于同一个分部。也就是说，本系统是不可以分成两个或两个以上子系统的，整个系统网络是紧密相连的。

3. 强连接单元划分

按上述方法进行纵向级别划分之后，在每一层级内的各风险因素相互之间有可能是强连接，也可能不是。如果某元素不属于强连接部分，则对本层级内部而言，它的可达集应该是空集；反之，如果某元素的可达集在本层级范围内不是空集，则表明有强连接关系。

按照上述方法，对于各层级内元素强连接单元的划分如表 3-6 所示。

表 3-6　强连接单元划分

层　级	强连接元素	非强连接元素
I	R5、R19	—
II	—	R9、R11、R17
III	R10、R12	R1
IV	R13、R14	—
V	—	R16
VI	—	R3
VII	—	R6、R7、R15
VIII	R2、R8	—
IX	—	R20
X	R4、R18	—

（二）风险系统结构模型的构建

有了上述对风险系统中各因素的划分，就可以构建 PPP 项目风险系统的结构模型，即反映各个风险因素间影响关系的网络结构图（见图 3-5），从中可以直观地看出每个风险因素在整个风险系统中所处的地位。

构建这个风险系统结构模型的最主要依据是前面关于风险因素层级的划分。依据层级划分，可以确定每个风险因素在结构图中的位置（主要指在图中的上下位置，第十级在最下面，依次往上，第一级在最上面），这个位置主要反映了该风险因素在系统中的影响作用，即：

（1）位置越靠近结构图底部的风险因素说明能够影响它而不被它影响的风险因素越少。作为风险管理者，对这个风险本身应该给予足够的重视，因为它不但不易通过控制其他风险而得到间接控制，且还会对更多风险因素产生影响，可以认为是风险系统的主导变量。

（2）位置越靠近结构图顶部的风险因素说明能够影响它而不被它影响的风险因素越多。对于风险管理者，一方面应该注意监控这些风险因素，因为虽然其影响力不如前面一类风险因素大，但这不意味着其重要程度就低，对项目成败的作用就小；另一方面，应该意识到这些风险因素既然可以被其他风险因素影响，那么它们自身的表现就从某种程度上可以反映出影响它们的那些因素是不是得到了很好的控制。也就是说，它们在整个系统中还起到了指标的作用。

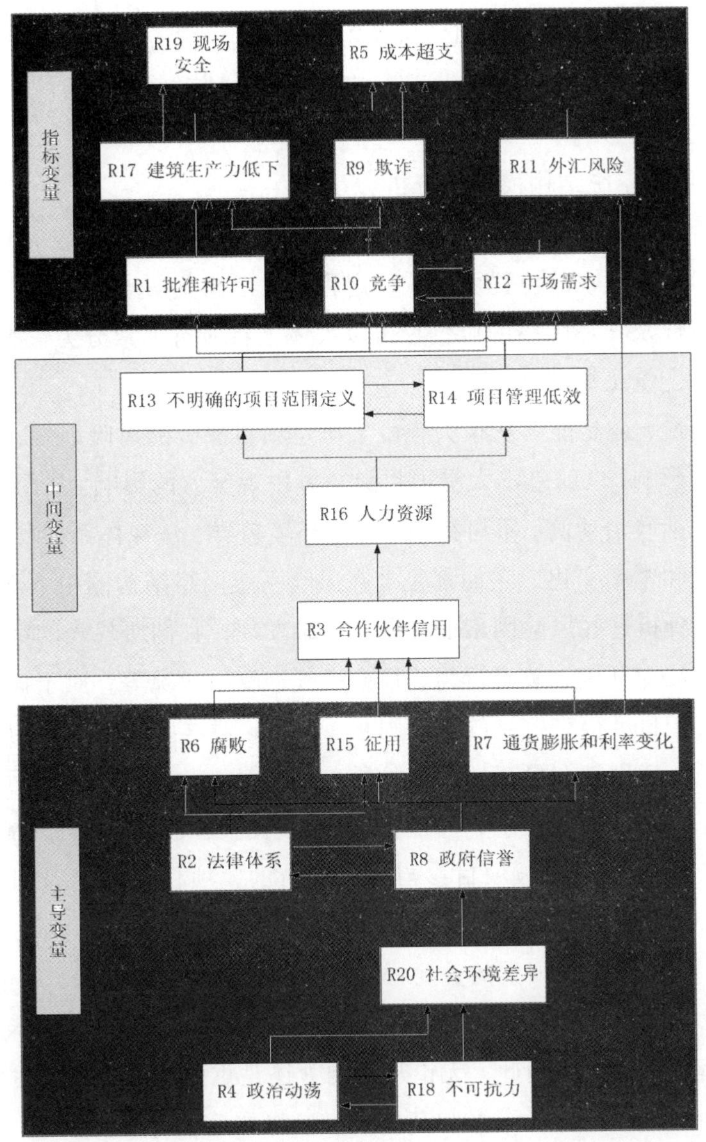

图 3-5 PPP 项目风险系统结构模型及风险因素归类图

（3）位置处于结构图中部的风险因素介于上述两类风险因素之间，同时具备一定的影响力和依赖性，因此可以认为是系统中各风险因素相互影响的中间变量，能够起到承上启下的作用。

需要说明的是，这个风险因素间影响关系的网络结构图中并没有完全反映出系统结构分析矩阵中所表示的所有风险间的直接影响关系，即只是重点关注各层级内部风险因素的影响关系和相邻两层级间各风险因素的影响关系，对于跨层级的影响关系没有在图中用箭线加以表示（标明 R7 通货膨胀和利率变化与 R11 外汇风险间的关系是因为 R11 外汇风险与其下几层的风险因素都没有直接关系，与它有关的最低层级的风险因素就是 R7 通货膨胀和利率变化了）。事实上，这种跨层级的直接影响关系可以理解为一种广义的间接影响。

（三）基于风险系统结构模型的分析

通过分析上面的 PPP 项目风险系统结构模型可以得到一些比较有意义的结论。如前所述，风险因素在图中的位置可以从一定程度表示出其影响力大小，那么，根据每个风险因素的特性及其在图中的位置，可以大体上将所有因素分为三类：主导变量、中间变量、指标变量（见图 3-5）。

所谓主导变量，就是能够从很大程度上决定项目成败的风险因素，且它们不太受其他风险因素的影响，也就是不太受项目参与方主观努力的影响。从图 3-5 可以看出，主导变量主要包括政治动荡、不可抗力、社会环境差异、法律体系、政府信誉、腐败、征用、通货膨胀和李率变化，它们都是处在风险系统网络结构图中下部的风险因素。并且，通过仔细分析这些风险因素的性质，不难发现，它们所代表的都是和项目有关的东道国的经济法律环境、政府行为、社会风气、政治状况等，对于任何一个项目参与方而言，都属于自己很难控制的风险因素。因此，对这些风险因素的管理应该从项目开始前就进行，特别是在可行性研究阶段，应该着重考量这些风险因素的状况。只有有效的评估了这一层次的风险，才能使项目以后的发展在自己的控制之中，否则，由于这些主导变量都是不易被项目参与方所左右的，项目很可能遇到种种失控的局面，到那时想挽回损失就比较困难了。

另一方面，从这类风险因素的重要程度来看，其中的法律体系、政治动荡、腐败、通货膨胀和利率变化、政府信誉这 5 个风险的重要性都排名前 10，总体上可以说是三类风险中重要程度最高的。因此，无论从影响力还是重要程度来看，主导变量都处于举足轻重的地位，应该引起投资方和其他项目参与方足够的重视。

第二类是中间变量，这类变量主要包括合作伙伴信用、人力资源、不明确的项目范围定义、低效的项目管理。中间变量有两个显著的特点：一是这些风险因素都位于风险系统网络结构图的中部，起到承上启下的作用；另一方面，这些风险因素都是和项目参与方密切相关的，属于自身风险。从经验和直觉来看，所有的外界影响都应该通过影响项目参与实体，最终影响到项目本身，这个风险系统网络结构图也正是反映出了这一点，这也是为什么将这些风险因素归结为中间变量。和主导变量相比，中间变量的影响力要小一些，且容易受到主导变量的影响，但它们是影响项目成败的最直接因素，在风险系统中起到了纽带的作用。更重要的是，中间变量所包含的风险因素是切实和项目参与方密切相关的，对项目参与方而言更容易管理，是可以通过自身努力加以控制的。也就是说，比起主导变量来，对项目参与方而言，在项目进行过程中中间变量所包含的风险因素更具有管理的实际意义。从这个角度讲，虽然中间变量的影响力不是最强的，重要程度也不是最高的，但一旦项目进入实施阶段，对这些风险因素的监控与管理才是最重要和切合实际的，可以有效地把风险管理落到实处。

指标变量中所包含的主要是那些影响力较弱而依赖性较强，同时具有一定“表明结果”效果的风险因素，具体包括批准和许可、竞争、市场需求、建筑生产力低下、欺诈、外汇风险、现场安全、成本超支。所谓具有一定“表明结果”效果，如成本超支，是比较具体且容易衡量的风险，即风险是否发生、发生后后果如何是可以度量的。指标变量不像政府信誉风险这样的主导变量那样抽象，也不像项目管理低效这样的中间变量那样相对不好度量，后两类变量都不能够直接明了的反映项目实施结果。因此，指标变量既可以从某种角度反映出对主导变量和中间变量所包含风险因素管理的效果，也可以直接用来衡量项目完成的好坏。对于项目参与方而言，管理这类风险因素本身是重要的，同时还不应该忽视其他风险因素对它们的影响，这种间接的管理也是十分重要的。另外，对指标变量的监控和管理更重要的意义在于通过发现指标变量的变化总结对前两类变量管理过程中（或者可以说整个项目管理全过程中）的得失，因为一旦指标变量风险确实发生，基本上对本阶段而言，就意味着损失的发生，而面对损失应该冷静的总结教训，以使下一阶段的工作能够顺利进行。

四、结论

本文根据 ISM 理论，对 PPP 项目构建了一个结构层次清晰的风险系统结构模型。根据这个模型，可以清楚地看到每个风险因素在整个风险系统中所处的位置，即其影响性和依赖性的形象体现。并且，反映了各个风险因素间最直接影响关系的影响关系网络图也可以在这个模型中体现出来。依据这个风险系统结构模型中各部分风险因素所具有的性质，本文把所有这些风险分为了三大类，即主导变量、中间变量和指标变量，并有针对性地提出了对各类风险的管理建议，以达到有效的风险管理。

参考文献

[1] 王众托. 系统工程引论[M]. 北京: 电子工业出版社, 2006.

[2] Ashley D. B. and Bonner J. J. Political risks in international construction[J]. Journal of Construction Engineering and Management, ASCE, 1987，113（3）: 447-467.

[3] Han S. H. and Diekman. Approaches for making risk-based go/no-go decision for international projects[J]. Journal of Construction Engineering and Management, ASCE, 2001，127（4）: 300-308.

[4] Li B. and R. L. K. Tiong. Risk management model for international construction joint

ventures[J]. Journal of Construction Engineering and Management, ASCE, 1999，125（5）: 377-384.

[5] Wang ShouQing, M. F. Dulaimi and M. Y. Aguria. Risk management framework for construction projects in developing countries[J]. Construction Management and Economic, 2003, 2（3）: 237-252.

[6] Li B. Risk management of construction public private partnership projects: [Ph.D. thesis] [M]. UK: Glasgow Caledonian University, 2003.

[7] Clifton C. and C. F. Duffield. Improved PFI/PPP service outcomes through the integration of Alliance principles[J]. International Journal of Project Management, 2006, 24: 573-586.

[8] Ng A. and M. Loosemore. Risk allocation in the private provision of public infrastructure[J]. International Journal of Project Management, 2007, 25: 66-67.

（第一届 PPP 全国高校论文竞赛获奖论文）

中国基础设施 PPP 项目风险定量分担研究框架

作者：柯永建　王守清　陈炳泉

基金项目：国家自然科学基金项目“中国 PPP 项目风险公平分担机制研究”（70731160634）

【摘要】 中国以往 PPP 项目谈判过程旷日持久，很多时候由于在实施过程中无法兑现承诺或发生其他原因而出现争议，以至于目前只有少量 PPP 项目能正常运作。其中，很大原因在于公共和私营部门之间缺乏公平的定量风险分担标准。本文将提出一个研究框架，讨论如何建立一个适合中国 PPP 项目的风险定量分担框架。首先将通过广泛的文献综述和案例分析，识别出影响 PPP 项目风险分担的主要因素；设计一份调查问卷，并通过结构式访谈方式调查专家对各项目风险应由哪一方承担等问题的判断，进而评估主要影响因素对风险分担格局的影响程度；最后结合中国 PPP 项目的运作流程，设计出量化的风险分担框架。

【关键词】 PPP　风险分担　定量分析　研究框架

一、引言

PPP（Public-Private Partnership）是一种提供公共基础设施建设及服务的方式，由私营部门为项目融资、建造并在未来的 25 至 30 年里运营此项目。它在英国、澳大利亚等国家的基础设施和公用事业领域的应用显示出巨大的优势，其应用范围涵盖交通、电厂、供水、污水/垃圾处理、医疗、国防、监狱和警局等领域。

在 PPP 模式中，公共部门和私营机构各有其独特的优势，并能够通过合作实现优势互补，例如，公共部门可以制定相应的政策对项目施加影响，但资金不足，管理效率低；私营部门资金充足、有管理经验、主动性和创新力强，但风险承担能力有限。但公共部门和私营部门对项目的期望也存在很大的差异，公共部门除了希望利用私营部门的资金和技术外，还看重项目能否带来宏观经济和社会效益；私营部门则不仅希望能通过项目的运营获取利润，还希望在当地获得更大的竞争优势。由于双方优劣势的存在和期望的差异，政府和私营企业在风险的分担和收益的分配等方面要求不同，造成谈判过程旷日持久（间接造成前期费用和融资成本高），Marcus 通过对英国 PPP 项目的调查研究发现，98%的 PPP 项目在签订合同前所耗费的时间都超过非 PPP 项目，超出范围在 11%～166%，谈判时间所耗费的成本超过正常咨询和投标所必需的 25%～200%[1]。在中国，许多时候某一方由于对项目建设的紧迫性或其他原因被迫让步接受对方的要求，但在实施中却因为承诺不能兑现或发生其他风险而出现争议，以至国内目前只有少量的 PPP 项目能正常运行[2]。

在 PPP 项目的实施过程中风险对项目目标的实现至关重要，对于公共部门和私营部门而言，很有必要详尽地评估整个项目生命周期中的潜在风险。特别是在 PPP 项目合同谈判阶段，公共和私营部门必须对整个采购过程给予特别的重视，以确保风险分担的公平性和合理性。但是现有理论不足使得仍有许多问题需要解决，例如风险分担是否有固定解，如何确定风险分担的程度，类似的 PPP 项目风险分担问题有待进一步深入研究。另一方面，实践中发现很多风险分担结果不甚理想，例如政府在合同谈判期间倾向于将尽可能多的风险转移给私营部门，特别是私营部门很难掌控的风险，如汇兑风险和利率风险[3]。

因此，在基础设施建设压力巨大的中国，迫切需要建立一套合理的 PPP 项目风险定量分担机制。

二、研究背景

（一）PPP 模式在中国的应用

项目融资于 80 年代中期被引入我国的电厂、高速公路等基础设施领域，其中以 BOT 方式运作的项目居多。1988 年投入使用的深圳沙角 B 电厂被认为是中国最早的带有有限追索性质的 BOT 项目；1995 年国家计委将广西来宾 B 电厂确定为中国政府批准的第一个规范化的 BOT 投资方式试点项目；在来宾 B 项目成功试点之后，四川成都自来水六厂 B 厂和北京第十水厂等项目又陆续被批准进行 BOT 试点，从此中国的项目融资运作开始逐渐规范并有了一定的发展[4]。之后，由于中国政府实施积极的财政政策，将大量国债资金投放于基础设施领域，以及中央政府清理地方政府各种违规外商投资项目，到 20 世纪末，第一次私营资本投资浪潮已趋于平静[5]。

步入 21 世纪后，中国的经济依旧持续稳定发展，基础设施对经济发展的瓶颈限制再次凸显出来，能源、交通及其他公用设施的短缺，单靠政府的财政力量无法满足所需的巨额投资，因此又给民营资本以 PPP 模式参与基础设施投资建设提供了良好的契机。单以北京为例，近几年北京市政府对新建基础设施项目积极进行市场化融资，共有十余个项目吸引各类社会资金 102 亿元[6]。国有企业依托与政府沟通、议价能力和在资本市场的优势，在新一轮私营资本投资浪潮中起着至关重要的作用，但是由于国有企业的法人缺位，经营管理效率不佳，很大程度了抑制了 PPP 模式本身的优势。

（二）PPP 风险分担文献综述

PPP 项目风险分担与前提合同谈判密切相关，分担判断结果更是直接影响着项目后期运作成功与否，已成为 PPP 模式研究领域的主要内容，并产生了众多的研究成果。其中杨卫华也对风险分担研究做了比较深入的综述研究，认为将风险分担结果引入特许定价和特许期决策中，进一步完善特许决策理论是未来需要研究的重点之一[7]。但是在这之前，有必要较为完整地解决如何定量分担 PPP 项目风险这一问题。

从理论上来说，PPP 项目风险分担原则已经较为完备，但是在实际运用中这些原则存在互相重叠甚至互相矛盾的地方。例如对于经济收益先天不足的项目，政府为了吸引私营资本的投入，可能会放弃所承担部分风险相应的收益，这种情况虽然不符合项目风险分担原则，但却是合理的分担。另外，风险分担与项目总成本、项目参与者收益之间关系的确定与双方的风险态度和模式安排等因素有关。

目前较为普遍的风险分担方法主要有两大类：一是通过问卷调查/专家访谈统计各方对各项目风险的承担应答比例，通过比较平均值反映出这一风险的倾向性；二是通过建立博弈等数学模型寻求风险分担的最优解，确定关键风险在公共部门和私营部门之间分担的数量。两个方法各有利弊，前者简单明了，操作简便，但是无法确定共同承担的风险中公共部门和私营部门之间承担的具体数量；而后者能够定量确定风险的分担数量，但是模型建立过程麻烦，操作复杂，大多数情况需要舍弃部分条件，与真实 PPP 项目有所区别，结论的可靠性有待考证。

现有可供参考的 PPP 项目风险分担结论主要来自三个部分：一是通过对案例的分

析总结；二是通过问卷调查/专家访谈的统计分析结果；三是许多政府部门所提供的 PPP 项目风险分担建议。值得注意的是，不同国家的经济形态、法律体系、政府机构设置、经济环境等因素不同，并不能笼统地将某一国家的 PPP 项目风险分担简单地套用于其他国家。类似地，某一 PPP 项目的风险分担安排也不能直接套用于其他项目中。

三、研究框架

（一）研究内容

基于上述研究背景，本论文的研究范围界定为中国基础设施 PPP 项目的风险定量分担问题，从而为公共部门与私营部门之间的合同谈判提供参考，具体研究内容如下所述：

1. 识别和评估影响风险分担的主要因素

随着 PPP 模式研究和应用的深入，PPP 项目风险的分担越来越强调由对风险最有控制力一方承担该风险。刘新平指出，PPP 项目风险分担应该遵循三条主要原则：①由对风险最有控制力的一方控制相应的风险；②承担的风险程度与所得回报相匹配；③承担的风险要有上限[8]。然而，目前并没有研究明确地解释什么是风险控制能力，如何衡量风险控制能力，因此有必要揭示项目参与者对风险控制能力的内涵，并提出衡量的标准。

另一方面，张水波提出风险合理分担原则需要项目各方以积极的态度去执行，即项目参与者的风险态度对风险分担谈判和结果有重要作用。对于风险的分担并不存在绝对的原则，而是应该在基本原则的基础上，综合考虑双方对风险的态度和项目的具体条件[9]；对于经济性先天不足的项目而言，为了提高项目经济可行性和对私营资本的吸引力，政府往往放弃所承担部分风险相对应的收益。例如，在墨尔本 CityLink 项目中，如果政府行为导致高速公路收益减少，政府全额补偿，但是如果政府行为导致高速公路收益增加，只能分享 50%的增加收益[10]。

上述说明了参与者对风险的控制能力、参与者的风险态度和政府的激励措施都影响着最后的风险分担结果，因此本论文的第一项研究内容是识别影响风险分担的主要因素，分析各主要影响因素在 PPP 项目前期出现的时点，并评估各影响因素对风险分担格局的影响程度。

2. 设计量化的风险分担框架

风险分担作为风险管理的一项选择措施，一般都是定义于合同条文中[11]。但是合同的起草者总是试图将更多的风险转移给对方[12]，从而导致双方在达成一致协议前所需的谈判时间和成本居高不下。

因此，有必要在 PPP 项目招投标运作流程的基础上，综合考虑已识别和评估的主要影响因素，设计出量化的风险分担框架，示意图如图 3-6 所示。

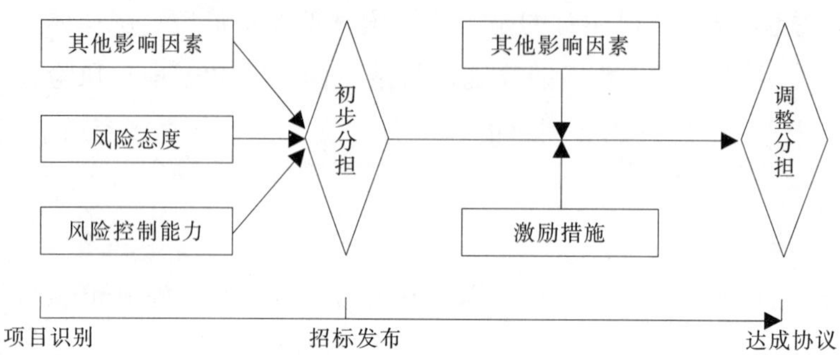

图 3-6　风险分担框架示意图

其中，风险控制能力是决定风险分担的重点，指的是对特定单个风险的控制能力，预计将包括是否能够预见风险、是否能够正确评估风险对项目目标的影响、是否能够控制风险的发生、如果风险事件发生时是否能够管理风险、如果风险事件发生后是否能够处理风险带来的危害、管理风险所付出的成本等方面。

（二）研究方案

基于上述研究范围和内容的界定，拟采取的研究方案分为以下三个阶段，如图 3-7 所示。

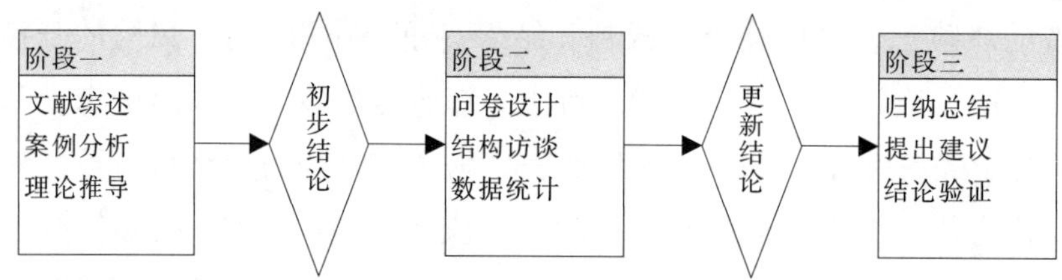

图 3-7　研究方案示意图

1. 文献综述、案例分析和理论推理

第一阶段主要将进行广泛的文献阅读和 PPP 案例分析，归纳总结中国 PPP 项目的应用现状和运作流程、中国 PPP 项目可能面临的关键风险因素清单以及影响风险分担的主要影响因素清单。

PPP 案例选取将包括发达国家和地区如英国、加拿大、澳大利亚、中国香港、新加坡等，以及发展中国家如马来西亚、菲律宾和泰国等，通过比较分析这些国家和地区的 PPP 项目，归纳得出 PPP 模式的国际最佳实践。另外，也将对中国的 PPP 项目进行调查研究，以了解中国 PPP 发展现状和运作流程。

通过广泛的文献阅读和案例分析，归纳和总结国内外私营资本在参与 PPP 项目中所遭遇的问题，在此基础上列出中国 PPP 项目的关键风险因素清单；整理项目风险分担时应遵循的原则，归纳影响风险分担的主要影响因素。识别主要影响因素在 PPP 项目的运作流程中出现的时点，初步设计评估风险分担影响因素的方法。另外，也将归纳总结各项目风险的处置措施，作为风险分担后各参与者进行风险管理的补充依据。

2. 问卷设计、结构式访谈和统计分析

第二阶段采用的主要方法是结构式访谈，调查专家对各主要项目参与者对风险的控制能力以及各项目风险应由哪一方承担等问题的判断；使用 SPSS 软件对问卷数据进行统计分析，得出风险因素的初步分担结果，评估主要影响因素对风险分担的影响程度和不同因素之间的相对重要性。

在文献综述和理论推导之后，将设计一份问卷，调查 PPP 项目参与方对风险控制能力和风险应该由哪一方承担等问题的理解。所选择的专家需要对 PPP 风险管理有深入的研究或者实践经验，对专家的选择标准如下：

（1）拥有丰富的中国 PPP 项目实践经验。

（2）现在或者曾经直接参与中国 PPP 项目的风险管理。

（3）对 PPP 项目风险和风险管理有深入的了解和研究。

将使用 SPSS 软件对所得数据进行统计分析，拟采用的定量分析方法包括因子分析、判别分析和多元回归分析。因子分析基本目的是用少数几个因子去描述许多指标或因素之间的联系，即将相关比较密切的几个变量归在同一类中，每一类变量就成为一个因子，以较少的几个因子反映原资料的大部分信息。过去已经有很多学者将因子分析应用于工程管理领域[14-15]，本论文将尝试使用因子分析选取少量关键因子对影响风险分担的因素进行归类分析。判别分析的过程是先依据对个别变量的预测建立起一系列分类或判别规则，再运用这一规则对样本进行分类，或者对原先分类进行检验以确定原先分类的错判率，这是一个很好的检验原先分类质量的统计方法[16]。本论文可以利用判别分析来比较不同组别（如学术界、政府机关、金融界以及工程公司）的专家对主要影响因素的评估，有效地判别团队中哪些专家的看法与团队不相符合，从而得到一个比较反映群体意志的结果。多元线性回归被认为是一种很好的分析不同因素之间相互关系的工具，拟采取多元逐步回归的方法来推断因子分析中选取的主要影响因素对 PPP 项目风险分担的影响程度。

3. 归纳总结、提出建议和结论验证

第三阶段主要将总结上述研究过程，在识别和评估风险分担的主要影响因素之后，综合考虑各影响因素提出风险量化分担准则，并结合中国 PPP 项目运作流程，设计量化的风险分担框架。

首先将归纳主要影响因素对风险分担格局的影响程度和因素之间的相对重要性，在此基础上提出风险量化分担准则。总结之前的研究过程，综合已完成的中国 PPP 项目风险的识别、风险初步分担结果和风险量化分担准则，构造 PPP 项目风险分担的初步操作流程。结合中国 PPP 项目的运作流程，包括项目的识别、可研、招投标等过程，建立 PPP 项目风险定量分担框架。

最后将回顾前两个阶段的文献阅读、案例分析和问卷调查结果，参考第一阶段总结的 PPP 模式国际最佳实践和中国 PPP 项目运作流程，并进行专家访谈，验证拟提出的风险定量分担框架，以保证其能适合中国特殊的政策、经济和文化环境以及保证风险分担框架的可操作性。拟采访的专家将来自于学术界、政府机关、金融界以及工程公司。如果可能的话，可以将研究结论应用于某一实际项目，更好地证明结论和建议的有效性。

四、小结

对于引进私营资本投资的基础设施建设项目，由于投资大、时间长、风险高等特点，公共部门和私营部门在达成一致协议前所需的谈判时间和成本居高不下。如果将风险公平定量分担结果作为谈判基准，则可以大大地减少项目谈判成本和时间，参与项目者各自控制部分合理风险，享有合理的回报，达到“多赢”局面。事实上，让私营部门承担其无法承担的风险，一旦风险发生时又缺乏控制能力，必然会降低公共设施或服务的效率和增加控制风险的总成本。而目前现有研究成果并不能很好地解决 PPP 项目风险分担的问题，因此有必要对风险定量分担展开深入研究。本文提出了一个研究框架建议，首先识别出影响风险分担的主要因素，然后通过结构式访谈定量评估主要影响因素对风险分担结果的影响程度和因素之间的相对重要性，最后结合中国 PPP 项目的运作流程，设计出量化的风险分担框架。

致谢

本论文是基于 2007 年“国家自然科学基金委员会与香港研究资助局联合资助项目”申请报告《中国 PPP 项目风险公平分担机制研究》(评审中，受理号：70710030)。在此感谢参与该项目申请的其他研究人员，包括香港理工大学建筑及房地产学系 Dr. Patrick Lam、Dr. Daniel Chan 和 Miss Esther Cheung。

参考文献

[1] Ahadzi M and Bowles G, Public-private partnerships and contract negotiations: an empirical study [J]. Construction Management and Economics, 2004, 22(9): 967-978.

[2] 王亦丁. BOT 陷阱[J]. 环球企业家，2002（2）.

[3] Tiong RLK and Alum J. Final negotiation in competitive BOT tender [J]. Journal of Construction Engineering and Management，1997，123（1）: 6-10.

[4] 戴大双. 项目融资[M]. 北京：机械工业出版社, 2005.

[5] 沈际勇, 王守清, 强茂山. 中国 BOT/PPP 项目的政治风险和主权风险：案例分析[J]. 华商·投资与融资, 2005（1）: 1-7.

[6] 北京市推进基础设施建设市场国际化论坛. 基础设施投融资体制改革初显成效——专访北京市发展改革委副主任柴晓钟[N]. [2007-06-06]. http://www.bjpc.gov.cn/zt/sheshi/guandian01.htm.

[7] 杨卫华, 戴大双. BOT 项目风险分担理论研究与进展评述[D]. 中国科技论文在线, 在线发表论文, 2006-10-29.

[8] 刘新平, 王守清. 试论 PPP 项目的风险分配原则和框架[J]. 建筑经济, 2006（2）: 59-63.

[9] 张水波, 何伯森. 工程项目合同双方风险分担问题的探讨[J]. 天津大学学报（社会科学版）, 2003, 5（3）: 257-261.

[10] Arndt RH. Risk allocation in the Melbourne City Link project [J]. Journal of Project Finance, 1998, 4（3）: 11-24.

[11] Lam KC, Wang D, Lee PTK and Tsang YT. Modeling risk allocation decision in construction contracts [J]. International Journal of Project Management, 2007, 25: 485-493.

[12] Rutgers JA, Haley HD. Project risks and risk allocation [J]. Cost Engineering, 1996, 38（9）: 27-30.

[13] Li B, Akintoye A, Edwards PJ and Hardcastle C. The allocation of risk in PPP/PFI construction projects in the UK [J]. International Journal of Project Management, 2005, 23（1）: 25-35.

[14] Akintoye A. Analysis of factors influencing project cost estimating practice [J]. Construction Management and Economics, 2000, 18（1）: 77-89.

[15] Chan APC, Chan DWM, Chiang YH, Tang BS, Chan EHW and Ho KSK. Exploring critical success factors for partnering in construction projects [J]. Journal of Construction Engineering and Management, ASCE, 2004, 130（2）: 188-198.

[16] Lam PTI, Kumaraswamy MM and Ng TST. The use of construction specifications in Singapore [J], Construction Management and Economics, 2004, 22: 1067-1079.

［International Conference on Concession Public / Infrastructural Projects（ICCPIP）@2007 Dalian University of Technology Press, Dalian, ISBN978-7-5611-3689-8 7:305- 311］

中国 PPP 项目的风险管理应用现状

作者：柯永建　王守清

一、风险管理现状调查方法

（一）调查方法简介

PPP 融资模式的目标是使得公共部门和私营部门之间达到双赢局面，而风险的公平分担和合理管理是实现这一目标的前提条件。然而，中国是一个快速变化的投资市场，PPP 模式的应用环境并不完善，缺乏一个成熟的 PPP 操作框架。因此，有必要调查风险管理在中国 PPP 项目中的应用现状。作者于 2009 年 2 月到 4 月之间，执行了一轮结构化的面对面/电话访谈，以期搜集受访者关于风险管理现状的反馈。具体而言，本次访谈的研究目的在于调查中国 PPP 项目中的风险管理现状，包括：

- 个人和企业对风险的认识和态度。
- 各种学术界常见的风险识别和分析工具的使用频率。
- 在各个项目阶段中风险管理的使用频率。
- 风险相关历史数据的储存和使用情况。
- 限制风险管理应用的主要因素。

（二）访谈问卷设置

本次结构化访谈所采用的访谈问卷改自澳大利亚昆士兰理工大学 Lyons 和 Skitmore 教授的问卷。本文之所以不重新制定一份新的问卷而改自他人的问卷，主要有几个考虑：首先 Lyons 和 Skitmore 发表在国际一流工程管理期刊上的论文可以证明这份问卷对于调查风险管理在工程领域中应用现状的可靠性；其次，利用该问卷在国情完全不同的中国进行另外一轮新的调研，也为之后不同国家不同具体行业的风险管理应用情况的比较分析提供了可能性。

本次访谈问卷共分为三部分：第一部分为受访者基本资料，包括企业性质、企业在 PPP 项目中的角色、企业的营业额、受访者在单位的职位以及受访者的工作年限；第二部分为个人风险认识调查，包括个人风险态度、个人风险管理经验和知识程度、以往接受风险管理相关培训的频率以及收益最大的一次培训；第三部分是本次访谈的主要部分，包括企业的风险态度、常见的风险识别和分析工具的使用频率、在各个项目阶段中风险管理的使用频率、风险相关历史数据的储存和使用情况、限制风险管理应用的主要因素等。本次问卷的大部分问题均采用 1～5 级的 Likert 量表，其中 1 表示很低、2 表示低、3 表示一般、4 表示高、5 表示很高。

（三）数据有效性检验

本次访谈共收回 20 家公司中高层管理人员的有效数据 20 份，这些受访者的基本资料如表 3-7 所示。其中，受访者个人工作经验大于 10 年共有 10 位，5～10 年的有 8 位，小于 5 年的有 2 位；受访者所在企业每年营业额大于 1 亿元的共有 14 家，5 千万到 1 亿元的有 3 家，小于 5 千万的有 3 家。这些信息表明了受访者大多来自市场上较为活跃企业的中高层管理人员，他们本身丰富的工作经验为所搜集数据有效性提供了一定的保证。

表 3-7　风险管理应用现状访谈的受访者资料

企业每年营业额			工作年限		
<5 千万	5 千万～1 亿	>1 亿	<5 年	5～10 年	>10 年
3	3	14	2	8	10

此外，本次调研的 Cronbach’s Alpha 系数是 0.862；Kendall’s W 测试下的 Chi-Square 值是 230.884，大于 99.999%置信度下自由度 54 的临界值 91.872，说明本次访谈数据具有足够的可信度。

二、风险管理现状分析

（一）管理者的风险认识与态度

如上所述，参与本次访谈的受访者均为所在单位的中高层管理人员，表 3-8 描述了他们对于风险的认识和态度。由表 3-8 可以得知，受访者认为他们个人的风险管理经验和知识程度得分是 2.90，略低于一般。受访者一致认为他们过去接受风险管理相关培训的频率很低，得分仅为 1.89。在 20 位受访者当中，选择风险保守的有 3 位、风险中性的有 12 位、风险激进的有 5 位。比较个人风险态度与个人风险管理经验和知识程度、风险相关培训频率之间的相关关系，可以得知个人风险管理经验和知识程度、风险相关培训频率与个人风险态度并没有很显著的相关关系，但是风险保守的受访者过去接受风险管理培训的频率非常低，仅有 1.50 的得分。

表 3-8　管理者的风险认识与态度

单　　项	频率/平均值
个人风险态度	
风险保守	3
风险中性	12
风险激进	5
个人风险管理经验和知识程度	2.90
以往风险管理培训频率	1.89

（二）企业的风险认识与态度

表 3-9 表示了受访者所在单位对于风险的认识和态度，可以看出所在单位相比管理者个人而言，总体的风险态度更显保守，选择风险激进态度的只有 1 家，风险中性的有 14 家，风险保守的有 5 家。受访者都表示所在单位在 PPP 项目操作中应用风险管理的程度不高，仅有 2.45 的平均得分。具体而言，在合同谈判阶段中从风险合理分担的角度出发来进行谈判活动的频率低于一般，得分是 2.70；而以往 PPP 项目的合同条文中，风险分担的合理性也略低于一般，有 2.88 的得分。

表 3-9　企业的风险认识与态度

单　　项	频率/平均值
企业风险态度	
风险保守	5
风险中性	14
风险激进	1
在以往 PPP 项目中企业运用风险管理的频率	2.45
PPP 合同谈判中考虑风险分担的频率	2.70
PPP 合同条文中考虑风险分担的合理性	2.88

（三）PPP 项目中风险管理的应用现状

表 3-10 列出了各风险管理元素和技术在不同项目阶段的应用情况。从表 3-10 可以看出，绝大多数单项的得分都小于 3（一般），这进一步验证了上一节的结论，受访者所在单位在 PPP 项目中应用风险管理的频率较低。

表 3-10　风险管理在 PPP 项目中的应用现状

单　　项	频率/平均值
电脑的使用频率	
成本估算	4.59
历史数据	3.00
风险管理	2.24
工作进度安排	3.76
风险分析方法类别使用频率	
定性分析方法	3.71
半定量分析方法	2.47
定量分析方法	2.53
风险管理元素使用频率	
风险管理规划	2.35

续表

单　项	频率/平均值
风险识别	3.35
风险评估	3.24
风险分担	2.76
风险处置/应对	3.07
风险文档记录	2.35
各项目阶段的风险管理使用频率	
启动阶段	2.88
规划阶段	3.06
执行阶段	3.76
收尾阶段	2.35
风险识别技术使用频率	
文件审查	3.35
头脑风暴	2.35
德尔菲技术	1.53
专家访谈	2.35
SWOT 分析	2.94
风险核对表	2.06
类似项目比较分析	3.00
因果/影响图	2.18
系统或过程流程图	2.29
场景假设分析	1.82
保存已识别风险的频率	2.31
使用历史风险数据的频率	3.00
风险评估技术使用频率	
敏感性分析	3.00
预期货币价值分析	2.19
决策树分析	2.53
蒙特卡洛模拟	1.59
风险概率和影响矩阵	2.12
风险调整折现率	1.71
风险贴水	1.71
风险分类	2.94
风险紧迫性分析	3.00
直觉/经验/判断	3.65
风险应对工具使用频率	
预留金	3.35

续表

单　项	频率/平均值
合同转移	3.18
保险	2.29
预留金常用比例使用频率	
0 ~ 5%	4
6% ~ 10%	9
11% ~ 15%	0
16% ~ 20%	1
>20%	1

关于信息技术，电脑在风险管理中的应用（得分2.24）远低于历史数据（得分3.00）、工作进度安排（得分3.76）和成本估算（得分4.59），这与之前在英国和澳大利亚的调研结果一致。值得注意的是，之前在英国和澳大利亚的调研时间为2000年前后，当时基于电脑的风险管理工具并不完善，因此容易理解当时电脑在风险管理中应用的不广泛。但是近年来，市场上已经逐渐出现了许多较为成熟的风险管理软件和工具，因此这次的调研结果充分说明了国内PPP项目上对于风险管理的不重视。

大多数受访者都表示在实际操作中使用定性风险分析方法的频率远大于使用半定量或者定量分析方法；风险识别、风险评估和风险处置/应对的使用频率大于其他的风险管理元素，如风险管理规划、风险分担和风险文档记录；风险管理在项目执行阶段的应用比在其他项目阶段中如概念、规划和收尾阶段的应用更为广泛。在项目运作过程中太晚实施风险管理，会导致许多有用信息的丢失，降低风险分析和应对工具的有效性，使得风险管理成为一种“事后应急/补救”的管理方式。上述这些现象进一步说明了国内企业在运作PPP项目的时候缺乏风险管理的意识，这也导致了之前许多PPP项目的失败，因此被认为是中国PPP项目成功实施的一个主要障碍。

问卷中的10个常用风险识别工具里有7个的得分在2.35以下，充分说明了受访者所在单位的风险意识缺乏。文档审查、类似项目比较分析和SWOT分析是最为常用的三种风险识别工具，但它们的得分也仅仅是3.35、3.00和2.94。从表3-10也可以得知，受访者表示将已识别的风险资料保存于单位数据库的做法较为少见，得分仅为2.31。即使单位已经有了历史项目的风险识别资料，作为参考工具来识别当前项目的做法也不多见，得分为3.00。其中，一个潜在原因可能是所在单位在风险管理过程中电脑的使用程度不高，风险清单等相关资料只能以纸版形式保存，进一步增加了今后检索和重复利用的难度。此外，由于PPP是一种新型的项目融资模式，很多企业都是第一次参与PPP项目，并没有相关的经验和资料储备。

问卷所列的 10 个风险分析工具中，直觉/经验/判断是最经常使用的一种，得分为 3.65，紧接着是风险紧迫性分析、敏感性分析和风险分类，平均值分别是 3.00、3.00 和 2.94，其余的风险分析工具得分都很低。值得注意的是，10 个待选风险分析工具中有 3 个是定性分析工具，分别是直觉/经验/判断、风险紧迫性分析和风险分类，而它们的得分排序分别在 1、2 和 4。这又一次说明了在 PPP 实际项目操作中，定性风险分析方法是最常使用的。如前所述，风险历史数据的较少积累和使用是导致风险定量分析很难得到应用的一个潜在原因。

风险应对工具里，风险预留金和合同转移是较为常用的，平均值分别是 3.35 和 3.18，而在其他国家 PPP 项目中常见的保险在受访者所在单位的 PPP 项目中使用程度并不高，得分仅有 2.29。在使用风险预留金的项目中，预留金的比例一般低于总投资额的 10%。然而，由于定量风险分析方法在项目中的极少应用，这里的 10%几乎可以认为是企业的一个惯用经验值，也就是说实际项目中风险应对的成本可能与 10%有些差距。在这种情况下，即使项目运作较为成功，对于公众而言，该 PPP 项目的资金价值并未达到最优。

三、阻碍风险管理执行的原因分析

上面的详细论述充分说明了风险管理在中国 PPP 项目中的应用情况并不乐观，本次调研问卷为受访者提供了 7 个可能的原因，包括：成本限制、时间限制、信息限制、无法/很难预见效益、人为/组织反对、缺少可接受的行业风险分析工具/技术和缺少了解风险相关工具/技术的人才。表 3-11 列出了受访者对这些可能原因的评价，可以看出受访者对这些阻碍风险管理执行的原因都表示比较认同，除了“无法/很难预见效益”以外的其他原因得分都大于 3.00。其中，平均分最高的阻碍原因是缺少了解风险相关工具/技术的人才，得分是 3.72，表 3-10 中所示的风险识别和分析工具的实际应用情况某种程度上可以说明这个理由的充分性。虽然“缺少可接受的行业风险分析工具/技术”这个原因的得分也相对较高，但是从前面的分析可以明显看出，并非因为市场上缺少可接受的风险分析工具，而是由于企业自身的原因导致对现有工具的不了解。“人为/组织反对”这一原因的高得分也说明了企业风险文化的缺失是限制风险管理执行的主要原因。

表 3-11　风险管理在 PPP 项目中的应用现状

阻碍风险管理执行的原因	平均值
成本限制	3.11
时间限制	3.00
信息限制	3.06

续表

阻碍风险管理执行的原因	平均值
无法/很难预见效益	2.89
人为/组织反对	3.35
缺少可接受的行业风险分析工具/技术	3.39
缺少了解风险相关工具/技术的人才	3.72

四、小结

本文主要介绍了中国 PPP 项目中的风险管理现状，主要结论包括：

（1）参与 PPP 项目的企业大多缺失风险管理文化，具体表现在中高层管理人员的风险知识和经验不足、企业的风险管理培训很不充分、项目操作考虑风险的程度很低、风险管理资料的收集和再利用频率很低等。

（2）风险分析所需历史数据不足，客观原因是企业自身的 PPP 经验可能不足，但是更多的是主观原因，具体包括电脑在风险管理中使用频率太低、企业流程中不注重风险相关资料的保存和再利用等。

（3）在实际项目操作中，风险管理启动太晚，缺乏规划，导致许多有用信息的丢失，降低风险分析和应对工具的有效性，使得风险管理成为一种“事后应急/补救”的管理方式。

（4）风险识别和分析工具的使用不充分，主要原因是缺乏了解相关知识的人才，具体表现在对问卷中所列的常见风险识别和分析工具的不熟悉、定性风险分析工具在实际项目中的使用频率比半定量或者定量工具高、甚至有时主要依赖于管理者的直觉/经验/判断。

（5）PPP 项目合同谈判组织过程中各方从风险分担的角度思考不足，PPP 项目的合同条文中的风险分担情况不甚合理。

（《济邦通讯》2009 年第 4 期，第 18-22 页）

中国 PPP 项目中政治风险的变化和趋势

作者：王盈盈　柯永建　王守清

【摘要】 第二轮 PPP 投资热潮正在中国掀起，许多研究和案例表明，中国的 PPP 项目所出现的问题中基本上都涉及政府或官员的因素；而且，随着中国经济的高速发展，社会和政治环境也发生着日新月异的变化。因此，有必要分析当前中国 PPP 项目中政治风险的变化和趋势。本文通过文献检索和结构化访谈，分析了有关政治风险的变化和趋势，包括其发生的可能性和后果的严重性。论文表明，政治风险的主要变化是发生可能性小但后果严重性大，总体趋势逐步向好，并建议关注新出现的重要风险因素。相信这种良好的政治局面将为中国基础设施建设领域带来广阔的投资机遇。

【关键词】 PPP　政治风险　风险管理　投资　中国

一、引言

PPP（Public-Private Partnership）广义上泛指公共部门与私营部门为提供公共产品或服务而建立的合作关系，狭义上指项目融资一系列方式的总称[1]。相比早年较为流行的 BOT 模式，PPP 的含义更为广泛，且更强调政府在项目中的参与和风险共担。因此自深圳沙角 B 电厂 BOT 项目成功运作以来，第一轮主要由外商投资的 PPP 项目也在中国掀起了一轮高潮。之后，由于中国政府将大量国债资金投放于基础设施领域，并清理地方各种违规的外商投资项目，因此到 20 世纪末，第一轮 PPP 私营投资热潮已趋于平静。

然而，无论是从中国政府积极出台政策的表现来看，还是从各个基础设施领域计划的投资总额来看，都显示出第二轮 PPP 投资热潮正在中国掀起。许多学者在对中国 PPP 研究和有关项目的案例分析中，得出一个类似的结论，即 PPP 项目中所出现的问题基本上都存在政府或政府官员的因素[2]。而且，随着中国经济的高速发展，社会和政治环境也发生着日新月异的变化。因此，有必要分析当前中国 PPP 项目中政治风险的变化和趋势。

二、政治风险的含义与识别

对政治风险的定义虽然形式多样，但其含义大致相同。王守清认为，政治风险描述的是可能会影响项目正常进展的政府行为，而政府的行为可以发生在中央政府、省级政府或是当地政府中的任何一级[3]；Tillmann 认为政治风险来源于政府行为，它包括主权国家政府、政治团体或政府官员个人的对国际贸易或投资成本造成负面影响的临时或有差别对待的行为[4]；杨学进也在研究中指出，国家政治风险是主权国家政府决策或行为，或社会事件或条件变化造成的风险[5]。因此，本文对政治风险的定义是：政府或政府官员的行为造成项目失败的可能性与损失的严重性。下文将从发生的可能性和一旦发生对目标所造成的后果严重性这两方面来评估各个风险因素的大小[6]。

笔者在仔细研读 1995—2008 年间发表的有关 PPP 风险管理的 30 多篇国内外文献的过程中，初步筛选出一张风险清单，并将它们划分为国家、市场和项目这三个一级层面。然后，在小组探讨、案例分析和专家访谈的基础上，识别出重要的政治风险因素，并按国家、市场和项目层面的顺序进行排列，最终得到政治风险识别清单，如表3-12所示。

表3-12　中国PPP政治风险识别清单

编　　号	风险因素	可能性	严重性
1	与其他国家发生战争	1.29	3.57
2	国际政治压力带来动乱	2.14	3.14
3	中央政府国有化	1.29	2.57
4	国家政策法规不公开透明	2.43	3.14
5	国家政策法规不稳定连续	3.14	3.14
6	国家政策法规强制条件多	2.86	2.71
7	国家限制外汇兑换	2.43	2.43
8	国家改变外汇汇率	3.43	2.86
9	国家限制外汇汇出	2.71	3.00
10	国内发生战争	1.00	3.71
11	国内部分地区动乱	2.14	2.57
12	当地政府办事效率低	3.86	2.86
13	中央已批准但地方不支持	3.00	2.86
14	当地政府拒付债务	2.14	3.29
15	突发事件暂停项目	3.00	3.29
16	当地政府中止合同	2.14	3.43
17	当地领导换届出新政策	2.71	3.14
18	新政府不承认原合同	2.43	3.14
19	新政府提高收费	2.43	2.71
20	政府官员贪污腐败	3.14	3.00
21	政府限制原材料供给	1.86	2.43
22	政府不配合公共设施服务	2.00	3.00

注　通过下文介绍的结构化访谈法，使用5级Likert量表来测量风险因素的可能性和严重性，1-5分别表示“罕见、不大可能、可能、很可能、几乎确定”和“微小、轻度、中等、严重、极其严重”

三、访谈调查简介

为保证数据的可靠性，笔者用结构化访谈的方式对专家进行调查。结构化访谈能结合问卷调查法和专家评估法同时进行，集多种方法的优势于一身，且研究者能对访谈的走向和步骤起主导作用，对所有受访者都按标准化的程序问同样的问题。它比开放式访谈或问卷调查具有更高的信度和效度[7]。

本次调查的各位专家经过事先筛选，均匀分布在政府、企业和学术界这三个部门。

对专家信息资料的统计结果如表 3-13 所示。

表 3-13　专家信息统计表

单位性质		工作经验		PPP 经验		PPP 角色		PPP 类型	
政府机构	34%	≤3 年	17%	0 个	0%	政府或政府相关部门	23%	公共交通	42%
企业	33%	4-8 年	25%	1 个	25%	私人部门	31%	水业	25%
科研机构	33%	9-15 年	25%	2 个	50%	项目公司	31%	电力能源	8%
		≥16 年	33%	≥3 个	25%	放贷方	0%	房地产	0%
						第三方顾问	15%	垃圾处理	17%
								其他	8%

专家信息统计结果表明，接受访谈的专家来自不同部门，各自有着不同的工作年限，在 PPP 项目中所担任的角色不同，参与过的 PPP 项目类型也各有不同。这表明调查结果是关于 PPP 项目的一个综合意见，没有因某方面样本过于集中而导致结果的偏离，并进一步证实本次调查结果的可靠性和有效性。

进一步，参考祝迪飞在选取 2008 北京奥运场馆建设中的 112 个重要风险因素时，采用的识别方法[6]，笔者把重要性得分在 9 以上和严重性得分在 3 以上的风险因素筛选出来作为重要风险因素，如图 3-8 所示，将在后文进行分析。

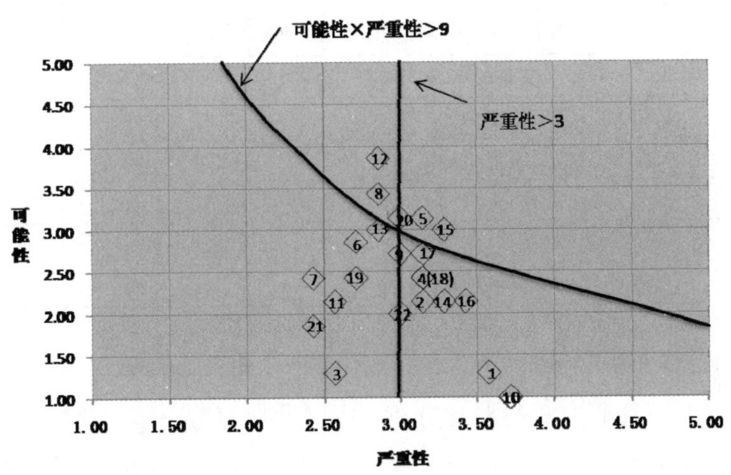

图 3-8　政治风险重要度象限

四、政治风险的变化和趋势

（一）调研数据分析

依据发生可能性所得的分值，进行降序排列，前五名的风险因素及其得分如表 3-14 所示。这五个风险在中国的项目实践中的确经常发生。在调查中，企业部门的专家就认为地方办事效率低很影响项目的正常运作。而由于汇率一直处于变化，特别是最近人民币升值，导致许多外商不兑换外币，从而利润无法转出中国。同时，政策法规的不连续和中央与地方政策的不连续也是经常发生并困扰投资者的一大难题。此外，贪污腐败风险已被投资者视作“习以为常”的事情，将在后文进行分析。

表 3-14 发生可能性最大的五个风险

编　号	风险因素	可能性	严重性
12	当地政府办事效率低	3.86	2.86
8	国家改变外汇汇率	3.43	2.86
5	国家政策法规不稳定连续	3.14	3.14
20	政府官员贪污腐败	3.14	3.00
13	中央已批准但地方不支持	3.00	2.86

依据风险一旦发生，导致后果严重性所得的分值，进行降序排列，前五名的风险因素及其得分如表 3-15 所示。显然，无论是国内战争还是国际战争，在目前中国稳定的环境下，发生的可能性很小，然而战争一旦发生，带来的严重性被公认为是最大的。此外，中止合同、拒付债务和暂停项目等与政府信用相关的风险一旦发生，带来的后果也被认为是比较严重的。

表 3-15 后果严重性最大的五个风险

编　号	风险因素	严重性	可能性
10	国内发生战争	3.71	1.00
1	与其他国家发生战争	3.57	1.29
16	当地政府中止合同	3.43	2.14
14	当地政府拒付债务	3.29	2.14
15	突发事件暂停项目	3.29	3.00

（二）总体趋势分析

将调查结果与以往研究进行对比分析，可以发现随着中国经济的发展，政治风险各个因素的相对重要性在中国不断发生变化，如表 3-16 所示。有些曾经非常重要的风险现在已趋于减弱，而一些新的风险又开始变得相对重要，觉察这一变化对给出具体的风险应对措施具有很好的指导意义。

表 3-16 重要度发生显著变化的五个风险

编　号	风险因素	严重性	可能性	重要度趋势
3	中央政府国有化	1.29	2.57	降低

续表

编　号	风险因素	严重性	可能性	重要度趋势
6	国家政策法规强制条件多	2.86	2.71	降低
7	国家限制外汇兑换	2.43	2.43	降低
11	国内部分地区动乱	2.14	2.57	降低
15	突发事件暂停项目	3.00	3.29	升高

本文调查结果呈现的第二个总体变化为，虽然中国政治风险发生的可能性比较小，然而，风险一旦发生带来的后果严重性比较大，如表 3-17 所示。这符合中国的实际情况，因为我国目前正处在一个稳定的高速发展阶段，因此各个环节发生风险的可能性比较小。但是由于高运转中的各个环节关联性大，因此风险发生后将导致环环相扣的严重性后果。

表 3-17　可能性与严重性分值比较表

比较标准	风险因素编号	统计值	比　值
可能性≤严重性	1-5，7，9-11，14-19，21，22	17	77.27%
可能性＞严重性	6，8，12，13，20	5	22.73%

（三）重要趋势分析

筛选出的重要风险因素为 5，15，20 号风险，如图 3-8 所示，它们是目前最值得引起关注的风险。对这三个风险因素进行分析，对制定风险应对措施起到很好的指导作用。

“国家政策法规不稳定连续”风险被认为是重要度最高的一个风险，这符合中国的实际情况，即中国目前的法规体制不够完善。反映在现实中，就是法律政策陆续出台、经常变更，显得不够稳定和全面。而法律政策的频繁变更，对项目的运作也是有一定影响的。因此，政府和私营部门都应重视这个因素，学术界也应从体制本身的角度去研究。在王守清 2000 年的研究中，法律变更风险也排在第二位[3]，因为当时正处在改革开放全面实施和第一轮 PPP 投资热潮在中国掀起的阶段，它是外国投资者最为关注的风险之一。此外，Tillmann 在调查中得到的结论也是如此，在筛选出的 6 个重要政治风险中，政策发生调整风险排名第一[4]。

“突发事件暂停项目”风险是近年来逐渐变得重要并受到关注的风险。在以往的研究中，关于它的研究内容比较少。笔者在调查中发现，受汶川大地震的影响，“5 ·12”之后接受调查的专家对这一风险的评价明显高于之前专家的评价，因篇幅关系不再详述。此外，北京奥运的召开也是影响因素之一，比如，经常性的交通管制等措施对项目造成的延误也不容忽视。

“政府官员贪污腐败”风险被认为具有“中国特色”，很早以前就引起了许多研究者的关注。王守清曾在研究中得出外国专家对贪污腐败风险的评价比国内专家的评价低很多的结论，所有专家的评价为2.74，而国内专家为4.50[3]，所用的评价方法与本文相同。他认为贪污腐败现象在中国各个级别的政府部门都会出现，越接近地方的官员中越容易出现，而且已被许多投资者看作中国 PPP 项目生命周期中不可避免的事实。此外，他还提出虽然贪污腐败在中国较严重，但是所有专家对其评价的分值（2.74）却低于所有风险评价的平均水平，其原因是外国投资者可能对腐败风险已有所预期，均会留出预算来承担这个风险，相当于投标或建设过程中必要的成本费用。

此外，前文已列出重要度发生显著变化的5个风险，如表3-16所示。除了15号风险是从不重要变为重要以外，其他几个因素都是曾经重要而现在变得相对不重要了的风险。其中，“中央政府国有化”风险是22个风险中重要度最低，而且可能性和严重性都小于3的风险，如图3-8所示。在王守清的研究中，它曾被评为的最重要的政治风险之一，排在第5名[3]。这与中国当时的国情和政治环境密切相关，国有化问题曾是投资者关注的焦点，当时最担心政府会不给任何理由地将项目收回或是部分征收。然而现在，特别是在调查中，政府部门的专家尤其指出，这一风险已经不那么重要。因为在2004—2006年间，国家对宪法进行了修改，其中有一条变化就是提出要“保护私有财产”。而且，加入 WTO 之后，中国政府为了适应国际规则，也会相应减少原来的征收行为。其他三个风险现在已相对不那么重要，如图3-8所示，但在过去受到较多关注。因为当时的中国正处在改革开放的进程中，市场化程度不高，政府宏观调控比重较大，而且由于缺乏经验，政府不敢贸然放手；因此制定许多法规政策进行限制，并用限制外汇兑换来控制外商投资的程度。

五、小结

本文研究结果显示中国 PPP 项目中政治风险的主要变化是发生可能性小但后果严重性大，总体趋势逐步向好，并建议关注新出现的重要风险因素。在第二轮 PPP 投资热潮中，中国仍存在因体制不完善而导致的政策法规陆续变更，政府官员贪污腐败等现象，此外，建议投资者密切关注政府为应对大型突发事件而采取的临时措施，以免造成重大损失。同时，建议公共部门制定出更加全面、更有实效的政策，并建议学术界从体制的根本角度出发进行相关研究。相信这种良好的政治局面将为中国基础设施建设领域带来广阔的投资机遇。

参考文献

[1] 王守清，柯永建. 特许经营项目融资（BOT、PFI 和 PPP）[M]. 北京：清华大学出

版社，2008.

[2] 刘新平，王守清. 试论 PPP 项目的风险分配原则和框架[J]. 建筑经济，2006（2）: 59-63.

[3] Wang ShouQing, Robert L K Tiong, S K Ting, D Ashley. Evaluation and management of political risks in China's BOT projects [J]. Journal of construction engineering and management, 2000, 126（3）: 242-250.

[4] Sachs Tillmann, Robert Tiong, ShouQing Wang. Analysis of political risks and opportunities in public private partnerships(PPP)in China and selected Asian countries: survey results [J]. Chinese Management Studies, 2007, 1（2）: 126-148.

[5] 杨学进. 浅析国家政治风险评价对象[J]. 中国经贸：金融观察，2001（5）: 49-50.

[6] 祝迪飞，方东平，王守清，等. 2008 奥运场馆建设风险管理工具——风险表的建立[J]. 土木工程学报，2006，39（12）: 119-124.

[7] Huffcutt A I, Arthur W J. Hunter and Hunter （1984） revisited: interview validity for entry level jobs [J]. Journal of applied psychology, 1994, 79（2）: 184-190.

（《建筑经济》2008 年第 12 期，第 58-61 页）

中国 BOT/PPP 项目的政治风险和主权风险：案例分析

作者：沈际勇　王守清　强茂山

【摘要】 随着中国经济的高速发展，基础设施对经济发展的“瓶颈”作用日益显著，尤其是中国加入 WTO 和北京取得 2008 年奥运会主办权之后，基础设施领域的巨额投资已成为中国政府必须解决的问题，同时也为国内外投资者以 BOT/PPP 方式参与中国的基础设施建设提供了契机。以分别于 1984 年和 1996 年签约的沙角 B 电厂和来宾 B 电厂为典型代表，全国各地以 BOT/PPP 方式成功运作了不少项目，但也有不少失败案例。本文在总结了我国 BOT/PPP 方式应用情况的基础上，分析了 BOT/PPP 项目失败的原因，并着重分析了某电厂项目案例中的政治风险和主权风险，最后，向投资者提出了许多相关建议，同时也为中国相关政府部门健全和完善 BOT/PPP 投资环境提供的一些参考建议。

【关键词】 BOT/PPP　基础设施　案例分析　政治风险　主权风险　信用风险　中国

一、BOT/PPP 在中国的现状

中国自 1984 年由香港合和公司以 BOT 方式成功运作深圳沙角 B 电厂以来，由于 BOT 可以减轻政府财政压力、拓宽资金来源、提高管理效率和水平、引进先进管理水平和服务理念、加快基础设施的建设等诸多优势，使得中国政府对于以 BOT 模式进行基础设施建设倍加青睐，同时由于中国各地方政府对于吸引外资的迫切需要，以电厂和水厂为主要投资对象的、以外商为投资主体的第一轮 BOT 投资浪潮在 20 世纪 90 年代中后期达到顶峰，其中最具代表性的项目是广西来宾 B 电厂，该电厂是中国第一个国家级批准的、国际公开竞标的 BOT 项目，也是中国第一个允许外国投资者拥有 100%股权的电厂项目，现已成为中国 BOT 项目的典范。之后，由于中国政府实施积极的财政政策，将大量国债资金投放于基础设施领域，以及中央清理地方政府各种违规 BOT 项目，到上世纪末，第一轮 BOT 投资浪潮已趋于平静。

但是，随着中国经济的持续高速发展，基础设施对经济发展的瓶颈作用再次凸现出来，能源、交通及其他公用设施的短缺，单靠政府的财政力量无法满足所需的巨额投资，且不说政府还要承担巨大的赤字风险，因此又给外商及中国民间资本以 BOT/PPP 方式参与基础设施和公用设施的投资建设提供了良好的契机。随着 2003 年 10 月 1 日开始实施的“北京市城市基础设施特许经营办法”和建设部于 2004 年 5 月 1 日开始实施的《市政公用事业特许经营管理办法》,该融资模式进一步得到广泛应用，仅在北京，30 多个奥运场馆中的数个，以及到 2008 年总投资达 4 300 多亿的基础设施项目中的不少数，都将以项目法人招标（特许经营）的方式进行。2003 年中奥运主体（“鸟巢”）体育场项目、2004 年年底北京亦庄天然气项目和 2005 年年初北京地铁 4 号线和北苑污水处理厂项目的以特许经营方式发包就是佐证。2005 年 2 月 24 日新华社受权全文播发的《国务院关于鼓励支持和引导个体私营等非公有制经济发展的若干意见》更是强调允许非公有资本进入电力、电信、铁路、民航、石油等垄断行业，加快完善政府特许经营制度，支持非公有资本参与各类公用事业和基础设施的投资、建设和运营。最近各地许多 BOT 项目的签约和开展表明，新一轮 BOT 投资浪潮已经在中国再次开始。

二、BOT/PPP 在应用中出现的问题

虽然 BOT 方式在中国的应用取得了一定的成功，但由于没有成熟的 BOT 理论或规范的做法，或由于其涉及学科和领域较多，在实际运作过程中所面临的问题也相当繁多和复杂，加之 BOT 项目时间长、投资大、风险也大，特别是中国政府缺乏相应的经验和法律法规等原因，导致了 BOT 在中国应用中出现了不少的问题，主要有以下几个方面：

- 由于中国地方政府缺乏运作 BOT 项目的知识和经验，出于吸引外资的目的，给 BOT 项目的外商做出过多的承诺，一方面加大了政府自身的风险，另一方面必然导致政府巨大的履约成本。从外商的角度而言，政府不守信用的风险也随之变得较大，一旦政府不守承诺，如拒绝按承诺的购买量和购买价格兑现合同，则外商不可能实现其投资回报，造成了中国政府信用风险的发生。
- 由于中国政府在 BOT 项目实际运作上经验的缺乏，出现了不少暴利项目。对政府而言，属于其决策的严重失误，增加了政府的舆论压力和政治风险；对投资商而言，则损害了其形象，不利于其在中国的长期发展和 BOT 项目的再投资。
- 中国某些地方政府官员出于自身政绩的考虑和短期的利益，做出与中央政策与长远利益不相符的决策，导致了 BOT 项目的失败。由于中国的特殊国情和政制，而外商对这些特殊性可能不太了解，在这种情况下签订 BOT 项目特许权协议并得到地方政府或某些官员的承诺与保证，政治或信用风险极大，一旦中央发现或地方政府换届，则此类项目必然属于清理的对象，在这种情况下，外商不可能成功地运营 BOT 项目并取得预期的投资回报。
- 中央政府宏观经济政策的调整及对投资和市场的干预，使得不少已开始运营的 BOT 项目面临着失败的风险。例如，1998—2000 年增发的 3 600 亿基本建设国债的投入和中央政府的“强电政策”及电力市场体制改革等等，都使得外商投资的 BOT 项目面临着与项目可行性分析时差距极大的现实宏观经济现状，造成能顺利运营的项目不多。
- 外商过度迷信于地方政府的承诺，尤其是口头承诺，对项目的回报有着过高的期望。项目的投资决策不是基于科学合理的可行性分析和回报率预测，而是片面基于政府对回报率的保证。在政府缺钱、投资者缺项目的情况下，双方更有可能达成这种政府保证高回报率的特许权协议，而在实际情况中缺少可行性，最终必然导致项目的失败。
- BOT 项目的成功建设与运营离不开政府部门的配合与协助，而政府官员的腐败总与之相关。由于基层政府和个别职能部门的腐败风气，“吃、拿、卡、要”现象严重，造成外商的“协调”成本太高，此外，项目公司花在公关上的时间和费用都要占到相当大的比例，严重影响项目公司的管理效率和运营利润。
- 中国缺乏统一的全国性的 BOT 法律，各个地方在处理与外商 BOT 项目相关的问题中基本上各自为政和不规范，也使项目公司承担着较大的学习成本和较长的适应时间，同时面临较大的法律风险。

- 在 BOT 项目的招标活动中，存在着招标主体和招标文件不规范的现象，存在着暗箱操作的可能与风险，这些都不利于 BOT 项目的正常开展和发展，最终损害了中国的利益。

综上所述，BOT 应用过程中所出现的问题都有同一种属性，即基本上都离不开政府或政府官员的因素。项目中所遇到的主要风险就是与政府担保或承诺相关的政治风险和主权风险，其最为明显的表现即为政府担保或承诺的不兑现或不完全兑现，造成项目公司遭受政府信用风险，因此外商认为中方的信用风险是中国 BOT 项目中的最大风险（Wang et al., 1999, 2000; Zhang et al., 2001）。但要注意的是，在某些情况下，项目公司所面对的政府信用风险并非完全是由东道国政府所导致的，因为还存在着东道国政府所要面对的外部政治风险，由此而引起的信用风险并非是东道国政府所能控制，因此该信用风险不能完全归咎于东道国政府。本文将通过我国某 BOT 电厂的实际案例，分析这种由外部政治风险所引起的主权和信用风险。

三、某 BOT 电厂项目案例分析——政治风险导致主权和信用风险

该电厂于 20 世纪 90 年代中期由原国家计委批准立项，装机容量 2×35 万千瓦，总投资 7 亿美元，共有 4 家跨国公司或联合体参与了公开竞标，评标委员会根据评标规则，从 4 家投标者中挑选了西方某跨国能源投资公司为中标人，其合理的电价和调价机制特别获得了评委的青睐，而且中标人具有丰富的电力投资国际经验，在中国也有不少以 BOT 方式运作的电厂项目。据此，项目所在地省政府与该公司签订了特许权协议。政府方面与中标人都本着极大的诚意和积极的态度积极推进项目前期工作，双方互相理解和信任，合作关系良好，并已就项目的融资安排、风险分担、燃料供应、电量发售、综合电价等关键问题达成了共识，总之，项目前期进展良好。

（一）项目模式

该电厂采用 BOT 方式，特许经营期 18 年（含建设期），由中标人提供 100%的注册资本组建外商独资企业（项目公司）负责电厂的融资、建设与运营。项目所在地省政府则负责提供建设用地和电厂外输变电网络，并与项目公司签订购电合同（由该省电力公司负责履约）和燃料供应与运输合同（由该省煤炭公司负责履约）。电价根据特许权协议每年调整，特许期满后，项目公司按协议要求将电厂无偿移交给项目所在地省政府。

（二）项目结构和参与方

- **项目公司**：由中标人提供 100%股本在中国注册为外商独资公司，中标人作为项目公司的母公司，为其唯一股东，并为项目公司提供部分担保。
- **项目放贷人**：放贷人主要有 4 类，分别贷予美元和人民币。第一类为国际商业

银团，由两家欧洲商业银行和一家日本商业银行组成，为项目公司提供美元商业贷款；第二类为亚洲开发银行，向项目公司提供美元贷款；第三类为欧洲某国政府出口信贷，由该国保险保证信贷机构提供美元贷款；第四类为项目所在地省政府协调选择一家中国商业银行为项目公司提供运营期所需的人民币贷款。

- **建设承包商**：为欧洲某大型跨国集团，是世界上最大的电力工程集团之一，拥有丰富的电厂建设、设备供应、维修和有限追索权融资的经验。
- **设备供应商**：为欧洲某公司。
- **咨询顾问方**：为我国某 BOT 咨询公司。
- **产品购买方**：为项目所在地的省电力公司。
- **燃料供应方**：为项目所在地的省煤炭公司。
- **融资代理行**：由双方协商确定，包括总贷款代理行、境内及境外押品代理行和出口信贷代理行。

项目结构及各参与方之间的关系如图 3-9 所示。

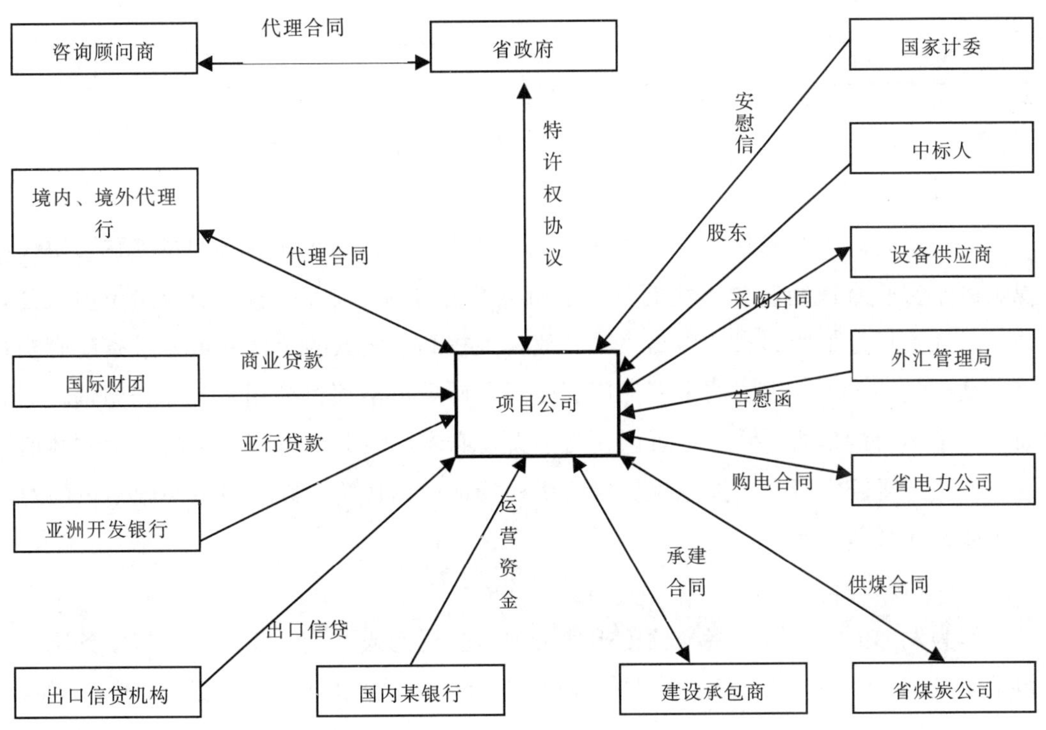

图 3-9　案例电厂的项目结构和参与方

（三）融资方案

该电厂采用有限追索权融资，以商业银行贷款为主，出口信贷为辅。项目总投资7.125 亿美元，其中注册资本金为 1.781 亿美元，由中标人 100%出资，其余资金由项目公司通过国际融资解决。此外，商业银行还愿意提供一笔为期 12 年，贷款额度为5 340 万美元的备用商业贷款，亚洲开发银行还在主要贷款的基础上追加贷款 1.5 亿美元。项目的资本以结构举债及售股融资为基础，举债与售股融资之比为 3:1。建设期内，股本和贷款将按比例动用，以维持 3:1 之比。

项目的融资机构可用表 3-18 表示。

表 3-18　该电厂的融资结构和来源

资金来源	百万美元	贷款年期	还款期限	支付次数	基本利率	资金用途	百万美元
股本金	178.1					设计/采购/建安成本	448
商业贷款	240	12 年	9 年	18	6.60%	其他资本成本	168.8
出口信贷贷款	86.4	15 年	12 年	24	7.66%	融资成本	21.1
亚行主要贷款	40	15 年	12 年	24	6.60%	建设期利息	74.6
亚行追加贷款	150	13 年	10 年	20	6.60%		
运营资金	18	循环使用					
总额	712.5					总额	712.5

（四）风险分担

1. 政治风险

项目所在地省政府作为特许权协议的签约人，支持与承诺该项目的实施。协议中规定由于省政府违约或法律变更及特定的不可抗力的情况下，省政府应给予项目公司补偿。各放贷方争取到省政府对有关“放贷人权利”条款的承认并可要求省政府执行该条款。此外，作为中国的主管部门，原国家计委也给项目公司出具了安慰信，一方面提高了项目的信誉，另一方面也表明中央政府支持兴办该电厂并会督促地方政府履约。另外，项目公司也向国际担保保险机构投保政治风险，以尽量减小政治风险对项目可能造成的负面影响。

2. 融资风险

作为发起人，中标人将全额承担独资项目公司的股本金，并按股本与债务比例承担备用股本，但以与放贷人约定的金额为限。债务将为项目公司的高级有限追索权义务，主要是通过转让项目公司对项目有关文件（如特许权协议）的权利、抵押的固定资产、土地使用权以及与放贷人协商确定的并在贷款合同中列明的其他抵押品而获得保证。

3. 完工风险

为了保证电厂圆满竣工，以项目承建商为首的 EPC 联合体将与项目公司签订一份固定总价合同，并提供履约保函，同时须在完工日期延误或电厂性能不符要求时支付违约金，该违约金额应足以保证项目公司履行其在特许权协议中的义务。此外，电厂建设中要投保特许权协议中所列的各种保险，并在重置及责任保险之外，再投保业务中断保险，以在发生某些不可抗力事件时可以弥补运营成本和财务成本。所有保险的赔偿金将可转让予放贷人。

4. 运营风险及价格风险

购电协议和燃料供应与运输协议分别由省电力公司和煤炭公司与项目公司签署，但项目所在地省政府承诺，省电力公司和煤炭公司分别签署购电协议和燃料供应和运输协议并不能解除政府在特许权协议中的义务，省政府同时也是购电协议和燃料供应与运输协议的首要义务人，政府直接承担这两个协议中的违约责任，即特许权协议为基本的协议，购电协议、燃料供应与运输协议作为特许权协议的附件；政府在特许权协议中的主要权利和义务将在购电协议和燃料供应与运输协议中具体化，并将由电力公司和煤炭公司具体实施。

由于省电力公司和煤炭公司都是独立的法人实体，更为关心企业的经济利益，因此省政府承诺，在协议履行过程中，省电力公司或煤炭公司违约应被视为省政府违约，且项目公司由于煤炭公司违约造成的项目公司在购电协议项下不能履约时，省政府不能将其视为在购电协议项下违约。同时，省政府承诺最低购电量，以保证项目公司的基本利益，并确认该电厂所发电的电价调整审批权力已由中央政府下发至省政府。

5. 外汇风险

中国国家外汇管理局向项目公司出具告慰函，表明国家计委对该电厂可行性报告的批准是对外汇来源的实质性承诺，项目公司的外汇兑换权和汇出权不会因为今后国家法律及政策上的任何变动受到不利的影响。有关偿还外债方面，国家外汇管理局会平等对待经国家计委批准的、已纳入其外汇预算中的项目。

6. 资金使用风险

各代理行依赖特许权协议中的规定，项目公司会获准将资金转移到融资文件所要求的中国境外代理行、境内及境外抵押代理机构等专用账户，股本金和贷款将严格按比例动用，以维持 1:3 的本贷比。同时，为维护项目运营期间资金的合理使用和项目公司的收益安全，项目公司可设立人民币营运账户、美元还贷账户、还贷储备账户、维护储备账户、开销账户、分派账户、保险账户及违约金账户。

（五）项目结果及原因分析

由上可见，中央和地方政府对该项目的一系列支持和承诺构成了对项目公司的收益保障和对国际银团及国际金融机构的信誉担保，加之合理的风险分担，项目融资前期准备工作进展顺利，双方都对项目的前期进展相当满意，并拟继续友好合作，最大可能地推进项目的进展。但是，由于当时某些西方大国（包括中标公司所在国）轰炸我驻南斯拉夫大使馆，对中国主权形成了严重的实质上的侵犯，造成中国政府不得不面对由这些西方大国给中国造成的主权风险。国际政治形势突变，也使得投标人在国际上或中国的融资都变得不可能，因为任何一家国际金融机构和国际财团都不可能在此严峻的政治形势下冒如此巨大的政治风险，继续支持该项目的融资；中国国内的金融机构在民族主义情绪高涨的形势之下，也不可能冒险给予项目公司贷款。项目公司因此最终没能在延长的融资期限内完成融资任务，省政府按照特许权协议规定收回了项目并没收了中标人的投标保函，之后也没有再重新招标，从而导致了外商在本项目的彻底失败。项目公司因此指责中国政府不能恪守信用，遭受了主权和信用风险。其实，外商的指责也是片面的，因为项目公司所承担的除了主权和信用风险之外，还有外部（国际）政治风险等。确切点说，该项目是由外部政治风险导致的主权和信用风险而最终失败的典型案例。

众所周知，一个国家的基础设施是一个国家的经济命脉，除了具有巨大经济意义，还具有政治层面的象征意义，在面对西方某些大国严重侵犯中国主权、在中国民众民族主义情绪极度高涨的情况下，要求中国政府履行对项目的承诺，是不现实和不可能的。一方面，政府是本国人民的代表，必须对人民负责；另一方面，中国政府在这种形势下履行承诺所需付出的代价是无法想象的，任何政府及其领导人都不会冒这样的风险继续履行承诺，而且该项目中的政府信用风险也不是中国政府引起和所能控制的。政府应承担的信用风险必须是为本政府可控的，且其控制成本必须与其所得利益对等，尤其是在国际融资的背景下，项目公司必须承担这些中国政府所不能控制的风险。

通过这个案例可以清楚地看到，即使在政府提供了支持和担保的基础上，项目公司仍然必须承担政府信用风险和外部政治风险，特别是当这些风险不是由东道国自身原因所导致的或东道国政府不能合理预知的或单凭东道国政府的力量是不可控制的时候。

四、对投资中国 BOT 项目的建议

基于本案例分析，特向国内外投资者/发起人提出以下几点有关投资中国 BOT 项目的建议，以利更好地参与中国 BOT 项目，同时也为中国政府部门提供参考，健全

和完善中国 BOT 项目的投资环境：

- 对项目公司而言，所面对的政治风险、政府主权风险和信用风险很难评估，一般就是投保国际保险担保机构的政治保险来规避，同时也可寻求有国际影响力的国际金融机构（如世界银行）作为项目的放贷人，从而增强项目抵抗此类风险的能力。就中国现状而言，一般情况下出现这些风险的概率很小，这一点从中国吸引外资连续大幅增长可见一斑。但对于 BOT 项目，由于其面临的风险较一般项目更多且更复杂，加之一些突发事件很难预见，因此更需要通过保险（当然成本也较高）将此类风险转移给国际保险担保机构，同时还需要政府在更多程度上提供担保。
- 对于项目公司所面临的政府（特别是地方政府）信用风险，建议投资者要了解清楚中国各级政府的授权权限，不要轻信政府官员的口头承诺，不要过多地迷信地方政府的承诺和担保，因为随着政府担保和承诺的增加，其履行承诺和担保的成本也就随之增加，政府违约的概率也就加大，最后转化为投资者不得不面对的政府信用风险。总之，合理的风险分担对项目公司很重要，不仅要降低自己的风险，同时也要尽量降低政府的履约风险和履约成本，这样，项目公司所面临的信用风险也会随之减小。另外，对于政府的承诺与担保，投资者宜在特许权协议中订立稳定条款和调整条款。所谓稳定条款，是指政府通过合同向投资者做出避免法律或政策的改变而使合同当事人的合法权益遭受不利影响的保证，调整条款则是指由于情况变化而影响了协议双方的权利和义务平衡时，允许协议双方重新审定协议并调整部分条款，以求再次达到双方的权利和义务的平衡。调整条款对于基础设施 BOT 项目的特许权协议来说更有实际意义，有利于既降低政府信用风险，又增强投资者的安全感。
- 在中国投资 BOT 项目，投资者要充分了解中国各级政府的运作程序，及时了解和掌握中央政府对投资方向的引导和投资力度的调控，并合理和正确地预测中央政府对经济发展和投资趋势的理解和判断，不要轻率地在地方政府优惠政策的吸引下做出投资决策，而应科学合理地分析项目各方面的可行性，因为万一地方政府的优惠政策是为中央政府所不允许的或不符合全局利益的，则项目在很大程度上必然会招致失败或运营困难。
- 项目的成功建设和运营离不开政府的协调和配合，因此必须与政府部门保持良好的关系，尤其是基础设施 BOT 项目的时间长，特许期可能会历经几届政府，因此项目公司必须与每一届政府都保持良好的关系，尤其是与政府高层领导，并符合中国法规。同时，应特别关注目前存在的在中国投资 BOT 项目的问题并采取适当的措施，如中国部分官员腐败、公关费用高，BOT 项目的招标投标不规范，缺乏全国性的 BOT 法规和做法，等等。

五、结束语

新一轮 BOT/PPP 的投资热潮已在中国出现，但外商在中国的 BOT 投资曾经有过不少失败的教训，特别是遭遇了政治风险和中方信用风险等等，因此，应自始至终采取合理的措施。本文通过一个由政治风险而导致失败的 BOT 项目的案例分析，指出了政府信用风险也有政府所不可控的一面，因此，建议投资者在投资中国 BOT 项目时，应采取正确的态度和措施，如投保国际保险保证机构的政治风险、公平合理分担风险、减小政府履约成本和履约风险、期望合理的投资回报率、不要将项目决策完全基于政府的担保而应基于科学合理的可行性研究、要了解中国的特殊政治制度、保持与各届政府的良好合作关系、熟悉各地的 BOT 项目操作规则、不要过分轻信地方政府的优惠条件、应及时掌握中央政府对投资方向的引导和投资力度的调控等等。

参考文献

[1] Wang SQ, Tiong LK, Ting SK and Ashley D. Political Risks: Analysis of Key Contract Clauses in China's BOT Project[J]. Journal of Construction Engineering and Management, ASCE, 1999, 125（3）, 190-197.

[2] Wang SQ, Tiong LK, Ting SK and Ashley D. Evaluation and Management of Political Risks in China's BOT Projects[J]. Journal of Construction Engineering and Management, ASCE, 2000, 126（3）, 242-250.

[3] Zhang XQ and Kumaraswamy MM. BOT-Based Approaches to Infrastructure Development in China[J]. Journal of Infrastructure System, ASCE, 2001, 7（1）: 18-25.

（《华商·投资与融资》2005 年第 1 期，第 1-7 页）

来宾二期电厂的风险管理

作者：柯永建　王守清

广西来宾二期电厂是我国第一个国家级批准的 BOT 试点项目，经过国际公开招标，广西政府于 1997 年 9 月 3 日与法国电力国际公司和通用电气阿尔斯通联合组建的项目公司正式签署了项目特许权协议。来宾二期电厂是 BOT 在我国应用的成功实践和规范案例，为我国应用 BOT/PPP 积累了许多宝贵的经验。本文将简要介绍来宾二期电厂的项目公司对主要风险的管理。

1. 特许权协议

来宾二期电厂的特许权协议中，对汇率、收益不足、收费调整、法律变更、腐败等相关风险都做了合理的分担，如特许权协议 13.2 条规定，如果因为法律变更而导致项目公司利益发生损害，项目公司可以发出书面请求要求政府补偿，以基本上达到未发生变化前项目公司同样的经济地位。

2. 购电协议

广西政府与项目公司签订了“或取或付（Take or Pay）”性质的购电协议，即广西政府在特许期内按照协议规定的价格每年从项目公司购买最低输出电量，项目公司因此将主要的市场风险（包括市场需求变化、使用费收取困难、电量输送中断等风险）转移给了广西政府，保证了稳定的基本的项目收入。

3. 燃料供应与运输协议

燃料供应与运输协议规定广西政府负责按照一定的价格提供电厂发电所需的燃料，项目公司因此基本上排除了电厂的燃料供应和运输风险和燃料涨价的大部分风险。

4. “交钥匙”总承包合同

项目公司通过与工程承包商签订“交钥匙”总承包合同，以及要求承包商提供履约担保，从而将大部分的建造风险（包括施工延误、施工质量、施工成本超支等风险）转移给了承包商。

5. 保险和担保

来宾二期电厂得到了中央政府三个部委（计委、外汇局和电力局）出具的支持函（安慰信），虽然该支持函不具备法律约束力，但其作为中央政府的意向性担保，提高了广西政府的信用程度，有利于项目公司进行融资安排。同时，项目公司通过购买保险转移了项目的不可抗力风险。

从前述可见，来宾二期电厂的风险分担基本上符合本系列连载文章之六所介绍的风险合理分担原则，广西政府除了承担了大部分的法规政策变更风险，还承担了市场需求变化、燃料供应与价格变化、汇率变化等风险，广西政府是最有能力控制和防范这些风险的；项目公司则承担了大部分的建造、运营、技术和融资风险等，但在签署特许权协议之后，项目公司则通过工程承包合同、设备供应合同、保险合同和融资合同等安排将很多风险转移给承包商、供应商、保险公司和银行等。

（《中华建筑报》，2007 年 4 月 14 日）

民营企业发展 BOT 项目的风险管理研究：基于某污泥处理项目的案例分析

作者：盛和太　王守清　柯永建

【摘要】　国家积极鼓励和引导民间资本投资基础设施和市政公用事业，但与国有企业相比，我国民营企业发展 BOT 项目还存在明显劣势，BOT 项目的风险管理是民营企业的挑战。对民营企业投资的某污泥处理 BOT 项目出现的争议进行分析，发现该项目存在着公共部门协调能力、费用支付、项目变更、技术创新及过程控制、费用计算方式等主要风险。结合 BOT 项目的风险管理理论和特点、风险分担原则和目标、民营企业的常见劣势，进一步揭示民营企业在政治风险、建造风险、运营风险、市场和收益风险、金融和法律风险等方面的管理和分担失误，最后提出民营企业发展 BOT 项目的风险管理建议。为今后民营企业参与类似 BOT 项目，在风险管理方面提供参考。

【关键词】　BOT　民营企业　基础设施　市政公用事业　风险管理

一、引言

BOT（Build-Operate-Transfer）属于项目融资（Project Finance）的一种模式，通过充分发挥公共部门和私营部门各自优势，以提高公共产品或服务的效率、实现资金的最佳使用价值。BOT 自 20 世纪 80 年代引入我国，从最初以外商企业为投资者主体的尝试发展阶段，逐渐过渡到主要以国内企业为投资者主体的快速发展阶段。国家不断鼓励和引导民间资本进入基础产业和基础设施、市政公用事业和政策性住房建设领域[1]，使得民营企业参与投资的金融和法律环境得到了改善。投资规模相对较小的城市水务、垃圾处理和其他环保等市政基础设施项目，很多民营企业掌握该领域核心技术或具有丰富管理运营经验，使得他们参与这类项目的主动性很强。BOT 项目通常固定资产投资比例大、合同周期长、参与方多且利益关系复杂，柯永建等[2]指出我国民营企业发展基础设施项目时还存在一些明显劣势，对民营企业来说，BOT 项目风险管理更是挑战。本文以民营企业投资的某污泥处理 BOT 项目为例，深入分析该项目中出现的风险，最后提出民营企业发展 BOT 项目的风险管理建议。

二、BOT 项目的风险管理和分担

风险管理的典型过程包括风险识别、风险评估和风险应对，BOT 项目的风险应对方法主要是参与者之间的风险分担，风险分担最终体现在项目融资的完整合同结构中。

BOT 项目风险管理有动态全过程管理、公共部门和私营部门等参与方共同分担风险两个特点[3]：只注重项目启动阶段的风险管理，而忽略建设、运营和移交阶段的风险管理；为避免风险损失而尽可能多地转移给对方风险或为获得风险收益而不顾自身实际能力尽可能多地承担风险，都会增加项目总成本。目前学术界和业界基本认为 BOT 项目的风险分担应遵循三个原则：①对风险最有控制力（包括控制成本最低）的一方承担相应风险；②承担的风险程度与所得的回报大小相匹配；③私营部门承担的风险要有上限[3]。BOT 项目风险分担围绕特定产品或服务义务、费用支付或定价结构、调整风险分担的明示合同条款等关键因素，在公共部门和私营部门之间实现“最佳”或“合理”或“优化”分担，达到项目效率最大化、总成本最小化的风险分担目标，如图 3-10 所示[3，4]。

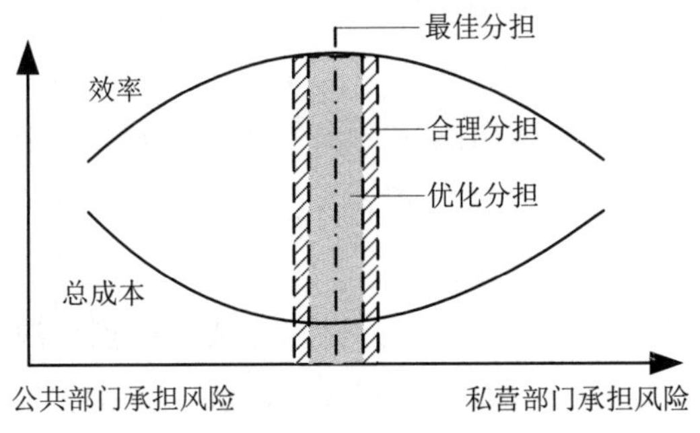

图 3-10　风险分担与效率和总成本的关系

项目各参与方按照 BOT 项目风险管理的两个特点，基于风险分担的三个原则和一致目标，对项目不同阶段、类别和层次的风险进行识别和评估，最后制定出完善的合同结构体系、具体的风险管理和分担措施，确保项目成功。而风险管理和分担的失误，将降低公共产品或服务的效率、资金的使用价值，甚至导致项目失败。

三、某污泥处理 BOT 项目分析

（一）项目实施过程

城市污水处理会产生有毒有害的污泥，毒害污泥需要采用先进的技术工艺、专门的设施来进行处理。2002 年 10 月某市市政园林局（简称“B 部门”）决定采用竞争性招标方式选择污泥处理 BOT 项目的实施人，实施过程的关键事件如下：

2003 年 1 月，民营企业 A 公司凭借当时领先的技术实力中标项目，B 部门与 A 公司签署《污泥处理 BOT 项目服务合同》（简称“《BOT 项目合同》”），明确由 A 公司负责项目投资、建设和运营，项目总投资为 7 059 万元，最晚投产日为 2004 年 2 月 28 日，运营期 20 年（不含建设期）。

2004 年 3 月，B 部门与 A 公司签署《<污泥处理 BOT 项目服务合同>补充协议》（简称“《补充协议》”），调整了项目实际投产日期和第 1 年服务费的计算等。

2004 年 5 月 31 日，项目正式投产，设计日处理污泥能力为 900 吨/日。

2005 年 9 月，市发展改革委核准 A 公司自筹资金改扩建污泥处理工程，项目总投资 22 540 万元，改扩建设计污泥处理能力为 1 200 吨/日。

2006 年 2 月，A 公司向 B 部门提出因项目产能扩大，原污泥运输设施临时码头不能满足扩建后要求，需要建设永久性码头的请求。

2006 年 3 月，A 公司完成项目改扩建。

2007 年 3 月，因填埋场不能接收污泥余渣，A 公司拟采用烧结砖方法解决污泥余渣问题，向市政府提出新建砖厂需增加临时工业用地的请求。

2007 年 10 月，A 公司与 B 部门举行会议，就污泥计量方法和物价指数选取问题达成一致，形成《会议纪要》。

2007—2008 年，因 A 公司提出的建设永久性码头和增加临时工业用地的申请不能得到政府批准，污泥余渣不能及时处理，A 公司无法继续履约，A 公司与 B 部门、市政府多次协商终止《BOT 项目合同》。

2009 年 4—9 月，A 公司向仲裁委员会提起仲裁，请求裁决 B 部门偿付所欠的服务费和违约金、投入的固定资产净值，解除与 B 部门的《BOT 项目合同》和《补充协议》。

2009 年 5—9 月，B 部门向仲裁委员会提交《仲裁反请求申请书》和《中间裁决申请》，请求先行裁决解除 A 公司与 B 部门之间的《BOT 项目合同》和《补充协议》；最后 B 部门撤回了《仲裁反请求申请书》和《中间裁决申请》。

2009 年 8 月，因 A 公司未办理污泥处理项目改扩建后环保设施的竣工验收手续，市环境保护局向 A 公司下达行政处罚决定书，责令停止扩产改建项目的生产；A 公司停产。

（二）项目出现的主要风险

1. 政府部门协调能力有限

本项目表面上只是 A 公司充分利用自身技术和经验优势，投资、建设和运营污泥厂，生产出符合规定标准的污泥，从 B 部门获得合理回报，特许期后将项目无偿移交给 B 部门。但是通过对合同签约主体和内容的分析发现，项目涉及的主要参与方还有：市政府、市环境保护局、市物价部门、市容环境卫生局、港务局、某垃圾填埋场运营公司、污水厂、银行和保险等单位，之间的关系如图 3-11 所示。可以看出，公共部门 B 只属于市政府若干机构之一，在 A、B 双方签订的《BOT 项目合同》中，涉及的其他参与方与 A 公司之间的关系没有通过其他合同或文件得以明确，而作为唯一的公共部门主体 B 部门协调能力有限，导致其他相关部门存在很大的违约风险。

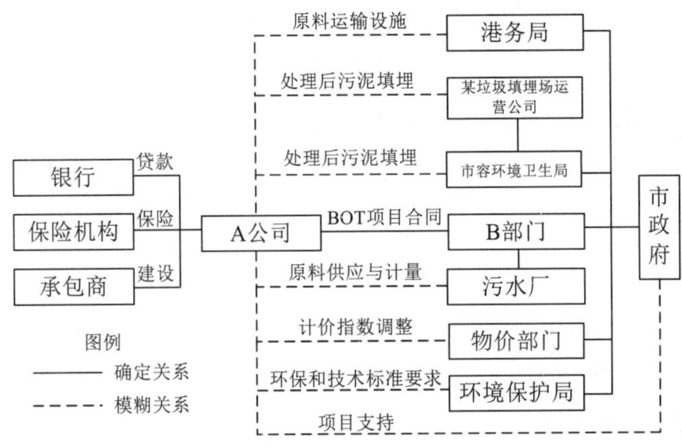

图 3-11　污泥处理 BOT 项目中的主要参与方关系

2. 政府部门违约付费

项目对污泥处理服务费的支付时间、方式和付款争议做了简要约定。由于固定资产投入比例大、日常运营成本高，稳定的现金流入对项目正常运营至关重要。合同签订前，A 公司没有对 B 部门进行商业信用和支付能力进行评估，没有要求 B 部门或市财政部门或市政府对可能出现的财务风险提供担保，因此 A 公司承担了 B 部门违约支付的风险。加之项目在运营过程中逐渐出现了污泥计量、服务费计算方式、环保等方面的争议，B 部门不能及时支付甚至拒绝支付部分服务费用，使得 A 公司的现金流入不能保障。

3. 项目变更不合理

项目招标生产能力为 900 吨/日，并以此为基础确定了《BOT 项目合同》的关键要素，如投资、运营配套设施、运营成本和收费等。但由于待处理污泥数量增加或对污泥处理盈利能力估计过于乐观或原设计生产能力不能实现等原因，A 公司自筹资金改扩生产能力达到 1 200 吨/日。通过审查公司财务发现，项目初始计划总投资为 7 059 万元，改扩建总投资为 22 540 万元，A 公司通过银行累计贷款 28 000 万元，资本成本和现金流的压力很大。在项目特许期和收费水平没有调整的情况下，项目变更对 A 公司的财务状况产生了恶性影响。

4. 项目运营基础条件存缺陷

项目虽然属于公共服务类型，不依靠销售产品获利，但是污泥厂与生产和销售产品的工厂有类似之处，要有生产所需的“原料”（污水厂的污泥）和及时售出的“产品”（污泥余渣）。《BOT 项目合同》中有关于原料供应、运输和计量的规定，但是涉及内容不全面。例如，只规定了运输的责任方而没有规定运输方式（汽车、船舶或火车等）、配套设施（公路、港口或铁路）。由于 B 部门在运输方式和配套设施方面无行政管理权，A 公司承担了运输条件无法满足的风险，这是 A 公司与 B 部门争议的关键原因之一。合同中关于污泥余渣的处理问题，只有处理责任和地点的简单描述，即 A 公司运至某垃圾填埋场处理，而没有规定填埋场接收污泥余渣的权利和义务。由于 B 部门对该填埋场没有管理权，A 公司承担了污泥余渣不能及时处理的风险，这是 A 公司与 B 部门争议的又一关键原因。运营基础条件是项目正常运营的决定性因素，该《BOT 项目合同》中包含很多隐含问题，问题出现时双方不能高效率解决，导致合作关系逐渐恶化，违约成本逐渐增大。

5. 技术过程控制不完善

项目属于技术主导型环保类项目，先进的技术工艺流程、合格的污泥余渣、高效率的运营管理是 A 公司中标的条件。在环保类项目中，及时的技术创新、全过程的技术工艺控制和合格的终端产品是项目正常运营同等重要的因素。实际上，A 公司在技术工艺过程控制（如污泥运输、装卸、存储、压滤车间恶臭气体收集、污泥堆放管理等环节）有一定的疏漏，造成了较严重的二次污染和社会负面影响，迫使政府采取必要的限制措施（如暂缓付费或停业整顿等），这必然导致项目不能正常运营、收益降低。

6. 服务费计算方式不合理

项目服务费按月处理污泥量进行计算和支付，计算方式为：

月服务费=（污泥处理服务费收费标准 195 元/吨×当月污泥处理天数×日污泥实际处理量+超出进泥泥质标准产生费用−不符合出泥泥质标准的惩罚费用）×（本合同年公布的当年度市全年综合物价指数/上年度全年综合物价指数）

式中，“日污泥实际处理量”的取值方法：当日实际处理量<日基本处理量时，取日基本处理量 675 吨/日。

月服务费计算方式存在的风险有：①“月服务费”只考虑了通货膨胀（物价指数）的因素，而没有考虑燃料、原材料价格上涨、利率波动、项目变更等因素的影响；②“日基本污泥处理量”的定义是基于项目初始设计规模确定的基本处理量，没有考虑可能需要调整的因素，例如项目产能扩大等；③“污泥处理服务费收费标准 195 元/吨”为固定单价，没有考虑项目成本超支、结构变化等影响；④具有显著波动性的“日污泥实际处理量”与“当月污泥处理天数”的乘积难以合理操作；⑤双方没有明确“综合物价指数”具体类别，并且在计费当月即采用“当年度市全年综合物价指数”的规定，也不便实际操作。

由于服务费计算方式存在多项不确定性因素，导致A、B双方都承担了较大的风险，例如，A公司项目改扩建成本增大和原材料价格大幅上涨，而服务费不能调整，影响了A公司的收益；同时固定“污泥处理服务收费标准195元/吨”和“日基本污泥处理量675吨/日”，即B部门向A公司保证了最低收益，B部门承担了项目达不到招标生产能力的风险。

四、民营企业风险管理和分担的失误和建议

对BOT项目进行全过程的风险管理，在各参与方特别是私营部门和公共部门之间进行合理的风险分担，是项目成功的关键；BOT项目的失败，与民营企业对项目的风险管理和分担的失误有密切关系[5]。通过分析污泥处理BOT项目的实施过程发现，项目在签约前、建设和运营过程中都存在很多风险，如公共部门协调能力、费用支付、项目变更、技术创新及过程控制、费用计算等风险。根据这些主要风险，结合风险类别划分和民营企业参与基础设施项目的常见劣势和投资措施[3,6,7,8]，给出民营企业BOT项目风险管理和分担的失误和主要应对建议，见表3-19。

表3-19 民营企业参与BOT项目的风险管理建议

类别	主要风险表现	民营企业常见劣势	风险管理建议
政治风险	政府部门协调能力有限	信息资源不对称	获取准确信息，选择恰当的政府合作伙伴，完善信用评价，设计完整的合同结构体系
	政府部门违约付费	组织结构的协调能力不足，谈判能力不足	合同签订前进行支付能力评估，争取上级政府支持或要求提供担保
	政府监管不力	法规意识薄弱	主动报告、通知政府监管
	政府限制项目实施	商业行为不规范，谈判能力不足	明确争议解决途径，建立良好协商机制，诚信合法实施项目
建造风险	项目变更（如改扩建）	决策程序不规范，获利投机	充分市场研究，规范决策程序，避免投机行为
	工期、质量、安全风险	选择总价低和实力弱的承包商，项目管理经验缺乏	选择有实力的承包商和监理，要求承包商提供担保，将部分风险进行投保
	方案设计不合理	BOT项目经验缺乏，贪图低成本	细化可行性研究，深化技术工艺研究，向设计和咨询机构转移部分风险
	成本超支	项目管理经验缺乏	与承包商签订固定总价合同，准备备用贷款
运营风险	运营基础条件缺陷	项目决策程序不规范，BOT项目经验缺乏	强化尽职调查，识别潜在风险，设计完善的合同结构体系，积累BOT项目经验
	技术风险（过程与创新）	发展观念和战略淡薄，成本意识强、社会责任意识弱	加强技术创新和技术全过程管理，合理的技术改造升级，聘请技术顾问

续表

类别	主要风险表现	民营企业常见劣势	风险管理建议
运营风险	环境破坏	经营行为不规范，社会责任意识弱	树立环保意识，诚信合法经营
	公众反对	公共意识淡薄，对公用事业建设的认识存在局限性	强化关公管理，及时处理公共危机，与政府、媒体保持良好关系
市场和收益风险	**计费（价）设计不合理收费或收益不足**	决策程序不规范，企业规模小，风险承担能力有限	设计合理的收费或价格调整机制，争取政府支持，争取项目唯一性，确保有稳定现金流
	资本成本加大	整体竞争力不强，资产负债率高，财务状况差	慎重投融资决策，保持合理资本结构，避免投机性资本行为，聘请财务顾问
	原材料价格变化	风险承担能力有限	设计合理的收费或价格调整机制，争取政府支持、补贴和税务优惠等
金融和法律风险	**通货膨胀**	项目经验缺乏，谈判能力不足	充分考虑通货膨胀因素对项目收益影响
	合同歧义 争议解决	组织结构的协调能力不足，谈判能力不足	完善公司治理和法律(合同)、风险管控体系，与政府建立协商机制、保持良好合作关系，与学术界保持长期联系，聘请法律顾问

（一）政治风险

项目过程中政府部门表现出协调能力有限、违约付费、监管不及时等政治风险，主要原因是民营企业在合同签订前没有制定完善的信用保证体系（如争取 B 部门上级支持或担保）、对政府进行财务信用评价（如连续支付能力）、在建设运营过程中没有管控好自身行为（如及时申报竣工验收）、多方利益冲突没有及时解决（如民众、政府与污泥厂污染）、与政府部门合作伙伴关系逐渐恶化（如相互指责）等，而这正是民营企业组织结构协调能力不足、获取对称信息困难、谈判能力不足、法规意识薄弱等劣势的体现。

民营企业进行政治风险管理和分担，一方面应努力获取政府准确信息，挑选最合适的政府合作伙伴；另一方面应充分识别可能存在的政治风险，设计完善的信用保证体系，争取政府合理支持和担保，维护与政府部门的合作关系，以此尽量降低政治风险总成本。

（二）建造风险

项目实际投产日较合同规定延期 3 个月，A、B 双方经协商后签订了《补充协议》，将移交日期顺延，A 公司承担投资不能及时开始回收、B 部门承担污泥不能及时处理的完工风险；项目运营近 2 年后，A 公司决定自筹资金改扩原生产能力，改扩建后生产能力是原来的 133%，新增投资是原投资的 319%，A 公司承担了项目变更的全部风险。之所以出现完工风险和项目变更风险等建造风险，主要原因是民营企业对工程管理不当（如进度管理）、项目技术设计不完善（如工艺设计）、盲目投机扩张（如改扩建）、没有争取到政府支持（如改扩建补贴）等，而这些原因也是民营企业决策程序不规范、偏向选择总价低实力弱的承包商、BOT 项目经验缺乏、对公用事业建设的认识局限等劣势表现。

民营企业管理和分担建造风险，应在项目前期做好市场和可行性研究、规划设计和承包商选择，建设阶段重点控制工期、成本、变更、质量安全和环保，运营阶段注重工程维修和保养；应充分发挥工程咨询、设计、监理、施工、银行和保险等单位的风险分担作用，尽量降低建造风险总成本。

（三）运营风险

项目表现的运营风险有技术过程控制疏漏、环境破坏、运营基础条件缺陷等。A 公司在运营过程中没有做到技术工艺全过程可控，受到了政府的若干限制直至责令停产整顿；在《BOT 项目合同》中对项目运营基础条件如污泥运输设施（码头）和污泥余渣处理设施（填埋场）没有明确规定，导致双方争议不断。A 公司和 B 部门都承担了运营风险损失，如 A 公司收益受损，B 部门面对民众反对、不良社会影响等。民营企业在管理和分担运营风险的失误在于项目实施前的尽职调查不完善（如码头和填埋场所有权）、运营管理不严格（如技术过程管控）、技术创新不及时（如技术落后）、公共危机处理不及时（如民众投诉）等，而这体现了民营企业经营行为不规范、发展观念或战略淡薄、社会责任意识弱等劣势。

民营企业管理和分担运营风险，应建立完善的尽职调查机制，合理设计合同中运营管理条款，不断提高自身运营技术创新能力和过程管理水平，及时处理好公共危机，树立良好社会形象；应在自身、政府、民众、保险等利益相关方之间设计好风险分担机制，主动分担具有管控优势的风险，如政府难考虑的与专业技术相关的设施条件、为提高运营效率的技术升级改造等。

（四）市场和收益风险（本项目是指“收益风险”）

项目到 2008 年 7 月，A 公司长期负债率达 58%、资产负债率达 95%、流动比率低至 0.12，因固定资产投入大、原材料价格大幅上涨、污泥处理收入少而处于亏损状态，遇到了严重的收益风险。民营企业在管理和分担收益风险的关键失误在于收费预计不足（如实际污泥处理量）、污泥处理费基价未考虑主要影响因素（如原材料价格）、项目特许期设计和服务费计算方式调整条件估计不周（如项目重大变更）等，单方面承担大量收益风险，最终导致项目无法正常运营。这些后果也体现了一些参与基础设施的民营企业规模小、整体竞争力不强、资产负债率高、财务状况较差、风险承担能力有限等特点。

充分的市场预测和合理的收费或特许期调整机制是管理市场和收益风险的关键。在此基础上，民营企业还应该全方位提升自身整体竞争力，争取政府一定市场或收益保证，尽量降低政府对项目利润和定价的限制，通过风险合理分担降低市场和收益风险。

（五）金融和法律风险

项目的金融风险主要表现为通货膨胀风险。在《BOT 项目合同》中对污泥服务费指明采用“综合物价指数”考虑通货膨胀影响，但没有明确“综合物价指数”的具体类别和计算方式，双方在签订合同时没有发现或都故意略去了这些不足，致使后来争议不断。

我国目前没有建立完善的 BOT 项目法规体系，且任何长期合同都是“不可能完整”的，为降低项目法律风险，民营企业和政府必须保持长期友好和开放的合作关系，及时协商解决出现的争议，如签订具有同等法律效力的合同补充协议（尽量避免“会议纪要”的形式），而试图终止项目、使对方受到严厉的法律制裁，只会使各利益相关者都损失严重。我国民营企业参与基础设施项目时通常有自身公司治理结构差、合同管理能力弱、与政府进行谈判能力不足等劣势，一旦遭遇法律风险，将可能承受相对更大的损失。

民营企业参与基础设施项目投资、建设和运营管理，完善的公司治理结构、内部法律（合同）和风险管理体系、与政府保持良好合作关系是项目顺利实施的重要因素。

五、结论

风险管理和合理分担是 BOT 项目融资的重要内容。民营企业投资的某污泥处理 BOT 项目在实施过程中表现出了一些具体的风险，结合 BOT 项目风险管理的过程和特点、风险分担的原则和目标等知识，分析发现民营企业在政治风险、建造风险、运营风险、市场和收益风险、金融和法律风险等方面存在与自身明显劣势相关的风险管理和分担失误，分析得出了民营企业在发展 BOT 项目时的风险管理建议，强调了民营企业努力避免自身劣势、加强风险过程管理、合理分担风险和与公共部门保持良好合作关系对发展 BOT 项目的重要性。由于不同的项目类型、民营企业、公共部门、其他机构（如银行、保险、承包商等）甚至不同公共用户或纳税人，具有的特征不同、风险偏好不同，对项目的影响也不同，民营企业发展基础设施和公用事业项目时，应根据风险管理和分担的一般特征和原则，结合自身、其他参与方和项目的具体条件，找出合理的风险管理和分担策略。

参考文献

[1] 国务院. 关于鼓励和引导民间投资健康发展的若干意见（国发〔2010〕13 号）[QL]. http://www.gov.cn/zwgk/2010-05/13/content_1605218.htm.

[2] 柯永建，赵新博，王盈盈，王守清. 民营企业发展基础设施项目的 SWOT 分析[J]. 商业研究, 2008（12）: 7-10.

[3] 王守清，柯永建. 特许经营项目融资（BOT、PFI 和 PPP）[M]. 北京：清华大学出版社，2008.

[4] Grimsey D, K Lewis M. 公司合作伙伴关系：基础设施供给和项目融资的全球革命（Public Private Partnerships: The Worldwide Revolution in Infrastructure Provision and Project Finance）[M]. 济邦咨询公司，译. 北京：中国人民大学出版社，2008.

[5] 柯永建，王守清，陈炳泉. 英法海峡隧道的失败对 PPP 项目风险分担的启示[J]. 土木工程学报, 2008, 41（12）: 97-102.

[6] 赵新博，王盈盈，柯永建，王守清. 民营企业发展基础设施项目投资措施[J]. 建筑经济，2008（7）: 58-61.

[7] 董庆胜，何天虹. 污水处理 BOT 项目的投资风险分析及应对措施[J]. 项目管理技术，2009（12）: 43-47.

[8] Cheng, L., Tiong, R. L. K., Minimum feasible tariff model for BOT water supply projects in Malaysia[J]. Construction Management and Economics, 2005, 23（3）: 255-263.

（《土木工程学报》2012 年第 1 期，第 142-147 页）

基础设施 PPP 项目的风险分担

作者：柯永建　王守清　陈炳泉

基金项目：国家自然科学基金（70471004 和 70731160634）；Research Grants Council of the Hong Kong Special Administrative Region, China（RGC Project No. PolyU 511405 & N_PolyU 514/07）

【摘要】 基础设施 PPP（Public-Private Partnership）项目投资大、时间长、风险高、合同结构相对复杂，项目谈判过程往往旷日持久，很多时候由于在实施过程中无法兑现承诺或发生其他原因而出现争议，以至于实践中只有少量 PPP 项目能正常运作。其中，很大原因在于公共部门和私营部门之间缺乏公平的定量风险分担标准。本文通过详尽的文献综述，首先归纳风险分担在项目过程中的时点和要点，并总结风险分担对项目资金价值的影响，最后比较分析已有的风险分担准则和不同的风险分担结果，以期为 PPP 项目风险分担的研究和实际操作提供可参考依据。

【关键词】 风险分担　基础设施　公私合营　PPP

PPP（Public-Private Partnership）是一种提供公共基础设施建设及服务的方式，由私营部门为项目融资、建造并在未来的 25～30 年里运营此项目。它在英国、澳大利亚等国家的基础设施和公用事业领域的应用显示出巨大的优势，其应用范围涵盖交通、电厂、供水、污水/垃圾处理、医疗、国防、监狱和警局等领域。

在 PPP 项目的实施过程中，风险管理对项目目标的实现至关重要，对于公共部门和私营部门而言，很有必要详尽地评估整个项目生命周期中的潜在风险。特别是在 PPP 项目合同谈判阶段，公共和私营部门必须对整个过程给予特别的重视，以确保风险分担的公平性和合理性。但是，现有理论不足使得仍有许多问题需要解决，例如风险分担是否有固定解，如何确定风险分担的程度，类似的风险分担问题有待进一步深入研究。另一方面，实践中发现很多风险分担结果不甚理想，例如政府在合同谈判期间倾向于将尽可能多的风险转移给私营部门，特别是私营部门很难掌控的风险，如汇兑风险和利率风险[1]。

本文将归纳总结在基础设施 PPP 项目中风险分担的时点，风险分担对项目绩效的影响，以及风险分担应遵循的基本准则，并比较分析几种典型的风险分担结果，以期为风险分担的研究或实际操作提供参考依据。

一、风险分担的时点

与传统工程项目不同，基础设施 PPP 项目投资大、风险高、合同结构复杂，一般包括准备阶段、招投标阶段、合同组织阶段、融资阶段、建造阶段、经营和移交阶段。其中，准备阶段的里程碑事件包括可行性报告的制定和招标文件的拟定；招投标阶段的里程碑事件是中标人的确定；而合同组织阶段则是特许权协议的签订，如图 3-12 所示。

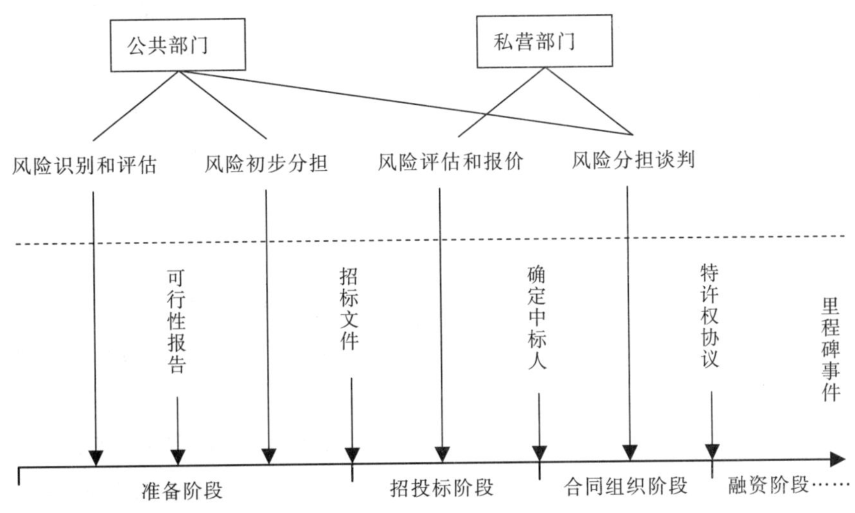

图 3-12 PPP 项目风险分担的时点

如图 3-12 所示，在项目准备阶段，公共部门需要在详细调查项目需求的基础上，通过对以往类似案例的学习或者咨询行业专家等方法，识别出项目潜在的风险因素并进行评估（不是所有风险都能在计划阶段识别出来[2]，因此各方在风险管理计划中都应该做好应对新风险的准备），从而制定项目的可行性研究报告。评估风险并计算风险价值的目的是：①在可行性研究阶段判断项目是否应采用 PPP 模式；②在确定采用 PPP 模式后，为选择最佳投标者提供评标依据[3]。公共部门根据风险分析结果初步判断哪些风险是在公共部门和私营部门控制力之内的，哪些是双方风险控制力之外的，对于双方控制力之外的风险，留待下一阶段分担。公共部门最有控制力的风险是公共部门需要自留的，剩余的风险则需要转移给私营部门。公共部门在初步风险分担结果的基础上，制定招标文件并发布招标公告。

在招投标阶段，私营部门首先就招标文件的初步风险分担结果进行自我评估，主要评估其拥有的资源（包括经验、技术、人才等），据此判断对公共部门转移的风险是否具有控制力。如果认为对该风险具有控制力，则对其进行风险报价，并反映于投标报价中；如果认为对该风险不具有控制力，则可以选择转移给第三方，并初步估计转移成本，同时也反映于投标报价中。公共部门根据自己在准备阶段的风险价值计算，比较各投标人的投标报价以及投标人的经验、能力等其他非价格因素，最后确定一个最合适的中标人。

采用 PPP 模式并不意味着公共部门可以将所有风险都转移给私营部门，很多实际项目都表明政府也需要主动承担一定的风险，才能达到风险的合理分担，并可降低风险管理成本。而政府承担风险主要通过权利义务的界定和付款机制的确定来实现[4]，也就是说，风险分担是通过合同条款来定义的[5]。在合同组织阶段，政府和项目公司首先就特许权协议进行合同谈判，确定双方的权利和义务，以及服务定价和调整机制。在签订特许权协议之后，项目公司再与其他专业分包商/放贷方/保险方等进行合同谈判，将自己掌控不了的风险转移给对该风险更有控制力的第三方。

二、风险分担的影响

实践中，很多从业人员错误地认为“采用PPP模式就是要把尽量多的风险转移给私营部门”（主要是公共部门官员）和“承担更多的风险就可以获得更多的回报，从而把承担风险看成是获得高额回报的机会”（主要是私营部门人员）。事实上，很多研究成果表明，随着公共部门转移给私营部门的风险增加，项目的效率不断上升，总成本不断下降，资金价值（Value for Money）不断上升。但是当风险转移到一定程度后，项目的效率将开始下降，总成本将开始上升，资金价值也将开始下降[3]。因此，合理的风险分担是如图3-13所示的阴影部分。

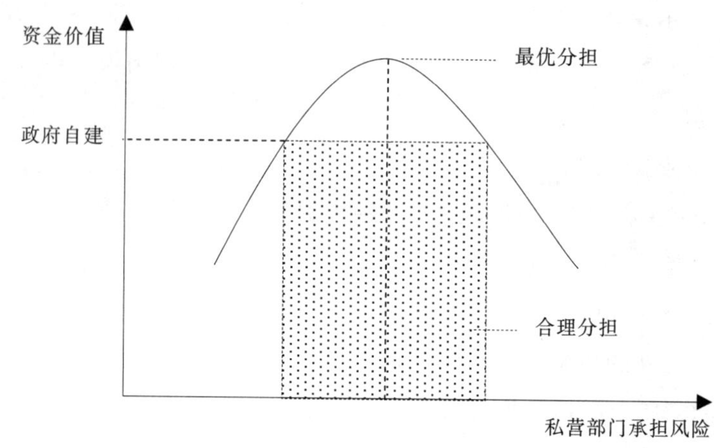

图3-13　风险分担对资金价值的影响

Oudot将风险分担对项目总体成本的影响可以归结为三个效应：生产成本效应、交易成本效应和风险承担成本效应。其中，生产成本效应是指风险分担可以激励承担者有效控制风险，降低风险的发生概率，减少项目的生产成本；交易成本效益是指如果具有明确的风险分担准则和格局，会避免双方在这个问题上的复杂谈判，减少谈判时间和成本；而风险承担成本效应是指承担风险的一方会要求相应的风险补偿，导致项目成本的增加[6]。

如果在招标公告中，公共部门转移给私营部门的风险越多，投标人在特许报价中主张的权利也越多，例如要求自由调整价格，获得更高的风险补偿，导致特许价格更高，即增加了项目的风险承担成本，将导致资金价值降低。如果让私营部门承担其无法承担的风险，一旦风险发生时又缺乏控制能力，必然会降低提供公共设施/服务的效率和增加项目的生产成本（事实上也将增加公共部门的成本），甚至导致项目的被迫中止。

三、风险分担准则

以往的研究中，许多学者建议过不少风险分担原则，归纳如表 3-20 所示。其中，比较达成共识的准则包括：①风险应该由最有控制力的一方承担，而控制力的概念则包括是否完全理解所要承担的风险、能否预见风险、能否正确评估风险对项目的影响、能否控制风险的发生、风险事件发生时能否管理风险和风险事件发生后能否处理风险带来的危害；②风险分担与所获得的收益匹配；③有承担风险的意愿。

表 3-20 风险分担准则的归纳

风险分担准则	[7]	[3]	[5]	[8]	[9]
风险分担与控制力相对称	√	√		√	√
能否预见风险			√		
能否正确评估风险对项目的影响			√		
能否控制风险的发生			√		
风险事件发生时能否管理风险			√		√
风险事件发生后能否处理风险带来的危害			√		√
完全理解所要承担的风险					√
风险分担与收益相对称	√	√		√	
承担该风险是否能够获益			√		√
所获得的利益是否与该风险匹配			√		
风险分担与投资者参与程度相协调	√				
承担的风险要有上限		√			
应承担因自身恶意行为引起的风险				√	
方便投保且费用较低者承担可担保风险				√	
由风险直接受害者承担风险				√	
有承担风险的意愿				√	√

注 表头数字表示参考文献编号

风险分担并不存在绝对的原则，而是应该在基本原则的基础上，综合考虑双方对风险的态度和项目的具体条件[8]。实际风险分担结果与获得利益往往不完全对称。对于先天经济性弱的项目而言，政府为了能够增加项目的财务可行性，往往放弃享有部分相应收益的权利。在这种风险分担安排下，当风险损失超过私营部门的承受范围时，政府承担超额损失，但是当风险收益超过相对范围时，政府却没能享有对应的超额收益，这是不太公平的。

四、风险分担结果的比较

现有可供参考的PPP项目风险分担结果主要来自三个部分：①案例的分析总结；②问卷调查/专家访谈的统计分析结果；③政府部门所提供的PPP项目风险分担建议。然而，不同国家的经济形态、法律体系、政府机构设置、经济环境等因素不同，并不能笼统地将某一国家的PPP项目风险分担安排简单地套用于其他国家。类似地，某一PPP项目的风险分担安排也不能直接套用于其他项目中。

表3-21简单比较了参考文献5、12、13（案例分析），10、11（统计结果），14、15（政府建议）的不同风险分担结果，该分析的局限在于所研究的风险因素并不完全相同。从表3-21可以看出，目前对风险并没有一个统一的分担建议，阴影标记表示各参考文献对该风险的分担不存在看法差异，而看法存在差异的包括：市场需求变化、通货膨胀、利率、汇兑风险等许多风险因素，在研究和实际操作中应特别注意这些风险。这也说明了，在PPP应用环境不成熟的中国，有必要研究适合中国国情的PPP项目风险公平分担机制，基于此背景，笔者申请了国家自然科学基金中港联合资助项目“中国PPP项目风险公平分担机制研究”。

表3-21　风险分担结果的比较分析

风险因素		公共部门承担							共同承担							私营部门承担						
		5	10	11	12	13	14	15	5	10	11	12	13	14	15	5	10	11	12	13	14	15
政治	特许权收回/违背		√			√	√															
	征用/公有化			√		√	√										√					
	政治反对			√			√															
	法律变更							√	√		√	√	√	√			√					
	政局稳定	√		√																		
	审批获得/延误									√		√				√						√
	宏观经济变化																	√				√
	行业规定变化										√	√		√				√				√
建造	融资工具可及性																	√	√			√
	设计不当															√	√	√	√	√	√	√
	分包商违约															√		√	√	√	√	
	工程/设计质量															√	√	√	√	√	√	√
	工地安全															√			√			
	劳资/设备的获取															√		√				
	地质条件	√															√	√				√
	场地可及性/准备	√		√								√					√					√

续表

风险因素		公共部门承担							共同承担							私营部门承担						
		5	10	11	12	13	14	15	5	10	11	12	13	14	15	5	10	11	12	13	14	15
建造	工程/运营变更		√				√	√								√						
	劳工争端/罢工															√				√		√
	土地使用		√	√			√															
	效率低/材料浪费																√	√	√			
	建造成本超支																√	√	√	√	√	√
	完工风险																√	√	√	√	√	√
	公共设备服务提供		√	√								√										
	融资成本高																	√	√	√		
	技术不过关																	√	√	√	√	√
	考古文物保护					√		√														
经营	运营成本超支																√	√	√		√	
	运营商违约																√		√	√		√
	服务质量不好																√		√	√	√	√
	维护成本高																	√	√		√	√
	维修过于频繁																	√	√		√	√
	运营效率低																	√	√	√	√	
	移交后设备状况							√											√		√	
	设备维护状况																			√		√
法律	文同文件冲突	√											√									
	第三方延误/违约	√																√				
	设施所有权												√		√		√				√	
	项目公司破产																			√	√	
市场收益	收益不足																	√	√	√		
	材料费上涨（政府）		√			√	√	√														
	材料费上涨（私营）																√			√	√	√
	收费/税收变更																√	√		√	√	√
	市场需求变化											√		√			√	√		√		
	市场竞争（唯一性）												√									√
财经	通货膨胀								√	√			√	√	√			√				
	利率变化									√			√					√			√	
	外汇风险					√															√	
其他	不可抗力									√	√	√		√	√							
	剩余风险		√															√				
	天气/环境恶劣				√		√		√									√				

通过比较还可以发现：①项目公司应承担项目融资、建设、采购、经营和维护等风险（项目公司应再将相关风险分别转移给承包商、供应商、运营商或银行等）；②政府应承担公共政策、法律变更等风险；③不可抗力风险由双方共同承担。

五、小结

在基础设施建设领域中，PPP 模式的应用可以有效减小公共财政负担、优化财政支出配置、引进先进的技术和管理经验、提高效率。但是，PPP 模式本身并不是万能的，合理公平的风险分担是 PPP 项目成功的关键因素之一。

本文首先归纳 PPP 风险在项目过程中的时点，一般而言，公共部门需要在项目准备阶段初步识别、评估和分担项目风险，基于风险初步分担结果制定招标文件；私营部门根据招标文件进行风险自我评估并提出考虑风险的投保报价，公共部门选择最能接受的一个投保方案作为中标者；中标者与公共部门就风险分担进行仔细地谈判，最终达成协议。本文其次探讨了风险分担对项目资金价值的影响，项目风险的合理分担应该是当项目资金价值大于政府自建的一段区间内。最后，本文归纳总结了项目风险的分担准则，并比较几种不同的风险分担结果，为 PPP 项目风险分担的研究和实际操作提供了可参考的依据。

参考文献

[1] Tiong RLK and Alum J. Final negotiation in competitive BOT tender[J]. Journal of Construction Engineering and Management, 1997, 123（1）: 6-10.

[2] Rahman MM and Kumaraswamy MM. Risk management trends in the construction industry: moving towards joint risk management[J]. Engineering Construction and Architectural Management, 2002, 9（2）: 131-151.

[3] 刘新平，王守清. 试论 PPP 项目的风险分配原则和框架[J]. 建筑经济，2006（2）: 59-63.

[4] Milner M. Eurotunnel car traffic declines[N]. The Guardian, 21 March, 2004: 14.

[5] Lam KC, Wang D, Lee PTK and Tsang YT. Modeling risk allocation decision in construction contracts[J]. International Journal of Project Management, 2007（25）: 485-493.

[6] Oudot JM. Risk-allocation: theoretical and empirical evidences, application to public-private partnerships in the defense sector[C]. The 9th annual conference of the institutions of market exchange, Barcelona, Spain, 2005, June 23-25.

[7] 罗春晖. 基础设施私营投资项目中的风险分担研究[J]. 现代管理科学，2001（2）: 28-29.

[8] 张水波，何伯森. 工程项目合同双方风险分担问题的探讨[J]. 天津大学学报（社会科学版）, 2003, 5（3）: 257-261.

[9] Loosemore M, Raftery J, Reilly C and Higgon D. Risk management in projects[M]. London: Taylor & Francis，2006.

[10] Ng A and Loosemore M. Risk allocation in the private provision of public infrastructure[J]. International Journal of Project Management, 2007, 25（1）: 66-76.

[11] Li B, Akintoye A, Edwards PJ and Hardcastle C. The allocation of risk in PPP/PFI construction projects in the UK[J]. International Journal of Project Management, 2005, 23（1）: 25-35.

[12] Arndt RH. Risk Allocation in the Melbourne City Link Project[J]. Journal of Project Finance, 1998, 4（3）: 11-25.

[13] 王守清. 项目融资的一种方式——BOT：项目风险管理[J]. 项目管理技术，2003，（5）: 46-48.

[14] National Treasury of South Africa. Module 4: PPP Feasibility Study[M]. Public-Private Partnership Manual, 2004.

[15] Victorian Department of Treasury and Finance, Australia[M]. Partnerships Victoria: Risk Allocation and Contractual Issues, 2001.

（《建筑经济》2008 年第 4 期，第 31-35 页）

第 2 节　“走出去”前的案头作业

英法海峡隧道的失败对 PPP 项目风险分担的启示

作者：柯永建　王守清　陈炳泉

基金项目：国家自然科学基金（70471004 和 70731160634）

【摘要】 基础设施 PPP（Public-Private Partnership）项目投资大、时间长、风险高、合同结构相对复杂，项目谈判过程往往旷日持久，很多时候由于在实施过程中无法兑现承诺或发生其他原因而出现争议，堪称 20 世纪最伟大的基础设施建设工程之一的英法海峡隧道就是一个典型案例。本文通过分析英法海峡隧道项目的风险分担发现，项目公司破产的主要原因在于过多承担了无法控制的风险，如成本超支风险、项目唯一性风险等。分析还表明，对于基础设施 PPP 项目而言，风险应该由对该风险最有控制力的一方承担，即政府应承担公共政策、法律变更等风险，项目公司应承担项目融资、建设、采购、经营和维护等风险（项目公司应再将相关风险分别转移给承包商、供应商、运营商或银行等）。

【关键词】 PPP 风险分担 英法海峡隧道 基础设施

一、引言

PPP（Public-Private Partnership）是一种提供公共基础设施建设及服务的方式，由私营部门为项目融资、建造并在未来的一段时间里运营此项目。在 PPP 项目的实施过程中风险对项目目标的实现至关重要，对于公共和私营部门而言，很有必要详尽地评估整个项目生命周期中的潜在风险。特别是在 PPP 项目合同谈判阶段，公共和私营部门必须对整个采购过程给予特别的重视，以确保风险分担的公平性和合理性。

但是现有理论不足使得仍有许多问题需要解决，例如风险分担是否有固定解，如何确定风险分担的程度。另一方面，实践中也发现很多风险分担结果不甚理想，例如政府在合同谈判期间倾向于将尽可能多的风险转移给私营部门，特别是私营部门很难掌控的风险，如汇兑风险和利率风险[1]。其中，英法海峡隧道是一个典型案例。本文将探讨英法海峡隧道的实际风险分担结果与项目失败之间的对应关系，并据此提出风险分担建议和风险管理要点。

二、基础设施 PPP 项目风险分担原则

风险分担作为风险处置的一项选择措施，一般都是定义于合同条文中[2]，但是合同的起草者总是试图将更多的风险转移给对方[3]，从而导致双方在达成一致协议前所需要的谈判时间和成本居高不下，项目风险分担因此成为 PPP 风险管理研究中更受关注的重点内容。

实践中，很多从业人员错误地认为“采用 PPP 模式就是要把尽量多的风险转移给私营部门”（主要是公共部门官员）和“承担更多的风险就可以获得更多的回报，从而把承担风险看成是获得高额回报的机会”（主要是私营部门人员）。事实上，让私营部门承担其无法承担的风险，一旦风险发生时又缺乏控制能力，必然会降低提供公共设施/服务的效率和增加控制风险的总成本（包括公共部门的成本）。提供公共设施/服务的效率、控制风险的总成本与风险分担的关系见前面图 3-10，三者的关系不是简单的正相关或负相关，随着公共部门转移给私营部门的风险增加，项目的效率不断上升，总成本不断下降。但是当风险转移到一定程度后，项目的效率将开始下降，总成

本也将开始上升[4]。也就是说，合理的风险分担应该是围绕着最优风险分担量，在一个各方都能接受的区间内。

以往的研究中，许多学者建议过不少风险分担原则。例如 Rutgers 和 Haley 提出风险应该分担给比自己更能管理好该风险的一方[3]。刘新平和王守清提出风险分担应该遵循三条原则：①由对风险最有控制力的一方控制相应的风险；②承担的风险程度与所得回报相匹配；③承担的风险要有上限[4]。罗春晖认为基础设施私营投资项目中的风险分担应该遵循三条主要原则：①风险分担与控制力相对称；②风险分担与收益相对称；③风险分担与投资者参与程度相协调[5]。

但是，实际风险分担结果与获得利益往往不完全对称。对于先天经济性弱的项目而言，政府为了能够增加项目的财务可行性，往往放弃享有部分相应的收益权利。在这种风险分担安排下，当风险损失超过私营部门的承受范围时，政府承担超额损失，但是当风险收益超过相对范围时，政府却放弃享有对应的超额收益。除此之外，风险合理分担原则更需要项目各方以积极的态度去执行，即项目参与者的风险态度对风险分担谈判和结果有重要影响作用。张水波和何伯森认为风险分担并不存在绝对的原则，而是应该在基本原则的基础上，综合考虑双方对风险的态度和项目的具体条件[6]。

三、英法海峡隧道的发起和进展

（一）英法海峡隧道的发展过程

1994 年投入运营的英法海峡隧道（Channel Tunnel）横穿多佛海峡，连接英国多佛尔和法国桑加特，全长约 50 千米，其中 37.2 千米在海底，12.8 千米在陆地下面。英法海峡隧道项目堪称 20 世纪最伟大的基础设施建设工程，该项目的主要历史事件如下[7]：

- 1981 年 9 月 11 日，英法两国举行首脑会晤，宣布该项目必须由私营部门出资建设经营。
- 1985 年 3 月 2 日，两国政府发出海峡通道工程融资、建设和运营的招标邀请；
- 1985 年 10 月 31 日，收到四种不同的投标方案。
- 1986 年 1 月 20 日，两国政府宣布选中 CTG-FM（Channel Tunnel Group-France Manche S.A）提出的双洞铁路隧道方案。
- 1986 年 2 月 12 日，两国政府正式签订海峡隧道条约，又称肯特布（Canterbury）条约。
- 1986 年 3 月 14 日，两国政府和 CTG-FM 签订特许权协议，授权建设和经营海峡隧道 55 年（包括计划为 7 年的建设期），并承诺于 2020 年前不会修建具有竞争性第二条固定英法海峡通道，项目公司有权决定收费定价，但两国政府不提供担保。

- 1986年8月13日，成立欧洲隧道公司，并与TML（TransManche Link）签订施工合同，合同类型为固定总价和目标造价合同。
- 1987年12月15日，海峡隧道英国段正式开挖。
- 1993年12月10日，工程建设完成，TML将项目转交给欧洲隧道公司。
- 1994年5月6日，英法海峡隧道正式开通。
- 1997年7月10日，欧洲隧道公司财务重组计划审核通过。
- 1997年12月19日，两国政府同意将特许经营期延长至2086年。
- 1998年4月7日，财务重组完成。
- 2006年8月2日，巴黎商业法庭表示批准欧洲隧道公司的破产保护申请。
- 2007年1月15日，巴黎商业法庭表示批准欧洲隧道公司的破产保护计划。
- 2007年6月28日，欧洲隧道公司宣布通过公开换股，债务重组成功。
- 2007年7月2日，欧洲隧道集团首次在巴黎和伦敦证券交易所上市交易，将替代欧洲隧道公司负责英法海峡隧道的经营。

（二）英法海峡隧道的资金和合同结构

该项目初始投资预算为60.23亿英镑，其中10.23亿英镑为股权资金，由英国的海峡隧道集团（CTG）和法国的法兰西曼彻公司（FM）各出资79%和21%。中标之后，CTG-FM分别在英国和法国注册了Eurotunnel PLG公司和Eurotunnel S.A公司，两家公司联合成立了合伙制公司Eurotunnel General Limited（欧洲隧道公司）。其余的50亿英镑来自于世界上最大的辛迪加贷款（超过220家银行，牵头银行是CTG-FM的股东），在签订贷款协议之前，银行要求项目公司完成1.5亿英镑的二期股权融资，英法两国议会必须通过有关协议来保证项目合同的合法性，并给予欧洲隧道公司自主营运权。TML联营体（Trans Manche Link，也是由CTG-FM的股东组成）作为项目的总承包商，负责施工、安装、测试和移交运行。

英法海峡隧道项目的合同结构如图3-14所示。

（三）英法海峡隧道遭遇的风险

1. 索赔争议

在项目建设期内，承包商TML联营体与项目公司欧洲隧道公司之间出现了一些争议，并提出不少索赔，其中以1991年隧道电气系统设备安装成本为代表，最终以支付预期付款的利息解决了索赔问题。据称，1994年4月之前TML联营体获得的实际索赔额高达12亿英镑[8]。

欧洲隧道公司也向两国政府提出索赔要求，索赔范围是由于政府要求增加安全管理和环保措施而引起的额外成本增加，最终解决办法是特许经营期的延长。

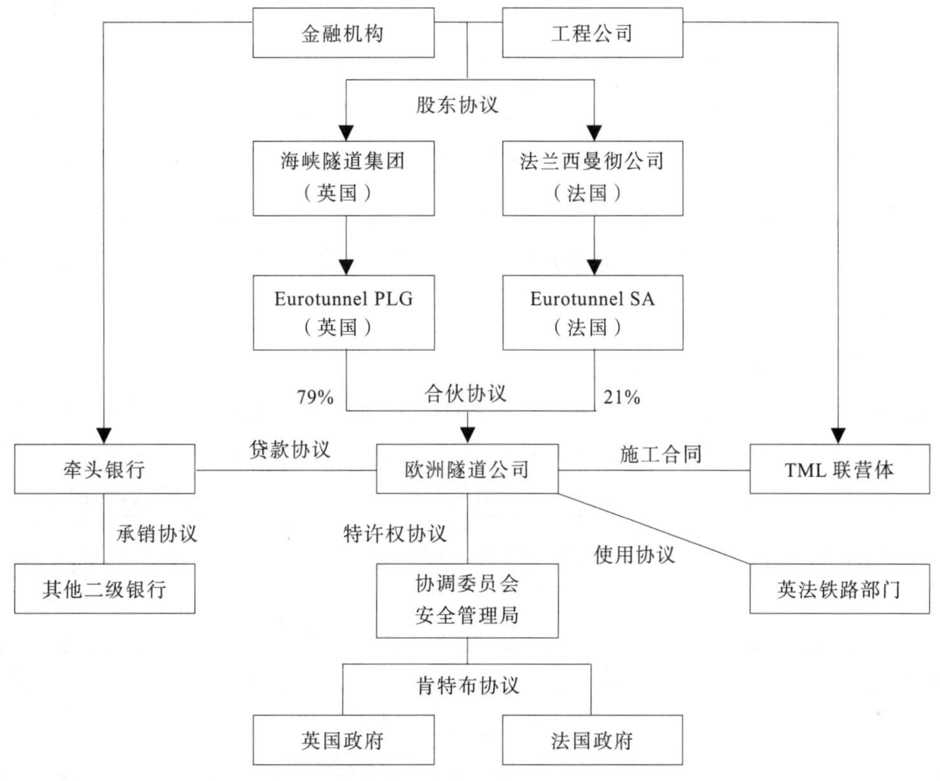

图 3-14 英法海峡隧道项目的合同结构

2. 运营时间延迟

最初规定的货运和客运服务正式开通的时间是 1993 年 5 月，但是由于几项关键项目延误（例如，施工工期延误、英法两国政府的营运许可证书延迟发放等），正式开通时间不得不延迟到 1994 年 5 月 6 日，而开通当时系统并没有整体运转，部分服务尚未开通。项目运营延迟使得现金流入延迟，带来了巨大的财务负担。

3. 实际收入偏低

欧洲隧道公司的预期运营收入主要来自于穿梭列车收费、在铁路使用合同（Railfreight 和 Eurostar 公司）规定下的铁路使用费和其他副业收入。尽管两国政府许诺不兴建第二条固定的海峡通道，但是轮渡和航空公司大幅度消减票价引发了一场价格大战，迫使欧洲隧道公司降低票价。另一方面，Eurostar 在隧道开通半年后才开始运营，铁路利用水平比预期要低，铁路使用收入也低于预期。利润的缺口也使欧洲隧道公司违反了贷款协议中的一些条款，使其不能继续使用剩余的信用额度，更加恶化项目的现金危机。

4. 总成本增长

项目初始计划成本是 48 亿英镑，最后实际成本大约是 105 亿英镑[9]。其中，施工成本比预期增加了近 65%，实际施工成本达 58 亿英镑，潜在原因是大量的设计变更和设备安装及列车车辆的成本超支；初始公司成本是 6.42 亿英镑，实际成本到 1994 年 5 月增加到 11.28 亿英镑，主要原因是对项目管理上的延误以及加强安全控制所导致的成本超支；1990 年增股公告时，项目融资成本已经从预计的 9.75 亿英镑增加到 13.86 亿英镑。建设成本超支、运营延期、实际现金流入偏低等因素都严重影响项目的整体现金流。

四、英法海峡隧道的风险分担失误

在英法海峡隧道项目的进展过程中发生的风险事件主要包括：项目唯一性（没有竞争项目）、项目审批延误、成本超支、融资成本增加、工期延误、运营管理水平、运营时间延误、市场需求变化、收益不足以及项目公司破产等。表 3-22 比较了该项目主要风险的实际分担与合理分担的一致性。

表 3-22　英法海峡隧道的风险分担比较

风　险	合理分担	实际分担	一致性
项目唯一性	政府、项目公司共同承担	项目公司	不一致
项目审批延误	政府、项目公司共同承担	项目公司	不一致
成本超支	承包商、放贷方共同承担	项目公司、放贷方共同承担	不一致
融资成本增加	放贷方	项目公司、放贷方共同承担	不一致
工期延误	项目公司、承包商共同承担	项目公司	不一致
运营管理水平	运营商	项目公司	一致*
运营时间延误	项目公司	项目公司	一致
市场需求变化	项目公司	项目公司	一致
收益不足	项目公司	项目公司	一致
项目公司破产	股东、放贷方共同承担	股东、放贷方共同承担	一致

注　英法海峡隧道项目中，运营商是项目公司本身

从表 3-22 的风险分担结果比较可以看出，项目公司实际承担了部分应该由政府、承包商或者放贷方承担的风险，当这些风险事件发生后，项目公司的掌控能力不足，导致项目公司巨大的财务压力，进而面临破产的危机。以下按照风险类别划分，详细探讨英法海峡隧道项目的风险分担以及项目失败的主要原因。

（一）政治风险

回顾历史可以发现，英法海峡隧道的决策主要受欧洲一体化进程的影响，两国政府在项目前期的推动起着至关重要的作用。在特许权协议中，两国政府承诺 2020 年

之前不兴建第二条竞争性的固定海峡通道，给予项目公司自主定价的权利。但是也明确表示不提供担保，在项目的建设和运营过程中，两国政府缺少了足够的监督管理和必要的支持。

首先，兴建类似英法海峡隧道的固定通道造价相当昂贵，理性的私营投资者是不会参与新海峡通道建设，而由公共部门投资兴建必然会引起较大的社会争议，因此政府的所谓“项目唯一性”担保并不起实质性作用。相反地，在英法海峡隧道正式开通之后，有实质性竞争关系的轮渡、航空公司打起了价格战，迫使欧洲隧道公司大幅降低票价。两国政府在此问题上，没有提供足够的支持。

另一方面，两国政府项目前期并没有对建设方案进行足够的调查分析，在建设期间要求增加安全管理和环保措施导致了施工成本的增加和工期的延迟，在施工结束后又延迟发放欧洲隧道公司的营运许可证书，使得项目正式开通一拖再拖，项目现金流进一步恶化。在项目公司的索赔要求下，两国政府最终将特许期由 55 年延长至 99 年，但是项目公司在运营的前十几年背负着巨大的财务压力，苦苦经营，以至于 2006 年不得不申请破产保护。

（二）建造风险

欧洲隧道公司与 TML 联营体签订的施工合同分为三个部分：①固定设备工程，包括终点站、设备安装、所有机电系统，采用固定总价合同（Lump Sum Contract）；②掘进工程，包括隧道和地下结构，采用目标费用合同（Target Cost Contract）；③采购项目，包括牵引机车、穿梭列车的采购，采用成本加酬金合同（Cost Plus Fee Contract）。施工合同中还规定，欧洲隧道更改系统设计、英法政府的干预行为、隧道岩床条件与所预计的不符等带来的损失不归 TML 联营体负责[10]。在该施工合同设置下，建造风险的分担如图 3-15 所示。

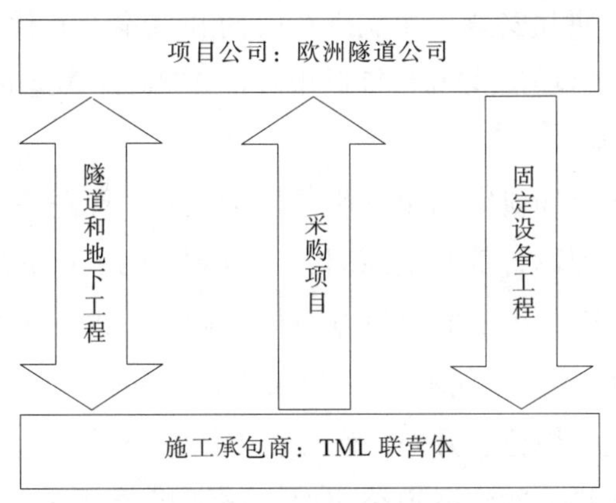

图 3-15　英法海峡隧道的建造风险分担

回顾项目建造过程可以发现，隧道和地下工程因为未知因素多、风险高，采用目标费用合同使业主和承包商的利益一致，该部分工程基本上按计划完成；采购项目采用成本加酬金合同，缺乏足够激励带来较多延迟和成本超支；而固定设备工程采用总价合同却不合理，因为项目是以设计、施工总包方式和快速推进（Fast-Track）方法建设，在施工合同签订时还没有详细设计，合同执行过程中很容易发生分歧、争议和索赔，总价合同并非真正的固定价[11]。实际上，每笔建造成本增加几乎都成为承包商TML 联营体的索赔请求[12]，截至 1994 年 4 月，项目公司已支付给承包商高达 12 亿英镑的索赔额。此外，工期延误直接导致了项目正式开通延误，项目公司实质上承担了绝大部分的建造风险。

造成上述的主要原因在于 TML 联营体的成员本身也是欧洲隧道公司的股东。首先，在选择施工承包商的时候缺乏投标竞争性，导致施工合同报价高昂；其次，对于TML 联营体而言，项目公司欧洲隧道公司不是一个强硬的、独立的业主，导致索赔、建设谈判困难；另外，作为英法海峡隧道项目公司股东的施工承包商，主要目的只是在建设施工过程中获得可观的利润，而不是项目本身长期稳定的收入[8,13]。

（三）运营风险

项目公司作为项目的运营者，承担着全部运营风险，但是由于项目公司本身的缺陷所在，项目公司的股东全是施工承办商和金融机构，没有任何运营实体项目的经验[13]，前期运营绩效很不理想。运营时间的延迟、项目公司本身运营能力的不理想、轮渡和航空公司引起的价格战以及其他原因，欧洲隧道公司一直到 1998 年才正式全面正常运营，而此时项目公司的债务负担已经极其严重。

（四）市场收益风险

英法海峡隧道的前期市场研究结果表明项目在经济上是可行的。研究报告认为隧道将比轮渡更快、更方便和安全，比航空在时间和成本上有优势，估计在 1993 年隧道将占有英法海峡客运市场的 42%和货运市场的 17%，即客运量将达到 3 000 万人次，货运量将达到 1 500 万吨[9]。

但是实际情况相比市场研究结果发生了巨大变故，首先是正式开通时间的延迟以及项目运营前期经营管理不善等其他原因，一直到 1998 年英法海峡隧道才全面正常运营；其次是在海峡运输市场上的价格竞争处于被动，进一步减少利润空间，这种不利局面一直维持到 1998 年两家轮渡公司（P&O 和 Stena）合并，欧洲隧道公司才正式确定跨海峡市场中的主导地位；另外，跨海峡市场本身的客运量和货运量也并没有出现市场研究中的增长趋势，欧洲隧道公司对于该市场持过于乐观的态度。

五、结论和建议

在基础设施建设领域中，PPP 模式的创新可以有效减小公共财政负担、优化财政支出配置、引进先进的技术和管理经验。但是，PPP 模式本身并不是万能的，合理公平的风险分担是 PPP 项目成功的关键因素之一。在英法海峡隧道项目中，项目公司破产的主要原因在于过多承担无法掌控的风险。因此本文对基础设施 PPP 项目的风险分担和风险管理要点提出建议：

1. 政府

对于政府而言，在基础设施建设领域中引入私营资本，并不意味着政府可以将所有的风险全部转移给私营部门。

在 PPP 项目中，政府需要有足够的监管，政府监管核心在于定义对项目的输入（支持和担保等）和输出（产量、价格、质量、服务、环保等）要求，并据此在整个项目期间内执行监管。同时，政府必须确保竞标中的有效竞争，提供项目公司忠于特许权协议的激励，同时能够在特许经营期间惩罚投资者的机会主义行为（包括以参与 PPP 项目为门槛，主要目的是在施工阶段获得足够回报的短期投资行为）。

总的来说，政府有能力影响规章制度、政策、法律和其他规定，相比私营部门对政治风险、法律变更风险、国有化风险等更有控制能力，因此这些风险应该由政府来承担。

2. 私营投资者

与政府相比，私营投资者则对项目的融资、建设和经营等相关风险更有控制能力，因此在特许权协议中通常将这些风险以条文形式转移给私营投资者。而投资者则可以将部分风险转移给其他更为专业的机构，如将建造相关风险转移给施工承包商。

对于参与 PPP 项目的投资者应该重视以下几点：

首先，需要谨慎选择投标合伙人，发起人组建 PPP 项目投标联合体时，应紧紧围绕三个目标来进行伙伴选择：①确保联合体在项目竞标中的竞争优势，增加竞标成功的概率；②确保中标后所组建的项目公司在特许期内各阶段具有足够的运作能力，保障特许权协议的顺利执行和实现预期收益；③尽可能优先保障发起人的个体利益。

其次，需要客观评价政府对项目的支持，注意保证项目在某一区域的垄断性，客观准确评价市场环境，切勿过分乐观预测，高估市场前景，低估市场竞争风险、价格风险和需求风险。

最后，制定严格谨慎的融资方案和财务预算，认真对待高杠杆融资背后的潜在危险，确保项目的垄断经营和收入稳定的市场优势。

3. 金融机构

PPP 模式是一种典型的项目融资，由项目的稳定收入来源作为全部融资基础，还款保证应仅限于项目资产以及项目合同协议规定的其他利益。因此，金融机构在 PPP 项目中应该承担的主要风险包括融资成本增加、成本超支、项目公司破产、通货膨胀、利率风险等。具体而言，金融机构需要积极参与项目的决策和为政府和企业提供必要的咨询服务，增强对项目融资的理解，放宽对 PPP 项目融资条件的限制，制定适合于 PPP 项目的项目评价标准等。

参考文献

[1] Tiong RLK and Alum J. Final negotiation in competitive BOT tender [J]. Journal of Construction Engineering and Management, 1997, 123（1）: 6-10.

[2] Lam KC, Wang D, Lee PTK and Tsang YT. Modeling risk allocation decision in construction contracts [J]. International Journal of Project Management, 2007, 25（5）: 485-493.

[3]Rutgers JA and Haley HD. Project risks and risk allocation [J]. Cost Engineering, 1996, 38（9）: 27-30.

[4] 刘新平，王守清. 试论 PPP 项目的风险分配原则和框架[J]. 建筑经济，2006，280（2）: 59-63.

[5] 罗春晖. 基础设施民间投资项目中的风险分担研究[J]. 现代管理科学，2001（2）: 28-29.

[6] 张水波，何伯森. 工程项目合同双方风险分担问题的探讨[J]. 天津大学学报（社会科学版）, 2003, 5（3）: 257-261.

[7] Groupe Eurotunnel. Our History [OL]. [2007-7-28]. http://www.eurotunnel.com/ukcP3Main/ukcCorporate/ukcAboutUs/ukcOurHistory/ukpHistory.htm.

[8] Francis WA. The Channel Tunnel: A Case Study [R]. National Defense University, Washington, D.C. Executive Research Project, CS8, 1993.

[9] 王锡龙. 欧洲隧道工程是为什么负债[J]. 国际融资, 2002（4）: 53-57.

[10] 张迪. 非凡的欧洲隧道工程步履维艰[J]. 国际融资, 2003（7）: 43-45.

[11] 吴之明. 英吉利海峡隧道工程的经验教训与 21 世纪工程——台湾海峡隧道构想[J]. 科技导报, 1997（2）: 12-16.

[12] Kirkland CJ. The Channel Tunnel: Lessons Learned [J]. Tunneling and Underground Space Technology, 1995, 10（1）: 5-6.

[13] Smith AJ. Privatized Infrastructure: the role of government [M]. Thomas Publishing, 1999.

（《土木工程学报》2008 年第 12 期，第 97-102 页）

海外公私合营（PPP）项目政治风险的识别与应对

作者：冯珂　刘婷　王守清

【摘要】 随着“一带一路”建设加快推进以及我国从资本净流入国向资本净流出国转变，中国工程企业借助公私合作（PPP）模式参与海外工程市场竞争正逐渐成为常态。然而“一带一路”沿线区域多为处于社会转型期的发展中国家，政治环境不稳定，给项目的顺利实施带来了诸多不确定风险。我国企业需在风险评估、公关意识以及当地政治走向方面加强重视，提高对项目政治风险的识别能力，以有效的风险管理确保项目的成功实施。

【关键词】 “一带一路”　海外工程　公私合营（PPP）　政治风险

发展中国家对基础设施投资有着旺盛的需求，资金短缺是制约“一带一路”区域国家发展的主要原因。以亚洲为例，2010—2020 年，基础设施投资总需求为 8.28 万亿美元，其中新建投资需求占比 68%，维护及改造投资需求占比 32%。[1]尽管我国积极推动了一系列新平台和新模式为“一带一路”沿线国家在基础设施建设、资源开发、产业合作等方面提供融资支持，但与区域内发展中国家所面对的巨大基础设施投资需求相比，仍存在较大的缺口。在 2013 年 9 月举行的第 20 届亚太经合组织财长会议上，我国财政部部长楼继伟表示，应通过公私合作（PPP）方式积极调动社会资本参与基础设施发展，并推动国家多边开发机构在动员资源促进基础设施发展方面发挥更大作用。[2]2014 年 12 月召开的国务院常务会议进一步明确指出，将采取债权、基金等形式为“走出去”企业提供长期外汇资金支持。

“一带一路”沿线国家具有资源丰富、经济增长潜力大、基础设施需求旺盛等优势，吸引了众多我国工程企业的参与。然而，这些国家同时也存在政党、经济、民族、宗教等错综复杂的矛盾，给项目的顺利实施带来了严峻的挑战。随着越来越多的中国工程企业借助 PPP 模式参与到海外工程市场的竞争中，政治风险已成为影响我国企业海外投资的最主要的因素之一。据《中国企业国际化报告（2014）》蓝皮书调查，2005—

2014 年期间发生的 120 起“走出去”失败案例中，25%的失败案例都是由东道国的政治风险引起的，其中 8%的失败案例发生在项目立项和审批环节，17%的失败案例发生在项目建设和运营环节。[3]

与传统工程承包模式相比，PPP 项目初期投入多，投资回收期长，运营期一般长达几十年，对东道国政治、法律环境的稳定性提出了更高的要求。同时，在 PPP 模式下，工程企业承担的角色由以往单纯的工程承包商向投资商、承包商和运营商并重的角色转变，政治风险对 PPP 项目的影响也扩展到了更多环节。从实践中看，目前我国工程企业虽然具备了承接大型工程的建设能力，但仍存在着国际化经营经验不足、风险管理专业人才缺乏等短板。近年来涌现出的一系列因政治风险而引发的海外 PPP 项目失败案例，反映出我国企业特别是工程企业的风险管理能力仍有欠缺。因此，如何科学识别和应对海外 PPP 项目中所蕴含的政治风险值得深入探讨，以便帮助“走出去”企业更好地识别、分析和应对潜在风险，成功实施“一带一路”建设。

一、政治风险的识别与分类

政治风险是项目所在国政府采取的可能会危害项目发展的行为，此类行为可能发生在中央政府、省级政府和当地政府中的任何一级。PPP 项目中主要的政治风险包括了法律变更、腐败、审批延误、征收、政府的可靠性等。[4]向美国投资者提供政治风险保险的海外私人投资公司（OPIC）则将政治风险定义为“某些政治事件发生的可能性”，这些事件的发生将改变一个特定投资项目的盈利前景。[5]Sachs 等则将政治风险分为货币不可兑换和汇兑风险、征用风险、合同违约风险、政治暴力风险、法律监管和官僚风险以及非政府行为的风险等六大类。[6]

在广泛阅读有关 PPP 项目风险管理的国内外文献的基础上，相关学者初步筛选出一张政治风险清单。[7]清单中的风险因素按照来源划分为国家级、市场级和项目级三个层次。经小组探讨、案例分析和专家访谈，最终确定的政治风险识别清单如表 3-23 所示。

表 3-23　PPP 项目政治风险识别清单

级　别	编　号	风险因素	级　别	编　号	风险因素
国家级	1	与其他国家发生战争	市场级	1	当地政府办事效率低
	2	国际政治压力带来动乱		2	中央已批准但地方不支持
	3	中央政府国有化		3	当地政府拒付债务
	4	国家政策法规不公开透明		4	突发事件暂停项目
	5	国家政策法规不稳定连续		5	当地政府中止合同
	6	国家政策法规强制条件多		6	当地政府换届并出台新政策

续表

级　　别	编　　号	风险因素	级　　别	编　　号	风险因素
国家级	7	国家限制外汇兑换	市场级	7	新政府不承认原合同
	8	国家改变外汇汇率		8	新政府提高收费
	9	国家限制外汇汇出	项目级	1	政府官员贪污腐败
	10	国内发生战争		2	政府限制原材料供给
	11	国内部分地区动乱		3	政府不配套公共设施服务

二、海外 PPP 项目政治风险识别需注意的问题

PPP 模式可以充分发挥公、私部门各自的优势，更好地利用有限的资源，成为当前承接国际工程项目的主要模式之一。在“一带一路”建设的推进中，我国企业也积极借助这种模式竞争承包海外工程项目，但从过去的实践和经验来看，我国企业在识别和应对海外 PPP 项目的政治风险时需在以下方面加强重视：

1. 风险评估和认知准备

与欧美发达国家工程企业相比，我国企业具有成本和进度优势，但对项目隐藏风险的评估和认知能力却相对不足。不可否认，我国企业在与东道国政府签订合作协议之前，对项目的潜在风险进行了充分的识别和评估，但从项目实施的结果来看，在涉及项目实施的政治风险方面的评估和认知工作仍存在可以改善的空间。如在某海外 PPP 项目中，该项目实施地处于少数民族武装力量和东道国政府军势力交错的地区。在项目实施过程中，东道国政府军以保护投资为由要求少数民族武装力量撤出项目实施附近区域，改由政府军进驻，双方在项目附近地区爆发了一系列的武装冲突。若我国企业在该项目的风险评估过程中，能充分考虑各方政治势力的复杂关系，并对当地特殊的少数民族文化、民族主义和地方自治主义等政治风险因素进行充分认知，将有利于及早识别项目风险并做出应对措施。这些工作的缺失带来了风险评估过程中的漏洞，都给后续项目的顺利实施埋下了隐患。

2. 企业公关意识

我国公司比较注重与东道国中央政府的公关，通常能够取得中央政府对于项目的支持。相比之下，不够重视与项目所在地的地方自治势力及其他项目干系人就项目实施细节展开充分沟通。在上述同一项目中，项目实施地的少数民族有寻求高度地方自治的倾向，而东道国中央政府对地方性事务的影响力有限，当中央政府与地方自治势力产生意见分歧时，就会严重影响项目实施的安全性。同时，由于没有与东道国的非政府组织、民主人士以及媒体等建立充分的联系，在项目实施过程中，项目在创造经济效益、增加就业机会、改善当地民生等方面的积极作用没有得到广泛的宣传。相反，

项目在环保、安全等方面的话题被东道国媒体反复炒作，形成了反对项目建设的舆论声浪。此外，项目虽然严格履行了两国的法律程序，但项目环境影响评价等工作中的详细内容没有向公众保持公开透明，同样会引发东道国公众的质疑。

3. 对当地政治走向的了解

某些东道国当前正处于社会转型期当中，国内利益矛盾冲突凸显，政治环境受各种因素综合作用而复杂多变。在项目的实施过程中，要保持对东道国国内政治形势、政治走向变化的关注。在该项目中，虽然东道国总统和政府官员在项目实施初期保持着支持态度，但受国内各种政治事件和其他政治势力的影响，其态度逐渐发生了转化。比如，反对派领袖发表请愿书，对项目产生的环境影响和安全问题提出了质疑并要求停止；东道国政府军与地方少数民族武装在项目实施地附近爆发冲突。在这些事件的影响下，东道国内逐渐形成针对该项目的反对势力。最终，为了体现对民意的尊重和获得政府内部其他派系的支持，东道国政府选择叫停项目。可见，对于东道国国内政治环境的变化，我国企业若能及时加以跟踪，并根据当地政治走向的发展采取果断措施调整对风险的应对措施，将有利于减少企业的损失。

三、工程企业参与海外 PPP 项目政治风险的应对

为促进我国工程企业更好应对海外 PPP 项目的政治风险，现从企业的角度提出如下的政策建议：

1. 建立全面的风险考察体系，充分识别分析潜在的风险

风险考察和识别是海外 PPP 项目正式开工建设之前最重要的准备工作之一。在公司内部要逐步构建全面的风险考察与管理体系，对项目所在地的政治风险和已采取的风险应对措施的有效性进行定期评估，强化各级管理者的风险意识。要对东道国的总体政治形势做出全面的判断，考查因素应当包括东道国政府的执政能力、东道国中央和地方政府内各政治派别及其政治理念、对国外投资者的政策及变化情况等。企业可在对政治风险进行了全面考察和评估的基础上，选择社会和政治较为稳定的投资项目进行建设运营。

同时，在参与海外 PPP 项目的投标和合同签订工作之前，项目管理团队应做好对项目实施环境的尽职调查工作，充分了解东道国在法律、文化、财务、技术标准、劳动规范、原材料价格等方面的要求。同时，要做好现场勘查的工作，充分认识当地特殊情况给项目施工的难度和复杂性所带来的潜在影响，避免简单照搬国内经验所可能引起的工期延误、预算超支或工程量变更等风险事件。

2. 加强与非官方组织的沟通交流，树立良好的企业形象

“一带一路”沿线国家多采取多党制的民主选举制度，权力比较分散，国内的重

大政治事务和经济发展规划需要由执政联盟中的各党派共同协商决定。国内政治形势受到地方利益团体、民族、宗教势力，甚至外国政府和国际组织的影响，不稳定性强，给我国工程企业在海外的公关活动造成了非常复杂的局面。在海外 PPP 项目中，企业除了与政府建立起密切联系外，也要密切关注投资项目中其他项目干系人如环保组织、意见领袖、工会、当地社区、媒体等的诉求。应摒弃只关心短期收益的思路，秉持机会共享和合作共赢的发展理念，积极与项目干系人开展沟通交流。

建立良好的企业形象是应对海外公关危机的起点，要增加企业运作的透明度和公众参与，通过关注当地民生发展、参与环保等方式更好地融入项目实施地社会。并注意挑选负责诚信的当地合作伙伴，避免因不规范不透明的项目运作引发公众和社会的质疑。企业应完善自身的信息发布渠道和舆情监督机制，做好舆论信息的引导，与当地媒体做好沟通，促进企业正面形象的展示，减小负面突发事件对企业声誉的伤害。

3. 遵守国际市场的竞争规则，利用多种措施分散项目风险

对工程招标和合同管理，国际建筑市场上有成熟的法律体系制度。我国工程企业在投标和参与 PPP 项目的建设运营中要严格遵守国际成熟的法律法规制度，公平参与项目竞争，保持项目运作的合规性和合法性。对风险的控制应深入项目管理模式和管理流程，并借助合同、保险、准备金等风险管理措施降低风险的危害。在 PPP 项目中，项目公司与其他项目干系人之间的权责关系正是通过一系列的项目合同关系如股东协议、施工分包合同、设备采购合同、原材料供应合同、产品购买协议等来加以明确的。

尤其要重视合同文本中关于工作范围、项目变更补偿、原材料涨价风险分担、服务/产品价格调整、争端仲裁解决等直接影响到承包商经济利益的关键条款的规定和表述。可通过履约保函、预付款保函、维修保函、保留金等措施将部分风险转移给分包商和供应商。对于海外 PPP 项目东道国政治风险，企业可考虑使用政策性金融工具分散风险，也可购买由国际信用保险公司（如 ACE、AIG、Chubb 等）提供的政治风险商业保险、寻求国际金融机构（亚洲开发银行、世界银行、亚洲基础设施投资银行等）的贷款支持。

四、结语

有效的风险管理是确保海外 PPP 项目成功实施的核心工作之一。在迎接“一带一路”建设带来的发展机遇的同时，工程企业也应对海外 PPP 项目中隐藏的风险保持警惕。对东道国政治风险的识别和应对措施的研究将有助于促进工程企业科学地进行项目决策、实施和管理，对工程企业更好地参与海外工程市场竞争具有一定指导意义。

参考文献

[1] Asian Development Bank, Infrastructure for a Seamless Asia, 2009.

[2] 中国新闻网,《第 20 届亚太经合组织财长会议在印尼巴厘岛举行》, 2013 年 9 月 20 日。http://www.chinanews.com/gn/2013/09-20/5303065.shtml.

[3] 中国网财经,《国内首部中国企业国际化报告（2014）蓝皮书发布》, 2014 年 10 月 30 日。http://finance.china. com.cn/news/20141030/2761328.shtml.

[4] Wang S Q, Tiong R L K, Ting S K, Evaluation and management of political risks in China's BOT projects[J]. Journal of Construction Engineering and Management, 2000, 126（3）.

[5] Ashley D B, Bonner J J, Political risks in international construction[J]. Journal of Construction Engineering and Management, 1987, 113（3）.

[6] Sachs T, Tiong R L K, Wang S Q. Analysis of political risks and opportunities in public private partnerships（PPP）in China and selected Asian countries: Survey results[J]. Chinese Management Studies, 2007, 1（2）.

[7] 王盈盈，柯永建，王守清. 中国 PPP 项目中政治风险的变化和趋势[J]. 建筑经济, 2008（12）: 58-61.

（《海外投资与出口信贷》2016 年第 4 期，第 10-13 页）

国际工程项目投融资管理

作者：王守清　张子龙

近二三十年来，随着“走出去”战略的实施和推动，我国建筑企业尤其是央企等大型企业在承揽了大量的国际工程承包业务，也尝试了一些对外投融资项目。这些项目有成功的，也有失败的，我国建筑企业在这一过程中积累了大量的经验和教训，承揽国际工程的能力也有了较大的进步和提高。但是，由于国际经济形势变化、我国劳动力成本的上升和部分国家对劳动力输入的限制等因素的影响，我国建筑企业近年来出现了国际工程项目竞争力不足的情况，尤其是国际工程项目投融资管理能力缺乏的问题凸显，本文将从国际工程项目交付模式选择、融资渠道选择和风险管理三个角度，简要分析我国建筑企业“走出去”在投融资管理方面应该注意的问题和解决方案。

一、项目交付模式选择

从 20 世纪 70 年代末期开始，我国建筑企业开始“走出去”承揽国际工程项目。随着技术、企业能力、国际建筑市场环境的变化，一步一步发展至今，业务模式从单纯的劳务分包，向施工/设计/供货分包、施工总包、项目管理承包、工程总承包（DB/EPC）、带资承包（含信贷/BT 等）、特许经营/公私合作（PPP，含 BOT/TOT/PFI 等）逐步发展，越靠后的项目交付模式对企业的综合能力要求越高，风险越大，如果成功，相应的收益也越高。到目前为止，我国大型建筑企业特别是央企在海外承揽项目的主要业务模式已经是工程总承包和带资承包[1]。

随着各国对劳动力输入的限制和我国劳动力成本上升的挑战，我国大型建筑企业在进一步提升工程总承包的能力，并尝试对外投融资特别是 BOT/PPP 业务，以提高我国建筑企业在国际上的项目承揽竞争力，同时参与项目建成后的经营，延长业务期和盈利期。从长远来看，这一点非常重要，因为建筑业波动很大，从长远而言又是夕阳产业，而承揽 BOT/PPP 项目，参与项目经营，可以将盈利期延长到二、三十年。BOT/PPP 业务比例的增加，可以帮助企业应对类似于 1997 年、2008 年这种短暂而强烈的区域性甚至全球性经济危机，减少经济危机发生时国际工程业务的下滑。但是，BOT/PPP 对企业综合理能力特别是投融资管理和项目全过程集成管理能力的要求也是最高的，对应的风险也最大。我国建筑企业应根据自身发展阶段、承揽业务能力、投融资能力、复合型人才储备等实际情况，适当开发 BOT/PPP 项目，并朝着这个方向，逐步进行人才储备、经验积累、业务结构调整、转型升级，提升自身的海外项目竞争力[1]。

目前我国建筑企业对外投资 BOT/PPP 项目还很少，分析其原因，除了因为我国企业对外业务主要是在国别风险大的不发达国家，主要面临以下几方面的困境[2]：

第一，政府对央企/国企高管的年度和任期考核与激励制度不适应长期的 BOT/PPP，因为 BOT/PPP 项目一般要七八年甚至更长年限才能见效益，央企/国企的高管为了满足考核要求，加上 BOT/PPP 项目风险大，他们自然不愿意做这种“前人栽树，后人乘凉”的冒风险业务。

第二，我国企业的对外 BOT/PPP 项目资金主要靠中国进出口银行等政策性银行的有限支持，国内商业银行参与对外 BOT/PPP 项目的意愿不强、参与度不高，大大阻碍了我国企业参与对外 BOT/PPP 项目。

第三，我国企业的融资渠道和融资模式单一，目前我国企业自有资金不足，对外 BOT/PPP 项目多靠间接融资（融资成本高）且多是完全追索的企业融资模式（表内融资，对企业风险大），无法通过 BOT/PPP 项目公司采取项目融资模式并实现有限追索

（隔离项目公司与股东母公司的风险），使得我国企业对外投资 BOT/PPP 项目的收益与风险不匹配，打消了企业的积极性。

第四，我国企业缺乏与国际商业银行特别是国际多边金融机构合作的意愿与经验，未能拓展国际融资渠道，特别是没能发挥国际多边金融机构的优势（如资金较充足）和作用（如对国别风险的有效控制）。

为解决上述困境，我国企业和政府都应做出相应的努力。政府方面，应完善和落实《境外投资管理办法》，简政放权，完善国企/央企高管考核和激励机制，发挥企业和行业团体的能动性和创造性，促进我国企业积极参与对外投资 BOT/PPP 项目；逐步改革我国金融体系，促进人民币和中国的银行“走出去”，加强银企合作，实现以资金为龙头，带动投资、工程和供应等企业抱团“走出去”；扩大“企业海外投资保函风险专项资金”的规模，放宽条件，增加额度，制定符合对外工程企业特点的授信评级体系，改革外汇管理体制，加大利用外汇储备推动对外投资业务支持[2]。企业方面，应转变观念，加快业务的转型升级；加强对复合型人才的培养；加强与国际多边金融机构的合作，增强自身承揽 PPP/BOT 项目的专业能力。

二、融资渠道选择

如上所述，我国建筑企业缺乏与国际商业银行特别是国际多边金融机构合作的意愿与经验。而我国的对外工程承包企业普遍负债率偏高，国内银行参与对外项目的意愿和能力都不足，使得我国建筑企业的融资能力受到很大限制。在此背景下，我国企业应努力拓宽自身融资渠道，提高自身融资能力，提升项目承揽竞争能力。

根据中国企业承揽国际工程的经验，以下六种渠道比较适合中国企业进行融资[3]：

（1）世界银行集团。世行集团由五个机构组成：国际复兴开发银行（IBRD）、国际开发协会（IDA）、国际金融公司（IFC）、多边投资担保机构（MIGA）和解决投资争端国际中心（ICSID）

（2）亚洲开发银行。亚洲开发银行是一个区域性国际金融机构。亚洲开发银行对发展中成员的援助主要采取四种形式：贷款、股本投资、技术援助、联合融资和担保，目前的贷款重点主要是交通和城建环保等领域

（3）商业银行。商业银行还可细分为中国商业银行、项目所在国商业银行和国际商业银行。

（4）政策性银行。对于我国企业来说，较难获得国外政策性银行的支持，而且 2008 年国家开发银行由政策性银行转型为商业银行，所以本文所指的政策性银行主要是中国进出口银行，是我国对外承包工程及各类境外投资的政策性融资主渠道。

（5）债券市场。对于特定国家、特定地区的项目，如果项目收益前景很好且拥有著名项目发起人的发展中国家基础设施 PPP 项目，可以进入国际债券市场如美国、日本、德国、英国等。一般具有发行人和投资者分属不同国家、筹集到的资金期限较长、对发行人的资信要求高等特点。

（6）机构投资者。机构投资者从广义上讲是指用自有资金或者从分散的公众手中筹集的资金专门进行有价证券投资活动的法人机构，如各类基金。机构投资者的主要业务之一是对发展中国家和发达国家的私有基础设施项目进行投资，这种方式可以实现对基础设施公司和项目投资组合的多元化。因此，与商业银行不同，机构投资者的资金一般是长期合同存款，包括长期信贷、中间资金或纯权益资金等。

上述融资渠道有下列三方面的不同特点。

（1）从贷款对象和条件的要求方面考虑，世行中的国际复兴开发银行贷款和国际开发协会贷款的贷款对象主要是会员国官方、国有企业和私营企业（如果借款人不是政府，则需要政府提供担保）；贷款多用于工业、农业、能源、运输、教育等领域；且对拟贷款的项目进行非常严格的评价和审查，对于项目可行性、可持续发展、是否适应世界银行和项目国家的环境标准都要考察评审。亚行的贷款条件和程序与世行类似。商业银行一般只考虑借款人和项目的经济属性。债券融资主要考虑的是项目的稳固现金流转、符合环境标准、位于投资级国家和项目公司股东的实力等。近几十年在欧美和日本等发达国家基础设施融资当中债券融资迅速占据主导地位，大量基础设施项目通过上市发行等资本运作都筹集到了巨额资金。机构投资者由于所拥有的资金大多是长期合同存款，因此更加注重项目的前景，而不是项目短期的还贷能力[3]。

（2）从融资成本的角度考虑，世界银行集团的主要任务是利用资金为发展中国家带来效益，以低息、无息和赠款的方式向不具备国际金融市场融资渠道的国家提供资金，其融资成本是非常低的；亚洲开发银行所发放的贷款有普通资金来源贷款、特殊基金来源贷款两类。普通资金来源贷款的利率为浮动利率，每半年调整一次，贷款期限为 10～30 年。特殊基金来源贷款是优惠贷款，只提供给人均国民收入低于 670 美元且还款能力有限的会员国或地区成员，贷款期限为 40 年，没有利息，仅有 1%的手续费，融资成本也较低；从商业银行融资，除支付利息外，还需支付包括管理费、代理费、承诺费和杂费等费用，国际银团贷款可能还有安排费、包销费等，融资成本较高；中国进出口银行的利率一般低于同期市场利率，利率参照 OECD（经济合作与发展组织）公布的商业参考利率（CIRRs）执行固定贷款利率，或在伦敦银行同业拆放利率（LIBOR）的基础上加上一定利差后执行浮动利率，特殊情况可双方协商确定；国际债券融资筹集的资金期限长、成本低，适合大型项目的融资需求；从目前我国资本市场的状况来看，尚不具备从机构投资者获取长期债务贷款的条件，即使有个别机构投资者有合作的意愿，其要求的资本回报率都很高[3]。

（3）从资金使用自由度方面考虑，世行、亚行等多边金融机构和政策性贷款机构一般会通过银行账户监管贷款的支付和使用，按照项目上报的进度逐步发放贷款。由于多边机构和政策性银行具有一定的援助性质，所以对贷款的偿还规定具有一定的妥协余地，出现财务问题时可以与贷款发放机构进行谈判，在允许的范围内调整还贷安排。既世行、亚行贷款在资金使用上自由度不高，但在还款方面具有一定的自由度；商业银行贷款、银团贷款等资金的支付可以一次到位，只要项目保证按时还本付息就不会对贷款资金的后续使用进行过多的干涉，自由度较高，但还款方面没有太多的灵活性，需严格按照借款合同进行偿还；债券对资金的用途一般也没有限制，但是需严格到期还款[3]。

综上所述，从贷款对象、融资成本、资金使用自由度三个层面综合考虑，在满足相应条件的情况下，特别是从管控国别风险的角度，企业一般情况下应依次优先考虑世行贷款、亚行贷款、政策性银行贷款、发行债券、银团贷款（如果数额特别巨大）、机构投资者、一般商业银行贷款。

三、风险管理

由于建筑企业可能对项目所在地的政治、环境、市场等因素并不十分熟悉，导致对外投资的风险大大高于国内一般工程项目投资，因此对风险的管理是对外投资项目能否成功的关键因素。目前我国建筑企业对外投资 BOT/PPP 项目主要存在以下几个问题：

第一，对项目所在国的法律政策、市场环境信息匮乏，无法对项目风险进行比较准确的评估特别是定量评估。

第二，缺少与国际多边机构的合作，无法对项目所在国政府进行有效约束，频频遭遇政府违约等国别风险。

第三，缺乏经验，没有严把合同关，风险分担不合理，承担了过多的风险而没有适当的收益。

针对这些问题，特别应从以下几个方面提升企业的风险管理能力：

第一，企业在决定对外投资之前，必须对所在国的政治环境、宏观经济、市场环境、法律法规政策等收集充分的信息以进行风险特别是国别风险的识别和评估，并相应制定风险应对措施。信息来源的渠道有很多，企业需要针对多方面的信息进行综合考虑和评估。中信保每年都会发布《国家风险报告》，覆盖全球 190 个主权国家，还有部分行业的风险分析报告，国家发展改革委外资司提供的国别情况介绍也是重要的参考信息。权威国际金融杂志《欧洲货币》(Euromoney)、《机构投资家》(Agency Investor)都定期公布他们对于世界各国政治风险的评估结果,《欧洲货币》近年来在每年的第 9 期上都公布国家风险评级。该评级由国际报告集团提供,包括了世界上所有国家和地区。共分为政治风险、外汇储备、国际收支、国内银行体系等九项内容,其中政治风险占 25%。在该政治风险评级中,发达国家一般得分较高(在 20 分以上,满分 100),发展中国家普遍得分较低(10 到 20 分之间),最不发达国家最低(低于 10 分)。此外,一些著名的咨询顾问机构,如香港的政治与经济风险顾问公司(Political and Economical Risk Consultancy, PERC)、瑞士的商业环境风险评估公司(Business Environment Risk Intelligence, BERI)、英国的经济学家情报社(Economist Intelligent Unit)也提供类似的服务。

第二,我国建筑企业应加强与国际多边机构的合作,世界贸易组织、联合国贸发会议在内的多家国际组织,都曾经试图将直接投资问题纳入各自的一揽子解决框架,但是在政治风险保险问题上取得实质性进展的,还是世界银行集团的"多边投资担保机构"(Multilateral Investment Guarantee Agency,MIGA),该机构成立于 1988 年,中国是其创始成员国之一。

第三,把好合同关,做到风险公平分担。风险公平分担主要有以下原则,其中有效控制原则、风险成本最低原则、风险上限原则和动态原则对 BOT/PPP 项目尤其重要[4-6]:

(1)公平原则。既强调合同条款本身对风险的权利义务的均衡,也强调合同所派生的风险权利义务的均衡;既关注合同主体的由于风险事件引起的收益,也同时关注合同主体面临的风险损失,即做到"有福同享,有难同当"。

(2)归责原则。可针对不同类型的项目风险因素确立不同的归责原则,形成具有内在逻辑联系的包括过错原则、过错推定原则、违法原则、严格责任原则在内的多元化归责原则体系。

(3)风险收益对等原则。当一个主体在有义务承担风险损失的同时,也应该有权利享有风险变化所带来的收益,并且该主体承担的风险程度与所得回报相匹配。

(4)有效控制原则。风险的分担应与参与各方的控制能力对称,将风险分担给最能管理和减少该风险的一方。

(5)风险成本最低原则。风险分担应使参与各方承担风险的总成本最小,包括生产成本、交易成本和风险承担成本。

(6)风险上限原则。即每一方承担的风险要有上限(可定性确定或用定量如财务指标确定),超过上限后实施调节/调价机制甚至启动重新谈判(事先定好谈判原则)。

（7）直接损失承担原则。如果某风险发生后，一方为直接受害者，则该风险应分担给该方承担。直接受害者具有防范、控制此类风险的内在动力和积极性，可以提高风险管理的效率，从而提高风险管理效率。

（8）动态原则。风险分担应该随着外部条件和合同各方情况的变化而改变，各方要主动制定应对风险的措施（如合同中设立动态调节/调价机制），协同解决风险，实现共赢的目的。

（9）风险偏好原则。如果项目某参与方对某种风险的偏好系数最大，就意味着该项目参与方最适合承担该风险。

参考文献

[1] 杨金林，陈传，王守清. 顶级国际承包商的业务特征和发展模式[J]. 建筑经济，2008（S1）: 41-44.

[2] 王守清，张子龙. 我国企业对外 BOT/PPP 投资困境及建议[J]. 国际工程与劳务，2014（5）: 9-12.

[3] 亓霞，王守清，李湛湛. 对外 PPP 项目融资渠道比较研究[J]. 项目管理技术，2009（6）: 26-31.

[4] 柯永建，王守清，陈炳泉. 英法海峡隧道的失败对 PPP 项目风险分担的启示[J]. 中国土木工程学报，2008, 41（12）: 97-102.

[5] 刘新平，王守清. 试论 PPP 项目的风险分配原则和框架[J]. 建筑经济，2006, 280（2）: 59-63.

[6] 罗春晖. 基础设施民间投资项目中的风险分担研究[J]. 现代管理科学，2001（2）: 28-29.

（《国际工程与劳务》2014 第 5 期，第 9-12 页）

海外基础设施 PPP/BOT 项目的风险评估

作者：刘申亮　刘新平　王守清

一、引言

目前，PPP/BOT 项目融资模式已经为国际大型工程项目所广为采用。伴随着中国综合国力的不断上升，国内一些具有雄厚实力的企业积极开拓海外工程承包市场，在多个项目的运作中都取得了引人瞩目的成功。在运用 PPP/BOT 模式中，正确识别项目的风险，在各参与方之间合理分配风险并进行有效的管理是项目成败与否的一个重要因素。本文针对工程承包企业在海外开拓基础设施建设市场这一问题，结合一公司在海外市场上开拓的 PPP/BOT 项目案例—运用国内外学术界在项目融资领域所提出的研究成果和方法，分析总结影响类似项目成败的不确定性因素（风险），以指导中国工程承包企业更好的走出国门、运用 PPP/BOT 项目融资模式开拓海外基础设施建设市场。

二、PPP/BOT 项目的风险管理

（一）PPP/BOT 项目风险分配的一般原则

PPP/BOT 项目风险的分配通常要遵循下列基本原则，以保证项目的谈判和实施过程能公平、有效、顺利地进行，从而确保项目的成功。

1. 由对某风险最有控制力的那方承担相应风险

由于项目所涉及的各方（如发起人、项目公司、政府、承包商、供应商等）对各种风险的控制力不同，因此在分配风险时，应由对某风险最有控制力的那方承担（或主要承担）相应风险，在发展中国家中，项目公司通常应主要承担项目的融资、建设、采购、经营和维护的风险（项目公司会把有关风险转给承包商、供应商、运营商、银行、保险公司等），政府应主要承担法律变更和外汇的风险，而双方共同分担不可抗力风险，等等。

2. 由管理/控制某风险成本最低的那方承担相应风险

很显然，当 PPP/BOT 项目的每一风险都由管理/控制该风险成本最低的那方承担时，项目风险管理所付出的总成本是最低的。当然，这里所说的成本并不仅仅是直接成本或钱的概念，还应包括间接成本或非钱的概念。

3. 所承担风险程度与所得回报要相适应

只有这样，才能鼓励项目有关各方积极主动承担风险，保证项目谈判和实施公平、有效和顺利地进行。

此外，还要特别注意，每个风险都要合理管理。另外，千万不要利用对方的暂时无知签订“不平等条约”，因为 PPP/BOT 项目的合同期通常较长（10～30 年），项目各方要建立长期友好的合作关系，项目才能成功。

（二） PPP/BOT 项目风险管理的一般步骤

对于一般的 PPP/BOT 项目，风险管理通常有下列主要步骤：

（1）分析和确定风险。

（2）选择风险管理措施，就有关风险的分担进行谈判，从而实现项目有关各方之间合理的风险分担。

（3）采取相应的合同结构和风险管理实施方案。

具体地说，风险管理的第一步就是要对与项目有关的潜在风险进行识别，此后的风险分析、分担和管理等是否有效，取决于项目风险识别的准确程度，因此，必须对项目的所有风险、来源及其影响效果进行评估。

要实现这个目的，就需要一套系统的方法来识别和分析项目的风险。项目风险分析着重于剖析与项目密切相关的各种风险要素，以及这些风险要素对项目自身的影响。对项目的风险不仅需要有定性的分析判断，更重要的是对项目风险作进一步详细的分类研究，必要时还需要做出系统的定量分析，将各种风险因素对项目的影响数量化。在此基础上按照前面所述风险分担原则设计出为项目各参与方所能接受的项目结构、融资、建设和运营等合同条款，等等。

项目的风险在很大程度上取决于项目所在地，特别是海外基础设施建设项目，更容易受到外部因素的影响，例如，不同的社会条件和不同的经济政治环境、陌生的法律程序、不熟悉的人力资源市场、不同的市场运作机制和政府管制体系等等。下面以PPP/BOT大桥项目为例就其主要风险的识别、分析和管理，尝试提出一些建议，其中有些已被实际采用。

三、海外PPP/BOT项目的风险管理

（一）项目概况

我们举这样一个例子来说明海外PPP/BOT项目的风险管理。在海外A国有一条河流贯穿全境。长期以来各城市之间交通运输依赖轮渡和远道绕行其他桥梁等途径，交通的不便严重制约了当地经济的发展。因此，在当地建设一座跨越河流的桥梁是地方和中央政府面临的紧迫问题。但是由于资金短缺等问题，项目一直未能启动。因此该国政府发出了大桥项目招标书公开招标，为了把本项目建成国际水准，该国政府希望选择一个有实力的投资商，并与之签订公私合伙（PPP）合同共同建设和开发这座大桥，运营期限不少于20年，由投资商通过收取过桥费和开发旅游项目等手段收回商业贷款投资。有关融资，规划，建造，运营和维护等项目实施方面的具体细节将在合同讨论阶段予以确定，并最终写入PPP合同中。那么，对于投资人和承包商而言，在这样一个海外市场基础设施建设项目中应该如何进行风险的识别和管理呢？

（二）PPP/BOT大桥项目风险的定性分析

采用PPP融资模式的海外基础设施建设项目，一般来说投资大、建设运营时间长、参与方多，项目潜在的风险比较大，下面从国家、市场和项目本身三个层次来定性的分析该大桥项目中有可能存在的风险并提出相应的措施。

1. 从国家层次考虑时，通常要考虑以下四种风险

（1）获准风险。涉外承包项目时，能否顺利及时地得到项目所在国政府的授权和许可，对于项目能否按期竣工、降低成本开支有着重要的影响，而由此对项目造成的损失和不利影响，就是获准风险。在投资类似项目时可能面临的获准风险主要来源于不满足对方国当地政府的各种法律或规章制度的要求而不能按时得到各种证件的审批。这些硬性要求如果有任何不满足都可能得不到当地政府的授权和许可。为降低获准风险，可采取以下措施：①向当地政府部门及时准备和提供所有必要的文件和可行性研究报告；②与当地信誉好的合作者尤其是中央政府机构或国有企业合作；③与当地政府和高层保持良好的关系；④得到外国企业政府的金融机构的支持以此来减少获准风险。

（2）法律变更风险。这主要是项目所在地政府的法律或规章制度发生变更而造成的风险。海外基础设施建设项目可能涉及土地管理法、税法、劳动法、环保法等法律法规，这些法律法规的变化以及其他政府宏观经济政策的变化可能引起项目成本增加，给项目带来损失。因此，建议在海外基础设施建设项目特许权协议中附有由法律变更带来的损失如何分担的条款。在发展中国家，政府对法律风险的控制力要强于项目公司，所以往往由政府主要承担法律变更风险。

（3）国有化风险。系指东道国政府通过有关法令对原属项目公司的财产和权益，全部或部分没收或征用的一种法律措施，在涉外投资时，一定要详细了解项目所在国的有关政策（对外商投资是否有政策支持）、政局情况（政局是否稳定）以及投资方所属国和项目所在国的双边关系。对于在海外市场承担基础设施建设项目的承包商和投资人来说，国有化风险是绝对不可忽略的，因此可考虑以下措施以防范国有化风险：

1）投保。向能提供政治风险/国有化风险的有关金融或保险或担保机构投保，但这种方法的成本可能较高。

2）股权安排。项目公司的股权由若干国家的投资者共同拥有，国有化的风险相对降低，或者要求项目所在国或其友好国家中对项目所在国政府有强大影响力的私营或国有公司，或者国际多边机构如世界银行等国际金融公司加入项目公司，由其掌握部分股权，强制收购的国有化风险会大大降低。

3）债权安排。也是降低国有化风险的一种有效方法，由多个国家的银行组成银团参与 PPP/BOT 项目融资并安排平行贷款。

4）条款安排。主要是在贷款合同中规定交叉违约条款，当东道国政府对项目实行国有化致使贷款得不到偿还时，会构成对其他国际性贷款合同的违约，从而严重影响该国政府在国际金融市场上的融资信誉。

5）政府机构担保。保证不实行强制性征收，或者如果这种征收不可避免，那么会以市场价格补偿项目公司。发达国家一般要求给予充分、有效和即时的保护，发展中国家一般主张给予适当的合理的补偿。

（4）不可抗力风险。主要是由于人为不可控制的因素如洪水、火灾、暴风雪、瘟疫、战争、敌对和禁运等对项目造成的风险，通常可以按风险来源分为两大类：由自然灾害造成的不可抗力风险和由战争、罢工、革命、内乱等造成的不可抗力风险；按风险是否可投保可以分为可保险和不可保险的不可抗力风险。不可抗力风险常常是不可避免和不可控制的，所以只能通过采取各种措施以降低风险所造成的损失。

对于投资方来说，针对不可抗力可采取的措施主要有：

1）投保。即通过支付保险费把风险转移给有承担能力的保险公司或出口信贷机构，以保证项目在遭受不可抗力风险时能得到赔偿，减少损失。

2）寻求政府资助和保证。这是对不可保险或保险成本太高的不可抗力风险的管理方法。可以由对方政府部门向借款人提供担保，以达到减少损失的目的。

3）在合同应事先规定各参与方对不可抗力风险分担比例。

2. 从市场层次上考虑时，通常有以下几种风险

（1）利率风险。利率风险是指在运用 PPP/BOT 模式进行项目融资过程中，由于利率变动直接或间接地造成项目价值降低或收益受到损失的风险。为防范利率风险，通常采取的措施有：

1）固定利率的贷款担保。

2）采用多种货币组合的方式进行项目开支或收益的结算。

3）运用封顶、利率区间、保底等套期保值技术以减小利率变化的影响。

4）寻求政府的利息率保证。

（2）外汇汇率风险。这是指项目因项目所在国货币和国际金融市场的主要货币的汇率波动而蒙受损失的风险。对于汇率风险的防范，除了在 PPP/BOT 的特许权协议规定项目公司和东道国政府对汇率风险各自应承担的责任外，还可以采取一些金融工具来防范汇率变动的风险，具体有：

1）运用掉期等金融衍生工具，这种方法主要适用于硬通货之间。

2）同东道国政府或结算银行签订远期兑换合同，事先把汇率锁定在一个双方都可以接受的价位上。这种方法主要适用于软硬通货之间。

3）外汇风险均担法。

（3）外汇不可获得和不可转移风险。在涉外投资建设项目中，项目在项目所在国获得的收益有时以当地货币结算的，当地货币是否能顺利转换成所需外汇并运出国外以偿还对外债务和其他的对外支付对项目的正常运行将产生直接的影响。在海外基础设施建设项目中，所获得的以当地货币的收益能否自由兑换成所需货币如美元等需要

在合同文件中有相关条款的规定，让项目所在国政府提供外汇可自由兑换担保是最为有效的措施，此外还可采取在合同中约定应付款一部分以当地货币结算，另一部分以外国货币结算的措施以降低外汇不可获得和不可转移风险。

（4）通货膨胀风险。通货膨胀存在于各国的经济生活中，相比而言，发达国家和地区比发展中国家通胀率要低得多，但是对于债权人和投资者而言，不管在哪个国家开发 PPP/BOT 项目都希望避免这种风险。通常可采取的风险防范措施有：

1）在特许权协议中规定相应条款，作为以后对价格进行核查的依据，之后再按公认的通货膨胀率进行调价，或相应增加收费，或延长特许经营期期限。

2）在产品购买协议中规定逐步提高价格条款。

3. 从项目层次考虑，通常有以下几种风险

（1）成本超支风险，是指 PPP 项目工程在建造期间内的费用超过了预算费用。延迟完工、通货膨胀、汇率波动、利率变动以及环境和技术方面产生的问题都是造成成本超支的原因。除非超支部分有新的资金来源，否则项目前景不会乐观。

可采取降低风险的措施有：

1）事先要准备有备用的现金以保证项目建设的顺利进行。

2）在投标阶段要对工程量进行合理的计算和定价。

3）制定清晰合理的计划用以控制项目工期和成本。

4）在协议中加入对利率、通货膨胀率和延期的自动调整条款。

5）向当地或国际银行发行偿付和业绩证券。

6）确保有声誉的业主通过国际机构筹措项目资金。

合理有效采用以上措施，将会有效降低成本超支风险。

（2）管理不善风险：由于对项目的经营管理不善也会给项目带来风险，因此要采取必要的措施以防范管理不善所带来的风险：

1）组建一支有能力有经验的项目管理团队。

2）雇用当地会说两种语言的职工，这使项目公司无论在内部沟通或与外部沟通时都比较方便，这条建议尤其适用像基础设施建设项目的海外承包。

3）清晰的定义每位职工的工作范围。

4）在协议中要有冲突解决方法的条款。

从项目前期发起策划阶段到项目的运营阶段，都要始终注意加强管理，以防止管理不善带来的损失。

（三）PPP/BOT 大桥项目风险的定量分析

现金流量模型的敏感性分析，在项目融资中是为了验证项目在不同假设条件下满

足债务偿还计划的能力。根据对每一个变量所做的敏感性分析，可以估计出该变量的变化对项目所造成的风险程度。鉴于定量风险分析是基于一些假设基础上的，因此以下所列出的有可能并不是最终的分析结论。

1. 车流量

项目决策阶段必须对项目可行性进行全方位的考察，包括对项目所在国社会和经济现状全面的分析，项目所在区域的社会和经济状况的分析，以及对该地域交通运输的现状和历史数据收集，并预测该地域未来对交通运输的需求。此外还需要从工程角度针对项目的自然条件，包括天气气候、地质环境、地形地貌等作调查分析，并对项目在技术和经济上的可行性作详尽的数据收集和分析工作，提出项目的规划、设计、施工、运营、维护方案，对项目产生的经济和社会效益做评估测算。

在 PPP/BOT 项目中，政府的主要顾虑往往在于担心投资商获利过高，因此有可能会在项目运营过程中采取种种措施限制项目利润。本例子中，河流上的其余大桥项目和本项目之间的距离，以及对本项目车流量的影响要经过认真的调查分析和预测。本项目考虑的另外一个重大风险即运营阶段上下游出现竞争性的桥梁项目或者航运公司，因此承包商需要将有关限制大桥项目附近同经营范围的竞争项目的条款列入合同谈判的关键条款，以确保大桥项目的车流量不受影响。

2. 通行收费价格及收入

通行收费价格不仅仅受到国内市场经济因素变化的影响，还受到国际经济变化、汇率变化等因素的影响。考虑到通货膨胀等多种因素对过桥收费价格的影响，需要制定收费调整公式并在合同谈判中予以确定。项目运营通行费用收入变化，尤其是项目运营前期通行费用收入变化对于项目偿还贷款的能力有着至关重要的影响。

3. 运营管理和维护成本

在海外发展中国家市场通货膨胀因素较为突出，这一问题需要得到足够的重视。通过敏感度分析得出结论，认为通货膨胀在项目全生命周期内大大提高了日常运营和维护成本，严重影响了项目经济强度，但必须注意到，在敏感性分析时，单个因素往往不是独立变化的，会受到其他因素变化的制约和影响，由于过桥收费公式中已经包括了根据通货膨胀调整过桥收费标准的考虑，因此在短期内通货膨胀有可能造成项目运营和维护成本的上升，长期的通货膨胀会导致项目公司与政府协商运用调价公式上调收费标准，削弱通货膨胀对于项目经济强度的不良影响。

4. 投资成本

在 PPP/BOT 项目中标之后，承包商不仅仅可以从项目运营期内获取长期收益，还可以在项目建设中获取利润，对于海外市场的工程项目而言，由于涉及方多，需要雄厚的实力和相关的银团、政府多方支持才能够从事竞争，因此参与竞争的对手较少，承包商可以在项目建设过程中获得较国内建筑市场更为丰厚的利润回报。

项目中为了共同承担风险，承包商往往需要通过自出资和商业贷款等途径投入一定资本。承包商投资比例对项目内部收益率和净现值影响显著，当承包商投资比例提高时，项目贷款的偿还期限有显著延长，项目的内部收益率也有显著下降，有可能造成不能按照原定还款计划在规定时间内偿还商业贷款。

四、结语

风险管理是采用 PPP/BOT 融资模式项目的核心内容，正确地识别 PPP/BOT 项目的可能存在的风险以及在各参与方之间合理的分配风险是风险管理中的主要内容。通过有效的项目风险识别，评估和分析，能够对项目的决策、实施和管理提供强有力的帮助，对指导中国企业向海外建筑市场发展具有深远的意义。

（《海外投资与出口信贷》2005 年第 2 期，第 17-20 页）

我国企业对外 BOT/PPP 投资困境及建议

作者：王守清　张子龙

一、我国的 BOT/PPP 政策环境现状

过去二三十年以来，BOT/PPP 模式在推进我国大型基础设施建设、促进经济发展、提高生活水平等方面发挥了重要作用，特别是近年来，我国中央政府更大力度倡导 BOT/PPP 模式。2013 年 7 月 31 日，李克强总理主持召开国务院常务会议，研究推进政府向社会力量购买公共服务（其实就是 BOT/PPP），部署加强城市基础设施建设。同年 9 月 16 日，国务院发布 36 号文件《关于加强城市基础设施建设的意见》，在其“推进投融资体制和运营机制改革”项下中明确表示“建立政府与市场合理分工的城市基础设施投融资体制。政府应集中财力建设非经营性基础设施项目，要通过特许经营、投资补助、政府购买服务等多种形式，吸引包括民间资本在内的社会资金，参与投资、建设和运营有合理回报或一定投资回收能力的可经营性城市基础设施项目，在市场准入和扶持政策方面对各类投资主体同等对待”（其实也是 BOT/PPP）。9 月 30 日，国务院办公厅发布 96 号文件《关于政府向社会力量购买服务的指导意见》，该指导意见中明确表示“教育、就业、社保、医疗卫生、住房保障、文化体育及残疾人服务等基本公共服务领域，要逐步加大政府向社会力量购买服务的力度。非基本公共服务领域，要更多更好地发挥社会力量的作用，凡适合社会力量承担的，都可以通过委托、承包、采购等方式交给社会力量承担”。2014 年 1 月 27 日，财政部网站发布第一财经日报报道：“财政部力推 PPP 模式”，报道称，PPP 模式是解决新型城镇化建设投资额巨大，地方政府债务危机的新手段，财政部将大力推广。特别是“在当前创新城镇化投融资体制、着力化解地方融资平台债务风险、积极推动企业‘走出去’的背景下，推广使用 PPP 模式，不仅是一次微观层面的操作方式升级，更是一次宏观层面的体制机制变革。”财政部部长楼继伟如此表述 PPP 模式的意义。总之，目前我国政策对推广国内 BOT/PPP 的形势一片大好，企业参与 BOT/PPP 项目的热情有望在之前第一和第二轮高潮后再次达到第三次高潮，但是，相比而言，我国对外投资 BOT/PPP 项目，经过商务部、对外承包工程商会和有关高校等在过去近十年的宣传与推广，虽然我国企业已成功签约了一些对外 BOT/PPP 项目，但无论是项目数量和投资额都远远低于期望，而且企业的热情似乎也在明显下降，这与国内的走势并不协调，其原因究竟是什么？值得探讨。

二、我国企业对外投资 BOT/PPP 项目的困境

目前，我国对外投资 BOT/PPP 项目与对外工程承包项目一样，主要集中在非洲、东南亚等第三世界国家，我国企业所面临的市场环境较国内而言恶劣得多，对项目风险的管控能力远低于对国内项目风险的管控，特别是 BOT/PPP 项目都具有投资大、周期长、涉及面广、前期成本高、合同结构复杂等特点，导致我国企业对外投资 BOT/PPP 项目的风险较大，企业都比较谨慎。而且，从过去近十年我国企业跟踪和实施对外 BOT/PPP 项目的实践经验看，面临很多实际困难，除了上述，归纳起来，主要还有以下几点：

（1）国内银行特别是商业银行参与对外 BOT/PPP 项目的意愿不强、参与度不高。主要原因是国内银行的贷款利息高，与国外资金相比没有利息优势，融资成本高，加上国内银行的相对垄断，主要靠存贷利差获利巨大，导致国内商业银行没有动力参与对外 BOT/PPP 项目，导致了我国企业的对外 BOT/PPP 资金主要靠口行和国开行等政策性银行的有限支持。同时，国内银行一般不接受以 BOT/PPP 合同作为融资担保，以境外 BOT、PPP 项目资产作为贷款的抵押担保也几乎不可能实现，大大阻碍了我国企业参与对外 BOT/PPP 项目。另外，因为我国银行绝大多数没有“走出去”，或者即使有些银行有“走出去”，其业务范围和业务能力有限，对境外业务和资产也不感兴趣，特别是因为人民币没有真正实现“走出去”，成为国际通行的货币，银行也很难从实质上“走出去”。

（2）我国企业的融资渠道和融资模式单一。因为国内金融市场的垄断和/或不成

熟，我国企业的融资渠道和融资方式单一，对外投资 BOT/PPP 项目多靠间接融资的债务贷款而且多是完全追索的企业融资（Corporate Finance）模式，无法通过 BOT/PPP 项目公司采取项目融资（Project Finance，“通过项目去融资”）模式并实现有限追索（Limited Recourse），即不能实现企业与项目公司的风险隔离，使得我国企业对外投资 BOT/PPP 项目的收益与风险不匹配，打消了企业的积极性。同时，完全追索的企业融资模式也使得我国企业的融资能力等受限。

（3）我国企业缺乏与国际商业银行特别是国际多边金融机构合作的意愿与经验。我国企业对国际融资环境、资本市场和运作的研究和重视不够，也不习惯与国际金融机构的相对严谨和复杂的做法，造成我国目前绝大多数对外 BOT/PPP 项目的“境外投资，境内融资”，没能拓展国际融资渠道，特别是没能发挥国际多边金融机构的优势（如资金较充足）和作用（如对国别风险的有效控制）。

（4）我国企业普遍缺乏对外投资经验与能力特别是更宏观层面的经验与能力，如对项目所在国法规政策的把握、对项目长期市场需求的预测和对国别和行业风险的管控。而且，我国企业投资对外 BOT/PPP 项目多带有政治色彩，是我国政府外交政策的组成部分之一，又多在第三世界国家进行，对项目市场需求的调查和预测很难做到全面和准确，同时又很难找到或不舍得聘用有足够经验的国际咨询公司，难以做出合理准确的决策。

（5）我国企业对外投资 BOT/PPP 项目主要是第三世界国家，官员较腐败、管理低效、政府信用差、社会常动荡、文化差异大等，造成国别风险特别政治风险较大，而我国企业对其政治形态、政治制度、政治稳定性等缺乏准确的预测特别是管控能力（可以说，对外投资情况从一定程度上也反映一个国家的实力，我国在这方面与发达国家相比尚有一定差距），加上我国国资委和地方政府等对央企和国企高管的年度和任期考核制度，造成很多企业宁做短期的对外工程承包项目，而不愿做长期的 BOT/PPP 项目。

三、造成我国企业对外投资 BOT/PPP 困境的原因

造成上述困境的原因有很多，几个重要的原因如下：

1. 金融体系不成熟，担保保险机制不健全

由于我国金融体系和担保保险机制的不成熟或不健全，我国企业对外投资很难做到国际 BOT/PPP 惯例的有限追索。众所周知，由于 BOT/PPP 项目风险大，国际上绝大多数 BOT/PPP 项目都是基于结构化的项目融资，而有限追索和风险分担是项目融资（Project Finance）区别于企业融资（Corporate Finance）[见图 3-16（a）] 的最重要特征之一，如果对外 BOT/PPP 项目无法做到如图 3-16（b）所示的总公司（企业）

有限股权投资，实现债务融资的有限追索，隔离项目公司与总公司的风险，则企业投资境外项目 C 的风险就会非常大，也会大大增加企业的融资成本。与此同时，担保保险机制的不健全使得企业对外投资的风险无法合理地转移或分担，企业自身将承担过多自己无法控制的风险，导致收益与风险的不匹配。总之，我国金融体系和担保保险机制的不成熟或不健全是造成我国企业难以参与对外 BOT/PPP 投资的主要原因之一。

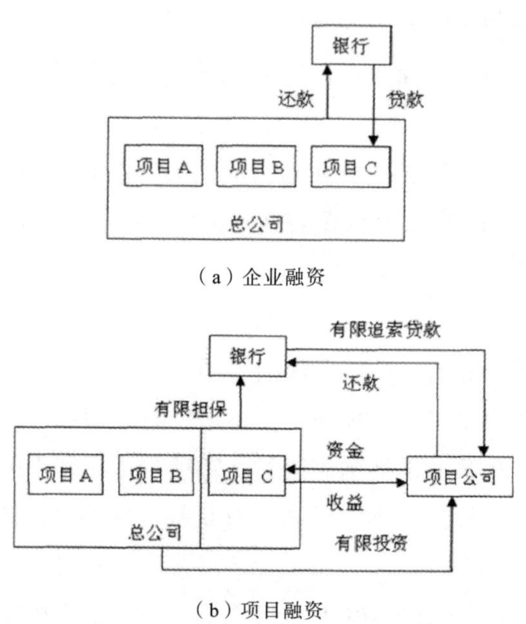

图 3-16　企业融资与项目融资的区别示意图

2. 我国配套支持政策不足，咨询服务水平有待提高

我国政府的审批、税收、外汇等配套政策对我国企业对外投资 BOT/PPP 项目的支持力度不足，对央企/国企还有行政干涉，对其高管的考核和激励也有不尽合理之处。我国企业要想在国内银行获得对外投资的贷款，必须经过有关部委如国资委、商务部、外管局、发展改革委等一系列的海外投资立项核准协调审批等，过程复杂和漫长，既增加企业的前期成本，也可能丧失投资机会。其次，企业还要取得中国出口信用保险公司的海外投资保险，以及与项目所在国政府签订担保最低收入的销售协议等才可能获得贷款，虽然这些要求有利于管控投资风险，但也限制了企业对外投资 BOT/PPP 项目的门槛和难度。

另外，我国目前很难找到高水平的对外投资咨询机构，找国际咨询机构又成本太高，造成我国企业难以获得优质的法律、市场、融资等咨询建议，这对缺乏经验的我国企业的对外投资的起步尤其困难。

3. 我国企业综合竞争力不够，复合型人才不足

对外投资 BOT/PPP 项目需要各方面知识和经验全面的复合型人才，除了需要常规的技术和管理知识，还必须具有丰富的融资和担保保险等知识，且非常了解项目所在国的法律法规、行业发展、政治、经济、社会和文化体系、市场需求等。由于我国教育和培训体制所限，目前国内真正懂国际 BOT/PPP 知识和惯例并具有实操经验的复合型人才不多，这也限制了我国企业对外投资 BOT/PPP 项目。

四、促进我国企业对外投资 BOT/PPP 的建议

要促进我国企业对外投资 BOT/PPP 项目且可持续发展，除了有关企业、行业团体、咨询和教育科研机构等的努力（此文不赘述），特别需要政府的大力支持。政府的支持对企业投资对外 BOT/PPP 项目有着非常重要的意义。首先，企业是实施中央“走出去”战略的直接主体，在一定程度上体现了国家参与分配全球资源的利益，能提高我国的国际影响力和综合实力，也有利于国内经济的发展。其次，相对于对外工程承包，对外投资具有更高的风险性，对企业有更高的要求，因此，在起步阶段，政府的支持具有决定性的作用。总之，国家有关部门应在政策（包括财政、融资、保险、税收、外汇、信息等方面）对有能力来体现国家利益的企业倾斜，特别是较有实力的中央和地方大型企业，使之发展为集投资、建设和运营为一体、能通过对外 BOT/PPP 投资整合全球资源的实体。具体而言，特别期望政府在以下方面优先给予支持：

（1）制定我国对外投资发展规划，健全相关法律法规，完善和落实《境外投资管理办法》，制定《对外投资促进法》、《对外投资保险法》等，简政放权，完善央企/国企高管考核方式，发挥企业和行业团体的能动性和创造性，提高管理效率，促进我国企业积极参与对外投资 BOT/PPP 项目。

（2）改革我国金融体系，促进人民币和中国的银行“走出去”，加强银企合作，实现以资金为龙头，带动投资、工程和供应等企业抱团“走出去”。

（3）对符合我国外交和战略的对外项目，加大财政支持力度，如建立或扩大“企业海外投资基金”、“境外能源开发基金”、“境外农业、林业资源开发基金”和“境外基础设施领域投资基金”等规模，用于部分亏损补贴、政策性贴息和前期调研、市场跟踪等活动的补贴，为我国企业对外投资业务提供实实在在的支持。

（4）扩大“企业海外投资保函风险专项资金”的规模，放宽条件，增加额度，设立零利率贷款资金，支持接受我国标准和人民币直接汇兑的投资项目，加大税收优惠力度，降低企业经营成本，加大融资保险支持力度，降低融资成本，建立起政策性金融与商业性金融分工合作的金融支持体系，简化出口信用体系审批流程，提高工作效率，制定符合对外工程承包企业特点的授信评级体系，改革外汇管理体制，加大利用

外汇储备推动对外投资业务支持。

（5）采取可落实的具体措施，培育我国对外咨询服务机构，支持我国行业团体、教育和科研机构加强对外投资 BOT/PPP 的相关研究，加强相关复合型人才的培养和继续教育工作，等等。

（《国际工程与劳务》2014 年第 5 期，第 9-12 页）

南亚某国 BOT 项目融资方案设计

作者：赵国富　王守清

国家自然科学基金项目“PPP/BOT 项目财务评价方法的改进和风险分析方法的应用（70471004）”

【摘要】 本文在分析我国企业在南亚某国进行 BOT 项目面临主要风险的基础上，深入探讨了各种融资方式的可适用性，指出 BOT 模式与出口信贷相结合为最佳，同时分析了项目成功的关键因素。

【关键词】 项目融资　BOT　出口信贷　方案比选

一、前言

随着中国“走出去”战略的不断推进，越来越多的中国企业在海外承揽大型工程，其中我国企业和当地政府比较青睐的一种方式即为 BOT 模式。我国与南亚某国政治关系良好，为支持该国基础设施和工业建设的发展，应该国政府的要求，我国企业拟在该国采用 BOT 方式承揽某纸浆厂项目。

二、该国投融资环境分析

（一）政治环境

该国由于是军政府统治，以美国为首的西方国家以此为由对该国进行经济制裁和外交威胁，同时世界银行及地区性开发银行或停止或减少对其提供援助贷款，该国经济一度陷于崩溃边缘。目前与世界上 89 个国家建交，同中国关系良好。

（二）法律环境

该国法制环境比较混乱，尤其是关于外商投资、税收、外汇的法律制度不健全，且法律之间相互冲突，使得国际投资者望而却步，不敢轻易涉足其间。

（三）经济金融环境

长期的计划经济使得该国经济发展缓慢，基础设施落后，但是自然资源丰富。由于非市场经济国家，该国经济金融环境不佳，在该国开展项目的收益不能得到有效保证。

三、中国企业在该国进行 BOT 项目面临的机遇与挑战

（一）中国企业对该国工程承包的政策环境

我国产业结构的不断调整和优化，大型机电设备、成套工业设备等工业水平较高，使得我国企业的国际竞争力增强。同时，支持“走出去”的各项政策不断落实，有力地推动了对外承包工程事业的发展。我国的银行也支持企业能够拓展海外业务，支持机电设备的出口。

（二）该国的政策与优惠条件

该国的纸浆需求巨大，为加紧此项目的建设，该国政府提供了很多政策优惠条件，包括税收减免、土地使用、出口政策等，同时相关法律保证项目不被国有化。

（三）在该国进行 BOT 项目运作的挑战

BOT 项目本身投资大、周期长，加之该国政治、法律、经济状况不佳，我国企业在该国进行 BOT 项目的风险比较高。因此从纯技术角度笔者认为我国企业不宜在该国从事 BOT 项目。然而我国某企业与该国政府都坚决地采用 BOT 模式，该国政府也做出相应的承诺，我国政府也比较支持。问题的关键是，在这样的政治、法律、收益的情况下，我国的银行不可能提供贷款，而当地的银行实力不够，因此融资方案的设计成为项目能否开展的关键。针对贷款难的问题，笔者详细的比较了各种 BOT 融资方案，并优选出可行方案。

四、项目融资方案设计与选择

一般 BOT 项目的资金来源主要为以下几种：股本资金、贷款、政府补贴。由于世界银行已经停止援助贷款，亚洲开发银行的贷款逐年减少，不足以支持该项目，而该国银行实力不够，同时政府间贷款的可行性也不高，上市融资的可能性也很小，因此唯一可行的方案便是中国的银行与该国银行共同为项目提供贷款。可能为此项目提供贷款的只有政策性银行，因此目标锁定在国家开发银行（下称“国开行”）和中国进出口银行（下称“口行”）。

（一）方案一：典型 BOT 融资方式

即一般意义上的 BOT 模式，即以该项目的资产和未来的收益为担保进行融资，为有限追索或无追索型融资。国开行或者口行为国外项目提供贷款的一个先决条件便是有中国出口信用保险公司（下称“中信保”）出具海外投资保险及政治风险保险。然而中信保 2005-2006 年度对该国政治风险的评级为 8 级，基本上属于不可保险的范

围（9 级为绝对不能提供保险）。因此仅从贷款的可获得性方面就可以排除典型 BOT 方式。

（二）方案二：政府补贴型 BOT 模式

由于方案一很难取得中信保或其他海外投资保险进而不能取得银行贷款，因此有人认为采用政府补贴型 BOT 模式可提高项目的抗风险能力。笔者不同意此看法。首先，该国政府之所以决定采取 BOT 模式主要是基于该政府的财政不能支持基础设施和重要工业设施的建设；其次，政府补贴的比例难确定，补贴过大其财政难以支持，而过少由难以降低政治风险，银行难以提供贷款；最后，从实质上看，该模式与典型的 BOT 模式无差别，针对本项目想将该国政府纳入到项目的利益群体中来并不能有效地降低银行的风险。

（三）方案三：出口信贷与项目融资结合模式

还有其他融资方案，但都是由于不能满足贷款银行的要求而不能适用。鉴于以下两个基本前提，笔者设计了出口信贷与项目融资结合的融资模式（见图 3-17、图 3-18），可获得贷款，并且通过一系列其他设计可降低风险。

前提一：既然我国某企业强烈地想取得该项目，说明该企业对于项目有关的环境有深刻的了解，具有相当的风险处理能力，甚至具有相当的风险自留能力；

前提二：问题的关键集中在如何获得贷款，该国政府需要提供一系列担保和支持。[①]

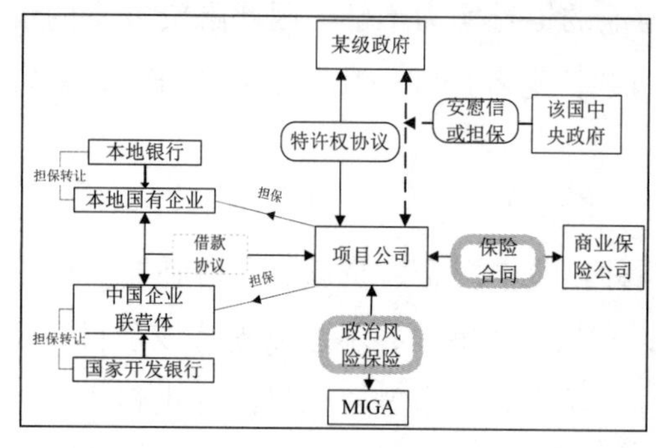

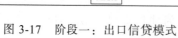

图 3-17　阶段一：出口信贷模式

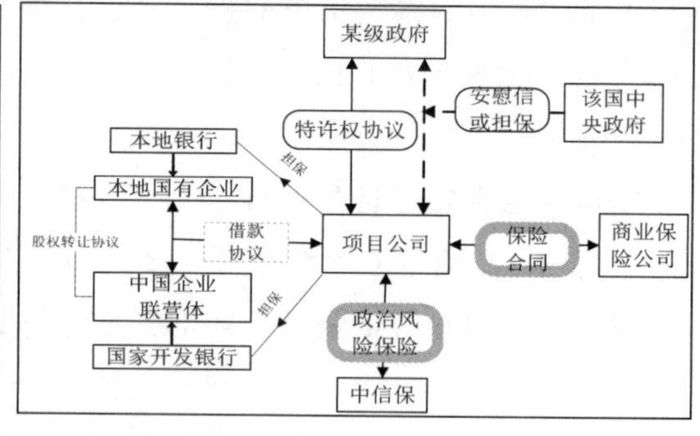

图 3-18　阶段二：项目融资模式

1. 操作过程

阶段一：以国内的某企业与设备供应商作为借款人，以借款人的综合经济实力作为贷款偿还的基本保障，借款人提供境内担保，同时，贷款人取得基于项目融资方式下的各项担保权益。这样，在出口卖方信贷的基本框架内，融入了项目公司担保的因

① 如果这两个前提不存在，笔者建议我国某企业不要在该国进行 BOT 项目。

素，从而集合了两种贷款方式下的一切可能的担保措施，使贷款安全获得了可能的最大满足，兼顾了可行性和安全性。这种使股东和项目公司共同承担还款（担保）责任的融资、担保结构安排也符合项目参与方共同获利、共担风险的原则。

阶段二：即在项目运营一段时间，项目的建设风险得到有效控制后，通过股权转让、担保转让的方式使当地的国有企业从股权安排中退出，使我国该企业从担保系统中推出，使项目成为名副其实的 BOT 项目。

2. 项目主要当事人及基本关系

基于融资方式和担保结构的如上设置，主要的当事方及相互间的关系是：贷款人向借款人提供贷款，借款人以其境内资产提供担保，这一环节属于典型的出口卖方信贷。借款人在该项目中是某企业和设备供应商，与境外的项目公司签订供货合同，负责供应设备并安装，并就设备款及服务款以延期付款的方式向项目公司提供融资便利，这一环节属于商务合同。项目公司的股东将其股份质押、项目公司将其资产抵押、项目公司并将有关的项目合同项下的权益转让或者质押，土建承包商也给予项目公司延期付款的便利，这一环节又体现出项目融资的特点。整个融资安排充分体现了出口卖方信贷与项目融资相结合的特点，对贷款安全提供了可能的最大保障。

3. 相关的法律问题

通过前两部分的阐述，可以看出在该模式下股东的风险比较高，一旦项目出现问题，股东面临被追索的风险，因此需要设定项目公司资产和权益担保的优先性，即先将项目资产和权益先行赔付，不足部分才能向股东追偿。另外此模式中项目公司相当于为股东的债务提供第三方担保，而要求项目公司资产和权益的担保优先性是否面临法律障碍，需要探讨。

借款人将抵押权转让给贷款人，根据权利受让人不能取得大于转让人所享有的权利的基本法律原理，由于该抵押权本身是有条件或者说是有瑕疵的。另外由于贷款人和借款人都是中国法人，相互之间的经济活动适用中国法。而依据我国《担保法》第五十条的规定，抵押权不得与债权分离而单独转让或者作为其他债权的担保。也就是说，单独转让抵押权是法律所禁止的。因此对于贷款人来说，唯一可以接受的方式只能是要求项目公司将资产直接抵押给贷款人，即由项目公司以其公司资产为第三人的债务，也就是借款人对贷款人的债务提供担保，这样既可以从源头上防止抵押权瑕疵的出现，又不存在任何法律上的障碍。

（四）方案比较分析

对以上各方案从各方风险、贷款可获得性两个方面进行分析（见表 3-24）。

表 3-24　三种 BOT 融资方案的比较

模　式	我国某企业	该国政府	保险机构	贷款可行性	方案可行性
典型 BOT 模式	风险相对低	风险相对低	风险高	贷款很难	不可行
补贴 BOT 模式	风险相对低	风险相对高	风险相对高	贷款难	不可行
出口信贷与 BOT 结合模式	风险高，对企业抗风险能力要求高	风险高	风险高	可获得贷款	可行,但有条件

通过上表的简单分析，可以发现前两种方案因为贷款很难因而不适用，而第三种方案对于我国某企业、该国政府、保险机构的风险高，但是由于能够获得贷款，所以从贷款角度来说是可行的。这样也证实了前文所列的前提，即我国企业具有很强的抗风险能力、该国政府得担保和支持。有鉴于此，下文将针对方案三具体分析该国需要提供得担保和支持，以及项目成功的关键因素。

五、关键要素分析

（一） 担保与支持

鉴于该项目的风险比较高，因此政府需要提供的担保有：

税收优惠和出口优惠担保，该国政府已提供；成本回收担保，即在项目建设期间由于该国政府或者可归结为政府责任的事项发生而导致项目无法进行，股东面临被追索的可能性时，该国政府应保证已投入项目的资金能够以资金、实物或其他现实的利益的方式得以回收，保证项目公司及股东的权益不会因该国政府的原因而受损，可大大地降低该项目的政治风险、法律风险；外汇担保，由于该国实行双轨制的外汇政策，官方汇率与市场汇率相差 160 多倍，因此需要政府提供外汇担保，具体包括外汇汇率担保、外汇可兑换性担保，外汇汇出担保；这些是该项目成功的关键因素，同时也应该是谈判的底线。

（二）项目成功的关键因素（CSF）

该项目成功的关键因素如图 3-19 所示。

六、小结

BOT 模式最初是为解决政府财政用于基础设施建设资金不足而引入的，目前应用于其他领域，如工业项目、房地产项目等。然而由于 BOT 项目具有投资大、周期长、风险高、优先追索或无追索的特点，同时 BOT 项目的风险更多地来自于项目外部，即行业层面甚至国家层面，具有不可控性。因此贷款银行十分重视对这些风险的评估。本项目处于南亚某国，该国政治、法律、投资环境以及基础设施状况均不很理想，因此开展 BOT 项目贷款困难很大。鉴于我国某企业和该国政府强烈的要求，以及我国同该国的良好的外交关系以及我国“走出去”战略的推动，笔者设计了两阶段融资模式，即出口信贷与项目融资结合的模式，并对该项目成功的关键因素进行了分析，希望对本项目的进行有参考意义。

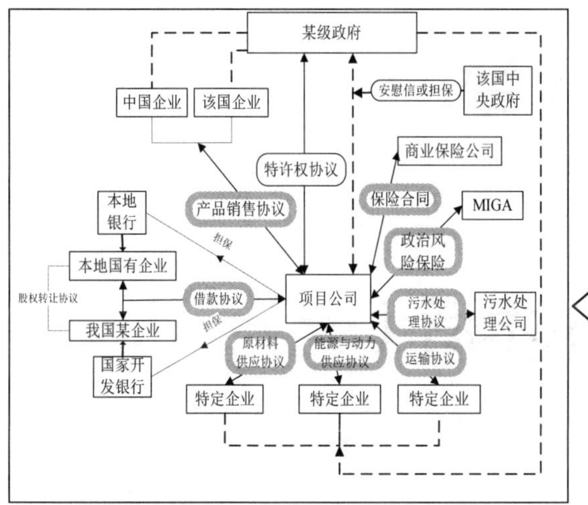

1. 虚线表示政府需要提供的担保；
2. 项目公司需分别与当地的企业签订原材料供应协议、能源与动力供应协议、机械设备与零备件运输协议；
3. 产品销售协议，若能谈判成 take or/and pay 模式更好，可有效地降低项目公司及股东的风险；
4. 由于这些企业的违约而导致项目受损失的时候，视为该特许权授予方违约，由政府承担责任；
5. 争取由该国中央政府提供担保或安慰函

图 3-19　南亚果园 BOT 项目成功的关键因素

参考文献

[1] 张祖军，蔡俊峰. 出口卖方信贷与项目融资相结合的融资方式（上、下）. 国际工程与劳务，2006（10）：32-34.

[2] Qiao L, Wang S Q, Tiong R L K. Robert and Chan, Tsang-Sing, Critical Success Factors for Tendering BOT Infrastructure Projects in China, The Journal of Structured and Project Finance, Institutional Investor, Inc., New York, Vol. 8, No. 1, pp. 40-52, Spring 2002.

[3] Chan, APC, Scott, D, and Chan, APL（2004） Factors affecting the success of a construction project, ASCE Journal of Construction Engineering and Management, 130:1, 153-155.

[4] Chan, APC, and Chan, DWM（2004） Determinants of critical success factors for project partnering in construction, Proceedings of the 4th International Conference on Construction Project Management, ICCPM 2004, Centre for Advanced Construction Studies, School of Civil & Environmental Engineering, Nan yang Technological University, 4-5 March 2004, 321-330.

（《建筑经济》2007 年第 10 期，第 19-22 页）

第 4 章

PPP 中的技术活（一）

第 1 节　物有所值和财务评价

杂谈 PPP 物有所值评价

作者：王守清

最近几个 PPP 微信群就国内做 PPP 项目是否要做物有所值（Value for Money，简记做 VfM）评估讨论得很热烈。有一派观点是：不必做，因为缺乏数据、假设太多、评估方法不完善，目前所做的评估都是流于形式、自欺欺人的。另一派的观点是：必须做，关键是理念，从现在开始努力，逐步完善，否则后果很呵呵。

各方说的都有道理，因为都是屁股决定脑袋的事。我原来一直以为**咨询（含律师）和学者是（或至少是追求）中立和独立的并为国家和百姓考虑**，但经过中央力推 PPP 两年后我发现，国内的咨询很少能做到这样。因此，作为中立的学者，必须就物有所值多说几句，以免被不中立的人以讹传讹。如果下述有不当言论得罪了有关方，请一定多多包涵，我是对事不对人，而且即使对事，也不是对具体事（项目）。

一、物有所值评估流于形式的主因

我国物有所值评估流于形式不是物有所值理念的错，是物有所值评估方法不完善、是做物有所值评估的人（官员或其咨询）的错、是**官员做项目的动机问题**（管它值得不值得，政府现在没有钱，赶紧用 PPP 上项目），或其**咨询是否专业和尽职的问题**（不愿搜集和积累数据，或为了顺应官员意图，想尽快交差拿咨询费）。

如果动机不对，做物有所值评估只是为了通过 PPP 做项目，即使有再完善的物有所值评估方法和统计数据，不物有所值的项目也是可以通过物有所值评估的。就像过去那么多传统模式项目，不可行也可以做成可行的（过去叫可批性项目，现在叫可 PPP 项目，呵呵）。这样做 PPP 的结果，就有可能出现金总去年说的：**咨询现在挣第一轮推广 PPP 的钱，过五六年再挣第二轮的钱（帮有关方出主意收拾烂摊子）**。国际安永咨询公司今年初说的也许是有道理的：中国目前不具备大力推广 PPP 的主观和客观条件。所以，首先还是得有正确理念，做 PPP 必须物有所值；有正确理念才能有正确动机。

二、物有所值评估基准数据的来源

积累统计数据是政府/行业协会和咨询公司的事，现在就要开始；VfM 评估方法现在政府也已经有了草案但未正式公布执行，虽然不完善，但应该通过实践逐步完善。而且，完善评估方法也是政府/行业协会和咨询公司根据所积累的统计数据和评估实践经验的事，国内学术界拿不到真实数据（政府和企业能公布么？能公布真实数据么？呵呵），能出的力极少，但从理论（其实也没有什么理论，见后面）和方法论（其实也不复杂，见后面）。但如果推广 PPP 不强调物有所值，PPP 的结果就会比传统政府投资模式差（不值得），就会出现类似于 BT 的结果（成本太高，而且造成巨额地方债），而且 PPP 不利后果的影响比 BT 更长远。因此，**没有数据不是不追求物有所值的借口**。

三、做物有所值评估目前不可能一步到位

强调物有所值，政府目前并没有强制要求做 VfM 评估，也不是要求一步到位，是要求目前要有此理念；而且，物有所值评估有定性评估和定量评估之分，有个从定性为主逐步向定性定量平衡的过渡过程，并通过这个过程，不断积累数据和经验、逐步完善评估方法。有物有所值的理念和追求，再加上 PPP 项目的竞争性招标/谈判/磋商等，就能逐步提高 PPP 的物有所值。在目前开始推广阶段，一个项目是否用传统模式或 PPP，至少应有个比较（哪怕是定性评估为主并辅以适当的定量评估），不是默认项目就必须 PPP 的，至少让决策官员心中有数，不是为了做 PPP 而 PPP，也知道做 PPP 是否值得不值得，即使不那么值得，也知道差距有多少，以利于下次改进（现在很多基层官员告诉我，他们也不明白为什么某个项目，为什么领导一定要做 PPP？因为按所提出的 PPP 方案，真的比传统模式贵很多，从常识上就知道不值得）。

如果对PPP的物有所值没有正确理解，就会如肖总所说的：物有所值定量评估当前的确存在困难，因为基准数据本身需要长期积累，但现在不朝正确方向努力，十几年后就会依然原地踏步。管理和体制的完善取决多方努力，但**作为PPP领域的专业人士（特别是咨询和学者），更应在理念推广、数据挖掘和工具开发上勤勉实干，领导藐视专业人士不可怕，专业人士趋炎附势那是自己藐视自己**。

四、咨询的不专业和不独立可能害人害己

现在很多咨询抱怨，咨询费太低。这当然有国人特别是官员不重视专业知识和经验等的原因，但应该也有咨询自身的原因。**咨询不能提高和坚持自己的专业性和独立性，虽然拿到很多咨询项目，但最后就会变成咨询客户（官员或企业）的御用，只是帮助他们走完政府所需的PPP程序，并没有从专业上帮助他们，体现专业性和独立性，同时兼顾长远公平**。客户从心里并不尊重和重视咨询，怎么可能给适当咨询费？就像大家知道的国内监理行业（也算一种咨询），虽然起源于FIDIC的驻地工程师，但监理不能为业主起到真正的作用，先沦落为旁站质量监理，再后来就变成一个签字摆设（因为政府强制要求监理），造成业主给的监理费越来越低，越来越没有出色的专业人士愿意做监理。这样恶性循环，监理行业慢慢就衰落了。但我们似乎没有听说国外的FIDIC驻地工程师衰落了吧。

五、改善PPP物有所值评估的路径

因此，我很同意张总的建议：有效的管理系统 = 正确的理念（比如不是所有项目都适合及值得做PPP）+ 正确的方法（比如以定量为主的物有所值、财政可承受力及项目环境成熟度评估来识别筛选）+ 独立专业判断（比如领导不掺和专业论证，利益冲突的实施机构不主导两个评估论证）。

下面不再讨论国内PPP项目是否要做物有所值评估（那是政府该决定的事），只说说物有所值相关的其他事。

六、物有所值理念及其定量评估的简化解释

其实，国内外学术界没有像实务界那样把物有所值理念及评估想得或做得那么复杂。物有所值，简化点说，就是比较**提供同样质量/服务的同一个项目在同样的期限（特许期），用PPP做的单价**（如1度电的电价、1立方米水的水价、1辆车1千米的高速公路通行费）**是否比用政府传统模式贵太多**（PPP更贵是必然的，因为有风险从政府转移给企业）。

政府传统模式是有审计的，在同地区同时期的同一个行业（如电、水、路），统计最终产品/服务的单价并不难，关键是看政府/行业机构和咨询是否想统计（现在环保行业统计得很好啊，如单方污水或垃圾处理费，政府招标这些PPP项目，主要就是

看单价，这就是定量物有所值评估。我国污水或垃圾处理是民企参与最多的公共项目/服务行业，大家可以深思其原因）。

当然，如果政府传统模式也是一本烂账（如李主任说的我国很多项目的可行性研究结果也是呵呵的，可行性研究其实就是可批性研究），做 PPP 物有所值评估的确没有什么意义，但强调物有所值理念还是很有必要的。总之，如果官员和咨询有职业道德，一个项目做 PPP 是否值得，定性上也得能说服自己啊。

唉，还是再说简单点吧。所谓物有所值，就像一个女孩想买某个款式的 LV 包，问了几个已经买了同款 LV 包的闺蜜：你们多少钱买的？如果答案是 8 000 ~ 9 000 元（类似于 1 度电 3 ~ 4 毛钱），她愿意花 10 000 元买 1 个（类似于 1 度电 5 毛钱），当然可以，但她心里就会觉得亏了，或被骂傻帽，呵呵。

七、国际上的 PPP 阴谋论

国际上有几个教授（最有名之一是英国曼彻斯特大学刚退休的财政管理学女教授 Shoul）根据英国 PPP 项目统计结果（国外项目数据多数是公开的），对比政府传统模式后得出结论：大多数 PPP 项目并没有提高效率，成本比传统模式高（特别是项目小、政府不懂/其咨询也不专业/不道德时），对政府和百姓不利。

鉴于很多国家特别是发展中国家 PPP 应用结果的不理想，国际上甚至还有个"PPP 阴谋论"（当然不是主流观点）：**PPP 就是咨询公司和金融机构等，利用政府没钱又要做项目提供公共产品/服务（否则百姓抱怨，选票流失或政府下台），金融机构/投资者也想做（否则没有业务得死掉）而忽悠出来的一种复杂模式**（想想吧，头都大：长期市场预测、财务分析、风险评估、政府信用、法律法规政策、合同结构和条款……），而政府和投资者等不懂，因此**咨询公司吃了原告吃被告，金融机构和投资者等都有业务**。其实金融机构也不懂建设和运营，在前期也要跟各种咨询合作，在特许期中还要找合作伙伴（故做地铁很有经验的王总说中国金融机构目前主导做高铁/地铁投资者（指做股东而非放贷）是不合适的，他们根本没有建设和运营经验）。

阴谋论似乎也有道理，看看国内力推 PPP 两年，谁赚钱了？培训机构和培训师（含我，但我只讲规范理念和做法，而且从 2003 年回国时就一直在讲，主要是帮助央企"走出去"上台阶模式。但现在已决定严控外出讲课，以保重身体和不再让有关方不高兴）和咨询公司（含律师）。投资者赚钱可能得 5 ~ 10 年以后，银行可能也得差不多时间。但因为国内 PPP 很难做到项目融资（Project Finance）有限追索（Limited Recourse），故风险主要在投资者，但投资者都是央企/国企（民企精明着呢），故风险主要还在政府和老百姓（央企/国企都是政府和老百姓的）。**中国目前大多数 PPP 项目的做法，更多只是政府负债变为央企/国企负债**（当然有好处，至少政府债务更透明了），但过程和结构更复杂了、成本更高了、矛盾后移了。如果再不强调物有所值理念，这样的做法再持续下去，结果可能就更呵呵了，而且后果比 BT 更长远。

因此，物有所值非常重要，物有所值非常重要，物有所值非常重要（重要的事情说三遍）。

（《新理财》2015 年第 12 期，第 38-39 页）

物有所值的理论研究与实践意义

作者：王守清　牛耘诗

一、引言

最近 PPP 业内人士就国内做 PPP 项目是否要做物有所值（Value for Money，VfM）评价讨论得很热烈。一派观点认为不必做，因为缺乏数据、假设太多、评价方法不完善，如果做评价，也都是流于形式、自欺欺人；另一派的观点是必须做，否则就会为了做 PPP 而做 PPP，不考虑是否值得、是否提高效率，应用后果堪舆。

双方各有立场，说的都有道理。作为中立的学者，笔者认为物有所值评价必须要做，而且非常重要，因为对政府和百姓而言，这是判断一个项目该不该用 PPP 的一个重要理念，虽然现在可能缺少数据，但物有所值应是一个政策导向，应该从现在就开始积累数据并逐步完善，否则，实际二十年之后，我们还在原地踏步。

二、物有所值的定义和评价方法

物有所值，即 Value for Money，最广泛的定义为“所购物品或服务在符合使用者要求的同时，满足全寿命周期成本与质量的最佳组合”。可见，物有所值理念并不是只强调成本，还应强调质量，最低的成本不一定是物有所值的最佳选择。这是一个非常重要的概念，也是很多人对物有所值内涵没有正确理解的方面之一。例如，如果政府想要建一所学校，可以用最便宜的成本建造，但可能十五年后就会过时甚至垮掉需要重建。因此，如果希望学校可以长期使用，就牵涉到整个项目全寿命周期的成本和绩效。另外，应用 PPP 模式时，政府不仅需要考虑引入社会资本参与基础设施和公用事业的建设与运营，提供公共产品/服务，还要考虑应用 PPP 模式是否比传统模式（即政府投资建设与运营）更有效率、质量更佳、服务更好，即更物有所值。具体而言，就是比较提供同样质量/服务的同一个项目在同样的期限（特许期），用 PPP 模式的单价（如 1 度电的电价、1 立方米水的水价、1 辆车 1 千米的高速公路通行费）是否比用传统模式贵太多（PPP 模式更贵是必然的，因为有风险从政府转移给社会资本了）。第三，物有所值评价不仅用于研判一个项目“是否应采用 PPP 模式”，还要判断“采用 PPP 模式时选择何种社会资本投标方案更为有效”。

物有所值评价一般包括定性评价、定量评价和补充评价三部分。定性评价主要针对 PPP 方案的可行性，验证项目的建设目标、服务需求和计划采用的具体模式是否有可能为社会资本提供足够的进入项目和满足关键需求（如风险分担、全寿命周期成本分担、盈利、创新、效率）的空间，以及使用者（对经营性项目而言）或政府（对准经营性和非经营性项目而言）在特许期内是否可以负担得起。定量评价主要通过全寿命周期成本、竞争性中立调整、风险对价等方面的数据衡量 PPP 模式相对于传统模式提供同样公共产品/服务的“模式产出”，即效率提高（包括但不限于成本降低和服务水平提高）。定量评价一般由两个环节构成：一是公共部门比较值（Public Sector Comparator, PSC）基准的建立，二是社会资本的 PPP 投标方案的比较评估。前者搜集同地区同行业同时期同类参考项目数据，计量 PSC 的基本构成（全寿命周期成本、竞争性中立调整、可转移风险和留存风险的对价等），构建定量评价的基准；后者评估社会资本投标方案与 PSC 的差别，定量化反映不同社会资本投标方案下 PPP 模式是否能够为政府和百姓提供物有所值的公共产品/服务。补充评价则主要包含其他评价，如不可量化风险，以及没有包括在 PSC 和投标方案中的可量化风险与成本，如更高的交易成本和监管成本等。

政府传统模式的项目是有审计的，在同地区同时期的同一个行业（如电、水、路等），统计最终产品/服务的单价等相关数据并不难，关键看政府、行业协会和咨询公司是否想认真统计和分析。目前我国环保行业的这些数据统计得就比较好，如单方污水或垃圾处理费，政府在招标此类 PPP 项目就可以主要看单价（单价在评标准则中所占权重最高），这就是物有所值定量评价的最直接和简单应用。

总之，对一个基础设施和公用事业项目是否要采用 PPP 模式，一定要强调物有所值，要做物有所值评价，以保证一个项目应用 PPP 模式后，比传统模式有改进，包括风险的转移、服务水平和效率的提高等；既要保证投资者可以获得一定利润以吸引社会资本，又要保障政府和社会公众的利益和项目的可持续性。

三、物有所值评价的国内外实践

在国外的 PPP 实践中，政府多数是综合定性评价和定量评价的结果做出是否应用 PPP 的决策。英国、加拿大、德国、澳大利亚、日本、中国香港、南非等 PPP 应用相对成熟的国家都是基于 PSC 法来考察物有所值，再采用竞争性投标来实现物有所值，而美国、罗马尼亚、奥地利、比利时、新加坡等国家则主要是采取竞争性投标来实现物有所值的。其中英国采用三个层面的物有所值评价方法：项目集层面评价+项目层面评价+采购层面评价。项目集层面评价是在年度预算中对任何有可能适合于 PFI（Private Finance Initiative, 私营融资计划，类似于准或非经营性 PPP）模式的项目进行初步评价，但是必须在政府总的投资预算中为那些不适合 PFI 模式的项目留下足够的预算空间。项目层面评价，作为大纲性商务方案的一部分，对项目的质量、需求和投资等进行全面的评价。而采购层面评价主要强调对市场中可能风险的尽早预测和对物有所值的进一步评价。这些评价是确保 PPP 项目实现物有所值必须开展的重要工作。

我国在这些方面还有很多改进的空间，例如，我国不少传统模式项目的可行性研究是可批性报告，审计数据又很少公开，在此基础上做 PPP 物有所值定量评价的确很难，但强调物有所值理念还是很有必要的，缺乏数据不应成为不做物有所值评价包括定量评价的理由，而是应该现在就开始努力积累数据，逐步开展和完善定量物有所值评价。《PPP 物有所值评价指引（试行）》（财金〔2015〕167 号）（以下简称“财政部167 号文”）为此指明了方向：“由于实践中缺乏充足的数据累积，难以形成成熟的计量模型，物有所值定量评价处于探索阶段，各地应当依据客观需要，因地制宜地开展物有所值评价工作”。说得更简单一点，如果官员真正为百姓考虑、咨询公司坚持专业性和职业道德，是可以逐步做好 PPP 的物有所值评价包括定量评价的。至少在目前，一个项目应用 PPP 是否值得，首先在定性上得能说服自己，然后说服别人，进一步则能在定量上说服自己和别人。

如前所述，我国财政部目前仅要求做 PPP 物有所值定性评价，但即使是定性评价，目前多数也是流于形式，似乎很少有听说物有所值评价没有通过的，其主要原因可能包括以下几点。

首先，是做 PPP 项目的动机不当或理念不正确。物有所值本身的理念是正确的，而是做物有所值评价的人包括官员或其咨询公司有问题：官员不论是否值得，因为政府现在没有钱，赶紧用 PPP 上项目；政府的咨询公司的专业性和尽职程度存疑，如不愿费时费力认真评价，更不愿搜集和积累数据，只是顺应官员意图，想尽快交差拿咨询费。在官员片面追求上项目做政绩的动机下，PPP 项目的充分竞争、风险分担和物有所值等基本原则就容易被忽略。如果做物有所值评价只是为了通过 PPP 做项目，即使有再完善的物有所值评价方法和统计数据，不物有所值的项目也可以通过物有所值评价。就像过去那么多以传统模式做的项目，不可行也可以做成可行——过去叫“可批性项目”，现在叫“可 PPP 项目”。这样做 PPP 的结果，就有可能出现某业内咨询专家所说的情况：咨询公司现在挣第一轮推广 PPP 的钱，过五六年再挣第二轮也就是帮有关政府出主意收拾烂摊子的钱。所以，首先还是得有正确理念，有正确理念才能正确动机，有正确动机才好去找正确方法，有正确方法才能做好正确项目。

其次，是基准数据缺乏和评价方法不完善，这点前面已经提到。积累整理统计数据是政府、行业协会和咨询公司的事，现在就要开始着手；物有所值评价方法现在财政部已经公布了，虽然不完善（如只要求定性评价），但已经指出了要逐步向定量评价等方向通过实践逐步完善，现在可能是缺乏数据，或者有数据但没有公开，学术界也就无能为力，只能主要依靠政府（有审计数据）、行业协会（有统计数据）和咨询公司（有自己积累的数据）合作和努力。

四、PPP 专业人士在物有所值评价上任重道远

但是，没有数据和评价方法不完善不是不做物有所值评价的借口，更不能是不追求物有所值的借口。虽然数据不够精准、评价方法不够完美，但是可以尝试着做，才能对 PPP 物有所值有一定的概念；做得越多，能够获得和积累的数据越多，最后就能总结出完善的评价方法。正如某 PPP 专家所说的，物有所值定量评价当前的确存在困难，但现在不朝着正确方向努力，十几年后依然会在原地踏步。管理和体制的完善取决于多方努力，作为 PPP 领域的专业人士，特别是咨询人士和学者，更应在理念推广、数据挖掘和评价工具开发上勤勉实干。

要指出的是，我国一些咨询公司的不专业和不独立也是我国 PPP 难实现物有所值的原因之一。现在很多咨询公司抱怨咨询费太低，这当然有国人不重视专业知识和经验的价值等原因，但咨询公司自身也存在问题。咨询公司不能提高和坚持自己的专业性和独立性，即使拿到很多咨询项目，最后也会变成客户的御用，只是帮助他们走完政府所需的 PPP 程序，并没有从专业上帮助他们，没有兼顾长远公平。客户从心里并不尊重和重视咨询，怎么可能支付适当的咨询费？就像国内的监理行业，虽然起源于 FIDIC（国际咨询工程师联合会）的驻地工程师，但监理不能真正发挥其对业主起到增值服务的作用，先成为旁站质量监理，再沦为签字摆设（因为政府强制要求监理），造成业主支付的监理费越来越低，导致愿意做监理的杰出专业人士越来越少。如此一来，形成恶性循环，造成了监理行业的衰弱甚至有可能消失。

因此，我很同意另一 PPP 专家的建议：**有效的管理系统=正确的理念**（比如应与工程可行性研究有机结合，不是所有项目都适合及值得应用 PPP）**+正确的方法**（比如以定量为主的物有所值评价、财政承受力论证和项目环境成熟度评估来识别筛选项目）**+独立专业的判断**（比如领导不掺和专业论证，有利益冲突的实施机构不主导物有所值评价和财政承受力论证）。

如前所述，目前财政部并没有强制要求做物有所值定量评价，也不是要求一步到位，而是要求有物有所值理念。而且，物有所值评价有个从定性为主逐步向定性定量兼顾的过渡过程，并通过这个过程，不断积累数据和经验、逐步完善评价方法。只要有物有所值的理念和追求，再加上 PPP 项目采用的公开招标、竞争性谈判、竞争性磋商等竞争手段，就能逐步提高 PPP 的物有所值。

总之，在当前 PPP 推广阶段，一个项目是采用传统模式还是 PPP 模式，至少应有个评价比较，至少应该让决策官员心中有数，不能默认项目就必须应用 PPP，不能为了做 PPP 而 PPP；要让他们知道应用 PPP 是否值得，如果不值得，也知道差距有多少，以利于下次改进。现在很多基层官员反映，他们也不明白为什么某个项目一定要做 PPP，因为按所提出的 PPP 方案，确实比传统模式贵了很多，从常识上就知道应用该 PPP 方案不值得。

五、结束语

我国目前有些 PPP 项目的做法，因为没有强调物有所值理念，更没有认真做物有所值评价和财政承受力论证，各种伪 PPP 如保底回报、明股实债、拉长版 BT 并不鲜见，造成官员借 PPP 上项目做政绩、投资者短期投机、风险分担不合理、效率没有提高、出现类似于 BT 高成本后果，还可能造成将来政府不能承受的长期债务，或者只是将政府负债变为央企和地方国企负债，但项目流程和结构更复杂、交易成本高企、为将来争议留下隐患、矛盾后移甚至把后果转移给下一代人。因此，物有所值评价非常重要，而且不仅要定性评价，还要逐步向定量评价努力。

（财政部“道 PPP”，2016 年 5 月）

后记：截至本书付印之时，《政府和社会资本合作物有所值评价指引（修订版征求意见稿）》（财办金〔2016〕118 号）已发布，并有机地衔接了定性评价和定量评价两个方面，而且为中期评估、长期监测做了约定和准备。

物有所值评价模型的构建及应用——以城市轨道交通 PPP 项目为例

作者：王盈盈　冯珂　尹晋　王守清

【摘要】　针对我国 PPP 项目实施情况以及 VfM 应用现状，结合项目实践，分析并建立了具有实用性的 VfM 评价体系、提出了 VfM 中的核心要素 PSC、LCC 的计算公式，并以城市轨道交通项目为例实施应用以确定项目的 VfM 值、中选私人部门和谈判核心参数，希望能为我国合理有效地推广 VfM 评价体系提供参考。

【关键词】 公私合营　物有所值（VfM）评价　公共部门比较因子　全生命周期成本

一、引言

VfM 是国际通行的 PPP 项目中采取的评估标准，被广泛运用于 PPP 实施全过程中的价值评估与绩效考核[1]。在项目前期评价中，主要用于研判项目“是否应采用 PPP 模式”以及“采用 PPP 模式时选择何种社会投资者的投标方案更为有效”；在项目实施过程中和后期评价中，则主要用于绩效审计，考察“项目对于既定目标的实现程度”以及“项目的可持续性”。

与国际实践相比，我国的 VfM 评价仍处于相对落后的地位。在发展改革委联合财政部、住建部、交通运输部、水利部、人民银行共同颁发的《基础设施和公用事业特许经营管理办法》中，虽然提出了特许经营项目实施方案中应包括可行性分析、对降低全生命周期成本和提高公共服务质量效率进行论证。但对实现 VfM 评价的具体步骤以及 VfM 的主要内容等介绍的不多。国务院办公厅颁发的《关于在公共服务领域推广政府和社会资本合作模式的指导意见》（国办发〔2015〕42 号）强调了利用财政承受能力论证对 PPP 项目进行筛选，但对项目前期可行性分析中发挥了重要作用的 VfM 评价却重视不足。

与 20 世纪 90 年代和 21 世纪初的两次 PPP 热潮相比，2013 年以来，新一届中央政府在推进 PPP 的过程中更加强调了确保 PPP 项目物有所值，提高公共资金的使用效率。而 VfM 评价的应用在其中无疑都将发挥重要的作用。为推进我国 PPP 项目 VfM 评价体系建设，本文拟以城市轨道交通项目为例，研究和建立 PPP 项目实施应用过程中的 VfM 评价模型，具体包括 VfM 测算、谈判参数等内容，试图为国内城市轨道交通实施新 PPP 项目提供参考，以提高引入社会资本工作的效率性和科学性。

二、VfM 必要性和可行性分析

（一）VfM 必要性

VfM 主要用于解决 PPP 立项和审批中的五个层次的问题，具体分析如下：首先，是对项目立项的必要性进行分析。即对所提出的项目进行审核评估和排序，确定所将要实施的项目是否属于必须。其次，是对项目实施的模式进行比选分析，即对采用传统政府投资模式和 PPP 模式采购项目的成本进行比较。如果采取 PPP 模式，应当确保所带来的效率和服务质量提高超过了缔约成本的增加。然后，在决定采用 PPP 模式以后，应进一步考虑采用何种具体模式，如 BOT、BOOT、TOT 还是其他模式。并对实施方案的要点，如价格，支付等机制进行设计。再次，是为项目选择合适的投资者。最后，是为项目的产出和服务制定详细可行的评价要求和监管方案。

上述关键原则和要点已体现在前述特许经营法、操作流程和示范合同中，而确定这些原则的结论都离不开 VfM 评价。

（二）VfM 可行性

在中国推进 VfM 评价的可行性可以从政策环境和财务概念两个方面进行分析。

1. 政策环境

根据国家发展改革委最新发布的特许经营法、以及财政部近日发布的财库〔2014〕214 号、财库〔2014〕215 号等文件看出，各文件在 PPP 项目的报批和签订阶段的基本要求相同，对 VfM 评价的实施环节和实施主体基本一致，在细节上稍有微调，具体如下文所示：

（1）实施方案报批阶段

一般由行业主管部门作为实施机关，向同级人民政府或其授权的部门报请实施方案的批准，由发展改革部门、财政、城乡规划、国土资源、有关行业主管部门建立联合审查机制，进行方案审查并出具书面审查意见。较原来不同的是，强调重大基础设施和公用事业特许经营项目的评估论证，应当充分听取社会公众意见，并组织专家论证[1]。

（2）特许协议签订阶段

根据经批准的实施方案，按照《招标投标法》《政府采购法》等法律法规规定，实施机关通过招标、竞争性谈判等市场竞争方式依法选择特许经营者并进行公示，根据经批准的实施方案与特许经营者签订书面特许经营协议。较原来不同的是，选择投资人的方式增加了竞争性磋商方式，并从法律角度规范了特许经营者和实施机关的权利和义务。

2. 财务概念

公共部门比较因子（Public Sector Comparator，PSC）被广泛用于 VfM 评价体系中，用以描述公共部门采用传统模式采购同一项目所发生的成本[2]。PSC 被引入标准的 VfM 评价体系中进行 PPP 项目的决策，并指导招投标和谈判。通过 PSC 与 PPP 模式下的全生命周期成本（Life Cycle Cost，以下简称“LCC”）的比较得出定量 VfM，相应的计算公式如下所示：

$$VfM=PSC- LLC \tag{4-1}$$

通过公式可以看出，VfM 本质上是两个净现金流折现值之差。当财务数据可获得时，可以测算得出该数值并指导决策，如当 VfM 为正值时，表示 PPP 模式更高效，此时才应采取 PPP。

三、VfM 评价的建立

（一）定义和假设

借鉴国外 VfM 评价经验，结合国内项目评价工作的普遍方法及 PPP 项目实施程序，适合我国的 VfM 评价方法为：以 PSC 为基准，以定量评价为核心，并辅以定性评价的综合评价方法，如图 4-1 所示。

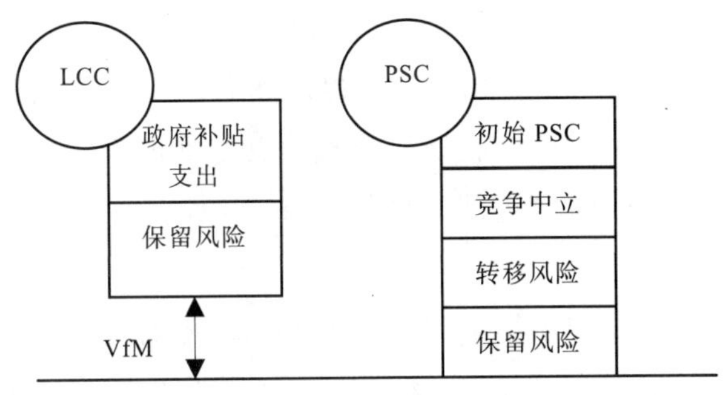

图 4-1　VfM 定义示意图

为了使 LCC 与 PSC 具有可比性，在计算时做出如下假设：

（1）相同的基准日期。

（2）相同的折现率。

（3）相同的物价变动指数。

（4）相同的现金流时间（特许经营期）假设。

（二） PSC 的建立

PSC 被公共部门（一般为政府或其指定部门）用于检验，与最具效率的公共部门采购相比，将由私人部门实现的 PPP 项目投资是否实现了物有所值。根据世界银行的定义，“假设项目完全由政府或其指定部门进行融资，拥有和实施，PSC 对经风险调整后的项目成本（risk-adjusted cost）进行了估计”。PSC 的建立需要满足诸多假设，如政府将以最有效率的方式对项目进行管理和运营，项目未来的风险和现金流能够被准确地加以预测，能够合理地选定折现率以反映该项目中政府资金的使用成本等。PSC 主要包括以下三个内容：①初始 PSC；②对竞争中立的调整；③对保留和转移的特定项目风险的调整。

1. 初始 PSC

初始 PSC 是指传统模式下，政府投资、建设、运营项目所发生的一切费用（不考虑风险成本），即初始 PSC=直接成本+间接成本−项目收益。以城市轨道交通项目为例，各项所含的内容为：

（1）直接成本包括初始投资自有资金、维持运营投资自有资金和简单运营成本。

（2）间接成本为贷款资金还本付息，包括初始投资贷款还本付息、维持运营投资贷款还本付息和流动资金贷款还本付息。

（3）项目收益包括运营收入，包括票款清分收入和非票务经营收入。

2. 对竞争中立的调整

竞争中立调整在 PSC 的计算中增加了由于项目为政府所有和管理而能带来的净竞争优势。较私人部门而言，由政府或国有企业所有或管理的项目通常享有在税率，利率和监管成本等方面的优势。但竞争中立也意味着政府必须支付相应的代理成本和监督费用，对公共资金的使用进行监督和披露而发生的成本等。一般可将上述两方面的调整概括为税收调整和政府管理费的调整[2]。

3. 对风险计量的调整

风险一般分为由政府部门承担的保留风险和转移给社会投资人承担的转移风险。以城市轨道交通项目为例，传统模式下存在的可识别并量化的风险类型主要包括投资超概风险、运营成本超支风险和物价因素变动风险：

（1）投资超概风险。在传统模式下，项目实际投资额通常会超出初步设计概算金额约 10%。若采用 PPP 模式，该部分风险将作为转移风险由社会投资者承担。

（2）运营成本超支风险。在传统模式下，项目实际运营成本通常会超出预定成本额。若采用 PPP 模式，该部分风险将作为转移风险由社会投资者承担。

（3）物价因素变动风险。运营期间，物价变动因素主要包括电价、人工成本、CPI 和固定资产投资价格等，各类变动因素的风险分担如表 4-1 所示。

表 4-1 物价因素变动风险的分担方案

风险因素	特 点	保留风险	转移风险
电价	在源头上为政府定价	全部	无
人工成本	受市场因素和私人部门人力资源战略的双重影响	社会平均变动部分	剩余部分
CPI	受市场环境和政府经济政策双重影响，而政府相对社会投资人更有能力承受其变动	全部或大部分	剩余部分
固定资产投资价格	受市场环境和技术革新影响大，而受政治经济政策影响相对较小，且一般会随着技术进步而相应降低	剩余部分	全部或大部分

4. PSC 的确定

综上所述，结合传统模式下政府的现金流入和流出情况，PSC 的计算公式为：

$$\text{PSC}=\sum_{(t=1)}^{n}（初始投资自有资金+维持运营投资自有资金+贷款资金还本付息+运营成本补贴-票款清分收入-非票务收入）_t\,(1+i_c)^{-t} \quad (4-2)$$

式中，i_c 为折现率；各分项的计算都基于现金流，且考虑保留风险和转移风险的影响。

（三）LCC 基准值的确定

LCC 基准值是通过预测 PPP 模式下，从项目建设、运营直至移交的整个特许经营期间内，政府部门的现金流入和现金流出情况，并按照与 PSC 相关的折现率计算的净现成本值。

1. PPP 财务模式

PPP 财务模式是 PPP 项目 VfM 评价的基础性工作，决定了 LCC 基准值的确定方式。不同财务模式将会影响整个特许经营期间政府部门的现金流入项和流出项的构成和计算规则。PPP 财务模式需要明确的问题主要为：

（1）项目结构：包括项目实施市场化融资的运作方式、PPP 范围、资源配置、特许期限等。

（2）项目投资：包括纳入引入社会资本范围的初始投资需求及规模、维持运营投资需求及规模，以及流动资金。

（3）项目融资：指 PPP 项目公司针对项目初始投资、维持运营投资和流动资金等所采取的资金筹措条件和计划。

（4）项目成本：指 PPP 项目公司在整个特许经营期间所发生的所有成本费用，一般包括简单运营成本、折旧和摊销、财务费用等，如表 4-2 所示。

表 4-2　PPP 项目成本费由构成表

构成项	内涵及特点
简单运营成本	包括工资及相关费用、牵引电费、动力照明电费、维护维修费、安检费、营运及管理费用以及保险费等
折旧和摊销	对 PPP 项目公司初期投资建设形成的资产、运营期间更新改造和追加投资形成的资产所计提的折旧和摊销
财务费用	按照资金筹措条件和计划计算得到的全部债务资金所产生的利息，其中建设期利息资本化计入总投资，运营期间利息计入财务费用
租金	为或有项，当项目划分为由政府部门和私人部门分别投资的两个部分时，存在租金收入，如北京地铁 4 号线等

（5）项目税费：指 PPP 项目公司在整个特许经营期间运营项目所需缴纳的全部税

费，一般包括增值税、税金附加（城市维护建设税、教育费附加、地方教育附加）和企业所得税等，并考虑政府对项目公司企业所得税的优惠。

（6）项目回报：项目回报模式直接影响 PPP 项目公司在特许期内的收益水平，同时影响政府财政支出情况，以城市轨道交通项目为例，PPP 项目回报模式一般包括的内容如表 4-3 所示。

表 4-3　PPP 项目回报模式构成表

构成项	内涵及特点
内部收益率	包括工资及相关费用、牵引电费、动力照明电费、维护维修费、安检费、营运及管理费用以及保险费等
票价机制	提出影子票价概念[4]，即以基准年的价格水平为基础，确定基准年影子票价及其调整机制，影子票价与实际清分票价的差额部分通过财政资金补足
客流机制	建立收益动态分配及调整机制[5]，即根据实际客流和预测客流的差异，按照既定的客流低迷补偿和超额分成机制确定协议客流量，用来计算对应年份的政府补贴
收入机制	包括票款清分收入、超额客流分成收入、在授权范围内开展广告等非票务收入及其超额分成收入，以及政府补贴收入

在招商谈判之前，项目实施机关（一般为政府部门）明确项目结构、投资、融资、成本、税费、回报等财务模式，并根据相关机制安排搭建 PPP 财务模型，为分析整个特许期间政府方现金流入和流出奠定基础，同时也为项目的推介工作提供支持。

2. 政府现金流分析

政府现金流分析主要基于 PPP 财务模型，通过对相关数据进行预测或统计，明确 PPP 项目公司投资、融资、成本、收入、税费等的现金流情况，在此基础上分析 PPP 模式下政府现金流情况。

（1）PPP 模式下政府现金流入：主要包括所得税收入、超额客流收入分成、超额非票务收入分成和租金收入等。其中，租金收入为或有项，需由项目结构确定，若按照北京地铁 4、14、16 号线模式进行 A、B 划分，则存在租金收入；若采用整体 BOT 模式，则不存在租金收入。此外，超额客流分成和非票务收入分成需基于对未来实际客流和非票务收入的预测数据，在项目前期评价阶段也可暂不考虑这两项流入。

（2）PPP 模式下政府现金流出：主要包括初始投资自有资金、贷款资金还本付息和票价差额补贴等。其中，初始投资自有资金和贷款资金还本付息为或有项，同样由项目结构确定，若按照北京地铁 4、14、16 号线模式进行 A、B 划分，则存在政府 A 部分初始投资自有资金和相应贷款资金的还本付息；若采用整体 BOT 模式，则该部分支出由社会投资者承担。票价差额补偿，即政府补贴主要针对特许期间影子票价与实际清分票价之间的差值，并结合客流机制计算，即票价差额补偿=（影子票价−实际清分票价）×协议客流，其中约定票价考虑了物价变动因素的影响。

3. 保留风险处理

PPP 模式下，投资超概风险和运营成本超支风险可完全转移给社会投资者承担，政府保留风险主要为物价变动风险中由政府承担的部分，并相应纳入票价调整公式，超出政府承担部分的物价变动风险转移给社会投资者，不纳入票价调整公式。

以北京市已实施的轨道交通 PPP 项目为例，票价调整机制为：特许经营期内，自首个运营年度起，每 3 个运营年为一个周期，进行一次票价的调整。

其中，年调整系数 =（特许经营公司实际交付的电价变化幅度×30% + 在岗职工平均工资变化幅度×35% + 居民消费价格指数变化幅度×35%）×80% + 1[4]。

4. LCC 基准值的确定

综上所述，LCC 基准值的计算公式为：

$$\text{LCC基准值}=\sum_{(t=1)}^{n}(\text{初始投资自有资金}+\text{贷款资金还本付息}+\text{票价差额补贴}-\text{超额客流收入分成}-\text{超额非票务收入分成}-\text{租金收入})_t(1+i_c)^{-t} \tag{4-3}$$

式中，i_c 为折现率；各分项的计算都基于现金流，且考虑政府保留风险的影响。

LCC 基准值计算时各参数的取值表明了政府的控制条件，在招商谈判前 LCC 基准值需与 PSC 值进行比较，若 PSC > LCC 基准值，表明项目采用 PPP 模式物有所值；若 PSC > LCC 基准值，则需要在合理范围内调整相关参数使 VfM 大于 0，若经过调整 VfM 均小于 0，则表明现有运作模式不可行，需要进一步优化 PPP 方案和财务模式，直至 VfM 大于 0 为止或放弃采用 PPP 模式。

（四）LCC 报价值的确定

项目实施方案批准后，实施机关按照实施方案和 LCC 基准值中明确的相关机制和参数编制项目招商文件。在招商文件中设置投标标的，并要求社会投资者按照投标标的进行报价和提供报价说明。

以城市轨道交通项目为例，在对招商文件和项目情况进行审慎研究的基础上，投资人对基准年（初始运营年）的约定票价（元/人次）进行报价，并明确承担的协议客流取值下限。为使政府方更容易理解报价依据，投资人在投标相应文件中还应明确以下主要内容：

（1）与报价相适应的项目内部收益率要求。

（2）走行千米数等测算前提。

（3）与报价相对应的企业人工成本增长率、未来电价增长率、居民消费价格指数增长率（CPI）及固定资产投资价格指数的取值。

（4）项目运营成本构成和成本指标。

（5）与报价相适应的税务条件。

（6）相关财务测算表：建设期投资时点明细、更新改造及追加投资明细、简单运营成本明细、融资结构明细、非票务收益计划、损益表、现金流量表等。

在评标阶段，按照各投资人报价及相关说明，将相关参数纳入政府方财务模型，按照 LCC 基准值计算公式确定各投资人的 LCC 报价值，并与 LCC 基准值进行比较。将 LCC 报价值小于 LCC 基准值的投资人确定为谈判候选人，并按照差值大小确定谈判顺序。

四、实施应用

（一）确定 VfM 及中选人

按照公平、公正、科学、合理的原则，政企双方以发布的《招商文件》和投资人提交的投标报价文件为基础，就谈判参数数据库中双方关心的问题进行谈判，消除分歧、寻求共识，尽可能优化谈判条件。

通过谈判，政府将与各投资人谈判的结果分别整理汇总，并将相关参数的变动情况反馈到财务模型中，得出谈判后的约定票价，经投资人确认后结合 LCC 基准值公式计算最终的 LCC 报价值。

VfM=PSC-LCC 报价值，原则上将 VfM 最大的相应投资人确定为中选人。

（二）谈判核心参数

以城市轨道交通项目为例，PPP 项目谈判核心参数主要分为三类，包括基础参数、财务相关参数、建设运营相关参数，如表 4-4 所示。其中，基础参数规定了项目的基础边界条件，是政府与社会投资者就财务和建设运营相关参数进行谈判的基础。上述核心参数的谈判成果直接影响项目最终定价，从而影响 VfM。

表 4-4　谈判核心参数表

参数类别	核心参数项
基础类参数	1. 项目总投资及引资规模 2. 项目收益水平 3. 约定车千米 4. 非票务净收益 5. 调价公式 6. 票价政策 7. 运营开通时间

续表

参数类别	核心参数项
财务类参数	1. 简单运营成本 （1）工资标准 （2）电价水平 （3）保险费用 2. 各类动态指数变化幅度 （1）CPI （2）电费变化幅度 （3）工资变化幅度 （4）固定资产投资价格指数变化幅度
技术类参数	1. 投资范围划分 2. 初始投资计划 3. 更新改造及追加投资计划 4. 列车开行计划 5. 约定满载率 6. 简单运营成本其余相关参数 7. 分段开通计划

五、结语

本文基于项目实践经验，分析并建立了 VfM、PSC、LCC 的计算公式，通过实际案例试用后，其测算结果与实际结论相符。而且，根据既有项目的 VfM 评价，建立了一套适用于某个行业的计算条件和指标、谈判核心参数等决定项目成败的关键内容，提高了 PPP 项目实施效率。希望我国能逐步建立公开、透明、真实的项目信息，为 VfM 评价在 PPP 项目中的进一步应用提供切实可行的基础。

参考文献

[1] 李佳嵘，王守清. 我国 PPP 项目前期决策体系的改进和完善[J]. 项目管理技术，2011（5）：17-22.

[2] 王守清，刘婷. PPP 项目监管：国内外经验和政策建议[J]. 地方财政研究，2014（9）：7-12.

[3] “台湾行政院”公共工程委员会. 九十三年度促进民间参与公共建设出国研习训练计划报告[R]. 台湾：“台湾行政院”，2005.

[4] 王灏. 城市轨道交通投融资模式研究[M]. 北京：中国建筑工业出版社，2010.

[5] 郝伟亚，王盈盈，丁慧平. 城市轨道交通 PPP 模式核心要点研究——北京地铁 M 号线案例分析[J]. 土木工程学报，2012（10）：175-180.

（《项目管理技术》2015 年第 8 期，第 21-27 页）

BOT/PPP 项目财务评价方法

作者：柯永建　刘新平　王守清

BOT/PPP 项目往往都是投资金额巨大、社会影响广泛、建设经营周期长的固定资产投资项目，由于有了私营部门的参与，其财务评价要与一般项目的财务评价区别对待，具体应注意：①计算期不同。对于私营部门而言，财务评价的计算期是从项目启动到项目特许期结束，且在特许期结束后，一般并没有所谓的资产回收。而对于公共部门而言，财务评价的计算期有两个：一是从项目启动到项目不能再提供产品或服务（如拆除）时的经济寿命期，评价项目在整个经济寿命期内的财务情况；二是从项目移交后到项目经济寿命期结束，作为计算公共部门利益的财务评价指标。②特许权协议直接影响各参与者的收益和风险。BOT/PPP 项目的财务分析也需要预测项目提供的产品或服务的价格、市场需求量、通货膨胀率、利率、税率、汇率等因素的变动，与其他项目不同的是，由于在特许权协议中会对以上因素做出一些特殊约定，这些约定直接影响各方的收益和风险。③项目受益人多。BOT/PPP 项目的一个主要特点是项目的参与者多，意味着项目的受益方也多，为达到多赢的目的，财务评价结果必需能够体现主要参与者的受益情况。

基于上述与一般项目财务评价的不同，BOT/PPP 项目财务评价指标应包括：①公共部门评价指标：如自偿率（SLR）反映公共部门的财务负担、项目移交后的净现值（NPV_{T1}，T_1 表示项目移交到项目经济寿命期结束之间的时间长度）表示公共部门的收益、资金价值（VfM）表示运用资金的效率、全项目内部收益率（$IRR_{全T0}$）；②私营部门评价指标：如净现值（NPV_{T0}，T_0 表示特许期长度，下同）、自有资金内部收益率（$IRR_{自T0}$）和投资人内部收益率（$IRR_{投T0}$）反映了私营部门的收益；③放贷方评价指标：如债务偿付率（DSCR）、利息保障倍数（TIE）反映借款方还本付息的能力。

BOT/PPP 项目合同关系复杂，影响项目现金流的因素较多，决策者在进行财务评价的时候往往希望了解财务评价指标为某一特定值的概率，因此可以借用金融领域常用的风险价值概念，应用基于置信水平的 BOT/PPP 项目财务评价方法，即在给定的置信水平下，分别从公共部门、私营部门和放贷方的角度分别评价项目的财务可行性，具体的指标计算方法如表 4-5 所示。

表 4-5　BOT/PPP 项目指标计算方法

参与者	评价指标	计算方法
公共部门	自偿率 SLR	运营期净收入除以建造期成本。SLR>1，项目所投入的建设成本可完全由运营收入回收；1>SLR>0，表示项目不完全自偿，需要公共部门投资参与或补贴公共基础设施建设
	增值 VfM	公共部门基准值（PSC）减去投标价格，VfM 越大越好。PSC 是根据历史上同类项目的数据而确定的基准，即公共部门提供同样水平的公共设施和服务的成本标准
	净现值 NPV_{T1} 全项目内部收益率（$IRR_{\text{全}T0}$）	BOT/PPP 项目在移交后到项目经济寿命期结束之间的净现值，反映了该项目移交后的运营盈利能力 BOT/PPP 项目在特许经营期内的内部收益率，即融资前的内部收益率，一般用税后概念
私营部门	净现值 NPV_{T0}	BOT/PPP 项目在特许经营期内的净现值/自有资金或投资人内部收益率，计算方法与一般项目无差异。值得注意的是，BOT/PPP 项目移交后一般是无偿移交资产给公共部门，因投资回报已在合作期内收回。但资产的使用仍按实际的生命周期管理、维护和计提
	自有资金内部收益率（$IRR_{\text{自}T0}$）和投资人内部收益率（$IRR_{\text{投}T0}$）	
放贷方	债务偿付率 DSCR	某一时期用于偿债的现金流量除以当期应付贷款本息，DSCR 大于参考值（一般在 1.0 ~ 1.5 之间）时，放贷方可以接受
	利息保障倍数 TIE	某一时期税前息前净利润除以当期应付贷款利息，放贷方一般要求 TIE 至少大于 2

（《中华建筑报》，2007 年 2 月 3 日）

第 2 节　价格、期限等动态机制设计

基于案例的中国 PPP 项目特许权协议动态调节措施的研究

作者：冯珂　王守清　伍迪　赵丽坤

国家自然科学基金项目（70731160634）；北京市自然科学基金资助项目（9144027）；北京高等学校青年英才计划项目（YETP1427）

【摘要】　合理的特许权协议动态调节措施对减轻项目不确定性、保障风险在各

参与方之间的公平分担有着重要意义。通过对 1994 年至 2013 年间中国 31 个典型 PPP 项目的分析，识别和定义了 7 种具有代表性的特许权协议动态调节措施，并结合案例分析了其在项目中发挥的作用。随后，结合 PPP 项目风险分担的原则，首次提出了特许权协议动态调节措施的选择框架，并就如何使其更好地发挥作用提出了相应的政策建议。研究结果为完善我国 PPP 项目风险管理，促进 PPP 项目特许权协议谈判提供了重要参考。

【关键词】 PPP 项目　风险分担　动态调节措施　案例研究

一、 问题提出与文献综述

PPP（Public-Private Partnership，公私合作）是提供公共基础设施和服务的一种项目融资和交付模式[1]。自 20 世纪 80 年代进入中国以来，PPP 模式被广泛用于基础设施、市政公用事业和其他社会公共事业中。通过引入私营部门，PPP 模式带来了项目成本的节约和服务效率的提高。但 PPP 项目一般投资大，合同周期长，运营环境中不确定的风险因素较多，给特许权协议的设计和管理带来了严峻挑战。

动态调节措施的设计是 PPP 项目特许权协议的核心内容之一。调节措施的不合理或缺失往往会损害项目干系人的利益，使项目陷入纠纷甚至失败的境地。宋金波等[2]以国外基础设施 BOT 项目为研究对象，提出了特许期的动态调节措施。叶苏东[3]从垃圾焚烧 BOT 项目的收益与成本分析入手，提出了四类不同的政府补贴机制。Engel 等[4]通过对智利特许权协议再谈判的分析，认为将含有再谈判费用的 PPP 投资纳入当期费用的审计中，可以避免政府增加财政支出的机会主义行为。李启明等[5]基于政府、私营部门和公众的三方满意，研究了三方利益的内生反馈机制，设计了相应的政府补贴与调价机制。

动态调节措施设置的科学与否对于实现公共部门与私营部门之间合理的动态风险分担也至关重要。刘新平和王守清[6]基于 PPP 项目风险分配原则，提出了 PPP 项目的风险分配框架。柯永建[7]总结出中国 PPP 项目的 37 个风险因素，并提出了公共部门与私营部门之间风险公平分担的建议。Li Bing 等[8]将 PPP 项目中的风险因素划分为宏观，中观和微观三个层面，并提出了私营部门承担、公共部门承担和两者共同承担等三种风险分担方案。

针对 PPP 项目中动态调节措施的研究已经取得了一定成果，但现有文献多侧重于对某类动态调节措施的研究，系统性不足。如何针对风险事件的性质选择合适的动态调节措施目前仍缺乏深入的研究。本文基于中国 31 个典型的 PPP 项目，识别定义了常见的七种动态调节措施，分析了它们在项目成功或失败中的作用，并结合 PPP 项目风险公平分担原则，提出了 PPP 项目动态调节措施的选择框架，对于指导我国 PPP

项目的成功运作具有重要意义。

二、 PPP 项目动态调节措施的案例

本文以中国 31 个具有一定代表性和影响力的 PPP 案例为研究对象。研究跨度为 1994 年到 2013 年，较为全面反映了我国 PPP 项目的发展过程。项目领域涉及轨道交通，污水处理，能源发电，垃圾焚烧，城市供水，城市公交等行业。案例均采集自公开文献、报告、报刊或新闻报道，并按所涉及的动态调节措施是否便于识别和归纳的原则进行了筛选。上述案例的基本信息如表 4-6 所示。

表 4-6 PPP 项目动态调节措施案例

编号	项目名称	实施时间	项目情景	涉及的主要动态调节措施
1	福建泉州刺桐大桥	1994	项目特许期与车流量受到了政策因素的影响，政府拒绝谈判，项目公司亏损严重	缺乏价格调整机制 缺乏特许期调整机制 缺乏再谈判机制
2	沈阳市第八水厂	1995	1999 年被政府高价回购	缺乏价格调整机制
3	沈阳市第九水厂	1996	供水价格过高	①缺乏价格调整机制
4	广西来宾 B 电厂	1996	总体良好，具有一定借鉴意义（2015 年 9 月项目到期并完成移交）	价格调整机制较完善 特许期调整机制较完善
5	上海大厂自来水项目	1996	供水价格过高	缺乏价格调整机制
6	福建福州公交民营化	1996	政府补贴不足，项目公司亏损	缺乏价格调整机制 缺乏政府补贴机制
7	深圳市梧桐山隧道	1997	过路费价格过高，2009 年被盐田港集团高价回购	缺乏价格调整机制 缺乏特许期调整机制 缺乏退出机制
8	山东中华发电项目	1998	政府难以兑现购电合同，项目陷入困境	缺乏价格调整机制 缺乏再谈判机制
9	广东廉江中法水务供水	1999	建成后陷入停滞，2009 年移交政府	缺乏退出机制
10	成都市自来水六厂 B 厂	1999	供水价格过高	缺乏价格调整机制 缺乏政府补贴机制
11	长春汇津污水处理项目	2000	项目争议不断，2005 年被回购	缺乏再谈判机制 缺乏退出机制
12	郑州荥锦垃圾焚烧发电	2000	垃圾供应量不足，垃圾运输车需交纳高额过路费	缺乏政府补贴机制
13	浙江兰溪公交民营化	2001	纠纷不断，2004 年被整体回购	缺乏价格调整机制 缺乏政府补贴机制

续表

编号	项目名称	实施时间	项目情景	涉及的主要动态调节措施
14	武汉汤逊湖污水处理厂	2001	征地，规划问题难以解决，2009年移交政府	缺乏退出机制
15	湖北南漳自来水	2002	2009年出现“浊水事件”	缺乏政府补贴机制
16	湖北黄冈公交民营化	2002	2006年因线路纠纷出现停运	缺乏政府补贴机制 缺乏再谈判机制
17	杭州湾跨海大桥	2003	实际车流量少于预期	缺乏政府补贴机制
18	湖北十堰公交民营化	2003	2008年因待遇纠纷出现停运	缺乏政府补贴机制
19	安徽合肥公交民营化	2003	政府补贴不足，员工工作压力大，事故频发	缺乏政府补贴机制
20	天津双港垃圾焚烧发电	2004	政府补贴不足；民众抗议项目污染	缺乏政府补贴机制
21	深圳地铁4号线	2004	运行良好，具有一定借鉴意义	收益分配机制较完善
22	黑龙江方正县供热项目	2004	2009年出现“供暖危机”，政府临时接管项目	退出机制较完善
23	南京长江隧道	2005	因城市规划需要，2010年项目被提前回购	退出机制较完善
24	北京地铁4号线	2005	运行良好，具有一定借鉴意义	价格调整机制较完善 收益分配机制较完善
25	湖南长沙公交民营化	2005	项目公司亏损严重，交通违法事故频发	缺乏政府补贴机制
26	重庆同兴垃圾焚烧项目	2005	垃圾原料的各项指标较招标文件中的预测相差较大	缺乏政府补贴机制 缺乏再谈判机制
27	国家体育馆	2006	2009年8月项目公司改制	退出机制较完善
28	兰州威立雅水务	2007	2009年以来多次涨价	缺乏价格调整机制 缺乏收益分配机制
29	浙江湖州老虎谭水库	2008	运行良好，有一定借鉴意义	价格调整机制较完善 退出机制较完善
30	番禺垃圾焚烧项目	2009	因民众抗议，项目停工改址	缺乏再谈判机制
31	上海莘庄CCHP项目	2013	总体运行良好，有待观察	政府补贴机制较完善 价格调整机制较完善

三、动态调节措施的识别和定义

本文所考察的31起典型个案中涉及的动态调节措施有6个，包括政府补贴机制、收益分配机制，价格调整机制、特许期调整机制、退出机制和再谈判机制。本文所收集的案例中虽然没有涉及再融资机制，但为保证研究的全面性，仍将该机制纳入分析。

对各调节措施出现的频次加以统计，结果如表 4-7 所示，其中“×”代表对应的案例中该机制缺乏或不够完善，“√”代表案例中该机制的设计较为完善，具有借鉴意义。

如表 4-7 所示，除广西来宾 B 电厂以外，其余成功项目均位于东部沿海经济发达省市，反映出我国地方政府的 PPP 项目管理水平上具有区域性的不均衡。按项目实施的时间，上述案例又体现出一定的阶段性特征[9]。大体可将 1994—2002 年划分为第一阶段。项目领域以能源、供水项目为主，项目参与方以港资，外资为主。主要问题是政府为吸引投资者而为项目做出最低收入担保，特许权协议中缺少价格调整机制和退出机制，如表 4-7 中第 3 列、第 5 列所示。2003—2006 年为第二阶段，项目领域以公用事业，城市公交，基础设施为主，项目参与方以国企，民企为主。主要问题是市政公用事业民营化后缺少政府补贴机制和财政再投资，民营投资者为追求利润而压缩成本，造成公共服务质量下降，如表 4-7 中第 1 列所示。2007—2013 年为第三阶段（作者注：2014 年起中央力推 PPP，开启了第四阶段……）。成功案例所占的比例有所上升，反映出了地方政府 PPP 合同管理经验中的“学习效应”，如表 4-7 第 1 列、第 3 列和第 5 列中的后四行所示。

表 4-7　PPP 案例主要动态调节措施统计

编号	政府补贴机制	收益分配机制	价格调整机制	特许期调整机制	退出机制	再谈判机制	阶段
1			×	×		×	第一阶段
2			×				
3			×				
4			√	√			
5			×				
6	×		×				
7			×	×	×		
8			×		×	×	
9					×		
10	×		×				
11					×	×	
12	×						
13	×		×				
14					×		
15	×						
16	×					×	

续表

编号	政府补贴机制	收益分配机制	价格调整机制	特许期调整机制	退出机制	再谈判机制	阶段
17	×						第二阶段
18	×						
19	×						
20	×						
21		√					
22					√		
23					√		
24		√	√				
25	×						
26	×					×	
27					√		
28		×	×				第三阶段
29			√		√		
30	√		√				
31	√		√				
频次	14	2	15	3	9	5	

（一）政府补贴机制

包括政府对 PPP 项目因政策原因造成的经营亏损进行补贴的机制。对公益性高、盈利性差的准公共性 PPP 项目，政府需要对项目公司运营中产生的政策性经营亏损进行补贴以保证项目的可持续性。2000—2005 年，我国各地市推行的一系列城市公交民营化改革中，民营化后的公交公司仍需履行政府规定的各种票价优惠等社会福利政策。在政府补贴机制缺位的情况下，很多项目都陷入了入不敷出的境地[10]。

（二）收益分配机制

包括当项目收益因客流变化，成本降低等原因而超过预期时，对超额利润采取的分配机制。在北京地铁 4 号线项目中，政府与项目公司约定，由政府承担票价风险，项目公司承担客流量风险。由于项目运营后采取了不计里程单一票价，项目的客流量远超预期，原本应由项目公司承担的客流量风险不再存在。为平衡风险收益，政府及时启动了收益分配机制，对超出协议客流量的票价收入按比例提取了分成[11]。

（三）价格调整机制

包括 PPP 项目所提供的服务或产品的价格调整方式和触发条件等机制。在我国 20 世纪 80、90 年代引入的一批 BOT 水电项目或污水处理项目中，由于 PPP 项目经验的匮乏，地方政府为了吸引投资者往往承诺了较高的回报率，且对价格调整的有关条款不够重视，导致后续项目运营中出现了一系列纠纷。在福建晋江刺桐大桥项目中，由于未在特许权协议中设置收费价格调整的条款，在人工，管理成本不断上升的情况下，项目公司始终未能调升收费标准，蒙受了巨大损失[12]。

（四）特许期调整机制

包括 PPP 项目特许期的调整方式和触发条件等机制[13]。如当项目收益低于预期时，可通过延长特许期来对项目公司进行补偿；当项目收益超过预期时，则需要缩短特许期以维护社会和公众的利益。在深圳市梧桐山隧道项目，成都市自来水厂六厂 B 厂，沈阳市第九水厂等项目中，地方政府对项目收益估计不足，未在签订特许权协议中设置特许期的调整机制，导致运营期内项目公司的收益过高，损害了公众的利益。

（五）退出机制

包括主动退出机制和被动退出机制。主动退出机制指项目参与人在经营期内选择转让项目股权而主动退出的机制。通常，发起人的主动退出要满足“限制期”的约束，承接者的资格、能力也要满足特定条件。被动退出机制是指政府出于保障公共利益的考虑而临时接管或提前终止项目的机制。为保障项目参与人的利益，特许权协议中需要对政府进行临时接管的条件、程序及相应赔偿等进行规定。在深圳市梧桐山隧道项目中，由于缺乏相应的退出机制，项目公司在收回投资成本后仍长期维持较高的收费价格。高昂的过路费用阻碍了地区经济的发展，给社会和公众的利益造成了损失。

（六）再融资机制

根据英国政府在 PPP 项目再融资规范中的定义，凡是利用融资手段（如股权融资、债权融资、股权转让、资产证券化等）改变项目原有资本结构的行为都属于广义的再融资机制。PPP 项目再融资的主要原因是为了解决项目融资计划与实际资金需求之间的差异，降低项目的财务成本、提高净资产收益率或进一步发展补充资金。可进一步将再融资措施分为主动（计划内）再融资和被动（计划外）再融资。主动再融资指在特许权协议中对项目未来建设运营中的融资活动进行的安排，包括融资时间，方式，风险收益分配等条款。被动再融资是指在项目发展中遇到预期外风险时而进行的紧急再融资。

（七）再谈判机制

包括触发再谈判的条件，再谈判的程序，内容以及谈判争端的仲裁解决方式等内容。当项目运营中发生合同双方难以预料的事件，严重影响了项目持续稳定运营时，就有必要启动再谈判机制。在福建晋江刺桐大桥项目中，特许权协议中未就再谈判机制进行相关规定。当项目的特许期受法律政策影响而缩短，项目收益因当地同类竞争性项目出现而降低时，投资者难以与地方政府就特许权协议的变更达成一致，只能独自承担项目收益下降的苦果[12]。

四、PPP 项目动态调节措施的选择框架

PPP 项目的动态调节措施的设置直接关系到项目风险能否得到合理的分担。本文所提出的 PPP 项目风险分配框架进一步构造了 PPP 项目动态调节措施的选择框架[6]。首先，依据 PPP 项目风险分担的三条主要原则[7]，可将 PPP 项目实施全过程中的所有风险划分为公共部门最具控制力、私营部门最具控制力、双方共同控制和双方控制力之外共四个类别。在此基础上，可借助于上文识别定义的动态调节措施对各个类别内的风险因素进行管控，从而实现整个项目的风险收益的合理分担。PPP 项目动态调节措施的选择框架如图 4-2 所示。对各类别内动态调节措施具体设置的讨论如下：

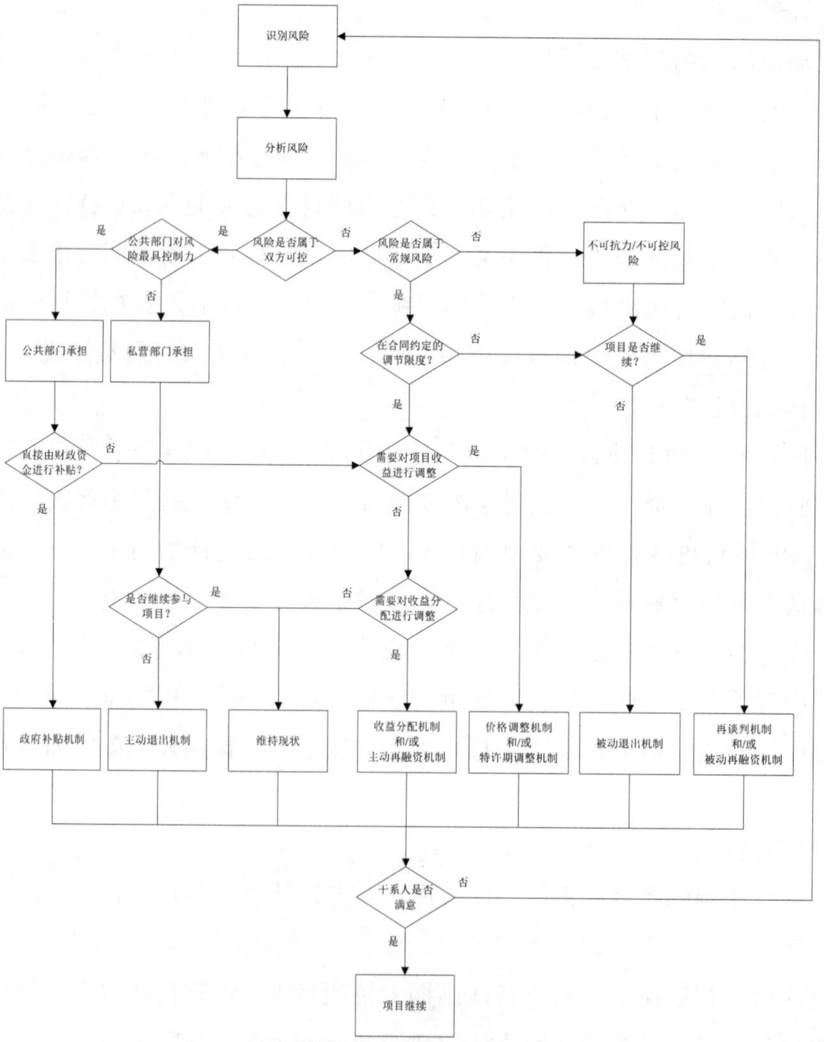

图 4-2　PPP 项目动态调节措施的选择框架

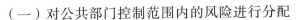

（一）对公共部门控制范围内的风险进行分配

对于公共部门控制范围内的风险，地方公共部门拥有一定行政区域内的立法权、执法权，公共政策的制定权，对特定商品和服务的定价权以及对竞争性项目的审批权等权力，因而处在比私营部门更有力的地位来识别、控制这些风险。当项目收益受到此类风险的影响时，应由政府对项目损益进行补偿。具体操作中，政府可利用财政资金直接对项目公司进行补偿，即启动政府补贴机制，如北京地铁 4 号线中的票价补偿。也可采用调整特许价格或特许期的方式进行补偿。

（二）对私营部门控制范围内的风险进行分配

对于私营部门控制范围内的风险，私营部门应树立合理的风险意识，依据自身技术与管理能力，充分了解判断项目运营中存在的风险，并承担与其技术管理能力相适应的风险，如项目的完工风险，技术风险，因管理不善造成的物资损失，成本超支等。当项目收益受到此类风险的影响，不应对特许权协议进行调整。若私营部门无意继续参与项目，也可依主动退出机制转让所持有的项目股权。主动退出机制中应对项目股权转让的时间，双方义务，继任者的资格认定等条件进行说明。

（三）对双方共同承担的风险进行分配

此类风险泛指需要由公共部门与私营部门共同承担的市场风险，如汇率风险，利率风险，通货膨胀风险等。实践中，当该风险处于特许权协议约定的变化范围内，可依托已有条款对风险进行分配。如对项目的特许价格或特许期进行调整，以保证项目的收益在合理的范围内。或对项目的收益分配机制进行调整，以体现风险与回报相匹配的原则。或采取主动再融资机制改变项目的资本结构和股权配置，以达到重新分配项目利润的目标。当该类风险的波动远超出了预期，则演变为不可控风险，可参考对不可抗力或不可控风险的处置方式进行分配。

（四）对不可抗力或不可控风险进行分配

对不可抗力风险或超出正常波动范围的市场风险的分配，此类风险通常很难在已有的特许权协议的框架中得到细致的规定，因而只能借助再谈判机制采取一事一议的方式解决。若因经济环境的变化使得项目原有融资方案难以满足要求，也应借助于被动再融资的机制。若外界条件的变化使得原项目提前终止或被政府临时接管，可借助于被动退出机制，对项目终止或接管的程序、补偿金额、补偿支付方式等内容加以明确。

五、 政策建议

综合案例调研和分析，本研究认为，政府和项目公司还应从以下三个方面规避和应对风险，为动态调节措施作用的发挥提供制度支撑：

（一）转变政府管理方式，承担相应监管责任

特许经营权的授予并不代表着政府自身监管责任的完全转移，提供公共产品和服务仍是政府的终极责任。为保障公众权益，政府应将监管的重点集中在产品或服务的质量、价格、效率等方面，对产品、服务质量不合格或难以达到特许权协议要求的企业进行处罚。政府要承担相应的公共设施投入和公共财政补贴责任，对公交、供水等公共事业不能“一卖了之”，对项目公司因提供公益性服务而产生的亏损应进行及时补偿。

（二）严格项目招标投标，科学测算项目收益

项目预期收益和现金流的合理预测是特许权协议中动态调节措施设计的基础，也是诸多特许权协议调整的触发条件。为确保物有所值的实现，充分保障公共利益，需要建立严格公正透明的PPP项目招投标流程，通过充分的竞争使得具有技术管理优势的企业能够脱颖而出。政府可聘请专业的咨询公司担任“外脑”，对项目的预期收益做出科学合理的测算，为项目招标底价的确定提供参考，为项目运营阶段中政府补贴数额、产品或服务价格以及特许期长度的调整等决策提供依据。

（三）建立PPP知识中心，推广学习成功案例

对项目案例的统计显示地方政府在PPP项目的谈判中表现出了一定的“学习效应”，2007年至今的PPP项目成功案例显著增加。但PPP项目特许权协议谈判和管理先进经验的传播渠道仍然不够畅通。前文分析也表明，地方政府的PPP合同管理水平表现出严重的地区不均衡现象，这无疑限制了PPP动态调节措施的设置和作用的进一步发挥。因此，有必要建立区域性或全国性的PPP知识中心，向欠缺PPP管理经验的政府部门提供成功PPP案例和标准的特许权协议文本，促进PPP领域专业知识和先进经验的推广。

六、结语

基于我国31个典型PPP项目案例的分析，本文识别和定义了PPP特许权协议中的7中主要动态调节措施，并基于PPP项目的风险分担原则首次提出了PPP特许权协议动态调节措施的选择框架。但本研究仅针对我国PPP项目中的主要动态调节措施进行了分析，并不代表其他调节措施可以忽略。另外，PPP项目风险影响因素众多，一份特许权协议不足以解决项目执行中出现的所有问题。如何结合项目的实际情景设计具针对性的动态调节措施，并推动特许权协议的标准化设计以降低谈判成本将是值得深入研究的方向。

参考文献

[1] 柯永建，王守清，陈炳泉. 英法海峡隧道的失败对PPP项目风险分担的启示[J].

土木工程学报，2008, 41（12）: 97-102.

[2] 宋金波，党伟，孙岩. 公共基础设施 BOT 项目弹性特许期决策模式——基于国外典型项目的多案例研究[J]. 土木工程学报，2013, 46（4）: 142-150.

[3] 叶苏东. 城市垃圾焚烧发电 BOT 项目的偿付机制[J]. 北京交通大学学报（社会科学版），2014（4）: 25-30.

[4] Engel E, Fischer R, Galetovic A. Soft budgets and renegotiations in public-private partnerships[R]. National Bureau of Economic Research, 2009.

[5] 李启明，熊伟，袁竞峰. 基于多方满意的 PPP 项目调价机制的设计[J]. 东南大学学报: 哲学社会科学版，2010, 12（1）: 16-20.

[6] 刘新平，王守清. 试论 PPP 项目的风险分配原则和框架[J]. 建筑经济，2006（2）: 59-63.

[7] 柯永建. 中国 PPP 项目风险公平分担[D]. 北京: 清华大学，2010.

[8] Li B, Akintoye A, Edwards P J, et al. The allocation of risk in PPP/PFI construction projects in the UK [J]. International Journal of project management, 2005, 23（1）: 25-35.

[9] 金永祥. 从中国 PPP 发展历程看未来[EB/OL].（2014-08-06）http://news.h2o-china.com/html/2014 /08/129906_1.shtml.

[10] 章志远，朱志杰. 我国公用事业特许经营制度运作之评估与展望——基于 40 起典型事例的考察[J]. 行政法学研究，2011（2）: 58-64.

[11] 郝伟亚，王盈盈，丁慧平. 城市轨道交通 PPP 模式核心要点研究——北京地铁 M 号线案例分析[J]. 土木工程学报，2012（10）: 175-180.

[12] 贾康，孙洁，陈新平，程瑜. PPP 机制创新：呼唤法治化契约制度建设——泉州刺桐大桥 BOT 项目调研报告[J].经济研究参考，2014（13）: 43-51.

[13] 宋金波，党伟，孙岩. 公共基础设施 BOT 项目弹性特许期决策模式——基于国外典型项目的多案例研究[J]. 土木工程学报，2013（4）: 142-150.

（《工程管理学报》2015 年第 3 期，第 88-93 页）

后记：截至本书付印之时，以清华大学 PPP 研究中心为代表的高校 PPP 中心正陆续建立，说明国家和社会都开始重视知识的重要性，也佐证了本文提出的“建立 PPP 知识中心”建议的合理性和及时性。

PPP 项目的特许期设计

作者：叶苏东　王守清　柯永建

特许经营期的设计包括：①选择特许经营期的结构（单时段或双时段）；②确定特许经营期的长短及形式（固定或可变）；③激励措施（有激励或无激励）。上述三个要素各有两个选择，可组合成八种设计，如图 4-3 所示。

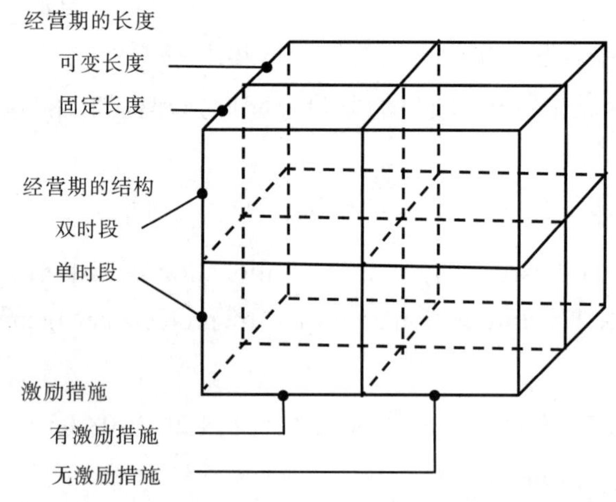

图 4-3　特许经营期的设计

常用的特许经营期是固定的，经营期的结构与激励措施结合则可形成四种特许经营期的设计：①单时段带激励措施；②单时段不带激励措施；③双时段带激励措施；④双时段不带激励措施。其中，激励措施可以根据项目特点设计出不同的奖励和惩罚措施，因而得出更多的特许经营期设计。

不同的特许经营期设计造成不同的完工风险分配。在单时段不带激励措施的特许期设计中，实际运营期取决于完工时间：提前完工，则实际运营期比计划运营期长；延迟完工，则实际运营期比计划运营期短。因此，完工风险主要由项目公司承担：如果提前完工，享受比计划更长的运营期所带来的收入；如果延迟完工，承担因运营期缩短所造成的损失（见图 4-4）。单时段带激励措施的特许期设计与单时段不带激励措施的特许期设计类似，完工风险还是由项目公司承担，只是完工风险比无激励措施的特许期设计中的更大，提前完工，实际运营期比计划运营期长并有奖励；延迟完工，实际运营期比计划运营期短并受处罚（见图 4-5）。

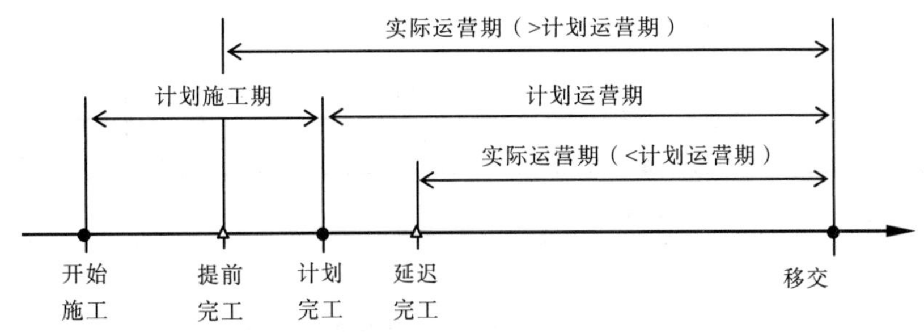

图 4-4　单时段不带激励措施的完工风险

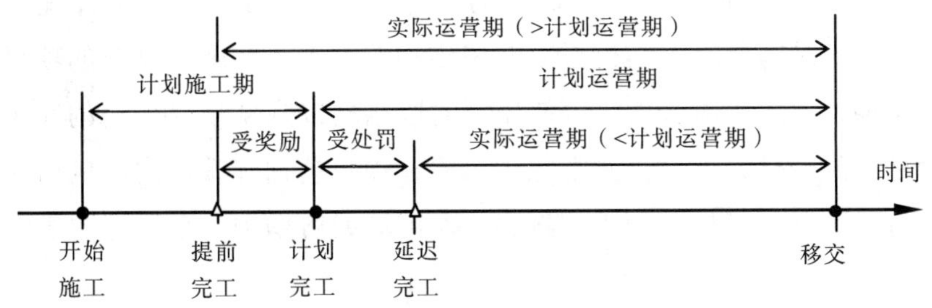

图 4-5　单时段带激励措施的完工风险

在双时段不带激励措施的特许期设计中，实际运营期与完工时间无关：提前完工或延迟完工，实际运营期都和计划运营期相同。移交时间取决于完工时间：提前完工，提前移交；延迟完工，延迟移交。因此，完工风险主要由政府承担（见图 4-6）。在双时段带有激励措施的特许期设计中，实际运营期与完工时间无关但奖惩不一样：提前完工，实际运营期还和计划运营期相同，移交时间与计划相同，但有奖励；延迟完工，实际运营期仍和计划运营期相同，移交时间相应延迟，但受处罚。因此，完工风险由政府和项目公司共同分担，分担程度大小则取决于激励措施（见图 4-7）。

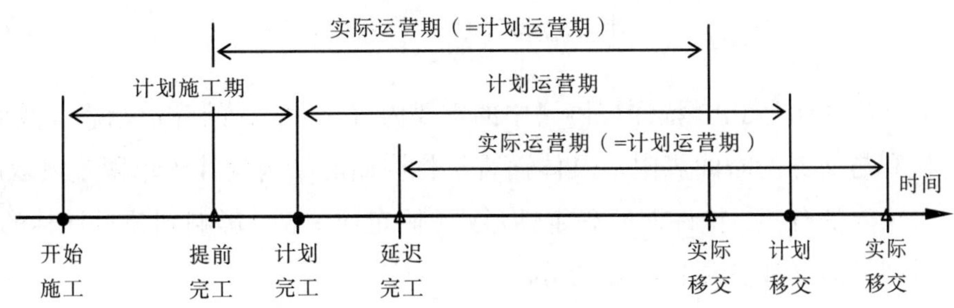

图 4-6　双时段不带激励措施的完工风险

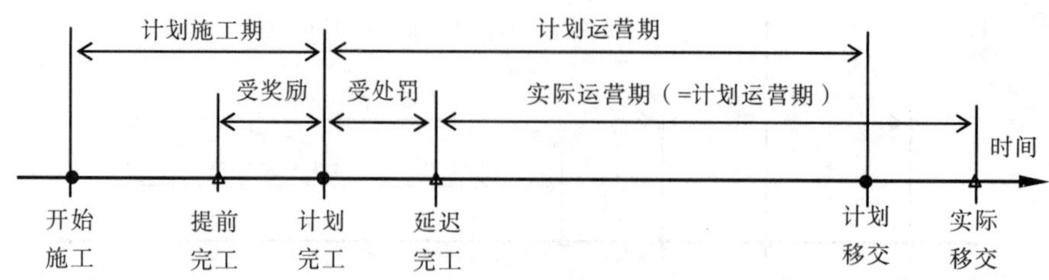

图 4-7　双时段带激励措施的完工风险

特许经营期的设计主要取决于两个因素：项目的施工难度（简单还是复杂）和市场特性（市场型还是合同型）。施工简单的项目，可以比较准确地估计施工期，完工风险较小，因此，采用单时段结构或双时段结构差别不大。施工复杂的项目，难以准确地估计施工期，完工风险较大，应使用双时段结构以降低项目公司的完工风险，然后通过激励措施的设计，进一步调整完工风险在项目公司和政府之间的分担程度。合同型市场中，政府有较多种激励措施选择，而市场型市场中，则政府的激励措施选择较少。

实践中常见的错误是特许经营期的设计不符合项目的特性，完工风险的分担不符合风险合理分担原则（详见本系列连载文章之六）。如果只强调把完工风险转移给项目公司，可能导致项目公司提高报价或提出尽较长的施工期来降低延迟完工风险，项目公司可能将获得超额利润。

（《中华建筑报》，2007 年 5 月 24 日）

PPP 项目特许期的确定

作者：王守清　冯珂

PPP 项目特许期是 PPP 特许权协议中的重要内容之一，它的确定标志着政府与投资者之间权利与义务的时间界限。具体而言，特许期的结构设计（单限定或双限定）关系到完工风险的分担，特许期的确定性形式（固定或弹性）影响到项目评标的安排，特许期的时间长短又涉及项目收益的分配。

一、PPP 项目特许期的范围界定

通过总结文献和 PPP 项目中的有关实践，关于 PPP 项目的特许期一般有两种定义。一种定义对项目建设期和运营期进行了明确的区分，在该定义下，PPP 项目特许期专指项目运营的时间长度（见图 4-8）。另一种定义将项目建设期与运营期进行了合并，统称为项目的特许期（见图 4-9）。考虑大多数研究的惯例，本文所指的项目特许期为第二种定义。

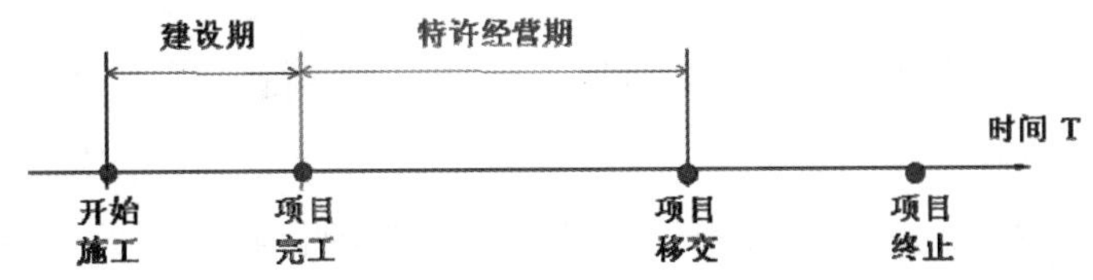

图 4-8　项目特许期的定义一

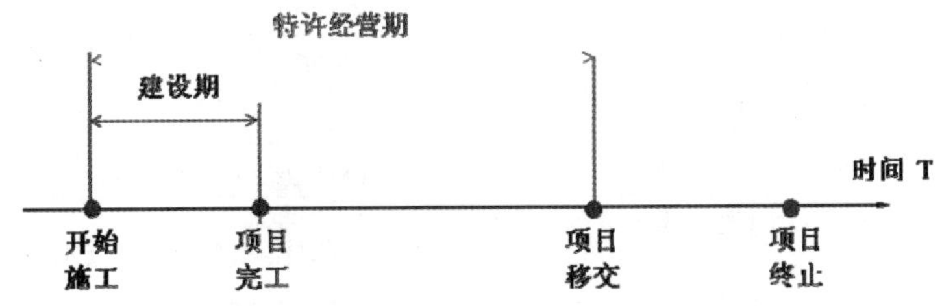

图 4-9　项目特许期的定义二

二、PPP 项目特许期的结构设计

按照对特许期长度限定方式的不同，叶苏东等[1]将项目特许期的结构划分为单限定特许期和双限定特许期。其中，单限定是指只对特许期的总长度进行限定，而不具体限定建设期和运营期各自的长度；双限定是指对建设期和运营期的长度分别进行规定。在固定施工期和运营期的情况下，结合对特许期长度的限定以及是否在特许期的设计中加入激励条款，又可以将特许期的结构分为四个主要类型（见表 4-8）。

表 4-8　特许期的结构

特许期的结构		实际经营期长度		完工风险承担者	
		提前完工	延迟完工	提前完工	延迟完工
单限定	无激励	长于计划经营期	短于计划经营期	项目公司承担，获利	项目公司承担，损失
	有激励	长于计划经营期，并有奖励	短于计划经营期，并受处罚	项目公司承担，获利更大	项目公司承担，损失更大
双限定	无激励	等于计划经营期	等于计划经营期	政府承担，提前移交	政府承担，延迟移交
	有激励	等于或长于计划经营期，并有奖励	等于计划经营期，并有处罚	共同承担，移交时间与计划相同	共同承担，移交时间相应延迟

不同的 PPP 项目特许期结构反映了项目风险在政府与项目公司之间不同的分担

方式。相比较而言，由于单限定特许期下的完工风险基本由项目公司承担，项目公司所受的激励一般要大于双限定特许期（仍取决于激励措施的设置）。对 PPP 项目特许期结构的选择也应当结合项目的收入来源以及施工难度等因素。对于施工难度较高的项目一般采用双限定特许期以减轻项目公司所承担的完工风险。叶苏东等进一步指出，无论项目能否按时完工，双限定期都有利于政府和项目公司。如果项目能提前完工，则政府能够提前收回项目；如果项目延迟完工，由于运营期固定，项目公司遭受的损失也会较小。不同收入来源和施工难度下，PPP 项目特许期的选择方式如表 4-9 所示。

表 4-9　特许期结构的选择

收入来源	施工难度	
	低	高
市场型	单时段不带处罚措施	双时段不带激励措施
合同型	（1）单时段带或不带处罚措施； （2）双时段带或不带激励措施	双时段带激励、带或不带处罚

三、PPP 项目特许期的确定性形式

按照特许期的确定性形式来划分，PPP 项目特许期可以划分为固定特许期与弹性特许期。固定特许期是指将特许期的长度在合同中事先加以限定，如无特殊情况，一般不予调整。与固定特许期相对应的项目评标方法一般为最短运营年限中标法（如果其他条件相同）。这种评标方法简单，易于操作，能促进投标者之间的竞争，但不一定能完全反映投标者的整体综合实力。同时，由于市场需求的预测存在高度的不确定性，政府往往需要向投资者做出特许期内的最低收入担保（minimum revenue guarantee）。当实际运营收入与预测值偏差较大时会加重政府的财政负担。

弹性特许期[2]是指将特许期的实际长度与项目投资者的收入状况挂钩。当投资者从该项目中得到的收益净现值达到特许权协议中规定的特定值时，特许经营期终结，项目移交。与弹性特许期相对应的评标方法是最低收入现金净现值中标法（least-present-value-of-revenue, LPVR）。该种评标方法适合对项目建设成本不确定，未来收入难以预测的情况，但不利于激励投资者缩短建设工期或在运营期内提高服务质量。

四、PPP 项目特许期的时间长度

鉴于 PPP 项目特许期的不同确定性形式，特许期长度的决策也有不同的方法[3]。如图 4-10 所示。

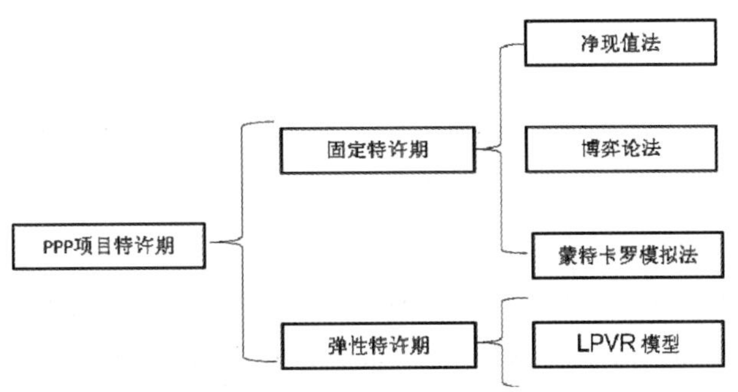

图 4-10　特许期长度的决策方法

净现值法：主要依据项目公司在特许期内的预测现金流量的净现值来确定 PPP 项目特许期。对投资者而言，NPV 应等于其预期收益，对政府部门而言，从项目移交到项目终止期间的 NPV 应不小于零[4]。即

$$\begin{cases} \sum_{i=t_0}^{t_c} \dfrac{CI_i - CO_i}{(1+r)^i} = E \times R_E \\ \sum_{i=t_c}^{t} \dfrac{CI_i - CO_i}{(1+r)^i} \geqslant 0 \end{cases} \tag{4-4}$$

式中，t_0 为项目的启动时刻，t_c 为项目的移交时刻，t 为项目的终止时刻，r 为贴现率，E 为项目总投资，R_E 为投资者的目标收益率。

博弈论法：PPP 项目特许期的确定也可以看作是政府与项目公司间的完全信息动态博弈，可将特许期和建设成本分别作为政府与投资者的决策变量，建立各自的效用函数，并使用逆向归纳法求解。也可对特许期的谈判过程建模分析，政府与项目公司为取得各自期望的最大收益而交替谈判，直到同时满足双方的决策目标函数。该方法能进一步缩小特许期可行域的范围，提高决策的有效性。

蒙特卡罗模拟法：该方法依据决策者的经验，对影响特许期的各类变量的概率分布进行定义，如市场需求、建设成本等，并进一步构建特许期的决策模型。通过蒙特卡罗模拟来反映这些变量变动情况对特许期的影响，并拟合出项目的 NPV 曲线，从而给出一定置信区间下特许期的可行域。

LPVR 模型：该模型以社会福利最大化为决策目标，构建特许期与项目收益和成本之间的关系。为了提高中标的概率，并增加中标后的收益，项目公司将对自身的预期收益和投标的项目运营成本进行权衡。在充分竞争的情况下，投资者之间竞争的结果将使其投标报价接近于实际成本，从而促进了成本节约和效率提高。

参考文献

[1] Ye S D, Tiong R L K. The effect of concession period design on completion risk management of BOT projects [J]. Construction Management and Economics, 2003, 21（5）: 471-482.

[2] Engel E M R A, Fischer R D, Galetovic A. Least-present-value-of-revenue auctions and highway franchising [R]. National Bureau of Economic Research, 1998.

[3] 王东波，宋金波，戴大双，等. BOT 项目特许期决策方法研究评述[J]. 预测，2009, 28（3）: 1-8.

[4] 李启明，申立银. 基础设施 BOT 项目特许权期的决策模型[J]. 管理工程学报，2000, 14（1）: 43-46.

（《项目管理视点》2015 年第 6 期，第 24-26 页）

BOT/PPP 项目的价格设计

作者：叶苏东　刘宇文　王守清

作为 BOT/PPP 基础设施项目中非常重要的一类，发电厂、供水和污水/垃圾处理厂等都需要通过出售产品或提供服务给公共部门而获得收入。在私营部门与公共部门签订的特许经营协议中，价格设计对项目风险的公平合理分担是非常重要的一个内容。

PPP/BOT 项目的价格设计包括价格高低的确定、价格结构的选择和调价机制的设计：

（1）**价格高低的确定**是指所确定的项目产品或服务价格应能保证项目公司在特许经营期内收回在生产产品或提供服务时发生的费用并获得合理的回报，以吸引民间投资者参与基础设施投资、建设和运营；同时还要考虑消费者的承受能力，维护消费者的利益（因为基础设施往往具有垄断性且与消费者的工作与生活密切相关）。如果一个项目有不同种类的消费者，对不同的消费者还可确定不同的价格，例如，对价格敏感性较低的消费者收取较高价，或者对低于一定量的消费制定一个价格，再对高于该量的消费制定另一个价格。

（2）**价格结构**是指，考虑到基础设施项目的初始投资、运营费用和维护费用相当复杂，因此，必须将这些成本的复杂性和相关关系有机地反映在价格中。价格结构主要分为两部分：一是固定价格部分，包括资本支付部分（用于债务包括本金和利息的支付，以及对投资者的回报）和固定的运营费支付部分（用于支付运营阶段的固定运营管理费用）。二是变动价格部分，包括变化的运营管理费用（用于支付运营阶段的变化运营管理费用）和原材料与能源支付部分（用于支付原材料和燃料费用）。如图4-11 所示。

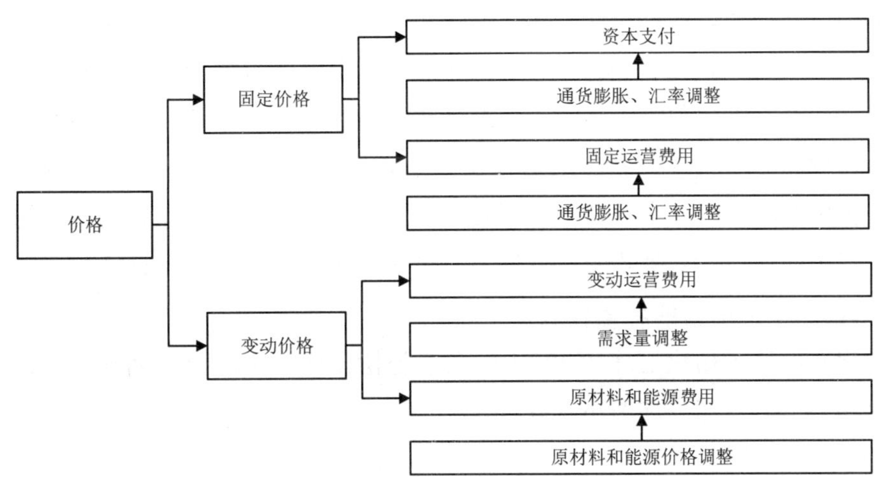

图 4-11　价格设计中的价格结构和调价机制

（3）**调价机制**是指，由于基础设施项目的投资大、运营期长，项目成本和收益在这一过程中受到许多风险因素（如通货膨胀、汇率、市场需求、原材料/燃料价格变化等）的影响甚至重大影响，所以价格设计中应当有合理的调价机制。调价机制主要就是为了调整这些可计量风险因素所导致的项目支出或收益的变化，在公共部门和项目公司之间公平合理地分担项目的风险，保证项目正常运营并使项目公司得到合理的回报。调价机制一般按照预先商定的不同时间间隔或一定触发条件下实施，不同的价格组成成分还可以采用不同的调价规则，例如，汇率变化调整机制对应于价格中与汇率相关的部分，原材料/燃料成本变动调整机制对应于价格中与原材料/燃料相关部分。如图 4-11 所示。

要特别提醒的是，因为政府吸引民间资本投资基础设施的主要原因之一是私人部门有着更高的运营效率，所以调价机制中还应有激励措施，促使项目公司发挥能动性和创造性，更高效地建设和运营项目。一个适当结合的价格结构和调价机制可以长期地有效地分担和控制 BOT/PPP 基础设施项目中的重要风险，使项目公司和政府实现“双赢”。

（《中华建筑报》，2007 年 5 月 29 日）

准经营性 PPP 项目的补偿模式

作者：刘婷　王守清

一、准经营性项目的定义

在基础设施领域，根据可销售性（有无收费机制）和可经营性（项目全寿命周期内经营收入是否足以覆盖投资成本），可以将基础设施项目划分为非经营性项目、准经营性项目和经营性项目[1]。其中，准经营性项目为有收费机制，具有潜在的利润，但由于其建设和运营直接关系公众切身利益，因而其产出的价格由代表公众利益的政府确定，往往无法收回成本，即具有不够明显的经济效益，市场运行的结果将不可避免地形成资金的缺口，需要政府通过适当政策优惠和/或多种形式的补贴予以维持。[2]

二、准经营性 PPP 项目的补偿模式

准经营性项目市场化运作（PPP）的政府补偿模式包括：建设期补偿、运营期补偿、资源补偿、以及部分环节市场化等。

（一）建设期补偿

建设期补偿模式（见图 4-12）是指将准经营性基础设施分为两部分：与以后运营效率及运营成本密切相关的设施（可称为经营性设施）的投资、运营和维护由 PPP 项目公司来投资完成；而其他永久性设施（可称为基础性设施）则由公共部门投资建设；在项目成长期，政府将其投资的部分基础性设施无偿移交或以象征性价格租赁给项目公司，为项目公司实现合理的投资收益提供保障，在项目的成熟期，再通过调整政府投资部分资产租金的形式，避免项目公司产生超额利润。建设期补偿模式适用于前期资金要求巨大、中后期经济强度比较强的项目[2]。

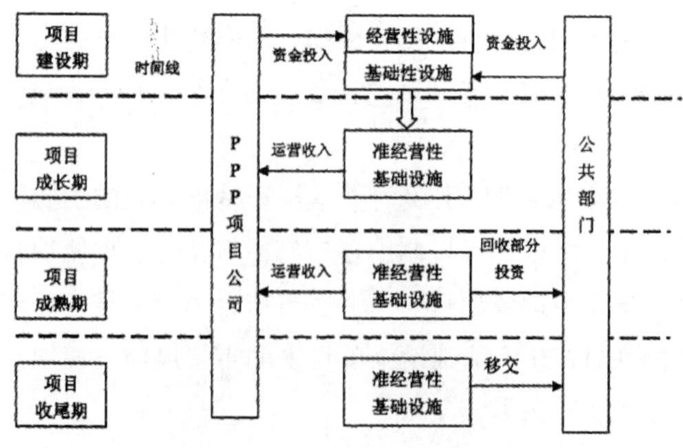

图 4-12　建设期补偿模式[2]

以北京地铁4号线为例，项目总投资约153亿元，按照2004年的票价政策，项目30年的运营收益只能回收约30%的投资，其余107亿元投资无法平衡。项目实施单位和咨询顾问经研究和论证，根据投资与项目运营的关联度，创造性地将项目分为A、B两部分，A部分主要为洞体等土建工程（107亿元），由政府投资；B部分为车辆和机电设备等与项目运营关联度较高的投资（46亿元），引入香港地铁等社会资本投资建设B部分，租赁A部分，并负责整体项目的运营。北京地铁16号线则在4号线模式的基础上，进一步对A部分引入保险资金约120亿元股权投资，加深了市场化程度[3]。

（二）运营期补偿

运营期补偿模式（见图4-13）是指，基础设施由PPP项目公司投资建设；公共部门与PPP公司签订协议，根据预测的需求量和价格，保障未来产品或服务的市场需求，当实际需求量比预测量增加或减少的幅度超过一定比例时，其超过部分的损益由政府和项目公司共同承担；预测的产品/服务的需求量在特许期内还可分为若干调整期。运营期补偿模式中，政府一次性投入少且支出均匀，并且政府和项目公司合理共担风险和收益，有效降低了项目公司的收益风险同时避免其获得超额的垄断利润[2]。

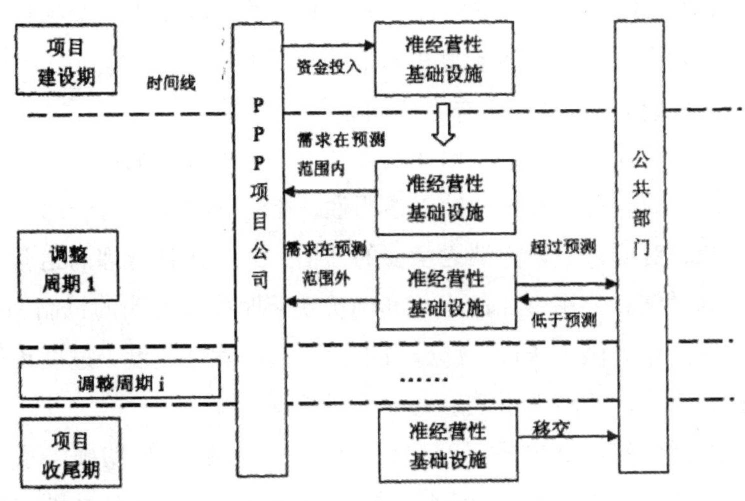

图4-13 运营期补偿模式[2]

以污水处理项目为例，省会等大中城市污水处理费多在0.8~1.0元/吨，中小城市约为0.6~0.8元/吨，而污水处理标准达到一级B标准时投资和运行费用约为0.7~0.8元/吨，一级A标准时增加到1元/吨左右。在此领域通用的模式是通过市场化方式引入社会资本负责投资、建设和运营，由政府作为购买方统一采购污水处理服务，并与投资人结算。政府根据运营成本和合理利润确定购买服务的结算价（即“影子价格”)，实现社会资本的合理收益，影子价格和实际征收的污水处理费之间的差额，由财政予以补贴。目前，垃圾处理和污泥处理等项目大部分采用这一模式[3]，垃圾处理等部分项目已开始实现政府不需要运营补偿的经营性质。

（三）资源补偿

资源补偿模式是指将准经营性/非经营性项目和与之紧密联系的经营性项目的建设和运营捆绑起来“搭售”，这类捆绑的项目又称为 RCP（Resource Compensate Project）。比如污水处理厂 BOT（Build-Operate-Transfer，建设—经营—移交）项目捆绑配套管网的投资和运营；又如市政道路和公园等无收入基础设施项目与周边关联地块捆绑开发，用周边土地产生的收益来补贴基础设施项目[3]。这一模式的本质是把正外部性内部化。

（四）部分环节市场化

基础设施项目可以将投资建设或运行环节单独实施市场化，如 BT（Build-Transfer，建设-移交）模式就是针对投资建设环节的市场化，适用于社会效益、间接效益突出，而短期内直接效益不明显，长期直接效益难以预测的项目[2]。合肥市巢湖流域乡镇污水处理厂 DBO（Design-Build-Operate，设计—建设—运营）项目，则是将 36 个乡镇小规模污水处理厂的设计、建设和运营部分作为一个项目完成市场化运作，引入专业公司负责实施，投资则由政府另行筹集[3]。

三、准经营性 PPP 项目补偿模式中存在的问题

准经营性项目在享受政府补贴、财政资金兜底、政策优惠的同时，存在一系列问题：政府对基础设施的投资或补贴中缺乏透明性，在经营权设立与资源分配的过程中存在权力寻租现象，对项目建设方缺乏全面的评估，无法达到合理的运营标准，损害公众利益；对基础设施和公用事业的定价和调价缺乏明确和透明的机制和会计准则，为企业虚增成本等操作提供了条件；部分城市为了追求发展速度，过度负债，导致了基础设施的闲置和浪费，并增加了政府的财务风险[1]。

为了保障准经营性项目 PPP 模式的顺利实施，政府部门需要明确一系列规则与支持条件，包括政府决策方法、招投标流程、定价机制及相应的会计准则、需求预测模型以及服务标准等，以促进非经营性项目市场化实现公益性和营利性的平衡[4]。

参考文献

[1] 吴文烨.项目区分理论下基础设施投融资方式研究[D]. 长沙：湖南大学,2010.

[2] 孙本刚.准经营性基础设施项目 PPP 模式研究[D]. 上海：同济大学,2006.

[3] 城市融资合作联盟.非营利基础设施项目如何市场化[EB/OL]. http://mp.weixin.qq.com/s?__biz=MzAxMzAxMjY2OA==&mid=204249603&idx=2&sn=c10755bbc8813b

b91908862595618aac&scene=2&from=timeline&isappinstalled=0#rd.
[4] 范恒蔚. PPP 模式在准经营性基础设施项目中的应用[J]. 经济视角,2006,12:45-46.

（《项目管理视点》2015 年第 2 期，第 22-24 页）

基于 BOT 模式的公租房定价机制研究

作者：盛和太　臧崇晓　王守清

【摘要】 增加公租房供给是我国住房保障政策的重点，而公租房定价是住房保障可持续发展的难题。基于 BOT 模式发展公租房，能够借助民营资本的综合优势解决政府财政资金相对紧缺与保障家庭支付能力不足的矛盾。基于保障性、公平性、可持续发展等原则，深入研究设计了 BOT 模式下的公租房定价机制，提出了采取名义租金、实际租金的“双租金制”和实行“租补分离”的定价思路。研究结果为完善我国住房保障制度提供了理论支持，也为公租房定价实践提供了重要参考。

【关键词】 公租房　定价　BOT

一、引言

随着我国城市化进程的加速，城市住房矛盾日益突出，国家提出了重点发展公共租赁住房（简称“公租房”）的策略，公租房将成为保障性住房的主体[1]。然而，在庞大的建设计划下，投融资是制约发展的瓶颈，而公租房定价则是直接关系到项目保障性、可持续性、公平性的核心。合理的投融资模式和价格机制，将提高公租房供给效率，充分发挥其保障功能，并利于促进各参与方参与，实现共赢。从国外经验来看，BOT （Build-Operate-Transfer）模式可以较好地解决租赁型公共住房的定价问题[2]，目前我国公租房的定价政策相对模糊，造成了一些项目的不可持续，因此，探讨 BOT 模式下的公租房定价机制，具有重要现实意义。

二、现行定价方法分类

目前，我国地方政府采用的公租房定价方法主要有成本法、收入法和市场法，代表城市如北京、上海和厦门等[3-5]。

（一）成本法

成本法以成本回收为基本原则，确保发展可持续性。公租房成本主要包括建设及运营期成本，如土地、建安、家装、物业管理、修缮维护及资金成本等。从保障性原则出发，成本法要求的租金水平可能与承租家庭支付能力不匹配或与周边市场租金相冲突。

（二）收入法

收入法以承租家庭收入为基准，强调租金的可支付性，确保租金不超过收入的合理比例，体现公租房的保障性。从政府角度出发，收入法得出的租金水平可能导致项目无法回收成本。此外，承租家庭收入的变化，将对公租房的运行管理、调租工作带来难度。

（三）市场法

市场法以周边相似或同类型项目的市场化租金为基础，通过下调一定比例确定公租房的租金，优势在于借助市场中大量的交易去发现租金的差异性并直接应用这种差异性。但实际看，市场法确定公租房租金水平需要报价活跃的住房租赁市场，且难以确定合理的下调幅度，操作过程的主观因素较多。

三、公租房定价原则和思路

发达国家和国内部分城市的公共住房实践[6]表明，在基础设施、能源工程、公用事业等领域广泛应用的 BOT 模式同样适合于公租房发展。BOT 模式中，民营企业主要负责投融资和开发、运营、管理，项目建成后的所有权归政府；民营企业通过与政府签订特许经营协议获得经营权、收回投资、获得合理回报，特许经营期满后，通常将项目无偿移交给政府[7]。

（一）定价原则

BOT 模式下公租房的定价原则应主要包括：

（1）保障性原则。公租房承租对象为住房困难群体，收入水平相对较低，因此租金应体现保障功能。从国际经验来看，世界各国租赁型可支付住房的租金一般以家庭收入的一定比例作为上限，例如美国公共住房的租金以承租家庭同期收入的 30%为上限[8]。

（2）可持续发展原则。公租房发展在满足现有“夹心层”住房群体的同时，还应不损害后续困难群体实现住房需求的能力。在 BOT 模式下，租金水平若不能对民营企业形成激励，保证收回建设、运营成本并实现合理回报，则公私合作模式必将失败。

（3）公平性原则。公租房具有社会二次分配性质，更应体现公平，实现社会福利最大化。公租房租金定价机制首先应实现租金差异化，例如承租家庭收入、成员数量等基本属性不同，缴纳租金应不同；其次还应确保准入门槛内外家庭避免出现“福利倒挂”情况。

（4）动态调整原则。在 BOT 模式下的特许经营期内，民营企业收取的租金应进行动态调整，以满足维修管理费用和资金成本等的变化；承租家庭应缴纳的租金也应进行动态调整，以符合家庭收入水平和成员数量等基本属性的变化。

（二）定价思路

（1）划分名义租金与实际租金。BOT 模式的公租房租金可分为两类，一类是民营企业根据一定计算依据，需要收取的租金，即名义租金，另一类是承租家庭缴纳的租金，即实际租金；名义租金与实际租金的差额应由政府直接补贴给民营企业。“双租金制”的优势在于，通过财政资金的支持兼顾民营企业的盈利诉求和承租家庭的保障需求，同时直接发放给民营企业的租金补贴为其融资提供了隐性担保。

（2）充分考虑资金的时间价值。BOT 模式下的公租房项目全周期长，应考虑资金时间价值，可采用净现值法进行定价，基本思路是：公租房建设及运营期各项成本支出构成主要现金流出，公租房租金以及配套商业的租售收入构成主要现金流入；在项目总成本、合理利润率已知的情况下，选取恰当的折现率，即可建立名义租金与特许经营期限的关系。

四、公租房名义租金定价

名义租金定价应保证民营企业收回成本并获得合理回报，根据净现值法，基础模型可描述为式 4-5：

$$A=\sum_{t=0}^{T_c}\frac{C_D+C_{MD}+TAX_D}{(1+i)^t}+\sum_{t=T_c}^{T_c+T_o}\frac{(R_s+R_R)+r_nS\rho-C_{MO}-TAX_o}{(1+i)^{T_c+t}} \tag{4-5}$$

式中，T_C 为建设期，T_O 为特许经营期；C_D 为开发建设成本，主要包括土地、建安、家装等[9]；C_O 为运营成本，主要包括物业管理、维护修缮等；C_{MD} 和 C_{MO} 分别为建设期和特许经营期的资金成本；TAX_D 和 TAX_O 分别为建设期和特许经营期内的税费；r_n 为名义租金，S 为公租房总建筑面积，ρ 为入租率；R_S 和 R_R 分别为项目配套商业的销售和出租的净现金流；i 为折现率；A 为合理回报（现值）。

在房地产市场中，出于政府财政资金运用效率的考虑，还要求式 4-5 满足名义租金 r_n 低于市场租金 r_m，否则通过 BOT 模式新建公租房将比政府基于市场化水平直接发放租金补贴效率更低。此外，由于受建筑物寿命、维护修缮费用突变等因素的影响，公租房的特许经营期限 T_o 还应低于建筑物的平均使用寿命$(T_o)_{max}$，即式（4-5）应满足以下条件：

$$\begin{cases}0\leqslant r_n\leqslant r_m\\0\leqslant T_o\leqslant (T_o)_{max}\end{cases}$$

名义租金的定价可在式 4-5 和上述条件下求解。名义租金与特许经营期 T_o 呈负相关：名义租金越大，民营企业能够尽快收回投资，风险越小，但政府租金补贴越高，财政负担越大；名义租金越小，回收期越长，政府可以充分借助民营企业的经验更高效率地运营和管理公租房，但民营企业风险越大。因此，名义租金定价取决于政府与民营企业在各自权衡利弊与利益取舍之后的谈判与协商，其背后的决定因素包括政府的财政实力、管理运营公租房的能力，以及民营企业的风险偏好和抗风险能力等。政府应与民营企业共同分担项目风险，在招标过程中与民营企业妥善协商，确定合理特许经营期限。

实际中，还应与政府商定建立公租房项目不同时期或阶段的名义租金动态调整机制。例如，在建设期，因通货膨胀、利率调整、建材价格上涨等因素较大变化而带来的租金调整；在特许经营期后期，因房屋老化、维护修缮成本增加的租金调整等。

五、公租房实际租金定价

实际租金是承租家庭缴纳的租金，应主要体现保障性原则和公平性原则，同时要进行动态调整。由于承租家庭自身及所承租公租房属性的不同，实际租金应以基准租金为基础，实行差异化定价。

（一）梯度因子分析

影响实际租金的因素很多，例如房屋位置、租住面积、房屋使用年限、家庭收入以及成员数等。根据产生来源的不同，梯度因子可以按承租家庭属性、公租房属性和租赁方式属性分为三类，如表 4-10 所示。从公平性和社会福利最大化的角度考虑，家庭人均收入、成员数量和公租房面积对实际租金的影响最大，是公租房实际租金的关键梯度因子，在表 4-10 中加粗表示。

表 4-10　公租房实际基准租金的梯度因子

来　源	梯度因子
承租家庭属性	**家庭人均收入，家庭成员数量** 家庭成员结构（主要指老人及小孩数量）
公租房属性	**面积**，位置，楼层，朝向，房龄等
租赁方式属性	是否是续租期，是否超期不腾退

（二）基准租金计算

基准租金是确定实际租金的基准。基准租金可根据关键梯度因子确定，设为 $r_{i,n,s}$，其中 i 表示人均月收入，n 表示家庭成员数量，s 表示公租房面积。

1. 基本原则

基准租金随人均收入的增加而增加。基准租金越高，与名义租金的差额越小，意味着政府给予的租金补贴越少。从福利经济学的角度考虑，相同的补贴额度下人均收入较低的家庭获得的效用更大，社会总福利更大[10]。在同等条件下，政府应增加对较低人均收入家庭的补贴，而减少对较高人均收入家庭的补贴。关于梯度，基准租金随人均收入的增加而增加，财政按照一定比例相应减少补贴，可假定基准租金随人均收入的增加而线性递增。

基准租金随家庭成员数的增加而减少。家庭成员数的增加导致人均租住面积减少，因此人均效用减少，为保证公平性，基准租金应该相应减少。关于梯度，基准租金随家庭成员数的增加而减少。实际上，每个家庭成员获得的效用随家庭成员数量不同而产生的变化并非线性，而是边际递减的。例如，3 人租住 60 平方米的公租房相比 2 人租住 40 平方米的公租房，由于活动空间的增大，前者每人获得的效用更大。因此，基准租金随家庭成员数的变化同样是边际递减的。不失一般性，假设两者呈反比例变化关系。

基准租金随公租房面积增加而增加。公租房租住面积的增加导致人均租住面积增加，人均效用也相应增加，为保证公平性，基准租金应相应增加。关于梯度，在家庭收入和成员数相同的情况下，基准租金随承租家庭租住总面积的变化而边际递增。因此，可假设基准租金随租住总面积的增加而呈自然指数增长。

2. 计算方法

综合上述分析，基准租金可通过式 4-6 确定。

$$r_{i,n,s}=Z_i\times\alpha i+Z_n\times\frac{\beta}{n}+Z_s\times\gamma e^{\eta s}+\mu \qquad (4\text{-}6)$$

式中，α、β、γ、η、μ 和 e 为常数；Z_i、Z_n 和 Z_s 为关键梯度因子的权重，主要由政府偏好决定。

根据国际经验，基准租金的上限基于承租家庭税后收入的一定比例 λ（国际上比较通用的是 25%～30%）计算；借鉴美国的经验，应根据家庭结构对收入进行调整（i'），例如家庭中有老人及小孩的，可抵扣部分收入，从而降低基准租金上限[11]。基准租金的下限可取相应的廉租房月租金（r_{lzf}），凡是支付能力不足下限的承租家庭不应由公租房保障，而应划入廉租房保障群体。因此，式 4-6 应满足以下条件：

$$r_{lzf}\leqslant r_{i,n,s}\leqslant\frac{i'\times n\times\lambda}{s}$$

基准租金可在式 4-6 和以上条件的约束下求解。

（三）实际租金定价模型

1. 非关键梯度因子的修正

在确定基准租金后，需要通过非关键梯度因子对其进行修正，以体现公平性。

（1）借助市场法对与公租房属性相关的非关键梯度因子进行修正。具体来讲，基于公租房项目所在城市的住房租赁市场，建立住房租金的特征价格模型[12]，得到位置、楼层、朝向、房龄和其他综合因素对住房租金的影响系数分别为 π_1、π_2、π_3、π_4 和 π_5，进一步得到综合影响系数 π：

$$\pi = \pi_1 \times \pi_2 \times \pi_3 \times \pi_4 \times \pi_5$$

（2）与租赁方式相关的非关键梯度因子的修正与政府的制度设计相关。在公租房供不应求的情况下，大量轮候家庭无法入住公租房。为保证公平性，政府一般规定公租房的租赁期限为 Y 年，超过 Y 年后若申请续租，可不腾退，但租金将适当提高，可假设为原租金的 m 倍，$m>1$；若租赁期满拒绝腾退且不申请续租，对这种承租家庭可采取适当的惩罚措施（租金假定为 r_p），例如香港采取缴付 3 倍原有租金的措施等。

2. 定价模型

综合分析，假定已入租公租房的时间为 N，则实际租金的定价模型为：

$$r_a \begin{cases} \pi \times (Z_i \times \alpha_i + Z_n \times \gamma e^{\eta s} + \mu) & 0 \leqslant N \leqslant Y \\ m \times \pi \times (Z_i \times \alpha_i + Z_n \times \dfrac{\beta}{n} + Z_s \times \gamma e^{\eta s} + \mu) & N > Y_{(续租)} \\ r_p \quad N > Y_{(不再续租)} \end{cases} \tag{4-7}$$

六、公租房租金补贴量化

（一）基本方法

特许经营期内，公租房承租家庭缴纳的租金为 r_a，同类型住房的市场租金为 r_m，则政府给予承租家庭的租金补贴（r_s）为市场租金与实际租金的差额，即 $r_s = r_m - r_a$。

在名义租金不超过市场租金的情况下（$r_n \leqslant r_m$），则政府租金补贴中 $r_n - r_a$ 这一部分由财政直接支付给民营企业的，属于显性补贴；而 $r_m - r_n$ 这一部分属于隐性补贴。若 $r_n > r_m$，则政府全部的租金补贴均为显性补贴，名义租金超过市场租金的部分 $r_n - r_m$ 可以认为是政府对民营企业的租金补偿或收益补偿。

（二）应用案例

以北京亦庄某公租房项目为例，考察政府支付的租金补贴，项目基本情况如表 4-11 所示。项目开发周期 2 年，考虑政策和行业实际，约定特许经营期 15 年、合理成本回报率 3%、年折现率 6%，忽略相关税费及运营成本影响，除土地成本外，其他成本在建设期内均匀支出。根据式 4-5 可得名义租金为 31.5 元/（平方米·月）。

项目平均每套公租房面积为 47.4 平方米，合理承租家庭人数假设为 2 人，考虑家庭收入为主要影响因素。忽略非关键梯度因子及租赁方式的影响，根据式 4-6 可得实际租金为 20.2 元/（平方米·月）。

综上可得，该公租房项目的名义租金小于市场租金，因此显性补贴为 11.3 元/（平方米·月），隐性补贴为 4.7 元/（平方米·月），总体补贴额度为 16.0 元/（平方米·月）。该公租房项目政府总体补贴额度约占名义租金的 50%、实际租金的 80%，补贴力度较大。

根据本文提出的公租房“双租金制”定价方法，能够在厘清各参与主体应得收益的基础上，将原本难以体现出来的政府隐性补贴全部量化，充分凸显政府在住房保障中发挥的作用，也可进一步结合地方政府财政实力等因素对其住房保障工作进行绩效考评。

表 4-11 北京亦庄某公租房项目基本情况

公租房项目	总建筑面积（万 m^2）	套均建筑面积（m^2）	单位建设成本（元/m^2）	周边市场租金 元/（m^2·月）
亦庄 X1-1B	6.0	47.4	4 000.0	36.2

资料来源：北京市公租房定价问题调查研究报告，清华大学房地产研究所，2011 年

七、结论与建议

本文从效率与公平、福利最大化以及可持续发展等原则出发，基于 BOT 模式探讨了解决公租房定价问题的新思路，最后提出了采用“双租金制”、实行“租补分离”的新定价机制。

具体来讲，在 BOT 模式下，我国公租房定价首先应划分名义租金与实际租金，前者为民营企业获得的租金收入，后者为承租家庭缴纳的租金，其差额由政府以租金补贴的形式直接发放给民营企业；其次，定价及特许经营期的设计应考虑资金的时间价值。名义租金以成本法为基础；名义租金定价及特许经营期限的确定，取决于政府与民营企业在各自权衡利弊与利益取舍之后的谈判与协商，其背后的决定因素包括政府的财政实力、管理运营公租房的能力，以及民营企业的风险偏好和抗风险能力等。实际租金的定价以收入法为基础，并根据租金梯度因子进行调整。政府的租金补贴可以通过名义租金、实际租金及市场租金的比较来全部或部分地显性化。

本文提出的定价机制以及所进行的相关理论探讨，为进一步完善我国公租房制度提供了依据，也为今后公共事业定价机制等类似问题提供了方案借鉴。

参考文献

[1] 中国共产党第十七届中央委员会第五次全体会议. 国民经济和社会发展第十二个五年规划纲要 [EB/OL]. [2012-07-09]. http://www.gov.cn/2011lh/content_1825838.htm.

[2] V. Milligan et al. Innovation in Affordable Housing in Australia: Bringing Policy &Practice for Not-for-Profit Organisations Together [R]. Melbourne: Australia Housing and Urban Research Institute, 2009.

[3] 北京市住房和城乡建设委员会. 关于加快发展公共租赁住房的指导意见 [EB/OL]. [2012-07-09]. http://www.bjjs.gov.cn/.

[4] 上海市住房保障房屋管理局. 公有住房租金标准[EB/OL]. [2012-07-09]. http://www.shfg.gov.cn/2010/zfbz/.

[5] 厦门市建设与管理局. 关于进一步加快公共租赁住房建设的实施意见 [EB/OL]. [2012-07-09]. http://www.xmzfbz.gov.cn/.

[6] European Commission. Green Paper on Public-Private Partnerships and Community Law on Public Contracts and Concessions [R]. Brussels: European Commission, 2004.

[7] 王守清，柯永建. 特许经营项目融资（BOT、PFI 和 PPP）[M]. 北京：清华大学出版社, 2008.

[8] Alex. F. Schwartz. Housing Policy in the United States [M]. Lodon: Routledge, 2010.

[9] 刘洪玉. 房地产开发经营与管理 [M]. 北京：中国建筑工业出版社, 2008.

[10] 庇古著，何玉长，丁晓钦译. 福利经济学 [M]. 上海：上海财经大学出版社, 2009.

[11] S. Zukin. Public Housing That Worked: New York in the 20th Century [J]. Contemporary Sociology, 2009, 11: 584-586.

[12] 刘洪玉，杨振鹏. 我国住房价格统计与房价指数编制的主要难点[J]. 价格理论与实践, 2010（11）: 48-49.

（《工程管理学报》2013 年第 1 期，第 64-68 页）

城市轨道交通的溢价回收：从理论到现实

作者：郑思齐　胡晓珂　张博　王守清

【摘要】 城市轨道交通是高效绿色的公共交通方式，其社会效益巨大，为周边土地带来显著的溢价效应。本文通过归纳总结国际和国内的代表性实证研究，发现在国际上和中国大陆的许多城市中，这种土地溢价效应普遍存在，其中住宅物业的溢价范围在 5%～25%。这部分溢价是公共投资创造的，国际上普遍采用基于税收和“联合开发”的溢价回收模式，将这个正外部性内部化，来补偿巨大的建设和运营成本。尽管溢价效应在中国大陆城市中已经普遍形成，但上述两种模式都遇到制度性制约而难以实行。大陆目前通过出让轨道交通沿线土地一次性回收溢价的模式，存在不利于轨道交通建设运营可持续发展的若干问题。目前有些城市已经开始各种新的尝试来实现更有效的溢价回收，但其效果和复制性如何仍有待观察。

【关键词】 轨道交通　溢价效应　溢价回收　联合开发　土地价值税

一、城市轨道交通溢价回收的理论基础和基本模式

伴随着我国城镇化水平的快速推进，城市人口迅速增长，私家车拥有率也快速上升，交通拥堵和随之形成的空气污染已经成为困扰许多大中城市的“城市病”，大力发展公共交通是这些城市的必然选择。轨道交通具有快速、准时、容量大和绿色环保等特点，是最受青睐的一种公共交通形式。众所周知，轨道交通的投资巨大（约每千米 5 亿元），运营成本也很高，如果单纯依靠运营期间的票价收入，根本无法平衡运营成本，更不用说回收建设投资了。实际上，轨道交通作为一种典型的地方公共品（local public goods），其巨大的社会效益凝聚在了周边的土地溢价上，形成典型的正外部性（positive externality）。由于轨道交通的存在，周边区位的交通可达性大大提升，人们愿意为居住和工作在轨道交通站点周围支付更高的区位溢价，带来土地增值。这部分增值并非由土地所有者或使用权者创造，而是由公共投资创造，因此如何设计合理的溢价回收（value capturing）模式，将这个正外部性内部化，来补偿巨大的建设和运营成本，是许多国家和地区在建设轨道交通过程中不断探索的重要问题。

溢价回收的概念并不局限于轨道交通建设，它最早来源于土地价值领域的公平分配原则。1871 年，Mill 在起草土地改革纲领时，提出“不劳而获的土地增值”应该归国家所有。美国经济学家亨利 · 乔治（Henry George）认为，土地增值源于人口进一步集聚和生产的需求，而非某个人的劳动或者投资所引起，因此土地溢价应该归全社会所有[1-3]。基于这种理论，轨道交通所引起的土地增值收益，应该进行合理回收，即“溢价归公”。

在轨道交通建设中，溢价回收更准确的理论基础是负担原则。1941 年英国著名的“厄斯沃特”报告（Uthwatt Report）指出，城市规划对于土地价值的影响在于开发利益空间性分配和再分配。在规划使得某些土地获得增值的同时，其他土地也会因为规划而利益受损，基于公平性的原则，必须在这两者之间建立补偿机制和利益平衡机制[4]。基于负担原则，由于轨道交通建设而享受了正外部性（土地溢价）的利益各方应当补偿轨道交通成本的负担方，即由后者实现“溢价回收”[5]。

国际上主流的回收模式有以下两种。第一种是以美国为代表的征收土地价值税的溢价回收模式。亨利 · 乔治在其代表作《进步与贫困》中积极提倡“土地价值税”的思想，书中强调，应对不劳而获的资源占有以征收单一税的方式，征收其收益归公共所有。1996 年诺贝尔经济学奖获得者威廉 · 维克瑞（William Vickrey），不但提倡对沿线物业的部分增值进行课税，还赞成将回收的资金专项用于投资轨道交通建设和运

营。在国际上，洛杉矶地铁是第一次成立轨道交通专项资金为地铁建设筹资，也第一次系统地尝试用溢价回收模式来解决轨道建设融资的困难。1982 年，洛杉矶通过了修建 18 英里地铁线的方案，预算超过 30 亿美元。在联邦和地方政府承担 95%的预算之后，地铁建设资金仍然有 5%的缺口，总计 1.7 亿美元。为此，洛杉矶地方政府为地铁建设成立专门的基金会，资金来源于因地铁增值而产生的税收。征收土地价值税的课税对象包括整个都市圈和在地铁建设中特别受益的居民和商业物业。交通建设部门在地铁沿线建立受益评估区，向受益区内的业主征收附加税。受益评估区的范围为 CBD 区域内距地铁沿线 0.5 英里以内，CBD 区域外距地铁沿线 1/3 英里以内。通过税收机制，洛杉矶交通建设部门填补了上述地铁建设的资金缺口。印度等国家正在学习这种基于税收的溢价回收模式。

第二种是以香港为代表的联合开发模式。联合开发指将轨道交通和轨道交通沿线物业捆绑起来进行统一开发，即在建设轨道交通的同时，将站点及周边沿线的土地进行系统地高密度地开发。这种开发模式充分利用轨道交通与沿线物业的反馈机制，通过轨道交通建设的空间效应和时间效应，带动周围住宅地产的开发和商业物业的繁荣；同时，房地产开发所得到的收益又可以分担轨道交通的建设成本和弥补经营亏损[6,7]。在香港的联合开发模式中，港铁公司在地铁建设前期就以地区可持续发展的战略眼光和审慎的商业原则，获得地铁沿线有关车站、车场、上盖或周边地区的开发权，然后与开发商签订协议。开发商以自负盈亏的方式，按照地铁公司所定的开发标准，兴建有关物业及向政府缴付地价，物业出售或者后期运营过程中所得的利润则由双方“五五分成”。通过地铁沿线高密度的物业开发，香港地铁成为目前少数不依赖于政府补贴而盈利的地铁公司。资料显示，香港 50%的轨道交通采用与周边土地捆绑式开发的方式建成，2009 年香港地铁公司的总盈利为 96 亿元，其中地铁运营自身的净利润约为 32 亿元，而地铁物业开发的净利润为 64 亿元，达到总盈利的 2/3[8]。

以上两种模式都能保证轨道交通带来的土地溢价的有效回收。相比之下，香港联合开发的溢价回收模式充分引入私营部门力量，简单高效，但该模式需要相配套的土地制度保证私营部门能够获得轨道沿线土地的开发权；美国基于税收的溢价回收模式尽管不需要给予轨道建设运营企业任何土地开发权，但是需要依据轨道沿线实际溢价水平和溢价区域制定相应的税收政策。无论如何，城市轨道交通周边存在溢价效应是实现“溢价回收”的前提基础和必要条件。但如果这个必要条件被证明在某些城市是成立的，那么这些城市是否能够真正建立有效的“溢价回收”机制呢？这个从理论到现实的过渡并不是那么简单，而是受到一个国家或地区在法律体系、土地和税收等多项制度上的制约。本文接下来将首先系统归纳国内外学者对于城市轨道交通溢价效应的实证证据，观察这个溢价效应的必要条件是否成立，以及在中国城市中是否普遍成立；在此基础上，探讨上述两种溢价回收模式在中国大陆目前的制度背景下，是否具备可行性，或者是否存在具有“中国特色”的溢价回收模式。

二、城市轨道交通溢价效应的实证证据

（一）国际相关研究

对于轨道交通的溢价效应，国际学者做了广泛的研究。绝大多数研究表明，轨道交通建设改变了周边土地和房地产的价值。这种改变大多时候体现为溢价，即土地和房地产价值的增加。当然也有一些学者注意到，距离轨道交通站点太近会导致房地产价值的下降，且临界点一般认为在 1/4 英里左右（Bowes 和 Ihlanfeldt，2001；Du 和 Mulley，2007），对此一个较好的解释是，轨道交通站点在提供出行便利的同时，还带来拥挤和治安问题。在几乎所有学者的研究中，无论是否存在这样一个临界点，轨道交通的溢价效应都是普遍存在的，本文总结了世界主要国家和地区的代表性研究，如表 4-12 所示。

表 4-12　轨道交通溢价效应的代表性国际研究总结[9-25]

作者（年份）	期　　刊	研究城市	研究对象	溢价效应规模（百分比表示占原先地价/房价的比重）
Voith（1991）	Real Estate Economics	美国—宾夕法尼亚和新泽西州	住宅价格	6%（郊区住宅）
Al-Mosaind 等（1993）	Transportation and Land Use	美国—波特兰	住宅价格	10.6%
Dueker 和 Bianco （1999）	Transportation Research Board	美国—波特兰	住宅价格	6.5%
Weinstein 和 Clower （1999）	Australasian Journal of Regional Studies	美国—达拉斯	土地价格	居住 7.7%
				零售 29.7%
				办公 10.1%
Weinstein 和 Clower （2002）	Australasian Journal of Regional Studies	美国—达拉斯	住宅价格	办公物业 13.2%
				单户家庭住宅 18.2%
				多户家庭住宅 7.2%
Bollinger 等（1998）	Urban Studies	美国—亚特兰大	办公租金	7%
Bowes 和 Ihlanfeldt（2001）	Journal of Urban Economics	美国—亚特兰大	住宅价格	1/4 英里内：-2.4%
				1/2 英里内：6.9%
				1 英里内：3.1%
				2 英里内：7.7%
				3 英里内：6.6%

续表

作者（年份）	期　　刊	研究城市	研究对象	溢价效应规模（百分比表示占原先地价/房价的比重）
Cervero（2003）	Earlier Faculty Research, University of California Transportation Center, UC Berkeley	美国—圣迭戈	商业及住宅价格	多户家庭住宅 17% 公寓 6.4% 单户家庭住宅 17% 商业物业 71.9% ~ 91.7%
Duncan（2008）	Transportation Research Record: Journal of the Transportation Research Board	美国—圣迭戈	住宅价格	单户家庭住宅 16.6% 公寓 5.7%
Agostini 和 Palmucci（2008）	Fiscal Studies	美国—圣地亚哥	住宅价格/土地价格	地铁建成时：5% ~ 7.4% 地铁开工时：3.8% ~ 5.2%
Benjamin 和 Sirmans（1996）	Journal of Real Estate Research	美国—华盛顿	住宅租金	距站点每远离 0.1 英里下降 2.5%
FTA（2000）	FTA（美国联邦交通管理局）	美国—华盛顿	商业物业价格	距站点每远离 1 000 英尺（0.19 英里）下降 2%
Chesterton（2000）	University of Westminster	欧洲—英国—伦敦	住宅价格	71.1%或 42%
Gibbons 和 Machin（2003）	LSE	欧洲—英国—伦敦	住宅价格	距站点每远离 1 千米下降 1.5%
Du 和 Mulley（2007）	Transportation Research Record: Journal of the Transportation Research Board	欧洲—英国	住宅价格	-42% ~ 50%（溢价变化取决于区位）
Laakso（1992）	Housing and Planning Research	欧洲—芬兰—赫尔辛基	住宅价格	3.5% ~ 6%
Debrezion 等（2006）	Journal of Real Estate Finance and Economics	欧洲—荷兰	住宅价格	25%
Yankaya 和 Celik（2004）	Property Management	欧洲—土耳其—伊兹密尔	住宅价格	13.7%
Bae 等（2003）	Transport Policy	亚洲—韩国—汉城	住宅价格	2.6% ~ 13%

以上国际学者的研究不局限于验证溢价效应的显著存在，而更关注溢价效应的具体规模。研究发现，对于同一种物业类型，溢价规模往往处于一定的区间范围内。住

宅物业的溢价相对稳定，一般在 5%～20%（Voith，1991；AlMosaind，1993；Chen，1997；Dueker 和 Bianco1999；Weinstein 和 Clower，1999 等）。一些学者作了更细致的区分（Cervero，2003；Duncan，2008；Weinstein 和 Clower，2002），公寓在所有住宅类型里溢价最小，一般为 5%～10%；独立住宅溢价最高，一般为 15%以上。相比于住宅物业，商业物业的研究较少，但是已有的研究表明，商业物业的溢价更为显著（Debrezion，2007；Cervero，2003；Weinstein 和 Clower，1999），例如在 Weinstein 和 Clower 的研究中，零售物业的溢价规模是 29.7%，办公物业的溢价规模是 10.1%，而住宅物业溢价规模仅为 7.7%。

（二）国内相关研究

随着轨道交通建设在国内多个城市的迅速发展，国内学者对于溢价效应的实证研究也广泛展开。根据不完全统计，在城市和交通相关的核心期刊上，2004 年以来每年均有 3～7 篇相关论文，多数均采用特征价格模型（Hedonic），研究城市主要是上海、北京、深圳、南京、杭州、西安等，一般均发现了接近轨道交通站点的位置优势能够提升房地产价格。一些代表性研究的归纳总结如表 4-13 所示。

表 4-13　轨道交通溢价效应的代表性国内研究总结[26-35]

作　者	发表时间	期刊名	研究对象	溢价估计值
谷一桢、郑思齐	2010	地理学报	北京—13 号线—住宅价格	站点半径 1 千米内房价比 1 千米外房价高 20%
梁青槐等	2007	土木工程学报	北京—13 号线—住宅价格	2 千米内的楼盘平均每建筑平方米增值 267 元/平方米，增值百分比为 4.408%
冯长春等	2011	地理学报	北京—5 号线—住宅价格	站点 1 000 米溢价为 4.72%
高晓辉，刘芳	2011	城市问题	上海市轨道交通周边住宅价格	内环距地铁站点 10 分钟，20 分钟，30 分钟步距轨道交通溢价分别为 329.87,162.4,109.42 元/平方米
潘海啸，钟宝华	2008	城市规划学刊	上海市轨道交通周边住宅价格	内圈层楼盘靠近站点 1 米，房价上升 0.015%；中圈层房价上升 0.019 3%；外圈层房价上升 0.02%
郑捷奋，刘洪玉	2005	铁道学报	深圳地铁一期沿线住宅房价	站点 400 米半径平均增值为 23.03%；600 米半径平均增值为 17%
马超群等	2010	交通运输工程学报	西安地铁 2 号线沿线住宅价格	站点周边房价溢价值平均为 10%
郑贵文，彭燕	2007	城市问题	重庆轻轨一号线沿线住宅价格	大渡口区：距站点 0.1～0.3 千米的范围内,房价平均涨幅为 12. 32%；九龙坡区：距站点 0.1～0.3 千米内的房价平均涨幅为 7. 59%

续表

作　者	发表时间	期刊名	研究对象	溢价估计值
张沈生等	2013	建筑经济	沈阳地铁1号线沿线住宅价格	800 米半径内住宅溢价 20.1%；400 米半径内溢价 27.4%
杨鸿	2010	浙江大学	杭州市地铁1号线沿线住宅价格	站点 500 米半径内住房比 500 米外住房溢价 9.4%；1 000 米以内住房比 1 000 米以外住房溢价 7.6%

可以看出，国内学者对同一城市或同一线路地铁溢价的研究结果是相似的，且研究一般均认为接近轨道交通站点带来的位置优势能够提升房地产价格，即溢价效应在国内各大城市也是普遍存在的。相比于美国的轨道交通溢价研究，由于数据可得性的问题，国内对于商业物业的溢价研究更少。绝大多数研究针对住宅物业的溢价，且溢价范围在 5%～25%，略高于美国和欧洲许多城市的研究结果。这可能是由于国内城市的人口密度明显高于欧美城市，并且公共交通出行占所有出行中的比重也是偏高的。

三、中国大陆城市在溢价回收上的实践道路与制度约束

尽管近 10 年来的大量实证研究已经表明，中国城市轨道交通为周边土地带来了明显的溢价效应，并且溢价效应的规模还相当大，但本文第一部分所提到的两种国际上普遍的溢价回收模式实际上并未在中国城市中发展起来。这里我们讨论两种溢价回收国际模式在大陆城市中遇到的法律、制度和其他制约条件，以及目前所采用的溢价回收模式的内在逻辑、局限性和未来发展前景。

（一）国际溢价回收模式在大陆遇到的制约条件

在目前国内土地与房产相关税收制度下，基于税收的溢价回收模式难以实行。目前我国土地税主要包括（城镇）土地使用税、耕地占用税以及土地增值税三大类。其中，（城镇）土地使用税对土地保有环节进行征税，属于从量定额征收的一种财产税，且不同城市的不同区域的土地适用不同税率，但税率较低，税收收入并不能平衡轨道交通所带来的增值。以北京为例，适用税率为 1～30 元/平方米·年，若轨道交通沿线按照最高限额征收，以两侧影响范围分别为 1 000 米估算，则每米轨道交通沿线土地每年使用税仅有 6 万元。而地铁每千米建造成本约 5 亿元，每年的土地使用税仅占建造成本的 0.012%。而土地增值税作为另一种重要的土地税种，对土地或者房产流转环节进行征收，虽然税收额度大于土地使用税，但是税源并不稳定。除了土地税以外，土地溢价同样可以通过房产相关税收进行回收。但是，目前房产相关税收主要来源于流转环节，虽然针对存量房产征收的房产税自 1986 年（《房产税暂行条例》）已经开

始实施，但是始终规定对个人所有非营业性房产免征房产税，使得地方政府财政收入中来自于房产税的比重始终较低。2010 年全国房产税收入约为 894 亿元，仅占地方财政收入的 2.73%，此前几年这一比例也从未超过 3%。2011 年 1 月，上海市和重庆市率先开始试点对一部分个人所有的非营业性房产征收房产税，但均规定针对高端住房或者二套房进行征收。虽然政府正在积极研究房产税向其他城市的推广方案，但很有可能是对于居民的首套房（或低于一定住房面积的住房）免税，所以征税范围不会很大，并且不太可能针对地铁周边区位制定特殊的征税规则[36]。

联合开发的溢价回收模式在大陆面临的最棘手问题是轨道交通建设沿线的土地取得方式约束。《土地法》及国土资源部相关的部门规章规定，对于经营性用地必须通过招标、拍卖或挂牌等方式向社会公开出让国有土地。在对轨道交通沿线土地进行商业物业及住宅开发时，其土地性质自然是属于经营性用地，因此必须通过“招拍挂”的程序，而不能通过协议出让的形式处理。实际上，能够实现联合开发模式的关键是轨道交通建设运营企业能够有较大的自主权选择与之合作的站点周边土地开发企业，并通过协商确定成本分担和利益共享的格局。在目前“招拍挂”制度下，众多房地产开发企业通过竞标获得周边土地开发权，轨道交通建设企业没有这种自主权。成功获得土地开发权的开发企业一次性向城市土地管理部门缴纳土地出让金，而不会与轨道交通建设运营企业有资金往来。

（二）国内现行溢价回收方式及其问题

尽管上述两种国际上比较常见的溢价回收模式并未在中国大陆城市中广泛实行，但轨道交通所带来的土地溢价并非没有被“回收”。实际上，地方政府通过“招拍挂”方式出让已建成、在建或规划的轨道交通站点附近的地块，也实现了溢价回收。只不过是这部分溢价以土地出让金的形式回到地方政府的“左口袋”中，然后地方政府再从“右口袋”中拿出一笔经费来投资建设地铁或补贴地铁运营。那么为什么不把“左口袋”和“右口袋”打通，给地铁建设企业更多的自主空间以促成联合开发模式的实现呢？可能中央和地方政府有如下考虑：第一，轨道交通投资额和带动的土地增值额都是巨大的，在缺乏细致的法律规则、严格的执法程序以及透明的监督机制时，很可能会形成巨大的寻租空间。而目前这种“左右口袋分开”的做法，起码对于一进一出的资金额度是更容易计量和监管的。第二，对于轨道交通所带来的溢价效应到底有多大，哪些是直接效应，哪些是商业繁华度提高等间接效应，尚缺乏公认的精确计量方法。尽管学者进行了大量的研究，但在实证结果上并不完全一致，并且从学术研究成果过渡到实际政策仍然需要谨慎的设计和评估。因此如果实行联合开发，也难以评判地铁建设企业和房地产开发企业的成本分担和利益共享机制是否合理，公共利益是否受到损害。

但是目前大陆城市中所实行的以土地出让来回收轨道交通溢价的方式，在可持续性上存在较多的问题。第一，土地出让收入是一次性发生的，与当时的轨道交通建设情况和房地产市场景气情况有很大关系。如果土地出让发生在轨道交通建设之前的较长时间，或者当时的房地产市场不够景气，很可能溢价效应还未形成或者规模较小，这时土地价值并未实现最优溢价水平，这时出让就会损失较多的溢价。当然，如果土地出让的时机正是房地产市场繁荣甚至过度繁荣的时期，地方政府就能回收更多的溢价。这种波动性不利于保证溢价回收的稳定性，而且，任何政府和企业都无法准确预测将来二三十年的情况，这种一次性的做法对各方都可能不公平，应有动态调节机制分享收益和分担风险[37]。第二，轨道交通的运营期非常长，而土地出让仅在建设期的最初时点一次性发生。由于目前土地出让金成为地方政府的主要财源和城市建设资金来源，因此往往本届政府所回收的轨道交通溢价往往会在任期内被很快用于各类城市建设投资，这显然不利于地铁运营资金来源的持续性。相比之下，国际上的两种典型溢价回收模式都是要形成长期稳定的现金流（包括税收现金流，或者联合开发建设的商业物业租金现金流等），来偿还地铁建设投资的贷款以及支付运营成本。

（三）一些城市的新尝试和前景探讨

目前大陆一些城市也逐步意识到通过出让土地一次性回收溢价，以及土地溢价与地铁建设成本脱钩所存在的问题，并开始进行一些创新。例如，在南京的地铁建设中，地铁建设公司公开参与土地竞标，实现地铁与沿线部分物业的联合开发。但由于竞争激励，地铁建设公司取得土地的成本较高，使公司初期资本压力增大很多。上海地铁11 号线采用公开捆绑招标的方式，提出“站点综合开发”，将地铁站点周围的土地设置为“站点交通枢纽专项用地”，与地铁车站及配套，由竞标成功的企业进行联合开发。但这种设置进入资质障碍的土地出让方式实际违反了《招标拍卖挂牌出让国有建设用地使用权规定》的第 11 条“出让人在招标拍卖挂牌出让公告中不得设定影响公平、公正竞争的限制条件”的规定。以上两种尝试初步具备了“联合开发”的雏形，但并未突破公开“招拍挂”的制度。

2012 年 1 月 19 日，广东省印发“关于完善珠三角城际轨道交通沿线土地综合开发机制意见的通知”，其中提到，政府可将土地作为资产，以作价入股融资的形式注入地铁公司，通过这个方式地铁公司可以直接通过协议方式取得地铁沿线土地进行开发。这显然比上述两个城市的尝试更进了一步。然而，政府以国有土地所有权入股地铁公司同样面临一些困境，例如，政府以多少股权比例入股、以什么方式持股、如何分享运营期土地开发的收益和分担风险等，特别是入股土地的价值的计算。当然，如果能设计出动态的收益分享和风险分担机制，以及财务透明机制，还是可以做到计算比较准确，预防寻租空间和腐败风险，也利于轨道交通比较可持续化的溢价回收的，有利于公平。

2013 年 8 月 19 日，国家发展改革委宣布，未来三年，九座城市将告别“无地铁”历史（青岛、无锡、常州、福州、东莞、郑州、长沙、南昌、哈尔滨）。同时还有 36 个城市轨道交通建设规划也获得批准。国家发展改革委预计，到 2015 年，中国城市地铁新增运营里程达 1 000 千米，相当于过去 40 年中国地铁运营里程总数的一半。2015 年后，乌鲁木齐、兰州、贵阳、南宁等西部地区城市也将开建他们的首条地铁线路。在如此大规模的地铁建设浪潮中，建立更具有可持续性和公平性的轨道交通溢价回收模式，是推动我国城市地铁建设和保证其长期稳定运营的关键之一，也是实现城市土地和房地产市场良性发展和社会利益最大化的重要路径。这有赖于健全土地和税收相关制度，形成更为透明公开的决策机制和公众监督机制以及动态调节机制，并鼓励更多的社会资本参与符合中国制度和市场特点的公私合营（PPP）模式。

参考文献

[1] Stopher R. Peter. Financing urban rail projects：the case of Los Angeles[J]. Transportation, 1993（3）: 229-250.

[2] Rybeck Rick. Using value capture to finance infrastructure and encourage compact development [J]. Public Works Management Policy, 2004, 8（4）: 249-260.

[3] Smith J. Jeffrey, Gihring A. Thomas. Financing Transport System through Value Capture [J]. American Journal of Economics and Sociology, 2006, 65（4）: 751.

[4] 王郁. 开发利益公共还原理论与制度实践的发展——基于美英日三国城市规划管理制度的比较研究[J]. 城市规划学刊, 2008（6）: 40-45.

[5] Hayashi Y. Issues in financing urban rail transit projects and value captures [J]. Transportation Research, 1989（1）: 35- 44.

[6] 赖铁峰. 论地铁和沿线物业捆绑开发中土地取得法律问题[D]. 北京：北京大学, 2008.

[7] 郑思齐. 城市经济的空间结构：居住、就业及其衍生问题[M]. 北京：清华大学出版社, 2012.

[8] 周建非. 香港地铁建设物业开发模式简介[J]. 地下工程与隧道, 2003（3）: 43-47.

[9]Voith R. Transportation, sorting and house values. Real Estate Economics, 1991, 19（2）: 117-137.

[10] Al-mosaind, M. A., Dueker, K. J., Strathman, J. G. Light rail transit stations and

property values: a hedonic price approach. Transportation research record: journal of the transportation research board, 1993, 1400: 90-94.

[11] Dueker, K. J. & BIANCO, M. J. Light-rail-transit impacts in Portland: The first ten years. Transportation Research Record: Journal of the Transportation Research Board, 1999, 1685: 171-180.

[12] Weinstein, B. L., Clower, T. L1. The initial economic impacts of the DART LRT system. University of North Texas Centre for Economic Development and Research. Dallas Area Rapid Transit: 1999.

[13] Weinberger, R. R. Light rail proximity: benefit or detriment? The case of Santa Clara County, California. Transportation Research Record: Journal of the Transportation Research Board, 2001, 1747: 104-113.

[14] Bollinger, C. R., Ihlanfeldt, K. R. & Bowes, D. R. Spatial variation in office rents within the Atlanta Region. Urban Studies, 1998, 35: 1097-1118.

[15] Cervero, R. Effects of light and commuter rail transit on land prices: Experience in San Deigo County. Earlier Faculty Research, University of California Transportation Center, UC Berkeley: 2003.

[16] Duncan, M. Comparing rail transit capitalization benefits for single-family and condominium units in San Diego, California. Transportation Research Record: Journal of the Transportation Research Board, 2008, 2067: 120-130.

[17] Agostini, C. A. & Palmucci, G. A. The anticipated capitalisation effect of a new metro line on housing prices. Fiscal Studies, 2008, 29: 233-256.

[18] Benjamin, J. D., Sirmans, G. S. Mass transportation, apartment rent and property values. The Journal of Real Estate Research, 1996: 12, 1-8.

[19] Chesterton. Property Market Study - working paper no.32. Report Jubilee line extension impact study unit, University of Westminster, 2000.

[20] Gibbons, S., Machin, S. Rail access and house prices: an evaluation of the wider benefits of transport improvements. Report, 2003.

[21] Du, h., Mulley, C. Relationship between transport accessibility and land value. Local model approach with geographically weighted regression. Transportation Research Record: Journal of the Transportation Research Board, 2006, 1977: 197-205.

[22] Laakso, S. Public transport investment and residential property values in helsinki. Scandinavian Housing and Planning Research, 1992, 9: 217-229.

[23] Du, H. & Mulley, C. Relationship between transport accessibility and land value. Local model approach with geographically weighted regression. Transportation Research Record: Journal of the Transportation Research Board, 2006, 1977: 197-205.

[24] Yankaya, U., Celik, H. M. 2004. Modeling the impact of rail transit investment on the values of residential property: A hedonic price approach in the case of Izmir Subway, Turkey. Report Izmir Institute of Technology, Department of Civil Engineering, 2004.

[25] Bae, C. C., Jun, M. & Park, H. The impact of Seoul's subway Line 5 on residential property values. Transport Policy, 2003,10: 85-94.

[26] 谷一桢，郑思齐．轨道交通对住宅价格和土地开发强度的影响——以北京市13号线为例[J]．地理学报，2010, 65（2）: 213-223.

[27] 梁青槐，孔令洋，邓文斌．城市轨道交通对沿线住宅价值影响定量计算实例研究[J]．土木工程学报，2007（4）: 99-103.

[28] 冯长春，李维瑄，赵蕃蕃．轨道交通对其沿线商品住宅价格的影响分析——以北京地铁5号线为例[J]．地理学报，2011（8）: 1055-1062.

[29] 高晓辉，刘芳．轨道交通对住宅价格的影响——以上海市为例[J]．城市问题，2011（12）: 41-46.

[30] 潘海啸，钟宝华．轨道交通建设对房地产价格的影响——以上海市为案例[J]．城市规划学刊，2008（2）: 62-69.

[31] 郑奋捷，刘洪玉．深圳地铁对站点周边地铁价值的影响[J]．铁道学报，2005（10）: 11-18.

[32] 马超群，杨富社，王玉萍，李学军．轨道交通对沿线住宅房产增值的影响[J]．交通运输工程学报，2010（4）: 91-96.

[33] 刘贵文，彭燕．轨道交通对住宅房地产价值的影响——以重庆市为例[J]．城市问题，2007（1）, 65-69.

[34] 张沈生，张卫，张文芳．地铁对沿线住房价格的空间性影响及建议——以沈阳市地铁一号线为例[J]．建筑经济，2013（8）: 83-85.

[35] 杨鸿．城市轨道交通对住房价格影响的理论与实证研究[D]．杭州：浙江大学，2010.

[36] 刘洪玉，郭晓旸，姜沛言．房产税制度改革中的税负公平性问题[J]．清华大学学报（哲学社会科学版）, 2012（6）: 18-26.

[37] 柯永建，王守清. 特许经营项目融资（PPP）：风险分担管理[M]. 北京：清华大学出版社，2011.

（《城市发展研究》2014 年第 2 期，第 35-41 页）

城市轨道交通 PPP 项目政府票价补贴问题研究

作者：冯珂　王守清　张子龙　赵丽坤

北京市自然科学基金资助项目（9144027）；北京高等学校青年英才计划项目（YETP1427）

【摘要】 合理的票价补贴机制是在城市轨道交通 PPP 项目中吸引社会资本进入的关键。本文对城市轨道交通 PPP 项目票价补贴金额的测算模型进行理论分析，结合实例利用 Comperz 曲线对项目公司在特许期内的收益成本进行预测，对模型的有效性进行检验。并就票价变化和考虑非票务收入后政府票价补贴决策的变化进行了分析，并给出了进一步完善票价补贴机制的建议。

【关键词】 城市轨道交通　PPP　政府票价补贴　Comperz 曲线

伴随着我国城市化进程的推进，城市交通需求与日俱增，以地铁/轻轨为代表的城市轨道交通因其在优化城市空间结构、缓解交通拥挤、节约能源等方面所具有的诸多功能而受到政府和社会的广泛青睐。将 PPP 模式引入城市轨道交通项目的建设和运营中，可有效缓解政府基础设施建设资金不足、并促进项目经营理念、技术能力的提升。城市轨道交通 PPP 项目具有市场性和公益性的双重属性。在市场性方面，它必须保证参与项目的社会资本能获得一定水平的收益。在公益性方面，由于轨道交通服务具有一定的自然垄断性和准公共品性，政府需要对票价进行规制以保证社会福利的实现。

票价收入是目前国内城市轨道交通项目的主要收入来源。现行的低票价政策使得项目公司长期陷入亏损的境地，难以实现项目“市场性”与“公益性”的统一，需要来自政府公共财政的补贴以实现盈亏平衡。目前，对城市轨道交通项目的财政补贴以直接补贴为主，给公共财政带来了日益沉重的负担，如北京市从 2007 年至 2013 年间对全市地铁运营进行的补贴金额就高达 221 亿元。如何科学合理地测算项目票价补贴金额以保障社会效益和投资者利益的实现，并进一步减轻公共财政的负担，是目前亟待研究的问题。

一、城市轨道交通 PPP 项目政府票价补贴的理论研究

国外关于城市轨道交通项目政府补贴的研究起步较早，并取得了较为丰富的成果。Bly P H, Webster F V 和 Pounds S（1980）调查了欧洲 18 国在 1966 年到 1976 年间的城市公共交通补贴的变化情况，并从补贴目的，补贴来源，补贴变化趋势以及补贴对服务质量的影响等四方面进行了分析。Sock-Yong Phang（2007）将目前城市轨道交通 PPP 项目的采购模式划分为四种主要类型，并结合各采购模式的不同提出了相应的风险分担建议。Xiong 和 Zhang（2010）使用时间序列方法估计了一个城市轨道交通 PPP 项目的未来现金流量，并讨论了在风险发生的情况下政府应采取的补贴方法。

我国学者对 PPP 模式下轨道交通票价补贴的研究主要集中在两个方面，一是对政府补贴制度的定性分析及相应的政策建议。如王灏（2004）通过分析美国投资回报率票价管制模型和英国最高限价管制模型，提出了应结合 PPP 轨道交通不同阶段的运营特点选择对应的补贴模式。周春燕和王琼辉（2007）提出了公众参与补贴机制以解决政府与运营企业之间存在的信息不对称问题。二是对政府补贴金额的测算。李启明（2010）等基于项目企业，政府和公众三方满意的项目目标体系，构建了 PPP 项目的动态调价与补贴模型。叶苏东（2012）基于合理回报原则，建立了轨道交通项目政府补贴金额的计算公式和调整机制。

关于城市轨道交通项目政府补贴的现有研究已取得了一定成果，但以票价补贴为研究对象，基于非线性交通流量函数下票价补贴决策的研究仍较薄弱。进一步的，对考虑需求价格弹性后的票价补贴的决策还缺乏相关讨论。为此，本文分析了轨道交通 PPP 项目政府补贴金额的决策原则；然后，结合实例对模型进行了检验，对票价变化和考虑非票务收入后的政府补贴进行了讨论，并提出了相应的政策建议。

二、城市轨道交通 PPP 项目政府票价补贴的模型分析

（一）城市轨道交通 PPP 项目政府票价补贴决策的假设

PPP 模式（Public-Private Partnership）的含义是政府部门通过特许权协议将公共基础设施建设及服务授权给项目公司，由项目公司组织融资、建造等活动，并允许项目公司在未来的一段时间内运营此项目。根据我国城市轨道交通发展的实际状况，本文假设 PPP 项目运营满足以下三种情况：

（1）票务收入是项目公司的主要收入。目前我国大部分城市的轨道交通建设是为了缓解交通拥堵压力的需要，项目公司很难享受到项目沿线土地和物业增值所带来的溢价，其主要收入来源仍是票价收入。据此，本文将票价收入作为轨道交通公司的主要收入。关于非票务收入的影响，本文将在讨论部分予以分析。

（2）票价为单一票价制。轨道交通的票价制度主要有两种。一种是不计里程单一

票价制。该种定价方法体现了地铁项目的公益性，方便了城市中低收入居民的出行，但政府需要对地铁公司因低票价产生的运营亏损进行补贴。另一种是按里程或区间计价的票制。国内多数地铁也采用了此种计价模式。该种定价属于市场主导的定价方式，但部分线路同样需要来自政府的补贴。本研究将单一里程票制作为考虑对象。里程制票价可通过调整项目公司净现金流来反映，因而不影响结论的可推广性。

（3）政府仅在运营阶段进行补贴。政府对轨道交通 PPP 项目的补偿有很多种方式，本研究主要考虑了政府在运营阶段给予开发商的票价补贴，属于直接补贴的一种。其他形式的政府补贴，如税收减免，电费优惠等，均可通过调整项目公司报表中收益或成本的未来现金流来得到体现，因此无须额外考虑。

（二）城市轨道交通 PPP 项目政府票价补贴决策的计算

票价补贴政策制定的基本原则是，通过测算项目公司的运营成本和票价收入，得到某一预期收益值。若该值小于政府与项目公司在特许权协议中约定的最低收入，则应由政府对票价进行补贴，应保证项目公司的盈亏平衡。从项目财务指标净现值 NPV 的角度看，通过政府的票价补贴，应使项目公司获得一定水平之上的净现值收入。设某地铁项目的建设期为 t 年，包含建设期的特许经营期为 T 年，r 为折现率，c_i 为建设项目投资，m_i 为项目的运营维护成本。假设在签订特许经营合同时，经过合理测算，政府向开发商提供的最低收入担保为 MRG_i，则该项目预计的净现值为：

$$NPV_a=-\sum_{i=0}^{t}\frac{c_i}{(1+r)^i}+\sum_{i=t+1}^{T}\frac{MRG_i-m_i}{(1+r)^i} \tag{4-8}$$

政府对轨道交通最高票价的限定会对项目公司的运营产生两方面的影响。一方面，低廉的票价较好地体现了轨道交通项目的公益性，并可能吸引超过预期的客流量，从而使项目公司的收入因客流的增长而增加；另一方面，人流的增加也会引起机器损耗、电费及人力资本等成本的增加。假设开发商每年能获得的实际收入为 R_i，每年的实际运营成本为 m'_i。则该项目实际的净现值为：

$$NPV_b=-\sum_{i=0}^{t}\frac{c_i}{(1+r)^i}+\sum_{i=t+1}^{T}\frac{R_i-m'_i}{(1+r)^i} \tag{4-9}$$

当 $NPV_a>NPV_b$ 时，需要由政府对开发商因低票价产生的运营损失进行补贴，政府需进行补贴的金额为 NPV_a-NPV_b，开发商能获得的收益为 NPV_a；当 $NPV_a<NPV_b$ 时，政府可以按照一定比例分享开发商所获得的超额利润，开发商能获得的最终收益为 $[NPV_a+\alpha(NPV_b-NPV_a)]$，政府能获得的利润分成为 $\alpha(NPV_b-NPV_a)$，其中 $0<\alpha<1$，为调节系数。

三、城市轨道交通 PPP 项目政府票价补贴的案例分析

（一）案例背景

某轨道交通项目采用 PPP 方式运营，项目的建设期 t 为 4 年，并于第 5 年 9 月份顺利竣工通过验收。不含项目建设期的特许期 T 为 30 年。在项目运营阶段，其收费形式为单一票价制，每人次不计里程收费 2 元。项目公司收入的主要来源是票价收入和政府可能的票价补贴。项目的主要投资发生在前 5 年，为应对增加的客流，项目公司在项目运营第 7 年和第 11 年，分别花费 11.9 亿元购置新车辆。

该项目运行 15 年后，经测算客流量的增长已不足以弥补低票价所带来的损失。经过项目公司与政府之间的反复谈判，政府最终同意在未来的 15 年内对开发商产生的运营损失予以按年度支付的票价补贴。项目运营前 15 年的基本财务数据如表 4-14 所示。表中所列投资成本为扣除政府投资后，项目公司实际发生的投资额。

表 4-14 PPP 项目前 15 年运营净现金流量 （单位：千万）

运营年份	人流量	票价收入	投资成本	运营成本	最低收入
T=0			37.761		
T=1			82.457		
T=2			125.057		
T=3			130.111		
T=4			23.086		
T=5	5.082	10.165	61.917	27.018	21.241
T=6	25.144	50.288		93.430	105.396
T=7	28.068	56.137	119	103.363	118.006
T=8	28.908	57.816		112.485	134.977
T=9	30.881	61.762		113.165	140.673
T=10	32.989	65.979		114.569	146.521
T=11	35.547	71.095	119	117.149	175.589
T=12	36.169	72.338		119.667	174.559
T=13	36.801	73.601		119.755	177.011
T=14	37.443	74.886		120.659	204.899
T=15	38.098	76.196		122.646	207.780
T=16	38.429	76.858		137.606	209.586
T=17	38.395	76.789		135.980	237.424
T=18	38.360	76.720		136.135	237.210
T=19	38.326	76.651		136.040	236.194

（二）收入、成本模拟

当地铁内的客流量增长到极限阈值时，因站内拥堵、机械故障以及换乘时间增加等限制因素所引起的乘客时间成本增加，将超过乘坐地铁所带来的通行便捷的提升，

此时人流将选择其他交通方式出行。在单一里程计价和不考虑设备折旧的前提下，开发商的收入和运营成本均与站内人流的增长趋势关系密切，因而都会呈现出具有拐点性质的 S 型曲线特征。针对 S 型增长曲线的预测，常用的预测模型包括：①指数曲线预测模型，$\hat{y}=k+ab^t$；②Comperz 曲线模型 ，$\hat{y}=ka^{b^t}$；③逻辑斯蒂模型，$\hat{y}=\frac{1}{k+ab^t}$。利用已有成本和收入数据，分别使用上述三种模型对该项目的收入和成本变化情况进行模拟，随后根据标准误差最小的原则进行筛选。再利用所得模型分别对项目剩余年限中的票价收入和成本进行预测，得到的结果如表 4-15 所示，表中同时列出了后 15 年中政府所承诺的最低收入。

表 4-15　项目运营期后 15 年的收入成本预测　（单位：百万）

年　份	最低收入	票价收入	运营成本
20	238.473	77.195	137.485
21	247.319	77.254	132.223
22	257.078	77.292	138.812
23	263.576	77.317	139.277
24	273.302	77.334	139.648
25	273.028	77.345	139.942
26	285.614	77.352	140.176
27	265.301	77.356	140.361
28	274.989	77.359	140.507
29	272.488	77.361	140.624
30	272.488	77.362	140.716
31	283.823	77.363	140.789
32	287.731	77.364	140.847
33	307.731	77.364	140.892
34	307.731	77.365	140.929

（三）政府票价补贴的额度分析

依据案例中所提供的信息及上文提出的票价补贴额计算公式可以得出，按政府与项目公司签订 PPP 特许权协议时所签署的最低收入担保所计算的项目净现值为 14.770 亿元；因采取单程固定票价，项目公司累计实际运营的收入（亏损）为-91.984 亿元；因此，为保证项目公司能获得合理的投资回报，政府需要对该项目公司在整个运营期内的补贴额为 106.75 亿元。若政府采用票价补贴的形式对该 PPP 项目进行补贴，则剩余 15 年的年均补贴额度为 106.75/15=7.12 亿元/年。若按照 15 年的平均客流量计算，则平均每人次需政府补贴 1.84 元。

为减轻政府的财政负担，下文将放松前文的假设，进一步考虑存在票价调整或非票务收入的情况时，政府票价补贴的变化情况。

1. 票价调整对政府票价补贴金额的影响

图 4-14 和图 4-15 分别是在不考虑需求价格弹性的情况下，PPP 项目公司总损失和政府的年票价补贴额随票价上涨的变化情况。票价由 2 元，每次上涨 10%，直至 6 元为止。从图 4-14 中可以看出，当票价上涨至 5.6 元时，该项目公司将不再亏损；从图 4-15 中可以看出，当票价上涨到 6.2 元时，政府将无需对该公司进行票价补贴。

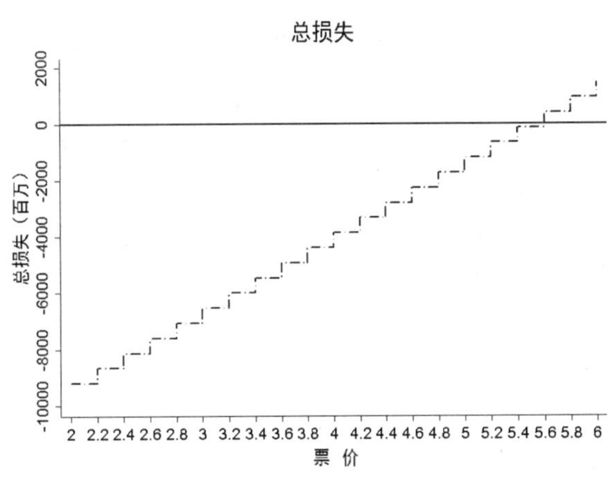

图 4-14 PPP 项目公司总损失

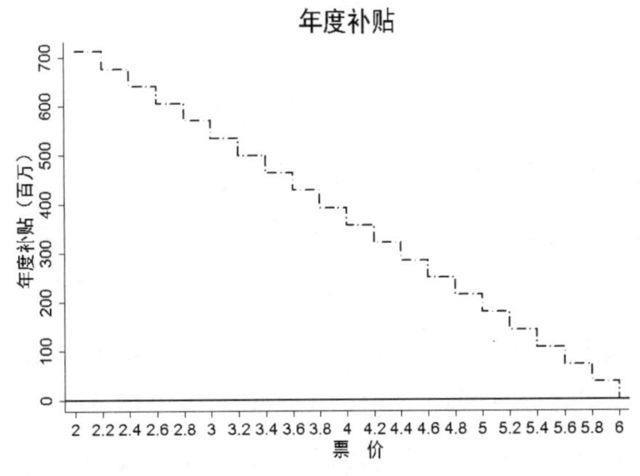

图 4-15 政府年度补贴额变化

在实际生活中，由于存在需求价格弹性，当轨道交通票价变化时，乘坐轨道交通的客流量也会随之发生变化。当票价上升时，部分对价格敏感的消费者将选择其他交通工具替代选择地铁出行。票价对需求的影响可以用价格弹性系数来反映。若假设 Q

为该项目客流量（万人次），ΔQ 为客流变化量，P 为当前的票价（元），ΔP 为价格变化量，则 $E_d = \frac{\Delta Q / Q}{\Delta P / P}$ 代表了需求的价格弹性。绝大多数乘客乘坐轨道交通是为了上下班之间的通勤，轨道交通服务可认为属于 $E_d < 1$ 的生活必需品范畴，故提高价格可以在一定范围内增加总收益。若不对远程及近程、高峰和低峰以及不同票价下弹性系数进行区分，可将该轨道交通 PPP 项目的需求价格弹性系数取值为-0.53。在需求价格弹性系数的作用下，随着地铁票价的提升，PPP 项目公司的收益将出现先增加后下降的情况，如图 4-16 所示。当票价上涨幅度超过 90%，即达到 3.8 元时，总的运营收入将不增反降。采取这种通票上涨的方式能起到较为明显的分散人流的作用，当票价从 2 元上涨到 3 元时，约有 30%的客流量得到了分流。

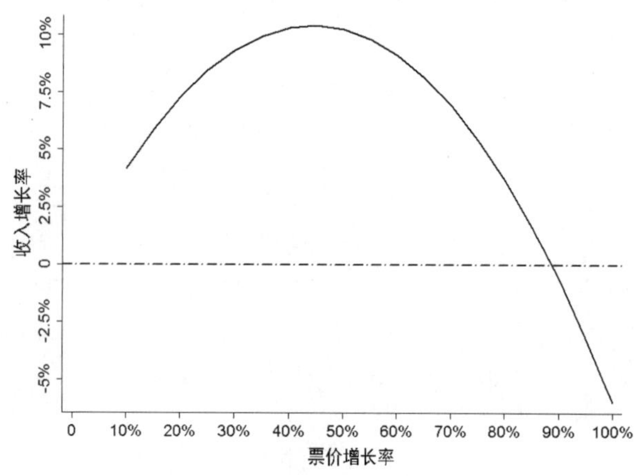

图 4-16　票价增长率与项目公司收入增长率

因此，在进行票价调整决策时，政府应当综合考虑决策目的，若票价调整的目的主要是实现地铁项目客流量的分流，减轻地铁运行的负担，则采用通票上涨的方式较为有利。相反，若票价调整的目的主要是为了实现增加地铁运营收入，减轻政府财政负担，则采用计程收费的方式可能更为合理。此外，计算结果还表明，单纯依靠调节票价的方式，难以完全代替政府补贴的作用。政府也可考虑延长项目的特许经营期，或者将调整票价与调整特许经营期相结合以减轻自身财政负担。

2. 非票务收入对票价补贴金额的影响

受法律政策和操作经验限制，我国大陆地区对轨道交通沿线物业的开发尚处于摸索阶段。管非票务收入的总额呈现逐年上涨的趋势，但与城市轨道交通非票务业务发达的香港、新加坡等城市相比，轨道交通企业的非票务收入占全部收入的比例依旧较低。下面考虑非票务收入占比对政府票价补贴政策的影响。若设该 PPP 项目的非票务收入占 PPP 项目全部收入的比例为 λ。且随着经济的增长，其在总收入中所占的比例随时间增长而逐年提高的百分比为 α，则在政府票价补贴的计算公式中，可以得出项目的预期净现值为：

$$
\begin{aligned}
NPV_b &= -\sum_{i=0}^{t}\frac{c_i}{(1+r)^i}+\sum_{i=t+1}^{T}\frac{R_i\dfrac{\lambda+(i-t-1)\alpha}{[1-\lambda-(i-t-1)\alpha]}+R_i-m_i'}{(1+r)^i} \\
&= -\sum_{i=0}^{t}\frac{c_i}{(1+r)^i}+\sum_{i=t+1}^{T}\frac{\dfrac{R_i}{[1-\lambda-(i-t-1)\alpha]}-m_i'}{(1+r)^i}
\end{aligned}
\quad (4\text{-}10)
$$

在本案例中，若设特许经营期的开始时刻 $t=5$ 时，非票务收入在该线路中的占比为 20%，并且每年增长 1%。经计算，政府需要对该项目公司在整个运营期内的补贴额为 82.17 亿元，若政府采用票价补贴的形式对该 PPP 项目进行补贴，则剩余 15 年的年均补贴额度为 82.17/15=5.48 亿/年，年年节约补贴金额 1.64 亿元。若按照 15 年的平均客流量计算，则平均每人次只需政府补贴 1.42 元。

四、结论与建议

综上分析可以得出，本文所建立的基于 Comperz 曲线的政府票价补贴决策模型有较好的预测效果。对票价需求价格弹性的分析表明，政府的票价补贴金额会随票价的提升而先降后升。为了最大限度地发挥地铁项目的效率，政府应当依据所期望实现的主要政策目标来决定票价的调整决策，并可考虑通过延长特许期，拓宽项目非票务收入等方式对项目进行补贴。

为进一步完善城市轨道交通 PPP 项目的票价补贴机制，本文提出以下三点建议：

第一，建立票价补贴的动态调整机制。建立对项目收益主要影响因素，如人流量、职工工资、电力燃料费用等，的实时监控体系。定期对票价补贴计算公式中的参数值进行调整。

第二，完善成本核算制度和票价补贴监管制度。应建立对企业的运营成本费用、企业生产效率、市场价格等重要经济数据的监测制度。并逐步完善 PPP 项目治理中的社会监督，吸收公众参与到票价调整、服务质量评估等环节中，从而提高票价补贴资金的透明度和使用效率。

第三，积极探索票价补贴外的其他价格补贴方式。建议政府部门与项目公司共同合作，根据轨道交通建设融资的特点积极探索票价补贴外的其他价格补贴方式，拓宽企业的非票务收入，如授予运营商轨道交通沿线的其他利润较高的经营性物业或土地开发权等。

参考文献

[1] 柯永建，王守清，陈炳泉. 私营资本参与基础设施PPP项目的政府激励措施[J]. 清华大学学报（自然科学版）, 2009，49（9）: 1480-1483.

[2] 周春燕，王琼辉. 公众参与城市轨道交通政府补贴机制探讨[J].价格理论与实践，2007（6）: 26-27.

[3] 王灏.城市轨道交通票价管制政策研究——地铁 PPP 运作中的票价方案分析[J].宏观经济研究，2004（5）:61-63.

[4] 五一. 基于运营效能的城市轨道交通票价确定方法[J]. 同济大学学报（自然科学版），2010，38（11）: 1610-1613.

[5] 李进，王欣妮，傅培华. 城市公共交通标准成本补贴机制研究——基于成本规制的角度[J]. 价格理论与实践, 2012（4）: 34-35.

（《价格理论与实践》2015 年第 3 期，第 51-53 页）

实物期权在城市轨道交通 PPP 项目决策中的应用

作者：梁伟　王守清

基金项目：国家自然科学基金（70731160634）

【关键词】　实物期权　PPP　城市轨道交通　不确定性

一、问题的提出

由于城市轨道交通项目的投资额很大，且属于准经营性项目[1]，导致其在私营部门参与项目建设的具体模式上与一般项目有一定区别。通常意义上的 PPP 模式，私营部门负责筹集资金并建设一个完整的项目，如一个污水处理厂。在这个过程中，私营部门承担所有和项目建设有关的风险以及和运营相关的绝大部分风险，即政府通过特许权协议授予私营部门经营项目获取收益的权利，同时将与项目建设、运营相关的绝大部分风险转嫁给私营部门。这是 PPP 的基本理念和常规做法[2]。而在我国的城市轨道交通项目中，项目投资额巨大，并且运营中的票价定价权归政府所有（通常不是纯市场运作的，地铁的社会效益明显，票价水平远远不能满足运营者对于收益的要求），在这样低票价的条件下，运营收入不能完全覆盖整条线路的建设成本。这使得私营部门不可能完全的负责整个项目的建设，而是需要和政府部门协商确定投资构成的比例[3]。

一般而言，城市轨道交通项目的建设可以分为两大部分，即土建部分和车辆设备部分。这恰好为确定上述私营部门与政府部门各自的投资比例提供了一种简单方便的决策依据，原因有三点：第一，土建部分和车辆设备部分的投资数额比例约为 2∶1，这一比例从双方相对地位的角度考虑对于公私双方在项目中权利义务的约束有一定保障；第二，根据当前客运数量、票价水平等数据进行测算，单独投资其中某一部分在经济可行性方面能够满足要求；第三，这两部分的建设相互干扰程度不大，双方在合作过程中的权利义务能够比较清晰的界定。北京地铁 4 号线的建设就是采用上述模式进行的，项目总投资 153 亿元，其中北京市政府出资 107 亿元，负责土建、隧道等基础设施的建设；京港地铁公司出资 46 亿元，负责车辆、机电部分的购置安装[4]。

在上述建设模式中，公私双方各自负责整体项目中的一部分，而最终来看，项目的运营绩效、盈利能力及各种功能的发挥依赖于两部分的共同成功。也就是说，对于负责运营的私营部门来说，其之后 30 年的运营成果很大程度上和政府负责的土建部分建设相关联。这就使得私营部门和公共部门就土建项目的数量、质量、方式等方面在一定程度上产生分歧：一方面，公共部门从保证基本运营条件、节约投资的角度出发，在土地使用划拨、建筑可经营面积、站台周边综合开发区域的划定等方面会加以比较严格的限制；私营部门从创新运营管理模式、扩大收入来源的角度出发，会尽量争取政府在基础设施建设上提供更多的便利条件。另一方面，公共部门从保障社会权益的角度出发，很可能将基础设施的建设规模设计比需求大很多，而运营和维护这样的设施，无疑是成本高而收益不足的，对私营部门来说又想尽量精简设施的规模，按需供应，减少运营成本。双方在此类问题上观点立场的不同，常常造成建设规模等方面决策的难题[5]。

二、案例和模型

将上述问题具体化，可以用一个停车场的例子加以说明，这也是北京地铁 4 号线遇到的实际问题。

随着北京地铁的网络化运营，地铁线路将四通八达，城市人口将更多的依赖地铁出行。与此同时，北京市的机动车保有量已经超过 430 万辆，到 2010 年 6 月底，小汽车出行比例已经达到 34.2%。一种新的出行模式呼之欲出，即“小汽车+地铁”，特别是对于城市周边的人口来说，上下班采用“小汽车+地铁”的趋势已经逐步显现。在地铁站附近规划建设一定规模的停车场，无论从解决人们出行的实际问题，还是从创新地铁运营管理模式的角度来讲，都具有较强的实践意义[6]。

接下来的问题就是，建多大规模的停车场，使之既符合政府部门解决“停车难”的出发点，又使得私营部门运营的收益最大化。显而易见的是，规模过大或过小都不能满足上述要求，过大会大量增加初始投资和运营成本；过小不仅不能满足市民停车的需求，也会使停车场原本可以带来的收益降低。因此，这也是政府和私营部门谈判的要点之一。

针对这个问题，我们往往通过对需求的预测来确定停车场的建设规模。这种方法过度依赖人们对于需求的预测，而实践恰恰证明这种预测通常是不准确的[7]。特别是当政府和私营部门对预测的结果产生分歧时，双方的谈判更难以达成一致。将实物期权[8-11]的概念引入辅助解决这一问题，可以很大程度上降低人们对初始预测的依赖程度，更加合理有效的根据实际需求确定建设规模，从而也可以解决公私双方可能由预测结果分歧带来的矛盾。

以下根据北京地铁4号线的案例[5,6]构造模型：

（1）停车场的建设可以利用地上空间，也可以利用地下空间。受国内停车场建设惯例的影响，一般建设方式为地上一层或地下若干层，若与相应的楼盘或商业物业结合建设停车场，则只在地下开发停车空间。为更加适应轨道交通项目开发的特点且便于说明问题，本文假设停车场的建设全部在地下，每层可建设200个车位，建设规模以层数衡量。

（2）建设停车场的土地购置成本应一次性缴纳，但考虑到土地面积的综合利用，不是单独为建设停车场而使用土地，故以年化租金的形式反映土地使用成本更为合理，设为每年360万元。

（3）地下一层的建设成本为320万元，每增加一层，该层的建设成本较上一层增加16%。

（4）每层停车场的运营成本为每年40万（包含正常利用车位和空闲车位）。

（5）每个正常利用的停车位每年可产生收益1万元。

（6）对停车需求的预测如下：第一年为750辆，第二年的需求增量为144辆，其后每年增加的需求量比前一年递减15%，持续至第20年。

（7）实际需求量与对停车需求的预测存在差异，初始需求量预测的差异幅度为±50%，其后每年需求增量预测的差异幅度为±15%。

（8）折现率按12%计算。

在本模型中，实物期权可以具体为如下形式：为了获得今后根据实际需求量的大小选择是否扩建停车场规模的权利，需要投入一定的成本来对停车场初期的建设进行优化，如设计并建设预留接口、增加结构安全保障系数、使用更复杂的施工方法等，这些成本即实物期权中对应于金融期权中期权费的部分。这里假设如按预留扩建的方式建设，初始建设成本将较一般方式增加10%。

三、不确定性对方案评价方法的影响

（一）一般性基于期望收益的计算

这是最简单的计算方法，不考虑未来的不确定性，完全依赖于最初的预测进行决策。表 4-16 描述了建设规模为 6 层时的计算过程（本研究计算了建设规模 1 层至 10 层的各种情况，已经足以解决问题，故忽略 11 层以上的计算）。可以看到，由于完全依赖初始预测进行计算，一旦建设规模确定，每年的需求量、运营成本和收益都是确定的数值，故直接可以算出各种建设规模下的净现值 NPV。在这种情况下，最优建设规模为 6 层，期望净现值（ENPV）为 377 万元。

表 4-16　一般性基于期望收益的计算（6 层）

项　目		单　位	年　份						
			0	1	2	3	…	19	20
需求		辆	—	750	894	1 016	…	1 658	1 666
容量		辆	—	1 200	1 200	1 200	…	1 200	1 200
收益		万元	—	750	894	1 016	…	1 200	1 200
成本	初始成本	万元	2 469	—	—	—	…	—	—
	每年成本	万元	360	600	600	600	…	600	600
现金流量		万元	-2 829	150	294	416	…	600	600
净现值		万元	737						

（二）考虑不确定性的基于期望收益的计算

尽管最初对停车场的需求进行了预测，但这种预测的不确定性决定了仅仅依靠其期望值只进行简单的现金流计算并折现不能反映实际需求量波动对于期望 NPV 计算的影响。如表 4-16 中所示数据，第二年的需求量的期望为 894，而实际情况可能与期望值产生较大的偏差。若实际只有 600 左右的需求，那么 1 200 的容量就变得非常不必要，会对现金流产生很大的负面影响；若实际需求大于 1 200 较多，那么 1 200 的容量又不能有效容纳实际需求，造成可获取收益的大量损失。因此，计算期望 NPV 时应将这种不确定性考虑在内，将波动带来的实际影响反映出来。

蒙特卡洛模拟可以将不确定性反映在每一次模拟过程中，每一次的模拟结果代表了一种可能性，进而计算出的 NPV 代表了这种可能的情况下实际的 NPV。把所有可能情况的 NPV 统计起来计算出的期望值，才代表了这种方案真实的期望净现值。

表 4-17 和表 4-18 分别给出了考虑不确定性条件下建设规模为 5 层和 6 层的一个模拟结果（本研究的蒙特卡洛共进行 10 000 次模拟）。从表中可以看出，每年的需求增量和需求量都是不一样的，这反映了实际需求和初始预测的差别，即不确定性。

表 4-17　考虑不确定性条件下的模拟结果（5 层）

项　　目		单　　位	年　　份						
			0	1	2	3	…	19	20
增量		辆	—	—	125	124	…	9	8
需求量		辆	—	805	931	1 055	…	1 687	1 695
停车场容量		辆	—	1 000	1 000	1 000	…	1 000	1 000
收益		万元	—	805	931	1 000	…	1 000	1 000
成本	初始成本	万元	2 201	—	—	—	…	—	—
	每年成本	万元	360	560	560	560	…	560	560
现金流量		万元	-2 561	245	371	440	…	440	440
净现值		万元	444						

表 4-18　考虑不确定性条件下的模拟结果（6 层）

项　　目		单　　位	年　　份						
			0	1	2	3	…	19	20
增量		量	—	—	155	117	…	10	7
需求量		辆	—	877	1 032	1 148	…	1 793	1 800
停车场容量		辆	—	1 200	1 200	1 200	…	1 200	1 200
收益		万元	—	805	931	1 000	…	1 000	1 000
成本	初始成本	万元	2 873	—	—	—	…	—	—
	每年成本	万元	360	600	600	600	…	600	600
现金流量		万元	-3 233	277	432	548	…	600	600
净现值		万元	705						

表 4-19 和图 4-17 给出了两种算法计算出的期望 NPV 结果的比较，不难看出，两者有两点重要的不同：①一般算法计算出的期望 NPV 普遍高于考虑不确定性后的值，这是由于一般算法忽略了本模型中经常产生的实际需求低于预测值，而相同建设规模下实际的“空置成本”要比仅仅按需求期望值预测下的大很多；②在一般算法下，最优方案为建设 6 层，对应期望 NPV 为 377 万元，而考虑不确定性后，最优方案为建设 5 层，对应的期望 NPV 为 306 万元，这个不同从另一个角度也说明了预测对于需求的高估，保守的建设方案能够提供更好的经济效益。

由上面的分析可以得出结论，两种方法对于期望 NPV 的计算不仅在量的结果上存在明显不同（期望的净现值≠净现值的期望，ENPV≠NPEV），且对于方案比选都产生了质的影响（需求不足的风险显著影响着本案例中决策的选择）。因此，在计算此类不确定性较大的案例时，必须将不确定性反映在计算的过程中，不能简单地依靠不变的预测值代替实际可能发生的各种变化进行方案评价或比选。

表 4-19　不同算法期望 NPV 的比较　　（单位：万元）

层　数	1	2	3	4	5	6	7	8	9
一般算法	-1 941	-1 205	-523	59	373	377	35	-711	-1 886
不确定性	-1 941	-1 205	-534	4	306	302	-53	-798	-1 898

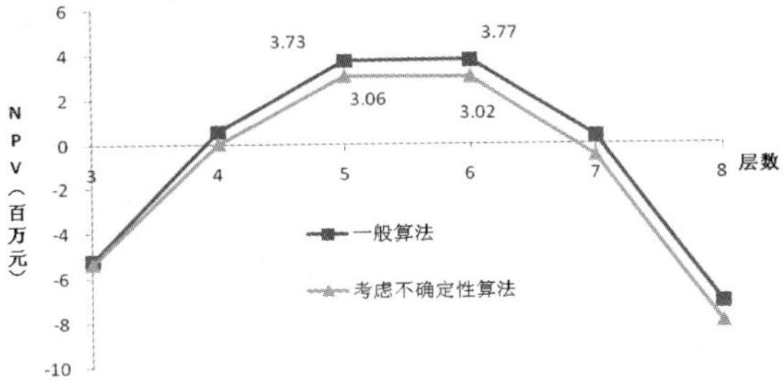

图 4-17　一般算法和考虑不确定性算法的比较

四、实物期权对决策的改善

从以上关于计算方法讨论的过程中已经看到，本案例中未来需求量的变化显著影响着最初决策的正确性。即使将不确定性纳入考虑范围，现实中期望收益最大的方案仍然面临着实际中可能产生的种种变化。因此，在面临不确定性的条件下单一时点的决策很难达到最优。在 PPP 项目中，这一问题显得更为突出。由于项目参与方众多，且各方在项目前期都要通过谈判等方式参与决策，各方对预测持有的不同态度以及今后不确定性的干扰使得各方很难就某个关键问题达成一致。这也是 PPP 项目前期成本远远大于一般项目的主要原因之一。

实物期权的引入可以很大程度上淡化不确定性的干扰，因为它提供了根据实际情况的发展变化随时将方案优化的可能性。这一方面可以使项目决策者、执行者有获取更大期望收益的可能，另一方面，还可以使项目参与各方在项目决策阶段达成一致意见的效率大大提高。

本案例中，决策的焦点是停车场的规模应该建多大，这一决策受未来停车需求的影响。从直觉角度出发，如果我们能够观察前一年的需求情况后再决定当年的规模，这种决策的准确性就会大大提高。这就是实物期权思想在本案例的具体体现——通过改善设计和施工方案，获取每年都有选择是否扩建停车场的权利。基于这种考虑，按如下方法进行决策：如果本年的停车需求超过了本年的停车场容量，那么在下一年选择扩建一层，则第二年停车场容量增加 200 个，否则维持原有规模不变。按此方法进行决策的计算过程见表 4-20 和表 4-21。

表 4-20 嵌入实物期权的模拟结果（3 层）

项目		单位	年份						
			0	1	2	3	…	19	20
增量		量	-	-	137	112	…	6	6
需求量		辆	-	744	882	994	…	1 567	1 572
是否扩建			-	-	是	是	…	否	否
层数		层	-	3	4	5	…	8	8
容量		辆	-	600	800	1 000	…	1 600	1 600
收益		万元	-	600	800	994	…	1 567	1 572
成本	初始成本	万元	1 234	-	-	-	…	-	-
	每年成本	万元	360	480	520	560	…	680	680
	扩建费	万元	-	-	499	579	…	0	0
现金流量		万元	-1 594	120	-219	-145	…	887	892
净现值		万元	684						

表 4-21 嵌入实物期权的模拟结果（5 层）

项目		单位	年份						
			0	1	2	3	…	19	20
增量		量	-	-	156	113	…	7	6
需求量		辆	-	914	1 070	1 183	…	1 674	1 680
是否扩建			-	-	否	是	…	否	否
层数		层	-	5	5	6	…	9	9
容量		辆	-	1 000	1 000	1 200	…	1 800	1 800
收益		万元	-	914	1 000	1 183	…	1 674	1 680
成本	初始成本	万元	2 421	-	-	-	…	-	-
	每年成本	万元	360	560	560	600	…	720	720
	扩建费	万元	-	-	0	672	…	0	0
现金流量		万元	-2 781	354	440	-89	…	954	960
净现值		万元	793						

在这种决策中，决策变量变为了初始规模而不是建设规模，也就是说，仅仅决定最初建设几层，而后续规模（或最终规模）可以根据实际需求的变化进行调整，这避免了前述一次性决策带来的缺陷。对比表 4-18、表 4-19 和表 4-20、表 4-21，后者在运营年份中多了“是否扩建”的选择，相应的，表示规模的“层数”也随着扩建与否进行变化。例如，表 4-20 中第 1 年的需求量 744 大于容量 600，在第二年选择扩建，扩建后层数变为 4 层，容量变为 800；表 4-21 中第一年需求量 914 小于容量 1 000，不选择扩建。根据每次模拟产生的随机数不同，每种方案下扩建的年份和次数不尽相

同，最终也会产生不同的NPV。本研究的蒙特卡洛模拟运行10 000次，在此条件下，最终NPV期望值的偏差小于0.1%，已经非常稳定。

表4-22和图4-18给出了嵌入实物期权后的期望NPV与一般决策方法期望NPV的比较。可以看到，在初始建设规模较小的情况下，嵌入实物期权后期望NPV有了大幅度的提升，建设1层至5层的期望NPV分别比相应一般决策方法下的期望NPV增加2 167万元、1 687万元、1 144万元、571万元、74万元。这是因为实物期权的存在使得决策者可以在实际需求量较大的条件下才建造更大规模的停车场以扩大收益，而当实际需求很小的时候，维持较小的建造规模不但可以节省建造费用，还可以节省运营开支。这从根本上避免了一般决策方法遇到的问题：很多时候实际需求小于期望值，按期望值确定的建设规模往往大于实际需要，造成空置浪费。嵌入实物期权后，最优决策变为了初始建设3层，期望NPV为610万元，与之前建设5层的最优方案（期望NPV306万元）比较，期望收益增加了约一倍。

表4-22 嵌入实物期权与一般决策方法期望NPV的比较 （单位：万元）

层　数	1	2	3	4	5	6	7	8	9
实物期权	226	482	610	575	380	21	-533	-1 340	-2 451
一般方法	-1 941	-1 205	-534	4	306	302	-53	-798	-1 898

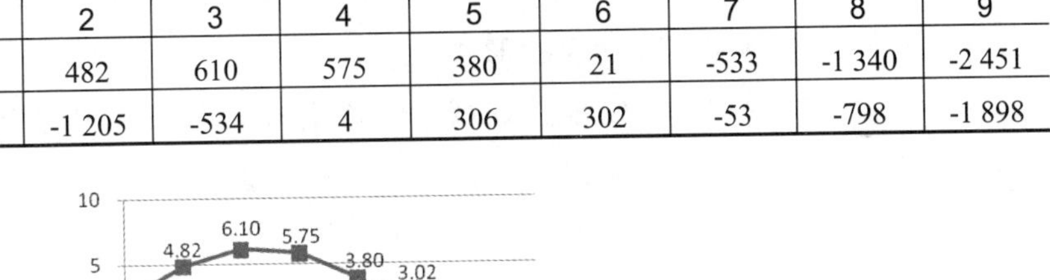

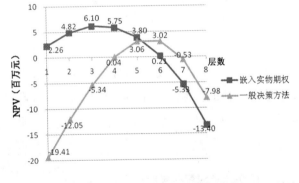

图4-18 嵌入实物期权与一般决策方法期望NPV对比

同时我们也注意到，嵌入实物期权后如果最初建设规模大于5层，则期望收益比一般决策方法减少。这是因为初始建设规模过大，在运营期间需求几乎不会超过初始规模的容量，选择扩建的权利不会被行使，而最初为了获取这个期权而产生的成本无法弥补。当然，本案例中讨论的实物期权属于买入期权（call option），实际上如果在某些条件下将卖出期权（put option）也引入进来，这种情况就会得到改善。限于篇幅，本文不对此进行更深入探讨。

除此之外，对比图 4-18 中两条曲线在规模小于 5 层部分（实物期权确实发挥作用的部分）的走势，可以发现实物期权的引入极大地减小了不同方案之间的差别（曲线走势平缓很多），这意味着即使最初的决策不是最理想的，由于有了后续调整改善的空间，最终的结果仍然可以向最优化靠拢。而没有这种期权存在的话，如果最初做了错误决定，后续项目的失败将无法改变。

根据上述讨论，可以归纳出实物期权在本案例中的两个重要作用：

（1）优化决策，使项目期望收益显著提高。这是任何项目都希望达到的目标，将实物期权应用在项目的决策和运营过程中可以有效消除不确定性给项目带来的负面影响，保证项目的预期收益顺利实现。

（2）降低一次性决策的重要程度，使项目运营的灵活性大大增加。这对于 PPP 项目尤为重要，当公私双方在项目开始前就某些问题产生分歧的时候，决策可以不必立即令双方陷入固定不变的模式。由于项目开始之后的调整可以保证双方利益的再次均衡分配，使得双方最初达成一致意见更为容易，既提高了谈判的效率，也有利于动态的保证双方在项目中的利益。

五、行权时机的选择和实物期权的形式

以上结合案例说明了实物期权在城市轨道交通 PPP 项目中的应用及其价值，但仍有一些问题值得进一步讨论和研究，这里主要提出两点：

（1）行权时机的选择。本研究中假设观察实际需求一年后决定是否扩建，而忽略了一年的观察期是否为最佳。为此，本文又做了如下假设：观察需求连续两年超过容量时，选择扩建。这样条件下的最优方案为初始规模 4 层，对应期望 NPV 552 万元（见表 4-23）。观察期长还是短，何时行使获得的实物期权，受不确定性大小的影响，不同的问题应该有不同的处理方法，本研究仅以一年的观察期说明问题，并没有对此进行更深入探讨。

表 4-23　观察两年后扩建的期望 NPV　　（单位：万元）

层　数	1	2	3	4	5	6	7	8	9
期望 NPV	-52	289	509	552	399	60	-496	-1 316	-2 442

（2）实物期权的形式。本研究以城市轨道交通车站停车场建设规模的模型论述了实物期权的应用和价值，期权的具体形式体现为扩建权。而在 PPP 模式中，根据具体项目的特点不同、种类的不同，可能遇到其他形式的问题，涉及谈判、设计、施工、运营等各个环节，只要是由不确定性带来的问题，都可以在可能的条件下借助实物期权辅助解决。如风险公平分担问题，这是一个 PPP 模式面临的重要原则性问题之一，

目前很多风险分担不合理导致项目运行出现问题或甚至失败是由于风险一次性分配造成的，而如果能够引进随项目进展变化调整的风险动态分担机制，或许对风险的公平分担有一定好处。

六、结论

本研究应用 Excel 对实物期权嵌入决策的效果进行评价，与一般的金融期权的定价方法相比更直观，能够简明的反映实物期权在工程领域运用的效果。

通过本文的案例模型和相关探讨可以看到，不确定性的存在使得项目评价和决策变得更为困难，一般评价方法容易忽略不确定性的影响，而即使将不确定性考虑在项目评价的过程当中，通常的决策方法也很难避免项目实际运行中不确定性带来的不利影响。应用实物期权来处理这类问题，可以给项目决策者和执行者更大的空间来根据不确定因素的实际表现选择更为恰当的行动，这能够从根本上减少不确定性对项目的干扰。

另一方面，实物期权提供了延迟决策的可能，降低了初始一次性决策的重要程度，同时，还可以通过后续对项目运行的调整使项目从偏离正确的轨道上逐步向最优化靠拢。这种功能对于 PPP 项目有非常重要的意义，使得公私双方在项目开始前更容易达成一致，提高项目前期的效率，也有利于调整双方在合作关系中平等互利的地位。

参考文献

[1] 蔡蔚. 我国城市轨道交通投融资体制演进机理探析[D]. 上海：同济大学, 2007.

[2] 王守清，柯永建. 特许经营项目融资[M]. 北京：清华大学出版社, 2008.

[3] 李伟. PPP 模式及案例探讨[R]. 北京：北京京港地铁有限公司, 2010.

[4] 京港地铁及 4 号线基本情况介绍[OL]. http://www.mtr.bj.cn/.

[5] 特许经营项目案例研究——北京地铁 4 号线[R]. 北京：清华大学交通研究所, 2010.

[6] 北京地铁发展[G]. 北京地铁运营有限公司, 2010.

[7] Flyvbjerg, B., Bruzelius, N., and Rothengatter, W.. Megaprojects and Risk: An anatomy of ambition[M], Cambridge University Press, Cambridge, U.K, 2003.

[8] Myers, S.. Finance Theory and Financial Strategy[J]. Interfaces, 14, 126–137, 1984.

[9] Amran, M. and Kulatilaka, N.. Real Options, Managing Strategic Investment in an Uncertain World[M]. Harvard Business School Press, Boston, MA, 1999.

[10] Brennan, M. and Trigeorgis, L.. Project Flexibility, Agency, and Competition: New Developments in the Theory and Application of Real Options[M]. Oxford University Press, Oxford, UK and New York, NY, 2000.

[11] Zhao Tong and Li Tseng Chung. Valuing Flexibility in Infrastructure Expansion[J]. Journal of Infrastructure Systems, Vol. 9, No. 3, 2003.

（《工程管理学报》2012 年第 2 期，第 23-27 页）

私营资本参与基础设施 PPP 项目的政府激励措施

作者：柯永建　陈炳泉　王守清

基金项目：国家自然科学基金（70471004 和 70731160634）

【摘要】 基础设施 PPP 项目往往投资大、周期长、风险高、合同结构复杂，很多时候政府需要提供许多激励措施才能吸引私营资本的投资。选取广西来宾 B 电厂、北京地铁 4 号线、深圳地铁 4 号线和北京 2008 奥运国家体育场作为参考案例，政府在这些不同项目中所采取的激励措施主要可分为政府投资赞助、政府对融资的协助、政府担保、税收减免优惠和开发新市场的激励；通过实证问卷调查私营部门对各种政府激励措施的综合评价，结果表明私营部门充分肯定各种激励措施的有效性，其中税收减免措施得分最高，政府投资赞助得分最低；分析还表明，私营部门需要客观理性地评估政府部门所提供的激励措施，同时也不能利用项目的紧迫性或者政府部门的经验缺乏而索要不合理激励，以避免项目实施过程中出现因政府无法履行承诺而导致的项目中止或者失败。

【关键词】 公私合营（PPP）　激励措施　私营资本　基础设施

一、引言

PPP（Public-Private Partnership）是一种提供公共基础设施建设及服务的方式，由私营部门为项目融资、建造并在未来的一段时间里运营此项目。中国的国家战略与规划更新（2006—2008）里将 PPP 融资模式作为有效地吸引国内外私营资本参与基础设施建设的创新途径[1]。

PPP 模式尤其适用于自然资源开采（如采油、采矿、采气等）、电厂、水厂、污水、垃圾处理厂、公路、桥梁、隧道等项目[2]。然而，对于铁路、地铁、机场、港口等类型项目，投资相对较大，施工难度和内部结算方式等可能导致较大风险，政府往往会提供许多激励措施以吸引私营资本投资。

本文选择广西来宾 B 电厂、北京地铁 4 号线、深圳地铁 4 号线和北京 2008 奥运国家体育场作为参考案例，讨论分析政府在不同项目中所提供的激励措施，并通过问卷方法调查私营部门对各激励措施的评价，以期为类似项目的运作提供参考依据。

二、广西来宾 B 电厂

1995 年国家计委正式批准广西来宾 B 电厂项目作为 BOT(Build-Operate-Transfer) 投资方式试点项目，项目公司股东为法国电力国际公司和通用电气阿尔斯通公司。当时，国内 BOT 项目实践并不规范，存在一些难点和问题，包括：法律体系仍有不健全之处、BOT 项目管理体制滞后、外汇管理体制存在不足、行政干预经济过多、BOT 人力资源缺乏等[3]。因此，广西政府为了提高项目对私营资本的吸引力提供了许多激励措施，包括：

1. 对融资的协助

广西政府对项目公司的贷款融资没有提供直接协助，但在特许权协议中规定：自融资手续完成之日起及之后，只要融资文件仍然有效，广西政府同意在未向贷款人提供纠正项目公司违约事件的机会以及未给予贷款人特许权协议规定的其他权利之前，将不终止特许权协议[3]。这条规定可以有效地帮助贷款人降低由于项目公司违约或者不可抗力所带来的危害。

2. 税收减免优惠

项目公司享有下列税收优惠[4]：广西政府免征项目公司 3%的地方所得税；项目公司开始获得利润的年度起，第一年和第二年免征项目公司的所得税，第三年至第五年减半征收所得税（15%），第六年起按全额税率交纳所得税（30%）；外国投资者从项目公司分得的利润，免征预提所得税。

3. 政府担保

广西政府保证不将该项目的特许权协议项下的特许权任何部分授予其他任何一方，除非项目公司未能履行特许权协议项下的责任和义务[3]。

广西政府指定广西电力工业局和燃料供应公司分别与项目公司签订购电协议和燃料供应与运输协议，并保证其下属单位适当、适时地履行购电协议和燃料供应与运输协议的相应义务[5]。

广西政府确保项目公司、建设承包商及运营维护承包商或其授权的代表能向中国进口所需的一切物品和设备，并采取一切合理措施加快此类物品和设备进出口所需的任何批准[3]。

如果中国法律、法规和法令或任何与该项目的批准有关的实质性条件发生变化，并将导致项目公司的权利或义务发生实质性的不利变化，在项目公司提出书面要求后，广西政府允许修改特许权协议条款，以使项目公司基本上达到发生上述变化前的同样的经济地位[3]。

广西政府保证同意项目公司、建设承包商和运营维护承包商要求在境内开立、使用美元账户，并在账户上保留其收入；保证项目公司有权在特许期内将该项目的人民币收入兑换成美元，以支付项目支出、贷款还本付息和汇出利润；保证项目公司有权在没有违背特许权协议的任何义务的情况下，在每一财政年度结束时将该年度的利润汇出境外[5]。

三、北京/深圳地铁 4 号线项目

2006 年 4 月 12 日，北京京港地铁有限公司正式签署了北京地铁 4 号线项目特许协议。根据协议，特许公司负责 4 号线机电设备部分约 46 亿元的投资建设和 4 号线 30 年特许经营期内的运营管理。

2005 年 5 月 26 日，香港地铁公司与深圳市政府草签深圳地铁 4 号线的特许经营协议，负责 4 号线 2 期工程和负责运营 4 号线全线，项目还包括在 4 号线沿线的新社区 290 万平方米楼面面积的物业。

轨道交通的投资是非常巨大的，目前每千米地下轨道交通的综合建设成本是 6 亿元左右[6]，尽管在经营阶段能够获得相对稳定的票价收入，但是相比于庞大的建造成本，地铁项目本身的经济效益并不可观，因此政府需要提供许多激励措施，才能引入私营资本投资。以下将分别介绍北京地铁 4 号线和深圳地铁 4 号线两个不同项目中政府所提供的不同激励措施，两者都详细考虑了当地的实际情况，分别代表了解决地铁项目经济效益问题的两种不同思路。

（一）政府投资赞助

据初步设计概算，北京地铁 4 号线的项目总投资额为 153 亿元，北京市政府负责投资额约占项目总投资的 70%的土建工程部分。在项目建成后，特许公司按照所签订的资产租赁协议，取得土建部分资产的使用权，负责 4 号线 30 年特许经营期内的运营全部设施的维护和除洞体外的资产更新，以及站内的商业经营，通过票款收入和站内商业经营回收投资[6]。

深圳地铁 4 号线 1 期已经由深圳市政府筹资建设完毕，2 期项目由特许公司负责建造。在项目建成后，特许公司按照所签订的资产租赁协议，取得 4 号线 1 期的使用权，负责 4 号线全线的运营和管理。

（二）政府运营补贴

北京地铁 4 号线中，当运营年度的实际平均票价低于双方约定的预测平均票价收入水平，差额部分由市政府给予补偿。在特许公司的运营达到政府规定的运营标准的前提下，当实际客流达不到预测客流的 80%时，政府同意将给予特许公司一定补贴。

深圳地铁 4 号线直接与香港联通，可吸引港人在深圳置业；通往关外，关内外土地差价大，土地开发可以获得很好的产出；深圳土地基本在深圳市政府的决策范围内。因此深圳地铁 4 号线采用了香港地铁公司的“地铁+物业”模式，即深圳市政府给予特许公司 290 万建筑平方米的物业开发权，并按沿线物业用地升值后地价的 60%收取地价。

四、北京国家体育场

2003 年 8 月 9 日，北京市政府与中标人中国中信集团联合体草签了《国家体育场特许权协议》，根据协议中信联合体获得赛后 30 年的运营权，奥运会期间项目公司仅能从北京奥组委处获得租用费。体育场建设期间的几个设计改动如取消活动屋顶、减少停车位、减少场内商业设施等，无疑将降低项目公司在运营期间的收入。为了保证项目公司获得合理的经济回报，北京市政府也相应提供了许多激励措施：

（一）政府投资赞助

北京市政府提供了 18.154 亿元人民币，占总投资（31.3 亿人民币）的 58%并且不要求分红[7]；北京市政府土地管理部门将项目设施场地的土地使用权以划拨方式无偿提供给项目公司，项目公司不需缴纳土地出让金、基础设施配套建设费，但项目公司需承担项目设施场地的土地一级开发费，该土地一级开发费为每建筑平方米人民币 1 040 元。

（二）政府担保

北京市政府应协助项目公司取得项目建设、运营、维护项目资产及临时设施所必需的一切批准；保证项目公司于建设开工前就项目设施场地获得排他性的划拨土地使用权；协助项目公司就建设项目资产所需进口的设备、材料取得按规定可以取得的进口关税的批准[4]。

特许经营期内，北京市政府对于新的竞争性场馆的开发项目或对某一现有竞争性场馆进行改扩建的项目，原则上将不予批准[4]。

（三）税收减免优惠

2003 年 1 月 22 日，财政部、国家税务总局和海关总署联合发布了《关于第 29 届奥运会税收政策问题的通知（财税〔2003〕10 号）》，通知中说明：用于第 29 届奥运会的体育场馆建设所需设备中与体育场馆设施固定不可分离的设备，免征应缴纳的关税和进口环节增值税；对奥运会场馆建设所需进口的模型、图纸、图板、电子文件光盘、设计说明及缩印本等非贸易性规划设计方案，免征关税和进口环节增值税[8]。

相应地，北京市财政局、北京市国家税务局、北京地方税务局、北京海关转发财政部、国家税务总局、海关总署关于第 29 届奥运会税收政策问题的通知中也提供了部分税收优惠措施。

五、私营部门对激励措施的评价

上述案例的政府激励措施汇总如表 4-24 所示。

表 4-24　不同案例的政府激励措施

激励措施	广西来宾 B 电厂	北京地铁 4 号线	深圳地铁 4 号线	国家体育场
政府投资赞助	—	• 投入约 107 亿元（70%）完成土建部分，并将该部分租赁给项目公司	• 将已完成的 1 期工程租赁给项目公司； • 给予 290 万建筑平方米的物业开发权； • 按沿线物业用地升值后地价的 60%收取地价	• 无偿投入资金 18.154 亿元(58%)； • 免缴土地出让金、基础设施配套建设费
政府担保	• 保证特许权唯一性； • 担保下属单位执行合同； • 确保获得相关设备的进出口批准； • 保证项目公司不受中国法律环境变化影响； • 保证外汇兑换顺畅	• 实际平均票价低于约定水平，政府给予补偿差额部分； • 实际客流不及预测客流 80%，政府给予一定补贴	—	• 协助取得项目建造、运营和维护的批准； • 保证项目唯一性
税收减免优惠	• 免征 3%地方所得税； • 从获得利润年度起，第 1—2 年免征所得税，第 3—5 年减半征收； • 外国投资者分得利润，免征预提所得税	—	—	• 部分设备关税和进口环节增值税
对融资的协助	• 给予贷款人纠正项目公司违约事件的机会	—	—	—

注　由于项目信息获取有限，各项目的激励措施未完全列举，其中“—”表示不清楚具体细节

除此之外，对于私营投资者而言，进入和开发新市场也是一个潜在的激励。例如，法国电力集团在广西来宾 B 项目中的成功经验使其能够在中国及亚太地区长期扎根[9]；国家体育场作为北京 2008 年奥运建设项目的重要工程，受到北京市、全国甚至全世

界的极大关注，国家体育场项目的成功中标和建造无疑为各参与单位带来巨大的广告效益。

综上所述，激励私营部门参与基础设施 PPP 项目的措施包括：政府投资赞助、政府对融资的协助、政府担保、税收减免优惠和开发新市场的激励。以下部分将详细叙述关于私营部门对激励措施评价的问卷调查及其结果。

（一）问卷调查介绍

问卷调查执行时间为 2007 年 10—12 月，调查对象主要选择对 PPP 融资模式等相关信息较为感兴趣的专家，其中包括 2005 年和 2007 年分别由清华大学国际工程项目管理研究院和大连理工大学承办的 PPP 国际会议与会人员。

问卷内容包括采用 PPP 模式的有利/不利因素、私营部门参与 PPP 项目的激励措施评价、提高投资价值的措施评价、关键成功因素评价、风险因素评价及风险因素分担等。本文只着重分析私营部门参与 PPP 项目的激励措施评价。问卷采用 1 ~ 5 级量表，1 表示最不重要，5 表示最重要。

问卷共发出 103 份（其中给部分专家/单位同时发送 5 份问卷复印件，以供其协助发放问卷），总计回收有效问卷 53 份，其中 6 份来自政府部门，26 份来自私营部门，21 份来自科研单位。本文选取 26 份私营部门的数据作为分析对象，评价私营部门对各种激励措施的倾向性。

（二）数据分析

经计算，该部分问卷的 Cronbach’s Alpha 系数是 0.824，故具有良好的可信度[10]；Kendall’w 的值为 0.145，显著性系数为 0.005，故具有良好的有效度[11]。因此该部分问卷数据可进行下一步分析。

表 4-25 表示了私营部门对激励措施的倾向性评价，所有单项得分都超过 3，说明私营部门都充分肯定上述激励措施的有效性。其中“税收减免优惠”得分最高，为 4.19；“政府投资赞助”得分最低，为 3.31。

表 4-25　私营部门对激励措施的评价

激励措施	均　值	排　名
政府投资赞助	3.31	5
政府对融资的协助	4.04	2
政府担保	3.88	4
税收减免优惠	4.19	1
进入和开发新市场	4.00	3

税收减免措施是政府在 PPP 项目中最常使用的激励措施，首先纳税人有权根据法

律、行政法规规定或者经法定的审批机关批准，享受相应的减税、免税或退税优惠，这部分属于各级政府部门的权力范围，且一般不会与中央政府的宏观政策起冲突；其次，基础设施项目的前期投入大，到运营阶段才有现金流入，因此在项目前期特别是初始运营阶段的还贷和现金流压力巨大，初始运营阶段的税收减免优惠可以有效地缓解这种压力，减少项目公司资金链断裂的可能性。因此，在许多基础设施 PPP 项目中政府部门都会提供部分税收优惠条款。

PPP 模式是一种典型的项目融资，由项目的稳定收入来源作为全部融资基础，还款保证应仅限于项目资产以及项目合同协议规定的其他利益。金融机构在 PPP 项目中可能承担的主要风险包括融资成本增加、成本超支、项目公司破产、通货膨胀、利率风险等。因此，在金融市场不成熟的中国，私营部门能采用的金融工具选择不多，且具有很多限制，融资难度较大。在这种情况下，政府部门所提供的对私营部门融资的协助可以有效地增强金融机构对项目及项目公司的信心，降低融资难度。

随着中国经济的持续良好发展和国民生活水平逐步提高，基础设施建设需求巨大。另一方面，为了摆脱过大的财政压力，更好地满足基础设施建设质量和速度要求，政府开始利用和吸收民间资本参与基础设施建设，并相继出台了一系列的法律和相关政策，为私营资本参与城市基础设施建设提供了基本条件。对于私营资本特别是外资而言，基础设施建设的紧迫性以及政府的积极性是他们踏足该市场的一个良好契机。并且，许多基础设施项目如国家体育场项目的社会影响巨大，私营部门的参与不仅可以积累基础设施建设和运营经验，获得合理的经济回报，更可以推广企业本身的文化和打开知名度，为未来获得更多投资机会提供可能。

基础设施 PPP 项目中政府所提供的担保一般包括协助项目公司取得建造、运营和维护项目所必需的一切批准、保证同意项目公司在境内开设外币账户并将合理的利润收入汇出境外、保证政府和下属单位适当、适时地履行相关协议的权利和义务、保证项目在一定区域和期间内的垄断性等。政府担保一定程度上可以降低项目公司将面临的风险，保证未来现金流的稳定。但是值得说明的是，很多时候投资者需要客观准确地评价未来市场发展，做好项目可行性分析，切勿过分重视和依赖政府特别是地方政府部门所提供的市场担保。另外，2002 年国务院办公厅发布了《关于妥善处理现有保证外方投资固定回报项目有关问题的通知》，通知中明确指明保证投资固定回报不符合投资者利益共享、风险共担的原则，违反了相关法律法规的规定。

“政府投资赞助”得分最低，仅为 3.31。就中国的具体情况而言，政府财力无法支持巨大的基础设施建设需求，政府引进 PPP 模式最主要的动力就是解决资金问题，因此对于本身收益较为良好的项目，政府部门一般不会再投入资金。只有在本身收益较差的少数项目中，为了保证项目公司通过良好经营能够获得合理收益，政府可能需要考虑投入部分资金，并主动承担部分风险。例如，在北京奥运会中心区的场馆建设中，只有主场馆国家体育场项目主要由政府出资，占投资总额的 58%，其他项目政府没有投钱[7]。

六、结论和建议

在基础设施建设领域中，私营资本的参与可以有效地引入资金，提高基础设施的运营效率。然而，对于投资额巨大、风险高、周期长、合同结构复杂的基础设施项目，很多私营部门并不敢轻易进入。因此，政府部门相继出台了一系列的法律和相关政策，如国务院“关于鼓励支持和引导个体私营等非公有制经济发展的若干意见”的发布、建设部“市政公用事业特许经营管理办法”的实施等。同时，在很多 PPP 项目的实际运作中，政府部门也相应提供了不少激励措施。

基于此背景，本文首先归纳分析广西来宾 B 电厂、北京地铁 4 号线、深圳地铁 4 号线和北京 2008 奥运国家体育场等几个典型案例中政府部门的激励措施，主要包括：政府投资赞助、政府对融资的协助、政府担保、税收减免优惠和开发新市场的激励；并通过调查问卷来分析私营部门对上述激励措施的评价。结果表明，私营部门充分肯定各种激励措施的有效性；从激励措施的可及性、有效性等各方面综合考虑，税收减免措施排第一，而政府投资赞助排倒数第一。这些信息可以为今后类似项目的运作提供许多参考依据，此外，也需要提醒私营投资者要谨慎评估政府部门所提供的激励措施，同时也不能利用项目的紧迫性或者政府部门的经验缺乏而索要不合理激励，以免造成项目实施过程中由于政府无法履行承诺而导致项目中止或失败。

参考文献

[1] Asian Development Bank（2005）. Technical Assistance People’s Republic of China: Application of Public-Private Partnerships in Urban Rail-Based Transportation Project [R]. Project Number: 39527, December 2005.

[2] 魏啸亮. BOT 是否将再起波澜——访我国著名 BOT 专家王守清教授[J]. 投资北京，2007（8）: 25-27.

[3] 冯柳江，罗知颂等. 来宾模式——BOT 投资方式在中国的实践[M]. 南宁：广西人民出版社，1999.

[4] EAP^{3}N. Public-Private Partnership in Infrastructure Development: Case Studies from Asia and Europe [M]. EU-Asia Network of Competence Enhancement on Public-Private Partnerships in Infrastructure Development, August 2007.

[5] Wang SQ and Tiong RLK. Case Study of Government Initiatives for PRC's BOT Power

Plant Project [J]. International Journal of Project Management, 2000（18）: 69-78.
[6] 赵雷. "京投"为北京轨道交通融资[J]. 投资北京, 2008（1）: 79-81.
[7] 中国奥委会. 刘敬民介绍北京奥运场馆并答记者问[OL]. [2004-04-08]. http://www.olympic.cn/news/beijing/2004-04-10/135884.html, 最后访问时间: 2008-04-01.
[8] 财政部、国家税务总局和海关总署. 财政部、国家税务总局、海关总署关于第 29 届奥运会税收政策问题的通知[EB]. 财税〔2003〕10 号. 2003 年 1 月 22 日.
[9] DEF in Asia. Our activities in Asia [OL]. http://www.edf-asia.com/148075i/EDF-Asie-en/nos-activites-en-Asie-en.html. Last Visited: 2008-04-02.
[10] Norusis MJ. SPSS for Windows, Professional statistics, Release 6.0 [M]. Statistical Package for Social Sciences, Inc., Chicago, 1993.
[11] Siegel S and Castellan NJ. Nonparametric statistics for the behavioral sciences （2nd Ed.）[M]. New York, NY: McGraw-Hill, 1988.

［清华大学学报（自然科学版）2009 年第 9 期，第 1480-1483 页］

后记：2016 年起，国内税收政策发生了显著变化，流转环节实行了营改增政策，而增值税的征收话语权更多在国家层面，因此，本文的研究如放到当下，可能会因这项政策变化导致结论的个别变化，例如"税收优惠政策"可能不再是问卷调查结果中最常用的一条，而"政府投资赞助"很可能会成为最常用的一条（2014 年以来的狭义 PPP 模式均需要政府出资入股）。

第 3 节　方案、合同等框架设计

中国的 BOT/PPP 实践与经验

作者：王守清　柯永建

一、BOT/PPP 的概念

特许经营项目融资是越来越流行的适用于基础设施、公用事业和自然资源开发等大中型项目的重要筹资手段，这里所说的项目融资是专指狭义项目融资，即"通过项目融资"，而非广义的"为项目融资"。

项目融资有许多模式，BOT、PPP 则是特许经营项目融资中的典型模式。BOT，即 Build-Operate-Transfer （建造—经营—移交），是指政府通过特许权协议，授权外商或私营商进行项目（主要是基础设施、公用事业和自然资源开发）的融资、设计、建造、经营和维护，在规定的特许期（通常为 10～30 年）内向该项目的使用者收取费用，由此回收项目的投资、经营和维护等成本，并获得合理的回报，特许期满后项目将移交（一般是免费）给政府。而 PPP（Public-Private Partnership，公私合伙/合营，但在我国，由于国有企业是独立核算的法人，可以或已经作为非公共部门参与了很多项目，因此，PPP 译为“政企合伙/合营”更准确），是指政府与私营商签订长期合作协议，授权私营商代替政府建设、运营或管理公共基础设施并向公众提供公共服务。

由此可见，PPP 本质上和 BOT 差不多，但 PPP 的含义更为广泛，反映更为广义的公私合营关系，除了基础设施（公路、铁路、地铁、隧道、桥梁、机场、港口、通讯、供电/水厂、污水/垃圾处理厂等）、自然资源开发（采矿/油/气、处理/冶炼厂、输送管等），还包括公共服务产品/机构（如医院、学校、剧院、体育馆、监狱、警察局等）的民营化等。但与 BOT 相比，PPP 更强调的是政府在项目中的参与（如占股份），更强调政府与企业的长期合作与发挥各自优势，共享收益、共担风险和社会责任。

二、BOT/PPP 在中国的应用

项目融资已于 80 年代中期被引入我国的电厂、高速公路等基础设施领域，其中以 BOT 方式运作的项目居多。1988 年投入使用的深圳沙角 B 电厂被认为是中国最早的带有有限追索性质的 BOT 项目，但是由于当时广东政府缺乏 BOT 的经验，该项目运行操作不是非常规范，广东政府和银行承担了过多的风险；1995 年国家计委将广西来宾 B 电厂确定为中国政府批准的第一个规范化的 BOT 投资方式试点项目，总投资为 6.16 亿美元，该项目为中国采用 BOT 项目融资模式建设基础设施开辟了成功的先例；在来宾 B 项目成功试点之后，四川成都自来水六厂 B 厂和北京第十水厂等项目又陆续被批准进行 BOT 试点，从此中国的项目融资运作开始逐渐规范并有了一定的发展。之后，由于中国政府实施积极的财政政策，将大量国债资金投放于基础设施领域，以及中央政府清理地方政府各种违规外商投资项目，到上世纪末，第一次私营资本投资浪潮已趋于平静。

步入 21 世纪后，中国的经济依旧持续稳定发展，基础设施对经济发展的瓶颈限制再次凸显出来，能源、交通及其他公用设施的短缺，单靠政府的财政力量无法满足所需的巨额投资，因此又给民营资本以 PPP 模式参与基础设施投资建设提供了良好的契机。2006 年 4 月 12 日，北京市交通委代表市政府与特许公司签署《北京地铁 4 号线特许经营协议》，由“港铁—首创”联合体投资成立的特许公司负责 4 号线约 46 亿元的投资建设和 4 号线 30 年特许经营期内的运营管理。类似的项目还包括总投资 3.75

亿元的北京市卢沟桥污水处理厂项目一期工程、总投资 7.5 亿元的北京市高安屯生活垃圾焚烧厂、总投资额 1.33 亿元的北京市亦庄路东新区燃气特许经营项目，等等。新一轮的 BOT/PPP 应用已是热火烹油。

三、BOT/PPP 经验和教训

（一）采用国际竞争性招标方式选择投资者

国际竞争性招标方式可以有效地引入竞争，降低项目建设和运营成本，提高项目成功的可能性。例如，在成都第六水厂项目中，包括苏伊士-里昂，法国威望迪水务集团等 5 家国际知名的水务公司参与竞标，法国威望迪水务集团和日本丸红株式会社联合体中标，项目总投资 1.06 亿美金，日供水能力 40 万吨。而按照成都市政府自己的测算，项目总投资为 12 亿人民币，而中标的投资额与之相差了近 3 亿；合同水价为 0.9 元/吨，而成都市自来水公司自己测算出的水价是 1.4～1.5 元/吨。

（二）安慰函代替固定回报率

投资回报率取决于投资者所承担的风险以及该项目可能带来的经济效益，如果政府担保固定回报率，将使投资者失去降低成本、提高效率的积极性和动力。广西来宾 B 电厂项目引进了竞争机制，投标人就电价进行竞争，政府不与投标人进行讨价还价，中标人的融资依据是有政府安慰信支持的或取或付合同产生的未来现金流，而不是以往项目中经常使用的政府担保收益。

（三）政府应给予强有力支持

对于任何公共基础设施 PPP 项目，特别是在没有全国 PPP 法律的中国，政府的支持尤为重要。例如，在北京国家体育场项目中，北京市政府协助项目公司取得项目建设、运营、维护项目资产及临时设施所必需的一切批准；保证项目公司于建设开工前就项目设施场地获得排他性的划拨土地使用权；协助项目公司就建设项目资产所需进口的设备、材料取得按规定可以取得的进口关税的批准。特许经营期内，北京市政府对于新的竞争性场馆的开发项目或对某一现有竞争性场馆进行改扩建的项目，原则上也将不予批准。

（四）项目各风险应得到合理的分担

“采用 PPP 模式就是要把尽量多的风险转移给私营部门”和“承担更多的风险就可以获得更多的回报，从而把承担风险看成是获得高额回报的机会”，这是最常见的两种关于风险分担的误解。在江苏省的一个污水处理 BOT 项目中，项目公司过多地承受法律变更的风险，因此当 2002 年颁布《国务院办公厅关于妥善处理现有保证外方投资固定回报项目有关问题的通知》时，项目公司不得不与政府对特许权协议进行重新谈判，并独自承担由此引发的贷款落实延误的后果。

（五）切勿试图签订不平等协议

在中国投资 BOT 项目，千万不要利用对方的无知去签订一个不平等的条约。从长远的角度考虑，签订一个公平的条约，政策风险和政府信用风险就会变小。例如，由香港某公司投资兴建的沈阳某水厂 BOT 项目，约定的投资回报率为：第 2 ~ 4 年，18.50%；第 5 ~ 14 年，21%；第 15 ~ 20 年，11%。其中，购买价格和购买量都是预先固定，外商的投资等于不承担任何风险。后来，沈阳市不得不要求更改合同，经过数轮艰苦的谈判，2000 年年底，香港某公司不得不与它达成“谅解”。

（六）切勿抛开理性的市场预测

政府和投资者双方由于急于达成项目一致，市场预测往往向过分乐观的方向偏离，或者投资者过分依赖于政府的承销承诺，而忽略了理性的市场预测，导致对项目未来市场增长的错误估计。例如，中国台湾某公司 1994 年与福建省政府达成特许权协议，按照 BOT 的方式投资 32 亿美元，建设福建某电厂，并与福建省电力部门达成购电合同。但是，由于项目的紧迫性，该项目是先报项目审批，再进行市场调查。1999 年底 1 号机组并网时，福建省的电力市场供求关系已发生了巨大的变化，项目公司不得不主动提出降低原定的 0.5 元/度的电价。

四、结语

如上所述，BOT/PPP 在第二轮的应用一定要吸取第一轮中的经验和教训，包括要制定和完善相应的法规和政策，创造符合市场经济原则、与国际惯例接轨的法律环境；要明确政府机构的授权权力和法律地位，杜绝越权授权和违规承诺的情况；要规范项目谈判、投招标、授权、定价等过程，特别是要杜绝行贿受贿行为；要建立公平风险分配原则、风险规避具体操作、担保和保险机制，以及争议解决方式；要加强国内金融市场的发展，放宽但规范化募股、借贷、发行信用债券等融资限制；要加强项目融资有关人才的培养和项目融资知识的培训，等等。特别是，不能仅仅着眼于国内，而应该充分利用项目融资能提高承建商竞争力的优点，积极应用于对外承包工程业务，促进该业务的“市场多元化、方式多元化、领域多元化”发展，更好地实施“走出去”战略。

本文作者在上述背景下，基于第一作者自 1996 年 6 月起一直致力于特许经营项目融资的研究、教学和咨询经历，特别是自 2003 年回国后至今在业界的上百场讲座和在清华所开设研究生课程《项目融资》讲稿的基础上，整理并完善成书稿《特许经营项目融资（BOT/PFI/PPP）》（ISBN 978-7-302-17659-6，清华大学出版社，2008 年 7 月），旨在为推广特许经营项目融资尽一点微薄之力。

（《投资北京》2008 年第 10 期，第 82-83 页）

PPP 项目联合体伙伴选择

作者：卢伟　王守清

在 BOT/PPP 项目的竞标中，投标人大多组成联合体进行投标，以增强整体竞标实力和有效分担项目风险。联合体的组建（核心是联合体的伙伴选择）结果将直接影响联合体的竞标实力和项目的成败，是项目公司初始发起人运作 BOT/PPP 项目的关键步骤之一。

发起人组建 BOT/PPP 项目联合体时，应紧紧围绕三个目标来进行伙伴选择：①确保联合体在项目竞标中的竞争优势，增加竞标成功的概率；②确保中标后所组建的项目公司在特许期内各阶段具有足够的运作能力，保障特许权协议的顺利执行和实现预期收益；③尽可能优先保障发起人的个体利益。

BOT/PPP 项目联合体的伙伴选择应遵循的一般原则是：①考虑潜在合作伙伴对联合体整体能力的贡献，拟选伙伴必须至少在某一方面能力上具有核心竞争力且此能力恰为联合体所急需；②考虑合作伙伴能力的优势互补性和战略协同性；③有利于风险的合理分担与控制和降低整体运作成本；④考虑合作伙伴的诚信情况以及伙伴间企业文化等的相融性。

根据以上目标和原则，BOT/PPP 项目联合体的伙伴选择流程框架可采用如图 4-19 所示的四阶段模型：①是否组建联合体的决策。主要研究发起人的自身能力是否具有足够的竞争优势、是否能够独立承担风险。②确定评价指标。根据互补性原则，确定候选伙伴的强势核心能力及企业类型，进而分别选择相应核心能力的评价指标，用于对伙伴的综合评价。③对候选合作伙伴的综合评价。首先根据前一阶段确定的候选伙伴企业类型，初步筛选并确定潜在候选伙伴名单，然后对候选伙伴进行综合评价，确定各类型企业的备用成员伙伴名单。④确定最佳备用成员伙伴组合。在确定各类企业备用名单后，对可能的伙伴组合进行相容性评价，以确定联合体伙伴的最佳组合方案。如果伙伴组合方案数较少，可以对所有的伙伴组合方案进行评价，找出最优组合；如果伙伴组合方案较多，可尝试使用人工搜索法搜索，具体步骤是：先对各类型企业所代表的核心能力的重要性进行排序（如投融资—运营—建设—设计等），按各能力的重要性顺序从相应备用成员中挑选伙伴。每增加一名伙伴，评估其与已选成员的相容性，直到找到较满意组合方案。

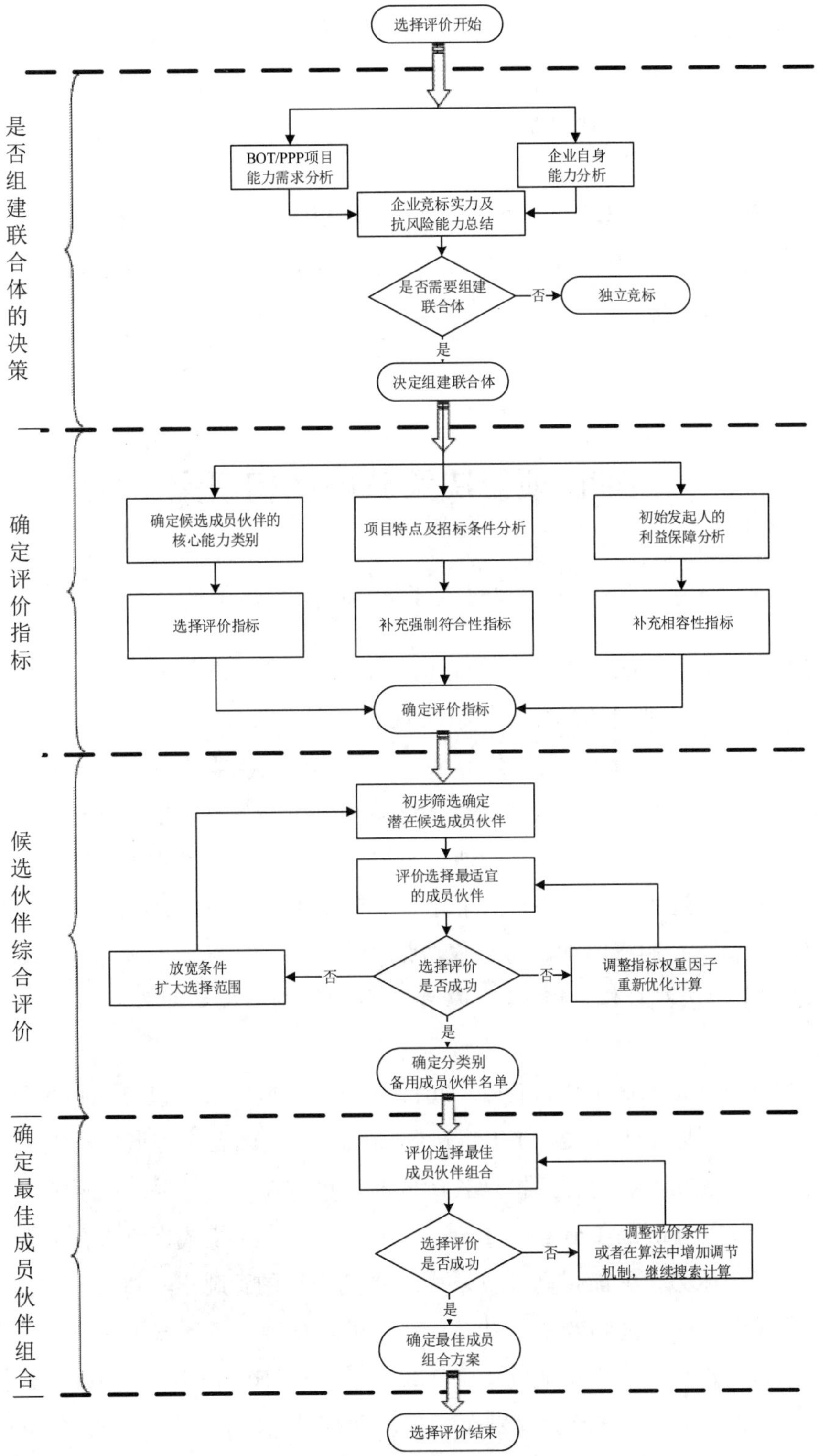

图 4-19　BOT/PPP 项目联合体伙伴选择流程框架

在上述四阶段模型中，第四阶段已考虑到伙伴之间的战略协同性和文化相容性等因素；另外，为了尽可能避免候选合作伙伴对发起人潜在利益不利的可能性，还可以在第二阶段确定评价指标时增加相应的协同性和相容性指标，并将之用于第三阶段的综合评价。

鉴于在实际操作中存在获取潜在候选伙伴基本情况和相关数据的困难，在联合体伙伴的评价和选择过程中还可引入专家或咨询（顾问）企业的服务，以保证评价和选择过程的全面和客观性等。

（《中华建筑报》，2007 年 4 月 28 日）

PPP 项目决策分解结构研究

作者：伍迪　王守清　冯珂　张子龙

【摘要】 PPP（Public-Private Partnerships，公私合作）项目中，公共部门通过让渡项目在特许经营期内的部分决策权实现私营部门的参与。首先结合项目管理 WBS（Work Breakdown Structure，工作分解结构）工具和扎根理论方法建立了一套 PPP 项目决策的识别方法，基于此方法并借助 Nvivo 质性分析软件，根据已有研究和国家颁布的 PPP 合同范本建立了决策清单，通过对决策目标与方案等要素的归纳定义了各项决策，提出了项目过程、决策性质两个建立决策结构的视角。所得结论将为 PPP 项目中公私部门间项目控制权匹配、特许权协议的合同设计等研究与实践提供基础。

【关键词】 公私合作（PPP）　决策　分解结构　权利配置

一、引言

中国正处于高速的城镇化进程中，2011 年全国的城镇人口已经超过农村人口，比例达到了 51.27%[1]，预计到 2020 年将达到 60%以上。随着中国城镇化发展，中国成为全球最大的基建市场，但在规模增长的同时，也存在融资单一、品质不高、产能过剩等问题[2]。PPP（Public-Private Partnership，公私合作）模式，引入社会资本，既能缓解政府的资金压力，又能提高开发效率，受到广泛的青睐[3]。

PPP 模式因其在资金和效率上具有优势，可广泛应用于新城镇建设中的交通、市政、通信、自然资源等许多行业领域[4]。2005 年、2010 年国务院相继发布新旧“三十六条”，2012 年国务院常务会议发布相关政策推动民间投资[5]。2014 年党的十八大召开后，受全国人大法工委的委托，国家发展改革委法规司开始着手推进全国性的

PPP 法（特许经营法）的起草工作[6]。尽管如此，相比于加拿大、澳大利亚、英国等 PPP 应用较为成熟的国家，中国依然存在效率低下、专业性法规不健全、管理和监管缺位等问题[7]。

PPP 模式下，企业承担了传统融资模式项目中政府承担的部分风险，同时掌握了部分决策权。PPP 项目中决策权利配置是项目成功的关键[8]，本文将根据国家颁布的相关合同范本系统识别 PPP 项目中的各项决策，建立决策清单，整理决策要素，研究结论对 PPP 项目控制权配置、特许权协议合同设计等都具有重要意义。

二、研究思路

（一）决策要素分解

学术界一致认为，决策是实现 PPP 项目控制权的载体。项目控制权是项目在建设和运营过程中掌控项目投资最终决策权的问题[9]，是 PPP 项目参与主体为实现效益最大化而投入项目的资源的权利集合[10]。但对决策概念界定并未形成统一看法[11]：广义理解认为决策是一个包括提出问题、确立目标、设计和选择方案的过程；狭义的理解认为决策是从几种备选的行动方案中做出最终抉择，是决策者的拍板定案。因此，正确理解决策概念应该明确决策要有明确的目标、要有备选方案、要付诸实施等要素。

Fama 等学者[12]将每一个决策过程分为提议（initiation）、审批（ratification）、执行（implementation）和监督（monitoring）四个阶段。杜亚灵等学者[13]进一步围绕决策计划与方案将这四个阶段进行区分：提议阶段决策主体提出或设计决策方案或计划；审批阶段决策主体在若干方案中选择或对计划是否可行进行判断；执行阶段决策主体将确定的方案或计划付诸实践；监督阶段决策主体对计划与方案的执行过程与结果进行跟踪评价。

PPP 项目的合同实际上即为关于项目中各项决策的约定。基于以上分析，合同中关于决策的条款应包括以下两个方面：

1）关于决策的描述性约定：决策目标、决策的实施方案或计划。

2）关于决策过程的权利配置：决策的提议权、审批权、执行权和监督权。

（二）研究方法与工具

从 PPP 项目的合同中系统提炼出 PPP 决策清单是一个具有质性研究性质的归纳过程。项目管理工具 WBS（Work Breakdown Structure，工作分解结构）提供了一种方法，其基本思想是按一定的原则分解，将项目分解成任务，任务再分解成工作包，是一个“自上而下”的过程。扎根理论（Grounded Theory）也是一种常常用于质性研究的方法，其主要宗旨是从经验资料的基础上建立理论[14]，即直接从原始资料中归纳出经验概括并上升到系统的理论，是一个“自下而上”的过程[15]。

两种方法相比各有优势。WBS 方法可以有效地控制所分解的组成元素的细化程度，同一级别的子项之间涵盖范围程度基本一致，分解过程中的分类与纵向结构降低了分解的工作量，也为后期的分析提供了依据，虽然对资料依赖程度不高，但需要经验证据的支持。扎根理论特别强调从资料中提升理论，因此特别需要对资料的深入分析，这个不断往复的浓缩过程增加了归纳的成本，但可以有效地避免提炼元素的遗漏，且归纳得出的结论更加贴近实际。

本研究与 PPP 实践过程高度相关，应该充分利用现有的客观的资料文件，同时，为提高决策识别过程的效率，应借鉴已有的基于经验的相关研究成果。因此，本研究结合以上两种方法，建立一套以扎根理论为基础的研究方法，具体研究过程如下：

1）半开放性编码（Semi-open Coding）。基于已有研究整理出 PPP 项目的初步决策清单以分解结构，并以此作为初始编码节点，将此过程与传统扎根理论中的开放式编码（Open Coding）过程合并。将与初始节点相符的资料内容进行直接编码，将与已有编码不符合的资料内容编码进入建新立的节点中。因此，本过程是不仅将资料进行了编码，还对已有编码进行了验证并建立了新的节点，其目的是将编码范围涵盖到资料的所有内容，同时相比于传统方法更提高了效率。

2）系统性编码（Systematic Coding）。由于初始编码节点已经具有一定的结构性和逻辑性，因此将传统扎根理论的轴心式编码（Axial Coding）和选择式编码（Selective Coding）两个过程合并，对节点的结构进行系统性修正。本过程不仅将上一过程新建节点纳入到整个节点体系中，还将初始节点纳入到系统修正范畴，并根据编码内容进行节点的修改（包括节点名称、含义、范围的修改）和合并（对含义重复或相似的节点进行删除、合并），得到一个系统性的节点结构。

3）重复性编码（Repetitive Coding）。由于节点的变化，资料内容可能的编码也会发生变化，因此本过程将系统性编码过程得到的节点作为初始节点，重复以上整个编码过程，即再次重复节点的增加、修改与合并过程，多次重复直至节点不再变化，从而得到最终的节点结构及相应的编码，即项目的决策清单。

如上分析，PPP 项目中的合同是项目各项决策的约定，因此本研究在已有研究基础上，采用近年来国家颁布的与 PPP 项目相关的合同范本（共 6 份）作为编码的资料，提炼 PPP 项目中的决策。由于这些文字资料数量庞大（约 15 万字），编码过程中不仅需要对合同条款进行逐条分析，还需要多维度分类比较，因此本研究使用 QSR NVivo 10 软件协助以上过程，该软件可以在半开放性编码过程中建立自由节点（Free Node）和树状节点（Tree Node）以使编码实现资料的完全覆盖，在系统性编码过程中使用分类提取功能快速实现编码节点的合并重组，还可以对节点的编码信息进行定量统计方便进一步研究。

三、PPP 项目决策清单及分解结构

（一）决策的识别过程

杜亚灵[13]、王守清[4]等学者将 PPP 项目分为工程详勘及施工图设计、项目投融资、工程施工准备、工程施工、竣工验收、移交期、回购期等过程，并按项目流程整理了 PPP 项目中的决策。按照上节所述的研究过程，将已有研究成果中梳理的 PPP 项目决策输入软件形成初始节点，并在每项决策（节点）下建立 6 个子节点，分别为该项决策的目标、方案、提议权、审批权、执行权、监督权，将选定的研究资料进行编码。对于资料中无法编码的内容，统一进行分类并建立新的节点。对于含义重复的节点及其所属的信息进行合并重组。使用节点分类查看功能可以查看某节点下所有编码的信息内容，并不断提炼、修正每个节点所代表决策的含义。不断重复编码过程，直到节点不再变化，形成最终节点（决策）清单。本研究最终识别出了 PPP 项目中的 28 项重要决策（如表 4-26 所示），并根据资料信息整理了每项决策的决策目标与决策方案与计划，表中还列出了 NVivo 软件生成的各节点的信息来源、参考点数量的统计，但碍于篇幅并未列出子节点及各节点下编码的信息（相应的条款）。为深入研究各项决策，本研究在后续过程中还采用了调查问卷的方法，并将表 4-26 内容设计在问卷中邀请受访专家提出修改意见，获得了受访专家的认可，也从侧面验证了本部分结论的准备性。

表 4-26　PPP 项目决策清单

决策		决策目标	决策方案与计划	节点来源	参考点数
D1	勘察设计单位招标	委托具有相应资质机构从事新建、改扩建工程的勘察、设计工作	勘察设计单位的委托方式、选择要求等	5	26
D2	工程勘察	勘察地质、水文、气象、交通等条件与数据以满足工程设计的要求	勘察对象与范围、勘察技术手段等	2	11
D3	初步设计及补充纠正	分析工程所需技术、经济、资源等条件，对项目进行宏观设计并不断完善	项目设计依据和方法、主要工艺流程等	5	28
D4	施工图设计	基于初步设计而绘制可用于工程施工的尽可能详细的建筑、安装图纸	施工图设计标准、技术规范等	5	27
D5	融资方案设计与实施	为满足项目投资需求而设计实施筹集资金方案、金融工具选择等	项目公司组建方案、融资方式、回报方式等	5	38
D6	资金到位和使用	完成融资交割，统筹项目设计、建设、运营、维护等资金的使用	资金支配计划、投资期限等	6	39

续表

决策		决策目标	决策方案与计划	节点来源	参考点数
D7	担保与保险	项目参与方为降低风险造成的经济损失而设计实施担保、保险方案	保函形式、抵押方式、保险公司选择等	6	46
D8	监理单位招标	将新建、改扩建工程的监理工作委托给具有相应资质机构	监理单位的委托方式、选择要求等	5	18
D9	施工单位招标	委托具有相应资质机构从事新建、改扩建工程的建设施工及管理	施工委托方式、施工合同模式等	6	28
D10	设备、材料等专业供应商招标	选择供应商为新建、改扩建工程提供设备、材料、专业施工等商品和劳务	商品质量要求、劳务专业标准等	6	20
D11	征地拆迁和交通疏解	拆除障碍物、降低工程对周边影响并实现土地使用条件和施工条件	征地补偿计划、交通疏导方案等	5	19
D12	施工现场场地准备	为实现开工条件而进行三通一平、临时设施搭建、原材料储存堆放等	场地准备计划、材料调配方案等	4	11
D13	施工组织设计	制定合理的施工方案、技术经济和组织措施以达到资源的有效配置	设计要求、资源条件等	5	15
D14	施工进度控制	通过规划、控制和协调完成施工进度安排，并在必要时调整进度计划	工期控制方案、开竣工日期要求等	6	41
D15	材料、设备和施工质量控制	通过行动方案和资源配置的计划、实施、检查和监督来实现预期质量目标	质量检测标准、控制计划等	6	38
D16	工程变更	为满足干系人需求、自然条件等因素变化而导致工程范围、规模、标准等变化	变更触发条件、变更内容与范围等	6	38
D17	工程计量支付与价款结算	根据已完成工程量按规定支付工程进度款	计量与结算方法、工程完成情况等	3	30
D18	安全管理及事故处理	降低项目在建设、运营等过程中安全事故发生概率，妥善应对突发事故	安全管理措施、事故应急预案等	6	37
D19	争议处理	妥善处理项目执行过程中引发的争议，保障各参与方合法权益	争议触发条件、解决方式等	6	24
D20	完工检验与竣工验收	确保项目全面符合规划设计要求、建筑施工和设备安装质量要求	检测指标、验收标准等	6	39
D21	设备、系统调试与试运行	根据项目检测结果进行设备、系统的调试，以达到运营要求	试运行计划、调试范围与指标等	5	19

续表

决　策		决策目标	决策方案与计划	节点来源	参考点数
D22	运营、维护、服务供应商招标	委托具有相应资质机构从事系统、设备运营、维护维修、产品服务工作	供应商委托方式、合同模式等	5	14
D23	运营管理	执行系统、设备经营计划，确保运营状况满足投资要求并正常提供产品服务	项目经营计划、运营期投资安排等	6	49
D24	质保维修与维护管理	通过定期检查、维护和故障抢修保证系统、设备完好，满足正常运营需求	检测维修计划、设备技术质量标准等	6	43
D25	产品、服务定价与调整	保证产品服务的价格和特许期在合理范围，并保证投资者能获得合理利润	定价原则、调价方案、特许期的调整原则等	5	33
D26	产品、服务交付管理	向用户提供满足数量、质量、安全等要求的产品、服务	产品服务交付安排、标准等	5	42
D27	工程及相关资料、权力移交	保证项目在特许期后系统、设备仍能够正常运行并提供产品、服务	移交方式、移交程序、移交内容等	5	28
D28	回购支付	项目投资者完成特许期的责任后无偿或有偿移交项目以满足财务要求	回购方式、残值计算等	5	27

（二）决策结构

为了决策者更好地将决策清单应用于合同设计、权利配置等过程，可将表 4-26 决策清单进行分类整理，建立 PPP 项目的决策结构。

从整体上看，清单是按项目过程发展的归纳。不同的决策可能发生在项目进行的不同阶段（例如设计、施工、运营等阶段），许多研究也是从这个角度对决策进行分类。但同样发现，清单中的许多决策所在项目阶段的归属并不清晰，决策者应对决策进行全面的分析（例如 D16 可能发生在建设和运营阶段、D6 可能发生在项目全生命周期中）。

PPP 项目中，公共部门与私人部门共同参与表 4-26 中的决策，决策的性质是决策权利在双方之间配置要考虑的重要因素。从这个角度，以上各项决策还可以根据人事决策、资金决策、经营决策等性质进行分类，同一分类的决策在权利配置主体上应该具有一致性。

四、结语

本文建立了一套 PPP 项目决策的识别方法，基于此方法建立了决策清单，提出了清单中决策进行分类的项目过程和决策性质两个视角。这两个视角建立的 PPP 项目决策结构，可为 PPP 项目中公私部门间项目控制权匹配、特许权协议的合同设计等研究与实践提供基础。当然，决策者还可根据实际需求和决策的含义对决策进行其他方式的分类，从而更好地应用于 PPP 实践。

参考文献

[1] 屠启宇. 国际城市发展报告（2012） [M]. 北京：社会科学文献出版社, 2012.

[2] 左昆. 未来十年中国基础设施建设的发展前瞻 [EB/OL]. http://www.urbanchinainitiative.org/zh/content/details_59_48345.html.

[3]马生华，伍迪，王守清. 某高铁站场再开发项目投融资方案设计[J]. 项目管理技术, 2012, 10（2）: 17-21.

[4] 王守清，柯永建. 特许经营项目融资（BOT、PFI 和 PPP）[M]. 北京：清华大学出版社, 2008.

[5] 财新网. 国务院督促“新 36 条”实施细则落地[N]. [2012-7-31]. http://economy.caixin.com/2012-07-31/100417215.html.

[6] 国家发展改革委. 社会各界期待基础设施和公用事业特许经营法加快出台[N]. [2014-4-22]. http://www.sdpc.gov.cn/xwzx/xwfb/201404/t20140422_608309.html.

[7] 王守清，张博. 构建中国的 PPP 法律和制度体系迫在眉睫[J]. 济邦通讯，2013，10（40）: 1-4.

[8] 余勇军，伍迪，王守清. 中国 BT 项目关键成功因素研究[J]. 工程管理学报，2014, 28（3）: 78-83.

[9] 徐霞，郑志林. 公私合作制（PPP）模式下的利益分配问题探讨[J]. 城市发展研究, 2009, 16（3）: 104-106.

[10] 叶晓甦，易朋成，吴书霞. PPP 项目控制权本质探讨[J]. 科技进步与对策, 2011, 28（13）: 67-70.

[11] 薛冰，梁仲明，程亚冰. 行政学原理[M]. 北京：清华大学出版社, 2007.

[12] Fama Eugene F, Jensen Michael C. Separation of Ownership and Control [J]. Journal of Law and Economics, 1983, 26（2）: 301-325.

[13] 杜亚灵，王剑云. BT 模式下工程项目控制权的合理配置研究[J]. 软科学, 2013, 27（5）: 56-61.

[14] Strauss A. Qualitative analysis for social scientists [M]. Cambridge: Cambridge University Press, 1987.

[15] 许华琼，胡中锋. 社会科学研究中自然主义范式之反思[J]. 自然辩证研究，2010，26（8）：1-5.

（《项目管理技术》2015 年第 1 期，第 20-24 页）

PPP 项目控制权配置影响因素及合理配置原则

作者：伍迪（导师：王守清）

【摘要】 控制权的合理配置是 PPP 项目成功的重要前提条件，但在不同项目中配置方案的最优解往往不同，因此控制权配置影响因素的相关研究具有重要的理论与实践价值。本文针对现有研究的不足，基于控制权内涵、决策理论和 FMEA 等思想和方法将不同影响因素所体现的项目特征描述为 PPP 项目中不同决策的重要程度，采用因子分析方法识别这些影响因素与项目决策之间的关系，建立影响因素库，并应用 OLS 和 Logistic 两种回归方法探究这些影响因素对 PPP 项目控制权分配的影响机理。然后将以上结论应用于解释国家发展改革委发布的 1 043 个第一批 PPP 示范项目控制权配置的差异，同时作为相关结论的验证。最后，基于本文结论提出 PPP 项目控制权合理配置原则的四项建议。

【关键词】 PPP 控制权 配置 影响因素 原则

一、引言

PPP 项目的控制权在政府与企业之间的合理配置是 PPP 项目成功的关键因素之一[1]。一方面，PPP 模式的效率体现在充分利用了企业的专业能力和市场的调节效率[2]，这种优势的发挥与实现需要以项目控制权的让渡与项目充分的市场化为前提；另一方面，PPP 项目提供的多为（准）公共产品或服务[3]，而公共产品理论认为，这类产品或服务的供给不应是市场决策，这类项目的控制权不应过多地交给市场或企业[4]。可见，项目效率对市场化的需求与产品服务属性对政府控制权的约束构成了 PPP 项目控制权配置的矛盾，许多教训表明，不合理的控制权配置会导致项目的变更、争议甚至是彻底失败[5]。

PPP 项目控制权的合理配置方案在不同项目中并不具有同样的最优解。虽然学术界、业界在不断推进 PPP 项目控制权的相关研究与实践，政府部门也尝试通过相关法规政策来规范 PPP 合同设计的内容与流程，从而规范控制权在政府与企业间的合理配置，但在不同 PPP 项目中合理的控制权配置方案往往不同。笔者在一项由国家自然科学基金支持的“PPP 项目的控制权配置研究”课题中发起过一项专家调研，邀请专家对 PPP 项目中的 56 项控制权子权利进行分配，统计结果显示没有任何一项在权利主体的分配上获得了一致意见。

因此，控制权配置影响因素的相关研究对 PPP 项目的研究与实践都具有重要意义[6]。国内外许多研究本质上就是关于 PPP 项目控制权配置影响因素的研究，笔者将一些具有代表性的研究进行汇总分析，如表 4-27 表所示。PPP 项目控制权配置的影响因素之所以受到学者广泛关注，是因为控制权的有效分配可以激励 PPP 项目各参与方在保证各自理性需求的前提下实施对项目总体效益最大化的行为，通过规则的建立实现 PPP 项目安排的优化[7]。例如通过制度建设构造激励相容条件，促进私营部门主动提高对 PPP 项目的公益性投资、促进公共部门加大对 PPP 项目公司的政策性优惠力度等。然而，虽然现有研究及表 4-27 列出的影响因素可以为 PPP 项目控制权配置提供一定参考，但落实到具体某项权利的分配以及相关合同条款的设计等环节时仍然存在以下不足。

表 4-27　现有研究 PPP 项目控制权配置影响因素汇总

控制权配置的影响因素 \ 研究编号		[8]	[9]	[10]	[11]	[12]	[13]	[14]	[15]	[16]
1	契约双方投资的重要性程度	√				√		√		
2	对物品成本及质量改进的影响		√							
3	双方对项目价值的评价高低			√		√		√		
4	双方利益关系的一致性程度				√					
5	物品的公共化程度					√		√	√	
6	项目公司维护成本控制水平						√			
7	项目公司的风险管理水平						√			
8	物品价值的可度量程度							√		
9	合作关系的长期性							√		
10	项目的复杂程度								√	
11	客观的特殊需求								√	
12	项目所在地的私有化程度								√	
13	PPP 合同的类型								√	
14	交易方的信任程度								√	
15	公私双方各自的不可替代程度									√
16	合作参与主体对项目预期收益的满意程度									√

首先，现有研究大多是在各自的研究背景下关注于项目的单一或个别某几方面因

素展开论证，研究结论仅能证明该方面因素是 PPP 项目控制权配置的影响因素，却无法提供因素之间的相对关系。表 4-27 中 16 个因素仅有 1、3、5 共三项因素有超过两项研究进行了论证，当项目控制权在不同的考虑因素方面的配置存在矛盾时，已有研究的配置原则无法给出合适的配置方案。例如，当某个 PPP 项目规模巨大、技术复杂，但私营部门拥有对其成本技术等方面有显著的改进能力时，根据表中因素 10 和因素 2 得到的配置结论是相反的，无法确定应该优先考虑哪个因素。鉴于此，本文将基于现有研究，综合运用文献综述、理论分析、FMEA（Failure Mode and Effects Analysis，失效模式与影响分析）等方法与工具建立 PPP 项目控制权配置的影响因素库，并统一标准，量化不同影响因素影响大小的差异。

其次，现有研究大多建立理论模型或通过案例总结分析考虑因素如何影响项目的实施结果，从而得出配置原则的结论，重点回答了“为什么要如此配置”的问题，但在一定程度上忽视了“应该如何实现如此配置”的问题。例如，某 PPP 项目考虑物品公共化程度、物品价值评价等因素，根据配置原则得出公共部门应获得更多的控制权，但无法得出公共部门应该通过让渡或收回哪些具体权利而实现，也无法得出在考虑不同因素而得出类似最优配置结论时，让渡与收回的具体权利是否应该有差异。鉴于此，本文将根据决策理论把 PPP 项目控制权这个抽象的概念具化为 PPP 项目中的具体决策，细分为多项具有可操作性的子权利，并建立影响因素库中每一项影响因素与这些权利合理配置方案之间的一一对应关系，从而解决“如何实现某种配置”的问题，为制度层面的设计提供基础与借鉴。

综上所述，本研究将首先识别 PPP 项目控制权配置的影响因素并建立因素库，然后应用回归分析方法探索各个影响因素与控制权子权利之间的关系，使用发展改革委发布的 1 043 个第一批 PPP 示范项目进行实证性验证，最后基于研究结论给出合理配置原则的建议。

二、PPP 项目控制权配置影响因素库

（一）影响因素的识别思路

在笔者另外两项研究即 PPP 项目控制权法律层面的分析[17]和 PPP 项目控制权份额大小的度量研究[18]中，将 PPP 项目的控制权描述为 28 项主要决策所承载的权利[19]，研究过程中均发现 PPP 项目中某项决策的控制权与该项决策的重要性程度紧密相关：即 PPP 项目中虽然政府部门会将部分项目决策的控制权让渡给企业，但政府部门让渡控制权的这些决策的重要性程度通常相对较低，而重要性程度相对较高的决策控制权往往则由政府部门保留。

但是，上述描述性的结论在实践中的可操作性十分有限：首先，在 PPP 项目交易

过程中，某项决策的重要性很难进行界定，这一评价准则也要求项目控制权配置的决策者对项目中的不同决策进行重要性的比较，但评价准则的单一性也给重要性的比较带来不便；其次，在这两项研究中，无论是在PPP实践中的控制权配置还是合理的控制权配置偏好，都存在一些例外，即某些决策重要性程度很高，但政府部门仍然应该将这些决策的控制权让渡给了企业，这实际上体现了项目效率对提高企业控制权份额的需求，这些例外也说明如何进行控制权配置并不能完全以决策的重要性作为简单的判断因素。

因此，本文在之前研究的基础上，以重要性程度这一标准作为指导思想，通过对28项决策的重要性程度的评估数据进行因子分析，提取不同决策的公因子，挖掘不同决策的重要性程度的共同因素，建立可能影响PPP项目控制权如何进行合理配置的因素库，为后文分析建立基础。由于获取的决策重要性评估数据是基于FMEA方法进行分类的，具体分为决策失效的严重程度 S（Seriousness）、决策失效发生的概率 P（Probability）和决策失效的检测难度 D（Detect）三个维度，因此本文将从三个维度分别进行因子分析，实现对可能影响因素的识别，并分别解释不同维度下公因子所代表的含义。

（二）影响因素的识别过程

由于识别过程数据量较大，且数据处理分 S、P、D 三个维度分别进行，碍于篇幅所限，本文仅列出数据处理的部分关键步骤，并仅以 S 维度为例简要描述影响因素的识别的过程。

步骤一：验证数据采用因子分析方法的适用性

样本数据的28项决策评估结果采用的是李克特5级量表打分法，而使用因子分析方法对这些数据进行处理的核心思想即是通过观测指标的方差变化来解释这些指标共同的变异机理，即对本研究数据采用因子分析可看作是探索在28个指标下58组数据的变异情况并寻找一些指标共同变异的机理，因此，需要保证这些指标数据具有一定的变异程度。将各项决策的打分情况进行统计，表4-28列出了S维度下的其中2项决策指标统计数据的变异程度，通过统计可知这些数据在28个指标下呈现一定的差异，可使用因子分析进行数据处理。

表4-28　S维度统计数据的变异程度（部分）

决　策	各评估得分专家数（个/百分比）									
	1		2		3		4		5	
D27	8	13.8%	15	25.86%	21	36.21%	8	13.79%	5	8.62%
D28	3	5.2%	7	12.07%	14	24.14%	23	39.66%	10	17.24%

上表直观上表明统计数据具有一定的差异程度，为确保数据具有因子分析的适用性，本研究还对样本进行了 KMO 检验和 Bartlett 球形检验，以拒绝变量间的净相关矩阵不是单元矩阵的假设[20]。S 维度的检验结果如表 4-29 所示，结果显示样本 KMO 远大于 0.5，χ^2 在自由度为 378 时显著性水平远小于 0.05，因子分析方法具有较强的适用性。

表 4-29 S 维度统计数据的 KMO 检验和 Bartlett 球形检验

检验过程		检验结果
KMO 检验	Kaiser–Meyer–Olkin 取样适切性量数	0.834
Bartlett 球形检验	近似 χ^2 分布值	1 297.651
	自由度 df	378
	显著性 Sig	0.000

步骤二：公因子的提取

借助 SPSS 软件对样本数据进行探索性因子分析处理[20]。公因子个数的确定需要综合考虑各公因子的特征值大小、特征值对总方差的累积贡献率大小等因素，并通过绘制因子分析的“陡坡图”等工具来实现。以 S 维度为例计算样本数据公因子特征值，绘制陡坡图（如图 4-20 所示），并计算各特征值对方差的贡献率以及累积贡献率（部分如表 4-30 所示）。

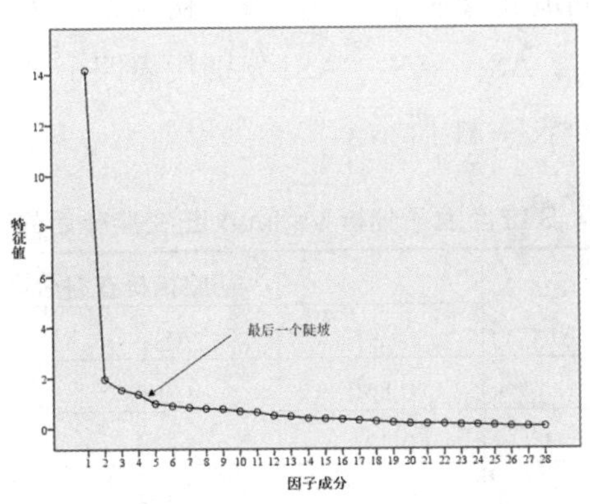

图 4-20 S 维度因子分析的陡坡图

表 4-30 S 维度因子分析各成分因子特征值对总方差的贡献率（部分）

成分	初始特征值			方差解释贡献			转轴方差解释贡献		
	特征值大小	方差%	累积%	总和	方差%	累积%	总和	方差%	累积%
1	14.155	50.553	50.553	14.155	50.553	50.553	4.859	17.354	17.354
2	1.953	6.974	57.527	1.953	6.974	57.527	4.726	16.880	34.233
3	1.518	5.422	62.949	1.518	5.422	62.949	4.722	16.865	51.099

续表

成分	初始特征值			方差解释贡献			转轴方差解释贡献		
	特征值大小	方差%	累积%	总和	方差%	累积%	总和	方差%	累积%
4	1.340	4.786	67.735	1.340	4.786	67.735	4.658	16.636	67.735
	…								
28	0.034	0.122	100.000						

本研究中公因子的提取原则参照了 Kaiser[21]、Stevens[22]、Hair[23]等学者的研究结论，以上图表显示，S 维度下，陡坡图的最后一个较大的陡坡出现在第四个成分因子之后，前四个成分因子的特征值均大于 1，满足 Kaiser 特征值判断准则，且前四个成分因子对总方差解释的贡献率达到 67.735%，大于 Hair 准则中可接受的 50%和可靠情况下的 60%，因此公因子数确定为 4。即 S 维度下 PPP 项目中各项决策的重要性程度可通过四个维度进行解释。

步骤三：公因子的 Varimax 正交旋转

为了使因子分析中 28 个初始指标的每项指标都在且仅在一个公因子上荷载较大，即使每项决策都尽量多的包含且仅包含在一个影响因素上，以便对代表影响因素的公因子进行更合理的界定与解释，本研究采用因子分析中常用的对公因子进行 Varimax 正交旋转的方法。该方法实际是对初始的因子荷载矩阵进行方差最大化旋转，旋转后并不改变几个公因子之间的正交关系，且使每个初始指标都更多地落在了某一个公因子上。S 维度下，用 AS_1、AS_2、AS_3、AS_4 分别代表四个公因子，采用 Varimax 正交旋转方法后的因子荷载如表 4-31 所示。

表 4-31　S 维度因子分析 Varimax 正交旋转后的因子荷载

初始指标（决策）		初始指标在各公因子上的荷载			
		AS_1	AS_2	AS_3	AS_4
D25		0.850	0.206	0.173	0.073
D22		0.726	0.334	0.262	0.203
D23		0.691	0.394	0.319	0.265
D16		0.669	0.127	0.211	0.316
D26		0.662	0.373	0.252	0.290
D28		0.591	0.076	0.373	0.367
D27		0.531	-0.084	0.350	0.497
D20		0.503	0.340	0.191	0.473
D14		0.468	0.225	0.430	0.443
D6		0.253	0.846	-0.036	0.024
D5		0.174	0.800	0.132	-0.091

续表

初始指标（决策）		初始指标在各公因子上的荷载			
		AS_1	AS_2	AS_3	AS_4
D7		0.184	0.664	0.246	0.330
D8		0.053	0.578	0.310	0.411
D21		0.428	0.533	0.278	0.444
D24		0.330	0.524	0.366	0.487
D12		0.197	0.426	0.420	0.324
D3		0.227	0.149	0.732	0.076
D2		0.165	0.239	0.728	0.068
D1		0.311	0.113	0.724	0.087
D4		0.246	-0.005	0.673	0.402
D10		0.244	0.435	0.546	0.441
D13		0.255	0.476	0.545	0.368
D9		0.235	0.420	0.519	0.486
D17		0.187	0.477	0.486	0.333
D11		0.267	0.169	0.088	0.769
D18		0.325	0.098	0.036	0.744
D15		0.143	0.507	0.267	0.609
D19		0.178	0.068	0.380	0.597

注　因子提取方法为主成分分析，旋转方法为含 Kaiser 正态化的 Varimax 法，转轴收敛于 7 个迭代

使用 SPSS 软件绘制各初始指标的不同维度下的成分图以进一步确认各公因子的初始指标构成，如图 4-21 所示。为与其他维度下进行因子分析所得结果进行区分，图中用 S_n（n=1，2，…28）代表 28 个初始指标，即各项决策 D_n（n=1，2，…28）。

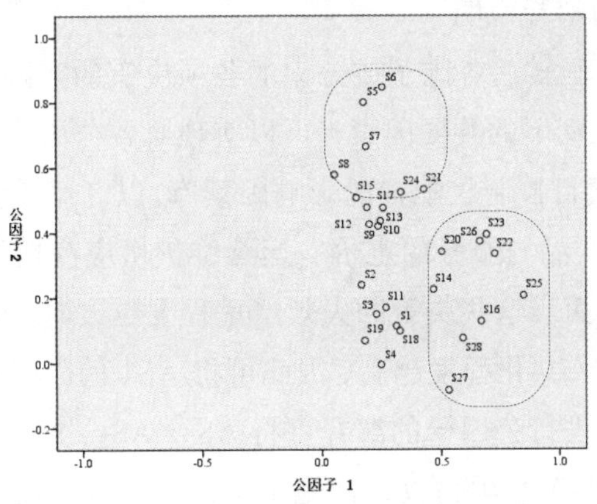

（a）公因子 1 和公因子 2 维度

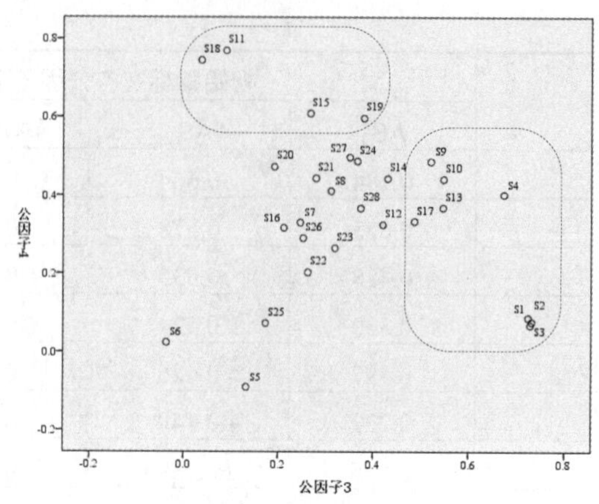

（b）公因子 3 和公因子 4 维度

图 4-21　S 维度因子分析的成分图

通过以上图表可以得出 S 维度下四个公因子中各初始指标（决策）的构成。计算各公因子的 Cronbach's Alpha 系数，以检验公因子按如此构成下的数据的信度[24]，如表 4-32 所示。计算显示，数据有较高信度，可通过公因子的构成进一步分析公因子的现实意义。

表 4-32　公因子构成的信度检验

公因子	因子构成	Cronbach's Alpha
AS_1	D25、D22、D23、D16、D26、D28、D27、D20、D14	0.927
AS_2	D6、D5、D7、D8、D21、D24、D12	0.884
AS_3	D3、D2、D1、D4、D10、D13、D9、D17	0.901
AS_4	D11、D18、D15、D19	0.826

步骤四：公因子的解释说明

结合 Varimax 正交旋转后各因子成分中的各项决策的实践内含，探索所属同一公因子的不同决策在某维度下的共同因素，可以实现对各公因子现实意义的解释，从而建立这个维度下 PPP 项目控制权配置的影响因素库。以 S 维度为例，在 AS_1 公因子中，能够解释 AS_1 变化的产品与服务的定价、运营维护供应商选择等决策都发生在 PPP 项目的运营交付阶段，而当这些决策的失效严重程度越大时，说明 PPP 项目的用户群体组成越复杂，项目的公共化程度越高，因此可将 AS1 的因子解释为产品与服务的公共化程度。按这种方法进行公因子的解释可将 AS_2、AS_3、AS_4 这四个影响因素概括为“项目对资金的依赖程度”、“项目设计与施工工艺的复杂程度”和“项目公司的风险管控水平”。用同样方法解释 P、D 维度下的公因子构成，从而获得完整的 PPP 项目控制权配置影响因素。

（三） 影响因素库的建立

按照上文所述步骤，使用因子分析方法对从 S、P、D 三个维度对 28 项决策的评估数据进行分析处理，本研究共识别了 PPP 项目控制权配置的可能影响因素共 15 个，并探索了与每个影响因素最相关的若干决策，汇总这些影响因素及决策构成如表 4-33 所示。

表 4-33 PPP 项目控制权配置影响因素库及决策构成

影响因素		决策构成
AS_1	产品与服务的公共化程度	D25、D22、D23、D16、D26、D28、D27、D20、D14
AS_2	项目对资金的依赖程度	D6、D5、D7、D8、D21、D24、D12
AS_3	项目设计与施工工艺的复杂程度	D3、D2、D1、D4、D10、D13、D9、D17
AS_4	项目公司的风险管控水平	D11、D18、D15、D19
AP_1	项目公司对产品服务质量的控制水平	D20、D22、D21、D28、D23、D4、D24
AP_2	项目技术上的创新化程度	D1、D3、D2、D8、D10
AP_3	项目建设周期的长短	D14、D16、D17、D9、D15
AP_4	产品与服务价值的可度量程度	D25、D26、D27、D19
AP_5	项目公司的成本控制和资本运作水平	D5、D6、D18
AP_6	项目环境的复杂程度	D7、D12、D13、D11
AD_1	政府对项目公司的依赖程度	D21、D24、D26、D20、D27、D22、D28、D23、D25
AD_2	项目公司工程建设能力的成熟度	D8、D10、D1、D13、D2、D9
AD_3	政府与企业双方合作的稳定性和信任程度	D16、D19、D14、D11、D18、D17、D15
AD_4	项目设计的专业化条件	D4、D3、D12
AD_5	政府与企业双方利益关系的一致性程度	D5、D6、D7

上表 PPP 项目控制权配置影响因素库中所列的影响因素是基于决策的重要性评估数据而获取的潜在的影响因素，而这些影响因素如何影响项目的控制权配置、影响决策中哪些过程的权利等问题将通过下文的回归分析方法来解决。

三、影响因素与控制权配置关系回归分析

（一）基于因子得分的 OLS 回归分析

在根据 PPP 项目决策重要性程度评估结果进行因子分析的数据处理过程中，每组数据都可获得一组相应的公因子的得分。作为一种数据结构化分析的处理方法，因子分析过程的基本思想即把样本中的每个数据拆分为两部分[20]，一部分为该指标在不同组数据中的共同因素（common factor），而另一部分则为该指标在该组数据中的独特因素（unique factor）。因子分析过程找到了在不同组数据之间的共同因素，即公因子，

但这些公因子在不同组数据之间得分可能不同。体现在本研究中，即不同专家对 PPP 项目决策重要性程度评估在几个公因子维度的得分不同，而这些不同所反映的是不同专家在进行数据评估时为自己设定的项目“背景”不同，以决策失效影响严重程度 S 为例，假设第 n 位专家根据评估结果计算获得的四个公因子得分为 $AS_{1\text{-}n}$、$AS_{2\text{-}n}$、$AS_{3\text{-}n}$、$AS_{4\text{-}n}$（$n = 1, 2, 3, \cdots 58$），则每位专家的公因子得分所构成的四维向量（四为决策失效影响严重程度维度下因子分析的公因子个数）即是使用公因子视角对相应专家设定项目背景的一种描述。同时，每位专家在自己设定的项目背景下还给出了合理的控制权配置方案，假设不同专家给出的体现 PPP 项目控制权的某项权利合理的配置方式为 C_n（$n = 1, 2, 3, \cdots 58$），用 $A_{m\text{-}n}$（$m = 1, 2, 3, \cdots$最大值为公因子个数，$n = 1, 2, 3, \cdots 58$）表示公因子得分，则可以建立因子得分与控制权合理配置方案的一一映射如下：

$$A_{m\text{-}n} \rightarrow C_n$$

通过求解上式映射中某项公因子与某项子权利合理配置方案之间的相关性关系，即可获得控制权配置的影响因素。由于同一因子分析下获得的各公因子经过了 Varimax 方差最大化旋转后彼此正交，这为采用计量经济学方法提供了可能，OLS 回归分析是最常用的方法。按照上述思路，以专家对 PPP 项目决策重要性程度的评估作为描述各自项目背景的自变量，以 PPP 项目决策权利配置的评估数据作为因变量，进行 OLS 回归分析。由于 OLS 回归方法工具相对成熟，且碍于篇幅所限，本文省去相关数据处理过程，仅列出如表 4-34 所示的回归分析结果，分析发现上文建立的因素库中有 7 个因素对控制权配置具有显著影响。

表 4-34 基于因子得分的 OLS 回归分析结论汇总

影响因素		假设条件	政府		企业	
			提议权	审批权	提议权	审批权
AS_1	产品与服务的公共化程度	越高	−		+	
AP_2	项目技术上的创新化程度	越高	+			
AP_4	产品与服务价值的可度量程度	越低	−			
AP_6	项目环境的复杂程度	越高			+	
AD_3	政府与企业双方合作的稳定性和信任程度	越低			+	
AD_4	项目设计的专业化条件	越差			+	
AD_5	政府与企业双方利益关系的一致性程度	越低		+	−	−

上表中左侧两列为前文中识别出的 PPP 项目控制权配置影响因素，“假设条件”一栏表示当相应的影响因素按此设置条件变化时对政府与企业项目决策相关权利的

影响，“+”表示对相应权利具有正向影响，“−”表示对相应权利具有负向影响。例如 AD_5 一行，当 PPP 项目中政府与企业双方利益关系一致性越低时，政府应掌握项目更多决策的审批权，并限制企业在各项决策中的提议权和审批权。根据表中的汇总结果，也可看出 PPP 项目合理的控制权配置体现的原则，如 PPP 项目的专业化程度较高时企业应更多参与决策提议、政府应该适当放权等，本文将在后文进行统一梳理和总结。

（二）基于初始指标的 Logistic 回归分析

上文所使用的 OLS 回归分析中，变量的选择方法本质上与大多数因子分析与回归分析相结合的类似研究思路一致，但这种方法在本研究中存在一定的局限性，其表现在只验证了影响因素库共计 15 个影响因素中的 7 个影响因素与控制权配置的关系，究其原因可能是因子得分丢失了过多的专家评估数据的原始信息。因子分析过程的本质是一个变量降维的过程，适用于将综合性的数据资料进行结构化分解与分析处理，公因子得分的引入在使数据分析变得简明的同时也降低了变量的效度。

因此，在类似研究中，部分学者改变思路对这种方法进行了一定的改进，例如，张万宽等[2]学者在研究 PPP 项目绩效的影响因素时同样对专家调研结果进行了因子分析并建立了影响因素库，他们在每个公因子中抽取一项初始指标作为代表这项因子的变量以更多地保留原始数据的信息，在改进的回归方法中，被抽取的初始指标不做处理直接用于回归模型，并取得了不错的分析结论。但是该研究过程也存在一些瑕疵，即替代指标的抽取较为随意，因为每个公因子都是由多个初始指标组成的，该研究回归模型中并没有对应该如何判断选取哪项指标作为代替该因子的最终变量进行讨论。

判断初始指标能否代替其所属公因子的关键即判断公因子与初始的指标之间的相关程度，而各指标的因子荷载大小即是二者相关性的直接体现。Tabachnick、Fidell 等统计学家定量研究了因子荷载大小与公因子对初始指标变异程度的解释情况[25]：指标的因子荷载越大，其被因子解释情况就越理想，而当因子荷载达到 0.71 以上时，公因子对该初始指标变异程度即方差变化情况的解释量可达 50%，获得准入条件的“完美”标准。

因此，本研究沿用以上思路，并充分利用前文因子分析对 PPP 项目中各项决策进行结构化分解的结论，在初始指标代替公因子变量的选择过程中，以指标的因子荷载是否大于 0.71 作为选择标准，改进回归方法再次对影响因素库中的因素进行识别验证。此外，由于初始数据中描述权利归属的指标本质上为 0/1 分布的二值变量，以此作为回归模型中的因变量，更适合采用 Logistic 回归分析方法，回归分析中估计系数的大小代表了相应影响因素对主体是否拥有该项权利有影响的概率，能够作为影响因素的验证依据。碍于篇幅所限，本文省去相关数据处理过程，仅列出如表 4-35 所示的回归结果。

表 4-35　基于 Logistic 回归分析的控制权配置影响因素结论汇总

影响因素		假设条件	政　府		企　业	
			提议权	审批权	提议权	审批权
AS_1	产品与服务的公共化程度	越高		+		-
AS_2	项目对资金的依赖程度	越高			-	
AS_4	项目公司的风险管控水平	越低		+		-
AP_1	项目公司对产品服务质量的控制水平	越低		+		-
AP_2	项目技术上的创新化程度	越高			+	
AP_4	产品与服务价值的可度量程度	越低		+		-
AP_5	项目公司的成本控制和资本运作水平	越低		+		-
AD_1	政府对项目公司的依赖程度	越高		+	+	-
AD_3	政府与企业双方合作的稳定性和信任程度	越低			+	
AD_4	项目设计的专业化条件	越差	+		+	
AD_5	政府与企业双方利益关系的一致性程度	越低		+	-	-

研究发现，除了 AP_6 因素不具有验证条件外，本节以影响因素库中 14 个因素作为研究对象，验证了其中的 11 个影响因素对 PPP 项目控制权配置的影响方式，表中数据含义与表 4-34 相同，例如 AD_5 一行，当 PPP 项目中政府与企业双方利益关系一致性越低时，政府应掌握项目更多决策的审批权，并限制企业在各项决策中的提议权和审批权。根据表中的汇总结果，也可看出 PPP 项目合理的控制权配置体现的原则，如 PPP 项目的专业化程度较高时企业应更多参与决策提议、控制权配置方式应该保证项目对企业而言“有利可图”等，本文将综合两种回归分析结果在后文进一步梳理和总结。

（三）两种回归分析结论的关系与差异

将 OLS 和 Logistic 两种回归分析方法获得的 PPP 项目控制权配置影响因素进行汇总，如表 4-36 所示。

表 4-36　OLS 和 Logistic 两种回归分析获得控制权配置影响因素的比较

影响因素		OLS 回归	Logistic 回归
AS_1	产品与服务的公共化程度	√	√
AS_2	项目对资金的依赖程度		√
AS_4	项目公司的风险管控水平		√
AP_1	项目公司对产品服务质量的控制水平		√
AP_2	项目技术上的创新化程度	√	√

续表

影响因素		OLS 回归	Logistic 回归
AP_4	产品与服务价值的可度量程度	√	√
AP_5	项目公司的成本控制和资本运作水平		√
AP_6	项目环境的复杂程度	√	
AD_1	政府对项目公司的依赖程度		√
AD_3	政府与企业双方合作的稳定性和信任程度	√	√
AD_4	项目设计的专业化条件	√	√
AD_5	政府与企业双方利益关系的一致性程度	√	√

通过上表可以看出，两种回归分析方法所得结论具有较强的一致性，除 AP_6 因素由于其组成因素的初始指标因子荷载没有大于 0.71 而没有进行 Logistic 回归外，其他所有 OLS 回归分析识别出的 PPP 项目控制权配置影响因素都被 Logistic 回归分析方法进一步验证。此外，两种回归分析方法在这些影响因素对政府与企业在 PPP 项目中控制权影响的具体表现方面的结论也具有很强的一致性，通过对比表 4-34 和表 4-35 中对两种方法所得结论的总结可以看出，包括 AD_3 对企业权利的影响、AD_5 对政府和企业权利的影响等多个因素与政府和企业具体权利之前关系的结论完全一致，且在两种方法获得的具有显著影响的影响因素中，不存在两种方法相互矛盾的结论。因此，两种方法所得结论的一致性也间接证明两种方法所体现的分析思路的正确性和回归分析结论的有效性。

与此同时，两种方法的结论也存在一定的差异。整体上看，OLS 回归分析的结论包含于 Logistic 回归分析的结论中，OLS 回归分析获得的 7 个影响因素中有 6 个都包含在 Logistic 回归分析获得的 11 个影响因素中。这也进一步验证了上节中提出改进回归方法的初衷，OLS 回归中使用因子得分作为回归的自变量、使用权利主体在项目中整体权利比例，虽然一脉相承地直接利用了因子分析得到结论，但丢失了过多的专家评估数据的原始信息。而 Logistic 回归则直接使用了可以代替公因子的原始指标和原始数据，既充分利用了因子分析所获得的各公因子组成的结论，还保留了数据的原始信息，将回归中解答的问题由“某影响因素是否对项目决策中某项权利有影响”转化成“体现某影响因素的决策重要性程度是否是这些决策的某项权利由政府或企业获得较为合理的原因”，这种转化保留了受访专家所设定受访环境的更多信息，结论也能够更全面。

综上所述，可综合 OLS 和 Logistic 两种回归方法的分析结论，作为本文的结论和后文进一步提炼控制权合理配置原则的基础。

四、PPP 项目控制权影响因素的实证研究

本部分以国家发展改革委第一批 PPP 示范项目库中的 1 043 个示范性项目为研究对象，对案例库中不同强弱程度控制权的 PPP 项目进行分类对比分析，通过前文识别的 PPP 项目控制权配置影响因素及相关研究结论对本部分实证统计结果进行解释，而本部分统计结果同时也是前文结论正确性的有力验证。

（一）PPP 项目库信息收集与整理

发展改革委第一批 PPP 示范项目共包含 25 个省级行政区的 1 043 个 PPP 项目，地域覆盖中国大陆 32 个省级行政区的 78.1%（如图 4-22 所示），且入库的项目操作流程、组织机构、信息发布等都相对比较规范，具有较强的代表性和示范效应，可作为本研究数据挖掘的基础。公开发布的相关信息包括项目所在地、所属行业、建设内容及规模、政府参与方式、拟采用的模式、责任人及联系方式等基本信息，但是进一步整理这些案例的信息数据发现，这些基本信息的统计口径与统计标准在不同省份之间存在一些差异。例如，辽宁省 PPP 示范项目库中的“鞍山市生活垃圾焚烧发电项目”和天津市 PPP 示范项目库中的“滨海生活垃圾焚烧发电厂”，均属于固体垃圾焚烧发电项目，但是，在天津市项目库的类别中，滨海项目被划分为“市政设施工程项目”，而辽宁省项目库则把鞍山项目划分为“生态环境项目”。因此，为了研究结论的准确性，本研究首先对 PPP 项目库中的这 1 043 个 PPP 案例进行项目数据的标准化处理与修正，并在通过其他官方机构发布渠道补充这些项目的相关信息，使这些项目信息成为标准化的量表数据。信息数据修正后，项目的部分统计信息如图 4-23 和图 4-24 所示。

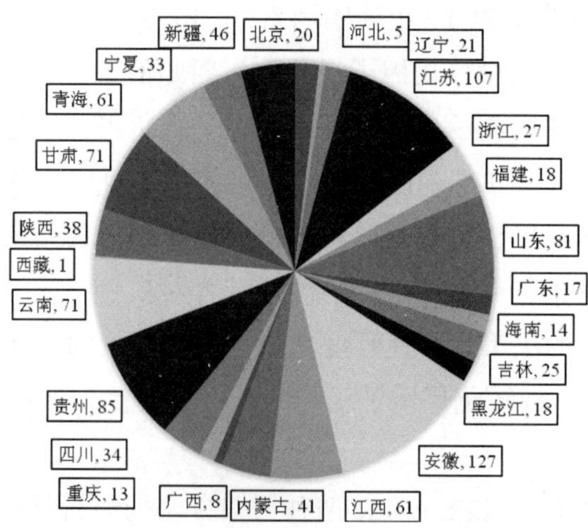

图 4-22　PPP 项目库案例的地域分布

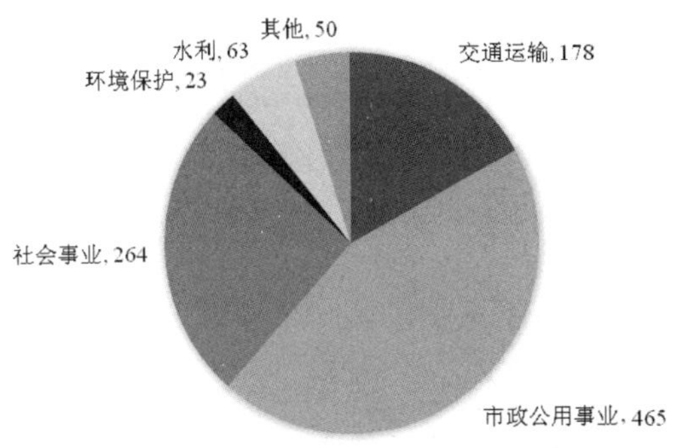

图 4-23　PPP 项目库案例的行业构成

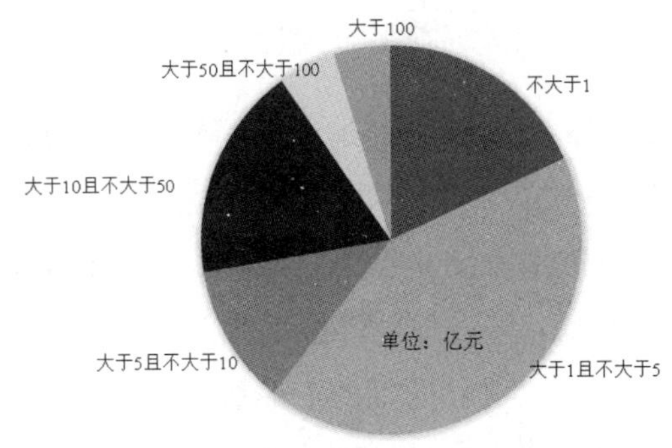

图 4-24　PPP 项目库案例不同投资额的分类统计

（二）基于项目控制权配置差异的分类统计分析

通过项目信息的分类统计可知，在项目库的 1 043 个案例中，有 881 个已经明确了“政府参与方式”，即可以确定这些项目政府所占控制权的强弱，本节以这 881 个案例作为样本从不同行业和不同投资额的角度进行统计分析。

1. 不同行业 PPP 项目的政府控制权差异

在不同行业的视角下，统计结果如表 4-37、图 4-25 所示。

表 4-37　不同行业 PPP 项目的政府控制权强弱

行业	政府控制权弱		政府控制权中		政府控制权强	
	个数	行业内%	个数	行业内%	个数	行业内%
交通运输	62	40.26%	27	17.53%	65	42.21%
市政公用事业	249	62.56%	42	10.55%	107	26.88%
社会事业	89	40.27%	20	9.05%	112	50.68%
环境保护	6	30.00%	2	10.00%	12	60.00%
水利	22	40.74%	10	18.52%	22	40.74%
其他	11	32.35%	1	2.94%	22	64.71%
总数	439	49.83%	102	11.58%	340	38.59%

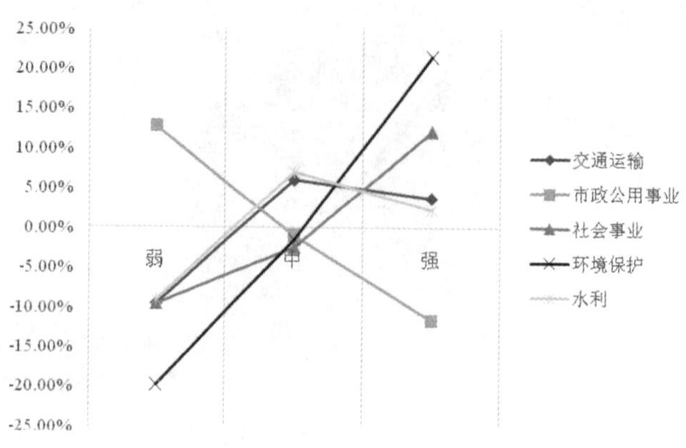

图 4-25　不同行业与全行业平均值的差异

通过以上图表可以看出，PPP 项目的控制权配置情况存在显著的行业差异。

市政公用事业领域的 PPP 项目政府所占控制权相对较弱。这类项目主要包括污水处理厂、垃圾处理厂、城镇供水等细分行业，而政府具有相对较弱的控制权这一分析结果可通过前文得到的 AP_1、AP_4、AD_5 等影响因素对控制权的影响来解释，其原因是这类项目行业标准相对成熟，项目提供的产品服务质量比较容易保证，且产品服务价值容易度量，同时这些项目的收费机制也往往相对简单，企业与政府利益的一致性也相对较高，因此这些项目政府的控制权低于平均水平。

交通运输行业虽然同样可以提供价值可度量程度较高的产品与服务，但交通行业的用户群体更为复杂多样，项目公共化程度更高，根据 AS_1 因素对 PPP 项目控制权的影响，企业也不宜拥有过多的项目控制权。上图中可以看出，虽然许多交通运输行业 PPP 项目的特许经营权都让渡给了企业，但政府往往会采取较多的约束措施。

同时，环境保护、社会事业等外部性较高且外部收益内部化难度较大行业的 PPP 项目中，政府所占项目控制权较强，因为这些项目政府与企业利益的一致性较低，同时项目公共化程度又较高，因此，很大比例的这些项目都不会让企业进行特许经营。

2. 不同投资额的 PPP 项目政府控制权差异

在不同投资额的视角下，统计结果如表 4-38、图 4-26 所示。观察这些图表可以看出，PPP 项目的控制权配置情况因项目投资规模不同而存在显著差异。图中政府控制权为“弱”的曲线都呈明显向下的走势，这说明 PPP 项目投资额越大，企业对项目占有的控制权越少，这与前文 AS_2 因素“项目对资金的依赖程度”对企业权利负向影响关系的结论完全一致。此外，随着投资规模的增加，PPP 项目对企业的风险管控能力、成本控制水平、资本运作等方面能力的需求不断增加，根据 AP_5、AS_4 等影响因素对控制权配置影响方式的结论，政府也应适当增加项目的控制权份额。

表 4-38　不同投资额的 PPP 项目政府控制权强弱

投资额（亿元）	政府控制权弱		政府控制权中		政府控制权强	
	个数	类别内%	个数	类别内%	个数	类别内%
不大于 1	89	54.27%	8	4.88%	67	40.85%
大于 1 且不大于 5	199	51.55%	40	10.36%	147	38.08%
大于 5 且不大于 10	51	52.58%	16	16.49%	30	30.93%
大于 10 且不大于 50	64	43.84%	24	16.44%	58	39.73%
大于 50 且不大于 100	18	42.86%	8	19.05%	16	38.10%
大于 100	17	41.46%	6	14.63%	18	43.90%
总数	439	49.83%	102	11.58%	340	38.59%

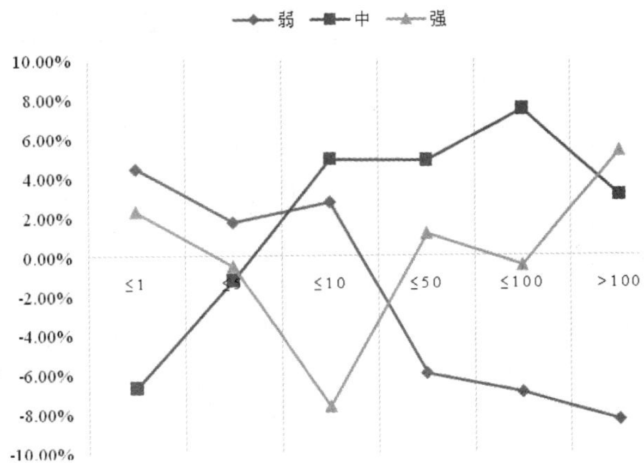

图 4-26　不同投资规模的比例与总平均值的差异

（三）小结

本部分以发展改革委公布的第一批 1 043 个 PPP 示范项目作为研究对象，主要结论包括：

（1）通过统计 PPP 项目库中各行业在控制权配置不同情况下所占比例，并分析各行业与总平均比例的差异可以看出，PPP 项目的控制权配置情况存在显著的行业差异。这种差异可用前文提出的 AS_1（产品与服务的公共化程度）、AP_4（产品与服务价值的可度量程度）、AP_1（项目公司对产品服务质量的控制水平）、AD_5（政府与企业双方利益关系的一致性程度）等影响因素的结论进行解释，而这种差异也为这些结论提供了实证支持。

（2）通过统计 PPP 项目库中各投资规模下控制权配置强弱的比例，并分析政府控制权份额随着项目投资规模变化的趋势，可以看出，总体上政府在 PPP 项目中的控制权份额随着项目投资规模的增加而增加，这一趋势可以解释为前文提到的 AS_2（项目对资金的依赖程度）、AP_5（项目的成本控制和资本运作水平）、AS_4（项目公司的风险管理水平）等影响因素。

五、PPP 项目控制权合理配置原则的建议

本文通过因子分析方法识别了 15 个潜在的 PPP 项目控制权配置影响因素并建立了影响因素库，通过 OLS 和 Logistic 两种回归方法总结了其中的 12 项影响因素对政府与企业在 PPP 项目决策中权利的影响及相互关系，并通过 1 043 个案例进行了实证验证。汇总两种回归分析方法所得结论如表 4-39 所示。

表 4-39　PPP 项目控制权配置影响因素及影响路径总结

影响因素		假设条件	政府		企业	
			提议权	审批权	提议权	审批权
AS_1	产品与服务的公共化程度	越高	−	+	+	−
AS_2	项目对资金的依赖程度	越高			−	
AS_4	项目公司的风险管控水平	越低		+		−
AP_1	项目公司对产品服务质量的控制水平	越低		+		−
AP_2	项目技术上的创新化程度	越高	+		+	
AP_4	产品与服务价值的可度量程度	越低	−	+		−
AP_5	项目公司的成本控制和资本运作水平	越低		+		−
AP_6	项目环境的复杂程度	越高			+	
AD_1	政府对项目公司的依赖程度	越高		+	+	−
AD_3	政府与企业双方合作的稳定性和信任程度	越低			+	
AD_4	项目设计的专业化条件	越差	+		+	
AD_5	政府与企业双方利益关系的一致性程度	越低		+	−	−

上表总结了政府与企业在 PPP 项目决策中的提议权和审批权随各影响因素变化的趋势，表中“假设条件”一栏表示当相应的影响因素按此设置条件变化时对政府与企业项目决策相关权利的影响，“+”表示对相应权利具有正向影响，“−”表示对相应权利具有负向影响。根据表中汇总结果，本研究提出以下四项 PPP 项目合理控制权配置原则的建议。

第一，合理的 PPP 项目控制权配置应重视如何充分发挥企业的专业特长优势，从而提高项目的运作效率。这体现为 PPP 项目的专业化特征较显著时，合理的控制权配置下企业应该获得更多的决策提议权。当 PPP 项目的产品客户或服务对象较复杂、项目环境复杂多样、项目设计所涉及的专业化程度较高等时，应尽可能多地发挥企业在项目决策方案与计划中的作用（例如 AS_1、AP_6、AD_4 等影响因素对企业提议权的正向影响）。但是，一个 PPP 项目可能涉及多个专业领域，当项目中企业或项目公司在

某一专业领域专业能力有限时，政府应该根据合作者的自身条件与项目特点提高对决策的控制（例如体现企业技术与管理能力的 AS_4、AP_1、AP_5 等影响因素对政府与企业权利的影响）。相反，如果政府在项目中的专业能力和管理经验相对不足而对企业产生较多的依赖时，要保证企业的提议权（例如 AD_1 等影响因素对企业提议权的正向影响）。

第二，PPP 项目运作过程中，称职的政府更应该在合理范围内充分放权。在某些项目环境与参与主体显示某些特定特征的情况下，政府在许多决策中应尽量少地干涉项目决策方案与计划的设计，即在决策提议过程中，政府应尽量降低自身意志对项目决策的影响，因为可能会限制处于弱势一方企业的专业效率的发挥，尤其是项目所涉及的技术复杂、专业化程度高的时候（例如 AS_1、AP_4 等影响因素对政府提议权的负向影响）。但是由于企业具有逐利性的本质特点，在项目专业化特征明显且项目提供的产品与服务与公众利益切身相关或可能与企业的利益存在一定程度的不一致时，政府应该充分保证项目效益的独立性，放权给企业的同时又应划定合理范围，这体现为政府通过掌握决策的审批权或减少企业的提议权来实现政府对企业的限制和对项目的控制（例如 AS_1、AS_2、AD_5、AP_1 等影响因素对政府和企业权利的影响）。

第三，政府在 PPP 项目交易过程中应正确看待企业的逐利本质，合理的控制权配置并不妨碍企业在项目中“有利可图”。政府应摆脱传统政府采购项目中的固有思维模式，在转移风险的同时充分让渡权利，而让渡权利就意味着让出了项目部分的潜在收益，但只有当企业能够发现这些潜在收益的可能性时，企业才会更有意愿参与 PPP 项目，这也是能够让企业在评估项目的不确定性、提出相应的有针对性决策方案与计划并承担风险时政府必须付出的代价（例如 AD_3、AP_6 等体现项目环境或合作关系等方面不确定性的影响因素对企业提议权具有正向影响），本原则所体现的思想也可解释为许多国家 PPP 项目进行 VfM（Value for Money，物有所值）评价中使用的 PSC（Public Sector Comparator，公共部门比较因子）指标中“政府转移风险的成本”。当然，PPP 项目合理有效的控制权配置将能具有对企业在项目绩效表现上的正向激励作用。

第四，PPP 项目合理的控制权配置可以体现政府与企业之间的“共赢合作”而非“零和博弈”。这体现为 PPP 项目所提供的产品与服务在设计到交付的整个过程中，当遇到较大的技术难题或较差的管理条件时，政府与企业应该共同参与解决，因为这些客观存在的障碍无论对于政府还是企业都具有相同的负面效应，通过多方参与群策群力实现双赢的同时，也保证项目的成功（例如，AP_2、AD_4 等体现项目难度水平特征的影响因素对政府和企业的权利同时具有正向影响）。

参考文献

[1] Jefferies M. Critical success factors of public private sector partnerships a case study of the Sydney Super Dome [J]. Engineering, Construction and Architectural Management, 2006, 13（5）: 451-462.

[2] 张万宽，杨永恒，王有强. 公私伙伴关系绩效的关键影响因素[J]. 公共管理学报，2010, 7（3）: 103-112.

[3] 王守清，柯永建. 特许经营项目融资（BOT、PFI 和 PPP）[M]. 北京：清华大学出版社, 2008.

[4] Wu Di, Liang Wei, Wang Shouqing. Constituent Elements of Feasible Financing Modes for Urban Rapid Rail Transit Projects [C]. Proceedings of the 2nd International Conference on Public-Private Partnerships. Austin, Texas, USA, May, 2015.

[5] 柯永建，王守清，陈炳泉. 英法海峡隧道的失败对 PPP 项目风险分担的启示[J]. 土木工程学报, 2008, 41（12）: 97-102.

[6] 叶晓甦，易朋成，吴书霞. PPP 项目控制权本质探讨[J]. 科技进步与对策，2011, 28（13）: 67-70.

[7] Ana Belen Alonso-Conde, Christine Brown, Javier Rojo-Suarez. Public private parthnerships: Incentives, risk transfer and real options [J]. Review of Financing Economics. 2007: 335-349.

[8] Grossman S, Hart O. The Costs and Benefits of Ownership: A Theory of Vertical and Lateral Integration [J]. Journal of Political Economy, 1986, 94: 691-719.

[9] Hart O, Shleifer A, Vishny R W. The Proper Scope of Government: Theory and an Application to Prisons [J]. Quarterly Journal of Economics, 1997, 112（4）: 1127-1161.

[10] Besley T, Ghatak M. Government versus Private Ownership of Public Goods [J]. Quarterly Journal of Economics, 2001, 116（4）: 1343-1372.

[11] Onishi M, Bando H, Kobayshi K. Theoretical Analysis of the Ownership Structure in PFI Projects [R]. 27th Civil Engineering Plan Subject Research and Conference, 2003（Japanese, disc）.

[12] Francesconi M, Muthoo A. Control Rights in Public-private Partnership [R]. Bonn: IZA, 2006. 1-37.

[13] 胡振. 公共项目公私合作（PPP）控制权配置的决策模型[J]. 西安建筑科技大学学报（自然科学版）, 2012, 44（1）: 90-96.

[14] 张喆，贾明. PPPs 合作中控制权配置实验[J]. 系统管理学报，2012, 21（2）:

166-179.

[15] 杜亚灵，王剑云. BT 模式下工程项目控制权的合理配置研究[J]. 软科学, 2013, 27（5）: 56-61.

[16] 孙慧，卢言红. PPP 项目剩余控制权配置的影响因素研究[J]. 武汉理工大学学报（信息与管理工程版）, 2014, 36（1）: 91-94.

[17] 伍迪. PPP 项目控制权配置的法律分析[A]. 第四届 PPP 全国高校论文竞赛优秀论文集[C]. 2014.

[18] 伍迪，王守清，Cui Qing-bin. PPP 模式下区域开发项目政企双方控制权份额的度量方法研究[D]. 北京：中国软科学学术年会, 2015.

[19] 伍迪，王守清，冯珂，张子龙. PPP 项目决策分解结构研究[J]. 项目管理技术, 2015, 13（1）: 20-24.

[20] 吴明隆. 问卷统计分析实务——SPSS 操作与应用[M]. 重庆: 重庆大学出版社, 2010.

[21] Kaiser H F. The application of electronic computers to factor analysis [J]. Educational and Psychological Measurement, 1960, 20, 141-151.

[22] Stevens J. Applied multivariate statistics for the social science [M]. Mahwah, NJ: Lawrence Erlbaum, 2002.

[23] Hair J F, Anderson R E, Tatham R L, Black W C. Multivariate data analysis [M]. Englewood Cliffs, NJ: Prentice-Hall, 1998.

[24] Norusis M J. SPSS for Windows: Professional Statistics, Release 6.0. Statistical Package for Social Sciences （SPSS） Inc., Chicago, Illinois, USA, 1993.

[25] Tabachnick B G, Fidell L S. Using multivariate statistics [M]. Needham Heights, MA: Allyn and Bacon, 2007.

（第五届 PPP 全国高校论文竞赛一等奖获奖论文）

PPP 模式下城镇建设项目政企控制权配置研究

作者：王守清　伍迪　彭为　崔庆斌

基金项目： 国家自然科学基金资助项目（71572089）、上海市重点学科建设资助项目（B310）

【摘要】 政企合作（PPP）模式是城镇化建设中缓解财政压力并提高效率的一种新型融资模式，项目控制权在政企间的分配是PPP项目治理的核心问题。为探究PPP项目控制权配置的原则与机理，该文首先根据已有研究建立度量控制权的决策指标体系，基于此收集PPP实践中控制权配置方案的大数据，提出参考度的概念，从行政区域、决策过程、配置主体等视角对数据进行挖掘与分析。其次采用FMEA（失效模式与影响分析）指标实施专家调研，通过求解实践统计数据与专家调研结果间的Pearson相关系数进一步分析决策分配方案与决策本质属性间的联系。研究结果发现中国PPP实践中存在法规政策的针对性不高、监管权配置不明确、对企业激励不足、公众参与的操作性不强等问题。最后结合相关理论研究和国际经验对中国PPP实践提出有针对性的建议。

【关键词】 政企合作（PPP） 城镇建设 项目控制权 配置 决策

政企合作（public-private partnership，PPP）融资模式，因其能缓解财政压力、提高项目效率等优势，在中国城镇建设中取得了广泛应用[1]。近年来中国陆续出台政策推动PPP模式发展，仅2014年就有“财政部76号”、“国务院60号”、“发展改革委2724号”等多项PPP指导意见，相关部门还推出了更细化的PPP指南、PPP合同范本等参考性文件。

与传统的政府采购模式相比，PPP模式充分利用企业的专业技术管理能力和市场的调节效率，实现了“物有所值（value for money）”[2]。但是，PPP模式提供的大多是公共产品或服务[1]，公共经济学理论认为，这类项目的控制权不应过多地交给市场或企业，这与项目效率对市场化的需求构成了控制权配置的矛盾。许多教训表明，不合理的控制权配置会导致项目的变更、争议甚至失败。

PPP项目控制权是通过特许权协议等契约进行配置的[6]，相关法规政策对其合同设计具有指导意义。 本文建立控制权指标并收集实践中的配置数据，结合专家调研结果，探索控制权配置的原则与机理，对PPP模式的应用与实践具有重要意义。

一、研究现状

（一）PPP项目的控制权

控制权本身概念较为抽象，无法脱离资源载体而存在[6]，可概括为对可供支配和利用的资源的控制和管理，从而将评判控制权转化为衡量对决策这个资源载体的掌控程度[14]。从这个视角出发，PPP项目控制权可分为名义控制权和实际控制权，前者一般源于经济上的所有权，后者则有权做出决策[5]。

（二）PPP项目控制权配置

控制权配置是PPP项目治理的核心问题之一，许多学者对如何进行项目控制权分配进行了探索，分配时需要考虑配置主体、产出等多方面因素，梳理相关主要结论归纳如表 4-40 所示。

表 4-40　项目控制权配置影响因素

影响因素	配置主体因素							产出因素					其他因素
	1	2	3	4	5	6		1	2	3	4		1
研究文献编号													
[6]	√												
[7]									√				
[8]		√											
[9]			√										
[10]	√	√						√					
[11]				√									
[12]	√	√			√			√		√			
[13]					√	√		√		√	√		√
[14]		√	√										

注　配置主体因素包括：①主体投资的重要性程度；②对项目价值的评价/预期高低；③利益关系的一致性/不可替代程度；④成本控制、风险管理等专业化水平；⑤主体间合作关系长期性/信任程度；⑥主体间的契约类型。产出因素包括：①产品服务的公共化程度；②对产品服务成本及质量改进的影响；③价值的可度量/复杂程度；④所在地环境的私有化程度。其他因素包括：外部因素导致的特殊需求

（三）目前研究的不足

通过以上总结，目前研究的不足及启示如下：

（1）对控制权配置的一般性规律研究不足。现有研究常见的方式是选取某个 PPP 案例或限制在某种理论模型的假定中，较难全局深入分析，例如表 4-40。

大多结论因研究目的与方法的局限仅仅关注个别因素。PPP 实践中项目控制权的配置是通过相关法规指导下的契约实现的，这为挖掘项目控制权配置一般性的数据提供了可能。鉴于此，本文将 PPP 相关法规作为大数据获取的重要来源之一。

（2）研究与实践存在一定脱节。在常规企业中，实际控制权与名义控制权高度相关，但 PPP 项目中两者并没有必然联系，很难通过经济资源载体进行衡量。因此大多数配置影响因素的结论只能停留在理论层面，对实践指导有限。鉴于此，本文将直接从决策载体的角度（实际控制权）建立指标，根据决策过程将控制权进行分解。

二、PPP 控制权配置的大数据统计分析

建立描述控制权配置的指标体系是收集配置数据的基础，其核心是识别 PPP 项目决策清单。本团队结合扎根理论与工作分解结构（WBS）工具建立了决策识别与编码

的方法，借助 QSR NVivo 软件识别了 PPP 项目中的 28 项决策，并根据 Fama[17]的理论将各决策权利束进一步细分为提议权、审批权、执行权、监督权 4 类子权利，从而搭建了描述控制权的二维指标体系，识别过程及清单见另文[16]。

如前所述，将法规中的条款转化为控制权配置方案的数据，实际上是通过条款的规定与说明将政府和企业在各项指标所代表的权利中进行定位。普遍认为，审批权的特殊性质决定其主体只能是一个，而其他 3 类则可由多主体共同拥有[18]。另外，有些指标虽然无法通过法规条款进行赋值，但相关条款同样对契约的设计具有参考意义。例如，法规明确规定有些决策的方案和计划应该写入特许权协议，或明确给出了其评判的原则和依据。这类条款在一定程度上可看作是完成了对决策审批权的配置，这类内容也应该作为重要的数据进行收集。

按照以上数据收集原则，本文团队全面收集了国家级、省/自治区/直辖市级、市/县级出台的多部 PPP 管理办法、实施办法、条例等，在约 20 万字的样本中，逐条分析所有条款，借助 QSR NVivo 软件对各项指标所代表的权利进行分配，分配给政府记为 G，给企业记为 E，对于审批权没有分配但如上所述具有参考意义的记为 0。本次数据收集工作共计为 28 个不同行政区域建立了各自的控制权配置方案。

初步分析发现，现有法规很难为某个区域的 PPP 项目提供一套完备的配置方案，这是由于 PPP 项目在不同经济、市场等条件下的合理配置可能不同。为进一步分析统计结果，借鉴不完全契约理论中完备程度的思想，本文团队提出“参考度”的概念，将其定义为已赋值指标数量占总指标数量的比例。参考度的大小可以反映 PPP 决策者进行相关合同条款设计时从实践中获得参考程度的大小，是法规细化程度的体现。

（一）行政区域视角

计算 28 个配置方案的参考度，为区别审批权的“0”配置，同时计算非 0 赋值指标占总指标数量的比例（定义为“狭义参考度”）。将这些计算结果按行政区域级别分类汇总如图 4-27 所示。

行政区域级别越低，其项目环境的复杂程度也越低，参考度理应越高。但整体上看，图中不同级别间（尤其是省与市之间）的参考度并没有明显差异，有的市级参考度甚至低于上级。例如，具有从属关系的兰州市和甘肃省的参考度分别为 22.32%和 23.21%。这说明中国 PPP 法规没有“因地制宜”，缺乏针对性，产生这种情况的原因可能有两个方面：

（1）基层 PPP 实践人员专业化程度不高。从法规出台的政府机构来看，市级法规大多由基层政府制定，而省级法规中，除 2 个直辖市为政府，其他均为建设厅等相对专业化程度较高的机构。

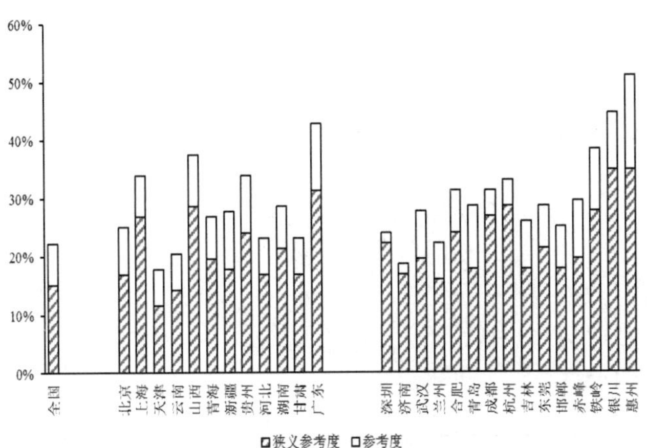

图 4-27　不同行政区域的参考度

（2）PPP 实践仍处于探索普适性原则的阶段。将图中的各组参考度变换时间维度来观察（如图 4-28 所示，横坐标为法规开始实施的日期），可以发现随着时间推移，参考度不断增加。这说明各省市在制定法规时，一定程度上参考了其他省市的实践经验。

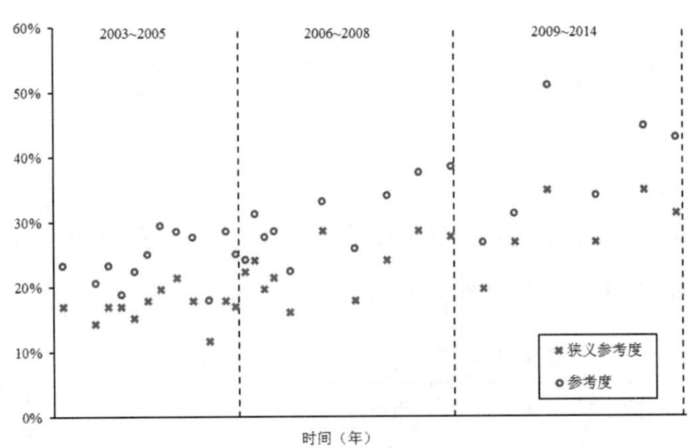

图 4-28　参考度的时序统计

（二）决策过程视角

分别计算 28 组配置方案对决策的提议、审批、执行、监督 4 个过程的参考度，并进行时序统计如图 4-29 所示。总体上看，对 4 类权利的配置随时间不断细化，其中，对审批权配置最多，对监督权配置最少且细化速度也最慢。

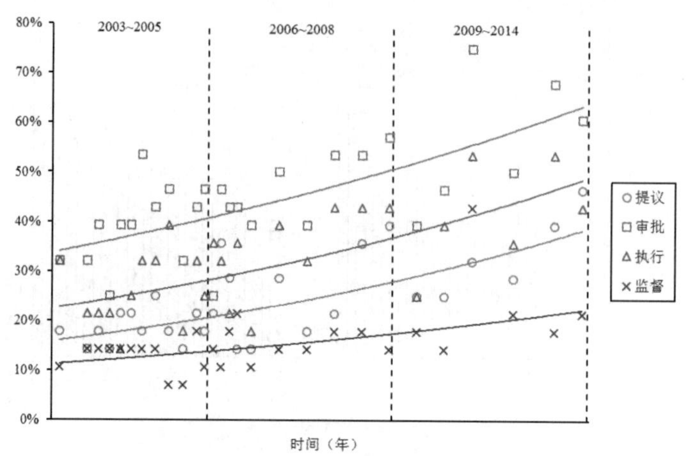

图 4-29　决策过程参考度的时序统计

审批和监督是决策的2个最重要的过程[17]。但图4-29显示，目前PPP实践对监督权重视不足，在所有配置方案，仅有湖南省和惠州市的监督权参考度在4项权利中不是最小的。事实上各地法规中与监督相关的条款并不少，只是大多比较模糊和泛化。例如，天津市第16条规定监管部门应该“制订对特许经营监督管理的相关措施、向市人民政府定期报告对特许经营活动的监督检查情况”等。这些条款有的没有指出明确的监督部门，有的没有明确的监督内容（决策），对实践的参考十分有限。

（三）配置主体视角

计算28组方案中各主体获得的控制权指标总数（见表4-41），可以看出目前实践中政府和企业的定位：政府更多充当审批者与监督者，而企业更多地担任落实者，也参与部分决策的计划与方案的设计。

表 4-41　不同主体获得的指标数量/项

	提议权	审批权	执行权	监督权
政府	110	100	74	117
企业	118	7	186	0
合作	47	0	24	0

成功的PPP项目往往需要充分发挥企业的专业优势，但从表来看，PPP实践中的合作特征并不明显，从某种程度上说，现行PPP实践更多地保障了政府的权利，对企业更多则是约束。

此外，公众作为PPP项目产品服务的直接用户，也应该作为相对独立的参与主体[17]。在数据统计过程中特别利用软件整理了公众权利的条款。在28个地区的法规中，有 26 个都保障了公众在项目中的权利，例如：北京市第 39 条规定应“将关系公共利益、公共安全的信息及时向社会公告”；深圳市第 51 条规定应当“设立公众监督委员会，代表公众进行监督”等。整理发现，公众的权利可归结为知情权、投诉权和监督权，但从决策过程来看实际上都是监督权，内容十分笼统，且和政府监督又存在很大的重叠，一定程度上限制了公众的参与程度。

三、PPP 控制权配置的原则与机理

本部分选用失效模式与影响分析（failure mode and effects analysis，FMEA）过程中的 3 项主要指标进行专家调研探索各项决策的本质特征，即失效的严重程度 S、失效发生概率 P 和失效的检测难度 D[18]。调研结果从 3 个方面描述了各决策的重要程度，而上述统计数据及得到的参考度可以反映实践中决策者对不同决策的重视程度，通过二者间的相关关系可以进一步分析控制权配置的原则与机理。

（一）基于 FMEA 的调研

FMEA 过程通常依靠调研的方法来实现指标数据的收集。结合类似的研究经验[19]，本次调研专家选择原则包括：拥有丰富的城镇建设项目经验；现在或曾直接参与 PPP 项目的管理；对 PPP 项目控制权等领域有深入的了解和研究。按此原则，本研究于 2014 年 8 月至 12 月对 58 位专家进行调研访谈，样本数据在建设管理研究领域中是比较高的[20]。调研采用 Likert 五级量表打分法，数据处理采用均值法，以便数据检验[21]。经计算，S、P、D 三项指标的 Cronbach’s Alpha 系数分别是 0.945、0.931 和 0.906，具有良好的信度[22]，Chi-Square 值分别是 581.092、632.029 和 724.892，大于 0.05 显著性条件下 27 自由度的临界值 40.113，具有良好的效度[23]，可认为总体样本的数据质量能够用于进一步分析讨论。

（二）调研结果与统计结果的相关性分析

Pearson 相关系数（pearson product-moment correlation coefficient，PPMCC）常用于变量间的相关性分析，x、y 间该系数计算方法如下：

$$\mathrm{PPMCC}_{xy}=\frac{n\sum x_i y_i-\sum x_i\sum y_i}{\sqrt{n\sum x_i^2-(\sum x_i)^2}\sqrt{n\sum y_i^2-(\sum y_i)^2}} \tag{4-11}$$

根据前面实践统计结果，计算每项决策提议、审批、执行、监督的参考度，并计算这 4 类权利中分配给政府（G）、企业（E）的数量及两者之和（G+E）。每组计算结果都有 28 个统计数据，将它们分别与专家调研得到的 3 组 28 个调研数据进行相关性分析，计算相互的 PPMCC。在管理学领域，PPMCC 绝对值大于 0.3 时具有显著相关性，大于 0.5 时具有强相关性。剔除不相关数据，表 4-42 列出了呈现显著相关性和强相关性（*）的配对。

表 4-42 统计与调研的相关性分析

PPMCC		严重程度 S	发生概率 P	检测难度 D
提议权	G	0.40	0.37	
	E	0.45	*0.52	0.45
	$G+E$	0.36	0.50	0.31
	参考度	*0.52	0.50	0.45
审批权	G	0.37	0.32	*0.52
	0			0.33
	参考度	0.32	0.40	*0.60
执行权	G	0.40		
	$G+E$	0.35		
监督权				
全过程	G	0.45	0.36	0.41
	E			0.32
	$G+E$	0.39	0.41	
	参考度	0.38	0.36	0.46

（1）实践中对每项决策的全过程参考度与 D 的相关系数达到了 0.46，高于与 S、P 的相关系数（0.38 和 0.36），说明实践中更多关注不易发现并纠正的决策。尤其是审批权配置方案完备程度和配置给政府的审批权数量与 D 之间都有很强的相关性（0.60 和 0.52），也说明了审批在决策过程中的核心地位。可能的原因是 PPP 项目大多具有不可逆性，重视不易检测的决策不仅可以有效避免这类决策失效，还可以提高谈判的效率。对于这类决策，还需要强化监督过程，但表并没有体现出对监管的重视。

（2）S 和 P 是风险管理中常采用的分析指标，对于 S、P 较大的决策，实践中更多地关注了决策的提议过程（0.52 和 0.50，且与提议相关的所有指标相关性都显著），特别是对于 P 较大的决策提议过程，鼓励企业参与策划和双方合作，这体现了实践中充分发挥专业优势，借助多方经验降低失效概率的思想。

（3）从配置主体上看，实践十分倚重政府的作用。在决策全过程的相关性统计中，政府获得的权利数与 3 项指标都呈显著相关（0.45、0.36、0.41），对 D 较大的决策，政府还会参与执行（0.40），这说明政府拥有实践中大多数重要决策的绝对控制权。但在 PPP 交易过程中，若政府承担了过多的任务，不仅会消耗其行使其他职能的效率，也会使其在 PPP 项目中的角色界定变得模糊，使企业无意愿也无能力承担更多风险，从而降低了项目的运作效率。

四、建议

综合以上分析讨论结果，结合相关研究及国外经验，对中国 PPP 实践的发展提出如下建议。

1. 促进 PPP 制度的立体化建设

根据前面分析，PPP 实践仍处于探索普适性原则阶段，基层管理者专业化程度不高。目前，中国已启动了 PPP 法的起草，但全国性的法律应更注重顶层设计，对控制权配置的参考度不宜过大，而各级行政区域应在此基础上制定与自身环境相匹配的法规制度，从而提高针对性。同时还应该出台参考度更高的 PPP 指南、PPP 标准合同等文件，并充分考虑不同行业领域的差异分别进行规范。总之，PPP 制度体系应更加立体、对实践指导意义更全面，

图 4-30 描绘了本研究对 PPP 制度体系的建议，离原点越远，对实践的参考度越大，但适用范围和效力越低。

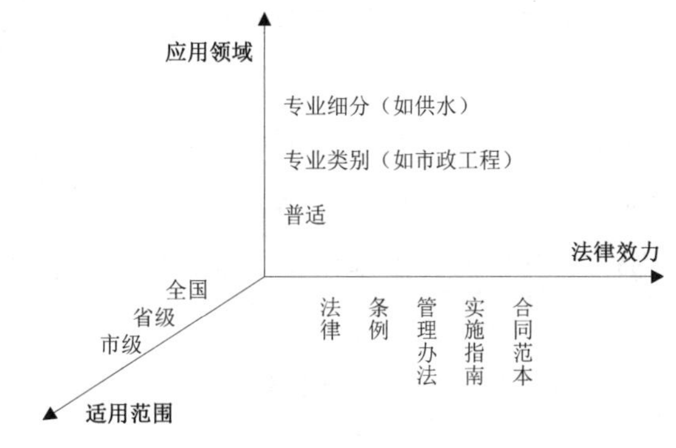

图 4-30　PPP 制度体系的建议

2. 强化并细化 PPP 监管，兼顾公众的控制权

目前 PPP 实践中对监管权配置最不重视、最缺乏针对性，存在监管部门不明确、监管内容不清晰等问题。成熟的 PPP 项目运作过程中，监管应该分配到直接落实的部门，监管的内容应该细化到相应的决策。另外，PPP 项目往往关系到公众的切身利益，但目前公众参与机制的可操作性不高，权力有限且行使方式单一。具体到一些决策中，在保障公众监督权利的同时，还应该保障公众对决策提议等其他过程的参与，这样不仅保障了公众的权益，提高了决策执行的效率和透明度，还减轻了政府监管的压力。

3. 政府应发挥与企业的“合作”关系并适当放权

在目前的 PPP 实践中，重要的决策、各决策的重要过程大多由政府掌控。企业更多地负责项目的落实和决策的执行，发挥的空间有限，这不利于项目效率的提高。政府需要充分发挥企业的专业经验，并通过风险的转移和控制权的让渡来实现。因此，

在良好的 PPP 项目合作过程中，政府与企业双方才能够各取所需。政府还可以在与企业良好合作关系的基础上，分享企业的一部分项目收益，用于保障公众的利益，真正实现“多盈”。

五、结论

本文以中国 PPP 实践中控制权配置方案的大数据统计和专家调研结果作为研究基础，提出参考度的概念，并使用 FMEA、Pearson 相关系数等工具，多方面探讨了 PPP 项目控制权配置原则与机理，发现实践中存在法规政策的针对性不高、监管权配置不明确、对企业激励不足、公众参与的操作性不强等问题，并针对这些问题结合理论研究和国际经验提出制度体系、项目监管、有效合作等 3 方面建议。本文结论对 PPP 项目控制权领域的理论研究以及 PPP 项目治理、合同设计等实践中的决策问题都具有借鉴意义。

参考文献

[1] 伍迪，王守清. PPP 模式在中国的研究发展与趋势[J]. 工程管理学报, 2014, 28（6）: 75-80.

[2] 彭为，陈建国，CUI Qingbin，等. 公私合作项目物有所值评估比较与分析[J]. 软科学, 2014, 28（5）: 28-33.

[3] 叶晓甦，易朋成，吴书霞. PPP 项目控制权本质探讨[J]. 科技进步与对策，2011, 28（13）: 67-70.

[4] 徐霞，郑志林. 公私合作制模式下的利益分配问题探讨[J]. 城市发展研究，2009, 16（3）: 104-106.

[5] Aghion P, Tirole J. Formal and real authority in organizations [J]. Journal of Political Economy, 1997, 105（1）: 1-29.

[6] Grossman S, Hart O. The costs and benefits of ownership: A theory of vertical and lateral integration [J]. Journal of Political Economy, 1986, 94: 691-719.

[7] Hart O, Shleifer A, Vishny R W. The proper scope of government: Theory and an application to prisons [J]. Quarterly Journal of Economics, 1997, 112（4）: 1127-1161.

[8] Besley T, Ghatak M. Government versus private ownership of public goods [J]. Quarterly Journal of Economics, 2001, 116（4）: 1343-1372.

[9] Onishi M, Bando H, Kobayshi K. Theoretical analysis of the ownership structure in PFI projects [C]// 27th Civil Engineering Plan Subject Research and Conference, 2003（Japanese, disc）.

[10] Francesconi M, Muthoo A. Control Rights in Public-private Partnership [R]. Bonn:

IZA, 2006.

[11] 胡振. 公共项目公私合作控制权配置的决策模型[J]. 西安建筑科技大学学报（自然科学版）, 2012, 44（1）: 90-96.

[12] 张喆, 贾明. PPPs 合作中控制权配置实验[J]. 系统管理学报, 2012, 21（2）: 166-179.

[13] 杜亚灵, 王剑云. BT 模式下工程项目控制权的合理配置研究[J]. 软科学, 2013, 27（5）: 56-61.

[14] 孙慧, 卢言红. PPP 项目剩余控制权配置的影响因素研究[J]. 武汉理工大学学报（信息与管理工程版）, 2014, 36（1）: 91-94.

[15] Fama E F, Jensen M C. Separation of ownership and control [J]. Journal of Law and Economics, 1983, 26（2）: 301-325.

[16] 伍迪, 王守清, 冯珂, 等. PPP 项目决策分解结构研究[J]. 项目管理技术, 2015, 13（1）: 20-24.

[17] Ng S T, Wong J M W, Wong K K W. A public private people partnerships process framework for infrastructure development in Hong Kong [J]. Cities, 2013, 31: 370-381.

[18] Carbone T, Tippett D. Project risk management using the project risk FMEA [J]. Engineering Management Journal, 2004, 16（4）: 28-35.

[19] Manoliadis O, Tsolas O, Nakou A. Sustainable construction and drivers of change in Greece: A delphi study [J]. Construction Management and Economics, 2006, 24（2）: 113-120.

[20] Wang S, Dulaimi M F, Aguria M Y. Risk management framework for construction projects in developing countries [J]. Construction Management and Economics, 2004, 22（3）: 237-252.

[21] Ke Y, Wang S, Chan A P C, et al. Preferred risk allocation in China's PPP projects [J]. International Journal of Project Management, 2010, 28（5）: 482-492.

[22] Norusis M J. SPSS for Windows: Professional Statistics, Release 6.0 [M]. Chicago: Statistical Package for Social Sciences Inc, 1993.

[23] Siegel S, Castellan N J. Nonparametric Statistics for the Behavioral Sciences [M]. New York: McGraw-Hill Inc, 1988.

[《清华大学学报》（自然科学版），2017 年第 4 期]

资源补偿项目（RCP）融资模式特许权要点设计——以某湿地公园项目为例

作者：朱蕊　王守清

【摘要】　本文以解决某市湿地公园项目融资难问题为目的，引入资源补偿项目（Resource Compensate Project, RCP）融资模式，结合项目实际情况，分析了土地资源、旅游资源和矿产资源补偿方式的可行性，并得出只有土地资源补偿方式可行的结论。随后，本文定量分析了住宅用地资源的补偿量。最后，本文就特许权协议提出了十二条关键条款建议，可供政府或投资者参考。全文思路、方法和特许权协议条款建议可供 RCP 融资模式的应用提供借鉴。

【关键词】　资源补偿项目（RCP）　特许经营（PPP）　项目融资　土地资源　特许权协议

一、引言

我国南方某市政府欲打造西南地区最大的湿地公园，初步规划公园占地面积 400 公顷，总投资约为 8 亿元，预计建设期为两年。但政府财政紧张，无法独自承担湿地公园建设费用，如果采用传统的银行贷款的融资方式，则政府也不能承担沉重的利息，并且政府目前并没有计划为湿地公园制定收费机制，所以该项目对民间资本没有吸引力，应用 BT、BOT 等融资模式不可行，于是打算应用 RCP 融资模式。RCP 融资模式即选择一种可能产生期望收入的资源项目去补偿一个财务上不可行的项目[1]，其本质上是政企合作（Public-Private Partnership, PPP）模式中的一种捆绑形式，其具体含义如下：

政府通过特许权协议，授权投资者（一般组建项目公司）进行非经营性或非自偿性基础设施/公用事业项目的融资、设计、建造、运营和维护，并向使用者收取适当的费用（如有收费机制），以收回项目部分投资，特许期满后项目公司将项目无偿移交给政府；同时，政府以对项目公司进行补偿的方式将经营性基础设施/公用事业项目周边一定数量的资源（如土地、旅游、矿产等）的开发权出让给项目公司，以捆绑的方式提高项目公司的整体盈利能力，以确保项目投资者获得合理回报，调动投资者的积极性[1]。

上文中提到的湿地公园项目属于典型的非经营性基础设施/公用事业项目，这类项目由于自身的特性，一直以来都存在融资难的问题。RCP 融资模式的提出，为非经营性或非自偿性项目的融资提供了新方式，具有减轻政府财政压力、提高项目运作效率和加速资源开发等优点，对解决基础设施/公用事业项目建设资金不足、加快建设具有重要的现实意义[1]。

二、湿地公园项目应用 RCP 模式的定性分析

把 RCP 模式引入到该湿地公园项目中，首先要考虑的是补偿方式。虽然该项目所在地可选的补偿方案有土地资源、旅游资源和矿产资源补偿，但是前期初步的可行性分析已经排除了后面两种补偿方式的可行性[2]，因此，本文仅分析土地资源补偿方式。

将土地作为补偿资源，政策上遇到的最大问题是我国对土地出让方式有严格的限制，例如，我们熟知的“8.31 大限”[3]等。为了解决这一难题，现在一般通过三种方式来使土地使用权的获得合法化：捆绑招标、作价入股和土地出让金补偿。表 4-43 是对这三种方式进行的比选结果。

表 4-43　土地使用权获取方案比选

方案名称	优　势	劣　势
捆绑招标	可提高投标人/企业的准入标准，充分发挥企业的专业优势	风险利益分担不甚合理，上、下位法律法规存在冲突，法律风险大
作价入股	政府对项目公司有控制权，既发挥企业的专业优势，又保证民众利益	相关因素牵扯多，操作方式复杂，土地使用权价值有波动
出让金补偿	项目结构简单，可操作性强，也能充分发挥企业的专业优势	对项目没有后续的控制能力，政府不能分享开发收益

因为湿地公园项目是建设两型社会的试点项目，所以在敏感问题的操作上政府还是应该选择法律风险较低的方式；另外，政府需要对湿地公园项目有一定的控制能力，所以，选择作价入股的补偿方式比较合适。

选择了作价入股的方式之后，根据项目所在地的规划，本文选择了对投资者吸引力最大的四块住宅用地作为潜在的补偿用地。这四个地块的规划类型为一类住宅用地（控制性规划指标见表 4-44），位于湿地公园北部，紧邻某河，环境优美，湿地公园建成后，交通便利，适合开发建设成高档联排或双拼类别墅社区，土地规划中还包括健全的公共设施，如医院、幼儿园和警务站等，是理想的居住之地。湿地公园建成后这片居住用地的价值一定会提升，相对于其他住宅用地，这个地块对投资者的吸引力是最大的。

表 4-44　住宅用地情况

地块编号	用地性质	用地面积（m²）	容积率	建筑面积（m²）	绿地率（%）	建筑密度（%）	建筑限高（m）
6-03	一类居住用地	66 164.54	0.8	52 931.632	48	22	12
06-04	一类居住用地	59 935.34	0.8	47 948.272	48	22	12
06-05	一类居住用地	59 106.22	0.8	47 284.976	48	22	12
06-06	一类居住用地	52 200.65	0.8	41 760.52	48	22	12

三、土地补偿的定量分析

因为待估的土地都是未开发的，所以，本文采用假设开发法来评估土地价值，并考虑资金的时间价值，采用现金流折现的计算方法。下面逐步对这四个地块进行价值估算。

1. 开发经营期

这四个地块的总用地面积为 237 406.75 平方米，总建筑面积为 189 925.4 平方米，根据房地产开发经验和咨询相关从业人员，预计开发销售期为三年，其中两年为开发期，一年为销售期。

2. 开发完成后的房地产价值

采用市场法，在估价时间点（2011 年 5 月）对该四个地块周围（5 千米内）类似的高档住宅项目进行了调研，对于容积率小于 1 的住宅项目，即别墅和类别墅项目，容积率对其价格的影响非常大，例如容积率为 0.3 的别墅项目每平方米的价格大约是容积率为 0.6 的项目的一倍；另外，我国法规明文规定，2003 以后停止别墅用地的供应，这里的“别墅用地”主要指的是独栋别墅用地，所以该住宅项目可能建设的户型为独栋、双拼、联排和洋房综合住宅。根据以上的分析，在该住宅项目周围找到了三处容积率为 0.8 左右的可比项目案例（见表 4-45）。

表 4-45　周边可比住宅项目案例

楼盘编号	类　型	占地面积（m²）	总建筑面积（m²）	容积率	绿化率（%）	均价（元/m²）
1	独栋、联排、双拼	1 800 000	1 067 200	0.8	40	8 400
2	独栋、联排	220 001	130 000	0.64	52	10 000
3	独栋、联排、双拼	103 999	82 345	0.85	60	8 200

可比项目案例的平均销售价格为 8 867 元/平方米，基于对价格呈持续上涨趋势和湿地公园对楼盘价格的拉动的预测，结合项目所在市新建商品住宅分类价格指数的变化，取年平均价格增长率为 6%，预计经过两年的开发建设后，开发完成后的房地产

价格将为 9 963 元/平方米，房地产总价值为 189 222.7 万元

3. 开发成本

在对项目所在市同类住宅项目开发成本的平均水平进行推算和咨询相关从业人员之后，得到本住宅项目的开发成本（见表 4-46）。

表 4-46 住宅开发成本

费用项目	费用支出（万元）	单价（元/m²）	费用项目	费用支出（万元）	单价（元/m²）
A 勘察设计和前期工程费	2 256.3	118.8	社区医务室	100.0	
咨询调研费	95.0	5.0	D 建筑安装工程费	35 594.0	1 874.1
勘察、设计费	1 405.4	74.0	基础处理工程	1 012.3	53.3
前期及后期手续费	174.7	9.2	土建工程	18 992.5	1 000.0
前期工程费	531.8	28.0	外窗、幕墙及外装饰工程	4 372.1	230.2
前期及后期其他费	49.4	2.6	门类及相应小五金工程	1 139.6	60.0
B 基础设施费	10 083.2	530.9	精装修工程	7 597.0	400.0
市政前期费	364.7	19.2	机电工程	505.2	26.6
红线内市政工程费	2 263.9	119.2	消防报警工程	102.6	5.4
热力站点	792.0	41.7	弱电工程	569.8	30.0
环境景观工程费	2 864.1	150.8	燃气工程	174.7	9.2
红线外市政工程费	3 798.5	200.0	公共部位装饰工程	95.0	5.0
C 公共配套设施费	620.0		标识工程	32.3	1.7
幼儿园	500.0		工程开办费	1 000.9	52.7
警务站	20.0		开发成本总计	48 553.5	2 556.5

4. 管理费

管理费取开发成本的 1%，为 485.5 万元。

5. 销售费用

销售费用取开发完成后房地产价值的 3%，为 5 676.7 万元。

6. 销售税费

销售税费取开发完成后房地产价值的 5.5%，为 10 407.2 万元。

7. 开发利润 10%

因为前文对房价的估计属于保守估计，在查阅多方资料以后，也保守地取开发利润为 10%。

综上，住宅项目相关费用预测汇总如表 4-47 所示。

表 4-47　住宅相关费用预测

项　　目	计算方法	总价金额（万元）	单价金额（元/平方米）	发生时点
（1）开发完成后价值	9 963×189 925.4	189 222.7	9 963	
（2）开发成本	2 556.5×189 925.4	48 553.5	2 556.5	开发期均匀分布
（3）管理费用	（2）×1%	485.5	25.6	开发经营期均匀分布
（4）销售费用	（1）×3%	5 676.7	298.9	销售期均匀分布
（5）销售税费	（1）×5.5%	10 407.2	548.0	销售期均匀分布

采用现金流量折现法计算地块价值，折现率取 10%，不考虑投资利息和开发利润，计算过程如表 4-48 所示。

表 4-48　土地价值计算

项　　目	计算方法	总价金额（万元）	单价金额（元/平方米）
（1）开发完成后价值	$189\ 222.7/(1+10\%)^{3}$	142 165.8	7 485.3
（2）开发成本	$48\ 553.5/(1+10\%)$	44 139.5	2 324.0
（3）管理费用	$485.5/(1+10\%)^{1.5}$	420.8	22.2
（4）销售费用	$5\ 676.7/(1+10\%)^{2.5}$	4 473.2	235.5
（5）销售税费	$10\ 407.2/(1+10\%)^{2.5}$	8 200.7	431.8
土地价值 P	（1）-（2）-（3）-（4）-（5）	84 931.6	4 471.8

表 4-48 显示，四块住宅用地的价值共为 84 931.6 万元，大于湿地公园的预测开发成本费用。因此，政府应该选择的补偿方式是，把湿地公园内的四块一类住宅用地补偿给湿地公园的投资者，允许其使用该住宅用地开发建设类别墅住宅，以收回成本和获得合理利润。

四、特许权协议关键条款设计

前文已经利用 RCP 模式，基本解决了湿地公园的融资问题，下面从政府的立场，结合项目实际情况，对特许权协议的关键条款进行设计。

第一条　特许权的内容

特许权协议双方为：

甲方：某市地方政府

乙方：投资者和政府组成的项目公司

1.1　甲方将先导区内 06-03、06-04、06-05、06-06 四个地块总价值为 84 931.6 万元入股到乙方，股权由地方国土资源局持有；甲方特许乙方独占排他享有 06-03、

06-04、06-05、06-06 四个地块的特许权，该权利在整个授权期内有效。甲方郑重保证：至本协议签订之日，未授予任何第三方享有本协议中乙方享有的 06-03、06-04、06-05、06-06 四个居住用地地块的特许权。并将确保根据本协议授予乙方的特许权、其他权利和优先权不以任何方式受到损害和妨碍。

特许权主要包括以下权利：

（1）开发建设权，即授予乙方上述四个居住用地地块的符合规划要求的开发建设权。

（2）销售经营权和物业管理权，即授予乙方开发完成后的房地产的销售经营权和物业管理权。

（3）开发建设完成后的住宅小区区域内的基础设施和服务设施的建设运营和物业管理权。

必须满足第三条规定的先决条件时，乙方才能取得和持有特许权。

1.2 甲方特许乙方享有独立、排他的 06-03、06-04、06-05、06-06 四个居住用地地块的特许权，甲方根据本协议授予乙方的特许权在授权期间内是专属于乙方的。甲方确保特许权的任何部分在授权期间内不再授予其他方。

1.3 甲方特许乙方享有 06-03、06-04、06-05、06-06 四个居住用地的规定区域内的基础设施和服务设施的开发建设经营权和物业管理权。这些基础设施和服务设施主要包括但不限于：幼儿园、警务站和社区医务室。

第二条 特许权的方式和特殊规定

2.1 该特许权以 RCP（资源补偿项目）形式由乙方享有。乙方需要承担甲方规定的湿地公园项目的开发建设工作，本协议写明的特许权主要是补偿给乙方的土地资源使用权，用以抵消乙方建设湿地公园所花费的成本。

2.2 湿地公园实际成本超过预计成本（8 亿元）5%以内时，湿地公园的建设成本全部由乙方承担，超出 5%的部分由甲乙双方协商后确定各方承担比例，但甲方应尽全力保证湿地公园项目顺利建成。

2.3 湿地公园实际成本低于预计成本（8 亿元）时，甲方无权要求乙方返还盈余部分，但是甲方作为乙方的股东之一，有权根据所占股份比例同乙方共同分享盈余。

第三条 乙方享有特许权的先决条件

3.1 上级省人民政府做出同意先导区湿地公园和园内 06-03、06-04、06-05、06-06 四个地块用地取得的意见。

3.2 乙方向甲方提交其关于湿地公园和住宅工程投融资计划以及银行贷款承诺书。

第四条　特许权的期限

4.1 甲方授予乙方的土地使用期限为70年（含建设期），本特许权协议期限同为70年，但如果出现不符合协议第三条先决条件的，甲方有权按照实际情况对特许期进行修改甚至终止本协议。

第五条 乙方的权利义务

5.1 乙方负责先导区内湿地公园项目的建设，湿地公园的建设不得晚于本协议生效之日起一个月内，并且乙方需在湿地公园动工之日起两年之内按照相关规定和要求完成湿地公园的建设。

5.2 湿地公园建成后，乙方需要向地方林业局申请验收，由林业局按照《国家湿地公园试点验收办法（试行）》进行验收，并且验收合格。

5.3 在湿地公园项目验收合格之前，乙方不得向地方质检站申请验收其开发建设的住宅项目。

5.4 甲方虽然入股到乙方项目公司，但是甲方仅限于在湿地公园项目上追加投资，乙方开发建设的住宅项目出现资金短缺时，乙方不能要求甲方追加投资。

第六条 甲方的权利和义务

6.1 甲方对湿地公园项目的建设有监督权，一旦建设期内发生甲方认为的严重影响工期或工程质量的问题，或是乙方有严重的违约行为时，甲方有权叫停项目，并有权视情况修改或终止本协议。

6.2 在特许期内，甲方确保乙方享受先导区生态建设优惠政策和税费减免政策。

6.3 乙方开发建设湿地公园和住宅项目所得的总利润由甲乙双方按照股权比例分配。

第七条　特许权的转让和担保

7.1 转让

7.1.1 乙方依据本协议享有的开发建设权未经甲方同意不得转让，乙方股东或投资联合体调整和变化需报甲方备案，但新的股东或投资联合体必须承认本协议并按本协议承担相应的义务。

7.1.2 乙方与受让方签署的转让合同中，受让方对乙方承担的义务，不得少于本协议中所规定的乙方义务。

7.2　担保

7.2.1 乙方有权将其依据本协议享有的土地开发经营权以及规划住宅小区范围内的服务设施的开发经营权进行担保。

7.2.2　乙方用上述权利进行担保的期限不得超过本协议规定的特许期。

第八条 土地使用权和设施的所有权、经营权

8.1 在本协议生效的期限内，房地产和包括幼儿园在内的基础设施和服务设施的所有权和经营销售权由乙方享有。

8.2 除本协议另有规定外，甲方保证在任何情况下，在整个特许期内，对乙方享有所有权和经营权的设施及其他资产不进行征用、充公、收归国有。

8.3 由于乙方销售房地产，使得土地使用权转移到第三方的情况，办理程序同通过"招拍挂"方式取得的土地一样，第三方对土地的使用权按照国家法律规定确定。同理也适用于乙方拥有的物业管理权等权利的转让，第三方的权利和义务由乙方与第三方自行商定，程序和规定同通过"招拍挂"方式取得的土地一样，本协议不应对此造成影响。乙方放弃土地使用权和设施所有权、经营权后，本协议不再适用。

8.4 湿地公园建设完成并验收合格后，由乙方移交给甲方所有，甲方自移交之日起拥有湿地公园的所有权和经营权。

8.5 特许权期限届满后，如果所有房地产均销售给第三方，则按照特许期满时的国家法律规定处理；如果乙方还有剩余房产未卖出，甲方无偿收回未卖出房产。

第九条 违约及赔偿

9.1 甲乙双方应严格遵守本协议的有关规定，任何一方违约都必须承担违约赔偿责任。

9.2 合同签订后，甲方在开工前单方终止合同，除承担乙方前期实际支出的费用外，还需向乙方支付项目投资总额1%的违约金；在项目工程建设期内甲方终止合同，要向乙方赔偿实际发生的工程费用，并承担项目工程投资总额10%的违约金；运营期间，甲方终止合同，要向乙方赔偿工程总投资额及合同期内的总利润。

9.3 湿地公园建设完成后，如果验收不合格，则乙方需要立即进行修复，所产生的费用由乙方自行承担，还需赔偿甲方因延误开园产生的收入损失。

9.4 如乙方资金未能到位，导致湿地公园项目工程延误的，须赔偿甲方因延误开园产生的收入损失。若乙方在竣工前单方面终止合同，除承担项目工程投资总额1%的违约金外，尚需承担停工造成的甲方的实际经济损失。

9.5 乙方所建的住宅小区范围不得超过规划的面积，不得侵占湿地公园的公共面积，不得妨碍公众游览公园，如果出现乙方损害公共利益的情况，则甲方有权勒令乙方停止侵权行为并向甲方交纳罚款，罚款数额视乙方侵权行为的严重性而定。

第十条 协议的终止

10.1 正常情况下，本协议授予的特许权应在特许期满时结束。

第十一条 甲方因乙方违约事件而单方终止协议

11.1 如果下面所列事项或条件中的一项或几项发生，甲方可以通过对乙方发出书面通知的方式随时终止本协议：

11.1.1 乙方发生清算、破产；

11.1.2 建设期和经营期内，乙方湿地公园项目或住宅项目发生严重的质量问题，且不能在甲方指出后在规定的时限内整改，或整改后仍不达标的；

11.1.3 乙方因为主观因素造成湿地公园建设速度严重滞后，且无望在合理的工期内完成施工任务的；

11.1.4 乙方不能承诺湿地公园项目建设资金按期到位，严重影响工程进度的；

11.1.5 乙方违反本协议规定的主要义务，并且不能在自甲方发出指明及要求乙方纠正其违约行为的书面通知起30日内纠正此行为。

第十二条 乙方因甲方的违约事件而单方终止协议

12.1 如果甲方违反了其在本协议中承担的主要义务，并且不能在自乙方发出要求甲方纠正其违约行为的书面通知起30日内纠正，乙方可以根据本协议的规定，通过发出对甲方书面通知的方式随时终止协议。

五、小结

本文以解决湿地公园融资难这一实际问题为目标，从政府的角度，先初步分析了土地资源作为补偿方式的可行性；随后，对土地资源补偿进行了定量分析，验证了用四块住宅用地补偿湿地公园投资者这一 RCP 融资模式；最后，结合项目实际和相关法律法规规定，设计了政府与项目公司签订的特许权协议的十二条关键要点。希望能为应用RCP融资模式开发建设非经营性或非自偿性基础设施/公用事业项目提供参考。

参考文献

[1] 刘方强，周心愿. RCP项目融资模式解析[J]. 建筑经济，2008（3）：54-56.

[2] 朱蕊. RCP融资模式特许权协议关键要素设计——结合某湿地公园项目[D]. 北京：清华大学，2011.

[3] 徐刚. 香港地铁的盈利模式研究[D]. 成都：西南财经大学，2009.

（《建筑经济》2011年第9期，第75-79页）

坦赞铁路 TOT 项目投资谈判方案设计

作者：王姝力　冯珂　王守清　伍迪　张子龙

【摘要】　坦赞铁路是我国援助坦桑尼亚和赞比亚的重要项目之一，现由于经营不善、设备老化等问题急需改造，坦赞政府无力支付改造资金，而企业投资该项目的修复改造工程又将面临许多风险，因此企业与政府之间的合同谈判在整个项目过程中意义重大。根据该项目的实际需求，基于利益相关方都满意的原则，为企业实施坦赞铁路 TOT 项目设计一份与相关政府谈判的方案，为企业的决策和操作提供谈判目标、谈判策略等关键因素的参考。

【关键词】　坦赞铁路　TOT 项目　特许经营　政府谈判　方案设计

一、引言

坦赞铁路全长 1 860 千米，由中国政府在 1967 年提供无息贷款援建。建成后，在运营初期，坦赞铁路在中国的资金援助和铁路专家的帮助下运行正常。但由于坦赞双方管理不善，从 20 世纪 90 年代起，铁路运营出现了连年亏损、入不敷出、设备老旧等问题，亟须通过投资进行改建和翻新。

坦赞铁路修复改造工程投资规模大，持续时间长，当地政府缺乏足够资金对项目进行持续有效的支持。而运用移交—经营—移交（Transfer-Operate-Transfer, TOT）模式，通过转让一定期限内的经营权，引入国外企业和私人资本的投资，既能缓解当地政府的资金压力，又能提高项目的运作效率，促进经济发展和造福于民，从而实现多赢。

坦赞铁路本身所具有的投资额度高、项目盈利能力差、合同关系复杂等特点使得该 TOT 项目合同谈判的顺利实施需要全面合理的设计。本文以中国某央企工程公司参与坦赞铁路改扩建 TOT 项目为前提，对该公司参与本项目的谈判方案进行设计。同时，该谈判方案的设计思路与原则具有一定的普适性，也可用于我国央企到境外参与类似项目前期工作的参考。

二、项目投资的谈判方案

首先，该央企工程公司（母公司）需要成立项目公司（子公司）来参与坦赞铁路的修复改造工程。经初步财务测算得出，坦赞铁路翻修后仅靠项目的运营收入不可能收回投资，为保证项目收益，母公司应要求坦赞政府在特许经营条件、保障措施等方面给予优惠，并把可捆绑开发的赢利项目如采矿等作为参与此 TOT 项目的条件之一。此外，中国政府目前每年都要对这条铁路向坦赞两国提供援助，支持母公司进行 TOT

项目，故母公司也可寻求将中国政府的援助转变为支持子公司进行 TOT 项目的补贴，虽然都是中国政府花钱，但受益方改为中国公司，提高资金对坦赞铁路的支持效率。因此，该项目有两份协议需要与政府分别谈判，第一份是关于修复改造工程的特许经营协议，由项目公司与坦赞政府进行谈判；第二份是关于补贴与支持协议，由项目公司与中国政府进行谈判，如图 4-31 所示。

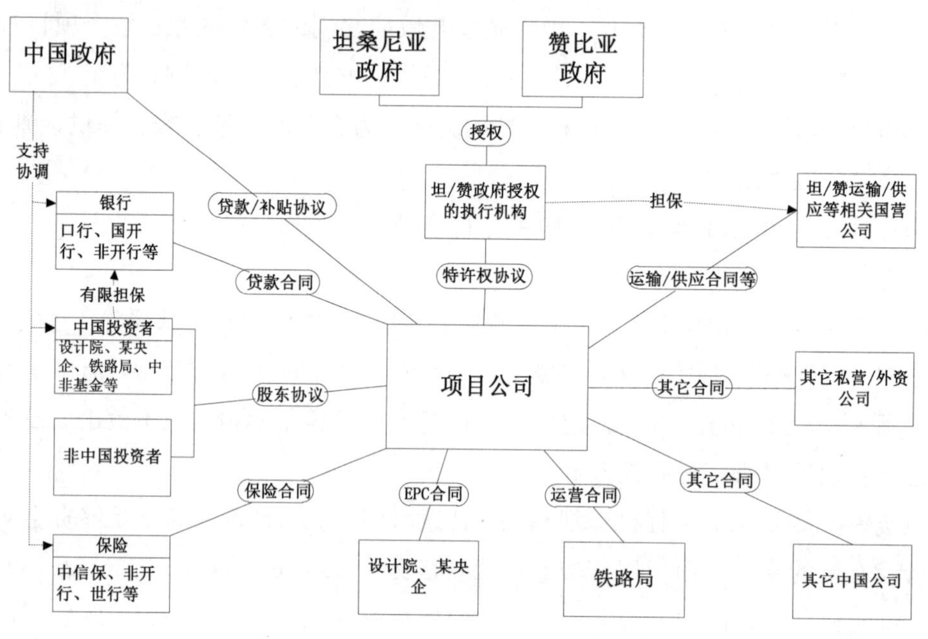

图 4-31　项目结构图

接下来，本文将以项目公司的视角为出发点来设计谈判方案，其中包括 TOT 项目特许经营的特许授权范围、特许期内的保障措施，以及相关的补贴与优惠等，主要是对坦赞两国政府和中国政府的要求，各种要求将分别列出最低的、应争取的和可退让的具体内容，以框架性原则和要点为主，供企业参考，至于这些原则和要点中涉及的具体数值，则需企业根据后续更具体的财务分析来确定。

三、企业与坦赞政府的谈判

项目公司需要与坦赞政府签订坦赞铁路特许经营协议，因此双方需要就特许授权范围、铁路技术改造、运营收入保障、税收、法律等关键问题进行谈判和协商，以实现坦赞政府满意，坦赞当地人民受益，项目公司获得收益等多赢局面。下文是对谈判方案有关要点的详细分析。

（一）特许授权范围与特许经营费

（1）特许授权范围。为避免与坦赞政府之外的坦赞方机构发生过多合同关系以至日后产生大量协调工作或纠纷，应向坦赞政府争取将坦赞铁路 TOT 项目的特许经营权直接全权授予项目公司，特许期为 30 年。通过财务分析，断定此项目存在亏损的可能，因此应要求坦赞政府捆绑项目，经初步考察，意向捆绑矿产项目。

（2）特许经营费。由于坦赞铁路的修复改造工程需要项目公司投入大量资金，故应争取减免缴纳特许经营费，将铁路技术改造工程与特许经营费用捆绑考虑（见表 4-49）。

表 4-49　特许授权范围与特许经营费问题的谈判方案

要　点	谈判目标级别	方案描述
特许授权范围	可退让的	坦赞政府将坦赞铁路的特许经营权直接全权授予项目公司，特许期为 30 年；入股当地赢利的矿产项目，项目公司可自行确定持股年限（低于特许经营期）与持股比例，特许期内，坦赞政府不再将该矿产项目与其他特许经营项目进行捆绑
	应争取的	坦赞政府将坦赞铁路的特许经营权直接全权授予项目公司，特许期为 30 年；入股当地赢利的矿产项目，双方协商后确定持股年限（低于特许经营期）与持股比例，特许期内，坦赞政府不再将该矿产项目与其他特许经营项目进行捆绑
	最低的	坦赞政府将坦赞铁路的特许经营权直接全权授予项目公司，特许期为 30 年；入股当地赢利的矿产项目，双方协商后确定持股年限（低于特许经营期）与持股比例
特许经营费	可退让的	项目公司负责坦赞铁路的修复改造工程，不再向坦赞双方支付特许经营费
	应争取的	项目公司负责坦赞铁路的修复改造工程，根据特许经营期内项目公司的收入情况，向坦赞双方支付一定金额的可变特许经营费
	最低的	项目公司负责坦赞铁路的修复改造工程，向坦赞双方支付一定金额的特许经营费，但坦赞政府必须在其他方面给予补偿

（二）特许期内的保障措施

（1）原有债务的偿还与原有铁路人员的遣散。原坦赞铁路背负的巨额债务，应由坦赞政府全部承担；为便于以后的经营管理，坦赞政府应对原有铁路人员做出合理安置。

（2）项目所需土地。铁路的修复改造工程需要一些配套的土地作为施工、生活用地等，为了确保项目的正常实施，坦赞政府应保证特许经营期内项目所需土地的使用权，并争取排他使用权。

（3）原材料。铁路的修复改造工程需要大量的原材料供给，为了保证工程的顺利进行，进而按时进入经营期，坦赞政府应提供当地有实力的国有公司，并以不歧视价格提供原材料。

（4）配套设施。当地水务、电力公司来提供项目所需的水、电等配套设施，因此坦赞政府应确保当地水、电等部门能够提供配套设施和保证水电的及时、充足供应，并以不歧视价格提供。

（5）担保。坦赞政府为与项目公司签订运输、供应等合同的当地国有公司提供担保，一旦当地公司违约，对项目运营的影响将由坦赞政府承担。

（6）税收优惠。虽然坦赞政府对税收比率有明文规定，但由于该项目的特殊性，应争取坦赞政府减免税收，给予充分的税收优惠。

（7）法律政策。当坦赞两国相关法律变更对项目公司造成不利影响时，坦赞政府应给予合理补偿，必要时进行谈判。

（8）环境保护。坦赞两国的经济发展水平相对较低，因此对环保的要求不应过高，尽量控制在一定范围之内，应以节约项目成本、不对当地环境造成实质性危害等为基准进行考虑[1]。签约时关于环境保护的规定要符合当地环保标准，签约后如环保标准提高，坦赞政府应给予补偿或重新谈判（见表 4-50）。

表 4-50　特许期内保障措施的谈判方案

要　点	谈判目标级别	方案描述
原有债务的偿还与原有铁路人员的遣散	可退让的	坦赞铁路原有债务全部由坦赞政府承担，特别是要妥善处理我国政府对坦赞铁路巨额贷款余额；择优留用一部分经验丰富的优秀员工，重新签订劳动合同，在改革用工分配制度的同时，保留一批铁路骨干
	应争取的	坦赞铁路原有债务全部由坦赞政府承担；择优留用一部分经验丰富的优秀员工，重新签订劳动合同，在改革用工分配制度的同时，保留一批铁路骨干
	最低的	坦赞铁路原有债务全部由坦赞政府承担；原有铁路人员可自由选择去留
项目所需土地	可退让的	项目公司无偿拥有由于建设经营需要而涉及铁路沿线土地的排他使用权，坦赞政府应保证相关土地使用的便利性
	应争取的	项目公司无偿拥有由于建设经营需要而涉及铁路沿线土地的使用权，坦赞政府应保证相关土地使用的便利性
	最低的	项目公司无偿拥有由于建设经营需要而涉及铁路沿线土地的使用权，坦赞政府应为相关土地使用的便利性提供支持
原材料	可退让的	坦赞政府提供当地有实力的原材料国有公司，保证原材料及时、充足的供应，并以不歧视价格向项目公司提供原材料
	应争取的	坦赞政府提供当地有实力的原材料国有公司，保证原材料及时、充足的供应

续表

要　点	谈判目标级别	方案描述
原材料	最低的	坦赞政府提供当地有实力的原材料国有公司，为原材料及时、充足的供应提供支持
配套设施	可退让的	坦赞政府应以不歧视价格供应水电，并保证供应的及时与充足，若水电等相关配套设施出现中断，相应公司依据损失情况给予项目公司全额补偿
	应争取的	坦赞政府应以不歧视价格供应水电，并保证供应的及时与充足，若水电等相关配套设施出现中断，相应公司依据损失情况给予项目公司部分补偿
	最低的	坦赞政府应以不歧视价格供应水电，并保证供应的及时与充足，若水电等相关配套设施出现中断，相应公司依据损失情况给予项目公司少量补偿
担保	可退让的	坦赞政府为与项目公司签订运输、供应等合同的当地国有公司提供完全担保，一旦当地公司违约，对项目运营的影响由坦赞政府全部承担
	应争取的	坦赞政府为与项目公司签订运输、供应等合同的当地国有公司提供不完全担保，一旦当地公司违约，对项目运营的影响由坦赞政府部分承担
	最低的	坦赞政府为与项目公司签订运输、供应等合同的当地国有公司提供不完全担保，一旦当地公司违约，对项目运营的影响由坦赞政府承担少量责任
税收优惠	可退让的	坦赞政府免除一切税收，包括项目建设期设备进口关税等税种和运营期间的所得税，以及捆绑经营收入部分的税收
	应争取的	坦赞政府给予税收方面的优惠，包括项目建设期设备进口关税等税种的优惠和运营期间的所得税优惠，以及捆绑经营收入部分的税收优惠
	最低的	坦赞政府给予税收方面的优惠，包括项目建设期设备进口关税等税种的优惠和运营期间的所得税优惠
法律政策	可退让的	相关法律变更对项目公司造成不利影响时，坦赞政府给予补偿，并根据特许经营的需要修改相关条款
	应争取的	相关法律变更对项目公司造成实质性损害时，坦赞政府给予补偿，并就重要条款进行重新谈判，并在其他方面给予一定优惠和便利
	最低的	相关法律变更对项目公司造成实质性损害时，坦赞政府不保证相应补偿，但就重要条款进行重新谈判，并在其他方面给予一定优惠和便利
环境保护	可退让的	废弃物的处理不受限制；坦赞政府对于提高环保政策而造成的成本增加给予全额补贴或重新谈判
	应争取的	废弃物的处理在一定范围内不受限制，超标部分缴纳一定费用；坦赞政府对于提高环保政策而造成的成本增加给予一定额度的补贴或重新谈判
	最低的	清洁生产，废弃物全面处理，政府通过其他方面给予一些优惠；坦赞政府保证尽量协助降低因环保要求提高而新增加的成本，并在其他方面给予一定优惠和便利

（三）与经营有关的其他保障

（1）运营收入保障。设立需求界限值，当货、客运需求量减少超过该值时，坦赞政府需通过调整收费等方式给予项目公司赔偿；如有对项目公司不利的收费变更，坦赞政府应通过补贴或重新谈判（如延长特许期、调整客货运价格、捆绑新项目等方式）对项目公司进行补偿。

（2）运营成本管理。在非项目公司自身原因造成的经营成本发生重大变动时，项目公司可向坦赞政府提出收费标准调整申请，并由坦赞政府给予补偿或重新谈判。

（3）外汇保证。由于在坦赞两国的收入是以当地货币为主，因此应由坦赞政府提供外汇保证，包括外汇管制保证和外汇汇率保证，以防范通货膨胀或外汇汇率变动等带来的风险（见表 4-51）。

表 4-51　与经营有关的其他保障措施的谈判方案

要　点	谈判目标级别	方案描述
运营收入保障	可退让的	设立需求界限值，当货、客运需求量减少超过该值时，坦赞政府需通过调整收费等方式给予项目公司全部赔偿；如有对项目公司不利的收费变更，坦赞政府应通过补贴或重新谈判对项目公司进行补偿
	应争取的	设立需求界限值，当货、客运需求量减少超过该值时，坦赞政府需通过调整收费等方式给予项目公司部分赔偿；如有对项目公司不利的收费变更，坦赞政府应通过补贴或重新谈判对项目公司进行补偿
	最低的	设立需求界限值，当货、客运需求量减少超过该值时，坦赞政府需通过调整收费等方式给予项目公司少量赔偿；如有对项目公司不利的收费变更，坦赞政府应通过补贴或重新谈判对项目公司进行补偿
运营成本管理	可退让的	在非项目公司自身原因造成的经营成本发生重大变动时，项目公司可向坦赞政府提出收费标准调整申请，并由坦赞政府给予全部补偿或重新谈判
	应争取的	在非项目公司自身原因造成的经营成本发生重大变动时，项目公司可向坦赞政府提出收费标准调整申请，并由坦赞政府给予部分补偿或重新谈判
	最低的	在非项目公司自身原因造成的经营成本发生重大变动时，项目公司可向坦赞政府提出收费标准调整申请，并由坦赞政府给予少量补偿或重新谈判
外汇保证	可退让的	坦赞政府提供外汇保证，由汇率引起的影响由坦赞政府完全承担
	应争取的	坦赞政府提供外汇保证，由汇率引起的影响由坦赞政府部分承担
	最低的	坦赞政府提供外汇保证，由汇率引起的影响由项目公司承担，坦赞政府在其他方面给予补偿或重新谈判

（四）项目所有权

（1）有形资产。应确保拥有特许期内的项目所有权，并可为了融资目的将资产抵押质押给银行；特许期满进行移交时，如何验收（如验收方、标准和规范等）应予以明确。

（2）无形资产。在特许经营期内所形成的知识产权（如商标权、专利权和著作权等）归项目公司所有，并拥有排他使用权和处分权[2]（见表 4-52）。

表 4-52　就项目所有权的谈判方案

要　点	谈判目标级别	方案描述
有形资产	可退让的	特许期内拥有项目工程、设施、原材料等有形资产所有权，并可为了融资目的将资产抵押质押给银行；特许期满移交时，验收的标准和规范以中国相关规定为准
	应争取的	特许期内拥有项目工程、设施、原材料等有形资产所有权，并可为了融资目的将资产抵押质押给银行；特许期满移交时，验收的标准和规范应进行谈判
	最低的	特许期内拥有项目工程、设施、原材料等有形资产所有权，并可为了融资目的将资产抵押质押给银行；特许期满移交时，验收的标准和规范以坦赞两国相关规定为准
无形资产[1]	可退让的	在特许期内所形成的商标权、专利权和著作权等归属项目公司；特许期满后，无形资产未经允许不得无偿使用
	应争取的	在特许期内所形成的商标权、专利权和著作权等归属项目公司；特许期满后，无形资产由坦赞政府和企业共同拥有
	最低的	在特许期内所形成的商标权、专利权和著作权等归属项目公司；特许期满后，无形资产归属坦赞政府

（五）特许经营期内可能产生的不确定因素

（1）政治不稳定性因素和其他不可抗力。坦赞两国均属欠发达地区，可能存在政局动荡和社会动乱等不稳定因素，加之可能出现的暴雨、雷电、干旱等自然灾害，由此带来的损失应由坦赞政府给予补偿或重新谈判。

（2）项目中断及提前移交。项目中断与提前移交的各种情况应与坦赞政府予以规定，如发生不可抗力事件而导致项目中断、当地政府另有发展计划而提前收回项目等，同时应争取坦赞政府的补偿，以确保将损失降到最低（见表 4-53）。

表 4-53　特许经营期内可能产生的不确定因素的谈判方案

	谈判目标级别	方案描述
政治不稳定性因素和其他不可抗力	可退让的	坦赞政府全力保障社会稳定，由政治和社会动荡、以及自然灾害带来的损失由坦赞政府给予全部补偿或重新谈判
	应争取的	坦赞政府全力保障社会稳定，由政治和社会动荡、以及自然灾害带来的损失由坦赞政府给予部分补偿或重新谈判
	最低的	坦赞政府保障社会稳定，由政治和社会动荡、以及自然灾害带来的损失由坦赞政府给予少量补偿或重新谈判
项目中断及提前移交[1]	可退让的	如项目中断，应根据中断原因重新谈判；对于项目的提前移交，坦赞政府负责返还投资者所有股本金投入，并承担项目公司现有所有负债，同时政府应给予投资者相当于同时期投资收益的经济补偿或重新谈判

续表

	谈判目标级别	方案描述
项目中断及提前移交[1]	应争取的	如项目中断，应根据中断原因重新谈判；对于项目的提前移交，坦赞政府负责返还投资者所有股本金投入，并承担项目公司现有所有负债，同时政府给予投资者一定的经济补偿或重新谈判
	最低的	如项目中断，应根据中断原因重新谈判；对于项目的提前移交，坦赞政府负责返还投资者所有股本金投入，并承担项目公司现有所有负债或重新谈判

四、企业与中国政府的谈判

由于中国政府每年都要对这条铁路向坦赞政府提供援助，且提供巨额贷款给坦赞两国，因此政府也希望该公司能够接下此项目，以解决这个拖延已久的难题。然而，翻修后仅靠运营收入根本无法收回成本，因此项目公司与中国政府需要就补贴、中国其他参与方的支持与协调等关键问题进行谈判与协商，在为我国政府解决外交难题的基础上，使中国公司获得利润，至少是中国政府的钱流入中国央企，而且提高了资金在项目中的使用效用和效率。下面是对谈判方案要点的详细分析。

（一）对项目的补贴

由于中国政府目前每年都要对这条铁路向坦赞两国政府提供援助，且支持该公司进行 TOT，因此应对该公司给予一定金额的补贴；技术改造工程初期需一次性投入大量资金，应争取在修复初期一次性给予补贴（见表 4-54）。

表 4-54　对项目的补贴问题的谈判方案

	谈判目标级别	方案描述
补贴金额及方式	可退让的	在修复改造工程初期，中国政府一次性给予项目公司一定金额的补贴；中国政府保证项目运营期的最低收入，如果在一定期限内收入低于最低限额，中国政府予以补贴
	应争取的	在修复改造工程期内，中国政府分批次给予项目公司一定金额的补贴；中国政府保证项目运营期的最低收入，如果在一定期限内收入低于最低限额，政府予以少量补贴
	最低的	在修复改造工程期内，中国政府分批次给予项目公司一定金额的补贴；中国政府不保证项目运营期的最低收入

（二）对中国其他参与方的支持与协调

在该项目中，项目公司与中国其他参与方也有着合同关系，中国政府应保证中国其他参与方为该项目提供全方位的支持（如降低贷款利率、减免出口关税、降低保费等）（见表 4-55）。

表 4-55　对中国其他参与方的支持与协调问题的谈判方案

	谈判目标级别	方案描述
对中国其他参与与方的支持与协调	可退让的	保证中国其他参与方为该项目提供全方位支持
	应争取的	保证中国其他参与方为该项目提供一定的支持
	最低的	督促中国其他参与方尽可能地为该项目提供支持

（三）经营困难

因该项目是我国的援助项目，当在特许经营期内遇到经营困难时，中国政府应给予支持与帮助（见表 4-56）。

表 4-56　经营困难问题的谈判方案

	谈判目标级别	方案描述[1]
经营困难	可退让的	在项目公司出现经营困难时，中国政府向项目公司提供股本金或从属贷款支持，并适当给予补贴
	应争取的	在项目公司出现经营困难时，中国政府向项目公司提供股本金或从属贷款支持
	最低的	在项目公司出现经营困难时，中国政府向项目公司提供一定支持

五、结语

对于该 TOT 特许经营项目，企业与政府签订的特许经营协议和补贴协议是双方合作的核心，谈判方案的设计也是最重要的内容之一。依据风险合理分担原则、公平原则，在争取项目参与方都满意的基础上，本文以一个具体 TOT 项目为例设计了两份协议的谈判方案，包含了项目方案谈判可能涉及的 8 个主要方面。在实际应用中，操作者可以结合所参与项目的特点，借用该谈判方案的框架来指导项目投融资的谈判过程，力争获得满意可行的实施方案。

参考文献

[1] 王盈盈，张翅，王超，等. 某城乡一体化开发项目投资谈判方案设计[J]. 项目管理技术，2010（4）：56-60.

[2] 王守清，柯永建. 特许经营项目融资（BOT、PFI 和 PPP）[M]. 北京：清华大学出版社，2008.

（《项目管理技术》2012 年第 7 期，第 56-60 页）

某城乡一体化开发项目投资谈判方案设计

作者：王盈盈　张翅　王超　亓霞　王守清

【摘要】 以“城乡一体化”方式建设社会主义新农村日趋流行，然而企业参与投资将面临许多风险，因此企业与政府之间的合同谈判是整个项目过程中最重要的商务活动之一。本文根据京津冀地区某县城乡一体化开发的实际需求，基于干系人都满意的原则，为企业（作为投标联合体的牵头人和股东）设计一份与项目所在地政府谈判的方案，为企业的决策和操作提供谈判目标、谈判策略等关键因素的参考。

【关键词】 城乡一体化　新农村建设　特许经营　宅基地换房　谈判方案

一、引言

党的十七届三中全会提出以“城乡一体化”的方式进行社会主义新农村建设，走“以城带乡、以乡促城、城乡结合、优势互补、共同发展”的城乡一体化道路，推进城乡一体化与新农村建设相辅相成、协同共生。然而，当地政府往往面临缺乏资金、效率低下等困难，因此有必要与企业共同合作；同时，企业参与投资虽然有获得收益的潜力，但也将面临许多风险；而且，项目需要建立在体现企业社会责任，实现农民生活进步等共赢的基础上。因此，城乡一体化项目的投融资方案需要基于干系人都满意的原则进行设计。

本文将以某房地产公司在京津冀地区参与城乡一体化项目为例，经多方案比选，拟采用“村民安置房建设与土地一二级开发捆绑进行”的投资模式并参与当地页岩砖的特许经营项目，为其设计参与城乡一体化开发项目投资的谈判方案。该方案特别是其思路和原则，具有一定普遍性，可以适用于其他地区和类型的开发项目，为相关企业提供决策参考。

二、项目投资的谈判方案

本项目首先需要该房地产公司参与“宅基地换房”的免费安置房建设和土地一级开发，以此作为条件，提高成功获得二级开发中一个具体项目的可能性。同时，为实现二级开发剩余熟地转让的收益最大化，可在保障收回投资成本的前提下，采取与政府共享收益的方式来调动政府招商引资的积极性。然后与当地企业联合，成立占控制权股份（如占85%）的项目公司来专门负责二级开发的具体项目，经当地考察和市场分析，拟争取获得页岩砖特许经营项目。此外，由于安居工程用地满足了村民住宿后，还剩余的土地随着城乡一体化的深入和二级开发项目的启动，以及当地经济的发展，仍可能有商品房开发的潜力，因此母公司可根据实际情况争取获得后续开发的优先权。其具体投融资方案请见另文[1]。

因此，该项目有两份协议需要与政府分别谈判，第一份是关于城乡一体化的总体合作协议，由该房地产公司（母公司）和政府谈判；第二份是关于页岩砖项目的特许权协议，由该房地产公司控股的页岩砖项目公司（子公司）和政府谈判。

下文的具体分析中，笔者将从企业的角度出发对谈判方案进行设计，主要是关于对政府的基本要求，包括特许权授权范围、所有权、项目所需土地、原材料、配套设施，以及有关税收、贷款、法规政策、环保等的承诺、担保和支持等（不能违反更高层面的现有法规及政策），各种要求将分别列出最低底线、应争取的和可退让的具体内容。

三、母公司与政府的谈判方案分析

母公司需要与政府签订城乡一体化的总体合作协议，因此双方需要就总体项目的合作、安置房建设、生地转让、一级开发费用、二级开发和转让的策略等关键问题进行谈判和协商，以实现公司获得收益、政府赢得政绩、当地村民满意等的多赢局面。下文是对谈判方案的详细分析，具体方案如表 4-57 所示。

表 4-57　母公司与政府的谈判方案

谈判目标级别	生地转让方案描述
可退让的	公司无偿获得生地使用权，政府共享熟地转让部分的收益，若熟地转让收益不足以弥补一级开发成本，要求政府给予一定补偿
应争取的	公司无偿获得生地使用权，政府共享熟地转让部分的收益
最低底线	公司象征性支付生地使用权转让费，政府共享熟地转让部分的收益
谈判目标级别	土地一级开发方案描述
可退让的	政府负责宅基地原村民全部迁出，并负责残留建筑物的拆除和彻底清理
应争取的	政府负责宅基地原村民全部迁出，并补贴和引导残留建筑物的拆除和彻底清理
最低底线	政府负责宅基地原村民全部迁出，公司负责残留建筑物的拆除和清理，费用列入开发成本
谈判目标级别	安置小区设计建造方案描述
可退让的	公司拥有依法自行设计安置小区的权利，政府不得擅自做出任何设计变更，并对设计变更给予相应补偿
应争取的	公司依照当地政府的设计要求建设安置小区，政府对设计变更给予相应补偿
最低底线	公司依照当地政府的设计要求建设安置小区，政府不承诺给予设计变更的相应补偿
谈判目标级别	房地产后续运作方案描述
可退让的	政府给予公司后续房地产开发的优先权
应争取的	政府给予公司后续房地产开发的优先权，公司为政府让利一定比例的收益
最低底线	政府优先考虑本公司对后续房地产的开发，但不做出任何承诺

（一）生地转让和土地一级开发

生地转让：因公司提供免费安置房建设和用自有资金进行土地一级开发，所以应争取免费或优惠获得生地使用权，并与政府共享熟地转让收益和争取政府对土地一级开发费用的补偿。

土地一级开发：如果由企业负责村民搬迁，难度将很大，所以应确保由政府负责村民搬迁任务，并争取政府为建筑物拆除和场地清理提供便利。

（二）安置小区设计建造及后续运作

安置小区设计建造：应争取自行设计安置房以降低建设成本，并争取政府对设计变更的补偿。

房地产后续运作：因剩余安居工程用地可能仍有商品房开发潜力，应根据实际情况，争取后续房地产开发的优先权。

四、项目公司与政府的谈判方案分析

房地产公司控股的项目公司（子公司）需要与政府签订页岩砖项目的特许权协议，因此双方需要就特许权项目本身的权利范围、特许期限、风险分担，以及与母公司共同设计的收益策略等关键问题进行谈判和协商，在保证特许权项目实现预期利润的基础上，为母公司赢得良好声誉，并且提高进一步合作或者业务拓展的可能性。下文是对谈判方案的详细分析，具体方案如表4-58所示。

表4-58　项目公司与政府就项目授权与资金支持问题的谈判方案

谈判目标级别	项目所有权之有形资产方案描述
可退让的	以BOO形式获得特许权，特许期内拥有项目工程、设施、原材料等有形资产所有权；特许期满后，自行选择对项目的续约、继续租用或有偿转让
应争取的	以BOOT形式获得特许权，特许期内拥有项目工程、设施、原材料等有形资产所有权；特许期满后，项目移交给政府，并获得相应补偿
最低底线	以BOT形式获得特许权，特许期内不拥有项目工程、设施、原材料等有形资产所有权；特许期满后，项目无偿移交给政府，争取尽可能长的特许期限
谈判目标级别	项目所有权之无形资产（商标权、专利权等）方案描述
可退让的	在特许期内所形成的著作权、商标权和专利权等归属公司；特许期满后，无形资产未经允许不得无偿使用
应争取的	在特许期内所形成的著作权、商标权和专利权等归属公司；特许期满后，无形资产由政府和公司共同拥有
最低底线	在特许期内所形成的著作权、商标权和专利权等归属公司；特许期满后，无形资产归属政府
谈判目标级别	页岩矿开采权之处置权限方案描述
可退让的	公司可依法自由转让采矿权，可依法自主分包开采工程

续表

谈判目标级别	项目所有权之有形资产方案描述
应争取的	公司可依法自由转让采矿权，但需经当地政府同意才可分包开采工程
最低底线	公司拥有满足贷款担保条件的采矿转让权，但不得分包开采工程
谈判目标级别	页岩矿开采权之开采权的再授予方案描述
可退让的	特许期内政府不在该县范围内向其他企业再授予开采权
应争取的	特许期内政府不在该县范围内向其他企业再授予开采权
最低底线	特许期内政府可在后期向其他企业授予开采权
谈判目标级别	土地的排他使用权方案描述
可退让的	公司免费拥有地上物对应土地、矿区土地以及道路运输规定时段的排他使用权，政府保证相关道路和土地使用的便利和畅通性
应争取的	公司免费拥有地上物对应土地、矿区土地的排他使用权，政府优惠收取道路运输规定时段的使用费用，并保证相关道路和土地使用的便利和畅通性
最低底线	公司免费拥有地上物对应土地、矿区土地的排他使用权，政府按规定收取道路运输规定时段的使用费用，为相关道路和土地使用的便利和畅通性提供支持
谈判目标级别	投资收益及安慰函方案描述
可退让的	政府为项目的运营和收益尽可能提供良好的政策和投资环境，为公司提供长期运营担保，并保证对项目的长期支持
应争取的	政府为项目的运营和收益尽可能提供良好的政策和投资环境，为公司及股东出具安慰信
最低底线	政府仅为公司及股东出具安慰信
谈判目标级别	从属贷款的提供或可转换债券的购买方案描述
可退让的	政府为项目提供较多资金支持，或购买低利率的可转换债券
应争取的	政府为项目提供少量资金支持，或购买可转换债券
最低底线	若政府没有能力提供资金支持，公司可选择放弃并以此向政府争取其他优惠

（一）项目授权与资金支持

项目所有权：应确保拥有特许期内的项目所有权，并争取以 BOO 形式来获得项目的长期经济效益，即使只能以 BOT/BOOT 形式进行，也应争取尽可能长的特许期限，同时争取政府的相关补偿或其他利益。

页岩矿开采权：应向政府确定页岩矿的开采年限、矿区位置、开采总量、资源的综合利用方式及开采权的可转让性等。由于银行为项目贷款基本需要以项目重要权利的可转让性为前提，而且 1986 年《矿产资源法》第 6 条（1996 修正）规定探矿权和采矿权可依法转让，以及 1998 年 12 月 14 日实施的《探矿权采矿权转让审批有关问题的规定》国土资勘发（1998）11 号，也详细阐述了转让权的实施细节，因此应确保获得开采权的可转让性。

土地的排他使用权：为保证项目的顺利进行，应确保特许期内拥有相应土地的使用权，并争取地上物对应土地、矿区内土地以及相关道路的排他使用权，同时争取使用权的免费或优惠获得。

投资收益及安慰函：因页岩砖项目的收益影响整体项目的进展，应争取政府为项目收益提供支持和担保。而且，为避免政府人事变动对项目造成不良影响，应争取高一级别政府而非当地政府或个别官员的保证。

从属贷款的提供或可转换债券的购买：由于项目前期需要大量资金进行厂房建设与设备购置等投入，应争取政府提供项目的辅助性从属贷款，这不仅可以缓解投资方股本金压力，也可以为获得银行更优惠贷款提供支持；此外，若政府有意投资于项目，在保证控制权不被转移的基础上，可以考虑让政府购置一部分可转换债券。

（二）特许期内的保障措施

公共基础配套设施：因项目所需的水、电等配套设施由当地电力、水务公司提供，所以应确保水电等公用事业部门提供配套基础设施；此外，虽然此类公用事业部门已自负盈亏、自主管理，但仍与当地政府联系密切，因此应确保政府给予相关担保。

投资环境支持及政治不可抗力：应确保政府在特许期内采取支持公司投资的措施，如及时批复协议中的各项承诺、保障社会环境稳定等；此外，应确保公司在与当地其他企业的纠纷中，处于法律的公平地位。

产品销售：虽然可采取与母公司签署或取或付协议来保障产品的销量，但随着当地同类项目竞争的加剧，必将影响产品的市场价格和母公司的购买成本，从而削减其利润，因此应争取政府在特许期内采取保障公司收益的措施。

法律变更：当采页岩矿、制砖等与项目有关的法律变更时，可能导致项目的成本增加甚至被迫中断，应争取政府对不良影响的相应补偿、既定条件的重新谈判或者其他优惠和便利。

税收优惠：与当地政府的谈判只能争取地税局征税税种的优惠，同时，虽然法律对各项税率有明文规定，但仍应争取 2007 年《企业所得税法》第 25—36 条规定的企业相关性质认可的支持，从而获得合法的税收优惠。

环境保护：由于项目所在地的经济水平一般较低，因此对环保的要求有限，应从节约项目成本和确保不造成实质性危害的前提出发，争取对废弃物的廉价排放或在需要处理的前提下争取政府补助。同时，随着我国对环保要求的不断加强，当更高要求的环保政策出台时将显著提高项目成本，因此应争取在此情况下的政府补贴或优惠。

具体方案如表 4-59 所示。

表 4-59 项目公司与政府就特许期内的保障措施的谈判方案

谈判目标级别	公共基础配套设施方案描述
可退让的	配套基础设施若出现中断，依耽误工程日数给予全额补偿，同时政府为补偿承诺提供担保
应争取的	配套基础设施若出现中断，依损失情况给予相应补偿，同时政府为补偿承诺提供担保
最低底线	配套基础设施若出现中断，依损失情况给予少量补偿，政府配合企业获得补偿但不提供担保
谈判目标级别	投资环境支持及政治不可抗力之各项承诺权利的及时批复方案描述
可退让的	政府应确保特许期内对项目的各项承诺权利的及时批复，对因审批延时而导致的工期、销售的延误和损失，依损失情况给予全面补偿
应争取的	政府应确保特许期内对项目的各项承诺权利的及时批复，对因审批延时而导致的工期、销售的延误和损失，依损失情况给予相应补偿
最低底线	政府应确保特许期内对项目的各项承诺权利的及时批复。对因审批延时而造成了较为严重的实质性损失，依损失情况给予相应补偿
谈判目标级别	投资环境支持及政治不可抗力之公众闹事、破坏等政治不可抗力方案描述
可退让的	政府全力保障社会环境稳定，若出现公众闹事情况，依耽误工程日数给予全面补偿
应争取的	政府全力保障社会环境稳定，若出现公众闹事情况，视损失情况给予相应补偿
最低底线	政府保证社会环境稳定，协助平息公众闹事，政府与公司共担损失
谈判目标级别	产品销售方案描述
可退让的	政府利用现有条件，协助企业拓展当地至京津冀地区的各级销售渠道，并保障一定量的页岩砖销售量
应争取的	政府利用现有条件，协助企业拓展当地至京津冀地区的各级销售渠道，但不给予销售量的保障
最低底线	政府利用现有条件，仅协助企业拓展当地的销售渠道
谈判目标级别	法律变更方案描述
可退让的	相关法律变更对项目公司造成不利影响时，政府给予公司相应补偿，并就诸如特许期限等其他项目条款重新进行谈判，并在其他方面给予一定优惠和便利
应争取的	相关法律变更对项目公司造成实质性损害时，政府给予公司相应补偿，并就诸如特许期限等其他项目条款重新进行谈判，并在其他方面给予一定优惠和便利
最低底线	相关法律变更对项目公司造成实质性损害时，政府不保证损失的相应补偿，但承诺在其他方面给予一定优惠和便利
谈判目标级别	税收优惠方案描述
可退让的	政府利用现有条件，在可行范围内，确保项目公司能够获得涉及资源税、企业所得税、土地增值税中各项优惠措施所需的企业属性
应争取的	政府利用现有条件，在可行范围内，尽量争取项目公司能够获得涉及资源税、企业所得税、土地增值税中各项优惠措施所需的企业属性
最低底线	政府利用现有条件，协助支持项目公司获得涉及资源税、企业所得税、土地增值税中各项优惠措施所需的企业属性

续表

谈判目标级别	公共基础配套设施方案描述
谈判目标级别	环境保护之二氧化碳等气体的排放方案描述
可退让的	直接排放
应争取的	直接排放，超标部分缴纳一定费用
最低底线	清洁生产，污染自处理，政府通过其他方面给予一定优惠
谈判目标级别	环境保护之矿渣等固体废弃物的处理方案描述
可退让的	不受限制，自主堆放
应争取的	在限定范围内自主堆放，超标部分缴纳一定费用
最低底线	清洁生产，废弃物全面处理，政府通过其他方面给予一定优惠
谈判目标级别	环境保护之环保要求的提高方案描述
可退让的	政府对于造成的成本增加给予全额补贴或等额其他方面优惠
应争取的	政府对于造成的成本增加给予一定额度的补贴或其他优惠
最低底线	政府保证尽量协助降低因环保要求提高而新增加的项目成本，或给予项目公司其他方面的一定优惠

（三）提前移交及项目中断

提前移交：应与政府确定项目提前移交、中断的各种情况，包括发生特定的不可抗力事件，以及政府迫于舆论压力（例如村民改变意见、人大代表反对等）或另有发展计划等想提前收回项目；同时，应争取政府的相关补偿，以确保将损失降到最低限度。

经营困难：因项目对当地经济建设和城乡一体化的进展有重要意义，因此当项目遇到不可预见的市场风险或其他意外而导致经营困难时，应争取政府的积极支持和帮助。

具体方案见表 4-60。

表 4-60　项目公司与政府就提前移交及项目中断问题的谈判方案

谈判目标级别	提前移交谈判方案描述
可退让的	对于项目的提前移交，政府负责返回项目投资者所有股本金投入，并承担公司现有所有负债。同时，政府应给予项目投资者相当于若时期投资收益的经济补偿
应争取的	对于项目的提前移交，政府负责返回项目投资者所有股本金投入，并承担公司现有所有负债。同时，依实际情况，政府应给予项目投资者一定的经济补偿
最低底线	政府负责返回项目投资者所有股本金投入，并承担公司现有所有负债
谈判目标级别	经营困难方案描述
可退让的	政府在项目出现困难时给予项目公司股本金或从属贷款支持,购置一定数量产品，并协助拓展销售渠道
应争取的	政府在项目出现困难时给予项目公司股本金或从属贷款支持，并协助拓展产品销售渠道
最低底线	政府在项目出现困难时给予项目公司一定支持，并协助拓展产品销售渠道

五、结语

城乡一体化总体协议和项目特许权协议是政府与企业合作项目的核心，因此谈判方案的设计是其中最重要的部分之一。本文在干系人都满意的基础上，依据风险分担三原则、公平原则、讨价还价能力原则，以一个具体项目为例设计了两份协议的谈判方案，包含 17 项关键要素。实际操作者可以借用此方案的框架根据所参与项目的特点取舍所需内容，来指导项目投融资的谈判过程，在谈判中尤其注意综合运用各种商务谈判技巧，力争关键要素之间获得满意和可行的组合。

参考文献

[1] 张翅，王盈盈，王超，亓霞，王守清．某城乡一体化开发项目投融资方案设计[J]．项目管理技术，2010（2）: 48-52.

[2] 王守清，柯永建．特许经营项目融资（BOT、PFI 和 PPP）[M]．北京：清华大学出版社，2008.

[3] 赵国富，李威，谭鹏程，谢娜，巨鹏，熊雄，王守清．某 BOT 项目特许权协议关键要素设计[J]．建筑经济，2007（11）: 63-64.

（《项目管理技术》2010 年第 4 期，第 56-70 页）

某 BOT 项目特许权协议关键要素设计

作者：赵国富　李威　谭鹏程　谢娜　巨鹏　熊雄　王守清

【摘要】 本文在分析我国企业在南亚某国进行 BOT 项目面临主要风险的基础上，按照风险分配和管理框架对特许权协议的关键条款进行了仔细的设计和详尽的分析，并分别列出了最低的、可退让的和应争取的要求，最后对各条款的不同情况进行组合并提出了选择的模型。

【关键词】 特许权协议　项目融资　合同条款

一、前言

我国某企业拟在南亚某国承揽 BOT 纸浆项目，面临的主要风险有政治风险、法律风险、市场风险和金融风险（详见笔者《南亚某国 BOT 项目融资方案设计》一文）。为了促进此项目的进行并规避风险，特许权协议的要素设计就成为关键。有鉴于此，本文按照风险管理和风险分配的原则以该国政府在合同中的作用从特许权范围、所有权、土地、税收、保证与担保、原材料供应、能源与动力、产品销售、价格、污水处理等关键方面进行设计并阐述理由。本文最后建立了特许权谈判的框架模型，供决策人员参考。

二、特许权框架及要素分析

PPP/BOT 项目的风险分配需要遵循以下三个重要的原则，即：

风险分配原则一：**由对风险最有控制力的一方控制相应的风险；**

风险分配原则二：**承担的风险程度与所得回报相匹配；**

风险分配原则三：**承担的风险要有上限。**

因此在特许权设计时，需要考虑项目公司和当地政府谁对哪些风险最优控制力。有鉴于此，本文将按照当地政府在特许权协议中的角色将特许权关键条款分为三类按照以下的框架进行分析，分别记作 CA_1、CA_2、CA_3，如图 4-32 所示。

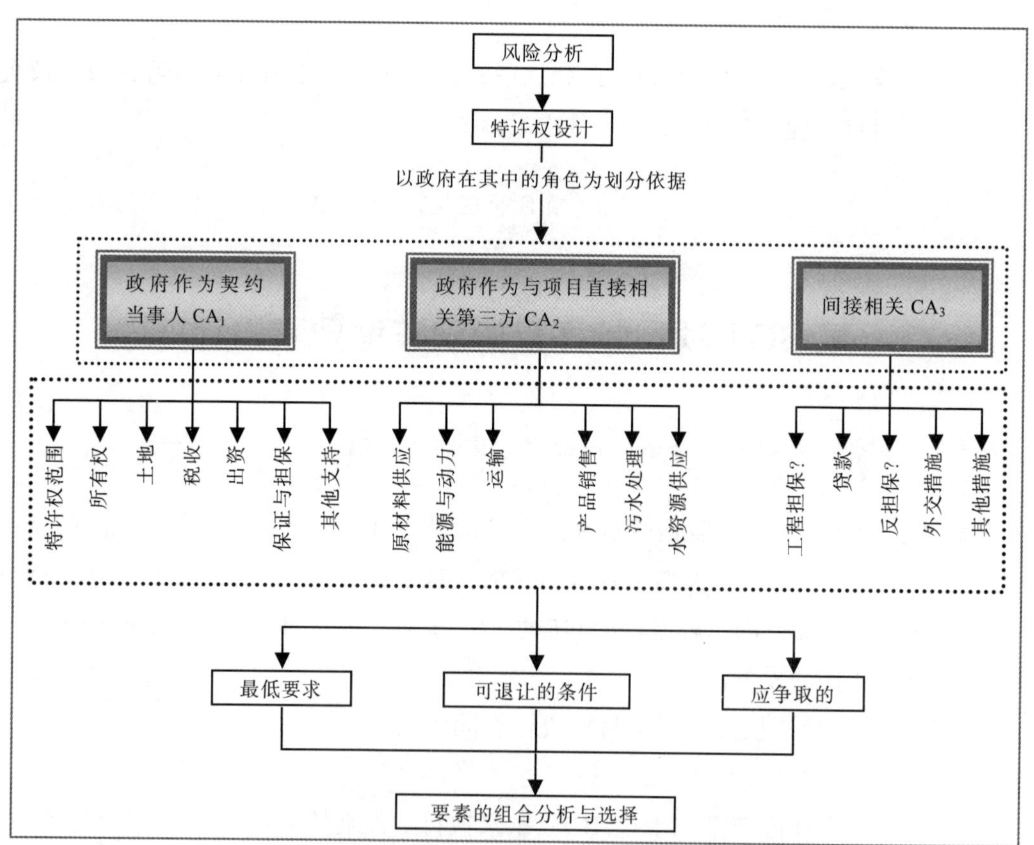

图 4-32　南亚某国 BOT 项目特许权协议关键要素分析框架

注　CA_1 指政府作为特许权协议的当事人一方而应该承担的责任；CA_2 指政府非直接当事人，当时却从中承担一定责任的合同第三方，如担保；CA_3 非前二者，但是与项目相关的其他角色应承担的责任

在下面的具体分析时，笔者站在我国某企业立场分别按照最好、次好、最差三种情况进行分析，无特殊说明时，只说明三个方案中不同部分，其余部分同上一方案。

三、政府作为契约当事人

A_1 特许权授权范围

基本方案：该国政府授予项目公司在特许期内独立进行设计、融资、建设、运营、移交的权利。政府承诺对项目公司特许权的授予在项目范围内具有唯一性和竹子资源的有效供应，并允许项目公司在运营期间视项目的收益情况适当扩大生产规模的权利。

分析：这对于项目公司和股东应该努力争取的，首先，授予项目公司设计的权利，可以采用 EPC 总承包模式，有利于设计与施工的衔接和缩短工期，降低完工风险；其次，授权的排他性可限制过度竞争，保证项目一定范围内市场供需状况进而维护项目公司利益；再次，为了项目公司扩大规模，扩大我国某企业在国的市场份额，并进一步满足该国公民对于纸张的需求，因此可争取项目运营期间视项目收益情况和市场供需状况适当扩大生产规模。

如果达不到此目的，可退让的条件为放弃设计的权利，但是风险需转嫁给设计单位，运营期间项目公诉不能擅自扩大规模，需同该国政府相关部门协商扩大规模。

作为谈判的底线，该国政府应授予项目公司对一定地域范围内竹子资源的独家使用权，这样原材料供应风险由政府和项目公司共同承担。

B_1 资产与权益所有权

基本方案：该国政府在特许期内拥有土地所有权，项目公司在特许期内对项目工程、项目设施拥有所有权。

在项目特许期内所形成的著作权、商标权、专利等知识产权归属项目公司，项目公司具有排它的使用权和处分权，缅甸政府具有免费使用该知识产权的权利。特许期结束时，该项权利有偿转让给缅甸政府，项目公司及股东具有合理、免费使用的权利。

分析：由于该国规定土地不能为外国人拥有，因此在特许期内政府拥有土地所有权，项目公司具有独家使用权。因投资所形成的项目工程、项目设施理应属于项目公司资产，项目移交时所有权转让给政府。但是乙方和项目公司在本项目用地范围以外为项目服务、经营而投资形成的资产不在此列，属项目公司及股东所有，移交时有偿转让。 无形资产会给项目公司及股东带来额外收益，因此项目公司及股东应争取在项目特许期内形成的无形资产所有权，并在移交时有偿转让给政府。

可退让的方案为：无形产权归属项目公司，但是特许期结束时无偿转让给政府，项目公司及股东具有合理、免费使用的权利。

作为谈判的底线，无形资产由项目公司和政府公共拥有，特许期结束后无偿移交给政府。

C_1 土地

基本方案：该国政府划拨土地，项目无偿获得土地使用权，并且政府或者当地机构负责征用土地的拆迁，所需费用列入成本。

分析：这当然对项目公司很有利，也有其实现的可能性。近日该国与周边国家林产品加工工业研讨会举行，宣布该国将在经济中心地区建立自由贸易区，这也是缅甸政府为鼓励外国企业的投资而推出的一项政策，涵盖行业包括林业，生产业，适合纸浆项目。这对当地居民就业也提供了机会。因此应尽量争取划拨土地，但是征地拆迁一定要由政府出面。

可退让的条件：政府象征性的征收相应的土地租金，这样既可以对投资者产生一定的吸引力，同时政府也能获得一定的土地收益。

作为谈判的底线，按照市场规则租赁土地，政府保证项目公司对土地的独家使用权。

D_1 税收

基本方案：为鼓励外国在该国投资，投资委员会给予所有投资者税收减免优惠：任何生产性或服务性企业，从开业的第一年起，连续三年免征所得税。如果对国家有所贡献，可根据投资项目的效益，继续适当地减免税收；此外，根据具体情况，还可减免其他的一个、多个或全部的税收。①如企业将所得利润作为储备金，并在1年内进行再投资，其所获得的利润可被减免税收；②为评估所得税，可按照委员会规定的比例，在原始价值的范围内对机械、设备、建筑物或其他资本货物进行加速折旧；③如企业产品外销，出口所得利润可获得50%的减征所得税；④投资者应向国家上缴受聘于企业的外国人的所得税，而该项支出可从应征税额中扣除；⑤上述外国人的所得税应按照国内公民缴纳所得税的税率征收；⑥企业确属必要的并在国内进行的科研和开发费用可从应征税额中扣除；⑦每个企业在享受上述第一款优惠减免所得税后，如连续两年出现亏损，亏损发生年后的三年可连续结转和抵销；⑧企业开办期间确因需要而进口的机器、设备、仪器、机器零部件、备件和材料，可减免关税或其他国内税或两种税收同时减免。

分析：项目公司应尽量争取以上所有的政策优惠。

可退让的方案：也应该争取②③⑤⑦⑧五方面的优惠。此时可降低成本，尽快地收回成本进而降低项目的投资风险。

谈判的底线：该国政府应满足②⑦⑧三项要求，对保证项目的正常运营起到关键的作用。

E_1 出资

基本方案：该国政府为吸引投资者，应该对项目提供 10%以上的补贴，以降低国家的政治风险，打消投资者和贷款银团的顾虑。

分析：如不能达到此要求，也应争取政府出资入股，将政府纳入项目利益群体中，以降低项目的政治风险、法律风险。

F_1 保证和担保

基本方案：该国政府为项目的收益提供最低收益担保、外汇汇出担保、纸浆出口减免税赋担保，并为该项目的建设和运营尽可能提供良好的政策环境、投资环境。该国政府制定有关机构或者授权的独立公司负责该项目设施和产品的运输、能源与动力供应、原材料的供应。

分析：由于该国家经济环境不佳，基础设施落后，完全按照市场规则办事，项目无法顺利进行，因此需要政府一定的担保和支持。

可退让的方案：政府提供外汇汇出担保、纸浆出口减免赋税担保，成本回收担保，其他方面不变。

谈判的底线：政府提供纸浆出口减免税赋担保，不提供成本回收担保，其他不变，但要求该国中央政府或行业主管部门为该项目向项目公司及股东出具安慰函。

四、政府作为与项目相关的第三方

A_2 竹子供应协议

基本方案：在经营期内，该国政府负责每月向纸浆厂提供足够的可用于纸浆制造的竹子。

分析：该国竹子资源丰富，但是为了规避竹子因森林火灾而灭失的风险，应争取由政府负责提供竹子。

可退让方案：该国政府成立一个采竹公司，项目公司与该公司签订供应合同，政府提供供应量担保，竹子价格超过预定价格时，多出部分由政府补贴。

谈判的底线：该国政府成立一个采竹公司，项目公司与该公司签订供应合同，政府提供供应量担保。

B_2 天然气供应协议

基本方案：项目与印度 GAIL 公司和该国政府签订三方协议，确保天然气线路经过纸浆厂，由政府提供担保。天然气价格上涨超过预定价格 15%时，超出的部分由政府补贴。

分析：由于该国能源开发不足，而纸浆厂需要天然气，因此需要政府保证能源与动力供应，天然气价格由双方共同承担，当涨幅小于15%时，项目公司自行承担，超过15%时超出部分由政府提供补贴。

C_2 辅料供应协议

基本方案：纸浆厂自由决定从何国购买辅料，缅甸政府对纸浆厂进口的辅料减免关税。

分析：由于造纸需要很多辅料，而该国市场不稳定，因此需争取从中国进口辅料，该国提供关税减免优惠。可退让的方案为：部分辅料只能在缅甸购买，由缅甸政府对供应提供担保，纸浆厂进口的辅料，缅甸政府应提供税收优惠。作为谈判的底线，所有辅料都在缅甸购买，由缅甸政府提供供应担保。

D_2 产品销售

基本方案：政府按照约定价格和数量收购纸浆，项目公司负责每日把纸浆运输至指定地点，每月结算一次。纸浆厂另出口 1/3 到中国，该国政府提供税收优惠（减免50%所得税）。

分析：我国的“走出去”战略不仅是为了鼓励企业对外承包，还考虑到过国外进行自然资源开发并争取出口到我国，从而保护我国的资产资源。因此需要争取至少 1/3 的纸浆出口到中国。其余部分由政府收购。

可退让的方案：政府全部收购，不出口到中国。

谈判的底线：政府至少收购 60%的预计纸浆生产量，以保证纸浆厂不发生亏损。

E_2 价格调整

基本方案：第一年该国政府从纸浆厂收购的纸浆按某价格结算，随后，按消费物价指数或每年 6%两者中的高值调整价格。政府使用美元支付，并且由政府对汇率风险提供担保。

分析：由于该国官方汇率和市场汇率相差 160 多倍，因此该国政府需用美元支付，并提供汇率风险担保。

可退让的方案：第一年缅甸政府从纸浆厂收购的纸浆按 380 美元/吨结算，随后四年，按消费物价指数或每年 6%两者中的高值调整价格。第六年开始按照成本加分红的方式确定价格，保证纸浆厂的利润率为 15%。缅甸政府使用美元支付，并且由缅甸政府对汇率风险提供担保。

谈判的底线：按照成本加分红的方式确定纸浆价格，保证纸浆厂的利润率为 15%。缅甸政府使用美元支付，并且由缅甸政府对汇率风险提供担保。

F_2 污水处理

基本方案：污水直接排放，超标部分向有关部门缴纳环境污染费

分析：该纸浆BOT项目所在区域年均降雨量较大，项目附近有一条大河，河水流入孟加拉河，河道两旁居民稀少。因此从项目公司的角度来看，最好的方案莫过于直接将污水排放入该条河内，一方面因为该河流域内居民稀少，造成的污染不大；另一方面该国的环境保护意识不强。然而超标部分需按照标准缴纳环境保护费，这样可大大地降低项目公司的环境责任。

可退让的方案：委托其他污水处理厂解决，并与其签订污水处理收费合同，该国地方政府提供环境变更担保。

谈判的底线为：项目公司清洁生产，污水自主处理，要求缅甸政府给予优惠政策，此方案一方面可以为项目公司带来一定的利润，还可以带动国内污水处理设备和技术的出口。

五、与政府间接相关

A_3 辅助贷款

项目公司或股东应争取该国政府承诺当不可抗力发生导致项目进行不下去但是不至于终止的情况下，该国政府、工业部或该国国有银行提供贷款保证项目的正常建设和运营。

分析：此项条款谈判的可能性不大，即便达成一致也不要过分依赖该国政府的此项承诺，但是此项承诺可能对于吸引其他战略投资人有好处，因此可尽量争取。

B_3 外交磋商

项目公司及股东应争取我国政府部门的安慰信，即当项目因该国政府的原因或者不可抗力而导致无法继续进行下去，或者对项目公司的利益造成重大损失时，我国与该国政府本着友好、平等的态度进行磋商，促成此项目的成功。

分析：我国实行“走出去”战略，理应对我国对外承包企业予以一定的政策和外交保护与支持，尤其是在该国进行BOT项目运作，更离不开我国政府的鼓励、安慰设置外交支持。

C_3 工程担保

我国某企业应争取该国政府承诺，当该国参与此项目的国有企业不能继续参与此项目时，政府需制定有足够实力的其他的企业参与到此项目中来，以保证此项目股权结构的问题和对投资人的吸引力。

分析：由于该国企业实力不足，抗风险能力较弱，加之参与BOT项目的经验不够，因此设置此条款有利于保证项目的正常进行。

六、要素的组合分析与选择

至此，该BOT项目特许权协议的关键条款已设计并分析完毕。在诸多方案存在的情况下，有必要对各方案的组合进行分析，以供决策者视谈判的具体情况进行选择。

按照风险分担的三个原则、公平原则、讨价还价能力原则构建了我国企业与该国政府谈判的框架，见下表 4-61。

表 4-61 各要素的描述与效用评分表

要素描述与效用得分	应争取的条件		可退让的要求		最低要求	
	要素描述	得分	要素描述	得分	要素描述	得分
条款 1						
条款 2						
……						
条款 N						

该表为两种：一是由我国企业的决策人员填写；另一种由该国政府人员填写。步骤如下：

第 1 步：双方就上述所列的特许权协议充分磋商，明确各条款的含义，提出各自的要求；

第 2 步：双方各选择出一定数量的人员分析并填写该表，站在自己立场上充分考虑风险分担的三个原则、公平原则、讨价还价能力原则就每个条款的不同方案进行效用打分（1-5 分），最终汇总出各自的数值；

第 3 步：设条款 I 的得分为 I_j，则分别计算下列两式：

$$M_x=\sum I_j \qquad M_I=\sum(I_j^1+I_j^2) \tag{4-12}$$

式中，M_x 表示我国企业和该国政府各条款效用之和，$x=$（1，2）；M_I 表示我国企业与该国企业对条款 I 的效用之和，$I=$（1，…N）

第 4 步：则应该计算各个方案的组合的 M_x 和 M_I，若我国企业与该国政府对某方案的 M_I 之和大于 6，二者之差小于 2 时，则说明该方案对于二者来说效用都比较大，同时也比较一致，可以作为选择的方案。

第 5 步：从这些可以选择的方案中进行组合，计算出各自的 M_x，如果总的分数相差不大，则说明该方案的组合对二者是比较好的，可以作为重点考虑的方案。

第 6 步：如果未能达到上述结果，则应该重复第 1 步 ~ 第 5 步，直至达到双方满意的结果。

七、结论与建议

特许权协议是 BOT 项目的核心，因此条款的设计便成为最重要的部分。本文按照风险分担的三原则、公平原则、讨价还价能力原则设计了各关键条款，并按照双方效用最大化、差异最小化的原则构建了各方案及方案的组合分析框架，实际操作者可以借用此框架进行详尽的分析，来指导项目融资的谈判。

参考文献

[1] Qiao Lin, Wang, ShouQing, Tiong, L. K. Robert and Chan, Tsang-Sing, Critical Success Factors for Tendering BOT Infrastructure Projects in China, *The Journal of Structured and Project Finance, Institutional Investor, Inc., New York,* Vol. 8, No. 1, pp. 40-52, Spring 2002.

[2] 刘新平,王守清.PPP 项目的风险分配原则与框架[J].建筑经济，2006（2）：59-63.

[3] John E. Schaufelberger, M.ASCE, and Isr Wipadapisut, 2003, “Alternate Financing Strategies for Build-Operate-Transfer Projects.” *Journal of Construction Engineering and Management*, ASCE/March/April 2003/205.

（《建筑经济》2007 年第 11 期，第 61-64 页）

政府发起 BT 模式建设工程项目的关键成功因素及管理对策

作者：伍迪　王守清　余勇军

【摘要】 通过问卷调研和因子分析，将识别出的 BT 项目 45 个成功因素归纳为五方面，即项目制度的成熟度与完善性、权责风险分担的公平性与合理性、沟通组织管理的有效性、项目社会经济效益的可行性和产品服务技术质量的可靠性。采用专家访谈的方法，针对以上五方面关键成功因素从政府视角提出针对性的管理对策。

【关键词】 BT 模式　工程项目　成功因素　管理对策

一、引言

在城镇化进程推动下，近年来我国基础设施、公用事业面临极大的建设需求，各级政府陆续发布相关文件鼓励社会资本参与投资建设，掀起了我国继 20 世纪 90 年代中后期和 21 世纪初之后的第三轮公私合作（Public-Private Partnerships，PPP）的热潮 [1]。BT（Build-Transfer，建设—移交）模式被广泛认为是体现 PPP 思想的一种重要模式[2]，在我国得到了广泛的应用。但实践中存在前期决策、运行机制、监管等多方面问题[3]，导致个别项目的失败甚至引发上访等群体恶性事件的发生。基于此，本文在已有研究的基础上，结合问卷调研和专家访谈结果，总结 BT 项目关键成功因素并提出针对性的管理对策。

二、BT 项目关键成功因素

（一）关键成功因素指标

BT 在我国广泛应用的时间并不长，现有研究大多集中于风险、招投标、项目治理等方面，虽然许多学者指出并论证了某一方面是项目成功的关键因素之一，但很少有从项目全局出发进行归纳。本文作者研究团队通过文献调研结合实践经验总结了 BT 项目的成功标准，结合一般 BT 项目的实施流程及工作内容，通过两轮调研识别了以项目过程为维度的 45 个 BT 项目关键成功因素[4]。这些因素分布于 BT 项目的实施过程中，具体包括：前期准备阶段 6 个；招标阶段 8 个；合同谈判及签署阶段：10 个；实施阶段：14 个；移交结算阶段：7 个。具体因素见表 4-62，表中第二列为过程维度的编号。本文以这 45 个指标为基础设计并实施问卷调研进行总结分析。

表 4-62　BT 项目关键成功因素的因子分析结果

公因子 序号/初始序号（过程维度）/因子构成			因子荷载				
			A	B	C	D	E
A　项目制度的成熟度与完善性（Cronbach's α = 0.953）							
A1	4.5	项目公司融资监管制度完善	**0.792**	0.064	0.243	0.346	0.051
A2	4.12	专业分包队伍资质高	**0.788**	0.049	0.114	0.102	0.195
A3	4.13	监理协调监管公正有力	**0.784**	0.103	0.182	-0.008	0.012
A4	5.3	竣工验收资料完整	**0.749**	0.220	0.079	0.154	0.345
A5	4.14	项目公司管理制度完善	**0.741**	-0.014	0.359	0.013	0.163
A6	4.11	变更签证及索赔制度流程严谨	**0.681**	0.227	0.083	0.119	0.342
A7	5.2	竣工验收程序严格	**0.665**	0.135	0.230	0.117	0.320
A8	4.9	项目施工管理制度健全	**0.641**	0.305	0.420	-0.041	0.318
A9	4.7	造价跟踪审计合法、公正、高效	**0.625**	0.059	0.221	0.285	-0.066
A10	4.10	合同管理持续、严格	**0.623**	0.104	0.433	0.166	0.394
A11	4.4	项目融资和施工管理团队制度明确	**0.613**	0.297	0.397	0.242	0.154
A12	2.6	项目投标价、工期、质量等级合理规范	**0.611**	0.184	0.364	0.316	-0.069
A13	5.4	结算审计公正、合格、高效	**0.585**	0.305	0.086	0.112	0.575
A14	4.2	各方建立有效沟通和良好合作机制	**0.552**	0.431	0.314	0.093	0.229
B　权责风险分担的公平性与合理性（Cronbach's α = 0.913）							
B1	1.3	获得政府主要官员支持	-0.033	**0.770**	0.134	0.056	-0.064
B2	3.4	合同条款清晰、严谨、公平，权责明确	0.094	**0.696**	0.423	0.132	-0.002
B3	1.4	项目发起人财务状况良好、可持续	0.093	**0.669**	-0.108	0.332	0.336
B4	5.7	仲裁协调机制公平公正	-0.053	**0.630**	-0.070	0.268	0.174

续表

公因子 序号/初始序号（过程维度）/因子构成			因子荷载 A	B	C	D	E
B5	3.5	违约责任约定清楚合理	0.161	**0.624**	0.380	0.319	0.151
B6	4.1	建设资金充足、资源配置及时	0.552	**0.571**	0.094	0.261	0.075
B7	3.8	各方合同完整、法律关系清晰	0.347	**0.556**	0.026	0.149	0.477
B8	2.7	招标评标定标公开公平公正	0.275	**0.550**	0.413	-0.018	0.184
B9	3.3	风险分担约定清楚合理	0.196	**0.544**	0.460	0.039	0.250
B10	3.7	双方提供的担保可靠、易落实	0.452	**0.544**	0.160	0.081	0.140
B11	3.2	项目资金按计划支付落实	0.121	**0.538**	-0.117	0.350	0.090
B12	2.8	项目招标代理机构经验丰富	0.474	**0.537**	0.297	0.000	0.034
B13	3.1	回购款支付方式双方可接受程度高	0.194	**0.413**	0.124	0.409	0.303
C 沟通组织管理的有效性（Cronbach's α = 0.883）							
C1	5.1	合同方按期完成款项支付	0.371	0.158	**0.683**	0.147	0.136
C2	4.3	项目发起人协调管理高效	0.304	0.171	**0.640**	0.274	0.093
C3	4.6	设计完善、施工工艺成熟	0.576	-0.043	**0.635**	0.258	0.005
C4	4.8	施工单位执行与协调能力强	0.430	0.326	**0.562**	0.043	0.164
C5	2.4	招标文件、图纸、清单清晰且考虑周全	0.258	-0.098	**0.546**	-0.065	0.351
C6	3.9	沟通谈判坦诚	0.442	0.186	**0.499**	0.046	0.274
C7	1.5	项目发起人具有合格的协调管理团队	0.258	0.466	**0.472**	0.294	0.021
C8	1.6	项目手续办理顺利，土地腾迁顺利	0.161	0.337	**0.431**	0.380	0.245
D 项目社会经济等方面的可行性（Cronbach's α = 0.843）							
D1	1.1	项目可行、必要且社会经济效益显著	-0.072	0.194	0.001	**0.736**	0.332
D2	3.10	项目公司团队组建方案可行	0.316	0.041	0.235	**0.724**	0.003
D3	2.1	投标单位融资实力雄厚、方案可行	0.145	0.252	0.113	**0.719**	0.023
D4	3.6	项目预警及终止退出约定清楚合理	0.320	0.487	0.128	**0.534**	0.004
D5	2.2	投标前对项目考察充分	0.206	0.232	0.432	**0.493**	0.308
D6	1.2	项目发起人信用良好、与政府合作较多	0.146	0.383	0.320	**0.493**	0.206
D7	2.5	项目范围、回购基数、计价方式、财务费、利息等约定明确	0.423	0.304	-0.235	**0.438**	-0.332
E 产品服务技术质量的可靠性（Cronbach's α = 0.856）							
E1	2.3	投标单位建造能力强、技术方案可行	0.024	0.165	0.363	0.269	**0.731**
E2	5.5	质量保修服务约定完善	0.417	0.133	0.210	0.160	**0.726**
E3	5.6	质量维修服务及时有效	0.431	0.224	0.187	0.061	**0.696**

注 五个公因子的 Cronbach's α 均高于 0.8，且有两个高于 0.9，说明数据有很高的信度

（二）问卷调研

为保证调研结果准确，结合类似研究经验[5]，本文对调研对象的要求为：参与过

两个以上 BT 项目，且工程经验不少于 8 年。同时为兼顾 BT 项目中各参与方的观点，调研范围涵盖政府、企业、咨询等多种机构，而他们所从事的 BT 项目包括市政工程、政策性住房、大型公共建筑等类别。问卷采用李克特五级量表评价指标重要程度，从 1 到 5 表示重要性依次升高。最终收回有效问卷 60 份，在工程管理领域的类似研究中，这个问卷数量是比较可观的[6]。其中政府及其代理机构 7 份、项目业主 12 份、企业项目管理人员 16 份、专业技术人员 12 份、监理单位 6 份、咨询公司 7 份。

为检验问卷所得数据信度，计算问卷的 Cronbach's α 系数，得到 α=0.86，说明数据使用价值较高[7]。为检验数据应用因子分析的适用性，计算数据的 KMO 值并进行 Bartlett 球体检验，得到 KMO=0.696，Bartlett 检验的显著性概率为 0.000，说明适合采用因子分析进行数据处理[8]。

（三）因子分析

借助 SPSS 软件对调研结果进行探索性因子分析，综合碎石图、最小特征值、公因子构成等辨别方法[8]，选择 5 个主成分因子，特征值对总方差的解释程度达 65.079%。采用 Varimax 正交旋转对初始因子荷载阵进行方差最大化旋转，得到最终因子荷载矩阵，如表 4-62 所示。

根据表 4-62 中的因子分析结果，可将 BT 项目的关键成功因素归纳为五个方面。其中，项目制度的成熟度与完善性不仅包括项目公司、监理、专业分包等项目干系组织管理制度的完善，还包括项目的合同管理、财务融资、变更索赔、结算审计、竣工验收等流程制度的完善，制度建设是项目成功的重要保证，具体成功因子组成见表中 A1 至 A14；权责风险分担的公平性与合理性体现在权责分配各方均能接受、合同机制约定明确且准备充分等，成功的 BT 项目权利、责任、风险往往呈现耦合的分担配置，其具体成功因子组成见表中 B1 至 B13；沟通组织管理的有效性需要政府、项目公司、施工单位等各方都具备良好的协调能力，必要时还需建立专门的沟通组织团队，在多方参与的手续办理、合同谈判与执行等方面实现顺利搭接，其具体成功因子组成见表中 C1 至 C8；项目社会经济等方面的可行性包括项目自身各方面效益层面的可行、项目参与方组织建设层面的可行和融资财务等制度层面的可行，其具体成功因子组成见表中 D1 至 D7；产品服务技术质量的可靠性包括专业技术能力、产品服务的质量管理与维修维护等方面，其具体成功因子组成见表中 E1 至 E3。

三、基于关键成功因素的管理对策

在以上五方面 BT 项目关键成功因素基础上，设计结构化访谈方案，在填写问卷的受访人中选择了 7 位 BT 项目经验丰富的专家进行访谈。这 7 位专家有 3 位是分管住建部门的政府领导、4 位是来自建设企业的负责人，访谈中不仅介绍了归纳出的五方面因素，还详细介绍了各因素的因子组成，以避免理解上的偏差。本部分将汇总访谈结果，从政府的视角整理各位专家提出的针对这五个不同维度的管理对策。

（一）“项目制度的成熟度与完善性”维度

从表 4-62 可以得出，从约束主体来看，这里的制度不仅包括项目公司、分包商、监理单位、监管部门等不同机构的内部制度，还包括各方之间约定的处理变更、争议、索赔等或与合作相关的项目层面不同机构之间的制度。此外，从制度的内容来看，还可分为融资、施工、安全等不同方面的制度。有学者认为，BT 项目的各项制度中，除施工组织外，资金统筹安排、融资款按期到位等融资方面的制度至关重要[9]。受访专家也普遍认为，融资制度是重中之重。因此，政府部门为了提高 BT 项目制度的成熟度与完善性应采取如下管理对策：首先，融资谈判是项目融资的关键环节，政府部门应该重点进行融资谈判相关制度建设，具体涉及融资利息、费用、贷款时间、放款节点、还款节点、抵押或担保条件等方面的制度，BT 项目的一般融资谈判都是由项目公司主要股东或负责人主持，但应建立公示制度实现谈判在项目公司各参与方的完全透明，达成一致意见后再付诸实施，以避免项目公司的股东之间由于信息不对称造成的利益配置不公平等问题；其次，要建立专项资金的监管制度，加强财务监管，确保资金专款专用，敦促项目公司遵守会计制度，做好各类台账，以备财税部门审查；此外，还要设立分包工程款和劳务工资的分类管理制度，以防日后经济纠纷，例如，在项目竣工或春节期间农民工工资可以由劳务分包方书面确认后委托项目公司直接采用专项资金进行支付，避免发生恶意欠薪事件，造成社会不稳定。

（二）“权责风险分担的公平性与合理性”维度

观察表 4-62 中本因子维度下的各项关键成功因素，可以发现 BT 项目合同是本因子的核心内容。BT 项目的各项权利配置、风险分担在合同条款中会得以体现，因此，BT 合同的质量是项目实施顺利的关键[10]。目前，我国没有出台 BT 项目合同的通用格式，行业内一般都是由项目业主和实施方参照现有的建设领域合同文本修改而成。总结受访专家针对保证合同质量的管理对策，政府部门应该：首先，加强对项目企业法制观念的引导，确保合同不出现违反现行法律的条款，同时不断完善 BT 项目相关的法律体系的建设；其次，加强对 BT 合同内容的审查，审查主要内容不仅包括双方责任义务、违约责任及处理机制、风险分担等方面的表述，还应全面涵盖项目承包范围、项目造价、质量工期要求、工程结算方式、回购款支付方式、财务成本及管理费用计算方法、担保方式、项目运作方式等相关内容；再次，加强对 BT 合同的规范性引导与管理，尽量细化各方面的具体约定，如果项目合同不能表述清楚，双方还应签订一些针对性较强的附加合同进行补充。

（三）“沟通组织管理的有效性”维度

从表 4-62 可以看出本因子维度体现的是参与主体之间的协调与合作。总结受访专家对政府在参与 BT 项目协调管理中的定位，包括两个方面：一是协调项目内部的关系；二是协调 BT 项目外界的关系。内部关系包括项目各直接参与方的关系，包括设计、监理、项目公司、施工方、分包商、材料设备商等等。在相关研究中也有类似观点，即 BT 项目在工程具备开工条件后，政府应成立 BT 项目管理办公室，主要负责项目的土地征收、拆迁、设计方案、施工图纸等相关协调工作，并做好施工、验收、计价、设计变更等确认工作，切忌多头管理、职责不清[11]。外界关系主要是指项目直接参与方与项目涉及的各主管部门之间的关系。BT 项目从立项开始到回购结束，涉及国土、规划、建设、消防、人防、质检、供电、供水、工商、税务等诸多部门。BT 项目业主多是政府部门，与各主管部门间的协调也相对容易。在协调过程中应灵活处理项目外界关系，争取上级相关部门主管领导的支持，达到事半功倍的效果。

（四）“项目社会经济等方面的可行性”维度

表 4-62 中本因子维度中的关键成功因素可概括为项目的可行性，这里不仅包括经济、社会等方面的可行性，还包括项目的必要性等因素。业界一致认为 BT 项目实施之前应充分论证，控制规模，并且要建立规范的项目决策机制[12]。受访专家也一致认为政府部门应该在项目实施前对项目的必要性、技术可行性、项目的社会经济效益以及政府财政预算情况进行全面科学的分析，并要充分考虑项目的类型。根据 BT 项目自身经济性和公益性的侧重点，我国现行的 BT 项目可分为三类：公益型、经济效益型、社会效益型。公益型包括公立医院、公立学校、公共休闲娱乐场所、废旧公共设施改造、保障房等，对于这类一般十分依靠政府财政支出的 BT 项目，政府需量力而行，根据项目回购期内的财政预算和项目的轻重缓急来合理地安排；经济效益型包括高速公路、机场、水厂、电厂等，这类 BT 项目建成后能够独立进行营运并产生直接的经济效益，甚至在一段时期后项目本身还能实现整体盈利，这类 BT 项目也可以用 BOT 模式运作，回购资金来源主要是项目自身的收益，但在项目实施和运营前期一般政府会给予适当的财政支持，对于这类 BT 项目在实施前一定要对项目寿命周期内的财务效益状况进行分析，确保项目自身能实现盈利，不增加政府的财政负担；社会效益型介于公益性和经济效益型之间，包括新城区道路、待开发区域的公共配套设施等，这类 BT 项目建成后无法进行运营，项目本身无法产生经济效益，但项目建成会带动周边地区土地的溢价，发挥间接的经济效益，还可以改善投资环境，促进当地社会经济发展，这类 BT 项目的回购资金主要来源于政府财政，但是政府往往会用该 BT 项目所处区域内某项土地收益来支付回购资金，这类 BT 项目社会经济效益的评估

必须要将项目本身的投入和项目的间接经济效益进行比较，合理的确定项目的建设规模和启动时间，既要保证项目顺利实施，又要争取 BT 项目带动区域整体经济效益最大化。在 BT 项目实施前，政府部门可根据 BT 项目的不同类型来进行决策，也可邀请专业人员或咨询机构来辅助完成这些工作。在涉及公众利益的项目，还应该在邀请一定范围内的公众代表参与可行性评估，避免政府主观决定。

（五）“产品服务技术质量的可靠性”维度

从表 1 中可以看出专业技术能力是本因子维度的核心，基于此，受访专家认为，政府部门应该在招投标过程中充分评估投标单位的建设能力和方案设计水平。BT 项目中对投标人的评估与一般的施工招标项目大体相同，在资格预审考察阶段的评审内容包括企业资质、企业资信等级、质量管理体系、企业技术力量等。

四、结语

本文归纳了 BT 项目关键成功因素的五个维度，并总结了有针对性的管理对策。本文作者在实践操作过程中，对照所得结论中的管理对策分析了三个并不十分成功的 BT 实际案例，找到了案例中不合理的实际做法，在一定程度上也验证了本文结论的正确性和实用性。本文结论不仅可以为政府部门在参与 BT 项目过程中的管理提供参考，提高项目成功概率，还可以为项目公司、施工企业等各参与方在 BT 项目以及其他 PPP 项目的管理实践提供借鉴。

参考文献

[1] 伍迪，王守清. PPP 模式在中国的研究发展与趋势[J]. 工程管理学报, 2014, 28(6): 75-80.

[2] 杜亚灵，王剑云. BT 模式下工程项目控制权的合理配置研究[J]. 软科学，2013, 27（5）: 56-61.

[3] 丁成勇，赵阳. 政府 BT 项目实施的问题与对策[J]. 建筑经济, 2015, 36(1): 41-43.

[4] 余勇军，伍迪，王守清. 中国 BT 项目关键成功因素研究[J]. 工程管理学报，2014, 28（3）: 78-83.

[5] Manoliadis O, Tsolas O, Nakou A. Sustainable construction and drivers of change in Greece: A Delphi study [J]. Construction Management and Economics, 2006, 24（2）: 113-120.

[6] Wang S Q, Dulaimi M F, Aguria M Y. Risk management framework for construction projects in developing countries [J]. Construction Management and Economics, 2004, 22（3）: 237-252.

[7] 柴辉. 问卷调查设计中信度及效度检验方法研究[J]. 世界科技研究与发展，2010,

32（4）: 548-550.
[8] 吴明隆. 问卷统计分析实务[M]. 重庆：重庆大学出版社, 2011.
[9] 戴国华. BT 项目怎么融资[J]. 施工企业管理, 2010（5）: 44-46.
[10] 马科娜, 温向阳. BT 模式招标文件中的合同编制以及回购价款计算分析[J]. 科技创新与应用, 2012（12）: 257-258.
[11] 王立平. BT 工程项目的经营策略与项目管理. 中国高新技术企业，2011（31）: 17-21.
[12] 揭任娟. 推进 BT 融资建设模式的思考[J]. 财经界（学术版）, 2012（7）: 51-52.

（《建筑经济》2015 年第 6 期，第 32-35 页）

中国 BT 项目关键成功因素研究

作者：余勇军　伍迪　王守清

【摘要】 中国不少地方政府采取 BT 模式建设公共项目，但许多 BT 项目最终并未取得成功，因此有必要对 BT 项目关键成功因素进行研究。首先梳理 BT 项目实施流程及工作内容，结合 BT 项目成功标准，初步归纳影响 BT 项目成功的关键因素，然后用问卷调查方法对初步关键成功因素进行修正和确认，得到关键成功因素清单，然后扩大问卷调查范围确定各关键成功因素的重要性，并对重要性的调查结果从整体和按角色进行对比分析，所得结果对 BT 项目中的业主、实施方、监理等各参与方都有借鉴作用。

【关键词】 BT 项目　关键成功因素　重要性系数

一、引言

中国的城市化进程不断深入，BT（Build-Transfer，建设—移交）模式在公共基础设施项目建设中得到了广泛的应用，尤其是市政道路、地铁、供水等投资较大的公益性或准公益性项目[1]。

BT 模式缓解了政府资金压力，加快了公共项目建设步伐[2]，促进了当地经济发展，但不少 BT 项目在实施过程中出现了一些问题。例如江苏省某开发区的一个 BT 项目，存在工期延误、非法分包严重、拖欠工资导致多次上访等问题[3]。导致这些问题的原因可归结为监管不力、准入门槛低等[4]。该项目最终给业主等带来了较大的经济损失并造成了恶劣的社会影响。

因此，有必要对影响 BT 项目成功的关键因素进行研究，并对这些关键因素进行评价，以便相关人员抓住要点做好相应的管理，提高 BT 项目的成功概率。

二、BT 相关研究现状

BT 模式自问世以来，受到许多国家和地方政府的青睐，主要原因是 BT 模式能够提供很多传统的项目建设模式不具备的优势。对业主而言，由于实施项目实施总承包，有利于控制项目总造价，缩短项目工期，降低业主的管理成本和建设期风险；对项目总承包人而言，有利于提高企业品牌价值，扩大整体经济效益，承担的风险因政府回购资金相对稳定而相对较小[5]。BT 模式下项目的控制权发生了让渡与配置，促进了政府与企业的有效合作[6]，减少政府协调和管理的工作量[7]。

虽然 BT 模式较传统的基础设施建设模式有着不可替代的优势，但并不是毫无缺点。例如，由于 BT 项目利润相对较高、招标评标制度不健全，很容易引发不正当竞争；建筑企业普遍缺乏与 BT 模式相适应的组织机构、管理制度和管理人员；BT 项目实施方资金运作和建造管理整体能力普遍较低；监理机构监管制度和管理水平不足[5]。另外，BT 模式由于融资中间环节多造成融资成本增高，最终使得实际建设费用增加，对项目实施方融资的监管难以到位，BT 项目分包情况较为严重不利于项目管理[8]。

由于 BT 模式的优缺点较为明显，并且当前在中国的公共基础设施建设领域中得到了广泛的应用，所以近年来国内对 BT 项目的研究也越来越多，但几乎没有将 BT 项目关键成功因素作为主要研究对象的。近年来，国内关于 BT 的研究主要集中于风险、管理方式、运作模式、法律、招投标、融资模式等方面，但不少文献中都提到这些方面都是 BT 项目的关键成功因素之一。

虽然正面研究 BT 项目关键成功因素的文献较少，但有些研究从反面阐述如果某些工作管理不到位就会引起 BT 项目失败。导致 BT 项目失败的因素包括：招标时对融资、施工、管理审查不严；BT 合同不够规范；业主与项目公司协调不够；各参与方的关系不明晰；施工过程中违规分包；融资监管不力；业主质量控制不力；业主对工程造价控制不严，等等[9]。

针对这些的研究均可视为对某个或某几个项目成功因素的研究，但从目前研究来看，BT 项目关键成功因素研究尚有以下两个方面有待于进一步深入：

（1）对于 BT 项目关键成功因素需要更加全面的识别、归纳。当前 BT 文献研究对象以 BT 项目某一阶段的个别成功因素为主，研究 BT 项目全过程关键成功因素的较少。

（2）对于 BT 项目关键成功因素的重要性分析需进一步深入。当前文献对 BT 项目关键成功因素影响程度的分析大多是定性的而不是定量的，各因素之间的相对重要性不是很明确。

本文将以上两个方面作为重点进行研究：首先进行文献调研，结合实践梳理出 BT 项目实施流程及工作内容，在此基础上结合 BT 项目的成功标准，初步归纳出影响 BT 项目成功的关键因素，然后采取问卷调查方法对初步关键成功因素清单进行确认和补充，得到完整的关键成功因素清单；而后再次采用问卷调查的方法对清单中的关键成功因素的重要性进行评价，得出各关键因素的相对重要程度，并从参与 BT 项目的不同利益相关者的视角进行对比分析。

三、 BT 项目关键成功因素的识别与分析

（一）BT 项目的一般过程与工作

结合中国 BT 项目的实践和相关研究文献，BT 项目实施过程可分为五个阶段：项目前期准备阶段，项目招标阶段，项目合同谈判及签署阶段，项目实施阶段，项目移交结算阶段。项目前期准备阶段指的是从项目的提出至项目具备招标条件；项目招标阶段指的是项目委托招标代理至中标公示结束；项目合同谈判签署阶段指的是项目中标人与招标开始合同洽谈至项目合同全部签署完毕；项目实施阶段指的是项目动工至全部完工；项目移交结算阶段指的是项目完工后开始验收申请至竣工验收结束、工程款结算完成、回购款付清且保修期义务履行完毕。基于此整理出 BT 项目各实施阶段项目发起人（政府）和项目实施方（投资商或建筑商）需要做的主要工作，如表 4-63 所示。

表 4-63　BT 项目各阶段主要工作内容

项目阶段	业主方（政府）工作	实施方工作
1 项目前期准备阶段	根据经济社会发展需要初步确定项目实施的必要性	
	聘请专业机构编制项目可行性研究报告（包括初步技术方案、概算、经济社会效益分析等等），并报有关部门批准	
	组建运作班子，负责项目实施过程具体工作，可以提前聘请监理、审计等专业咨询机构介入项目管理	
	根据近期财政收入状况，确定项目工程造价计价原则、财务费用计取方式、回购价支付时间节点等，并向有关部门申报资金预算方案	

续表

项目阶段	业主方（政府）工作	实施方工作
期准备阶段	办理土地、规划等手续办理，并做好土地征收工作	
	组织勘察设计单位进行勘察设计，并及时报批	
2 项目招标阶段	选择招标代理机构	充分了解项目情况，确定投标
	发布招标公告，发布资格预审资料，对投标人进行考察（施工技术水平+融资能力）	报名并按要求递交资格审查资料，积极迎接招标人考察
	确定入围投标人，编制、发布招标文件（含工程量清单），组织项目现场勘察、答疑	领取招标文件，提出疑问、参加现场勘察
	开标、评标、定标（施工+融资）。公示、发放中标通知书	编制投标文件（施工+融资）、投标，领取中标通知书
3 合同谈判签署阶段	草签协议。审查项目资金落实情况，落实担保方式	草签协议。落实资本金（或落实启动资金并设立专项账户），成立项目公司（或确定项目班子），落实项目融资计划，落实担保方式
	请专业机构对正式合同条款把关	要求相关部门对正式合同条款把关。
	洽谈并签订正式合同	洽谈并签订正式合同
4 项目实施阶段	委派甲方代表，组织监理、检测、跟踪审计等单位进场，办理开工手续	做好各项开工准备工作
	做好项目各参与方的协调工作，并与项目外部有关部门保持密切沟通，创造良好施工环境	熟悉图纸、提出疑问、参与交底。制定施工组织设计、资源使用计划（人、材、机、资金）并组织进场
	督促咨询机构对工程质量、造价、进度、安全等进行全过程严格管理	按图纸、技术规范和组织计划施工，在施工过程中做好质量、造价、安全等控制，及时做好验收、变更及索赔的申报确认等工作
	对项目资金流进行监管，确认工程变更、索赔等需要甲方确认的事项	与有关部门保持有效沟通，提高工作效率
5 移交结算阶段	组织竣工验收，并做好项目接收工作	报送工程资料，办理备案手续，申请竣工验收，并移交项目
	督促及时维修工程质量缺陷，按约定返还质保金	及时维修质量缺陷，及时收取质保金
	安排咨询机构审计并掌握审计情况，协调处理有关争议，确认审计报告	报送结算书及有关造价资料，并与审计单位保持沟通、核对。确认审计报告
	支付回购资金（工程造价+财务费）	收取回购资金（工程造价+财务费）

（二）BT 项目的成功标准

目前，项目成功的概念比较模糊，且对于不同的项目相关人，由于角度不同，对项目成功的意见也就不一致[10]。王进等在将项目成功标准分为传统的、财务的、客户/利益相关者的和系统的4种观点[11]。李刚等认为BT项目各实施阶段成功的目标是：招标顺利且中标人信誉高、有实力；项目融投资和工程建设顺利完成，质量、造价和进度均满足计划要求；项目顺利移交；项目实现如期回购；项目实现计划功能并发挥预定作用[12]。结合现有研究，本文对BT项目的基本成功标准概况为：

（1）项目质量达到合同约定或以上标准。

（2）项目总费用在预算范围内，合同部分和变更部分造价均得到合理有效控制。

（3）项目实施顺利，在预定的工期内完成。

（4）项目实现如期回购，实施方利益得到预期回报，甚至借此项目获得其他更大的商业利益。

（5）项目建成后发挥了预定的作用，使用者满意度较高。

（6）项目对社会经济发展带来积极效应。

（三）问卷调研

基于上文得出的成功标准，结合文献的查阅与调研，根据表4-63整理出BT项目五个实施阶段中的关键成功因素，得出初步的BT项目关键成功因素清单共45项。

对于各关键成功因素的重要程度，将采用5点式利克特量表对其进行评价，5表示重要性最高。为了进一步完善关键成功因素，本研究采取了两步调查。第一步调查对象较为精选，不仅请他们对所列的关键成功因素进行评价，而且还请他们进一步补充作者发放的调查表没有提到的关键成功因素，并要求他们对增补的关键成功因素的重要性进行评价。第二步，就是在完成精选调查并且完善了调查表后，大范围的进行调查。

在第一步调查过程中，调查对象补充了10项BT项目关键成功因素（项目前期2项、招标阶段3项，合同谈判及签署阶段3项，建造1项，移交结算阶段1项），并对其重要性进行了评价。在对这10项补充关键成功因素进行分析后，发现这些补充的关键成功因素所表达的内容基本都包含在初步的清单表内，只是初步清单内的相关表述不够清晰；另外，被调查者对这些补充成功因素的重要性评价与他们对原表中与之类似或相关的成功因素的重要性评价基本一致。基于此，也为了便于后续的分析研究，笔者结合补充的关键成功因素对原来的初步清单进行了修正补充，最终得出BT项目关键成功因素汇总表，后续的调查研究也将以修正后的清单为准。

第二步调查加大了调查的覆盖面，所调查项目包括市政基础设施、保障性住房（安置房）、大型公共建筑等。同时为了更为广泛的调查项目有关各方的看法，被调查人员包括：一是政府相关建设行业的领导；二是项目业主，项目业主有的是国资公司负责人，有的是政府部门委派的BT项目管理人员；三是项目承办人，承办人有的是项目管理层人员，有的是项目专业技术人员；四是咨询人员，主要有监理人员、造价审计人员等。并对被调查人员有着严格的要求：即必须从事过两个及以上BT项目，且工作年限不得低于8年。

综合第一轮和第二轮的调查结果，调查表共收回60份，其中行业主管领导7份（住建局、审计主管部门、招标管理部门、市政管理部门、保障房建设管理部门的有关领导），项目业主12份，承办人28份（项目负责人16份、项目专业技术人员12份），咨询公司13份（监理专业6份、造价专业7份）。在完成问卷调查后，采用克隆巴赫 α 系数（Cronbach's α）对调查结果的信度和内部一致性进行了验证，α=0.86>0.8，说明调查数据使用价值较高[13]。表4-64列出了修正后的BT项目关键成功因素清单及其对应的重要性的问卷调查结果。

表4-64 BT项目关键成功因素清单及重要性调查统计表

项目阶段	关键成功因素		重要性系数（1-5）					
			最高值	最低值	平均值	标准差	阶段排序	总排序
1 项目前期	1.1	项目可行性、必要性和社会经济效益明显	5	1	4.23	1.09	1	4
	1.2	项目发起人具备良好条件（诚信、BT管理制度健全、政府部门配合等）	5	1	4.23	0.97	1	4
	1.3	项目发起人（政府）主要领导支持，决策管理层达成共识	5	1	4.23	0.95	1	4
	1.4	项目发起人当前及回购期财务状况良好、可持续	5	2	4.12	0.95	2	6
	1.5	项目发起人具有合格的BT管理团队	5	1	3.78	0.97	3	16
	1.6	项目立项、土地、规划、建设等手续完备，且拆迁、土地征收顺利	5	1	3.58	1.04	4	26
2 招标阶段	2.1	投标单位具有充足的投融资能力且本项目融资方案可行（资格预审考察和评标两阶段把关）	5	2	4.36	0.81	1	1
	2.2	投标前对项目充分考察（项目发起人情况、项目概况、施工现场和地质条件、所在地建设市场行情等）	5	2	3.97	0.91	2	8
	2.3	投标单位具有足够的建造能力且本项目技术方案可行（资格预审考察和评标两阶段把关）	5	1	3.93	1.01	3	10
	2.4	招标文件、图纸、清单齐全，说明清楚、考虑周全	5	2	3.84	0.94	4	13
	2.5	项目范围、回购基数、计价方式、财务费、利息等约定明确	5	1	3.83	0.99	5	14
	2.6	项目投标报价、工期、质量等级合理	5	1	3.65	1.06	6	23
	2.7	公开、公平、公正的招标、评标、定标	5	1	3.48	1.1	7	30
	2.8	项目招标代理机构合格，经验丰富	5	1	3.23	1.11	8	35

续表

项目阶段	关键成功因素		重要性系数（1-5）					
			最高值	最低值	平均值	标准差	阶段排序	总排序
3 合同谈判签署阶段	3.1	回购款支付方式双方可接受	5	1	4.14	0.96	1	5
	3.2	项目资金已按计划部分落实到位	5	2	3.97	0.93	2	8
	3.3	风险管理分担约定清楚、合理	5	1	3.94	0.99	3	9
	3.4	合同条款合法、清晰、公平、齐全、严谨，双方权责明确	5	1	3.93	0.93	4	10
	3.5	违约责任约定清楚、合理	5	1	3.9	1.01	5	11
	3.6	项目预警及终止退出约定清楚、合理	5	2	3.82	0.94	6	15
	3.7	双方提供的担保可靠、易落实	5	1	3.76	1.03	7	17
	3.8	各参与方之间合同完整、权利责任明了、法律关系清晰	5	1	3.72	0.95	8	19
	3.9	双方沟通谈判坦诚	5	1	3.7	1.05	9	20
	3.10	项目公司组建合格	5	1	3.64	1.05	10	24
4 建造阶段	4.1	充足的建设资金和及时的资源配置	5	2	4.28	0.79	1	3
	4.2	各参与方有效沟通和良好合作（业主、设计、监理、审计、总包、分包、投资等多单位）	5	1	4.09	1.04	2	7
	4.3	项目发起人协调管理高效	5	1	3.88	1.07	3	12
	4.4	合格的项目融资和施工管理班子	5	1	3.84	1	4	13
	4.5	项目公司融资和财务监管制度完善且执行到位	5	1	3.83	1.04	5	14
	4.6	完善的设计及成熟的施工工艺	5	2	3.73	0.84	6	18
	4.7	合格的造价跟踪审计（合法、公正、高效）	5	1	3.72	1	7	19
	4.8	施工单位的执行力较强	5	1	3.66	0.99	8	22
	4.9	健全的项目施工管理制度	5	1	3.62	0.94	9	25
	4.10	持续、严格的合同管理	5	1	3.58	1	10	26
	4.11	变更签证及索赔的制度和流程严谨	5	1	3.57	0.95	11	27
	4.12	高素质的专业（劳务）分包队伍	5	1	3.55	0.94	12	28
	4.13	监理方公正、有力的协调监管（工期、造价、质量、安全文明等）	5	1	3.54	1.12	13	29
	4.14	项目公司管理制度完整	5	1	3.43	1.02	14	31
5 移交结算阶段	5.1	如期支付回购资金	5	2	4.31	0.87	1	2
	5.2	严格的竣工验收程序	5	1	3.9	0.97	2	11
	5.3	完整的竣工验收资料（工程、造价）	5	1	3.76	0.95	3	17
	5.4	公正、合格、高效的结算审计	5	1	3.67	1.07	4	21
	5.5	完善的质量保修服务约定	5	1	3.4	1.04	5	32
	5.6	质量维修服务及时、有效	5	1	3.39	1.02	6	33
	5.7	公平公正的仲裁协调机制	5	1	3.25	1.1	7	34

（四）BT 项目关键成功因素整体分析

如表 4-64 所示，45 个关键成功因素的重要性系数的最高值都是 5 分，反映出每个因素都有调查者认为其很重要。而最低值不为 1 的共有 9 个因素，分别是 1.4、2.1、2.2、2.4、3.2、3.6、4.1、4.6 和 5.1，分布于项目各个阶段，说明这 9 项因素在所有 BT 项目中都不能被忽视。其中，2.1（投标单位具有充足的投融资能力且本项目融资方案可行）的平均值最高，在 45 个总排名中也排名第 1。

从各因素的重要性平均值来看，平均值大于 4 的因素有 9 个，分别是 1.1、1.2、1.3、1.4、2.1、3.1、4.1、4.2 和 5.1，靠前阶段的居多，这也反映了项目前期的因素对于项目成功的重要程度。平均值大于 3.5 小于 4 的因素有 30 个，平均值大于 3.0 小于 3.5 的因素有 6 个。重要性系数最小值也达到了 3.23（大于 2.5），也说明了所有关键成功因素的重要性得到了调查对象的基本认同。各因素的标准差不小于 1 的共有 22 个，接近了总因素的一半，这也说明不同 BT 项目的成功因素的重要性有一定特异性，在 BT 项目管理中应该根据各关键成功因素的重要性大小，分清主次，抓住重点，来做好这些成功因素的管理，提高项目管理的效率。

BT 项目关键成功因素重要系数阶段平均值（该阶段所有关键成功因素重要性系数的平均值）和排序如表 4-65 所示。从表 4-65 中可以明显地看出，项目前期阶段关键成功因素重要性明显高于后续阶段，项目启动实施阶段（开始招标至项目建造）的关键成功因素重要性明显高于项目竣工后结算和保修阶段。这也符合项目管理中事前、事中和事后三步控制管理原则。

表 4-65　BT 项目各阶段关键成功因素重要性比较

项目阶段	阶段平均值	排序
项目前期	4.03	1
招标阶段	3.79	3
合同谈判签署阶段	3.85	2
建造阶段	3.74	4
移交结算阶段	3.67	5

（五）BT 项目关键成功因素分类分析

根据被调查者在 BT 项目中的不同角色，笔者将调查表进行了分类汇总。不同类型人员对 BT 项目成功因素的重要性评价有一定的差距，咨询中介人员和政府人员认为最重要的关键成功因素为 2.1（投标单位具有充足的投融资能力且本项目融资方案可行），与总排名相同，视角相对客观，而业主和实施方则更关注他们自身的利益，分别为 5.1（如期支付回购资金）和 4.1（充足的建设资金和及时的资源配置），监理人员认为最重要的是 1.2（项目发起人具备良好条件），而专业技术人员最关注 3.1（回购款支付方式双方可接受）。总的来说，不同类型人员评价的差距体现了项目各参与方利益的差异，参与 BT 项目的各个主体，通过了解并对比其他参与方的评价，可以促进更有效的沟通和合作。各参与方对成功因素评价的对比如表 4-66 所示。

表 4-66　BT 项目关键成功因素重要性系数排名对比表

关键成功因素		重要性排序						
		总体	咨询人员	监理	实施方负责人	专业技术人员	业主负责人	政府行业人员
2.1	投标单位具有充足的投融资能力且本项目融资方案可行	**1**	**1**	4	3	8	2	**1**
5.1	如期支付回购资金	2	3	4	6	3	**1**	9
4.1	充足的建设资金和及时的资源配置	3	7	3	**1**	6	5	2
1.1	项目可行性、必要性和社会经济效益明显	4	11	7	2	2	3	7
1.2	项目发起人具备良好条件	4	2	**1**	5	5	6	10
1.3	项目发起人（政府）主要领导支持，决策管理层达成共识	4	3	5	4	4	7	3
3.1	回购款支付方式双方可接受	5	5	7	9	**1**	4	11
1.4	项目发起人当前及回购期财务状况良好、可持续	6	4	4	9	6	4	10
4.2	各参与方有效沟通和良好合作	7	7	3	9	2	11	4
2.2	投标前对项目充分考察	8	4	7	3	11	8	14
3.2	项目资金已按计划部分落实到位	8	11	7	7	7	5	12
3.3	风险管理分担约定清楚、合理	9	4	2	10	6	12	15
2.3	投标单位具有足够的建造能力且本项目技术方案可行	10	10	8	9	8	8	5
3.4	合同条款合法、清晰、公平、齐全、严谨，双方权责明确	10	4	3	8	14	9	8
3.5	违约责任约定清楚、合理	11	6	3	7	7	16	11
5.2	严格的竣工验收程序	11	13	7	8	7	10	7
4.3	项目发起人协调管理高效	12	6	1	11	10	12	12
2.4	招标文件、图纸、清单齐全，说明清楚、考虑周全	13	12	9	5	8	15	5
4.4	合格的项目融资和施工管理班子	13	13	5	9	10	12	6
2.5	项目范围、回购基数、计价方式、财务费、利息等约定明确	14	9	9	11	3	11	14
4.5	项目公司融资和财务监管制度完善且执行到位	14	15	7	6	11	10	8
3.6	项目预警及终止退出约定清楚、合理	15	8	3	11	7	15	13

续表

关键成功因素		重要性排序						
		总体	咨询人员	监理	实施方负责人	专业技术人员	业主负责人	政府行业人员
1.5	项目发起人具有合格的 BT 管理团队	16	4	7	11	8	14	14
3.7	双方提供的担保可靠、易落实	17	7	7	10	10	13	13
5.3	完整的竣工验收资料（工程、造价）	17	18	8	11	6	13	6
4.6	完善的设计及成熟的施工工艺	18	16	8	6	12	10	16
3.8	各参与方之间合同完整、权利责任明了、法律关系清晰	19	7	5	13	11	12	16
4.7	合格的造价跟踪审计	19	14	9	12	13	12	1
3.9	双方沟通谈判坦诚	20	4	11	11	8	13	18
5.4	公正、合格、高效的结算审计	21	18	7	12	9	14	8
4.8	施工单位的执行力较强	22	15	7	11	9	13	17
2.6	项目投标报价、工期、质量等级合理	23	8	10	17	11	9	11
3.10	项目公司组建合格	24	7	6	15	10	13	19
4.9	健全的项目施工管理制度	25	16	7	14	10	11	17
1.6	项目立项、土地、规划、建设等手续完备，且拆迁、土地征收顺利	26	17	12	12	9	14	11
4.10	持续、严格的合同管理	26	17	10	13	15	12	5
4.1	变更签证及索赔的制度和流程严谨	27	19	7	14	12	11	14
4.1	高素质的专业（劳务）分包队伍	28	21	8	14	9	13	14
4.1	监理方公正、有力的协调监管	29	20	6	14	13	15	8
2.7	公开、公平、公正的招标、评标、定标	30	18	11	13	9	14	20
4.1	项目公司管理制度完整	31	15	10	14	14	16	16
5.5	完善的质量保修服务约定	32	23	8	14	11	17	15
5.6	质量维修服务及时、有效	33	22	7	17	12	15	17
5.7	公平公正的仲裁协调机制	34	21	7	18	16	17	20
2.8	项目招标代理机构合格，经验丰富	35	13	13	16	10	18	21

四、结语

本文通过文献综述并结合中国的 BT 实践系统的整理了 BT 项目的实施流程和项目业主和实施方在各个阶段的主要工作内容，根据提炼出的 BT 项目的成功标准，归纳并在此基础上进行问卷调查修正确定了 45 个 BT 项目关键成功因素清单。在此研究的基础上，进行较大范围的问卷调查，确定 BT 项目成功因素的重要性，并根据调查者的不同角色对关键成功因素重要性进行了对比，为 BT 项目的各参与者提供了项目管理的参考依据。

参考文献

[1] 朱建国，徐伟. BT 模式在我国城市轨道交通工程中的运用与发展[J]. 建筑经济，2011（10）: 62-65.

[2] Xu Jin, Zhao Tao, Zhong Wei. Study of a Decision-making Information System for Determining an Owner's Optimal Purchasing Schemes in Build-transfer Projects [J]. Journal of Convergence Information Technology, 2012, Vol. 7, No. 17: 342-349.

[3] 东方网[EB/OL]. http://news.eastday.com/m/20110904/u1a6087160.html.

[4] 新浪新闻中心[EB/OL]. http://news.sina.com.cn/c/2011-09-06/032223110073.shtml.

[5] 王永新，吕高峰. 国内工程建设项目 BT 方式的优劣探讨[J]. 都市快轨交通，2006, 9（5）: 20-23.

[6] 杜亚灵，王剑云. BT 模式下工程项目控制权的合理配置研究[J]. 软科学, 2013（5）: 56-61.

[7] 林茂德. 深圳地铁 BT 模式的创新应用[J]. 都市快轨交通, 2009, 12（6）: 40-43.

[8] 陆满平. BT 投资模式及其缺陷[J]. 施工企业管理, 2006（5）: 26-27.

[9] 黄歌，蒙鹏程. 关于 BT 模式在我国运用的探讨[J]. 工程建设, 2007, 39（4）: 56-60.

[10] 牛静敏. 国外项目成功评价标准比较研究[J]. 经济论坛, 2010（1）: 159-162.

[11] 王进，许玉洁. 项目成功标准研究的动态演变与启示[J]. 经济管理，2008（12）: 80-83.

[12] 李刚，张永强，苏加峰. BT 项目融资模式风险对策研究[J]. 建筑经济, 2006（1）: 21-24.

[13] 柴辉. 问卷调查设计中信度及效度检验方法研究[J]. 世界科技研究与发展，2010, 32（4）: 548-550.

（《工程管理学报》2014 年第 3 期，第 78-83 页）

我国高压天然气加气站 BOOT 项目的运作分析

作者：王成科　王守清

【摘要】 天然气是一种清洁、高效的优质能源，近年来，用天然气作为汽车燃料在中国越来越得到普遍使用。随着陕－京二线、西气东输等工程相继投产，高压天然气（CNG）加气站的需求量将越来越大，但传统的由国家或国有企业投资兴建 CNG 加气站的投融资模式已不能满足要求，因此，能够引入民间和外国资本的 BOT、BOOT 等项目融资模式[1]越来越流行。本文以案例分析的方式，结合我国西北某高压 CNG 加气站的具体工作实践，介绍以 BOOT 融资模式建设 CNG 加气站的国家相关政策、项目实施过程、项目资金结构、主要参与方及其责任、风险管理、实施结果、效益预测和经验总结等，并为以后建设 CNG 加气站的 BOOT 模式提出了建议。

【关键词】 天然气 汽车燃料 CNG 加气站 项目融资 融资风险

一、中国的天然气项目市场及其项目融资趋势

（一）引言

近十几年来，一种新兴的融资模式——项目融资，在国际上逐渐兴起，成为为基础设施项目建设的国际流行融资模式，在我国也得到了越来越多的应用。项目融资是以项目本身的资产和期望收益为基础而进行融资的方式，其基本思路是：项目发起人独立或联合其他方组建项目公司经有关方（一般是政府）的授权后，负责项目的融资、建设和一定时期（特许期）内的运营，原则上将项目本身的资产作为抵押而融资，将项目本身的收益作为偿还资金和获得合理利润的来源，特许期满后再将项目移交给授权人[1]。

在本文涉及的 CNG 加气站项目中，第一作者所在国有公司面临投资额度不足、资金到位情况差的不利局面，通过与地方政府、投资商进行充分协商，突破了 CNG 加气站建设传统的融资模式，利用 CNG 加气站项目本身的优势进行 BOOT 融资，圆满地解决了资金不足的问题，探索了项目融资模式在油气产品项目建设中的应用，许多做法对后续类似项目具有参考作用。

（二）中国的天然气项目市场及发展趋势

21 世纪将是天然气的世纪，天然气将在国际能源结构中扮演越来越重要的角色。天然气是一种清洁、高效的优质能源，采用天然气作为汽车燃料是近年来的一种发展趋势，可以大大减少汽车尾气中的污染物含量。近年来，随着我国国民经济持续快速的发展和人民生活水平的不断提高，社会公众对城市大气环境质量的要求越来越高，尤其是北京、上海、广州等大城市，对清洁能源的需求日益迫切，不断地推动城市天然气需求量的增加，天然气供气系统的建设成为政府、企业和社会公众密切关注的问题。有关部门的预测表明：2005 年、2010 年和 2015 年的我国天然气需求量将分别达到 643×10^8 立方米、$1\,123\times10^8$ 立方米和 $1\,752\times10^8$ 立方米。目前，我国探明的天然气地质储量已超过 3×10^{12} 立方米，其中塔里木、四川、陕甘宁三大盆地和南海、东海海域的天然气储量为我国的天然气供应提供了重要资源保证，已基本形成了以四川、鄂

尔多斯、塔里木、柴达木、莺琼、东海 6 大盆地为主的气层气资源区和渤海湾、松辽、准噶尔 3 大盆地气层气与溶解气共存资源区的格局。另外，我国周边国家俄罗斯、乌兹别克斯坦、土库曼斯坦、哈萨克斯坦天然气资源丰富，这些国家每年尚有 4×10^{12} 立方米至 6×10^{12} 立方米天然气需寻找新市场。我国已与上述各国就有关向我国输送天然气的问题进行了多年的可行性研究。[2]

根据资源状况和市场需求，就我国天然气发展总体规划看，我国在现有的 60 多个已通天然气城市的基础上，到 2005 年将发展到 140 个城市，2010 年发展到 270 个城市，到 21 世纪中期，全国 65%的城市都将通上天然气[3]。此外，各级地方政府在发展城市燃气方面也非常积极。可以预见，未来 20 年将是我国天然气工业发展的高峰期。

（三）中国天然气项目的私营化项目融资机遇

长期以来，国有公司中国石油总公司、中国石化总公司是加油站、加气站等油气产品终端销售市场和相应基础设施的主要投资者和经营者。从投资来源看，资金主要来自有关税收，中国石油、中国石化承担着这些基础设施建设融资的所有风险，给政府和国有企业财政造成一定负担，且融资渠道单一，资金严重短缺。从投资方式看，主要采用直接投资方式，企业投资主体缺乏风险约束机制，普遍存在着重复投资、技术落后、投资回报率低、经济效益差等问题。

随着我国经济的持续发展，天然气供给能力的不断扩大、终端燃气市场的大力支持以及公用事业民营化进程的加快，一些外来资金、集体民营资金、私有资金逐渐进入了加油站、加气站等油气产品基础设施建设领域，投资方式有直接投资、入股投资、联合经营、加盟经营等私营化融资方式，具有以下的优点：①私营企业投资可以适应基础设施建设的巨大资金需求，可以有效分担政府财政负担；②更有效地利用社会资源；③私营企业在项目的选择、设计和经营等操作过程中更有创新、更有效率；④鼓励竞争、激励私营企业削减成本、改善服务、提高经济效益；⑤私营公司经营许多类似的项目，有利于挽留技术人员和积累经验，形成专业化服务竞争优势。

早在“西气东输”等天然气项目开工之前，一些民企就已经参与天然气终端销售市场和城市天然气管网系统建设之中。1998 年，政府开始鼓励民企进入城市基础设施建设领域。根据新华网 2004 年 6 月 28 日消息，中国发展改革委能源局公告：“我国天然气工业将全领域对外开放”，发展改革委能源局有关负责人表示，根据目前中国的天然气发展战略与政策，我国政府鼓励外商参与从天然气勘探开发、基础设施、天然气发电站、大中城市燃气等项目的建设与经营，对外开放的领域几乎涵盖了整个天然气产业链。目前壳牌等国际大公司已经与国内有关部门就天然气终端销售市场达成了初步协议。作为外商和民企，了解中国的天然气市场和天然气项目的运作模式，对以后的合作是十分必要的。

当然，目前我国天然气市场的法律构架还不够完善和透明、政府监管机制还没有真正建立起来，国外燃气公司进入中国尚需要两三年时间，而且将来他们进入中国后，大多走与中国本土公司合作开发的模式。但对于中国的民营企业来说，目前则是进入天然气市场的最佳时机。

二、西北某 CNG 加气站案例分析

（一）项目背景

随着我国经济的发展，城市小汽车急剧增加，尤其北京、上海等大城市，汽车尾气越来越成为城市环境污染的主要来源。上世纪末，我国从国外引进了“CNG 汽车及配套的加气站技术”，意图改变汽车燃料结构，减低尾气污染。1999 年，西北某地方政府下属的一家企业建设了一座 CNG 加气站，主要设备和工艺均采用国外进口，但由于 CNG 加气站进口设备投资大，工艺流程复杂，对天然气工况要求苛刻，设备故障率高，维护成本较高。随着这几年我国天然气处理技术的进步，国内高压压缩机、低温泵技术有了长足的发展，2001 年，应地方政府的邀请，中石油某部门决定购买该 CNG 加气站，对其进行技术改造，扩大规模，并在此基础上，采用国产技术，新建设两座 CNG 加气站，建设工期 12 个月。根据工程预算，工程总投资 3 000 万元。但在项目建设初期，到位资金只有 1 700 万元，其中 55%是银行贷款，45%自筹，资金到位情况差。

（二）项目运行模式选择

针对资金到位情况差的不利局面，通过与地方政府、投资商进行充分协商，决定突破 CNG 加气站建设由中国石油、中国石化独家投资、建设、经营的传统模式，利用 CNG 加气站项目本身的优势，采用 BOOT 方式融资，圆满地解决了建设资金不足的问题，有效探索了项目融资模式在油气产品项目建设中的应用。

BOOT 是指项目建设（build）、拥有（own）、运营（operate）和移交（transfer）的全过程，由项目发起公司从当地政府或所属机构获得某些基础设施的特许权，然后由其独立或联合其他方组建项目公司，负责项目的融资、建设和运营；整个特许期内项目公司通过项目的运营来获得收益，并以此收益来偿还债务；特许经营期满后，整个项目由项目公司无偿或以极少的名义价格移交给当地政府[1]。在本案例项目中，经过与地方政府多次接洽，中石油在西北某部收购该 CNG 加气站，以项目自身的收益为抵押，采用租赁融资方式，向设备供应商购买压缩机、加气机、空冷器、DCS（集散控制系统）等设备，对该站进行技术改造、扩容，并新建两座 CNG 加气站，然后

全权负责 CNG 加气站的运营和维修，特许运营期为 22 年。根据协议，该中石油某部可根据油气产品销售市场情况自定销售策略和价格。

（三）项目融资干系人

项目融资直接干系人主要包括当地政府部门及其下属企业、设备供应商、银行、保险公司、设计单位、施工单位、项目公司。此外，当地公交车公司、出租车公司接受 CNG 产品，当地水电公司保证供水供电，而成为项目的参与者。项目的全过程涉及项目发起、可行性研究、项目确立、资金筹措、项目设计、建造、运营管理等诸多方面和环节。各干系人之间的权利义务依各种合同、协议而确立，明确项目各参与方的责任与风险的合理分担。项目的主要干系人及其在本项目中的主要职责如下：

- **项目发起人**：为了开发天然气终端销售市场，中石油某部门发起了该项目，从当地政府获得了该项目的特许权，负责组织项目的融资、建设和生产经营，提供项目开发所必需的资本金和技术，联合银行、保险公司、设备供应商、设计单位、施工单位成立项目公司，安排项目融资，承担项目风险，并从项目经营中获得利润。
- **当地政府及其下属部门**：当地政府部门授予项目公司特许权，并协调项目公司与地方其他部门关系，如当地公交车公司、出租车公司负责产品的接受，当地水电等物资部门负责原材料的供应等。
- **当地政府下属企业**：代表政府协助项目公司解决与地方有关部门的关系，办理有关手续等，并为项目提供担保等。
- **项目的贷款银行**：中国建设银行向项目公司提供贷款，贷款的协议条件取决于 CNG 项目本身的经济强度、项目公司的经营管理能力和资金状况，但是在很大程度上主要依赖于项目发起人和当地政府为项目提供的支持和特许权协议的具体内容。
- **设备供应商**：CNG 加气站主要设备主要包括压缩机、加气机等，以前主要采用进口，这几年我国压缩机、加气机技术有了长足的进步，本次建站中，项目公司对国内几家压缩机、加气机制造公司进行投招标，并配合制造公司对 CNG 设备进行国产化技术研制；由于项目公司资金紧张，经过与设备生产厂家协商谈判，决定对加气站设备采用租赁融资模式。
- **设计单位**：根据 CNG 加气站工艺技术要求及国产设备技术参数要求，遵循新技术、新工艺、高水平、高效益的原则，通过设计招标，选择国内具有十多年石油天然气设计经验的设计院，负责 CNG 加气站的国产化设计。
- **施工安装单位**：通过施工招标，选择中国石油西北分公司下属的一家石油工程建设公司，负责 CNG 加气站的设备安装调试、高压管道敷设、工厂投运等工作，该公司具有二十多年石油天然气工程施工经验，而且与当地政府下属的土地、规划、建设、技术监督等部门有良好的合作关系。

- **保险单位**：该工程包括三个加气站，地域比较分散，且地处少数民族聚居区；当地夏季炎热，冬季寒冷，自然条件较差；采用国产化工艺设备，技术研发难度较大。为了转移风险，最大限度减低项目公司的风险损失，项目公司对 CNG 加气站工程进行投保，保险公司选择中国建设银行。

（四）融资过程

在市场机制条件下，进行有效的融资决策，是提高项目核心竞争力的必然要求。建设油气产品终端销售网，只靠国家投资和企业自筹，会增加企业还贷压力，提高项目公司投资成本。因此，在项目上马前，如何选择融资方案，如何优化融资方式和融资结构就显得格外重要[4]。本项目融资过程中的主要决策和实施包括以下几方面：

- 确定合理的建设和融资规模。本项目的投资时间长，不确定因素多，风险大。筹资过多，可能造成资金闲置浪费，增加融资成本，导致企业负债过多，增加经营风险。而如果筹资不足，则又会影响企业投融资计划及其他业务的正常开展。因此，企业在进行融资决策之初，要根据工程概预算对资金的需要、企业自身的实际条件以及融资的难易程度和成本情况，来确定企业合理的融资规模。在 CNG 加气站融资实际操作中，通过技术经济分析，确定建设规模为：三个 CNG 加气站总天然气日处理量为 24 000 万方，占地 22 亩，工程总投资 3 000 万元，其中，土地转让费 600 万元，已建地上建构筑物转让费 735 万元，新购设备费 866 万元，安装施工费 260 万元，办公楼及设施 150 元，绿化费 40 万元，咨询设计费 56 万元，水电接入费 80 万元，财务管理费 120 万元，流动资金 95 万元。
- 选择合适的融资方案，制定科学的融资组合策略，降低融资成本。目前，我国的民间资金是相当充裕的，而油气产品终端销售市场行业投资回报率高，极具投资吸引力。随着市场经济的发展，各种融资方式纷繁复杂，必须认真选择融资方式，制定合理的融资组合比例，尽可能地降低 CNG 项目的融资成本，减低投资风险。常见的融资方式依其融资成本高低的排列顺序依次为商业融资、内部融资、银行融资、债券融资、股票融资[1]。为了降低融资风险，企业必须在各种融资方式中选择适于本企业特点的融资组合，注意不同融资方式的转换能力，尽可能地降低融资成本。根据实际情况进行论证后，本项目采用的资金筹措方式主要有：自筹资金，以项目收益为抵押的银行贷款融资，以项目收益为抵押的设备租赁融资三种融资方式。

- 优化融资结构，寻求最佳的资本结构，保持企业控制权。企业融资之前，必须要考虑融资的安全性、经济性和可行性，因此要进行资产负债结构分析、权益投资和负债融资结构分析。不合理的融资结构，有可能会导致企业控制权和所有权的部分丧失，不仅影响企业生产经营的自主性、独立性，还会引起企业利润分流，影响企业的近期效益和长远发展[4]。因此在进行融资决策时，必须认真考虑各种融资方式的比例和规模，优化融资结构，寻求最佳的资本结构。本项目中，根据对比论证，项目公司自筹资金 765 万元，以项目收益为抵押的银行贷款融资 935 万元。根据工程预算要求，本项目需要为购置设备融资 700 万元，需要为购置地上构筑物融资 600 万元。通过协商，CNG 设备采用分期付款方式融资：首次支付 166 万元，其余 700 万元在 6 年内等额偿付，年利率 7%；地上已建构筑物采用等额分期付款的方式融资：首次支付 135 万元，其余 600 万元在 6 年内等额偿付，年利率 6%。

（五）运作程序

本项目主要包括项目融资分析、协议和合同的谈判签订、建设、运营和移交五个过程：

- 融资分析阶段：这一阶段主要是项目定位，根据咨询部门或设计部门提供的 CNG 项目可行性研究报告，初步确定项目建设规模、实施方案、融资模式、融资结构等。
- 协议和合同谈判签署阶段：项目公司向当地政府提出申请，获得 CNG 加气站建设经营特许权，签订特许经营权协议。通过资格预审与招标，选定项目合作伙伴，并取得它们的合作意向，然后提交项目融资与项目实施方案文件。经过谈判，项目公司分别与当地政府、银行、设备供应商、施工安装公司等参与方签订合同，提出开工报告。
- 建设阶段：项目公司通过工程监理、顾问咨询等机构，组织项目施工，安排进度计划与配置资源，控制工程质量与成本，监督设备供应商、工程承包商，并保证出资人按进度计划投入资金，确保工程按预算如期完工。该工程当年设计、当年施工、当年投运，建设期 10 个月，于 2003 年 10 月一次投运成功。
- 运营阶段：负责 CNG 加气站的日常运行和维护等，项目公司根据市场需求变化自主灵活制定价格策略、经营策略，加强资产的风险管理，合理安排现金流量，以保证按时还本付息，并最终获利，同时注意项目的维修与保养，以期项目最有效地运营和最后的顺利移交。

- 移交阶段：项目公司把项目移交给当地政府，移交工作包括资产评估、利润分红、债务清偿等。因项目刚开始运营不久，此阶段的经验尚待以后总结。

（六）风险控制

BOOT 项目的成功是建立在风险的准确识别和合理分担基础上的，CNG 项目干系人要分别承担项目的有关风险，主要包括以下两个阶段的风险。

- 建设阶段的风险
  - — 设计风险（CNG 加气站国产化研制质量好坏、DCS 控制水平高低等）；
  - — 施工风险（设备安装不合格、压力容器质量低、高压管耐压低等）；
  - — 进度风险（进度计划不合理、资金不到位、设备供应滞后等）；
  - — 投资超支风险（合同不合理、计划外花费多、融资成本高、工程变更多等）；
  - — 资金到位情况风险（银行资金不能按时到位、租赁设备不能按时到位等）。
- 经营阶段的风险
  - — 市场风险（市场竞争对手、潜在竞争对手、新型节能技术的出现等）；
  - — 长期的财务风险（央行汇率的波动、贷款利率的上升等）；
  - — 通货膨胀风险（国家 GDP 与物价指数的变化、CNG 市场需求的变化等）；
  - — 法律风险（如税法的修改、国家和地方政府尾气排放标准的变化等）；
  - — 项目公司自主制定价格风险（市场情况变化、决策滞后、信息质量差等）。

在本项目启动之初，项目公司邀请了银行、咨询、设计、监理等方面的有关专家，对项目风险进行了认真的识别和评估，制定了严格的风险控制目标、风险应对措施，并组织编写了《CNG 项目风险控制与应急预案》。项目的风险按就近分派原则，由与该风险最为接近的参与方承担。在项目建设过程中，由专人负责严格按照风险控制要求对项目实施的各环节进行监控，采用有效措施缓解、避免、转移风险。

（七）经济效益预测及运行现状

根据项目要求，三座 CNG 加气站当年设计、当年施工、当年投运，压缩机、加气机等设备均进行国产化设备；DCS 控制系统采用进口技术。CNG 加气站规模为 24 000 立方米/天，预期投资回收期 5 年，财务净现值 1 146 万元，内部收益率 38%，如表 4-67 所示。

表 4-67　项目现金流表　（单位：万元）

序号	项目内容	2002	2003	2004	2005	2006	2007	2008	2009	2010	合计
1	工程投资	-1700									-1 700
2	年销售收入		887.00	887.00	887.00	887.00	887.00	887.00	887.00	887.00	7 096.00
3	维修包养运行费		-177.40	-177.40	-177.40	-177.40	-177.40	-177.40	-177.40	-177.40	-1 419.20

续表

序号	项目内容	2002	2003	2004	2005	2006	2007	2008	2009	2010	合计
4	营业税		-47.90	-47.90	-47.90	-47.90	-47.90	-47.90	-47.90	-47.90	-383.18
5	贷款利息偿付		-50.96	-50.96	-50.96	-50.96	-50.96	-50.96	-935.00	0.00	-1 240.75
6	设备分期付款		-146.86	-146.86	-146.86	-146.86	-146.86	-146.86	0.00	0.00	-881.14
7	地面建筑物分期付款		-122.02	-122.02	-122.02	-122.02	-122.02	-122.02	0.00	0.00	-732.11
	保险费		-60.00	-60.00	-60.00	-60.00	-60.00	-60.00	-60.00	-60.00	-480.00
8	税前现金流		281.87	281.87	281.87	281.87	281.87	281.87	-333.30	601.70	1 959.62
9	固定资产折旧		-175.10	-175.10	-175.10	-175.10	-175.10	-175.10	-175.10	-175.10	-1 400.80
10	应纳税收入		106.77	106.77	106.77	106.77	106.77	106.77	-508.40	426.60	558.82
11	所得税		-35.23	-35.23	-35.23	-35.23	-35.23	-35.23	0.00	-140.78	-352.18
12	税后现金流		246.64	246.64	246.64	246.64	246.64	246.64	-333.30	460.92	1 607.44
投资回收期 5 年		财务净现值			1146.51685		内部收益率		38.22%		

在项目实施过程中，项目公司对项目的建设、经营等阶段中各要素采取了详细的分析、严格的管理和风险控制等应对措施，比较圆满地实现了项目的各阶段目标。在一年时间内，建成 3 座加气站，CNG 压缩机、LPG 泵、CNG/LPG 加气机等设备均进行国产化设备；节省设备投资约 50%，节约运行维护费 40%；DCS 控制系统采用进口技术，实行了 CNG 压缩机无人值守全自动控制。加气站于 2003 年 10 月一次性投运成功，运行 8 个月来，设备运行一直非常稳定。由于 CNG 市场供不应求，CNG 加气站实际日处理量达到 30 000 立方米，比原设计提高了 25%。因此今年计划对该站进行扩容，进一步提高天然气处理规模。经当地劳动部门检测，CNG 汽车尾气排放指标大大高于国家相关行业规范要求，在去年年底通过了相关部门的验收。

三、经验总结

（一）CNG 项目采用 BOOT 模式融资的特点

该 CNG 加气站项目的 BOOT 模式实质上是一种混合融资形式，项目公司对项目的融资、设计、咨询、施工，以及投运后的经营、移交，实行一揽子总承包[1]。与传统的 CNG 加气站投资模式相比，该融资模式的特点主要体现在以下几方面：

- 减轻了政府的财政负担，也减少了项目发起公司的直接财务负担和借款负债义务，把大多数负债责任转移给了项目公司或项目本身，减轻了债务风险；
- 项目的合同结构有利于转移和降低项目的建设风险；
- 提高了项目干系人的投资积极性，有利于提高项目的运作效率；
- 尽快启动项目，占领市场，可以提前满足社会和公众的需求；
- 给项目所在地方带来先进的技术和管理经验，也促进了地区间经济的融合。

（二）从项目公司角度的经验

项目融资中，出资方最为关心的是项目本身的经济效益和经营管理水平，因为经济效益与经营水平的好坏，直接关系到出资方的信贷资金的安全与本身的收益。所以，在项目融资过程中，项目公司与出资方的交往中必须坚持以下事项：

- 与地方政府、银行和其他出资方等建立良好的合作关系，双方互相帮助，互相支持，如主动配合出资方检查资金使用情况、努力完成出资方管理流动资金所提出的各项要求、配合出资方开展各项调查等都是非常有效的工作策略。
- 切实做好项目的可行性研究并写好可行性研究报告，可行性研究报告是对项目在技术上、经济上是否可行的一种科学分析评价，一个好的可行性研究报告，对于争取项目出资方资金支持具有十分重要的作用。项目发起人在撰写可行性研究报告时，应重点解决以下几个问题：
  — 报告必须符合国家和地方政府的有关政策和法规要求；
  — 报告应该突出论述项目技术上的先进、经济上的高效、操作上的可行等问题；
  — 对高新技术项目，要把“高（高水平、高效益）”和“新（新技术、新工艺）”讲深讲透；
  — 把经济效益作为可行性的出发点和落脚点。
- 多联系几家出资方，各出资方的资金状况不同，对项目的理解深度不同，因此对项目的收益期望不同，会有不同的融资要求。项目发起人贷款时多跑几家出资方，往往有利于问题的解决。
- 项目必须有良好的预期收益，有很好的经营管理机制，有完整的监督管理体系，项目干系人有合法的合同文件和机关公证等。
- 项目在资金不足，而又急需劳动对象和生产工具时，可以采取赊购、租赁、分期付款等灵活的方式去获得所急需的产品。同时必须考虑成本的高低。表面上看，产品的金额按产品的销售价格来支付，债务人“无偿”地占用了债权人的资金。事实上，货款的利息加入了产品的价格之中，利息已经随价格转嫁给了购买者。因此，项目公司应从本身的特点出发，采用最符合实际情况的融资方案，实现项目各出资方和项目公司的“双赢”。

（三）对资本参与方的建议

1. 境外资本、民间资本参与国内 CNG 项目等基础设施建设经营的机遇[5]

加快实现投资主体转换是我国基础设施建设改革的基本任务，从市场化改革方向看，政府以后将不再是城市水、电、路、气、讯等基础设施唯一的投资经营主体。因为，仅依靠政府投资，无法解决资金短缺问题，更无法缓解基础设施落后的局面，只有充分调动境外资本、社会民间资本的积极性，吸引他们投资基础设施，才能有效解决这一问题。

2. 境外资本、民间资本参与国内 CNG 项目建设面临的问题

我国关于外资、私人资本参与 BOT 项目的相关立法还不完善，市场秩序与效率比不上发达国家，即使采用同一种投资模式，在具体操作上有明显的不同。外资、私资进入中国 CNG 市场，将会面临汇率风险问题、政策变化、与国际惯例冲突等问题。因此，在签订特许权协议时，一方面要尽快了解熟习我国的相关法律法规，以及投资环境，另一方面要根据项目实际情况，采取灵活的融资策略，本着利益共享，风险共担的原则，友好合作。

3. 境外资本、民间资本参与国内 CNG 项目建设的方式

根据项目实际情况，鼓励境外资本、民间资本采取联合、联营、集资、入股等灵活多样的融资方式进入 CNG 等基础设施建设领域，降低市场准入的门槛，与当地市场形成优势互补，真正发挥资本的效用。

4. 境外资本、民间资本应该积极参与社会金融支持体系的建立健全活动

建立健全境外资本、民间资本的金融支持社会辅助体系，完善金融服务公司、咨询公司、会计师事务所、律师事务所、资产评估公司、税务代理公司等社会化中介服务机构的功能，提高贷款评估、信息咨询、管理咨询、技术合作等方面的服务质量，以规范甲乙方行为，拓宽融资渠道，提高企业信用等级，提高融资效率。

总之，项目融资模式是一种出现时间较短的新型融资模式，国外也尚处于初级阶段。由于项目融资模式涉及方面多、结构复杂、融资成本高，尚有许多问题待研究。最近几年随着基础设施建设投资力度的加大，项目融资模式已在我国引起了广泛的重视，并且在若干大型基础设施项目融资中获得应用，希望本案例分析能为在基础设施建设特别是 CNG 加气站项目中应用项目融资模式提供一点借鉴作用。

参考文献

[1] 王守清. 项目管理的一种方式——BOT[J]. 项目管理技术，2003（4）：46-48.

[2] 吴长春. 天然气的运输方式及其特点[J]. 油气储运，2003，22（9）：39-43.

[3] http://oilnews.com（中国石油网）. 2004-06-29. 08:31:37.

[4] 向朝进，谢明. 中国水电项目融资问题分析[J]. 经济体制改革，2003（1）：121-124.

[5] 宋维佳. 中国西部地区投融资策略研究[J]. 财经问题研究，2003，241（12）：30-35.

（《项目管理技术》2004 年 11 月，第 25-30 页）

面向高校退休教职工及校友的养老地产开发模式

作者：张珂南　王守清

【摘要】 结合实际养老地产项目策划，提出一种面向高校退休教职工及校友等具有圈层文化特点的高知老龄群体的学院式养老地产开发模式。在分析养老地产市场发展、项目区位条件、开发商诉求和学院式养老客群特点及其养老需求的基础上，详细介绍该开发模式的项目定位、融资方案、合同结构、运营和营销模式等，为面向具有类似圈层文化的老年客群的养老地产开发提供思路和参考建议。

【关键词】 养老地产　养老产业　开发模式　PPP（公私合作）　社会资本

一、引言

自 1999 年中国步入人口老龄化社会以来，人口老龄化加速，老年人口基数大、增长快，高龄化、空巢化趋势明显，这预示着养老产业有巨大的潜在需求。当前养老机构与养老服务市场供给不足、配置不均衡的问题仍较为突出，其中养老地产也始终未能探索出成功的开发模式和融资方式。针对这些问题，张珂南和王守清[1]从不同角度提出建议，包括迎合政策选择租赁式养老机构、引入 PPP(Public-Private Partnership，公私合作）解决融资困境、定位中端市场、关注空巢高知老人群体等。

为应对严峻的社会老龄化问题，政府多次颁布政策吸纳社会资本多形式、多渠道参与养老产业，养老地产是政府鼓励的领域之一。在此背景下，本文基于作者前文结论与观点，结合北京市某养老地产项目的策划，提出专门面向高校退休教职工及校友的一类新型养老地产开发模式，包括项目定位、融资框架、合同结果和营销模式，以期为养老地产开发企业在投资决策和项目实施环节提供参考建议。

二、项目背景与区位条件

项目地块位于北京市西南四环，周边多为计划经济时期建设的国企社区和部队大院，现有众多退休职工和军人居住，社区环境较差，休闲设施和空间较少，养老服务设施匮乏。

项目地块与数个公园相邻，交通可达性高，特别是周边医疗资源丰富，有多家三级甲等医院、医保定点医院和专科医院，生活服务设施相对成熟。优越的医疗资源同时带来激烈的市场竞争，周边养老机构聚集，但以民办养老院为主，定位偏向中低端，服务项目较少。

本项目由某高校校友会主导，立项初期已锁定该校离退休教职工及校友为核心客群，并已进行大规模有针对性的前期调研。

三、开发模式构建与分析

（一）客群分析

本文提出的养老地产开发模式将客群定位分为三个层次（见图 4-33）：本校退休校友及教职工为核心客群；周边社区老年居民为补充客群；受养老社区吸引入住的其他老年群体为潜在客群。据此，可分别进行需求分析，这里仅简述核心客群及补充客群。

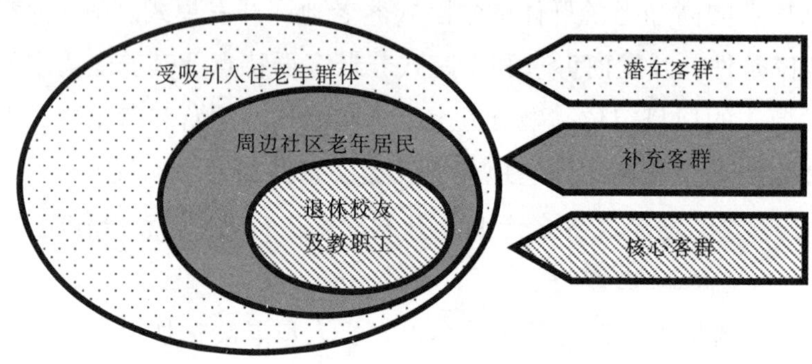

图 4-33　客群定位

1. 高校退休校友及教职工

老龄化背景下，以高校退休教职工为代表的高知老人尤其值得关注。由于特殊的生育政策和家庭因素，这类老人独居比例较大，但具有更高的精神需求[2]，此类需求具体表现为特殊的圈层文化。除了生活便利性之外，特殊的校园文化和邻里关系是高校退休教职工长期居住校内教工区的主要原因。此外，这些退休教职工日常各类活动的组织呈现自发性，参与群体表现出明显的圈层效应，包括院系、文艺社团、运动队、工会等。各个社交圈保持稳定，同时相互交叉，不断交流，最终形成此类老年群体对于校园特殊的归属感，具有典型的学院式文化。因此，这里养老地产开发必须关注核心客群已形成的圈层文化和社交需求。

与此呼应的是退休校友群体的母校情节。相比退休教职工，这类老年人无法真正重返校园，因此表现出更强烈的抱团入住养老机构意愿。类似地，这类群体也通过学生时代班级、院系、社团等各类圈子维持联络，表现出类似于学院式的圈层文化。

2. 国企退休职工及军队退休干部

据调研结果，作为补充客群的主要来源，在周边国企社区及部队大院内居住的老年群体往往有较好的医疗和住房保障，同时退休金充沛和稳定，但日常护理十分匮乏。此外，这类社区建设年代较早，建筑密度较高，社区环境较差，缺乏老年人活动场所，社区养老服务设施更为鲜见，因此形成明显的供需矛盾。

现有研究和政策导向都指明，加强与周边社区的互动，延伸养老服务，是养老地产的重要发展方向[1]。因此，本文建议的开发模式将融入居家养老和社区养老服务，以打破传统养老社区的孤岛模式，获取更多政策支持与公共资源。

（二）产品定位

本模式下的产品定位为全租赁学院式养老社区，同时以此为中心向周边社区辐射养老服务。入住人群以该高校退休校友和教职工为主，另有少部分来自周边社区的非自理老人；针对核心客群提供持续照料退休社区（Continuous Care Retirement Community，简称 CCRC）模式下的“一站式养老”服务，对补充客群则以护理服务和居家服务为主（见图 4-34），具体特点如下：

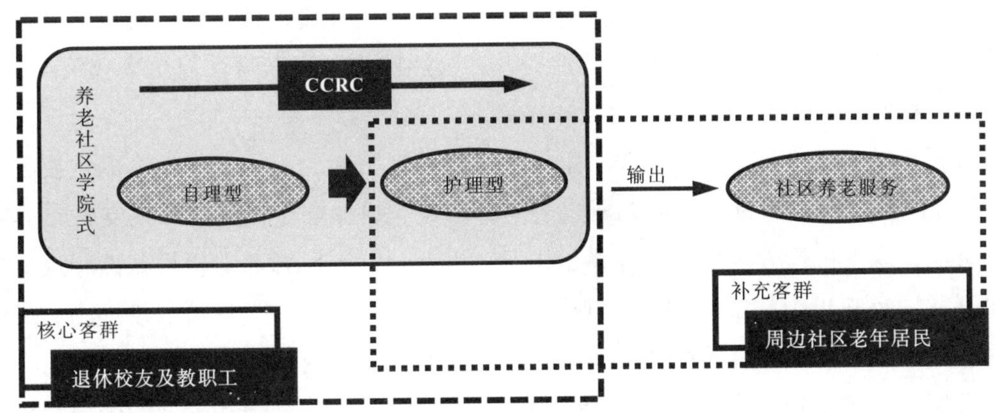

图 4-34 产品定位

1. 打造新型学院式养老

“学院式”养老首先由绿城集团提出并实践。绿城敏锐掌握老年人的需求，将老年大学引入养老地产，以解决“荒岛度日，毫无精神寄托”的机构养老生活现状，帮助老人更好地适应退休生活和新的社会角色[3,4]，其前瞻性值得肯定。然而，目前其主打产品颐乐学院仍无法实现盈利，80 元/课的课程费无法平衡较高的运营成本和人力投入[5]。

有别于绿城以管理者的身份组建老年大学，本文注重引导自发性的“学院式”养老。相比随机入住养老社区的老人，本模式下的核心客群定位为典型老年知识分子，他们不满足于单纯的物质养老，更看中精神层面的富足，期望得到社会认可和尊重[2]，因此更易认同“学院式”养老理念。同时，特殊的圈层文化促使其抱团入住养老社区，丰富的知识技能与社会背景则为自发开展各类活动创造可能。

据此，本文扩展“学院式”养老理念，从为老人们设置特定课程，变为提供充足的学习社交环境，鼓励老人们自己组织活动、开办课程，借助相互学习的过程增进社区居民间交流，再造学院式文化氛围。

2. 融入社区养老模式

“社区养老”将养老机构中的服务引入社区，使老人在不脱离社区环境的同时享受养老服务，既迎合老年人在地缘上的归属感，也可减轻子女经济压力[6][7]。针对实践中遇到的资金、配套设施、专业服务水平等方面问题，已有研究在强调政府的支持和引导外，提出养老服务产业化的思路[6]-[9]，也有相对成功的项目尝试，如北京市朝阳区的寸草春晖养老院。

事实上，市场化与公益性在本质上并不矛盾，社会资本的介入既拓宽了投资来源，又可加强养老服务的专业性[7][10]，实现政府和企业的双赢。因此，考虑该项目地块周边大量成熟的居住社区，项目策划中融入社区养老，向外输出低价位的居家养老服务并吸纳部分护理型老人，以项目公益性提升社会影响力，以获得政府更多政策支持。

3. 商业与服务模式选择

分析相关政策和实践经验可知，租赁式机构养老将成为我国养老地产的主要发展方向[1]，此外，针对项目客群的调研也表明，多数人更倾向于以月租方式支付[11]。在价格方面，现有机构养老市场整体供给不足，以及公立与民营养老机构截然相反的入住情况共同反映出中端市场的供给缺失。因此，本项目结合主要客群经济能力，最终定位中端，但在开发模式上则更强调实现产品及服务上的差异化管理。

我国现有养老地产大多采用 CCRC 模式，但过大的社区规模和较低的服务管理水平容易导致实际生活质量难以保证，也并不符合我国老年人的需求特征[12]。本文因此建议，仅为核心客群提供“一站式”养老服务，对周边社区居民则提供护理和居家服务的模式，通过差异化服务提高资源利用效率，同时保证两类客群的相对独立。

四、融资方案比选与项目结构设计

（一）开发模式比选

按投资主体的不同，养老机构可分为民办和公办；根据经营方式则有营利性和非营利性的区分；再考虑企业的投资比例，共有四类养老机构投资模式可选（见图 4-35）。

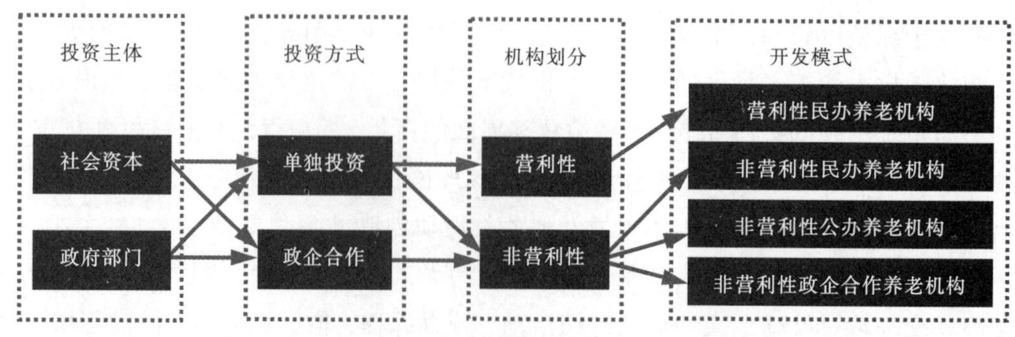

图 4-35 养老机构投资模式

目前，前三类养老机构在市场上较为常见，但都各自存在运营管理上的问题：营利性民办养老机构为平衡收益与成本，往往定位高端，故入住率非常低；非营利性民办养老机构虽在各方面能获得政府支持，却因收益率低，面临更长的投资回收期；多数公办养老院因其高性价比经常“一床难求”，却由于承担过多中端养老需求，陷入收不抵支的财务困境[13]。

社会养老服务的公共品属性及准经营性特点可以解释社会资本在介入这类项目时经常遇到的初期投资大、收益率低、回收期长等问题，同时也明确了政府在行业发展中的引导职责，为政企合作提供了理论基础，也为 PPP 模式的应用提供了巨大发展空间[10,14]。PPP 模式下的养老地产开发可以充分调动政企双方资源，共享利益和分担风险（见图 4-36）。政企合作投资的养老地产项目一方面在企业参与下强化了专业性，另一方面在政府监督引导中保证了公益性。此外，不断完善的政策法规环境和不断积累的实践经验进一步保障了 PPP 模式的必要性和可行性[10]。

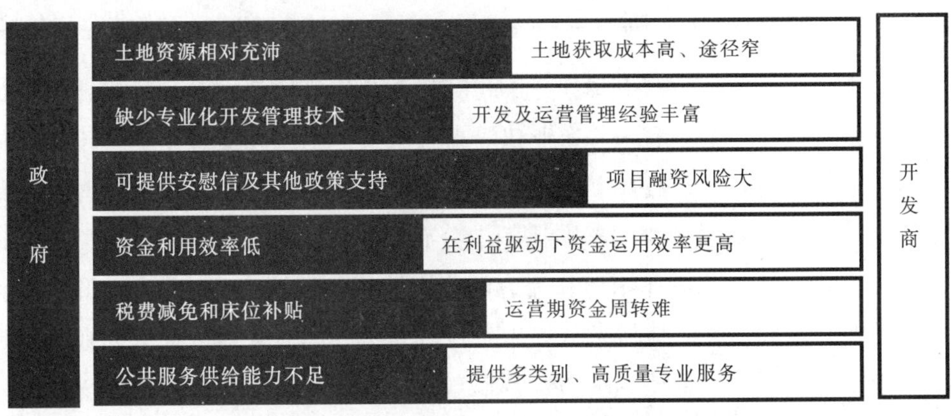

图 4-36　PPP 模式下的资源和风险分配

（二）PPP 方案比选

目前，养老地产开发过程中的土地获取和项目融资仍是最大难题[15,16]。虽然国土资源部和各级政府已经出台养老设施用地供应计划，但由于地块选择局限性较大，同时定价模式也存在分歧[17,18]，养老用地出让仍未得到广泛实施。PPP 的引入则可以解决现有问题，根据土地获取和收益分配方式的不同，可对不同方案进行分析比选（见表 4-68）。

表 4-68　PPP 方案比选

	方案 1	方案 2	方案 3	
	土地出让金补偿	与周边土地捆绑式开发	土地使用权作价入股	
特点	按正常招拍挂方式出让土地，后政府以一定比例出让金作为补偿	与周边待开发土地捆绑，协议出让，以商业性开发弥补公共项目亏损	政府以土地使用权作价入股，与企业组建项目公司共同开发	
	项目结构简单 可操作性强	模式相对成熟 土地成本较低	政企合作结构清晰 政府参与度高 利于优势资源互补实现	优点
	补偿金额有限 返还比例难确定	地块区位要求较高 经验不足的企业开发风险较大	牵扯因素较多 操作方式复杂 与项目架构结合紧密	缺点
参与意愿	高	较低	较高	政府
	低	较高	较高	开发商

方案 1 指企业按常规方式获取土地，政府与企业签订协议并返还一定比例土地出让金作为补偿，但补偿金额有限，企业仍需自行融资。由于本文提出的基于周边成熟社区的养老地产开发模式往往项目规模较小，很难获取商业银行贷款；同时补偿比例需协商确定，尤其是初次合作的补贴比例十分有限，故不建议采用。

方案 2 指政府将公共事业用地和周边商业用地打包捆绑出让。然而，开发商大多并不具备类似开发经验，对地块条件要求也比较苛刻，同时政府因失去商业用地出让收益，参与意愿较低。因此，这一方案风险较大，可行性较低，也不建议采用。

方案 3 指政府以项目用地作价入股，与企业组建项目公司，故政府的参与度较高。这一方式充分反映了政企合作资源共享和风险分担，但采用此模式仍需关注因项目结构复杂化带来的如政府占股比例、持有方式和收益分配等问题。

（三）项目结构设计

本文所基于的养老地产开发项目最终选择方案 3，政府以土地作价入股方式提供给开发商土地，而解决建设期资金问题则通过政府提供安慰信，支持企业向银行申请贷款。项目建设及后期运营阶段，开发商与政府以项目公司为主体与设计、施工、供应商等企业签订相应合同。简言之，政府主要提供建设用地、特许经营权、税费减免和日常补贴，开发商则凭借其专业管理技术投入资本金并主导项目开发和运营过程（见图 4-37）。

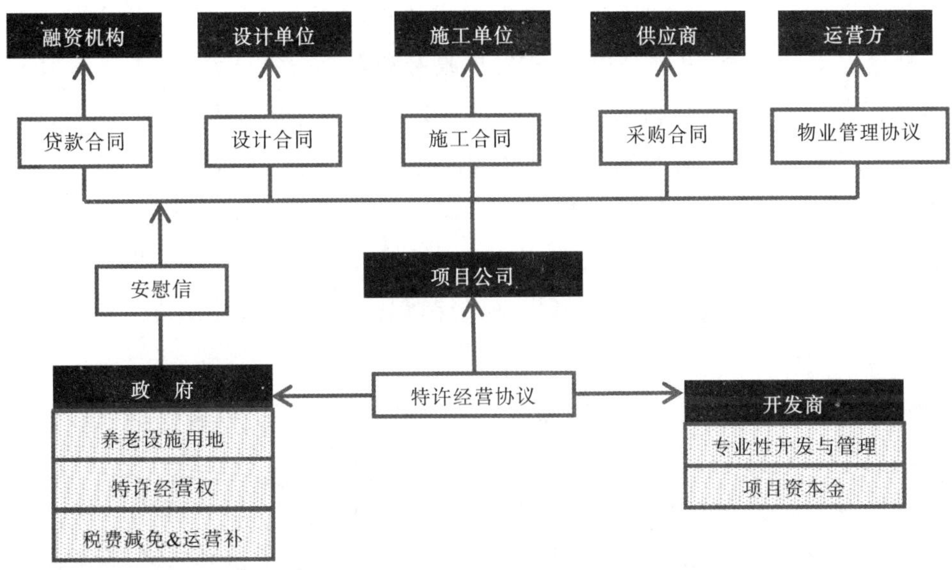

图 4-37　养老地产项目结构

五、圈层营销

由于立项初期已锁定核心客群，本模式下可以实现更好的前期沟通，同时核心客群的圈层文化也为圈层营销打下良好基础。项目营销可首先吸引校友会和学校圈子中具影响力的人成为 VIP 客户，以他们为中心向各其社交圈推广项目理念和特点。第二阶段则通过开展针对不同社交圈子的活动，实现项目品牌塑造和口碑传播。核心客户入住后，社区文化氛围逐渐形成，此时可向周边居民宣传养老社区的生活方式，吸引补充客群和潜在客群。

为提供长期客群储备，还将借会员机制实现时间延度上的圈层营销。核心客群的社交圈内往往会有一部分人还未到入住养老社区的年龄。通过加强这部分人与入住者的交流，吸引他们成为会员，向他们推送社区活动并保证其优先入住权。同时，为了巩固这部分远期客户，还可以适当收取会费，并承诺在未来入住时给予返还和折扣优惠。

六、结语

我国“未富先老”的老龄化特征使得多数老年人缺乏机构养老服务的支付能力，也导致西方多数养老模式无法在我国顺利应用。因此，深入挖掘特定群体的养老偏好和需求，并据此设计养老地产开发模式非常重要。同时，养老的公共品属性和准营利性特点使得养老地产投资大、周期长、收益少且受政策影响大，令 PPP 的应用具有必要性和可行性。本文结合实际项目，针对高校教职工及校友具有“学院式”圈层文化特点的养老客群，提出了一种新型的开发模式及其要点，如发挥这类客群的自主性、与周边社区养老的结合、引入 PPP 模式发挥政府和企业的各自优势、差异化服务和圈层营销等，不仅可应用于学院式养老地产的开发，还可为面向其他具有特定圈层文化老年客群（如国家部委、大型央企和部队大院退休人员等）的养老地产开发提供思路和借鉴。

参考文献

[1] 张珂南，王守清. 我国养老地产开发模式综述与建议——以北京市为例[J]. 建筑经济，2014（Z6）.

[2] 左鹏，高李鹏. 精神慰藉与健康老龄化——以北京某大学离退休教师为例[J]. 西北人口, 2004（5）: 13.

[3] 于春美. 学院式养老：绿城新玩法[N]. 中国房地产报, [2013-08-05].

[4] 绿城物业服务集团有限公司. 老有所学，乐在社区—绿城“学院式”养老模式解读[J]. 城市开发, 2012（21）: 10-11.

[5] 卢泳志. 绿城“学院式”养老模式的现实困境[N]. 中国房地产报, [2012-10-18].

[6] 陈元刚，谢金桃，王牧. 我国社区养老研究文献综述[J]. 重庆工学院学报（社会科学版）, 2009（9）: 2.

[7] 李学斌. 我国社区养老服务研究综述[J]. 宁夏社会科学, 2008（1）: 42-46.

[8] 陈友华，吴凯. 社区养老服务的规划与设计[J]. 人口学刊, 2008（1）: 42- 48.

[9] 王辅贤. 社区养老助老服务的取向、问题与对策研究[J]. 社会科学研究, 2004（6）: 110-113.

[10] 胡桂祥，王倩. PPP 模式应用于养老机构建设的必要性与应用条件分析[J]. 建筑经济, 2012（2）: 101-104.

[11] 聂梅生工作室. 清华校友养老住区简报（第五期）[EB/OL]. [2013-10-31]. http://www.niemeisheng.com/chinese/show.asp?pid=200&cid=201&nid=68.

[12] 李延文. 我国城市养老社区投资研究[D]. 天津：天津大学, 2010.

[13] 徐晓玲. 北京市养老机构现况调查及对策研究[D]. 长春：吉林大学, 2012.

[14] 杨畅. BOT 项目融资在老年公寓建设中的应用研究[D]. 上海：上海财经大学, 2005.

[15] 杨志浩. 养老地产的融资与盈利模式[J]. 中国地产市场, 2012（3）: 66-67.

[16] 刘关. 养老地产的融资困境[N]. 中国房地产报, [2011-06-06].

[17] 中国广播网. 开发商称养老地产需政府加大扶持力度[EB/OL]. [2014-03-20]. http://finance.chinanews.com/house/2014/03-20/5976047.shtml.

[18] 大智慧阿思达克通讯社. 国土部明确养老用地口径[EB/OL]. [2014-04-04]. http://www.gw.com.cn/news/news/2014/0404/200000331316.shtml.

（《建筑经济》2014 年第 11 期，第 105-108 页）

我国养老地产开发模式综述与建议——以北京市为例

作者：张珂南　王守清

【摘要】 针对我国老龄化面临的问题和政府近年的政策导向，首先澄清养老地产相关的几个重要概念，回顾分析现有养老地产的开发模式、商业模式和融资模式的优缺点，提出应用 PPP（公私合作）引入社会资本参与提供养老服务的可行性与必要性，然后以北京市为例分析了养老需求特点，指出“空巢化”严重的高知老人是值得重视的一类社会群体，为后续针对这类人群的养老地产投资策划奠定基础。

【关键词】 养老地产　养老产业　开发模式　PPP（公私合作）　社会资本

一、引言

目前，我国是世界上老年人口最多、增速最快的国家。据预测，2015 年老年人口比重将增至 16%，2050 年人口老龄化程度将达到 31%[1]。与人口老龄化相对应的还有日益凸显的社会“空巢化”现象。全国老龄办最新调查结果表明，我国家庭空巢比例已经达到 51.1%，随着这一比例的不断提升，传统居家养老模式将难以为继[2]。

面对严峻的老龄化问题，《中国老龄化事业“十二五”发展规划》中提出构建“以居家为基础、社区为依托、机构为支撑”的社会养老服务体系，政府也在近年来不断发文，积极吸纳社会力量多形式、多渠道参与养老服务业，投资兴办福利性、非营利性养老服务机构[3]。继《国务院关于加快发展养老服务业的若干意见》提出充分发挥政府“保基本”的作用，逐步使社会力量成为发展养老服务业的主体[4]，北京市政府也表示“对社会资本投资建设的非营利性养老机构，给予建设支持和运营补贴”[5]。

隐性刚需巨大，政策环境利好，社会资本有望积极介入养老服务行业，但机构养老市场仍存在供需不平衡的现象。目前，我国每百名老人只有 1.59 个养老机构床位，不仅低于发达国家 5%～7%的比例，也低于一些发展中国家 2%～3%的水平[6]。就北京市养老机构建设，民政局等部门联合下发《关于加快养老服务机构发展的意见》提出“9064”格局，即 90%的老年人在社会化服务的协助下通过居家养老，6%的老年人通过政府购买社区服务照顾养老，4%的老年人入住养老服务机构集中养老[7]。然而民政局数据显示，截至 2011 年年底全市每百名老人拥有的床位数仅为 2.9 张[8]。

与养老服务行业关联的养老地产市场因此也方兴未艾，各方投资者都在寻求成功的开发模式和融资框架。本文在北京市养老市场的背景下，综述相关研究和实践，提出一类新的养老地产开发模式与融资框架建议，以期为有关企业决策和项目实施提供参考。

二、养老地产概念

“养老地产”从字面上看，可理解为“养老+地产”的一种复合地产开发模式。这种模式将房地产开发项目主题化，整合其他资源，为客户提供特殊生活模式和消费方式[9]。养老地产由适老化住宅拓展而来，最初只是将养老主题融入传统地产开发，但发展至今已融入了商业地产运营、养老服务和金融创新等属性[10]，形成养老地产的广义概念。

讨论“养老地产”，必须提及两个相关概念，即“养老产业”和“养老机构”。“养老产业”是一类依托第一、第二和传统的第三产业派生出来的，为老年人提供特殊商品、设施和服务，满足养老需求的综合性产业集合，具有明显的公共性和福利性[9]。因此，养老产业的投资主体既可以是企业，也可以是政府和社会组织，包含的投资方式也不限于地产开发，相比养老地产的概念更加广泛。根据《养老机构设立许可办法》，“养老机构”指为老年人提供集中居住和照料服务的机构，依投资主体不同可划分为政府兴办的公办养老机构和社会资本投资的民办养老机构[11]。因此，“养老机构”与“养老地产”的含义并不完全相同，前者更加强调服务性功能，而后者更加关注地产投资。

综上，可以认为“养老地产”、“养老产业”和“养老机构”之间的关系如图 4-38 所示，“养老地产”和“养老机构”嵌套于“养老产业”之中，互有交叉但又有所区分。

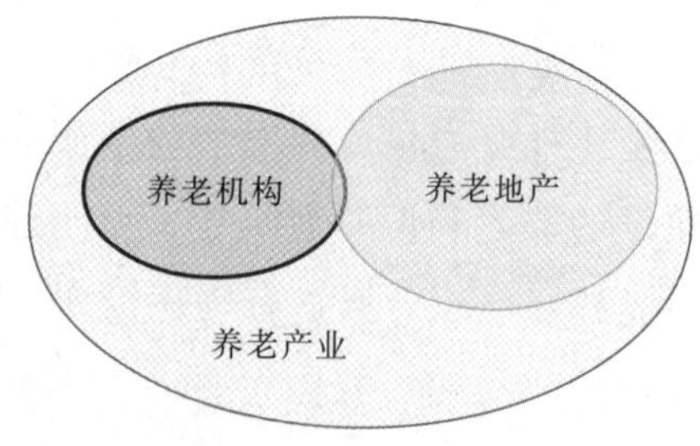

图 4-38　养老产业概念图解

随着社会老龄化进程的不断加快以及政府对社会资本介入养老产业态度的进一步明确，近几年来“养老地产”成为地产商、险资和央企的投资热点。然而，对概念界定的不清晰导致当前的养老地产开发“重地产，轻养老”，一些项目在功能设施上配置不全、管理不善，无法提供基本的养老服务。同时，养老地产投资回收期长、回报率低的特点不符合各大房企“短平快”的投资需求，导致很多项目初期耗费大量资金，却惨淡经营，最终“一卖了之”[12]。

细读政策可知，政府支持的始终是民办养老机构，而非养老地产，在养老设施用地划拨上也表示严禁改变土地用途做房地产开发[4]。因此，投资者必须辨明二者差异，在项目中强化养老服务功能，完善后期运营管理，才能探索出一种可持续的养老地产开发模式。

三、养老地产开发与商业模式

（一）开发模式

目前我国的养老地产大多学习美国的 CCRC（Continuous Care Retirement Communities，持续照护退休社区）开发模式，但在项目规模、定位和选址上有所区分。我国早期的 CCRC 项目基本上仿造美国的大规模、低密度社区，以自理型别墅为主，设置一定比例的护理型公寓和医疗护理设施，如北京太阳城、东方太阳城等。此后也出现了一些规模较小、定位高端的机构型 CCRC 养老社区，如椿萱茂、和熹会等。

然而 CCRC 模式是否适合我国老年人？简单套用是否会“水土不服”？对此，学者们提出了各自观点。例如，李延文在对北京市养老市场需求调研后指出，目前北京市场上仍以低龄自理老人为主，对于“分而不离”的代际混合居住模式的需求更高，而非大型的 CCRC 养老社区[13]。孙秀娟也提出如何将养老文化融入地产项目至关重要，获取老年住户的文化认同将成为项目营销的基础[14]。因此，市场上也出现了将生态农业和养老住宅结合打造旅游养老，集中商品住宅社区小户型实现社区养老[15]，主打养生牌的远郊温泉养老等不同的新型养老地产开发模式。

（二）商业模式

商业模式上，我国现有养老地产项目主要分为全部出售型，销售+持有型，会员制，以及租赁型。一般来说，销售型的地产项目更加偏向于传统地产开发，销售对象可分为产权和使用权。与普通房产销售类似，会员制也是通过销售会籍，迅速锁定客户回笼资金，也为多地养老提供客源基础。与此同时，险资入注养老市场也催生出另一类通过保险销售获得房产使用权的商业模式，以保险返还方式支付后期入住养老消费。销售+持有型是为了弥补全部出售模式下后期运行管理质量无法保障而提出的折中方案，一般是销售自理型住宅，持有护理型公寓和医疗护理设施，典型案例是北京太阳城。

相较之下，租赁型的养老地产更贴近养老机构的定义，也是目前政策最为推崇的形式。《国务院关于加快发展养老服务业的若干意见》中对养老机构的激励政策包括税费减免和土地划拨，但产权销售型的养老社区和其他形式的养老地产却并未提及[4]。因此，可以认为未来的养老地产商业模式将逐渐向租赁型集中，也就是说“养老地产”与“养老机构”交叉的部分将不断增大。

四、养老地产融资方式

（一）传统融资途径与现状

养老地产具有初期投资大、收益率低、回收期长等特点，因此融资方式一直是此类项目的开发难点。有文章指出，在我国养老地产融资渠道虽然多，但路径狭窄。由于养老地产的特殊性，很难取得银行贷款；股市融资停留在企业层面，受市场影响较大；民间融资成本又太高[16]。目前市场较为看好的是险资和基金投资，前者具有规模大、投资周期长、风险承受能力低的特点，正符合养老地产投资的特点；而后者既可是私募基金，吸引社会资本共同投资，也可是大型商业投资基金，通过入股养老地产开发企业实现资产增值[17]。但是由于我国养老地产尚未找到良好的商业模式，在运营服务上也缺乏创新，这两类特别是后一类投资仍相对谨慎[16]。

面对养老地产的融资困境，有不少专家学者提出将养老地产证券化，设计信托基金等金融工具，也有与国外专业服务机构或银行合作的方案设想[18]。然而，由于我国金融体系仍不成熟，房地产信托基金等金融产品仍在探索阶段，在养老地产上的应用也大多只是“纸上谈兵”。

（二）PPP 模式的引入

在寻求突破融资困境同时，不能忘记，提供公共服务是政府的应尽职责，因此不能将养老产业完全市场化。在近年来养老产业各类推广政策中，可以发现政府加强与社会力量合作的机会，合作方式包括开发、经营等环节[5,7]，为 PPP（Public-Private Partnership，公私合作，或在我国译作政企合作更为准确）模式的引入创造了可能。

PPP 强调公共部门和私营机构为提供公共服务组建项目公司或约定长期合作，在项目中各自投入资源并合理分担风险，实现各相关方共赢。企业通过获得政府授予的特许经营权，提供基础设施、公共事业的建设与服务，通过运营回收投资并获得合理收益[19]。养老地产本身具有的公益性，以及投资回收期长、现金流相对稳定或增长的特点，满足了 PPP 应用的基本条件，已有研究表明其在养老地产中应用的可行性[20]。一方面，政府可以通过鼓励政策，引导企业加大养老服务的供给，满足不同层次的养老需求；另一方面，企业可以减轻初期投资和运营期税费带来的财务压力，专注于提升养老服务和管理的专业化水平。

五、养老机构现状

虽然在政府的大力支持下，我国的社会养老快速发展，养老机构数量不断增加，但当前仍面临很多问题，包括供给不足，供需矛盾突出；设施简陋，功能单一；城乡发展不平衡等。限于篇幅，本文仅以北京市为例，讨论城市内部供给现状及问题。

2006 年以来北京市的民办养老机构数量增长迅速，截至 2012 年市内注册登记并正常运营的养老机构中民办数量占 60.5%，床位数占 75.5%。然而，目前全市百名老人床位数仅为 3 张，东西城区及朝阳、丰台、石景山和海淀区更以每百人 1 张和 2 张低于全市平均水平，也低于市民政局提出的计划要求，以及发达国家 5% ~ 7%的平均标准[21]。

更加突出的问题是市场配置的不均衡。研究表明，全市养老机构床位使用率仅为 48.5%[21]，公办机构的“一床难求”和民办机构的“惨淡经营”形成鲜明对比。公办养老院往往因服务好、收费低的特点受民众追捧，有报道称第一福利院排号甚至要等 100 年。然而，高性价比的公办养老院背后是 87%面临收不抵支的财务困境[21]。根据《养老机构管理办法》，“公办养老机构应当优先保障孤老优抚对象和经济困难的孤寡、失能、高龄等老年人的服务需求”[22]；《民政部关于开展公办养老机构改革试点工作的通知》中进一步明确了公办养老机构“托底”的职能定位[23]。也就是说，公办养老院本应保障低端养老需求，而现在承担了过多社会养老责任，中端养老市场仍旧供给不足。因此，如何克服困难，寻求成功的养老地产开发模式，填补市场空白，成为未来社会资本投资养老产业的发展方向。

此外，如何针对需求设计养老服务也是项目成功的关键。有文章指出，养老机构实际入住情况与入住意愿之间的较大差异表明养老需求无法得到满足[24]。在对社区服务的调研中也发现，老年人的需求与实际服务项目不匹配，导致最终使用频度较低[29]。随着社会的不断发展，老人们的养老需求将不仅限于居住保障和生活便利，也会融入交流、情感，甚至自我价值再实现等，这些都必须给予足够重视。

六、养老需求与偏好

中国是世界上唯一老年人口超过 1 亿的国家，同时，家庭结构的变化也在不断向传统的家庭养老模式发起挑战。据预测，2050 年我国老年人口抚养比将达到 46:100，即每 100 个劳动力人口需要支持 46 个老年人口[25]。毋庸置疑，社会养老功能必须得到发展和完善。

社会中的老年人口数量和比例仅在宏观层面上描述了养老服务市场的规模，而养老需求仍依赖于微观调研结果。总结近年来以北京市各城区为对象的调研结果，可以将当前北京养老市场需求特点总结如下：

1. 大部分老人仍倾向于居家养老

2010 年远洋地产市场调研数据表示，15%被访者考虑过入住养老公寓，其中 7%入住意愿较强，其余则表示不考虑入住此类养老机构。2007 年对西城区的调研结果也表示，大部分被访老年人不愿意入住养老机构[26]。虽然入住意愿比例很低，但相比4%的老年人入住养老机构的计划，这一调研结果显然比较乐观。至 2012 年北京老年人口比例已达 20.3%，乘以将近 2 000 万的人口基数就是 400 余万人，再考虑每年 15 万人的户籍老年人口增量，机构养老市场仍大有可为。

2. 社区尺度上存在明显空间差异

2013 年对北京 6 类典型居住社区的调查结果显示，养老需求在社区尺度上具有明显的空间差异性。相较之下，普通混合社区和单位大院的老年人对机构养老更加热衷；新建商品房社区内的老人更加倾向于服务质量和环境较好的民办养老机构；企事业单位退休职工集中的混合社区青睐中等收费水平的民办养老机构；习惯了彼此熟悉、朝夕相处的大院生活的老年人则主要选择性价比更高的公办养老机构[27,28]。

3. 健康状况和文化程度显著影响养老方式选择

相关研究发现，老年人的健康状况水平和文化程度显著影响养老方式的选择。2007 年的调研结果显示，患慢性病和文化程度较高的老年人更加倾向于选择机构养老[29]。另外，2013 年夏清华大学建设管理系学生对校内退休教职工的调研结果也显示出更高的养老机构入住倾向，超过全部被访者的 1/2，远高于全市样本。

高知群体对于机构养老的认同可能来自于以下原因：一是文化程度较高的老年人更容易转变传统养老观念，接受新的养老方式；二是由于特殊的教育背景，这类老年人会形成特殊的文化认同与归属感，因此更倾向于抱团入住养老机构；三是文化程度较高的老年人普遍收入水平也较高，对机构养老的支付能力更强；四是文化程度较高的老年人往往也是空巢老人集中的群体，更需要社会养老服务。

七、“空巢化”与高知老人

我国计划生育政策创造出特殊的“4-2-1”家庭结构，使得社会上出现越来越多的“空巢家庭”。顾名思义。“空巢老人”指子女离家，日常生活无人照料的老年人。2010 年全国老龄办数据显示城市“空巢”老人比例为 54.0%[30]，同年远洋地产针对北京的市场调研指出有四成老人处于独居状态[31]。但以上调查未考虑很多老人与子女同一社区、不同单元居住，2009 年的一项调查在排除这类情况后得到的空巢老人比例为 15%，其中中龄空巢老人（70 ~ 79 岁）比例最高，其次是低龄空巢老人（60 ~ 69 岁），二者之和近 90%，高于 80 岁的空巢老人则相对较少[32]。

虽然当前空巢化问题没有预想的那样严重，但社会上高知老人群体的空巢现象却值得关注，尤其是高校教职工退休群体。2004 年一项针对大学离退休教师的调研显示，独居比例达到 41.8%（独居老人 6.1%，夫妇合居 35.7%）。由于高校教师更加重视教育，子女大多事业有成，多在国外工作和定居，即使留在国内也倾向于两代分居，这一点在前述 2013 年清华大学校内的调研中也有明显体现。

除了高空巢率，更需重视的是高知老年群体特殊的养老需求。2009 年的研究表示，总体上空巢老人最需要的是生活照顾方面的服务，而精神需求类服务比重最小[32]。然而类似的问题在 2004 年的离退休教师调研结果中则正相反，有高达 57.8%的人表示当前生活最缺乏“精神慰藉”。文章认为，老年知识分子往往不满足于单纯的物质养老，更加追求精神上的充实。此外，由于这一群体以低龄老人为主（80.9%在 70 岁以下），同时健康状况良好者居多（认为自己“比较健康”及以上的占 41.8%），很多人对离退休后的平淡生活难以适应，因而产生失落、空虚、寂寞的情绪[33]，消极的生活态度也必然会影响身体和心理健康。

从经济学角度看，离退休教职工是老年人中生活水平较高的群体，对养老服务有较强的支付能力，是尚未开辟同时潜力巨大的养老市场；从社会道德角度看，这些退休高校教师奉献了自己的一生教书育人，桃李满天下，却在退休后被遗忘、边缘化，也是不应忽视的社会问题。

八、结语

养老地产是个方兴未艾的朝阳产业，但由于其特殊性，现有开发和商业模式尚有一些问题，融资也是一个瓶颈，有意参与养老地产开发的投资者，应明确养老地产性质和定位，如首选提供租赁式养老机构，以获取更多政策支持；应引入 PPP 模式，通过与政府合作解决融资困境；应定位中端市场，基于周边社区特点设计养老服务，特别关注“空巢化”严重的高知老年群体的养老需求，有针对性地提出进行项目策划和营销，具体请见笔者后续的姊妹篇论文。

参考文献

[1] 民政部. 社会养老服务体系建设“十二五”规划（2011—2015 年）[EB/OL]. [2011-12-27]. http://www.gov.cn/zwgk/2011-12/27/content_2030503.htm.

[2] 全国老龄办.“十城市万名老年人居家养老状况调查”新闻发布稿[EB/OL]. [2014-2-27]. http://www.cncaprc.gov.cn/jianghua/43280.jhtml.

[3] 国务院. 中国老龄事业“十二五”规划[EB/OL]. [2011-09-23]. http://www.gov.cn/zwgk/2011-09/23/content_1954782.htm.

[4] 国务院. 国务院关于加快发展养老服务业的若干意见[EB/OL]. [2013-09-13]. http://www.gov.cn/zwgk/2013-09/13/content_2487704.htm.

[5] 北京市人民政府办公厅. 北京市人民政府关于加快推进养老服务业发展的意见[EB/OL]. [2013-10-16]. http://zhengwu.beijing.gov.cn/gzdt/gggs/t1328133.htm.
[6] 窦玉沛. 加快建立健全中国养老服务体系[J]. 福利中国, 2011（1）: 20-23.
[7] 北京市民政局等部门. 关于加快养老服务机构发展的意见[EB/OL]. [2009-01-12]. http://zfxxgk.beijing.gov.cn/columns/2968/2/185653.html.
[8] 张永生等. 北京养老院一床难求，一公办院排号入住需等 10 年[N]. 新京报, 2012-3-26.
[9] 王忠. 养老地产商业模式解构[J]. 新建设: 现代物业上旬刊, 2011（2）: 110-111.
[10] 姜睿, 苏舟. 中国养老地产发展模式与策略研究[J]. 现代经济探讨, 2012（10）: 38-42.
[11] 中华人民共和国民政部. 养老机构设立许可办法[EB/OL]. [2013-06-30]. http://www.mca.gov.cn/article/zwgk/fvfg/shflhshsw/201306/20130600480075.shtml.
[12] 自曾晖. 养老地产：“钱”景大 盈利难[N]. 新京报, 2014-03-12.
[13] 李延文. 我国城市养老社区投资研究[D]. 天津：天津大学, 2010.
[14] 孙秀娟. 我国养老地产开发模式研究[D]. 北京：北京交通大学, 2011.
[15] 赵艳丰. 养老住宅的开发策略[J]. 中国地产市场, 2013（12）: 22-23.
[16] 杨志浩. 养老地产的融资与盈利模式[J]. 中国地产市场, 2012（3）: 66-67.
[17] 马明, 韦颜秋. 我国养老地产商业模式发展对策研究[J]. 中国国情国力, 2013,（5）: 35-37.
[18] 赵艳丰. 养老住宅的开发策略[J]. 中国地产市场, 2013（12）: 22-23.
[19] 王守清, 柯永建. 特许经营项目融资（BOT, PFI 和 PPP）[M]. 北京：清华大学出版社, 2008.
[20] 杨畅. BOT 项目融资在老年公寓建设中的应用研究[D]. 上海：上海财经大学, 2005.
[21] 徐晓玲. 北京市养老机构现况调查及对策研究[D]. 长春：吉林大学, 2012.
[22] 民政部. 养老机构管理办法[EB/OL]. [2013-06-30]. http://www.mca.gov.cn/article/zwgk/fvfg/shflhshsw/201306/20130600480076.shtml.
[23] 民政部. 民政部关于开展公办养老机构改革试点工作的通知[EB/OL]. [2013-12-20]. http://www.mca.gov.cn/article/zwgk/fvfg/shflhshsw/201312/20131200565532.shtml
[24] 刘红. 中国机构养老需求与供给分析[J]. 人口与经济, 2009（4）: 59-64.
[25] 中国老龄科研中心. 中国老年人供养体系调查数据汇编[M]. 北京：华龄出版社, 1994.

[26] 赵迎旭. 城市社区养老的需求与供给现状调查[D]. 厦门：厦门大学, 2008.

[27] 颜秉秋，高晓路. 城市老年人居家养老满意度的影响因子与社区差异[J]. 地理研究, 2013, 32（7）: 1269-1279.

[28] 高晓路. 城市居民对养老机构的偏好特征及社区差异[J]. 中国软科学, 2013（1）: 103-114.

[29] 赵迎旭. 城市社区养老的需求与供给现状调查[D]. 厦门：厦门大学, 2008.

[30] 全国老龄办. 2010 年我国城乡老年人开状况追踪调查情况[EB/OL]. http://wenku.baidu.com/view/657cb01ac281e53a5802ff30.html.

[31] 远洋地产养老地产总体研究[EB/OL]. http://xiazai.dichan.com/show-812577.html

[32] 贾雪华. 北京市空巢老人养老需求与养老方式实证研究[D]. 北京：首都经济贸易大学, 2009.

[33] 左鹏，高李鹏. 精神慰藉与健康老龄化——以北京某大学离退休教师为例[J]. 西北人口, 2004（5）: 13.

[《建筑经济》2014 年第 35（S1）期，第 14-17 页]

公租房项目障碍分析

作者：刘婷　王守清

【摘要】 公共租赁住房是“十二五”期间保障性安居工程的重点。本文梳理了公租房的相关政策及建设现状，对其现金流进行了定量分析，发现北京等七个典型城市的平均静态投资回收期为 30 年，IRR 为 3.3%，且还面临承租率不足 50%的供需脱节问题，筹融资困难较大，将成为公租房持续推进的瓶颈。本文梳理了上述障碍之间的逻辑关系，有针对性地提出重新界定项目范围以改善现金流，增加市场参与度以促进供给与需求的匹配等解决问题的思路。

【关键词】 公租房　财务分析　政企合作（PPP）

一、引言

住房是人的基本需求，然而实行住房市场化以来，我国对住房保障有所忽视，以至于住房问题成为矛盾尖锐的社会问题，保障性安居工程的建设因而成为“十二五”期间政府的工作重点之一。根据国务院办公厅下发的指导意见（国办发〔2011〕45

号），“十二五”期末，保障房的覆盖面要达到20%左右，其中以公共租赁住房为重点。这意味着近几年，政府将集中进行大规模的公租房建设。

保障房建设资金的筹措给地方政府带来了很大的财政压力，资金问题将是保障性安居工程持续发展的瓶颈。资金问题最凸显的是租赁型的保障房，而公租房又是“十二五”期间保障房建设的重点，因而本文着重探讨公租房项目中存在的障碍。

二、公租房政策要点及建设现状

（一）政策要点

公租房权属、资金方面的相关规定见表4-69和表4-70。

表4-69　公租房权属相关规定（建保〔2010〕87号）

<table>
<tr><th colspan="2">房　源</th><th colspan="2">投资模式</th><th>土地出让方式</th><th></th></tr>
<tr><td rowspan="3">新建</td><td>配建</td><td>开发企业投资</td><td rowspan="6">谁投资，谁所有</td><td>面向经适房对象</td><td>划拨</td></tr>
<tr><td rowspan="2">集中建设</td><td>政府（包括投资平台）</td><td rowspan="2">其他：</td><td rowspan="2">出让
租赁
作价入股</td></tr>
<tr><td>/国有企业/民营企业投资</td></tr>
<tr><td colspan="2">改建</td><td></td><td rowspan="3">利用农村集体建设用地[1]</td><td></td></tr>
<tr><td colspan="2">收购</td><td rowspan="2"></td><td></td></tr>
<tr><td colspan="2">租赁</td><td></td></tr>
</table>

表4-70　公租房资金相关规定

<table>
<tr><th>资本金</th><th colspan="3">筹集资金</th><th>财政补贴</th><th>税收</th></tr>
<tr><td rowspan="3">≥20%（国发〔2009〕27号）</td><td colspan="2">银行贷款</td><td>企业债</td><td rowspan="3">土地出让收益、住房公积金增值收益</td><td rowspan="3">免征土地使用税、契税、印花税、营业税及房产税等（财税〔2010〕88号）</td></tr>
<tr><td>政府投资</td><td>其他机构</td><td rowspan="2">支持企业债，优先办理核准手续（发改办财金〔2011〕1388号）</td></tr>
<tr><td>0.9倍基准利率，≤15年（银发〔2011〕193号，财综〔2010〕95号）</td><td>商业原则，政府贴息</td></tr>
</table>

（二）建设实践

1. 投资模式

公租房有以政府（包括地方投资平台）、国有企业、村集体和民营企业为主体的多种投资模式。上述四种投资模式中，民营资本的参与程度依次增加，相应的案例及各方承担的职责见表4-71。

表 4-71　公租房建设运营中的各方角色①

项目	马驹桥物流 B 区	重庆市地产集团承建项目	唐家岭村公租房	青岛辛安公租房
政府	投资	开发企业股东	承租 / 垫资	规划
企业	设计、施工	投资、设计、施工	设计、施工	投资、设计、施工
村集体			投资	
民营资本参与度——→增大				

2. 融资探索

融资方面，除银行贷款外，还有地方债、企业债、房地产信托、以及房地产投资信托基金（REITs, real estate investment trusts）等。

其中，地方债和地方投资平台发行的企业债的融资成本最低，分别为 3%[2]和 5%[3]左右，国有企业发行的公司债约为 7%[4]；保障性住房信托产品目前的平均市场收益率为 9.2%，平均期限不足 2 年[5]，但它能作为社保基金、保险资金等投资保障房的突破口，有望创新出更适合公租房项目的产品[6]。而各地以及房地产行业推出的 REITs 的发行方案，目前都处于搁浅状态，短期内成功的可能性较小[7]。

三、公租房项目的障碍识别

（一）公租房项目现金流分析

1. 计算过程说明

我们选取了北京等 7 座典型城市，所采用的基础数据为万科的经验数据[8]。

公租房的建设成本主要由土地成本、建造成本和装修成本组成，此处假设容积率为 3[9]。

初始租金按平均市场租金 70%的水平估算，并假定按 5%年增长率增长 10 年，其后不再调整。

年运营成本包括维修管理费用以及资金成本，维修管理费按建设成本的 0.6%计；资金成本中贷款利息按当前公积金贷款利率上浮 10%计（4.95%），股权投资回报按 30 年国债 4.12%的票面利率上浮 10%计。由于保障房项目的资本金不得低于 20%，而土地开发环节不能贷款，因而资本金按建设成本的 20%和土地开发成本中较大的一项计。

2. 现金流分析

假设公租房永远不允许出售，末期残值为 0，则：

① 表 4-71 中所列项目在住房和城乡建设部等网站上有公开的信息，篇幅所限，不一一标注。

$$静态回收期=建设成本/（租金-运营成本） \quad (4-13)$$

各城市公租房项目的静态投资回收期见表4-72。

表4-72 静态投资回收期（年）

城市	北京	宁波	武汉	成都	西安	重庆	广州
静态回收期	15	35.5	34	28	46	33	16

若设定建设期为2年，经营期为15年，第一年支出土地成本，第二年支出剩余建设成本，则各城市公租房项目的IRR见表4-73，平均值为3.3%。

表4-73 内部收益率

城市	北京	宁波	武汉	成都	西安	重庆	广州
IRR	8%	1%	2%	3%	0%	2%	7%

可以看到，除北京、广州外其余城市的静态投资回收期都远远超过了贷款年限上限15年，而北京和广州也达到15年，7个城市的平均投资回收期则长达29.6年。

值得注意的是：①万科的生产率处于行业领先水平，因而本文采用的建设成本是低于行业平均水平的；②本文计算债权融资时采用的15年期公积金贷款的利率（4.95%）低于同期商业银行贷款基准利率（6.55%）1.6个百分点，而从北京市保障房建设投资平台与各金融机构签订的战略合作框架来看，公积金管理局给的综合授信额度只占到了4%[3]，因而债务成本是低估的；③资本金中除企业自有资金之外，可能还有股权融资，而股权融资的成本通常是高于债权融资的，更高于本文的假设，因而股权回报也是低估的。

综上，本文的现金流计算是偏乐观的，即便如此，得出的静态回收期和IRR的指标还是显示出公租房现金流的脆弱。

（二）供给与需求匹配情况分析

1. 供给与需求存在错配

前面的现金流分析是建立在空置率为0的基础上的，然而事实与这一假设有较大的偏离。

从目前已经面向社会配租的项目来看，申请率低的现象较为普遍[10]，武汉、上海、北京等地的承租率均低于50%，这说明供给和需求之间存在错配。

住房的性能，最主要的是住房本身的配置和价格，以及所处区位两方面。公租房的配置和价格存在高于住户期望和支付能力的问题[11]。而区位方面，目前已推出和在建的项目普遍位置较偏远，如：北京市保障性住房建设投资中心负责的12个项目有8

个在 5 环外，占项目总数的 70%[3]。

2. 供给与需求错配原因分析

住房配置过高，源于市场调研不充分。而公租房的区位问题，土地高昂的机会成本是更主要的原因，机会成本既来自有偿出让原本可获得的出让金，也来自保障房用地对商品房用地的替代作用导致的地价下降。本轮保障性安居工程推行以来，2011 年土地市场出现了“流标流拍”现象，实际住房用地供应仅完成计划的 62.34%，这也印证了保障房用地的机会成本。

（三）融资障碍

公租房不能销售，因而施工企业垫资和预售等传统的房地产融资方式对其不适用。

银行贷款和债权型的信托贷款看中项目的抵押担保水平，而公租房用地不能用于抵押[12]，且短存长贷有较大风险。

股权型的信托看重项目的收益和风险水平。而从前面的现金流分析情况看，公租房具有低收益特点；前面介绍的供求情况则反映了公租房的市场风险，此外还有政策风险。因此公租房不是理想的股权投资项目。

（四）公租房建设障碍小结

上述障碍之间的传递机制见图 4-39。保障性安居工程的持续推进，需要有针对性地解决这些问题。

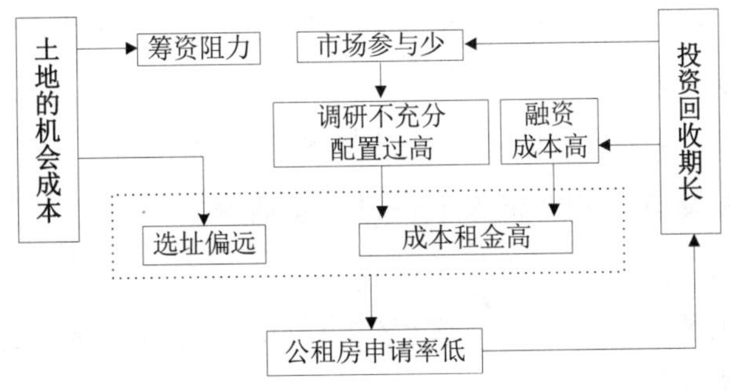

图 4-39 公租房项目的障碍及其传递机制

四、解决方案建议

（一）界定项目范围提高投资回报

1. 允许运营若干年后出售

允许公租房运营若干年后出售，能直接改变项目资金回收慢的性质，增加投资回报，但同时需动态调整公租房新建计划，以确保供给能满足未来的需求。

2. 给予资源补偿

通过与盈利能力较好的物业捆绑在一起的方式，也能够改善单一公租房项目的现金流。这种做法相当于对公租房投资者给予土地资源的补偿，这实际上是通过政府和企业合作（PPP）来解决问题的思路。

（二）增加市场化程度促进供求匹配

（1）纳入企业作为投资主体——降低成本租金

以企业为投资主体，在项目业态的安排上更灵活，可以在项目中配建商业地产以分摊保障房的建设成本；还能充分发挥企业在融资方面的灵活性，对融资渠道的拓宽进行探索，以降低融资成本。

（2）面积竞标——调整供给的区位分布

以配建项目为例，事先明确土地价格，让投标企业竞争配建保障房的面积，投标的结果将更能体现企业对保障房整体市场和项目所在区位供求关系的了解，从而使供给更接近需求。

（三）政府承担经营和政策风险

公租房项目的风险主要来自租户对房租的拖欠以及政策的不稳定性，政府对这个两方面的风险因素最有控制力。成立政府出资的专门的保障房管理公司来持有公租房并负责运营，能有效地控制项目的风险。

五、总结

通过本文对公租房项目存在的障碍以及相应的解决方案的分析，可以看出，公租房建设和运营的持续推进需要政府和企业的长期合作。政府和私营部门为提供公共产品或服务而建立合作关系，正是广义的 PPP（Public Private Partnership）的理念[13]。而 PPP 有 BOT、BT 等多种基本形式以及很多演变形式，以适应不同类型项目的特点，适应不同公租房项目类型的 PPP 框架值得进一步研究。

致谢

感谢 SOHO 中国和北京万科为本文提供公租房建设相关的一手数据；感谢导师王守清教授的悉心指导。

参考文献

[1] 中央政府门户网站.利用农村集体用地建设公租房和小产权房不是一个概念[EB/OL]. [2011-12-30]. http://www.gov.cn/zxft/ft217/content_2033789.htm .

[2] 中国新闻网.浙江地方债开闸发行 67 亿，年利率低于沪粤[N].[2011-11-22]. http://www.chinanews.com/fortune/2011/11-22/3476216.shtml.

[3] 北京市保障性住房建设投资中心网站[DB/OL] . http://bphc.com.cn/.

[4] 重庆市地产集团网站[DB/OL]. http://www.cqdc.com/.

[5] 中国信托业协会网站.信托遇到保障房[EB/OL]. [2012-3-26]. http://www.xtxh.net/

yjbg/9035.html.
[6] 中国新闻网. 重庆公租房建设获全国社保基金单笔最高贷款 [N]. [2011-7-13]. http://www. chinanews.com/estate/2011/07-13/3178096.shtml.
[7] 中国新闻网. 北京 800 亿保障房融资突围公租房 [N]. [2012-3-13]. http://news.china.com.cn/rollnews/2012-03/13/content_13240037.htm.
[8] 万科.关于住房保障若干关键问题的浅见[R].非公开.
[9] 新华网.上海：中心城区保障性住房容积率最高 3.5 [N].[2008-11-18]. http://www.sh.xinhuanet.com/2008-11/18/content_14944840.htm.
[10] 新华网.武汉首批试点公租房 899 套仅 210 户入住，为何七成空置[N]. [2012-3-23]. http://news.xinhuanet.com/fortune/2012-03/23/c_111691776.htm.
[11] 万科.保障性住房建设模式研究[R].非公开.
[12] 住房和城乡建设部.保障房建设调查报告二：破解资金难题[R]. 住房和城乡建设部网站. http://www.mohurd.gov.cn/zxydt/201203/t20120307_209037.html.
[13] 王守清，柯永建.特许经营项目融资（BOT、PFI 和 PPP）[M]. 北京：清华大学出版社，2008.

［《第十一届中国项目管理大会会议录》，中国（双法）项目管理研究委员会主办，中央财经大学承办，2012 年 11 月 17-18 日，北京］

我国民营资本参与医院 PPP 的 PEST-SWOT 分析

作者：程哲　王守清

基金项目：国家自然科学基金资助项目（70471004 和 70731160634）

【摘要】 随着新医改的深入实施，国家鼓励和引导民营资本举办医疗机构，形成多元化办医格局。PPP（Public Private Partnership）是民营资本参与医改的重要路径之一，具有独特的优势。为了识别民营资本参与医院 PPP 的发展前景，采用 PEST-SWOT 模型进行分析论证，利用 PEST 分析民营资本参与医院 PPP 的宏观环境，识别民营资本的外部因素即面临的机会威胁，通过与国有企业的比较，识别民营资本及企业的内部因素即自身的优势和劣势，并根据不同的组合提出了相应的发展战略和应对措施，从而为民营资本的投资决策提供参考依据。

【关键词】 民营资本　医院　PPP　PEST-SWOT 模型

自 2009 年新医改实施以来，依据国务院 2009 年发布的《关于深化医药卫生体制改革的意见》、五部委 2010 年制定的《关于进一步鼓励和引导社会资本举办医疗机构的意见》（国办发〔2010〕58 号）等文件，都明确提出了鼓励和引导社会资本举办医疗机构，形成多元化办医格局，实现投资主体多元化、投资方式多样化，从而切实有效的满足群众医疗需求。社会资本包括民营资本、外国资本等，其中民营资本是改革开放以来发展壮大起来的重要社会力量，是相对于政府和国企的民间投资，在我国社会经济中有着举足轻重的地位和作用，也是本文的研究对象。

改革开放后民营资本开始进入医院领域，经过几十年的发展，无论在数量还是质量上都取得了长足发展，但主要集中于专科医院、营利性医院、中小医院，在服务质量、整体规模和社会效益上并不令人满意。尤其是考虑到非营利性医院在医疗体系中的绝对主体地位，如何将民营资本引入非营利性医院发挥更大的社会、经济效益，是新医改中一个重要议题。民营资本举办医疗机构的途径较多，其中 PPP（Public Private Partnership）是一种经过国外医院领域和国内市政公用事业领域实践检验的富有成效的方式[1]。医院是国外 PPP 应用的重点领域，在许多国家，如英国、加拿大、澳大利亚等都获得了较大的应用，以英国为例，截至 2009 年 4 月，英国共有 76 家 PPP 医院在实施，总投资额约为 60 亿英镑，PPP 已经成为医院领域政府主要的采购途径[2]。在我国，从 20 世纪 80 年代引入 PPP 至今，经过几十年的发展，在市政公用事业和其他领域获得了较广泛的应用，有力地推动了我国基础设施的建设，取得了诸多宝贵的经验。

通过 PPP 这一符合市场化趋势的较为先进的融资模式，可以将公立医院改革、医院建设、鼓励引导民营资本进入医疗卫生领域等结合起来，促进医疗服务可及性，提升医疗服务质量，缓解医院建设资金紧张，促进体制机制改革，改善医院运营效率，实现政府、民营资本、广大群众多方共赢。

由于 PPP 项目存在的风险性以及投资的理性决策，对于民营资本而言，对发展前景进行审慎的全面细致评估是极有必要的前置程序。本文采用 PEST-SWOT 模型对民营资本参与医院 PPP 的国家政策、市场宏观环境以及优势劣势等进行较深入的分析，以期为民营资本的投资决策提供参考。

一、PEST-SWOT 模型的提出

SWOT 指的是优势（Strength）和劣势（Weakness）及面临的机会（Opportunity）和威胁（Threat），通过对民营资本的优势、劣势、机会和威胁等加以综合评估与分析，清晰界定优势和不足，掌握面临的机会和挑战，从而采取对应的策略达到目标。PEST 则是用来帮助企业分析外部宏观环境的一种方法，主要从政治（Political，含法律）、

经济（Economic）、社会（Social）和技术（Technological）等四个方面的影响因素进行识别和深入分析，从而掌握面临的宏观环境，确定企业的战略目标。SWOT 是一种定性的分析方法，简洁易懂，应用较为广泛，但也存在一定的局限性。通过将 PEST 与 SWOT 结合使用，使得分析更有针对性和更加深入。将 SWOT 和 PEST 结合分析主要是指，优势劣势侧重民营资本主体分析和相对于国有企业的比较分析；而机会威胁侧重于外部环境的影响和评价，通过 PEST 的分析来实现，二者结合从而更全面深入地识别目前国情下民营资本的投资环境。

柯永建等通过SWOT方法深入分析了我国民营企业在基础设施投资建设领域的发展前景[3]，赵新博等在此基础上，提出了针对性的投资策略[4]。本文在柯永建、赵新博等研究的基础上，参考借鉴其他领域的研究成果[5-9]，通过广泛深入的文献阅读，针对非营利性医院的特点，提出的民营资本参与医院 PPP 的 PEST-SWOT 模型如表 4-74 所示。

表 4-74　民营资本参与医院 PPP 的 PEST-SWOT 模型

		P（政治法律环境）	E（经济环境）	S（社会环境）	T（技术环境）
外部	O 机会	① 政治稳定 ② 国家鼓励支持民营资本发展和进入医院领域 ③ 新医改的实施提供了契机和方向 ④ 具备初步的法制体系，且不断完善	① 我国经济一直保持持续快速稳定增长 ② 医院的负债严重，医院建设资金紧张 ③ 非营利医院的税收优惠	① 社会结构变化，医疗需求迅猛增长 ② 城镇化进程推动医院建设 ③ 居民可支配收入的提高导致医疗需求的增加	① 国外成熟的医院 PPP 运作经验提供了参考 ② 国内其他领域 PPP 的成败经验提供了借鉴 ③ PPP 及相关专业人员队伍的壮大提供了支持
外部	T 威胁	① 政府体制机制的制约 ② PPP 相关法律法规的缺失	① 融资渠道不畅 ② 利率和 CPI 反常	① 观念障碍 ② 公众反对	① PPP 模式的局限性 ② PPP 管理体制不完善
内部	S 优势	① 灵活的运营机制和组织架构 ② 市场意识强，创新能力强 ③ 较高素质的人才队伍和管理经营能力 ④积极的投资热情和资金实力			
	W 劣势	① 融资能力不足 ② 规模一般偏小，整体竞争力不强 ③ PPP 项目经验缺乏 营不规范，缺乏战略眼光			

二、PEST-SWOT 模型分析

（一）　民营资本参与医院 PPP 的优势

（1）灵活的运营机制和组织架构。民营企业产权清晰，利益直接，后勤负担较小，在企业发展、组织机构、人才战略、市场选择等负面都远比国企灵活。民营企业的组织机构、决策流程一般倾向于扁平化模式，决策较为迅速。

（2）市场意识强，创新能力强。民营企业对市场商机的嗅觉敏锐，对市场的关注度高，能主动发现和创造市场开发机会，服务意识也较强。相对于国有企业，民营企业开发市场的动力更强，适应能力更强，创新能力也更强，效率较高，目标导向明确，方法灵活多变。

（3）较高素质的人才队伍和管理经营能力。由于民营企业在薪酬待遇、发展空间、工作环境等方面比较具有优势，容易吸引到较高素质的人才，管理者的综合素质和能力也较高，尤其是职业经理人队伍的逐渐壮大，中国经济基本面的良好发展态势，都有利地推动了民营企业的快速成长和经营能力的较大提升。

（4）积极的投资热情和资金实力。经过改革开放以来三十余年的发展，中国民营企业已经完成了原始积累，开始有更雄厚的资金实力和投资热情寻找新的利润创新点。受目前的大环境制约，资本运作、资源开发和房地产投资等存在极大的波动性，风险相对可控、投资收益稳定的基础设施行业必然成为民营企业一个有利可图倍受青睐的投资领域。

（二）民营资本参与医院 PPP 的劣势

（1）融资能力不足。我国目前的投资环境对民营企业不是十分有利，尤其是融资渠道和融资规模比较困难，主流的贷款融资中，银行偏好大国企，对民营企业设置重重障碍，在项目融资上尤其困难，一般都要求母公司连带担保。在其他融资渠道，对民营企业开放的也较少。融资能力的不足制约了民营企业参与 PPP，尤其是大项目的竞标。

（2）规模一般偏小，整体竞争力不强。民营企业一般规模偏小，资产负债率偏高，抗风险能力有限，整体竞争力不强，尤其是与大国企竞争时，往往处于弱势地位，也导致其倾向于投资小项目。

（3）PPP 项目经验缺乏。在新一轮的 PPP 浪潮中，主体是国企，民营企业参与 PPP 的机会不多，导致了民营企业在 PPP 领域的经验缺乏，缺乏业绩进一步导致在竞标中优势不足，形成恶性循环。即便有机会获得 PPP 项目，也由于运作不成熟不规范容易产生风险。尤其在医院 PPP 领域，由于医疗行业的专业性较强，对于设计、融资、建设、运营的各个环节，民营企业都缺乏足够的经验。

（4）经营不规范，缺乏战略眼光。民营企业在长期的发展中，出于资本逐利的本性，往往以利益为导向，采取一些不规范甚至违法的市场行为，既影响声誉且风险极大。而且往往缺乏战略眼光，过于注重眼前利益，看重短期行为，忽视长远的收益，这极不利于 PPP 项目。

（三）民营资本参与医院 PPP 的机会

1. 政治法律因素

（1）政治稳定。改革开放以来，虽然面临种种不利的局面和世界经济危机冲击，但我国政局一直相对较稳定，经济发展快速平稳，行政效率较高。这些都为民营资本参与医院 PPP 创造了安定的有利环境。

（2）国家鼓励支持民营资本发展和进入医院领域。为了进一步促进民营资本的健康发展，鼓励和引导民营资本举办医疗机构，国家先后出台了《国务院关于鼓励和引导民间投资健康发展的若干意见》（国发〔2010〕13 号）、《关于进一步鼓励和引导社会资本举办医疗机构的意见》（国办发〔2010〕58 号）等重要指导文件，从准入、职业、规范化等方面完善和落实优惠政策，力图消除政策障碍，确保同等待遇，为民营企业参与医院 PPP 提供了政策依据。

（3）新医改的实施提供了契机和方向。国家于 2009 年发布《中共中央国务院关于深化医药卫生体制改革的意见》（中发〔2009〕6 号）及其配套文件，明确提出完善医疗卫生服务体系，推进公立医院改革试点，加快形成多元化办医格局，鼓励民营资本举办非营利性医院，这些政策的落实为民营资本参与医院 PPP 提供有利契机，指明了发展方向。

（4）具备初步的法制体系，且不断完善。经过几十年的法制建设，我国已初步建立了法制体系，虽然尚不够完善，但法制建设一直在稳步推进，政府部门和市场主体的法治意识和信用意识不断加强，行政公开、竞争公平、程序公正相继落实，这些都极大地促进了民营资本参与医院 PPP。

2. 经济因素

（1）我国经济一直保持持续快速稳定增长。改革开放以来，我国经济持续快速稳定增长，民营资本也在不断地壮大。民营资本出于逐利性，必然寻求投资的途径和领域，先后在资源、房地产、民间借贷等投资领域遭遇政策阻碍之后，民营资本一直寻求新的投资突破口，而医疗行业的巨大市场充满了商机，且又是国家政策鼓励支持的领域，在规范操作、长期合作的前提下，吸引民营资本进入医院发展领域将是一个多方共赢的结果。

（2）医院的负债严重，医院建设资金紧张。我国公立非营利性医院的资金来源主要是政府投入、医疗服务收入和药品加成收入，而政府投入一直严重不足，有限的投入也主要针对大型医院，基层医院由于资金投入不足而发展困难，据专家介绍我国90%的县级医院是负债经营[10]。光依靠政府财政投入和医院自筹远不能满足资金需求，制约了医院建设任务的完成。解决的办法，除了加大财政投入，更为可行的就是拓宽融资渠道，吸引和鼓励民营资本通过 PPP 等模式进入医院领域，缓解建设资金紧张，公私合作共同推进医院建设。

（3）非营利医院的税收优惠。根据国家有关政策的规定，非营利性医院享受税收优惠政策，而不享受优惠政策的民营营利性医院每年缴纳的税负约占到医院总收入的8%左右，约等于医院的利润率[11]，税收压力较重，严重制约民营医院的发展。这些减免措施以及医改中不断增加的其他优惠政策，将极大地吸引民营资本投身非营利性医院领域，而通过 PPP 模式下的协议及制度设计，使得民营资本既享受优惠政策又能获取合理回报。

3. 社会因素

（1）社会结构的变化，医疗需求迅猛增长。我国人口老龄化进程将进一步加快，随着老龄化社会的到来，对医疗机构和养老机构都提出更高的需求，但目前的养老及医疗机构和人数都远不能满足这一发展趋势，供需矛盾突出，医疗和养老机构的多元化快速增长为民营企业和 PPP 提供了广阔的市场空间。

（2）城镇化进程推动医院建设。新中国成立以来，尤其是改革开放以后，我国城镇化水平一直在逐步提高，城镇化的进程带动了基础设施的完善，促进了居民健康观念的转变和重视，推进了医疗卫生保障体系的建立健全，也推动了医院的建设和发展。

（3）居民可支配收入的提高促进医疗需求的增加。随着我国经济的快速增长，我国城镇居民人均可支配收入也在不断增加，收入的增加必然加大对医疗服务的支出，对医疗服务的供给和质量也提出了更高的要求，这些都将促进医疗事业的发展。

（4）公立医院的弊端。公立非营利性医院是我国目前医院的主体，在医疗体系中发挥着主导作用，但近年来也暴露了众多体制机制上弊端，比如看病难、看病贵、服务差、效率低、技术不高、态度恶劣、医患纠纷不断、内部管理不善、绩效激励不科学等，一直被社会和群众诟病，通过引入民营企业，可以提高效率，改善服务质量，推动公立医院改革。

4. 技术因素

（1）国外成熟的医院 PPP 运作经验提供了参考。在国外，尤其是英联邦国家，医院是 PPP 应用最广泛的领域之一，通过大量项目的实践和总结，形成了较为成熟的运作模式、理论体系和操作指南，积累了众多成功的经验。由于国情差异较大，不能照搬照抄，但却值得民营企业在参与医院 PPP 时予以充分的借鉴参考，以弥补自身经验的欠缺。

（2）国内其他领域 PPP 的成败经验提供了借鉴。PPP 在我国市政公用事业领域已经推广应用多年，积累了正反两方面的经验，形成了一些相对固定的成熟做法，推广宣传了 PPP 的理念和思想，这些经验和做法都是基于我国国情的且经过实践检验的，为医院 PPP 奠定了坚实的基础。

（3）PPP 相关专业人员队伍的壮大提供了支持。随着 PPP 项目在我国基础设施的不断应用，形成了一批具备理论知识和实践经验的专业人员队伍，包括政府官员、企业高管、咨询顾问、金融从业人员、承包商、设备供应商等，他们以及所在的企业都为医院 PPP 的实施提供了技术支持和保障。

（四）民营资本参与医院 PPP 的威胁

1. 政治法律因素

（1）政府体制机制的制约。我国的社会主义市场体制机制尚未完全建立，在政治经济环境上还存在诸多弊端，在我国过去的 PPP 实践中充分暴露了这些问题，如项目审批烦琐拖沓、地方保护主义严重、政府官员理念的落后、行政程序的不规范、缺乏公开和透明等，这些因素都非常不利于民营资本的成长和发展。

（2）PPP 法律法规不完善。虽然我国初步建立了法治体系，但关于 PPP 方面立法却不够完善，缺乏国家层面的 PPP 法律，目前与 PPP 相关的法规规章主要有若干关于外商投资 BOT 的办法条例，原建设部的市政公用事业特许经营办法以及一些地方制定的特许经营办法，层级低、适用范围窄、内容比较简单，不利于 PPP 的发展，也不利于民营资本参与 PPP。

2. 经济因素

（1）融资渠道不畅。由于历史和现实的原因，我国民营资本相对于国有企业，在融资渠道和数额上一直受到歧视和压制，从银行获取大额贷款一直比较困难，在条件上限制也较多，在其他融资方式上也遭受不平等待遇，这些因素虽然已获得政府正视，但短期内难有根本性改观。

（2）利率和 CPI 的波动。由于受国外经济危机和国内经济转型的影响，国内近些年的利率波动较大，CPI 上涨较快，带动了民营资本融资成本的上升，对本身融资较困难的民营资本而言是雪上加霜，迫使他们压缩投资力度，采取防御性市场策略，不利于 PPP 事业的推进。

3. 社会因素

（1）观念障碍。我国受长期的计划经济教条主义影响，对资本的性质比较敏感，担心国有资产流失、社会主义变色等观念比较盛行。此外，观念的落后还体现在将公共服务政府提供片面等同于政府生产，不能正确地理解政府可以通过公正的程序向民营企业购买符合标准要求的公共服务，甚至是比政府自身生产更优质更有 VfM 的公共服务。

（2）公众反对。由于医疗卫生服务事关群众切身利益，加之一些民营医院不规范市场行为带来的恶劣影响，公众及部分社会媒体对民营资本参与医疗服务怀有深深的戒心和担忧，持怀疑和反对态度，唯恐民营资本的参与会导致医疗服务的下降以及公共利益的受损，成为民营资本参与医院 PPP 的重要阻力。

4. 技术因素

（1）PPP 模式的局限性。PPP 模式并不是万能的，其自身存在诸多局限性，如操作成本高、适用范围有限、期限较长、风险较高等，而民营资本对此显然缺乏足够的清醒的认识和应对策略。

（2）PPP 管理体制不完善。我国引入 PPP 的时间不长，在管理制度、运作模式、监管力度、配套措施等方面都存在缺陷，比如缺乏定量的 VfM 评估体系，中期及后评价不够重视，尚未形成统一的高层级的指南，方案设计比较粗糙等。这些因素都不利于 PPP 事业的长期深入发展。

三、发展战略与应对措施

根据上述分析，遵循“发挥优势、克服劣势、把握机会、化解威胁，扬长避短、趋势避害”的原则，按照 SO、WO、ST、WT 四种组合，分别采取利用、改进、监控、消除的战略（见图 4-40），提出针对性的应对措施。

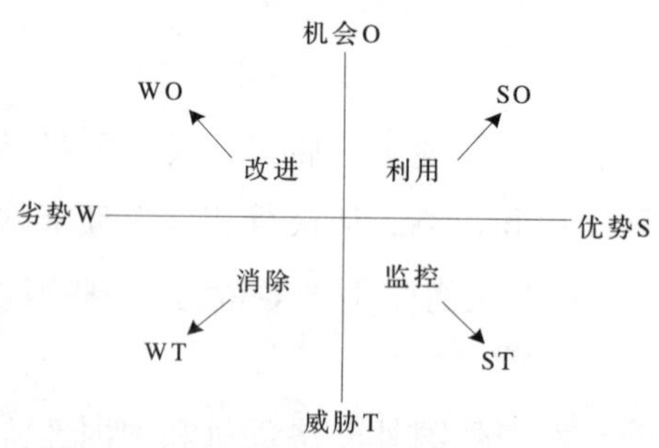

图 4-40 SWOT 应对策略

（一）SO 组合分析

针对 SO 组合，需抓住外部机会，充分发挥自身优势，采取增长型战略。

（1）充分依靠国家经济发展的大好局面，立足医疗服务市场的巨大需求，把握国家新医改的大好机遇，重视对医院行业的研究，制定针对医院行业的发展战略，跟踪国家医改政策的走向，积极利用政府的政策扶持，加强与地方政府的合作。

（2）推进企业的规范化和可持续发展，构建企业的长远发展战略，加快公司治理的科学化合理化，将灵活的机制与现代科学管理制度结合起来，适应企业的高速增长和规模扩张。

（3）重视对医院 PPP 市场的开发，重视对医院 PPP 的前期预研，积极主动地寻求项目机会，了解项目信息。尤其注重与当地政府的合作，重视利益共享和风险分担，切忌盲目冒进和不合理的期望值，注重特许经营期内的长远利益，将投资热情转化成理性决策和科学判断。

（二）WO 组合分析

针对 WO 组合，需抓住外部机会，切实改进自身劣势，采取扭转型战略。

（1）加强融资能力建设，民营企业可考虑与国企或当地政府投融资平台合作，保持与政府和主管部门的良好关系；采取多渠道形式融资，积极吸纳民间闲散资金；充分利用各项政策优惠；制定分步稳妥发展战略，从投资较小的项目做起。

（2）充分吸收借鉴国外医院 PPP 和国内其他领域 PPP 的经验，尽量采用成熟可靠的模式，降低融资成本，争取最大的经济效益和社会效益。构建科学合理的运作机制，利用优质的项目业绩和良好的行业声誉吸引项目壮大企业。

（3）重视规范管理，民营企业要抓住机遇，促进转型，实行所有权与经营权相分离的现代企业制度，引进职业经理人，加强职业道德，制定企业发展远期规划，走科学、规范管理之路。

（三）ST 组合分析

针对 ST 组合，需依靠自身优势，抵御、化解外部威胁，采取多元化战略。

（1）积极争取政府的合作和支持，尤其是上级政府的支持极为重要，强调对政府官员的培训和知识更新，让政府主管人员充分认识 PPP 的优势和重要性，尽量采用书面文件，重视合同和协商机制，不可轻信官员的口头承诺。

（2）根据不同区域的不同特征，如东部地区资金雄厚，更注重服务质量的提升，而西部地区财政紧张，对招商引资完善医院布局更为看重，采取相应的对策，积极开拓医院 PPP 市场。

（3）丰富 PPP 项目经验，民营企业积极争取与经验丰富口碑良好的大企业合作；量力而行，从小项目做起，积极学习，加强培训，注重引进经验丰富的优秀专业人才。抓住合适医院项目，深化合作，大胆创新，吸收借鉴国外的经验，以独资、合作、委托运营、外包等多样化的形式参与到医院 PPP。

（四）WT 组合分析

针对 WT 组合，需改善内部劣势，苦练内功；面对、化解外部威胁，审慎经营，采取防御性战略。

（1）遵守法律法规规范性文件，当缺乏相应法律时，按照其他项目惯例通过合同的形式予以确定，通过保险等形式分散风险。

（2）民营企业参与医院 PPP 时对项目要进行充分的财务测算和风险分析，并制定合理的对策，比如通过合同调价条款应对通货膨胀和利率的变化，并应聘请技术、法律、财务、金融等负面的顾问机构，尽量采用联合体的形式，与大企业、专业医疗集团合作。

（3）提升整体竞争力，注重修炼内功，从管理制度、技术创新、企业文化、人才队伍等方面全方位提升企业实力，注重专业化经营，集中资源、优势突破，避免盲目扩张。

（4）保持核心骨干的稳定，重视对综合型人才的培养和使用，必要时引入股权激励等措施，通过人才打造业绩，通过业绩树立品牌，通过品牌创造效益。

四、结语

民营资本是我国经济的重要组成部分，在经济社会发展中发挥了巨大作用，将 PPP 的模式引入医院领域，有利于医疗卫生事业的发展，有利于切实满足群众日益增长的健康需求，也有利于自身的发展壮大。

通过分析可以看出，虽然存在一些旧有思想观念、体制机制的束缚和不公平待遇，但随着国家相关政策的出台和落实，总体而言，民营资本在医院 PPP 领域是大有可为的。但本文的研究成果是针对一般的层面而言，在具体的项目投融资实践中，民营资本需要针对项目特点做好审慎的风险分析和投资决策。

参考文献

[1] 王守清，柯永建. 特许经营项目融资（BOT、PFI 和 PPP）[M]. 北京：清华大学出版社. 2008.

[2] House of Commons Committee of Public Accounts.PFI in Housing and Hospitals（Fourteenth Report of Session 2010–11）[M]. London：The Stationery Office Limited. 2011.

[3] 柯永建，赵新博，王盈盈. 民营企业发展基础设施项目的 SWOT 分析[J]. 商业研究，2008（12）：7-11.

[4] 赵新博，王盈盈，柯永建. 民营企业发展基础设施项目投资措施[J]. 建筑经济，2008（7）：58-61.

[5] 马建华，张琪，袁杰. 基于 SWOT-PEST 矩阵的山东省物流业发展战略分析[J]. 技术与创新管理，2010，31（5）：317-319.

[6] 曾宝成，李四聪，李坚. 湖南民营经济发展战略定位研究：基于 SWOT-PEST 分析范式[J]. 商业研究，2009（2）：80-82.

[7] 焦雅辉，孙杨，张佳慧. 基于 PEST 模型的非营利性医院筹资宏观环境分析[J]. 中国医院管理. 2010，30（3）：19-21.

[8] 尼尔·格雷戈里，斯托伊安·塔涅夫；黄烨青，赵红军译. 中国民营企业的融资问题[J]. 经济社会体制比较，2001（6）：51-55.

[9] 中华全国工商业联合会经济部，中华财务咨询有限公司. 2010 中国民营企业 500 家分析报告[EB/OL]. http://www.acfic.org.cn/publicfiles/business/htmlfiles/qggsl/jjb_sgmmyqydy/201008/ 22000.html（2010-10-8）.

[10] 曹荣桂. 积极推动综合改革整体提升县级医院能力和水平[J]. 中国医院，2011（7）：1-4.

[11] 刘晓红，胡善菊，董毅，等. 营利性医院税收负担及相关政策分析[J]. 中国卫生事业管理，2007（1）：17-18.

（《工程管理学报》2012 年 2 月第 26 卷第 1 期，第 53-58 页）

民营企业发展基础设施项目的 SWOT 分析

作者：柯永建　赵新博　王盈盈　王守清

【摘要】 在中国的两轮基础设施投资浪潮中，参与基础设施建设的投资主体都具有局限性。第一轮多为外商投资者，往往要价过高和偏好发达地区的经营性项目；第二轮多为国有企业，法人缺位、经营管理效率不佳很大程度上抑制了特许经营模式本身的优势。因此，有必要分析经济市场中的另一重要主体——民营企业在基础设施建设领域中的发展前景。本文通过 SWOT 分析方法着重讨论一般情况下民营企业发展基础设施项目的优势、劣势、机会和威胁，为民营企业投资基础设施建设提供了可参考的决策依据。

【关键词】 民营企业　基础设施　SWOT　特许经营

所谓公共基础设施，主要是指具有自然垄断性质的城市公共交通、城市公用事业、公路、铁路、航空、管道、通讯、电力等设施[1]。我国对基础设施行业长期实行垄断经营的政府管制体制，主要表现为由政府直接投资、直接委派企业领导、直接定价、统付盈亏和企业不存在经营风险。这种政企合一的体制曾经在一定历史时期发挥过相当的积极作用，但随着市场经济的发展、竞争性领域改革的成功推进以及自然垄断行业技术的进步和变化，这种高度集中的政府管制体制的弊端日益明显[2]。单靠国家财政拨款已经不能满足社会和经济发展对基础设施建设的巨大需求，大量发行国债进行基础设施建设又会加大政府投融资的风险和偿债压力。特许经营作为一种新兴的投资方式，可以有效地为自然垄断性质的基础设施领域引入竞争，在中国有着很大的发展潜力。

一、中国的基础设施发展

特许经营已于20世纪80年代中期被引入我国的电厂、高速公路等基础设施领域，其中以BOT（Build-Operate-Transfer）方式运作的项目居多。1988年投入使用的深圳沙角B电厂被认为是中国最早的带有有限追索性质的BOT项目，但是由于当时中国政府缺乏BOT的经验，该项目运行操作尚有不规范之处，政府和银行承担了过多的风险。1995年国家计委将广西来宾B电厂确定为中国政府批准的第一个规范化的BOT投资方式试点项目，总投资为6.16亿美元。在来宾B项目成功试点之后，四川成都自来水六厂B厂等项目又陆续被批准进行BOT试点，从此中国的特许经营运作开始逐渐规范并有了一定的发展。之后，由于中国政府实施积极的财政政策，将大量国债资金投放于基础设施领域，以及中央政府清理地方政府各种违规外商投资项目，到上世纪末，第一轮基础设施投资浪潮已趋于平静。

步入21世纪后，中国的经济依旧持续稳定发展，基础设施对经济发展的瓶颈限制再次凸显出来，能源、交通及其他公用设施的短缺，单靠政府的财政力量无法满足所需的巨额投资，因此又给民间资本以特许经营模式参与基础设施投资建设提供了良好的契机。王亦丁声称“新一轮的BOT已是热火烹油，谁将会成为新一轮BOT的主角？市场化的国有公司是主力[3]”。仅在北京地区，以PPP模式运作的项目就包括了总投资153亿元的地铁4号线、总投资3.75亿元的卢沟桥污水处理厂一期工程、总投资7.5亿元的高安屯生活垃圾焚烧厂和总投资额1.33亿元的亦庄路东新区燃气特许经营项目等。

据世界银行统计，从1990—2006年中国基础设施领域中有私营部门参与的项目共有672个，总投资额达905亿美元[4]。然而在上述两轮投资浪潮中，不难发现参与基础设施建设的项目投资人存在着局限性。在第一轮浪潮中，外商投资者占主要部分，但是外资投资者往往要价过高和偏好发达地区的经营性项目，这种情况限制了中国城市基础设施领域的外资引进，也影响了基础设施投资市场的平衡；而第二轮浪潮中，国有企业依托与政府沟通、议价能力和在资本市场的优势，在新一轮浪潮中起着至关重要的作用，但是由于国有企业的法人缺位，经营管理效率不佳，很大程度上抑制了特许经营模式本身的优势[5]。

因此，有必要对经济市场上另外一个重要主体——民营企业在基础设施建设领域中的发展前景开展进一步调查研究，讨论民营企业发展基础设施项目时所具备的优势和劣势，以及面临的机会和威胁（Strength-Weakness-Opportunity-Threat, SWOT）。

二、民营企业的优势分析

从企业的发展角度考虑，民营企业的技术和管理方法先进[6]，在基础设施领域中引入民营企业可以提高项目的运作效率，促进本土企业水平的提高和金融资本市场的发展[7]。同时，为了降低项目建设经营过程中所带来的风险和获得较多的利润回报，民营企业必然要求较高的职工和管理者素质，只有在这些高素质人才的带领下，才能带动企业迅速发展，从而实现企业的发展目标。相对于国有企业而言，民营企业的产权更为清晰[8]。因此，民营企业在运作中的能动性更强，决策更为自主，更能积极采取措施降低制造/运营成本和主动寻求创新。

从企业的组织架构角度考虑，民营企业的企业制度、法人治理结构相对比较完善，经营方式趋于现代化，产业链条逐步延伸。文化部在一次关于民营文化企业的调研中发现，被调查的 300 家民营文化企业中，设立董事会、股东大会、监事会的企业所占比重分别为 51.0%、31.3%、17.7%。“新三会”的设立，使民营文化企业的法人治理机构渐趋完善，有助于形成权责明确、相互制衡和相互协调的内部治理结构，有助于企业管理的科学化和民主化[9]。

相比国有企业和外资企业，民营企业体制相对更为灵活，市场灵敏度更高，市场适应能力更好。国有企业由于经营战线长、涉及范围广，遇到紧急情况进行变更的成本就更大，而民营企业因所受限制较少，变更的灵活度会更好。另外，民营企业所涉及的利益更为直接，在利益的直接驱使下，对市场的关注程度更高，市场灵敏度也更高。这种及时的关注又带来及时的变化，使得民营企业的运作时时随着市场的晴雨表在改变，适应能力也会更好。文化部的研究中也有类似观点：民营文化企业凭借体制灵活、运转高效、适应市场能力强等优势，在繁荣活跃文化市场、扩大社会就业、促进文化产业发展等方面起着越来越重要的作用[9]。

除此之外，黄宏生在演讲时也提到了民营企业的十大优势，其中还包括市场竞争经验强、服务网络与销售方式符合国情、资源运用能力强等优势[10]。经过多年磨炼，民营企业已练出了一副铮铮铁骨，积累了丰富的市场竞争经验。同时，民营企业能通过强大的适合中国国情的销售方式和服务网络从而达到资源充分的运用，这些都为民营企业在基础设施领域的投资提供更大的便利性。

三、民营企业的劣势分析

当然，民营企业本身也具有一定的局限性。首先，我国许多民营企业始终做不大，其中决策失误是一个很重要的原因。民营企业难以把握新领域市场、技术、产品的生产经营方向，选择时往往带有较大的盲目性和投机性[11]。因此，民营企业投资的启动问题很关键，我国目前正逐步放开公共事业领域，必须要加大对民间投资的指导力度，避免其盲目投资和重复建设。

PPP（Public-Private Partnership）项目由于参与者众多，合同结构复杂，容易缺乏一个相互协调的机制，原因在于各参与方容易以各自的利益为重，使得彼此之间的利益冲突在所难免[6]，因此民营企业将面临组织机构之间协调能力不足的挑战。而在企业素质方面，李兵对阻碍民营企业发展基础设施的问题作了总结，包括：企业规模小、结构散、聚合度低、整体竞争力不强、部分经营者发展观念/战略淡薄和经营行为不规范等[12]。尽管经济市场中也存在已经做大做强的民营企业，但是这些企业往往也没有经营公共事业的相关经验。

从投资空间角度考虑，由于国民经济结构目前还不太理想，民间资本的投资空间还比较狭窄[13]。这主要表现在国有企业战线冗长，几乎分布于所有一般竞争性产业领域，许多地方国有企业经营效益差却占着位置，限制了民间投资的进入。而且，一些地方政府利用各种垄断形式，比如地方垄断、产业垄断等，不适当地保护当地惨淡经营的国有企业而限制民间投资。这些因素也导致了民营企业与政府关于定价等关键问题的谈判能力不足，相比国有企业所花的时间更长，成本更高。

从融资角度出发，融资困难是基础设施领域启动和扩大民间投资的主要障碍之一[13]。在李兵关于阻碍民营企业发展基础设施的因素调查中，“融资不畅”是排在第二位的阻碍因素，它获得的分值相当高[12]。尽管 1998 年以来，政府为了扩大民间投资颁布了相关政策，要求银行增加向中小企业的贷款额度，但仍然存在抵押担保难、跟踪监督难和债权维护难等问题，民营企业获取信贷资金还受到较大限制。另一方面，民营企业本身的高资产负债率进一步限制了融资的开展[14]。

此外，从近年来发标的几个项目看，参与投标和中标者多为市场化的国有企业。虽然民营企业已在其他行业领域有所作为，市场竞争经验也在逐渐积累，但是在公共事业领域，运用特许经营等模式的经验却非常少，对基础设施建设和经营的认识具有一定的局限性[15]。

四、民营企业的机会分析

如前所述，20 世纪末我国正进入城镇化高速发展时期，急需大量的资金进行基础设施建设。为了摆脱过大的财政压力，更好地满足城市化对我国城市基础设施建设质量和速度的要求，政府逐渐开始引入民营企业参与基础设施建设，并相继出台了一系列的法律和政策，为民营企业参与城市基础设施建设提供了基本条件。2003 年 10 月"北京市城市基础设施特许经营办法"和 2006 年 9 月"北京市城市基础设施特许经营条例"的施行、2004 年 5 月建设部"市政公用事业特许经营管理办法"的实施和 2005 年 2 月国务院"关于鼓励支持和引导个体私营等非公有制经济发展的若干意见"的发布等，这些条例和法规的出台一定程度上降低了民营企业参与基础设施建设的壁垒，明确了民间资本在一定期限和范围内经营市政公用事业产品或者提供服务的制度，进一步推动了公用事业的市场化进程。

上述政策性因素是刺激民营企业介入基础设施建设的主导因素，除此之外，国民经济的发展、政府财政压力、政府管理/运营效率低等也是重要的影响因素。孙宏微在 BOT 融资的 SWOT 论述中指出国民经济的持续发展、人民生活的进一步提高是民营企业介入基础设施建设的诱因[16]，人民生活水平的提高加大了对基础设施的需求水平，政府就需要提供更多的资金来满足这一部分的增长需求。类似地，王艺红也指出公共基础设施的需求扩大和政府的财政压力也是激励民营企业进入基础设施领域的动力[17]。就民营企业本身而言，当前关于非公有制资本投融资的政策变化、民营企业社会地位得到认可等[10]，这些都是民营企业投资基础设施建设的良好机会。

另外，民营企业积极应用特许经营模式参与基础设施建设，可将政府从许多微观经济事务中解脱出来，从而使得政府主要承担对基础设施未来需求的预测和总体布局规划，制订基础设施建设的中长期计划，并消除市场的盲目性[8]。公共部门与民营企业各司其职，为提高基础设施投资效率打下基础，真正发挥出公私合营模式的自身优势。目前，这种融资模式在世界范围内已经得到了较为广泛的应用，这些成功的经验对于国内民营企业来说也是一个机会，通过对这些实际案例的学习，可以避免走很多弯路。

五、民营企业的威胁分析

但是，同样也要看到由于国内民营企业参与基础设施建设各方面机制不健全和不成熟，民营企业参与基础设施建设也面临着很多的威胁因素。李兵在分析国内民营企业发展基础设施项目的时候，从现存体制、政府行为等角度对影响民营企业介入基础设施建设的外部因素进行了归纳，其中权益保障障碍是最关键的因素[12]。吴海西在铁路建设的 BOT 分析中也提到了目前我国相关立法尚不健全，缺乏统一适用的调整

BOT 投资的规范性法规，管理体制和风险管理体系不健全，以及相关人才匮乏等问题[6]。这些与现存体制和政府行为相关的阻碍因素包括：法律变更、项目审批繁杂、法律法规不完善、权益保障障碍、地方保护壁垒/部门垄断、社会服务体系不完善、观念障碍/所有制歧视等[11,12,18]。

除了上述政策环境以外，经济宏观环境和特许经营模式在中国的应用现状等方面也存在着一些潜在的威胁。在 Zhang 关于 PPP 模式在基础设施领域中应用的研究中发现，社会公众对项目的反对、项目参与限制过多、招标过程中缺乏竞争/透明度等因素是阻碍该模式成功应用的重要因素[18]。其他与特许经营模式相关的阻碍因素还包括项目合同处理耗时冗长、各参与者责任界定困难等[19]。此外，由于基础设施项目特许经营期往往长达 20～30 年，利率反常、汇率反常、通货膨胀率反常等因素也是必须考虑的重要因素。

六、小结

随着中国经济的持续稳定发展，基础设施对经济发展的瓶颈限制再次凸显出来，单靠政府的财政力量无法满足基础设施建设所需的巨额投资，政府正积极地引进民间资本投资。本文在详尽的文献阅读基础上，归纳总结了民营企业在发展基础设施项目将面临的优势、劣势、机会和威胁（SWOT），如表 4-75 所示。要说明的是，本文讨论的是一般情况下民营企业发展基础设施项目的 SWOT，而民营企业参差不齐，不同地区的基础设施项目也不尽相同，因此民营企业在决定投资于某一具体基础设施项目前，可以参考表 4-75，识别出自身在该项目中的优势、劣势、机会和威胁，并据此决定是否投资该项目以及制定具体的投资策略。

表 4-75　民营企业发展基础设施的 SWOT

优　势	劣　势
管理/经营水平先进	对公用事业建设的认识局限
拥有剩余资金/资源	组织结构的协调能力不足
产权清晰（相对于国有企业）	融资困难
职工/管理者素质较高	投资空间狭窄
创新性强	与政府谈判能力不足
制造/运营成本低	谈判时间长（与国有企业相比）
能动性强	谈判成本高（与国有企业相比）
运营效率高	PPP 项目经验缺乏
体制灵活	风险承担能力有限
适应市场能力强	规模小
内部治理结构日益完善	结构散、聚合度低
市场竞争经验强	整体竞争力不强

续表

优 势	劣 势
符合国情的服务网络/销售方式 资源运用能力强 自主决策 市场灵敏度高	经营行为不规范 发展观念/战略淡薄 资产负债率高
机 会	**威 胁**
融资政策的积极变化 国内外 BOT 项目的成功经验 政府宏观管理/监管的增强需求 创新方法的推广应用需求 公共基础设施建设的巨大需求 政府财政压力过大 政府对 PPP 的支持和激励措施 政府投资效率低 PPP 相关法规的逐步颁布 国民经济持续发展 人民生活水平进一步提高需求 业界/政府对 PPP 了解加深 政府管理/运营效率低 行业稳定性日益加强 对非公有制资本的政策变化 民营企业社会地位得到认可	外部融资渠道不畅 法律法规不完善 社会服务体系不完善 PPP 管理体制不完善 PPP 风险管理不适当 PPP 人才匮乏 权益保障障碍 项目审批繁杂 地方保护壁垒/部门垄断 观念障碍/所有制歧视 退出机制缺失 项目参与限制过多 合同处理耗时冗长 通货膨胀率反常 利率反常 法律变更 公众对项目的反对 各方责任界定欠缺 采购模式缺乏竞争/透明度 政局的不稳定 汇率反常

参考文献

[1] 张馨，袁星侯．公益性、垄断性、收费性、竞争性——论公共基础设施投资多元化[J]．厦门大学学报（哲学社会科学版），2000（1）: 56-62.

[2] 许文琴．打破城市公共交通行业垄断进行体制改革的思考[J]．城市公共交通，2005（1）: 6-8.

[3] 王亦丁．特许经营诱与惑[J]．环球企业家，2005（4）.

[4] World Bank. Private Participation in Infrastructure Database. http://ppi.worldbank.org. Last Visited: 2007-12-27.

[5] 吴庆玲．城市基础设施项目融资模式存在的问题及对策[J]．城市管理与科技，2007（2）: 34-37.

[6] 吴海西，戴大双，刘宁. 铁路建设中运用 BOT 融资的 SWOT 分析[A]. 公共事业/基础设施项目特许经营国际会议论文集[C]. 大连：大连理工大学, 2007. 156-161.

[7] 王丽丽. 好一朵带刺的玫瑰——专访 BOT 专家王守清[J]. 施工企业管理，2006，（6）.

[8] 赵连章，刘祺. 论民间资本与基础设施投资[J]. 经济纵横, 2001（4）：17-19.

[9] 文化部文化产业司“民营文化企业发展”调研课题组. 我国民营文化企业发展中的问题及政策建议[J]. 华中师范大学学报（人文社会科学版），2007，46（4）：112-118.

[10] 黄宏生. 民营企业具有十大优势. 人民网，http://www.people.com.cn/GB/jinji/36/20020528/738553.html. 最后访问时间: 2007-10-30.

[11] 勾德明. 我国民间投资增长缓慢的原因分析[J]. 北方经贸, 2002（12）.

[12] 李兵. 国内民间资本发展基础设施项目的阻碍因素[J]. 公共事业/基础设施项目特许经营国际会议论文集[C]. 大连，大连理工大学, 2007.121-130.

[13] 黄慧敏. 启动和扩大民间投资难点探析[J]. 经济师, 2001（11）.

[14] 刘兰. 对民间资本利用 BOT 方式参与公共基础设施开发的思考[J]. 金融管理，2007（3）.

[15] Li B, Akintoye A, Edwards PJ and Hardcastle C. Perceptions of positive and negative factors influencing the attractiveness of PPP/PFI procurement for construction projects in the UK: Findings from a questionnaire survey. Engineering, Construction and Architectural Management, 2005, 12（2）, 125-148.

[16] 孙宏微，郎启贵. BOT 融资方式的 SWOT 分析[J]. 集团经济研究, 2006（20）.

[17] 王艺红. 我国基础设施建设中 PPP 模式的 SWOT 分析[J]. 现代商业, 2007（14）.

[18] Zhang XQ. Paving the way for public-private partnerships in infrastructure development. Journal of Construction Engineering and Management, 2005, 131（1）, 71-80.

[19] Li B, Akintoye A, Edwards PJ and Hardcastle C. The allocation of risk in PPP/PFI construction projects in the UK. International Journal of Project Management, 2005, 23（1）, 25-35.

（《商业研究》2008 年第 12 期，第 7-10 页）

《项目管理评论》全媒体平台

项目管理评论全媒体平台，以《项目管理评论》杂志（纸质双月刊）为核心，集成项目管理评论网、《项目管理视点》电子刊、项目管理评论官方微信、项目管理评论官方微博、项目管理精品图书等传统媒体与新媒体群，其出发点是与发展同步、与项目同行，通过整合传统媒体与新媒体群不同传播方式优势及不同用户资源，为项目管理专业人士搭建一个学习、交流、分享、互动的全媒体平台。

《项目管理评论》

《项目管理评论》杂志（双月刊）立足能源及电力工程建设领域，全方位、多视角地介绍国内外项目管理专业研究前沿和行业应用典型案例，特别是近年来我国大型项目导向型企业走出去过程中积累的项目管理成果和管理经验，推动电力及能源行业工程项目管理理论研究与实践应用。

主要栏目：封面策划、人物、专题研究、首席观点、案例、国际视野、实践应用、职业脉搏、荐读等

国内刊号：CN 31-2110/F
邮发代号：80-224
周期：双月刊
定价：36.00元

《项目管理视点》

为一线项目经理在自我提升过程中的所思、所疑、所惑提供解决方案，内容注重实操性、工具性、可读性、趣味性，致力于成为战斗在一线的项目经理的心灵驿站，帮助项目经理在轻松阅读中提升项目管理能力，规划职业发展路径。

主要栏目：心标杆、锐视点、案例解析、品&阅、微讲堂、智生活、漫话PM、微访谈等

项目管理评论网

项目管理评论网致力于整合项目管理领域信息资源，传播项目管理理论与实践应用，分享项目经理的职业生涯体验和感悟，助力组织及个人项目管理能力的持续提升。

项目管理专业图书

专注于项目管理理论与实务图书、项目管理精品教材的出版。已出版的有项目管理前沿标准译丛、项目管理实用译丛、项目管理经典译丛、项目管理前沿系列、项目管理实务系列、项目管理基础实用系列、项目管理精品文库、项目管理资质认证系列、高等学校项目管理系列规划教材等。

政企合作（PPP）王守清核心观点

下册

王守清　王盈盈 ◎ 著

中国电力出版社
CHINA ELECTRIC POWER PRESS

内 容 提 要

本书分为上、中、下三册，上册为微博篇、发言/采访篇，中册和下册为论文篇，可帮助读者更好地了解和把握国内外 PPP 的理论精髓和实务知识，掌握 PPP 的流程和方案，激发读者更浓厚、更坚定地学习并实践 PPP 的兴趣和决心。

本书适合基础设施和公用事业投融资 PPP 模式的相关从业人员和研究人员阅读使用。

图书在版编目（CIP）数据

政企合作（PPP）：王守清核心观点：全3册 / 王守清，王盈盈著. —北京：中国电力出版社，2017.5（2018. 3 重印）

ISBN 978-7-5198-0715-3

Ⅰ. ①政… Ⅱ. ①王… ②王… Ⅲ. ①政府投资－合作－社会资本－研究 Ⅳ. ①F830.59 ②F014.39

中国版本图书馆 CIP 数据核字(2017)第080233号

出版发行：中国电力出版社
地　　址：北京市东城区北京站西街19号（邮政编码100005）
网　　址：http://www. cepp.sgcc.com.cn
责任编辑：李　静　　1103194425@qq.com
责任校对：铸　创
装帧设计：九五互通　周　赢
责任印制：邹树群

印　刷：三河市航远印刷有限公司
版　次：2017年5月第1版
印　次：2018年3月北京第5次印刷
开　本：787毫米×1092毫米　16开本
印　张：76.5
字　数：1392千字
定　价：268.00元（全三册）

编者序

随着 PPP 在中国的发展与实践进入高潮阶段，全国各地对 PPP 的关注也水涨船高，原先在 PPP 领域长期默默耕耘的行家里手也受到了广泛关注，比如清华大学的王守清教授。想必翻开本书的读者不少都是守清老师的学生或粉丝吧？

如果您仔细浏览守清老师的微博，一定会惊讶地发现，那儿简直就是一座塞满 PPP 知识的宝库。自 2010 年 10 月开通微博以来，守清老师默默编织的 5 000 余条微博里藏着大量的 PPP 相关知识。如果您再去看看他的微信公众号，又会惊喜地发现一座更大的宝库，那里收录了他在清华大学建设管理系的 PPP 团队已发表的绝大多数相关论文，以及他参与有关重要会议和接受媒体采访所发表的主要观点。如果您还有幸听过守清老师的课，更能在课后得到他赠送的 PPP 大礼包，即一个包含其讲义和论文等所有电子资料的压缩文件包。

上面提到的各种资料合计字数已超数百万，然而其承载的知识价值绝非字数可以计量，其反映出的守清老师对 PPP 20 多年的专注，背后研究工作的坚守和艰辛，也远非字面能传达和展现出来的。守清老师把 PPP 理论知识串成一个体系，将国内外 PPP 发展历史、中国 PPP 理论框架、PPP 实施要点等知识图文并茂地展现给世人，如果不是一位恪守严谨、务实、勤勉治学态度的学者，一定无法对 PPP 信手拈来、侃侃而谈、如数家珍，更无法对中国 PPP 发展做出如此突出的重要贡献。同时，守清老师不断学习、不断进步和分享知识的言行，除了反映其本人追求自由、乐善好施的精神境界，更是身体力行地持续追求卓越和慷慨无私地传播知识的榜样。而且，守清老师积极乐观、乐于助人、真诚友善的性格时常感染着我们，以及每一位和他接触过的人。

为更好地传播和分享守清老师的 PPP 知识和成果，《项目管理评论》编辑部作为守清老师的铁打粉丝，受本职工作启发，提出充分挖掘守清老师的知识宝库，在选编

出版了《王守清 PPP 妙语日历》（图文并茂收录了 53 句隽永语录）之后，再将其中 PPP 相关内容精选归类整理，以浓缩精华的形式分享的建议，守清老师欣然应允。于是，以王守清老师牵头，编辑部王兴钊老师负责搜罗整理，弟子王盈盈负责梳理分类的“三王”编著团队于 2016 年 10 月应运而生。本人作为守清老师的众多弟子之一，有幸参与本书编著，倍感荣幸但也压力山大。为不辜负恩师信任以及读者期望，我和兴钊兄全力以赴，投入了十二分的精神在此项工作上。此外，《项目管理评论》编辑部同仁李静、田丽娜、李梦薇、于湘婉、马禹鑫也做了大量细致的工作，在此深表感谢。

本书分为上、中、下三册共三大部分，包括微博篇、发言/采访篇、论文篇，精选守清老师微博上有关 PPP 的精华语录、2014 年以来的重要媒体采访和会议发言、带领弟子发表的重要 PPP 论文以及在国际知名期刊上发表的英文 PPP 论文清单都收入囊中，可谓是一次 PPP 的盛宴，也将成为守清老师研究成果最完整的一次整理和总结，没有之一。书中尤其要隆重推荐的是微博语录中精挑细选出 14 句 PPP 箴言并制成精美的彩页，供读者久久铭记，也感谢我的好友杨苏馈赠摄影佳作。

本书上册包含微博语录、会议发言/媒体采访，其中微博语录共 8 章，包括相关概念与框架、成功要素、实操要点、风险管理、法制与监管、建造—移交(BT)、政策与实践点评和全球视角；媒体采访/会议发言共 3 章，包括公开场合发言、媒体专访报道、媒体其他采访报道。中册和下册为论文，包括 PPP 概念、立法、风险、理论及实践技术、评价、行业应用、展望及英文 PPP 论文清单。

本书所有内容都经过王守清教授逐项确定、审阅，甚至逐字修改、把关（特别是语录部分），任何时候导师都在照耀着我们，改书的态度比我们还认真，比如个别内容在修改过程中因把握不准，于是我们添加批注发给教授，请教授指点，而教授的回复往往都是“我已加上”、“我已修改”、“我已翻译”等等，让我们感动至深，也更加激励我们勤奋。

希望本书能为广大读者更好地了解和把握国内外 PPP 的理论精髓和实务知识，更系统地掌握 PPP 的实践方案等起到一定的作用，最重要的是，授人以鱼不如授人以渔，更希望本书能激发出各位读者更浓厚、更坚定地学习并实践 PPP 的兴趣和决心。

受个人能力和时间所限，本书难免有所纰漏，望读者朋友多多包涵，欢迎批评指正，欢迎交流研讨。

作者序

自 1996 年起的 20 多年以来，我一直专注于 PPP 的教研与推广这一件事情，目睹了国际上 PPP 的发展与波折，更经历了国内 PPP 的三起三落。就像很多学生说他们开始了解、喜欢并立志于从事与 PPP 相关的工作是因为受到我的影响一样，我下定决心专注于 PPP 的教研与推广也是因为我 1996—1998 年新加坡南洋理工大学的博士后导师 Robert Tiong 教授。

自 2014 年 PPP 在国内火爆以来，我过去 20 多年的教研与推广工作迅速受到关注和欢迎，我和我 PPP 团队的研究成果也在短短几年内迅速得到传播、应用、验证和修正。过去 3 年来我应邀参与了大量研讨会、论坛和培训就是一个佐证，期间有无数人与我交流并向我索要 PPP 相关资料，我从最开始的一一回复到后来索性将课件和论文等资料放在公开网站上供大家免费查阅和下载，并一直坚持以微博（新浪实名）、微信（PPPwebChat）和公众号（中国 PPP 智库）等形式继续传播。2016 年 10 月，《项目管理评论》编辑部又一次找我，再次提起要将我和我团队的 PPP 知识成果汇编成册出版的想法。想到社会上对 PPP 知识的渴望，也想到我国 PPP 应用 3 年后正进入一个更需要深入研究和完善实践的阶段，而且，学术界的知识成果（特别是 PPP 这类前沿性、综合性和应用性都非常强，需要既懂技术又懂金融、经济、管理、法律和商务运作等复合性知识的学科），更需要传播到实务界并得到应用，才更能体现其价值，是一件非常有利于 PPP 发展的事情，于是我便应允并于 10 月份起正式开始整理和编辑本书。

全书包括微博语录、会议发言/媒体采访、论文三大部分，在编辑审核的过程中，再次重温有关内容，有一种似曾相识又若如初见的感觉。知识的海洋是浩瀚的，这一次温故知新的经历是难能宝贵的。鲁迅先生说过，写作，是为了忘却的纪念。如今，我对这句话更有切身感受，写作，不仅仅是纪念，也不仅仅是传播知识和影响他人，

更能感悟、升华和激励自己。希望本书也能让广大读者更系统地了解 PPP、学习 PPP、熟悉 PPP，为进一步研究和应用 PPP 打好基础，当然也希望通过本书能在读者的心里种下一颗兴趣的种子，让它生根发芽并茁壮成长。

编辑本书的紧张时期，正值北京的冬季，清华园里寒风瑟瑟，天色阴沉，而我的内心却是激动与温暖的。不仅仅感慨于自己及团队伙伴们对 PPP 20 多年的研究所汇聚成的上百万文字，还感动于弟子王盈盈和《项目管理评论》王兴钊编辑为首的本书编辑团队的执着和辛劳付出，没有他们，就没有本书和 2016 年年底《王守清 PPP 妙语日历》的出版，更没有我系统回顾一遍过去研究经历与成果的机会。这一次的回顾，将为我和我的学生们下一步 PPP 相关的研究和应用奠定更好的基础。

借此机会，我还要感谢 PPP 各界包括我的微博、微信和公众号读者以及各培训班学员的支持和认可，感谢业界给我的“PPP 教父”称号，我自认为是一份荣誉，更是一份责任。最后，还要感谢我的家人对我平时忙碌工作的理解和关怀，感谢我所在的清华大学相关机构给我的平台和对我的各种支持。

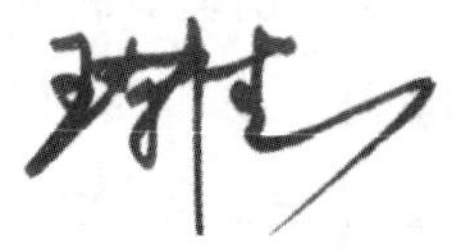

目 录

论文篇（二）

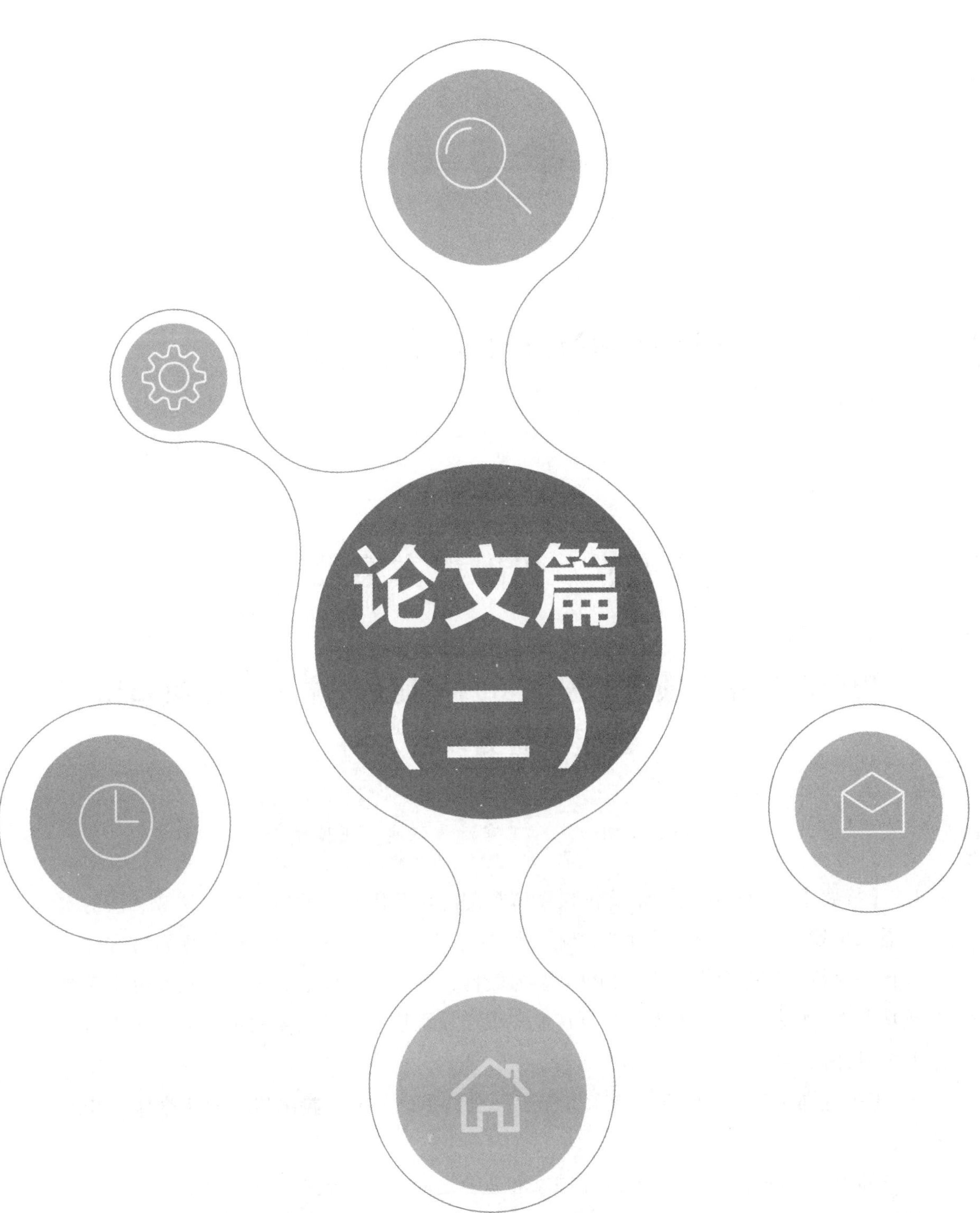
论文篇
（二）

第 5 章

PPP 中的技术活（二）

第 1 节　投融资方案设计

知识产权保护项目的投融资方案比选分析——以某音乐著作权监测项目为例

作者：胡一石　王守清　伍迪　王博龙

【摘要】 根据国内音乐著作权集体管理的现行体制和发展趋势，从音著协的实际需求出发，分析了音乐著作权监测项目的特点，提出了 5 种可行的投融资方案并进行比较分析，推荐政企合作（PPP）型为最佳方案，进而设计其项目结构并分析重要成功要素，可指导项目实施，并为其他知识产权维权和公共信息服务类项目的投融资方案设计提供参考。

【关键词】 知识产权　音乐著作权　公共信息服务　投融资　政企合作（PPP）

一、引言

知识产权的竞争，已日益成为国家和企业之间竞争的关键。在科技高度发展、信息高度发达的今天，侵犯知识产权的行为无孔不入、防不胜防，其中著作权领域就是一个“重灾区”。目前，维权以人工手段为主，成本高、效果差。保护知识产权，需要有高科技手段介入。本文以有实际背景的音乐著作权监测项目为例，从投融资方的视角，采用文献调研、理论推导和比较分析的方法，试图在运用信息技术破解知识产权保护难题乃至提供优质公共服务方面，做出有益的探索。

二、项目背景介绍

（一）音乐著作权管理现状

著作权是自然人、法人或其他民事主体依法对其作品享有的人身权和财产权的总称[1]。《著作权法》明确了著作权包括广播权、信息网络传播权等 17 项权利[2]。著作权人单独维权势单力薄，成本高、成功率低，于是集体管理组织成了维权主体，其维权运行机制如图 5-1 所示。

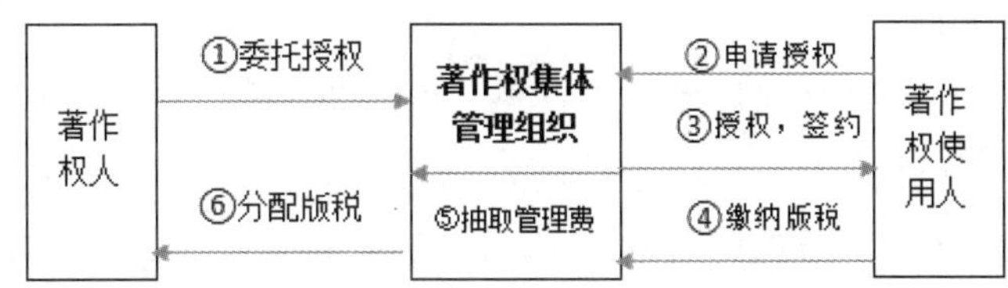

图 5-1　著作权集体管理组织运行机制（资料来源：综合参考文献 3-4 整理而成）

大陆地区有两家音乐著作权方面的集体管理组织，即中国音乐著作权协会（简称“音著协”）和中国音像著作权集体管理协会（简称“音集协”）。后者管理音像制品的著作权，前者保护著作权人在作品全生命周期内的利益[5]，且加入了国际作者和作曲者协会联合会（International Confederation of Societies of Authors and Composers，CISAC）等国际组织，实现了与兄弟协会之间的资源共享和替代管理，“管理着世界范围内 1 800 多万首音乐作品”[6]。

目前在音乐著作权方面，国家版权局负责行政审批和监管、诉讼仲裁等事务[7]。音著协负责作品信息管理、合同签订与许可发放、使用费的收取分配、申请侵权处罚或提起诉讼、仲裁等具体的管理事务[8]，主要工作流程与图 5-1 基本一致。

（二）项目需求

广播电视媒体（以下统称广播单位）是广播权和信息网络传播权使用大户。音著协目前对签约广播单位采用“一揽子”收费方式，即：在协议规定期限内，使用者打包付费，无限使用，而不用按次数或作品数单独付费[4]。这种方式便于操作，但没有体现出使用情况的差异，使用者对所有注册作品除了全盘接受就只能全部拒绝。中小型广播单位的使用量小，签约付费的成本相对高昂，因而缺乏签约动力。截至 2012 年 4 月 18 日，仅有中央电视台、中央人民广播电台等 34 家单位签约[9]，绝大多数地方广播单位仍未签约。

音著协正面临三大挑战：①众多广播单位未经许可使用注册作品；②制定使用费标准的主要依据是签约单位递交的使用报告，数据可靠性存疑；③改革“一揽子”收费方式的呼声日趋强烈。广播单位遍布全国，使用行为覆盖全时段，而协会仅有 50 多名工作人员[6]，靠人工无法应对挑战。对此，建议音著协学习美国作曲家、作者与出版者协会（American Society of Composers, Authors and Publishers，ASCAP）等集体管理组织，健全数据采集、识别和统计手段，逐步向先监测、再统计、后收费的精细管理方式转变。鉴于此，音著协需要与有实力的企业合作，研发一套信息化的监测系统，获得足够的使用频次、时长和种类等数据，并作识别和统计分析，为维权和改革收费方式提供可靠依据。

（三）项目技术特点

该监测项目需要大型存储设备、工作站、服务器和信号接收转换装置等硬件，数据库、模式识别等软件技术，是一个软硬件结合、以软件为主的 IT 项目。国际上有成功经验，如BMAT公司为西班牙表演者协会（AIE）开发了同类型项目 VERICAST[10]。

根据项目特点和国外经验，笔者建议，项目分期进行：

第一期，对实现网络同步的广播单位，用网络爬虫程序获取节目内容，结合音著协从机顶盒记录的数据，开发算法、编写程序对其进行识别，测试通过后投入运营；第二期，增设网络之外的物理监测点，尽量补齐数据链，同时开发统计分析方案；第三期，在数据足够时，开始全面的统计分析，为项目方的业务拓展（如向唱片公司提供大数据服务）和协会收费改革提供定量的决策依据。

三、投融资方案初步设计

该项目的设计和制造、运营与建设的关联度很高，且能大幅拓展著作权使用费的来源，产生较高收益，可以“通过项目来融资”[11]，因而有多种投融资方案可供选择。

项目需要投入设备采购、安装和人力成本，如果借贷和担保，还须支付本息和担保费，进入运营期后会有运营成本和收益。项目运营的收益有 4 个可能来源：

收益 A：对未经许可使用著作权的广播单位索赔并获赔；

收益 B：慑于索赔压力，更多广播单位选择签约，使用费增长；

收益 C：向音乐从业者（如唱片公司）提供数据服务收取费用；

收益 D：向音著协提供签约单位使用信息的统计分析服务，帮助其改革收费方式，收取服务费。

其中 C 已初见萌芽，边际成本较小（无须单独采集数据），但面临市场竞争。D 对统计方式的公平性要求很高，政策性很强，主动权在音著协，短期内难以实现。因该项目与工程项目比较类似，故下面借鉴工程项目中常用的投融资概念来设计本项目的投融资方案，然后比较分析各方案的优缺点。

（一）EPC 型

EPC 模式即“设计、采购和施工”（Engineering-Procurement-Construction），称作项目总承包模式，即项目从方案设计或技术设计开始总承包[12]。本文设计的 EPC 型即音著协选择一家 IT 企业签订项目总承包合同，由该企业全盘负责项目的设计、研发全过程，以及必要的培训、维护等售后服务，所有可能的分包商（如软件设计公司、硬件设备制造与经销商等等）和合作单位（如网络运营商提供原始数据服务、通信运营商提供信道服务等等）只与该企业产生合同关系。测试通过后项目交付音著协运营，协会从管理费中支付项目费用。

（二）BOT 型

BOT 模式即“建造—经营—移交”（Build-Operate-Transfer），指公共部门通过特许权协议，授权企业进行带公共产品的项目（如基础设施）的融资、设计、建造、经营和维护，在特许期内向项目产品的使用者收取适当费用，以收回成本并获得合理盈利，特许期满后，项目免费移交给公共部门[11, 13]。就本项目，本文借鉴上述做法，建议某 IT 企业或其牵头成立的项目公司负责融资和研发，项目建成后音著协提供数据（著作权、作品及签约情况）和法律支持，委托项目方在特许期内运营和维护（包括升级），特许期结束后，项目免费移交给音著协。

发起索赔仲裁和收取使用费原本是音著协职责，按风险分担的最有控制力和最有承受力的原则[14]，这两项工作也最好由音著协负责。音著协如果对分红比例不满，且补偿条款缺乏约束（如亏损时只需补偿项目方的成本），则有动机在特许期内消极合作，在项目移交后再利用数据分析报告去全力索赔和谈判，以独占更大利益。此外，广播单位索赔仲裁和签约谈判可能耗费较长时间且不一定成功，因此收益 A、B 的实现受制于音著协且在运营前期有很大的不确定性。收益 C 和 D 上文已有分析。

（三） BT 型

BT 模式即“建设—移交”（Build-Transfer），是 BOT 的一种演化形式，用回购期代替了特许期[11]。项目方负责融资和研发，建成后移交音著协，音著协在回购期内分期付款，覆盖项目方成本并保证一定盈利。

（四）PFI 型

PFI 模式即私营主动融资（Private Finance Initiative）。英国财政部对 PFI 定义：“公共部门将融资风险转移至私营部门，以此作为激励，利用私营部门的管理技术，与其签订长期合同来购买其高质量的服务”[15]。“合同到期时，项目资产的归属取决于原合同规定”[16]。参照该模式，项目方研发并运营监测系统，与音著协签订长期合同，在期限内向其提供数据服务并收取服务费，以此收回成本并实现盈利，合同期结束后项目的归属由合同决定。

（五）PPP 型

PPP 模式即公私合伙或政企合伙（Private-Public-Partnership），政府和企业在项目全过程密切合作，更强调政府在项目中的参与，更强调双方长期合作与发挥各自优势，双方共享收益、共担风险和社会责任[11]。借鉴其思路，可以由 IT 企业和音著协合伙。由于音著协是带有官方背景的非营利性法人，不便直接投资和参与经营，但可以成立基金[8]，由基金出面与企业合作。双方合资成立项目公司，分别派出专业人员，提供技术、法律等方面的支持，共同负责项目的融资、开发、运营和维护。

四、投融资方案比选

前面简单介绍了 5 种基本投融资方案，在此基础上，笔者再对每个方案的可行性、收益和风险方面的优缺点逐一分析（见表 5-1），并从不同维度综合比选各方案（见表 5-2）。

表 5-1　投融资方案优缺点一览

方案类型	优　　点	缺　　点
EPC 型	合同关系简单，易操作。项目方 IT 企业融资风险较小	①IT 项目范围变更的高风险难以控制，且由 IT 企业独自承担；②系统的运营维护（如升级、防攻击等）需要专业知识和专门人员，音著协恐难承担
BOT 型	①如果成立项目公司，投资人可能实现有限追索[11]；②音著协参与度小，风险小；③只要特许期合适，项目后期收益较高；④项目方运营，没有技术障碍	①项目方面临较高的收益不足风险；②特许期、分红比例和补偿条款很难确定，谈判难度大；③项目方和音著协在项目中地位不对等，音著协更有控制权
BT 型	能缓解音著协短期资金压力	①和 EPC 类似的运营维护问题；②项目方出于规避资金周转和利率风险的需要，希望回购期较短，这与项目短期收益少是一对矛盾
PFI 型	①合同关系较简单；②项目方业务相对单一，预期收入稳定；③音著协无须运营，又可实现长期收入的较高增长	①服务费相对较低，项目方收益不高；②项目前期收益可能不足，加上管理费的限制，音著协面临一定的支付风险；③音著协对项目有长期持续需求，但特许期结束后如果移交项目，则存在与 EPC 相似的运营维护问题

续表

方案类型	优　　点	缺　　点
PPP 型	①成立项目公司，各合作方可能实现有限追索；②由于可以长期运行，项目有望实现上述全部 4 种收益，且均按股东协议和公司章程分红；③基金会参与对收益 D 的分红，因而 D 对音著协带来的成本明显低于其他方案，阻力更小；④因为同为股东，企业和基金（音著协）的利益紧密捆绑，将更主动地发挥各自的技术和法律特长，分担风险，减少对彼此的掣肘，从而大幅提高项目的效率	①合同关系相对复杂，各方权责利的划分较难，谈判周期较长；②要考虑的相关因素较多，操作可能较复杂

表 5-2　投融资方案比选

	EPC 型	BT 型	BOT 型	PFI 型	PPP 型
法律政策	可	可	可	可	可
外部可融资性	可	可	可	可	可
音著协收益	高	高	高	高	高
企业收益	一般	一般	高	一般	高
音著协风险	高	高	低	低	共同
企业风险	低	一般	高	一般	共同

从技术层面看，不同方案的差别主要存在于运营主体的不同。IT 项目有知识密集型和高风险的特点，风险主要来自用户的需求模糊，会有反复变更[17]。

从经济层面看，运营主体的不同会造成 4 种收益的实现程度不同，项目方和音著协的分红方式也不同。

从法律层面看，监测、识别和分析基于公开数据，完全合法，但索赔和收费属法律赋予音著协的职权[8]。如果由项目公司执行索赔和收费，可以参照音集协委托天合公司的经验[4]，由音著协授权（本文仅讨论注册会员的情况）。

笔者认为，5 种方案在法律和技术上均基本可行，但只有 PPP 型方案的风险和收益匹配较好，而且在这种模式下，各方共担风险，优势互补，有利于长期稳定的合作，4 种收益都能较为顺利地实现，从而实现项目收益的最大化，外部融资也会更容易。因此，笔者推荐采用 PPP 型投融资方案。

五、推荐方案的详细设计

（一）总体原则

主要遵循王守清和柯永建提出 PPP 项目的公平原则：①成本效益原则；②风险

收益均衡原则；③时效性原则[11]。其中，原则①须考虑成本效益在数额和现金流的时点上匹配；再结合原则②和亓霞等提出的中国PPP项目13大风险[18]，主要考虑市场收益不足的风险、项目唯一性风险、融资风险和法律风险；而原则③主要考虑金融市场状况、利率水平、税收政策等因素。

（二）详细设计

基于以上原则，PPP型方案的总体思路是音著协依据章程成立基金会[8]（协会早有成立基金的规划，该项目是一个恰当时机），由基金会出面与有实力的一家IT企业合资成立项目公司，用项目带来的收益来收回研发和运营成本，实现企业的盈利和协会会员的收入增长。

由于项目规模为分阶段扩张，且技术类别较少，由一家有实力的企业担纲即可，避免增加不必要的沟通成本，也可实现企业与项目的同步成长。企业与基金会合资并分别派出专业人员，既便于风险分担，也能增强项目的融资吸引力和可信度，还能在项目前期避免因收益不足、还本付息引发现金流危机。

项目公司作为核心，与音著协、股东等利益相关者之间签订一系列合同，形成该方案的合同结构，见图5-2。运营的业务范围包括所有数据服务，索赔和使用费的收取通过必要的法律程序可由项目公司代理[19]。

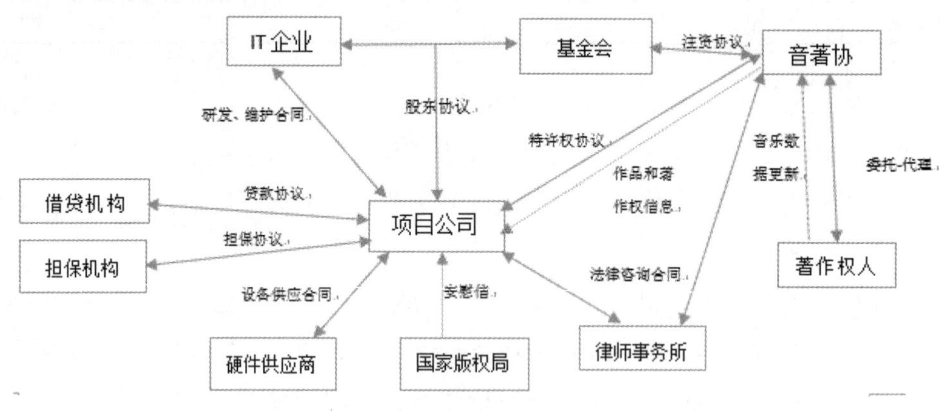

图5-2　PPP型音乐著作权监测投融资方案合同结构

（三）项目成功要点

（1）促成音著协尽快成立基金会，并注入充足资金。

（2）项目公司与借贷方、担保方和股东之间达成融资谅解，尤其需要制订好应对前期收益不足的措施，避免影响项目运营。

（3）音著协能认识到，将索赔和收取使用费的业务委托给项目公司，既能减轻协会负担，又能实现收入的增长，符合长远利益。

（4）特许权协议中应设置排他性条款，以防止同类竞争项目。

（5）设置合理的收入分红比例。

六、结语

将 PPP 模式引入这类信息服务类项目中，既能缓解公共部门或提供公共服务的民间组织（如音著协）的经费压力，规避其技术能力不强的缺点，提高项目效率，更能充分发掘市场的活力，符合目前政府“公共服务市场化”的思路。当然，本文只是提出了投融资方案的大致思路，有待在实际推进应用中进一步研究和完善。

参考文献

[1] 梁飞. 网络环境下数字音乐作品著作权的法律保护[D]. 长春：吉林大学，2011.

[2]全国人民代表大会. 中华人民共和国著作权法[EB/OL].（2013-8-13）. http://www.npc.gov.cn/npc/xinwen/2010-02/26/content_1544852.htm.

[3] 巫景飞. 版权集体管理组织：美国音乐产业的考察——交易费用经济学的视角[J].中国工业经济，2007（2）：119-126.

[4] 胡艺. 我国集体管理制度下音乐版权使用费的收取和分配问题研究[D]. 华中科技大学，2010（5）：7-28.

[5] 刘赫. 论著作权集体管理立法模式与监督制度[D]. 北京：中国政法大学，2009.

[6] 中国音乐著作权协会. 基本会情[EB/OL].（2013-8-20）. http://www.mcsc.com.cn/mcscInforList.php?partid=5.

[7] 中华人民共和国国家版权局. 职能范围[EB/OL].（2013-8-20）. http://www.ncac.gov.cn/chinacopyright/channels/475.html.

[8] 中国音乐著作权协会. 中国音乐著作权协会章程[EB/OL].（2013-8-21）. http://www.mcsc.com.cn/information.php?partid=21.

[9] 中国音乐著作权协会. 公告名单[EB/OL]. 中国音乐著作权协会官网（2013-8-25）. http://www.mcsc.com.cn/file.php?partid=13.

[10] BMAT. PRODUCTS DESCRIPTION-VERICAST[EB/OL].（2013-8-21）http://www.bmat.com/products/vericast/.

[11] 王守清，柯永建. 特许经营项目融资（BOT、PFI 和 PPP）[M]. 北京：清华大学出版社，2008.

[12]孙继德. 项目总承包模式[J]. 土木工程学报，2003（9）：119-126.

[13] 王守清. BOT 知识连载之一：项目融资的一种方式——BOT[J]. 项目管理技术，2003（4）：46-48.

[14]柯永建. 中国 PPP 项目风险分担研究[D]. 北京：清华大学，2010.

[15] HM Treasury. Public–Private Partnerships—The Government's Approach[S]. London, The Stationery Office, 2000:4.

[16]赵国富，王守清. 项目融资 BOT 与 PFI 模式的比较[J]. 建筑经济，2007（5）：41-42.

[17] 邱泽国. 我国 IT 项目管理研究及应用策略[J]. 哈尔滨商业大学学报（社会科学版）, 2013（1）：55-60.

[18] 亓霞，柯永建，王守清. 基于案例的中国 PPP 项目的主要风险因素分析[J]. 中国软科学, 2009（5）：107-113.

[19] 中华人民共和国国家版权局. 广播电台电视台播放录音制品支付报酬暂行办法[EB/OL].(2013-9-10). http://www.ncac.gov.cn/chinacopyright/contents/479/17541.html.

（《项目管理技术》2014 年第 7 期，第 25-29 页）

某高铁站场建设项目投融资方案设计

作者：马生华　伍迪　王守清

【摘要】 根据成渝地区某高铁站场改扩建项目的实际需求，首先简要分析了项目规划，指出企业参与投资的要点。针对项目的非自偿性，提出“捆绑式 PPP”融资模式，并设计了四种投融资方案。通过探讨各方案的特点及其可行性，进行方案比选，得出推荐方案为“以新城 CBD 地产开发收益补偿其他子项目支出”，并进一步设计了该方案的项目结构，提出了项目成功的关键因素，以期为我国类似项目的实施提供一定参考。

【关键词】 项目融资　特许经营（PPP）　投融资方案　高铁站场　新城建设

一、引言

2010 年我国城市化率已经达到了 49.7%，且据联合国经济与社会事务部预计，截至 2025 年，中国城市化率将达到 59%。毋庸置疑，我国的城市化进程正在快速发展：既有城市结构和规模业已不能满足人民日益增长的对城市空间的需求；以拓展城市空间，优化城市结构，提升城市竞争力为目标的新城建设成为解决问题的主要手段。由于新城建设开发规模大，投资额度高，持续时间长，地方政府往往缺乏足够资金对项目进行持续有效的支持。而运用公私合营（Public-Private-Partnership，PPP）模式，引入民间资本，则可结合新城建设统一规划、逐步开发的特点，对所在区域资源进行统筹规划，既能缓解政府的资金压力，又能提高开发效率为民造福，还为企业创造了市场，实现多赢。但由于一些基础设施项目的非自偿性，使得此类项目在使用 PPP 模式时更加需要合理的设计。本文以成渝地区新城高铁场站改扩建为例，为有兴趣参与此类投资的企业进行投融资方案设计。

二、项目规划简析

（一）项目背景

随着我国铁路客运专线网络“五纵六横七连线”的规划与建设，各大城市面临着铁路枢纽的新建、改建，客运枢纽周边用地的功能定位、设施布局、交通组织等一系列问题。成渝地区某高铁站场因其区位、交通、投资、建设等各方面优势，被定位为“成渝一小时生活圈”的终端。当地政府希望借改建原有车站为高铁车站的契机，对车站周边用地重新定位，建设新城。

（二）简析项目规划

该项目东西长约 2 360 米，南北宽约 740 米，总用地面积约 100 万平方米。整个场站建设项目可分为高铁站场建设、车站综合区建设、商务区开发、铁路坡绿化带建设四个子项目，前三项为企业必做子项，第四项为可选子项。子项一、二将在原有车站用地基础上进行改造与建设，子项三、四为需要额外占用土地。

1. 车站改扩建

根据铁道部规定，高铁线路的规划和建设，全部由中央政府集中组织实施，建成后的营运工作，交由中国高铁公司集中管理。高铁车站的建设费用通常由当地政府承担 30%，铁道部承担 70%，建设周期为三年。当地政府资金紧缺，希望由企业出资建设场站。由于车站运营将由铁道部统筹规划统一管理，企业基本无法享受到运营期间的票务收入及其他相关收入，该子项无法自负盈亏。

2. 车站综合区建设

车站综合区内将建有办公楼、零售市场、商务商贸、购物商场等建筑形式，分三期共五年建成。企业可以通过参与物业的日常运营获取租金收入以收回前期建设投资，但利润微薄，回收周期长。

3. 新城商务区开发（净地开发）

此地块位于原火车站东北部，不属于原火车场站范围，现规划发展为新城商务区 CBD。由于高铁建设将带来的潜在客源，此地块土地升值空间巨大。企业可争取参与投资，进行房地产开发。但由于相关法律约束，企业对该地块土地使用权的获得具有不确定性。

4. 铁路坡绿化带建设

水土保持法修订草案第三十二条规定："容易在发生水土流失区域开办生产建设项目或者从事其他生产建设活动，损坏水土保持设施、地貌植被，不能恢复原有水土保持功能的，应当缴纳水土保持补偿费。"企业参与该子项虽然需要一定投入，但可免缴补偿费，并且通过履行社会责任赢得和政府谈判 CBD 土地使用权的主动权，因此笔者建议承接该子项。

就前两个子项整体而言，项目是亏损的，无法吸引民间资本介入。而采用"捆绑式 PPP"融资模式，将高铁建设与新城 CBD 地块捆绑开发，通过合理设计融资方案，则可使整体项目盈利。

三、投融资方案初步设计

根据上节分析，企业参与该项目，宜采用"捆绑式 PPP"融资模式，其焦点在于企业如何获得 CBD 地块土地的收益对亏损子项进行补偿。而根据收益获取方式的不同，有以下四种投融资方案：

一是要求政府用 CBD 土地出让金的一定比例作为补偿；

二是采用香港"地铁+物业"模式，要求政府协议出让 CBD 地块土地，企业通过开发 CBD 获得收益；

三是捆绑招标形式，将高铁场站、车站综合区特许经营项目和 CBD 开发项目捆绑，作为统一项目进行招标；

四是邀请政府用土地使用权作价入股，与企业建立项目公司参与开发，企业通过开发收益来实现项目整体盈利。

下面从法律可行性、外部融资可得性、政府参与意愿、企业参与度、项目收益与风险等方面逐一分析四种方案。

（一）CBD 土地出让金补偿

由于《招标拍卖挂牌出让国有土地使用权规定》（国土资源部令第 11 号）第四条明确指出："商业、旅游、娱乐和商品住宅等各类经营性用地，必须以招标、拍卖或者挂牌方式出让。"因此，商务区土地使用权的取得具有不确定性，为规避这种风险，企业可放弃地产开发，而要求政府用 CBD 土地出让金的一部分作为补偿。所获土地补偿的多寡与该地块的价值和政府承诺的补偿比例有关。企业在建设场站及综合区时，可以争取商业贷款，但由于政府给予的补偿额不确定，获得贷款的难易程度更多取决于企业本身的资信状况。企业参与度低，项目低风险、低收益。有研究表明，从经济角度来看，政府用土地收益补贴基础设施建设的做法效率相对较低。以地铁为例，将沿线土地捆绑开发给地铁公司带来的全周期收益，约相当于政府拍卖土地一次性收益的 8.5 倍[1]。

（二）“地铁+物业”

该模式指香港地铁公司在开发地铁项目的同时，通过与香港特别行政区政府（公共部门）达成协议，开发沿线房地产来弥补地铁项目的亏损并获得收益。该模式的关键在于通过协议获得土地使用权，而根据上小节分析，目前这种方式法律上不可行。特别是在“八·三一”大限之后，所有经营性的土地一律都要公开竞价出让，“地铁+物业”模式在内地不可行。

（三）捆绑招标

捆绑招标模式指将高铁特许经营项目与周边 CBD 开发项目捆绑在一起，作为一个项目进行整体招标。从而通过提高招标准入门槛，使不具备高铁建设经验或融资实力相对薄弱的地产商无法参与招标，也使参与企业创立的项目公司在获得特许经营权的同时，以招拍挂的方式获得 CBD 的土地使用权。项目公司可以以 CBD 土地作抵押，获得银行贷款等外部融资。

基于整个项目完成后的土地增值预期，以及周边配套辅助设施建成并完善后对楼市的利好，这种模式无疑对企业具有巨大吸引力。但依赖“土地财政”的地方政府却损失了土地增值收益，缺乏相应激励。这意味着利益风险未能在公私部门之间合理分配，政府支持力度值得怀疑，方案可行性值得商榷。

（四）土地使用权作价入股

捆绑招标模式规定政府在当期一次性地收回部分土地出让收益，而由企业独享未来土地升值收益并承担日后的经营风险。该做法未考虑到 CBD 土地使用权升值空间大，且其价值不断波动的特点。而土地作价入股模式，则建立了一种动态调节机制，使政府入股分红来解决公私部门合理分配利润、公平分担风险的问题。具体来说，企业可邀请政府将 CBD 地块土地使用权进行评估，并将其作价入股至企业和政府共同成立的项目公司。这样，项目公司便可直接获得土地使用权，绕开招拍挂，确保项目公司获得土地使用权。而该土地使用权对应的股权可由当地国资委持有，或者委托某国有企业（如城投公司）持有。采用这种方案企业参与程度高、贷款也容易获得，须考虑的因素多（如政府股权的持有方式、出资比例、收益分配等），因此风险相对较高，却能获得高收益。

四、投融资方案比选

通过上述分析，可以得到不同方案的优势、劣势（见表 5-3），将其进行汇总，从不同维度对比方案（见表 5-4）。

表 5-3　各投融资方案的特点

方案名称	特　点	优　势	劣　势
方案一	土地出让金补偿	无拿地风险，项目结构简单，可操作性强	补偿金额有限，无法享受土地二次开发收益，无法发挥企业的专业优势
方案二	“地铁+物业”	协议拿地成本低、“地铁+物业”模式发展成熟	内地法律不同于香港法律，法律风险大，方案不可行
方案三	捆绑招标	可独享土地二次开发收益，充分发挥企业的专业优势	政府缺乏激励，风险利益分担不甚合理
方案四	土地入股	可享受部分土地二次开发收益，发挥企业的专业优势并容易获得政府支持	相关因素牵扯多，操作方式复杂，需与项目架构合理衔接

表 5-4　投融资方案比选

	方案一	方案二	方案三	方案四
法律政策	可	否	可	可
外部融资可得性	可	N/A	可	可
政府参与意愿	高	低	较低	高
企业参与度	低	较高	高	高
收益情况	低	N/A	高	高
风险程度	低	高	较高	较高

注　N/A 表示因方案二法律上不可行，故外部融资可得性、收益情况此时不适用

在确保项目可行的基础上，根据风险和收益相匹配的原则，笔者认为土地入股方案在法律上可行，能够获得银行支持、政府企业参与度高，收益高且风险分担相对合理，故以此为推荐方案并进行详细设计。

五、推荐方案及其详细设计

（一）总体原则及思路

王守清、柯永建（2008）[2]提出 PPP 项目的融资原则主要有以下三点：

成本效益原则。不仅指成本效益在数额上的匹配，更重要的是现金流的时点匹配。

风险收益均衡原则。主要考虑资金供给的风险，还本付息的风险、投资者收益下降的风险和资本成本上升的风险。

时效性原则。主要考虑金融市场状况、利率水平、税收政策、汇率水平等因素。

基于以上原则，土地入股方案的总体思路是捆绑式 PPP，利用新城 CBD 地产开发的收益来补偿其他子项的支出，以达到对民间资本有吸引力的投资回报率。

（二）项目详细设计

由于该高铁场站项目投资额度大，涉及专业多，单个企业很难独自承担，以联合体形式和政府构成项目公司开展工作比较符合实际。以工程公司为例，其本身具有很强的施工能力，但缺乏房地产开发能力，因此可以选择与一家房地产开发企业（由于场站综合区出租的需要，最好还擅长商业物业管理）构成联合体，实现“优势互补、强强联合”。该联合体进而可以与当地城投公司（代表政府）、银行等相关干系人签订一系列合同，构成项目的合同结构（见图 5-3）。

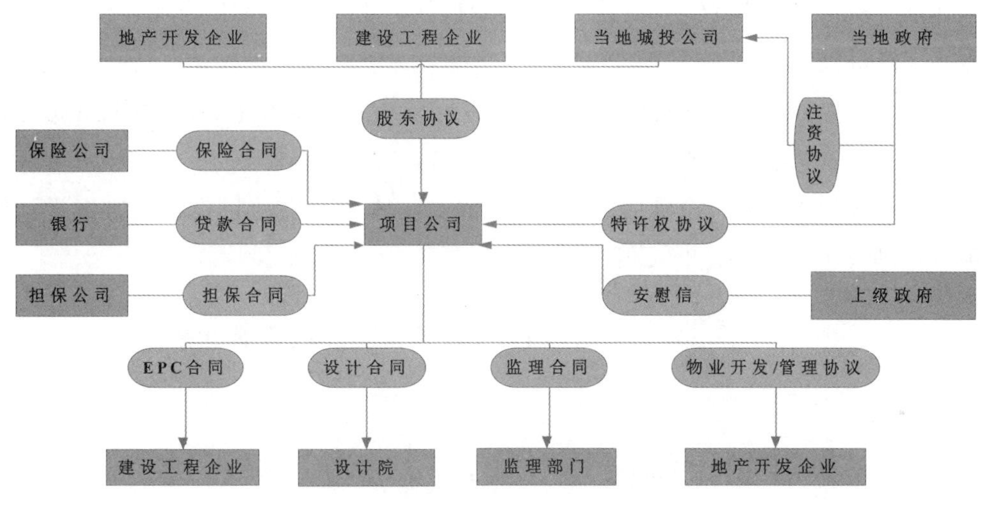

图 5-3　项目合同结构

（三）影响项目成功的因素

根据前面的分析和图 5-3 所示的合同结构，该项目的几个关键成功因素有：

（1）工程企业需与当地政府签署关于场站、车站综合区、铁路坡建设和 CBD 开发的“捆绑 PPP”式项目合作开发总协议。

（2）当地城投公司需与当地政府签订注资协议。

（3）由工程企业联合房地产企业出资，与当地城投公司共同组建项目公司。该项目公司需与政府签署特许权协议，其中涉及当地政府应提供的各种优惠政策和保障措施。如果可能，应当在协议中争取排他性条款，例如禁止在一定时间、在该 CBD 周围一定范围内再建新的功能类似的物业群。

（4）在可能情况下，项目公司应争取上级政府的支持函或安慰信。

六、结语

将 PPP 模式引入到基础设施建设项目中，可以缓解地方政府的财政压力，可以提高工程效率为民造福，可以为企业拓展新的市场，实现共赢。PPP 模式实施方式灵活多样，具体操作时应因地制宜。PPP 模式具有复杂的结构，合理分配各项目干系人的利益并实现风险的公平分担是成功的关键。笔者根据当前新城开发大背景下的基础设施建设项目特点，利用“捆绑式 PPP”模式的思路，对这种非自偿性基础设施建设项目的具体投融资方案进行了比选和分析，希望对类似项目的实施具有一定的参考价值。

参考文献

[1] 颜琼. 城际轨道交通沿线土地集约利用对区域经济发展的作用[J]. 都市快轨交通，2006，19（2）：2-7.

[2] 王守清，柯永建. 特许经营项目融资（BOT、PFI 和 PPP）[M]. 北京：清华大学出版社，2008.

[3] 王霁虹，何帅领. 香港“地铁+物业”特许经营模式在实践中的法律问题[J]. 都市快轨交通，2007，20（4）：25-28.

[4] 张翅，王盈盈，王超，亓霞，王守清. 某城乡一体化开发项目投融资方案设计[J]. 项目管理技术，2010，8（2）：48-52.

（《项目管理技术》2012 年第 2 期，第 17-20 页）

某城乡一体化开发项目投融资方案设计

作者：张翅　王盈盈　王超　亓霞　王守清

【摘要】 基于京津冀地区某县城乡一体化开发的实际需求，分析了其区域特点，并对其以“宅基地换房”模式进行的城乡一体化开发项目规划进行了详细解读，提出了房地产企业参与投资的几种投融资方案。在深入探讨各方案适用性及其特点的基础上，提出了一种“村民安置房建设与土地一、二级开发捆绑进行”的推荐模式。在此基础上，本文对该模式的操作流程和项目结构进行了详细设计，并提出了项目的关键成功因素，以期为我国城乡一体化开发提供一定参考。

【关键词】 城乡一体化　新农村建设　项目融资　公私合伙　宅基地换房

一、引言

目前，城乡一体化开发正在我国各地展开。城乡一体化开发涉及村民的拆迁安置、就业和新城镇小区建设及产业的发展，而地方政府往往缺乏足够资金对城乡一体化项目进行有效支持。因此，运用 PPP 模式，引入社会资本共同参与开发，无论是从缓解政府资金压力，还是从提高开发效率等角度而言都有着积极的意义。京津冀地区作为我国城市化的先行地区之一，此项工作的开展更为各级政府所重视。以北京市为例，截至 2009 年 4 月底，先后有海淀区北坞村和朝阳区大望京村两个首批城乡一体化试点村开始实施[1,2]。本文以京津冀地区某县在其一山区乡开展的城乡一体化工作为例，为有兴趣参与此类投资的企业特别是房地产开发类企业进行项目投融资方案设计。

二、地域特点和城乡一体化规划要求

（一）地域特点

该县位于环渤海经济区腹地，山区面积占一半以上。拟开发乡位于山脚位置，交通畅达，前往京津唐各主要城市都相当便利。乡境内有着丰富的矿产资源，已探明的矿藏有紫砂页岩、花岗岩、虎皮岩、大理石、白云石等，其中紫砂页岩的储量相当大。鉴于黏土砖已被国家明令禁止使用，作为替代品之一的页岩砖可以满足环渤海地区建筑业的巨大建材需求。该地区还蕴藏着丰富的偏硅酸矿泉水资源，经全国矿产储量委员会审核，认为其含有多种对人体健康有益的微量元素，具有很好的开发利用价值。另外，绿色农产品生产加工、轻工产品加工等都是该地区的优势项目。

（二）城乡一体化项目规划概览

当地政府在发掘区域内资源优势的同时，积极推进城镇化。希望通过城乡一体化项目，在更大的范围内实现土地、劳动力和资金等生产要素的优化配置，有序转移农村富余劳动力，从而实现以工促农、以城带乡，最终实现城乡的共同发展与繁荣。

该县计划采用“宅基地换房”的发展模式来实现农村人口的城镇集中转移，具体做法为：在国家现行政策框架内，农民的土地承包责任制不变，可耕地的土地面积不减，根据自主自愿的原则，以农民现有的宅基地为基础，按照乡政府规定的置换标准来换取小城镇中的一套住宅[3]。具体标准可参照现有相关实例，如北京市北坞村项目，新居计划按 1:1 的标准置换，不足或超出的面积，政府给予一定的补贴或村民补足一定费用[1]。乡政府对农民原有的宅基地进行统一组织和整理复耕，实现耕地占补平衡。

在耕地不变的前提下，农民得到了小区的集中安置。对于新增用地，政府可以重新规划，进行土地一、二级开发，建设新工业园区和商业区。该模式的简要图解如图 5-4 所示。

图 5-4 中，前后总耕地面积不变，标有“宅”的方框示意原有村民宅基地，此类房屋将被拆除，村民迁入安居工程用地中的安置房，而对于新增土地，将用作工业用地和商业运作用地，进行招商引资。在“宅基地换房”的模式下，政府将面临如下几项重要工作：A——对拟开发新增用地进行一级土地开发，B——为迁出农户建设安置房，C——在一级开发基础上招商引资，进行土地二级开发。

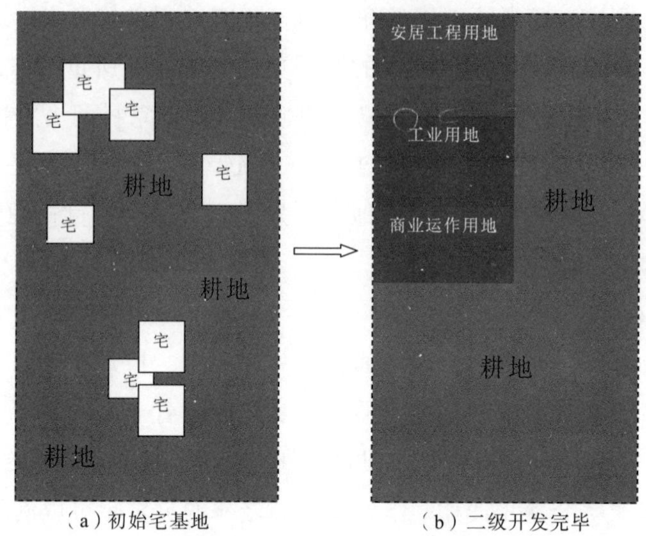

（a）初始宅基地　　（b）二级开发完毕

图 5-4 “宅基地换房”模式下的城乡一体化开发项目图示

三、企业参与投资的注意要点

上述各项工作依照社会资本的参与程度，可以形成多种不同的投融资模式。企业在参与相关项目的投资之前，必须考虑如下几个要点。

（一）土地一级开发

目前，土地一级开发可以由政府的土地储备机构承担或房地产开发企业承担。但不论由哪一主体承担，都存在一个比较显著的外部融资问题。

如果开发主体是土地储备机构，可以“按照国家有关规定举借的银行贷款及其他金融机构贷款”[3]。然而，由于被储备土地只能按照土地供应计划交付供地，并不属于可自由转移的房地产，不属于《房地产抵押办法》规定的可以抵押的财产，而且储备土地价值的不确定，抵押权难以实现，因此在获得贷款的实际操作过程中存在着一定困难。目前，政府主导的土地一级开发，其资金的主要来源是“财政部门从已供应储备土地产生的土地出让收入中安排给土地储备机构的征地和拆迁补偿费用、土地开发费用等储备土地过程中发生的相关费用”或“财政部门从国有土地收益基金中安排用于土地储备的资金”[4]。

而如果开发主体是房地产开发企业，银行贷款融资则基本无法实现，因为中国人民银行要求：“商业银行不得向房地产开发企业发放用于缴交土地出让金的贷款”[5]。

（二）宅基地换房

宅基地换房在政府动员工作基础上，以农民自愿为原则。安置房目前主要为政府主导建设，并向农民无偿提供，其资金来源一般为政府通过出让新增用地使用权所得。

（三）土地二级开发

基于之前对于当地地域特点和矿产资源的分析，高档矿泉水、农产品加工、紫砂页岩制砖等都是当地具有竞争优势的项目。对于房地产开发企业，如果对于后续的二级开发有兴趣，笔者建议，不论是从行业相关角度，还是从投资回报角度，都应重点考虑页岩制砖项目。

随着京津冀地区城乡改造的力度加大，新型墙材市场需求增势很快。作为黏土砖的替代产品，页岩砖的发展刚刚进入成长期，选择在这一时点进入市场，将有相当乐观的发展前景。笔者通过对冀北地区（张家口市、三河市等）页岩砖项目的调研，发现在 10%贴现率的基础上，同类项目的动态偿还期一般为 3 年，加上 1～2 年的项目建设期，基本在项目投资开始 5 年之内就能够实现还本付息并收回全部股本金投资。加之该地交通便利，能源供应充足，且页岩砖的生产能力还远没有达到预计水平，页岩砖生产项目尤其被看好。

四、投融资方案设计和比选

依照上述投资要点，企业可选择参与其中一项或多项工程的开发建设（其余则由政府主导承担）。表 5-5 列举分析了 8 种可能投融资方案。为表述方便，各方案采用前面二（二）中所用政府的主要任务编号（A、B、C）或其组合。

表 5-5　投融资方案分析比较

代号	方案描述	方案特点及相关要素
A-1	政府土地储备机构为开发主体，企业以 EPC 模式承包土地一级开发。政府通过自身财政手段或外部贷款支持项目进行，企业通过获取建设佣金盈利	土地一级开发投资金额巨大，以 200 元/平方米的单价计算，开发 2 000 亩规模的生地需要 2.67 亿元。而当地政府资金相当有限，仅通过依靠财政手段，项目可行性不大。另外，从企业自身盈利需求而言，抽取佣金的传统模式大概只能获得 5%左右的利润
A-2	企业作为土地一级开发主体，政府出让生地（所获资金可用于支持安置房的建设）。企业获得集体所有土地的使用权，自主进行一级开发并通过转让熟地获得收益	同 A-1，土地一级开发初始投资金额大，而依据三（一）中的相关法规政策分析，以企业为主体的土地一级开发获得外部融资的可能性很小，需要动用自有资金。而对于尚待开发的山区乡镇来说，其投资潜力存在相当大的不确定因素，其熟地转让成功的风险很大 企业要实现较高收益，一方面需要尽力压低生地出让价格，另一方面，可以考虑与政府风险共担、增值共享，和政府协商共享土地增值收益的比例，从而鼓励政府招商引资，防止熟地转让困难。该方案需要经过较为复杂的谈判过程，且对开发企业的资金强度要求很高

续表

代号	方案描述	方案特点及相关要素
B	政府外包农民安置房建设项目,企业以EPC模式承揽,获取建设佣金盈利	由于安置房向村民免费提供，该子项目属于福利工程；企业以EPC 的传统模式参与，利润少且发展空间有限。但如果城乡一体化项目二期进展良好，城镇化进程加快，则安置房同样也具有一定的房地产增值空间，可以考虑做后续房地产开发
C	企业可寻找具体项目，参与土地二级开发，进驻工业园区。根据三（三）中的分析，可重点考虑紫砂页岩砖项目	高利润项目（如页岩砖项目）具有很高投资价值。但土地二级开发位于整个城乡一体化项目后端，如果仅以页岩砖项目参与城乡一体化项目,一方面由于其未涉及政府迫切需要解决的前两项任务，难以获得优先考虑；另一方面，企业也缺乏向政府争取优惠政策的筹码
A+B	捆绑土地一级开发和安置房建设两项工程。企业无偿提供安置房建设，政府依照安置房建设成本和生地估算价格的冲抵，无偿或廉价向企业转让生地使用权（如果安置房成本太高，也可能需给予一定补偿）。企业自主进行土地一级开发和安置房建设，通过熟地出让收回投资	该方案重点解决政府眼前主要任务，容易获得政府支持。特点与A-2相似，但项目不确定性更大，而对银行的债务融资能力更弱。同理可以考虑邀请政府共享土地增值收益，鼓励政府招商引资，增强熟地的可转让性 该方案对于企业的资金强度要求和项目自身的风险程度都较A-2大
A+C	企业参与土地一、二级连续开发。政府出让生地（所获资金可用于支持安置房的建设）。企业完成一级开发后，可继续进行全面二级开发；或部分进行二级开发，其余熟地挂牌转让	土地一级开发投入大，但二级开发中若上马高收益项目，则可能有更高的潜在收益。同时，企业自主进行二级开发，即便因能力所限，无法全面进行，也在一定程度上降低了熟地转让的市场风险。另外，如果二级开发与一级开发平行展开，二级开发所获现金流还可以对其余部分的土地一级开发提供支持 该方案涉及熟地转让风险和二级开发项目自身的风险,同理应考虑与政府收益共享、风险共担，提高政府对项目整体的支持度
B+C	安置房建设和二级工业开发项目捆绑进行。企业以优惠建设安置房为筹码，换取政府对于某些高盈利项目投资的支持或优惠	该方案为方案 C 的发展，提供了争取政府支持的一种方式，与方案 C 相比，更易获得政府考虑。此方案需要配合土地一级开发的进度，及时为迁出宅基地的村民提供住房，从而在操作上存在一定的制约问题。但如果与政府及土地一级开发主体配合良好，获利空间依然较大
A+B+C	全过程承揽，完成土地一级开发，安置房建设以及部分或全部土地二级工业开发建设（如页岩砖项目）	承揽所有项目，减轻政府工作压力，获得当地政府支持可能性大。但由于整体项目的复杂性，要求企业具有良好的管理和组织能力，与政府的谈判过程也将非常复杂。 企业必须较为准确地估算权衡全开发过程中涉及的各项费用。如安置房建设成本、生地估价、熟地转让预期、二级开发项目盈利能力预期等

从企业对资本金投资回报率的要求（一般要求 15%以上的较高回报率）、政策的适应性以及外部融资的难度等方面分析，对各方案进行初步比较筛选如表 5-6 所示。

表 5-6　投融资方案比选

	A-1	A-2	B	C	A+B	A+C	B+C	A+B+C
回报率>15%	难实现	可实现	难实现	可实现	可实现	可实现	可实现	可实现
政策适应	适应	适应	适应	不适应	很适应	适应	适应	很适应
外部融资	涉及少	很困难	涉及少	可能	很困难	可能	可能	可能

由表 5-6 可见，从企业角度出发，后三种方案都值得进一步考虑；而具体的实施，则必须结合当地政府的需求。由于政府对于责任和风险倾向于习惯性地规避，最后一种方案，即方案 A+B+C 最有可能被政府所接受。因此，本文下面就以该方案为基准进行流程设计和项目结构设计。由于该方案涉及内容最广，若政府倾向于其他方案，则企业可在此基础上做适当修改。另外，对于土地二级开发项目的选择，则以投资效益较好的页岩砖项目为例作为捆绑项目。

五、推荐方案的详细设计

（一）总体思路

A+B+C 方案的总体设计思路如下：企业通过无偿提供安置房建设，争取生地的优惠使用权和当地划定区域紫砂页岩矿的独家开采权，企业完成土地一级开发，并留置部分熟地建设页岩砖厂。企业将通过其余熟地的转让和页岩砖的销售收回安置房建设、土地一级开发以及页岩砖厂建设的成本并实现盈利。

（二）项目操作流程

由于土地一级开发和安置房建设资金投入巨大，而房地产企业作为开发主体，几乎不可能从银行获得贷款用于土地一级开发［参看三（一）］。为缓解现金流压力，对企业而言，如果条件具备，应采取如下操作步骤：首先以自有资金完成部分土地一级开发，以紫砂页岩砖项目向银行融资贷款，建设砖厂，由于页岩砖项目的高回报率，能在较短时间内还本付息，并支持其余土地的一级开发和安置房建设（安置房建设依实际情况先落实少量，解决部分先行迁出宅基地的农户的需求，之后可在砖厂实现稳定现金流收入后优先进行）；最终通过部分熟地转让所得和页岩砖项目现金流获取回报。

另外，页岩砖项目先期进行的另一个重要优点是，由于页岩砖项目的成败将直接关系到安置房建设和土地一级开发的资金支持，因此从政府获得项目过程中的各项支持和全力配合的可能性比较大。

具体操作如图 5-5 所示，假设页岩砖厂分两期建造，安置房分两到三期建造：

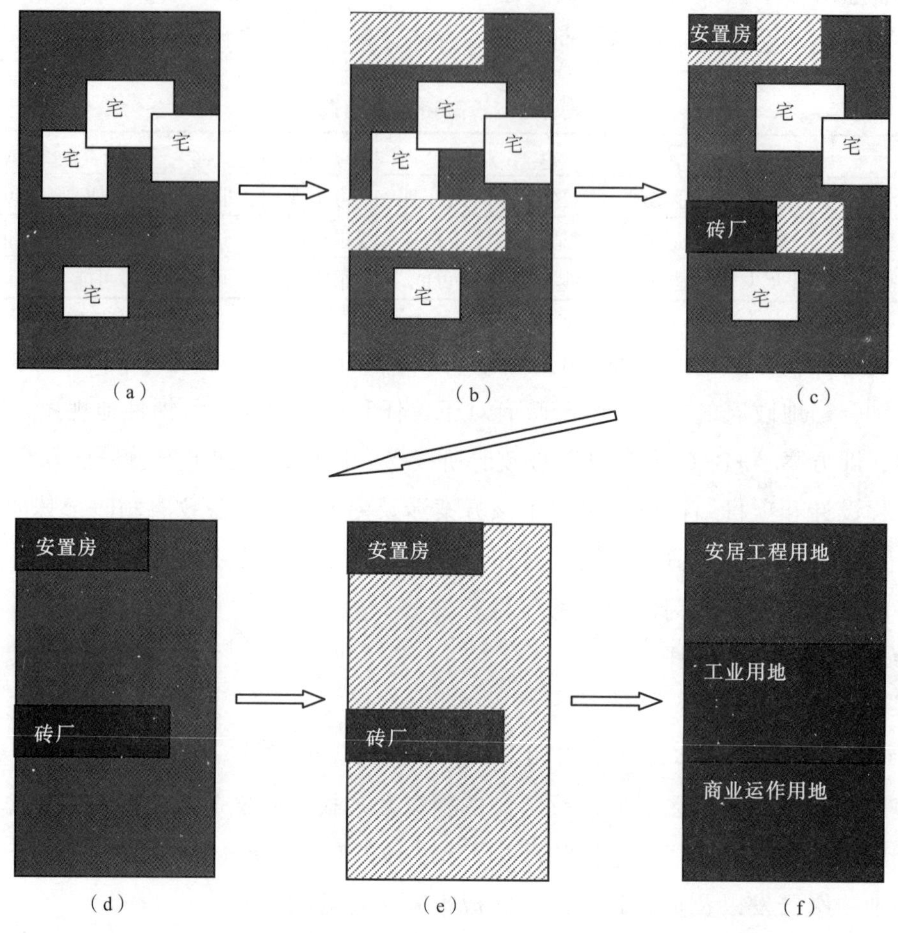

图 5-5　A+B+C 方案操作程序［对应图 5-4（a）的左上角部分］

1)：初始阶段的拟发展用地［对应图 5-4（b）中左上角深色部分］→ 2)：以自有资金完成部分土地的一级开发，为建设安置房和砖厂做准备 → 3)：一期安置房和一期砖厂建成，部分居民已经迁入安置房 → 4)：砖厂全面运营，村民全部迁入安置房 → 5)：拟发展用地一级开发完成 → 6)：二级开发完毕，城乡一体化目标实现。

六、项目结构设计及关键成功因素

（一）项目结构设计

基于之前分析的外部融资的可获得性，土地一级开发和安置房建设将主要依靠参与投资的房地产企业的自有资金及页岩砖项目投产后的盈利所得，在此将不做详细讨论。而对于页岩砖项目则可以考虑组建专门的项目公司，进行项目融资。

项目公司的组建通常惯例为 2 ~ 4 个股东，主要取决于各方对项目及其现金流控制的要求、税务影响和财务处理要求等。联系项目的总体工作思路和目标，基于“强强联合，优势互补”的思想，可以考虑联合当地页岩采矿企业组建项目公司，以该公司为主体专门负责页岩砖项目的开发和项目融资。而母公司所占股份的比例将取决于其对自身状况的考虑。

由于页岩砖项目公司是房地产企业参与该县城乡一体化建设中后续现金流的一项重要来源，为全局项目的一个重要组成部分。因此建议该企业持有 50%以上的股份，便于控制全局，从而利于和政府展开各项谈判。能够下决心投资如此大规模项目的企业一般具有较好的财务状况，合并财务报表还可以充分利用页岩项目新购置设备的加速折旧冲抵总公司的部分税务。

项目总体的结构设计如图 5-6 所示。

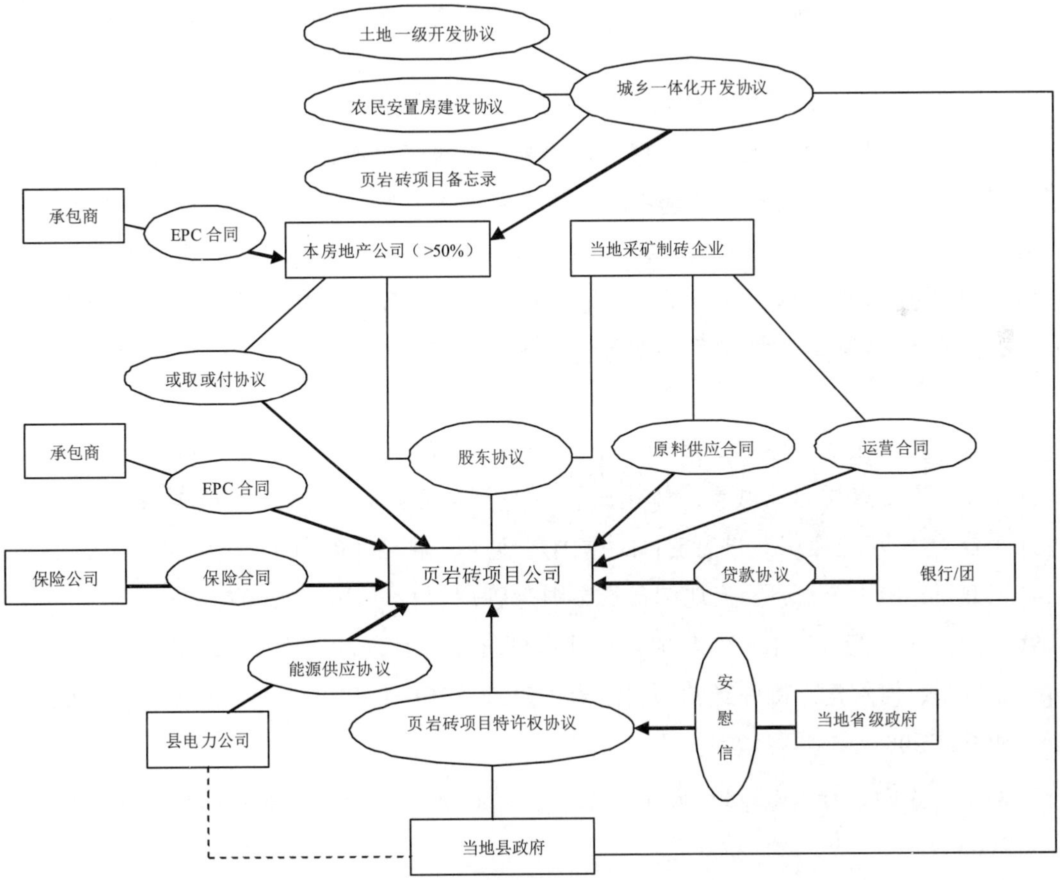

图 5-6　项目结构图

（二）关键成功因素

基于前面的分析和图 5-6 的项目结构，可以总结出该项目的几个关键成功因素：

（1）房地产投资企业需与政府签署关于土地一级开发、安置房建设和支持企业成立页岩砖项目公司的城乡一体化合作开发总协议。

（2）由房地产投资企业联合当地采矿制砖企业共同出资组建的页岩砖项目公司需与政府签署特许权协议，涉及政府应该提供的各种优惠及保障措施，还包括政府对于当地电力公司等公用企事业单位的担保支持。

（3）项目公司与房地产投资企业母公司签署页岩砖产品的“或取或付（take or pay）”协议，以解决产品的销售问题；项目公司和其另一母公司——当地采矿制砖企业签署原料供应协议以及运营协议，以解决原料供应及运营问题。上述几份协议连同政府特许权协议是项目公司争取银行贷款的要点[6, 7]。

（4）在可能情况下，项目公司应争取上级政府（如省政府）的支持函或安慰信。

七、结语

将PPP模式引入城乡一体化开发项目中来，对政府而言，既缓解了财政压力，也有利于提高工程进度和效率，实现群众福祉；而对于企业而言，则拓展了新的发展领域，赢得了商机。PPP模式可选用的具体方案因地制宜，灵活多样；同时其也具有结构的复杂性，需要对各干系人利益和风险的分配做一个较好的权衡。笔者针对目前城乡一体化所采用的一种常见模式——宅基地换房作了基于PPP模式的具体投融资方案比选和分析，希望对类似项目的实施有一定的参考意义。

参考文献

[1] 张媛. 北京城乡一体化试点:北坞村新居按1:1置换[N]. 新京报, 2009-03-17.

[2] 陈琳. 大望京村启动城乡一体化试点:农民当股东[N]. 竞报, 2009-04-17.

[3] 李磊.“宅基地换房”进行时[J]. 中国房地产金融, 2009（1）.

[4] 财政部, 国土资源部. 土地储备资金财务管理暂行办法[Z]. 2007.

[5] 中国人民银行. 关于进一步加强房地产信贷业务管理的通知[Z]. 2003.

[6] 王守清, 柯永建. 特许经营项目融资（BOT、PFI和PPP）[M]. 北京：清华大学出版社, 2008.

[7] Khan, M.F.K. and R.J. Parra. Financing large projects[M]. Singapore: Prentice Hall, 2003.

（《项目管理技术》2010年第2期，第48-52页）

社会资本举办医疗机构的开发模式研究

作者：程哲　王守清

【摘要】 国家在新医改中鼓励和引导社会资本举办医疗机构，针对社会资本举办医疗机构的开发模式，本文进行了模式构建和比较分析，根据医疗机构的营利性和非营利性，结合社会资本的单独投资和政企合作投资模式，提出了社会投资营利性医疗机构、社会投资非营利性医疗机构、政企合作非营利性医疗机构三种可行的开发模式，以及每种模式的适用范围，并结合国内外的案例实践对各模式进行了分析及比较。最后提出了社会资本举办医疗机构的开发流程框架，为社会资本举办医疗机构的实践提供参考。

【关键词】 社会资本　医疗机构　开发模式　政企合作（Public-Private Partnership，PPP）

一、引言

随着我国医疗卫生体制改革向纵深推进，国家鼓励、支持和引导社会资本参与医疗改革，社会资本举办医疗机构是其中一项重要工作。根据 2010 年发展改革委等五部委制定的《关于进一步鼓励和引导社会资本举办医疗机构的意见》（国办发〔2010〕58 号，以下简称“58 号文”），坚持公立医疗机构为主导、非公立医疗机构共同发展，加快形成多元化办医格局，是医药卫生体制改革的基本原则和方向。随后，许多地方政府，如北京、云南、江苏、广东、贵州、湖北、上海等省市也相继出台了若干地方政策鼓励加快发展民营医疗机构。

非公立医疗机构在医疗卫生体系中有着举足轻重的地位和作用，鼓励和引导社会资本举办医疗机构，可以增加医疗服务资源，缓解政府财政投入压力，提高服务效率和质量，满足群众全方位就医需求，促进政府职能转变和公立医疗机构改革等。但目前我国医疗机构体系中，民营医疗机构无论是数量还是规模都偏少，未能充分发挥其作用，据统计，2011 年我国医疗卫生机构总数 954 389 个，其中医院 21 979 个，公立医院 13 542 个，占 61.65%，民营医院 8 437 个，占 38.3%，床位数上，公立医院占 87.6%，民营医院仅占 12.4%[1]，民营医疗机构还有很大的发展空间。

国家对此项工作极为重视，社会各界也极为关注，但如何在实际中得到深入落实和具体实施，值得认真研究和深入探讨。本文在国家政策框架下，结合相关理论和其他领域的经验，分析社会资本参与举办医疗机构的开发模式，通过社会资本的投资模式和医疗机构的运营模式相结合，形成不同的具体开发模式，并进行比较分析，从而为具体实施提供投资建议，此外还提出了社会资本举办医疗机构的初步开发流程框架，以期为政府、企业决策和项目实践提供参考。

二、理论基础

（一）社会资本界定

58号文的用语是社会资本，而在《国务院关于鼓励支持和引导个体私营等非公有制经济发展的若干意见》（老“非公三十六条”）中的提法是非公经济，《国务院关于鼓励和引导民间投资健康发展的若干意见》（新“非公三十六条”）中则是民间资本，虽然提法不一样，但从文件和实践的语境看，三个概念的内涵指向应该是基本一致的。虽然58号文中并未就社会资本的主体范围界限做出规定，但在一些地方政策对此有明确的定义，可供参考，如2010深圳市政府发布的《深圳市人民政府关于进一步鼓励和引导社会投资的若干意见》（深府〔2010〕81号）中对社会投资的定义是：指除政府投资外，主要包括以集体、股份合作、联营企业、有限责任公司、股份有限公司、私营、个体等为投资主体的民间投资，国有或国有控股企业单位的投资以及以外商或港澳台商企业为投资主体的外商投资。结合58号文的立法目的以及国家的政策走向，笔者认为深圳市的定义是可取的，即社会资本包括民间资本、外商投资以及国有企业投资。但就本文而言，考虑到当前的实际，为了突出强调和着重研究民间资本的功能和作用，在用语上与58号文保持一致，即使用“社会资本”的概念，但在内涵上侧重于指代民间资本，不包含外资和国有企业资本。

我国自改革开放以来，民间资本发展迅猛，力量雄厚，据估计，仅温州民间资本就4 500亿～6 000亿,山西约有10 000亿，鄂尔多斯约2 200亿[2]。但民间资本在投资渠道上一直受到限制，在经历了资源、房产、民间借贷等诸多领域的投资受挫以后，寻找合适的共赢的投资领域成为社会关注的焦点和热点。随着医改的深化，医疗卫生产业由于政策的扶持、行业的特点和现实的需要必将成为民间资本的投资关注点。

（二）医疗机构项目划分

医疗机构是指从卫生行政部门取得《医疗机构执业许可证》的机构，主要包括医院、疗养院、社区卫生服务中心、卫生院、门诊部、诊所（卫生所、医务室）、村卫生室、妇幼保健院、专科疾病防治院、急救中心和临床检验中心等[3]。

依据项目区分理论，根据是否有现金收入，建设项目可分为经营性项目、准经营性项目和非经营性项目[4]。医疗机构属于经营性项目。根据2000年卫生部等四部委颁布的《关于城镇医疗机构分类管理的实施意见》，医疗机构可分为营利性医疗机构和非营利性医疗机构，划分的主要依据是医疗机构的经营目的、服务任务。非营利性医疗机构不以营利为目的，其收入用于弥补成本，结余只能用于自身的发展，营利性医疗机构则可将收益用于投资者回报，政府不举办营利性医疗机构。医疗机构项目划分如图 5-7 所示。

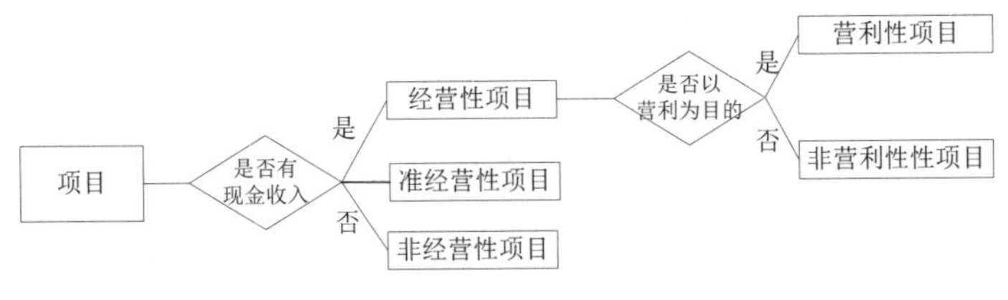

图 5-7　项目划分

国外还有一种基础设施分类方法，将基础设施分为经济性基础设施（Economic Infrastructure）和社会性基础设施（Social Infrastructure）[5]，经济性基础设施直接向用户提供产品和服务并收取费用，社会性基础设施向社会提供产品和服务但不直接收取费用，而是向政府收取相应的费用。经济性基础设施中，投资人面临的风险较大，收入风险是主要风险；社会性基础设施中，投资人面临的风险较小，成本风险是主要风险。根据这种划分，医院应当属于经济性基础设施，但非营利性医院，尤其是某些政企合作具体模式下的非营利性医院带有很强的社会性基础设施性质。

（三）研究现状

由于社会资本在社会经济发展中的巨大作用以及国家多年来的鼓励和支持，社会资本在基础设施和公用事业领域的实践应用和理论研究一直方兴未艾。学者对社会资本（民间资本）在水务[6]、公路[7,8]、铁路[9]等领域的开发模式进行了多方面的较深入的研究，根据行业特点、开发策略、资金来源、关键要素等约束条件构建了不同的开发模式，针对性和指导性强，为项目实践和其他领域的研究提供了借鉴参考。

在社会资本举办医疗机构领域，随着国家及地方相关鼓励政策的出台，虽然在实践中尚未出现社会资本大力举办医疗机构的高潮，但在理论上有许多学者从多方面进行了研究探讨，包括医院利用社会资本的现状分析[10]，从政策环境角度对社会资本举办医院的解析及演进分析[11,12]，以及通过社会资本举办的非营利性医院和营利性医院对比分析识别社会资本举办的非营利医院存在的运营问题[13],也有学者从股份合作、业务托管等具体运作途径对社会资本与公立医院的合作模式进行了分析论述[14]。这些研究侧重于现状描述、问题识别、政策分析、可行性分析等，缺乏具有指导作用的开发模式构建。因此，本文基于现有研究的基础，参考借鉴其他领域的开发模式研究成果，构建社会资本为主体的针对医疗卫生机构的开发模式。

三、开发模式构建与分析

（一）开发模式构建

根据国家医改的相关政策，社会资本可以举办营利性或非营利性医疗机构。由于社会资本以经济利益为导向，以收益最大化为目标，更倾向于举办营利性医疗机构。但是，非营利性医疗机构是我国医疗服务体系的主体，截至 2009 年年底，非营利性医疗机构占医疗机构总数的 60.8%，营利性医疗机构仅占 23.9%（其余为不详），且营利性医疗机构主要集中在诊所和村卫生室，约占营利性医疗机构总数的 95.1%，医院仅占 2.1%[3]。由于非营利性医疗机构在提供医疗服务中的重要性，国家鼓励社会资本举办非营利性医疗机构，支持举办营利性医疗机构。非营利性医疗机构在税收优惠、财政补助方面享有一系列优惠政策，包括：按照国家规定价格取得的医疗服务收入免缴各项税收，如营业税、企业所得税及相关的附加、基金等；非医疗服务收入直接用于改善医疗卫生条件的部分经税务部门审核批准后，可抵扣其应纳税所得额；自产自用的制剂免缴增值税；自用的房产、土地、车船，免缴房产税、城镇土地使用税和车船使用税等。但如何解决社会资本的逐利性与非营利性医疗机构的公益性之间的矛盾是关键问题，对此可通过制度设计与协议安排的方式予以解决。

根据社会资本的投资途径及开发职能，社会资本举办医疗机构的具体模式可分为社会资本单独投资建设新医疗机构（为叙述方便，简称“社会投资”）、政企合作（Public-Private Partnership，简称“PPP”）两种。政企合作，又叫公私合作，指企业获得政府的特许经营权，提供传统上由政府负责的基础设施、公用事业的建设与服务的方式，并通过运营收回投资和获得合理收益。政企合作强调利益共享和风险分担，具有缓解政府资金紧张压力、提高运行效率、转变政府管理职能和转移风险等优点，在国内外的基础设施建设与公用事业发展中得到了广泛的应用[15]。

社会投资、政企合作两种投资模式与营利性、非营利性两种性质医疗机构结合，在现有政策框架下，可形成四种投资组合，即社会投资营利性医疗机构、社会投资非营利性医疗机构、政企合作非营利性医疗机构、政企合作营利性医疗机构。其中，政企合作营利性医疗机构的政策许可和现实意义都不具备，予以放弃，最终对于社会资本而言，有三种开发模式可选，见图 5-8。

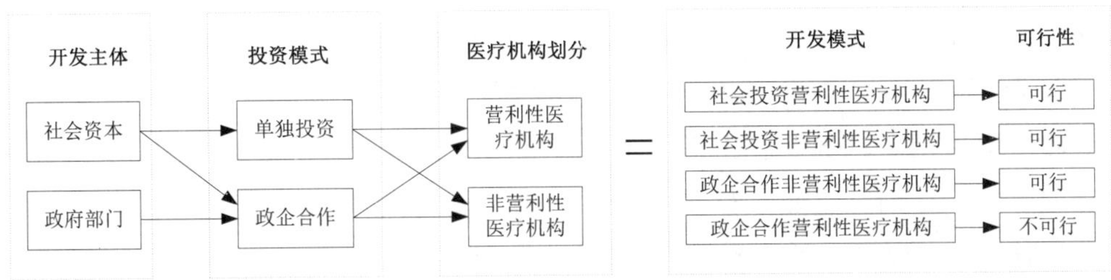

图 5-8　开发模式

（二）开发模式分析与比较

社会资本在医疗机构的三种投资模式：社会投资营利性医疗机构、社会投资非营利性医疗机构、政企合作非营利性医疗机构，其各自的模式特征和优缺点分析如下：

1. 模式一：社会投资营利性医疗机构

社会投资营利性医疗机构是指全部利用民间资本自主投资建设运营营利性医疗机构，由于国家规定营利性医疗机构参照企业执行财务等制度，获取收益，自主定价，需缴纳企业所得税，但免征营业税。据实践统计，不享受优惠政策的民营营利性医院每年缴纳的税负约占到医院总收入的 8%～10%左右，约等于医院的利润率[16]，可见税负对营利性医院的影响极大。此种模式下，民间资本能充分发挥自主性，瞄准一些业务稳定、回报较高、风险可控的高端医疗和专科医疗服务类型，如特需医疗服务、整形美容、诊所、卫生室、各类专科医疗等商业性较强的细分市场医疗服务，专门针对特定的客户群体及其需求，不适合参与提供居民基本医疗服务。

由于社会投资营利性医疗机构与一般的经营性企业无异，独立经营，自负盈亏，市场化运作，以利润最大化为目标，这与医疗服务的公益性是背道而驰的。因此，社会投资营利性医疗机构只能是一种提供特殊医疗服务的特殊医疗机构，作为公共医疗服务体系的一种有效补充。

我国改革开放以来，涌现了以福建莆田系为代表的民营医疗机构群体，经过几十年的积累和扩张，这些民营医疗机构已经形成了一定的集团和品牌，弥补了公立医疗机构布局的不足，丰富了医疗服务供给体系，满足了部分社会群众的医疗需求，起到了积极的作用，但也存在着虚假广告、违规经营、扰乱市场、侵犯患者利益等诸多问题，媒体时有报道，严重损害了民营医疗机构的名声。因此如何做好医疗服务监管和医疗机构诚信建设，规范市场，合理运作是社会投资营利性医疗机构市场发展的关键成功因素。

2. 模式二：社会投资非营利性医疗机构

社会资本投资非营利性医疗机构是指社会资本投资、建设、运营非营利性医疗机构，这种模式完全由社会资本主动开发项目，自发投资建设，自主运营。非营利性医疗机构符合国家政策引导，但其关键问题是国家规定非营利医疗机构不以营利为目的，其收益只能用于自身发展，不能用作投资回报。但是在一些地方政府的政策中，对此项限制有所松动，比如江苏省 2006 年出台的《关于加快发展民办医疗机构的若干意见》就规定：民办非营利性医疗机构在扣除办医成本、预留发展基金以及按国家有关规定提取其他必需费用后，出资人可从办医结余中取得合理回报。但该政策的实施效果尚缺乏案例的支撑，在条文表述上也比较模糊，缺乏合理操作的空间，比如对合理回报范围的界定等。

对此难题更合理的应对方式可通过制度设计与协议安排的方式予以解决[17]。医疗机构服务可分为核心服务和非核心服务，核心服务指基本的医疗服务，非核心服务指后勤支持服务，如设施管理（Facilities Management，FM）、保洁、餐饮、商业开发等。社会投资非营利性医疗机构在核心服务和药品严格按照国家定价收费，积极参与国家医保系统，核心服务收入主要用于医疗机构的自身经营、滚动发展和更新改造；通过非核心服务的开发以及政策允许内的特需医疗服务获取收益。此外，民间资本缺乏医疗服务的专业技术力量，因此，可以通过与专业高等级医疗机构合作或者积极引进的方式予以解决。土地的获取也是必须面对的一道难题，根据 58 号文的规定，非公立享受与公立医疗机构相同的土地使用政策，因此，土地争取以划拨的方式解决。

可以看出，社会资本单独投资建设运营非营利性医疗机构，风险较大，不确定性因素较多，尤其是政府性、政策性的不可控影响因素多，对于风险承受能力较弱的社会资本，在项目选择上应以投资较少、需求较大的基层医院、专科医院、中医院、社区卫生服务中心等为主。在我国目前的实践中，社会投资非营利性医疗机构的案例很少，公开见诸报道较多的有 2012 年开办的嫣然天使儿童医院，该医院是专门医院，由慈善基金主导设立，接受社会捐款，医院不以营利为目的,收入主要用于弥补成本和提高服务，医院股东不分红。而据新疆的调查显示，截至 2009 年年底全区共有社会资本举办的非营利性医院 11 家，存在着数量小、规模少、投入低、管理混乱、监管缺失等特点和问题[18]。因此，社会投资非营利性医疗机构模式在中国还任重道远、前途未卜。

3. 模式三：政企合作非营利性医疗机构

政企合作非营利性医疗机构指的是根据政府规划或社会资本通过主动献议，以招投标的形式，获得政府授权，在一定期限内投资、建设、运营非营利性医疗机构，期满将医疗机构移交给政府[19]。与社会投资非营利性医疗机构相比，政企合作更强调社会资本与政府的合作，强调整合双方资源，优势互补，利益共享，风险分担，长期合作，可持续发展。政企合作中，政府主要负责规划、监管、准入、补贴等方面，起引导作用，企业负责具体的投资、建设、运营等方面，起实施作用。政企合作非营利性医疗机构将鼓励民间资本发展、公立医疗机构改革和保持医疗机构公益性等紧密集合起来，充分发挥政府和社会资本双方的优势，提高医疗服务的可得性和均等性，提升医疗服务质量。

政企合作非营利性医疗机构在具体运作模式有 BOT、BT、PFI、TOT 等，实施路径上主要有两种方式：新建、参与现有公立医疗机构改革。所谓的参与公立医疗机构改革是指在公立医疗机构改革中，通过入资参股、委托运营等方式介入非营利性医疗机构的建设经营；新建则是指社会资本通过政府授权投资建设新的非营利性医疗机构。

在运营上强调与政府相关部门的全过程合作，例如在投资决策阶段将项目纳入政府卫生规划和医保系统，在建设用地、人力资源、投融资、税收优惠、财政补贴等方面提供支持和帮助，享受与公立医疗机构同等的待遇。在盈利模式上基本与社会投资非营利性医疗机构相同，主要通过非核心服务和捆绑开发项目来获取合理回报。在费用支付上主要有两种方式：第一种，政府和社会资本根据测算的医疗机构经营成本在特许经营协议中约定最低年运营费，由医疗机构直接向患者收取费用，但年度收入达不到最低年运营费时，政府予以补贴；第二种，实行收支两条线，政府购买服务，根据医疗机构提供的服务质量、数量，支付相应的费用。无论采取哪种方式，政府都要强化监管，将费用与医疗机构提供服务的绩效挂钩，并在特许经营协议中予以明确和细化。

政企合作还有一个优势就是不转移医疗机构的所有权，除了极少部分具体模式（如 BOOT、BOO 等）外，大部分具体模式中社会资本享有医疗机构的使用权和经营权，政府保持所有权，从而规避了国有资产流失的敏感性问题。

政企合作在国外尤其是英联邦国家的医疗卫生领域应用较多，在英国，PPP 已经成为医院领域政府主要的采购途径，截至 2009 年 4 月，英国共有 76 家 PPP 医院在实施，总投资额约为 60 亿英镑[20]。并形成了较为成熟的应用指南、法律法规、指导机构、总结文件、标准模式等，值得我们借鉴学习。

政企合作非营利性医疗机构模式适用于各级各类医疗机构，尤其是综合医院和县级医院。在当前重点推进县级医院综合改革和建设的环境中，政企合作更具有广阔的应用空间。

4. 三种模式比选

通过上述分析，可以看出三种模式各有优缺点（见表 5-7），但综合来看，政企合作非营利性医疗机构更符合医改的要求，更符合医疗服务公益性的行业特征，更能实现政府、企业、民众等项目干系人多方共赢。因此，是值得推荐的一种开发模式。

表 5-7　模式比选

开发模式	开发主体	医疗机构性质	风险承担	特点	适合项目
社会投资营利性医疗机构	社会资本	营利性医疗机构	社会资本独自承担	不受收入使用限制，自主性、营利性较强，不享受国家对非营利性医疗机构的相关优惠政策，风险大、成本高	主要针对专科医院和特需服务
社会投资非营利性医疗机构	社会资本	非营利性医疗机构	社会资本独自承担	享受国家优惠政策，风险较大，投入较高	较适合基层医院、专科医院、中医院、社区卫生服务中心等
政企合作营利性医疗机构	社会资本、政府	非营利性医疗机构	双方合理分担	享受国家优惠政策，风险较小，但与政府依存度高，存在政府信用风险	适合各级别医疗机构，建议侧重综合医院和县级医院

四、开发流程框架

（一）依据及原则

目前的医改政策走向为社会资本举办医疗机构提供了难得的机遇，但如何把握时机，推动项目落地则是摆在政府、社会资本、中介咨询机构面前的一道难题。鉴于举办医疗机构的投资大、周期长、政策性强、干系人多、专业性强等特点，在项目开发前期做好科学、深入、全面的分析与决策是关键。

社会资本举办医疗机构应是一种长线运营，要构建长效机制，避免以前实践中出现的民营医院的诸多短视行为，切勿急功近利、只考虑短期效益，要坚持注重品牌建设、强调合作机制、重视公益与效益的平衡、立足服务质量和运营效率的提升等原则。

（二）流程说明

根据前述开发模式的分析，结合其他行业的经验和理论的研究提出了社会资本举办医疗机构的一般开发流程框架，如图 5-9 所示。该框架立足投资人的视角，以项目选择和模式选择为节点，以综合效益最大化为目标，形成了一个两段制的开发流程。

（1）项目选择阶段。社会资本/投资人要立足自身的发展战略和当下的宏观环境，综合考虑目标区域当地医疗卫生规划、当地医疗资源现状、可利用的医技人才资源、政策法规、风险分析等以及目标医院项目的类型、规模、投资额等要素，通过深入的市场调研、可行性分析，找准定位，选择合适的医院项目，并决定采取营利性还是非营利性性质。

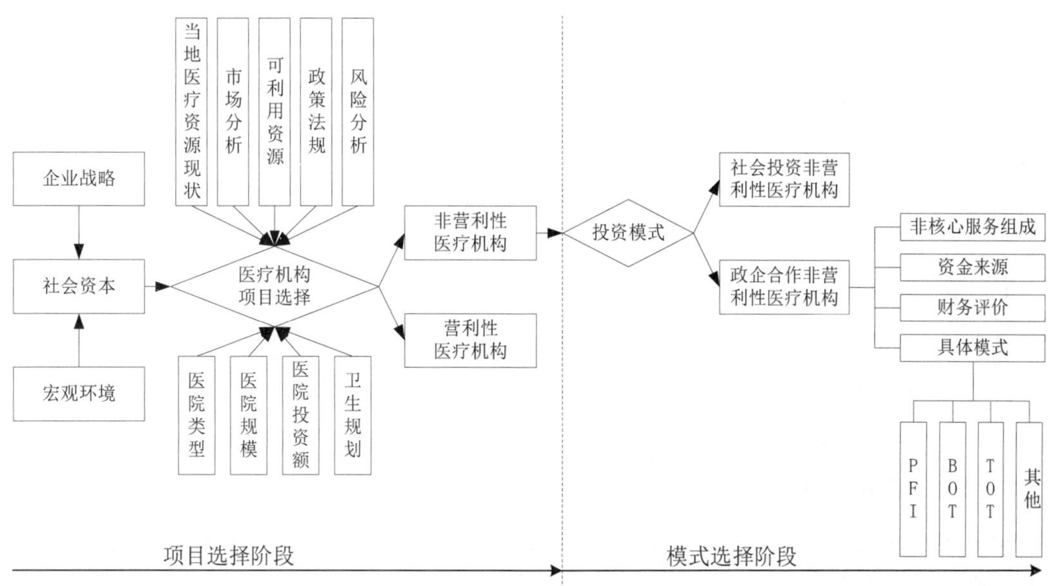

图 5-9　开发流程框架

（2）模式选择阶段。确定了目标医院及性质之后，进入模式选择阶段。如果选择营利性医院，则适用模式一。如果选择非营利性医院，则还需考虑选择模式二或模式三。在此阶段，需权衡社会资本投资人、政府、客户等干系人利益，重点考虑投资人的风险承受能力、资源整合能力、融资经营能力等，选择合适的投资模式，并形成详细的实施方案，尤其要重视财务的精确测算和评价，重点考虑通过非核心医疗服务来实现财务平衡，通过多元化市场化融资渠道实现最佳融资组合。

通过两阶段不同侧重点的开发内容选择，最终形成完整的开发模式。但此开发流程只是一个指导性的框架，在具体项目实施中，应从实际出发，根据地方和项目特点，制定合理的开发和决策流程。

五、结语

鼓励和引导社会资本进入医疗卫生领域是新医改的重要指导方针，在国家和地方政府出台了宏观指导政策之后，如何落实贯彻是事关成败的关键。本文从分析投资模式和医院属性入手，提出了社会投资营利性医疗机构、社会投资非营利性医疗机构、政企合作非营利性医疗机构等三种开发模式以及开发流程框架，强调开发模式的可操作性和适应范围，但此流程是一般的框架，需要根据具体的项目具体分析使用。

社会资本虽然总量庞大，但数量分散，个体的风险承受能力较低，在医疗卫生领域，如果缺乏政府的扶持和引导，只能小规模、非主流经营，难以起到预期的作用。在国家出台相关的鼓励政策之后，在未来的发展中，社会资本应把握时机，积极主动，充分学习国外及国内其他领域的经验，注重前期科学决策，强化合作意识，树立长期运营理念，从而实现社会效益、经济效益、财务效益的协同发展。

参考文献

[1] 卫生部统计信息中心. 2011 年我国卫生事业发展统计公报[R]. 北京：卫生部，2012.

[2] 民间资本研究联合课题组. 民间资本与房地产业研究总报告[R]. 北京：住建部政策研究中心，高和资本，2011.

[3] 卫生部. 2010 年中国卫生统计年鉴[R]. 北京：中国协和医科大学出版社，2010.

[4] 余池明. 项目区分理论与城市基础设施投资体制改革[J]. 城乡建设，2001（12）:44-45.

[5] Infrastructure Australia. National PPP Guidelines Volume 4: Public Sector Comparator Guidance [EB/OL].（2008）[2011-10-22] .

http://www.infrastructureaustralia.gov.au/public_private/ppp_policy_guidelines.aspx.

[6] 叶苏东. 水处理项目利用私人投资的开发模式[J]. 项目管理技术，2008，7（6）：32-37.

[7] 叶苏东. 公路项目利用民间资本的开发模式研究[J]. 项目管理技术，2010，9（8）：49-53.

[8] 叶苏东. 公路项目开发策略及其选择研究[J]. 北京交通大学学报（社会科学版），2010，10（9）：50-55.

[9] 叶苏东. 铁路项目利用民间资本的开发模式研究[J]. 北京交通大学学报（社会科学版），2010，1（9）：6-12.

[10] 闫磊磊，王欢，张亮. 从新医改方案解析社会资本发展公立医院的政策环境[J]. 中国卫生事业管理，2009，9（255）：580-582.

[11] 鲁盛康，杨忆文. 管窥我国公立医院利用社会资本之现状[J]. 武汉理工大学学报，2011，6（24）：869-872.

[12] 熊林平，刘沛，闫磊磊，等. 社会资本进入公立医院政策演进分析[J]. 中国医院管理，2011，7（360）：1-3.

[13] 欧阳静，陈煜，白思敏，等. 社会资本举办的非营利性医院和营利性医院运营机制比较研究[J]. 中国卫生经济，2011，6（340）：61-62.

[14] 李彦，沃飞宇，柳枫. 社会资本与公立医院合作模式探析[J]. 医院管理论坛，2012，29（11）：13-14.

[15] 王守清，柯永建. 特许经营项目融资（BOT、PFI 和 PPP） [M]. 北京：清华大学出版社. 2008.

[16] 龚海燕，王德丰. 税收政策对营利性医院的影响[J]. 华北煤炭医学院学报，2009，

11（6）:886-887.

[17] 程哲. 县级非营利性医院的特许经营项目融资（PPP）应用研究[D]. 北京：清华大学建设管理系，2012.

[18] 陈景春. 新疆社会资本举办的非营利性医院状况研究[J]. 新疆医学，2011（41）: 130-134.

[19] 程哲，王守清. 我国非营利性医院 PPP 融资方案框架设计[J]. 中国医院，2011（8）:49-52.

[20] House of Commons Committee of Public Accounts. PFI in Housing and Hospitals（Fourteenth Report of Session 2010–11）[R] . London: The Stationery Office Limited. 2011.

（《工程管理学报》2013 年第 6 期，第 40-45 页）

我国非营利性医院 PPP 融资方案框架设计

作者：程哲　王守清

【摘要】 非营利性医院 Public-Private Partnership （PPP，政企合作）项目融资中，恰当的融资方案设计是关系到项目成败的关键因素之一。本文根据 PPP 的理论知识，综合考虑非营利性医院的宏观环境、项目特点、影响因素等要点，设计了若干种不同的融资方案，为此类项目的 PPP 应用提供参考。

【关键词】 非营利性医院　政企合作　融资方案

一、引言

融资方案是 PPP 的核心组成部分之一，对任何 PPP，在确定了总体框架之后，融资方案就是应重点考虑的内容。针对不同项目的具体实际，综合考虑各种因素，精心设计合适的融资方案是关系到项目成败的关键因素之一。

二、非营利性医院项目融资环境分析

（一）非营利性医院法律政策分析

非营利性医院的概念是在原国务院体改办等七部委 2000 年颁布的《关于城镇医药卫生体制改革的指导意见》中首次提出的。随后于 2000 年卫生部等四部委制定的《关于城镇医疗机构分类管理的实施意见》对其进行了定义，非营利性医疗机构是指为社会公众利益服务而设立和运营的医疗机构，不以营利为目的，其收入用于弥补医疗服务成本，实际运营中的收支结余只能用于自身的发展。文件同时规定了只有公办的非营利性医院可由财政给予补助。非营利性医院执行政府规定的医疗服务指导价格，享受相应的税收优惠政策。

而在最新的医改文件，如《中共中央国务院关于深化医药卫生体制改革的意见》（2009 年）、《关于公立医院改革试点的指导意见》（2010 年）及《国务院关于鼓励和引导民间投资健康发展的若干意见》（2010 年）等文件中，都明确提出支持社会资本进入非营利性医院领域。

PPP 不同于其他的融资模式的一个主要优点就是不转移医院的所有权（BOOT、BOO 等少数模式除外），只转移使用权，即不会改变医院的国有和非营利性质。这也符合国家政事分开、管办分开的公立医院改革方向。开放和鼓励社会资本进入非营利性医院，增强医疗资源供给，提升服务质量，在符合公立医院改革的前提下，避开国有资产流失等敏感问题，这是 PPP 的巨大优势。因此，在设计医院 PPP 融资方案时，这是必须坚持的一个前置性原则。

（二）非营利性医院项目的社会性特点分析

非营利性医院作为典型的公用事业，具有财务效益不好，但社会效益很好的特点。随着我国经济的高速增长，人民生活水平的显著提高，对医疗资源尤其是优质高效的医疗资源的需求增长强烈。就医难，看病难，成为社会关注度极高的热点、焦点、难点。大力推进非营利性医院的建设是建立新型医保体制的重要前提和环节，也是刻不容缓的重要任务，国家及各省市对此也提出了明确的目标要求。比如国务院在《医药卫生体制五项重点改革 2010 年度主要工作安排》（2010 年）中明确提出支持 830 个左右县级医院的建设。

非营利性医院资源及服务分配不均匀。在数量占多数、地位非常重要的基层非营利性医院，医疗服务的质量和数量都得不到充分的保障，难以满足人民群众的需求，以至于群众有需求都往大城市的大医院挤，带来一系列社会问题。因此，加强基层非营利性医院建设，提供均等化的优质医疗服务资源是当务之急。

（三）非营利性医院的可融资性分析

我国目前非营利性医院的收入来源主要有：政府补助、药品加成收入和医疗服务收入。其中，药品加成收入占了收入的重要组成部分，根据《2009 年中国卫生统计年鉴》，2008 年政府办医院收入中，药品收入占到业务收入（含医疗收入、药品收入、其他收入）的 45.95%，在总收入中占 42.1%。有的文献表明在基层医院甚至占到 70%～80%[2]，形成了“以药养医”的现象。医院维持过度依赖药品分成收入，带来了诸多弊端。在国家医改政策文件中，明确规定非营利性医院的基本药物和基本医疗服务都实行政府指导价。因此，由于医院价格的指导性和公益性，非营利性医院的收入稳定但不丰厚，很多情况，甚至不足以支撑自身的发展。例如根据《2009 年中国卫生统计年鉴》，2008 年，政府办医院总收入 60 902 249 万元，其中财政及上级补助 5 102 364 万元，业务收入 55 799 885 万元，而总支出 58 953 855 万元。由此可见，整体而言，光靠医院的业务收入，现金流将出现负数，不足以支撑医院的发展，因此，政府的补助及其他优惠政策就成为非营利性医院 PPP 的关键成功因素，是必须争取的，也是方案设计时首先应考虑的。

三、方案设计应考虑的因素

（一）实现有限追索

有限追索是项目融资的一个特点和优点，也是设计融资模式需考虑的一个基本原则和因素。有限追索主要涉及发起人、项目公司和贷款银行。对银行而言，追索的程度主要取决于项目和所在行业的特征，包括经济强度、风险系数、市场状况、投资规模以及发起人的实力等。对于非经营性医院而言，一般而言，都有一定的资金链保证，如果得到政府的补助，那么经济强度方面的风险就较小，在有限追索融资模式的设计上就有一定可行性。此外，如果能获得其他可靠且有力的信用担保，如政府的保证，工程承包商和医疗设备供应商的担保等，就更可能实现有限追索。

（二）风险的合理分担

合理的分担风险是医院 PPP 方案设计必须考虑的一个重要原则。发起人应通过设计适当方案、合理谈判来实现不同阶段不同干系人之间风险的公平合理分担。一般而言，风险分担应遵循的原则有：①由对风险最有控制力的那方承担相应风险；②风险由管理/控制该风险成本最低的那方承担；③所承担风险要有上限且与所得回报要相适应[1]。风险分担主要通过合同结构和条款来实现。

（三）尽可能地降低成本

在所有的融资模式中，PPP 项目融资属于成本较高的模式。但无论对于政府还是发起人，总是期望一个较低的成本。在其他条件不变的情况下，如何尽可能地降低融资成本，是在设计融资模式时重点考虑的因素之一。合法的利用税务亏损是国际项目融资中通行的一种做法，虽然我国的法律也规定了公司亏损可在 5 年内由公司利润弥补，对于非营利性医院项目而言，由于法律政策的限制，实践操作起来几乎不太可能。因此，更多的途径只能从降低前期费用和利息成本着手。

（四）特许经营期的设计

PPP 项目的实施阶段分为建设期和特许经营期两个时期。根据二者的组合情况，可分为单时段特许经营期和双时段特许经营期，根据是否有激励措施还可划分为不同的方案[1]。建设期的进度和运营期的长短对项目的收益和社会效益都有重要的影响，医院项目工程施工并不复杂，但社会需求比较急切和强烈，因此要设计合适的特许经营期来促使项目尽快投入使用。

（五）充分考虑具体项目特点

在设计融资方案的时候，应遵循实质重于形式的原则，不要拘泥于现有各种模式的框架，而是根据每个单独医院项目的特点，比如是新建还是改扩建，市级还是县级，当地的消费能力，现有医院的布局，当地政府的态度等诸多因素，量体裁衣，因地制宜，充分合理的考虑各方利益和风险，最终确定合适的融资方案。

四、方案比选

PPP 作为项目融资具体模式的统称[1]。主要包括了 BOT、PFI、ABS 等模式，其中 BOT 又可分成 BT、BOO、BOOT 等至少十几种变形模式。根据各模式的特征，结合非营利性医院的实际，综合考虑各种因素影响，本文设计了以下若干种融资方案框架，以供参考。

（一）主要方案框架

1. 方案 A：BOT（建设—运营—移交）加商业开发

该方案的运作过程为：政府授权发展商组建项目公司负责医院项目的建设、融资与运营，政府提供支持与补贴，如土地划拨，税收优惠，财政补助等，但医院所有的收益用于还本付息及自身的发展，政府另外在医院旁边无偿提供一块土地给发展商进行商业开发（餐饮、住宿、百货等），获取收益（还可以补贴医院的还本付息）。经营期满，医院连同商业建筑一并移交政府（商业建筑可由政府继续招商，收益作为对医院的补贴）。其结构及流程见图 5-10。该方案也可改成 BT 加商业开发，发展商不负责医院的运营。方案 A 就是俗称的“捆绑”，比较适用于新建医院项目，尤其是那些现金流不好、业务收入不足以还本付息和维持自身发展的中西部及基层医院。优点在于既维持了非营利性医院的公益性质，又充分考虑了发展商的合理回报。缺点在于医院运营专业性极强，对发展商的要求较高，可供选择的潜在发展商不多。关键成功因素在于特许经营协议的完备，土地的划拨开发（可参考商业开发中的代征地），市场的需求保证，要有专业的发展商负责运营（可由发起人与三甲医院联营）等。

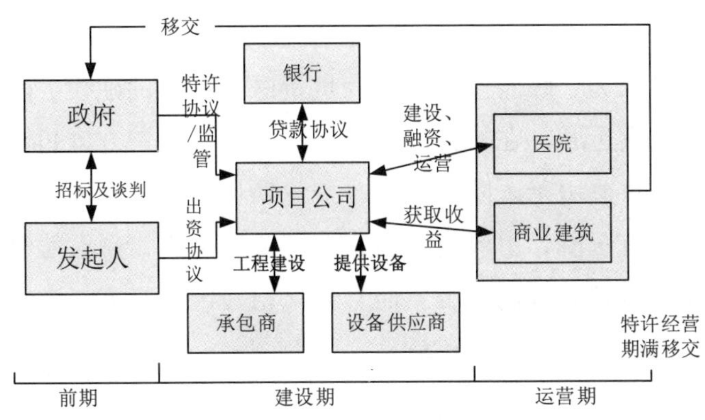

图 5-10　方案 A 结构及流程

2. 方案 B：BT（建设—移交）加维护（含院内广告、招商等）

该方案的运作过程为：政府授权发展商负责医院项目的建设、融资，医院建设完成即移交给政府，由政府负责运营，但发展商继续负责医院建筑、设备的维护（Facility Management，FM）及广告（电梯、墙面等）、招商等，政府在若干年内（5～10 年）每年支付一定的费用给发展商，等特许期满，再全部移交政府。该方案适用于医院新建、改建和扩建项目。其结构及流程见图 5-11。在本方案中，可以考虑将后勤服务一并外包给发展商，也可只让发展商负责建设，不含维护，但这样政府的还款压力会比较大，风险较高。相比普通的 BT 模式，该方案由于发展商通过维护、广告、招商等业务获得了一定的收益回报，因此政府在支付回购款的数额上可大幅度降低，减轻了财政压力和风险。方案 B 的优点在于关系简单明确，既用较少的资金成本解决了医院建设问题，又不会产生国有资产流失等敏感问题。缺点在于建设质量、效率和服务的提高有限，还要严格区分 BT 与垫资承包的区别，以免违反 2006 年中央四部委《关于严禁政府投资项目使用带资承包方式进行建设的通知》规定。

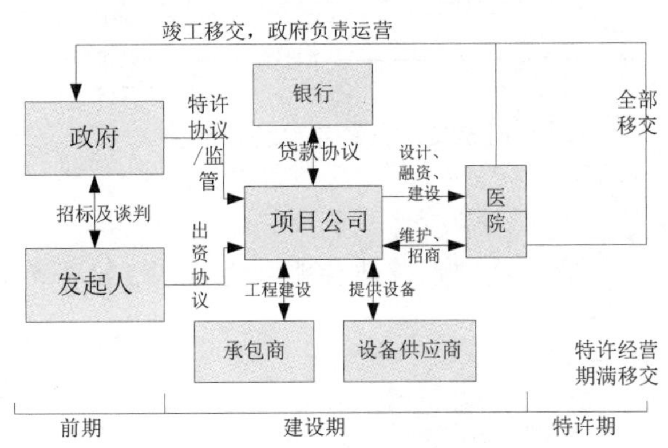

图 5-11　方案 B 结构及流程

3. 方案C：BLT（建设—租赁—移交）

该方案的运作过程为：政府授权发展商负责医院项目的建设、融资，建成后租赁给政府或者第三方负责运营，在特许经营期，政府或者第三方支付租金，期满后，项目移交给政府。该项目适用于医院新建、改扩建项目，如果是改扩建项目，发展商建设完成后可租赁给现有医院，由政府支付租金，特许期满，再无偿移交给政府。该方案的缺点也在于无法引入高效的服务，而且如果租赁给第三方，合同关系复杂，操作烦琐，而且牵涉到产权之类的法律难题。

4. 方案D：TOT（移交—运营—移交）加BOT

该方案的运作过程：政府将现有的医院项目的使用权和经营权移交给发展商，由其负责运营，同时由发展商负责建设新的医院建筑，建设完成后一并运营若干年，特许经营期满后全部移交政府，特许经营期内，政府支付租金和补助或提供商业开发项目。该方案是专门针对医院改扩建项目设计的。其结构及流程见图5-12。通过对原有老医院进行改扩建来满足人们日益增长的医疗需求是一个非常具有现实意义的合理措施。该方案的优点在于考虑了医院新老部分的统一运营，既保证了老医院的正常运行，又解决了改扩建问题。缺点在于要妥当考虑原有医护人员的接收安置，移交过程比较麻烦。

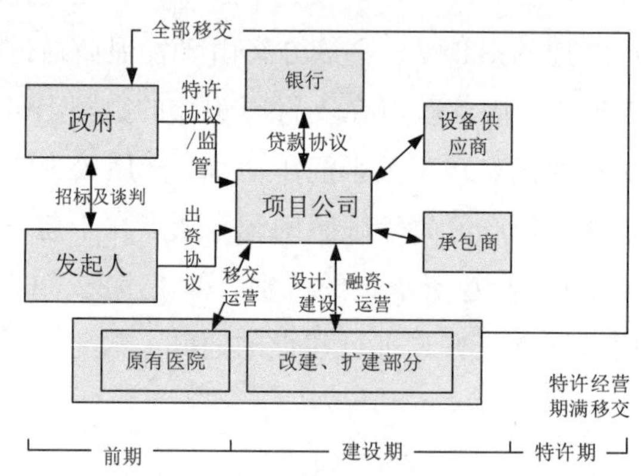

图5-12　方案D结构及流程

（二）方案比较

将上述方案的主要内容、优缺点及适合项目范围总结如表5-8所示。

表 5-8　四个方案的比较

方案编号	方案内容	优缺点分析	适合项目
A	BOT（建设—运营—移交）加商业开发	优点在于既维持了非营利性医院的公益性质，又充分考虑了发展商的合理回报。缺点在于医院运营专业性极强，对发展商的要求较高，可供选择的潜在发展商不多	适合新建项目
B	BT(建设—移交)加维护（含院内广告、招商等）	优点在于关系简单明确，既用较少的资金成本解决了医院建设问题，又不会产生国有资产流失等敏感问题。缺点在于无法提高效率，改善服务	适合新建、改建、扩建项目
C	BLT（建设—租赁—移交）	缺点也在于无法引入高效的服务，而且如果租赁给第三方，合同关系复杂，操作烦琐	适合新建、改建、扩建项目
D	TOT（移交—运营—移交）加 BOT（建设—运营—移交）	优点在于考虑了医院新老部分的统一运营，既满足了老医院的正常运行，又解决了改扩建问题。缺点在于要妥当考虑原有医护人员的安置，移交过程比较麻烦	适合改建、扩建项目

可以看出不同的方案有着不同的适用范围，不存在绝对的孰优孰劣。当然，上述方案也只是一个基本的方案框架，在实践中还需根据具体项目的环境、特点进行针对性的修改完善。

五、结语

建立健全我国的医疗卫生服务体制，实现人人享有基本医疗卫生服务的宏伟目标，前提和基础就是建设完善的医疗卫生机构体系。PPP 作为一种较先进的项目融资模式在解决建设资金短缺、改善服务效率和质量以及转变政府职能和观念等方面都有独到的优点。值得政府部门高度重视、认真研究、加以应用。

非营利性医院 PPP 的方案设计极为重要，但又不可能一成不变。需要根据每个医院项目的具体实际特点进行设计，本文仅仅提供了思路和若干个模式以供参考，但由于主要着眼于医院行业层面的分析与探讨，缺乏对具体项目层面的深入研究，因而存在许多不足。希望通过大家的共同努力，能在中国看到越来越多的医院项目实践的成功案例。

参考文献

[1] 王守清，柯永建. 特许经营项目融资（BOT、PFI 和 PPP）[M]. 北京：清华大学出版社，2008.

[2] 噶瓦. 非营利性医院吸收社会投资的必要性[J]. 中国卫生经济，2003（5）.

[3] 张翅，王盈盈，王超，等. 某城乡一体化开发项目投融资方案设计[J]. 项目管理

技术，2010（2）：48-52.

[4] 赵国富，王守清．南亚某国 BOT 项目融资方案设计[J]．建筑经济，2007（10）：19-22.

[5] 叶苏东．项目融资理论与案例[M]．北京:清华大学出版社，北京交通大学出版社，2008.

[6] 陈健，陶萍．项目融资[M]．北京：中国建筑工业出版社，2008.

[7] 张极井．项目融资[M]. 2 版．北京：中信出版社，2003.

（《中国医院》2011 年第 15 卷第 8 期，第 49-52 页）

非营利性医院 PPP 项目融资的框架结构设计

作者：程哲　王守清

【摘要】 Public-Private Partnership （PPP，政企合作）是解决非营利性医院融资困难，加快公立医院改革与建设的一条重要路径和尝试。本文在广泛文献研究的基础上，结合 PPP 在其他行业领域的成功经验，立足医院的实际，设计了医院 PPP 项目融资的框架结构，希望能对我国医院 PPP 项目融资的实践有一定的借鉴和指导作用。

【关键词】 非营利性医院　Public-Private Partnership（PPP，政企合作）　框架结构

一、研究背景

PPP（Public-Private Partnership）即公私（政企）合作，指企业获得政府的特许经营权，提供传统上由政府负责的基础设施、公用事业的建设与服务的方式，并通过运营收回投资和获得合理收益。PPP 具有缓解政府资金紧张压力、提高运行效率、转变政府管理职能和转移风险等优点，在国内外的基础设施建设与公用事业发展中得到了广泛的应用，显示了巨大的优势[1,2]。我国在经历了八九十年代的第一次应用高潮后，现在又进入了新一轮的高潮[1]。

在我国，政府举办的非营利性医院占据了绝大多数，医院资源 90%集中在非营利性医院，以北京为例，一千多家医院中，营利性医院仅有 20 多家[3]。公立医院又是非营利性医院的主体。随着医改的深入，各地有大量的各级非营利性医院需要新建、改建与扩建，光靠政府的财政投入，在很多地方，尤其是中西部的基层，是难以得到

保证的。非营利性医院的融资问题日渐凸出，公立医院的改革与引入社会资本成为关注的焦点。其中，PPP 以其先天性的优点和国外的成功实践，为我们提供了一条充满前景的选择路径。对医院项目而言，尤其是新建项目，PPP 指的是政府通过招投标的方式将医院项目授权给具有自有资本且能获得贷款的企业，由其负责项目的融资、设计、建造、运营和维护，并在若干年（通常为 20～30 年）后将项目无偿移交给政府的方式。

PPP 在我国公用事业尤其是医院领域起步较晚，目前基本仍处于研究和应用探索阶段。在目前的研究中，更常见的是可行性分析和理念推介[4-11]，实践性和指导性不足。本文根据 PPP 的理论知识，结合外国实践和本国国情，对 PPP 在非营利性医院建设中的应用框架做较深入的分析，以供参考。

二、项目融资程序

项目融资有不同的阶段划分[12-15]，但 PPP 项目有其特殊性，本文采用项目准备、招标、融资和实施的四阶段划分法[1]，下面结合医院项目的特点分析各阶段实施要点。

（一）准备阶段

准备阶段主要是项目的选择，常有两种方式，一种是政府或主管部门主动发起，还有就是企业作为发起人主动向政府建议（简称“献议”）[1]。根据国务院《关于投资体制改革的决定》的文件精神，医院建设属于政府投资项目，实行严格的审批制，即便是采用 PPP 引入社会资本，由于政企双方的合作以及 PPP 本身的特点，项目所在地政府和相关上级主管部门对此仍应该实行严格的审批。因此，应该在项目建议书或者可行性研究报告中对 PPP 融资进行论证分析并得出结论或初步方案，由政府审批同意后实施。这样既可以获得政府的同意，使项目的成功有个基本的前提保证，又可以批复文件代替安慰函。因而要切实做好医院建设项目的项目建议书和可研报告的编制，对是否采用 PPP 要进行审慎严格的评估，对技术和经济可行性，市场需求，风险分担，融资方案等方面都要进行细致全面的分析，特别是要考虑 PPP 方案是否能比传统的政府投资模式提高效率。

医院 PPP 项目一旦获得政府的同意，即进入招标准备阶段。在此阶段，建议委托经验丰富技术力量雄厚的咨询公司进行。PPP 的招投标不同于一般建设项目，其复杂性和技术性都远远高于一般建设项目，牵涉到法律、金融、工程、管理、运营等诸多专业领域，不是一般的招标代理机构所能掌握。很多 PPP 项目的失败都源于准备阶段的草率和缺乏专业知识[16]。

（二）招标、谈判阶段

根据招投标法的规定，非营利性医院应当进行招标，一般情况应公开招标，但由于医院 PPP 的特殊性，如果潜在的发展商并不多，也可申请进行邀请招标。PPP 招标通常采用资格预审。医院作为公用事业项目，具有很强的公益性和政府监管，医院 PPP 不仅建设具体的医院工程，更强调提供高效的医疗服务。在制定招标文件和评标标准中设定关键要素都要充分的考虑医院项目的行业特征。比如，在医院 PPP 投标中，价格由于受到政府的管控，并不是最主要的考虑因素。应主要体现政府对该医院项目的功能要求和社会目标，如项目的总体规划，主要技术经济指标，建设及运营需求达到的标准，政府承诺，融资要求，基本的风险分配要求以及一些不可谈判的基本要求等。其他的鼓励发展商充分发挥他们的技术经济优势，择优选择最佳方案。

招标结束后，通常评出前 2 ~ 3 名，政府依次与之进行谈判。谈判的核心就是特许经营协议。在与政府谈判的过程中，发展商应针对各项内容制定包括应争取的、可退让的、最低底线等层次性的立体谈判方案。谈判阶段完成后，将草签特许经营协议，等到发展商凭借特许经营协议完成向银行等金融机构的融资后，特许经营协议最终生效，中间有一个融资宽限期（一般 3 ~ 6 个月）[1]。

（三）融资阶段

融资主要是中标后的发展商的工作任务，包括融资结构设计，与金融机构的谈判。融资是 PPP 的核心内容之一，非常关键。要在全面分析项目相关因素的基础上设计恰当的融资结构。确定融资的初步方案后，就有选择的向潜在的金融机构发出融资意向书，组织谈判小组，起草相关协议文件。此过程是一个反复深入的过程，既要坚持底线，又要灵活变通。政府与发展商的谈判往往与融资谈判是交替进行的[1]。聘请专业的咨询公司、法律顾问、财务顾问对融资的设计与谈判有着极为关键的作用。

（四）实施阶段

实施阶段包括医院的设计、建造、运营及移交等。也是发展商将融到的资金投入使用并产生效益的阶段。对设计和施工最好选用具有医院设计和建设经验的企业采用工程总承包（DB）甚至设计施工采购（EPC）模式，以减少管理界面并可优化设计。医院的设计方案必须由项目公司和政府部门双方共同协商，一致同意方可。对发展商而言，在保证质量的前提下，尽快地完成医院工程的建设，争取早日投产使用，就是自身收益的最大化，当然这也跟特许经营期的设计有关。

医院的运营具有非常强的专业性，因此建议在项目公司的组成中包含一家三甲医院作为股东，并由其尽早参与设计要求制定并负责医院建成后的运营，或者签订运营协议委托给一家三甲医院负责运营。如果是改扩建项目，还牵涉到原有员工的问题，必须予以认真地对待和妥善的安置。运营的收益用以支付运营成本、资金占用成本、还本付息等（见图 5-13）。特许经营期满，项目无偿移交给政府。

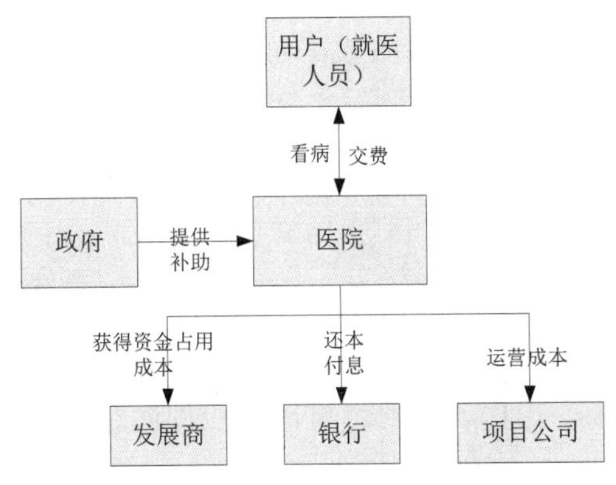

图 5-13　医院项目现金流向

三、项目融资框架

（一）投资结构

项目的投资结构指的是项目公司的组织形式，主要有：合伙制、公司制、信托、非公司型合资等。根据我国目前的实际，一般应以有限责任公司为主。项目公司一般以一个发展商（developer）或主办人（promoter）为主，再选择几个伙伴组成联合体参加投标，中标后作为股东组建项目公司。股东的数目应该在 2～4 人之间，成员选择应遵循以下原则[1]：①考虑成员对联合体或项目公司的贡献；②考虑各成员的互补性和战略协同性；③有利于风险的合理分担和控制；④吸纳项目所在地企业；⑤还应考虑成员的诚信和企业文化等因素。根据上述原则和医院的实际，建议项目公司的组成为：一家经验丰富实力雄厚信誉卓著的投资企业，一家管理科学、技术雄厚、口碑良好的三甲医院，一家当地政府控股的国有资产运营公司。如果医院规模较大，对医院的建设要求较高，还应找一家具有工程总承包能力的工程建设公司。

（二）资金结构

资金结构主要指的是项目公司的资本金构成、贷款的来源以及二者的比例等。资本金与贷款金额（即本贷比）应以 2:8 或 3:7 为佳[1]。在资本金组成中，既要保证主办人的控制权，又要防止因为控股超过 50%而导致的财务报表合并。因此，主办人应相对控股比较合适，比如项目公司由 3 家公司组成，那么出资比例可为 49:40:11。

理论上讲，项目的贷款资金来源渠道很多，如商业银行贷款、出口信贷、资本市场（如债券）、基金等。但在我国目前的具体国情中，对医院 PPP 项目，主要的还是商业银行贷款和融资租赁。商业银行贷款针对项目的建设，融资租赁针对医院的设备，尤其是大型医疗设备。融资应遵循成本效益、时效性、风险收益均衡原则[1]。在融资的时候，需要提醒的一点是，项目建设期是资金风险最高的时期，在此期间，应有一定的备用资本金和备用贷款额度，以防成本超支。

（三）信用保证结构

为了分散风险，增强项目的安全，各方往往会要求对方提供诸多担保，PPP 涉及的担保形式有保证、抵押、质押等。医院 PPP 项目涉及主要的担保有：政府对项目公司的安慰函、补贴保证、税收优惠保证等；项目公司向银行贷款提供的抵押和质押担保；在项目建设期，由于项目无法产生收益，投入巨大，风险极高，银行一般都要求主办人或项目公司提供完工担保，后者也可向承包商转移完工担保，至少可以分担一部分；此外，承包商和医疗设备供应商出于商业目的也可能愿意为银行贷款提供部分担保。其结构如图 5-14 所示。

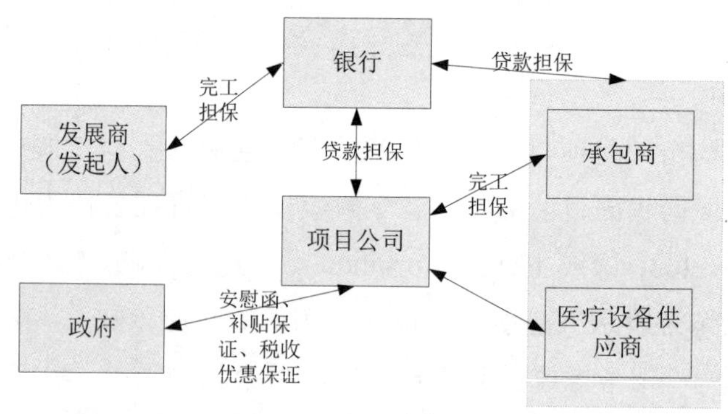

图 5-14　医院 PPP 担保结构

四、其他应注意的问题

（一）合同体系

PPP 的参与方众多，合同组成也极为复杂。完备的合同体系是合理分担风险、保证项目成功的重要条件。医院 PPP 涉及的合同体系（见图 5-15）主要包括：①政府与项目公司之间的特许经营协议，这是 PPP 最重要的合同，一般应该包括特许经营权的范围、项目建设、融资、运营与维护、收费及调价、服务质量、移交等内容，这在目前我国有很多其他领域的中英文协议范本可供参考，建议聘请专业的咨询公司和律师起草；②项目公司与承包商之间的工程建设合同，如果是传统的 DBB 模式，将是一系列有勘察、设计、施工、监理等合同组成的体系；③项目公司与银行之间的贷款合同；④其他，如公司股东之间的出资合同，项目公司（联合体）与法律、财务顾问签订的咨询合同，等等。

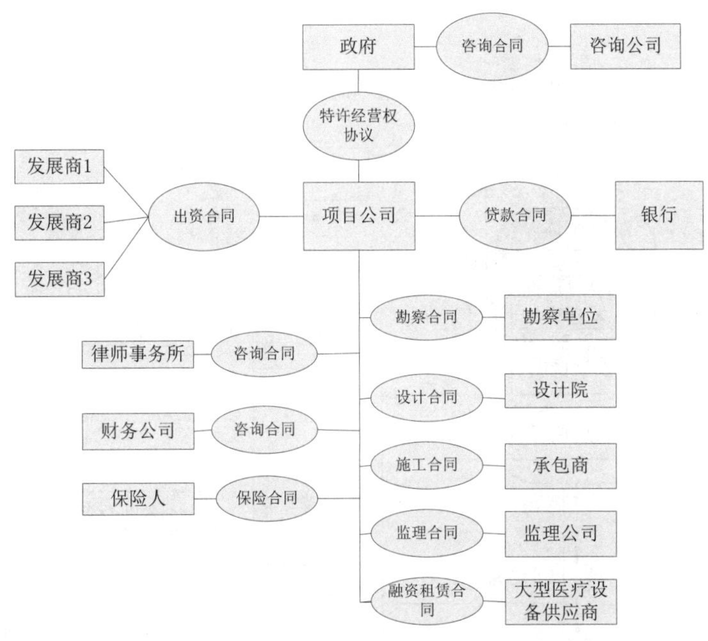

图 5-15　医院 PPP 合同体系

（二）项目干系人

让项目干系人（Stakeholder）满意是 PPP 的重要原则和目标。医院 PPP 涉及的项目干系人（Stakeholder）主要有：政府，发展商，项目公司，银行，承包商，用户（就医人员），咨询公司和顾问公司，其他人，等等。他们在 PPP 中的角色和主要目标利益如下（见表 5-9）。

表 5-9　医院 PPP 主要项目干系人

项目干系人	角色内容	主要目标利益
政府	授权、批准和担保	保证项目的成功，不出钱就能建好医院
发展商	提供资本金、融资、经营	保证项目的成功，获取收益（资金占用成本）
项目公司	专为项目而成立的公司	保证项目获得成功
银行	发放贷款、监督资金使用	保证项目的成功和资金的安全，获取利息
承包商	设计、建造医院	根据甲方要求完成工程，获取收益
医疗设备供应商	提供医疗设备	满足甲方要求，获取收益
咨询公司	提供咨询服务，代理招标	保证项目获得成功，获取收益
顾问公司	提供法律、财务咨询	维护雇主利益，获取收益
保险商	提供保险	保证项目获得成功，获取收益
用户	看病，使用医疗资源	满足自己的需求，交纳费用

五、结语

综上，可以得出医院 PPP 的总体框架和主要流程如图 5-16 所示。

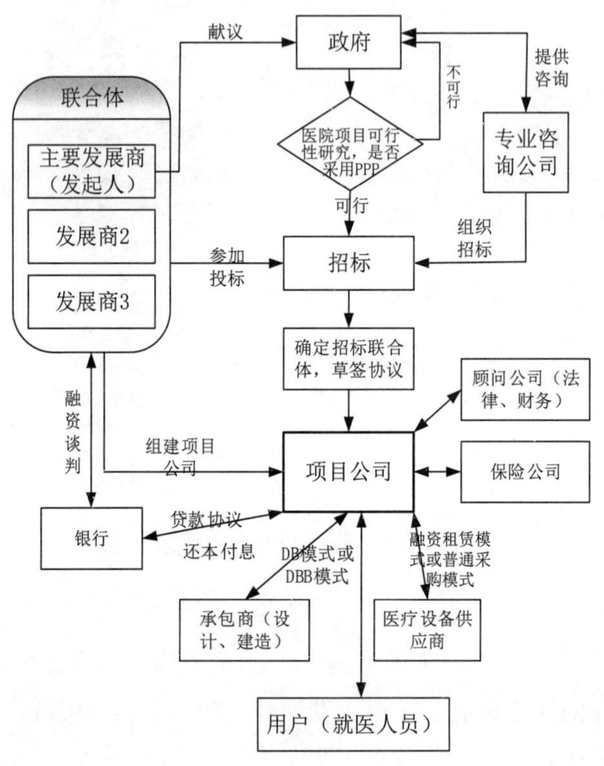

图 5-16 医院 PPP 总体框架

PPP 是一种优点显著但比较复杂、耗时较长的项目融资方式，也是一把双刃剑，用之不当，很容易导致项目的失败。我国其他领域的实践说明了这一点[16]。为了保证项目的成功，必须在前期进行审慎的全面分析、深入的科学论证、细致的方案设计。本文希望通过对医院 PPP 的框架结构设计的分析，为我国医院项目的融资和建设提供一点参考借鉴。

参考文献

[1] 王守清，柯永建．特许经营项目融资（BOT、PFI 和 PPP）[M]．北京：清华大学出版社，2008.

[2] 柯永建，王守清，陈炳泉，等．中国 PPP 项目政治风险的变化[A]．第六届全国土木工程研究生学术论坛论文集[C]．北京：清华大学出版社，2008.

[3] 崔军萍．非营利性医院融资的资金筹措战略[J]．现代医院，2004（5）.

[4] 郭爱华,孙喜琢．对医院投资建设中应用公私合作模式的思考[J]．卫生经济研究，

2008（1）：33-34.
[5] 周成武，严素勤.我国医疗体制改革导入公私合作伙伴关系的初步探讨[J]. 中国卫生经济，2007（6）：25-27.
[6] 陈建平，严素勤，周成武，等. 公私合作伙伴关系及其应用[J]. 中国卫生经济. 2006（2）：78-80.
[7] 周成武. 严素勤. 陈建平，等. 公私合作伙伴关系在卫生领域的应用[J]. 中国卫生经济，2006（5）：73-75.
[8] 周俐平. 严素勤. 周成武，等. 我国公立医院导入 PPP 机制的思考[J]. 中国卫生经济，2006（7）：77-78.
[9] 李荣华，严素勤. 周成武，等. 我国公立医院导入 PPP 机制的政策及制度环境[J]. 中国卫生经济，2006（6）：56-57.
[10] 严素勤，周成武，陈建平，等. 公私合作伙伴关系的模式、范围及实施原则[J]. 中国卫生经济，2006（4）：57-58.
[11] 郭永瑾. 公私合作模式在我国公立医院投资建设领域中应用的探讨[J]. 中华医院管理，2005（10）：665-668.
[12] 戴大双. 项目融资[M]. 北京：机械工业出版社，2005.
[13] 陈健，陶萍. 项目融资[M]. 北京：中国建筑工业出版社，2008.
[14] 张极井. 项目融资[M]. 2 版. 北京：中信出版社，2003.
[15] 蒋先玲. 项目融资[M]. 北京：中国金融出版社，2004.
[16] 亓霞，柯永建，王守清. 基于案例的中国 PPP 项目的主要风险因素分析[J]. 中国软科学，2009（5）：107-113.
[17] 郑昌勇，张星. PPP 项目利益相关者管理探讨[J]. 项目管理技术，2009（12）：39-43.

（《中国卫生事业管理》2011 年第 7 期，第 557-559 页）

中国北京奥运会主体体育场（“鸟巢”）PPP 项目

作者：刘宇文　赵国富　王守清

一、引言

为履行与国际奥林匹克委员会（IOC）签订的 2008 年第 29 届奥林匹克运动会主办城市合同项下的义务，北京市人民政府（以下简称“北京市政府”）决定在北京奥林匹克公园内建设国家体育场（以下简称“本项目”）。该体育场将成为北京奥林匹克公园内的标志性建筑，同时也是北京市最大的、具有国际先进水平的综合体育场。国家体育场将成为奥林匹克运动留给北京市的宝贵遗产和北京市基础设施建设的新亮点。

本文首先介绍了本项目的概况、发展过程、项目合伙人和项目的区位；接下来介绍与其相关的立法状况、项目的合同结构和融资安排；最后选择三个最主要的议题进行了深入探讨，包括项目中产生的争议及其解决、取消体育场顶盖所产生的影响、项目中的主要风险。

本项目是采用 PPP 模式，更准确地说是采用 BOT 模式建立起来的。北京市政府授权北京市国有资产经营有限责任公司作为项目公司的一方发起人，履行总投资 58% 的出资责任，其余的 42%由私营部门即中国中信集团公司联合体（简称“中信联合体”）进行融资。公共部门和私营部门共同组建项目公司负责本项目的融资、建造、运营、维护，并在 30 年特许权期满后移交给北京市政府。

“绿色奥运”、“科技奥运”、“人文奥运”是 2008 年北京奥运会的三大主题。国家体育场需体现这三大主题，同时应充分体现可持续发展的理念。在国家体育场的设计、建设、比赛期间和赛后运营中要采用当今世界上先进可行的生态与环保技术，先进、成熟、可靠的高新技术，确保国家体育场工程的建设成为保护生态环境的典范，使其成为展示我国高新技术成果和创新实力的一个窗口。同时也向世界展示北京城市繁荣文明的崭新形象和北京市民昂扬向上的良好风貌。

二、项目的目标

本项目有两个层面的目标，即国家层面的目标与项目层面的目标。

（一）国家层面

在 13 亿中国人的积极参与下，奥运的理念应得到最为广泛的传播和流行。根据以往奥运会主办城市的经验，为达到经济效益和社会效益的最大化，在奥运会的组织、管理、市场开发的过程中应突出强调创新的重要性。国家体育场将成为标志性和里程碑意义的建筑，有利于加快北京乃至整个国家的现代化进程。同时，本项目的建成有望充分扩大奥利匹克运动的积极影响，从而促进国民经济的发展，加速国家的现代化进程，使首都北京的经济发展、城市建设、社会进步和人民生活质量再上新台阶。

在此过程中，一批高素质的劳动力将会得到充分的培训和锻炼，国外先进的管理理念和专业技术将会得到有效的运用和推广。政府则希望推广公开、公平、高效和诚实的市场化原则。在奥运会的准备和进行阶段，希望能够通过现实而有效的努力，在制度、机制和管理方面树立创新的典范，从而有利于树立北京新风貌，中国新形象。

（二）项目层面

项目层面上，除了满足举办奥运会的各项条件外，该项目的主要目标就是获取最大的利润。因此，项目的设计、融资、建造、运营、维护、移交等整个阶段的工作都应该围绕这个目标而开展。国家体育场应该满足举办奥运会的所有技术要求和标准，并要不断的随现代技术的发展而发展。合理安排所有赛事，为所有参赛的运动队员提供优质的服务。奥运会期间，国家体育场可容纳观众 91 000 人，其中临时座位 11 000 个（赛后可拆除），承担开幕式、闭幕式和田径比赛和足球比赛决赛等主要赛事功能。

奥运会后，国家体育场可容纳观众 80 000 人，可承担特殊重大比赛（如：世界田径锦标赛、世界杯足球赛等）、各类常规赛事（如亚运会、亚洲田径锦标赛、洲际综合性比赛、全国运动会、全国足球联赛等）以及非竞赛项目（如文艺演出、团体活动、商业展示会等）。

由于 BOT 项目的特性，项目公司将独自享有项目的一切商业利益，但同时必须承担因项目而产生的一切损失。众所周知，BOT 项目融资模式会对项目的设计、融资、建造和运营产生重大影响。故而，国家体育馆的设计和建造必须恰当考虑对后续运营潜在的影响。有鉴于此，在体育场的建设阶段，项目公司应该积极地与赛后对国家体育场的运营可能有兴趣的潜在的公司进行必要的磋商和谈判。例如，据说国家体育场在赛后可能会成为北京国安足球俱乐部的主场。如果确有此事，这将是对项目公司现金流的一个巨大的保证。

三、发展过程

经北京市政府授权，北京市发展计划委员会（BDPC）于 2002 年 10 月邀请有兴趣的投标者提交资格预审的申请，来负责项目的融资、设计、建造和运营。表 5-10 列出了国家体育场项目招标投标主要环节。

表 5-10　2008 北京奥运会国家体育场的招投标过程

步　　骤	日　　期	主要参与者	主要活动	备　　注
投标邀请	2002-10-28	北京发展计划委员会	邀请投标者申请资格预审并递交标书	7 个实体申请资格预审，5 家通过资格预审
现场踏勘与标前会议	2003-04-30	北京发展计划委员会与投标人	投标人现场踏勘和研读标书后提出问题，招标人进行答疑	
投标	2003-06-30 截止	中信联合体；中建联合体；北京建工联合体	对招标文件做出实质性响应并提交投标书	一个投标人因未对招标文件做出实质性响应而被迫退出

续表

步 骤	日 期	主要参与者	主要活动	备 注
开标	2003-06-30	北京奥组委监管人员，投标人代表，招标代理人	开标、唱标并宣布中标候选人	前两家候选人为建工联合体与中信联合体
草签特许权协议和国家体育场协议	2003-07-05前	北京发展计划委员会；建工联合体；中信联合体	将中标资格授予中信联合体	建工联合体因为达成联合体协议而未能中标
签订特许权协议和国家体育场协议	2003-08-09	中信联合体与北京市政府和北京奥组委	签署相关协议并筹备项目公司的设立工作	依据我国法律，中信联合体需与北京国有资产经营管理有限公司共同组建项目公司
设立项目公司	2003-09	北京国有资产经营管理有限公司；中信集团公司；金州控股集团有限公司；北京城建集团有限责任公司	项目公司的设立	设立前须征用场地

注 BDPC—北京发展计划委员会
CITIC—中国中信集团公司
BUCGC—北京城建集团有限责任公司
GSHGC—金州控股集团有限公司
BSAM—北京国有资产经营管理有限公司
BOCOG—第29届奥运会北京组织委员会（北京奥组委）
BCEG—北京建筑工程集团有限责任公司
CSCEC—中国建筑工程总公司

四、项目伙伴

北京市政府作为本项目的法定招标管理机关，授权北京市发展和改革委员会负责项目特许权的招标事宜。同时，北京市政府授权招标代理机构——国信招标有限责任公司，具体负责招标文件的准备和招标活动的实施。

项目公司主要由两方组成：公共部门合伙人和私营部门合伙人。

（一）公共部门合伙人

北京市国有资产经营管理有限公司被指定作为公共部门的代表（即北京市政府），承担总投资额的58%，成为项目公司的合伙人。北京市国有资产经营管理有限公司是一个非常独特的公司，成立于2001年4月，注册资本为15亿元人民币。公司的管理人员和员工对中国和北京的市场环境了解深刻，同时在公共融资和私营融资、资产管理、资本运营方面具有丰富的经验[①]。

（二）私营部门合伙人

私营部门合伙人是由三家具有丰富的融资和大型工程建设经验的公司所组成的联营体，这三家公司分别是中国中信集团公司、北京城建集团有限公司和美国金州控股集团有限公司，三者的出资比例分别为：65%，30%，5%。

1. 中国中信集团公司

中国中信集团公司（以下简称“中信集团”），前身为中国国际信托投资公司，是经中国改革开放的总设计师邓小平亲自倡导和批准，由前国家副主席荣毅仁于 1979 年 10 月 4 日创办的。中信集团是中国改革开放的重要窗口和试点。中信集团现已成为具有较大规模的大型跨国集团。中信集团目前拥有 44 家子公司（银行），其中包括设在香港、美国、加拿大、澳大利亚、新西兰等地的子公司；公司还在东京、纽约、法兰克福设立了代表处。中信集团的业务主要集中在金融、实业和其他服务业领域。中信集团被选为联营体的代表，负责协调与其他两个私营部门共同准备标书、共同递交标书和其他材料。在担任联营体代表人和作为与北京国有资产经营管理有限公司谈判的代表外，中信集团同时还是中信联营体的法人代表单位。

2. 北京城建集团有限责任公司

北京城建集团有限责任公司是一家大型综合性企业，其主要业务覆盖工业与民用建筑、市政、地下铁道、高速公路、机场等专业领域，同时也开展房地产开发、城市基础设施项目。北京城建集团是北京市最大的建筑工程集团，拥有必要的本土资源和专业技术，这些对联营体有很大的帮助。

北京城建是国务院 120 家大型国有企业试点单位之一，位列全国 500 家大型企业第 70 名；作为北京市最大的建筑企业，科技实力强，管理团队朝气蓬勃且富有责任心，装备有全球先进的地上、地下自动化施工设备，并积累了 40 多年的钢结构专业施工经验，项目涉及机场、运动场馆、桥梁、民用住宅等领域。

3. 美国金州控股集团有限公司

金州控股集团有限公司是一家以从事城市基础设施建设、环境保护、可再生能源开发为主要业务的国际性集团公司，在美国、法国、西班牙、加拿大、中国设有公司和办事处。

（三）项目管理顾问

联合体聘请法国万喜大型建筑工程公司（VCGP）与法国布依格建筑公司（BYB）

① 2005 年 8 月以前，人民币对美元的汇率是 8.2765，2005 年 8 月后的汇率为 7.6965。

作为其项目管理顾问。法国万喜大型建筑工程公司是法国万喜集团主要从事项目设计和施工的下属机构，是世界上最大的建筑工程和相关服务的实体。其在广度和深度上覆盖了所有的建筑行业（高速公路、机场、停车场、桥梁和体育场）。法国布依格建筑公司是法国布依格建设集团的一部分，而后者是法国一个大型的集团公司，业务范围涉及建筑领域、服务领域、通信领域和传媒领域。

法国万喜大型建筑工程公司和法国布依格建筑公司也是法兰西国家体育场的股东，而法兰西体育场是运动设施领域第一个 PPP 项目。两家公司在体育和文化设施的设计、融资、建造以及法兰西体育馆的管理和相关设计的运营方面的专业经验和知识会明显提升项目公司的价值和竞争力。

（四）项目的合同结构（见图 5-17）

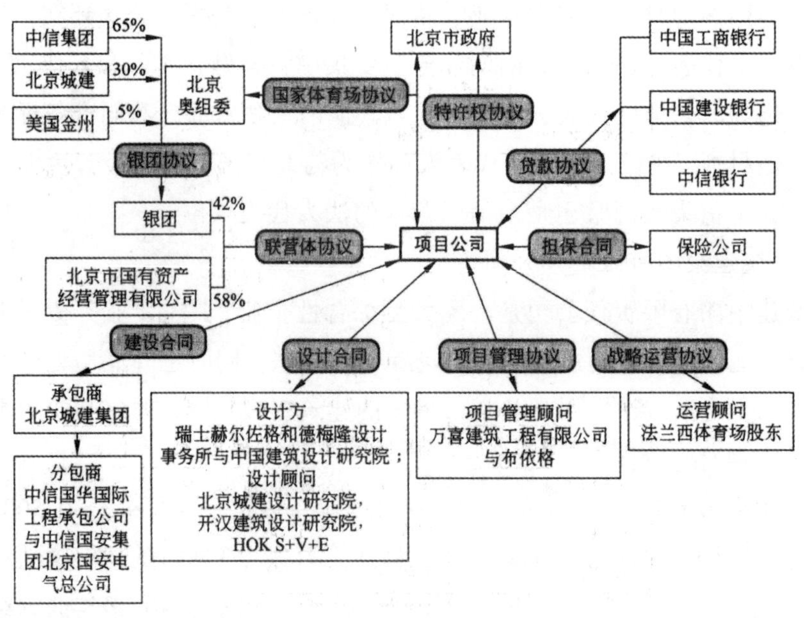

图 5-17　国家体育场项目的合同结构

五、项目范围及位置

（一）项目的范围

如前文项目目标部分所提到的，奥运会期间，国家体育场可容纳观众 91 000 人，其中临时座位 11 000 个（赛后拆除），承担开幕式、闭幕式和田径比赛和足球比赛等主要赛事功能。奥运会后，国家体育场可容纳观众 80 000 人，可承担特殊重大比赛（如世界田径锦标赛）、各类常规赛事（如亚运会）、非竞赛项目（如文艺演出）。该项目范围的详细信息请见表 5-11。

表 5-11　国家体育馆规划设计主要控制指标

<table>
<tr><th colspan="3">规划控制指标</th><th>条件与要求</th></tr>
<tr><td>地下空间规划</td><td colspan="2"></td><td>与用地西侧公共停车库统一规划，联系使用地下空间规划上部浮土厚度应考虑地面绿化和局部种树的要求</td></tr>
<tr><td rowspan="4">周边建筑环境</td><td colspan="2">东侧</td><td>龙形水系、现状凯蒂克大酒店与商业开发用地</td></tr>
<tr><td colspan="2">西侧</td><td>中轴线广场、国家游泳中心</td></tr>
<tr><td colspan="2">南侧</td><td>绿化广场、北四环路</td></tr>
<tr><td colspan="2">北侧</td><td>绿化广场</td></tr>
<tr><td rowspan="3">外部交通条件</td><td colspan="2">地铁</td><td>西北方向距地铁奥林匹克公园站 500 米</td></tr>
<tr><td colspan="2">公共汽车</td><td>距西面公共汽车站约 600 米
距东南面公共汽车站约 300 米</td></tr>
<tr><td colspan="2">与周边城市道路关系</td><td>西侧临城市支路 35 米，北侧临城市干道 56 米</td></tr>
<tr><td rowspan="4">内部交通要求</td><td rowspan="2">车流主入口</td><td>地上</td><td>东侧</td></tr>
<tr><td>地下</td><td>北侧</td></tr>
<tr><td colspan="2">人流主入口</td><td>西侧、东侧、北侧</td></tr>
<tr><td colspan="2">地下车库入口</td><td>除利用北侧地下机动车出入口外，用地内依据规范解决地下车库出入口</td></tr>
<tr><td rowspan="3">景观要求</td><td colspan="2">风格倾向</td><td>体育建筑风格，建筑形式与广场、水面相呼应</td></tr>
<tr><td colspan="2">城市外部空间要求</td><td>注意在建筑形式上的统领作用，成为城市的标志性建筑</td></tr>
<tr><td colspan="2">衔接</td><td>注意各部分的连通性与景观协调性</td></tr>
<tr><td rowspan="7">市政设施配置</td><td colspan="2">热力站</td><td>3 座共 210 平方米，地下一层</td></tr>
<tr><td colspan="2">通信设施</td><td>接入点 1 处 350 平方米，地下一层</td></tr>
<tr><td colspan="2">有线电视设施</td><td>端接机房 1 处 50 平方米，地下一层</td></tr>
<tr><td colspan="2">变电站设施</td><td>变电站 1 处 500 平方米，地下一层</td></tr>
<tr><td colspan="2">卫生设施</td><td>垃圾保洁 200 平方米，地下一层</td></tr>
<tr><td colspan="2">消防安保</td><td>消防停机坪</td></tr>
<tr><td colspan="2">燃气设施</td><td>调压箱 2 处，采用地下调压箱，应在室外地面下设置于重要公共建筑物水平净距为 6 米</td></tr>
</table>

（二）项目地点和占地

体育场位于北京奥林匹克公园 B 区，大约 20.29 公顷，以建筑红线为准。土地利用的详细信息见表 5-12。

表 5-12　国家体育场的土地利用指标

强制指标		控制指标
地块号数		12
用地性质		体育用地

续表

<table>
<tr><th colspan="4">强制指标</th><th>控制指标</th></tr>
<tr><td>用地面积</td><td colspan="3"></td><td>20.29</td></tr>
<tr><td>建设规模</td><td colspan="3"></td><td>80 000 座永久座位</td></tr>
<tr><td rowspan="7">建筑退红线距离（米）</td><td rowspan="2">东面</td><td colspan="2">成府路北</td><td>20</td></tr>
<tr><td colspan="2">成府路南</td><td>60</td></tr>
<tr><td colspan="3">西面</td><td>5</td></tr>
<tr><td colspan="3">南面</td><td>10</td></tr>
<tr><td colspan="3">北面</td><td>10</td></tr>
<tr><td colspan="2" rowspan="2">成府路下穿退线</td><td>南侧</td><td>5</td></tr>
<tr><td>北侧</td><td>5</td></tr>
<tr><td>绿地率</td><td colspan="3"></td><td>30% （包括运动场地）</td></tr>
<tr><td>停车位最低要求</td><td colspan="3"></td><td>1 000 辆</td></tr>
<tr><td rowspan="3">停车位提供数量</td><td colspan="3">地上（辆）</td><td>临时安排</td></tr>
<tr><td colspan="3">地下（辆）</td><td>1 000</td></tr>
<tr><td colspan="3">总数（辆）</td><td>1 000</td></tr>
</table>

六、政府支持和鼓励

按照承办城市协议，国际奥委会授予北京举办奥运会的权力，北京奥组委被指定为 29 届奥运会的官方机构。为了履行国际奥委会按照奥运章程和举办城市协议中计划、组织以及举办奥运会的义务，北京市人民政府将提供包括位于北京奥林匹克公园 B 区的体育场等主要奥林匹克设施。

因为中国目前还没有 BOT/PPP 法律，中国中央政府和北京市人民政府颁布了一系列政府条例，为国家体育场提供了鼓励措施。例如，财政局、国税局和海关在 2003 年 1 月 23 日联合颁布了《第 29 届奥运会税收通知》，该项通知提供了很多鼓励措施，包括所有为国家体育场进口的设备免除关税和增值税，许多与体育场有关的费也被免除等等，此外，北京市人民政府也制定了一些政策和要求使他的下属部门配合该项目。例如，《北京市城市基础设施项目特许协议投标法》和《北京市城市基础设施项目特许权协议法》分别由北京市人民政府于 2006 年 9 月 1 日和 2006 年 3 月 1 日颁布;《发展私营经济的一些建议》（36 条）由国务院于 2005 年 2 月 24 日颁布以促进私营部门使用项目融资投资基础设施。

北京市人民政府根据特许权协议的条款和规定授予项目公司投资、融资、设计、建设、运营、维护和维修体育场的权利。特许权协议规定项目公司、北京市人民政府和北京奥组委应当按照体育场协议要求在运动会期间提供体育场给北京奥组委以举行测试赛、测试、奥运会和残奥会。因此，项目公司、北京市人民政府和北京奥组委缔结协议以明确各方在北京奥委会使用体育场和由项目公司提供相应服务时的权利和义务。

依照协议，中信集团（投标者）应当按照国际奥委会和北京奥委会相关规定要求进行投标以及投资、建设（设计和建造）、运营和移交该项目。这些规定包括但不限于下一段中文件内的条款。如果国际联盟和奥委会之间的相关材料存在争议，国际奥委会有最终决定权；相关的条例不会限制奥运会组织机构增加新的条款或者提高要求。

以下是一些重要的相关协议和规章：奥林匹克宪章、第二十九届奥运会主办城市合同、奥运标志保护条例，第二十九届奥运会市场发展合同、国家体育场奥运工程设计大纲、联合体协议、国家体育场特许权协议。根据这些文件，政府为了以 BOT 方式完成体育场项目，提供的一些鼓励和激励措施如下：

- 北京市政府为项目公司提供项目土地（土地一级开发费为每建筑平方米人民币 1 040 元）。这与旁边高达每建筑平方米人民币 10 000 元的土地相比确实非常便宜。
- 北京市政府提供了 18.154 亿元人民币，占总投资（31.3 亿元人民币）的 58% 并且不要求分红。
- 北京市政府提供与施工场地相连的必要基础设施（水、点、路等）以及其他可以方便体育场建设和运营的帮助。例如，为了方便体育场的大型钢结构组建运输，北京市政府向项目公司签发了特殊通行证。
- 在奥林匹克运动会以及测试赛期间，北京奥组委将会向项目公司支付费用。北京市政府也会承担某些特殊设备的所有费用，这些设备仅仅在奥运会开幕式和闭幕式上使用，而不在日常运行中使用。
- 特许经营期内，北京市政府对于新的竞争性场馆的开发项目或对某一现有竞争性场馆进行改扩建的项目，原则上将不予批准。

七、基本协议架构

北京市人民政府和项目公司签订特许权协议。

（一）北京市政府的职责

北京市政府授权项目公司对体育场进行投资、融资、设计、建设，并在特许经营期内，按照特许权协议的条款和条件对体育场进行运营、维护和修理。

北京市政府土地管理部门将项目设施场地的土地使用权（统称“土地使用权”）以划拨方式无偿提供给项目公司，项目公司不需缴纳土地出让金、基础设施配套建设费，但项目公司需承担项目设施场地的土地一级开发费，该土地一级开发费为每建筑平方米人民币 1 040 元。

（二）项目公司的职责

项目公司将对体育场进行投资、融资、设计、建设，并在特许经营期内，按照特许权协议的条款和条件对体育场进行运营、维护和修理。同时，项目公司将按照体育场协议的规定，将体育场提供给北京奥组委用于举办测试赛和测试活动和奥运会。但北京奥委会将为此付费。费用的计算方式如下：实际发生费减去日常运行费。日常运行费指的是项目不举办任何活动时的运行费用。在特许经营期届满之时，项目公司将按照特许权协议的规定免费将体育场移交给北京市政府或其指定接收人。特许期指开始于完工日（2006 年 12 月 31 日），（除提前终止外）终止于 2038 年 12 月 31 日的期间。

（三）项目公司的收益

项目公司可以从以下方式获得来源于本项目的全部收益，包括但不限于：

- 电视、广播及其他媒体的收益。
- 赞助。
- 广告。
- 经销权。
- 团体包厢。
- 门票销售。
- 运动会和表演会等活动。
- 奥运会后体育场的冠名权。

项目公司可以获得项目在除奥运会期的特区经营期的所有收入。奥运会期间项目公司仅能从北京奥组委处获得租用费。

由于项目还在建设期，现在还无法获得项目的详细收入结构。但是项目公司已经开始计划。例如，项目中有大约 80 000 平方米的商业面积，1 000 个停车位，110 个公司包厢，4 个餐厅（2 个中餐厅 2 个西餐厅），在第四层和第五层有一个会员制酒店（大约 70 个房间）以及 40 000 平方米的超市面积（项目公司目前正与沃尔玛公司谈判）。

（四）限制竞争

前面提到，项目公司将面临现存体育场的竞争。由于现存体育场已经非常陈旧而且没有国家体育场大，特许经营期内国家体育场面临的竞争将较小。如果确需建设新体育场项目，则北京市政府应与项目公司协商，并按照特许权协议对项目公司进行补偿。

（五）融资来源

1. 项目公司的股东

北京市政府授权依法设立的北京市发展和改革委员会，代表北京市政府与联合体签订特许权协议。联合体由三方联合组成，中信集团、北京城建、美国金州（共同形成投标者）。联合体中标后，他们与代表北京市政府的北京市国有资产管理委员会成立一个项目公司。

表 5-13 比较了项目股东原来和现在各方的注册资本投入比例和金额。

表 5-13　新旧方案项目各方资本金比例比较

股东	谈判前			谈判后		
	联合体股份比例	项目公司股份比例	资本数额（RMB 10^3）	联合体股份比例	项目公司股份比例	资本数额（RMB 10^3）
北京国资委		65.980%	762 100		58%	605 133
中信	65%	22.113%	255 410	65%	27.3%	284 830
北京城建	30%	10.206%	117 880	30%	12.6%	131 460
美国金州	5%	1.701%	19 650	5%	2.1%	21 910
总计	100%	100%	1 155 040	100%	100%	1 043 333

2. 项目融资计划

项目的非资本金融资主要来自银行贷款。项目公司认为对国家体育场表达了浓厚兴趣的国内商业银行都具有很强的人民币和外币贷款能力，因此，项目公司很有信心能从国内商业银行贷款 7.858 9 亿元。

表 5-14 是投标谈判前后各类资金比例的比较，在投标阶段，中信联合体按谈判前的比例投标，但北京市政府认为政府出资比例过高，因此选择了北京建工联合体，但后来因为北京建工集团联合体因股东之间未能达成联合体协议而退出，北京市政府只能跟中信联合体谈判，最后，双方达成了谈判后的出资比例。

表 5-14　投标谈判前后各方的出资比例

资金来源	谈判前		谈判后	
	占总投资比例	金额（百万元）	占总投资比例	金额（百万元）
政府	65.98%	2 286.29	58%	1 815.40
联合体的资本金	11.34%	392.94	12.6%	394.38
银行贷款	22.68%	785.89	29.4%	920.22
合计	100%	3 465.12	100%	3 130.00

银行贷款主要是 16 年贷款期限（包括六年宽限期）的优先债务。贷款详细情况如表 5-15 所示。

表 5-15　贷款详细情况

借款人	项目公司
放贷人	国内商业银行
贷款类别	优先债务
贷款金额	92 022 万元人民币
贷款期限	16 年（含 6 年宽限期）
贷款币种	人民币
利率	5.184%（以中国人民银行公布的人民币长期贷款利率为基准下浮 10%计）
提款期	4 年
宽限期	6 年（含提款期）
贷款偿还方式	从 2010 年开始按季度等额偿还本金，从首次提款开始按季度支付利息
提前还款	允许提前还款

投标前，项目公司得到了一些商业银行对本项目所需债务融资的贷款承诺函/支持函，这些银行包括中国工商银行、中国建设银行和中信银行（在给贷款承诺函时它的名字叫中信实业银行）。但是所有银行都质疑项目的财务可行性。在它们得知项目可能超支并且活动屋顶也取消之后，它们更加忧虑。因此，银行和北京市政府要求联合体股东（中信集团、北京城建和美国金州）代替项目公司作为贷款主体。而联合体不愿作为借款方，所以该项事宜还在协商中。

八、主要问题讨论

下面将讨论三个主要问题。它们是项目中的争议、取消活动屋顶的影响和项目的相关风险。

（一）项目中的争议

1. 项目公司各参与方的争议

项目公司内部各方存在一些争议。首先，所有各方都想从承包工程中获利，所以项目的承包工程中按照中信、北京城建和美国金州在项目公司中的股份比例分给三方，导致项目公司对项目建设的控制力不足。第二，由于项目结构的独特性和详细设计不全时，承包商只能和项目公司签订固定单价合同。北京城建作为总承包商，过于考虑自己的利润、时间和安全而不是整个项目的利益。这又导致了建设费用超支和项目建设中的最大争议——北京城建要求技术措施费以补偿取消活动屋顶导致的设计改变和建设延期。

2. 项目公司和北京市人民政府间争议

首先，原始设计中的停车位是 2 000 个。但北京市人民政府希望为整个奥运区域建设一个大的停车场，要求项目公司减少 1 000 个停车位。这就导致了体育场的停车位不足。许多人不得不把车停到北京市人民政府的停车场再走到体育场。第二，北京市人民政府要求减少体育场中的商业设施。第三，北京市人民政府下令取消活动屋顶。这将减少项目的收入来源。第四，北京市人民政府在修改设计的同时还要求体育场必须在 2006 年 12 月 31 日前完工。如此短的时间无法按照经济工期建设。考虑到建设期的紧迫性，融资完成的时间设定在 2003 年 12 月 15 日。但是实际上延误了两个月，北京城建在特许权协议签订后立即进入现场开始施工。

3. 项目公司和设计联合体的争议

在设计上，项目公司存在一个很大的问题。北京市人民政府没有获得国家体育场设计的知识产权，但是却要求项目公司必须使用该设计。这导致了项目公司在与设计联合体谈判时的弱势地位，同时也导致了设计上对商业运营的考虑不足。通常情况下，项目公司是设施的业主，设计方应当满足项目公司的要求。但由于体育场用于 2008 年奥运会，北京市人民政府在确定设计蓝图时处于主导地位，这就限制了项目公司最大化商业化和经济利益的初衷。

（二）取消活动屋顶的影响

北京市人民政府认为取消活动屋顶可以节省许多经费并且树立“节约办奥运”的良好形象。此外，由于降低了屋顶重量和安装运行时的复杂性，取消屋顶也可以增加项目在建设和运营期的安全性。但实际上，这个决定有许多正面和负面的影响。

1. 取消活动屋顶的正面影响

（1）减少了使用材料（主要是钢）

取消活动屋顶降低了钢结构的负荷，因此节省了用于支撑结构的至少 2 000 吨钢材和活动屋顶的约 1 700 吨钢材。此外，重新设计后，还可以节省许多其他部分。总之，取消活动屋顶可以节省大概价值 200 000 000 人民币的各种材料。再考虑到钢结构安装难度的降低等其他费用的节省，预计取消活动屋顶一共可以节省大概 400 000 000 人民币。但实际上，尽管没有披露项目信息，现在根据实际进展看来这个预测还是过于乐观了。

（2）降低安装钢结构的复杂性

钢结构的复杂性是该体育场项目的一个特征，这个独一无二的巨大的活动屋顶难以安装。活动屋顶的钢支架由两部分构成（大概 80 米×80 米，高 8 米），覆盖了整个体育场的开口。它随着永久支架上的轨道移动以打开和关闭。固定滑动轨道由刚性构件固定在永久性屋顶前沿，也就是永久性屋顶钢桁架的边缘。滑动距离大概 85 米。承包商研究了许多安装活动屋顶的方法，但是都不是很安全而且费用较高。取消活动屋顶后，承包商可以更轻松地完成钢结构的安装。

（3）降低了安全风险

国家体育场是世界上最流行的第四代建筑。但是目前为止还没有类似体育场建成。活动屋顶大概有一个足球场那么大，重 1 700 吨。活动屋顶的支撑结构也重达 1 700 吨。由于活动屋顶巨大的重量和体积，打开和关闭屋顶时可能会出现故障。所以，取消活动屋顶降低了体育场的风险。

2. 取消活动屋顶的负面影响

（1）导致设计联合体的索赔

由于取消活动屋顶极大地改变了原设计，许多部分需要重新设计。基本上所有钢结构设计都需要更新。设计联合体对重新设计该项目索赔 40 000 000 人民币。基本上是初始设计费（120 000 000 人民币）的三分之一。

（2）工期延误和费用超支

由于对取消活动屋顶存在许多争议，北京市人民政府邀请了许多专家对此进行讨论和评估。与项目公司的讨论谈判后，设计联合体开始重新设计。但是重新设计建筑和结构需要时间，所以承包商有时候需要停工等待新的设计图纸。总的而言，这项改变导致工期延误半年。

由于国家体育场必须在 2008 年奥运会举行的 2008 年 8 月之间完工，承包商必须加紧施工以在 2006 年 12 月 31 日前完成项目的第一部分（主要结构），因此，他们采用了很多技术措施加快施工进程。这导致了巨额的费用超支，北京城建要求为额外的技术措施费进行补偿。但是项目公司认为这是由北京市人民政府引起的，北京市人民政府应当承担额外的费用。该争议还在协商之中。

（3）对运营的影响

取消活动屋顶对 2008 年奥运会后运营的影响包括三方面。

第一，它降低了运营费用。开启和关闭活动屋顶需要操作费。取消活动屋顶后，这部分费用将变成 0。但是项目公司认为这部分费用应该不多，因为每年打开和关闭活动屋顶的费用不会超过 10 次。维护活动屋顶也需要费用。取消后，这部分维护费用也可以节省。

第二，它减少了举行大型表演和其他活动的收入。原来的运营计划中，项目公司计划在五个方面拓展市场：体育市场、体育展览市场、体育活动市场、传统表演市场和旅游市场。由于取消活动屋顶使体育场从全天候体育场变成露天体育场。天气会影响体育场举办的许多活动。因此项目公司会失去许多租用场地的合同。目前还不能估计这部分损失。

第三，它降低了国家体育场的品牌价值。国家体育场原来被认为是中国唯一一个具有活动屋顶的大型体育场。项目公司因此认为国家体育场将是中国最著名的体育场并且将吸引许多大公司购买冠名权。取消活动屋顶后，国家体育场相对其他体育场将没有明显特征。项目公司目前正在担心项目的品牌价值。

（三）项目中的风险

清华大学国际工程项目管理研究院曾经对 2008 北京奥运会体育场馆风险评估进行过研究，并确定了一些与国家体育场项目相关的主要风险，特别指出了四条。

（1）建设工期不合理

2003 年 8 月 9 日签订特许权协议时，北京市政府要求项目必须在 2006 年 12 月 31 日前完工，这样工期只有三年。尽管如此，由于国家体育场的技术标准很高，功能很复杂，承包商需要花费更多的时间进行项目计划。再加上取消活动屋顶，设计图纸不能按时提供导致的半年工期延误，剩下的工期非常紧迫。

（2）成本超支

国家体育场的 3D 钢桁架系统非常复杂，中国企业也没有类似项目的施工经验，最难的是许多构件必须被切割和焊接两到三次。由于缺乏对充气 ETFE 膜的施工经验，安装大尺寸的膜结构具有很强的创新性。再加上“鸟巢”钢结构的特殊性，制作、安装和维护具有很多问题。所有的这些将导致成本的巨大超支，恶化了项目的资产负债表。目前这一风险还不能得到很好的解决。

（3）市场需求小

国家体育场设计、建造的概念和理念使它成为中国最优秀、最大型的体育和演出设施。同时，它结合了世界上最先进的技术，运营非常环保。尽管如此，国家体育场的最大竞争者，例如工人体育场，由于投资成本已经被清偿，将始终具有低运营成本和低费用等优势。国家体育场必须创出自己的形象和品牌以吸引未来客户的兴趣，同时要建立品牌的忠诚度。最后，它必须创造独有的文化和人文气息以吸引国内和国际最好的体育赛事、艺术展出机构。卓越的服务和详尽的管理技术将是最终吸引这些机构和公众的利器。

但是，国家体育场的市场还是很小。仅仅举办非营利性政府机构和私营企业举办的大型活动非常不够。为了在国内和世界上建立国家体育场的品牌，这些活动必须得到广泛宣传。预计每年仅仅举办 16 个大型活动。所以，目前市场比预测的要小，项目公司将会碰上严重的财政赤字。

（4）缺乏运营经验

国家体育场的表现将使它成为中国的新窗口。这些表现包括中国文化的大型演出，以及国内外个人和团体的表演会。对于潜在客户，项目公司应当与国内、区域和国际的体育协会建立良好关系。特别要与国家体育总局、文化部、广电总局下的各新闻机构等政府相关部门和外国新闻机构保持良好关系。大型体育场目的收入很大程度上依靠的是公司客户的赞助。最后，项目公司还必须与国内国际大型企业保持接触，以保证国家体育场服务和产品满足这些机构的需求。

尽管如此，项目公司从未运营过体育场，缺乏运营的经验。他们和法国 Stade de France®签署了战略合作协议以寻求运营上的咨询和从 Stade de France®处获得更有效的管理知识。但是该项协议可能会由于高额的咨询费而终止。项目公司现在准备完全依靠自己的力量解决问题。例如，体育场外的公园对于项目公司来说很难管理，所以他们可能将会它承包给一家广告公司。广告公司可以在某些地方做广告以获得收益。

九、总结

国家体育场将会是第 29 届奥运会开幕式和闭幕式的主会场，田径比赛和足球决赛也将在这里举办，因此该项目必须按期完工。众所周知，世界上绝大部分体育场无法从自己运营中获得足够收入。要使国家体育场在 BOT 模式下可行，北京市人民政府提供了许多支持和鼓励措施，并提供了总投资 58%的无回报资金。经北京市人民政府授权的公共部门和私营部门联合成立了项目公司，负责融资、建造、运行、维护体育场并在 30 年的特许经营期后把体育场还给北京市人民政府。尽管如此，目前却出现了一些争议，尤其是取消活动屋顶导致的问题公共部门和私营部门都无法单独承担，他们必须把此问题解决清楚。由于中信集团和北京城建都是中国国有大型企业，他们会尽一些办法如期完成项目，重新谈判会是公共部门之间、公共部门与私营部门之间解决问题的好办法之一。

从该项目，可以得到以下经验：

- 政府的支持和承诺对此类项目非常重要。
- 签署协议时项目的范围应当被定义清楚，审慎签订项目公司股东协议和设计建造合同，以避免将来的争议。
- 所有各方应当有在项目全寿命期中将提高效率和降低费用作为共同目标。
- 风险管理非常重要，特别应该把私营部门的利益和公共部门结合在一起，并签订清楚的合同和协议。
- 争议出现时，参与各方特别是与政府的重新谈判往往比调解、仲裁或诉讼更有效率。

参考文献

北京市发展和改革委员会（2002），北京奥林匹克森林公园（B 区域）国家体育场所有权招标——含两份合同和协议

［欧亚 PPP 联络网编著，王守清主译，《欧亚基础设施建设公私合作（PPP）：案例分析》（中英文对照），北方联合出版传媒集团，2010 年 8 月］

民营企业发展基础设施项目投资措施

作者：赵新博　王盈盈　柯永建　王守清

基金项目：国家自然科学基金资助项目（70471004 和 70731160634）

【摘要】 随着近年来政府在政策上的支持，基础设施建设又迎来新一轮热潮，越来越多的民营企业开始积极投资于基础设施建设。相比于传统的商业投资，基础设施项目有其自身的特殊性，因此有必要根据民营企业在这一领域的优势、劣势，以及所面临的机会和威胁，制定合理的投资措施，以期充分发挥特许经营模式的优势。本文通过广泛的文献综述，归纳总结民营企业应采用的特许经营模式投资措施，为其投资基础设施领域提供相应的决策依据。

【关键词】 民营企业　基础设施　投资措施　特许经营

2005 年非公经济 36 条正式出台，作为首部以促进非公有制经济发展为主题的中央政府文件，文件允许非公有资本进入垄断行业和领域，在电力、电信、铁路、民航、石油等行业和领域，引入市场竞争机制。这为民营资本开拓了新的投资空间，但是机遇面前也应注意到民营企业依然面临的一系列风险。基于此，本文在详尽的文献阅读和相关领域专家及业界人士访谈的基础上，探讨民营企业在此领域的 SWOT，研究其发展的风险应对措施，为民营企业的合理投资基础设施提供参考。

一、民营企业发展基础设施的 SWOT 分析

为了研究民营企业的风险应对措施，首先应寻找出民营企业自身的优势、劣势以及在外部机会与威胁。本文引用柯永建等民营企业发展基础设施项目的 SWOT 分析[1]，列出民营企业的优势（S）、劣势（W）、机会（O）以及威胁（T），并运用因子分析法将相关性较大的因素进行分组归纳，如下表 5-16 所示。

表 5-16　民营企业发展基础设施项目优势及劣势列表

S 列表		W 列表	
优势 1	市场灵敏度高 自主决策 创新性强 体制灵活 运营效率高	劣势 1	资产负债率高 整体竞争力不强 经营行为不规范 结构散和聚合度低
优势 2	符合国情的服务网络/销售方式 能动性强 产权清晰	劣势 2	谈判时间长 谈判成本高

续表

O 列表		T 列表	
优势 3	职工/管理者素质较高 管理/经营水平先进 内部治理结构日益完善 资源运用能力强	劣势 3	融资困难 与政府谈判能力不足 投资空间狭窄
优势 4	市场竞争经验强 适应市场能力强	劣势 4	PPP 项目经验缺乏 组织结构的协调能力不足 风险承担能力有限 对公用事业建设的认识局限
优势 5	拥有剩余资金/资源 制造/经营成本低	劣势 5	规模小 发展观念/战略淡薄
O 列表		T 列表	
机会 1	政府宏观管理/监管的增强需求 国内外 PPP 项目的成功经验 创新方法的推广应用需求 行业稳定性日益加强 业界/政府对 PPP 的了解加深	威胁 1	地方保护壁垒/部门垄断 项目审批繁杂 观念障碍/所有制歧视 采购模式缺乏竞争/透明度 社会服务体系不完善
机会 2	国民经济持续发展 人民生活水平进一步提高需求	威胁 2	PPP 风险管理不适当 PPP 人才匮乏 PPP 管理体制不完善
机会 3	对非公有制资本的政策变化 民营企业社会地位得到认可	威胁 3	利率反常 通货膨胀率反常 汇率反常
机会 4	融资政策的积极变化 政府对 PPP 的支持和激励措施 公共基础设施建设的巨大需求 PPP 相关法规的逐步颁布	威胁 4	公众对项目的反对 各方责任界定欠缺 政局的不稳定
机会 5	政府投资效率低 政府财政压力过大 政府管理/运营效率低	威胁 5	权益保障障碍 外部融资渠道不畅 项目参与限制过多 退出机制缺失 合同处理耗时冗长
		威胁 6	法律法规不完善 法律变更

二、民营企业发展基础设施的投资措施

在上述 SWOT 列表的基础上，本文通过文献查阅及专家访谈的方式提出相应的措施建议，并对照上述列表给出每一项的因子的建议措施。

（一）优势项

针对优势 1，民间资本应立足公用事业投资领域的长期计划，主动寻找可投资项目和合作伙伴，实施企业战略管理，确立企业的长期发展目标[2]。充分利用外部资源，避免因自主决策引起的决策失误和局限[2]。建立和完善企业技术创新体系，将企业研发摆在组织架构的重要位置，并从制度上保证企业技术创新的动力和源泉[2]。发挥高效率优势，以独资、合作、联营、参股、特许经营等多样化方式，参与经营性的基础设施项目建设[3]。

针对优势 2，明确投资者、经营者以及员工在企业中的产权。凭借先进的网络和销售方式，着眼投资能引起其他资本注意和公共部门兴趣的公用事业，以求最大可能地获得合作[4]。

针对优势 3，建立人力资源管理制度，职工素质可持续发展，避免人才流失现象[5]。凭借管理水平优势，与政府合作经营，帮助政府从管理事务中解脱出来。考虑与他方合作后，内部治理结构复杂扩大化后的管理，提高高运作效率，建立信用凭证，获得外部各方信任，使得进入公共事业领域更加顺畅。

针对优势 4，将零散的竞争经验程序化，树立科学竞争意识，引领企业更加规范地运作，发挥自身强适应能力的优势，树立自身品牌，实现自身与经济社会的协调发展。

针对优势 5，建立高效的激励机制，调动拥有剩余资金者融资的积极性，将剩余资金、资源切实有效地利用起来。凭借低成本制造/运营的优势，积极寻找公共部门等合作伙伴，互相弥补不足。

（二）劣势项

针对劣势 1，采用由地方政府、民营企业各出一部分资金入股的 PPP 形式，或与经济实力强劲的国有企业联合投资形式，以减少负债。提升管理水平、促进技术创新、开展市场营销，从而全方位提升整体竞争力，避免盲目的扩张和多元化经营，注重在经营专业化的道路上扎实前进，选择自己具有较有优势的技术、产品或市场营销能力的项目，集中企业的优势资源，实施专业化运营模式[2]。实行所有权与经营权的独立管理层经营模式，使公司管理经营科学化和专门化，强化企业文化建设，要在企业中逐步形成重视人才、尊重人才和崇尚科学技术的文化氛围，并逐步形成统一的企业价值观，增强企业的凝聚力。

针对劣势 2，及时准备并呈送谈判所需的全部报告和可行性研究资料，主动沟通交流，跟进谈判的每一个进程，并促成谈判每一个环节的顺利进行。努力获得尽可能大的股份，确保在项目公司董事会的控制权，建立有效的激励与约束机制，控制谈判成本中内部因素最小化。

针对劣势3，运用企业内部职工集资和社会集资等方式，筹集民间零散资金。运用政府参股、挂牌上市，争取政府担保与保险、外商政府出口信贷，或与有政府背景大公司合作等方式，筹集公共部门等集中式资金，保持和政府及高层官员的良好关系，加强沟通，做好政府部门对民营企业进入公共事业领域投资顾虑的思想开导工作，与有声誉的合作伙伴，尤其是中央政府代理人或国有企业建立联盟。或者寻找所在城市商业银行和农村信用社的参与机会，积极参与合法化的私募基金和民营银行等机构的投资机会，保持适当且最优的基础设施投资规模，调整和优化基础设施投资结构。

针对劣势4，获取政府准确信息挑选最合适的、经验丰富的伙伴，在合作合同中事先设置争议解决条款。积极改变政府部门原有干部的观念问题，保持良好关系，提高管理者自身素质来提升组织结构的协调能力，事先确定调价公式，签订合作协议以分散风险，积极积累和学习PPP经验，拓宽对公共事业建设的认识程度。

针对劣势5，完善组织架构和制度，重视人才资源培养并签订正式劳动合同，建立专业化运营模式，走联动一体化之路。发展混合经济、股份合作制经济或者股份制经济，建立各种协会、商会、同业公会，通过各种制度建设和非正式交流活动的组织，促进商务合作。实施企业战略管理，培养从高层管理者到基层每个员工的战略竞争意识，强化企业文化建设，建立共同的企业价值观。

（三）机会项

针对机会1，分析宏观政策走向，选择合适发展方向（火电，路桥，通信，公共服务、基础设施等），分析国内外PPP项目运作的成败经验，结合自身情况，建立合适的项目运作机制，引进创新的项目建设技术方案。积极推动与政府间的项目谈判，规范化的合同谈判和合同文件的签订和管理，认真地完成项目，建立长期信誉，为以后的项目做铺垫，帮助拟定相关的政府文件，促进政府项目运作的规范化。

针对机会2，分析不同地区的需求缺口（西部地区基础设施跟不上，东部发达地区，人们生活对基础设施的需求量有进一步要求），积极借助中介机构和信息咨询机构，了解各种项目信息。

针对机会3，投身公用事业，用优质的工程（专家技术财务指导，建设监理，信息公开）提高公众信用，积极拓展民间资本投资空间，向民间投资成分比较小且当前国家大力发展的基础设施行业发展。

针对机会4，依靠政府的法律支持积极拓宽融资渠道（担保法等），分散融资风险，依靠政府政策、信用支持，积极促成融资过程的合同谈判、缩短谈判时间。利用政府的税收支持，合理安排财务计划，分析宏观政策走向，选择合适发展方向（火电，路桥，通信，公共服务、基础设施等）。充分获得政府的财政支持，在项目建设过程中利用政府的示范效应吸纳更多的社会资金，加强与银行财团的合作，促进资本的积聚。

针对机会 5，积极组织社会民间资本参与政府公用事业，扬长避短，采用竞争招标等形式选择优秀的运营商、承包商，提高建设效率，发挥运营优势，引进国内外先进管理方法，加强成本管理，提高利润率，加强项目的规范运作，提高运作过程中财务的透明度。

（四）威胁项

针对威胁 1，通过宣传或召开高级别的 PPP 专题工作会议，使政府各部门、社会各界对民营企业以 PPP 形式参与基础设施建设有一个更清楚的认识。利用上级政府的协调机制，协调下一级行政区域基础设施的共享性和流域性问题，寻找政府亟须的投资项目，比较容易获得政府的积极配合，提高项目运作效率，缩短项目前期，采用创造性的技术方案，缩短项目建设周期。

针对威胁 2，设计合理的风险分担结构，积极培养熟悉 PPP 知识的专业人才，配备金融、法律、行政等各方面组成的顾问小组，预先辨识风险，特别是合同条件中隐含的一些风险，预见到风险后果并提出风险防范办法。一方面在合同谈判时争取得到招标方的谅解，修改风险分担不合理的合同条件；另一方面在招标方坚持不同意修改合同条件时，可以在项目实施时注意防范风险，还要准备一定的风险费。最好在合同签订前，就提出合理的风险分担方案和预防措施，建立经济实力比较强的企业联合体，充分利用国有企业和民营企业的各自优势，合理控制风险，明确投资风险的分解方法和渠道，以消除投资疑虑，利用完工担保、缺额担保、“或取或付”合同等，分散转移相应的各种风险。

针对威胁 3，合理安排固定利率与浮动利率的比例，对利率波动进行预测。与政府共同承担风险，即在一定的比例之内的利率变化由参与放承担，但在利率变化超过此比例之后由政府补贴项目公司的损失。针对通货膨胀，可以和政府或对项目产品有需要的第三方签订长期购销合同分担供应风险，可采用固定定价方式，然后在整个合同履行期内按照某一预定的价格指数加以调整，要将项目运营期间的收费或价格能够与成本相关并在合同文件中以公式的形式进行规定，并根据现实情况允许进行适当的调整，设定上下限规定。

针对威胁 4，积极争取政府的支持，充分利用政府的示范效应，为风险投保，转移风险，或获得政府担保，使用相应的金融工具，为远期打算，在合同中明确各方的权益和义务，将各方的风险分担和权益界定清楚，并在项目执行过程中做好文档的记录和归类。

针对威胁5，积极争取政府的支持，充分利用政府的示范效应，建立合理的项目管理机构，协调好项目各方的关系，建立规范的合同文本。聘请高水平的咨询公司，包括法律顾问、技术顾问和财务顾问等，做好前期的可行性研究，一方面要积极认真的完成项目，另一方面要加强与政府的良好合作。在于政府相关机构签订特许权协议时，一定要明确政府所能给予的权益保障来源，实现对项目所在地负责项目的政府官员信用心里有数，区分清口头承诺和切实承诺，落实到合同文档，明确政府的投资回报政策以及竞争保护政策。

针对威胁6，项目立项前，对国家相应的法律法规进行仔细的分析，并对类似项目的国外运作环境进行分析。政治风险的主要管理策略是投保，向商业保险公司或其他官方机构投保政治风险，也可以在项目融资过程中引入多边机构，达到风险合理分担目的。如果没有相应的法律法规，一定要规范行事，包括合同文件的制定等，在不损害政府利益及并不违反中国法律的前提下，尽可能遵照国际惯例行事，以使项目进展顺利，尤其是顺利完成融资，积极获得政府的支持，协调好政府的关系。

三、小结

根据国家和各地区"十一五"规划，中国将迎来新一轮建设热潮，基础设施需求市场前景广阔，其中最大的障碍就是资金不足，而民营资本的合法介入为基础设施建设注入了新的活力。值得说明的是，中国的民营企业参差不齐，不同地区的投资环境也有差异，不同类型的项目的风险收益情况亦差别很大，因此民营企业在投资基础设施时要具体情况具体分析，识别自身面临的风险因素，对照上述列表找出适合自身的投资措施，并制定全面的实施计划。

参考文献

[1] 柯永建，赵新博，王盈盈，王守清. 民营企业发展基础设施项目的 SWOT 分析[J]. 商业研究，2008, 12: 7-10

[2] 林必越. 基于内部途径的民营企业核心竞争力构建[J]. 产业与科技论坛，2007, 6（10）.

[3] 王艳，赵立雨. 民间资本进入公共事业领域的障碍与对策探析[J]. 集团经济研究，2005, 11.

[4] 陈立兴. 启动民间资本是目前经济增长的关键 – 基于里昂惕夫技术和生产函数的分析[J]. 财经问题研究, 2004, 3.

[5] 于希全. 民营企业人力资源管理探讨[J]. 产业与科技论坛, 2007, 6（10）.

（《建筑经济》2008年第7期，第58-61页）

民营企业发展基础设施项目的投资决策模型

作者：柯永建　赵新博　王盈盈　王守清

国家自然科学基金资助项目（70471004 和 70731160634）

【摘要】在中国的两轮基础设施投资浪潮中，参与基础设施建设的投资主体都具有局限性。第一轮多为外商投资者，往往要价过高和偏好发达地区的经营性项目；第二轮多为国有企业，法人缺位、经营管理效率不佳很大程度上抑制了特许经营模式本身的优势。因此，有必要分析经济市场中的另一重要主体——民营企业在基础设施建设领域中的发展前景。本文通过详尽的文献阅读，归纳总结民营企业发展基础设施项目的优势、劣势、机会和威胁，以及具体的投资策略建议；在此基础上采用了重要性和符合度二维评价指标，从而建立了一个投资决策模型；最后通过一个简化案例来介绍该模型的应用方法。

【关键词】　投资决策　民营企业　基础设施　特许经营

一、引言

特许经营已于 20 世纪 80 年代中期被引入我国的电厂、高速公路等基础设施领域，其中以 BOT（Build-Operate-Transfer）方式运作的项目居多。国家计委将广西来宾 B 电厂、四川成都自来水六厂 B 厂等项目确定为中国政府批准的规范化的 BOT 投资方式试点项目，从此特许经营运作开始逐渐规范并有了一定的发展。之后，由于政府实施积极的财政政策，将大量国债资金投放于基础设施领域，以及中央政府清理地方政府各种违规外商投资项目，到上世纪末，第一轮基础设施投资浪潮已趋于平静[1]。

步入 21 世纪后，中国的经济依旧持续稳定发展，基础设施对经济发展的瓶颈限制再次凸显出来，能源、交通及其他公用设施的短缺，单靠政府的财政力量无法满足所需的巨额投资，又给民间资本以特许经营模式参与基础设施投资建设提供了良好的契机，因此有“新一轮的 BOT 已是热火烹油”[2]一说。

然而在这两轮投资浪潮中，参与基础设施建设的项目投资人存在着局限性。在第一轮浪潮中，外商投资者占主要部分，但是外资投资者往往要价过高和偏好发达地区的经营性项目，这种情况限制了中国城市基础设施领域的外资引进，也影响了基础设施投资市场的平衡；而第二轮浪潮中，国有企业依托与政府沟通、议价能力和在资本市场的优势，在新一轮浪潮中起着至关重要的作用，但是由于国有企业的法人缺位，经营管理效率不佳，很大程度上抑制了特许经营模式本身的优势[3]。

因此，有必要对经济市场上另外一个重要主体——民营企业在基础设施建设领域中的发展前景开展进一步调查研究，基于此背景，本文为民营企业提供了一个投资决策模型，以期为其提供参考依据。

二、民营企业的优势、劣势、机会和威胁

相对于国有企业和外资企业，民营企业在基础设施领域具有一定的优势和劣势，同时也面临着机会和威胁，具体如表 5-17 ~ 5-20 所示[4]。

表 5-17 民营企业投资基础设施领域的优势

编号	优势	调研结果	简化案例	
		重要性	符合度	排序
S1	管理/经营水平先进	3.84	3	7
S2	拥有剩余资金/资源	3.78	4	2
S3	产权清晰（相对于国有企业）	4.03	4	1
S4	职工/管理者素质较高	3.48	3	10
S5	创新性强	3.81	3	8
S6	制造/运营成本低	4.03	3	6
S7	能动性强	3.84	2	15
S8	运营效率高	4.26	3	3
S9	体制灵活	4.12	3	4
S10	适应市场能力强	4.10	3	5
S11	内部治理结构日益完善	3.50	2	16
S12	市场竞争经验强	3.95	2	13
S13	符合国情的服务网络/销售方式	3.59	3	9
S14	资源运用能力强	3.93	2	14
S15	自主决策	4.07	2	12
S16	市场灵敏度高	4.12	2	11

表 5-18 民营企业投资基础设施领域的劣势

编号	劣势	调研结果	简化案例	
		重要性	符合度	排序
W1	对公用事业建设的认识局限	3.53	2	8
W2	组织结构的协调能力不足	3.53	1	13
W3	融资困难	4.09	2	3
W4	投资空间狭窄	3.59	3	1
W5	与政府谈判能力不足	3.76	2	5
W6	谈判时间长（与国有企业相比）	3.29	2	11
W7	谈判成本高（与国有企业相比）	3.24	3	2
W8	PPP 项目经验缺乏	3.90	1	12
W9	风险承担能力有限	4.05	2	4

续表

编号	劣势	调研结果	简化案例	
		重要性	符合度	排序
W10	规模小	3.67	2	7
W11	结构散、聚合度低	3.40	1	14
W12	整体竞争力不强	3.52	2	9
W13	经营行为不规范	3.72	2	6
W14	发展观念/战略淡薄	3.31	2	10
W15	资产负债率高	3.34	1	15

表 5-19　民营企业投资基础设施领域的机会

编号	机会	调研结果	简化案例	
		重要性	符合度	排序
O1	融资政策的积极变化	4.29	4	5
O2	国内外 BOT 项目的成功经验	3.74	5	1
O3	政府宏观管理/监管的增强需求	3.38	4	10
O4	创新方法的推广应用需求	3.03	2	16
O5	公共基础设施建设的巨大需求	4.34	4	4
O6	政府财政压力过大	3.72	5	2
O7	政府对 PPP 的支持和激励措施	4.10	3	11
O8	政府投资效率低	3.43	4	8
O9	PPP 相关法规的逐步颁布	3.91	3	12
O10	国民经济持续发展	3.69	4	7
O11	人民生活水平进一步提高需求	3.48	3	14
O12	业界/政府对 PPP 了解加深	3.71	5	3
O13	政府管理/运营效率低	3.41	4	9
O14	行业稳定性日益加强	3.21	3	15
O15	对非公有制资本的政策变化	3.95	4	6
O16	民营企业社会地位得到认可	3.74	3	13

表 5-20　民营企业投资基础设施领域的威胁

编号	威胁	调研结果	简化案例	
		重要性	符合度	排序
T1	外部融资渠道不畅	4.17	5	1
T2	法律法规不完善	4.17	5	1
T3	社会服务体系不完善	3.62	2	14
T4	PPP 管理体制不完善	4.12	2	11
T5	PPP 风险管理不适当	4.00	3	7
T6	PPP 人才匮乏	4.14	4	3

续表

编　号	威　胁	调研结果	简化案例	
		重要性	符合度	排　序
T7	权益保障障碍	3.72	2	12
T8	项目审批繁杂	3.78	4	4
T9	地方保护壁垒/部门垄断	3.93	3	8
T10	观念障碍/所有制歧视	3.22	1	20
T11	退出机制缺失	3.67	2	13
T12	项目参与限制过多	3.53	4	5
T13	合同处理耗时冗长	3.36	2	16
T14	通货膨胀率反常	3.36	2	16
T15	利率反常	3.22	2	18
T16	法律变更	3.74	1	19
T17	公众对项目的反对	3.22	3	10
T18	各方责任界定欠缺	3.78	3	9
T19	采购模式缺乏竞争/透明度	3.62	2	14
T20	政局的不稳定	3.05	1	21
T21	汇率反常	3.36	4	6

三、民营企业的投资决策模型

（一）模型指标

表 5-17～5-20 所列的是一般情况下民营企业发展基础设施项目的优势、劣势、机会和威胁，然而民营企业素质参差不齐，不同行业和地区基础设施项目的项目特性也有比较大差异，因此除了“重要性”以外，本模型还采用另一个指标“符合度”来评价，使得模型的评价结果更有针对性和应用价值，从而协助民营企业做出投资决策。

“重要性”指的是民营企业发展基础设施项目的 SWOT 单项的重要程度，此项指标将通过专家问卷调查方法获得；而“符合度”是评价民营企业在具体一个 PPP 项目中的真实情况与表 5-17～5-20 识别的 SWOT 列表的符合程度，此项指标将由民营企业给出，作为模型的输入变量。综合重要性和符合度，民营企业 SWOT 列表的最终评价如下公式所示：

$$\mathrm{Score}_i = I_i \times A_i \tag{5-1}$$

式中，Score_i 表示单项 i 的最终评价得分；I_i 表示单项 i 的重要性得分；A_i 表示单项 i 的符合度得分。

两个指标都将采用 1～5 级的李克特量表来评价。例如，选择 1 表示认为该单项很不重要，2 表示不重要，3 表示一般重要，4 表示重要，5 表示很重要。

（二）问卷调查分析

在 2007 年 11 月，笔者就表 5-17 ~ 5-20 进行了一次问卷调查，目的在于评价民营企业 SWOT 列表的重要性，发放对象是国内对基础设施 PPP 领域的研究人员和实际工作者，共发出 154 份，总计回收的有效回复是 58 份。其中，34 份来自业界，包括政府机关、国有企业和民营企业；24 份来自研究机构。数据处理使用了均值排序、T 检验和因子分析方法，得出民营企业 SWOT 列表的重要性评价（如表 5-17 ~ 5-20 所示）和因子分组（如表 5-21 所示）。

表 5-21　民营企业 SWOT 列表的因子分组

编　　号	因子描述	优势单项	排　　序
因子 1	开拓市场的迅速和创新	S16, S15, S5, S9, S8	3
因子 2	自主经营能力	S7, S3, S13	2
因子 3	内部组织结构和管理能力	S4, S1, S11, S14	5
因子 4	对已有市场的竞争优势	S12, S10	4
因子 5	拥有剩余资金/资源	S2, S6	1
编　　号	因子描述	劣势单项	排　　序
因子 1	自身内部经营问题	W15, W12, W13, W11	4
因子 2	对外沟通的地位和能力	W6, W7	1
因子 3	投融资方面问题	W3, W5, W4	2
因子 4	发展 PPP 项目的直接问题	W8, W2, W9, W1	5
因子 5	企业可持续发展的限制	W10, W14	3
编　　号	因子描述	机会单项	排　　序
因子 1	国家的宏观行业环境	O3, O2, O4, O14, O12	2
因子 2	国家的宏观经济环境	O11, O10	4
因子 3	社会对民营企业的看法	O15, O16	5
因子 4	政府引进民间资本的态度	O1, O7, O5, O9	3
因子 5	政府在公用事业的缺陷	O8, O6, O13	1
编　　号	因子描述	威胁单项	排　　序
因子 1	与政府管理相关的困难	T9, T8, T10, T19, T3	5
因子 2	国内 PPP 模式应用的局限	T5, T6, T4	3
因子 3	国民经济的波动	T15, T14, T21	4
因子 4	可能遭遇的社会问题	T17, T18, T20	6
因子 5	基础设施市场化的特定限制	T7, T1, T12, T11	2
因子 6	国家法律环境问题	T2, T16	1

（三）投资策略建议

在上节问卷调查的基础上，笔者进行了广泛的文献阅读，归纳总结了民营企业发展基础设施项目的具体投资措施建议，详见笔者其他文章[5]，如表 5-22 ~ 5-25 所示。

表 5-22　对应于优势列表的投资措施建议

因　　子	编　　号	具体措施
因子 1	M1.1.1	制定立足公用事业投资领域的长期计划，主动寻找可投资项目和合作伙伴
	M1.1.2	利用外部资源，避免因自主决策引起的决策失误
	M1.1.3	建立和完善企业技术创新体系，将企业研发摆在组织架构的重要位置；建立有效的技术创新机制，从制度上保证企业技术创新的动力和源泉
因子 1	M1.1.4	实施企业战略管理，确立企业的长期发展目标
	M1.1.5	发挥高效率优势，以独资、合作、联营、参股、特许经营等多样化方式，参与经营性的基础设施项目建设
因子 2	M1.2.1	制定长期计划，正确引导能动方向，避免盲目滥动
	M1.2.2	明确投资者、经营者以及员工在企业中的产权，确保企业健康长久地发展
	M1.2.3	凭借先进的网络和销售方式，着眼投资能引起公共部门兴趣的公用事业，以求最大可能地获得合作
因子 3	M1.3.1	建立人力资源管理制度，职工素质可持续发展，避免人才流失现象
	M1.3.2	凭借管理水平优势，与政府合作经营，帮助政府从管理事务中解脱出来
	M1.3.3	加快治理结构的完善，考虑与他方合作后，内部治理结构复杂扩大化后的管理
	M1.3.4	凭借高运作性，建立信用凭证，获得外部各方信任，使得进入公共事业领域更加顺畅
因子 4	M1.4.1	将零散的竞争经验程序化，树立科学竞争意识，引领企业更加规范地运作
	M1.4.2	为获得发挥自身强适应能力的优势，树立自身品牌，实现自身与经济社会的协调发展
因子 5	M1.5.1	建立高效的激励机制，调动拥有剩余资金者融资的积极性，将剩余资金/资源切实有效地利用起来
	M1.5.2	凭借低成本制造/运营的优势，积极寻找公共部门等合作伙伴，互相弥补不足

表 5-23　对应于劣势列表的投资措施建议

因　　子	编　　号	具体措施
因子 1	M2.1.1	采用由地方政府、民营企业各出一部分资金入股的 PPP 形式，或与经济实力强劲的国有企业联合投资形式，以减少负债
	M2.1.2	提升管理水平、促进技术创新、开展市场营销，从而全方位提升整体竞争力
	M2.1.3	避免盲目的扩张和多元化经营，注重在经营专业化的道路上扎实前进，选择自己具有较有优势的技术、产品或市场营销能力的项目，集中企业的优势资源，实施专业化运营模式
	M2.1.4	实行所有权与经营权的独立管理层经营模式，使公司管理经营科学化和专门化
	M2.1.5	强化企业文化建设，要在企业中逐步形成重视人才、尊重人才和崇尚科学技术的文化氛围，并逐步形成统一的企业价值观，增强企业的凝聚力

续表

因　子	编　号	具体措施
因子 2	M2.2.1	及时准备并呈送谈判所需的全部报告和可行性研究资料，主动沟通交流，跟进谈判的每一个进程，并促成谈判每一个环节的顺利进行
	M2.2.2	努力获得尽可能大的股份，确保在项目公司董事会的控制权
	M2.2.3	建立有效的激励与约束机制，控制谈判成本中内部因素最小化
因子 3	M2.3.1	运用企业内部职工集资和社会集资等方式，筹集民间零散资金；运用政府参股、挂牌上市，争取政府担保与保险、外商政府出口信贷，或与政府背景大公司合作等方式，筹集公共部门等集中式资金
	M2.3.2	保持和政府及高层官员的良好关系，加强沟通，做好政府部门对民营企业进入公共事业领域投资顾虑的思想开导工作
	M2.3.3	与有声誉的合作伙伴，尤其是中央政府代理人或国有企业建立联盟；或者寻找所在城市商业银行和农村信用社的参与机会，积极参与合法化的私募基金和民营银行等机构的投资机会
	M2.3.4	保持适当且最优的基础设施投资规模，调整和优化基础设施投资结构
因子 4	M2.4.1	获取政府准确信息挑选最合适的、经验丰富的伙伴，在合作合同中事先设置争议解决条款
	M2.4.2	积极改变政府部门原有干部的观念问题，保持良好关系，提高管理者自身素质来提升组织结构的协调能力
	M2.4.3	事先确定调价公式，签订合作协议以分散风险
	M2.4.4	积极积累和学习 PPP 经验，拓宽对公共事业建设的认识程度
因子 5	M2.5.1	完善组织架构和制度，重视人才资源培养并签订正式劳动合同，建立专业化运营模式
	M2.5.2	走联动一体化之路，发展混合经济、股份合作制经济或者股份制经济
	M2.5.3	建立各种协会、商会、同业公会，通过各种制度建设和非正式交流活动的组织，促进商务合作
	M2.5.4	实施企业战略管理，培养高层管理者到基层每个员工的战略竞争意识，强化企业文化建设，建立共同的企业价值观

表 5-24　对应于机会列表的投资措施建议

因　子	编　号	具体措施
因子 1	M3.1.1	分析宏观政策走向，选择合适发展方向（火电，路桥，通信，公共服务、基础设施等）
	M3.1.2	分析国内外 PPP 项目运作的成败经验，结合自身情况，建立合适的项目运作机制
	M3.1.3	引进创新的项目建设技术方案和项目运作机制
	M3.1.4	积极推动与政府间的项目谈判，规范化的合同谈判和合同文件的签订和管理
	M3.1.5	认真地完成项目，建立长期信誉，为以后的项目做铺垫
	M3.1.6	帮助拟定相关的政府文件，促进政府项目运作的规范化

续表

因　子	编　号	具体措施
因子 2	M3.2.1	分析不同地区的需求缺口（西部地区基础设施跟不上，东部发达地区，人们生活对基础设施的需求量有进一步要求）
	M3.2.2	积极借助中介机构/信息咨询机构，了解各种项目信息
因子 3	M3.3.1	投身公用事业，用优质的工程（专家技术财务指导，建设监理，信息公开）提高公众信用
	M3.3.2	积极拓展民间资本投资空间，向民间投资成分比较小且当前国家大力发展的基础设施行业发展
因子 4	M3.4.1	依靠政府的法律支持积极拓宽融资渠道（担保法等），分散融资风险
	M3.4.2	依靠政府政策、信用支持，积极促成融资过程的合同谈判、缩短谈判时间
	M3.4.3	利用政府的税收支持，合理安排财务计划
	M3.4.4	分析宏观政策走向，选择合适发展方向（火电，路桥，通信，公共服务、基础设施等）
	M3.4.5	充分获得政府的财政支持，在项目建设过程中利用政府的示范效应吸纳更多的社会资金
	M3.4.6	加强与银行财团的合作，促进资本的积聚
因子 5	M3.5.1	积极组织社会民间资本参与政府公用事业
	M3.5.2	扬长避短，采用竞争招标等形式选择优秀的运营商、承包商，提高建设效率
	M3.5.3	发挥运营优势，引进国内外先进管理方法，加强成本管理，提高利润率
	M3.5.4	加强项目的规范运作，提高运作过程中财务的透明度

表 5-25　对应于威胁列表的投资措施建议

因　子	编　号	具体措施
因子 1	M4.1.1	通过宣传或召开高级别的 PPP 专题工作会议，使政府各部门、社会各界对民营企业以 PPP 形式参与基础设施建设有一个更清楚的认识
	M4.1.2	利用上级政府的协调机制，协调下一级行政区域基础设施的共享性和流域性问题
	M4.1.3	寻找政府亟须的投资项目，较容易获得政府积极配合
	M4.1.4	提高项目运作效率，缩短项目前期周期
	M4.1.5	采用创造性的技术方案，缩短项目建设周期
因子 2	M4.2.1	设计合理的风险分担结构
	M4.2.2	积极培养熟悉 PPP 知识的专业人才
	M4.2.3	配备金融、法律、行政等各方面组成的顾问小组
	M4.2.4	预先辨识风险，特别是合同条件中隐含的一些风险，预见到风险后果并提出风险防范办法，一方面在合同谈判时争取得到招标方的谅解，修改风险分担不合理的合同条件；另一方面在招标方坚持不同意修改合同条件时，可以在项目实施时注意防范风险，还要准备一定的风险费。最好在合同签订前，就提出合理的风险分担方案和预防措施

续表

因子	编号	具体措施
因子 2	M4.2.5	建立经济实力比较强的企业联合体，充分利用国有企业和民营企业的各自优势，合理控制风险
	M4.2.6	明确投资风险的分解方法和渠道，以消除投资疑虑
	M4.2.7	利用完工担保、缺额担保、“或取或付”合同等，分散转移相应的各种风险
因子 3	M4.3.1	合理安排固定利率与浮动利率的比例，对利率波动进行预测，积极应对
	M4.3.2	与政府共同承担风险，即在一定的比例之内的利率变化由参与放承担，但在利率变化超过此比例之后由政府补贴项目公司的损失
	M4.3.3	针对通货膨胀，可以和政府或对项目产品有需要的第三方签订长期购销合同分担供应风险；可采用固定定价方式，然后在整个合同履行期内按照某一预定的价格指数加以调整
	M4.3.4	要将项目运营期间的收费或价格能够与成本相关并在合同文件中以公式的形式进行规定，并根据现实情况允许进行适当的调整，设定上下限规定
因子 4	M4.4.1	积极争取政府的支持，充分利用政府的示范效应
	M4.4.2	为风险投保，转移风险，或获得政府担保
	M4.4.3	使用相应的金融工具，为远期打算
	M4.4.4	在合同中明确各方的权益和义务，将各方的风险分担和权益界定清楚，并在项目执行过程中做好文档的记录和归类
因子 5	M4.5.1	积极争取政府的支持，充分利用政府的示范效应
	M4.5.2	建立合理的项目管理机构，协调好项目各方的关系，建立规范的合同文本
	M4.5.3	聘请高水平的咨询公司，包括法律顾问、技术顾问和财务顾问等，做好前期的可行性研究
	M4.5.4	一方面要积极认真的完成项目，另一方面要加强与政府的良好合作
	M4.5.5	在于政府相关机构签订特许权协议时，一定要明确政府所能给予的权益保障来源，如项目运行期的补贴来源
	M4.5.6	实现对项目所在地负责项目的政府官员信用心里有数，区分清口头承诺和切实承诺，落实到合同文档
	M4.5.7	明确政府的投资回报政策以及竞争保护政策
因子 6	M4.6.1	项目立项前，对国家相应的法律法规进行仔细的分析，并对类似项目的国外运作环境进行分析
	M4.6.2	政治风险的主要管理策略是投保，向商业保险公司或其他官方机构投保政治风险，也可以在项目融资过程中引入多边机构，达到风险合理分担目的
	M4.6.3	如果没有相应的法律法规，一定要规范行事，包括合同文件的制定等
	M4.6.4	在不损害政府利益及并不违反中国法律的前提下，尽可能遵照国际惯例行事，以使项目进展顺利，尤其是顺利完成融资
	M4.6.5	积极获得政府的支持，协调好政府的关系

（四）模型构造

由于优势、劣势、机会和威胁四个列表的单项数目并不相同，需要先对最后 SWOT 总评价得分进行标准化，才能进行比较分析。以 SWOT 列表中的优势/S 列表为例，最后优势得分的标准化处理如下公式所示：

$$\text{Total}^s = \frac{100\times\left(\sum_{i}^{16}\text{Score}_i^s - \sum_{i}^{16}\text{MinScore}_i^s\right)}{\sum_{i}^{16}\text{MaxScore}_i^s - \sum_{i}^{16}\mathit{Min}\text{Score}_i^s} \tag{5-2}$$

式中，Total^s 表示 S 列表的标准化得分；Score_i 表示单项 i 的最终评价得分；MaxScore_i 表示单项 i 最大可能得分，即符合度 A_i 为 5 的最终评价得分；MinScore_i 表示单项 i 最小可能得分，即符合度 A_i 为 1 的最终评价得分。，

类似的，W、O 和 T 列表的标准化处理也如上所述，最后计算得出 S、W、O 和 T 的四个标准化得分（即 0 ~ 100 之间），通过比较四个值从而判断该企业在具体 PPP 项目上的 SWOT 态势。

本文的投资决策模型用 MS Excel 表示，共包括三个工作表“使用说明及参数”、“SWOT 自我评价”和“SWOT 态势分析”，模型的构造思路如图 5-18 所示。

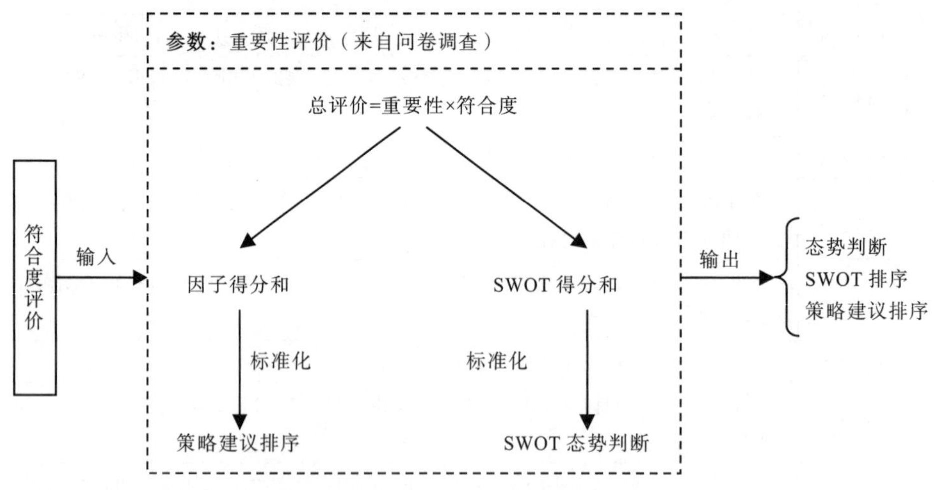

图 5-18　民营企业投资决策模型的构造思路

“使用说明及参数”工作表中简单介绍了本模型的使用说明，以及罗列了通过问卷调查得出的各单项重要性评价得分。

“SWOT 自我评价”是模型中的唯一可输入区域。回答者需要根据所在公司在具体项目上的真实情况，评价已识别的 SWOT 列表的符合度，模型可以自动计算得出

该公司所有回答者的评价平均值。

“SWOT 态势分析”是模型的输出工作表，主要分为“SWOT 列表排序”、“SWOT 态势判断”和“投资策略建议”三部分。第一部分将根据前文所述公式，计算列表中各单项的最后评价得分和排序，并进行标准化处理得到 S、W、O 和 T 四个标准分；第二部分则将四个标准分用坐标轴的方式汇出一个矩形，首先观察矩形的重心所在，在第一象限表示企业在具体项目上处于 SO 态势；在第二象限表示处于 WO 态势；在第三象限表示处于 WT 态势；在第四象限则表示处于 ST 态势；其次观察矩形的形状，长扁形表示企业内在环境更为重要；短高形表示企业外在环境更为重要；接近正方形则表示企业内外在环境都较为重要；第三部分则通过标准化处理各因子的最后评价得分，得出因子的排序，相应地得出投资措施建议的排序。

（五）模型操作

本模型的简单操作流程如图 5-19 所示。

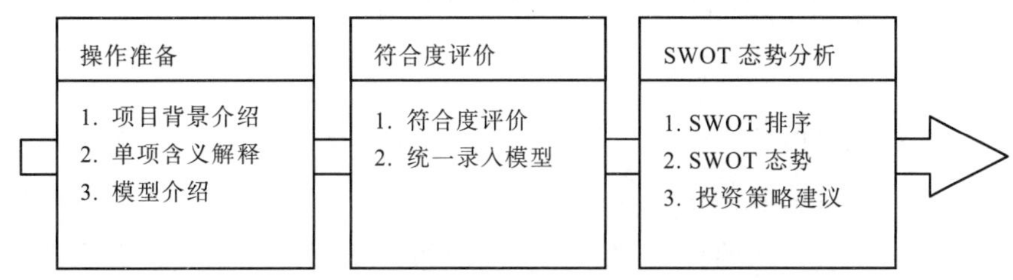

图 5-19 投资决策模型的操作流程

四、模型应用

为了更好地介绍本文所提出的民营企业发展基础设施项目的投资决策模型，这里将重点介绍一个简化案例的应用。某民营企业计划投资于某地区的某个基础设施项目，该企业内部主要成员关于 SWOT 列表与真实情况符合度的平均评价值如表 5-17 ~ 5-20 所示。

在模型中的“SWOT 自我评价”中输入上述平均评价值，在输出工作表“SWOT 态势分析”中自动生成了 SWOT 排序、投资策略建议排序（即因子排序）和 SWOT 态势分析，如表 5-17 ~ 5-21 和图 5-20 所示。观察该简化案例的 SWOT 态势图，可以发现该矩形的重心在第一象限，意味着该企业在具体项目中处于 SO 态势，即机会大于威胁、优势大于劣势的良好局面。该矩形的形状呈短高形，即意味着企业所面对的外部环境相比于内部环境来说要更为重要，应该将工作重心放在处理外部事务上，包括利用外部机会，避免外部威胁，特别需要注意表 5-17 ~ 5-20 中排序靠前的 SWOT 因素，包括外部融资渠道不畅、法律法规不完善、PPP 人才匮乏、项目审批繁杂和项目参与限制过多等风险。另外，可以采用的建议措施可参考表 5-21 ~ 5-25。

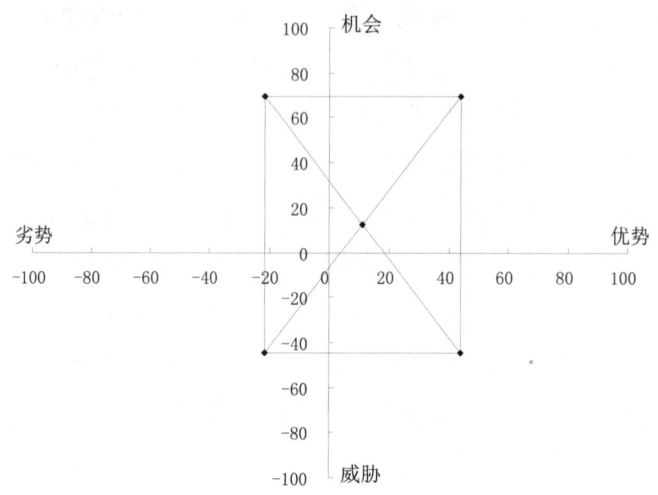

图 5-20　简化案例的 SWOT 态势图

五、结语

根据国家和各地区的“十一五”规划，中国将迎来新一轮基础设施建设热潮，在政府积极引入民间资本的政策引导下，民营企业需要详尽客观地评价自身的优势、劣势、面临的机会和威胁，从而合理地做出投资决策。基于此背景，本文提出了一个民营企业发展基础设施项目的投资决策模型。该模型使用重要性和符合度二维指标来综合评价民营企业的 SWOT，以 MS Excel 为工具，参数为通过问卷调查得出的重要性评价，输入变量为民营企业关于具体项目的符合度评价，模型将自动生成该企业的 SWOT 态势图、SWOT 列表排序和投资策略建议排序，这些信息都可以作为企业投资决策的重要参考依据。

参考文献

[1] 戴大双. 项目融资[M]. 北京：机械工业出版社, 2005.

[2] 王亦丁. 特许经营诱与惑[J]. 环球企业家, 2005（4）.

[3] 吴庆玲. 城市基础设施项目融资模式存在的问题及对策[J]. 城市管理与科技, 2007（2）: 34-37.

[4] 柯永建, 赵新博, 王盈盈, 王守清. 民营企业发展基础设施项目的 SWOT 分析[J]. 商业研究, 2008（12）: 7-10.

[5] 赵新博, 王盈盈, 柯永建, 王守清. 民营企业发展基础设施项目投资措施[J]. 建筑经济, 2008（7）: 58-61.

（《项目管理技术》2009 年第 2 期，第 9-14 页）

第 2 节　再谈判与再融资机制

基于案例的我国 PPP 项目再谈判情况研究

作者：刘婷　赵桐　王守清

国家自然科学基金项目：PPP 项目的控制权配置研究（71572089）

【摘要】　本文通过文献调研，识别并搜集了我国 20 世纪 90 年代以来的 38 个发生重大再谈判的政府与社会资本合作（PPP）项目，对其进行案例分析，梳理引起再谈判的原因和结果，并进行分类和统计。研究发现，引起再谈判的主要原因包括市场需求风险、政府信用问题及政策法律变更等，再谈判导致的主要结果是社会资本退出或调整投资回报机制。针对暴露出的问题，本文从项目前期研究、弹性条款与再谈判机制、政府信用、政府责任等四个方面提出了建议。

【关键词】　再谈判　PPP　案例分析　社会资本　政府信用

一、引言

PPP 项目投资大、合同周期长，运营环境中不确定的风险因素较多，合同的设计和项目各阶段的管理面临着严峻挑战[1]。当合同的一方认为原合同已经不能适用于新的环境和变化、进而要求对合同条款进行调整时，再谈判即发生。再谈判的发生增加了交易成本，再谈判的破裂甚至会带来合同的提前终止和项目的取消。根据世界银行的数据，在 1990 年到 2014 年间，我国的 1 261 个 PPP 项目有 36 个已经取消[2]。

PPP 项目较长的合同期意味着，最初签订的合同难以涵盖项目全生命周期内的全部问题，因此在此周期内，在符合一定条件的前提下进行再谈判，对企业和政府来说都十分重要。孙慧等人提出，再谈判的发生不仅影响 PPP 项目进度和管理效率，还会造成高额的费用，这是由于再谈判的结果通常是建设期延长、特许期延长、运营期收费增加以及政府投资责任的加重[3]。在一些不确定性较大的 PPP 项目中，适当灵活的允许再谈判发生的条款的价值可能会超过再谈判过程中的交易成本，这时，与其把合同设计得尽可能周密完备以预防再谈判的发生，不如适当宽松，允许双方在一定条件下发起再谈判[4]。

关于再谈判发生的原因，由于人的有限理性、外部环境的不确定性以及信息的不完整性，合同双方不能对未来发生的全部风险进行约定并制定分担原则[5]。而 PPP 项目的实际风险分担与风险分担偏好（理想分担方案）之间的差异越小，项目的成功度越高[6]。因此，对导致再谈判出现的风险因素的识别和分担机制的制定显得尤为重要。

二、案例选取及案例分析

（一）案例概况

通过文献调研 ，本文识别并一共选取了我国 20 世纪 90 年代以来共计 38 个发生了重大再谈判的 PPP 项目。按行业看，这些项目涵盖了高速公路、隧道、桥梁、供水厂、污水处理厂、大型燃煤发电厂、垃圾焚烧发电厂、地铁等；从地域看，这些项目在东北、华北、西北、西南、东南均有分布；参与项目的企业包括了国有企业、民营企业和外资企业。因此，所选取的项目具有一定的代表性。这 38 个项目为：国家体育场、福建刺桐大桥、长春汇津污水处理厂、杭州湾跨海大桥、上海大场水厂、北京第十水厂、福建鑫远闽江四桥、山东中华电厂、廉江中法供水厂、沈阳第八水厂、沈阳第九水厂、深圳沙角 B 电厂、青岛威立雅污水处理厂、江苏吴江垃圾焚烧厂、江苏泰兴黄桥发电厂、武汉长江三桥、南京长江三桥、北京市五环高速路、河北晋州污水处理厂、深圳梧桐山隧道、郑州荥锦垃圾焚烧发电厂、天津双港垃圾焚烧发电厂、南京长江隧道、山东菏泽垃圾焚烧厂、遵义南北水厂、兰州威立雅水厂、南浦大桥、杨浦大桥、打浦路隧道、广西来宾垃圾焚烧厂、吉林四平垃圾焚烧发电厂、重庆同兴垃圾焚烧发电厂、山东日照发电厂、重庆自忠路、邛崃新城、北京地铁 4 号线、武汉汤逊湖污水处理厂、番禺垃圾焚烧厂。其中 8 个典型案例的概况、再谈判发起人、再谈判结果见表 5-26。

表 5-26　PPP 项目再谈判典型案例

编号	项目名称	案例概况	再谈判发起人	再谈判结果
1	沈阳第八水厂	该项目存在固定回报，两年后，政府提出希望回购该项目，经过谈判后达成回购条件。项目中企业获利颇丰，项目转让收入超过投资额并额外获得十年的技术服务合同，而政府损失巨大	政府	政府回购
2	深圳沙角 B 电厂	1995—1998 年该项目的发电量不及最低购电量，按照合同政府应赔偿企业损失。再谈判后双方同意将特许期延长三年作为赔偿	企业	特许期延长
3	武汉长江三桥	政府做出承诺保证项目的排他性，但桥梁建成后政府违背承诺修建新桥梁并以种种理由搪塞企业提出的赔偿要求，最终企业只得将项目整体出售	企业	企业售出项目
4	南京长江三桥	位置偏僻导致车流量严重低于预期，同时财务成本居高不下，项目发生亏损，经谈判后政府同意将特许期延长五年	企业	特许期延长

续表

编号	项目名称	案例概况	再谈判发起人	再谈判结果
5	郑州荥锦垃圾焚烧发电厂	垃圾运送量不足，同时运送途中运输车需经过收费站，造成了运输成本的增加，谈判后政府出资 700 万修建了垃圾绿色通道	企业	政府修建道路
6	北京地铁4号线	由于地铁票价调整为 2 元且大兴线与 4 号线直接连接，不设换乘站，客流量超出预期，但平均票价小于测算票价，项目运营发生亏损，双方签订补充协议，政府对项目给予补偿保障其运转	企业	政府补贴
7	上海南浦大桥	合同中存在固定收益条款。项目建成后交通量超过预期，通行费上涨，企业获得超额利润，谈判后国有企业回购项目	政府	政府回购
8	天津双港垃圾焚烧发电厂	政府承诺补贴但具体补贴数额未约定，政府拖延支付，同时垃圾焚烧排放导致的污染严重，引发民众抗议，政府回购并规划搬迁	企业	政府回购搬迁

（二）再谈判原因分析

通过对识别出的 38 个案例及其概况进行分析发现，由企业发起的再谈判，通常源于项目收益不足，而收益不足往往源于市场需求量低于预期、政府违反非竞争性条款、政府未按合同约定付款、配套设备服务提供不足及法律政策变更等原因；而由政府发起的再谈判，往往由于项目产生了超额收益，或项目运营不达标，以及由以上两点引发的大规模的民众反对，其中过高的收益通常源于市场需求量高于预期、政府过度担保等原因。

对以上引发其再谈判的本质原因进行分类和统计发现，最主要的原因包括市场需求风险、政府信用问题、政府过度担保等三类，此外还有法律政策变更、民众反对、项目绩效不达标等原因，见表 5-27。（注：单个案例的再谈判发生可能涉及多项原因。）

表 5-27　PPP 项目再谈判原因统计

再谈判原因	数　量	比　例
市场需求风险	14	36.8%
政府信用问题	13	34.2%
政府过度担保	9	23.7%
法律政策变更	6	15.8%
民众反对	6	15.8%
项目绩效不达标	4	10.5%

其中，市场需求风险源于可行性研究时对需求预测的不准确，既包括需求高估，如上海南浦大桥项目，也包括需求低估，如深圳沙角 B 电厂，武汉长江三桥。更深层

次的原因可以分为两点，一是前期可行性研究不充分，合同设计不合理，二是长期需求的预测本身就是不准确的。由于影响市场需求的因素众多，加上PPP期限长，需求无法准确预测，而参与方的主观态度将加剧需求预测的偏差：如发起人为使项目通过审批而高估需求，咨询公司为赢得业务而不中立、不独立，贷款方因有项目投资人母公司或政府的担保而不对项目需求本身进行充分的尽职调查等。

政府信用问题指政府发生重大违约行为，主要有不按合同约定付费、违反合同调价、违反竞争性条款等，如武汉长江三桥项目中政府修建竞争性项目导致项目运营亏损。政府与企业作为合同的双方地位不对等，政府违约后企业缺乏有效的法律救济渠道，这导致政府信用不足的问题较难得到改善，同时也是阻碍企业（尤其是民营企业）参与PPP项目的重要原因之一。

政府为吸引投资人，往往通过补贴、担保等形式分担风险，但缺乏行业数据积累、缺乏PPP经验及信息不对称等原因导致政府在补贴、担保机制和程度的选择上缺乏科学的决策依据，因而常常过度担保，如沈阳第八水厂项目中政府承诺提供固定回报，这一担保机制既不利于激励企业努力改善项目运营，又增加了政府的财政负担，最终政府为组建沈阳发展股份公司，提前高价回购项目，而企业获得超额收益。

法律政策变更包括PPP领域及该项目所在领域的法律政策变更，如上海南浦大桥项目中约定了15%的固定回报率，但2002年发布的《国务院办公厅关于妥善处理现有保证外方投资固定回报项目有关问题的通知》要求各级政府处理之前存在固定回报的项目。目前我国法律政策框架正在完善中，因此变更较为频繁，该风险应由政府承担。

民众反对的原因包括项目产生了超额收益，运营不达标，收费过高影响居民生活等，如天津双港垃圾焚烧发电厂项目三废排放导致的污染引起周围居民的抗议。

项目绩效不达标也是引起再谈判的原因之一，如天津双港垃圾焚烧发电厂垃圾焚烧排放导致的污染严重，甚至有垃圾焚烧发电项目在运营过程中违规增加掺煤量，导致垃圾焚烧发电厂实际变为国家已经明令禁止的小火电厂等。这在某种程度上反映出PPP合同中的激励机制有待完善（如最低价中标、付费与绩效不挂钩等机制不利于激励企业增加对项目的投入），同时政府的监管能力有待提高。

（三）再谈判结果分析

再谈判导致的主要结果包括社会资本退出或投资回报机制做出调整，见表5-28。其中社会资本退出通常以政府回购的方式实现。调整回报机制包括政府提供补贴、延长特许期、收费调整、政府承诺创造外部条件等，如深圳沙角B电厂的特许期延长三年，政府出资为郑州荥锦垃圾焚烧发电厂的运输车辆修建绿色通道。

表 5-28　PPP 项目再谈判案例结果统计

	再谈判结果	项目数量	比　例
社会资本退出	政府回购	17	44.74%
	企业售出股份	2	5.26%
	谈判破裂	3	7.90%
投资回报机制调整	政府补贴	3	7.90%
	延长特许期	2	5.26%
	政府承诺创造外部条件	2	5.26%
	收费调整	1	2.63%
	缺资料	8	21.05%
合　计		38	100.0%

对再谈判结果的统计可以发现，我国的 PPP 项目再谈判的结果以政府回购为主。案例中涉及的政府回购主要可以分为两类：一是因需求量大于预期或政府过度担保，项目收益过高，政府发起再谈判后在保障企业合理利润的前提下回购项目；二是企业以项目收益过低为由发起的再谈判，这种情况下的政府回购其实是政府为项目的失败买单，这其中不仅产生巨大的交易成本，更有违公平原则。

三、问题与建议

（一）推广项目融资，优化招投标机制，激励企业和贷款方进行充分的可行性研究

前期可行性研究的不充分，或是企业为了中标、政府为了尽快开建项目而刻意高估建成后的使用量，都可能会导致项目建成后收益不足，进而引发再谈判。针对这一问题比较有效的做法是优化招投标机制，比如由最低价中标转变为次低价中标，对超低价中标的项目进行严格的审查和评估等；通过建立咨询机构库，对咨询机构的后评价和淘汰机制来约束咨询机构做出不负责任的需求预测、可行性研究报告。此外，推动 PPP 项目成为真正的项目融资（即实现无追索或有限追索），改变目前依靠母公司无限连带责任担保或政府兜底的现状，从而发挥贷款方（目前主要是银行）尽职调查的积极性，迫使其对市场需求进行研究和判断。对企业来说，不要将政府做出的购买量和价格保障作为主要的收益来源，严格和充分的可行性研究及对未来使用量尽可能准确的预估对企业的利润甚至生存同样至关重要。

（二）在合同中设立弹性条款，并明确再谈判机制

详细全面和客观的可行性研究能够在一定程度上减小项目风险，但是仍然无法避免对于需求预测的不准确，因此设立弹性的合同条款以在不同主体间分担这一风险显得尤为重要，如弹性特许期、最低收益担保等。同时，政府应明确自身对风险的把控，

确定具体承担哪些风险，避免过度担保；对于约定承担的风险，政府应该信守承诺，稳固投资者的信心，避免随意变更承诺及政策，确保项目的顺利平稳运营[8]。合同条款应清楚明确，尽量避免含糊不清引起争端。

再谈判机制的缺失或不完善会增加再谈判中的交易成本。因此，在合同中应设置再谈判机制，包括再谈判的触发点、再谈判的程序和争端的解决方式等[1]。完善的再谈判机制一方面能够保证当市场变化、政策法律调整或一方违反合同（包括政府违反合同建设竞争性项目、不按时支付，或企业运营不达标等）时，双方能够按照合同约定的流程进行再谈判保障自身权益，另一方面也可以通过一定的惩罚机制来规范双方的行为，避免投机性谈判。

（三）完善政策法律，促进政府与企业双方在合同中的平等地位，促使政府增强信用

在我国目前的法律环境下，当项目出现争议时，政府与企业双方的地位并不对等。关于 PPP 项目适用于行政法还是民商法，目前尚无定论，若适用行政法，将加剧政府和企业地位的不对等，建议确立 PPP 项目（包括特许经营项目）适用于民商法，以改善这种不对等，从而迫使政府更好地履行义务。政策和法律的变更可能对项目收费机制、盈利模式等造成影响，根据“由对风险最有控制力的一方控制相应的风险”[7]的原则，此类风险应该主要由政府承担，从而促使政府全面考虑政策变更的成本。此外，严格执行财政承受能力评估，并不断积累数据，发展财政评估的工具，也有助于预防政府因财力不够而违约。

而作为企业，在参与项目前和参与过程中也应该对相关政策法律有充分的了解，对可能出现的影响做好充分的评估，并确保政府对项目的支付义务纳入预算并通过人大表决，有利于减小政府违约的风险。对于外商和重大项目而言，还可以通过多边机构（如世界银行、亚洲开发银行）的担保来规避部分政府信用风险。同时，企业也不得在合同谈判过程中利用政府的经验不足或法律法规的不健全而获得不合理的利润。

（四）推广以绩效为导向的付费机制，加强政府监管能力，维护公共利益

企业追求利润最大化的性质决定了企业或者个人不能代替政府的位置，公共利益的代表和公共事务的处理还需政府承担[8]，因此 PPP 项目不应该是政府将项目交与企业运营后就不管不问，政府同样有不可推脱的监管责任和社会责任。

项目建设运营时期的绩效监管具体应包括质量、价格、服务水平和财务等多个方面，从多角度对项目运营情况做出评价，规范企业的行为，同时有助于解决市场失灵、服务和绩效不符要求等问题，保护公众利益[9]。

四、结语

本文通过对我国 38 个 PPP 项目发生再谈判的原因进行分析，发现市场需求风险、政府过度担保、政府信用风险是引发 PPP 项目再谈判最主要的原因。市场需求风险在政府和企业之间的合理分担、政府担保机制和担保水平的设计、担保所造成政府的或有债务的测算是进一步研究的方向。

参考文献

[1] 冯珂，王守清，伍迪，等. 基于案例的中国 PPP 项目特许权协议动态调节措施的研究[J]. 工程管理学报, 2015（3）: 88-93.

[2] Private Participation in Infrastructure Database, World Bank Group [DB]. [2015-12-15]. http://ppi.worldbank.org/customquery.

[3] 孙慧，孙晓鹏，范志清. PPP 项目中再谈判关键影响因素的研究[J]. 国际经济合作, 2010（3）: 58-61.

[4] Xiong W, Zhang X. The Real Option Value of Renegotiation in Public–Private Partnerships [J]. Journal of Construction Engineering & Management, 2016.

[5] Engel E, Fischer R, Galetovic A. Soft Budgets and Renegotiations in Public-Private Partnerships [R]. National Bureau of Economic Research, 2009.

[6] 柯永建. 中国 PPP 项目风险公平分担[D]. 北京：清华大学, 2010.

[7] 刘新平，王守清. 试论 PPP 项目的风险分配原则和框架[J]. 建筑经济, 2006（2）: 59-63.

[8] 赵国富，王守清. 基础设施 BOT/PPP 项目中的政府责任研究[J]. 商场现代化, 2007（14）: 194-195.

[9] 王守清，刘婷. PPP 项目监管:国内外经验和政策建议[J]. 地方财政研究, 2014（9）: 7-12.

（《建筑经济》2016 年第 9 期，第 31-34 页）

再融资在国外 PPP 项目中的应用及对我国的启示

作者：李佳嵘　王守清

【摘要】 随着项目融资 PPP 模式在我国应用的越来越广泛，PPP 项目的再融资正逐渐被人们所提及。但是相比于国外对再融资概念清晰的界定和越来越多的应用，

PPP 项目的再融资在国内仍显得陌生。本文通过文献调研，界定国际通用的再融资概念的内涵和外围，识别国外 PPP 项目常用的再融资方式，结合具体案例，分析和比较各种方式的特点和适用范围，归纳出国外再融资方式的经验，然后结合中国现实，从社会收益最大化的角度，为我国应用再融资提出有关建议和对策。

【关键词】 PPP　再融资

一、引言

PPP（public-private partnership，即公私合营关系）项目融资模式指由政府通过授予国内外私营公司长期的特许经营权和收益权，来换取基础设施的加快建设及有效经营等，并由私营部门为项目融资、建造并在未来的 25 至 30 年里运营此项目[1]。

由于 PPP 项目具有投资大、时间长、合同复杂等特点[2]，项目公司做投资决策时即使收集了再准确的环境和项目信息、运用了再完善的统计、处理工具进行分析，鉴于 PPP 项目自身的特点，在建设、运营过程中存在的风险仍然是非常难以把握的。项目公司往往会因为预期与现实不符导致资金紧张或者资不抵债等问题发生，这时候就需要二次融资和债务重组来解燃眉之急。

PPP 项目的特点导致它对再融资的需求比一般企业的需求更大，目的性也更强。当然，它的社会效益也让再融资问题更加复杂化。相对于公共部门，私营企业为了自己的利益会积极推动再融资进行，但是公共部门不仅要考虑经济效益还要考虑到项目的社会效益。这其中的利益分配和角色矛盾势必会对再融资起到一定的阻碍作用。社会对 PPP 项目的需求越发强劲，而 PPP 项目的再融资问题又比较复杂，这让我们意识到有必要提出再融资概念，就其过程中发生的问题进行单独研究。

目前，PPP 项目的再融资概念在我国还没有明确提出，从事 PPP 项目的企业普遍对于再融资特点认识不够。几乎没有企业会对项目再融资加以单独研究。再融资往往是在项目超过预期风险，进行不下去时发生的，没有事先的规划和安排。这种头痛医头脚痛医脚的做法造成诸多问题。比如，再融资过程违反前期的合同规定，造成违约责任赔偿；事态紧急难以找到有效的再融资途径或者再融资成本难以控制等。这些问题往往造成再融资失败，或者收获甚微，成为影响项目顺利进行的障碍。

盲目的再融资与我国政府和企业对 PPP 项目概念不清，理论和实践不够成熟有关。作为学者，我们有义务提出清晰明确的再融资概念，并对再融资流程进行研究。以加强政府、企业对再融资的理解和认识，提高我国 PPP 项目参与和管理水平，保证我国基础设施和公共服务设施建设质量并提高建设速度。

二、再融资基本概念

（一）再融资

1. 国内的再融资概念

在国内，再融资的概念比较狭隘，一般是指上市公司通过配股、增发和发行可转换债券等方式在证券市场上进行的直接融资。这种再融资概念限定了两个关键要素，即上市公司和证券市场。它把再融资行为限制在上市公司身上，并且指定了融资方式——股权融资。基于这种对再融资的理解，并通过文献调查，我们可以确定在国内一般只有上市公司才存在再融资行为，而再融资行为基本只在证券市场发生；融资门槛较高，形式单一。

2. 国外的再融资概念

在国外，再融资的概念相对广泛。凡是用与现有债务融资条件不同的债务来替代现有债务的行为都可以叫做再融资。这种概念没有界定再融资行为主体的资格，也没有指定融资方式，比起中国的再融资定义更具有包容性和普遍性。一般来说通过住房抵押贷款方式再融资是最常用的形式。

（二） PPP 项目再融资

1. PPP 项目再融资的概念

PPP 项目公司融资完成后对融资条件和工具的调整就被称为 PPP 项目再融资，要求在保持贷本比的同时实现特定的融资目标。上述解释是对于再融资（refinancing）的一般理解，在本文中，我们把再融资看作是 PPP 项目公司为维持项目正常运作和保障现金流的一种重要手段和工具，我所研究的再融资不仅仅局限在狭义的概念上，而是把再融资的范围延伸，是指针对初始融资安排后进行的融资调整，包括常规的再融资（refinancing）和结构调整（restructuring）。再融资是初始融资完成后对融资条件和工具的调整，以在保持贷本比的同时实现特定的融资目标；而结构调整除了对融资条件和工具的调整，还包括对项目的贷本比、贷款级别和/或风险分担的改变。

2. 再融资流程

借鉴英国的再融资行为规范，PPP（PFI）再融资通常是由项目公司主导，同时涉及政府公共部门和资金提供者，如银行、投行、券商、私人投资者等等。英国早期的 PFI 项目再融资与政府关系较小，主要由项目公司与资金提供者之间协商决定。在 2002 年，政府商务办公室（OGC）编制了大量的工作方案来规范再融资市场和各部门的做法。2002 年 7 月出版了修订过的指导文件。在文件中详细规定了再融资流程和各部门的职责，具体的再融资流程见图 5-21[3]。

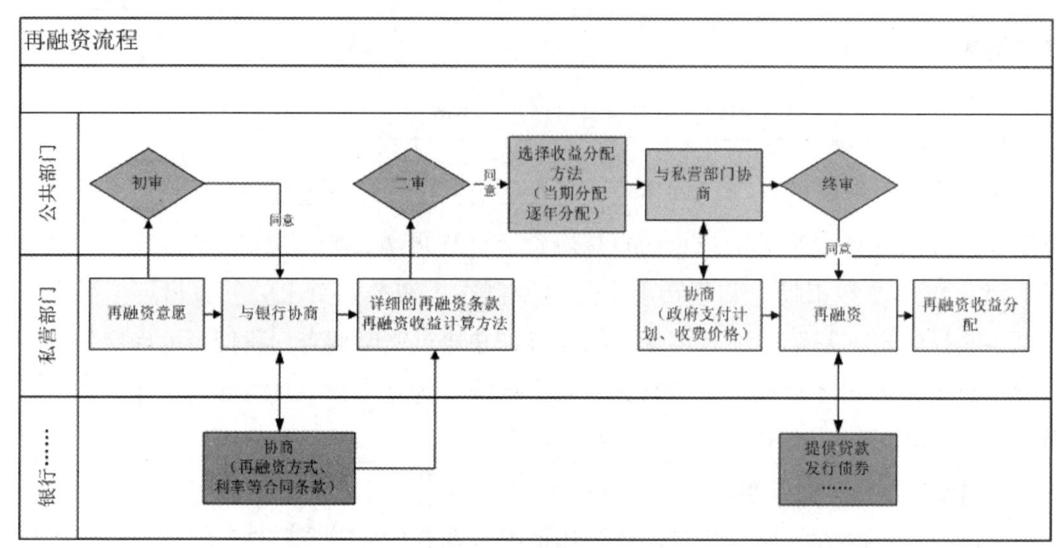

图 5-21　再融资流程

通过一系列规范，英国确立了公共部门在再融资过程中的地位和权力，也使政府可以在项目成功再融资后分享部分收益。

三、国外 PPP 项目常用的再融资方式及特点

（一）国外 PPP 项目再融资方式

根据英国国家审计署在 2002 年统计的再融资方式，归纳出典型的再融资方式见表 5-29。

表 5-29　再融资方式

编　号	再融资方式
A	延长还款期限
B	资金提供者变更
C	减少决定应付利息的息差
D	确定一个比合同签订时预期利率更低的固定利率来降低借款成本
E	偿还私营部门全部或者部分的股份或次级债务（通常从其他途径为项目引入新的融资来偿还）
F	对股息支付的限制取消或减弱
G	改变融资安排，减少或取消储备金账户中

来源：英国国家审计署（NAO）

（二）PPP 项目再融资案例分析

本文研究了发生在英国、法国、美国、印度尼西亚、泰国的 10 个案例，他们分布在交通、能源、公共服务设施等各个领域。表 5-30 介绍了项目的基本情况。

表 5-30　案例基本情况

项　　目	所在地	签约时间	完工时间	特许权经营期	再融资完成时间	项目总成本（百万美元）
交通项目						
Euro Tunnel	英国和法国	1986	1994	99	1998，2002，2006	18 630
National Air Traffic Services	英国	1998			2001，2003	
Second Stage Expressway System	泰国	1989	1996	30	1994，2000	464
Bangkok Mass Transit System	泰国	1992	1999	30	2000	1 300
Dulles Greenway	美国	1988	1995	40	1999	340
能源项目						
Paiton I Power Plant	印尼	1994	1999	30	1996	2 500
公共服务设施项目						
Norfolk & Norwich PFI Hospital	英国	1998	2001	30	2003	888
Darent Valley Hospital	英国	1997	2000	28	2001，2003	301
Fazakerley Prison	英国	1995	1997	25	1999	479
Bridgend Prison	英国	1995	1997	25	1999	445

从表 5-30 中可以看到，以上 10 个案例中，7 个项目进行再融资都选择在建设期完成后 1～4 年内，且这些案例基本都属于中型 PPP 项目，建设期在 2～3 年。而对于大型的 PPP 项目和建设期较长的项目，其在融资时点选择上规律性不强，可能与项目复杂程度有关。

为了分析项目的原始股权和债权结构对再融资方式的影响，把上述 10 个案例的股权结构、债权结构与相应地再融资方式进行对比，结果见表 5-31。

表 5-31　案例初始融资结构与再融资方式

项　　目	股权结构	债权结构	再融资方式	延长特许期
英法海峡隧道	10.23 亿英镑为股权资金 英国的海峡隧道集团（CTG），79% 法国的法兰西曼彻公司（FM），21% 之后，1.5 亿英镑的二期股权融资	50 亿英镑来自世界最大的辛迪加贷款（超过 220 家银行，牵头银行是 CTG-FM 的股东）	AD	是
NATS	重组前： 政府部门，49% AG，46% 全体雇员公司，5% 重组后（政府部门和 BAA 各注资 500	政府部门，6 000 万英镑贷款 机场运营商 BAA，6 000 万英镑贷款 2003 年 10 月 NATS 发行了价值 6 亿英镑的债券，减少债务	BD	否

续表

项　　目	股权结构	债权结构	再融资方式	延长特许期
	万英镑）： 政府部门，48.87% AG，41.94% 机场运营商 BAA，4.19% 全体雇员公司，5%			
Second Stage Expressway System,	重组前 41 亿泰铢（1992）： Kumagai Kumi,70% Ch. Karnchang, 6% 四家国内银行, 24% 重组后 55 亿泰铢（1994）： Kumagai Kumi,0% Ch. Karnchang,41% 四家国内银行,59% 1996 年 IPO	140 亿泰铢国内联合贷款 2 亿 5 千万美元的国际联合贷款 3 千万美元的亚洲开发银行贷款 1994 年重组之后： 国外贷款被 33 亿泰铢的过渡性贷款和 239 亿泰铢的浮动利率国内联合贷款代替 由于低收入，偿还计划在 2000 年被推迟	AB	否
Bangkok Mass Transit System	180 亿泰铢（2000）：分别由 Tanayong, Italian-ThaiDevelopment, International Finance Corporation of Thailand 提供。Tanayong 注入初始股本 项目赞助方提供附属可转债和股东贷款来支持成本的增加。 IPO 为经济危机和低收入所推延。	150 亿泰铢的 SCB 联合贷款 5 亿 5 千万美元的 KfW 和 OKB 贷款 5 千万美元的国际金融公司贷款 2000 年 3 月： 112 亿泰铢的 SCB 联合贷款 4 亿 5 千 8 百万美元的 KfW 联合贷款 8 千万美元国际金融公司贷款 9 百万美元的供应商贷款	BC	否
Dulles Greenway	8 400 万美元： Lochnau，57% Autostrade,19.2% Kellogg Brown & Root, 13.8% 其他投资者, 10% Lochnau 提供初始股权注入。完工后 Autostrade 将其股权提升至 29.3%	2 亿 2 千万美元的长期固定利率票据 1 千万美元的意外信贷 5 千 7 百万美元高级贷款 1999 年调整为 3 亿 3 千 3 百万高级有限追索债券（利率降低，现金流不足的问题得以解决）	D	否
Paiton I Power Plant	6 亿 8 千万美元（包括 3 亿零 6 百万的股东权益和 3 亿 4 千 7 百万的附属债券）： Mitsui, 35.7% Edison Mission Energy, 35.7% General Electric, 21.9% PT Batu Hitam Perkasa（当地股东）	18 亿美元（1995）： JEXIM，5 亿 4 千万固定利率和 3 亿 6 千万浮动利率贷款，USEXIM，5 亿 4 千万固定利率贷款，2 亿 OPIC 贷款，1 亿 8 千万联合商业银行贷款（于 1996 年通过无追索权债券再融资 1 亿 8 千万）	D	否

续表

项　目	股权结构	债权结构	再融资方式	延长特许期
	6.7% 赞助方被强制要求提供额外 3 亿美元的不可预见股权	由于预期的高风险，即使有 JEXIM 和 USEXIM 的担保，利率依然很高		
Norfolk & Norwich PFI Hospital	100 万英镑： 3i Group plc，25% Barclays Infrastructure Limited，25% Innisfree Partners Limited，25% John Laing plc，20% Serco Investments Limited，5%	高级债务，2 亿英镑 附属贷款，3 200 万英镑 再融资：贷款 1.06 亿英镑	CE	是
Darent Valley Hospital	1 400 万英镑（1997）： UME Investment Co Ltd，14% Carillion Private Finance Ltd，43% Innisfree PFI Fund LP，43% 2 800 万英镑 2003 年： UME Investment Co Ltd，10% Carillion Private Finance Ltd，30% Innisfree PFI Fund LP，30% Barclays UK Infrastructure Fund LP，30%	1.01 亿英镑的长期贷款： 来源于德意志摩根建富（Deutsche Morgan Grenfell）、UBK Rabobank 和 11 家其他银行 再融资： 用 1.325 亿英镑的长达 28.5 年的低息债券取代了原来的 8 590 万英镑 14.5 年的贷款	BE	是
Fazakerley Prison	股本/次级债，810 万英镑	基本贷款，9 250 万英镑 流动资金贷款，300 万英镑	ACDE	否
Bridgend Prison	股本/次级债，1 560 万英镑	基本贷款，7 200 万英镑 备用贷款，500 万英镑	C	否

注　*表中再融资方式的 A-G 选项来源于表 5-29*

针对表 5-29 列出的七种再融资方式和表 5-31 列出的特定项目对应的再融资方式，再融资主要归纳为三种模式：变更融资条件、使用更合理的融资工具和项目公司重组。他们的存在不是互斥的，多数情况下是相互依存的。在一次再融资中，为了获得更好的再融资收益，降低项目运作风险，往往采用多种方式相结合，保证再融资的顺利进行。

变更融资条件主要用于贷款的融资方式。它包括贷款数额的增加或减少、还款期限的延长或缩短、还款安排的改变（例如变等额还款为先还利息末期还本金）、增加担保以减少利率等等。融资条件的改变是多种多样的，以适应项目特点为原则。不同行业不同背景的项目，甚至于每一个项目都有其特殊性，它们要求的变更都是不同的，需要特殊情况特殊处理。这种模式是通过与贷款方进行谈判协商完成的，变更融资条件可能会转移部分风险给贷款方，一般需要让渡部分再融资利益。

使用更合理的融资工具是以项目当前运作情况和预计回报为基础，使用新的融资工具或者调整各种融资渠道所获取的资金数额。这种模式发生最主要的原因在于资本市场的迅猛发展，新的融资工具的出现和不同融资渠道的融资条件变化。像可转债就属于 PPP 项目资本市场的新融资工具，不少 20 世纪 90 年代开始的 PPP 项目都是应用此种方式进行再融资。

项目公司重组相对于前两种再融资模式比较少见。它包括出售或终止部分经营业务、股权转换和买卖、公司控制权和法人变化等等。它的原因多种多样，与其他再融资模式区别的最主要原因是其常由于政治风险和股东原因导致。政治风险常发生在发展中国家，政权更迭和发生内乱是风险的主要表现形式。在这种情况下，PPP 项目无法继续经营，常常被迫与新政府就 PPP 项目公司的特许经营权进行谈判，在一些项目中甚至出现政府参股的情况。股东原因比较复杂，像股东急于收回投资、股东间矛盾、股权结构不合理等，都可能导致股东对于项目的股权进行处置。

（三）融资方式的特点

（1）发行债券是我们所收集到的案例中最常见的融资方式

根据表 5-31 中列出的信息，有一半项目使用发行债券作为主要的再融资方式。最主要的原因是发行债券的融资成本较低。它一般设计成每年偿还利息或者不还利息，在项目期末一次性偿还本金和利息。由于债券的利率远低于项目公司计算 NPV 的折现率，所以这种融资方式在进行财务计算时，资金成本的计算值一般最低。而且在项目刚开始建设时，由于建设风险比较大，项目公司的信用等级较低，一般所发行的债券的等级也较低，因此债券的利率会比较高，往往高出同期的贷款，所以债券在项目再融资中应用很合适。

（2）再融资方式是受到原融资方式制约的

就上述的 10 个案例的融资结构和再融资方式进行分析，发现对于 PPP 项目而言，再融资方式的选择是基于原融资方式的。如果融资时选择面向广大投资者发行债券，那么之后的再融资机会是比较小的。这是因为提前偿还债券一般会被惩罚。惩罚会减少或者抵消再融资获得的收益，因此使再融资收益被限制。另外，由于债券的投资者往往很分散，不单单是与几家银行协商就可以的。项目公司重新协商融资条款必须与所有的投资者达成一致，才可以进行再融资。尤其是在实际中，如果债券是不记名债券的话，意味着债券的持有者是匿名的，要与债券持有者进行沟通是非常困难的。而且，债券持有者可能不会向银行那样了解 PPP 项目，他们不能理解和接受改善融资条款的原因。

如果债券用私人配售方式出售，则债券会集中在一个或有限的几个投资者手中。

这样再融资的可能性会大大提高，因为重新协商对他们来说是可以理解的。而如果运用贷款方式进行初始融资则不会遇到类似问题。

四、对我国应用再融资的建议和对策

我国 PPP 项目融资方面没有成文规范，一般以特许权协议方式，在政府相关部门和项目公司之间就特定项目达成特定合约。合约内容由项目所在地政府（或上级政府）和项目公司协商决定，合约水平取决于政府和项目公司对 PPP 项目的理解和认识水平。因此，对于政府来说，需要完善 PPP 项目再融资的相关规范，并对直接接触 PPP 项目的政府相关部门进行必要培训，提高其对再融资的认识和理解水平，更好的保障政府部门和公众的利益。为了提高资金的使用效率，加快基础设施建设速度，在合理监管机制下，应放开一些适合 PPP 项目再融资的金融工具，如可转债、公司债等等。

对于项目公司来说，再融资一般是由项目公司主导的，为了避免再融资时出现种种阻力，在项目初始融资期间，应选择便于再融资的方式进行融资，且应与政府相关部门就再融资条款进行协商，争取为再融资获得更加有利的条件。

参考文献

[1] Tieman, R. A revolution in public procurement: UK's private finance initiative [J]. London: Finance Times, 24/11/2003: 4.

[2] 王守清，柯永建. 特许经营项目融资（BOT、PFI 和 PPP）[M]. 北京：清华大学出版社, 2008.

[3] HM TREASURY. Guidance Note: Calculation of the Authority's Share of a Refinancing Gain [EB/OL]. 2005 [2009-6-15]. http://www.hm-treasury.gov.uk/ppp_finance_guidance.htm.

（《第八届中国项目管理大会论文集》，
中国（双法）项目管理研究委员会主办，2009 年 12 月 19-20 日，北京）

公用事业上市公司再融资的公告效应研究

作者：马生华　王守清

【摘要】 在城镇化大背景下，以往依靠地方城投公司举债发展公用事业的模式出现了较大问题，亟须提高公用事业企业的融资效率。作为龙头企业，公用事业上市公司具有直接融资的优势，但却在实际中存在再融资工具选取不恰当的问题。为了测量公用事业上市公司发布再融资公告后的短期市场反应，首先筛选出符合条件的公用事业上市公司，识别出公用事业上市公司采用的三种主要的再融资方式，通过事件研究方法，测量公告日当天的股价异常收益以及事件窗内的累计异常收益，获得的实证研究结果表明，市场对债券再融资方式具有积极反应，而对公开增发再融资方式具有消极反应。该结论对于公用事业上市公司选择合理的融资方式具有参考借鉴意义。

【关键词】 公用事业 上市公司 再融资 公告效应 实证研究

一、背景

21 世纪以来，随着我国城市进程的快速推进和保持经济发展的需要，公用事业相关的基础设施建设需求也不断增加，我国政府也持续加大相应的投资，使政府（特别是地方政府）财政捉襟见肘的问题日益凸显。特别是自 1994 年分税制改革以来，地方政府财政收入来源有限，加之中央禁止地方政府自行发债，地方政府不得不借助城投公司等地方融资平台进行融资。2008 年国际金融危机发生后，各国纷纷出台经济刺激计划，我国也于 2008 年底出台了以公用事业基础设施投资为主导的刺激计划，2009 年我国固定资产投资增速达到 33%以上的历史高位。但由于种种原因，许多项目缺乏充分论证和合理规划，加剧了地方政府债务的风险。据 2011 年第 35 号全国地方政府性债务审计结果显示，2009 年地方债务余额增速达到 61.92%，为历史最高值。从举债主体角度看，截至 2010 年底，地方融资平台债务余额 49 710.68 万亿，地方政府部门和机构债务余额 24 975.59 万亿，这些债务中 61.61%是用于公用事业，使地方政府债台高筑，融资出现困难。而与政府融资相对应的，公用事业企业的融资情况便格外值得关注，在政府资金匮乏却又亟须发展公用事业的时代，发挥公用事业企业的能动性，引入民间资本，有助于解决上述矛盾。公用事业上市公司作为行业龙头具有很好的代表性，但其债务余额现在也很大，截至 2010 年底已达到 2 498.28 亿元，很多企业需要进行再融资。但是，再融资作为非上市公司所不能享有的直接融资方式，目前还存在再融资方式选取不恰当，募集资金运用不合理等问题[1]。本文所指的再融资是上市公司实现首次公开发行股票并上市（IPO）后进行的一切改变公司资产负债率的直接融资活动，具体指配股、增发、发行可转债等股权再融资活动以及发行公司债和包括短期融资券、中期票据在内的企业债等债权再融资活动，但不包括银行借款、信托、委托贷款等间接融资活动，以及融资租赁等其他表外融资活动。公用事业上市公司采取合理的再融资方式进行融资，顺利得到市场认可，有利于公用事业的健康发展。因此，了解公用事业上市公司采用不同再融资方式的市场反应（公告效应）很有意义，有助于了解不同再融资方式的市场认可度，了解资本结构变动对企业价值的影响机理，为上市公司的再融资决策提供依据。

二、文献综述

再融资的公告效应，是指上市公司向市场公告再融资信息后，其股票价格在短期内（公告前后若干个交易日）发生的显著的正向或负向的变化，主要由股价变化带来的异常收益来表征，通常使用事件研究方法来测量[2]。

再融资最直接的结果就是改变公司的资本结构。因此，有关上市公司再融资对股价影响的理论模型，其根基大都是建立在传统的公司金融理论中关于资本结构对企业价值影响的基础上的，有很多的理论，如 Modigliani 和 Miller[3]提出的 MM 定理，以及税差学派与基于信息不对称的资本结构理论如委托代理理论、信号理论、啄序理论等。此外，还有学者从股票市场的供求关系角度，考虑交易成本，来构建解释公司再融资公告效应的理论，比较有代表性的是 Scholes[4]人提出的股票需求曲线向下假说，等等。

早期有关上市公司再融资公告效应的研究多集中在股权再融资方面，如 Asquith 和 Mullins[5], Sant 和 Ferris[6]都发现增发新股的公告效应均出现了负的累计异常收益。之后，有学者就发行可转换债券、发行普通债券的公告效应进行了研究和对比，如 Szewczyk[7]发现普通股和可转债的公告效应显著为负，普通股的公告效应更强烈。Danielova 和 Smart[8]则发现强制性可交换债的公告效应有-3.3%的异常收益，Rahim[9]算得可转债的平均累计异常收益为-1.14%，而可分离交易可转债的该值则为-0.02%。

我国学者近几年也对再融资方式的公告效应进行了研究，例如，李梦军和陆静[10]得到增发在公告期间异常收益显著小于零的结论，夏伟芳和张维然[11]算得增发在（-1, +1）的事件窗口内异常收益为-2.4%，王慧煜和夏新平[12]、刘成彦和王其文[13]分别算得可转债在（-20, 20）窗口内的累计异常收益为正，而刘娥平[14]、刘舒娜等[15]、张雪芳[16]、王培泽和翟程[17]的结果则显示累计异常收益为负，潘晓洁[18]和沈洁[19]则还对可转债公告效应的累计异常收益进行了相应解释，等等。

国外学者对公用事业公司的研究多以政府规制为切入点，如 Dnes 等[20]的研究以英国电力行业从“固定利润”转为“封顶价格”的监管制度变革背景下，用事件研究办法研究后认为旨在提高效率的监管制度变革事件的公告效应不明显。我国学者对公用事业的研究则多集中在公用事业民营化问题上，对公用事业上市公司的研究不多，对其再融资公告效应的研究几乎是空白。过美冬[21]的研究显示我国公用事业上市公司的资本结构与成长性正相关，与非负债税盾、盈利能力及资产营运能力负相关。刘长娟和骆丽[22]则认为我国电力行业上市公司的债务融资对公司绩效有正向作用。黄诚和李慧华[23]实证分析了公用事业上市公司盈利能力与资本结构之间的相关关系不强。罗娟华[24]研究了我国公用事业上市公司资本结构的影响因素。马巾英[25]认为公用事业上市公司的资产负债率与其成长能力、股权结构正相关，与营运能力、偿债能力、企业规模、盈利能力负相关。孙刘玉和张涛[26]则比较了配股、增发和可转债三种再融资方式对交通运输类上市公司业绩的影响，认为可转债最优、增发次之，配股最差。

综上，国外学者对上市公司再融资相关问题的理论研究与实证分析都已比较成熟，对上市公司再融资的动因、融资方式偏好、再融资的公告效应及对企业绩效的影响等问题都有了比较深入的认识。也有学者将公用事业上市公司与工业类上市公司分组研究并比较二者结果的先例，但他们在解释二者结果的不同时，通常依旧从宏观层面，从政府规制等方面寻找原因，并未结合行业本身特征进行分析。

国内学者对上市公司再融资问题的认识也随着我国证券市场的发展在不断深入。就研究对象看，从早期对配股、公开增发到后来对可转换债券的研究，再到 2005 年股权分置改革后对定向增发，乃至近年对债权再融资的研究，与我国证券市场不断探索创新再融资方式的发展历程相契合。就研究重点看，也存在从前期的检验国外再融资理论对国内市场的适用性，到后来根据我国证券市场制度安排的特殊性有针对性地提出适应我国的再融资理论并进行实证检验的转变。在股权分置改革后，以往一些基于股权二元结构的理论不再适用，又有新的实证研究不断涌现。但由于我国公司债券市场兴起时间不长，研究也相对于国外而言较少、较不成熟。而且，国内学者通常将上市公司整体作为研究对象，试图寻找在上市公司范围内普适的规律，并未特别关注公用事业上市公司，即使有个别对公用事业上市公司的研究，也仅是将其作为行业分组的一类，还有学者将公用事业上市公司从研究样本中剔除。

国内少数对公用事业上市公司的研究，从研究主体来看，大都集中在以电、热供应和水务公司为主的市政公用事业方面，未考虑同样具有公用事业特征的高速公路、机场、港口、铁路、轻轨，研究范围比较窄、比较零散；从研究内容看，主要集中在寻找公用事业上市公司的最优资本结构及其与公司业绩之间的关系上，从存量角度看上市公司的资本结构问题，未见从增量角度，即研究公用事业上市公司再融资所导致的资本结构变化对公司业绩的影响或再融资事件的公告效应等。

而事实上，公用事业本身具有特殊性，其在国民经济中的地位和作用值得给予足够的关注，因此，有必要以公用事业上市公司为主体，借鉴通用的针对上市公司的研究方法，结合行业特征，研究公用事业上市公司的再融资问题。限于篇幅，本文仅研究再融资的公告效应。

二、公用事业上市公司的筛选

公用事业的主要特性体现在其自然垄断性、公益性、强外部性、基础性、网络性、区域性等方面[27]。为系统地选择在我国 A 股上市的公用事业上市公司，本文参考实业界通用的《申银万国行业分类标准》2011 版，使用万得（Wind）资讯金融终端 2011 版软件，从万得金融数据库中获得申银万国一级行业“公用事业”下属的四个二级行业：电力、水务、燃气和环保以及申银万国一级行业“交通运输”下属的五个二级行业：铁路、公交、高速、机场、港口，共九个二级行业，134 家上市公司，并进一步筛选符合条件的公用事业行业上市公司。

筛选具体标准为：

1）在上海或深圳主板上市的公司，这主要是考虑到中小板、创业板公司面临的系统风险与主板公司相比有明显差别，并且实行独立的指数系统，剔除中小板、创业板公司以保证样本的可比性。

2）公司自上市以来，历史上的主营业务收入来源于公用事业行业，提供相关公共服务。之所以强调这一点，主要是防止在单独某一年份中偶然出现其他业务掩盖公司真实主营业务的情况。

3）参照国内学者做类似研究参考的《上市公司行业分类指引》和《申银万国行业分类标准》中都采用的标准[28]，规定当某一行业的主营业务收入占营业收入超过 50%时，则将公司划入该行业。并且规定，若公司第一主营业务收入未过 50%，则若第二主营业务收入同样来自经营公用事业行业，提供相关公共服务，且第一、二主营业务收入之和占主营业务收入的比例超过 50%的，入选公用事业上市公司。

经过上述三轮筛选，剩余的上市公司主营业务收入都来源于公用事业行业，共 110 家。以最近一期年报（取 2010 年）合并报表中的财务数据显示，这些上市公司主营业务收入占营业收入比例的平均值为 81.5%，远高于通用分类标准 50%的划定界限，因此可以认为入选的 110 家公用事业上市公司主营业务集中，具有良好的代表性[29]。

三、公用事业上市公司常用的再融资方式

上市公司再融资，在我国多指上市公司进行配股、增发和发行可转债，这与我国上市公司历史上的股权融资偏好有关，但这一概念本身并不排除债权融资[30]。本文所指的上市公司再融资是上市公司实现首次公开发行股票并上市（IPO）后进行的一切改变公司资产负债率的直接融资活动，具体指配股、增发、发行可转债等股权再融资活动以及发行公司债和包括短期融资券、中期票据在内的企业债等债权再融资活动，但不包括银行借款、信托、委托贷款等间接融资活动，以及融资租赁等其他表外融资活动。本文通过回顾公用事业上司公司历年再融资情况，从发展历史的长短、平均融资规模的大小、累计融资规模大小、募集资金用途对公司未来发展影响程度大小几个角度来考虑（见表 5-32），识别出公开增发、可转债、发行公司债三种常用的再融资方式，并对其进行进一步研究。

表 5-32　公用事业上市公司历年再融资规模及家数　（单位：亿元）

年　份	配股	公开增发	可转债	短期融资券	中期票据	企业/公司债
2004 年	16.9	9.8	19.0	—	—	18
2005 年	0.0	0.0	0.0	133.0	—	34
2006 年	0.0	26.4	10.0	243.9	—	25
2007 年	25.9	0.0	23.8	257.5	—	146.8
2008 年	0.0	11.5	81.9	321.5	30	71
2009 年	0.0	22.5	0.0	333.5	320	85
2010 年	0.0	209.6	0.0	557.5	77	18.5
2011 年	0.0	95.7	109.0	497.7	104.2	254.8
合计（亿元）	269.2	402.9	293.2	2 344.6	531.2	653.1
合计家数	57	16	16	144	30	37
平均融资规模	4.7	26.6	18.3	16.3	17.7	17.7

四、应用事件研究方法分析再融资公告效应

事件研究（Event Study）方法最早由 Dolly[31]在研究股票拆细导致的股价变动时运用。事件研究法以影响股价的特殊事件为中心，通过某一事件发生日前后股票价格变动来观察特定事件对股票异常收益的影响，是一种能够很好地利用事件发生前后的统计信息进行定量分析的实证研究方法。其基本思想是将大样本按照事件日进行汇总，由于样本在事件日具有共同的特性，而其他信息对股价的影响则可正可负，相互抵消，从而能够观测到由样本在事件日共同特性引起的，超出股价正常波动范围的异常收益。

为了研究公用事业上市公司再融资事件对股价的影响，本文采取事件研究法考察事件的发生是否使股价产生统计上显著的异常收益，从而检验市场对再融资事件的反应。

（一）相关参数的定义

首先，定义股票的日收益率。若假设 P_t 为第 t 日股票的收盘价，$P_{t\text{-}1}$ 为第 t-1 日股票收盘价，则日百分比收益率表示为：

$$R_t = (P_t - P_{t-1}) / P_{t-1} \qquad (5\text{-}3)$$

为了消除股票分割、配股、送股、派送现金股利等对股价的影响，本研究采用复权后的收盘价格进行收益率计算。

其次，计算异常收益 AR（Abnormal Return）。它等于事件日股票的实际收益率与事件日股票的正常收益率之差。若令 R_{it} 表示股票 i 在第 t 期的实际收益率，定义 AR_{it} 为股票 i 在第 t 期的异常收益率，NR_{it} 为股票 i 在第 t 期的正常收益率，则有：

$$AR_{it} = R_{it} - NR_{it} \tag{5-4}$$

式中，NR_{it} 由正常收益率模型来确定。常用的三种估计股票正常收益的模型如下：

1）资本资产定价模型（CAPM）。其具体形式是：

$$R_{it} - r_f = \beta_i (R_{mt} - r_f) + \varepsilon_{it} \tag{5-5}$$

式中，R_{it} 和 R_{mt} 分别是股票 i 和市场投资组合在第 t 日的收益率；r_f 是无风险收益率，β_i 为模型参数。

2）市场模型（Market Model）。市场模型是将某一股票收益率与市场证券组合收益率相联系的统计性模型。具体形式是：

$$R_{it} = \alpha_i + \beta_i R_{mt} + \varepsilon_{it} \quad E(\varepsilon_{it}) = 0, Var(\varepsilon_{it}) = \sigma_{\varepsilon i}^2 \tag{5-6}$$

式中，R_{it} 和 R_{mt} 分别是股票 i 和市场投资组合在第 t 日的收益率，α_i、β_i 为市场模型的参数，ε_{it} 为随机误差项。实际上，将 CAPM 模型进行整理，合并同类项，就得到市场模型。因此，早期在 CAPM 模型盛行时，西方学者的事件研究多采用市场模型。

3）市场调整模型（Market-adjusted Model）。市场调整模型是用证券组合的正常收益率（通常取大盘指数的收益率）来近似地描述股票的正常收益率，即 $NR_{it} = R_{mt}$。

最后，正常收益估计模型的选取。由于 CAMP 模型成立所需满足的假设条件苛刻，在西方成熟市场中都发现了越来越多不符合 CAMP 模型的经验异常现象（Anomalies）。而在我国不成熟的证券市场上，反应股票相对于市场组合风险大小的贝塔系数很难测准。陈汉文和陈向民[32]、陈信元和江峰[33]等人的研究表明在我国股票市场上宜使用市场调整模型估计股票的正常收益。因此，本研究采用市场调整模型估计股票的正常收益。其中市场收益率根据对应上市公司的上市地点选为上证综合指数或深圳成分指数的日百分比收益率。

（二）研究步骤

1. 定义事件以及事件研究窗口

本研究将上市公司发布再融资公告视为一次再融资事件。选取公开增发的预案公告日、可转换债券预案公告日/发行公告日和普通债券的发行公告日作为事件日。事件窗口的设定主要需要分析事件信息何时开始影响股价，又在何时完全被市场吸收。本研究的事件窗口将选取事件发生前后的一段时间。这主要是考虑到新信息的发布有可能存在事前泄漏，而且新信息在发布后还可能继续对股价产生影响。而窗口长短则因融资方式的不同而不同。

2. 选择事件研究样本

为了满足事件研究的基本假设条件，需要对事件样本进行筛选，下文在具体分析不同再融资方式的公告效应时有详细说明。

3. 选择度量正常收益的模型估计异常收益

根据上面的讨论，本研究采用市场调整模型，其中 R_{mt} 根据股票 i 的上市地点，采用上证综合指数或深圳成分指数的日百分比收益率计算。

4. 异常收益的加总

计算出异常收益率的单日数据 AR 后，要对其进行加总，包括截面上（各股票间）的加总与时间上（主要指事件窗内）的加总。设 AAR_t 为整个样本（设由 N 种股票组成）在第 t 期的平均异常收益，$CAR_{i(t1,t2)}$ 是股票 i 在事件窗（t_1, t_2）期间内的累计异常收益，$ACAR_{i(t1,t2)}$ 为所有样本在（t_1, t_2）期间内的平均累计异常收益，则异常收益的截面和时间序列加总公式如下：

$$AAR_t=\sum_1^N AR_{it}\ /\ N,\ CAR_{i(t1,t2)}=\sum_{t1}^{t2} AR_{it},\ ACAR_{(t1,t2)}=\sum_{t1}^{t2} AAR_i \tag{5-7}$$

5. 异常收益的假设检验

通常采用单样本 t 检验平均异常收益，在假设样本之间的异常收益相互独立，并且异常收益方差相同的条件下，构造检验平均异常收益是否显著为 0 的 t 统计量：

$$AAR_t\ /\ s(AAR_t)\to t(N-1) \tag{5-8}$$

式中

$$s(AAR_t)=\sqrt{\sum_1^n (AR_{it}-AAR_t)^2\ /\ (N-1)}\ /\ \sqrt{N} \tag{5-9}$$

则原假设 H_0：$E(AR_t)=0$，即第 t 日横截面上的平均异常收益为 0，备择假设为第 t 日横截面上的平均异常收益不为 0。用上述构造的服从 t 分布的统计量进行检验。在给定的显著性水平下，如果 t 统计量落入拒绝域，则推翻原假设，接受备择假设，认为 AR 的均值不等于 0。

同理，对于累计异常收益的检验，假设不同样本之间的异常收益独立，同理可构造 t 统计量，对累计异常进行假设检验。

五、实证结果及分析

（一）公开增发公告效应的实证分析

1. 数据来源及样本选取

本文利用 RESSET 金融数据库[①]，根据其涵盖的时间范围，搜集了 110 家公用事

① RESSET 金融研究数据库（RESSET/DB）是一个为模型检验、投资研究等提供专业服务的数据平台。RESSET/DB 由多位国内外著名高校和研究机构的专家全程参与，充分参照国际著名数据库的设计标准，又结合中国金融市场的实际情况，以实证研究为导向整体设计而成。

业上市公司在 2000 年 1 月 1 日至 2011 年 9 月 30 日间的所有公开增发预案公告，共 27 个。

选取预案公告日作为事件日的原因是：在我国，上市公司公开增发首先要经过董事会发起增发预案，以公告的形式向社会披露信息（即通常所指的首次信息披露日）。此后，该决议将以股东大会决议的形式确定下来（股东大会决议日）。在经过证监会发行与审核委员会的核准后（核准日），正式向社会发布增发招股意向书，公开增发股票。通常，董事会决议发布的增发预案中包括拟增发股数信息，而增发价格则按规定“应不低于公告招股意向书前 20 个交易日公司股票均价或前一交易日的均价”。因此，预案公告日包涵了增发事件的主要信息，而且是市场第一次了解到该信息，符合事件日的要求。也出于这样的考虑，在研究公告效应时，本文不区分预案最终是否真正实施，将所有披露增发预案的样本一并纳入研究范围。

为满足事件研究的基本假设，需要将事件窗口（事件前后 20 交易日）内除增发事件以外还有其他能显著影响股价的事件（如与召开股东大会、年报、利润分配方案、其他再融资预案等等一同披露）发生的样本剔除，获得“清洁”的事件样本，经筛选后的“清洁”样本共 24 个[4]。

根据前述事件研究步骤，以事件日为第 0 日，事件发生前后 20 个交易日作为事件窗，研究股价在这 41 天内的波动规律。如果在前（后）20 个交易日中间某日有停牌，则用上（下）交易日数据替代，以此类推。这 41 天的单日平均异常收益 *AAR* 结果如图 5-22 所示。

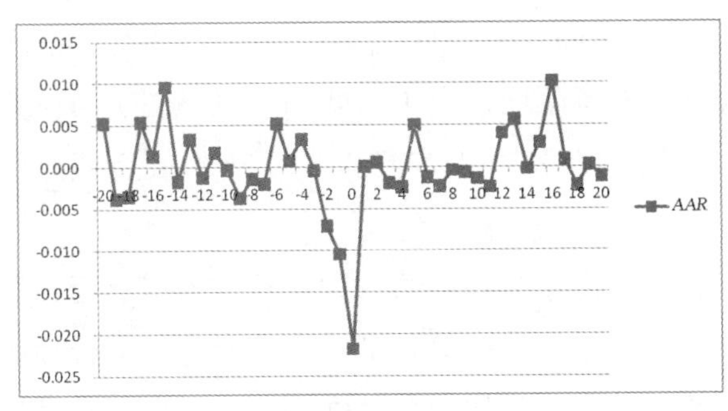

图 5-22　股价在 41 天内的单日平均异常收益 *AAR*

图 5-22 显示，在增发事件前（-20，-2）期间，异常收益率的波动范围基本在±0.5%内。而在增发前 1 天，*AAR* 已经在统计上显著不为零，说明市场开始对增发事件有所察觉。而在信息公告的当天，该反应最为强烈，单日异常收益均值达-2.18%。但市场对信息的吸收能力很强，公告后的第二天就完全消化了该信息，之后的异常收益基本上重新回归±0.5%。同理，对累计异常收益 *CAR* 的统计分析结果如表 5-33 所示。

表 5-33　公用事业上市公司增发事件累计异常收益 *CAR* 描述性统计

事件窗	平均值	中位数	*T* 值	*P* 值
(-20,20)	-0.008 6	-0.034 3	-1.057 1	0.301 0
(-15,15)	-0.021 2	-0.026 3	-1.762 7	0.090 7
(-10,10)	-0.042 8	-0.035 2	-3.080 1	0.005 0
(-5,5)	-0.034 4	-0.029 6	-3.107 6	0.004 8
(-1,1)	-0.032 1	-0.038 0	-4.181 9	0.000 3
(-20,-2)	0.010 4	0.008 6	0.123 6	0.902 7
(2,20)	0.013 2	-0.005 2	0.576 5	0.569 6

由此可见，在事件窗（-20, 20）、（-15, 15）、（-10, 10）、（-5, 5）内，累计异常收益 *CAR* 并未显著异于零，说明投资者很难在这段持有期内获得显著的超额收益。而在增发 A 股的首次信息发布日之前（-20, -2）时段，*CAR* 在 10%的水平上显著不为零，从而验证了之前的直观感受，增发消息并没有提前泄露。

（二）发行企业/公司债公告效应的实证分析

1. 数据来源及样本选取

本文利用 Wind 金融数据库，根据其涵盖的数据范围，搜集了 110 家公用事业上市公司在 1999 年 1 月 1 日至 2011 年 9 月 30 日间的所有发行企业/公司债的记录，共 37 个。

在数据收集过程中发现，不少上市公司在申请发行一定额度的债券获得核准后，不会一次性将发行额度用光，而是会在 1～2 年内分 2～3 次发行（例如，上港集团（600018.SH）的“11 上港债 01”和“11 上港债 02”）。还有上市公司虽然一次性将额度用光，但将额度分拆，发行不同期限（因此利率也不同）的债券（例如，东莞控股（000828.SZ）的“11 东控 01”和“11 东控 02”）。37 次发行债券事件中，就有不少属于这种情况。

对于第一种情况，由于上市公司在第一次发行债券时已经将相关信息披露完整，当它未一次性用完发行额度时，市场对其第二次发行将会有合理的预期。因此，本研究只选取第一次发布债券发行公告作为事件样本，对应的股价波动其实包含了市场对第一次发行的反应以及对第二次发行的预期。对于第二种情况，公告是同时发布的，因此完全可以作为同一事件处理。因此，真正有效样本为 25 个。

我国企业/公司债券的发行流程，若以正式发行日为 *T* 日，则通常在 *T*-2 日上市公司会刊登募集说明书及其摘要，发布发行公告。*T*-1 日会通过路演、意向性询价初步确定票面利率。*T* 日公告最终票面利率，原股东优先配售日、网上、网下认购日等信息。此后还有认购截止（T+2 日），债券上市（通常在 T 日后的 10～15 交易日）等过程。T 日公告的最终票面利率是决定融资成本的关键信息，选择 T 日作为事件日。

采用与筛选增发“清洁”事件样本相同的筛选原则，获得“清洁”样本共 24 个[4]。

2. 异常收益结果分析

类似的，以确定票面利率的发行日为 T+0 日，事件发生前后 20 个交易日作为事件窗，研究股价在这 41 天内的波动规律。这 41 天的平均单日异常收益 *AAR* 与自 T-20 日以来的平均累计异常收益 *ACAR* 结果如图 5-23 所示。

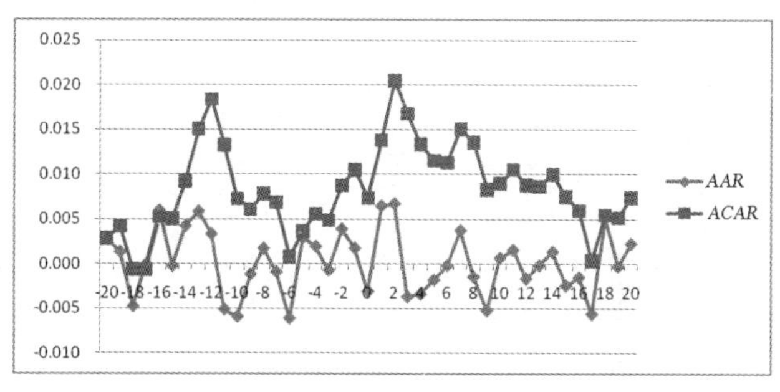

图 5-23 公用事业上市公司发行债券平均异常收益与平均累计异常收益变化

上图表明，公用事业上市公司发行债券事件日前后的平均异常收益 *AAR* 基本上在±0.5%范围内波动。而累计平均异常收益 *ACAR* 则基本上在整个事件窗口内持续维持正值。而且在第 T-20 日，T-2 日后有两波明显的上涨。后一波上涨比较容易理解，这是因为 T-2 日上市公司公布债券募集说明书向市场传递了新的信息，市场将此信息理解为一种利好消息。而前一波上涨时间提前 18 个交易日，这很可能是因为上市公司公告发行债券获得核准信息造成的。为此，本研究比较了上述样本发行日期与核准日期之间的时间差，中值为 24 天，扣除 6 个周末日（非交易日），与之前的推断相吻合。

为了从统计角度验证结论的可靠性，采用双尾 t 检验对单日异常收益 *AR* 及累计异常收益 *CAR* 的均值是否为零进行假设检验。此处零假设为：*AR*（或 *CAR*）的均值为 0；备择假设是：*AR*（或 *CAR*）的均值不为 0。统计结果显示，除 T+2 日的平均异常收益显著不为零外，事件窗口内的其他交易日平均异常收益 *AAR* 均不显著。除事件窗（-2, 2）内平均累计异常收益 *ACAR* 能够通过 10%显著性水平下的 t 检验外，其余事件窗口内平均累计异常收益均不显著。图 5-23 中显示的（-18, -12）区间平均累计异常收益持续上涨波段，没有能通过 10%水平下的 t 检验，主要原因是个股表现分散，各自的累计异常收益方差较大。这反映出市场对发债申请获得核准并没有形成一致的预期，也从一个侧面印证了选取正式发行日作为事件日的价值。将部分描述性统计结果显示在表 5-34 和表 5-35。

表 5-34　公用事业上市公司发行债券事件单日异常收益 *AR* 描述性统计

相对日期	平均值	*T* 值	*P* 值
-2	0.000 3	1.062 3	0.299 1
-1	-0.002 0	0.366 2	0.717 6
0	-0.004 2	-1.190 3	0.246 1
1	0.002 8	1.456 8	0.158 7
2	0.007 0	2.328 5	0.029 0

表 5-35　公用事业上市公司发行债券事件累计异常收益 *CAR* 描述性统计

事件窗	平均值	中位数	*T* 值	*P* 值
（-1,1）	0.005 1	-0.001 1	0.652 9	0.520 3
（-2,2）	0.015 6	0.008 5	1.696 9	0.103 3
（-5,5）	0.010 8	0.008 8	1.068 7	0.295 8
（-10,10）	-0.004 3	0.000 3	-0.235 3	0.815 9
（-20,20）	0.007 4	0.016 1	0.320 3	0.751 5

总体看，单日平均异常收益的显著性不足，但在事件窗（-2, 2）内的平均累计平均异常收益在 10%水平下显著，为 1.56%。可以说，公用事业上市公司发行债券的公告效应虽然温和，但还是存在正向的公告效应。

（三）发行可转债公告效应的实证分析

1. 数据来源及样本选取

本文利用 Wind 金融数据库，搜集了 110 家公用事业上市公司在 2000 年 1 月 1 日至 2011 年 9 月 30 日间的所有发行可转债的记录，共 15 个。

同增发股票或发行债券类似，可转债的发行也需要经过董事会提出预案、股东大会表决通过、证监会发审委核准、发行并随后上市等几个关键环节。学者在研究上市公司可转债公告效应时所选用的事件日有预案公告日，也有发行公告日。理由是，预案公告日是市场首次获知上市公司发行可转债融资的信息，具有重要意义。由于在发行公告日当天，市场可通过上市公司提供的债券募集说明书以及最终确定的票面利率，获得可转债发行的全面信息。因此，发行公告日也是很重要的时间点。因此，本研究将分别研究这两种事件日的公告效应。

以预案公告日为事件日，划定前后 20 个交易日的事件窗，与之前筛选标准相同，要求在此窗口内上市公司样本没有其他影响股价的重大事件出现，否则将其剔除。由此获得的“清洁”样本有 15 个。

以发行公告日为事件日，用同样的标准筛选，共获得“清洁”样本 14 个。

2. 异常收益结果分析

为使表达更加紧凑，将两种不同事件日选择所获得的单日平均异常收益 *AAR* 结果放在一起表达，如图 5-24 所示。

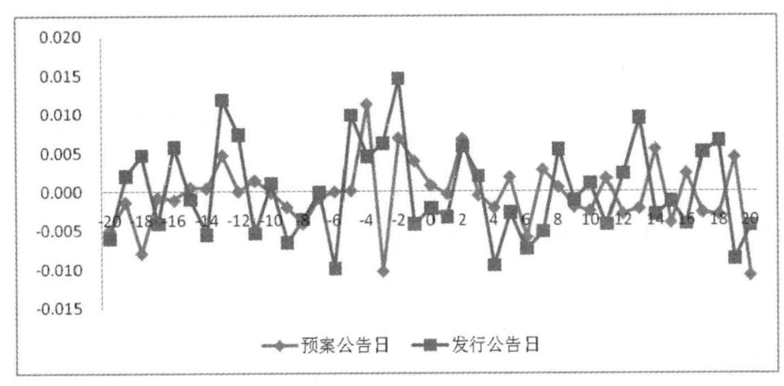

图 5-24　不同事件日选择所得单日平均异常收益 *AAR*

由于样本量较小，所得 *AAR* 的波动范围较大。预案公告日前后 *AAR* 变化似乎无明显规律。而发行公告日前（-5，-2）时间段 *AAR* 持续保持正值。事件日当天，预案公告日 *AAR* 几乎为零，而发行公告日 *AAR* 略微为负。为使统计更加可靠，对单日异常收益 *AR* 采用单样本 *t* 检验和 Wilcoxon 符号秩检验其显著性水平。*t* 检验原假设同前。Wilcoxon 符号秩检验的原假设为 *AR* 中位数（因对称性，也即等于 *AR* 的均值）为零，备择假设为 *AR* 中位数不为零。限于篇幅仅给出部分结果如表 5-36 所示。

表 5-36　可转债单日异常收益 *AR* 描述性统计

相对日期	预案公告日			发行公告日		
	平均值	*P* 值	*Sig* 值	平均值	*P* 值	*Sig* 值
-4	0.011 2	0.135 4	0.198 0	0.004 5	0.280 1	0.245 0
-3	-0.010 3	0.068 4*	0.074 0*	0.006 2	0.208 3	0.221 0
-2	0.006 8	0.364 4	0.730 0	0.014 5	0.048 5**	0.056 0*
-1	0.003 9	0.643 0	0.778 0	-0.004 2	0.344 1	0.397 0
0	0.000 8	0.944 7	0.925 0	-0.002 2	0.829 1	0.826 0
1	-0.000 3	0.960 5	0.925 0	-0.003 3	0.547 7	0.826 0
2	0.006 7	0.264 0	0.551 0	0.005 8	0.527 8	0.433 0
3	-0.000 5	0.936 1	0.975 0	0.002 0	0.791 9	0.826 0
4	-0.002 1	0.569 2	0.594 0	-0.01 0	0.105 5	0.221 0

其中，*P* 值表示由单样本 *t* 检验给出的显著性水平，而 *Sig* 值则是由 Wilcoxon 符号秩检验给出的显著性水平。二者结果没有太大区别。为究其原因，本研究对上述样

本进行了 K-S 检验（Kolmogorov-Smirnov 检验），在 5%的显著性水平下不能拒绝上市公司单日异常收益 *AR* 服从正态分布的原假设。可见，可转债样本量虽小，但仍然服从正态分布，样本同时满足 *t* 检验和 Wilcoxon 检验的假设条件，上述统计结果是可信的（事实上，本研究也对样本量相对大些的公开增发和发行债券所得的异常收益进行了 Wilcoxon 符号秩检验，所得结果与 *t* 检验结果相同，故未列出）。由此，可以认为公用事业上市公司发行可转债，以预案公告日为事件日，当天 *AAR* 接近于零，统计上也不显著异于零。以发行公告日为事件日，当天 *AAR* 为-0.22%，但统计上不显著异于零。

将平均异常收益 *AAR* 在事件窗口内累加，得到平均累计异常收益 *ACAR*。如图 5-25 所示。

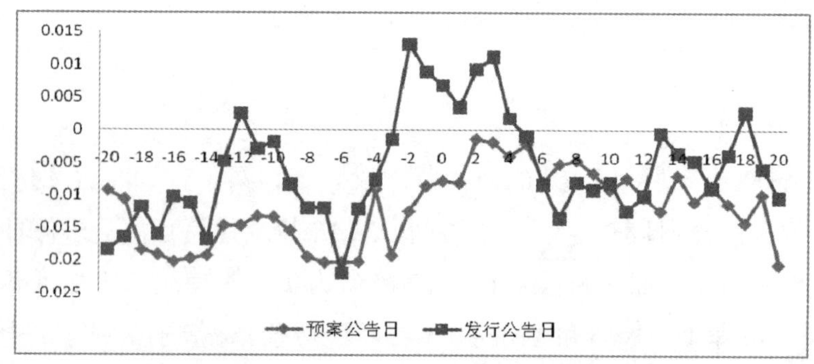

图 5-25　不同事件日选择所得平均累计异常收益

将不同事件窗口的累计异常收益 *CAR* 及其显著性水平汇总对比如表 5-37 所示。

表 5-37　发行可转债平均累计异常收益 *CAR* 描述性统计

事件窗口	预案公告日			发行公告日		
	平均值	*P* 值	*Sig* 值	平均值	*P* 值	*Sig* 值
(-1,1)	0.004 4	0.751 2	0.875 0	-0.009 6	0.461 5	0.594 0
(-2,2)	0.017 9	0.311 1	0.300 0	0.010 7	0.423 4	0.510 0
(-5,5)	0.018 3	0.180 0	0.158 0	0.021 0	0.129 2	0.300 0
(-10,10)	0.004 1	0.782 4	0.730 0	-0.005 2	0.736 3	0.826 0
(-20,20)	-0.016 3	0.442 3	0.300 0	0.002 2	0.952 3	0.975 0

综合图表，可以发现，以预案公告日为基准，在（-20, 20）窗口内，上市公司股价的平均累计异常收益 *ACAR* 为-1.63%，但在统计上不显著。发债公告前，市场应该已经有所觉察，*ACAR* 在（-20, 0）窗口内始终在-1.50%上下徘徊。可转债预案公布后，累计异常收益再次持续下行。以发行公告日为基准，在（-5, 5）窗口内，由于存在原

股东优先参与配售的操作策略影响，*ACAR* 为 2.10%，而在（-20, 20）窗口内 *ACAR* 则几乎为零。

综上，可以认为公用事业上市公司发行可转债在预案公告日的公告效应不明朗，其方向性与事件窗口的选择有关。其中，比较可靠的（-20, 20）窗口内的 *ACAR* 显示发行可转债的公告效应为负。预案公告日后异常收益的持续走低显示市场对该消息的吸收存在时滞。而在发行公告日，除了原股东优先配售权除权影响外，公告效应不显著。

六、结论

将前面公告效应的主要实证结果汇总对比如表 5-38 所示。

表 5-38　再融资公告效应主要实证结果汇总

融资方式	事件日	事件窗	*AAR*	*ACAR*
公开增发	预案公告日	（-1, 1）	-2.18%***	-3.21%***
发行企业/公司债	发行公告日	（-2, 2）	-0.31%	1.56%*
发行可转债	预案公告日	（-1, 1）	0.08%	0.44%
	发行公告日	（-1, 1）	-0.22%	-0.96%

公用事业上市公司增发的公告效应显著为负，而发行债券的公告效应显著为正。这与公用事业行业收入稳定，现金流与债权人对现金流的要求匹配度高，因而容易获得市场认可有关。对比发行可转债的公告效应，结果基本介于公开增发和发行债券的公告效应之间。若以预案公告日为准，公用事业上市公司在（-1, 1）有正 *ACAR* 但不显著［但是（-20, 20）内 *ACAR* 为负］；若以发行公告日为准，则发现 *AAR* 与 *ACAR* 在结果统计上均不显著，说明发行公告日并没有给市场带来增量信息，市场反应并不剧烈。

就公用事业上市公司三种再融资的不同市场反应而言，增发具有明显的负公告效应，发行债券事件日当天 *AAR* 不显著异于零，但 *ACAR* 显著为正表明市场对公用事业上市公司发债持欢迎态度。而可转债由于兼备股性和债性，其公告效应介于二者之间，统计上不显著。以可以熨平短期波动的 *CAR*（-20, 20）为负来看，公用事业上市公司发行可转债的公告效应为负。究其原因，主要是由于可转债的股性较强所致。

本文结论对公用事业上市公司合理选择再融资工具具有借鉴意义。在当前公用事业上市公司杠杆率偏低（远低于上市公司整体水平）的情况下，再融资时应当首选债权融资，以提高财务杠杆和资金使用效率，加强对管理层的约束防止其滥用公司自由现金流；而股权融资特别是公开增发，则应当尽量回避使用。可转债形式灵活，更适用于成长期的公司，但在我国现有融资制度下，在某种程度上成为公开增发的一种变相替代品且因其股性较强，导致市场对公司使用可转债方式也存在负面反应。

参考文献

[1] 朱一康，薛文韬. 浅析我国上市公司再融资的现状及存在的问题[J]，经济师，2010（12）: 73-74.

[2] 白仲光，蓝翔. 金融事件研究的理论方法与步骤[J]. 经济导刊. 2003（12）:34-37.

[3] F Modigliani, M H Miller. The Cost of Capital, Corporation Finance and the Theory of Investment[J]. The American Economic Review, 1958（48）: 261-297.

[4] M S Scholes. Market for Securities: Substitution versus Price Pressure and the Effects of Information on Share Prices[J]. The Journal of Business, 1972（45）: 179-211.

[5] P Asquith, D Mullins. Equity Issues and Stock Price Dilution[J]. Journal of Financial Economics, 1986（15）: 61-99.

[6] R Sant, S P Ferris. Seasoned Equity Offerings: the Case of All-Equity Firms[J]. Journal of Business Finance & Accounting, 1994（21）: 429-444.

[7] S H Szewczyk. The Intrad Industry Transfer of Information Inferred from Announcements of Corporate Security Offerings[J]. The Journal of Finance, 1992（47）: 1935-1945.

[8]A N Danielova, Scott B Smart. Stock Price Effects of Mandatory Exchangeable Debt[J]. International Advances in Economic Research, 2012（18）: 40-52.

[9] N A Rahim, Alan Goodacre, C Veld. Wealth Effect of Convertible Bong Loans and Warrant-Bond Loans: A Meta-analysis[J]. Working paper, University of Stirling and University of Glasgow, 2011: 1-52.

[10] 李梦军，陆静. 上市公司增发新股信息与股票价格波动的实证研究[J]. 财经理论与实践, 2001（4）: 52-55.

[11] 夏伟芳，张维然. 我国上市公司增发公告股价效应研究[J]. 华东经济管理，2003, 17（3）: 87-89.

[12] 王慧煜，夏新平. 发行可转换债券对公司股票价格影响的实证研究[J]. 中南民族大学学报（自然科学版）, 2004（23）: 106-109.

[13] 刘成彦，王其文. 中国上市公司可转换债券发行的公告效应研究[J]. 经济科学，2005（4）: 99-108.

[14] 刘娥平. 中国上市公司可转换债券发行公告财富效应的实证研究[J]. 金融研究，2005（7）: 45-56.

[15] 刘舒娜，陈收，徐颖文. 可转换债券发行动因及股价效应研究[J]. 系统工程，2006

（1）: 62-69.

[16] 张雪芳. 可转换债券对公司市场价值的影响[D]. 杭州: 浙江大学, 2007.

[17] 王培泽, 翟程. 我国上市公司发行可转换债券的公告效应实证研究[J]. 世界经济情况， 2007（5）: 34-38.

[18] 潘晓洁. 基于条款设计的可转换债券融资对股价影响的实证研究[D]. 杭州: 浙江大学, 2006.

[19] 沈洁. 中国市场可转债宣告效应的实证研究[D]. 成都: 西南财经大学, 2008.

[20] A W Dnes, D G Kodwani, J S Seaton, et al. The Regulation of the United Kingdom Electricity Industry: An Event Study of Price-Capping Measures[J]. Journal of Regulatory Economics, 1998（13）:207-225.

[21] 过美冬. 我国公用事业上市公司资本结构的实证分析[J]. 时代经贸，2007（5）: 41-42.

[22] 刘长娟, 骆丽. 关于我国电力行业上市公司债务融资的实证研究[J]. 知识经济, 2008（3）: 41-42.

[23] 黄诚, 李慧华. 公用事业上市公司盈利能力与资本结构的实证分析[J]. 价值工程, 2008（8）: 133-136.

[24] 罗娟华. 我国公用事业上市公司资本结构影响因素的实证研究[D]. 长沙: 湖南师范大学, 2010.

[25] 马巾英. 基于公用事业行业特征的资本结构微观影响因素分析[J]. 西藏大学学报（自然科学版）, 2011（2）: 131-136.

[26] 孙刘玉, 张涛. 不同股权再融资方式下交通运输类上市公司业绩比较[J]. 财会月刊, 2011（18）: 32-35.

[27] 王丽娅. 关于民间资本投资基础设施的研究[D]. 厦门: 厦门大学，2003.

[28] 高毅. 中国农业上市公司财务风险形成机理和控制研究[D]. 重庆: 西南大学，2010.

[29] 马生华. 公用事业上市公司再融资方式的公告效应及长期绩效研究[D]. 北京: 清华大学，2012.

[30] 黄格非. 中国上市公司再融资行为与决策[M]. 1 版. 北京: 中国金融出版社,2007.

[31] J. C. Dolly. Common-Stock Split-Ups: Motives and Effects[J]. Harvard Business Review, 1933（12）: 316-326.

[32] 陈汉文，陈向民. 证券价格的事件性反应——方法、背景和基于中国证券市场的应用[J]. 经济研究，2002（1）: 40-47.

[33] 陈信元，江峰. 事件模拟与非正常收益模型的检验力——基于中国 A 股市场的经验检验[J]. 会计研究，2005（7）: 25-31.

（《建设管理国际学报》2013 年第 1 期，第 1-17 页）

第 3 节　项目融资渠道

基于多方满意的 PPP 项目股权配置优化研究

作者：冯珂　王守清　薛彦广

【摘要】　公私合作制（PPP）项目的股权配置直接影响着风险和收益在各项目干系人之间的分配，科学合理的股权配置决策模型对于确保项目的成功至关重要。该文首先归纳分析了 PPP 项目股权配置决策中各项目干系人的决策原则。根据这些原则和 PPP 项目融资的特点，在债权人、私人部门和公共部门三方主要项目干系人满意的约束条件下，构建了一个寻求项目社会成本最低的股权配置模型。使用遗传算法对模型的最优股权配置进行了求解，并在适应度函数的计算中引入蒙特卡洛模拟对项目收益和成本的关键影响因素进行了仿真，加入免疫记忆细胞提高了算法的收敛性。最后，根据某轨道交通 PPP 项目的案例对模型进行了验证。该研究提出的建模与仿真方法可为类似项目中的股权配置决策提供参考。

【关键词】　公私合作制（PPP）　股权结构　遗传算法　蒙特卡洛模拟

PPP（Public-Private Partnership）项目的股权配置是 PPP 项目治理机制的重要组成部分，直接影响着项目利益和风险在各干系人之间的分配。失误的股权配置可能造成项目干系人之间的利益冲突,项目融资成本的增加,给社会的公共利益造成损害。当前实践中，PPP 项目的股权配置一般由公共部门通过参考同类项目的经验决定或通过与私人部门的多轮谈判博弈决定。这些方法虽然简便易行，但在决策过程中没有考虑项目的投资规模、运营期间的收入变动和运营成本等具体情况，因而决策结果具有一定的主观性和盲目性。亟须建立更为科学化和定量化的股权配置决策方法，基于项目自身特性进行分析，以辅助提高 PPP 项目股权决策的合理性和科学性。

在相关研究领域，借助净现值和财务分析,以项目净现值或内部收益率为优化目标,以项目资本结构为优化对象构建优化模型并求解的经验已经较为丰富。Bakatjan 等[1]提出了一个 BOT 水力发电项目的资本结构优化模型。Zhang[2]使用仿真方法模拟了 PPP 项目中建造风险，破产风险和各种经济风险对 PPP 项目财务可行性的影响。Iyer 和 Sagheer[3]同时对项目的中标潜力和资本结构进行了优化，并以某 BOT 公路项目为例进行了检验。Sharma 等[4]提出可以通过对 PPP 项目股权配置的优化来平衡 PPP 项目中私人部门和公共部门的利益冲突。国内学者中，孙慧[5]、盛和太[6]等也分别对 PPP 项目股权配置的一些原则和影响因素进行了分析。但现有研究多以项目股权和债权的配比为研究对象，如何进一步在私人部门和公共部门之间对项目股权进行分配仍有待解决。同时，此类研究多是从投资者的角度出发，以项目净现值或内部收益率为股权配置的优化对象，很少从项目整体产生的社会成本的角度进行考虑。最后，项目建设运营中的相关参数多被处理为确定数值，忽视了不确定性风险因素对项目现金流的影响。

基于此，本文定位于为 PPP 项目中的股权配置决策提供一种新的方法，同时以 PPP 项目中债权人、私人部门和公共部门三者的资本金份额为优化对象，以 PPP 项目股权配置所带来的项目整体社会成本为优化目标。并在模型的构建中加入随机变量，以模拟项目运营中的不确定性风险对最终决策的影响。此外，将模型应用于国内典型的城市轨道交通 PPP 项目的分析，为私人部门和公共部门在开展类似项目的股权决策活动提供了可供参考的依据。

一、PPP 项目股权配置原则与模型构建

（一）PPP 项目股权配置原则

PPP 项目融资结构的合理与否直接决定着项目的成败[7]。按照 PPP 项目的资金来源，可将项目资本分为债务资本和股权资本两大类[8]。PPP 项目的股权配置需要解决两个层次的问题，首先是债务资本与股权资本的配比问题，其次是股权资本中私人部门和公共部门各自的出资份额问题。

在 PPP 项目股权的安排过程中,PPP 项目的各主要干系人有着不同的利益驱动[9]。商业银行等金融机构是 PPP 项目中债务资本的主要提供者。项目的债权人所追求的主要目标是确保项目实现在约定利率下的还本付息。通常，可以使用偿债备付率（Debt Service Coverage Ratio，DSCR）表示项目还本付息的能力，而债权人只愿意向满足特定偿债备付率的项目提供贷款[10]。此外，为了分散自身所承担的项目建设和运营风险，债权人通常要求 PPP 项目的发起人所持有的股权资本不得低于项目总资本的一定比例。

作为 PPP 项目的股东之一，私人部门追求的主要目标是使所投入的自有资金实现特定的投资收益。出于保护社会公共利益的考虑，公共部门一般会给私人部门的收益

率规定一个上限。引入 PPP 模式的初衷是减轻政府公共财政的债务压力和提高效率。因此，私人部门通常是 PPP 项目股权资本的主要提供者[11]。但公共部门也会出于以下两个主要原因而参与 PPP 项目的股权融资：一是为项目初期的开发建设活动提供资金方面的支持，二是为项目的融资活动增信，从而降低项目的融资成本[6]。与私人部门不同，公共部门不以盈利为目的，所追求的是实现社会公共利益的最大化。

（二）PPP 项目股权配置模型

PPP 项目股权配置的优化必须考虑到项目各主要干系人在项目实施中的利益诉求。因此，PPP 项目股权的最终配置是对项目各主要利益干系人目标相互平衡的结果。本文所提出模型的函数表达式的优化目标是在满足债权人、私人部门和公共部门三方满意的条件下，使项目的社会成本最小或使项目的社会效益最大。优化变量为项目的债务资本、私人部门资本和公共部门资本。如式（5-10）或式（5-11）所示：

$$\text{Min}\left[(1-a)F-d(1+r_d)^t-e_1(1+r_p)^t+e_2\times r_g\right] \tag{5-10}$$

$$\text{Max}\left[d(1+r_d)^t-e_1(1+r_p)^t-(1-a)F-e_2\times r_g\right] \tag{5-11}$$

式中，F 为项目的终值，$(1-a)F$ 为按照现行《公司法》规定扣除法定公积金、其他应纳税额后，可以在债权人和私人部门之间进行分配的剩余部分。d 为项目的债务资本份额，e_1 为项目中私人部门的股权资本份额，e_2 为项目中公共部门投入的股权资本份额，r_d 为债权人的回报率，r_p 为私人部门要求的回报率，r_g 为公共部门资本的机会成本。t 为项目特许期，$(1-a)F-a(1+r_d)^t-e_1(1+r_p)^t$ 代表该项目扣除法定公积金和其他应纳税额后，并支付债权人和私人部门必要收益外的余值。由于轨道交通 PPP 项目的收益来源主要来自于使用者支付的服务使用费，该余值越小，则需要向社会公众收取的费用越少。$e_2\times r_g$ 代表公共部门资金的机会成本，二者共同构成了开展项目所需的社会成本。

此外，为保证项目的可行和各主要干系人的参与，还应使项目满足以下的约束条件。式（5-12）为项目的偿债能力约束，确保了债权人利益的实现；式（5-13）和式（5-14）为私人部门的参与约束，确保了私人部门利益的实现；式（5-15）为私人部门的收益约束，确保了公共部门利益的实现；式（5-16）和式（5-17）为项目股权配置的初始取值约束式（5-18），式（5-19）和式（5-20）是使该项目成立的其他相关约束。

$$(\text{CI}_t-\text{CO}_t)-d\times\frac{r_d(1+r_d)^t}{(1+r_d)^t-1}\times\text{DSCR}\geqslant 0 \tag{5-12}$$

$$\sum_{t=0}^{T}\frac{\text{CI}_t-\text{CO}_t}{(1+r_d)^t}-d\times\text{DSCR}\geqslant 0 \tag{5-13}$$

$$\sum_{t=0}^{T}\frac{\mathrm{CI}_t-\mathrm{CO}_t}{(1+r_{p-\max})^t}-d\times \mathrm{DSCR}\leqslant e_1 \tag{5-14}$$

$$\sum_{t=0}^{T}\frac{\mathrm{CI}_t-\mathrm{CO}_t}{(1+r_{p-\max})^t}-d\times \mathrm{DSCR}\geqslant e_2 \tag{5-15}$$

$$e_1+e_2\geqslant P_{\min}\times c \tag{5-16}$$

$$e_1+e_2\leqslant P_{\max}\times c \tag{5-17}$$

$$e_1+e_2+d\geqslant c \tag{5-18}$$

$$e_1,e_2,d,c\geqslant 0 \tag{5-19}$$

$$0\leqslant r,r_g,r_{p-\min},r_{p-\max}\leqslant 1. \tag{5-20}$$

其中，项目从 t=0 时刻开始到 t=T 时刻结束；CI_t 为项目在 t 时刻的现金净流入；CO_t 为 t 时刻的现金净流出；r_d 为债权人要求的投资收益率；$r_{p-\min}$ 为特许权协议中约定的私人部门的最低收益率；$r_{p-\max}$ 为私人部门的最高收益率；DSCR 为项目的偿债备付率；$p_{\min}$ 和 $p_{\max}$ 代表了对 PPP 项目股权配置的外在约束，$p_{\min}$ 为债权人要求的最低限的股权比例，$p_{\max}$ 为参照同类项目所得到的最高限的股权比例。

二、PPP 项目股权配置模型的算法设计

（一）遗传算法的详细设计

遗传算法是基于自然进化和生物遗传原理的随机搜索最优化算法[12]。该算法使用代表求解问题初始解的遗传代码组来描述问题，经过选择、交叉和变异三种基本操作，使得子代个体的适应度逐步优于父代个体，最终实现问题最优解的求解[13]。

选择操作是指依据适应度函数，按照事先规定的规则随机从父代个体中挑选一些个体生存下来，并淘汰掉剩余的个体。本文采用的选择方法为轮盘赌选择法。该选择方法借鉴了轮盘赌游戏的选择规则，将每个个体的适应值 $0\leqslant r,r_g,r_{p-\min},r_{p-\max}\leqslant 1$ 与总适应度值的商作为个体被选择的概率。因此，适应值越高的个体被选中的概率就越大。

交叉操作是指按照自然环境中的交配过程，随机选择两个存活的父代个体，交换其对应位置的基因以产生新的个体。本算法中的交叉操作选择了自定义的两点交叉算法，随机产生一个[1,10]区间内的随机数 n，将数 n 与第 20 位之间的编码进行了交叉操作。其中交叉概率设置为 pc =0.8，较大的交叉概率保证了种群进化过程中个体的多样性。

变异操作是指按特定规则和一定的概率选择父代个体基因编码中的特定位置基因段进行变异，从而得到新的子代个体。本算法中使用了自定义的多点变异方法。对应于遗传代码组中的每一位编码都随机生成一个[0,1]的随机数，并将该随机数与变异概率

进行比较。若该随机数小于变异概率，则将对应位置上的基因数码进行变异操作。反之，则保持不变。该方法能避免优化结果陷入局部最优解，有效地防止算法早熟收敛。

为了解决局部收敛以及收敛速度慢等问题，本文引入了免疫记忆细胞模块，其原则是将高适应度的抗体（个体）写入数据库。当识别出抗原（待求解问题）首次入侵时，随机产生初始群体（m个个体），并将群体中适应度高的前n（$n<m$）个个体存入免疫记忆细胞中；否则，对免疫记忆细胞中的个体和经算子操作产生的更新群体中个体依据适应度从高到低进行排序，选择适应度高的前n个个体存入免疫记忆细胞，并取前m个个体作为新群体，完成对记忆细胞库的更新过程。此时，适应值较高的个体将有更多的机会出现在记忆细胞库中，并将比适应度低的个体进行更多次的蒙特卡洛模拟。经检验，蒙特卡洛模拟运行 100 次得到的指标函数取值的数学期望具有较好的稳定性，可满足运算精度的要求。本算法中，m=30，n=15。

除上述提到的几种基本算子以外，对遗传算法的其他选项的详细设置如表 5-38 所示。

表 5-38　遗传算法的基本参数设置

参　数	数　值
交叉概率	0.8
变异概率	0.4
选择算法	轮盘赌选择法
交叉算法	固定概率交叉算子
变异算法	固定概率变异算子
适应值排序	排列法
进化代数	200
群体数目	30
适应度变量	变量 3 个，正态分布随机数 3 个
停止标准	满足迭代次数要求

（二）PPP 项目股权配置模型的求解流程

本文所建立的优化模型综合应用了遗传算法和蒙特卡洛模拟，这是该模型的主要特点。遗传算法主要用于搜索在特定约束条件下，使目标函数实现最优的自变量的取值组合。将蒙特卡洛模拟嵌套到遗传算法中，用于处理不确定的数据，如项目客流量，项目人均运营成本等数据[14]，并解决适应度函数的计算问题。模型的算法流程见图 5-26。

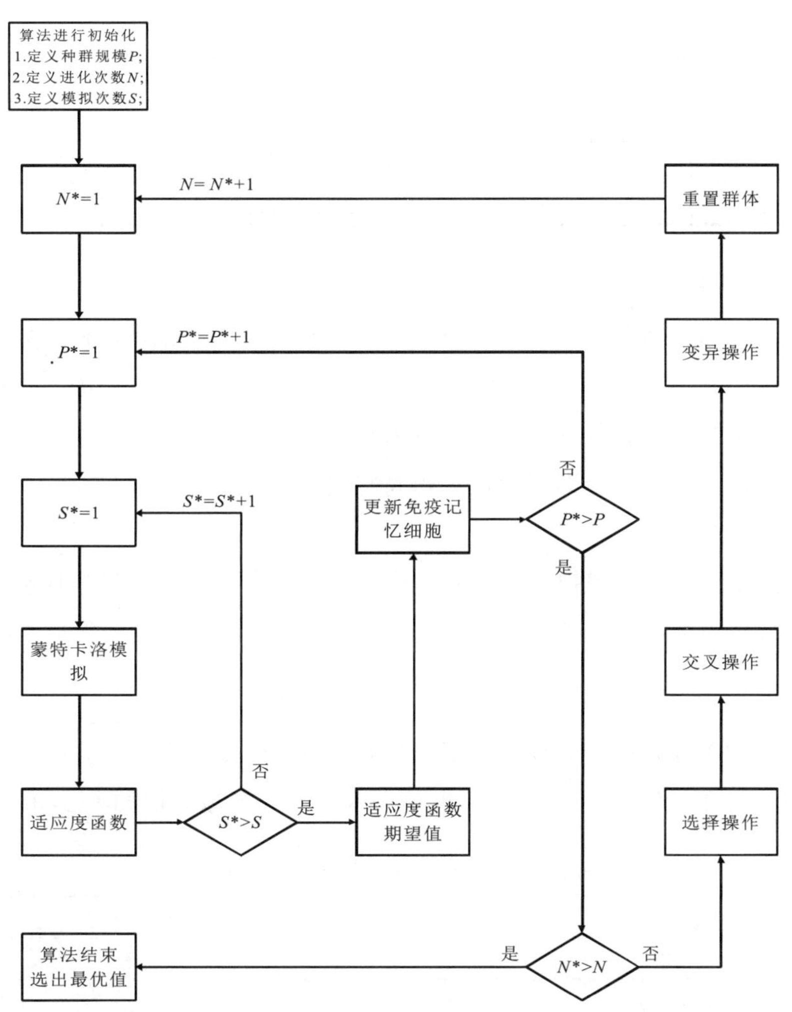

图 5-26　PPP 项目股权配置模型的求解流程

三、实例应用与分析

（一）案例背景

为测试所构造模型的输出效果的稳定性以验证模型的有效性，本文将模型应用于实际案例进行验证。在 Matlab7.1 中构建实现平台，分析了某市城市轨道交通 PPP 项目股权配置的优化问题。

该项目采用 PPP 模式建造，总投资为 100 亿元，特许期为 20 年。行业基准折现率 r 为 7%，政府与项目公司在特许经营协议中约定的私人部门的最低收益率为 6%，最高收益率为 8%，债权人要求的利率为 6.5%。据测算，公共部门资金的机会成本为 6%。根据同类型稳定项目的历史规律，可预测出该项目的人均影子价格，人均成本以及年客流量满足如下表 5-39 所示的概率分布。

表 5-39　关键参数的概率分布

参　数	概率分布	单　位
人均影子价格	正态分布，均值 8.0，标准差 0.1	元/人
人均成本	均匀分布，最小值 2.5，最大值 3.5	元/人
年客流量	正态分布，均值 2.0，标准差 0.01	亿人次

（二）模型求解

为了验证模型的有效性，本文对模型做了基本运行的测试。将相关数据代入上文提出的模型中，并使用所提出的算法进行求优。为简化运算，不考虑所得税、资产折旧对项目现金流的影响，并假设项目已进入稳定运行状态。因而，人均影子价格，人均成本和年客流量可在一定时间范围内保持稳定。

1. 蒙特卡洛模拟

首先，使用蒙特卡洛模拟对项目的净现金流量进行模拟。项目净现金流的计算公式如式（5-21）所示。

$$F=\sum_{t=0}^{T}(P_t-C_t)\times Q_t\times(1+r)^t \tag{5-21}$$

将案例中相关参数的分布代入上式，利用 Crystal Ball 软件对各因素进行模拟，模拟次数拟定为 20 000 次，可得到项目年净现金流的模拟数值如表 5-40 所示。

表 5-40　项目年净现金流的模拟数值

变　量	模拟结果
均值	10.0
标准差	0.61
偏度	0.01
峰度	2.05
变异系数	0.06
最小值	8.43
最大值	11.60
标准误差	0.00

2. 遗传算法求解

将模型中的约束条件以罚函数的形式加入适应度函数中。对于每次进化产生的个体，按照前面所产生的概率分布进行 100 次蒙特卡罗模拟，将产生的项目净现金流代入适应度函数中计算相应的数值，取 100 次计算的期望值为该组个体最终的适应度函数值。算法中的免疫记忆细胞模块确保优秀的个体反复参与了多次的蒙特卡罗模拟，在保证模拟精度的（占全部注册资本的 66%），e_2=14.47（占全部注册资本的 34%），债权与股权资金的比值为 d/e_2=1.34。

模型输出结果如下所示。图 5-27 表示遗传算法的输出结果。模型只运行了 17 代左右便得到了最优结果，反映出模型具有较高的收敛速度。图 5-28 表示该算法计算过程中适应度的变化情况，模型输出结果表明了该模型的有效性。计算结果符合学者[15]结合实践所提出的我国轨道交通项目的目标债务水平区间（50%~70%），能够为私人部门和公共部门的决策提供参考。

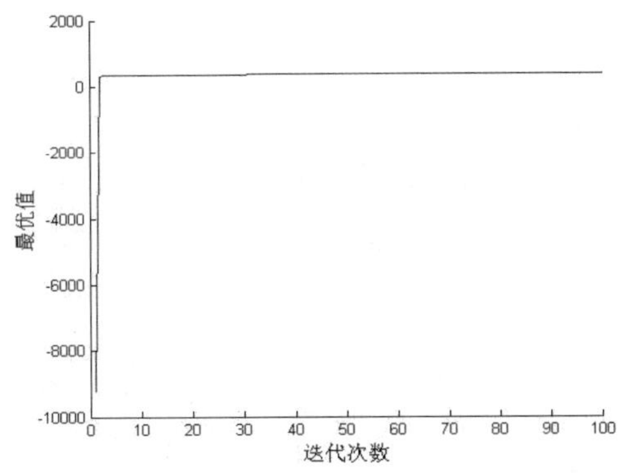

图 5-27 遗传算法的求解迭代过程

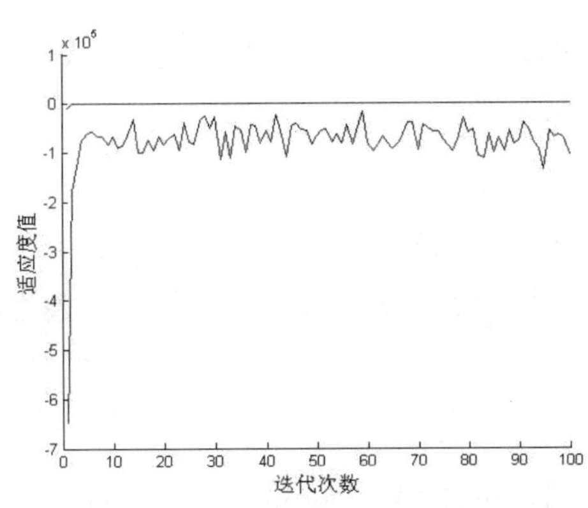

图 5-28 遗传算法适应度值的变化过程

（三）对模型的进一步讨论

（1）优化变量的初始取值范围。各优化变量的取值范围直接决定了遗传算法中所生成的初始群体的取值，对于股权配置的最终计算结果影响较大。在实践中，应在充分考虑政府政策、项目监管、国家安全等因素影响的基础上，合理确定各变量的初始取值范围，然后再利用该模型寻求此范围内的最优解。例如，对于某些因公共安全或政策需要而必须由公共部门控股的项目，或某些外商参与而必须由中方控股的项目中，优化模型中公共部门资本的份额的初始取值就应满足 $e_2 \geq 50\%$ 的限制条件。

（2）PPP 股权配置的调整。针对 PPP 股权配置的安排，本文假定为静态研究，即在计算所涉及的项目期间，PPP 项目的股权安排将保持不变。但在实践中，出于降低融资成本、提高权益资金回报率或筹措资金等考虑，PPP 项目的参与股东可能会发生调整或更换，项目的资金成本等因素也可能受再融资等活动的影响而发生变化。因此，在项目的建设运营发生涉及融资的重大变化的关键时点，需要对原模型中基本参数的输入做出相应的调整，以提高模型预测的准确性。

（3）影响 PPP 股权配置的其他因素。本文提出的股权配置模型实现的主要优化目标是在三方干系人满意下的项目社会成本最小。模型求解结果能为 PPP 项目融资中股权配置的决策提供结果定量的参考。但在股权配置的操作中，除考虑文中提出的有关目标和约束外，还需综合考虑其他非定量约束的影响，如项目所在的行业限制、项目实施地公众的接受程度等。

四、结束语

本文分析了影响 PPP 项目主要干系人股权配置决策的原则，以债权人、私人部门和公共部门三方满意为约束条件，建立了股权配置优化模型，应用遗传算法对模型进行了求解，并利用蒙特卡洛模拟对影响项目净现金流的主要因素进行了模拟仿真。研究结果可为公共部门合理设定同类 PPP 项目的股权配置提供定量的决策支持，也可以为参与项目的私人部门制定融资安排提供参考。

此外,影响 PPP 项目股权配置的因素较多，且处于动态变化当中。如何在模型的构建中如何引入更多的不确定因素以增强模型的适用性、如何在项目运营过程中建立股权配置的动态调整机制,从而实现风险和收益在各干系人之间的合理分配,是有待进一步解决的问题。

参考文献

[1] Bakatjan S, Arikan, M, Tiong, RLK. Optimal capital structure model for BOT power projects in Turkey[J]. Journal of Construction Engineering and Management. , 2003, 129 （1）: 89－97.

[2] Zhang X. Financial viability analysis and capital structure optimization in privatized public infrastructure projects[J]. Journal of Construction Engineering and Management, 2005, 131（6）: 656-668.

[3] Iyer K C, Sagheer M. Optimization of bid-winning potential and capital structure for build-operate-transfer road projects in India [J]. Journal of Management in Engineering, 2011, 28（2）: 104-113.

[4] Sharma D, Cui Q, Chen L, et al. Balancing private and public interests in public-private partnership contracts through optimization of equity capital structure[J]. Transportation Research Record: Journal of the Transportation Research Board, 2010, 2151（1）: 60-66.

[5]孙慧,范志清,石烨. PPP模式下高速公路项目 最优股权结构研究[J]. 管理工程学报, 2011, 25（1）:154-157.

[6] 盛和太,王守清,黄硕. PPP 项目公司的股权结构及其在某养老项目中的应用[J]. 工程管理学报, 2011 , 25（4） :388-392.

[7] De Marco A, Mangano G, Zou X Y. Factors influencing the equity share of build-operate-transfer projects[J]. Built Environment Project and Asset Management, 2012, 2（1）: 70-85.

[8] Donkor E A, Duffey M. Optimal capital structure and financial risk of project finance investments: a simulation optimization model with chance constraints[J]. The Engineering Economist, 2013, 58（1）: 19-34.

[9] Kurniawan F, Ogunlana S, Motawa I. Stakeholders' expectations in utilising financial models for public-private partnership projects [J]. Built Environment Project and Asset Management, 2014, 4（1）: 4-21.

[10] Chen B, Liou F M, Huang C P. Optimal financing mix of financially non-viable private-participation investment project with initial subsidy[J]. Engineering Economics, 2012, 23（5）: 452-461.

[11] 柯永建，王守清，陈炳泉. 激励私营部门参与基础设施 PPP 项目的措施[J]. 清华大学学报（自然科学版）, 2009, 49（9）: 48-51.

[12] Zheng D X M, Ng S T, Kumaraswamy M M. Applying a genetic algorithm-based multi-objective approach for time-cost optimization[J]. Journal of Construction Engineering and management, 2004, 130（2）: 168-176.

[13] 严心池，安伟光，赵维涛. 自适应免疫遗传算法[J]. 应用力学学报, 2005, 22（3）: 445-448.

[14] Yun S, Han S H, Kim H, et al. Capital structure optimization for build - operate - transfer （BOT） projects using a stochastic and multi-objective approach[J]. Canadian Journal of Civil Engineering, 2009, 36（5）: 777-790.

[15] 盛和太. PPP/BOT 项目的资本结构选择研究[D]. 北京：清华大学，2013.

（《清华大学学报》2017 年第 4 期）

他山之石——PPP 投资引导基金的国际经验

作者：高雨萌　刘婷　王守清　冯珂

【摘要】 为支持 PPP 模式的应用，多地政府相继设立 PPP 投资引导基金。然而在此次热潮中，随着该类基金的实践，一些障碍与问题渐渐浮现，这与政府设立基金的目的相悖。通过总结六个国际 PPP 投资引导基金的发起、申请、应用、回收等各阶段的做法，与国内基金相对比，分析得出建议。

【关键词】 PPP　政府引导基金　国际经验

一、引言

政府在推动国家、地区的经济发展中起着重要作用。政策性投融资作为政府发挥职能的重要手段之一，在近年来已有多种形式得以实践。然而，由于现有财政体制的不完善、预算的软约束和公共管理体制的不足，使得我国地方政府融资负债普遍存在，甚至规模巨大[1]。截至 2013 年 7 月，确定由财政资金偿还的直接债务规模近 11 万亿元，担保债务超过 2.5 万亿元，其他相关债务 4.34 万亿元。此外，截至 2012 年底，直接债务率高于 100%的政府有 3 个为省级，99 个为市级[2]。为了在保持使政府发挥对经济发展的支撑作用的同时寻求保证财政健康，缓解地方政府的债务风险，提高资源配置效率，我国自 2013 年底大力推广 PPP（Public-Private Partnership，公私合作，我国又称“政府和社会资本合作”）模式。在 PPP 模式下，政府以外包、特许经营和私有化三种形式为主，以有限的财政资金撬动社会资本参与基础设施和公用事业的投资、建设和运营[3]。

在过去的近两年内，我国政府大力支持 PPP 投资引导基金的建设。国办发〔2015〕42 号文《关于在公共服务领域推广政府和社会资本合作模式指导意见》提出：“中央财政出资引导设立中国政府和社会资本合作融资支持基金，作为社会资本方参与项目，提高项目融资的可获得性”。 紧随其后，国家发展改革委等六个相关部门联合发布的国务院第 25 号令《基础设施和公用事业特许经营管理办法》提出：“县级以上人民政府有关部门可以探索与金融机构设立基础设施和公用事业特许经营引导基金。”根据已有法律法规的相关规定，本文将 PPP 投资引导基金的内涵概括为：“各级人民政府及其所属部门根据相关法律及规定，按照国家规定程序批准，以财政出资或以财政为支持，独自组建或与社会资本合作组建的，以基金的形式市场化运作，用于支持 PPP 项目的资金。”在这些政策的鼓励下，政府与金融机构联合出资成立的 PPP 政府性投资引导基金得以发展，促进了财政资金的市场化管理，有助于提高公共资金使用的透明度和效率。

目前，我国的 PPP 政府性投资引导基金在实践中处于探索阶段，如何科学地设立基金的出资结构和治理结构，明确投资范围和投资模式，从而有效地发挥投资引导作用，降低融资成本，创造市场化的融资环境，提高资源配置效率和 PPP 项目的效率，是当前亟待解决的问题[4]。此前，国际上部分国家及地区（如欧洲、美国等）为了引导、促进社会资本投资于基础设施项目的融资，已在引导基金的设立和管理方面积累了一定的经验，这些基金的运作机制值得我国借鉴。

二、我国 PPP 引导基金的应用现状

在中央政府的政策鼓励下，PPP 引导基金蓬勃发展，表 5-41 中列举了六个省级 PPP 投资引导基金的概况。

表 5-41　我国部分已经成立的省级 PPP 投资引导基金

发起省份	基金规模	基金期限	基金架构	基金出资人构成	
				财政出资人	其他出资人
江苏	100 亿元	10 年（具体项目不超过五年）	母基金＋子基金	省财政厅；部分市、县财政局	若干家银行机构;保险、信托资金；其他社会资本
山东	800 亿元	不超过 10 年	母基金＋子基金	省财政厅；部分市、县财政局	若干家银行机构;保险、信托资金；其他社会资本
河南	50 亿元	5～7 年	未明确设立子基金方案	省豫资公司	若干家金融机构;其他社会资本
四川	50 亿元	原则上为 8 年	不设立子基金	省财政厅	社会募集、社会捐赠、基金管理公司
云南	第一期 50 亿元以上	暂定 10 年	母基金＋行业子基金	云南省财政厅	金融机构;其他社会资本
山西	先期母基金 16 亿元，子基金总规模可达 128 亿元	—	母基金＋子基金	—	—

以上投资引导基金主要向地域内政策偏向的项目提供融资支持，多采取“母基金+子基金”的结构，期限通常小于 10 年，主要以股权和债权两种形式为项目出资，还可提供项目前期费用补贴、示范项目奖励、融资担保等扶助手段。关于退出机制，若以股权投资，到期由项目公司内的社会投资人优先回购基金股权，否则由政府方回购；若以债权参与，由借款主体项目公司按期归还。此外，此类基金大多采取优先和

劣后结构，由政府担任劣后级。基金投资收益分为固定收益和浮动收益，固定收益归于优先级投资人，浮动收益在优先与劣后投资人间以事先约定的比例分配。

三、设立 PPP 投资引导基金的目的和存在的问题

PPP 投资引导基金旨在发挥财政资金的杠杆和引领作用，增强社会资本参与 PPP 项目的信心，为 PPP 项目的及时落地提供保障，对推动 PPP 模式的发展具有重要意义。

（一）设立目的

1. 体现政策对投资的导向

PPP 投资引导基金对其投资范围往往有限制，以此体现出政府对特定领域发展的导向作用。对 PPP 模式处于起步阶段的地区，或对于新兴的 PPP 项目类型（如区域开发），社会资本对未来可能面对的风险缺乏了解，投资引导基金的参与可以体现政府对 PPP 模式或某一类项目发展的支持和信用保障，从而鼓励社会资本参与其中，抓住新兴的业务发展机会，扶助市场发展成熟。

2. 增加 PPP 项目的财务可行性

投资引导基金的参与将增加 PPP 项目的信用，这有助于降低债务融资的成本，提高债务比例，从而降低整体的融资成本。此外，通过对引导基金投资模式的合理设计，可以使得 PPP 项目的现金流更符合养老金、保险资金、主权财富基金等机构投资者的投资需求，从而获得与 PPP 项目更匹配的稳定、长期、低成本的资金。

3. 提高财政资金的使用效率

目前我国的投资引导基金的架构主要有三种：第一，只设立 PPP 母基金，而不设子基金；第二，既设立 PPP 母基金，也设立 PPP 子基金，但子基金出资仅有一部分出自母基金；第三，既设立 PPP 母基金，也设立 PPP 子基金，子基金出资全部出自母基金[5]。不同的架构影响财政资金撬动社会资本的比例。但总体而言，通过合理的结构设计，投资引导基金放大了财政资金的效率与效用。

同时，相比于财政资金的直接支出，投资引导基金的投资更市场化、更灵活、更透明，相比于财政资金的预算制管理，基金所适用的收付实现制会计准则和资产组合的管理方式更有助于监控和分散资金的风险，从而提高财政资金的使用效率。

4. 保证 PPP 项目的可持续发展

区域性或产业性的 PPP 投资引导基金不依托于某个 PPP 项目存在，有助于积累项目融资的相关经验，集成专业能力，促进统一的考核评价标准体系形成。PPP 引导基金的专业能力的成熟进而为其服务的特定领域 PPP 项目的可持续发展提供有力支撑。

（二）存在问题

省级 PPP 基金成立的热潮中，一些问题也逐渐暴露出来，主要有以下几点：

1. 区域与行业分布不均

国内现有的 PPP 基金多为省级基金，且各省设立的基金规模不尽相同，甚至是相差甚远。而各省对 PPP 基金的投向行业各有侧重。引导基金对行业发展的导向作用和对地区发展的扶持平衡作用可能因碎片化布局而达不到预期收效。

2. 基金募集难度大

引导基金的成立往往基于政府的行政命令，资金提供者以大型的金融机构为主。与其他传统基金不同，PPP 基金受 PPP 项目本身风险大、收益不稳定等因素影响，使很多资金提供者望而生畏。

3. 资金实际利用效率未显著提升

一个项目从立项到实施间的时间不短，但一些省级 PPP 基金，如表中河南省级 PPP 基金，就以项目通过审核作为开始认缴资金的时点，到项目落地还需较长时间。在这段时期内，基金并没有实际到位。所以，基金流转于实际项目的效率仍需要通过合理的设计进一步提高。

4. 功能单一

从各省基金设立方案内容来看，政府性投资引导基金目前的功能还局限于融资方面，对 PPP 项目的可持续性关注不足，没有意识到为项目提供技术援助与资金支持有着同等重要的地位。

四、PPP 投资引导基金模式的国际经验

目前我国的 PPP 投资引导基金的实践中暴露的问题阻碍着设立 PPP 基金的目的的实现，因此，本节将列述国际实践中较重要的政府投资引导基金，以期从中获得启发。我国已有的基金专注于如何调动社会资本，而国际实践中，对基金如何识别项目、提供援助和收回投资等方面的设计已十分全面，借鉴国际经验有助于我国政府性投资引导基金的成熟发展。

（一）国际 PPP 投资引导基金模式介绍

1. 欧洲 2020 项目债券计划[6]

作为 PPP 模式的先行地区，欧洲在 PPP 投资引导基金方面也有较多探索。“欧洲 2020 项目债券计划（EU 2020 Project Bond Initiative，以下简称‘EU 2020’）”在 2012 年由欧洲投资银行（European Investment Bank，EIB）和欧洲委员会（European Commission）联合发起，由欧洲投资银行管理，欧盟将从预算中拨出 2.3 亿欧元，以带动约 45 亿欧元的私人投资。该计划旨在帮助欧洲大型基础设施项目发行债券，通

过为债券提供担保和次级贷款（subordinated loan）等方式为项目债券增信，使得债券现金流与资本市场的需求相匹配，从而引导养老金、保险公司等机构投资者的长期、低成本的资金通过购买债券流向基础设施项目。获得 EU 2020 担保、授信的项目需缴纳相应的费用。EU 2020 计划总规模达 500 亿欧元，主要投资于欧洲交通网计划（Trans-European Transport Network，TEN-T[7]）及欧洲能源网计划（Trans-European Energy Networks，TEN-E）内的项目和信息与通信技术行业（information and communication technology ，ICT）的基础设施项目。EU 2020 运作模式见图 5-29。

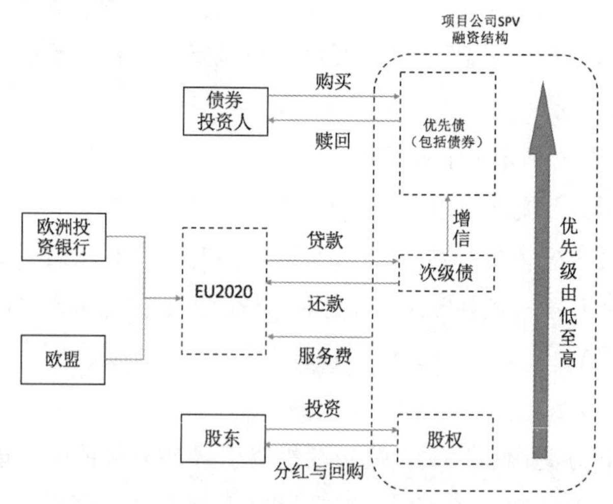

图 5-29　欧洲 2020 项目债券计划运作模式

2. 欧洲交通网络项目贷款担保工具[8]

欧洲交通网络项目贷款担保工具（The Loan Guarantee Instrument for Trans-European Transport Network Projects，LGTT）是由欧洲委员会和欧洲投资银行各出资 50%共同发起的又一只投资引导基金，主要投资于欧洲交通网计划内的大型交通基础设施项目。LGTT 通过提供还款担保为项目增信，以吸引**商业银行**为 PPP 项目授信，准备**运营期**的备用贷款（stand-by facility, SBF）。当项目现金流不足以偿还优先贷款（senior loan）时，可启动备用贷款，备用贷款的偿还次序次于优先债务，并且每一期的偿还额度根据现金流调整（on a cash sweep basis）。LGTT 为备用贷款到期日的还款提供担保，如果在到期日仍有未偿还的备用贷款，贷方可要求 LGTT 偿还剩余债务，同时 LGTT 成为项目的次级债债权人。LGTT 运作模式见图 5-30。

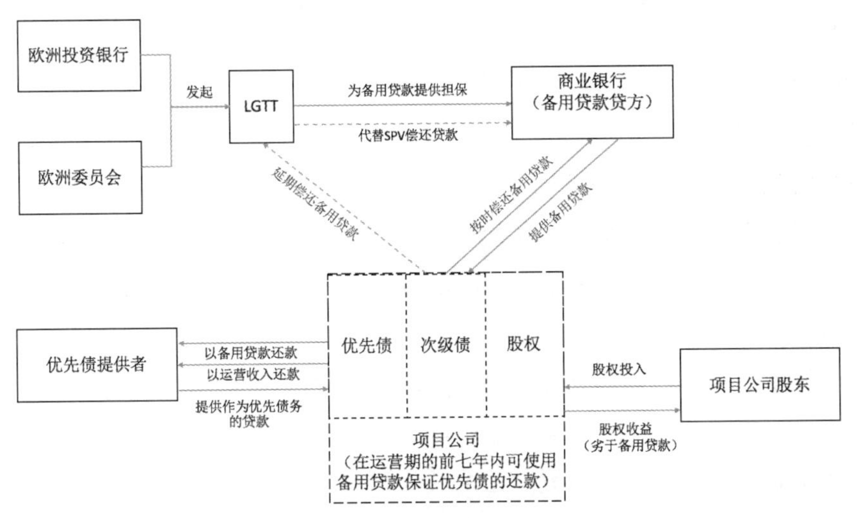

图 5-30 欧洲交通网络项目贷款担保工具运作模式

3. 美国交通设施融资创新法案[9]

美国是 PPP 模式的后发国家，PPP 模式的应用主要集中于交通、水处领域，但其对交通领域 PPP 引导基金已有近 20 年的探索：美国交通设施融资创新法案（Transportation Infrastructure Finance and Innovation Act，TIFIA）由美国交通部出资发起，为大型交通基础设施项目提供低成本次级贷款（subordinated loan）、贷款担保和授信（备用贷款），以便为项目增信，增加其可融资性（项目债券、银行贷款），降低融资成本。TIFIA 支持的第一个项目于 1999 年完成融资，截至目前，TIFIA 已为 49 个项目提供了共计 203.2 亿美元的资金支持。

4. 加拿大 P3 基金[10]

加拿大 P3 基金是由加拿大以皇家公司（Crown Corporation）形式成立的联邦级 PPP 中心——PPP Canada 设立的总额为 12 亿美元的基金，为 PPP 项目提供最多占项目直接建设成本 25%的资金支持。该基金主要投资于交通、水务、能源、安全、固体垃圾、文化、宽带通信、海运、航空和旅游等行业的基础设施 PPP 项目的建设与修缮。加拿大 P3 基金提供的援助主要有三种：无偿捐助（Non-repayable contributions），需偿还捐助（Repayable contributions），和项目发展基金（Project development funding）。无偿捐助在建设期间或建设期一结束时供采购机构申请，能够帮助其负担给特许经营商的付费，但不可以用于项目的运营期。需偿还捐助可以全部偿还或部分偿还，其申请条件更为严格，申请项目要能为采购机构产生直接的收入（如：通行费，土地费用）。项目发展基金也是通过加拿大 P3 基金资格筛选的项目可以申请的，最多可用于覆盖项目合格成本的 50%。截至 2015 年，该基金已经为加拿大 20 多个 PPP 项目提供 13

亿美元的支持。

5. 世界银行全球基础设施基金[11]

与以上投资引导基金主要通过资金支持吸引社会资本投资 PPP 项目不同，世行、亚行等多边组织在提供资金支持的同时，还提供专业能力支持。世界银行集团联合全球主要的资产管理公司、私募股权基金、养老基金、保险基金和商业银行等金融机构成立了世界银行全球基础设施基金（Global Infrastructure Facility），以一亿美元的种子资金于 2015 年 4 月开始实施。

作为国际多边组织，世行集团成立该基金的目的是帮助成员国通过推广 PPP 模式，发展当地的基础设施。该基金的工作重点是为 PPP 项目提供全面的服务，包括项目前期的行业规划、预可行性研究、法律政策研究、寻找长期合作的社会资本；项目准备阶段的技术与经济可行性研究、社会与环境影响评价、投资风险评估和 PPP 结构设计；交易与实施阶段的交易文件准备、竞争性采购的应用、风险转移设计、增信包装设计；融资阶段的政府与社会资本的协调、风险转移工具的设计等。此外，该基金正在设计灵活的资金支持机制（flexible financing window），为项目增信，从而鼓励融资创新，吸引更多的融资工具应用于 PPP 项目中。

6. 亚行亚太区项目准备基金[12]

与世界银行全球基础设施基金相似，亚行亚太区项目准备基金（Asia Pacific Project Preparation Facility）由亚洲开发银行发起成立，主要由亚太地区的发达国家出资，支持亚太地区的发展中国家 PPP 项目的发展。

该基金以帮助发展中国家构建一个良好的 PPP 发展环境为宗旨，运用的手段丰富灵活，包括：

（1）扶助有利于上游产业变革的项目。该基金为服务国家构建有利于项目发展的环境提供建议（例如：法律政策体系，担保与激励机制的使用），合适的 PPP 项目选择标准，人员培训，以及提高市场和利益相关者的意识。

（2）全面的尽职调查。涵盖技术、融资、经济、社会、法律、政策、安全、机构、政府权力、交易结构和管理事务等各个方面。

（3）编写信息备忘录，为项目寻找合适的投资者。包括组织路演，建立可查询的项目信息库用于投资者做尽职调查，准备投标文件与合同草案，组织投标过程，协助项目的评估、授予和协商。

（4）利用有限追索债务市场、准备充分的项目文件和健全的融资模型，来吸引优质投资者。发挥亚洲发展银行对亚洲基础设施市场的了解的价值，帮助潜在投资者和借款方把握到商业机遇。

（二）国际 PPP 投资引导基金实施经验

通过提供还款担保、次级贷款及授信（备用贷款）等方式，提供或有资金支持，为 PPP 项目增信，使得其现金流更符合资本市场的需求，促进其成功获得商业银行贷款、发行项目收益债券，吸引低成本、投资周期长的机构投资者的资金投资于 PPP 项目。这一方式相比于直接投资于项目股权或债权，有助于更广泛地撬动社会资本。

有明确的支持范围，并与技术、咨询等方面的合伙人合作，如世界银行全球基础设施基金的管理机构中纳入了多边发展银行、出口信贷机构、机构投资者、商业银行等组成咨询委员会，协助基金的管理，有助于行业经验的积累，进而对 PPP 项目进行专业能力的输出。

对资助的限额有明确规定，以控制基金自身的风险。例如，TIFIA 资助通常占总投资比例低于 33%，交通部要求高于 33%，低于 49%的申请人阐明申请原因；LGTT 担保的备用贷款一般不应超过优先债务的 10%（在特殊情况下最高 20%），担保额的最高额度为每个项目两亿欧元；EU 2020 贷款占总的债权资金的百分比小于规定的上限，例如优先债的 20%。

五、对我国设立 PPP 投资引导基金的政策建议

我国的 PPP 投资引导基金与国际投资引导基金在规模、期限等形式上没有显著区别，但在投资（支持）方式上存在本质区别，对比整理见表 5-42。

表 5-42　中国政府性投资引导基金与国际案例特点对比

基金特点	中国	国际
基金发起人	政府	政府及/或开发性金融机构
投资（支持）方式	多以股权、债权等形式直接出资，另有项目前期费用补贴、示范项目奖励、融资担保等扶助方式	多以担保、次级贷款、备用贷款等“或有债务”的形式为项目增信，或提供项目全周期咨询服务
投资标准	目前大多数引导基金没有明确规定	对投资的行业范围、标的项目应满足的条件、投资阶段（多为建设期和运营期早期）、资助限额等有明确的规定
退出方式	由项目收益及政府对基金的“保底承诺”偿还	由项目收益偿还，若无法偿还则通过破产程序清偿

由此可见，国外 PPP 投资引导基金通过政府及开发性金融机构自身出资成立引导基金，委托管理机构进行市场化管理，通过“担保”“次级贷”“备用贷款”等方式为项目增信，目的在于增加项目的可融资性，进而引导社会资本投资于 PPP 项目；而我国的 PPP 投资引导基金以政府出资作为劣后级资金，并做出回购基金股权的“保底承

诺”，以吸引社会资本参与成立投资引导基金，投资引导基金继而以股权、债权等形式直接投资于PPP项目。

（一）出资方构成

而国内PPP投资引导基金除政府、金融机构之外，还有承包商等PPP项目直接参与人作为投资引导基金出资人，一方面可能有助于增强基金投资决策的专业性；但另一方面，其同时作为甲方与乙方，可能干涉项目的招标，做出损害基金与公共利益的行为，不利于基金的治理。此外，国内很多投资引导基金仅为单一项目成立，浪费人力物力且专业能力弱。建议参照国际经验，PPP投资引导基金由政府、开发性金融机构及其他潜在标的项目非利益相关人出资，同时确定基金规模的下限，减少管理资源重复配置。

（二）扶助方式的多元化

国际上基金的扶助主要可分为两大类：技术援助与金融支持。目前我国PPP投资引导基金职能稍显单一，以股权与债权投入为主，辅以奖励、补贴、优惠形式的资金供应手段。然而，表面上看来，保证充足的资金是当务之急，但长远来看，保证PPP项目全寿命周期内的有效运作才是关键。否则，项目的失败终究会将今天的股权债权全部变为明天的债务。此外，虽然目前PPP项目数量多，可真正落地需要的时间漫长。等待各个项目准备降低了基金的使用效率。因此，PPP基金增强资金投向设计能力甚至为项目发展提供综合全面的财务、法律等专业服务也可能成为未来基金的发展趋势。

（三）使用期限与额度

在美国、欧盟等的投资引导基金中几乎都明确说明基金的使用需要在特定的时期与期限内，大多为建设结束后开始运营的10年以内，只有加拿大P3基金对于建设期的某些补贴不需偿还。在江苏等六省的PPP引导基金实施办法中，作为股权或债权进入项目的基金期限也至多10年。这两类PPP基金的一个明显区别是声明基金使用的阶段与否。对于PPP项目而言，建设期与运营期对现金流的需求存在极大差异，一般在建设期的需求更大。然而，合理的PPP方案的设计应做到使初始融资满足建设需求，所以收入不稳定的运营阶段才是国际案例中基金扶持的主要阶段。

同时，为了保证控制基金承受的风险，合理的使用期限与明确的额度上限是基金运行中必须明确的标准，平衡资金效用与资金风险是基金设计需考虑的原则之一。

（四）退出机制

我国PPP基金目前在整个融资结构中扮演着优先股的角色，而国外的PPP基金是参与融资，多为优先于股权，而次于债务的次级债，通过为项目增信从而吸引社会资本投资于项目。而我国现有的PPP基金虽然以股权的形式投资于项目，但实际上会与政府达成到期回购的约定，名为股，实为债，且优先于其他债。在募集资金时，“优先＋劣后”的架构及回购协议对社会资本可能有较大吸引力，但其对社会资本的吸引本质在于“保底承诺”而非对 PPP 项目的增信。根据法律规定，政府对 PPP 项目的补贴需纳入财政预算并经同级人大批准，而政府给 PPP 引导基金出具的“保底承诺”目前不在此约束范围内，因此应警惕 PPP 引导基金成为地方政府规避预算约束的“暗渠”以及未来可能出现的法律风险。

六、结语

政府性 PPP 投资引导基金对于国家 PPP 模式的发展起着重要的引导与扶持作用。在探索中，我国政府结合实际经验不断尝试新的发挥政府作用的手段，借鉴国际实践已有的做法可以为今后 PPP 基金的设立、扶助方式、使用期限和退出机制等关键要素提供参考，特别是注意规避 PPP 投资引导基金成为地方政府绕过预算约束向社会资本提供“保底承诺”的暗渠以及其中蕴含的法律风险和政府信用风险，促使 PPP 投资引导基金真正成为 PPP 项目增信、引导社会资本投资的有效工具，从而支持 PPP 模式健康发展。

参考文献

[1] 莫兰琼，陶凌云．我国地方政府债务问题分析[J]．上海经济研究，2012（8）：100-108，116.

[2] 中华人民共和国审计署办公厅．全国政府性债务审计结果[EB/OL]．[2013-12-30]. http://www.audit.gov.cn/n1992130/n1992150/n1992379/3432165.html.

[3] 李开孟. PPP 模式下政府购买服务的新内涵[J]．中国投资，2015（10）：103-105，11.

[4] 冯珂，王守清，张子龙，等．新型城镇化背景下的 PPP 产业基金设立及运作模式探析[J]．建筑经济, 2015, 36（5）. 5-8.

[5] 财政部 PPP 中心．省级 PPP 基金是如何运作的？[EB/OL]．[2016]. http://www.cpppc.org/plt/2747.jhtml.

[6] 程建兵．PPP 引导基金运作模式简介[EB/OL].[2016-01-02]. http://www.360doc.com/content/16/0102/1828743056_524868667.shtml.

[7] European Commission. Consultation on the Europe 2020 Project Bond Initiative [EB/OL]. [2013-10-30]. http://ec.europa.eu/economy_finance/articles/consultation/europe_2020_en.htm.

[8] European Commission. TEN-T Projects[EB/OL].[2008]. https://ec.europa.eu/inea/en/ten-t/ten-t-projects.

[9] European Investment Bank. The Loan Guarantee Instrument for Trans-European Transport Network Projects [EB/OL]. [2008-01-11]. http://www.eib.org/about/documents/ lgtt-fact-sheet.htm.

[10] What types of credit assistance does the TIFIA Program provide [EB/OL]. [2013-05-13]. https://www.transportation.gov/tifia/overview.

[11] The P3 Canada Fund: Application Guide[EB/OL]. [2015-04]. http://www.p3canada.ca. 2015-04.

[12] Global Infrastructure Facility[EB/OL].[2016]. http://www.worldbank.org/en/programs/global-Infrastructure-facility#3.

（《项目管理技术》2016 年第 8 期，第 15-21 页）

城市轨道交通项目投融资模式案例比较分析

作者：王超　梁伟　王守清

【摘要】 我国对城市轨道交通项目的投资建设需求不断增加，传统的政府财政投资模式已经无法满足项目建设的需求。选取目前国内外典型城市轨道交通项目的典型案例，通过对这些项目的投融资模式、发展历程进行归纳与比较分析，总结出国内外城市轨道交通项目主要采用的 5 种融资模式及其适用范围与优缺点，为决策者灵活选取合理可行的投融资模式提供参考。

【关键词】 城市轨道交通　投融资模式　案例比较

随着我国经济的发展和城市化进程的推进，城市轨道交通项目的投资建设进入高峰期。由于政府资金的不足，创新性的城市轨道交通项目投融资模式尝试不断涌现，为我国项目建设提供了多样的发展模式[1]。本文通过对国内外典型城市轨道交通案例的投融资模式进行归纳总结和比较分析，为决策者在项目前期对城市轨道交通项目投融资模式进行合理决策提供参考。

一、国内外城市轨道交通项目投融资模式

全世界约有 110 多个城市拥有轨道交通，城市轨道交通项目的投融资模式存在着显著差异。因此选择轨道交通历史悠久的代表城市进行重点分析。

（一）伦敦模式

伦敦运输局（Transport for London，TfL）负责伦敦所有公共交通的管理和运营，其资本金主要来源于中央政府补贴、市政府补贴和运营收入等三方面。中央政府每年向市政府发放财政拨款，由市政府分配给 TfL 以满足其预算需求；市政府补贴是每财政年度由政府根据调研咨询决定，补贴款项仅用作公交支出的用途；运营收入主要来自地铁和公交的票务收入（票价受市政府指导）。

债务方面，政府根据 TfL 的偿还能力设定负债的最大数额。TfL 的债务融资主要有四个来源[1]：中期债券计划、商业票据计划、欧洲投资银行贷款和公共工程贷款委员会贷款。其中前两项为面向社会的融资方案，资金通常来自机构或个人投资者；后两项为政策性贷款，贷款利率近年来一直维持在 4%～4.5%的水平。另外，TfL 通过投资金融衍生品来对冲可能出现的利率波动、通货膨胀、原材料价格变化等风险。

TfL 分支机构伦敦地铁公司（London Underground，LU）具体负责伦敦地铁的投资、建设、运营。LU 的资金来源及成本构成如表 5-43 所示。LU 每年的运营收入则呈现缓慢增加的趋势，从 TfL 获得的拨款与运营获得的收入大致相当；运营成本基本保持稳定，因运营线路长度的变化而产生波动；净运营亏损逐年减小，每年的资本支出强度和财政补贴数额决定了项目是否盈利。近年来，伦敦地铁维持着 LU 投资建设、政府财政支持经营亏损的局面。尽管 LU 尝试引入私营资本对运营线路进行维护和改造，但终因成本过高而失败[2]。

表 5-43　2006—2011 年伦敦地铁公司运营收支情况　（单位：亿英镑）

年　份	2011	2010	2009	2008	2007	2006
运营收入	21.79	19.41	17.96	17.69	16.55	15.34
运营成本	21.78	20.50	23.87	23.57	20.14	19.69
财政补贴	10.60	36.61	18.86	15.47	29.51	10.94
资本支出	12.17	15.29	14.95	16.07	15.56	15.04
盈利情况	-1.56	20.23	-1.04	-5.14	10.36	-8.45

数据来源：2006—2011 年 TfL 年报

总体而言，政府财政拨款和税收政策保障了伦敦地铁的建设运营，但高昂的人工成本导致伦敦地铁的运营成本始终居高不下。

（二）纽约模式

纽约地铁系统由大都会交通运输局（Metropolitan Transportation Authority，MTA）管理和运营，旗下的纽约市交通运输局负责纽约市区的地铁运营。

MTA 负责纽约市内所有交通基础设施建设的融资，纽约城市轨道交通的发展史中，投融资模式基本没有变化。资金来源主要包括运营票务收入、中央及地方政府的补贴（补贴本质为政府财政支出）和资本市场融资。MTA 所获得的补贴可划分为州政府和市政府划拨的一般政府补贴（如税收支持补贴、运营补贴等）和资本建设项目补贴，前者主要用于日常运营，后者则专用于老旧线路更新改造中的资产建设投资。资本市场融资主要通过发行各种形式的债券，如运输收益债券、税收基金债券和服务合同债券等[3]。纽约市交通运输局的运营收支情况如表 5-44 所示，扣除政府补贴，运营长期处于连年亏损的状态，近年来的亏损数额持续增加，纽约地铁一直维持着以政府补贴为主、运营收入为辅的收入结构。

表 5-44　2006—2011 年纽约市交通运输局运营收支情况　　（单位：亿美元）

年　份	2011	2010	2009	2008	2007	2006
运营收入	39.36	36.02	33.85	33.21	31.59	30.41
运营成本	91.09	83.37	81.57	80.46	74.50	58.71
政府补贴	51.40	56.13	55.12	46.87	47.43	46.11
盈利情况	-0.33	8.78	7.40	-0.38	4.52	17.81

数据来源：2006—2011 年 MTA 年报

总体而言，纽约地铁从投融资主体、建设资金来源、政府补贴比例和运营管理模式等方面与伦敦非常相似，不同体现在纽约地铁的建设主体和运营主体分开，并且政府补贴数额的支持力度更大。这根本上是由于纽约政府明确城市轨道交通是社会基本福利的一部分，税收体制保证了政府有足够的税收来源，因此这一模式以经济高度发达为基本条件。

（三）东京模式

东京地铁的建设资金由政府负责筹措，投融资方式随着地铁网络化程度的发展而不断变化[4]：单线建设运营阶段，主要为政府财政支出；网络化运营阶段，新线建设的投资资金主要来自受益者负担、利用者负担、政府补助、发行债券和贷款。受益者负担和利用者负担是东京城市轨道交通融资的特色，受益者负担由城市轨道交通建成后获得土地升值收益的企业提供资金支持，利用者负担由乘客通过票价缴纳一部分建设资金。

政府独资公司东京地下铁株式会负责东京地铁的运营。由于政府规定地铁实物资产不计入运营公司，东京地下铁株式会社不承担巨额的资产折旧和建设投资成本，足够的客流量和合理的票价保证其每年运营略有盈余。如表 5-45 所示，东京地下铁株式会社属于完全自负盈亏的经营模式，经营市场化程度较高，这和伦敦、纽约有着显著区别。

表 5-45　2006—2009 年东京地下铁株式会社运营收支情况　（单位：百亿日元）

年　份	2009	2008	2007	2006
运营收入	37.21	37.76	38.13	37.84
运营成本	28.96	29.23	29.38	27.76
运营外收入	0.17	0.16	0.31	0.21
运营外成本	2.00	2.06	2.09	2.20
盈利情况	6.42	6.63	6.97	8.09

数据来源：2006—2009 年东京地下铁株式会社年报，官方公布的最新年报数据只更新至 2009 年

总体而言，东京模式可以归纳为：政府负责建设投资，资金渠道多元化，并与受益者、利用者共同分担地铁投资，摆脱了由政府财政资金全额支持的模式；运营由国有企业负责，在实现和建设投资隔离的前提下，客流和票价支持良性的市场化运营。

（四）新加坡模式

新加坡城市轨道交通的理念是政府、乘客、运营者三方责任利益均衡，即政府提供基础设施、乘客支付服务成本、运营企业通过提供服务而实现利润。因此，新加坡模式是典型的政府投资和企业运营模式。政府投资资金来自财政盈余，运营模式以企业自负盈亏、票价覆盖运营成本为目标。新加坡模式的总体规模较小和乘客支付能力较高的特点，使得政府财政资金足以支持建设投资，居民对票价也有较高的支付能力。因此，新加坡在一直沿用“政府投资建设、企业市场化运营”的投融资模式。

（五）香港模式

香港模式是目前城市轨道交通领域内最具盈利的模式，其发展历程可分为三个阶段：第一阶段（1979—1990 年），地铁投资、建设、运营由政府完成的，政府组建成立香港地铁公司负责开发运营的全过程管理。第二阶段（1991—2000 年），由于地铁线路建设的需求增加，财政拨款已无法满足建设资金的需求，因此政府创造性地将土地开发和轨道交通建设结合在一起，开始实施“轨道+物业”模式。香港地铁公司在负责项目的投融资、建设和运营服务的同时，还获得线路周边物业的开发权，从而增加项目的盈利能力并改变依靠政府财政拨款维持运营的局面。第三阶段（2001 年至今），香港地铁进一步市场化，香港政府对地铁公司实施股份制改革和上市融资，公司通过资本市场工具融资获得 75%～80%的债权融资总额，同时其业务领域更加多元化并逐步向全球扩张[5]。运营收支情况如表 5-46 所示。毫无疑问，良好的投融资模式保障香港地铁实现业务扩张[6]。

表 5-46　2006-2011 年香港地铁运营收支情况　　（单位：亿港元）

年　份	2011	2010	2009	2008	2007	2006
运营收入	211	194	178	176	107	95
运营成本	92	87	83	83	48	43
运营利润	119	107	95	93	59	52
物业开发利润	49	40	36	47	83	58
经营利润	168	147	131	142	145	110

数据来源：2006—2011 年香港地铁年报

总体而言，香港模式的成功源于其突破了城市轨道交通项目盈利能力不足的瓶颈。“轨道+物业”的模式，将盈利能力有限的“轨道”和因轨道建设大幅升值的“物业”有机结合，帮助投资者在轨道交通建设、运营和物业开发中发挥高效的管理能力，将项目的外部效益内部化。

（六）其他城市模式

上述城市基本涵盖了目前世界城市轨道交通领域流行的投融资模式。国内外其他城市模式也有各自的模式特点，简要介绍如下。

巴黎采用“大公交”的运行模式，城市轨道交通项目的建设、运营采用政府直接投融资的模式。巴黎市政府的投资主要分成两部分：建设投资中，中央政府约占 40%，市政府约占 40%，企业自筹约占 20%[7]；运营投资中，由于地铁票价由政府制定，票务收入只能覆盖运营成本的 40%，其余由政府财政和公交运营进行补贴。“以公交补地铁”是巴黎地铁的主要特点。

曼谷地铁主要以私营投资为主，这在世界范围内比较罕见。曼谷红线，由香港 Hopewell 公司与泰国国家铁路签订了特许经营合同，Hopewell 公司负责项目全生命周期的设计、融资、建造和运营维护，但在亚洲金融危机时被泰国政府单方面终止特许经营权，项目运行以失败告终。曼谷绿线，由政府与当地的一家房地产开发公司签订特许经营合同，该公司随后成立泰国交通系统公司负责项目的建设和运营，依靠票务收入维持运营。曼谷模式，主要通过特许经营的方式将设计、融资、建造、运营和维护交由私营部门负责，是私营化程度很高的模式。这种模式在实际经营中依靠票务收入很难弥补项目投资成本，企业盈利困难，因此最终还是需要泰国政府通过终止特许权、提供补贴等形式维持项目正常的建设运营。

目前，我国约 30 个城市建成或在建城市轨道交通项目，但很多城市仍处于刚刚起步阶段。为全面分析国内城市轨道交通的投融资模式发展历程，选择北京、上海和广州三个拥有城市轨道交通投资、建设和运营经验最丰富的城市进行重点分析。

（一）北京模式

北京是我国最早拥有城市轨道交通的城市，地铁发展主要经历了两个阶段：第一阶段（1965—2003 年），受制于投资环境不完善、私营资本投资不足和融资方案有限等问题，2 条地铁线路全部由政府投资和运营，运营中难以区分政策性亏损和经营性亏损，导致北京地铁处于长期巨额亏损、运营效率低、服务有待提高的局面。第二阶段（2003 年至今），北京奥运会推动地铁建设需求大量增加，简单粗放的投资运营一体化管理给政府财政带来沉重的负担，因此北京市政府对原北京地铁集团进行改组，成立北京市基础设施投资有限公司（京投公司）、北京市轨道交通建设管理有限公司和北京市地铁运营有限公司，明确各自在项目投资、建设和运营环节中的主体地位，“三分开”模式促进各主体进行精细化管理。例如，京投公司尝试推进多元化融资，股权融资方面引进 PPP 模式吸引私营资本参与城市轨道交通项目的投资建设，债权融资方面通过发行企业债、竞标贷款等产品降低融资成本，并引用香港地铁加强多主体合作竞争，激励地铁运营公司提高服务管理水平，实现高效的市场化运营。

总体来说，融资、建设、运营主体独立的“三分开”和投资主体多元化、资金来源多元化、运营主体多元化的“多元化”，是北京模式的主要特点。

（二）上海模式

上海地铁的起步比北京晚了 20 余年，但之后的发展速度迅速赶超北京，其投融资模式不断改革与创新。上海地铁的发展历程可分为三个阶段[8]：第一阶段（1983—2000 年），沿用北京的政府一体化投资模式，上海地铁总公司依靠政府财政完成地铁 1、2 号线的建设和运营；第二阶段（2001—2004 年），市政府只负责对投资、建设和运营的监管，实现投资、建设、运营和监管的“四分开”改革；第三阶段（2005 年至今），申通集团（投融资主体）无法实现对建设资金的有效监管，导致资金使用效率较低和运营事故发生后归责困难的问题，因此市政府将上海地铁建设有限公司和上海地铁运营有限公司并入申通集团，重新形成投资、建设、运营一体化的模式。

上海一体化模式的主要特点在于：（1）企业经营市场化。市政府每年只给予申通集团固定数额的补贴，申通集团必须通过提升资金效率实现盈利。（2）融资渠道多元化。申通集团不仅通过控股上市公司实现资本市场融资，还发行各类债券进行债务融资，并通过与市政府建立相关政策扶持机制，使轨道交通的外部效应内部化。（3）运营业务实现盈利。申通集团轨道交通运营的主营业务在不依靠政府补贴的情况下实现少量盈利，充分说明上海模式高效的运行效率，这在国内城市轨道交通运营领域是非常不俗的表现（见表 5-47）。

表 5-47　2006—2011 年申通地铁运营收支情况　　（单位：亿元）

年　份	2011	2010	2009	2008	2007	2006
运营收入	7.79	8.34	8.41	8.82	8.70	8.18
运营成本	6.81	7.05	7.90	7.84	7.29	6.25
政府补贴	0.50	0.48	0.76	0.00	0.00	0.00
盈利情况	0.73	1.19	1.27	0.98	1.41	1.93

数据来源：2006—2011 年申通地铁年报

（三）广州模式

广州地铁借鉴香港地铁“轨道+物业”的总体思路，将城市轨道交通建设与土地开发结合在一起。建设资金主要来自由政府负责筹集的土地出让金收入和国内外贷款，虽然形式上和香港模式类似，但并未完全将土地增值收益回馈给项目投资者。运营方面，项目由广州地铁总公司运营，政府不再进行补贴，政府不再对地铁公司债务承担责任。市场化的运营对票价和需求提出很高的要求，因此地铁公司通过在国内最早引入地铁自动售检票系统，设计多种优惠的储值方式，起到了满足乘客需求、稳定客流、扩大公司收益的作用。

总体来说，依靠土地出让金支持轨道交通建设的广州模式，稳定了项目资金来源，但对政府财政造成较大的负担，资金使用效率降低。市场化的运营方式，缓解了政府的财政负担，激励运营公司通过提升管理服务水平扩大收益。

除此之外，我国其他城市也相继开始推进城市轨道交通项目的建设投资，本文简要列举如下。

深圳市创新使用了不同城市的轨道交通投融资模式。1 号线采用完全政府投资的模式，政府财政投资 70%，其余 30%由商业银行贷款，依靠市政府财政进行还款。4 号线二期投资采用 BOT 模式，引进香港地铁参与投资建设，建成后将一期工程以租赁方式交由香港地铁统一运营，特许经营权期限为 30 年，为双方 2、3 号线的后续投资合作打下良好的基础。深圳市政府也积极寻求全生命周期的投资合作伙伴，引入竞争机制进一步提高资金使用效率和运营服务水平。

天津、南京通过设立轨道交通建设专项基金，将每年城市财政收入增长的一部分计提到专项基金中，建设资金仍依靠政府财政收入，但资金使用规划有显著区别，给政府财政造成的压力降低，也增强不同贷款方的投资信心。这种模式的应用条件是城市经济能够长期快速发展。

二、城市轨道交通项目投融资模式归纳与比较

通过对比国内外城市轨道交通项目的投融资模式可以发现，目前所采用的投融资

模式主要包括：

1. 伦敦和巴黎的“政府完全投资”模式

即投资、建设和运营由政府机构负责，资金来源以债券和政策性贷款融资为主，以商业贷款、短期融资票据等为辅，社会资本通过投资债券来参与城市轨道交通的投资。地铁运营高度依赖政府的财政补贴，但补贴的形式不同，如伦敦采用直接拨款，巴黎还通过公交收入补贴地铁。

2. 纽约和北京的“政府投资建设+政府补贴企业运营”模式

即投资、建设、运营主体相互独立，建设资金由完全独立的政府融资平台公司筹集，政府融资平台公司采用多种融资工具满足资金需求，运营企业不承担建设过程中产生的项目负债。这种模式虽然缓解了运营企业的压力，但由于票价的限制，运营企业无法完全实现市场化运营，需要政府通过财政拨款补贴项目运营。

3. 东京、新加坡和广州的“政府投资建设+企业市场化运营”模式

即投资建设和运营主体分离，投资建设的主体是政府机构，而市场化的票价机制保障运营主体在运营中自负盈亏，政府不再给予运营补贴。

4. 上海、深圳地铁 4 号线和北京地铁 4 号线的“政府和企业共同投资+企业市场化运营”模式

即企业参与项目的投资建设，政府通过政府补贴和合作开发的形式负责项目建设的主要投资，企业负责部分投资。这种模式中政府原则上不给予补贴，企业通过运营获得回报，因此要求项目本身有较高的盈利能力，需要在轨道交通实现网络化运营后采用此模式。

5. 香港的“完全市场化投融资”模式

即投资、建设、运营全部由企业负责，建成后由企业进行商业化运作。这种模式从轨道交通网络基本成形后开始实施，以政府授予企业部分土地的开发权作为补偿。土地开发权虽然也是政府补贴，这里归纳为完全市场化投融资模式，主要原因在于土地开发权的价值取决于企业市场化运营的效益，充分利用地铁和土地价值在市场化条件相互促进的良性循环机制，通过市场化实现资源的优化配置。

6. 曼谷的“私有化”模式

即投资、建设、运营完全由企业负责，政府不向企业提供任何形式的补贴，企业很难通过运营实现投资收益，仍需要政府给予补贴甚至回购项目公司。实践证明这种模式并不可行。

除去不可行的曼谷模式，5 类模式的主要区别在于政府和企业在投资建设和运营阶段的主体地位、承担责任的不同。从模式 1 到模式 5，政府在项目投资中的比例逐

渐降低，而企业逐渐占据投资的主导地位（见表 5-48）。每个模式中，具体投融资方式的主要区别则在于融资来源、政府补贴和运营市场化程度等的不同。

表 5-48　不同城市轨道交通投融资模式比较

项　　目	模式特点	代表城市	投资主体	运营主体	
模式 1	政府完全投资	伦敦、巴黎	政府	政府	政府投资
模式 2	政府投资建设+政府补贴下企业运营	纽约、北京	政府	企业+政府	↓
模式 3	政府投资建设+企业市场化运营	东京、新加坡、广州	政府	企业	↓
模式 4	企业和政府共同投资+企业市场化运营	上海、深圳地铁 4 号线、北京地铁 4 号线	政府+企业	企业	↓
模式 5	完全市场化投融资	香港	企业	企业	企业投资

三、对我国城市轨道交通项目投融资模式选择的启示

借鉴国内外城市的成功经验，可以帮助决策者提供可选择的多元化投融资方案，同时对在建或规划的轨道交通项目提供几点启示。

（1）城市轨道交通项目的准公共物品属性要求政府在项目投融资中发挥主导作用。项目收益普遍无法覆盖运营成本，而线路运营所带来的外部性收益无法完全实现内部化，因此 5 类可行模式均需要政府在项目建设运营过程中提供不同形式的投资和补贴才能正常运营。

（2）城市轨道交通项目的正外部性决定政府可以借助市场化运营提高管理效率和增加社会效益。通过政府对企业建立资金和资源补偿机制或给予企业多元化经营的资源，帮助企业得到投资收益，改观政府负责地铁运营所造成的长期亏损局面，减轻政府的管理负担和提升项目的管理效率。同时，市场化运营可以使企业收获劳有所得的收益，使乘客享受物有所值的服务，促进城市轨道交通工程整体服务质量和客户体验水平的提高，带来广泛的社会效益。

（3）同一城市的不同轨道交通项目可以实现多元化的投融资模式。随着城市轨道交通项目的发展，投融资模式都会经历一定的变化，同一城市的不同项目也会采用不同类型的投融资模式。另外，城市轨道交通路网的发展程度也部分决定了采用多元化模式的可行性。例如，北京在广泛采用模式 2 完成北京地铁基础网络线路的铺设、为企业运营获益提供投资保障的基础上，政府积极引入“企业和政府共同投资+企业市场化运营”的模式 4，帮助北京地铁实现良性竞争，为政府解决交通拥堵并向民众提供更高质量的服务。

四、结语

通过对国内外典型城市的轨道交通项目投融资模式进行归纳得出，世界上常用的可行投融资模式主要包括政府完全投资、政府投资建设+政府补贴下企业运营、政府投资建设+企业市场化运营、企业和政府共同投资+企业市场化运营、完全市场化投融资等 5 种模式。决策者可根据政府可承担的权责、政府投资比例、路网发达程度、运营主体、定价机制等因素灵活确定可行的城市轨道交通项目投融资模式。

参考文献

[1] 梁伟. 城市轨道交通项目投融资模式选择决策研究[D]. 北京：清华大学，2013.

[2] Transport for London. Annual Report and Statement of Accounts 2011/12[R]. London: TfL Group Publishing, 2010.

[3] Metropolitan Transportation Authority. Consolidated Financial Statements as of and for the Years Ended December 31, 2012, and 2011, Required Supplementary Information, Supplementary Information and Independent Auditors' Report[R]. New York: MTA, 2011.

[4] 叶霞飞，胡志晖，顾保南. 日本城市轨道交通建设融资模式与成功经验剖析[J]. 中国铁道科学，2002（4）：126-131.

[5] 蔡蔚. 基于港铁模式的城市轨道交通市场化路径探析[J]. 城市轨道交通研究，2013（9）：10-14.

[6] 香港铁路有限公司. 香港铁路有限公司 2012 年报[R]. 香港：香港铁路有限公司，2011.

[7] 李燕. 国内外城市轨道交通投融资模式比较分析[J]. 中国铁路，2010（6）：76-78.

[8] 洪刚. 上海轨道交通投融资研究[D]. 上海：上海交通大学，2008.

（《城市轨道交通研究》2015 年第 8 期，第 22-25 页）

PPP 项目资本结构选择的国际经验研究

作者：刘婷　王守清　盛和太　胡一石

【摘要】 通过文献阅读，从经济合作与发展组织（OECD）等权威机构的成员国家中，筛选出 18 个典型 PPP 项目案例，通过重点分析其资本结构（本文仅考虑股权结构和债本比例），归纳出不同类型 PPP 项目的资产特征和能力需求，并进一步总结出股权结构和债本结构选择的国际经验，对我国 PPP 项目的资本结构选择具有参考意义。

【关键词】 项目管理 PPP 项目 资本结构 股权结构 债本比例 案例分析

PPP （Public-Private Partnerships，公私合作）是指由私营部门为基础设施项目进行融资、建造,并在未来的一段时间内运营项目，通过充分发挥公共部门和私营部门的各自优势，以提高公共产品或服务的效率、实现资金的最佳价值[1]。根据世界银行的统计分析，PPP 已在全世界得到广泛应用，2012 年，全球私营资本在基础设施领域的投资额已达到 767.63 亿美元[2]。PPP 在我国也有很大的应用空间：城镇化进程已成为基础设施建设的重要驱动因素；而政府财政支出压力加大，地方政府融资平台受限，从中央到地方都在进一步鼓励民间资本以持有和运营资产的方式，提高公共服务的效率[3,4]；加上我国金融体系不断完善[5]，PPP 将为基础设施建设提供重要的资本和专业支持。

PPP 成功的关键在于各参与方之间实现公平有效的风险分担和利益共享[6]，这需要合理的资本结构安排来实现。狭义的资本结构指企业各种长期资本的构成及组成比例，尤其是股权资本与债权资本的比例及构成关系，包括股权结构、债本比例等 [7,8]。其中，股权结构指项目资产的所有权结构，即各主办人（投资者）的股本资金组成，表明他们对项目权益（股权）的拥有比例和控制程度；债本比例指项目的债务资金和股本资金的比例关系[7,8]。

PPP 在国外，特别是在 OECD 成员国已得到了较好的应用，其经验或教训可为我国 PPP 的应用提供借鉴。限于篇幅，本文主要从股权结构和债本比例两方面，总结 PPP 项目资本结构选择的国际经验。

一、典型案例选择

本文选取了 18 个国际典型 PPP 案例，案例信息来自经济合作与发展组织（OECD）、欧洲投资银行（European Investment Bank）等主要国家和地区的投资机构、承包商、运营商、政府等的权威研究报告或资料。案例项目涉及公路、机场、港口、铁路、电站、垃圾处理、水处理等领域，涵盖了国际上主要的 PPP 项目类型（见表 5-49）。

表 5-49 国际典型 PPP 项目案例基本信息

编 号	项目名称	投资额	现 状
1	匈牙利 M1-M15 公路[9]	3.2 亿欧元	失败
2	匈牙利 M5 公路[9]	前 1 期 3.7 亿欧元	运营良好
3	希腊雅典机场[10,11]	22.5 亿欧元	运营良好
4	匈牙利布达佩斯机场[10,11]	12.0 亿美元	运营良好

续表

编号	项目名称	投资额	现状
5	波兰 Gdansk 码头[10,12]	19.0 亿欧元	运营良好
6	法/西-佩皮尼昂-菲格拉斯高速铁路[10]	10.0 亿欧元	运营良好
7	法国图尔斯-波尔多高速铁路[10]	78.0 亿欧元	建造中
8	以色列 Negev30 兆瓦光伏电站[13]	最大光伏电站之一	建造中
9	曼彻斯特警察机关楼宇项目[14]	8 200 万欧元	运营良好
10	西德质子治疗中心[15]	约 1.36 亿欧元	有纠纷
11	英国柯克利斯固体废物处理[9]	7 400 万欧元	运营良好
12	英国诺丁汉废弃物处理项目[9]	约 0.85 亿英镑	有纠纷
13	匈牙利 ASA 德布勒森垃圾处理项目[9]	—	运营良好
14	德国 Mulheimer 垃圾处理项目[9]	—	运营良好
15	土耳其 Birecik 水电站[16,17]	15.66 亿美元	运营良好
16	巴西 Cana Brava 水电站[16,17]	约 5.0 亿美元	有纠纷
17	阿根廷 Potrerillos 水电站[16]	约 5.5 亿美元	运营良好
18	罗马尼亚 APA Nova 水处理项目[9]	987 万欧元	运营良好

二、项目的主办人构成分析

（一）主办人构成的优劣势分析

项目的资产特征和对主办人（股东）的能力需求是影响和反映资本结构选择的重要条件。

本文追踪了 18 个案例项目的推进过程，据此分析了不同项目的资产特征（见图 5-31）及主办人构成的优劣势。

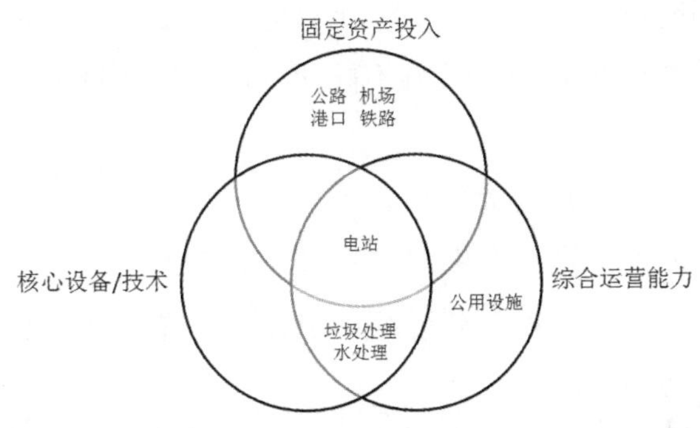

图 5-31　各类项目的资产特征及对主办人的能力需求

公路、机场、港口、铁路等项目，固定资产投资规模大，稳定的资金支持是项目顺利推进的必要保证：匈牙利 M1-M15 公路采用运营商加承包商的股东组合，因缺乏投资机构的支持，财务负担过重，陷入现金流困境，被国有化；匈牙利布达佩斯机场采用政府加运营商的股东组合，2 年后陷入财务困境，后运营商将股份完全出售给德国 HOCHTIEF 和 3 家投资机构，建设和运营绩效才得到明显改观；波兰 Gdanks 码头发起阶段同样采用运营商加承包商的主办人组合，由于投融资能力不足，项目融资在 2 年内未得到落实，项目无法启动，直到运营商减持，引入投资机构麦格理，项目才得以顺利启动；而匈牙利 M5 公路、希腊雅典机场、法/西-佩皮尼昂-菲格拉斯高速铁路、法国图尔斯-波尔多高速铁路等项目则因有大量的长期资金支持，得以顺利推进。

垃圾处理、水处理等项目，核心技术和综合运营能力非常关键：本文 5 个垃圾处理、水处理案例项目的股东构成中，全部有技术/运营商，可见这是此类项目的核心主办人。然而，技术/运营商通常谈判能力较差，英国诺丁汉废弃物处理、匈牙利 ASA 德布勒森垃圾处理、德国 Mulheimer 垃圾处理等项目中，都出现技术和运营商与公共部门在核心技术保密或项目控制权等方面出现分歧的问题。

电站项目对核心设备要求高，因此，设备商对电站项目而言十分关键：巴西 Cana Brava 水电站由单一的运营商发起，对项目环境和社会影响评估不充分，推进过程中遭遇民众反对，纠纷不断；而运营良好的土耳其 Birecik 水电站采用了设备商、运营商加机构投资者的股东构成，阿根廷 Potrerillos 水电站也由建筑商和设备商共同发起，设备商的参与是电站运营管理的保障。

医院、政府办公楼宇等项目对综合运营能力要求高，综合运营商的参与是项目成功运作的重要支持：西德质子治疗中心项目由建筑商和设备商发起，由于运营商没有主导或关键参与项目，技术标准定义不清晰，导致交付运营时产生纠纷；而曼彻斯特警察机关楼宇项目由运营管理商发起，专业实力强，准确把握公共部门的需求，保障了成本和工期，顺利交付。

由此可见，不同 PPP 项目类型具有不同的资产特征和对主办人的不同能力需求，合理的主办人构成应与之相适应：

（1）对于固定资产投资规模大的项目（公路、铁路、机场、港口），综合能力强的承包商和投资机构的组合将具有更多专业和资金的优势。

（2）对于技术和综合运营能力要求高的项目（垃圾处理、水处理），运营商和技术商的组合是项目成功的保障。

（3）对于核心设备技术要求高的项目（电站），专业技术商是关键。

（4）而对于综合运营能力要求高的项目（医院、政府办公楼宇等公用设施），综合运营商的参与则是项目成功运作的重要支持。

（二）主办人构成调整情况分析

从发起至运营前的阶段（本文统称为发起阶段，通常时间达 3～5 年），是项目经受风险最大的阶段，融资、建造、技术等不确定性因素最多，对主办人的挑战最大[7]。主办人若不具备风险分担的能力，可能导致项目不得不进行股权结构的调整或优化。

而随着项目进入运营阶段，项目部分主办人的目标逐步实现（如承包商完成了建造任务、设备供应商完成了设备供应任务），同时运营逐步进入稳定阶段，现金流趋于稳定，此时，项目公司出于对提高股权价值的考虑，可能对股权结构进行主动调整。

从 18 个案例的股权结构调整情况及其原因（见表 5-50）可以看出：

（1）发起阶段的股权结构调整较少，反映了特许经营者的选择过程通常是有效的。

（2）发达的金融市场为原始股东在运营阶段的股权退出或逐步减持，提供了接盘资金支持（如保险资金、养老基金、主权基金等长期资金的接盘），可使原始股东提前实现其股权价值。

（3）原始股东的转型发展，如承包商转型为运营商，为股权结构调整即承包商增持股权提供了机会。

（4）项目公司员工的股权激励所带来的股权结构调整，是公司治理和激励理论在项目公司层面的应用，将促进项目运营效率和项目公司价值的提高。

（5）当项目失败时，通常政府或国有企业成为 PPP 项目的最终持有人。

表 5-50　国际典型 PPP 项目的主办人构成调整分析

编　号	调整阶段	调整方式	调整原因
1	运营阶段	被动国有化	项目盈利能力差、项目公司陷入困境
2	运营阶段	一承包商股东退出，另一承包商股东接盘	退出股东兑现自身权益价值
3	运营阶段	长期资金或投资基金介入	原股东兑现部分权益价值
4	发起阶段	运营商退出，综合承包商接盘	原主办人是运营商，建造和融资能力不足
	运营阶段	长期资金或投资基金介入	原股东兑现部分权益价值
5	发起阶段	运营商减持、引入专业投资者	运营商融资能力不足
	运营阶段	长期资金或投资基金介入	原股东兑现部分权益价值
9	运营阶段	长期资金或投资基金介入	原股东兑现部分权益价值
11	运营阶段	原承包商股东逐步退出	运营商逐步增持
14	运营阶段	政府增持、获得控制权，私人方被动减持	项目合作范围扩大
15	运营阶段	承包商增持，投资机构减持	承包商职能逐步向运营商转变，获得更多权益，投资机构逐步退出并获利
18	运营阶段	私人方减持，员工股权激励	激励员工

注　其中案例 6～8、16 不详，案例 10、12、13、17 未作调整

三、项目的债本比例分析

在确定主办人及其股权比例之后，资本结构选择的后续关键就是确定合理的债务水平（可用债本比例表示）和可行的债务资金来源。国际上通常没有最低股本资金的限制，因而 PPP 项目的债本比例变化区间较大，并无明显的区间或固定数值。但从 18 个案例的债本比例和债务资金来源（见表 5-51）中，仍可总结出一定的规律：

表 5-51 国际典型 PPP 项目的债本比例与债务资金来源分析

案例编号	项目类型	债本比例	债务资金主要来源
1	公路	4.3	政策性银行、商业银行、政府基金
2	公路	4.6	政策性银行、保险公司、商业银行
3	机场	11.5	政策性银行、商业银行、政府基金、投资机构
5	港口	1.1	商业银行、投资机构
6	铁路	8.7	政策性银行、政府补贴
7	铁路	8.1	政策性银行、商业银行、政府基金、投资基金
9	政府楼宇	9.2	商业银行、保险公司、投资基金
10	医院	19.0	商业银行、夹层资金
11	垃圾处理	0.8	政府基金
15	水电站	4.5	商业银行、投资机构
16	水电站	2.3	政策性银行
17	水电站	1.7	政府、商业银行
18	水处理	4.3	政策性银行、商业银行

注 部分案例的信息不详，故未全部列出

（1）通常而言，股权资本成本高、债务资本成本低，因而自身盈利能力较强、主办人信用等级较高的项目，倾向于具有较高的债本比例。

（2）债本比例也在一定程度上体现了项目的投资规模，固定资产投资较大的项目，具有较高的债本比例。

此外，18 个案例表明，国际成熟市场的债务资金来源渠道较多，有政策性银行、商业银行、政府基金、投资机构（资产管理机构）和投资基金等，具有成本、规模和久期优势的保险资金或养老基金也通过专业投资机构（如麦格理、摩根大通、汇丰、高盛、新加坡淡马锡等），大量参与了基础设施项目的投资，为 PPP 项目提供了重要的债务资金来源。

四、结语

PPP 项目的主办人组合（股权结构）对项目的成功运作非常关键，应与不同类型项目的资产特征及其对主办人的不同能力需求相匹配；另外，为了提升项目公司的价值和提前兑现主办人的股权价值，在不同阶段应相应调整股权结构。PPP 项目的债本比例则与项目的投资规模、偿债/盈利能力和主办人的信用有关，应结合项目具体情况，合理利用国际金融市场债务资金的不同来源，降低融资成本。这些经验对我国目前力推 PPP 具有重要的参考价值。

参考文献

[1] World Bank. Public-Private Partnerships Reference Guide, Version 1.0 [EB/OL].（2012-04-02）. http://wbi.worldbank.org/wbi/document/public-private-partnerships-reference-guide-version-10.

[2] World Bank. Private Participation in Infrastructure Database [EB/OL].（2013-12-04）. http://ppi.worldbank.org/explore/ppi_exploreSector.aspx?SectorID=2.

[3] 国务院办公厅. 关于鼓励支持和引导个体私营等非公有制经济发展的若干意见[EB/OL].（2005-08-12）. http://www.gov.cn/zwgk/2005-08/12/content_21691.htm.

[4] 国务院办公厅. 关于鼓励和引导民间投资健康发展的若干意见[EB/OL].（2010-05-13）. http://www.gov.cn/zwgk/2010-05/13/content_1605218.htm.

[5] 杨明生. 保险资金运用新规的历史跨越[J]. 保险研究, 2011（6）:3-10.

[6] 柯永建. 中国 PPP 项目风险公平分担[D]. 北京：清华大学, 2010.

[7] Gatti S. 项目融资理论与实践[M]. 尹志军, 译. 北京：电子工业出版社, 2011.

[8] 任淮秀. 项目融资[M]. 北京：中国人民大学出版社, 2004.

[9] European Commission. Resource Book on PPP Case Studies [EB/OL].（2004-07）. http://ec.europa.eu/regional_policy/sources/docgener/guides/pppresourcebook.pdf

[10]Ministry of Finance of the Bulgarian Government PU. The Best Practices Public-Private Partnership（PPP）Guidebook [EB/OL].（2009）. http://www.partnerships.bg/images/files/Draft_-_PPP_Best_Practices_Guide.pdf

[11]HTAirport. HOCHTIEF AirPort GmbH: Growth needs experts（Presentation 2012Q4）, [EB/OL].（2012-12）. http://www.avialliance.com/avia_en/data/pdf/Corporate_brochure.pdf.

[12]Macquarie, Macquarie Infrastructure and Real Assets [EB/OL].（2012-9-30）. http://www.mirafunds.com/.

[13]Israel Trade Commission. The Agreement for the Construction of the Photovoltaic Power Plant in the Ashalim Compound has been Signed [EB/OL].（2012-05-15）. http://www.israeltrade.org.au/the-agreement-for-the-construction-of-the-photovoltaic-power-plant-in-the-ashalim-compound-has-been-signed/.

[14]House of Commons, Committee of Public Accounts. Lessons from PFI and other projects: Forty-fourth Report of Session 2012-12 [EB/OL].（2011-06-15）. http://www.publications.parliament.uk/pa/cm201012/cmselect/cmpubacc/1201/1201.pdf

[15]Deutsche Bank. German PPP healthcare - recent developments & case study [EB/OL].（2008-06-19）. http://www.ashurst.com/doc.aspx?id_Content=3887.

[16]Nicolas C, Matthias F, Antoine D. What works and what doesn't with BOT contracts? The case of thermal and hydraulic plants [EB/OL].（2005-10）. http://infoscience.epfl.ch/record/64507/files/BOT%20contracts%20in%20case%20of%20thermal%20and%20hydraulic%20plants.pdf.

[17]Gelder JWv, Valk Fvd, Dros JM, Worm J. The impacts and financing of large dams [EB/OL].（2002-11）. http://www.profundo.nl/files/download/WWF0211b.pdf.

（《建筑经济》2014 年第 11 期，第 11-14 页）

城市轨道交通融资模式要素：从理论到实践

作者：王守清　伍迪　梁伟

【摘要】 不同城市轨道交通融资模式的涌现为其可持续发展提供了广阔的空间，组成要素与分类方法的标准化是融资模式比选和决策的基础。通过借助相关理论分析、总结国际实践做法等方式识别城市轨道交通可行的融资模式。分析理论包括项目区分理论、公共物品理论、多中心公共经济理论等；案例研究包括伦敦、巴黎、北京等国内外 13 个轨道交通相对发达的城市和北京地铁 4 号线、深圳地铁 4 号线等应用创新性融资模式的具体项目。然后基于识别的融资模式总结轨道交通融资模式的四个主要组成要素，即投资主体、运营主体、资金来源和政府支持方式，根据理论与实践分别归纳出每个要素包含的不同选择方案，组成融资模式比选库，进而建立了城市轨道交通融资模式的一种标准化分类方法。所有融资模式可以通过形如 $A_iB_iC_iD_i$ 的四要素方案构成进行描述和区分，为融资模式评价与比选的研究与实践提供参考依据。

【关键词】 城市轨道交通　融资模式　要素　分类方法

一、引言

城市轨道交通在居民出行中的比例很高，巴黎、香港、东京等国际化都市轨道交通承担的公共交通量达 55%以上[1]，对建设便捷型、资源节约型、环境友好型、可持续发展型城市起着不可替代的作用。而我国北京、上海等一线城市轨道交通出行比例仅约 20%[2]。因此，在我国新型城镇化进程中，地方政府将面临城市轨道交通投资建设的极大需求。

城市轨道交通建设的投资额大、成本高。仅按地上（轻轨）、地下（地铁）区分，轻轨每千米造价约为 1 亿 ~ 1.8 亿元，地铁的每千米造价约为 3 亿 ~ 6 亿元[3]。近年来我国平均每年开工建设轨道交通的投资超过 2 600 亿元[2]，且投资需求将进一步扩大[3]。

需求量大、造价高等条件决定了我国地方政府在城市轨道交通建设方面将面临巨大的资金压力。多种创新型融资模式的涌现可以缓解资金短缺，还可以提高项目效率[4]，为城市轨道交通的可持续发展提供了广阔的空间，但同时也给决策者提出了更高的要求：即如何判断和选择哪种模式更适合特定时期、特定环境的建设需求。能够对融资模式进行比较的一个重要前提就是要明确融资模式要素从而进行标准化分类。本文理论结合实践，总结其组成要素，对系统性建立公共项目融资模式决策方法和流程具有重要的理论和实践意义。

二、相关研究述评

20 世纪 70 年代以前，城市基础设施融资模式的研究较少，这是因为西方经济学一直都强调政府在供给中的重要地位。斯密认为基础设施的建设和运营是政府的重要职责[5]；凯恩斯认为基础设施投资是政府调控宏观经济的重要手段，可以扩大就业[6]；罗丹则强调“基础设施具有积聚性特征，通过市场机制不能实现最合适的供给”[7]。

随着经济发展，基础设施完全由政府供给的传统理论受到了挑战。特别是 20 世纪 90 年代之后，Kirwan[8]、Coates[9]等经济学家将注意力集中到了基础设施建设开发市场化、竞争化、商业化、私有化的发展方向，引发了一轮基础设施融资模式创新研究的热潮。普鲁霍梅[10]基于项目区分理论探讨了不同类别基础设施投资主体和融资渠道问题。Schaufelberger 等[11]提出了使用者收费、银行贷款、政府转移支付等效率最高的五种融资途径。Bahl 等[12]认为基础设施的服务特性和外部性决定了该类项目的融资方式选择。轨道交通溢价是融资多元化的基础[13]，沿线土地升值易量化，是溢价回收机制的突破口[14]。将土地与城市轨道交通捆绑开发，解决了盈利能力不足的问题，而解决这一问题更直接的方法是由政府对投资者给予补贴[15]。

在多元化、市场化融资模式被广泛认可后，公私合作（PPP，Public-Private Partnership）的基础设施融资模式，逐渐成了研究的热点[16]。这也意味着基础设施融资模式的概念由融资主体和融资渠道延伸到了包含运营管理的全生命周期内涵，以 PPP 模式为基础衍生出 BOT（Build-Operate-Transfer，建设—运营—移交）等不同细分模式[17]，其较传统融资模式存在的优势与不足[18]。

通过以上分析，总结现有研究的不足如下：

首先，融资模式的可行性是许多研究的结论，这对决策者有启发和借鉴意义，但不能提供全面的视角进行相互比较。如许多研究提到 BOT、“轨道+土地”、ABS 等模式的可行性，但各种模式所表述的侧重点不同：BOT 模式的重点是描述项目建设投资主体；“轨道+土地”模式的重点是描述项目补贴模式；ABS 模式的重点是描述项目资金来源。

其次，部分城市轨道交通融资模式分类的研究中，存在分类标准不统一、分类结果不能实现完全覆盖等问题。比如，有研究将城市轨道交通融资模式分为政府投资下市场化模式和投资主体多元化模式两类[1]。前者描述的是运营主体私有化，后者描述的是投资主体私有化，两类模式的划分方法相互交叉且不能覆盖项目全过程。类似的分类方法还有“前补偿模式”与“后补偿模式”[19]、“政府主导的融资模式”与“轨道+土地的融资模式”[20]等。

鉴于此，本文采用图 5-32 所示“识别—归纳”两阶段研究思路，使用理论分析、案例研究等方法通过识别城市轨道交通组成要素提出一套标准化的融资模式分类方法，为融资模式比选提供参考依据。

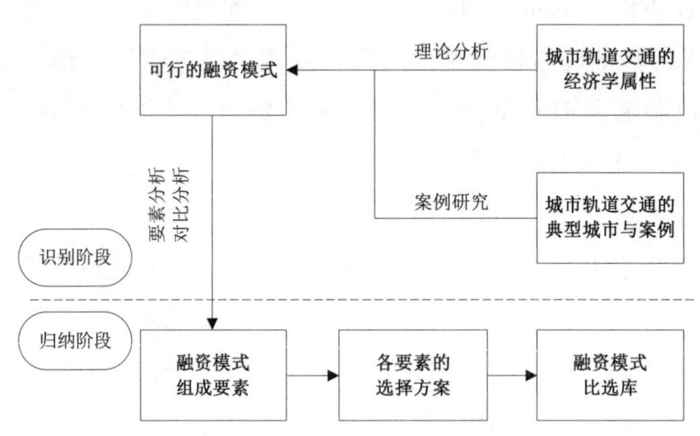

图 5-32　本文研究思路与方法

三、基于理论分析的融资模式识别

影响项目融资模式的内在因素是其经济学属性而不是物理属性[21]。经济学属性需要把相关理论和其最基本的经济学特征相结合。高效率融资模式的实质是在项目实施过程中实现资源的优化配置[22]。因此，需要整理城市轨道交通的基本经济学特征，结合理论归纳其经济学属性，进而识别融资模式。

城市轨道交通具有交通运输类基础设施类项目的共有特征，同时和高速公路、机场等项目又存在明显区别，具体体现为[23]：① 建设成本高、投资额巨大；② 技术难度大、投资风险高；③ 建设周期长、投资回收期长；④ 运营成本高、边际成本低；⑤ 不能完全市场化定价；⑥ 单线运营效率低，网络化依赖程度高；⑦ 可替代性；⑧ 资产具备增值能力、远期现金流稳定；⑨ 社会效益大、排除无偿受益难。结合以上经济学特征，进一步归纳轨道交通的经济学属性及相应可行的融资模式（见表 5-52）。

表 5-52　基于理论分析的融资模式

经济学属性	相关理论	相关经济学特征									相应的融资模式
		1	2	3	4	5	6	7	8	9	
准经营性	项目区分理论	√	√	√	√	√			√		企业投资+政府补贴
可销售性	可销售性评估理论			√	√	√		√	√	√	政府投资+企业运营
准公共物品属性	公共物品理论、福利经济学					√	√			√	政府企业合作投资
正外部性	公共选择理论									√	企业投资+资金/资源补偿
自然垄断性	多中心公共经济理论	√			√	√					业投资+政府补贴

（一）准经营性

项目区分理论将基础设施分为经营性、准经营性、非经营性三大类，不同类型项目适用不同融资模式。非经营性项目一般由政府投资运营，经营性项目投资、建设、运营模式则完全根据市场条件制定，准经营性项目介于二者之间，根据项目经营性强弱而定。根据轨道交通的经济学特征，投资额大、投资风险高、投资回收期长等都决定了运营收入很难覆盖全部投资成本，即经营性较弱；而资产具备增值能力、远期现金流稳定性强等又从另一个角度揭示了远期较强经营性的潜质。因此，城市轨道交通属于准经营性项目，虽有明确的收费机制和稳定的现金流，但短期内运营收入难以覆盖投资成本，若要实现市场化运营，至少在短期内需要政府提供补贴，可概括为“企业投资+政府补贴”的融资模式。

（二）可销售性

可销售性评估是世界银行为研究城市基础设施项目融资模式而创建的方法[23]，根据可销售性评估可对各类城市基础设施选取融资模式提出方案建议。根据表 5-53 可知，城市轨道交通具有较强的可销售性，以特许经营或租赁的方式经营为最佳，可以概括为“政府投资+企业运营”的模式。

表 5-53　交通基础设施经营方案建议（世界银行）

项目类型	可销售性得分（满分 3 分）	低收入国家	中等收入国家		
			变革前	变革中	高增长
铁路运输	2.6	ABD	ABD	BCD	BCD
公共汽车	2.4	C	C	C	C
轨道交通	2.4	B	B	B	B
车站路基	2.0	A	A	AB	AB
城市道路	1.8	A	A	A	A

注　A 商业化公共机构；B 特许经营或租赁；C 受价格管制的私营部门；D 受市场机制调节的私营部门

（三）准公共物品属性

现代经济学将社会中所有物品分为公共物品和私人物品两类，排他性及竞争性是区分公共物品和私人物品的准则[24]。根据福利经济学和公共物品理论[25]，公共物品应由政府免费提供，私人物品应由市场提供，准公共物品介于两者之间。城市轨道交通作为社会产品，收费乘车机制排除了不购票乘坐者，具备弱排他性；增加一个乘客一般对其他乘客无显著影响，但极度拥挤情况下又有所不同，在不同情况下分别具备非竞争性和竞争性。因此，城市轨道交通属于准公共物品范畴，从理论上既有由政府投资管理的道理，也存在市场化投资运营的可能，即政府引导下的市场供给，或政府与市场联合供给，可概括为"政府企业合作投资"的融资模式。

（四）正外部性

外部性是"一个经济主体的行为对另一个经济主体的福利所产生的效果"[26]。城市轨道交通社会效益大、排除无偿受益困难的经济学特征决定其具有很强的正外部性。外部性是导致市场失灵和政府干预的重要因素，若要城市轨道交通市场化供给，需实现外部效益内部化。政府可对投资者进行各种形式的偿付，主要分为两类：一是依靠政府根据外部效应的量化评估对投资者进行补偿，可概括为"企业投资+资金补偿"的融资模式；二是建立适当的机制使投资者能够直接从项目产生外部效应中获取一定的利益，可概括为"企业投资+资源补偿"的融资模式。

（五）自然垄断性

自然垄断性产品固定成本高，可变成本低，呈现规模经济。城市轨道交通的投资主要集中在建设阶段，具有显著的自然垄断性。传统观点认为，自然垄断性产品应只由一个主体供给[1]，但对于城市轨道交通，无论是政府垄断还是企业垄断都不可避免地使服务价格提高或质量降低。多中心公共经济理论认为自然垄断经营主体的亏损往往是垄断导致自身缺乏创新和降低成本的动机带来的[27]。因此，由于自然垄断性的存在，为实现整体效率的提高，政府需要在新投资者形成规模经济之前对其进行必要的扶持，可概括为“企业投资+政府补贴”的模式。

四、基于国内外实践的融资模式识别

全世界约有 110 个城市拥有轨道交通，根据地域划分和经济发展水平的不同，本文选择欧洲、美洲、亚洲的 13 个典型城市，对轨道交通融资模式的发展历程和现状进行整理。值得注意的是，每个城市总体上采用单一的融资模式，但一个城市个别项目很可能与其他项目有所不同，如北京地铁 4 号线等，本文将对这些特定项目进行单独分类研究。总结实践中的融资模式可概括为以下六种（见表 5-54）。

表 5-54　基于实践总结的融资模式

序　号	特　征	投资主体	运营主体	代表城市/项目
1	传统	政府	政府	伦敦、巴黎
2	补贴	政府	政府+企业	纽约、北京
3	分工	政府	企业	东京、新加坡、广州
4	合作	政府+企业	企业	上海、深圳 4 号线、北京 4 号线
5	市场化	企业	企业	香港
6	私有化（不可行）	企业	企业	曼谷、布宜诺斯艾利斯、里约

（一）“传统”模式

伦敦、巴黎的共同特点是地铁的建设和运营均由政府部门的分支机构负责，但资金来源并不单一，主要以债券和政策性贷款融资为主，辅以商业贷款、短期融资票据等其他融资手段。其中债券的购买者多为机构或个人投资者，且债券属于有限追索性质，从这个角度讲，除政府外的其他社会资本在某种程度上是以这种形式参与到城市轨道交通的投资中来的。这两个城市轨道交通运营收入和政府财政补贴的数额基本相当，地铁的运营对政府财政支持的依赖程度很高。

（二）“补贴”模式

不同于伦敦、巴黎，纽约、北京的轨道交通投资、建设、运营主体相互独立。投资和运营主体的分开，使运营企业不必承担建设过程产生的负债，而这部分资金全部由独立的政府融资平台筹集。政府融资平台为满足建设的资金需求，采用多种资本市场融资工具相结合的方式拓宽资金来源。虽然这种投资、运营分开的模式极大程度缓解了运营企业的压力，但由于票价制度等方面的限制，运营企业仍然不能通过市场化运营实现收入完全覆盖成本的目标，因此需要政府给予运营的额外补贴。

（三）“分工”模式

东京、新加坡、广州城市轨道交通融资模式区别于前述四个城市的最大特点是轨道交通运营企业在运营过程中自负盈亏，不再从政府获取运营补贴。这同样建立在投资建设和运营主体分离的条件下。在资金来源上，新加坡完全依靠财政支出，广州主要依靠土地出让收入和贷款，而东京政府则有着多元化的融资途径，虽然来源不同，但负责资金筹集的主体都是政府机构。在运营方面，市场化的票价机制保证了企业运营自负盈亏的实现，新加坡地铁的运营主体为上市公司，而东京和广州地铁的运营主体为国有企业，但三者运营模式上没有差别。

（四）“合作”模式

“合作”模式是我国正在探索并逐步付诸实践的一种模式，这种模式的特点是企业作为投资者参与到城市轨道交通的建设投资中，改变了以往投资资金完全由政府筹集的局面。当然，企业参与项目建设投资中并不意味着所有投资都由企业负责，大部分投资仍然由政府负责，或以补贴的形式注入企业（如上海），或以合作开发的形式直接投资建设（如深圳地铁 4 号线、北京地铁 4 号线），企业只负责建设投资中约 30% 左右的部分。企业的投资回报由其后续的运营产出，在运营过程中原则上政府是不进行补贴的，这对项目的盈利能力要求很高，因此通常是在轨道交通网络化运营阶段才得以实施的。

（五）“市场化”模式

市场化融资模式，是轨道交通项目投资、建设、运营全过程都由企业负责，并以像投资于普通项目的方式进行商业化运作。香港地铁从 20 世纪 90 年代中后期开始实行完全的市场化融资模式，这种模式以政府给予地铁公司一定土地开发权作为保障。政府出让土地开发权，某种程度上也是政府补贴的一种形式，而本文将其归为市场化融资模式，原因有两点：首先，土地开发权的价值不是固定的，而是完全取决于企业市场化运营的结果；其次，这种补贴形式充分利用了地铁和土地两者内在的利益循环机制，实现了两者价值在市场化条件下互相促进提升的效果，正是市场化条件下资源优化配置的表现。

（六）“私有化”模式

私有化模式下，轨道交通投资、建设、运营完全由私营部门负责，政府不承担任何责任和风险，无需向私营投资者提供任何形式的补贴或支持。根据前面理论分析可知，这种模式在理论上存在很大难度，即私营投资者很难通过项目运营实现投资收益。从实践效果看，曼谷等应用此模式城市的轨道交通运营确实存在着很多问题，表面上为私有化程度很高的模式，但实质上仍然需要政府给予不同形式的补贴，或甚至是收购项目公司。因此，本文认为这种私有化的模式实质上并不具备可行性。

五、融资模式组成要素和比选库

（一）融资模式组成要素

以上对城市轨道交通融资模式进行了全面的分析和讨论，本部分将识别出这些融资模式的要素。根据前面理论分析的过程和结论，理论上可行融资模式的区别主要体现为供给主体的不同，具体可以分为政府供给、市场化供给、政府补贴下的市场化供给。这里供给的概念，不仅仅包括投资建设，还包括项目建成后的运营。因此，从理论上区分各种可行模式的特征主要为投资主体和运营主体两方面，这也与表 5-54 实践总结的结论吻合。进一步分析实践中相同投资主体和运营主体同类别的不同城市，其区别还体现在资金来源和政府支持方式上。例如，新加坡、广州同属于“政府投资、企业运营”的类别，但资金来源不同：新加坡依靠财政税收；广州则依靠土地出让专项收入为主，财政税收支持和国内外贷款为辅。再如，上海、北京 4 号线的差异体现在政府支持方式上：上海依靠财政拨款注入地铁集团的方式；北京 4 号线采用分担投资的方式。综上所述，城市轨道交通项目融资模式的要素包括投资主体、运营主体、资金来源、政府支持方式。

1. 投资主体

投资主体是在项目建设阶段投资并承担建设投资风险的主体。总结理论与实践，根据性质不同，投资主体可以分为政府、企业、投资机构或个人。但投资机构或个人的投资过程只是通过提供资金获取投资回报，并不参与项目管理，不影响投资效率，管理工作是由其投资信用主体即相应的政府或企业实施的。投资机构或个人并不具备单独作为一类项目投资主体的条件，只是资金提供者。而政府和企业可以在投资过程中合作，因此，投资主体要素可分为政府、企业、政企合伙三种备选方案。

2. 运营主体

运营主体是在项目建成后负责日常运营、对车辆设备进行维护维修等的责任主体。总结理论与实践，运营主体包括两大类，一类是政府部门专业分支机构（如纽约的 NYC Transit、伦敦的 LU，性质为政府机构），一类是专业的城市轨道交通运营公司（如香港地铁公司，性质为企业）。另外，运营主体和投资主体往往存在某种联系，如以轨道交通运营为主营业务的投资主体通过获得项目建成后的运营权来实现投资收益，投资主体即运营主体，但有时政府也会将投资建设的项目用租赁经营的方式交由其他企业运营。运营主体和投资主体是否相同，对运营效率和整体激励机制效果有很大影响（如上海从一体化到四分开，再从四分开到一体化，就是不断解决二者是否相同导致的效率问题）。因此运营主体要素在政府和企业两大类的框架下，可分为四种备选方案，即与投资主体一致的政府、与投资主体不同的政府、与投资主体一致的企业、与投资主体不同的企业。

3. 资金来源

资金来源是项目建设投资所需资金的来源，不包括运营成本（运营成本由运营收入覆盖，或由政府财政补贴支持，其性质与建设投资资金来源有明显不同）。总结理论与实践，轨道交通建设资金来源非常广泛，分析表 5-55 可以发现，按照资金提供主体和融资信用基础这两项描述融资途径最基本的特征来划分，可以将资金来源要素分为以下五种备选方案：政府财政支出（政府资本金性质），政府信用融资（政府债务性质），私营资本投资（企业资本金性质），企业信用融资（企业债务性质），项目信用融资（项目融资性质）。在实践中，资金来源的选择范围和投资主体有着密切的关系，且一个项目中有时会拥有多种资金来源。

表 5-55　不同城市轨道交通的资金来源

城　市	资金来源
伦敦	财政补贴、中期债券计划、商业票据计划、欧洲投资银行贷款、公共工程贷款委员会贷款
纽约	财政拨款、运输收益债券、税收基金债券、服务合同债券
东京	受益者负担、利用者负担、财政税收、发行债券、政策性贷款/商业贷款
香港	股权融资、环球债券、中期票据、美元债券等
北京	政府拨款、私营资本投资、企业债、竞标贷款、债权信托、短期融资券、政策性贷款
上海	政府注资、企业资本投入、发行债券、政策性贷款、商业贷款
天津	轨道交通建设专项基金

4. 政府支持方式

政府支持是体现融资模式间差异的重要特征，方式有很多种。总结理论与实践，可将提供支持的形式分为资金和资产两类。资金支持是政府对投资者进行现金流补偿：一种方式是按照预期项目投资收益率确定补偿资数额，为直接资金支持，表现为财政拨款或补贴等形式；另一种方式是根据运输量、服务质量等方面按事先约定标准确定补偿资数额，为间接资金支持，表现为影子价格补贴等形式。资产支持是政府对投资者进行实物资产补偿：一种方式是向投资者提供已建成可经营的相关资产，为直接资产支持，表现为无偿使用既有线路等形式；另一种方式是向投资者提供可经营性资产的经营权，为间接资产支持，表现为沿线土地开发权等形式。因此，政府支持方式要素可分为四种备选方案，即直接资金支持、间接资金支持、直接资产支持、间接资产支持。在实践中，同一个城市轨道交通项目可能同时使用多种支持方式（见表 5-56）。

表 5-56　不同城市轨道交通的政府支持方式

城市（项目）	直接资金支持	间接资金支持	直接资产支持	间接资产支持
伦敦	√			
巴黎	√			
纽约	√		√	
东京			√	
新加坡			√	
香港				√
北京	√		√	
上海	√			
广州			√	
北京 4 号线	√	√		
深圳 4 号线			√	
深圳 2、3 号线				√

（二）融资模式比选库

城市轨道交通融资模式可根据以上提出的四个要素进行归类，这四要素反映了城市轨道交通项目全生命周期实施过程的特点，能够覆盖理论和实践中所有的可行模式、体现不同模式的特征，并且维度互相独立，不存在重复分类的情况。融资模式比选库也可依据这四个维度建立（见表 5-57）：以 A_1—A_3 分别代表不同投资主体，以 B_1—B_4 分别代表不同运营主体，以 C_1—C_5 分别代表不同资金来源，D_1—D_4 分别代表不同政府支持方式，则可行融资模式可以表述为 $A_iB_iC_iD_i$ 的形式。例如，$A_1B_1C_1D_1$ 代表由政府机构投资、同一政府机构运营、完全由政府财政支出提供资金的政府完全投资模式。

表 5-57　城市轨道交通融资模式比选库

	A 投资主体	B 运营主体		C 资金来源	D 政府支持方式	
1	政府机构	政府	与 A 一致	政府财政支出	资金支持	直接
2	企业		与 A 不同	政府信用融资		间接
3	政企合伙	企业	与 A 一致	私营资本投资	资产支持	直接
4	—		与 A 不同	企业信用融资		间接
5	—	—		项目信用融资	—	

六、结论

本文通过理论分析和案例研究对城市轨道交通可行的融资模式进行了全面的归纳和梳理，识别了投资主体、运营主体、资金来源、政府支持方式四方面要素，并根据理论与实践总结出每种要素不同的备选方案，建立了 $A_iB_iC_iD_i$ 形式的融资模式比选库，形成了一套标准化的分类方法，不仅为进一步研究城市轨道交通融资模式采用数据包络分析（DEA）、定性比较分析（QCA）等理论工具提供了可能，还为决策者进行融资模式比选时提供了基础。

值得注意的是，按照排列组合，融资模式比选库中应有 240 种具体模式。但不难发现，一方面，上述某些组合在各构成要素间存在矛盾，实践中不可能出现（如 $A_1B_2C_3D_4$ 的组合中，C_3 代表资金来源为私营资本融资，而 A_1B_2 的组合已经决定其资金来源只能在 C_1、C_2、C_5 中选择）；另一方面，同一项目中资金来源和政府支持方式可能使用两种或多种选项互相组合的方式，因此实际项目中可以选用的具体融资方案不是简单的 240 种。但这些情况的存在并不影响本文构建融资模式比选库和分类方法的实用性，可用于模式间的分类、比较和决策。

参考文献

[1] 王啸宇. 城市轨道交通市场化投融资机理及模式研究[D]. 南京：河海大学, 2007.

[2] 梁伟. 城市轨道交通项目投融资模式选择决策研究[D]. 北京：清华大学, 2012.

[3] 北京基础设施投资有限公司. 城市轨道交通投融资模式研究与示范[R]. 北京, 2008.

[4] European Commission. Guidelines for successful public-private partnerships [EB/OL].（2003-3）. http://ec.europa.eu/regional_policy/sources/docgener/guides/ppp_en.pdf.

[5] 斯密. 国民财富的性质和原因的研究[M]. 北京：商务出版社, 1979.

[6] 凯恩斯. 就业、利息和货币通论[M]. 北京：商务出版社, 1988.

[7] 罗丹. 大推进理论笔记[M]. 纽约：圣马丁出版社, 1966.

[8] Kirwan R M. Finance for Urban Public Infrastructure [J]. Urban Studies, 1989（6）: 79-83.

[9] Coates D. Public Sector Crowding Out of Private Provision Public Goods, The Influence of Difference in Production Costs [J]. Public Finance Review, 1998（6）: 71-73.

[10]普鲁霍梅. 中国城市化战略的模式和前景[J]. 可持续的城市发展和管理, 2001(9): 57-63.

[11] Schaufelberger J E, Wipadapisut I. Alternate financing strategies for build-operate-transfer projects [J]. Journal of Construction Engineering and Management, 2003, 129（2）: 205-213.

[12] Bahl R W, Bird R M. Tax Policy in Developing Countries: Looking Back and Forward

[R]. Tronto: Institute for International Business, Rotman School of Management, University of Toronto. 2008, 5.

[13] 郑思齐，胡晓珂，张博，王守清．城市轨道交通的溢价回收：从理论到现实[J]. 城市发展研究, 2014, 21（2）: 35-41.

[14] Cervero R, Duncan M. Rail Transit's Value-Added: Effects of Proximity to Light and Commuter Rail Transit on Commercial Land Values in Santa Clara County, California [R]. Urban Land Institute National of Association of Realtors Washington D.C. June 2001.

[15] 叶苏东．民间资本开发城市轨道交通项目的偿付机制研究[J]. 北京交通大学学报（社会科学版）, 2011, 10（2）: 33-39.

[16] Tieman R. A revolution in public procurement: UK's private finance initiative [N]. Finance Times, London, 2003-11-24: 4.

[17] 王守清，柯永建．特许经营项目融资[M]. 北京：清华大学出版社, 2008.

[18] Yescombe E R. Public-private partnerships: principles of policy and finance [M]. Oxford: Butterworth-Heinemann, 2007.

[19] 王刚，庄焰．地铁项目融资模式研究[J]. 深圳大学学报理工版, 2006(3): 217-221.

[20]王洪刚．上海轨道交通投融资研究[D]. 上海：上海交通大学，安泰经济管理学院, 2008.

[21]蔡蔚．城市轨道交通的基本属性对投融资的启示[J]. 城市轨道交通研究, 2007(1): 11-13.

[22] 郑书耀．准公共物品私人供给研究[D]. 沈阳：辽宁大学，经济管理学院, 2007.

[23] 世界银行. 1994 年世界发展报告：为发展提供基础设施[M]. 北京：中国财经出版社, 1994.

[24] Sharkey G, William W. The Theory of Natural Monopoly [M]. Cambridge: Cambridge University Press, 1982.

[25] 安东尼，约瑟夫．公共经济学[M]. 上海：三联书店, 1992.

[26] 方福前．公共选择理论——政治的经济学[M]. 北京：中国人民大学出版社, 2000.

[27] 奥斯特罗姆．制度激励与可持续发展——基础设施政策透视[M]. 上海：三联书店, 2000.

（《城市发展研究》2015 年第 5 期，第 85-90 页）

PPP 项目公司资本结构的影响因素分析

作者：胡一石　盛和太　刘婷　王守清

【摘要】 资本结构的选择关系着 PPP 项目的最终成败，是项目融资的重要环节。PPP 项目公司有别于一般公司，专门分析其资本结构选择的影响因素尤为必要。通过理论分析、文献调研的方法对影响一般公司资本结构的因素进行梳理，并通过专家访谈，进一步识别出影响 PPP 项目公司选择资本结构的因素。在此基础上进行问卷调研、数据分析，对影响因素的重要性进行排序，并将其与既有理论和研究做比较，从而识别出对 PPP 项目公司资本结构选择格外重要的影响因素，结论可为 PPP 项目的投融资决策提供参考。

【关键词】 PPP 项目　资本结构　债务融资　影响因素

Public-Private Partnerships （PPP，公私合作） 作为公共部门与私人部门合作开发、运营项目，提供公共产品或服务的一种方式，应用越来越广泛。虽然在我国，PPP 的定义目前尚存争议，具体实现形式也多种多样，但公认 BOT （Build-Operate-Transfer，建造—经营—移交）是其典型的实现形式，即由投资者企业组成项目公司，从政府获得授权后，负责项目的融资、建设和运营，并在期满后移交。

本文所讨论的 PPP 项目公司资本结构是指项目公司负债与权益之间的关系，以及各项资金的来源、组成及其相互关系。PPP 项目的资金由权益资金和债务资金构成，前者由发起人共同筹集，后者则通常由政策性银行、商业银行等金融机构提供。Yescombe[1]指出，基础设施项目可通过高杠杆债务融资来提高投资者的收益。曾肇河[2]指出 BOT 项目的发起人出资比例通常低于 30%，而传统公司通常要求高于 30%。高杠杆债务融资还可以为 PPP 项目带来贷款利息免税、表外融资、分散风险、长期融资等好处[3]。然而，债务融资的成本和风险也不容忽视，如果规模过大，很可能直接危及项目的现金流进而导致项目的失败。

可见，资本结构直接关系到项目成本、收益和风险，是 PPP 项目决策的一个重要方面。然而，针对 PPP 项目公司的资本结构影响因素的研究较少，因此本研究具有一定的理论和实践价值。资本结构的内涵在研究中经常被简化为可量化的债务指标，如企业资产负债率、权益资本和债务资本的比例或债务资金融资规模等[4][6][8]。因此，本文重点围绕债务融资规模，对 PPP 项目公司资本结构选择的影响因素展开研究。

一、 PPP 项目公司资本结构的影响因素识别

（一）理论分析

公司资本结构选择的经典理论，主要有考虑税收作用的 MM 理论、权衡理论、信号传递理论、代理成本理论、治理理论和产品市场理论等，其主要观点见表 5-58[4]。

表 5-58 资本结构理论发展的梳理

理 论	主要观点	主要影响因素
考虑税收作用的 MM 理论	由于税法允许利息抵减应纳税额，因此负债为企业带来了价值，公司的价值与其债务正相关，当负债达到 100%时，企业价值最大化	负债的税盾价值
权衡理论	公司通过平衡债务税盾获利与债务导致的财务困境成本（破产成本）来实现公司价值最大化	负债具有税盾价值，但加大了破产成本
信号传递理论	企业的资本结构对外部投资者来说是一个可观察的信号，投资者可以据此判断企业的经营状况	通过设定公司的债务融资规模向相关关系方传递信息
代理成本理论	企业的三个利益相关者（股东、债权人和经理人）之间的矛盾冲突或者目标不一致造成了企业的代理成本。债务融资的收益可以减少代理成本但同时也会产生资产替代效应	合理控制负债比率达到代理成本和资产替代效应的平衡
治理理论	股权融资和债务融资不仅是融资手段，更重要的是他们的治理功能。不同的资本结构对应的投票权的分配是有差别的，而投票权的差异直接影响到企业控制权的分配或转移	通过调节负债比率来调节对公司的控制权
产品市场理论	运用产业组织理论研究了企业的资本结构，以解释行业间资本结构的差异	不同行业因其自身特点，具有各自的最优公司资本结构

从上述理论中，识别出 7 项影响公司资本结构的因素，分别是负债的税盾价值、负债的破产成本、资本结构传递信息、委托代理成本、公司控制权分配，以及行业特点决定的最优资本结构。

（二）文献调研

国内外关于资本结构影响因素的研究，主要以“资本结构—债务水平”或债务规模为基本指标，识别出的常规因素主要有税收、非债务税盾、破产成本等，非常规因素有国家差异、时间差异、行业差异等，还有从国内外上市公司横截面数据的研究中得出的相关特征性因素等[4-6]。其中，李悦[9]、陆正飞[10]、张灿[11]等学者的三个实证研究极具代表性，他们识别出的影响因素如表 5-59 所示。

表 5-59　国内实证研究关注的资本结构影响因素

影响因素	理论支持	李悦等[9]	陆正飞等[10]	张灿[11]
负债的税盾价值	考虑税收作用的MM理论	√	√	√
财务困境成本	考虑税收作用的 MM 理论和权衡理论	√	√	√
融资成本		√	√	√
通过设定公司的债务融资规模向相关关系方传递信息	信号传递理论	√	√	√
通过调节负债比率来调节对公司的控制权	治理理论	√	√	√
保持财务弹性		√	√	√
行业债务融资规模标杆	产品市场理论	√		√
避免敌意收购				√
市场风险及公司盈利能力			√	√
融资方式的难易程度			√	

与经典理论相比，实证研究考虑到了代理成本理论关注的因素外的所有因素，且还考虑到公司运营中的实际问题，如股权和债权融资方式的难易、公司经营面临的市场风险及盈利能力、股权和债权的融资成本，以及对公司财务弹性的考虑等。

值得注意的是，PPP 项目提供准公共产品，涉及的干系人更广，项目周期有限，其资本结构的选择与一般公司存在明显差异。例如，“通过设定公司的债务融资规模向相关关系方传递信息”这项因素，PPP 项目的相关关系方比一般公司的相关关系方更广泛，现有研究涉及的相关关系方可能并不适合 PPP 项目公司。Vaaler[7]在识别专门针对 PPP 项目的资本结构影响因素方面做出了初步探索。他抽取了 1995—2004 年间亚洲 238 个项目公司样本，观察到宏观经济理论相关的国家层面因素、代理理论相关的结构因素、知识和交易成本理论相关的发起人经验、项目规模因素等重要影响因素[7]。他还指出，项目实施的资本主要来自债务融资，项目失败风险或不能偿还债务风险越低，债权人可为项目提供更多比例的债务资本[7]。

在上述理论分析和文献调研的基础上，本研究识别出影响 PPP 项目资本结构的因素，共 7 类 18 个：

（1）盈利能力：A.利息具有抵税作用；B.增加负债比重能提高净资产收益率。

（2）偿债能力：C.负债过多会提高财务风险；D.负债过多会降低信用评级。

（3）融资成本：E.股权和债权融资的费用及成本比较。

（4）行业比较：F.行业平均负债水平。

（5）经营策略：G.限制负债数量以使项目利益能流向股东；H.财务弹性（保持一定的负债）；I.不愿将利润让渡给债权人；J.维持现有股东控股地位；K.利用股东的专业特长，规避委托风险。

（6）宏观经济：L.宏观经济政策考虑；M.各融资方式难易程度。

（7）相关参与方的考虑：N.限制负债比例，消除政府对项目破产的担忧；O.限制负债比例，消除供应商对拖欠账款的担忧；P.适当提高权益比例，提高投资者对项目成功的信心；Q 提高权益比例，增强金融机构对项目偿债能力的信心；R.适当提高负债比例，降低总资本成本，从而降低未来服务或产品价格，提升政府和用户满意度。

二、问卷调研

根据识别出的 18 个影响因素，本研究运用李克特五点量表，设计了调查问卷，邀请受访者对各项因素的重要性进行打分。

本调研共有包括科研机构、政府部门、金融机构、施工企业、运营商、技术和设备供应商六类机构 88 名专家参与，专家所在单位的性质、工作经验和 PPP 项目经验的组成多样化且具有代表性（见表 5-60 ~ 5-62）。其中有 13 位未能按时返还问卷，14 位返还的问卷数据缺失严重、数据失真明显，最终共有 61 份问卷质量符合要求，回收率达到 69.3%，符合工程管理类研究的要求[12]。

表 5-60 调研对象的个人信息

调研对象信息	参与或研究 PPP 项目年限				参与或研究 PPP 项目数量				单位类别			
	0-3	4-5	5-10	10 以上	1-3	4-6	7-10	10 以上	政府部门	金融企业	科研机构	技术企业
数量	29	18	9	5	41	14	4	2	4	16	6	35
比例（%）	48	30	15	8	67	23	7	3	7	26	10	57

表 5-61 调研对象在参加 PPP 项目中的职能

调研对象信息	主要职能							
	投融资	建设（施工）	设计	运营	管理	咨询顾问	监管及政策支持	其他
数量	31	14	2	7	13	11	6	4
比例（%）	51	23	3	11	21	18	10	7

表 5-62 调研对象曾参与的 PPP 项目类型

调研对象信息	项目类别											
	路桥	环保	燃气	水务	电力	港口	机场	铁路	石化	养老	学校、医院、监狱等	其他
数量	40	6	2	21	9	2	1	8	2	2	5	4
比例（%）	66	10	3	34	15	3	2	13	3	3	8	7

三、数据分析

基于问卷调研数据，本研究对影响因素的重要性进行了排序，见表 5-63。

表 5-63 PPP 项目资本结构影响因素重要性排序

编号	影响因素	类别	重要性	平均权重
1	提高权益比例，增加银行等金融机构对项目偿债能力的信心	相关参与方的考虑	73.80%	3.89
2	限制负债比率，消除政府对项目破产的担忧	相关参与方的考虑	73.70%	3.84
3	维持现有控股股东控股地位	经营策略	68.80%	3.79
4	负债过多会提高企业财务风险	偿债能力	63.90%	3.69
5	运营商、技术提供商或金融机构等的股权投资，可利用其专长，规避委托风险	经营策略	62.30%	3.82
6	增加负债比重能提高净资产收益率	盈利能力	62.25%	3.75
7	宏观经济政策考虑	宏观经济政策	60.70%	3.89
8	股权和债权融资的交易费用和成本比较	融资成本	60.70%	3.61
9	财务弹性（保持一定负债能力）	经营策略	60.60%	3.62
10	各融资方式难易程度	宏观经济政策	55.70%	3.66
11	限制负债数量以使项目利益能够流向股东	经营策略	32.80%	3.10
12	适当提高权益比例，增加投资联合体对项目成功的信心	相关参与方的考虑	32.80%	3.08
13	不愿将利润让渡给债权人	经营策略	26.20%	2.85
14	限制负债比率，消除项目供应商账款拖欠的顾虑	相关参与方的考虑	21.30%	3.03
15	适当提高负债比率，降低总资金成本，从而减低未来服务或产品价格，提高政府或用户满意度	相关参与方的考虑	21.30%	2.89
16	行业平均负债水平	行业标准	19.70%	2.80
17	利息具有抵税作用	盈利能力	3.30%	2.45
18	负债过多会降低信用评级	偿债能力	0	2.33

注 表中“重要性”是调研对象认为该因素“相当重要”或者“极其重要”的比例，“平均权重”是该因素“重要性”的平均值。问卷中对因素重要性打分的规则为，基本无关计 1 分，有点相关计 2 分，有点重要计 3 分，相当重要计 4 分，极其重要计 5 分

从统计结果可以看出，排名前五的影响因素是银行、政府对项目财务情况的信心、项目的财务风险、控股股东的控股地位以及发挥股东专长避免委托风险。而信用评级、税盾作用、行业负债水平、未来服务或产品的价格以及供应商对项目的信心排在后五位，对 PPP 项目的资本结构选择影响不大。

比较问卷调查结果与上文引述的 6 个经典理论（见表 5-64），可以看出，公司实际经营的状况比理论假设要复杂很多，难以通过单一理论完全解释项目公司的资本结构债务融资规模。尽管如此，信号传递理论、治理理论、权衡理论和委托成本理论对

于确定 PPP 项目公司的债务融资规模仍具有较大参考价值，值得研究人员系统研究几项理论的观点，综合确定 PPP 项目公司最优的债务融资规模。

表 5-64　问卷调查结果与既有理论比较

影响因素	理论基础	所属理论	重要性排序
提高权益比例，增加银行等金融机构对项目偿债能力的信心	通过设定公司的债务融资规模向相关关系方传递信息	信号传递理论	1
限制负债比率，消除政府对项目破产的担忧	通过设定公司的债务融资规模向相关关系方传递信息	信号传递理论	2
维持现有控股股东控股地位	通过调节负债比率来调节对公司的控制权	治理理论	3
负债过多会提高企业财务风险	负债具有税盾价值，但却加大了破产成本	权衡理论	4
运营商、技术提供商或金融机构等的股权投资，可利用其专长，规避委托风险	合理控制负债比率，达到代理成本和资产替代效应的平衡	代理成本理论	5
增加负债比重能提高净资产收益率	—	—	6
宏观经济政策考虑	—	—	7
股权和债权融资的交易费用和成本比较	—	—	8
财务弹性（保持一定负债能力）	—	—	9
各融资方式难易程度	—	—	10
限制负债数量以使项目利益能够流向股东	—	—	11
适当提高权益比例，增加投资联合体对项目成功的信心	通过设定公司的债务融资规模向相关关系方传递信息	信号传递理论	12
不愿将利润让渡给债权人	—	—	13
限制负债比率，消除项目供应商账款拖欠顾虑	通过设定公司的债务融资规模向相关关系方传递信息	信号传递理论	14
适当提高负债比率，降低总资金成本，从而降低未来服务或产品价格，提高政府或用户满意度	通过设定公司的债务融资规模向相关关系方传递信息	信号传递理论	15
行业平均负债水平	不同行业因其自身特点，具有各自的最优公司资本结构	产品市场理论	16
利息具有抵税作用	负债的税盾价值	考虑税收作用的 MM 理论	17
负债过多会降低信用评级	负债具有税盾价值，但却加大了破产成本	权衡理论	18

比较问卷调查结果与上文引述的典型研究，可以发现控制财务风险、保持财务弹性对一般公司和 PPP 项目公司的资本结构都很重要，而公司重点考虑的盈利水平、股权和债权融资的成本和难易差异等[9,10]对公司融资影响很大的因素，则对 PPP 项目公司的债务融资规模影响不大。另外负债过多会降低信用评级和负债利息的税盾作用这两项因素深受家电企业重视[11]，但不受 PPP 项目公司重视，因为其很少通过发行债券来融资，且容易获得税收减免等优惠政策。

根据数据分析的结果可以发现，PPP 项目的内在特点决定了其与一般公司的两个显著区别：

首先，在确定公司债务融资规模时非常关注投资机构和政府的态度。由于基础设施项目投资规模大、回收期较长，并且在建设阶段和运营前期需要持续投入资金而难以取得收益，所以充足的资金支持对于项目的成功运作至关重要，使得公司的债务规模要得到投资机构的认可。另外，PPP 项目多为公共基础设施项目，由政府转让和回收特许经营权，并且政府对很多项目都会提供直接或间接收益担保或政策支持，如果项目公司不能得到政府的支持，项目的盈利能力将大打折扣，或更具有不确定性。

其次，PPP 项目公司的股东构成多元化，可更利于降低代理成本、提升项目效率、达到债股平衡。由于 PPP 项目建设、运营期限长，投资风险较大，需要构建具备多种专业能力的发起人组合以满足项目需求，所以由运营商、技术提供商或金融机构等多方共同投资，持有项目公司股权，可以合理分担风险，充分利用各方专业技能，大大降低委托代理风险。

四、结语

不同公司，决定其资本结构选择的因素不尽相同。控制财务风险和保持财务弹性是所有公司都须重点考虑的因素，而 PPP 项目公司的独特之处在于，金融机构和政府的态度、确保股东控股地位、控制财务风险，以及平衡委托代理成本是决定其债务融资规模的最重要因素。此外，宏观政策、融资成本和财务弹性等也是影响资本结构-债务融资的重要因素。这一发现对 PPP 项目的投融资决策有一定的参考价值。

参考文献

[1] Yescombe ER. 项目融资原理与实务（Principles of Project Finance）. 王锦程，译. 北京：清华大学出版社, 2010.

[2] 曾肇河. 公司投资与融资管理. 北京：中国建筑工业出版社, 2006.

[3] Grimsey D, K.Lewis M. 公司合作伙伴关系：基础设施供给和项目融资的全球革命（Public Private Partnerships: The Worldwide Revolution in Infrastructure Provision and Project Finance）. 济邦咨询公司，译. 北京：中国人民大学出版社, 2008.

[4] 卢宇荣. 中国企业资本结构理论与实证分析. 北京：经济管理出版社, 2008.

[5] Huang G, Song FM. The determinants of capital structure: Evidence from China. China Economic Review, 2006,17（1）: 14-36.

[6] 肖作平. 资本结构影响因素实证研究综述. 证券市场导报, 2005（11）.

[7] Vaaler PM, James BE, Aguilera RV. Risk and Capital Structure in Asian Project Finance. Asia Pacific Journal of Management, Vol 25, No 1, pp 25-50, 2008.

[8] 李善民，刘智. 上市公司资本结构影响因素述评. 会计研究, 2003（8）: 31-35.

[9]李悦，熊德华，张峥等. 中国上市公司如何选择融资渠道——基于问卷调查的研究. 金融研究, 2008（8）: 86-104.

[10] 陆正飞，高强. 中国上市公司融资行为研究——基于问卷调查的分析. 会计研究, 2003（10）: 16-24+65.

[11] 张灿. 家电企业资本结构与融资行为调查研究[D].广州：暨南大学, 2007.

[12] 柯永建，王守清，陈炳泉. 激励私营部门参与基础设施 PPP 项目的措施. 清华大学学报（自然科学版）网络预览, 2009（9）: 48-51.

（《工程管理学报》2015 年第 1 期，第 102-106 页）

PPP 项目公司的股权结构及其在某养老项目中的应用

作者：盛和太　王守清　黄硕

【摘要】 PPP 项目的发起人一般以股东身份设立项目公司作为项目的实施载体，本文通过整理项目融资和公司治理等股权结构的相关研究成果，分析国内外 8 个典型 PPP 实际项目，发现项目公司股权结构是影响项目实施效率的重要因素，主要股东通常具有专业化、短期利益或长期战略等特点，项目公司股东权益合理变化有利于公司应对 PPP 项目的阶段性风险、提升公司价值。针对某社会养老机构 PPP 项目的股权结构设计分析，进一步探讨股权结构设计和调整在 PPP 项目中的具体操作方法和应用价值，可为政府解决公共产品和服务供给紧缺的矛盾、为大中型企业开发类似 PPP 项目提供参考。

【关键词】 PPP　项目融资　项目公司　股权结构　养老项目

一、引言

PPP（Public-Private Partnerships）是广泛应用于基础设施、公用事业和自然资源开发等领域的项目融资模式，通过公共部门（政府）和私营部门（企业）共同努力，提升公共产品或服务的效率，实现物有所值（Value for Money，VfM）[1]。通常，PPP项目可以由企业单独或多家企业联合发起，在政府的特许经营授权下，新设立专门机构项目公司（Special Purpose Company）来具体实施项目的融资、建设和运营；项目公司的股权结构或投资结构反映股东对项目资产权益的法律拥有形式和股东之间的法律合同关系，是在项目所在地法律法规、会计和税务等客观因素的约束下，实现股东投资目标的一种项目资产所有权结构[2]；PPP 项目具有投资大、合同周期长、参与方多且利益复杂、专业性强、社会影响面广等特点，项目公司的股东组成和权益比例是项目实施效率和项目成功信心的体现。

本文整理了 PPP 项目融资、公司治理和股权结构等相关理论的研究成果，通过归纳分析国内外典型 PPP 实际项目，研究了项目公司股权结构的常见形式和权益调整产生的效应，在此基础上以某社会养老机构项目为例，探讨股权结构设计和调整在项目融资中的操作方法和应用价值。

二、PPP 项目公司的股权结构分析

（一）相关研究成果

Faruqi and Smit[3]认为让承包商和设备供应商等专业公司参股 PPP 项目公司，将有利于项目按期、按质达到商业完工标准，并在实际运营中充分发挥已有经验，提高运营效率。John and Isr[4]认为让国际贸易公司参股可能大大降低项目公司原材料采购成本。Zhang[5]指出，建造和财务是 PPP 项目的两大风险类型，政府和债权人都非常关注项目股东构成，认为以获取项目运营利润分红为目的股东往往更有利于项目实施。Yescombe[6]认为建筑承包商、设备供应商等这些对项目只有短期兴趣的双重身份投资者与那些对项目长期利益有兴趣的纯投资者合作，会有效降低融资成本、提高融资效率。左廷亮和赵立力[7]对纯投资者股东选择另一纯投资者或某专业运营商作为股东的两种情况做了对比分析，认为项目公司股东包括专业运营商的项目收益优于纯投资者的情形。

张极井[8]指出股东权益比例反映股东对项目公司的参与和控制程度，股东股本金的多少代表股东对项目的承诺和未来发展前景的信心。Jensen and Meckling[9]研究了公司股东和管理者关系、融资结构、公司目标之间在不完全市场环境中的相互作用，指出提高对公司有控制权的内部股东的权益比例，能有效地产生管理激励，降低代理成本，提高公司价值。徐晓东和陈小悦[10]指出公司第一大股东的变动，主要是为了获得控制权收益，大股东的变更有利于公司治理效力的提高，有利于公司规模的扩大和管理的更加专业化。

（二）案例分析

为进一步探讨 PPP 项目股东构成和股东权益比例对项目产生的效应，共选取 8 个国内外 PPP 项目案例进行分析，这些项目主要涉及公路、桥隧、水务、电力、医院、场馆等基础或公共设施，目前运营状况良好，具有 PPP 应用的代表性，项目基本股权情况如表 5-65 所示。

表 5-65　国内外 PPP 项目案例的股权情况

所在地	项目名称	项目公司成立时股权组成	项目公司股权组成现状*
澳大利亚	悉尼港隧道[1]	Transfield+Kumagai Gumi	Transfield25%+Tenix25%+?
	Berwick 医院[11]	ABN Amro100%	Plenary Group100%
英国	West Middlesex 大学医院[11]	Bouygues（Ecovert FM+Bouygues UK）	Ecovert FM
	AV&S 水务项目[11]	Thames Water49%+MJ Gleeson41% +MWH10%	Veolia Water90%+ MWH10%
加拿大	407 高速公路[2]	Cintra 61%+SNC-Lavalin 23% +Capital d' Amerique 16%	Cintra 53%+SNC-Lavalin 17% + Macquarie 30%
中国	来宾 B 电厂[1]	EDF60%+GEC Alsthom40%	EDF100%
	成都自来水六厂[2]	Veolia60%+Marubeni 40%	Veolia60%+Marubeni 40%
	国家体育场[1]	中信联合体 42%+北京国资 58%	中信联合体 42%+北京国资 58%

注　现状数据来自各公司 2010 年发布的年报或相关新闻

归纳整理上述典型的 PPP 项目案例，可以发现：

（1）PPP 项目公司的股东常见类型有：专业金融投资机构；掌握关键技术和具有行业经验的专业技术或管理公司；专业合同承包商、设备供货商、原料或燃料供应商、产品包销商、业务运营商、设施使用商、国际贸易公司；政府和公共部门（或公司）等。不同发起人通常组成联合体获得政府特许经营协议，组建项目公司具体实施项目。

（2）具有综合发展实力的发起人，更加有利于促进项目实施。如在项目建设期原权益投资者 ABN Amro 退出的不利情况下，具有投资、开发和运营综合实力的 Plenary 及时受让并顺利实施了 Berwick 医院项目；West Middlesex 大学医院的发起人 Ecovert FM（专业运营商）和 Bouygues UK（建筑商）均隶属于实力雄厚的法国 Bouygues 建筑集团，确保了项目前期、建设期和运营期的高效管理。

（3）PPP 项目的政府权益投资，特别是政府或公共部门绝对控股时，为项目顺利实施提供了政治和资金等保障，但也存在私营部门控制权收益损失的风险。例如，北京市政府在国家体育场项目中提供了人民币 18.154 亿元，权益比例为 58%（不要求分红），同时将项目设施场地的土地使用权以划拨方式无偿提供给项目公司。而在 2009

年 8 月 20 日，北京市政府与中信联合体签署协议，将原来由中信联合体独立运营 30 年调整为以新国家体育场公司为主体持有和长期运营项目，负责项目运营和管理并享有全部运营权和收益权[12]。

（4）项目发起时，各股东之间的权益比例体现大股东对项目短期的利益或战略目的，以及项目融资有限追索、风险分担、税务亏损优惠和会计处理方面的综合考虑。例如，407 高速公路项目，Cintra 母公司 Group Ferrovial 和 SNC-Lavalin 为大型建设公司，获得了该项目总承包合同，SNC-Lavalin 和机构投资 Capital d' Amerique 实现了表外融资和税务收益目的，股东间合理分担了项目前期和建设期的融资和建造阶段性风险；成都自来水六厂第一大股东法国 Veolia 公司占 60%，实现了项目的绝对控制权，顺利进入了中国水务市场。

（5）项目投入商业运营后，项目公司的股东权益变化现象常见，股东权益调整体现了股东对项目公司的长期战略目的。例如，悉尼港隧道 Tenix、407 高速公路 Macquarie 属于项目公司新进股东，有效避开了风险较大的项目前期和建设期，直接分享了项目收益；而原有股东减持或退出，如 AV&S 水务项目 Thames Water、MJ Gleeson，来宾 B 电厂的 GEC Alsthom 等，出于企业投资策略或行业发展战略考虑，及时退出了项目。值得关注的是，有的项目在原股东减持或退出时，还获得了巨额权益投资收益，例如，407 高速公路项目中 SNC-Lavalin 在 2003 年 3 月减持了 6%的项目公司股份，获得了相当于初始投资 4 倍的收益[2]。因此，项目公司权益合理调整，在实现公司股东的长期战略目的同时还提升了公司价值。

综合上述已有相关研究成果和项目案例分析，可知：第一，PPP 项目公司股权结构影响项目实施的效率。承包商、设备供应商、运营商等专业公司为获得项目合同，更加有动力发起项目，这也增强了各方对项目成功的信心和对资金、建造和运营等 PPP 项目阶段性风险的应对能力；具有综合开发实力的发起人更有利于项目实施；政府或公共部门的参股，对私营部门实施 PPP 项目既有保障也有风险。第二，PPP 项目公司的股东权益分布和调整，体现股东对项目短期利益或长期战略的目的。股东权益在项目前期或建设期的合理变化，能够有效促进项目实施；在项目商业运营期的合理变化，能够提高项目公司的治理效力、管理水平和公司价值。因此，合理的股权结构设计对提升 PPP 项目效率具有重要的应用价值。

三、某社会养老机构 PPP 项目的股权结构设计应用

2009 年我国 60 岁以上老年人口达 1.69 亿，且以近 1 000 万/年的速度增长，老年人对养老的需求快速增加，但社会养老机构床位数仅占老年人总数的 1%左右，与国际 5%～7%的比率相差很大[13]。胡琳琳和胡鞍钢[14]指出中国未来的老年健康服务体系

应是公共部门和私营部门形成合作伙伴关系，提供方便可及、灵活多样的服务。目前，国家正积极鼓励和支持社会资本发展社会养老等福利事业，因此，结合上述研究结果来探索社会养老机构项目公司的股权结构较优实践方法，具有现实意义。

（一）项目介绍[15]

某机构在经过市场预测和实地调研后，提出在某市投资开发中档老年公寓，为老年人提供专业养老和医疗护理等服务。项目充分利用国家和地方的相关优惠政策，如公用事业用地划拨、床位补贴、运营期税收优惠等。项目总建筑面积 77 500 平方米，规划居住单元 1 000 套（床位 1 500 张），总投资 2.5 亿元（不含土地费用）。采用 PPP 项目融资模式，政府可授予项目公司 20～30 年的特许经营期，特许经营期后，项目整体无偿移交给当地政府，项目公司享有获得移交后代理运营项目的优先权。

（二）项目股东选择

本项目的主要特点有：第一，总投资规模相对较小，有实力参与投资的各类企业（民间资本）数量较多；第二，具有明显的融资、建造和运营等阶段特征，选择专业优势的公司参股将有利于项目实施；第三，新建项目前期有较大结构性亏损、建造投资占总投资比例高、基于市场预测的项目未来收益可观。

在此基础上，选择了项目公司股东：某金融投资公司（A 公司）、某医疗护理公司（B 公司）和某建筑总承包商（C 公司）。其中，A 公司年净利润丰厚，参与目的是获得项目长期稳定的投资收益、拓展事业领域（公共事业），可以使用项目公司前期的亏损税务；B 公司为养老和医疗护理服务专业机构，参与目的是获得项目长期稳定的投资收益、提高行业市场占有率；C 公司为实力较强的专业建筑承包商，参与目的是获得工程总承包合同、挣取设计和施工利润，对项目长期运营无兴趣，希望尽早从项目公司中合理退出。

（三）权益比例设计

根据项目融资和股权结构理论，本项目股权结构的设计原则为：第一，充分发挥股东专业技术和管理的优势，按阶段合理分担专业技术和管理风险；第二，充分使用项目公司前期的结构性亏损税务优惠，降低股东前期股本投入；第三，合理设计和调整第一大股东股权比例，尽量满足各股东的短期或长期的投资目的，提高项目实施效率。在此基础上，设计提出了本项目的两阶段股权结构。

第一阶段：项目投融资和建造阶段充分发挥 A 公司的融投资资源和管理主动优势，发挥 C 公司获取设计施工总承包合同的动力优势，降低融资风险和建造风险成本。A、B、C 公司发起成立专门的项目公司，分别认购公司普通股和可转换优先股。在 A、B、C 股东内部协议和项目公司章程中对优先股股利、投票权和可转换要求，项目公司前期亏损税务优惠分配和可能缺口资金准备，C 公司股权内部转让（B 公司受让）和相关担保（如受让、完工）等关键要素进行设计。A、B、C 约定 C 公司在项目建设期内（2 年）持有可转换优先股，项目商业完工之后，优先股专为普通股，由 B 公司受让并提供担保。第一阶段股权结构体现如图 5-33 所示。

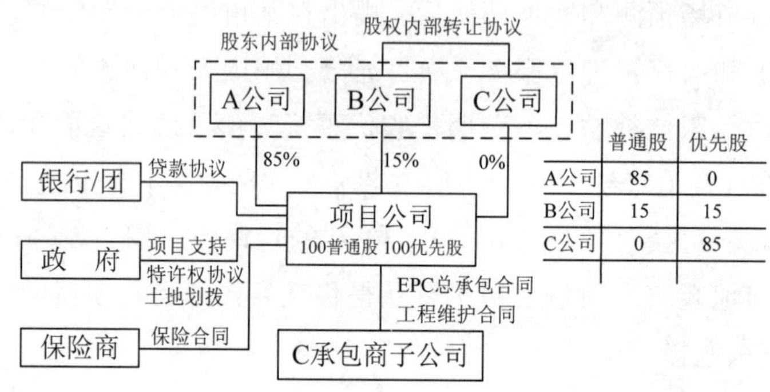

图 5-33　第一阶段股权结构体现

第二阶段：运营阶段充分发挥 C 公司试运营项目、逐步退出项目并快速收回投资的积极性，充分发挥 B 公司运营管理项目的专业优势。B 公司在规定期限内（如 2～3 年）逐步或一次性受让 C 公司股权，最终 B 公司成为项目公司第一大股东。第二阶段股权结构体现如图 5-34 所示，通过第二阶段的完成，三家公司都实现了参与本项目的部分或全部目的，A、B 公司开始获得稳定的投资收益。

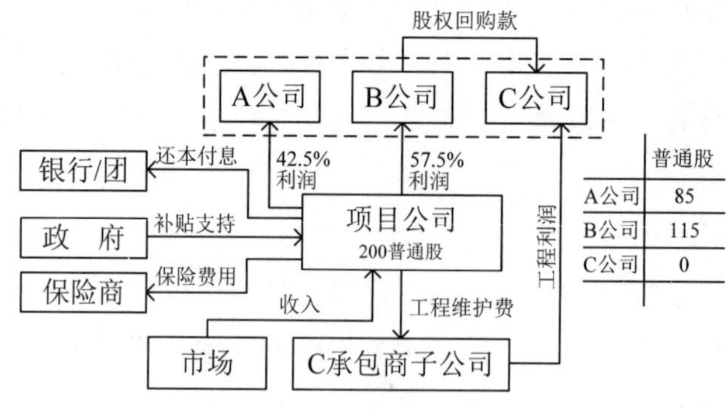

图 5-34　第二阶段股权结构体现

两阶段的股权结构模型中，A、B、C 三家公司的权益变化过程、产生的效应、获得的收益，以及政府角色和受益总结如表 5-66 所示。可知，由于权益投资带动，B、C 公司可获得投资收益、专业业务利润、亏损税务优惠分红等多重利益，提高了项目对投资者的吸引力；由于项目公司第一大股东的及时变动、专业设计建造承包商和运营管理商的高效参与，提升了项目效率和服务品质；由于额外收益和合理控制权的配置，激发了每个阶段投资者实施和管理项目的信心和动力，可缓解政府财政支出、公共服务供给和项目监管等压力；额外收益和控制权收益的存在还可以降低养老服务的费用，进一步增强公共服务的市场竞争力。

表 5-66　股权结构阶段调整产生的效应和股东收益（政府受益）

参与方	第一阶段内容及产生的效应		第二阶段内容及产生的效应		股东收益或政府受益
A 公司	绝对控制权	获得控制权收益，提高项目公司投融资管理效率，降低资本成本	有限投票权	合理参与运营，监督公司财务	运营利润+亏损税务优惠
B 公司	有限投票权	提前项目运营策划，有准备地提升运营期管理和服务水平	绝对控制权	获得控制权收益，提高公司运营管理效率，提升服务品质和公司收益	运营利润+亏损税务优惠分红+优先股股利
C 公司	工程总承包相对投票权	设计和建造项目，提升建筑品质，降低建造风险	无投票权	保证工程质量，按合同维护工程	亏损税务优惠分红+优先股股利+工程总承包和维护利润
政府	监督、项目审批、土地供应和特许经营授权	提高公共产品和服务的供给（建设）效率	监督，运营补贴，优惠政策支持	提高公共产品和服务的使用效率	降低财政支出，提高公共产品和服务品质，降低服务价格，享有特许期后的项目资产权益

（四）几个关键问题

项目公司的股东选择和两阶段股权结构设计实现了项目各参与方的多赢目标。但是过程中需要注意处理好几个关键问题：第一，各股东应根据《公司法》要求在股东内部协议和公司章程中定义好优先股的权利、义务和可转换条件等内容，特别是第一阶段持有优先股的 C 公司投票权应有合理界定，以使得 C 子公司能合法获得项目总承包合同；第二，尽管两阶段股权结构相对高效地分担了融资、建造和运营等阶段性专业技术和管理风险，但是风险分担要基于股东之间的必要信用保证（如股权受让、完工、贷款等担保）之上；第三，第一阶段 C 公司工程总承包合同的定价模式、合同款项的支付办法，第二阶段 C 公司股权的退出模式、完全退出后工程质量保证和维护等问题，需要在股东协议或相关合同中进行明确；第四，A 公司获得的项目前期结构性亏损税务优惠，需要在股东之间进行合理分配。

四、结语

通过对已有相关研究的总结和实际案例的分析发现，PPP 项目公司合理的股东组合和权益分布，可以提高项目不同阶段的风险应对能力和实施效率；合理的权益结构调整，有利于提升股东母公司和项目公司的价值、提高公共产品和服务的效率。

两阶段股权结构调整模型在社会养老机构 PPP 项目中的应用，表明项目可为股东实现投资目标、获得投资收益，同时可为社会养老提供相对价位低、品质高的产品和服务。通过案例的设计分析，还说明有限社会资本的合理组合和公司股权结构的合理设计，可以加快公共产品和服务的供应，以满足人民群众快速增长的需求；由于本项目总投资规模相对较小，各股东所需股本金投入较小，因此，我国庞大的公共产品和服务需求市场，为大中型企业提供了通过“PPP 项目融资”来加快做强做大的重大机遇。

参考文献

[1] 王守清，柯永建. 特许经营项目融资（BOT、PFI 和 PPP）[M]. 北京：清华大学出版社, 2008.

[2] 蒋先玲. 项目融资[M]. 3 版. 北京：中国金融出版社, 2008.

[3] Faruqi S, Smith N J. Karachi. Light rail transit: a private finance proposal[J]. Journal of Engineering, Construction and Architecture Management, 1997, 4（3）: 233-246.

[4] John E S, Isr W. Alternate. Financing strategies for build operate transfer projects[J]. Journal of Construction Engineering and Management, 2003, 129（2）: 205-213.

[5] Xueqing Zhang, Financial viability analysis and capital structure optimization in privatized public infrastructure projects[J]. Journal of Construction Engineering and Management, 2005, 131（6）:656-668.

[6] E. R. Yescombe 著，王锦程译. 项目融资原理与实务（Principles of Project Finance）[M]. 北京：清华大学出版社, 2010.

[7] 左廷亮，赵立力. 两种股东结构下 BOT 项目收益的比较[J]. 预测，2007, 26（6）: 76-80.

[8] 张极井. 项目融资[M]. 2 版. 北京：中信出版社, 2003.

[9] Jensen M., Meckling W. Theory of the Firm: Managerial Behavior, Agency Costs and Ownership Structure[J], Journal of Financial Economics, 1976, 3（4）: 305-360.

[10] 徐晓东，陈小悦. 第一大股东对公司治理、企业业绩的影响分析[J]. 经济研究，2003（2）: 64-74.

[11] Grimsey D, K Lewis M, 公司合作伙伴关系：基础设施供给和项目融资的全球革命[M]. 济邦咨询公司，译. 北京：中国人民大学出版社, 2008.

[12] 关于与北京市政府签署《关于进一步加强国家体育场运营维护管理合作协议》的声 明 [EB/OL].（ 2009-08-21 ） http://www.n-s.cn/cn/dynamics/venueconstruction/n214610707.shtml,.

[13] 政协委员刘京生：专业健康险公司参与老年健康护理事业[EB/OL].（2010-03-11）http://insurance. jrj.com.cn/2010/03/1115247093297.shtml.

[14] 胡琳琳，胡鞍钢. 中国如何构建老年健康保障体系[J]. 南京大学学报（哲学·人文科学·社会科学），2008（6）：22-29.

[15] 黄硕，盛和太，刘鹏，等. 某老年公寓 PPP 项目的融资方案和谈判框架设计[R]. 清华大学建设管理系，2010.

（《工程管理学报》2011 年第 4 期，第 388-392 页）

中美污水项目债券融资结构比较研究

作者：张翅　王守清

【摘要】 选取中美两国两例典型污水项目债券的融资结构进行了细致解读，研究了两国污水项目债券在合同结构、现金流和担保等方面的特点，分析比较了采用两种融资结构的利弊和潜在财务风险。在借鉴美国污水债以项目收益为主要支持的思路基础上，结合我国国情，提出了改进污水项目债券结构的若干意见，以期为我国新生的污水项目债券市场的发展提供参考。

【关键词】 债券　污水项目　融资结构　案例分析　比较研究

污水处理项目作为城市基础设施的一个重要组成部分，对于改善城市环境，提高居民生活质量都有着重要意义。而污水项目初始投资大、项目回收期长、价格受政策管制、内部收益率较低等，使其往往又成为投融资的难点。随着我国经济体制改革的不断深入展开，对项目融资模式的各类尝试也越来越多，项目建设已由单一的政府财政投入逐渐转变为“政府主导，社会参与，市场运作”的多元化格局[1]。

自 2008 年 8 月 25 日，我国首个污水债券在山东诸城诞生之后，以其为模板的污水债试点也正在其他城市陆续展开。项目债券作为一类在我国刚采用的证券品种，虽顾名思义为项目建设进行融资，但其在具体融资结构上（包括合同结构、现金流和担保等诸多方面）仍与国际成熟资本市场上以项目收益支持的项目债券有着显著差别。本文将选取中美两国的两只典型污水债——山东“诸城 08 污水债”和美国马里兰州“巴尔的摩（Baltimore）市 2008A 系列污水债”进行对比分析，发现各自在融资结构上存在的内在风险，借鉴他国可取经验，并据此为我国新兴的污水项目债券市场的发展提供建议。

一、“诸城 08 污水债”融资结构分析

（一）债券概述

山东省诸城市经济开发投资公司于 2008 年 8 月 25 日公开发行了 10 年期企业债券，募集资金 8 亿元人民币，主要用于诸城市污水基础设施建设和河水污染治理。发行人是由市财政局所有的国有企业，实质上是政府的城市开发建设投融资平台。项目采用 7.50%的固定利率发行，每年付息一次，前九年每年还本 8.75%，最后一年偿还其余 21.25%[2]。

诸城债的受益主体是一系列项目的集合，其中包括了：一个排水管网建设项目、一个中水回用项目、一个河水污染治理项目、六个污水处理厂项目和一个生活垃圾处理厂项目。在每个单独项目中，债券筹资部分均占到了该项投资总额的 60%，其余由公司自筹。

诸城债的偿付保证将主要来源于政府的预算拨款。发起人设立专项偿债基金，并将基金账户交由济南市商业银行监管。诸城市政府根据以往治污减排开支，将每年核算出 1.3 亿元的财政预算拨付至发行人的偿债基金账户，用于还本付息。而项目建成后运营所产生的收益，如污水处理费、垃圾处理费和中水回收收入等也将作为专项偿债基金的补充。

作为对债券的信用支持，诸城债采用了土地抵押担保的方式进行增信。发行人将政府出让或划拨的三宗土地的使用权进行抵押担保，三宗土地的第三方估价约为 16.7 亿元，是债券募集资金的 2 倍以上。项目债券获得了大公国际资信评估有限公司的 AA 信用等级。

（二）融资结构分析

根据诸城债的发行公告，可以归纳总结其融资结构如图 5-35 所示。

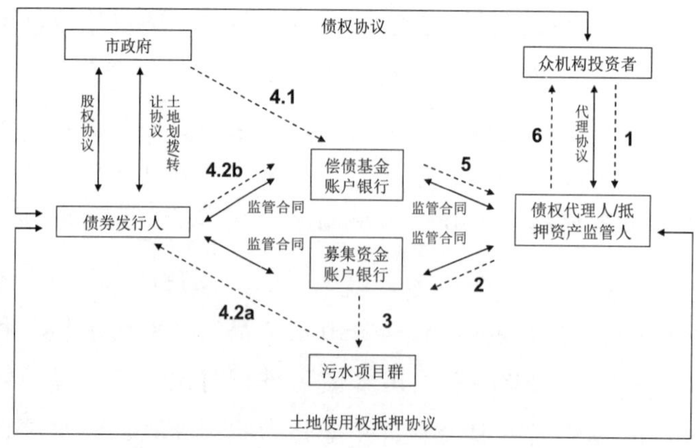

图 5-35 “诸城 08 污水债”融资结构

图中以实双向箭头表示合同关系，以虚单向箭头表示现金流方向。主要的合同关系有：① 作为融资基础的债券发行人与众机构投资者之间的债权关系；② 众机构投资者与债权代理人和抵押资产代理人（本例中二者为同一主体）之间的债权代理和抵押资产代理关系；③ 发行人在监管银行开立募集资金账户和偿债基金账户，上述账户的现金流将受债权代理人监控；④ 市政府控制发行人股权，并将部分土地拨付或转让使用权与发行人；⑤发行人将其土地使用权抵押与债权代理人。

债券存续期内的现金流方向可以总结如下（图 5-35 中 1 至 6）：现金经债权代理人汇集后（1）将汇入募集资金账户（2），债券代理人监控每笔资金的汇出，保证其流向所计划投资的项目（3）；代理人同时监控偿债基金账户上，市政府预算的每笔偿债资金的及时汇入，保证债券按时还本付息（4.1→5→6）。污水项目群的收益则将由债券发行人直接掌握，作为对债券偿付的辅助支持（4.2a→4.2b→5→6）。

（三）融资结构主要特点

由以上分析，可以得出该债券融资结构的主要特点：

（1）政府计划每年列入预算的治污减排项目建设资金将作为项目最主要的偿债来源。融资结构中专门设计的偿债基金账户将对政府的按期拨款做出监控。政府的拨付如果能够确保及时进行，将能够完全支持债务的偿付。

（2）受监管募集资金账户的设置确保债券募集资金对项目的专款专用。但作为债券最终受益方的治污减排项目群，其效益产出则仅作为对债券偿付的补充支持。另一方面，融资结构中并没有安排专门募集项目收益的账户。从融资结构图中也可以发现，污水项目产出的现金流并没有和偿债基金有直接的联系。

（3）政府通过出让土地使用权为债券偿付做出担保起到了很好的信用支持作用，而所抵押的三宗土地的价值也成了债权代理人监控的焦点。在发行人与抵押资产监管人签订的《抵押资产监管协议》中即明确规定需对抵押土地作每年的价值重估，一旦新估算的抵押土地价值低于未偿付本息的 1.4 倍，即需要发行人追加抵押资产。

二、“巴尔的摩市 2008A 系列污水债”

（一）债券概述

与中国刚刚兴起的项目债券市场相比，欧美成熟资本市场对这种金融产品的运作已经历经了半个多世纪。而其主导融资结构亦与我国目前采用的不尽相同。美国各地方政府于 20 世纪 50 年代开始为电力、机场、路桥、水务等各项基础设施建设募集的项目债券一般可以认为是项目债券的最早实践[3]。这些项目债券一般采用收入债券（Revenue Bonds）的模式，由某个企业（私营或公私合资的公用事业企业）组建的项目公司经营，作为发行主体的市政府仅起到一个收集传送资金的中介功能，而不为项目提供担保（尤其不以其财政收入提供担保），收入仅仅依靠项目未来的收入现金流提供偿债保证。

美国马里兰州巴尔的摩市于 2008 年 6 月 6 日发行的 5 661.5 万美元“2008A 系列污水项目收益债券”可以视作美国污水项目收益债券的一个典型。该项债券将主要用于市污水处理公司所属的两个污水厂设备的升级以及市区污水管网系统的更新替换。债券采用系列债券的形式发售，发行总额被切割成期限 1 ~ 20 年不等的固定利率债券集合，各期限债券利率因此亦各不相同[4]。

巴尔的摩市污水处理公司归其市政府所有并管理，管理层由市长直接任命。作为一个完全自负盈亏的实体，市政府主导发行的债券将以污水处理公司的收入作为唯一偿债来源。政府不做信誉担保，亦不质押任何的税收收入或征税能力。但同时政府有完全的价格控制能力：其每年根据污水公司的运营成本和投资计划设定污水处理价格；一旦污水处理公司上年度亏损或本年度预计将会亏损，还可以再相应调整价格，以保证污水处理公司能够实现自负盈亏，按期还本付息。

在政府不提供担保的前提下，美国项目收益债券一般会采用其他手段为债券增信。本案例中，污水处理公司为该系列债券购买了金融保险公司提供的债券偿付保险。债券最终被 S&P 评定为 AA 信用等级。

（二）融资结构分析

根据项目债券公告，可以分析总结此项债券发行的融资结构如图 5-36 所示。因图形空间所限，市政府与众投资者之间的债权协议未列出。

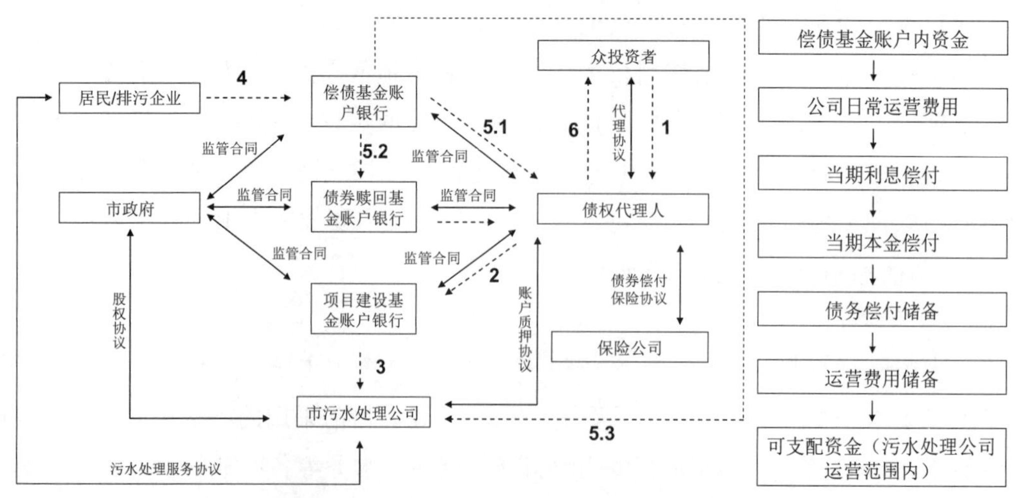

图 5-36 “巴尔的摩市 2008A 系列污水债”融资结构与偿债基金使用顺序

图中以实双向箭头表示合同关系，以虚单向箭头表示现金流方向。除了与“诸城债”相似的债权及其代理协议、股权协议之外，污水处理公司还将与项目相关的三个主要基金账户（偿债基金账户、债券赎回基金账户和项目建设基金账户）都质押予债券代理人，并处于约定银行的监管之下。另外，保险公司将与债券代理人签订的债券偿付保险协议。

融资结构中，现金初始流向与“诸城债”相似，都先经债权代理人汇集，最终流向污水处理公司用于具体项目建设（1→2→3）；但其在回流方面则与“诸城债”有了显著区别：污水处理公司的污水项目收益直接进入偿债基金账户受债权代理人监控（4）。收益的使用有着严格的先后等级顺序：在保证公司正常运作、按期还本付息（5.1→6），并且有充足的运营资本和债务偿付储备资金后，剩余收益才能够由市政府决定：或用于本债券的提前赎回，即注入债券赎回基金账户（5.2）或用于污水处理公司的其他流动资金或偿债资金 （5.3） 等。

（三）融资结构主要特点

由以上分析，可以得出该债券融资结构的主要特点：

（1） 市政府虽然是名义上发行债券的主体，但其并不为债券提供除标的项目以外的任何形式保证、抵押或质押。债券的偿债来源被严格限定于项目预期收益，而所质押的资产也均为与项目收益有关的汇集或偿付账户。

（2） 由于收益是偿债的唯一来源，项目产生的现金流受到了相当严格的监控。首先，债券公告中明确提出在任何时候，污水公司的收益都必须大于其对应期间内债务的 1.15 倍；其次，收益资金使用有着严格的先后层次顺序，在前一级别的资金需求得到满足之前，都不能将资金划拨予下一等级。

（3） 保险公司的商业保险取代了政府保证或资产抵押，对债券信用给予了支持。

三、融资结构比较和财务风险分析

（一）融资结构比较

根据以上的分析结果，可以归纳比较两种融资结构的特点如表 5-67 所示。

表 5-67 债券融资结构比较

	诸城污水债	巴尔的摩污水债
发行人	市政府所属投资公司	市政府
主要偿债来源	政府预算拨付	项目收益（污水处理费）
担保品	政府划拨转让的土地	项目相关账户，商业保险
信用级别	AA（大公国际资信）	AA（标准普尔 S&P)
利率和期限	固定利率，单一期限	固定利率，多期限

（二）财务风险分析

1. 资金使用风险

虽然两类债券都设立了专门的募集资金或项目建设基金账户，保证资金的流向。但由于主要偿债来源和担保品的不同，二者的资金使用风险是有差别的。

对于“诸城债”来说，由于主要偿债来源和担保品都非项目本身，外部投资者将不会把所投资项目的盈利能力作为考察的重点，即便污水项目运作不良，对政府的总体财政状况的影响也是部分和间接的。债权代理人将只会密切注视政府定期拨款情况和所抵押土地的价值变化。因此，本债券对社会资本的引入，并不能起到提高项目运作效率、确保资金更有效使用的目的。

而对于“巴尔的摩债”，由于项目收益直接关系到债券的及时偿付，污水公司的运作将时刻处在债权代理人的密切注视之下。污水公司需要定期公布财务报表供债权人查阅，一旦公司经营出现问题，债权代理人会立即介入，与公司寻求解决方案。而保险公司为避免债券违约造成的债权人对其追索，也会时刻关注污水公司的运作情况。在外界的强力监督之下，募集资金不能得到有效利用的风险大大降低了。

2. 偿付风险

考察主要偿债来源，“诸城债”的偿付能力将主要取决于政府的财政状况。可以发现，虽然“诸城债”是以财政局所属投资公司为平台发行的企业债券，但本质上是当地政府的隐性负债。事实上，类似的地方政府融资平台在全国各城市普遍存在，共计 8 000 多家[5]。它们大多没有主营业务收入，加上各项投资管理费用等的支出，长年营业利润为负值，每年净利润的实现完全依靠政府的补贴收入。一旦地方财政陷入困难，无法如期实现预计拨付，则债券可能立即违约。

“巴尔的摩债”的偿付能力将主要取决于污水项目的收益。由于排污指标的硬性要求，污水项目的客户群和流量基本稳定，收益将主要取决于污水费的设置。由于政府有完全的污水费调控能力，所以基本可以通过调节污水费，保证项目收益，实现债券偿付。但另一方面，污水费的过度攀升则可能引发居民和主要用水单位的抗议，造成收费困难。事实上，该市的污水处理价格每年都在以较快的幅度上涨，速度明显高于美国 CPI 指数[6]的涨幅，见表 5-68。

表 5-68　巴尔的摩市污水处理费增幅与美国 CPI 指数增幅

年　份	2002	2003	2004	2005	2006	2007	2008
污水费较上年涨幅	10.0%	9.0%	9.0%	9.0%	9.0%	9.0%	4.0%
美国 CPI 较上年涨幅	1.6%	2.3%	2.7%	3.4%	3.2%	2.8%	3.8%

从长期来看，各项收费的变动趋势都应该与 CPI 基本一致。污水处理费实际不可能完全自由变动可能对其债券的偿付造成影响。

3. 担保资产追索风险

“诸城债”的担保品——发行人抵押的三宗土地的使用权（通过政府拨付/转让获得）为债券提供了良好的后备资金支持。但一旦债券违约，抵押权能否得以充分实现仍存在一定风险。首先，债权人一般要将土地作为商业或住宅用地转让，才能获得预期收益；但在国家严格保护农林用地的土地政策下，耕地、林地等土地转为建设用地将相当困难（《中华人民共和国国民经济和社会发展第十一个五年规划纲要》将 18 亿亩耕地保有量确定为约束性指标）。本例中，三宗土地的其中一宗即为林、园用地。其次，土地的实际转让价格也有可能与预期估算存在一定偏差，甚至无法完全覆盖债务。

“巴尔的摩债”的担保品为质押的污水费收款账户和相关账户，以及保险公司提供的偿付保险。由于债券偿付完全来自项目收入，若出现违约，说明公司的盈利能力已经存在问题，此时收款账户的价值实质上是不大的。而大型保险公司的商业保险不可追索的风险很小，因此基本保障了该债券违约情况下的可追索能力。

四、对我国污水项目债发展的相关建议

综合上述分析，结合他国的发展经验，可以对我国污水项目债的发展提出如下建议：

1. 实现项目的自身收益支持，从根本上避免政府的过度负债

我国正处在基础设施建设快速发展的时期，如果不考虑项目收益，仅凭政府直接或变相支持，将使地方政府陷入严重负债。全球金融危机以来，各项经济刺激政策进一步加剧了地方政府的负债水平。据中央债券登记结算有限公司 2009 年 12 月 2 日的一份最新统计数据显示，2009 年 1—11 月，全国共发行地方企业债券共计 1 971.33 亿元，这其中绝大部分是与“诸城债”类似的城投债。中国人民银行研究局金融市场处处长卜永祥即发出警告称，2012 年地方政府的偿债率可能超过 15%，这将对地方财政构成巨大压力。转变政府融资模式，降低财政债务风险已成为了当务之急。

当然，由于污水项目本身具有自偿率低的特点，如果完全照搬“巴尔的摩债”的模式，仅通过抬高处理费的方式实现项目自偿，在我国许多经济欠发达地区将很可能行不通。因此，在必要时，可以考虑采取设定价格上限，不足部分由政府予以适当补偿的方式，部分缓解政府的财政压力。

另外还应注重发掘项目其他关联价值。台湾地区在近期的污水 BOT 项目中都努力发掘出了一些项目的潜在收益。如采用污水厂地下化设计，地面部分建设为停车场

等，既节约了土地，又充实了项目现金流。总之，应尽量实现项目与项目债的直接挂钩，高利润项目全面自偿，低利润项目适当补助；或不同项目综合开发，价格互补，实现整体自偿。

2. 转变担保方式，发展项目债券保险产品，减少土地抵押等其他政府变相担保方式

土地资源具有稀缺性，而其在转让利用的过程中亦存在较大的政策法律风险。同时，政府通过拨付转让土地等方式的变相担保将进一步加剧财政负债情况。因此，土地不应该作为项目债券信用支持的主要来源。而同时，担保品未能与项目直接挂钩亦容易使整个融资结构的考察重心偏离项目本身，从而影响到项目资金的有效运作。可借鉴美国收益债券市场经验，引入保险公司的债券保险，其既能分散政府风险，提高投资者信心，又能加强项目的有效运作。事实上，由于污水项目市场和运营风险普遍较小，收益稳定，半个世纪以来，美国各州县的污水收益债券极少出现违约情况，这也使得污水项目债券商业保险的成本相对较低。对投资者而言，债券在附加保险之后仍有较高的预期收益率。而美国债券保险自 20 世纪 70 年代推出后，即迅速带动了市政项目债券市场的繁荣。当然，在中国开发类似的险种还有待于金融市场整体的逐渐成熟，和项目债券市场容量的不断扩大。

3. 丰富债券产品，满足各类投资需求

观察美国污水收益债券市场可以发现，其债券品种相当丰富。仅就“巴尔的摩债”而言，一次债券的发行即包含了期限 1 ~ 20 年不等、具有不同利率的一系列产品，以满足投资者的不同需求。而美国其他市政府发行的污水债，因其项目收益能力、担保情况的不同，债券评级和相应价格亦各不相同，投资者可以根据其对风险的承受能力进行选购。我国的项目债目前基本思维模式还是通过政府的各类担保使其评级接近国债水平。尽快丰富债券品种将有助于市场流动性和活跃程度的提高。

参考文献

[1] 周丽丽. 我国地方政府的融资实践及未来发展趋势[J]. 经济研究参考, 2009（38）.

[2] 诸城市经济开发投资公司. 2008 年山东省诸城市经济开发投资公司企业债券募集说明书[Z]. 2008-08-25.

[3] Khan, M.F.K. and R.J. Parra, Financing large projects [M]. Prentice Hall:Singapore, 2003.

[4] City Of Baltimore. Project Revenue Bonds（Wastewater Projects）Series 2008A Official Statement [Z]. 2008-06-06.

[5] 孙义明，李景体等. 地方政府融资平台贷款近 6 万亿[N]. 济南日报, 2009-11-23(8).

[6] Bureau Of Labor Statistics, U.D.O.L., Consumer Price Index [R].ftp://ftp.bls.gov/pub/special.requests/cpi/cpiai.txt.

（《建筑经济》2010 年第 5 期，第 19-22 页）

对外 PPP 项目融资渠道比较研究

作者：亓霞　王守清　李湛湛

【摘要】 在国际工程承包中，PPP 模式得到了越来越多的应用，但我国对外工程承包企业融资渠道单一、面临资金瓶颈，急需了解融资渠道、增强融资能力。本文在对目前国际上广泛采用并适用于 PPP 项目的各种融资渠道进行详细介绍的基础上，从贷款对象/条件、融资成本、资金使用自由度和项目控制权四个方面对这些融资渠道进行了深入的分析和比较，并对我国企业实施对外 PPP 项目时的融资方案选择提出了有关建议。

【关键词】 PPP　融资渠道　国际工程

一、引言

国际工程承包市场近年来出现了一些新特点，包括市场规模扩大，开放程度提高；工程规模变大，国际工程承包市场发包大型、超大型项目急剧增加；承包和发包方式发生一系列变革，国际招标的工程项目中带资项目的数量日益增多，采用的方式也从传统的要求承包商 EPC 总承包，逐步发展为由项目主办人采用项目融资如 PPP（Public-Private Partnership，公私合作伙伴关系）方式承建，这对承包商项目融资、项目管理和运营能力的要求逐步提高，国际工程承包市场的竞争已逐步成为承包商之间融资、管理等综合能力的竞争。

但是，我国的对外工程承包企业负债率普遍较高，而国内商业银行经营的风险意识普遍加强，贷款审批更加严格，而且通常要求抵押或担保。此外，银行在为企业开立投标保函、履约保函时，经常要求企业提供高额的保证金，在流动资金紧张的情况下，企业拿出这笔保证金往往比较困难，这也制约了企业的业务拓展。这些都使得我国建筑企业的融资能力受到很大的限制，与发达国家的大承包商差距很大，很难在国际工程承包中与发达国家的大承包商抗衡。由此可见，资金短缺问题已影响了中国承包企业业务的拓展。特别是最近为了抗击金融危机，中央出台了一系列的政策，推动

“走出去”战略，鼓励以 PPP、BOT 等形式进行海外投资。2009 年 3 月 16 日商务部公布了《境外投资管理办法》，进一步鼓励对外投资。在此背景下，全面系统的研究对外 PPP 项目的各种融资渠道，对比各种融资渠道的特点、优劣，不仅对帮助我国对外承包企业拓展融资渠道、增强它们对融资业务知识的了解都有非常重要的实际意义，也可为中国企业进行对外投资提供参考。

二、融资渠道概述

根据中国企业过去从事国际工程的经验和文献的搜集整理，本文选取了适合中国企业采用的六种融资渠道进行重点分析，以下是这六种渠道的基本情况介绍。

（一）世界银行集团

世界银行集团（World Bank Group）是重要的全球性国际金融组织，总部设在美国华盛顿特区，并在 100 多个国家设有代表处。世行集团由五个机构组成：国际复兴开发银行（IBRD）、国际开发协会（IDA）、国际金融公司（IFC）、多边投资担保机构（MIGA）和解决投资争端国际中心（ICSID）。

国际复兴开发银行和国际开发协会，作为世界银行的两个直属机构，不以营利为目的，负责向不能获得优惠国际信贷市场准入或无法获得国际信贷市场准入的国家提供低息或无息贷款及赠款；国际金融公司是世界银行集团的私营部门机构，主要是为发展中国家提供有价证券和债券、技术援助以及为政府和企业提出建议以促进其发展和提高，为私营部门项目提供融资，但也可能向政府拥有某些所有权的公司提供融资，只要有私营部门的参与，并在商业原则基础上管理企业；多边投资担保机构的主要工作是鼓励外商在发展中国家投资，同时为这些外商提供担保和保险，以防非商业风险造成的损失。

（二）亚洲开发银行

亚洲开发银行是一个区域性国际金融机构，总部设在菲律宾首都马尼拉。亚洲开发银行的建立宗旨是促进亚洲和太平洋地区的经济发展和合作，特别是协助本地区发展中成员以共同的或个别的方式加速经济发展。亚洲发展银行对发展中成员的援助主要采取四种形式：贷款、股本投资、技术援助、联合融资和担保，目前的贷款重点主要是交通和城建环保等领域。

（三）商业银行

本文所指的商业银行主要分为三类：中国商业银行、国际商业银行和项目所在国商业银行。按贷款期限长短，商业贷款可分为短期信贷、中期信贷和长期信贷三种，一般指的是借贷期限分别在 1 年以下、1 ~ 5 年及 5 年以上的贷款。中国商业银行里适合 PPP 项目融资的方式主要有固定资产贷款、项目贷款和银团贷款。

（四）政策性银行

对于我国企业来说，很难取得国外的政策性银行支持，同时由于国家开发银行已于 2008 年底由政策性银行转型为商业银行，故本文的政策性银行主要指中国进出口银行。中国进出口银行也是我国的官方出口信用机构，其国际信用评级与国家主权评级一致，是我国对外承包工程及各类境外投资的政策性融资主渠道。其与对外 PPP 项目相关的信贷方式主要包括出口卖方信贷、出口买方信贷和中国政府对外优惠贷款，其主要目的是为扩大我国机电产品、成套设备和高新技术产品出口，推动有比较优势的企业开展对外承包工程和境外投资，促进对外关系发展和国际经贸合作，提供政策性金融支持。

（五）债券市场

对于特定国家、特定地区的项目，如果项目收益前景很好且拥有著名项目发起人的发展中国家基础设施 PPP 项目，可以进入国际债券市场如美国、日本、德国、英国等。使用国际债券融资具有一些特点，包括发行人和投资者分属不同国家；筹集到的资金期限较长；对发行人的资信要求高等。

（六）机构投资者

机构投资者从广义上讲是指用自有资金或者从分散的公众手中筹集的资金专门进行有价证券投资活动的法人机构。机构投资者的主要业务之一是对发展中国家和发达国家的私有基础设施项目进行投资，这种方式可以实现对基础设施公司和项目投资组合的多元化。因此，与商业银行不同，机构投资者的资金一般是长期合同存款，包括长期信贷、中间资金或纯权益资金等。

三、融资渠道比较

PPP 模式一般应用于基础设施项目，具有独特的经济特征，忽视这些特征而去盲目选择融资方案将会增加项目的资金成本，也会增加项目的融资风险，导致融得的资金不能物尽所用。PPP 项目投资规模一般较大（并非 PPP 项目的独有特征，一般基础设施项目都有），使得项目公司需要在融资过程中尽量去选择那些融资能量更大的渠道，以便使资金结构尽量简单；PPP 项目在开始阶段需投入巨大资金，且没有或很少的资金回收，因此需要巨额资金的准时到位；PPP 项目一般含有保证性质的购买协议，项目进入运营期后的收益是稳定的，这对于投资者或者贷款人的信心是强有力的支持；对外 PPP 项目存在着将项目收益转换成本国货币或者国际常用货币的过程，需要注意外汇风险；资金偿付和建设费用/收入时间表的匹配对于资金成本的节约很重要，尽可能选择前期还款额少，后期还款额平衡而持续的融资渠道或者组合。因此，为了便于中国企业根据项目的特点有针对性地选取融资渠道，本文从贷款对象/条件、融资成本、资金使用自由度和项目控制权四个方面比较上述选择的各种融资渠道。

（一）贷款对象/条件

世界银行中的国际复兴开发银行贷款和国际开发协会贷款的贷款对象主要是会员国官方、国有企业和私营企业（如果借款人不是政府，则需要政府提供担保）；贷款多用于工业、农业、能源、运输、教育等领域；且对拟贷款的项目进行非常严格的评价和审查，对于项目可行性、可持续发展、是否适应世界银行和项目国家的环境标准都要考察评审（其中，国际开发协会贷款的资格要求更加严格，需具备三个条件：相对贫困国家，以确定的人均 GNP 为基准线；在市场条件下，没有资信能力在国际市场上获得一般的商业融资；具有良好的政策执行力）。

亚洲开发银行的贷款条件和贷款程序与世界银行差别不大，主要考虑标准有两条：一是被选项目应该是申请借款成员优先发展的项目；二是被选项目应符合亚行的贷款原则。因此在申请贷款之前要了解和研究亚行的政策，诸如行业政策、作业政策、国别业务战略、亚行的工作重点等，保证所选项目符合上述政策的要求。同时，还应认真收集有关的基本资料和经济数据，其目的是从技术、经济角度对这些资料、数据进行综合分析和比较研究，以初步确定拟选项目的可行性。亚行每年会派遣团组到各成员国，与有关当局进行规划磋商，确定本年度的亚行贷款规模及贷款项目，并初步拟定未来三年的亚行贷款计划。规划磋商之后，列入亚行贷款计划的项目便完成了亚行的项目立项手续。

商业银行贷款是银行的常见业务，有固定的业务程序，一般只考察借款人和项目的经济属性方面，即如果项目的营利性较强，风险在银行接受范围内，就相对容易从这个渠道融得资金。其中，中国商业银行的主要业务是面向国内项目，由于缺乏国际经验，且 PPP 项目风险控制相对复杂，所以除国家开发银行外，国内商业银行大多只以银团贷款的方式向这些对外 PPP 项目放贷；而对于项目所在国的商业银行而言，由于放贷能力有限，往往更倾向以短期贷款方式参与当地 PPP 项目。

凡在我国工商行政管理部门登记注册，具有独立法人资格，并具有相关经营权的企业，均可向中国进出口银行申请设备出口卖方信贷；其中对外承包工程贷款还要求带动国产设备、材料、技术、劳务和管理的出口额占项目合同总金额的比例不低于15%；境外投资类贷款还可向在境外成立的项目公司提供项目融资。对于出口买方信贷，借款人为中国进出口银行认可的进口商或银行、进口国财政部或其他政府授权机构；并要求出口货物中的中国成分不低于 50%。向中国进出口银行申请中国政府对外优惠贷款的条件及程序要求则和上述贷款有较大区别，借款人一般为借款国政府财政部，并需要中国和借款国政府签署政府间优惠贷款框架协议。更重要的，政治外交因素对贷款的成败影响很大，并非中国企业所能掌控，所以从资金的可获得性来说，对外优惠贷款的影响因素过多，融资风险较大。

债券融资主要考虑的是项目的稳固现金流转、符合环境标准、位于投资级国家和项目公司股东的实力等。近几十年在欧美和日本等发达国家基础设施融资当中债券融资迅速占据主导地位，大量基础设施项目通过上市发行等资本运作都筹集到了巨额资金。例如美国，具有发达的债券信用评级制度，债券品种丰富，债券市场活跃，可作为我国对承包外企业可选择的融资渠道之一。相对而言，亚洲国家债券融资市场发育不够，融资方式还是以信贷融资为主。以中国为例，债券融资仍然处在起步阶段，目前上市和筹资规模不是很大，存在一些问题如投资者构成单一、企业债券的发行额度受限、债券二级市场的规模较小、流动性较差等。我国对于债券的实行限制严格发行，现行的《企业债券管理条例》规定对企业债券发行采取严格的额度管理，额度决定权在国务院。自 2000 年来我国只有少数大型企业获得特批发债，例如中国铁路建设债券，三峡债券等，但这些企业是属于政府分支部门及其所属机构，并且由财政性资金提供担保。所以这些债券本质上是属于中央政府机构债券。2007 年 8 月 14 日，证监会颁布实施《公司债券发行试点办法》，说明国家对债券发行的政策有所松动。特别是 2008 年金融危机发生后，我国政府迅速出台了 4 万亿的经济刺激计划，其中大部分是通过发行国债和地方债来筹集。2008 年 12 月 8 日，国务院办公厅发布了《关于当前金融促进经济发展的若干意见》，明确提出“扩大债券发行规模，积极发展企业债、公司债、短期融资券和中期票据等债务融资工具。优先安排与基础设施、民生工程、生态环境建设和灾后重建等相关的债券发行”，并且要“开展项目收益债券试点”，这对我国承包企业和对外投资企业是非常有利的。随着配套措施的出台，相信我国的债券市场将会有一个较大发展。

机构投资者由于所拥有的资金大多是长期合同存款，因此更加注重项目的前景，而不是项目短期的还贷能力。但是机构投资者与项目发起人不同，一般不参与项目开发也不参与项目的管理和运营，不承担项目的开发和建设风险。为了吸引机构投资者或个人投资者参与发展中国家基础设施项目的权益投资，目前国际上成立了很多权益基金，这些基础设施权益基金通过对多个基础设施项目进行组合投资，降低风险，获得比工业化国家更高的回报。但从中国目前各种基金的实际运作来看，这些基金基本上没参与过任何对外 PPP 项目，向中国的机构投资者融资相对不具备可操作性。

（二）融资成本

资金成本是投资者在筹措资金时所支付的筹资费和资金使用费。筹资费是指在筹集资金过程中发生的各种费，如代理费、手续费等；资金使用费是指借款人向放款人支付的报酬，如利息、承诺费等。在融资成本中利息占据大部分的比重，也是本文关注的重点。

世界银行集团的主要任务是利用资金为发展中国家带来效益，以低息、无息和赠款的方式向不具备国际金融市场融资渠道的国家提供资金，其融资成本是非常低的。IBRD 贷款的还款期较长，可达 15 ~ 20 年，3 ~ 5 年后才开始还款；有固定利差贷款和浮动利差贷款，利率均为每半年调整一次，远远低于同期国际金融市场的利率；此外先征费为贷款额的 1%，承诺费为未支付贷款额的 0.75% ~ 0.85%。IDA 向世界上最贫困的国家提供赠款和信贷，帮助他们减贫，信贷是无息的，还款期 35 ~ 40 年，10 年后开始还款，手续费为 0.75%。IFC 与其他私营部门投资者和商业贷款人一样，也寻求利润回报，并且按照市场价格为其融资和服务定价，与合作伙伴全面分担风险。

亚洲开发银行所发放的贷款有普通资金来源贷款、特殊基金来源贷款两类。普通资金来源贷款的利率为浮动利率，每半年调整一次，贷款期限为 10 ~ 30 年（2 ~ 7 年宽限期）。特殊基金来源贷款是优惠贷款，只提供给人均国民收入低于 670 美元且还款能力有限的会员国或地区成员，贷款期限为 40 年（10 年宽限期），没有利息，仅有 1%的手续费。除了贷款，还有部分赠款用于技术援助。

在国际金融市场上，借款人向商业银行筹措中、长期资金，除支付利息外，还要支付各种费用。费用的多少视信贷资金状况、信贷金额和信贷期限的不同而异。商业银行的中、长期信贷费用，主要有管理费、代理费、承诺费和杂费等。国际银团贷款除了前面四种常见费用外，可能还有安排费、包销费等等，费用较高，但贷款期限长，一般为 5 ~ 15 年。

中国进出口银行的贷款期一般不超过 15 年，利率参照 OECD（经济合作与发展组织）公布的商业参考利率（CIRRs）执行固定贷款利率，或在伦敦银行同业拆放利率（LIBOR）的基础上加上一定利差后执行浮动利率，特殊情况可由借贷双方协商确定，总的来说，利率水平低于同期市场利率。另外借款人向中国进出口银行支付的费用包括前端费、管理费、承担费和风险费等。

国际债券融资筹集的资金期限长、成本低，适合大型项目的融资需求。例如在美国等国家的市政债券还可以获得税收优惠。根据美国证券交易委员会公布的数据：股票融资中优先股每 100 美元需要花费 6.3 美元的融资成本，普通股需要花费 16.9 美元；而债券融资每 100 美元只需花费 2.6 美元。在我国，债券的利率也普遍低于一般商业贷款的利率。

从目前我国资本市场的状况来看，尚不具备从机构投资者获取长期债务贷款的条件。即使有个别机构投资者有合作的意愿，其要求的资本回报率都很高，远远高于进出口银行和亚洲开发银行的贷款，融资成本太高。

（三）资金使用自由度

在选择融资渠道时，所获得资金的使用自由度也是重要的考虑因素。不同的融资渠道有不同程度的资金使用限制规定，这些都是资金提供者进行风险控制的一种手段，但是对于项目而言，如果资金的使用受到太多的限制，势必会造成项目运作缺乏灵活性，在条件变化时难以快速做出调整，减低了项目抵抗变化因素风险的能力。而且双方为了执行和监督这些资金的实际使用，会发生一些额外的费用，这也是融资成本的一部分。过多的资金限制也使得融资双方趋向于一种不信任的态度，不利于项目整体关系的和谐发展。

本文从资金的支付和偿还、资金用途、采购方式三个方面对 PPP 项目的这些融资渠道进行分析比较。各融资渠道资金使用自由度情况如表 5-69 所示。

表 5-69　各融资渠道资金使用自由度情况

融资渠道	支付与偿还	资金用途	采购方式
IBRD	按进度付款，按合同还款，但可更改	事先报批，合理费用	国际竞争性招标
IDA	按进度付款，按合同还款	事先报批，合理费用	国际竞争性招标
IFC	按进度付款，按合同还款	事先报批，合理费用	国际竞争性招标
ADB	按进度付款，按合同还款，但可更改	事先报批，合理费用	国际竞争性招标
出口信贷机构	按合同还款	专款专用	没有限制
商业银行	按合同还款	项目支出	没有限制
银团贷款	按合同还款	项目支出	没有限制
债券	到期还款	项目支出	没有限制
机构投资者	不需还款	项目支出	没有限制

世行、亚行等多边金融机构和政策性贷款机构一般会通过银行账户监管贷款的支付和使用，按照项目上报的进度逐步发放贷款。因为多边机构和政策性银行具有一定的援助性质，所以对贷款的偿还规定具有一定的妥协余地，出现财务问题时可以与贷款发放机构进行谈判，在允许的范围内调整还贷安排。商业银行贷款、银团贷款等资金的支付可以一次到位，只要项目保证按时还本付息就不会对贷款资金的后续使用进行过多的干涉。一般的商业贷款或者债券则在还款方面基本没有什么灵活性，严格按照贷款的相关协议执行。机构投资者的资金是长期的，一般作为资本金投资到项目中，分享利润，项目不需要承担还款责任。

在资金的用途方面，世行和亚行一般要求按照借款合同的规定专款专用，对于不按照合同规定使用贷款的行为也在合同中作了严格的惩罚性规定。国际银行贷款和发行债券一般都不限定用途，银团贷款因为一般数额巨大，关系复杂，尽管较多边金融机构宽松，但用途必须明确。

在多数情况下，世行要求其借款人必须通过向合格的供货商和承包商公开的国际竞争性招标来获得货物、工程和服务。亚行也和世行一样，要求项目的采购必须进行国际竞争性招标，但是在招标过程中对于其发展中国家成员给予一定的优惠。使用出口信贷机构的出口信贷时，一般对于贷款国的出口设备采购有比例要求。一般商业银行贷款和发行债券在采购的方式上没有什么限制，可以由贷款人随意选择采购方式和采购地区、国别。

（四）项目控制权

一般而言，融资按照其偿还性质可分为权益融资和债务融资两种。权益融资向公司注入了新的股份，必然会引入新的股东，这样就会稀释原股东的股权，削弱原股东对公司的控制权。债务融资则不同，只是公司的负债增加，不会稀释原股东对公司的控制权，债务人不参加公司的决策。另外还有一种中间资金，例如可转债等，这是一种介于股本资金和债务之间的一种资金。各融资渠道提供的资金产品类型不尽相同，如表 5-70 所示。

表 5-70　融资渠道产品种类

融资渠道	股本资金	中间资金	贷款资金
IBRD			√
IDA			√
IFC	√	√	√
ADB	√	√	√
出口信贷机构	√		√
商业贷款		√	√
债券		√	√
机构投资者	√	√	√

项目融资的前提是以项目公司的资产和未来收益现金流作为融资的保证。这个特性要求在贷款期内，项目公司权利必须受到限制，只能进行被授予特许权的项目经营活动，项目的资产必须保持稳定和完整。具体而言，在贷款期未经贷款银行允许，项目公司不得出卖、转让或处置任何实质性资产，不能投资获取任何其他公司股份或向其借款，不能在现有的和未来的资产上设立抵押，不得财务负债等。因此，在 PPP 项目融资时，贷款银行需要通过商业合同或在贷款协议中设定专门条款限制在贷款期内项目公司的权利，保证项目资产的稳定和完整。

商业银行贷款、银团贷款以及债券融资的债权人在项目融资中对项目控制权的影响并没有太大的区别，只是在做是否向项目发放贷款的决策时更多地考虑项目的风险并要求更多的信用担保。但是有时，在 PPP 融资期间贷款银团可能会要求对现金流量和外户资金的直接控制。而机构投资者可以通过资本金或者贷款的方式向项目提供资金，但是即使是资本金投资，作为被动投资者，也意味着它们将不参加项目的开发管理和运营。

（五）小结

根据前面的分析，可将各种融资渠道对于 PPP 项目的优缺点总结如表 5-71 所示。

表 5-71　各种融资渠道的优缺点比较

融资渠道	优　点	缺　点
世行	• 期限长，额度大，融资成本低 • 防范政治风险的能力强 • 可增强项目的吸引力	• 贷款对象/条件限制苛刻，程序复杂 • 具有贷款比例限制 • 资金使用自由度不高，专款专用
亚行	• 期限长，额度大，融资成本低 • 防范政治风险的能力较强 • 可增强项目的吸引力	• 贷款对象/条件限制苛刻，程序复杂 • 具有贷款比例限制 • 资金使用自由度不高，专款专用
商业银行	• 限制条件少 • 使用自由 • 银团贷款额度高，期限长	• 融资成本高 • 期限短、额度低 • 银团贷款程序复杂
政策性银行	• 期限长，额度高，融资成本低 • 对政治风险具有一定的承担能力	• 条件要求较多 • 程序较复杂
债券市场	• 期限长，额度高，融资成本低 • 使用自由	• 发行受限制 • 程序较复杂
机构投资者	• 期限长	• 融资成本高

四、总结与建议

我国企业在进行 PPP 项目的融资时应根据项目和企业的特点，本着融资成本尽可能低；资金结构尽量简单的原则，选择适合的融资渠道组合。根据前面的分析，作者建议融资渠道选择的框架性流程如图 5-37 所示。

一般来说，世界银行和亚洲开发银行贷款的期限都很长，利息较低，对经济周期比较长的 PPP 项目非常适合，但也对贷款总额和占总投资的比例有一定的限制，主要起到种子资金的作用，例如，世行规定只提供建设总投资的 20%~50%，亚行规定贷款总额不超过 7 500 万美元或不超过项目总预算的 12%。同时世行和亚行资金具有较强防范政治风险的能力和增强项目吸引力的作用，因此在符合条件时，可作为 PPP 项目的首选的融资渠道，并与其他渠道组合使用。

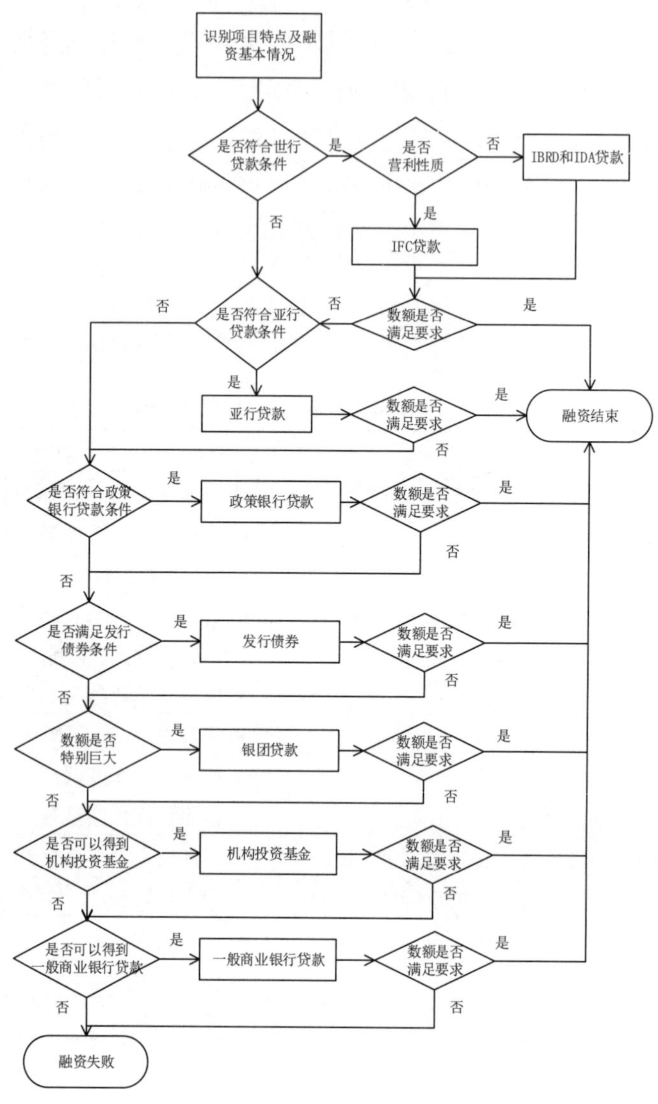

图 5-37　融资渠道选择流程

从 PPP 项目资金利用的特点来看，出口信贷机构资金也是非常不错的选择。PPP 项目如果机械设备费用比重大，购置费用昂贵，出口信贷则几乎能覆盖大部分的支出。同时出口信贷具有政策扶持性质，贷款条件优惠、期限长、额度大、资金来源可靠，而且具有官方性质，对政治风险具有一定的承担能力，非常适合设备投资大的 PPP 项目。但也要看到出口信贷资金涉及多个不同的合同安排，包括设备卖方和买方之间的设备购买合同，出口信贷机构和买方、卖方国家银行的担保合同，以及银行和借款人之间的转贷和反担保合同等等，比较复杂。同时借款人在享受出口信贷低利率好处的同时，也可能会丧失选择设备的灵活性。

债券发行筹集的资金具有期限长、成本低的特点，缺点是程序复杂，需要资信评估机构严格的评估，发行费用较高。在大多数的发展中国家，由于资本市场的不成熟，往往不容易成功。

商业银行贷款的限制条件较少，但一般来说，单个商业银行的贷款额度不能满足基础设施资金需求规模大和投资集中的特点，同时极少提供长期贷款，一般是中短期信贷，不能作为项目长期融资的来源，可作为流动资金和建设资金的来源之一。相比之下银团贷款的规模大，承担风险的能力较强，可提供高额度长期贷款，是 PPP 项目不可或缺的资金来源之一。

机构投资者投入的资金一般作为资本金投入或在项目施工结束和运营开始时注入项目，可作为 PPP 项目融资的补充渠道。

总而言之，不同融资渠道有其不同的限制条件、融资成本、资金使用的自由度以及对项目的控制权，在选择 PPP 项目的融资方案时，应充分考虑其自身的资本结构和具体情况，对不同渠道进行比选和组合。

参考文献

[1] M. Fouzul Kabir Khan，Robert J. Parra. 大项目融资——项目融资技术的运用与实践[M]. 朱咏，庄乾志，等，译. 北京：清华大学出版社，2005.

[2] 张极井. 项目融资[M]. 北京：中信出版社，1997.

[3] 王守清，柯永建. 特许经营项目融资（BOT、PFI 和 PPP）[M]. 北京：清华大学出版社，2008.

[4] 崔旭旺. 浅析我国开拓国际工程承包市场的对策[J]. 施工企业管理，2004（3）：34-37.

[5] 胥悦红. 关于我国进入国际工程承包市场策略的思考[J]. 青岛建筑工程学院学报，1997, 18（2）：78-81.

[6] 朱咏，黄苏萍. 投资项目的融资渠道分析[J]. 工业技术经济，2004（4）：126-129.

[7] www.world.bank.org 相关资料

[8] www.adb.org 相关资料

[9] 毛海波. 我国企业债券融资现状及影响因素分析[J]. 消费导刊，2009（2）：92-93.

[10] 祝兰. 国外企业债券融资的经验及启示[J]. 金融与经济，2008（10）：70-72.

（《项目管理技术》2009 年第 6 期，第 26-31 页）

金融机构能否主导 PPP 项目？
——兼评两家金融机构联合中标贵阳地铁 2 号线一期工程 PPP 项目

作者：刘申亮　王守清　刘婷

近期，贵阳地铁中标公告显示：贵阳市轨道交通 2 号线一期工程 PPP 项目由贵阳祥山绿色城市发展基金（有限合伙）和交银国际信托有限公司联合体中标，中标金额为 359.6 亿（项目背景见文末附录）。因两家金融机构共同拿下这个规模巨大的 PPP 项目，招标结果中没有体现专业社会资本方的直接参与，被质疑有违 PPP 本义。那么，金融机构在 PPP 项目全过程中扮演什么样的角色和承担什么样的责任，是否可以作为主要甚至单一的社会资本方参与 PPP 项目，金融机构需要从哪些方面提升自身的 PPP 项目投资管理能力呢？本文将进行分析。

一、PPP 项目投资方的类型

在 PPP 模式中，投资者包括公共投资方和社会资本方两类。公共投资方主要代表政府在项目公司中出资，主要关注点是社会效益，具体可细分为两类，一类是比较纯粹的政府融资平台公司，他们的主要职能是代表地方政府推进项目，履行出资责任，主要负责协调政府关系，协助办理项目相关手续，保障项目能够正常建设运营，发挥社会效益作用；项目专业层面的相关规划设计、建设施工，运营维护管理方面主要依赖于引入专业的社会资本方来解决，如建筑施工企业、设备供应商、运营商。市场上很多的环保类、园林绿化类、旅游教育文化类、会展场馆类项目均是如此。另一类是受政府委托，具备或正在致力于打造在某个细分领域专业能力的国有企业，以城市轨道交通领域为例，目前国内尚缺乏富有经验的运营商。轨道交通的前期工作手续复杂，专业性强，涉及面广，影响力大，其规划、建设、运营与区域发展息息相关，因此在全国全面铺开轨道交通 PPP 模式的大时代背景下，受地方政府委托参与 PPP 项目的国有企业（如北京市基础设施投资有限公司）在该领域并不仅仅是作为一个出资、协调、监管的角色出现，也在向运营维护管理等专业方向发展和提升能力。

社会资本方也可以主要分为两类。第一类是专业投资方，在 PPP 投资方中承担极其重要的角色，比如上文提到的建筑施工企业、设备供应商、运营商，他们参与 PPP 项目，主要目标是通过建设施工、运营管理、设备供应维护等环节的业务开展，实现利润回报。第二类是财务投资者，主要以金融机构为主，他们参与 PPP 项目主要是为了在风险可控的基础上，合理配置不同类型的资产，相对安全、稳妥的实施投资，通过覆盖全过程的风险管理，保障投资回报的取得。

各类公共投资方和社会投资方的优劣势汇总如表 5-72 所示。

表 5-72 PPP 项目投资方类型

投资方		优 势	局 限
公共投资方	政府融资平台公司	协调政府关系，出资，办理手续，协调监管	通常欠缺项目层面的规划设计、建设施工、运营管理能力
	受政府委托，具备细分专业能力的国有企业	协调政府关系，出资，办理手续，协调监管，在专业上具备一定能力	目前这类企业数量有限，集中体现在特定行业领域，主要是欠缺合适专业投资商的领域
社会资本方	专业投资方（施工单位、设备供应商、运营商等）	具备施工、运营、设备维护等方面的专业能力	资金实力（规模、期限）有限
	财务投资者（金融机构为主）	资金能力强	由于历史和人才结构问题，尚不具备工程项目集成管理能力

由此可见，这几类投资方之间，都具有不同的投资目标和利益诉求，也都具有各自能力上的优势和局限，在具体的 PPP 项目交易结构中，要建立优势互补的投资方组合，并通过一系列 PPP 合同和项目公司章程，使各方利益统一起来，才能够实现和保障项目公司的正常运作。

二、金融机构参与 PPP 项目股权投资的模式

金融机构参与 PPP 项目，通常包括股权投资和债权融资两种模式。债权融资主要是为项目公司开发建设提供贷款，而股权投资的落实是 PPP 项目落地后后续债权融资的前提条件。PPP 项目投资规模大，以轨道交通项目为例，往往超过百亿，即使资本金只占 20%，也有数十亿之巨，专业投资方通常不具备独自承担的资金实力，因此股权投资中常有金融机构的身影。在 PPP 项目资本金出资中，金融机构通常以两种模式参与。

第一种模式是前期介入。即金融机构从 PPP 项目发起阶段就开始深度介入，直接与专业投资方共同作为投标联合体参与投标。具体又包括两种主要实现方式：一种是金融机构直接作为同股同权的社会资本方参与投标；另一种是金融机构与专业投资方联合成立优先劣后的基金结构进行投标，金融机构担任优先级的角色，负责投资建设运营项目的专业投资方担任劣后级的角色，在这种方式下，金融机构承担的投资风险低于同股同权的情形。在国内，多家专业投资方与金融机构正在展开就 PPP 项目投融资的全面长期战略合作，这将有助于 PPP 项目落地率的提高。

第二种模式是在项目若干前期条件确定后介入。这种模式往往发生在负责建设和运营项目的专业投资方对项目较有信心，但事先无法确定金融机构合作方，因此先行投标介入，中标之后再寻求金融机构作为资本金合作方的情况下；也可能发生在已开工建设或已建成的项目，后期变更为 PPP 模式，引入新的社会资本方的情况下。

在后期介入的模式下，金融机构需要避免不具有话语权、沦为纯粹的融资工具的问题。尽管此时很多客观条件已经形成并确定，但作为项目的主要参与方之一，金融机构仍然要关注和参与项目公司财务收支、施工进度、成本和安全等控制、运营方案确定、运营团队组建、运营绩效等要素的管理和控制，避免出现项目工期延误、成本超支、运营绩效不达标及其他不符合 PPP 合同中约定的考核标准等情况，导致项目施工阶段出现问题，不能按时进入运营期、不能正常运营、现金流不能按照预先计划回收、投资回报无法实现等风险。以上这些都要依赖于具体的 PPP 合同和项目公司章程的约定，因此，对于金融机构而言，要签好 PPP 合同和项目公司章程，确保自身对项目的全过程风险管理措施能够落地。

三、PPP 项目不同资产特征和阶段对股东结构的需求给金融机构带来的机会

从提升 PPP 项目的社会效益的角度出发，依据 PPP 项目的资产类型特征和实施阶段的不同，对关键社会资本方的要求是不同的，对此，笔者所在研究团队曾依据 OECD 国家多个 PPP 项目案例进行比较分析，主要结论见表 5-73。

表 5-73　PPP 项目特征、类型与关键社会资本方

项目特征	项目类型	关键社会资本方
新建项目		
项目总投资规模大、资金需求量大、运营相对简单	公路、桥梁、隧道等	实力雄厚的大型承包商和金融机构的组合
项目总投资规模大，资金需求量大，涉及建设工程专业领域多，后期综合运营能力要求高	铁路、城市轨道交通、机场、港口、园区等	具有全面综合实力的大型承包商、专业运营商、金融机构的组合
项目对专业技术、核心设备和后期综合运营能力要求高	电站、智慧城市、垃圾处理、水处理、土壤处理、景观灯光等	专业运营商、专业技术商的组合
项目对综合运营能力要求高、市场化程度高、使用者付费为主	医院、景区、养老等	具备综合能力的专业运营商
已建成项目		
项目已经成熟运营，具备长期稳定现金流，希望盘活城市基础设施存量资产、吸引增量社会资本，或具有改善管理，提高生产效率目的的项目	TOT（移交-运营-移交）项目	专业运营商和金融机构的组合

从风险管理看，从发起至运营前的阶段是 PPP 项目风险最大的阶段，前期审批手续办理、投融资、工程建设、技术团队组建和协调磨合等不确定性因素较多，对社会资本方的挑战最大，综合能力要求也较高。非专业的社会资本方欠缺经验，很难识别、管理和控制相应风险，容易造成盲目中标，之后发生较多争议纠纷的问题。因此，纯

粹由金融机构作为单一社会资本先行中标 PPP 项目，再寻求专业投资方的模式，不是一种值得推荐的模式。

PPP 的本义在于通过引入社会资本方，提升项目的投资、建设、运营效率。诸如轨道交通、环保园林、体育场馆、旅游文化养老等 PPP 项目最终需要靠前期的项目方案规划、合理高效的建设实施，长期的专业运营来获利，没有具备项目所需核心能力的专业投资方的前期参与，不利于优化方案并构建稳定合理的投资回报机制。金融机构应做好与优秀的、值得信赖的专业投资方的深度合作，共同参与 PPP 项目，并尽可能在 PPP 项目早期介入，对项目整体方案进行优化。

而随着项目进入运营阶段，现金流趋于稳定，管理逐渐规范化，风险也相对降低，此时，项目公司一部分股东出于对实现股权价值的考虑，可能对股权结构进行主动调整（当然需要获得政府的同意，特别是实质控制人的调整），金融机构和专业运营商的组合可以扮演更为重要的关键角色。

四、金融机构参与 PPP 项目的发展方向

总的来看，随着中国大批 PPP 项目的实施落地形成示范效应，以及伴随着经济增速放缓带来的“资产荒”问题，金融机构对 PPP 项目的介入热情逐步升温，这是好的现象和趋势。中国三十多年改革实践是一个不断探索的过程，在基础设施投资领域，随着中央政策的导向，政府投融资模式的改革，一些前期未按照 PPP 项目实施落地的项目均在向 PPP 模式过渡，贵阳市轨道交通 2 号线一期项目只是其中一例。

在 PPP 项目各参与方均有自身独特的专长，但要真正做好 PPP 项目，尤其是在轨道交通这类投资巨大、周期长、技术复杂、牵涉面广的重大项目上，各方不能仅仅满足于发挥自身特长能力，还要兼具其他领域相关的专业经验，做到一专多能，这样有利于 PPP 项目中的协调沟通，避免各说各话，可以在充分发挥各方优势的基础上又能彼此监督促进，共同推动 PPP 项目如期顺利实施。

在 PPP 项目各参与方中，金融机构更擅长在前期投资决策阶段进行风险识别和风险控制，对项目全过程的风险控制能力相对薄弱，尤其是项目建设阶段、运营阶段和退出阶段的风险控制。金融机构应当在投资的实践中不断地提升自身的行业知识、投资经验及风险控制能力，进而从依赖信用融资逐步向项目融资模式过渡。

从金融市场来看，需要打造一批具有优秀的投资管理和风控能力、具备良好的过往经验纪录的专业基础设施投资管理机构，成为衔接资金方和 PPP 项目的桥梁，保障 PPP 项目如期顺利实施。国外很多优秀的基础设施产业投资基金（如麦格理、万喜等）集金融投融资能力和项目开发建设运营主导能力于一体，是很好的借鉴。

附：贵阳市轨道交通 2 号线一期工程 PPP 项目背景的还原

本文对通过目前掌握并不全面的政府公告、媒体报道和工商检索等信息，大致对贵阳市轨道交通 2 号线一期工程 PPP 项目的历史沿革和基本情况做一还原。

贵阳市轨道交通 2 号线为贵阳市轨道交通骨干线，该项目前期由贵阳市城市轨道交通有限公司负责组织实施。根据媒体报道，项目已于 2015 年 9 月 28 日全面开工建设，一期工程 15 个土建施工标段、7 个土建监理标段已全面进场。也就是意味着，该项目已于 PPP 招标前一年左右开始正式启动了。从招标公示网站可查到，15 个土建施工标段的中标单位包括中铁集团下属多个工程局，中交隧道局，北京市政路桥股份有限公司等。

在项目正式开工 8 个月后，2016 年 5 月，贵阳市轨道交通 2 号线一期工程政府与社会资本合作（PPP）项目完成资格预审，进入招标阶段。从招标文件来看，对投标人的要求主要是从投融资能力（15 分），轨道项目投融资方案（20 分），项目公司方案（15 分），报价（50 分）这四个方面进行考察。其中，报价方面主要的内容包括可行性缺口补助总额、投标人出资的项目资本金财务内部收益率、建设期投资补助总额及资本收益率。从项目公司方案来看，项目建设建议方案和项目运营建议方案各占 5 分和 7 分，仅占总评分的 12%。从这一招标评审因素与评审标准来分析，对社会资本的招标出发点主要是作为建设资金引入方来进行考虑的。

因此，大致还原整个项目的情况，该城市轨道交通项目已先行开工建设，考虑到项目对资金的需求量巨大，因此引入 PPP 模式，希望吸引社会资本方的出资参与。由于城市轨道交通项目投资巨大，社会公益性强，单纯靠运营盈利从全球来看都是难点，因此引入 PPP 模式也可以依法合规的从政府财政给予一定的建设期投资补助及运营期可行性缺口补助，长期稳定的投资收益率对社会资本方有一定的吸引力。

从本次招标结果引入的社会资本方工商资料显示：贵阳祥山绿色城市发展基金（有限合伙）股东构成为光大保德信和贵山基金管理有限公司。光大保德信是由中国光大集团控股的光大证券股份有限公司（55%股权）和美国保德信金融集团旗下的保德信投资管理有限公司（45%股权）共同创建。贵山基金管理有限公司是贵阳市为推进产业转型升级、放大财政资金引导效应、激活社会投资、强化区域金融中心地位而专门成立的金融服务平台。采用混合所有制经营。交银国际信托有限公司股东为交通银行股份有限公司（85%股权）和湖北交通投资有限公司（15%股权），是交通银行实际控制的信托机构。从以上资料可见，中标联合体的参与方背后是作为国有大型金融的光大集团、交通银行，以及贵阳市政府推动发起的本地基金公司，均以金融背景为主。

（《新理财》2016 年第 12 期，第 37-39 页）

第6章

PPP背负的重任及其绩效评价

基础设施BOT/PPP项目中的政府责任研究

作者：赵国富　王守清

【摘要】　基础设施是城市经济发展的前提条件，BOT/PPP方式的引入使得政府用于基础设施建设资金不足的情况得到一定的缓解。然而，BOT项目的风险高，各方协调难，政府作为重要的干系人，应该在其中发挥应有的作用，承担相应的责任。本文在分析基础设施的作用、我国基础设施状况、BOT/PPP模式给政府带来益处的基础上阐述了我国政府在基础设施BOT/PPP项目应承担的责任。

【关键词】　基础设施　BOT/PPP　政府保证　政府责任

一、基础设施的作用以及我国基础设施建设状况

城市基础设施是城市生存和发展的基础条件，同时也是城市经济正常运转的前提条件，是城市居民生活质量的重要制约因素。供水为居民提供水源，供气为居民提供煤气，便利的交通使城市居民的出行更为方便，因此城市基础设施的完善程度决定了城市居民的生活质量和经济发展的动力。

改革开放以来，我国的城市发展迅速，基础设施也不断地跟进，但是随着我国工业化和城市化进程的不断推进，我国的基础设施状况显然不能满足城市发展的需要。存在的挑战主要有：基础设施的存量不足、基础设施管理体制不完善等。因此迫切需要政府加大基础设施建设的力度。

二、BOT/PPP 模式在基础设施中的应用

BOT（Build-Operate-Transfer）即建设—经营—移交，是一种带资承包的方式，其涉及的领域一般为投资规模大、经营周期长、风险大的基础设施项目。一些西方发达国家最早开始将这种方式应用于基础设施领域，因为进入 20 世纪 80 年代，基础设施薄弱已成为制约各国经济发展的瓶颈。BOT 投融资方式正是这种融资方式与各国基础设施建设现实需求相结合的产物。世界上的一些著名工程，如英吉利海峡、澳大利亚悉尼过海隧道和香港东区港九海底隧道工程都是通过 BOT 方式进行的。BOT 模式在 20 世纪 80 年代引入中国，有效地缓解了政府用于基础设施资金不足的状况，加快了基础设施建设，促进我国经济的发展。

三、BOT/PPP 项目中的政府责任

（一）BOT/PPP 模式对政府的益处

作为一种吸引民间资本和外国资本参与基础设施建设的新融资模式，与传统的政府作为单一投资者的模式相比，对政府而言，有许多的益处：

（1）BOT 模式减少了项目对政府财政预算的影响，使政府能在有限的财力下，优化资源配置，满足公众对基础设施的需求。此外，BOT 模式作为一种新型的融资模式，极大地促进了我国的城市化进程。

（2）BOT 模式降低和转移了政府的负债风险。基础设施建设一般投资巨大，尤其是大型基础设施项目，且伴随着各种风险，如生产运营和管理风险、市场风险、金融风险等。任何一种风险都会对公共财政收支平衡造成极大的影响，采用 BOT 方式，由于 BOT 项目大多由项目发起人或者项目公司自行筹集资金并承担投资风险，无须政府提供融资担保。因而不至于加大政府的债务负担，同时，转移了大部分的风险到社会资本层面，从而起到了降低政府负债的风险、平衡收支、优化政府投资结构和降低成本的作用。

（3）BOT 模式由于极大地吸引一国的民间资本和外国资本，特别是外资的广泛参与，一方面可以缓解基础设施建设资金不足的矛盾，另一方面，有利于吸收先进的设计、施工和管理技术。

（二）客观形势要求政府承担责任

政府财政不足以满足公众对于基础设施的需求，而 BOT/PPP 模式却很好地弥补了政府在这方面的作用。但是企业追求利润最大化的性质决定了企业或者个人不能代替政府的位置，公共利益的代表和公共事务的处理还需政府承担，因此在 BOT/PPP 项目的整个运作过程中，政府都应该承担相应的责任。

（三）政府在基础设施 BOT/PPP 项目中的责任（见表 6-1）

表 6-1 BOT/PPP 项目中政府责任分类及描述

政府责任	政府责任形式	责任概述
法律规制与政策支持	制定适合 BOT 项目发展的宏观政策	政府为吸引投资，应制定基础设施长期规划，并以法律的形式加以确定，保证政策的连续性和稳定性，确保 BOT/PPP 项目的持续发展
	规范 BOT 项目的操作程序；推进特许权协议规范化，并明确政府的义务	由于 BOT 项目资金大部分来源于贷款，项目前期、建设期的延长会大大增加项目的成本，因此政府应该规范 BOT 项目的操作程序，适当简化行政审批手续和项目的前期工作，可以采取“一站式服务”、“现场办公”等办法，保证项目及时完工
	培养 BOT 专业人员	为配合 BOT 项目的顺利进行，政府应培养一批熟悉 BOT 业务的专业人员，可委托专业的咨询机构对从事 BOT 项目的行政人员进行培训，也可以雇用专业的咨询人员，以增强政府从事 BOT 项目的能力
环境保障与资金支持	创造良好的投融资环境和健全的经济体制；保护投资者合法权益	BOT 项目投资者很大程度上是外资，他们更加重视项目所在国的投融资环境。因此，项目所在国政府应努力营造一个稳定的政治环境，保证政策的连续性，设立公正、明确的法律规范以保障投资者的利益
	建立良好的国内资本市场	与发达国家相比，发展中国家缺乏成熟的资本市场。强大的国内资本市场使私人开发商和投资者很便利的从金融机构借到资金而进行无追索的项目融资，并且可使项目最终在资本市场发行上市
	提供规范而有竞争性的投标环境	为实现 BOT 项目的最佳效果且便于选择合格的开发商，政府应采用比较合理的招投标制度与协议，使 BOT 项目的实施在一个透明的环境中进行，以确保公平竞争，避免在投资者选择上的徇私舞弊行为
	创造稳定的政治环境	稳定的政治环境和良好的政府信誉是 BOT 项目成功实施的前提。中央政府即使不直接参与 BOT 项目，也应该起到应有的监督作用
政府保证与政府信用	项目投资的后勤保证	项目投资的后勤保证是指东道国政府对项目建设所需的土地、能源、原材料等必要物品提供充足的供给，并对与项目实施有关的技术及管理人员的入境、实施项目所需物资和器材的入境给予一定的保证
	禁止同一地区同类项目竞争	BOT 项目投资人一般是以该项目的现金流量及其增长率来计算项目收益的，在项目建成之后，如果又有其他投资者在同一地区进行同类项目的建设，则前一项目的投资收益率将受到极大的影响，最终可能导致该项目投资人的目的无法实现。因此，政府有必要做出禁止同一地区同类项目竞争的保证

续表

政府责任	政府责任形式	责任概述
政府保证与政府信用	投资回报率的保证	投资回报率属于商业风险，但由于项目往往投资巨大，政府不对投资者进行一定的投资回报保证可能会大大降低投资者的投资信心，所以，对急需通过 BOT 方式进行基础设施建设的广大发展中国家而言，政府可以对项目的投资回报率提供适当的保证
	利率担保	政府对超过一定范围的利率风险提供一定的资金给予补偿

（四） 我国政府在 BOT/PPP 项目中应承担的责任

我国政府也应参考国外的相关经验，结合中国的情况建立起我国 BOT/PPP 项目运作的政府职能体系，可考虑的方面有：

法律规制与政策支持：制定适合 BOT 项目发展的宏观政策、规范 BOT 项目操作程序；规范特许权协议，明确政府的义务；完善 BOT 特许权授予制度；培养 BOT 专业人员。自 20 世纪 80 年代 BOT 模式引入中国，政府通过各种形式的文件规定来规范 BOT 项目的运作，经过二十年的实践，政府已经有一套经验，目前已经是将这些经验规范化、文件化，最终纳入到法律的体系中，使得 BOT 方式在我国有法可依，有章可循。

环境保障与资金支持：创造良好的投融资环境、保护投资者合法权益；提供规范而有竞争性的投标环境；创造稳定的政治环境。政府有必要创造一个良好的政治环境、法律环境、投资环境，使投资者有信心投资中国基础设施建设，促进经济的发展。

政府保证与政府信用：我国政府应该在这方面加大力度。首先要根据国情，确定哪些风险可以由政府承担，进而确定由哪一级的政府承担，其次严格的守信用，稳固投资者的投资信心，最终满足公众对基础设施的强烈需求。

四、小结

BOT 项目是风险高、运作复杂的项目，利益相关者众多，BOT 机制的出发点就是通过充分利用各个利益相关者的互补优势来达到风险的有效分担，进而达到风险-收益平衡的状态。在基础设施建设领域，政府作为 BOT 模式的重要参与方，也相应地承担一定的责任，主要集中在法律规制与政策支持、环境保障与资金支持、政府保证与政府信用等方面。鉴于目前中国的投资环境、我国政府尤其要在政府保证和政府信用方面加大力度，使投资者有信心投资中国的基础设施建设，以满足公众对基础设施的需求，促进中国的经济持续、快速、稳定地发展。

参考文献

[1] 何佰洲，郑边江. 城市基础设施投融资制度演变与创新[M]. 北京：知识产权出版社，2006.

[2] 赵国富，王守清. 城市基础设施 BOT/PPP 项目社会评价方法研究[J]. 建筑经济，2006（12）: 113-116.

[3] 胡同泽，唐琪. 基础设施建设 BOT 模式下政府角色定位究[J]. 改革与战略，2005（8）：121.

[4] 李倩，周栩. BOT 建设项目中政府职能浅析[J]. 湖南商学院学报，2004, 11（5）: 50.

[5] 刘晓君，白蔬，李涛. BOT 项目融资中的政府定位思考[J]. 西安建筑科技大学学报（社会科学版），2005, 24（1）：45.

（《商场现代化》2007 年第 5 期，第 194-195 页）

BOT/PPP 项目社会效益评价

作者：赵国富　王守清

项目融资（BOT/PPP 等）模式自诞生以来，引起了私人部门和公共部门的广泛关注。作为一种重要的融资模式，BOT/PPP 模式对基础设施建设中解决政府财政压力、引进外资、促进民间资本投入和提高效率等方面有很大优势，显示出巨大的社会效益。

一、BOT/PPP 项目社会效益评价的内容

BOT/PPP 项目的社会效益评价应从宏观经济与社会视角，依据系统分析的方法对拟建或已建 BOT/PPP 项目所产生的社会影响、项目与社会的相互适应性、项目涉及的公平性以及政府的表现 4 个主要方面进行全面评价。

二、BOT/PPP 项目社会效益评价的特点

从宏观经济与社会视角将 BOT/PPP 项目的特点归纳如下：① 投资规模大、周期长；② 受影响群体大；③ 各方协调难、风险高；④ 吸引外资和民营资本，加快基础设施建设、促进经济发展。

BOT/PPP 项目的上述特点决定了社会效益评价的特点：① 注重宏观性和长远性；② 外部效益多角度、定量分析难，故要坚持多层次分析原则；③ 多目标性与行业特征明显。

三、BOT/PPP 项目的社会效益评价方法

鉴于 BOT/PPP 项目的特点，其社会效益评价方法应是层次分析法与传统的建设项目社会效益评价方法等的结合。见图 6-1。

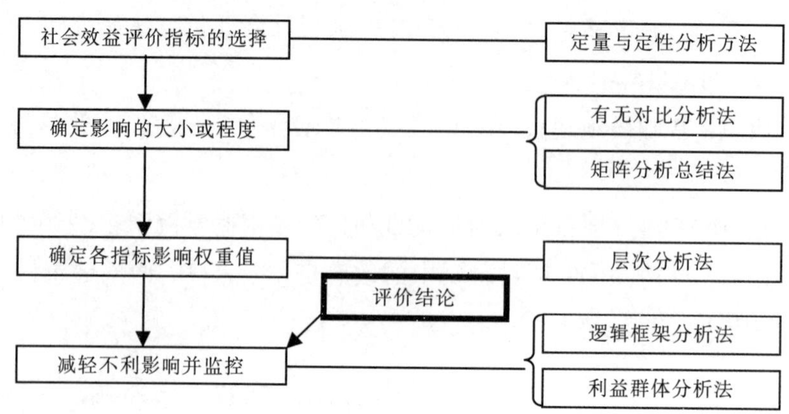

图 6-1　BOT/PPP 项目的社会效益评价方法

定量与定性分析法：用于评价指标的选择，应评价的指标主要有：自然资源综合利用、就业效果、单位投资占用耕地、改善基础设施状况、扶贫、脱贫指标、特许权协议的履行等。

有无对比分析法：评价有无此项目所带来的社会效益的差异，也可评价是否采用 BOT/PPP 模式的差异。

矩阵分析总结法：根据所选择的评价指标，由社会评价人员或专家给出每个影响的大小或程度值。其中，定量指标可通过广泛的调研和准确的计算得到，相对来说比较好确定；定性指标影响的程度则由专家来进行判断，给出评测值（如比较满意、满意、一般满意、不满意等）。

逻辑框架分析法和利益群体分析法：确定影响产生的原因及受影响的群体，以判断在采取相应措施后项目社会效益的变化，同时根据所识别出的影响产生原因和受影响的群体，在项目的进行中可不断地采取纠正措施，使项目的社会效益能够保持甚至超过项目实施前时的社会效益。

层次分析法：主要用于确定各个指标影响的权重值，借鉴层次分析法的思想来两两比较各指标的相对重要性，然后经过整理和计算，使定量和定性指标的影响能够在同一个框架下凸现出来，避免了对定性指标的复杂论证和艰难但不一定准确的定量化过程。

四、小结

BOT/PPP 项目有巨大的社会效益，层次分析法与传统方法的结合将有助于 BOT/PPP 项目社会效益评价的正确和全面进行，有利于促进 BOT/PPP 模式的进一步推广。

（《中华建筑报》，2007 年 2 月 8 日）

BOT/PPP 项目社会效益评价指标的选择

作者：赵国富　王守清

国家自然科学基金项目“PPP/BOT 项目财务评价方法的改进和风险分析方法的应用（70471004）”，Supported by EU Asia-link Programme “EU-Asia Network on PPP”

【摘要】 BOT/PPP 作为一种重要的融资模式，对基础设施建设过程中解决政府财政压力、引进外资、促进民间资本投入和提高效率等方面有很大优势。然而，BOT/PPP 项目同时具有巨大的社会效益。本文在详尽汇总原有指标体系的基础上，结合 BOT/PPP 项目的特点，试图建立一套适合 BOT/PPP 项目社会效益评价的指标体系，共有一级指标 4 个，二级指标 20 个，以方便评价人员依据项目的特点选择指标体系进行社会效益评价。

【关键词】 BOT/PPP　社会效益评价　指标体系

所谓社会效益评价是指 BOT/PPP 项目对项目影响区（项目所涉及部门、所在地区或社区）的社会影响和宏观经济效益评价，与项目影响区相关因素的相互适应性分析，以及项目所涉及的公平性评价和政府表现评价。

一、指标筛选的原则与方法

本文在筛选 BOT/PPP 项目社会效益评价指标的过程中遵循了以下原则：

1. 反映 BOT/PPP 项目的特点

本文讨论的是 BOT/PPP 项目而非其他项目的社会效益指标，因此，所选择的指标应充分反映 BOT/PPP 项目的特点。本文在第二作者之前研究的基础上，对 BOT/PPP 项目的特点进行了分类，并将这些特点与社会效益评价指标建立起一一对应关系，进而建立了 BOT/PPP 项目的社会效益评价指标筛选矩阵表。

2. 全面客观地反映项目的社会效益、兼顾正面与负面社会效益

鉴于此，本文借鉴了普通项目的社会效益评价指标体系，主要有：一是我国水利部编制的《水利建设项目社会效益评价指南》；二是《美国环境政策法案》框架下社会效益评价指南与原则委员会编制的《社会效益评价原则与指南》；三是 Frank Vanclay 在《概念化社会影响》中论述的社会效益变量。

3. 定性指标与定量指标相结合

由于我国开展 BOT/PPP 项目的历史不长，并且数量极其有限，BOT/PPP 项目的社会效益评价尚没有一套完整的指标体系，对项目的评价主要还是限于项目的财务方面的定量指标，而在实践中，决定一个项目能否成功还应考虑社会效益等非定量半定

量指标。因此在选择指标时，应定量和定性指标相结合，能定量的则定量，不能定量的但重要的定性指标也一定要考虑，不能一味追求定量指标而忽略了重要的定性指标。

二、BOT/PPP 项目社会效益评价指标筛选矩阵表

筛选表的建立是基于 BOT/PPP 项目的特点与项目社会效益评价的结合。

（一）BOT/PPP 项目的特点

BOT/PPP 项目的参与方众多，立场和利益各异，因此，在参与方之间达到利益的平衡是 BOT/PPP 项目成功与否的关键。BOT/PPP 项目社会效益评价的目的就是找出项目对社会、对各个参与方等的影响，尤其是潜在的不利影响，以便采取相应的措施减轻不利影响，力求达到"多赢"的状态。笔者在文献 2 对不同的利益参与方从社会视角对 BOT/PPP 项目的特点进行了详尽的归纳和阐述。

（二）项目社会效益评价指标

项目社会效益评价包括四方面的内容，分别是社会影响评价、项目与社会的相互适应性评价、公平性评价和政府表现评价。对于 BOT/PPP 项目来说，后两个方面也是至关重要的。然而这四方面有赖于具体的指标来反映，例如就业率、特许权协议履行率等。

（三）BOT/PPP 项目社会效益评价指标筛选矩阵表的建立及解释

根据 BOT/PPP 项目的特点及其所对应的社会效益评价指标，建立如表 6-2 所示的 BOT/PPP 项目社会效益评价指标筛选矩阵表。表中，特点 A ~ E 反映了 BOT/PPP 项目的重要的具有代表性的特点，指标 1 ~ N 则是社会效益评价指标。该矩阵表可用来指导 BOT/PPP 项目社会效益评价的选择。应用此表时，一一考查指标 1 ~ N 每一个指标与 BOT/PPP 项目五个特点的关系，关系紧密的可在相应方格内打"√"，对应于特点 A ~ E 的每一个"√"计 1 分，对应于特点 F 的每一个"√"计 5 分，算出每一个指标的最终得分，若大于等于 5，则可入选并参与下一轮的筛选，否则略去该指标。以此类推，不断重复筛选直至筛选完毕。以表中指标 N 为例，指标 N 能够反映 BOT/PPP 的特点 E，即"各方协调难度大、风险高"，计 1 分，同时该指标是特点 F 的重要内容，计 5 分，共计 6 分，满足条件，可进行下一轮的筛选。

表 6-2　BOT/PPP 项目社会效益评价指标筛选矩阵表[①]

BOT/PPP 特点 / 权重 / 社会评价指标	特点 A	特点 B	特点 C	特点 D	特点 E	特点 F	汇总
权重	1	1	1	1	1	5	
指标 1	√						1
指标 2		√		√			2
指标…			√				1
指标 N					√	√	6

作者经过广泛的文献阅读，按照社会效益评价内容的要求将项目可能的社会效益评价变量进行了分类和整理，共识别出 4 大类指标，22 个一级指标，104 个二级指标，240 个三级指标，55 个辅助指标。为减轻指标筛选的工作量，首先将非重要的指标粗选掉，然后筛选掉与 BOT/PPP 项目特点关系不大的指标。在此基础上，按照三级指标、二级指标、一级指标的顺序采用本文所建立的《BOT/PPP 项目社会效益评价指标筛选矩阵表》进行指标的筛选。

三、指标的筛选结果

经过三轮的筛选，最终选择 20 个指标用于 BOT/PPP 项目的社会效益评价（见表 6-3）。

表 6-3　BOT/PPP 项目社会效益评价指标体系

社会影响							项目与社会适应性						公平性				政府表现		
环境质量指数	自然资源综合利用	节约时间的社会效益	促进国民经济发展	就业效果评价	贫困地区收入分配	单位投资占用耕地	项目效果的持续性	干部和群众对项目的反应	政府决策的民主化	经济损失补偿指数	银行等金融机构的变化	社区基础设施情况	利益相关群体分析 权力机关分布	平均收入对比	扶贫、脱贫指标	项目对弱势群体的影响	政府法制建设指标	政府机构及机构间协调	特许权协议的履行

下面将对其中与 BOT/PPP 项目特点结合紧密的指标进行解释。

（一）节约时间的社会效益

BOT/PPP 项目所涉及的基础设施建设项目如高速公路、铁路等的建设可以缓解交

① “特点 F”是指“普通项目社会效益评价”，是 BOT/PPP 项目所具有的一般的社会效益评价的内容。

通的压力，这些在经济评价中是体现不出来的，然而对于设施的使用者来说却有巨大的效益。另外，与传统项目相比，BOT/PPP 项目通常是建设期与运营期合并在一起计算，建设期越短，运营期越长，经济效益越大，即便是采用建设期与运营期分离计算，也通常会有提前完工的奖励。因此，从总体来说，BOT/PPP 项目可以通过节约时间产生社会效益。以交通项目为例，可以通过货物在途节约时间的社会效益、旅客在途节约时间的社会效益、采用 BOT/PPP 模式在项目建设、运营阶段节约时间的社会效益来反映。

（二）政府法制建设指标

政府参与 BOT/PPP 项目的方式主要有：特许权协议的签署与履行、政府有关 BOT/PPP 的立法、政府为项目的进行而在机构之间的协调等等。我国 BOT/PPP 项目的开展首先是为解决政府财政不足而在 20 世纪 80 年代引进的，并在我国得到了很多的应用。因此，政府法制建设指标应作为 BOT/PPP 项目社会效益评价的重要内容。该指标可通过政府关于保护知识产权的法律和政府吸引外资和鼓励民营资本投资基础设施建设的立法来反映。

（三）政府相关机构之间的协调

BOT/PPP 项目各方协调难度大，风险高，而其中重要的参与方之一，政府及其机构之间的协调是影响 BOT/PPP 的重要因素。应考虑的因素有：项目的组织结构设置是否合理，能否适应项目建设与运营的需要；项目的组织机构设置方案是否与项目采用的技术相适应？如何保证项目持续实施？如何提高项目承担机构的能力；政府关于公开招标、政府工作透明化的程度；项目周围环境和提供的方便当地领导对其责任和权力的了解程度以及最近行使权力的能力；现有的领导有无处理因项目引起的问题的经验及起诉采取的手段，等等。

（四）特许权协议的履行

本指标是与 BOT/PPP 项目的特点密切相关的，因为政府参与 BOT/PPP 项目的主要依据就是特许权协议的签署和履行。特许权协议是 BOT/PPP 各种文件的核心，协议的履行效果对整个项目和各参与方均产生很大的影响。因此将特许权协议的履行率作为重要的社会效益评价指标。

四、小结

本文通过对 BOT/PPP 特点和项目社会效益评价的研究，建立了 BOT/PPP 项目社会效益评价指标的筛选矩阵表，在筛选原则和筛选方法的指导下，筛选出了一套适合 BOT/PPP 项目的社会效益评价指标体系，并对该指标体系中的某些关键指标进行了分析和解释。所建立的指标体系结合 BOT/PPP 的特点与项目社会效益评价的内容，正面与负面社会效益兼顾，原则性与灵活性共存，操作灵活，对客观地评价 BOT/PPP 项目的社会效益具有一定指导作用。

参考文献

[1] 国家计委投资研究所，北京：建设部标准定额研究所社会评价课题组. 投资项目社会评价指南[M]. 北京：经济管理出版社，1997.

[2] 赵国富，王守清. 城市基础设施 BOT/PPP 项目社会评价方法研究[J]. 建筑经济，2006（12）: 113-116.

[3] 中国水利经济研究会和水利部规划计划司. 水利建设项目社会评价指南[M]. 北京：中国水利水电出版社. 1999.

[4] Frank Vanclay. Conceptualizing social impacts. Environmental Impact Assessment Review. 2002，22（3）: 183-211.

[5] 王守清. 项目融资的一种方式——BOT[J]. 项目管理技术, 2003（4）: 46-48.

（《技术经济与管理研究》2007 年第 2 期，第 31-32 页）

城市基础设施 BOT/PPP 项目社会评价方法研究

作者：赵国富　王守清

国家自然科学基金项目[PPP/BOT 项目财务评价方法的改进和风险分析方法的应用]，申请号：G0112 评价理论与技术；G0114 数量经济分析理论与方法

【摘要】 BOT 项目融资模式自诞生以来，引起了私人部门和公共部门的广泛关注。作为一种重要的融资模式，BOT/PPP 模式对基础设施建设过程中解决政府财政压力、引进外资、促进民间资本投入和提高效率等方面有很大优势。目前对于 BOT/PPP 项目的研究还主要限于财务评价、风险分析方面，有关 BOT/PPP 项目的社会评价还处于起步阶段。本文在原有项目社会评价方法的基础上结合 BOT/PPP 项目的特点引入了发展相对成熟的层次分析法，建立适应 BOT/PPP 项目社会效益评价的方法，以期清楚地认识 BOT/PPP 项目的社会效益。

【关键词】 BOT/PPP　社会效益评价　评价方法　层次分析法　城市基础设施

目前我国的项目社会效益评价方法主要是根据国家计委投资研究所和建设部标准定额司编制的《投资项目社会效益评价指南》中确定的几种方法，即定量与定性分

析方法、有无对比分析法、逻辑框架分析法、利益群体分析法、综合分析评价法[1]。这几种方法在项目社会效益评价过程中起到了很好的指导作用，但是随着项目复杂程度、规模以及新型项目的不断涌现，特别是 BOT/PPP 项目的出现，使得传统的评价方法已经不能满足需要。

与一般公司融资项目相比，BOT/PPP 模式主要用于基础设施建设领域，对于城市的发展起到至关重要的作用。鉴于 BOT/PPP 项目的特点，即投资规模大、周期长，使用价格高、受影响群体大，解决政府财政、吸引外资和民营资本，促进经济发展、加快基础设施建设，各方协调难度大、风险高，有必要探讨如何改进现有的社会效益评价方法，以客观和全面的评价 BOT/PPP 项目的特点。本文将引入层次分析法来完善目前的社会评价方法。

一、BOT/PPP 项目的特点

根据清华大学王守清教授关于 BOT 项目风险的研究[2]，现总结出 BOT 项目的特点如下：

1. 投资规模大、周期长

该特点主要是从项目发起人的角度来说的，因为投资规模大、周期长对项目的发起人来说是一个巨大的挑战，也是对发起人融资能力、建设能力、运营和管理能力的全面考核。

2. 使用价格高、受影响群体大

该特点是从 BOT/PPP 项目使用者即公众的角度出发的。基础设施与公众的工作和生活密切相关，因此收费与否以及收费价格高低的影响巨大，政府有责任以合理的价格甚至免费满足公众对于基础设施的需求。BOT/PPP 模式是将基础设施的特许权授予私营公司通过收取一定的费用来收回成本并赚取利润，这就意味着，与政府直接投资建设相比，公众要付出更高的代价来享用基础设施。因此，公众是重要的项目利益相关群体，其行为对项目的影响巨大。

3. 解决政府财政、吸引外资和民营资本

该特点是从政府角度来说的，BOT/PPP 模式的引入很大程度上取决于政府的态度和财力。通过引进外资和民营资本，政府用于基础设施建设的资金不足的状况得到有效缓解，政府将会有更多的精力将财政资金投入到更需要的领域中去。同时，在外资和民营资本的参与过程中，项目所在国的管理水平、技术能力、经营理念等等也会有很大的提升。

4. 促进经济发展、加快基础设施建设

该特点是从国家层面讲的，BOT/PPP 项目对相关产业的带动力巨大，通过民营资本的参与获得基础设施的加快建设和有效运营是 BOT/PPP 的目的。BOT/PPP 模式的引入可以极大地调动社会资金，充分的提高各个财团和承建商的积极性，使得项目各参与方为了共同的目标而凝聚在一起，通过资源的有效配置和风险的有效分担提高了资源的利用效率，促进经济发展，加快基础设施建设。

5. 各方协调难度大、风险高

BOT/PPP 项目的各方协调难度大，风险高。很多研究都试图找出一种理想的模型以达到风险—收益平衡的目的，但这是很困难的。BOT/PPP 项目通过有限追索或者无追索的设计可以把风险转移给银行，降低项目发起人的风险。而对于银行来说风险是很高的，银行对风险的敏感性最高。

综合以上五个特点，传统的方法已经不能够反映 BOT/PPP 项目融资模式的优势。而目前我国的 BOT/PPP 为数不多，且多数处于建设或者运营阶段，缺乏必要的数据，因此在评价其社会效益的时候采用定量方法时受到一定限制的，而在评价的过程中专家的意见就显得尤为重要。有鉴于此，层次分析法的引入便理所当然。

二、BOT/PPP 项目社会效益评价的内容

根据本人关于 BOT/PPP 项目社会效益评价指标体系的研究，共总结出 4 个方面 20 个指标。与传统的项目评价不同，该指标的建立过程充分注意到定量和定性指标的结合。这四个方面分别是社会影响评价、项目与社会的相互适应性评价、公平性评价以及政府表现评价。其中的公平性评价和政府表现评价是根据 BOT/PPP 项目的特点而选择的。以水电站项目为例，其社会评价指标体系见表 6-4。

表 6-4 水电站项目社会评价指标体系

社会影响指标							项目与社会适应性						公平性指标				政府表现评价		
自然资源综合利用	改善电力资源供应	人群健康	增加灌溉航运效益	就业效果评价	改善受益群体的经济状况	单位投资占用耕地	地下水位	干部和群众对项目的反应	政府决策的民主化	经济损失补偿指数	文教卫生、社会福利	社区基础设施情况	解决水事矛盾	平均收入对比	扶贫、脱贫指标	项目对弱势群体的影响	政府法制建设指标	政府机构及机构间协调	特许权协议的履行

三、BOT/PPP 项目社会评价方法的改进

本文所建立的 BOT/PPP 社会效益评价方法是采用层次分析法与传统的社会效益评价方法相结合。

定量与定性分析方法：此种方法主要用于指标的选择上。

有无对比分析法[3]：本指标有两个用途，一是评价项目的社会效益，即有无此项目的所带来的社会效益的差异；二是用来评价是否采用 BOT/PPP 模式所带来的影响的差异。本论文的一个目标即是要更全面的理解 BOT/PPP 项目融资模式的特点（时间长、投资大、影响大、社会效益巨大）。

矩阵分析总结法：即将指标分别列出，然后由社会评价人员或者专家给出每个影响的大小或者程度值。其中，定量指标可通过广泛的调研和准确的计算得到，相对来说是比较好确定的因素；而定性指标影响的程度则是有专家来进行判断，然后给出评语集（比较满意、满意、一般满意等）。有无对比分析法和矩阵分析总结法用于确定每个指标的影响的大小或程度①。

逻辑框架分析法和利益群体分析法[2]：这两种方法的用途主要确定影响产生的原因以及受影响的利益相关群体，以便于判断在采取相应的措施后项目的社会效益的变化，同时根据所识别出的影响产生的原因和影响的群体，在项目的进行过程中也可以不断地采取纠正措施，使项目的社会效益能够保持或者超过项目实施前时的社会效益评价结果。因此，从这个角度来说，采用逻辑框架分析和利益群体分析相结合的方法就是为了根据 BOT/PPP 项目社会效益评价的结果建立一种长效的监控机制，使项目能够持续的保持甚至超过预期的社会效益水平。

层次分析法：主要用于确定各个指标影响的权重值。即借鉴层次分析法的思想两两比较指标之间影响的相对重要性，然后给出比较的结论，然后经过整理和计算，特别是经过一致性检验后，是定量和定性指标的影响能够在同一个框架下显示出来，避免了对定性指标的复杂的论证和艰难的定量化过程。AHP 将人们的思维过程和主观判断数学化，不仅简化了系统分析与计算工作，而且有助于决策者保持其思维过程和决策原则的一致性，对于那些难以全部量化处理的复杂的社会公共管理问题，能得到比较满意的决策结果。

经过改进，本人认为适合 BOT/PPP 项目社会效益评价的方法如前面图 6-1 所示。

四、BOT/PPP 项目社会评价方法的应用

本部分将介绍 BOT/PPP 项目社会效益评价方法的应用过程，包括社会评价的步骤，已建立的评价方法的应用，以及评价结论的主要用途。社会效益评价的主要步骤有 11 个，从范围的确定、问题的识别到社会影响的评价再到社会影响的监测和管理。第三部分所改进的方法在社会效益评价中的应用如表 6-5 所示。

---

① 大小是针对定量指标，程度针对定性指标而言。

表 6-5 BOT/PPP 项目社会评价方法的应用

步 骤	主要工作	应用方法	可交付成果
确定范围	评价层次、时空范围	利益群体分析	评定的范围的确定
识别问题	识别影响、指标确定	应用指标体系	指标体系的适当选择
制定备选方案	无项目方案、未采用BOT/PPP模式方案	无项目方案必须采用其他方案的选择	备选方案的制定
剖析	分析影响产生的原因以及受影响的利益群体	逻辑框架分析方法 利益群体分析法	影响产生的原因报告 及受影响的利益群体
项目规划	影响方向分析 构造动态模型	根据项目的预期和当地政策和规划	动态模型
评定	评定各方案的影响	有无对比分析法 矩阵分析法	BOT/PPP 项目社会效益评价综合表
评价	确定影响指标的权重	层次分析法	BOT/PPP 社会评价指标隶属度汇总表
减轻不利影响	减轻影响的措施极其敏感性分析	逻辑框架分析法	不利影响的减轻措施及其效果
监测	检测项目社会效益的变化以及影响社会效益的变量	对比分析法	监控计划及拟采取的措施
管理	确定社会效益管理者 制定管理方案和计划		管理方案和计划

将层次分析法用于确定各个指标间的相对重要性可以有效地解决目前国内BOT/PPP项目数据不充分的特点，对于国内开展的BOT/PPP项目可以起到一定的指导作用。

五、案例分析

以某一水电站项目为例说明BOT/PPP项目社会效益评价方法的应用过程。借助本人关于BOT/PPP项目社会效益评价指标体系的研究针对该水电站以及流域治理项目利用建立的社会评价方法进行评价[5]。本部分只针对社会影响因素间相对重要性权重值的确定。图6-2为该水电站社会效益评价指标体系。

权重值的推求，选用德尔菲法与层次分析法相结合的方法。先采用德尔菲法确定指标间的相对重要性，通过一致性检验后，再采用层次分析法进行统计计算，求出各项评价指标的权重值。为此，共发出“某电站社会评价两两指标间相对重要性确定征询意见表”x份，实际收回y份，经一致性检验后，合格的有z份。填写这z份征询意见表的专家，无论从专业和地区分布来看，都具有一定的代表性。可以认为，这样求得的权重值是比较客观、公正的。各专家确定的权重值汇总列入表6-6。

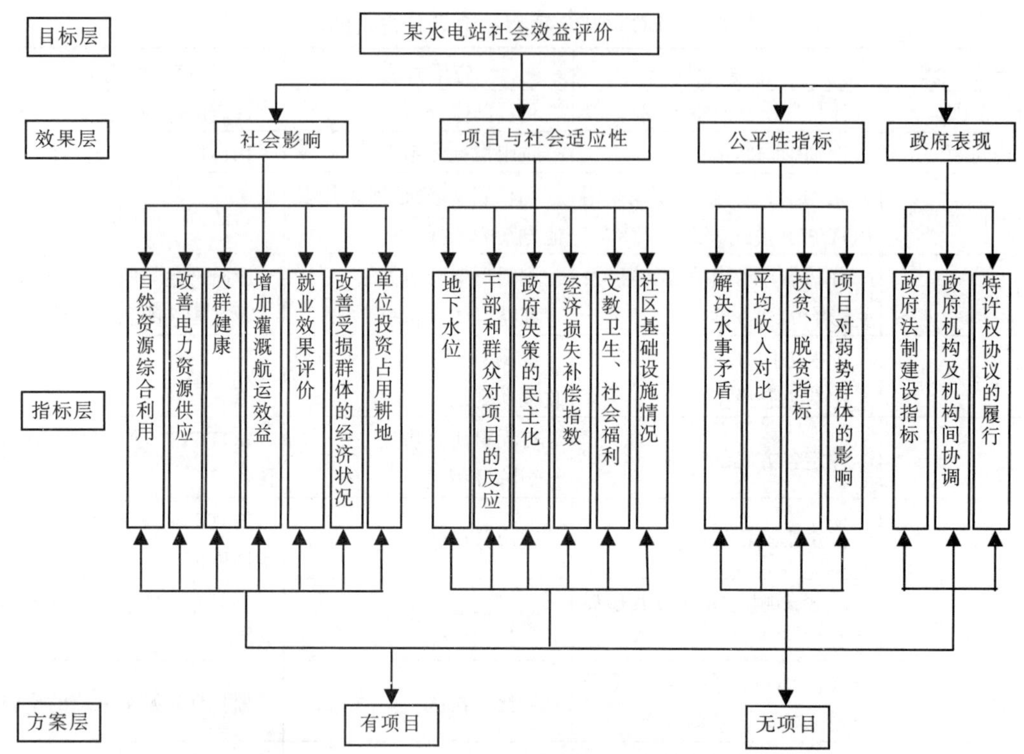

图 6-2　水电站社会效益评价指标体系

表 6-6　某电站社会评价两两指标间相对重要性确定征询意见表

层　次		相比较的前后两指标	标　度
效果层		B_1；B_2（社会影响；项目与社会相互适应性）	
		B_1；B_3（社会影响；公平性指标）	
		B_1；B_4（社会影响；政府表现指标）	
		B_2；B_3（项目与社会相互适应性；公平性指标）	
		B_2；B_4（项目与社会相互适应性；政府表现指标）	
		B_3；B_4（公平性指标；政府表现指标）	
指标层	社会影响评价	C_1；C_2（自然资源综合利用；改善电力资源供应）	
		C_1；C_3（自然资源综合利用；人群健康）	
		C_1；C_4（自然资源综合利用；增加灌溉航运效益）	
		C_1；C_5（自然资源综合利用；就业效果评价）	
		C_1；C_6（自然资源综合利用；改善受损群体的经济状况）	
		C_1；C_7（自然资源综合利用；单位投资占用耕地）	
		C_2；C_3（改善电力资源供应；人群健康）	
		C_2；C_4（改善电力资源供应；增加灌溉航运效益）	
		C_2；C_5（改善电力资源供应；就业效果评价）	

续表

层　次		相比较的前后两指标	标　度
指标层	社会影响评价	C_2；C_6（改善电力资源供应；改善受损群体的经济状况）	
		C_2；C_7（改善电力资源供应；单位投资占用耕地）	
		C_3；C_4（人群健康；增加灌溉航运效益）	
		C_3；C_5（人群健康；就业效果评价益）	
		C_3；C_6（人群健康；改善受损群体的经济状）	
		C_3；C_7（人群健康；单位投资占用耕地）	
		C_4；C_5（增加灌溉航运效益；就业效果评价益）	
		C_4；C_6（增加灌溉航运效益；改善受损群体的经济状况）	
		C_4；C_7（增加灌溉航运效益；单位投资占用耕地）	
		C_5；C_6（就业效果评价益；改善受损群体的经济状况）	
		C_5；C_7（就业效果评价益；单位投资占用耕地）	
		C_6；C_7（改善受损群体的经济状况；单位投资占用耕地益）	
		C_3；C_5（改善受益单位的经济状况；增加其他效益）	
		C_4；C_5（增加社会经济损失；增加其他效益）	
	项目与社会相互适应性评价	C_8；C_9（地下水位；干部和群众对项目的反应）	
		C_8；C_{10}（地下水位；政府决策的民主化）	
		C_8；C_{11}（地下水位；经济损失补偿指数）	
		C_8；C_{12}（地下水位；文教卫生、社会福利）	
		C_8；C_{13}（地下水位；社区基础设施情况）	
		C_9；C_{10}（干部和群众对项目的反应；政府决策的民主化）	
		C_9；C_{11}（干部和群众对项目的反应；经济损失补偿指数）	
		C_9；C_{12}（干部和群众对项目的反应；文教卫生、社会福利）	
		C_9；C_{13}（干部和群众对项目的反应；社区基础设施情况）	
		C_{10}；C_{11}（政府决策的民主化；经济损失补偿指数）	
		C_{10}；C_{12}（政府决策的民主化；文教卫生、社会福利）	
		C_{10}；C_{13}（政府决策的民主化；社区基础设施情况）	
		C_{11}；C_{12}（经济损失补偿指数；文教卫生、社会福利）	
		C_{11}；C_{13}（经济损失补偿指数；社区基础设施情况）	
		C_{12}；C_{13}（文教卫生、社会福利；社区基础设施情况）	
	公平性评价	C_{14}；C_{15}（解决水事矛盾；平均收入对比）	
		C_{14}；C_{16}（解决水事矛盾；扶贫、脱贫指标）	
		C_{14}；C_{17}（解决水事矛盾；项目对弱势群体的影响）	
		C_{15}；C_{16}（平均收入对比；扶贫、脱贫指标）	
		C_{15}；C_{17}（平均收入对比；项目对弱势群体的影响）	
		C_{16}；C_{17}（扶贫、脱贫指标；项目对弱势群体的影响响）	

续表

层次		相比较的前后两指标	标度
指标层	政府表现评价 农业生态环境	C_{18}；C_{19}（政府法制建设指标；政府机构及机构间协调）	
		C_{18}；C_{20}（政府法制建设指标；特许权协议的履行）	
		C_{19}；C_{20}（政府机构及机构间协调；特许权协议的履行）	

这样就在缺乏足够数据的情况下，通过专家的判断可确定出 BOT/PPP 项目的各个社会效益的因素之间的权重，然后采用层次分析法常用的步骤即完成项目社会效益评价的关键步骤[6]。

六、小结

本文首先将层次分析法引入评价方法之中，对原有的社会效益评价方法进行了改进，并针对城市基础设施 BOT/PPP 项目的特点，找出了适应其特点的社会评价方法；然后，给出了具体应用的方法和步骤；最后，针对 BOT/PPP 项目社会效益评价地步骤简要地描述了改进的方法的应用。通过以上三方面的成果，将有助于加深对 BOT/PPP 项目融资模式的理解，有助于 BOT/PPP 项目社会效益评价地进行。

参考文献

[1] 国家计委投资研究所，建设部标准定额研究所社会评价课题组．投资项目社会评价指南[M]．北京：经济管理出版社，1997.

[2] 王守清．项目融资的一种方式——BOT [J]．项目管理技术, 2003（4）：46-48.

[3] 国家计委投资研究所，建设部标准定额研究所社会评价课题组．投资项目社会评价指南[M]．北京：经济管理出版社，1997.

[4] Frank Vanclay. Conceptualizing social impacts. Environmental Impact Assessment Review. 2002，22（3）: 183-211

[5] 中国水利经济研究会和水利部规划计划司．水利建设项目社会评价指南[M]．北京：中国水利水电出版社，1999.

[6] Interorganizitional Committee on Guidelines and Principles for Social Impact Assessment. Guidelines and Principles for Social Impact Assessment. Environ Impact Assess Review. 1995（15）:11-43.

（《建筑经济》2006 年 12 月专刊，第 113-116 页）

公私合营项目后评价体系研究

作者：胡华如 周远强 王守清

【摘要】 公私合营（PPP）项目后评价对于项目的成功实施以及其他类似 PPP 项目的开展具有重要意义。论文以项目后评价理论为指导，以一般建设项目为参照，对公私合营项目的后评价框架体系进行了研究。论文首先给出了公私合营项目后评价的概念。其次，建立了公私合营项目后评价的框架体系，包括过程后评价、效益和影响后评价、公私合作后评价、可持续性后评价和综合后评价五个部分，重点对公私合作后评价的评价目标和评价内容进行了说明。最后，论文给出了公私合营项目后评价的运行流程及成果反馈机制图。这对公私合营项目的后评价研究将具有一定的参考意义。

【关键词】 公私合营 后评价 评价体系 反馈机制

一、引言

公私合营项目一般投资规模大、回收时期长、相关利益主体众多，项目的建设实施和运营管理中面临很多风险。随着越来越多的公私合营项目进入到运营阶段，很有必要对公私合营项目进行后评价。当前对于公私合营项目的后评价研究基本上还处于起步阶段，很多概念都没有界定清楚，因而公私合营项目后评价框架体系的研究有着一定的理论意义和实际意义。

作者根据张三力对项目后评价的概念[1]，认为公私合营项目后评价是指对已经处于稳定运营期的公私合营项目的前期策划、投融资及建设的实施过程等进行总结，对项目当前运营的状况、监管的执行、风险的分担等进行分析，对项目长期的效益、影响和可持续性等进行预测；将获取的信息、发现的问题、提出的建议等反馈给有关决策和执行人员，从而达到成功实施公私合营项目的目的。

二、公私合营项目后评价的时机选择

公私合营项目一般可分为四个发展阶段，即准备阶段、招标阶段、融资阶段和实施阶段。这与一般建设项目并无本质区别，所以后评价时点也是选择在项目进入稳定运营期后进行。对于某些公私合营项目如 BOT 项目，特许期限结束后项目的经营管理权会移交给政府，这个时间点必须要认真考虑。为了将两者区别开来，这里引入了一个概念——**项目后期评价**。它是指在项目移交之后对项目所进行的运营管理、效益、影响等方面的评价，侧重考察移交前后的差别及项目后期的效益和影响。项目后期评价的时点在项目移交之后，而项目后评价的时点介于开始稳定运营和移交时刻之间。

一般来讲，对于一个特许权期限为 30 年的项目，后评价时点可以选为特许权期限的 10%，即运营三年之后的第四年开始。值得说明的是，不同方面或层次的项目后评价对时点的要求可能不同，比如对于项目过程后评价，只要在运营之后就可以；而对于项目影响后评价，则宜在项目运营一段时间之后进行。从图 6-3 可以看到公私合营项目的后评价时点。

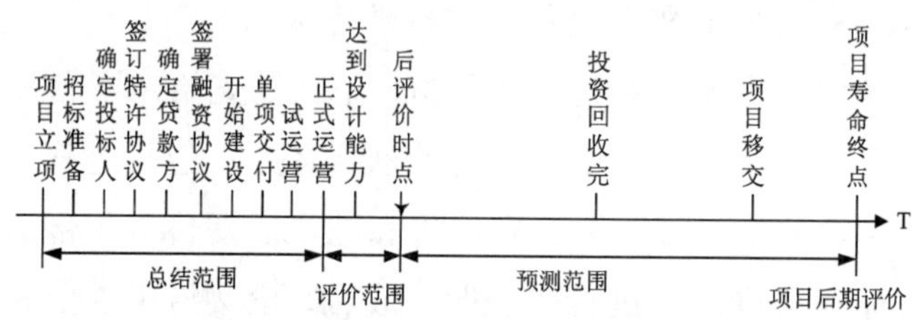

图 6-3　公私合营项目后评价的时点

三、公私合营项目后评价的框架体系

我国开展项目后评价的时间还比较短，对公私合营项目的后评价目前还很少涉及。即便有所涉及，也只是针对某个方面进行后评价，或是将一般建设项目的后评价照搬到公私合营项目上来，缺乏从整体上建立适合公私合营项目后评价体系框架的研究。因此，有必要针对公私合营项目后评价的特点，对现有建设项目后评价体系进行改进，建立科学、合理的公私合营项目后评价体系。这里根据已有的建设项目后评价体系，并结合公私合营项目后评价的特点有针对性地建立了公私合营项目的后评价体系。如图 6-4 所示。

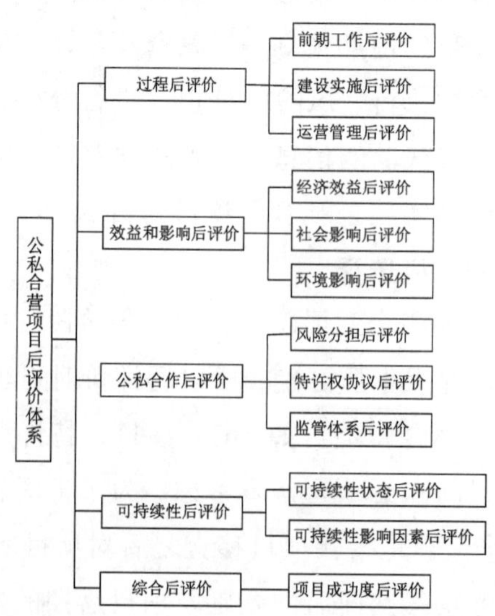

图 6-4　公私合营项目后评价的框架体系

在图 6-4 中，公私合营项目后评价框架体系的基本内容包括三部分：反映项目层面的过程后评价，反映项目对外界作用的效益和影响后评价，以及反映项目最核心特征的公私合作后评价。可持续性后评价并不作为与过程后评价并列的基本内容，它是以三者为基础，从可持续性这一方面来考察项目。而综合后评价是在更高的角度，综合全面地评价项目是否成功，是一种更为抽象的后评价。

（一）过程后评价

公私合营项目过程后评价与一般建设项目并无太大区别。它可分为三部分：前期工作后评价、建设施工后评价和运营管理后评价。其中前期工作和建设实施在后评价时点已经结束，后评价的目的主要是总结经验。而运营管理正在进行中，后评价的目的主要是了解和认识当前运营的状态。过程后评价应贯穿项目生命周期的全过程，以便督促项目实施、收集项目有关信息，及时解决项目实施中的各种问题，为建设和运营管理单位提供帮助。不仅如此，还要选择对项目具有重大影响的问题进行深入研究，以真正达到提高项目管理水平的目的。公私合营项目过程后评价的主要评价目标和评价内容与一般建设项目过程后评价基本相同。

（二）效益和影响后评价

公私合营项目效益和影响后评价可分解为经济效益后评价、社会影响后评价和环境影响后评价三部分。在现有建设项目后评价体系中，效益后评价和影响后评价的内容显得比较混乱。这主要是因为效益和影响的内涵往往交织在一起，难以界定清楚。尤其表现在效益后评价中的国民经济后评价和影响后评价中的社会经济影响后评价的评价内容发生重叠，并且环境影响后评价的某些内容由于采用货币化结果表示，也常被归纳到国民经济后评价中，这造成了内容体系上的混乱。作者认为不宜依据效益和影响的字面意义来制定其应包括的评价内容，而应从具体的评价角度和方法上制定评价内容。如将所有从经济学角度分析效益成本的内容纳入到经济效益后评价中去，使得影响后评价只涉及社会学和环境学的相关内容。

公私合营项目的经济效益不仅体现在其自身具有盈利性，更重要的是大部分项目外部效益十分显著，具有种类繁多、难以辨析的特点，目前对此尚无完整、统一的认识。经济效益后评价以经济学为理论基础，包括财务后评价和国民经济后评价两部分内容，分别从项目财务角度和国家或地区整体角度进行分析。

公私合营项目的社会影响主要体现在城市内部，包括文化、交通、安全、生活等各个方面。作者认为，社会影响后评价是社会学理论和方法在项目后评价中的实际应用，注重“以人为本”。国内外的研究多是与国民经济后评价和环境影响后评价结合在一起，造成了概念上的混淆和评价内容上的重叠。为避免与国民经济后评价和环境影响后评价相重复，应单纯从社会学的角度出发设定评价内容和评价指标。

环境影响后评价是以环境学为理论基础，研究公私合营项目对城市环境和资源的影响。由于环境问题的产生具有社会问题的根源，且评价方法中有环境经济评价的内容，因此环境影响后评价的内容容易和国民经济后评价和社会经济影响后评价相重叠。为避免重复，环境影响后评价应只从环境学的角度进行评估和计算。公私合营项目的环境影响主要发生在建设施工阶段和运营管理阶段，后评价的主要内容根据具体项目而定。

重新界定的三类后评价的评价目标和评价内容已有学者[2]给出，这里不再赘述。

（三）公私合作后评价

公私合营项目参与方众多，不同参与方的关注点、利益偏好都不相同，这使得平衡各方的利益关系比较困难，而这恰恰也是项目成败的关键。一般来说，在项目立项之后，如果采用公私合营模式，就决定了项目的进展是随着各参与主体之间利益和矛盾的逐步解决而发展的。在招标阶段，政府部门会主导利益共享和风险分担机制。随着特许权协议的签订，政府部分和私营机构建立起最基础的分担机制。在融资阶段，随着贷款协议等一系列协议的签订，利益和风险分担机制就基本形成了。在施工实施阶段，这种利益和风险的分担主要表现在建筑承包商、建筑材料设备供应商和项目公司之间。项目开始运营之后，项目公司的工作主要是运营和维护已有项目，政府主要是对价格进行监管和制定相关政策。具体运营过程中很可能出现之前所预期到的风险，也可能出现没有预料到的风险。面对风险，政府和私人部门是否严格按照协议来进行承担；或者协议上未明确规定由谁承担，实际情况该怎么处理，等等类似的问题，必然造成现实情况与之前制定的风险分担机制不尽符合。为保证项目成功进行，及时化解实际运营过程中出现的各种矛盾，有必要对公私合作实际情况进行分析和评价。

公私合营项目成功的关键是有效的利益分享和风险分担机制[3]。因此有必要对项目实际的风险分担情况进行分析和评价。其次，公私合作的核心是特许权协议。但协议的签订在项目开工之前就已完成，在实际运营过程中，很可能出现协议没有明确规定的情况，或者协议中的条款双方认为对解决实际问题不合适，都可能需要重新磋商，针对具体问题具体解决，这样特许权协议可能会出现补充协议或者本身会出现改动等等，这都需要进行认真分析和总结。再次，由于城市基础设施项目本身的准公共属性，注定了项目不能完全依靠市场来发挥资源配置基础性作用。它必须要满足一定的公益性要求，而这必须要有政府部门的监管和支持。因此，监管体系的评价也是非常重要的一个方面。下面将具体分析三个方面后评价所包含的内容。

1. 风险分担后评价

风险分担后评价是指公私合营项目在进入稳定运营期后，项目从特许权协议正式签订开始到后评价时点之间所实际发生的风险本身、风险的实际应对情况及风险带来的影响的评价。值得注意的是，风险后评价中有一部分风险是在预期范围之内，这部分的评价重点在于是否按照之前的风险分担机制在执行，考察偏离性；另一部分风险可能在预期之外，这部分评价的重点在于公私双方对风险的承担情况，考察的是合理性。

由于国内外并无直接的风险后评价内容体系可供参照，这里只是从比较宏观的角度给出了评价目标和评价内容，具体如表6-7所示。

表6-7 风险分担后评价内容

评价目标	评价内容
风险分担的偏离性	实际发生风险后的应对措施与拟定的措施是否有显著的偏离
风险分担的公平性	承担的风险是否与其潜在收益大致相匹配
风险分担的合理性	承担方是否最适合承担该风险（即应对风险的成本是否较小）
风险分担的有效性	实际承担风险所需的成本是否可以接受，风险承担之后项目的经济强度和运营是否接近正常情况等

2. 特许权协议后评价

特许权协议是公私合营项目实施的核心。协议本身条款的严密性、系统性、全面性、规范性和可操作性和协议实施情况的针对性、有效性等都会直接或间接地影响项目的进展和成功。此外，协议本身的变更、扩充（如补充协议）或终止等都会影响项目的运营情况。所以有必要对特许权协议进行分析和评价。特许权协议后评价是指公私合营项目在特许权协议正式签订之后，对特许权的状态和实践情况及其影响所做的分析和评价。

这里除了关注特许权协议本身之外，更为重要的是协议的实践情况和协议的变更情况。评价目标和评价内容如表6-8所示。

表6-8 特许权协议后评价内容

评价目标	评价内容
特许权协议的全面性	特许权协议本身的内容是否完整，是否概括了绝大多数内容
特许权协议的规范性	协议本身是否规范，能被国际或国家法律法规所认可
特许权协议的可操作性	条款是否易读易懂，有较强的可操作性，能否直接应用
协议实施的针对性	具体出现问题时能否找到很有针对性的条款
协议实施的严格性	是否严格在按协议条款执行
协议实施的有效性	按协议条款执行后的效果和影响是否乐观
协议的变更程度	是否有补充协议，是否有大部分修正，是否被废除或终止

3．监管体系后评价

监管作为一种基本的制度安排，是从公共利益出发，对该种产业的结构及其绩效主要方面的直接的政府规定，如进入控制、价格决定、服务条件及质量决定，以及在合理条件下服务所有客户时应满足的规定，还有其他一些禁止性的法律限制等。由于自然垄断性质和准公共物品性质容易导致市场失灵，产生效率损失，政府监管的目标并非只是替代市场，而是要效仿市场，补救市场失灵。监管的原则是尽量借助市场的力量，通过政府的干预减少垄断的影响，如将具有竞争性质的部分和具有自然垄断性质的部门剥离开来，禁止"搭售"行为。监管的主要目标是解决产业内的市场失灵和普遍服务两个重要问题[4]。

对于公私合营项目，监管还能引导私营部门承担一部分社会责任。监管体系后评价的主要评价范围在运营阶段，内容包括监管机构、监管手段、监管内容、监管效率等等。表 6-9 给出了监管体系后评价的评价目标和评价内容。

表 6-9　监管体系后评价内容

评价目标	评价内容
监管机构	监管机构的设立方法、监管体制类型、监管结构（如监管机构+行业消费者协会、政府主管部门的法定机构+环保机构等结构形式）
监管手段	货币补贴情况、新进入产品的控制、产业辅助品生产的鼓励及替代品生产的压制、价格的控制、法律限制（禁止性的）
监管内容	价格监管、产品或服务质量监管、安全监管、普遍服务监管（普遍服务强调在公共事业领域，企业有义务广泛而公平地提供服务，一般有交叉补贴、建立专门的普遍服务基金和转移支付）、退出监管（到期退出及提前退出）
监管形式	特许权竞标程序和标准的设定、合约监管、标尺竞争（表现为在相同条件下，以不同区域中的被监管企业绩效为基础的比较，通过比较确定被监管企业的绩效标尺，为监管者设定基准提供基本尺度）、产权监管、行政仲裁和司法裁决、事前监管和事后监管、内部监管和外部监管等
监管范围	公共产品和服务的某一方面、在某一时间段、某一区域之内等
监管效果	公共产品价格和变动是否在可控范围之内，民众发起申诉的概率

（四）可持续性后评价

可持续性后评价是一门跨学科的研究，以可持续发展理论为指导，以过程后评价、效益和影响后评价的结果为基础，研究公私合营项目自身的可持续发展及其与同类别基础设施系统、城市可持续发展战略之间的关系。它是一种综合的评价，不同于项目某个方面的评价。对于公私合营项目，公私合作后评价也构成了可持续性后评价的重要基础。目前还没有学者对公私合营项目可持续性的概念和后评价进行研究。

可持续性是一个综合的概念，应当从如何实现项目目标的角度出发，研究宏观的可持续发展理论在在微观项目上的具体应用。公私合营项目的可持续性从空间上讲，涉及各种关系的相互协调；从时间上讲，是各种因素实现动态平衡和适应演化的过程；从程度上讲，还有由弱到强的水平之分[2]。可持续性后评价可分为可持续性状态后评价和影响因素后评价两个评价目标，其后评价的主要内容如表 6-10 所示。

表 6-10　公私合营项目可持续性后评价主要内容

评价目标	评价内容
可持续性状态	社会影响：产品生产量，对城市规划的影响，对人口及就业的影响等 经济效益：收入成本比，使用者效益，对城市经济的贡献等 环境影响：减少环境污染总量，节约资源总量，环境污染治理水平等 管理体系：科学决策能力，运营安全管理水平，制度完善程度等 伙伴关系：风险分担情况、协议执行状况、监管状况等
可持续性影响因素	项目因素：项目规划设计的合理性，项目管理水平，运营管理模式等 环境因素：经济发展水平，同类项目发达程度，相关法规制度完善程度，配套基础设施建设水平等

（五）综合后评价

公私合营项目综合后评价是对项目进行的整体评价，将过程后评价、效益和影响后评价、公私合作后评价、可持续性后评价的各项结果进行总结，得出一个综合的结论。目前国内采用较多的是成功度评价的方法，它主要是依靠评价专家或专家组的经验，针对各项评价结果，对项目的成功程度做出定性的评价，得到一个直观的、统一的结论[1]。具体点说，专家将对每个指标的相关重要性和成功度进行打分评价，相关重要性通过指标的权重反映；成功度一般被划分为五个等级，主要反映项目立项阶段所确定的目标和计划与实际实现结果的差别。

四、公私合营项目后评价的运行流程和成果的反馈

后评价的运行流程主要是指后评价的工作程序，一个能够正常运转的流程能保证后评价工作的顺利进行。后评价的反馈机制主要是指后评价成果的应用途径、反馈渠道、反馈方式及流通过程等问题，一个合理有效的反馈机制能保障后评价成果得到有效利用，也能充分反映后评价的工作意义。公私合营项目后评价的程序一般包括五个步骤，即制定后评价计划、确定后评价范围、选定后评价机构、实施后评价工作和编写后评价报告。

公私合营项目后评价的本质是为该城市或地区政府服务，其目的是为了提高项目决策和管理的科学化水平，分析项目实施的效果，给城市政府提出相应的建议。尽管公私合营模式的引入导致了单个项目的投资主体多元化，但是对同一个城市而言，不同项目的参与企业往往并不相同，但一般都有政府的参与，为了保证后评价成果的传承和共享，后评价管理机构应由该城市的政府出面组织。国家发展改革委员会负有编制城市固定资产投资计划、监测分析固定资产投资状况等职责，应作为国家后评价管理机构，承担城市基础设施项目后评价的组织和管理工作。

公私合营项目后评价成果必须要能及时有效合理地反馈给有关决策机构，在公私合营模式下，还要重视后评价成果对项目公司的影响。此外，一般性的经验和原则应该反映给全社会，让更多的人得以认识。这就是所谓的后评价扩散。扩散的形式包括书面报告、会议讲座和后评价信息数据库三种形式。书面报告包括评价报告、年度报告、专题报告、简报和内部出版物等形式，会议讲座包括学习班、研讨班、新闻发布会和专业会议等形式。

参考世界银行制定的项目后评价反馈机制图，作者给出了针对公私合营项目后评价的运行流程和成果反馈机制图，如图 6-5 所示。

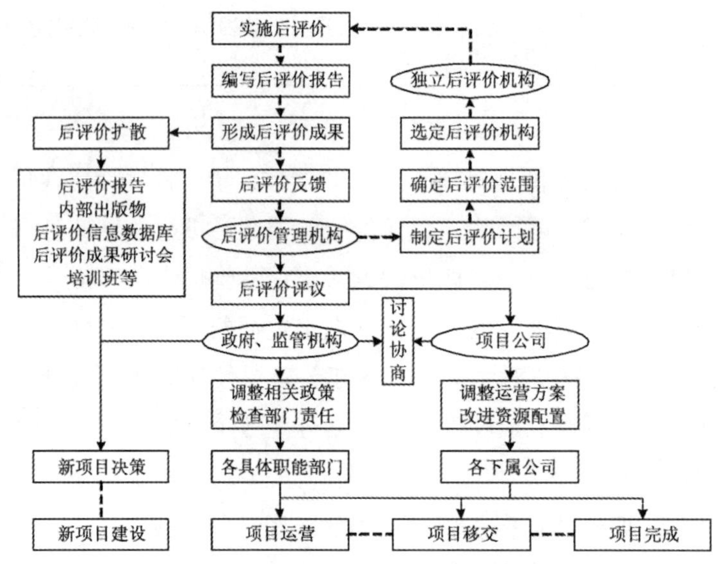

图 6-5　公私合营项目后评价实施流程和成果反馈机制图

从上图可以看出，后评价工作最初由后评价管理机构（国家或地方发展改革委）发起，后评价报告完成之后，又会反馈到后评价管理机构，继而反馈给相关决策部门。后评价成果一方面通过行政指令对政府和监管机构的下属各职能部门发挥作用，一方面通过公私协商对项目公司下属部门或分公司发挥作用；而可以公开的一般性成果则通过对外扩散的方式对其他类似项目的各个过程发挥作用。

五、结论

公私合营项目后评价对于项目的成功实施以及其他类似 PPP 项目的开展具有重

要意义。公私合营项目后评价具体可分为不同方面和不同层次的后评价子系统，不同方面和不同层次的后评价所关注的重点、评价的目标和内容等都存在差别，需要认真区分。公私合营项目后评价成果的反馈机制与一般建设项目不同的地方在于存在公共部门和私营部分两条反馈渠道。

参考文献

[1] 张三力. 项目后评价[M]. 北京：清华大学出版社，1998.

[2] 牛志平. 城市轨道交通项目可持续性后评价研究[D]. 北京：清华大学，2006.

[3] 刘新平，王守清. 试论 PPP 项目的风险分配原则和框架[J]. 建筑经济，2006（2）：59-63.

[4] 余晖，庆红. 公司合作制的中国试验[M]. 上海：上海人民出版社，2005.

［《2007 年公共和基础设施项目特许经营国际会议（International Conference on Concession Public / Infrastructural Projects）文集》，大连理工大学出版社，2007 年，ISBN978-7-5611-3689-88，第 376-383 页］

基于 CSF 和 KPI 的 PPP 项目绩效评价指标研究

作者：王超　赵新博　王守清

【摘要】 公私合营（Public-Private Partnership，PPP）模式在我国基础设施建设领域日益得到广泛的应用。然而，我国尚缺乏 PPP 项目的统一管理机构和全过程绩效评价机制，加之项目干系人对绩效的关注点不同，因此传统项目的绩效评价方法无法满足 PPP 项目的特殊要求。首先明确 PPP 项目绩效评价的理论基础，通过分析绩效形成机理和结合文献梳理出 PPP 项目的关键成功要素（Critical Success Factors，CSF），进而对 PPP 项目过程模块分析提取出关键绩效指标（Key Performance Indicators，KPI），根据指标内在逻辑关系建立 PPP 项目绩效评价指标体系，为具体项目绩效评价的实施提供可供参考的依据。

【关键词】 公私合营　绩效评价　关键绩效指标　关键成功要素

公私合营（Public-Private-Partnership，PPP）模式是指由公共部门与私人部门建立合作关系以提供公共产品或服务的一种模式。自 20 世纪 80 年代中国首次应用特许经营模式以来，PPP 模式在中国基础设施投资建设领域得到广泛的应用。1990 年至

2012 年，中国基础设施建设领域应用 PPP 模式的项目共有 1 666 个，投资额累计超过 3 585 亿美元[1]。因此，如何保证我国 PPP 项目在实施过程中进行合理的绩效评价，提高项目绩效水平并实现项目干系人满意的最高目标，在理论和实践应用上都具有重要的意义。

一、 研究基础

PPP 项目绩效评价，是对采用 PPP 模式的项目，从项目干系人的项目目标出发，从项目投入、项目过程、项目结果、项目影响等维度，对项目实施过程中出现的技术、经济、社会和环境等因素进行全面评价的活动。“绩”指项目是否达到预先设定的目标，侧重反映项目的结果；“效”则指完成项目的效率，侧重反映项目的过程；PPP 项目绩效评价是 PPP 项目实施过程中结果与过程的综合反映。

（一）PPP 项目绩效评价主体

PPP 项目涉及的干系人众多，为保证绩效评价的客观有效，绩效评价应由与项目独立的第三方实施，因此英国与澳大利亚设有统一的监管机构负责 PPP 项目的定期检查与评价[2]。而中国 PPP 项目的绩效评价仍主要由投资项目后评价的执行主体（如财政部投资评审中心等机构）执行，侧重对政府投资等方面的关注，忽略了 PPP 项目作为公共产品的特殊性。因此，借鉴发达国家 PPP 项目的经验，PPP 项目绩效评价主体在宏观层面应设置统一的 PPP 监管部门，具体项目应设立相应的项目监管办公室或监管人员。

（二）PPP 项目绩效评价时点

PPP 项目全寿命周期可划分为立项阶段、招投标阶段、特许权授予阶段、建设阶段、运营阶段和移交阶段。PPP 项目绩效评价的时点应始于项目已有一定产出的建设阶段，终于项目移交阶段，同时应对立项阶段、招投标阶段和特许权授予阶段中体现的项目投入、管理能力、风险分担等因素进行总结。PPP 项目绩效评价时点如图 6-6 所示。

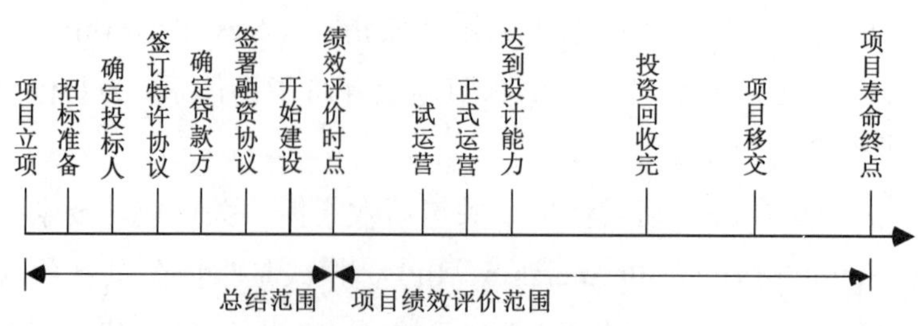

图 6-6　PPP 项目绩效评价时点

（三）PPP 项目绩效评价原则

借鉴国际通行的政府财政资金绩效考评原则[3]，并体现 PPP 项目作为公共产品的本质特征，PPP 项目绩效评价的原则应是包括经济性（Economy）、效率性（Efficiency）、有效性（Effectiveness）和公平性（Equity）的“4E”原则。经济性是指在不影响项目质量的前提下节约支出，用相对较低的价格获得同样的商品；效率性是指是否能在投入一定的情况下获得最大的产出或在产出一定时投入最少的资源；有效性是指项目的实际结果是否达到项目目标的预期效果；公平性则反映了 PPP 项目满足公民福利和提高社会效益的能力。

二、PPP 项目干系人的绩效目标

明确 PPP 项目干系人的绩效目标，是识别 PPP 项目关键成功要素的重要前提。PPP 项目干系人可大致划分为政府部门、私营部门和公众三大类。袁竞峰通过专家调查方法对私营部门、政府部门、公众等进行调研，对项目干系人的绩效目标排序如表 6-11 所示[4]。可以看出，工程质量是否可靠均为政府部门、私营部门和公众最重视的绩效目标。政府部门重视项目缓解政府财政压力的能力，并希望项目能够转移政府的管理风险；私营部门更重视项目的长期稳定收益和是否能获得政府的优惠支持；公共更重视项目能否提供及时便捷的公共服务。因此，结合项目绩效评价的 4E 原则，确立项目干系人的绩效目标包括：经济性包括政府部门的预算控制和私营部门的稳定收益；效率性包括项目的成本管理、进度管理和质量管理水平；效果性包括项目获得的社会效益和提供的服务水平；公平性则指项目提供的公共服务是否满意公平等。PPP 项目绩效评价应将这些绩效目标，通过从项目投入、项目过程、项目结果和项目影响的项目逻辑流程进行系统评价，进而改进和提高项目绩效[5]。

表 6-11　PPP 项目干系人的绩效目标排序

序　号	政府部门	私营部门	公　众
1	可靠的工程质量	可靠的工程质量	可靠的工程质量
2	按时竣工	长期稳定的项目收益	高质量的公共服务
3	缓解政府预算不足	按时竣工	提供及时便捷服务
4	转移风险	达到预算目标	满足公共设施需求
5	高质量的公共服务	获得政府的优惠政策	按时竣工

三、PPP 项目关键成功因素识别

PPP 项目的关键成功因素 CSF 是影响 PPP 项目干系人绩效目标成功的关键因素。根据“4E”原则确立的项目干系人绩效目标，结合国内外与 PPP 项目关键成功要素研究相关的 22 篇文献进行调研[6-27]，共归纳 47 个关键成功要素 CSF，分阶段将关键成功要素 CSF 按 PPP 项目全寿命周期以鱼骨图汇总如图 6-7 所示。例如，立项阶段，发起人 PPP 经验等 7 个要素是影响 PPP 项目成功的关键要素。

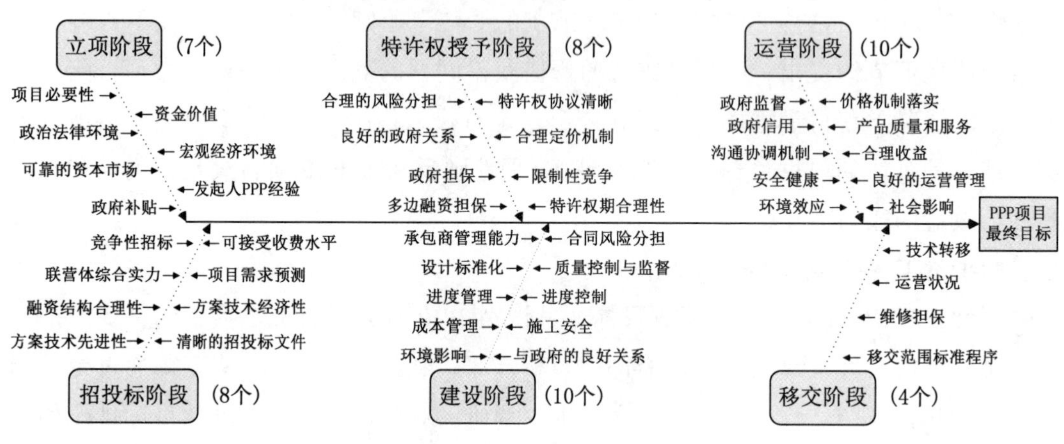

图 6-7　PPP 项目关键成功要素鱼骨图

四、PPP 项目关键成功要素的模块分析

PPP 模式的优势在于，不仅帮助政府以有限的政府投资获得快速的基础设施发展，还通过引入私营资本和先进的技术管理经验提升项目的管理效率，同时通过引入多方监管机制和财务公开降低项目的腐败问题，约束传统公共项目中的腐败行为。因此，PPP 项目的成功实现在于在 PPP 项目各阶段实现了以下的关键要素模块，具体分析如下（见图 6-8）：项目立项阶段，依靠私营部门的技术管理经验使得项目更具可行性，避免项目的盲目性，降低政府的财政压力，解决私营资本的资金投向问题，满足公众对公共服务的需求；项目招投标阶段，通过在全球范围以公开招标的方式选择更具竞争力和实施能力的项目公司或联合体，帮助解决项目设计深度不够、前期工作不到位或“边勘测、边设计、边施工”等问题；项目特许权授予阶段，充分发挥政府部门和私营部门的各自优势，转移和分担项目的建设运营风险；项目建设阶段，项目公司或联合体通过总分包方式严格控制项目的成本、进度和安全质量等问题，并通过一定程度的财务公开，便于政府部门和公众对项目实施进行及时监管；项目运营阶段，政府通过政策支持、财政补贴、设施配套和税收支持等对项目进行质量监督和服务控制，保证项目公司或联合体提供的项目服务满足公众的需求。因此，PPP 项目中政府部门和私营部门通过特许协议实现风险分担和利益共享的双赢机制，促进项目提高产出效率，提升项目的社会效益。

五、PPP 项目关键绩效指标

结合以上对 PPP 项目各阶段关键成功要素的核心过程进行梳理，将项目关键成功要素细化成可衡量的关键绩效指标 KPI，具体如表 6-12 所示。

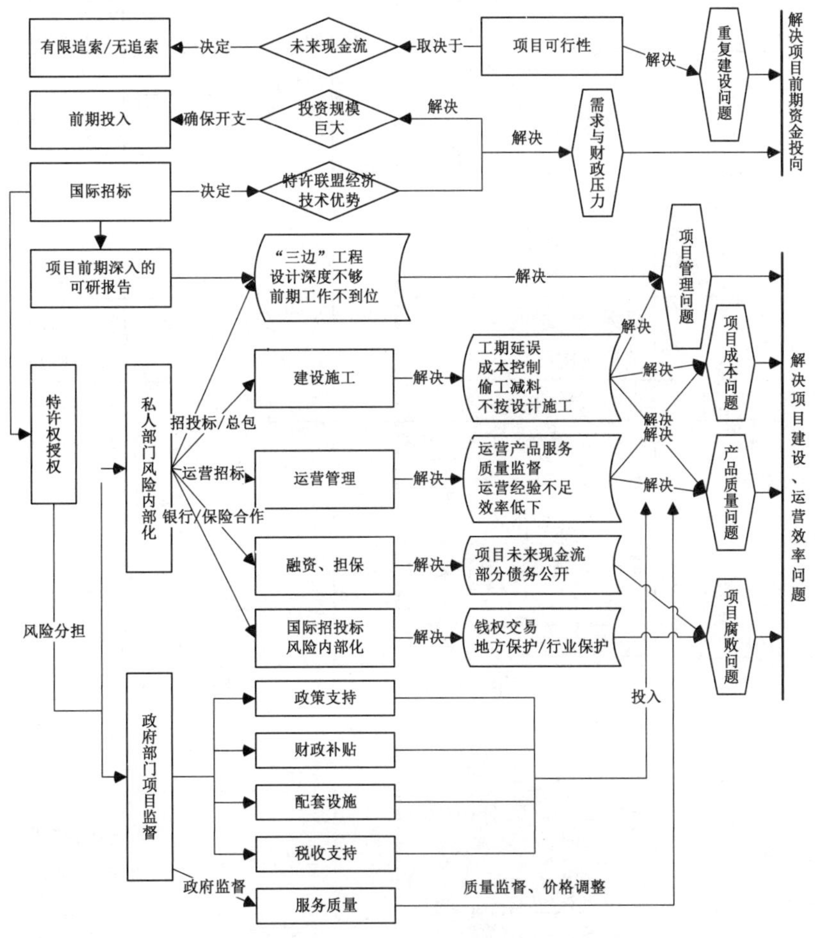

图 6-8　PPP 项目关键成功要素模块分析

表 6-12　PPP 项目各阶段关键绩效指标 KPI

阶段	CSF	KPI	阶段	CSF	KPI
立项	项目必要性	是否具备充分的可行性	特许权授予	限制性竞争	政府是否限制性竞争保护
	资金价值	VfM		多边融资担保	多边融资担保是否可获得
	宏观经济环境	宏观经济发展水平 居民收入水平		特许权期限	项目投资回收期与投资收益
			建设	承包商综合能力	承包商综合管理能力

续表

阶段	CSF	KPI
	政治法律环境	政局稳定性和政府信用 行业政策支持 法律是否健全或存在限制
	可靠的资本市场	证券市场融资成本 信贷市场融资成本
	发起人 PPP 经验	是否有类似 PPP 项目实施经验
	政府补贴	政府是否提供补贴及比例
招投标	竞争性招标	招标程序透明性/ 代理机构经验
招投标	可接受收费水平	收费水平可接受性
招投标	联营体综合实力	企业资质/项目经验/资金实力 项目资金到位率
招投标	项目需求预测	需求预测方法内容是否合理
招投标	融资结构优越性	融资方案的成本效益
招投标	方法技术经济性	20%技术标+80%商务标
招投标	技术先进性	采用技术是否安全、经济
招投标	招投标文件清晰	重要条款是否清晰
特许权授予	风险分担	合同文件风险分担是否合理 风险转移成本
特许权授予	特许权协议	重要条款是否清晰 合同文件产权界定是否清晰
特许权授予	政府关系	与政府是否保持有效沟通
特许权授予	定价机制	价格是否可接受 灵活的调价机制
特许权授予	政府担保	政府是否担保或限制竞争

阶段	CSF	KPI
	风险分担	合同文件风险分担是否合理
	设计标准化	设计标准化程度
	质量控制	质量检验指标
	进度管理	进度预测指标
	进度控制	进度控制指标
	成本管理	成本预测指标 成本控制指标
	施工安全	安全事故发生率
	环境影响	环境影响评价
	与政府良好关系	项目程序审批效率
运营	政府监督	公众投诉监督程序是否落实
运营	价格机制	定价机制是否合理
运营	政府信用	政府资金落实率 政府配套设施落实率
运营	产品/服务质量	公众服务满意度
运营	项目收益	私营资本收益率
运营	安全健康	运营安全指标
运营	运营管理	运营技术是否可靠 运营成本是否合理
运营	环境效应	环境影响评价
运营	社会效益	社会效益评价
移交	技术转移	技术交接达标度
移交	运营状况	运营状况达标度
移交	维修担保	维修担保服务满意度
移交	移交范围标准程序	移交范围、标准、程序清晰

六、PPP 项目绩效评价指标体系

以上细化得出的关键绩效指标 KPI 数量众多，且项目各阶段的不同指标存在一致性，因此可按照指标的内在逻辑关系分类如下：① 项目特性指标，包括项目必要性、项目复杂性、项目需求和项目资金价值等内部特性和项目所处的政治、经济、法律环境；② 项目投入指标，包括项目资金、人力资源、物力资源等有形要素的投入，以及文件合同等无形管理要素的投入；③ 项目过程指标，即项目实施过程中体现出的管理绩效；④ 项目结果指标，即项目建设完成和运营过程中所达成的项目结果和各方满意度及收益，关注的是项目所实现的短期效益；⑤ 项目影响指标，即项目运营或移交以后实现的综合社会效益或环境效益，关注的是项目所实现的长期效益。按指标逻辑关系重新梳理后的关键绩效指标体系如图 6-9 所示。

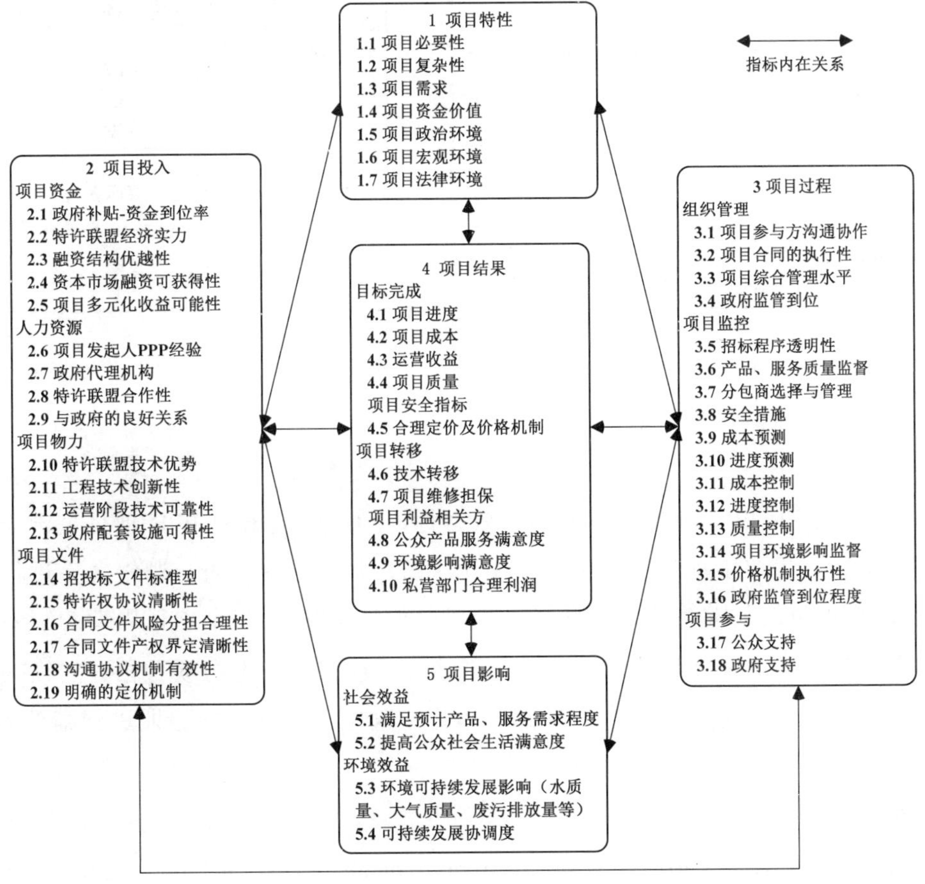

图 6-9 PPP 项目关键绩效指标体系

按照以上维度分类的 PPP 项目关键绩效指标 KPI，针对具体 PPP 项目建立绩效指标体系时，对 PPP 项目不同阶段的绩效评价指标侧重点应有所区别：项目立项阶段应主要关注项目特性指标，项目招投标和项目特许权授予阶段需关注项目投入指标，项目建设阶段应关注项目过程指标，项目运营阶段和移交阶段则应重视项目结果、影响指标。

对于特定的关键绩效指标 KPI，参考英国 KPI 体系中现有指标及同类文献确定可测度 KPI 的绩效评价指标，通过定性、定量进行测度。对于定量指标，根据 PPP 项目遴选出实用的 PPP 项目绩效评价指标，并确定其评价的计算方式或评价基准，分阶段对 PPP 项目定量 KPI 指标定义和计算方式举例如表 6-13 所示。

表 6-13　PPP 项目定量绩效评价指标（示例）

阶段	KPI	KPI 定义	阶段	KPI	KPI 定义
立项	项目资金价值	PPP 项目 VfM/传统项目 VfM	运营	配套设施落实率	政府实际提供的配套设施/政府承诺提供的配套设施
建设	项目补贴到位率	政府到位资金/政府承诺提供资金		运营技术可靠性	设备发生故障的次数
	项目资金到位率	实际到位资金/预期到位资金		安全控制	安全事故发生次数
	成本预测指标	（实际成本—估算成本）/估算成本		沟通协调机制	沟通有效次数/沟通次数
	成本控制指标	已完成工程的实际成本/已完成工程的预算成本		私营部门合理利润	项目收益率

对于不能明确测量、只能定性评价的指标，可通过专家访谈、实地调研的方式，用李克特量表评级获得项目数据。

七、结语

本文通过分析 PPP 项目干系人的绩效目标，利用筛选出的 PPP 项目关键成功要素和模块分析，提取出项目的关键绩效指标 KPI，并对指标的内在逻辑关系进行梳理后建立 PPP 项目的关键绩效指标体系，形成一般性 PPP 项目全项目周期的绩效评价指标体系。在具体实施项目绩效评价时，可结合项目实际遴选与项目相关的绩效评价指标，并可考虑项目特殊性适当增补部分指标，确定评价基准并定期进行绩效评价，不断逼近项目各干系人满意的项目目标。

参考文献

[1] World Bank. Private Participation infrastructure database [EB/OL]. http://ppi.worldbank.org.

[2] 胡华如. 城市基础设施 PPP 项目可持续性后评价研究[D]. 北京：清华大学, 2006.

[3] 张燎. 政府公共项目绩效评价研究 [D]. 上海：复旦大学, 2008.

[4] Yuan J. F., Zeng Y. J., Miroslaw J. S., Li Q. M.. Selection of Performance Objectives and Key Performance Indicators in Public-Private Partnership Projects to Achieve Value for Money [J]. Construction Management and Economics, 2009, 27（3）: p.253-270.

[5] 赵新博. PPP 项目绩效评价研究[D]. 北京：清华大学, 2009.

[6] Qiao L., Wang S.Q., Tiong R L.K., Chan T.. Framework for Critical Success Factors of BOT Projects in China [J]. The Journal of Project Finance. 2001. p.53-61.

[7] Zhang X. Q.. Critical Success Factors for Public–Private Partnerships in Infrastructure Development [J]. The Journal of Construction and Engineering. 2005, 131（1）: p.3-14.

[8] Wang W. X., Li Q. M., Deng X. P.. Critical Success Factors of Infrastructure Projects under PPP Model in China [J]. Wireless Communications, Networking and Mobile Computing. 2007. p.4970-4674.

[9] Bennett E.. Public- Private Co-operation in the Delivery of Urban Infrastructure Services （Water and Waste） [N], PPP UE Background Paper, UNDP/Yale Collaborative Programme.1998.

[10] Boyfield K.. Private Sector Funding of Public Sector Infrastructure [J]. Public Money & Management. Oxford, 1992. 12（2）: p.41-46.

[11] Stein S. W. Construction Financing and BOT Projects, International Business Lawyer [J]. International Bar Association. 1995. 23（4）: p.173-180.

[12] Jefferis M., Gameson R., Rowlinson S.. Critical Success Factors of the BOOT Procurement System: Reflection from the Stadium Australia Case Study [J]. Engineering, Construction and Architectural Management. 2002, 9（4）: p.352-361.

[13] McCarrthy S. C., Tiong R. L. K.. Financial and Contractual Aspects of Build-Operate-Transfer Projects [J]. International Journal of Project Management. 1991, 9（4）: p.222-227.

[14] Kopp J. C.. Private Capital for Public-Private Partnerships through Shared-Interest Ventures [J]. The Financier. 1997. 5（2&3）: p.55-59.

[15] Gentry B., Fermandez L.. Evolving Public-Private Partnerships: General Themes and Urban water Examples. Globalization and the Environment [R]: Perspectives from OECD and Dynamic Non-Member Economies. OECD, Paris. 1997. p.19-25.

[16] Arthur A, Enterprise LSE. Value for Money Drivers in the Private Financial Initiative [M], the Treasury Task Force. 2001.

[17] Tiong R. L. K.. CSFs in Competitive Tendering and Negotiation Model for BOT Projects [J]. ASCE Journal of Construction Engineering and Management, USA. 1996. 122（3）: p. 205-211.

[18] Jones I., Zamani H., Reehal R.. Financing Models for New Transport Infrastructure[R]. OPEC, Luxembourg. 1996.

[19] Finnerty J. D.. Project Financing: Asset-Based Financial Engineering [M]. John Wiley & Sons, New York, 1996.

[20] Stonehouse J. H., Hudson A. R., O'Keefe M. J.. Private-Public Partnerships: The Toronto Hospital Experience [N]. Canadian Business Review. Ottawa. 1996. 23（2）: p.17-20.

[21] Zantke G., Mangels B.. Public Sector Client- Private Sector Project: Transferring the State Construction Administration into Private Hand [J]. Engineering, Construction and Architectural Management. 1999. 6（1）: p.78-87.

[22] Kanter R. M.. From Spare Change to Real Change [N]. Harvard Business Review. Boston. 1999.77（2）: p. 122-132.

[23] Li B., Akintoye A., Edwards P. J.. Critical Success Factors for PPP/PFI. Projects in the UK Construction Industry [J]. Construction Management and Economics, 2005. 23（5）: p.459-471.

[24] Brodie M. J.. Public/Private Joint Ventures: The Government as Partner- Bane or Benefit. Real Estate Issues [M]. Chicago. 2001. 20（2）: p.33-39.

[25] Frilet M.. Some Universal Issues in BOT Projects for Public Infrastructure [N]. The International Construction Law Review. 1997. 14（4）: p.499-512.

[26] Badshah A.. Good Governance for Environmental Sustainability [R]. UNDP, 1998.

[27] Akintoye A., Beck M., Hardcastle C., et al. The Financial Structure of Private Finance Initiative Projects [C]. Proceedings: 17th ARCOM Annual Conference Salford. 2001. 2（1）: p.361-369.

（《项目管理技术》2014 年第 8 期，第 18-24 页）

台湾高铁财务危机的原因与启示

作者：王守清　柯永健

台湾高铁 BOT 项目目前面临的直接问题是严重的现金流问题，以下按照项目进程来解释造成现状的主要原因：

- 在项目招投标阶段，“台湾高速铁路企业联盟”以“政府零出资”的投标方案，取得高铁建设运营的 35 年（含建设期）特许经营权。这个方案为日后的经营状况埋下危机的伏笔，因为轨道交通项目本身的施工难度较大，初始投资和维护费用巨大，该类项目的盈利性不强，全球类似项目中能盈利的项目几乎没有或极少。
- 在该项目的投资资金来源结构中，项目公司各股东的初始投资仅有 295 亿新台币，而举债高达近 4 000 亿元，高铁负债比超过 93%，这直接决定着项目公司在项目初始运营阶段将面临巨大的财务还款付息压力。其中，据新闻披露，银团因风险太大不愿增加融资，但项目公司凭借着与当时执政党的良好关系，硬是让当局出面埋单，为高铁解套，几乎完全由公股银行、公营事业出面融资或认购特别股，而原始股东则置身事外。
- 原本预定于 2005 年 10 月 31 日完工通车，实际上延至 2007 年 2 月 1 日才正式通车。从项目现金流的角度来看，运营时间的延误给项目的财务带来更为严峻的压力。
- 在高铁公司的投标方案中，站点的物业开发将与客流量起到相辅相成的作用，因此在计划的经济方案中有着极为乐观的客流量估算和站区物业开发的经济收入，但实际上台湾经济的不景气导致项目实际收入远远不如计划收入，进而使得项目公司承受巨额的亏损。

从台湾高铁项目政府接管，至少可以得到以下两点经验教训：

- 对于政府而言，BOT 模式可以在基础设施建设领域中引入私营资本，从而缓解政府的财政压力，但是这种模式并非可以完全适用于所有的基础设施项目。在 BOT 项目中，政府需要有足够的监管，政府监管核心在于定义对项目的输入（支持和担保等）和输出（产量、价格、质量、服务、环保等）要求，并据此在整个项目期间内执行监管。同时，政府必须确保竞标中的有效竞争，提供给项目公司严格遵守特许权协议的激励，同时能够在特许经营期间惩罚投资者的机会主义行为。

- 与政府相比，私营投资者则对项目的融资、建设和经营等相关风险更有控制能力，因此在特许权协议中通常将这些风险以条文形式转移给私营投资者。而私营投资者则可以将部分风险转移给其他更为专业的机构，如将建造相关风险转移给施工承包商。但是，私营投资者首先需要客观评价自身实力是否能够胜任基础设施项目的建设和运营，其次需要客观评价政府对项目的支持，注意保证项目在某一区域的垄断性，客观准确评价市场环境，切勿过分乐观预测，高估市场需求前景，低估市场竞争风险和价格风险等；另外，制定严格谨慎的融资方案和财务预算，认真对待高杠杆融资背后的潜在危险，确保项目的垄断经营和收入稳定的市场优势，等等。

（《济邦通讯》2009 年第 11 期，第 10-11 页）

城市轨道交通项目效益要素评估

作者：胡一石　梁伟　王守清　伍迪　张子龙

【摘要】　识别并评估项目的效益及其构成要素，是项目决策与评价的一项重要内容。在已有研究识别出的城市轨道交通项目综合效益构成要素的基础上，采用层次分析法设计并实施了针对专家的结构化访谈，分析访谈数据质量，计算出所有专家评估的要素权重值并进行综合排序，并就不同领域专家的观点进行了对比分析，可为该类项目的可行性研究和投融资决策等提供参考。

【关键词】　效益要素　权重　评估　AHP　城市轨道交通项目

一、引言

在城市中，轨道交通相对小汽车、公交车等出行方式有着便捷、清洁且实惠的综合优势，对建设资源节约型、环境友好型社会起着重要作用，在现代城市规划与治理乃至可持续的城镇化进程中占据着不可动摇的重要位置。有关研究表明，发达国家人口稠密城市的轨道交通出行比例在 50%以上[1]。在我国，城市轨道交通建设方兴未艾，截至 2013 年 6 月，全国获批轨道交通建设规划的城市已达 36 个，规划运营总里程约 6 000 千米，其中 17 个已开通城市，轨道交通运营里程总计约 2 100 千米。预计到 2020 年，全国布局轨道交通的城市将达到 50 个。在巨大的需求背后，是超过 1.2 万亿的建设投资和每年数十亿的运营成本[2]。

城市轨道交通项目因其需求大、投资大，对国民经济和社会发展都有较大影响，因此，其可行性研究和投融资决策等非常重要，而项目的综合效益评价则是其中的重要依据。项目的综合效益是指项目在财务、环境、技术等各个方面的综合表现。梁伟（2012）根据该类项目的相关研究、实际项目的可行性研究报告和前后评价报告，识别出城市轨道交通项目综合效益的 29 个构成要素[3]，并将这些要素按其效益所属类别分类，得到如图 6-10 所示的城市轨道交通项目综合效益构成要素结构图，其中经济效益指狭义的项目财务效益，包括增加收益类、建设成本类、运营成本类三部分；社会效益则包括促进经济发展类、改善民生类、节能环保类、推动技术进步类四部分。结构图中最底层的为以上识别出的 29 个项目综合效益构成要素。

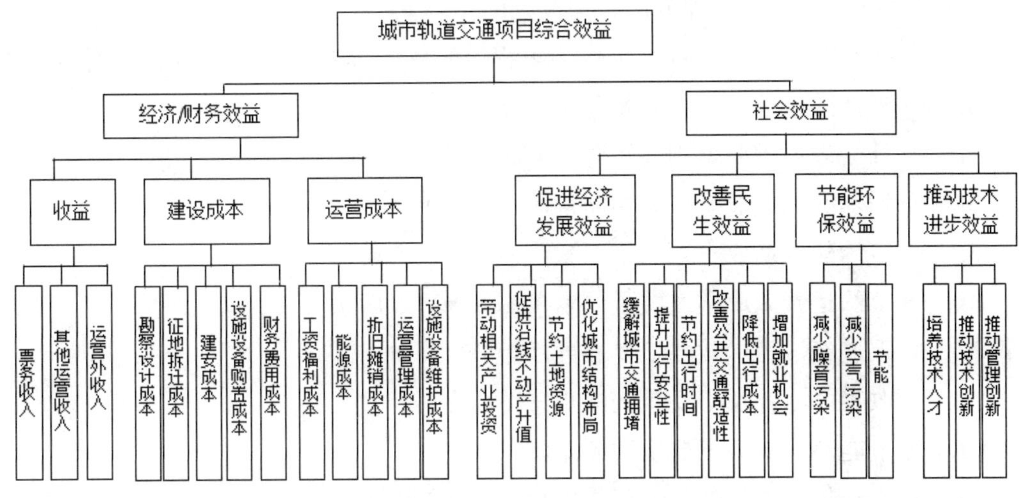

图 6-10　城市轨道交通项目综合效益构成要素结构图（梁伟，2013）

二、访谈调研

在已识别出效益构成要素及其层次结构的基础上，本研究设计并实施了访谈调研，以评估各要素的重要性。因为已识别的要素多达 29 个，如果采用一般的问卷，调研对象很难在一个维度来判断各要素的重要性，打分时难免顾此失彼。而从图 6-10 可见，这些要素呈现出明显的层次性，这为层次分析法（Analytic Hierarchy Process，AHP）的应用提供了很好的条件[4]。因此，调研采用 AHP 法来设计问卷对各要素的重要性进行评估。由于构造 AHP 判断矩阵所需的数据形式比较复杂，发函/电邮的问卷调研难免有沟通和理解误差，因此调研采用专家访谈的形式，以保证受访者正确理解问卷并提供高数据质量。为了保证数据的可靠性，受访者的选择范围和选择标准主要参照两条标准原则：①受访者知识背景要与研究内容吻合；②均衡各类受访者的数量所在立场，以保证数据的可靠性和有效性。本调研的 30 位受访专家中，10 位来自清华大学、北京交通大学、上海交通大学和同济大学，代表学术界；10位来自国家发展改革委、住建部、商务部、北京市政府、北京市交通委，代表政府；10位来自北京市地铁运营有限公司、大岳咨询、国泰君安证券等业内企业，代表企业界。专家的知识背景和行业比例基本符合上述原则。

问卷分为两部分：第一部分为城市轨道交通项目综合效益构成要素的层次结构和每个效益要素的解释说明，用于辅助受访者对本次访谈所基于的背景和相关名词的含义有准确统一的认识；第二部分为由专家填写的项目效益要素重要性比较矩阵及其元素的含义说明。其中，除了第二层的社会效益和经济效益采用百分比评分的方法（因为仅两个元素，两两比较效果不好，故采用百分比打分的方法给出，不形成矩阵），其余各层均用标准 1～9 级评分法来构成判断矩阵。

按要素层次结构和问卷设计，每位专家提供的数据均包含 9 个判断矩阵，分别记为：

$\boldsymbol{M}_1$——经济效益子要素判断矩阵（3 阶）；

$\boldsymbol{M}_2$——社会效益子要素判断矩阵（4 阶）；

$\boldsymbol{M}_3$——增加收入效益子要素判断矩阵（3 阶）；

$\boldsymbol{M}_4$——节约建设期成本效益子要素判断矩阵（5 阶）；

$\boldsymbol{M}_5$——节约运营期成本效益子要素判断矩阵（5 阶）；

$\boldsymbol{M}_6$——促进经济发展效益子要素判断矩阵（4 阶）；

$\boldsymbol{M}_7$——改善民生效益子要素判断矩阵（6 阶）；

$\boldsymbol{M}_8$——节能环保效益子要素判断矩阵（3 阶）；

$\boldsymbol{M}_9$——推动技术进步效益子要素判断矩阵（3 阶）。

判断矩阵的元素即为打分结果，其打分规则如表 6-14 所示。

表 6-14　AHP 判断矩阵标度及其含义

序　号	重要性等级	C_{ij} 赋值
1	i 要素比 j 要素极端重要	9
2	i 要素比 j 要素强烈重要	7
3	i 要素比 j 要素明显重要	5
4	i 要素比 j 要素稍重要	3
5	i,j 两元素同等重要	1
6	i 要素比 j 要素稍不重要	1/3
7	i 要素比 j 要素明显不重要	1/5
8	i 要素比 j 要素强烈不重要	1/7
9	i 要素比 j 要素极端不重要	1/9

注　C_{ij} 表示效益要素 i 相对于 j 的重要性，在判断矩阵中即为第 i 行第 j 列的元素

三、数据质量分析

判断矩阵的数据由专家主观打分而成，在进行权重评估之前必须接受一致性检验。检验标准如以下公式所示：

$$CR=\frac{CI}{RI}<0.10 \tag{6-1}$$

其中，

$$CI=\frac{\lambda_{\max}-n}{n-1} \tag{6-2}$$

CI 为判断矩阵的一致性指标，RI 是平均随机一致性指标，$\lambda_{\max}$ 为判断矩阵的最大特征向量，n 为判断矩阵的阶数。对于 1 ~ 9 阶的判断矩阵，RI 值如下表 6-15 所示。

表 6-15　平均随机一致性指标[5]

n	3	4	5	6	7	8	9	10	11
RI	0.52	0.89	1.12	1.26	1.36	1.41	1.46	1.49	1.52

根据上述标准，判断矩阵如果满足式 6-1 则认为其具有满意一致性，否则就意味着专家的评价结果存在内在逻辑矛盾。如果 CR 大于 0.10 且差值足够小，判断矩阵可人为调整成满意一致矩阵[6]，但这会大大降低数据的有效性和可靠性。

本研究采用方根法计算每位专家对每一组要素判断矩阵的最大特征根及对应的特征向量（特征向量的元素即为各效益要素的权重值），代入上述公式进行一致性检验，得到的结果如表 6-16 所示，共有 39 个判断矩阵的 CR 值大于 0.10，未通过一致性检验。

表 6-16　专家判断矩阵的 CR 值

序号	M_1	M_2	M_3	M_4	M_5	M_6	M_7	M_8	M_9
1	0.117*	0.091	0.069	0.081	0.097	0.069	0.080	0.056	0.033
2	0.000	0.021	0.056	0.012	**0.118***	0.012	0.094	0.025	0.000
3	0.117*	0.039	0.033	0.033	0.055	0.043	0.066	0.101*	0.000
4	0.117*	**0.109***	0.056	0.048	0.040	0.057	0.045	0.025	0.117*
5	0.000	0.073	0.000	0.038	0.033	0.057	0.044	0.056	0.117*
6	0.117*	0.084	0.025	0.047	0.028	0.021	0.049	0.025	0.000
7	0.000	0.043	0.056	0.023	0.044	0.039	0.068	0.033	0.033
8	0.000	0.073	0.069	0.040	0.063	0.043	0.073	0.056	0.000
9	0.025	0.016	0.069	0.043	0.051	0.084	0.082	0.025	0.117*
10	0.117*	0.012	0.117*	0.042	0.045	0.039	0.087	0.117*	0.000
11	0.117*	0.084	0.025	0.064	0.033	0.016	0.079	0.117*	0.000

续表

序号	M_1	M_2	M_3	M_4	M_5	M_6	M_7	M_8	M_9
12	0.117*	0.057	0.117*	0.099	0.012	0.057	**0.103***	0.033	0.000
13	0.033	0.084	0.025	0.098	0.087	0.073	0.070	0.025	0.000
14	0.000	0.043	0.033	0.084	0.055	0.073	0.078	0.033	0.117*
15	0.117*	0.043	0.025	0.039	0.007	0.027	0.084	0.056	0.000
16	0.033	0.057	0.056	0.046	0.071	0.003	0.091	0.033	0.033
17	0.000	0.043	0.117*	0.005	0.043	0.057	0.087	0.117*	0.000
18	0.033	0.039	0.033	0.084	**0.108***	0.073	0.074	0.000	0.000
19	0.025	0.021	0.000	0.072	0.042	0.057	0.081	0.000	0.117*
20	0.117*	0.030	0.069	0.055	0.064	0.097	0.042	0.056	0.117*
21	0.000	0.043	0.069	0.079	0.009	0.073	0.055	0.117*	0.033
22	0.117*	0.027	0.000	0.045	0.000	0.073	0.068	0.033	0.117*
23	0.025	0.084	0.117*	0.077	0.000	0.043	0.065	0.000	0.000
24	0.000	0.003	0.025	0.098	0.053	0.057	0.058	0.000	0.033
25	0.117*	0.030	0.117*	0.085	0.041	0.097	**0.101***	0.056	0.000
26	0.117*	**0.109***	0.025	0.009	0.041	0.043	0.048	0.117*	0.033
27	0.025	0.057	0.033	0.012	0.044	0.057	0.061	0.117*	0.000
28	0.025	0.069	0.056	0.076	0.072	0.057	0.067	0.000	0.033
29	0.000	0.097	0.000	0.090	0.051	0.073	0.061	0.033	0.000
30	0.000	0.043	0.117*	0.033	0.084	0.012	0.065	0.056	0.117*

注　*代表 *CR* 值>0.10；加粗字体表示判断矩阵未通过一致性检验

仔细观察可以发现，未通过检验的矩阵绝大多数来自 $\boldsymbol{M}_1$（12 位专家的评估未通过检验）、$\boldsymbol{M}_3$（6 位）、$\boldsymbol{M}_8$（7 位）、$\boldsymbol{M}_9$（8 位）这四个矩阵，而这四个矩阵的共同特点是阶数为 3。根据很多学者的研究[7]和 $\boldsymbol{M}_1$、$\boldsymbol{M}_3$、$\boldsymbol{M}_8$、$\boldsymbol{M}_9$ 中问题所含逻辑，可以推断出现 *CR*>0.10 的原因并非受访专家的逻辑矛盾，而是 3 阶判断矩阵本身性质的问题决定的：如果三个元素中有两个重要程度相差不多，以 3 或 1/3 的打分来表示，便会出现 *CR* 值略大于 0.10 的情况，但实际上评估者逻辑正确。

经仔细分析，上述 3 阶矩阵的 *CR* 值大于 0.10 均由以上原因所致，因此可以认为其通过一致性检验。这样，实际上仅有 6 个判断矩阵的一致性不满足检验（表 6-16 中加粗表示），所占比例约为 2.22%，且其 *CR* 值超过 0.10 的量都很小。综上所述，访谈调研获得的数据质量很高，可以进行进一步分析。

四、要素权重综合评估

数据通过一致性检验后，开始综合评估多专家的观点，计算各效益要素的最终权重值，涉及专家本身的权重问题[8]。本研究的目的是得到一个反映全社会平均观点的结论，而专家质量、数量和来源的选择上已基本保证了这一点，故可认为每位专家的权重是相同的。本研究采用合并判断矩阵法来综合评估所有专家的打分结果。首先将每位专家提供的判断矩阵按公式 6-3 合并，构成一个反映所有专家平均意见的判断矩阵，再对这个矩阵进行一致性检验，然后依据这个矩阵计算综合了专家观点的效益权重值。合并判断矩阵的过程中，能抵消部分专家在两两比较中产生的轻微逻辑错误[9]。合并矩阵法是先合并以抵消逻辑错误，而后再计算权重值，且计算原理（见式 6-3）符合 AHP 打分的内在逻辑，可以有效平衡专家意见的分歧[10]。

$$a_{ij} = \sqrt[k]{\prod_{l=1}^{k} a_{ij}^{l}} \tag{6-3}$$

式中，a_{ij}代表合并判断矩阵中第 i 行 j 列的元素，a_{ij}^{l}表示第 l 位专家给出的判断矩阵中第 i 行 j 列的元素，k 为专家数量。按上式合并后得到的合并判断矩阵 $M_1 - M_9$ 及其相应的 CR 值如下：

$$\boldsymbol{M}_1 = \begin{bmatrix} 1.000 & 1.442 & 2.152 \\ 0.693 & 1.000 & 2.885 \\ 0.465 & 0.347 & 1.000 \end{bmatrix}, \lambda_{\max} = 3.048, CR = 0.04179;$$

$$\boldsymbol{M}_2 = \begin{bmatrix} 1.000 & 1.552 & 4.691 & 6.150 \\ 0.644 & 1.000 & 4.388 & 5.529 \\ 0.213 & 0.228 & 1.000 & 1.492 \\ 0.163 & 0.181 & 0.670 & 1.000 \end{bmatrix}, \lambda_{\max} = 4.018, CR = 0.00684;$$

$$\boldsymbol{M}_3 = \begin{bmatrix} 1.000 & 4.587 & 2.266 \\ 0.218 & 1.000 & 0.396 \\ 0.441 & 2.522 & 1.000 \end{bmatrix}, \lambda_{\max} = 3.005, CR = 0.00463;$$

$$\boldsymbol{M}_4 = \begin{bmatrix} 1.000 & 0.523 & 0.205 & 0.245 & 0.465 \\ 1.913 & 1.000 & 0.316 & 0.522 & 1.113 \\ 4.885 & 3.162 & 1.000 & 3.104 & 3.939 \\ 4.076 & 1.914 & 0.322 & 1.000 & 2.760 \\ 2.152 & 0.898 & 0.254 & 0.362 & 1.000 \end{bmatrix}, \lambda_{\max} = 5.103, CR = 0.02295;$$

$$\boldsymbol{M}_5 = \begin{bmatrix} 1.000 & 1.442 & 3.072 & 2.238 & 3.381 \\ 0.693 & 1.000 & 2.969 & 1.670 & 3.037 \\ 0.325 & 0.337 & 1.000 & 0.481 & 1.035 \\ 0.447 & 0.599 & 2.080 & 1.000 & 2.438 \\ 0.296 & 0.329 & 0.967 & 0.410 & 1.000 \end{bmatrix}, \lambda_{\max} = 5.029, CR = 0.00639;$$

$$M_6=\begin{bmatrix}1.000 & 1.442 & 3.072 & 1.411\\0.693 & 1.000 & 2.760 & 0.950\\0.325 & 0.362 & 1.000 & 0.544\\0.709 & 1.052 & 1.840 & 1.000\end{bmatrix}, \lambda_{\max}=4.019, CR=0.00706\text{；}$$

$$M_7=\begin{bmatrix}1.000 & 4.534 & 1.606 & 4.120 & 3.914 & 4.851\\0.221 & 1.000 & 0.366 & 0.655 & 0.978 & 1.699\\0.623 & 2.731 & 1.000 & 4.217 & 3.234 & 5.286\\0.243 & 1.526 & 0.237 & 1.000 & 0.929 & 2.522\\0.255 & 1.023 & 0.309 & 1.076 & 1.000 & 2.344\\0.206 & 0.589 & 0.189 & 0.396 & 0.427 & 1.000\end{bmatrix}, \lambda_{\max}=6.105, CR=0.01692\text{；}$$

$$M_8=\begin{bmatrix}1.000 & 0.236 & 0.189\\4.241 & 1.000 & 0.697\\5.283 & 1.435 & 1.000\end{bmatrix}, \lambda_{\max}=3.002, CR=0.00191\text{；}$$

$$M_9=\begin{bmatrix}1.000 & 2.304 & 1.787\\0.434 & 1.000 & 0.557\\0.559 & 1.797 & 1.000\end{bmatrix}, \lambda_{\max}=3.012, CR=0.01058\text{。}$$

可以看到，合并判断矩阵的所有 CR 值明显低于 0.10，且比合并前表 6-16 所列 CR 值有了显著降低，完全满足一致性检验。之后，对合并后的判断矩阵，计算对应于最大特征值的特征向量并作归一化处理，得到所有专家对效益权重的综合评估结果——29 个效益要素的总平均权重。将其按从高到低的顺序排列，如表 6-17 所示，其中总平均为合并所有专家意见后的权重值，政界平均值、企业界平均值、学术界平均值为各类别内部专家的综合意见评估结果，供决策者结合实际情况参考使用。

表 6-17　项目综合效益构成要素的权重值

总排序	综合效益构成要素	效益类型	总平均	政界平均值	企业界平均值	学术界平均值
1	票务收入	增加收益类	0.108	**0.085**	**0.120**	**0.066**
2	带动相关产业投资	促进经济类	0.103	**0.126**	**0.086**	**0.053**
3	缓解城市交通拥堵	改善民生类	0.081	**0.086**	**0.070**	**0.040**
4	促进沿线不动产升值	促进经济类	0.075	**0.075**	**0.117**	**0.042**
5	建安成本	减少成本类	0.072	**0.065**	**0.078**	**0.040**
6	优化城市结构布局	促进经济类	0.070	**0.101**	**0.034**	**0.053**
7	节约出行时间	改善民生类	0.062	**0.047**	**0.053**	**0.041**
8	运营外收入	增加收益类	0.051	0.020	**0.089**	**0.056**
9	设施设备购置成本	减少成本类	0.037	0.034	**0.039**	**0.032**
10	节约土地资源	促进经济类	0.033	**0.046**	**0.034**	0.032
11	节能	节能环保类	0.029	**0.040**	0.020	0.046

续表

总排序	综合效益构成要素	效益类型	总平均	政界平均值	企业界平均值	学术界平均值
12	工资福利成本	减少成本类	0.024	0.021	0.024	0.028
13	其他运营收入	增加收益类	0.022	0.018	0.025	0.038
14	减少空气污染	节能环保类	0.022	0.025	0.022	0.038
15	改善公共交通舒适性	改善民生类	0.022	0.023	0.017	0.026
16	降低出行成本	改善民生类	0.021	0.017	0.011	**0.034**
17	征地拆迁成本	减少成本类	0.020	**0.031**	0.011	0.028
18	培养技术人才	技术进步类	0.020	0.022	0.017	0.039
19	能源成本	减少成本类	0.019	0.019	0.021	0.024
20	提升出行安全性	改善民生类	0.019	0.024	0.022	0.021
21	财务费用成本	减少成本类	0.018	0.014	0.019	0.027
22	推动管理创新	技术进步类	0.013	0.008	0.015	0.036
23	设施设备维护成本	减少成本类	0.013	0.013	0.012	0.022
24	增加就业机会	改善民生类	0.011	0.007	0.008	0.026
25	勘察设计成本	减少成本类	0.010	0.010	0.010	0.021
26	推动技术创新	技术进步类	0.008	0.008	0.008	0.028
27	运营管理成本	减少成本类	0.007	0.006	0.006	0.019
28	折旧摊销成本	减少成本类	0.006	0.005	0.006	0.019
29	减少噪音污染	节能环保类	0.005	0.006	0.005	0.025

注　加粗字体表示在三个领域的专家意见中，按大小排前10名的效益要素权重值

观察上表发现，有些效益权重值之间的关系与其实际数值之间的关系存在明显的相关性，特别是收入和成本类指标，如票务收入与其他运营收入之间的关系，及建安成本与设施设备购置成本之间的关系等。对一般城市轨道交通项目而言，票务收入是项目最主要的收入来源，运营外收入次之（主要为政府补贴，通常约为运营收入的一半左右），两个效益要素的权重值之比恰为 2:1 左右。建安成本与设施设备购置成本约为 2:1 的关系、工资福利成本与能源成本约为 1.5:1 的关系等，也符合实际项目中该类成本实际数额的大小。这在一定程度上证明了通过专家 AHP 访谈的方法确定的项目效益要素权重具有相当的可靠性。

当然，上述相关性并非存在于所有可量化的效益要素之间，特别是节约成本类的效益。对于城市轨道交通项目的各项成本支出，有些可以通过改进管理来实现节约，这类效益要素的权重比例与其实际数值的比例相对应，如建安成本、车辆设备采购成本等；有些则变化余地较小，难以压缩，无论如何改进管理都难以降低这部分成本，因此这类效益要素的权重则较低，与其实际数值无法对应，如财务费用、折旧摊销费用等。在表 6-17 中，建安成本和征地拆迁成本之间就是这种关系。从数量上看，建

安成本和征地拆迁成本的绝对值通常是差不多的，有时征地拆迁成本可能更高；而从管理的角度看，节约建安成本要比节约征地拆迁成本重要得多，因为征地拆迁成本是很难通过高效率项目管理予以节约的。

五、权重评估结果比较分析

在综合评估并分析要素权重值的基础上（见表 6-17），再按专家来源对权重值进行比较分析。

政府机构专家认定效益构成要素的重要性第 1 至第 10 名分别为带动相关产业投资（0.117）、优化城市结构布局（0.103）、缓解城市交通拥堵（0.085）、票务收入（0.080）、促进沿线不动产升值（0.067）、建安成本（0.061）、节约土地资源（0.053）、节约出行时间（0.047）、节能（0.043）、征地拆迁成本（0.033）。从类型上分析，政府机构专家认为促进经济发展类效益最重要。这是因为，我国整体上仍处于发展中国家，即使在发达地区也存在发展方式转变、产业结构调整和区域差异弥合等诸多问题。只有经济健康、快速发展，才能带动包括社会事业在内的各项事业的发展，政府才能更好地提供公共产品和公共服务，所以经济发展仍是我国各级政府的中心任务。轨道交通项目辐射性强，与上下游产业有诸多衔接，政府自然希望这类项目不仅实现自身的收支平衡、提供优质交通服务，更希望在宏观上拉动区域经济，包括在建设和运营阶段带动机车制造、建筑施工、建筑材料、通信设备等相关产业的投资，通过节约地面土地资源为城市规划升级赢得时间和空间，通过节约交通成本、吸引人流而带动沿线地产升值，等等。

同时，政府从民生出发，也重视城市轨道交通的固有使命：缓解交通拥堵、节约市民出行时间。国内一线城市因城市规划与发展速度的不相适应，交通拥堵问题日渐突出，市民出行时间不断拉长，严重影响城市居民的生活质量，也容易成为社会的不安定因素。此外，因为该类项目提供准公共产品，在融资模式上通常为政府投资或 PPP，在财务上政府会通过直接投资、补贴或减免税费等方式予以支持，因而对项目最重要的两项财务效益——票务收入和建安成本予以高度关注。而征地拆迁成本在财务上的地位并不显著，但事关社会稳定，一般由政府制定或审核拆迁的补偿标准，因此对这一效益因素政府也比较重视。

企业界专家认定重要性第 1 至第 10 名的效益构成要素分别为票务收入（0.123）、促进沿线不动产升值（0.111）、运营外收入（0.092）、带动相关产业投资（0.084）、建安成本（0.073）、缓解城市交通拥堵（0.067）、节约出行时间（0.056）、优化城市结构布局（0.041）、设施设备购置成本（0.037）、节约土地资源（0.031）。从类型上看，企业界专家对增加收益类效益的最为重视，这与轨道交通企业的经营压力和追求微观上盈利的本质有关。企业不管是建设、运营甚至咨询、担保，首要的关注点肯定是盈利，因而他们最为重视城市轨道交通项目的主要收入——票务收入、运营外收入，及主要成本——建安成本、设备成本。同时，因项目的准公共性，其成功离不开政府的支持，因此企业界也会重视政府的关注点，前十名中其他的要素也都是政府较为重视的要素。

学术界专家认定的重要性第 1 至第 10 名的效益构成要素分别为优化城市结构布局（0.093）、带动相关产业投资（0.093）、票务收入（0.083）、建安成本（0.077）、节约出行时间（0.068）、缓解城市交通拥堵（0.065）、运营外收入（0.053）、促进沿线不动产升值（0.046）、降低出行成本（0.040）、设施设备购置成本（0.039）。学术界专家没有利益牵扯，更多地从探究项目的本质规律和影响的角度来考量要素的重要性，因而他们的观点基本是政界和企业界之间的折中，且更偏向政府。他们认为最重要的两个要素都属于促进城市经济发展类，这与政府机构专家的看法基本一致。这是因为政府代表公共利益，与学术界的观念有较多重合。

运营外收入包括财政补贴和其他与项目直接运营无关的收入（如沿线地产升值带来的溢价收入）。政府不重视，一是因为财政补贴给政府乃至纳税人带来沉重负担，而是因为其他与运营无关的收入涉及投融资模式和经营模式的进一步改革，牵涉面较大。企业界不重视是因为补贴主要用于覆盖成本，不如增加运营收入更有吸引力，而与运营无关的收入目前还处在案头研究阶段。学术界重视，是因为运营外收入特别是沿线地产溢价等收入是破解城市轨道交通项目盈利难题的有效方式，已经在香港得到成功实践，在内地探索具有重要的学术和实践价值。

三类专家都把折旧摊销成本、减少噪声污染放到了最后，前者是因为很难通过技术和管理手段来显著压缩，后者是因为该类项目的噪声影响已经达到令人基本满意的程度。

六、结语

本研究采用层次分析法，对城市轨道交通领域内经验丰富的专家进行结构化访谈并作数据分析。通过综合各界专家的观点，获得了城市轨道交通项目的综合效益构成要素的评估结果，即反映社会平均意愿的要素权重值。主要结论如下：

（1）从表 6-17 列出的前十位的效益要素来看，促进经济发展、节约项目成本、改善民生、增加项目收益四类效益为社会各界一致认同的城市轨道交通项目中最重要的 4 类效益，其中以促进经济发展类最为重要。与此相反，节能环保和技术进步类效益的重要性明显偏低。

（2）相对而言，政府机构更关注促进城市经济发展，企业界更关注增加项目收入，而学术界兼顾经济发展、改善民生和增加收入这三类效益。政府机构和学术界都认为促进城市经济发展类效益是城市轨道交通项目中最重要的效益类别，实现此类效益是建设城市轨道交通最主要的目标；企业界则更为重视增加项目收入类效益，这与企业的经营压力和逐利本质相关。

评估结果反映出社会各界对城市轨道交通项目的不同关注和共同意愿，为这类项目的可行性研究和投融资决策等提供了有益的参考。

参考文献

[1] 王啸宇．城市轨道交通市场化投融资机理及模式研究[D]．南京：河海大学商学院，2007.

[2] 中国轨道交通网．36 城市万亿投资地铁——运营亏损难题如何破解[EB/OL]．中国轨道交通网(2013-12-11) [2013-05-14]. http://www.ccmetro.com/newsite/readnews.aspx?id=87722.

[3] 梁伟．城市轨道交通项目投融资模式选择决策研究[D]．北京：清华大学，2013.

[4] 杜栋，庞庆华，吴炎．现代综合评价方法与案例精选[M]. 2 版．北京：清华大学出版社，2008.

[5] Changsheng Lin，Gang Kou and Daji Ergu. An improved statistical approach for consistency test in AHP[J]. Annals of Operations Research，2013，211 (1) :288-299.

[6] 冯俊文．模糊德尔菲层次分析法及其应用[J]．数学的实践与认识，2006，36 (9) : 44-48.

[7] 郝海，郑丕谔，踪家峰．群组决策中调整判断矩阵的统计平均法[J]．天津工业大学学报，2006，25 (1) : 70-73.

[8] 汪菁，苏炜．层次分析法中考虑专家水平的权向量[J]．河南科学，2004，22 (6) : 839-842.

[9] 刘万里，刘三阳. AHP 中群决策判断矩阵的构造[J]．系统工程与电子技术，2005，27 (11) : 1907-1908，1913.

[10] 吴云燕，华中生，查勇．AHP 中群决策权重的确定与判断矩阵的合并[J]．运筹与管理，2003，12 (4) : 16-21.

（亚太项目管理大会论文，亚太项目管理协会和中国项目管理研究委员会等主办，北航和《项目管理评论》承办，2014 年 11 月 29-30 日）

城市轨道交通融资模式对项目综合效益的影响

作者：伍迪　王守清　梁伟

国家自然科学基金（71572089）

【摘要】 为分析城市轨道交通不同融资模式对项目综合效益影响的显著程度，从而为决策者进行融资模式比选时提供参考依据，首先通过相关研究与项目报告识别城市轨道交通项目综合效益的 29 项指标，然后通过问卷调研评估融资模式四要素分别对这些指标的影响程度，得到运营主体要素对项目效益影响最显著、运营外收入和财务费用成本是最容易受融资模式影响的两项指标等结论。分析还发现政府部门在许多效益指标上高估了融资模式的作用，但总体上融资模式对项目综合效益具有显著影响。本文结论不仅为城市轨道交通融资模式选择研究提供了理论依据，还可以为决策者在融资模式比选时采取更有针对性的措施提供借鉴。

【关键词】 城市轨道交通　融资模式　综合效益　影响

一、引言

城市轨道交通是公民出行的一种重要方式，在许多国际化都市承载 55%以上交通量[1]，但在我国轨道交通较发达的北京上海等城市也仅占约 20%[2]，因此轨道交通在未来有广阔的建设前景。面对轨道交通建设投资额高、政府面临资金压力大等困难，近年来我国出台了许多政策鼓励社会资本参与，以拓宽融资渠道[3]。随着融资模式的多元化、市场化，如何进行融资模式比选成为项目成败的关键[4]，而深入分析融资模式对项目综合效益的影响是比选的基础。本文根据已有资料对项目综合效益指标进行梳理，然后通过问卷调研结果系统分析融资模式不同要素对综合效益不同指标的影响，为决策者在轨道交通项目融资模式选择时提供借鉴。

二、轨道交通综合效益指标的建立

（一）指标识别资料的选择

为保证指标识别的全面性，并兼顾理论与实践相结合，综合效益指标识别主要来自两方面资料：关于轨道交通项目效益表现形式或评价方法的研究；实际轨道交通项目的可行性研究、后评估或后评价报告。本研究共获取文字资料 25 项，其中，从论文数据库中定向检索并筛选获得相关研究 14 篇[5-18]，通过公开资料和实践合作等方式搜集到北京、上海、深圳等地实际轨道交通项目报告 11 部，尽可能全面地总结城市轨道交通项目综合效益指标。

（二）建立指标体系的方法与步骤

指标体系的建立与识别由笔者所在研究团队共同完成，整个建立过程可分为两个步骤：

第一步总结和归纳以上资料中关于城市轨道交通项目效益的论述、分析以及在实际项目中效益的具体体现，并进行初步归纳合并，得到了 54 种效益表现的不同形式。整体上看这些指标包括绩效和费用两类，绩效指标是项目效益的直接反映，如“改善交通条件”等，而费用指标在效益上体现为减少相关费用的发生，如“能源消耗费”等。

第二步通过对上述各指标进一步进行聚类分析，将内容相近的合并或删除，如“推动产业技术进步”和“人员技术水平提高”等都是指专业技术层面的效益而统称为“推动技术创新”，“提高劳动生产率”和“减少疲劳”等都是提供更加舒适公共交通运输的效益而统称为“改善公共交通舒适性”，等等，最终共得到 29 个综合效益指标，然后结合相关研究对这些指标进行三个层级分类，得到轨道交通项目综合效益指标结构，如表 6-18 所示。

表 6-18　城市轨道交通项目综合效益指标

效益指标分类		效益指标构成	
经济效益	收益	1	轨道交通运营收入
		2	与运营相关的其他收入
		3	运营外收入
	建设成本	4	勘察设计成本
		5	征地拆迁成本
		6	建安工程成本
		7	车辆设备购置成本
		8	财务费用成本
	运营成本	9	工资福利成本
		10	能源使用成本
		11	运营管理成本
		12	设施设备维护成本
		13	折旧摊销成本
社会效益	促进经济发展效益	14	带动相关产业投资
		15	促进沿线不动产升值
		16	节约城市土地资源
		17	优化城市结构布局

续表

效益指标分类		效益指标构成	
社会效益	改善民生效益	18	缓解城市交通拥堵
		19	提升居民出行安全性
		20	节约居民出行时间
		21	改善公共交通舒适性
		22	降低居民出行成本
		23	增加就业机会
	节能环保效益	24	减少噪音污染
		25	减少空气污染
		26	节约能源效益
	推动技术进步效益	27	培养技术人才
		28	推动技术创新
		29	推动管理创新

指标结构的建立为项目综合效益评价提供了一种细分方法，也为分析融资模式对效益影响的内部机理提供了可能。

三、项目融资模式对效益的影响评估

（一）问卷调研的设计与实施

融资模式本身概念较为抽象，直接对不同融资模式进行评估对实践的指导意义十分有限，数据也较难获取。因此，可将项目的融资模式细分为投资主体、运营主体、资金来源、政府支持方式四个要素[2]，从而实现任何一种融资模式都可通过这四要素进行描述的标准化分类，也提高了评估结论在实践中的可操作性。而评估融资模式对项目效益的影响可体现为投资主体不同、运营主体不同、资金来源不同和政府支持方式不同对 29 个项目综合效益指标的影响。为了分析这一问题，本研究通过问卷调研收集城市轨道交通行业内不同专家对这一问题的看法。

为均衡受访者所在立场，本研究邀请了包括政府部门、学术机构、地铁运营企业等不同机构的 172 位轨道交通经验丰富的专家参与调研，共收回有效问卷 65 份，有效问卷受访专家组成见图 6-11。所有专家被邀请评估轨道交通项目投资主体不同、运营主体不同、资金来源不同、政府支持方式不同分别对 29 个效益指标影响程度的大小，影响程度采用 Likert 六级量表进行度量，从 0 到 5 表示从“完全没有影响”到“有极强的影响”。问卷还专家列出了融资模式四要素和综合效益 29 个指标的解释，以避免理解上的偏差。

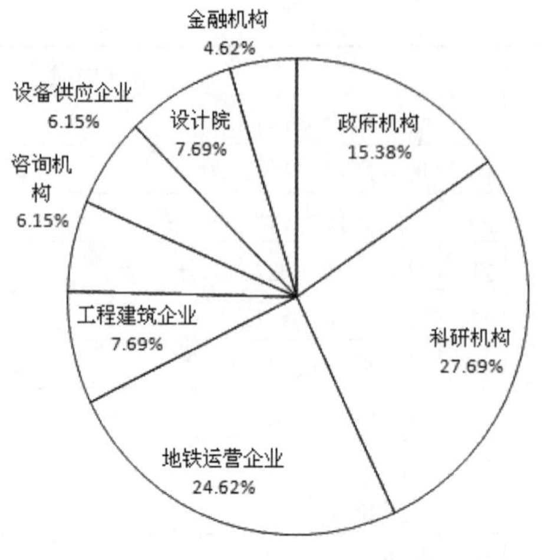

图 6-11 受访专家构成

经计算，本次问卷中投资主体不同、运营主体不同、资金来源不同、政府支持方式不同对各个指标影响评估的 Cronbach's Alpha 系数分别是 0.602、0.682、0839、0.866，数据具有良好的信度[19]，可以进行进一步的讨论分析。

（二）评估结果分析

整理专家评估结果，得到融资模式各要素对效益指标影响大小的均值及排名，如表 6-19 所示，表中还计算出了各项评估中不小于 2.5（显著影响）和小于 1（微弱影响）的数量。在表格底部，指标不小于 2.5 的评估数量越多、小于 1 的数量越少，说明该融资模式要素对项目综合效益的影响越显著；在表格右侧，融资模式要素对指标评估不小于 2.5 的越多、少于 1 的越少，说明该综合效益指标越容易受到融资模式变化带来的影响。

表 6-19 项目融资模式对综合效益影响的评估结果

效益指标	投资主体		运营主体		资金来源		政府支持		≥2.5	<1
	均值	排名	均值	排名	均值	排名	均值	排名		
经济效益										
收益										
1	1.13	18	3.58	2	2.34	3	3.6	4	2	0
2	1.71	15	3.67	1	1.11	12	3.69	3	2	0
3	2.27	8	2.65	7	2.95	2	4.6	1	3	0
建设成本										
4	0.56	26	0.45	27	0.11	27	0.51	23	0	4
5	0.42	27	0.35	29	0.55	17	0.91	20	0	4
6	3.89	2	0.44	28	2.19	4	1.84	11	1	1

续表

效益指标	投资主体		运营主体		资金来源		政府支持		≥2.5	<1
	均值	排名	均值	排名	均值	排名	均值	排名		
7	4.11	1	1.95	17	2.01	5	0.55	22	1	1
8	3.07	3	1.55	20	3.78	1	2.71	6	3	0
运营成本										
9	0.75	24	2.53	9	0.89	13	0.11	29	1	3
10	0.95	20	2.73	6	1.31	8	1.33	17	1	1
11	0.15	29	3.58	3	1.52	6	1.05	18	1	1
12	2	10	2.76	5	0.33	23	1.67	14	1	1
13	0.91	21	0.98	24	0.38	22	0.29	28	0	4
社会效益										
促进经济发展效益										
14	2.82	5	2.25	15	1.22	9	2.78	5	2	0
15	1.75	14	2.56	8	0.09	28	4.04	2	2	1
16	0.22	28	1.16	23	0.42	20	1.64	15	0	2
17	1.2	17	1.56	19	0.07	29	2.51	8	1	1
改善民生效益										
18	0.85	22	2.29	13	0.44	19	1.93	10	0	2
19	2.24	9	2.27	14	1.21	10	1.71	13	0	0
20	0.65	25	0.87	25	0.31	24	0.95	19	0	4
21	2.85	4	2.51	10	0.69	15	1.76	12	2	1
22	2	11	2.31	12	0.75	14	2.6	7	1	1
23	2.38	7	2.07	16	0.56	16	0.8	21	0	2
节能环保效益										
24	1.53	16	1.25	22	0.42	21	0.49	24	0	2
25	0.85	23	0.8	26	0.22	26	0.42	26	0	4
26	0.98	19	2.44	11	1.36	7	1.36	16	0	1
推动技术进步效益										
27	2.44	6	1.75	18	0.29	25	0.45	25	0	2
28	1.89	12	1.38	21	0.45	18	0.36	27	0	2
29	1.87	13	2.91	4	1.18	11	2.18	9	1	0
≥2.5	5		10		2		8			
<1	11		6		17		11			

从整体上看，融资模式会对项目综合效益产生较大影响，决策者进行融资方案比选时需综合考虑，以下从三个视角对调研结果进行分析。

从融资模式要素的视角看，运营主体可对10个指标产生显著影响，为四要素中最多，而资金来源仅有2个，为最少。而运营主体有微弱影响的指标有6个是四要素中最少，而资金来源有多达17个。因此在轨道交通项目实践中，运营主体的改变最容易影响项目综合效益，运营者的比选与变更决策需更慎重进行，而资金来源在四要素中对项目效益影响最小。

从项目综合效益指标上看，运营外收入（3）和财务费用（8）两项指标都会受到3个融资模式要素的显著影响，表明这两方面效益更容易通过融资模式途径得到改善。另外，发现有5项指标受融资模式4个要素的影响都很微弱，说明这5方面效益很难通过融资模式的比选和变更而得到改善。进一步观察发现这5项指标都是基于经验或技术的指标，提高这些方面效益也确实更适宜采取专业技术措施而非融资措施。

从受访者所在不同立场上看，绝大多数专家来自政府、学术机构或地铁运营公司，相比于其他机构，他们也更有机会全面地接触城市轨道交通项目。表6-20列出了这三类专家评估得分均值不小于2.5（影响显著）的所有指标。整体上看，来自学术机构和地铁运营公司的专家与平均评估结果更接近，而政府部门的专家与平均评估结果差异较多，且大部分都高于平均值，尤其是运营主体要素。这说明政府在一定程度上高估了融资模式的影响与作用。

表6-20 不同机构专家评估结果的差异

	指标序号	总平均	政府	学术	企业	其他
投资主体的影响	7	4.11	3.63*	3.93	4.59*	4.00
	6	3.89	3.75	3.93	3.75	4.06
	8	3.07	3.13	3.13	3.06	3.00
	21	2.85	2.88	2.37*	3.19*	3.25*
	14	2.82	3.00	2.60	2.75	3.00
运营主体的影响	2	3.67	4.13*	3.60	3.50	3.69
	1	3.58	3.88*	3.27*	3.69	3.63
	11	3.58	4.00*	3.53	3.50	3.50
	29	2.91	2.63	2.87	3.06	2.94
	12	2.76	2.75	2.87	3.06*	2.38*
	10	2.73	2.88	2.60	2.69	2.81
	3	2.65	3.00*	2.67	2.38	2.75
	15	2.56	2.75	2.80	2.50	2.31
	9	2.53	3.50**	2.53	2.25	2.31
	21	2.51	2.13*	2.73	2.44	2.56
资金来源的影响	8	3.78	4.13	3.87	3.50	3.81
	3	2.95	4.00**	2.40**	3.31*	2.56*

续表

	指标序号	总平均	政　府	学　术	企　业	其　他
政府支持方式的影响	3	4.60	4.50	4.60	4.63	4.63
	15	4.04	4.00	4.07	4.19	3.88
	2	3.69	3.75	3.67	3.69	3.69
	1	3.60	3.63	3.53	3.50	3.75
	14	2.78	2.88	2.73	2.50	3.06
	8	2.71	3.18*	2.60	2.81	2.38*
	22	2.60	3.08*	2.87	2.38	2.19*
	17	2.51	2.38	2.33	2.44	2.81*
*			8	2	4	
**			2	1	0	

注　*表示与总平均差异在 0.3 以上，**表示与总平均差异在 0.5 以上

通过表 6-19 和表 6-20 还可详细地分析出每个融资模式素与每个效益指标的一一对应关系，可作为决策者比选的参考，由于篇幅关系在此不做逐一赘述。

四、结语

本文通过文献资料总结、问卷调研等方法，系统地评估了城市轨道交通项目中投资主体、运营主体、资金来源、政府支持方式这四个融资模式要素对 29 项综合效益指标的影响程度大小，所得结论明确衡量了不同融资模式要素的作用大小，还指出了容易受到不同融资模式影响的具体指标。城市轨道交通项目融资模式对综合效益整体上呈显著影响，在此结论基础上，对融资要素的不同选择在不同效益指标方面的表现进行评价、进而建立融资比选模型是进一步研究的方向。

参考文献

[1] 王啸宇．城市轨道交通市场化投融资机理及模式研究[D]．南京：河海大学，2007.

[2] 梁伟．城市轨道交通项目投融资模式选择决策研究[D]．北京：清华大学，2012.

[3] Wu D，Wang S Q，Ma S. Negotiation Scheme for a High-Speed Railway Station Redevelopment Project [C]. Proceedings of the 17th International Symposium on Advancement of Construction Management and Real Estate. Shenzhen，2014: 589-595.

[4] 李明阳，刘丽琴，邢燕婷．现代有轨电车项目投融资模式研究[J]．都市快轨交通，2013，26（6）：131-135.

[5] 史文富．北京市基础设施建设投资效果评价体系研究[D]．北京：清华大学，2005.

[6] 戚玉超．城市轨道交通建设项目经济效益评价研究[D]．北京：北京交通大学，2007.

[7] 徐科．交通基础设施项目后评价研究[D]．重庆：重庆大学，2007.

[8] 李雪芹．城市轨道交通经济效益分析及其评价[D]．成都：西南交通大学，2004.

[9] 刘西西．基础设施项目投资效果评价方法研究[D]．西安：长安大学，2008.
[10] 孙健．基础设施建设项目综合评价指标体系和应用研究[D]．北京：清华大学，2004.
[11] 毛继苓．财政支出高速公路项目绩效评价指标体系研究[D]．昆明：昆明理工大学，2006.
[12] 郭云霞．运输基础设施投资项目经济评价方法研究[D]．西安：长安大学，2006.
[13] 李志．城市轨道交通的综合效益评价[D]．成都：西南交通大学，2006.
[14] 谢逢杰．城市轨道交通项目经济效益评价方法初探[J]．工业技术经济，2004，23（3）：77-79.
[15] 郝成．城市轨道交通项目效益分析与应用研究[D]．北京：北京交通大学，2008.
[16] 李燕．城市轨道交通项目综合评价体系与方法研究[D]．济南：山东大学，2010.
[17] 郭其伟，朱瑜葱．城市轨道交通综合效益评价体系[J]．长安大学学报（建筑与环境科学版），2003，20（3）：63-65.
[18] 孙梅花．轨道交通项目的国民经济评价研究[D]．大连：大连理工大学，2008.
[19] Norusis M J. SPSS for Windows: Professional Statistics，Release 6.0 [M]. Statistical Package for Social Sciences （SPSS） Inc.，Chicago，Illinois，USA，1993.

（《都市快轨交通》2016 年第 1 期，第 30-34 页）

BOT/PPP 项目评标方法与指标

作者：赵国富　刘申亮　王守清

BOT/PPP 项目特许权招标（法人招标）虽然在国内得到了不少应用，还存在着许多值得研究的地方。政府及其代理机构在选择中标人的时候，必须有可以实际利用的特许权评标方法和评标标准。

目前常用的 BOT/PPP 项目特许权招标评标方法主要有三种：① 最短运营年限中标法。这种方法的评标过程简单，可最大限度减少人为因素，加剧投标者之间的竞争，但并不一定能够完全反应投标者的整体综合实力。② 最低收入现金净现值中标法，即当特许权中标者从项目中所得净收益的净现值达到投标值时，特许经营期终结，项目移交政府。可见，这种方法所选中标者的特许期将随特许权人的收入状况变化，但不能激励特许权人缩短建设工期，也不能激励特许权人通过改进服务的方式来增加收入。③ 综合评标法，即综合考虑投标者对标的响应程度以及在融资、设计、建设和运营维护项目等方面所提出的方案进行评审。该方法的优势在于适用面广，能够全面综合判断投标者的情况，但不能排除评标过程中的人为因素。

鉴于基础设施 BOT/PPP 项目的特点如投资大、建造和运营周期长、外部社会与环境影响大、合同和融资关系复杂等，政府实施项目的目标不应当是单一的经济目标，而应综合考虑效率、公平、福利、环保、可持续发展等目标，因此综合评标法是最适用于基础设施 BOT/PPP 项目的评标方法。

在对具体项目进行评标时，需要重点考虑三个方面，即社会效益指标、投标联营体指标和项目成本指标（见图 6-12）。社会效益指标主要反映 BOT/PPP 项目的社会效益，在评标时应主要考察投标者基于政府或其代理机构所发布招标文件而提出的方案优化或改进方案，包括项目的建设、运营、服务、维护水平的提高，对项目影响区域的经济促进作用，项目环境保护措施和项目安全管理措施等。投标联营体指标主要反映投标企业的情况，考核指标包括项目投标联营体各方的资信情况、社会声誉和业界声誉、企业组合搭配、财务状况、业绩情况，投标担保等。项目成本指标是对特许经营期限、建设成本、运营成本、融资成本（可折算为单位产量或服务的综合成本或收费价格）、投资回报率等的全面考核。

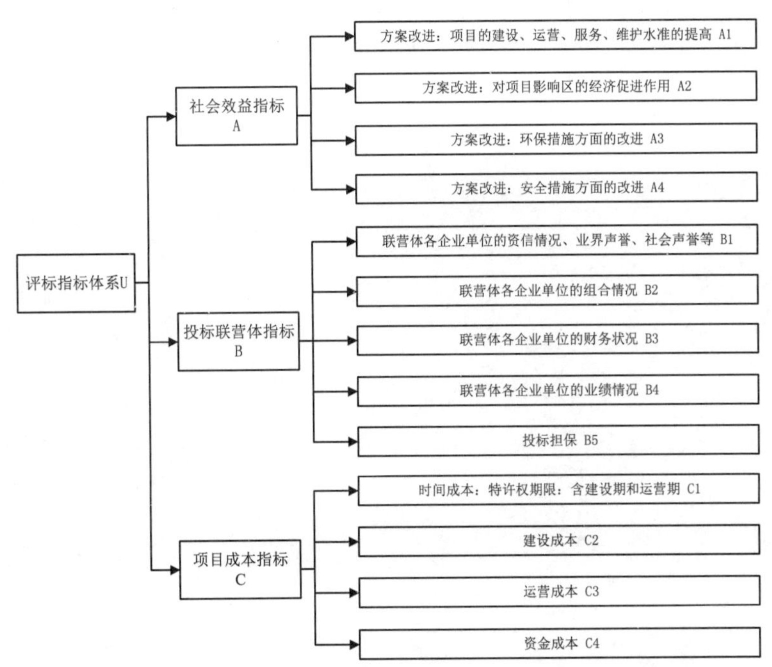

图 6-12　BOT/PPP 项目评标指标

由于项目的社会效益指标难以量化，因此，应用综合评标法时常常需要借助层次分析法，即建立项目评标指标的递阶层次结构，通过各个层次内两两指标的相对重要性比较，通过适当的计算方法来确定各指标的权重，进而利用综合评标法来确定每个投标方案的综合值，以选择有竞争力的中标者。

（《中华建筑报》，2007年2月10日）

第7章

新型城镇化趋势下的PPP行业应用

城市——特色的政企共建综合"共生"体

作者：王守清

2011年夏天，我国很多地方遭到强降雨袭击，杭州、深圳、南昌、北京等多个城市遭遇"内涝"尴尬。不少网友戏谑：如今可以"去武汉看海"、"到杭州观水漫金山"、"坐北京地铁赏水帘洞景"……社会各界人士都高声呼吁：城市管理、城市交通、城市规划必须进一步提上政府的优先日程。

一、城市应是一个的"共生"综合体

从管理的角度而言，城市规划应正确处理好两个核心关系：第一，局部和整体的关系；第二，短期和长期的关系。

城市作为一种"组织"，其生存发展之道在于不断深化为最能发挥其功能的形态和找到最佳的"生态位"。每一个城市均与其他周边城市与整体社会自然环境相互依存。城市中的商务区/工业区与居住区、城市与农村、城市与其他城市、城市与环境都具"共生"关系。城市的最佳规模及城市功能的最佳发挥（直接影响了生活质量和长远发展）主要受"共生"程度的影响。

但是我国很多大中型城市却严重存在一些破坏城市"共生"的不和谐因素。例如，北京严重缺水，但城市规模过大；商务区与居住区遥远，但交通设施（特别是轨道交通）建设严重滞后；地上建筑发展媲美最发达国家，但下水道系统落后近百年（好像

有报道说还依赖“明朝的”）；西部是工业区，与附近优美环境不协调，等等，破坏了城市与人类生活环境的“共生”关系，从而很大程度上造成了北京生活质量差（特别是房价高和交通堵塞）。这是我们的城市规划没有处理好局部和整体、短期和长期的关系造成的。城市规划和城市经济从长远意义上来讲，也应该是相辅相成的。新加坡“规划之父”刘太格曾经说过：“城市骨架、功能、机理做好了，繁华会自动产生。”我们现在很多城市连最起码的城市骨架都没有搭建好，就去一味地追求短期的经济效益，这对于城市的长期发展都是不利的。

二、 城市应是一个具有特色的综合体

一个城市要想拥有一个稳健的发展趋势，还有一个重要的因素就是城市特色问题，特别是城市主题文化的形成和发展。现在我国很多规划专家、文化学者都意识到，造成城市特色危机问题的根源，就是在城市规划之前，城市没有一个城市主题文化发展理念和战略定位，所以造成了城市特色危机。为此，很多城市规划专家、文化学者纷纷提出解决城市特色危机的方法，就是在城市规划之前要有一个城市母规划，通过这个城市母规划来确定城市特色，特别是主题文化发展理念，然后进行城市主题文化战略定位。

城市主题文化作为城市规划的母规划，在于引导和推进城市特色建设和发展，通过城市主题文化发展战略规划，赋予城市文化的特色情境、特色氛围、特色意蕴、特色功能，从而使城市形象符号更具特质性、系统性和权威性。它是针对城市特质历史和文化，以及城市特质资源安排和布局的一种规划，是关于城市主题文化空间布局及功能的情境规划，所涉及的内容包括主题文化的文化形态、活动形态、经济形态、建筑形态、旅游形态、教育形态等方面，它既关注城市的硬件环境的规划，也关注城市软件环境的建设，通过城市主题文化环境营造和城市主题文化的功能培育，使城市形成一个独一无二的特色鲜明城市。

三、城市发展中的政企合作（PPP）模式

有了城市主题文化再加以良好的城市建设与运营模式是推动城市发展的重要核心力量。过去的城市建设和运营，特别是基础设施（如交通、电厂、通讯）和公用事业（如水厂、医院、学校、养老院等）项目，主要是由政府主导的；但由于政府的资源（特别是资金）有限、专业能力不强和效率不高，近二三十年以来，越来越多的基础设施和公用事业项目开始采用政企合作（PPP）模式。PPP 是英文 Public-Private-Partnership 的缩写，在广义上是指政府和企业合作，承担本该由政府向公众提供的（准）公共产品和服务（如水、电、交通、教育、医疗等）；狭义上是指政府在提供该产品或服务的项目公司中占有股份。

在我国，PPP 模式中与政府（Public）对应的企业（Private），是一个泛指的概念，而不应直译为“私营企业”，因为目前在中国参与这类项目的多是国有企业，也就是说，只要不是政府机构，都可以认为是这里的 Private（企业），可能是国有企业、外资企业、民营企业甚至个人。所以，PPP 在中国更适合意译成“政企合作”而不是直译成“公私合作”。

要注意的是，实施 PPP 模式的重点并不是简单地引进社会资本，而更应是通过发挥政府和企业的各自优势，发挥企业的能动性和创造性，提高效率和服务水平。要实现这些目标，在政府和企业之间建立合理的风险分配机制、科学的补偿机制和新型的政企关系非常重要。在此基础上，借助 PPP 模式所引入的先进理念、机制、人才和管理等要素，解决政府财政不足和城市发展的矛盾，推动城市建设和运营的发展，提高城市的功能和人民的生活质量，也为企业参与城市建设与运营提供良好的切入点，实现政府、企业和百姓的和谐发展。

当人们乘坐地铁 4 号线出行时，恐怕没有多少人知道这是我国首个以 PPP 模式建设和运营的轨道交通项目。北京地铁 4 号线项目的投融资模式开创了我国轨道交通 PPP 的先河，也为国内其他大型基础设施项目的融资探索出一条可以借鉴的道路。同时，在我国当前实施的“扩内需、保增长、促发展”的宏观经济政策背景下，PPP 模式的运用对于吸引社会资本参与国家大型基础设施建设，调整经济结构，拉动经济增长具有十分重要的借鉴和指导意义。

城市规划，让城市更美好。城市，让生活更美好。只有当我们的城市规划、建设、运营和管理者在整个过程中，注意处理好局部和整体、短期和长期的关系，注意城市特色的建设和发展，注意应用各种创新模式，才能真正让城市和城市生活更美好。

（《经典》2011 年第 11 和 12 期合刊，第 68-69 页）

新型城镇化背景下的 PPP 产业基金设立及运作模式探析

作者：冯珂　王守清　张子龙　赵丽坤

北京市自然科学基金资助项目（9144027）；北京高等学校青年英才计划项目（YETP1427）

【摘要】 PPP 产业基金有助于实现城镇化建设资金缺口与市场投资需求的对接，

为新型城镇化提供资金和管理上的支持。本文基于我国 PPP 项目融资现状，分析了 PPP 产业基金的设立意义。通过对 PPP 项目融资特点和产业基金运作一般模式的分析比较，对 PPP 产业基金的设立形式、募集对象、投资对象、退出方式、运作模式中的主要步骤等进行了探讨，对我国推广 PPP 有一定的参考价值。

【关键词】 新型城镇化 公私合作（PPP） 产业基金 运作模式

一、引言

随着我国城镇化进程的不断加速，至 2011 年，全国的城镇化率达到了 51.27%，城市常住人口首次超过农村常住人口。据国务院印发的《国家新型城镇化规划（2014—2020 年）》的发展目标，2020 年我国的城镇化率有望达到 60%左右，并再实现 1 亿农村转移人口的城镇落户。

据估计，为实现 2020 年全国城镇化率 60%的目标，由此引致的投资需求可达 40 万亿元以上[1]。然而，目前我国的财政投入与城镇化所需的投资需求相比仍存在巨大的差距[2]。传统上，地方政府对基础设施的投入主要来源于其从土地出让中所获得的地租收入或依托地方融资平台发行的城投债。但近年来随着房地产市场供给日趋饱和，地方政府的土地出让收入逐渐减少。同时，地方融资平台债务规模迅速膨胀，给金融系统的稳定带来了巨大隐患。在此背景下，依托 PPP（Public-Private Partnership，公私合作，我国官方称“政府和社会资本合作”）模式在城镇化基础设施领域引入社会资本，将成为化解地方债务危机，提高社会资源配置效率的重要举措。PPP 模式作为一种基础设施融资工具，能拓宽建设项目资金来源，吸引社会资本，减少政府财政负担。

我国的 PPP 实施环境与 PPP 成熟度较高的国家相比尚存在较大差距[3]，法律、金融等配套制度相对落后。一方面，项目建设运营经验丰富的社会资本因自有资金有限、筹资能力不强或缺少与 PPP 项目匹配的融资工具等因素，而可能错失参与 PPP 项目的机会。另一方面，诸多追求长期稳定收益的金融投资者则缺少进入基础设施项目的渠道，而难以形成 PPP 项目融资的有效供给。通过制度设计化解 PPP 项目融资难题成为在新型城镇化中推广 PPP 模式的关键所在。基于此，本文对 PPP 产业基金的相关制度和运作模式进行了深入分析，为以金融手段破解 PPP 项目融资困境，更好地吸引社会资本参与新型城镇化提供了参考。

二、PPP 产业基金设立的现实意义

（一）缓解地方财政投入不足，拓宽 PPP 项目融资渠道

国务院 2014 年颁发的《关于加强地方政府性债务管理的意见》（43 号文）中已明确提出了“剥离融资平台公司政府融资职能，融资平台公司不得新增政府债务”的指

导意见。该意见正式宣布了地方融资平台政府融资职能暂告一段落。同时，地方政府项目收益债的发行尚处于摸索阶段，还没有成熟的操作思路。在此背景下，引入 PPP 产业基金可在一定程度上缓解地方财政投入不足与城镇化建设融资缺口之间的矛盾。PPP 产业基金追求的是长期稳定的收益，这正与城镇化建设中基础设施项目资金规模大，投资回收期长的特点相互吻合[4]。采用 PPP 产业基金募集项目建设资金拓宽了金融投资者的投资渠道，可以充分利用社会闲置资金，积少成多。与传统的银行贷款相比，产业基金具有门槛低，效率高，资金量充裕的优点。在资金募集的时间和规模上也具有相当的灵活性。如可根据项目的工程建设进度、资金需求状况、合同付款时点等分期发行，随募随用，从而提高了资金的利用效率，有助于实现资金募集与项目建设运营需求的无缝衔接。

（二）提供新的项目融资渠道，改善 PPP 项目融资结构

传统的 PPP 项目融资通常有债权融资和股权融资两种主要方式。债权融资，指项目公司的股东通过信贷向公司外部获得资金。但项目发起人一般自有资金有限，很难达到商业贷款对贷款申请人资金的基本要求。过高的负债比例将增大企业的破产风险，若将项目负债反映到公司的资产负债表上将导致企业难以筹集新的资金[5]。股权融资，指项目公司的股东通过出让公司股权或增发股票的方式以获得资金。但股权投资要求投资者对所投资公司和行业具备一定的专业判断能力，且其转让退出机制较债权融资更为复杂，限制了一般社会投资者的参与。在我国，由于银行往往要求项目母公司作为贷款主体或母公司提供担保与抵押，而很难以项目的预期收益现金流作为抵押取得贷款，故一般项目也很难实现真正意义上的表外融资。PPP 产业基金所提供的资金无须反映到项目发起人的资产负债表上，避免了融资过度集中于银行和过高的资产负债率对公司再融资能力的影响，优化了 PPP 项目的融资结构。与一般的股权融资相比，产业基金可通过股权转让、回购、上市等多种方式退出，投资的流动性较好。基金通过雇佣专业的技术和金融专家，也提高了投资的可靠性和投资者的信心。通过内部的“优先级”、“劣后级”等非结构化设计实现了风险和收益的合理匹配，可满足多层次的投资需求。

（三）发挥专家技术管理优势，改善 PPP 项目治理模式

依据我国会计准则的有关规定，为实现财务风险在母子公司之间的隔离，PPP 产业基金在单一项目中的投资比例一般低于 20%。作为被投资公司的少数股东，PPP 产业基金可通过所持有的股权参与被投资公司的管理，对项目的建设管理发挥一定的监督作用。基金所汇集的技术和金融人才也将在项目公司的治理中发挥作用，最终促进投资对象价值的提升。此外，产业基金也具有金融资本的运作特点，即可以通过大规

模的集中投资来影响某一行业内的制度和竞争规则的制定[6]。具体来说，产业基金具有天然的逐利性，只会对满足特定条件的项目进行投资，如收益前景稳定、合同关系完善的项目。为了筛选出合适的投资对象，产业基金将逐步形成对 PPP 项目财务状况、投资回报、项目优势等因素的评价体系。为了吸引 PPP 产业基金的投入，新设 PPP 项目将自觉向这些评价标准靠拢，逐步改善项目在此类指标上的表现。因此，PPP 产业基金的设立对通过市场手段促进典型 PPP 治理模式的推广、改善区域内 PPP 项目公司治理模式都将发挥有益的促进作用。

三、PPP 产业基金的制度设计

（一）基金的设立形式

目前，产业基金的组成形式主要有公司制和有限合伙制。公司制产业基金的稳定性高，法人治理结构完善，但谈判成本较高。企业所有权与管理权的相互分离，也容易产生由委托代理关系引起的道德风险。有限合伙制产业基金由普通合伙人和有限合伙人组成，具有组织灵活，无须缴纳企业所得税等优点。普通合伙人负责基金的主要管理工作，并对投资活动承担无限的投资责任。虽然普通合伙人只投入了相对少量的资金，但以承担无限责任的方式取得了企业的管理权，从而能有效激励具有专业技能的专家人才参与企业管理，创造价值。有限合伙人不直接参与基金管理，对投资活动承担有限责任，并享受优先分红。有限合伙制基金的设计使得基金产品的风险和收益更为对称，有效弱化了道德风险，应而目前也是国际上股权投资基金发展的主流模式。基于此，PPP 产业基金的设立形式采用有限合伙制为宜。

（二）基金的募集对象

有限合伙制基金中通常采取非结构化的设计。基金的普通合伙人（GP）出资 1%，享受 20%的附带权益，负责基金的投资和管理，并按基金总额每年提取一定比例的管理费用。有限合伙人（LP）出资 99%，享受 80%的附带权益，不参与公司具体管理，但享有知情权和咨询权。有限合伙人内部又可根据风险收益配比的不同进一步划分为优先级和劣后级。对 PPP 产业基金而言，可仿照惯例，由参与项目的社会资本作为普通合伙人（GP），负责具体的项目审核和基金管理。追求长期稳定收益的金融投资者，如企业年金、社会养老金、保险资金及主权基金等，可作为有限合伙人（LP）享受优先分红的权利，但不参与基金的具体运作并只承担有限责任。PPP 产业基金的募集对象如图 7-1 所示。

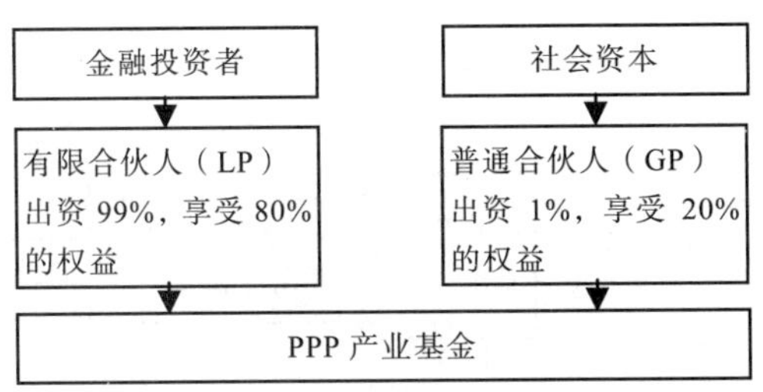

图 7-1　PPP 产业基金的募集对象

（三）基金的投资对象

PPP 产业基金的投资领域将主要集中于新型城镇化相关的基础设施和公用事业。PPP 项目合同复杂、前期谈判成本高，因而对项目规模、特性都有一定的要求。项目本身的性质如技术复杂性、收费的难易程度、生产投资规模等均应作为投资决策的考虑内容。PPP 产业基金的投资对象一般以拥有稳定现金流的经营性 PPP 项目为主。对于准经营性和非经营性 PPP 项目是否可以进行投资，取决于在考虑了政府提供的其他配套性补偿措施之后，项目是否具有盈利的空间。总体而言，适合投资的 PPP 项目通常应具备以下几个条件[7]：项目设施投资规模大，需求长期稳定，如道路、通信、电力等；技术可靠，项目复杂程度适中；市场化程度较高；具有基于使用者付费的收费模式；具有较强的区域性。

（四）基金的退出方式

PPP 产业基金退出机制应保证投资者享有一定的资产流动性和实现资本增值，同时也应确保与具体项目的融资需求相协调，即 PPP 项目的正常运作不受到投资退出的影响。一种可行的退出方式是由项目发起人在项目完工后选择回购产业基金所持的项目公司股份。通过这种方式，PPP 产业基金可以较快地取得回报，项目发起人通过回购股份也避免了项目公司股权的分散。鉴于产业基金追求的是长期投资和稳定回报，也可以将 PPP 产业基金作为 PPP 项目资金的长期供给来源。在 PPP 项目的运营阶段中，由 PPP 产业基金按照项目未来的资金需求阶段性地进行基金募集，项目发起人以项目未来一段时期内资产运营产生的现金流逐步回购基金持有的股份或者作为基金投资的回报。除以上两种方式外，产业基金也可选择对外转让所持有的项目股权。通过公开转让，产业基金所持的股权得到了变现，也为其他想进入基础设施行业的投资者提供了入口。为保证项目资金的稳定性，可依需要在特许经营协议中设计 3 到 5 年的锁定期，只有当投资期限超过锁定期后才能进行自由转让。

四、PPP 产业基金的运作模式

PPP 产业基金的运作模式如图 7-2 所示，下文将结合 PPP 项目的一般运作模式，仅就引入 PPP 产业基金后，PPP 项目运作中的几个关键步骤进行分析。

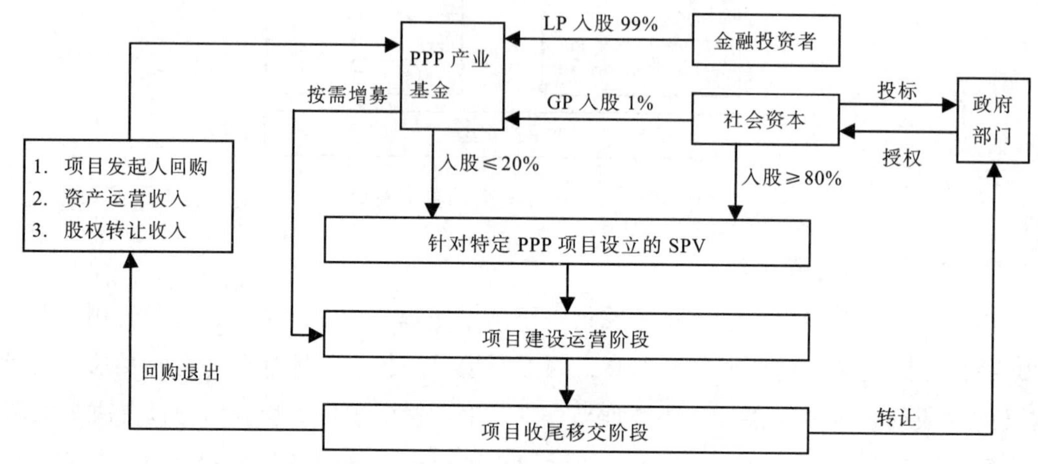

图 7-2　PPP 产业基金的运作模式

（一）确定项目方案和可行性研究

PPP 产业基金具有天然的逐利性，因而对于所投资的项目具有严格的要求。在筛选投资项目时，应对方案在经济、技术和市场等方面的可行性进行分析，将不满足条件的项目排除在外。条件允许的地区也可在地区基础设施 PPP 项目的发展规划中邀请 PPP 产业基金的参与，由 PPP 产业基金充当地方政府决策过程中的“外脑”，借助其技术经验形成满足收益稳定、风险可控特点的地区 PPP 项目发展规划[1]。对经评审通过的项目，PPP 产业基金可根据项目进度提供后续资金。对于地区 PPP 项目发展规划之外的社会自提 PPP 项目，项目发起人可单独向 PPP 产业基金提出申请，经审核满足要求的，也可成为投资对象。

（二）项目招投标并确定特殊目的公司

根据财政部 2014 年印发的《政府和社会资本合作项目政府采购管理办法》中的有关规定，对参与 PPP 项目的社会资本的选择可通过公开招标、邀请招标、竞争性谈判或磋商和单一来源采购等多种形式进行。PPP 产业基金的参与会对所成立的特殊目的公司（Special Purpose Vehicle，SPV）的股权结构产生一定的影响。因此，在 SPV 的招投标、初选以及后期的竞争性谈判中都应对 PPP 产业基金的参与机制进行谈判和讨论。谈判内容应囊括 PPP 产业基金的进入、退出、增资、减资等机制，以及产业基金作为少数股东应如何参与 SPV 的管理等。谈判结束后，SPV 即可着手准备注册成立，并执行按事先约定的投资比例出资，制定公司章程等工作。

（三）项目开发运营阶段

在项目的开发运营阶段，SPV 将与各建设单位签订合同，组织项目的建设工作。PPP 产业基金作为 SPV 的股东之一，拥有参与项目开发、监督项目运营的权利。在项目的开发与运营阶段，PPP 产业基金也可根据项目建设的需要，在后续阶段继续募集资金，为项目建设全过程提供资金保障。PPP 产业基金的回购和退出工作也可在此阶段进行，具体的回购和退出流程由项目发起人与产业基金共同商议决定。

（四）项目收尾移交阶段

特许期满后，项目公司应向政府转让项目的经营权和所有权，并办理 SPV 的清算手续。为确保移交后的项目仍具有良好的运营效果和状态，一般应考虑如下注意事项：① 移交准备。由政府和项目公司对特许经营协议中约定的移交情形和条件进行确认，并制定资产评估和设备测试的方案。② 资产评估。对项目的资产状况和运行现状进行评估，不符合移交条件的设备或资产应由项目公司进行更新维修。政府也可要求项目公司提供维修担保，为移交后的项目质量提供保证。③ 项目移交。项目公司应按合同约定向政府移交相关的知识产权、资产清单、技术法律文件等资料，并配合做好确保项目平稳过渡的其他相关工作。

五、结语

新型城镇化建设中蕴含着巨大的投资需求，PPP 将得到越来越多的应用。现有 PPP 项目中融资模式的不足和融资工具的单一是限制社会资本参与城镇化的主要因素之一。本文结合 PPP 项目的融资需求，提出设立 PPP 产业基金，并在基金的设立形式，募集对象，投资对象、退出方式和运作模式中的主要步骤等方面进行了分析和设计，为匹配不同类型的金融投资者在风险偏好、收益预期和投资期限等方面的特定需求创造了条件，对推广 PPP 在城镇化和其他公共项目中的应用有一定参考价值。

参考文献

[1] 吴伟，丁承，鲁阳晋. 混合所有制背景下的 PPP 模式与投行创新思路[J]. 新金融，2014（7）: 31-37.

[2] 邱俊杰，邱兆祥. 新型城镇化建设中的金融困境及其突破[J]. 理论探索，2013（4）: 82-86.

[3] Grimsey D，Lewis M. Public Private Partnerships: The worldwide revolution in infrastructure provision and project finance[M]. Edward Elgar Publishing，2007.

[4] 谭向东. 城镇化背景下基础设施建设金融支持框架研究[J]. 建筑经济，2011（7）: 9-12.

[5] 亓霞，王守清，李湛湛. 对外 PPP 项目融资渠道比较研究[J]. 项目管理技术，2009，

（6）: 27-32.
[6] 窦尔翔. 中国产业投资基金发展的路径选择[J]. 中国人民大学学报，2006（5）: 8-15.
[7] 王守清，程珊珊. 国内外 PPP 项目适用范围“PK”[J]. 施工企业管理，2014（9）: 87-88.

（《建筑经济》2015 年第 5 期，第 5-8 页）

城镇化需要 PPP 及相应法律和制度体系建设

作者：王守清

一个城市或城镇（以下统称城镇）要可持续发展并保证居民的生活水平，“居民-产业-公共服务”之间的集成与匹配、供需匹配与投融资机制联动非常重要，特别是其中的基础设施（含公用事业与公共服务等，下同）是政府必须承担的责任，但是基础设施一般具有投资规模大、建设周期长等特点，仅仅依靠政府投资，会带来较大的财政压力，目前地方政府近 20 万亿的债务就是明证。国务院总理李克强在 2013 年 7 月 31 日主持召开国务院常务会议，研究推进政府向社会力量购买公共服务，对社会资本进入基础设施领域释放了更为强烈的信号。财政部 2013 年底开始力推 PPP（Public-Private-Partnership，公私合作/政企合作）模式，“在当前创新城镇化投融资体制、着力化解地方融资平台债务风险、积极推动企业‘走出去’的背景下，推广使用 PPP 模式，不仅是一次微观层面的操作方式升级，更是一次宏观层面的体制机制变革。”财政部部长楼继伟如此表述 PPP 模式的意义。但是，PPP 不是天上掉馅饼的事，如果仅把 PPP 当做解决政府资金不足的手段，经就念歪了；退一步说，即使是主要为了解决资金不足问题，但我国缺乏 PPP 法，相关政策政出多门不够完善甚至有冲突，有些地方政府信用不佳，金融体系“嫌贫爱富”，企业信用体系、公众参与、项目风险分担与利益共享机制未建立等，社会资本也不会进入。因此，我国 PPP 法律和制度建设在当前形势下显得尤为重要。

结合 PPP 模式和基础设施的自身特点及 PPP 在中国的应用历史和发展现状，在构建 PPP 法律和制度体系时，应至少遵循以下四个原则：

（1）强调物有所值（Value for Money）。对一个基础设施项目是否要采用 PPP 模式，一定要做评估比较，保证应用 PPP 模式后，比传统的政府投资模式有改进，包括风险的转移、服务水平和效率的提高等，既要保证投资者可以获得一定利润以吸引社会资本，又要保障政府和社会公众的利益，以承担社会责任；既要考虑基础设施对经济发展和生活水平提高的重要性，又要考虑项目的可持续性（如果项目自身收益不足，需要政府的资金支持或补贴，要考虑政府的财政实力）。千万不要为了应用 PPP 模式而应用 PPP 模式，千万不要为了建设基础设施而不考虑可持续性。

（2）重视政企合作。PPP 项目涉及两大核心参与主体，分别是政府（一般是地方政府）和企业（可以是国企、民企或外企）。政府应对公众负责，企业则应分担原本由地方政府承担的部分或全部责任与风险。双方在合作过程中各尽所能，各取所需，实现既充分发挥企业的技术和管理经验，提高效率，又有效控制政府的财政风险，有力保障社会公众的利益。因此，良好的合作关系是 PPP 模式应用成功的首要前提。为了确保合作关系的顺利，在进行法律和制度体系设计时，应特别重视政企的合作关系，以及对各类企业的一视同仁，不因企业性质而歧视或优惠，建立一元化市场。

（3）重视顶层和框架设计。PPP 项目的特许经营协议/合同长达数年、十几年甚至数十年，地方政府可能换届多次，因此，只有从国家层面完善法律和制度体系才能给企业特别是私营企业更强的信心，更好地保证企业的权益，才能更有效地吸引社会投资参与。前面所述我国应用 PPP 中所出现的一些问题特别是出现一些法律障碍（如现有法律的模糊或空缺地带以及不同法规政策之间的冲突）和一些地方政府不守合同或扯皮的现象，其原因之一就是缺乏国家层面的 PPP 法律和制度体系。另外，由于 PPP 模式多运用于大型项目，建设周期长，使用时间久，涉及的利益主体多元化，没有国家层面的法律和制度，很容易出现各种纠纷且难以有效解决。

（4）强调动态公平分担风险。成功应用 PPP 模式的基础工作是正确识别和动态公平分担项目风险（含分享收益），并通过特许权协议/合同落实，各个风险应由具有最佳管控能力和管控成本最低的参与方分别承担。对政府而言，应用 PPP 模式并不是把所有风险都转移给企业，要考虑效率，因为企业对其没有管控能力的风险会要高价，甚至不参与项目；对企业而言，也不能把承担更多风险作为获得更多回报的机会，要考虑自身风险管控力与承受力。而且，因为特许期长，让政府或企业任何一方独立去预测和承担特许期内的风险是不现实的，必须建立重新谈判触发机制和谈判原则，或建立动态调节（如调整价格或特许期等）机制，以实现项目参与各方长期的动态公平。因此，在进行 PPP 法律和制度体系设计时，要明确政府和企业各自应承担的责任和义务，既充分保障企业的合法权益，增强投资者的长期信心，也要提高效率，保障政府和社会公众的利益。

基础设施项目投资大、周期长、风险多、涉及各方利益，在 PPP 法律和制度体系的构建过程中，除了积极推进已经启动的国家层面的PPP立法，还要适时制订全国性的PPP项目实施指南，以规范运作；要探讨设立中央和省级PPP机构，完善一站式透明审批机制，以提高效率，实现物有所值，并有利于经验总结和传播，避免重复交学费；要建立或完善公众参与决策和监管机制，以完善政府决策机制和弥补政府监管的不足；要建立国家级补缺资金，以促进经济落后地区的基础设施建设，平衡全国发展；要建立项目信息发布机制，保证公开、公平、公正，以预防腐败和总结经验，只有这样，才能保证我国城镇化建设的可持续发展。

（《中国建设报》，2014年3月7日）

城镇化背景下的投融资规划框架研究

作者：程哲　蔡建明　杨振山　王守清

国家自然科学基金项目（41371008）——开发区驱动下的城市社会空间转型与重构

【摘要】 为了破解城镇化进程中城市新城新区开发的投融资难题，保障城市规划的贯彻落实，建立城市开发的长效机制，基于项目管理和政企合作（PPP，Public-Private Partnership）理论，结合城市规划和开发实践的经验总结，构建了投融资规划的框架模型。通过在专项规划中引入投融资规划，对新城新区内项目集进行统筹考量，充分发挥项目集的项目关联优势，采取联动开发和滚动开发的策略，降低成本，应对风险，获取增量效益，最终实现新城新区可持续发展，并通过实际案例检验了投融资规划的合理性和可行性，为新城新区的开发提供了参考。

【关键词】 城镇化　新区开发　项目管理　政企合作（PPP，Public-Private Partnership）　投融资规划

一、引言

改革开放以来，我国经济持续快速增长，城市化进程也呈现爆发式增长，2013年，我国城镇化已达53.7%，已有过半数的人口居住在城镇，城镇已经成为人口、产业和社会经济发展的主要地域单元[1]。在我国的城镇化实践中，尤其是改革开放以来，城市不断蔓延，各地涌现了大量的经济开发区、工业园区、产业园区、产业新城等新城新区，这些新城新区级别各异，规模不同，已经成为城市发展的重要载体，对城镇化和城市经济发展起到了较大的促进作用[2, 3]。新城新区开发涉及大量的土地开发、

拆迁安置、基础设施建设、公共服务提供以及各类建筑的建设等，投资大，周期长，在当前经济形势复杂，调控力度大、土地出让萎缩、银行贷款吃紧的形势下，如何有效解决新城新区开发资金紧张、拓宽资金来源渠道、提高资金利用效率、构建可持续的新城新区开发模式成了当务之急[4]。

在早期的新城新区开发实践中都是政府主导，通过政府成立的地方融资平台（城投公司）进行融资、建设，资金来源除了土地出让，主要依靠银行贷款[5]。这种模式带来的后果就是地方政府债台高筑，过度依靠土地财政[6]。据审计署数据显示，截至2013年6月，各级政府各类债务合计高达30.27万亿元。为化解困境，地方政府亟须投融资模式创新。

现有的城市规划体系中，强调空间布局和规模发展，注重技术性指标的预测和控制，缺乏对投融资支撑的足够重视，比如《城市规划编制办法》只在修建性详细规划中规定了“分析投资效益”的简单内容。对经济效益和投融资的忽视导致了很多规划在规模判断、功能配比、指标控制、开发时序等方面不够合理，使得规划缺乏可操作性和实施性，难以贯彻落实，进而形成了规划落实的困难和不断修改，影响了规划的权威性和科学性，是导致规划产生“纸上画画、墙上挂挂”窘境的重要原因之一。因此，有必要在规划阶段提升对投融资专题的重视，通过编制专项的投融资规划，增强城乡规划体系的科学性和可行性，保障城乡规划的落实和发展目标的实现。

本文立足项目管理和PPP理论，在现有实践总结和理论研究的基础上，通过文献阅读、理论建模和实证分析的方法，提出在城市规划中引入投融资规划，构建投融资规划模型框架，并通过实际案例进行验证，从而为破解新城新区开发的投融资难题提供了尝试性的解决方案，希望为各地的新城新区开发实践提供参考作用。

二、理论基础

（一）投融资规划概述

投融资规划指的是为实现开发目标，在资源有限的前提下，立足新城新区开发的开发机理，针对新城新区开发中的投资估算、资金来源、开发策略、运作模式、开发时序等投融资专题，在总体规划的指导下，为有效保障规划目标的实现和落实优化空间布局而进行的专项规划。

投融资规划作为一种非法定规划，其理念和方法是在实践中涌现出来的，并在实践中不断完善发展，但在理论研究深度和广度上相对不足，显著滞后于现实需要和实践进展。李伟等较早地认识到投融资规划的重要性，从系统工程的角度对此进行了研究，并应用到实践中，取得了重要的成果[7, 8]。朱咏等也提出编制系统性投融资规划是创新投融资模式破解投融资困难的关键问题[9]。秦颖提出了新区综合开发投融资规划的思路和建议，并以天津南淀城市公园及周边地区为例进行了分析验证[10]。凌家琪则针对黄山市中心城区的基础设施进行分析，提出了编制方法和流程[11]。邹晓峰等以现金流为基础，运用线性规划的方法构建了高新区投融资规划模型[12]。丁刚以SD模型为指导通过动态仿真以福建省交通系统为实证案例对投融资规划进行了研究[13]。在实践中，海南已经正式出台了"十二五"投融资规划，一些重点开发新区，如长株潭城市群、关中—天水经济区也都编制了投融资规划。无论是理论储备还是实践应用，相对于蓬勃发展的我国城镇化趋势还是相对滞后，有待进一步的深入研究和推广应用。

（二）项目管理理论

依据项目管理理论，项目管理分为三个层级：单个项目管理（Project Management）、项目集管理（Program Management）、项目组合管理（Portfolio Management）。项目集与项目组合都是由多个项目组成，区别在于项目集中的项目相互依赖，通过项目集管理，整合资源，降低成本，实现项目集的战略目标和利益，实现增量效益[20, 21]。新城新区开发往往由各类项目组成，如基础设施、公用事业、商业办公、住宅、工业等，这些项目类型各异，但紧密关联相互依赖，构成了一系列项目集，形成项目组合。在以前的研究中，更多的是关注单个项目的投融资，对于新区层面的项目集投融资在理论上研究较少，缺乏经验总结和研究探讨。新区投融资不同于一般的项目投融资在于新区开发项目多、投资大、开发周期长、风险高、涉及面广、利益主体众多，对投融资的规模、渠道、周期、实施策略都有更高的要求。而对于不同项目组成的项目集，应通过深入分析项目属性、不同项目间的影响和依赖，制定合理的开发时序、投资规模、融资渠道、资金使用计划等，从而获取单个项目所不具备的增量效益，实现新区的效益最大化，最终达到新区的可持续性发展。

（三）PPP理论

政企合作（PPP，Public-Private Partnership）是近几十年出现的一种较为新颖的项目融资模式，是项目融资一系列具体方式的总称，包括BOT、PFI、ABS等[22]。PPP是指政府通过特许经营协议的形式授权企业建设和经营原本由政府负责的项目，从而形成一种长期的合作关系。企业以特别设立的项目公司（SPV，Special Purpose Vehicle）为载体，通过未来的收益作为还款来源，以项目资产和特许经营权作为担保，进行融资、建设、运营，从而实现风险分担、利益共享。对于投资人而言，通过PPP可以实现有限追索、风险隔离、获取合理收益等。对于政府来说，则可以缓解建设资金紧张、转移风险、促进开发、提高效率和质量、推动体制机制改革等。

我国自20世纪80年代初引入PPP，沙角B电厂是第一个PPP项目，此后几十年，历经波折起伏，在基础设施和公用事业领域获得了较广泛的应用，已经实施了近千个

PPP 项目，积累了较丰富的经验，形成了相对成熟的运作模式。

以前的 PPP 应用主要着眼于单个的项目，结构相对简单。随着新城新区开发体制改革不断深化，开发主体呈现多元化趋势，越来越多的企业参与新区开发，新区层面的整体开发 PPP 项目开始涌现，此类大尺度的项目集及项目组合形式的 PPP，项目组成复杂，开发投入较大，开发周期较长，开发风险较大。新城新区开发将经营性、非经营性、准经营性项目捆绑打包，尤其是土地开发、基础设施建设、物业开发等有机融合，作为一个整体授权给城市运营商进行合作开发，有效降低了成本，分散了风险，提高了项目的收益稳定性，尤其是避免了非经营性项目由于缺乏效益而吸引力不足的困境，采取 PPP 模式是可行且合理的，城镇化进程中的新城新区整体开发 PPP 模式将是 PPP 应用的热点领域。

三、投融资规划框架

（一）总体定位

投融资规划要解决的问题就是：都有什么项目？要花多少钱？钱怎么来？能赚多少钱？存在哪些风险？目的在于通过对新区内项目进行全面的项目属性识别、恰当的业态配比设计、可行的投资收益组合、精细的财务测算、合理的建设时序安排，为项目落地提供切实可行的投融资解决方案，保证城市规划得到贯彻执行。作为一个较新的概念和方法，在开发过程和规划体系中的地位和定位一直比较模糊。李伟等提出“规划设计-资金统筹-城镇建设”的三阶段模式，将投融资规划作为资金统筹的一种实现方法[17]。这种定位没有充分挖掘投融资规划的意义和价值，由于置于城市规划阶段之后，不能通过投融资规划对城市规划进行合理优化调整，难以充分发挥投融资规划对城市规划设计的有效指导和效益调控。考虑到不同阶段规划的内容及深度，建议将投融资规划作为专项规划的组成部分，放在控规之前（见图 7-3），这样有利于根据投融资的成果对控规的用地控制指标进行优化调整。

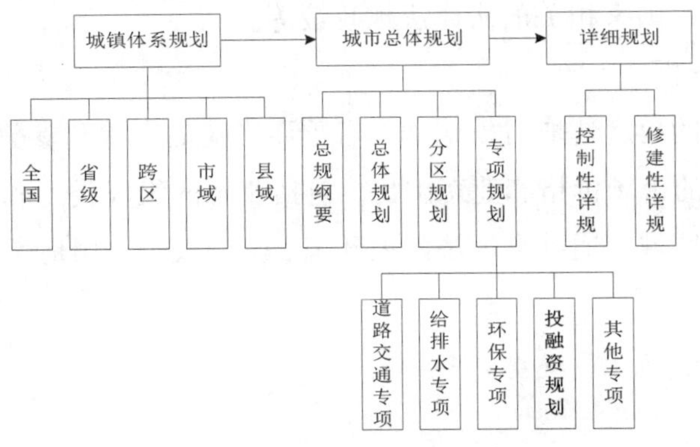

图 7-3　投融资规划定位

（二）指导策略

指导策略指的是通过发挥新城新区项目集的整体优势，整合资源，降低成本，形成增量效益，所采取的实施策略，要求做到成本 1+1<2，效益 1+1>2。策略包括：

1. 滚动开发

在根据项目属性建立合理开发时序的基础上，通过前期项目（如房地产之类的短平快项目）的开发，快速回笼资金，作为后续项目开发的启动资本金，从而通过最小的资金投入，实现新城新区项目集的滚动开发建设。

2. 联动开发

新城新区项目集的项目是相互依赖的，彼此具有密切的联系，例如基础设施项目有助于提升新城新区的吸引力和竞争力，商业项目有助于房地产项目的价格增值，反过来房地产项目凝聚的人气也促进商业项目的收益。根据新城新区内不同属性项目的统筹考虑、联动开发，将非经营性项目的成本分摊到经营性项目，通过非经营性项目的开发促进土地溢价，提升经营性项目效益，从而获取更大的收益。通过商业项目和住宅项目的整体开发，实现长期效益和短期效益的结合。

（三）编制流程

投融资规划的总体思路是“定性—定量—综合—模拟—比选—定案”，即在区域环境、用地类型、土地价值、上位规划、项目体系、综合效益等定性分析的基础上，结合开发成本、市场价格、业态配比等参数的定量设定，通过财务模型的不同情景的现金流模拟测算对不同方案进行比选优化，最终选取合适可行的方案。基本流程如图 7-4 所示。

1. 项目启动

投融资规划的启动阶段主要是准备工作，包括任务的明确和资料的收集整理等，此阶段要求的资料包括总规，当地建设成本和市场价格数据的收集分析，项目可供利用的融资渠道分析，国家相关的法律法规政策等。

2. 定性定量分析

从定性与定量的角度选取对投融资具有重要影响的因素和参数，定量参数包括开发成本、各类业态的市场价格和业态配比，包括业态的组成类型和规模。定性因素包括新城新区所处的区域交通社会经济发展环境、上位规划、用地类型以及项目属性和开发时序组合等。

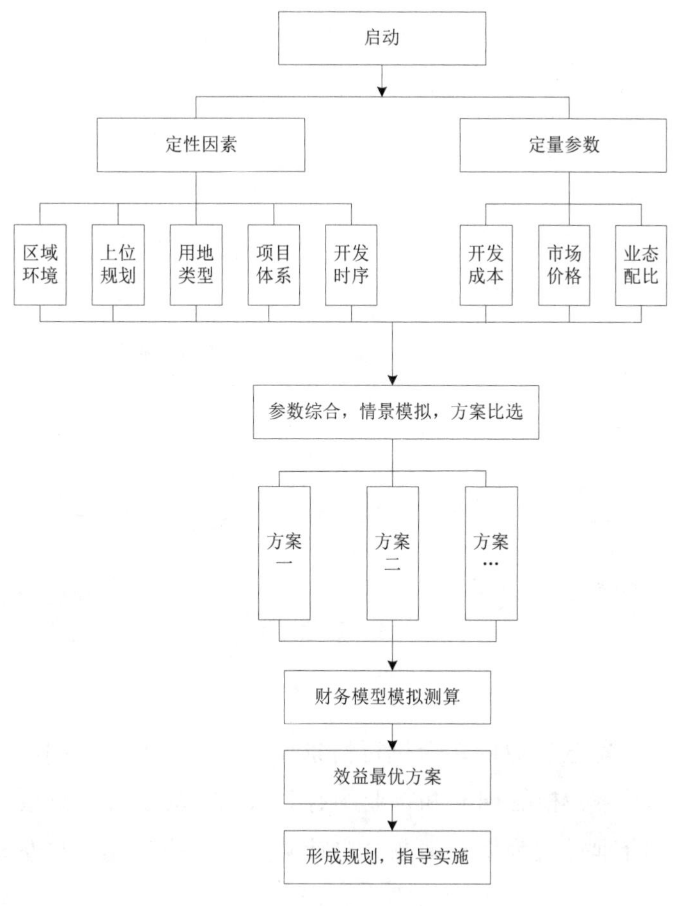

图 7-4　编制流程

从不同的角度可以把新城新区内的项目分成不同的类别，根据有无收入来源可以分为经营性、非经营性项目和准经营性项目，根据项目的属性分为基础设施类、住宅类、商业类、综合服务类、办公类、观光旅游类、文化休闲类等，根据开发模式分为持有经营类、出租类和出售类等。

根据项目的不同属性，选取不同的项目组合确定开发时序，选取的因素有：项目的区位、项目的紧迫性、项目的风险、项目对新城新区的价值提升作用、项目的投资强度、项目的投资回报程度、开发商自身的能力和专长等。一般新城新区开发期可分为：导入期、成长期、成熟期。如图 7-5 所示。导入期通过各区块内核心项目的带动作用、辐射效应，提升新城新区价值；成长期在前期龙头项目的引领下，通过大规模的项目开发，形成规模经济；成熟期基本完成主要项目的开发建设，新城新区全面发挥经济效益，开发商获取稳定丰厚的投资收益回报。当然，开发时序并不是固化的，而应根据具体项目的实际条件予以综合考虑，也有一些项目，如城市综合体，开发成本高但价值较为成熟，可在初期即以投资回收快、财务效益显著的地产项目为主，实现快速回笼资金，为后续项目开发的落地奠定稳固的财务基础。

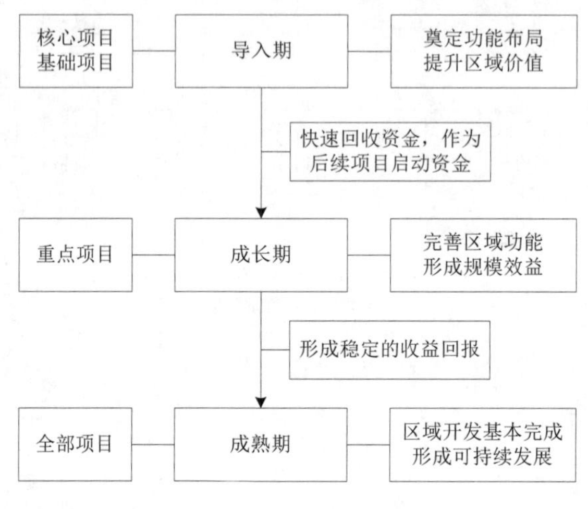

图 7-5　开发周期

3. 综合方案比选

根据定性因素与定量参数的综合进行情景设定，可以形成不同的方案。财务的测算和平衡是核心和重点。根据国家和行业的有关依据，构建财务模型对不同方案进行现金流模拟测算，合理且较为精确地测算出计算期内的投资额、收益和现金流量，对财务生存能力、偿债能力、盈利能力等指标进行分析，最终选取效益最优的方案。

4. 形成规划

根据方案比选结果，最终形成一个满足各方要求、具备可行性的投融资规划，确定合理的资金结构，选取合适的融资渠道，提供有效的投融资建议和对控规中的控制性指标进行指导。

需要注意的是，投融资规划有核心的战略诉求和内容框架，但并非一成不变，而应该根据不同项目的特征环境以及开发商的需求，在内容和侧重点上有所不同，比如新区开发、旧城改造、旅游区开发等在投融资规划编制上都有较大的差别。

（四）运作模式

为了分散风险和提高效率，可采用 PPP 的运作模式，即由政府在法规范围内出台一些政策和给予一定支持，通过招投标或其他形式进行招商，授权适格的投资人负责开发。投资人成立项目公司（政府平台公司可参股采取混合所有制），负责新城新区的融资、建设和运营。以项目公司为载体，以项目资产和特许经营权益为保证，以项目收益为还款来源，向金融机构进行融资，从而实现项目的顺利开发及运营，获取合理回报。如果新区内项目较多，且规模也较大，可根据项目的大小和属性成立专门的项目子公司，实现多级项目融资。运作模式架构如图 7-6 所示。

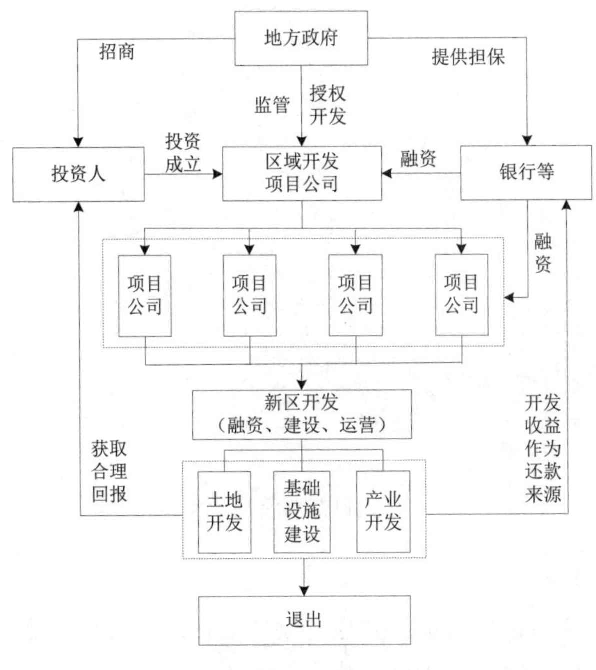

图 7-6 运作模式

四、实证分析

（一）案例概述

四川成都市某文化创意产业园开发项目位于成都市西北片区，距离市区约 10 千米，项目占地 86 公顷（含生态绿地 54 公顷），总建筑面积 58 万平方米，项目总投资 35 亿元，项目由当地政府引进某大型国企负责开发。项目的定位就是打造中国传统文化传承创新地、西南文化创意产业示范区、城市近郊休闲消费体验地等三大发展目标。项目紧扣文化和生态两大主题，主要由文化休闲街区、文化创意街区、文化休闲居住区和文化休闲农业区四大板块组成，通过服务核心和多级服务轴整合各个片区，形成系统有序的整体布局。

项目由于用地限制，生态用地比重大，建设用地较少，且包含大片集体用地（见图 7-7），土地获取价格较高，开发商迫切需求通过编制投融资规划过对项目进行深入的分析论证，在现有的用地限制和价格环境下，建立合理的业态配比和开发时序，从而实现最佳投资效益，并做到资金平衡，项目可行，多方满意。

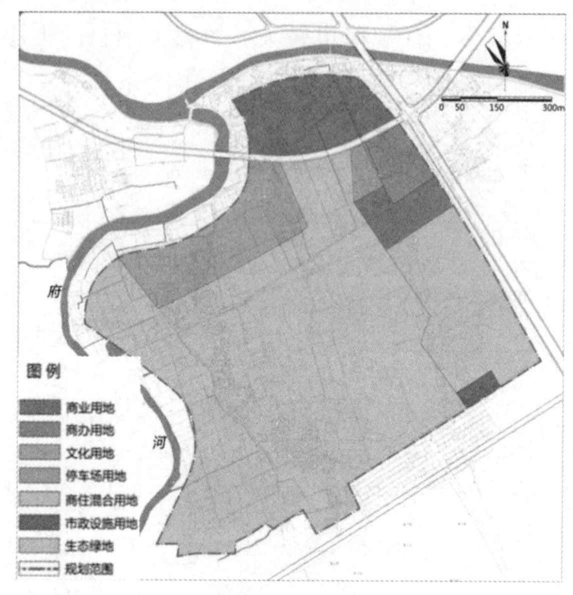

图 7-7　项目范围及用地类型

（二）投融资规划编制

根据业主要求和本项目的构成、属性、制约，在定性分析和定量分析结合的基础上，编制了针对性的投融资规划方案，主要内容包括：

1. 总体分析

由于本新区具备一定的成熟度，土地价值较高，初期投入大，溢价潜力大，市场空间广，项目相互依赖程度深。针对新区特点，从土地和资金入手，力求二者的最佳平衡，扬长避短，采取了“期初一次拿地、分期滚动开发、引擎项目带动、新区持续发展”的总体开发策略（见图 7-8）。同时对园区内规划项目从用地性质、项目属性、收益等因素进行分析，得出合理的运营模式建议。

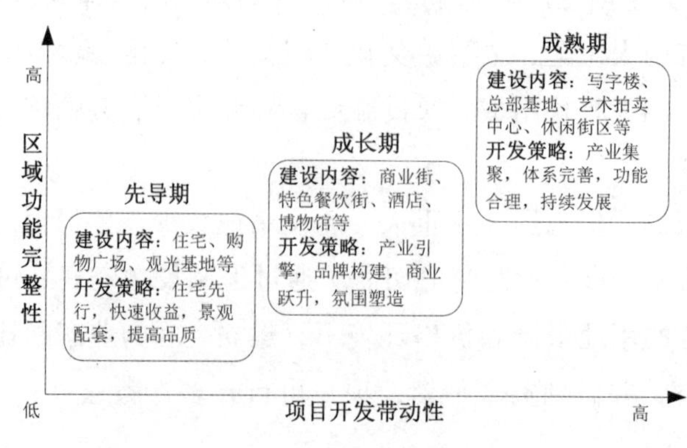

图 7-8　开发策略

2. 开发时序

在总体策略的指导下，将新区项目集分为先导期、成长期、成熟期等三个阶段（见图 7-9），每个阶段由不同的项目组成，侧重点也不一样。先导期通过住宅、招商中心、购物广场和观光基地的开发，集聚人气，快速回收资金，以项目的收益作为后续期的自有投入资金，实现项目集滚动持续开发；成长期主要是餐饮酒店等商业地产和博物馆等文化项目的开发，奠定功能布局，形成集聚效应，促使新区基本形成项目集联动开发的增值效益；成熟期是在前二期基础上的功能体系和空间分布的完善，实现新区的可持续发展和内在增长。

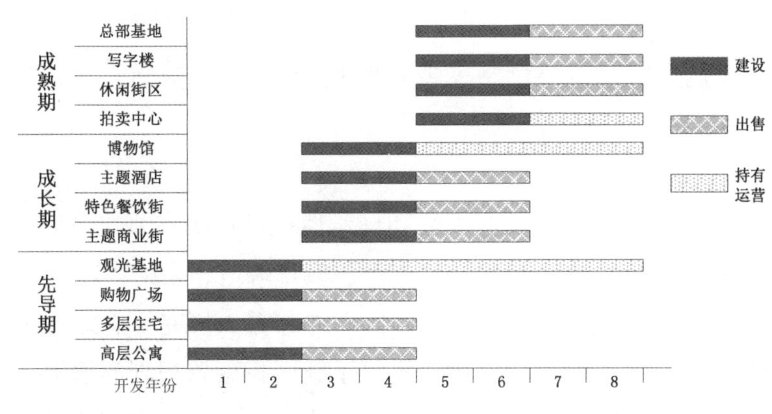

图 7-9 开发时序

3. 模拟测算

在确定了开发策略和开发时序之后，对各期和总体的项目集进行了财务测算，主要对项目的投资估算、收益评估、现金流量分析和投融资分析，主要包括总体现金流、分期现金流、全投资现金流、自有资金现金流、资金来源和应用等。通过财务测算结果为开发时序提供依据，并对其进行合理修正，也为项目集的融资策略和渠道提供参考。经过多次对开发时序和项目经营方式进行调整，最终测算得项目的总投资为 34.9 亿元，税前内部收益率（IRR）为 14.9%，税前净现值为 61 149 万元，静态投资回收期 5.7 年，项目基本可行。

4. 其他关键问题

项目的开发资金除了自有资金，考虑到投资人作为一家大型国企的优势，融资渠道主要采用“现金池”委托贷款方式，充分利用集团公司内部闲置资金，更好的实现投资收益。

在财务测算时，对物业价格进行准确的估价和预测直接关系到项目未来收益判断，也涉及业态配比的设计。本案例中，除了对区域房地产市场总体情况，如供求关系、成交情况、发展趋势、目标客群和市场偏好等进行调研分析论证，还采用市场比较法（见式 7-1），在周边选取条件相近、具有代表性的案例作为可比实例，通过交易日期、交易情况、区位因素等修正调整，其中主要比较因素包括区位状态（商业繁华程度、交通便捷程度、环境景观、公共设施、临路状况等）、交易状况（土地使用权年限、规划限制条件等）、实物状况（建筑规模、建筑结构、平面结构、工程质量等），得出住宅、商业、办公等物业租售价格预测，并对各业态未来价格走向、年均涨幅进行了深入细致的分析和预测。

$$\text{估价对象价格}=\text{可比实例价格}\times\text{房地产状况修正系数}\times\text{日期修正系数}\times\text{交易情况修正系数} \tag{7-1}$$

在上述工作的基础上，最终编制了多方案比选的投融资规划，为城市运营商进行新区开发提供了决策参考和依据。

五、结语

投融资规划可以为城市规划的合理性和操作性提供切实有力的保障，推进各类新城新区开发，有利于降低成本、提高效益、保证项目落地，无论在理论上还是实践中都具有极强的现实意义和应用前景，值得加以重视和深入研究。本文通过实践的经验和理论的研究，基于项目管理和 PPP 理论提出了新区投融资规划的框架，并将其应用到具体案例，验证了该方法的合理性和可行性，为类似项目的实施提供了参考。

投融资规划是一个实践性较强且较新的领域，处在不断摸索总结和深化发展的过程中，本文只是其中一种尝试，提出了一个参考性的指导框架，需要结合实践进一步深化。在具体项目应用时，要充分考虑到未来的不确定性、项目所处环境、投资人自身条件等因素，根据项目的具体特点进行细化和调整，从而使投融资规划更为合理，决策更为科学。总之，投融资规划是一个动态的、开放的架构，需要根据实践中不断涌现的问题进行进一步深入的补充完善。

参考文献

[1] 姚士谋，陆大道，王成新．我国新型城镇化的若干策略问题探讨[J]．现代城市，2014（4）：5-10.

[2] 朱孟珏，周春山．国内外城市新区发展理论研究进展[J]．热带地理，2013（3）：363-372.

[3] 方创琳，马海涛．新型城镇化背景下中国的新区建设与土地集约利用[J]．中国土地科学，2013（7）：4-9.

[4] 崔健，刘东，林超英．后金融危机时代城市基础设施建设投融资模式选择与创新——基于政府融资平台视角的分析[J]．现代城市研究，2013（7）：68-71.

[5] 马庆斌，刘诚. 中国城镇化融资的现状与政策创新[J]. 中国市场，2012（16）：34-40.
[6] 巴曙松. 地方政府投融资平台的发展及其风险评估[J]. 西南金融，2009（9）：9-10.
[7] 李伟，苏中友，陈民. 城市开发演进管理的决策支持方法[J]. 系统工程理论与实践，2009（3）：34-39.
[8] 李伟，资亮，宫朝岩. 通过投融资规划优化城镇开发流程[J]. 系统工程理论与实践，2007（3）：50-55.
[9] 朱咏，黄苏萍. 创新区（县）投融资模式，破解资金瓶颈[J]. 科学发展，2012（2）：71-77.
[10] 秦颖. 基于区域综合开发的投融资规划思路探讨——以天津为例[J]. 经济视角（下），2013（5）：27-28.
[11] 凌家琪. 对中心城区基础设施投融资规划的思考——以黄山市为例[J]. 黄山学院学报，2013（2）：39-41.
[12] 邹晓峰，许悟. 基于政府视角的高新区园区开发投融资规划：线性规划[J]. 中国集体经济，2012（25）：84-85.
[13] 丁刚，陈阿凤. SD 模型在区域综合交通运输投融资规划中的应用——以福建省为例[J]. 太原理工大学学报（社会科学版），2012（2）：30-33.
[14]（美）项目管理协会. 项目集管理标准[M]. 2 版. 北京：电子工业出版社，2009.
[15] 米歇尔·西里. 项目集管理[M]. 北京：电子工业出版社，2011.
[16] 王守清，柯永建. 特许经营项目融资（BOT、PFI 和 PPP）[M]. 北京：清华大学出版社，2008.

（《工程管理学报》2015 年第 2 期，第 37-42 页）

中国新型城镇化的机会与挑战

作者：张博　王守清

一、新型城镇化提出的背景与现实意义

（一）新型城镇化提出的背景

自中国 20 世纪 80 年代改革开放以来，伴随着中国经济和工业化的快速发展，中国城镇化经历了一个低起点、快发展的过程。1978 年至 2015 年期间，中国城镇化率从 17.9%增长到 2015 年的 56.1%。伴随着城镇化的快速推进，传统城镇化的发展路径

引发了诸如农民工市民化进程滞后、土地城镇化快于人口城镇化、城市发展不均衡、城市病蔓延、城乡差距拉大和社会阶层分离等诸多问题。这些问题的存在使得中国不得不尽快探索新型城镇化的发展路径。

中共中央国务院于 2014 年 3 月份正式印发《国家新型城镇化规划（2014—2020 年）》，对中国城镇化的发展有着重要的引导作用。

（二）新型城镇化的现实意义

新型城镇化是通往现代化的必由之路。一个国家要实现现代化，工业化是必由之路，而在发展工业的同时，必须要重视城镇化的发展。正是由于城镇化的推进，使得有更多的土地用于开发建设，有更多的劳动力投入生产运营，从而保证了工业化的发展。在当今中国，城镇化与工业化、信息化和农业现代化同步发展，是现代化建设的核心内容。工业化是发展的动力，农业现代化是重要基础，信息化是后发优势，城镇化是载体和平台，承载着工业化和信息化的发展空间，带动农业现代化加快发展。

新型城镇化是经济增长的新引擎。城镇化指的是农村人口向城镇转移的过程，城镇规模也将逐渐扩大，在这个过程中，必然对城市基础设施提出了新的需求，由此可以拉动基础设施和公共服务设施的投资。据有关统计，每增加一个城市人口，城市基础设施投资至少需要 10 万元。城镇化的过程中还可以创造大量就业岗位，吸纳农村人口转移，提升城乡居民收入，必然将激发潜在的消费需求。

新型城镇化是加快产业结构转型升级的重要抓手。2015 年中国第三产业占国内生产总值的 50.5%，而该比例在发达国家则在 70%以上，两者差距甚远。即使是与中等收入国家相比，仍有一定的差距。而第三产业能够吸纳大量农村转移人口就业，同时也是提升人们生活水平的重要载体。同时，城镇化发展的过程中将带来创新要素的进一步集聚和传播，有利于带动传统产业的升级和新兴产业的发展。

二、新型城镇化中的商业机会

伴随着《国家新型城镇化规划（2014—2020 年）》的出台，2014—2015 年中国城镇化发展取得了一定的成绩，但是面对全国经济增长速度放缓，国际金融危机尚未完全消除的大背景，在具体发展过程中仍然面临一定的瓶颈。因此，国务院于 2016 年 2 月 6 日印发了《关于深入推进新型城镇化建设的若干意见》（国发〔2016〕8 号），对于如何推进农业转移人口市民化、提升城市功能、促进新农村建设、培育中小城市和特色小城镇、完善土地利用机制以及创新投融资机制等若干方面给出了更为翔实而具体的建议。从这些建议中，可以看出在中国经济在推进城镇化时期中的市场机会，具体到企业参与的角度而言，可以从空间布局层面和业务创新层面两大方面进行概括，企业从中可以发现很大的商机。

（一）空间发展机遇

当前中国城镇化发展过程中面临着区域发展不平衡，产业、资金和人口向东部集聚，东北、西部等区域发展滞后。与此同时，不同规模的城市发展不协调，超大城市和特大城市畸形发展，空气污染、交通堵塞、房价高企等城市病蔓延，而中小城市发展缓慢，人口流失、产业结构落后。这种区域发展模式进一步导致资源浪费、环境污染严重、社会矛盾激化等问题，并制约了城镇化发展速度和效率，因此《国家新型城镇化规划（2014—2020 年）》的第四篇“优化城镇化布局和形态”对本问题进行了系统阐释并给出了发展建议，而在《关于深入推进新型城镇化建设的若干意见》中也对本类问题进行了重点部署。具体而言，未来重点发展的区域有以下几类：

1. 打造 19 个城市群以形成新的增长极

目前中国经济最为活跃的三个城市群为：京津冀城市群、长三角城市群和珠三角城市群。这三大城市群是中国经济最有活力、开放程度最高、创新能力最强、吸纳外来人口最多的地区。除了京津冀、长三角、珠三角世界级城市群以外，中国政府的“十三五规划”中还提到了“培育中西部地区城市群，发展壮大东北地区、中原地区、长江中游、成渝地区、关中平原城市群，规划引导北部湾、山西中部、呼包鄂榆、黔中、滇中、兰州—西宁、宁夏沿黄、天山北坡城市群发展，形成更多支撑区域发展的增长极。促进以拉萨为中心、以喀什为中心的城市圈发展。”

从“十三五”规划来看，未来将建设 19 个城市群。具体城市群的分布如图 7-10 所示。为了真正促进各个城市群的发展，从国家层面到区域层面先后出台若干指导意见。中共中央政治局 2015 年 4 月 30 日审议通过的《京津冀协同发展规划纲要》指出，推动京津冀协同发展是一个重大国家战略，核心是有序疏解北京非首都功能。2016 年 2 月国务院批复了以哈尔滨和长春为核心城市的哈长城市群规划。长三角、珠三角、成渝等城市群规划也有望在 2016 年得以批复。

2. 加快培育中小城市和特色小镇

“十三五”规划中指出：以提升质量、增加数量为方向，加快发展中小城市。引导产业项目在中小城市和县城布局，完善市政基础设施和公共服务设施，推动优质教育、医疗等公共服务资源向中小城市和小城镇配置。加快拓展特大镇功能，赋予镇区人口 10 万以上的特大镇部分县级管理权限，完善设市设区标准，符合条件的县和特大镇可有序改市。因地制宜发展特色鲜明、产城融合、充满魅力的小城镇。提升边境口岸城镇功能。

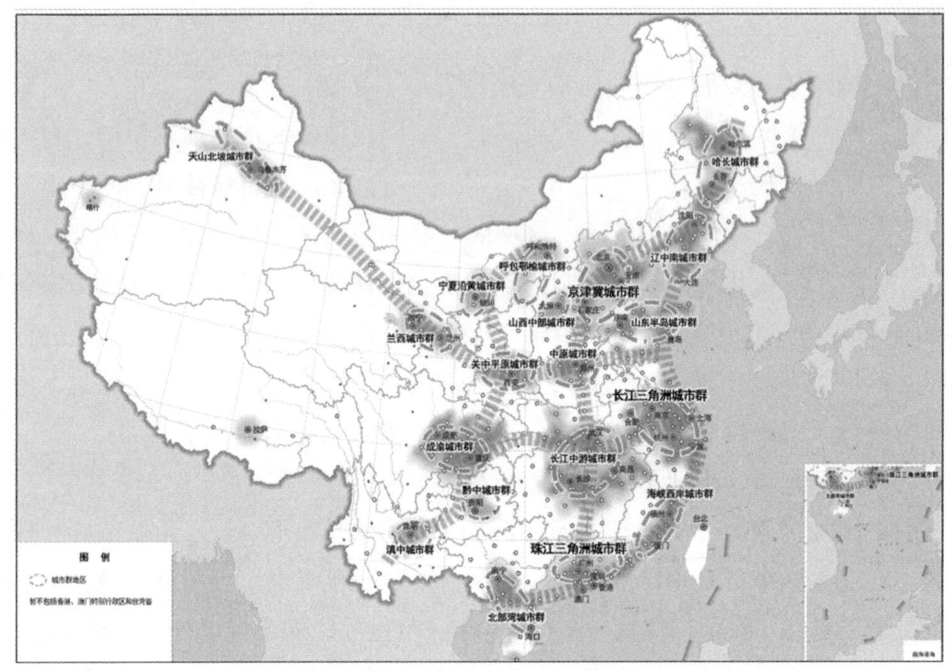

图 7-10 中国城市群空间分布示意图

中小城市是城乡一体发展的战略支点，是展示城市文明、防范现代城市病、建设和谐城市的最佳实践区，是推进新型城镇化的主要战场，是全面建成小康社会的重要载体。2015 年，中国广义中小城市经济总量达 53.91 万亿元，占全国经济总量的 84.7%。

特色小镇的概念最早兴起于浙江，目前在中国已经迅猛发展起来。特色小镇是连接城市和农村的节点，积极发展特色小镇有利于改善农村基础设施条件，有利于促进城乡一体化发展。中国发展改革委规划司官员曾表示，小城镇的发展有三个重点方向，即与疏解大城市功能相结合、与特色产业发展相结合和与服务三农相结合。而城镇化的过程，其实就是带动农村发展的过程。

3. 打造国家新型城镇化综合试点

中国国家新型城镇化综合试点作为改革试点的先遣队，是制度创新的先行军。综合试点希望利用 2~3 年时间取得阶段性成果，形成可复制、可推广的经验，并在 2018—2020 年逐步在全国范围内推广试点地区的成功经验。

2015 年 2 月份中国发展改革委印发第一批国家新型城镇化综合试点方案，该方案涉及江苏、安徽两省和宁波等 62 个城市（镇）。2015 年 11 月发布第二批试点名单，包括北京市房山区等 59 个城市（镇）。《国家新型城镇化综合试点总体实施方案》明确各项试点任务的总体要求为，重点在农民工融入城镇、新生中小城市培育、城市（镇）绿色智能发展、产城融合发展、开发区转型、城市低效用地再开发利用、城市群协同发展机制、带动新农村建设等领域。

在此基础上，2016年2月《关于深入推进新型城镇化建设的若干意见》中提到进一步扩大试点范围。按照向中西部和东北地区倾斜、向中小城市和小城镇倾斜的原则，组织开展第二批国家新型城镇化综合试点，同时加大支持力度，国务院和地方各级人民政府要营造宽松包容环境，支持试点地区发挥首创精神，推动顶层设计与基层探索良性互动、有机结合。

（二）业务创新机遇

从业务创新机遇来看，新型城镇化下中国将会把更多的资源投入到以下三方面：① 城市间和城市内的公共交通系统，以保证城市与城市之间的快速连接，发挥城市群的集聚效应，同时发挥大城市对中小城市和特色小镇的联通带动作用；② 以地下管网、海绵城市、各类市政设施为重点的城市基础设施建设，以促进公共服务均等化，满足常住人口日常需求，提升城市管理和运营能力；③ 城镇棚户区、城中村和危房改造，健全城镇住房体系，改善城市面貌，提升人们生活居住水平。

1. 城市间和城市内公共交通基础设施建设

在城市之间，将进一步强化城市群之间、城市群内部的交通运输网络建设。《国家新型城镇化规划（2014—2020年）》指出“强化综合交通运输网络支撑”：完善综合运输通道和区际交通骨干网络，强化城市群之间交通联系，加快城市群交通一体化规划建设，改善中小城市和小城镇对外交通，发挥综合交通运输网络对城镇化格局的支撑和引导作用。“十三五”规划纲要草案指出，今后五年，高铁营业里程将达到3万千米、覆盖80%以上的大城市；新建改建高速公路通车里程约3万千米；基本贯通沿海高速铁路、沿海高速公路和沿江高速铁路，加快建设沿边公路和沿边铁路；新增民用运输机场50个以上；新增城市轨道交通运营里程约3 000千米；实现具备条件的建制村通硬化路和班车，实现村村直接通邮。

在城市内部，优先发展城市公共交通。将公共交通放在城市交通发展的首要位置，加快构建以公共交通为主体的城市机动化出行系统，积极发展快速公共汽车、现代有轨电车等大容量地面公共交通系统，科学有序推进城市轨道交通建设。优化公共交通站点和线路设置，推动形成公共交通优先通行网络，提高覆盖率、准点率和运行速度，基本实现100万人口以上城市中心城区公共交通站点500米全覆盖。强化交通综合管理，有效调控、合理引导个体机动化交通需求。推动各种交通方式、城市道路交通管理系统的信息共享和资源整合。

2. 城市内各类公共服务设施建设

提升城市基本公共服务水平是新型城镇化的核心要点之一。完善基本公共服务体系，根据城镇常住人口增长趋势和空间分布，统筹布局建设学校、医疗卫生机构、文化设施、体育场所等公共服务设施。

除此以外，《关于深入推进新型城镇化建设的若干意见》再次强调全面提升城市功能。实施城市地下管网改造工程，统筹城市地上地下设施规划建设，加强城市地下基础设施建设和改造，合理布局电力、通信、广电、给排水、热力、燃气等地下管网，加快实施既有路面城市电网、通信网络架空线入地工程。推进海绵城市建设，在城市新区、各类园区、成片开发区全面推进海绵城市建设。在老城区结合棚户区、危房改造和老旧小区有机更新，妥善解决城市防洪安全、雨水收集利用、黑臭水体治理等问题。

3. 城镇棚户区、城中村和危房改造

《国家新型城镇化规划（2014—2020 年）》提到，按照改造更新与保护修复并重的要求，健全旧城改造机制，优化提升旧城功能。加快城区老工业区搬迁改造，大力推进棚户区改造，稳步实施城中村改造，有序推进旧住宅小区综合整治、危旧住房和非成套住房改造，全面改善人居环境。

《关于深入推进新型城镇化建设的若干意见》也指出：加快城镇棚户区、城中村和危房改造。围绕实现约 1 亿人居住的城镇棚户区、城中村和危房改造目标，实施棚户区改造行动计划和城镇旧房改造工程，推动棚户区改造与名城保护、城市更新相结合，加快推进城市棚户区和城中村改造，有序推进旧住宅小区综合整治、危旧住房和非成套住房（包括无上下水、北方地区无供热设施等的住房）改造，将棚户区改造政策支持范围扩大到全国重点镇。加强棚户区改造工程质量监督，严格实施质量责任终身追究制度。

三、新型城镇化推进过程中的企业发展建议

在系统性梳理新型城镇化的内涵及其发展过程中所面临的机会以后，对于各类包括外资企业应该如何利用自身优势，制定发展战略，争取更多商机，本文做出如下主要建议。

1. 拓展提供基础设施和公共服务设施的业务能力

新型城镇化规划中明确指出：全面提高城镇化质量，加快转变城镇化发展方式，以人的城镇化为核心，有序推进农业转移人口市民化；以城市群为主体形态，推动大中小城市和小城镇协调发展；以综合承载能力为支撑，提升城市可持续发展水平，稳步推进城镇基本公共服务常住人口全覆盖，使全体居民共享现代化建设成果。以综合交通网络和信息网络为依托，科学规划建设城市群，合理控制城镇开发边界，优化城市内部空间结构，促进城市紧凑发展，提高国土空间利用效率。

由此可见，在新型城镇化背景下，企业要顺应国家发展战略，应该在业务创新领域、空间发展布局与之相适应。在业务创新领域，应该努力增强其在基础设施、公共服务、棚户区改造、保障性住房建设等方面的实力，与相关领域的龙头企业建立合作关系，实现优势互补，力争能够在中国经济转型的机遇期，抢占战略优势。在空间发展布局方面，应该围绕 19 个城市群，由点及面进行拓展布局，同时寻找具有特色资源的小镇作为将来发展重点，并探索参与 100 多个国家新型城镇化综合试点业务机遇。

2. 创新投融资模式，适当参与 PPP 业务

据中国国家开发银行估算，未来 3 年中国城镇化投融资资金需求量将达 25 万亿元，平均每年需要 8 万多亿元投入，约占全年全国近 40 万亿元固定资产投资额的 20%。到 2020 年前中国需要至少 50 万亿人民币的新投资用于城市建设，而 2015 年政府的预算内财政收入为 15.2 万亿元，新型城镇化的巨大资金需求仅靠财政资金是不可能解决的，也就是说，现有的政府财政资金和以间接融资为主的投融资方式很难适应新型城镇化快速发展的要求，各地新型城镇化建设过程中普遍面临融资困境，土地财政难以为继、地方政府融资平台受到约束等。

在此背景下，结合新常态下的改革需要，自 2013 年底以来，中国政府特别是财政部和发展改革委等中央部委开始力推 PPP（Public-Private Partnership 的缩写，直译为“公私合作”，但意译为“政企合作”更能准确反映中国吸引各类企业参与 PPP 的现实），已经或必将成为中国基础设施和公共服务开发的趋势之一。PPP 可以提供高品质的基础设施和公共服务（这些都是城镇化的核心项目）而不必增加税收，有效利用私营部门特别是有经验的外资企业的资本、技术和其他资源，并进行集成整合优化，实现风险分担、资源使用效用最大化和提高建设与运营效率。由于 PPP 的这些优点，PPP 在中国已进入了发展的新纪元，快速成为中国各级政府转变政府管理方式、缓解地方政府债务、增加基础设施和公共服务设施供应的主要方式之一。可以说，中国这一轮的 PPP 机会不容轻易错过。

但鉴于中国实际，企业特别是外资企业要参与中国的 PPP 项目，应特别注意以下几方面：①要充分了解中国的 PPP 制度和法律环境。PPP 项目多为大型基础设施项目，投资规模大，干系人多，尤其要重视与政府各种职能部门和中国大型央企或国企的合作，了解公众诉求，才比较容易成功。②要根据企业自身状况，选择参与的 PPP 项目类型，并结合项目条件和项目所在地政府财政和信用情况，优化所选定 PPP 项目的资金结构、合同结构、担保结构和收益方式［使用者付费、政府付费和政府补缺资金（Viability Gap Fund）］等。PPP 项目虽然主要以基础设施和公共服务设施为主，但是又分为交通、供水、废水/垃圾处理、供电、保障性住房、地下综合管廊、海绵城市、

智慧城市等各种类型，企业应该根据自身业务优势选择参与的项目类型，并充分利用投资 PPP 项目的机会，承揽承包，销售技术和设备，并参与运营，全产业链集成，延长业务期。③要建立与 PPP 项目业务开展相适应的企业机构，包括建立企业 PPP 研究与培训中心，培养或引进 PPP 专业人才，积累 PPP 项目经验，建立完善风险防控体系。

参考文献

[1] 国务院. 《国家新型城镇化规划（2014—2020 年）》. 2014 年 3 月
[2] 国家发展改革委.《关于印发国家新型城镇化综合试点方案的通知》. 2014 年 12 月
[3] 国家发展改革委.《关于扩大国家新型城镇化综合试点范围的通知》. 2015 年 2 月
[4] 国务院.《关于深入推进新型城镇化建设的若干意见》. 2016 年 2 月
[5] 国务院.《中华人民共和国国民经济和社会发展第十三个五年规划纲要》. 2016 年 3 月
[6] 国家交通部铁路局. 《铁路“十三五”发展规划征求意见稿》. 2016 年 1 月
[7] 王春新. 新型城镇化的“经济增长账”[J]. 金融博览，2013（4）.
[8] 郝震冬. PPP 模式在新型城镇化建设中的应用[J]. 合作经济与科技，2016，532（3）.

（《日立总研》2016 年第 1 期，第 32-37 页，
株式会社日立综合计划研究所）

我国棚户区改造常用开发模式比较、建议及案例应用

作者：潘在怡　罗茜　王守清

【摘要】 棚户区改造是我国许多大城市在进行扩张与旧城改造时面临的问题。结合实际棚户区改造项目策划，在分析和比较我国现有棚户区改造政策和常见开发模式及其问题的基础上，提出了商品房与棚改一体化开发、棚户区改造与文化地产结合的建议，并通过具体的项目策划分析，详细介绍了这两项建议的具体思路和做法，为具有类似区位优势的棚户区改造提供思路和借鉴。

【关键词】 棚户区改造　一体化开发　文化地产

一、概述

（一）棚户区改造相关概念

棚户区改造是我国政府为改造城镇危旧住房、改善困难家庭住房条件而推出的一项民生工程。棚户区中居民所居住的建筑大多为平房，建成年代久远，人均面积较小，

且房屋结构和配套设施质量差；建筑周边居住环境较差，基础设施配套不足，存在较多安全隐患。总之，棚户区内的居住条件已不符合城市整体居住水平。因此，棚户区改造是一种为提高居民生活质量、改善城市环境、优化城市功能的城市更新方式，对城市和经济发展都有着重大意义。

从 2005 年东北的一些城市大规模地改造棚户区开始，全国各地不断将棚户区改造提上议程[1]。根据 2013 年《国务院关于加快棚户区改造工作的意见》[2]，2008—2012 年，全国改造各类棚户区 1 260 万户，有效改善了困难群众住房条件；在 2013—2017 年，预计继续改造各类棚户区 1 000 万户，其中城市棚户区 800 万户。

（二）棚户区改造政策

为了有效促进棚户区改造工作的进行，政府多次颁布相关政策。将有关政策归纳如下：

1. 棚户区改造的质量要求

在 2013 年《国务院关于加快棚户区改造工作的意见》[2]提到，改造要满足基本居住功能，也即解决棚户区原有的房屋功能不齐、配套不足、安全隐患多的缺陷；同时，也并不是对所有棚户区建筑都采取拆除重建的措施，而是对改造范围进行合理界定，整治手段与改造手段互相结合。这表明棚户区改造需要更专业的人员来参与，才能更好使棚户区改造满足经济适用的目标。

2. 吸引市场力量参与棚户区改造

政府对市场力量的参与持积极态度。2009 年住建部就提出“政府主导，市场运作”的改造方式[3]。此后，国家接连发布政策吸引市场资金参与棚户区改造，如加大银行信贷支持、扩大债券融资、简化行政审批程序、落实税费减免政策等[4]。2015 年，国务院提出要做到创新融资体制机制，包括推动政府购买棚改服务、推广政府与社会资本合作（PPP）模式、构建多元化棚改实施主体、发挥开发性金融支持作用[5]。

3. 棚户区改造中的文化遗产保护

棚户区改造常常涉及当地文化建筑的保存等问题，2012 年住建部提出在改造中要注重旧住宅区有机更新、旧住宅性能充分利用和历史文化街区保护[6]。由此可见，在棚户区改造的基础上对当地文化建筑进行合理改造，不仅能获得直接的经济效益，同时还能获得政府的进一步支持。

由以上政策可以看出，棚户区改造工程能够获得政府的有效支持，同时也拥有广阔的市场。在近两年房地产市场遇冷，商品房价格和成交量同时缩水的情况下，土地价格却依然居高不下，传统的商品房开发投资风险明显增大。因此，对投资者而言，参与棚户区改造工程，在未来一段时间内前景看好。

二、我国棚户区改造的常见开发模式

棚户区改造涉及土地的一级、二级开发，政府通常委托企业代为开发建设。目前我国常见的开发模式有委托一级开发，土地出让金折扣，一、二级捆绑招标和土地作价入股四种。

1. 委托一级开发

在这种模式下，企业只做一级土地开发，将土地开发为熟地后直接移交政府，政府为企业提供资金补偿或土地出让金分成，构成企业利润来源。这种模式对政府而言吸引力较小，因为此时政府所需支付的补偿额较大，且已开发好的土地需再次招拍挂，流程较为烦琐。但对企业而言吸引力较大，开发流程简单，资金需求量小，项目风险较低。

2. 土地出让金折扣

在这种模式下，企业完成土地一级开发后，政府承诺在土地二级市场给予企业一定的出让金折扣。企业的利润来源主要是二级市场拿地时的成本降低，同时加上二级开发带来的收益。这种模式对政府而言，对项目有一定控制力，投入少，但仍需土地招拍挂流程。而对企业而言，参与流程烦琐，谈判及暗箱成本高，初始投入较大。

3. 一、二级捆绑招标

在这种模式下，政府将项目的一、二级开发权打包交给同一家企业完成，政府与企业谈判确定一个收益率范围，超额收益政企共享。企业的利润来源主要为二级开发的收益。若采用这种模式，政府几乎无投入，省事且能够获得一定收益，但项目可控性差。而企业的资金需求量较大，项目周期长，资金链易断裂。

4. 土地作价入股

在这种模式下，政府将项目土地价值折算入股，参与到项目股权结构中[7]。企业的利润来源主要为二级开发的收益。这种模式中政府对项目的参与度和控制力强，投入少。企业的风险主要在于与政府的沟通成本大，且政府可能有一定的违约风险。

上述4种开发模式优缺点比较见表7-1。

表7-1 棚户区改造常见模式的优缺点比较

模式	模式说明	企业利润来源	对政府吸引力	企业面临风险
委托一级开发	企业只做一级土地开发，开发为熟地后直接移交政府，政府为企业提供资金补贴	政府资金补偿或土地出让金分成	政府补偿额较大，且需再次招拍挂，流程烦琐	流程简单，资金需求量小，项目风险低

续表

模　　式	模式说明	企业利润来源	对政府吸引力	企业面临风险
土地出让金折扣	企业完成土地一级开发后，政府承诺在土地二级市场给予企业一定的出让金折扣	二级市场拿地的低成本；二级开发的收益	政府有一定控制力，投入少，但仍需土地招拍挂流程	参与流程烦琐，谈判及暗箱成本高；初始投入较大
一、二级捆绑招标	政府将项目的一、二级开发权打包交由同一家企业完成，政府与企业谈判确定一收益率范围，超额收益政企共享	主要为二级开发的收益	政府几乎无投入，省事且能够获得一定收益，但项目可控性差	资金需求量较大，项目周期长，资金链易断裂
土地作价入股	政府将项目土地价值折算入股，参与到项目股权结构中	主要为二级开发的收益	政府对项目的参与度和控制力强，投入少	与政府的沟通成本大，政府违约风险

三、棚户区改造现存问题

（一）融资压力巨大

目前棚户区改造的资金来源主要有政府财政资金、银行贷款、企业筹集、个人筹集等，其中政府财政资金包括中央财政补助资金和地方政府财政投入。由于我国面临改造的棚户区面积大、数量众多，尽管中央政府近几年加大了资金支持力度，但中央财政补助资金仅占项目所需金额的很小一部分，地方政府仍然面临巨大的财政压力，特别是对于委托一级开发模式而言，地方政府需要投入较多的资金补偿，增加了政府的债务负担[8]。而银行贷款和企业筹集资金，由于棚户区改造项目普遍周期长，投资回报有限，因此参与的积极性较低。个人筹集主要来自棚户区原居民回购超出原住房面积部分的资金，棚户区原居民普遍家庭经济情况普通，回迁房的房价也会按照棚改政策制定上限，因此个人筹集的资金占棚户区改造所需资金的比例非常小。

（二）忽略项目自身特点与优势

目前国内大多数棚户区改造项目是由政府主导的自上而下统一规划、统一实施的大规模改造，并且由于政策限制，规划较为单一。在此过程中，虽然统一的规划和实施能够一定程度上保证效率，但通常忽视了对项目自身特点的考量，对于具有区位、环境、文史等优势的项目而言是一种浪费，也使得项目本身缺乏吸引力，降低了社会资本参与棚户区改造的积极性。

（三）对传统文化建筑与城市风貌的破坏

棚户区改造的项目地块有相当一部分位于历经历史沧桑和文化洗礼的老城区，在改造过程中对区域内历史文化内涵和氛围的破坏也是棚户区改造现存的一个严重的问题；同时，由于缺乏特点的统一规划，原本有特点的城市风貌在改造后成为普通的住宅小区，对于城市的文化传承而言是一种损失。此外，改造过程中缺乏综合考虑城市功能结构的意识，无法将城市总体规划与棚户区改造相互协调，也是目前棚户区改造中一个突出的问题[9]。

四、对棚户区改造的建议

（一）商品房与棚改一体化开发

目前，多数地方政府规定棚户区改造项目建设内容均为回迁安置房，不可包含商品房。若存在满足本项目原址回迁外的剩余面积，有两种处理方法：可用于提供给其他棚户区改造项目居民作为安置房或临时周转用房；或切割为独立地块，须单独入市进行招拍挂，可用于商品房开发。第一种处理方法一定程度上违反了尽可能让棚户区改造的居民回迁的原则；而且，对于具有优越区位优势的地块而言，如位于中心老城区或城市滨江、依山地区的地块，全部作为回迁房是对这些优势区位条件的一种浪费，未充分利用该地块价值。第二种处理方法将地块完全划分为两个项目，商品房项目避免了第一种处理中出现的问题，发挥了地块的优势，但棚改安置房项目仍然存在着融资压力等问题。

如果将第二种处理方法的划分独立地块改为商品房与棚户区改造一体化开发，就可以在发挥地块特点与优势同时，很大程度上缓解棚户区改造项目的融资压力，引入社会资本，是一个值得尝试的思路。

目前，土地招拍挂中商品房配建保障房的做法并不鲜见，商品房和保障房一体化的开发模式已经成熟。因此，借鉴商品房保障房一体化开发的思路，将棚户区改造项目变为要求开发商完成棚户区拆迁并建造商品房时，配建居民回迁住房，即为商品房与棚改一体化开发，不失为一种值得探讨的做法，具体为：棚户区改造项目放弃统一规划，而采用类似“招拍挂”的方式，在出让合同中规定好保证回迁居民所需的住房和相关政策支持等要求，但在其他方面，与一般的土地出让项目相同。

（二）棚户区改造与文化地产开发结合

文化地产是以文化软实力为核心竞争力的房地产开发模式，是用文化引领规划、建筑设计、园林景观、营销体系、物业服务的系统工程。目前，我国的文化地产处于起步阶段，但是发展迅猛；中央和地方政府也出台了相关政策鼓励发展文化产业，作为文化产业的空间载体，文化地产越来越受到政府部门、开发商和消费者的认同，成为一种地产发展的必然趋势。

对于那些拥有浓厚历史氛围、浓郁艺术文化气息的旧城区而言，在改造的过程中保留其文化特色并弘扬发展，甚至开发文化创意产业，将文化地产与棚户区改造有机结合，不仅能够保留该地区原有的历史文化内涵，还能充分将文化传承与商业开发相融合，让旧棚户区焕发新的生机。目前国内已经有许多棚户区改造与文化地产完美结合的成功案例，如北京南锣鼓巷、上海田子坊、西安大明宫遗址等，提供了许多值得借鉴的思路。在棚户区改造中变统一规划为挖掘特点，从而开发文化地产，无疑也是一个值得探讨的改造方式。

五、棚户区改造策划案例

（一）项目背景与区位条件

某棚户区改造项目位于北京市西南二环，项目占地面积约 10 万平方米，涉及人口 2 000 余户，现初步规划改造后建筑限高 80 米，含 15%商业用地。棚户区内房屋多为 20 世纪 50 年代搭建的工房，设计年限只有 10 年，但现实中却使用了 60 多年。由于设计缺陷、使用年限过长、居住负荷过大等原因，该区域内环境极差，违章建筑、电线老化、路面不平、排水系统阻塞等问题十分突出。

本项目与南二环、西二环相邻，交通可达性高，临近地铁站与公交车站，公共交通便利；项目周边医疗配套齐全，有多家三甲、二甲医院；教育资源丰富；生态环境优良。但地块附近商业配套建设不完善，缺少中大型的商业中心，地块四周多为以餐饮、副食百货等满足生活基本需求为主的沿街商铺。

本项目地块内曾有造纸厂、印钞厂、印刷厂，如今仍有印刷厂的老员工居住。地块内还坐落着中国邮政集团公司邮票印制局、供奉着造纸术发明者蔡伦的祖师庙，造纸、印刷的文化氛围浓厚。根据北京城市总体规划，项目所在的原宣武区是宣南文化发祥地和国家新闻媒体聚集地之一，且位于荟萃北京历史文化名城精华的北京中部地区，应该严格保护。综合本地块的历史文化氛围和北京市的相关城市规划，可以在改造过程中建设文化产业，继承和发展传统文化精髓。

（二）开发模式构建与分析

我国常见的上述四种棚户区改造开发模式各有优缺点，但北京市的棚改政策规定了无论使用何种开发模式，棚户区改造项目的建设内容都必须为回迁安置房。本地块现存建筑多为单层平房，容积率很低，改建后容积率上升，扣除回迁用房和一定比例的商业用房仍然能获得大量额外的建筑面积，经估算有 10.25 万平方米。如前所述，本项目地块地理位置极为优越，周围的教育、医疗、生态环境资源也十分丰富，若将剩余的 10.25 万平方米提供给其他地方的居民作为棚改补偿或周转房，是对本地块区位条件的巨大浪费。如果能将商品房和棚户区改造一体化开发，引入市场的力量，就能够充分地发挥地块价值，并且能促进政府、开发商、棚户区原居民三者共赢。

虽然北京市暂未出台商品房与棚改一体化开发的政策，但是已经有省市出台类似政策并开始实践。在安徽省住房城乡建设厅的棚改相关工作报告中“市场运作、社会参与”部分中，提到“对改造区域开发用地均实行公开出让，通过市场竞争择优选择投资者实施整体开发”。具体运作上，有四种做法，分别是：

（1） 政府在土地招拍挂和土地出让合同中，明确安置房的建设规模、标准、期限和设计方案等，通过市场竞争土地使用权，选择开发企业代建。

（2）政府采取在商品房项目中配建等方式，引导和调动开发企业参与棚户区改造。

（3）实行“捆绑改造”，将改造项目用地与商品房开发用地搭配出让，平衡项目资金。

（4）实行“市场运作、自求平衡”，主要是就地改造且区位较好的项目，除保障棚户区居民安置房外，多余房源可作为商品房对外销售。

以上四种运作方式与本文对于该棚户区改造的建议开发思路是完全一致的，可以预期商品房与棚改一体化开发将是大势所趋。通过以上四种做法也可以看出，此处提出的商品房与棚改一体化开发其实就是本文第2节中一二级捆绑招标开发模式的一种尝试。

本文采用安徽省棚改做法（1）与（4）结合的开发方式，将项目地块采用招拍挂方式出让，土地出让合同中明确安置房的建筑标准，允许开发商将除安置房外的多余房源作为商品房对外销售，开发商完成地块的一、二级开发。

（三）项目文化地产开发

如前所述，本项目地块所在地区历史文化底蕴十分浓厚，自明清以来就是北京城中造纸、印刷的中心，虽然目前大多数的造纸作坊都已消失，但是该地区作为印刷、出版等文化传媒产业聚集区的地位并没有变化，项目地块周围就有着财政印刷局、中国邮政邮票印刷局、经济日报集团、中国地图出版集团等颇具影响力府机关、传媒企业，具备开发文化地产的客观环境。

在项目地块内还有一座已经空置停产的印刷厂，印刷厂从20世纪50、60年代开始便通过最早的铅活字印刷进行国家钞票、邮票的印制，经过技术的变革，逐渐转变为使用胶版印刷等更加先进的技术，并且开始承揽书籍、海报等各种纸制品的印刷工作。随着时代的变迁，印刷厂经过市场化的改革从国家所有变为了私企接管，之后由于印刷厂污染较大等原因逐渐衰败，如今的印刷厂早已空置，仅剩一个长条形的二层大型厂房，厂房建筑结构保存完好，空间布局合理，具备进行原址改造的物质基础与建筑意境。

结合项目地块的客观区域环境和自身物质基础，对其进行文化地产开发，打造成一个由博物馆、体验馆和文化创意产业组成的印刷文化体验中心。其中：

博物馆的定位为吸引人群、扩大影响。项目所处地块位于中心城区，中小学校环绕，通过与地处北京南六环的中国印刷博物馆合作，建立联合展览关系，能够最大程度上实现各类精美藏品的展览价值，还能够更好地向公众普及造纸、印刷的传统工艺和历史变革。

体验馆的定位为传播口碑、创造收益。体验馆是一个体现中心互动性，增加参观者参与度，并以此实现中心盈利的一个重要部分。参观者可以选择参与体验馆设计的古法造纸、活字印刷、手工装订三个体验项目，从造纸开始，完成一本完全由自己制作、设计的专属古书，亲身实践古老的传统技艺，享受独一无二的文化体验。

文化创意产业的定位为产业集群、营造氛围，针对包装、装潢、广告、平面设计等创意设计类的工作室进行招商，并以其拥有博物馆的展览空间以及周边集聚的文化传媒产业环境具有相对明显的招商优势。

通过文化中心三部分针对不同群体的精准定位，共同打造一个集文化展现、互动体验、创意汇聚三大功能为一体的综合文化体验中心。

（四）项目结构设计

本文选用棚户区改造与商品房一体化开发的模式，政府以土地招拍挂的方式将土地出让给开发商，并通过政府担保安排（如直接介入权），支持项目公司向银行申请贷款。项目建设阶段，项目公司与设计、施工、供应商签订相应合同。项目公司完成土地一级开发和棚改居民补偿安置；二级开发完成后，棚改居民回购回迁房，公众购买商品房（见图 7-11）。

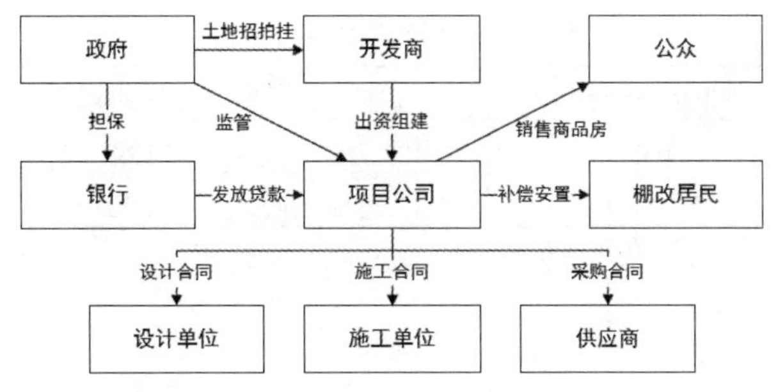

图 7-11　棚户区改造项目结构

（五）项目经济分析

在上述分析的基础上，本节通过经济测算进一步探讨地价敏感性、文化商业经济可行性等问题。由于本项目地块在实际情况中属于划拨用地性质，并无土地出让金的具体数额，因此令项目全投资的内部收益率与行业收益率[①]相等，反算出本项目能够

① 根据《建设项目经济评价方法与参数》（第三版），房地产开发行业收益率为 12%。

承受的地价上限。并对土地出让金进行敏感度分析，从而确定土地出让金在本项目中的影响。此外，基于本项目的地段优势，同时期同区位几乎没有竞争者，所以暂时估计商品房销售比例为 100%。显然，这也存在一定的风险，有必要对商品房的销售比例进行敏感度分析。

1. 开发方案

本项目回迁方案为100%原址回迁，回迁房面积中原房屋面积与30平方米赠予面积免费，剩余面积以成本价购买。拆迁补偿采用补贴租金的方式，租金以每户每月3 000元计，共计 90 000 元，拆迁补偿费用共计 24 036.8 万元。二级土地开发内容包括商品房、回迁房、社区商业、文化体验中心、地下停车场。一、二级开发费用共计717 064 万元。

2. 财务评价

（1）项目经济指标评价

由于本项目基于项目全投资内部收益率等于行业收益率反算土地价格，所以全投资内部收益率即为行业收益率 12%。借由较高的财务杠杆，资本金内部收益率为明显更高，为 17.34%，对应净现值为 2.6 亿（见表 7-2）。

另一方面，项目投资回收期较长，资本金动态投资回收期达到 11.3 年。但事实上，商品房销售收入其实已经能够回收大部分的投资，后期现金流量仅占较小的一部分，故投资回收方面的风险其实并不高。

表 7-2　项目经济评价指标

	NPV（万元）	IRR	动态回收期	静态回收期
全投资	2 035.99	12.17%	19.8	1.8
资本金	26 089.03	17.34%	11.3	5.6

注　NPV 为净现值；IRR 为收益率

（2）地价敏感性分析

经过测算，本项目地价上限为 39.5 亿。由图 7-12 地价敏感性分析可知，本项目对地价非常敏感，当地价上升 10%左右，资本金 NPV 就接近 0，有亏损的风险。因此，决策人员对地价应该也较为敏感，一旦报价超过可承受地价上限，就应当极为谨慎甚至放弃项目。

（3）文化商业可行性

根据北京市对文化产业的支持政策，本项目文化商业能获得政府贴息 500 万元，以降低 0.82%利率计算。而由于文化商业租金明显低于普通商业，会有一定程度上的租金收入减少。

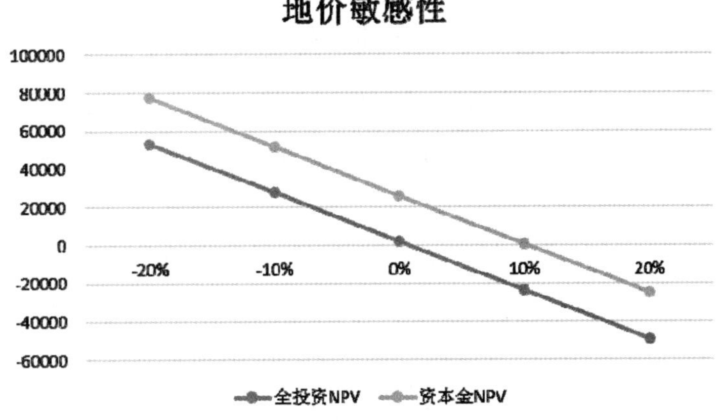

图 7-12 地价敏感性

对比等面积文化商业和普通商业方案（见表 7-3）可以发现，贴息虽然减少一定量的财务成本，但还是无法弥补租金损失，项目 NPV 下降。但由于财务成本的减少，资本金前期投资降低，资本金 IRR 反而有一定上升。

表 7-3 等面积文化商业和普通商业方案对比

方 案		NPV（万元）	IRR	动态回收期	静态回收期
文化商业	全投资	2 035.99	12.17%	19.8	1.8
	资本金	26 089.03	17.34%	11.3	5.6
普通商业	全投资	7 373.45	12.59%	19.5	1.7
	资本金	26 597.78	17.11%	11.8	6.0

另一方面，还应考虑文化商业对商品房的溢价效果。对商品房售价进行敏感性分析，发现本项目对商品房售价十分敏感，房价下跌 8%左右，资本金 NPV 就接近 0。因此只要文化商业对商品房有少量的溢价效果，就会很大程度上提高项目的经济效益。具体地，在文化商业方案下，当房价溢价达到 1.5%，全投资 NPV 与全部做普通商业的方案相同；当房价溢价率为 0.02%，资本金 NPV 与全部做普通商业的方案相同。

六、结束语

本文结合实际项目，提出了商品房与棚改一体化开发的建议，借鉴商品房与保障房一体化开发思路，保障项目的资金平衡，使政府、开发商、棚户区原居民三方达到共赢；还探讨了棚户区改造与文化地产开发相结合的改造方式，对具有历史文化条件的区域，在改造时结合其特点进行文化地产的开发，不仅能够保留城市历史文化内涵，还能使改造后的城市空间更加个性鲜明，焕发新的生机。

参考文献

[1] 张瑜. 城市更新视角下的棚户区改造实践研究[D]. 西安：西北大学，2011.

[2] 中华人民共和国国务院. 国务院关于加快棚户区改造工作的意见[Z]. 2013-07-12.

[3] 中华人民共和国住房与城乡建设部. 关于推进城市和国有工矿棚户区改造工作的指导意见[Z]. 2010-01-14.

[4] 北京市住房和城乡建设委员会. 关于加快我市城市和国有工矿棚户区改造工作的实施方案[Z]. 2011-12-02.

[5] 中华人民共和国国务院. 国务院关于进一步做好城镇棚户区和城乡危房改造及配套基础设施建设有关工作的意见[Z]. 2015-7-30.

[6]中华人民共和国住房和城乡建设部. 关于加快推进棚户区（危旧房）改造的通知[Z]. 2012-12-12.

[7] 袁博. 我国保障性住房基金运行及模式研究[D]. 北京：对外经济贸易大学，2014.

[8] 葛志苏. 金融支持棚户区改造模式探讨[J]. 北京金融评论，2014（4）:89-93.

[9] 董丽晶，张平宇. 城市再生视野下的棚户区改造实践问题[J]. 地域研究与开发，2008，27（3）: 44-47.

（《地方财政研究》2016 年第 4 期，第 11-16 页）

当智慧城市遇到 PPP-ICT 项目

作者：胡一石　王守清

随着经济的发展，公众对公共服务的需求越来越高，PPP 的应用也开始从传统的基础设施、公共事业领域扩展到公共服务更广泛的范围，如文化、教育和信息通信技术（ICT）领域。

PPP-ICT 项目即在 ICT 领域内应用 PPP 模式提供 ICT 公共产品/服务的一类项目，其提供的产品/服务形式为信息和信息载体，技术密集度高，更新换代快，这些特性决定了它的运作方式的特殊性，了解其分类和相应的运作方式很有实用价值。

一、PPP-ICT 项目面面观

PPP-ICT 项目的发展历程不长，学界和业界也未有成型和权威的类别划分。但根据 PPP 的原则，项目的内在特征会直接影响其运作方式或范式的选择。根据我国《国民经济行业分类》，ICT 产业包括：①电信、广播电视和卫星传输服务。②互联网和相关服务。③软件和信息技术服务。这个标准既是按产业划分，也是按技术门类划分。①代表的是通信技术，主要解决的是网络的物理层和链路层的问题。②代表的是互联网技术或计算机网络技术，解决的是网络的应用层问题。③代表的是软件技术和电子信息技术。但 PPP-ICT 公共项目往往综合了多种技术，难以按这个标准简单区分 PPP-ICT 项目的类别。因此，笔者从项目的内在特征出发，对 PPP-ICT 项目进行分类。

（一）根据功能用途分类

从功能导向看，可分为三类：①管理类。帮助政府更好地履行管理或治理职能，如户籍信息管理系统。②服务类。帮助政府更好地履行服务职能，如知识产权监测维权系统。③综合类。在一个项目中兼具管理和服务两种职能，如电子政务网站。

从功能层次看，可分为三类：①直接服务类。产品本身就是面向公众的终端公共服务，如无线基站、知识产权监测维权系统等。②间接服务类。产品提供给公共部门，通过提升公共部门的工作效率来改善公共服务，如政府会议系统、文电系统等。③双向服务类。既有直接服务，又有间接服务，如电子政务网站。

从功能辐射面看，可分为两类：①单一类。单一业态，如智能交通管理系统。②综合类，如首都公共信息平台。

（二）根据设施形态分类

（1）基础设施。为实现基础性的信息服务而建设，技术门类比较单一，如光纤通信传送网、移动信号基站、大型数据中心等。这类项目以传输、存储原始数据为主要任务，地理覆盖范围广、工程量大、造价高。

（2）软硬件结合的信息系统。为提供综合性的多来源信息服务而建设，一般由大量不同层次的软硬件组成，结合了软件技术、电路设计技术、控制技术、数据库等多门类技术，如智能交通管理系统、智能停车管理系统、电子政务中心等。

（3）软件网站类。为提供专业性的信息服务而建设，一般以软件或网站为主，如政府门户网站等。

二、PPP-ICT 项目的运作方式

胡振等（2012）认为，根据建设期、特许经营期内和特许经营期后这三个阶段所有权的归属不同，一般 PPP 项目可以划分为 BTO、BOT、BOO 三种基本范式。其研究表明，项目领域、收益方式、特许经营期和 VfM 指标与范式选择有显著的相关性。PPP-ICT 项目的运作方式符合 PPP 范式选择的基本规律，也有显著的特殊性。但因其生产环节专业门槛高，业务灵活，提供的产品有丰富的拓展空间，PPP-ICT 范式的选择日趋交叉和复杂，也出现了一些新形式。

（一）范式以 BOT 为主趋多样化

BOT 在风险和收益分担方面的均衡性较好，是 PPP 中应用最广也最为成熟的一种范式，同样非常适用于 PPP-ICT 项目。ICT 基础设施类项目与土建类项目相似度高，BOT 谈判难度不高，如意大利布雷西亚的宽带建设项目，政府与 Megabeam 公司签订 BOT 合同，将部分宽带网络的建设运营交给 Megabeam，特许经营期 15 年；电子政务类项目如南非的人力资源管理系统，劳工部与西门子为代表的联合体合作，签署了 BOT 合同，特许期 10 年。中国香港地区的 ESDlife 和马来西亚的 e-Perolehan 项目也都是 BOT 模式。

因信息服务的安全性十分重要，在很多 PPP-ICT 项目中，政府希望在与企业长期合作的同时保留一定的控制权，于是采用狭义 PPP 的范式——政府深入介入项目，甚至入股。如美国的 Access Indiana 项目，印第安纳州政府成立了 Intelenet Commission 全权负责网站的组织管理及与私人部门合作，另有两个委员会对项目做运营和战略方向的监管；私营部门合作方 Indiana Interactive 则负责融资、研发和运营，自负盈亏，但政府拥有所有权，政企双方长期合作。荷兰的阿姆斯特丹城市网项目群，政府则直接入股参与到项目中，但不参与项目的具体运营。

在 PPP-ICT 的运作方式中，BOO 也占有一席之地，如 2008 年之前，北京市信息化建设项目全部采用 BOO 模式，包括承载着近 600 万人口医疗保险业务的北京市医疗保险信息系统、连接 1 300 多家市级行政单位的北京市统一的电子政务网络、覆盖市、区和街道三级社区服务中心的北京市社区服务公共信息平台等。还有一些面向政府服务的软件网站类项目则采用 PFI 范式甚至混合型范式。

（二）收益方式多样

因为 ICT 项目提供的产品主要是信息形态，易于传播、复制、改造，同时生产和传输信息的设施相对于传统的土建类基础设施更易于扩展和组合，提供信息产品的边际成本很低，这使得 PPP-ICT 项目的业务和收益方式远比传统 PPP 项目更为丰富。这在综合信息系统类项目中体现得最突出。

一方面，收费对象多。项目可以同时向政府和公众甚至其他企业、团体提供服务。如中国香港地区的 ESDlife 同时服务政府、公众和企业，分别收取三方的服务费。另一方面，业务门类多。基于一定的软硬件平台，在政府许可下，可以拓展多项业务，如 Access Indiana 主要有两类业务：①为用户提供比以往的传统方式更为便利的交易方式并对此收费；②对基础政务信息的增值业务收费。

实际上，基础设施类 ICT 项目同样具有巨大的业务拓展空间，如有线通信网络项目，同一个线缆管道可以敷设多条不同用途的线缆，同一条线缆也可以提供空闲的频段供非主营业务使用；又如数据中心类项目，设施的复用率很高，在满足公共数据存储管理的同时，可以将空闲空间出租；等等。

（三）特许期较短

由于ICT更新换代较快，收益方式多样，因而涉及移交的PPP-ICT项目的特许期普遍不长。相对较长的基础设施类项目也极少超过20年，其他如电子政务类项目虽然投资额也较大，但特许期也很少超过10年，如南非劳工部的人力资源信息管理系统投资2.25亿美元，特许期10年；马来西亚的e-Perolehan项目投资0.7亿美元，特许期8年。

（四）项目集群化、长期化

信息化、智能化是当今时代的特点和发展趋势，而且ICT项目的产品边际成本低，网际交换成本高，具有明显的规模经济效应。因此出现了一些极具前瞻性的PPP-ICT大型计划和项目集群。

美国的大型ICT企业国家信息联合体（National Information Consortium）与美国18个州和7个城市合作开发、运营电子政务项目，Access Indiana就是其中一个。相比单独运作项目而言，这大大降低了研发成本，也有效降低了运营成本。

德国的智慧城市建设大多采用PPP-ICT模式，其水平走在世界前列。智慧城市涵盖各行各业的众多项目，ICT是其中的核心。其运作方式分两种：一种是政府先在某个方面提出长远的宏观目标，并通过财政补贴的方式引导企业进行相关研究，最终从若干参与者中选出合适的合作者。另一种是像德国电信、西门子、宝马等大型企业，为了推销本公司的某种产品或服务，先在全国范围内选择一个或几个城市进行试点，符合条件的或对项目感兴趣的城市会积极参加这些企业开展的试点竞赛。

三、问题犹存

PPP模式并非万能，应用到ICT项目中也存在一些问题。

对于纯公共产品性质的ICT项目特别是保密性较强的项目，并不适宜应用PPP模式，如国防通信网等；PPP-ICT项目的移交不同于土建类项目，其残值很可能所剩无几；PPP-ICT项目特别是信息系统、软件类项目的产出难以精确测量，给特许期与价格的确定与调整、权责划分和监管等都带来难度；基本公共服务和增值服务之间需要但难以合理权衡；等等。

总体而言，PPP-ICT项目还处在萌芽期和探索期，需要政界、商界、学界共同探讨，实践并总结出一套科学可行的应用模式。

参考文献

[1] 胡振，范秀芳，董清．公私合作（PPP）项目范式选择的决策模型分析——基于SVM

分类理论[J]. 西安建筑科技大学学报（自然科学版），2012（4）:568-571.

[2] Faizullah Khan. The Challenges of e-Government in Developing Countries: Study on Public-Private Partnership Model based on Cloud Computing [D]. 北京邮电大学，2012:58.

（《项目管理评论》2015 年第 2 期，第 20-22 页）

狭义 PPP 模式下棚户区改造项目结构创新研究

作者：刘婧湜　王守清　冯珂　伍迪

【摘要】 棚户区改造是改善人民生活条件的重大民生工程。目前绝大多数棚改项目的实施主体还是由政府指定的国有企业，其他企业不敢也很难进入棚改项目。本文总结了我国现有的棚户区改造模式，分析指出了棚改存在的主要问题，并基于现有的典型棚改模式，提出了基于土地作价入股的狭义 PPP 棚户区改造模式，有利于拓宽融资渠道，突破现有困境。

【关键词】 棚户区改造　狭义 PPP　项目融资　公私合作

一、棚户区改造的现状和政策背景

棚户区是指城市建成区范围内，平房密度大、使用年限久、房屋质量差、人均建筑面积小、基础设施配套不齐全、交通不便利、治安和消防隐患大、环境卫生脏、乱、差的区域。2009 年，棚户区改造正式在全国范围内拉开帷幕，并被视为“稳增长”的重要举措[1]。根据 2014 年《国务院办公厅关于进一步加强棚户区改造工作的通知》（国办发〔2014〕36 号），2013 年，全国改造各类棚户区 320 万户以上，2014 年计划改造 470 万户以上，为加快新一轮棚户区改造开了好局[2]。然而 470 万套棚改的投资规模上万亿元，仅靠财政支持，缺口较大[3]。

近期国家和地方各级政府连续出文，鼓励推广运用政府和社会资本合作模式（PPP）。棚户区改造是一项准公共物品，带有社会保障性质，且一般规模较大，较为适用 PPP 模式进行多渠道筹措资金。目前，已有省份尝试采用广义 PPP 模式，包括 BOT（建设—运营—转移）、BOOT（建设—运营—拥有—转移）、打包协议（即工程整体运营和转移）在内的多种开发方式，对不同特点的棚户区分类开发。

然而，棚户区改造不只资金需求大，更有项目周期长、难度大等特点。目前绝大多数棚改项目的实施主体还是由政府指定的国有企业，其他企业不敢也很难进入棚改项目。相对广义 PPP，狭义 PPP 模式更强调政府的参与及在项目公司中占有股份。政府与企业以狭义 PPP 模式有机结合有利于突破棚户区改造现有困境，推进项目进度。

二、棚户区改造的主要模式

我国棚户区改造分为林区、矿区、垦区的改造，以及旧城改造。有些棚户区商业价值较高，有些具有特殊历史文化价值，而有些则完全“无利可图”。不同融资、运作、管理模式应运而生。

从出资方来看，基本可以分为政府出资、开发商出资和二者共同出资三类[4]。对于没有商业价值的棚户区土地，如林区、矿区、垦区周围的土地，或被规划为绿地、仓储、物流等非居住、商业用地的地区，土地附加值较低，基本不具备市场化运作条件，一般由政府直接进行改造，政府财政出资。对于规划用途为居住用地或商业金融业用地，商业价值高，利润空间大的土地，一般进行市场化开发运作，开发商出资。当然也有一些项目政府出资进行一定的补贴，或以减免税费的形式补贴。

从融资渠道来看，主要有政府财政补助，政策性银行贷款，商业银行信贷，债券信托、资产证券化（ABS）、企业和群众自筹等途径[5]。目前较为普遍的融资方式为国开行贷款，据国开行的数据显示，其 2014 年发放棚改贷款 4 086 亿元，市场份额占据半壁江山。

从管理模式来看，主要分为两种，委托代建制和自行改造制。大多数项目采取委托代建制，在这种模式中房地产开发商为实施主体，按照市场原则进行项目实施。政府负责改造项目的总体策划，制定政策措施，帮助协调拆迁。开发商在棚改项目建造完成后，由政府按照其与开发企业之间的协议价格进行“回购”以安置回迁居民；或由开发企业根据其与政府的协议负责回迁居民安置，利益损失部分从综合开发改造地块的商业交易中进行补偿[6]。自行改造制一般应用于被改造棚户区属于企业或集体，企业可申报成立“棚户区改造办公室”，担任实施主体的角色。

棚户区改造需要因地制宜，每个棚改项目所处地区的发展状况、区域规划不同，项目自身特点不同，所适用的改造方案模式也各不相同。相应的，我国出现了各具特色的辽宁模式、焦作模式、萍乡模式、枣庄模式等棚户区改造模式[7]。

三、棚户区改造的主要问题

尽管棚户区改造模式各不相同，政府也十分重视，但棚户区改造工作依然是一块难啃的“硬骨头”。主要问题体现在以下几个方面：

1. 资金缺口大，私有资本难以进入

棚户区改造所需资金量巨大，融资难是棚改的最大问题。以北京市为例，2014

年国开行批给北京市用于棚改资金有500亿左右，而实际贷款仅有100亿左右。问题并不仅是资金缺乏，更是有资金却难贷款。

按照标准程序，负责棚改的企业只有在拿到土地使用证、规划许可证等之后才可能拿到商业银行贷款。但企业没有充足的资金又无法进行土地征收平整、居民补偿安置，办理相关证件。国开行为支持国家棚户区改造工作，规定企业、国开行与市政府三方签署《委托管理协议》，与区政府三方签署《委托建设协议》后，可提前提供贷款，有效解决了“没证件”和“没钱”的互为前提的矛盾问题。并且贷款利息低，时间长，还有免税政策和软贷款服务，支持力度相当之大。问题在于政府给其下属的国有企业签署三方协议是一种“救济担保”，并不违法，但如果是私营企业或其他不直属的国企，就涉及政府担保的违法行为了。这直接导致了目前私营企业很难进入棚改项目的现状。

2. 政策及政府执行情况有待完善

国家提倡加快项目前期工作，建立行政审批快速通道。但相关政策，如贷款政策、审批手续等，并不完善。如权力下放不到位问题：政府为加快项目进程实行“拆建分离”，将“拆”的审批权下放到区级，但“建”却是市级政府审批。企业经区级政府批准进行项目征收，征收完成后却迟迟拿不到市级政府的相关证件，项目只能搁置。政府审批手续复杂、时间长，也会导致项目搁置。棚户区改造项目前期投入资金大，一旦搁置会产生大量额外的资金成本和运营成本，甚至会使企业转盈为亏，这使私有资本不敢进入棚户区改造项目。

3. 征收难度大

近些年棚户区改造中的征收工作由政府出面负责，按照征收政策标准进行补偿安置。但由于以前拆迁市场混乱的遗留问题，部分被拆迁户仍抱有获得超额补偿的不现实幻想，导致拆迁难度较大。另外政府任务过重、人员机构不足也是征收工作的限制因素。

四、基于土地作价入股的PPP框架设计

（一）私营企业为实施主体的典型棚户区改造项目结构

在一般的棚户区改造项目结构中，主要干系人包括政府（以市、区政府为主的相关单位），实施主体（私营开发商）和被征收人（涉及拆迁的全体居民及企事业单位）。项目结构如图7-13所示。

政府与开发商为两个独立利益方，政府负责前期的调研及立项工作，并将土地一级开发权转移给开发商，由开发商进行具体的拆迁及一级开发工作。

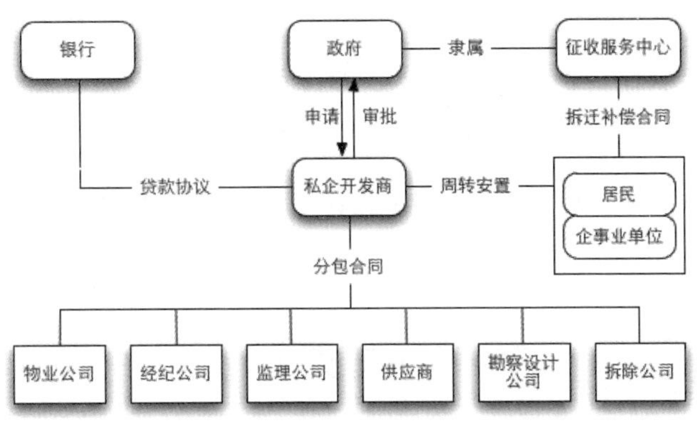

图 7-13　私营企业为实施主体的项目结构图

政府下属设有征收服务中心，受政府管控负责拆迁相关工作，直接面向居民、开发商。征收服务中心为纯服务性机构，与整个项目没有任何利益关系。征收服务中心受开发商委托与居民签署安置补偿协议，也就是说，在拆迁过程中开发商并不直接与居民联系，以防止不公平签约。征收服务中心的设立使政府及开发商都能准确全面地得到居民的反馈，建立信息对等的机制。

对于被征收人中的企事业单位一方，开发商可直接与其签订更为因地制宜的安置补偿合同。

项目的融资工作由私营开发商独立完全承担，政府并不给予实质性的担保承诺。

开发商分别与各分包公司签订相关合同，规范双方行为，确定风险、利益分配原则，重要部分外包须向政府申请备案。涉及的相关公司包括勘察设计公司、拆除公司、建筑公司、供应商、咨询公司、监理公司、物业公司、经纪公司等。

棚改项目的盈利模式，以北京为例主要采用“自平衡模式”，以政府主导、市场运作。企业土地一级开发完成后，回迁房部分土地由企业开始建设回迁房；同时，经营性部分土地，由国土局办理上市手续，进行招拍挂。土地收入首先用于企业的平资，保障企业利润在 12%～15%的合理水平，剩余部分纳入政府财政。

尽管上述项目结构较为严谨，各方关系清晰，但私企棚改项目面临着前文所述严重的融资难、得不到政府支持等问题。项目难以进行、长期搁置等带来的成本风险极大地影响了私有资本进入棚户区改造项目的积极性。

（二）狭义 PPP 模式棚户区改造项目结构

在典型的“自平衡模式”棚改项目中，实施主体能拿到的总收入决定于前期总成本，保障企业利润在 12%～15%。若实施主体为私营企业，风险不定且较大，与较为固定的收入不匹配。然而，一般情况下土地二级开发部分的利润率较高，却没有过高的难融资、易搁置等风险。

若能以狭义 PPP 模式进行整合开发，即进行一次性招投标，将土地的一级、二级开发权同时授予一个具有实力的开发商，不仅能够较好的平衡一、二级开发的风险与收益，更能从一定程度上降低融资难度，有助于引入社会资本。项目结构如图 7-14 所示。

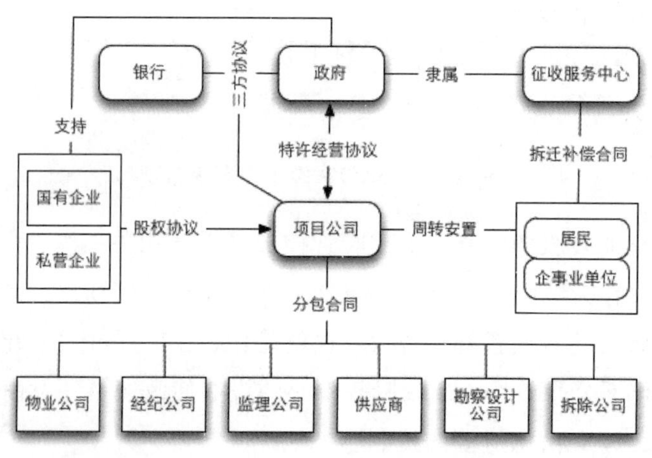

图 7-14　狭义 PPP 模式项目结构图

具体项目过程为：政府前期进行考察立项等准备工作，指定一个国企发起设立棚改项目公司，进行一次性招投标。私营企业以棚改方案竞标，中标者入股棚改项目公司。政府与项目公司签署特许经营协议，并将土地的一、二级开发权同时授予此项目公司，进行整合开发。其中，国有企业以土地价值作价入股，二者所占股份比例按预期地价和房、地价之差的比例计算，双方可通过协商进一步调整，双方收益也按股份比例分配。

$$\frac{\text{国有企业股份比例}}{\text{私营企业股份比例}}=\frac{\text{预期土地价格}}{\text{预期平均房价}-\text{预期土地价格}} \tag{7-2}$$

项目公司的总收入为二期开发后的总收入所得，成本包括一、二级开发成本与被征收人的征收补偿。只要被征收人的期望征收补偿，土地一、二级开发总成本，项目公司的期望利润，三者之和小于项目公司总收入，就可以避免各方的利益冲突。其思路就是将一、二级两个不同开发商合并为一个，把原本应给其他二级开发商的利润去补贴居民、一级开发商以及政府，保障各方利益。

项目公司通过项目融资来筹集资金，可与国开行及市、区政府分别签订三方协议，享受国开行特殊优惠政策的贷款。另外，项目公司还可以以项目财产或未来现金流为基础进行债券信托、资产证券化等融资。

五、狭义 PPP 模式棚户区改造分析

（一）项目结构优势分析

第一，棚户区改造项目不同于一般的房地产开发项目，带有一定的保障性质。政府在其中既负责整体的策划，又负责具体的协调拆迁。政府以土地入股项目公司无疑会使政府工作效率提高。既保证了政府的控制权，又发挥了企业的专业优势，还利于保障被征收人的权益。

第二，私营企业单独作为实施主体时，由于政府无法给予其担保和支持，在土地平整取得相关证件之前很难申请到贷款。而企业和政府以占股的形式组建项目公司后，项目公司可通过项目进行融资，降低了融资难度，也拓宽了融资渠道。

第三，狭义 PPP 模式使政府和企业联系更加紧密，有利于双方沟通达成一致。减少企业不明标准造成的反复审批的可能性，使项目进行更加顺畅，降低了项目搁置、成本超支的风险。

第四，PPP 模式整合开发将利益优化分配，传统模式与 PPP 模式整合开发的收益分配方式如图 7-15 所示。

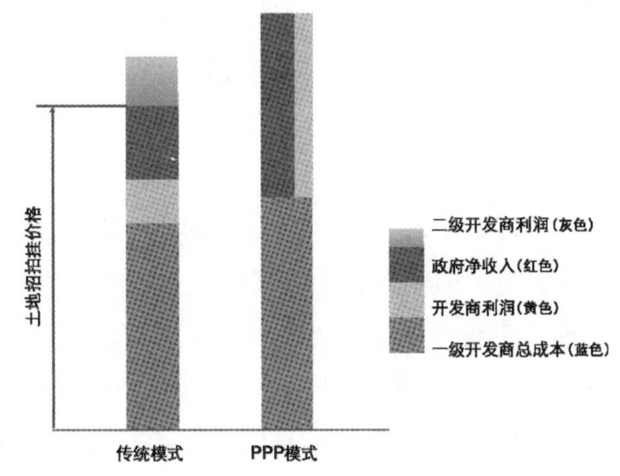

图 7-15　传统模式与狭义 PPP 模式的收益分配对比图

蓝色代表一级开发商总成本，其中包括被征收者的征收补偿；黄色代表开发商利润；红色代表政府净收入；灰色代表传统模式中二级开发商所获利润。

左侧竖条表示传统模式中各方利益分配的方式，土地招拍挂收入由政府、开发商和被征收者共同分享，其中政府净收入为土地招拍挂收入与支付给开发商总价之差。

右侧竖条表示狭义 PPP 模式整合开发的利益分配方式，将土地的一、二级开发权同时授予项目公司进行整合开发后，将不再存在二级开发商所获利润的灰色部分。此

部分利益转移分配给国有企业代表的政府、开发商和被征收者。国有企业与私营企业共同享有项目公司总收入与征收补偿之差的净收入，利润比例按双方所占股权比例分配，实现了利益共享、风险共担。

由于二级开发利润空间较大，一定能够找到一种利益分配方式，使得政府、开发商和被征收人在 PPP 模式下的净收入均大于传统模式，使三方均达到最大程度的满足。狭义 PPP 模式可以使居民的利益得到保障，使政府与企业利益统一，各方积极性均能有所提高，从而提高项目实施效率和质量。

（二）主要风险

尽管狭义 PPP 模式给棚户区改造提出了新思路，有效降低了私有资本进入棚改项目的难度，减小了项目搁置的可能性。但项目模式尚不成熟，且无法从源头上解决政府政策不完善及征收难度大等问题，应用狭义 PPP 模式存在一些风险因素。

风险主要包括：政府信用风险，指政府不履行或拒绝履行合同约定的责任和义务而给项目带来直接或间接的危害。政治反对风险，主要是指由于各种原因导致公众利益得不到保护或受损，从而引起政治甚至公众反对项目建设所造成的风险。政治决策失误/冗长风险，由于政府的决策程序不规范、官僚作风、缺乏 PPP 的运作经验和能力、前期准备不足和信息不对称等造成项目决策失误和过程冗长。审批延误风险，主要指由于项目的审批程序过于复杂，花费时间过长和成本过高，且批准之后，对项目的性质和规模进行必要商业调整非常困难，给项目正常运作带来威胁。[8]

六、小结

棚户区改造具有项目资金需求大、周期长、难度大等特点。目前绝大多数棚改项目的实施主体还是由政府指定的国有企业，其他企业不敢也很难进入棚改项目。棚户区改造较为适用 PPP 模式进行多渠道筹措资金，多方合作开发。目前，已有省份尝试采用广义 PPP 模式，相比之下，狭义 PPP 模式强调政府的参与及在项目公司中占有股份，更具优势。本文所述的狭义 PPP 模式有效降低了私有资本进入棚改项目的难度，减小了项目搁置的可能性，有利于政企双方优势互补、风险共担、利益共享，不失为棚户区改造工作的新思路。

参考文献

[1] 中华人民共和国住房和城乡建设部.《关于推进城市和国有工矿棚户区改造工作的指导意见》(建保〔2009〕295 号) [Z]2009.12.24.

[2] 国务院办公厅.《国务院办公厅关于进一步加强棚户区改造工作的通知》(国办发〔2014〕36 号) [Z]2014.7.21.

[3] 中国行业研究网.国家有硬性保障房和棚户区改造要求[N] http://www.chinairn.com/

news/20150127/153912689.shtml.
[4] 孙霞.济南市棚户区改造研究[D]山东:山东师范大学，2007:40-41.
[5] 李海建.济南市棚户区改造项目融资模式研究[D]山东:中国海洋大学，2009:27-33.
[6] 宿辉，石磊.吉林省棚户区改造项目管理模式研究[J]建筑经济，2008（7）:84-86.
[7] 中国指数研究院. 从“辽宁模式”看我国的棚户区改造[N] http://fdc.fang.com/news/2014-05-20/12832079.htm.
[8] 王守清，柯永建.特许经营项目融资（BOT、PFI 和 PPP）[M].北京:清华大学出版社，2008.

（《地方财政研究》2015 年第 8 期，第 15-19 页。）

产业新城的功能组合和开发时序研究——以四川某市国际商贸城为例

作者：张莉　刘婷　王守清

【摘要】 项目功能组合和开发时序是新城建设成功的关键。本文结合实际项目策划，以充分发挥各功能间相互助益的作用为原则，进行产业新城各种功能的选择、组合，以及开发时序设计，在此基础上通过经济测算分析了项目的可行性，为我国产业新城建设中的政企合作和综合开发模式提供思路和参考。

【关键词】 城镇化　产业新城　功能组合　政企合作　开发时序

一、引言

新城建设是城市空间扩张的主要载体。在我国新型城镇化进程中，各大中型城市正在通过新建新城促进城市扩容和发展。据不完全统计，截至 2014 年 1 月底，我国在建的各类新城新区多达 106 个[1]。与此同时，新城建设的问题也日益显现，其中一类突出问题是新城主要功能的欠缺或各类功能之间的不均衡，其本质在于生产和生活没有实现协调发展：部分新城缺乏足够的产业支撑，成为“睡城”；部分以产业为主导的新城缺乏生活配套，成为“产业孤岛”。这些都阻碍了新城对人口的有效集聚，甚至出现“空心化”现象。

从国际经验来看，城市综合开发通过对城市或其周边区域进行的土地整理和项目群开发，提升城市综合承载力，是解决大规模城市建设热潮中上述问题的必由之路[2,3]。在美国旧金山 Yerba Buena Center、日本六本木之丘等城市综合开发的过程中，均特别强调城市主要功能的合理规划和组合，以及开发时序的科学设计，这对中国在新城建设中实现生产和生活功能协调发展具有重要借鉴意义。

本文将基于四川某市国际商贸城的策划，重点分析如何进行产业新城建设中的功能组合和开发时序设计，并对其进行经济可行性评价，以期为当下我国新城的建设提供参考。

二、项目背景

某国际商贸城位于四川省某市，占地 3 000 余亩。该市临近成都，目前中心城区人口 68 万，2030 年规划人口将达到 200 万。该市政府将增加中心城区人口作为新时期的城市发展的主要目标之一。为实现这一目标，一方面需要促进经济发展、创造就业机会，吸引劳动力流入；另一方面需要营造更加宜居的城市环境，以良好的生活质量留住人口。在此背景下，位于城市西部尚待开发片区的该商贸城，实际肩负着促进产业、商业集聚，创造就业，并通过发展相关配套，实现人口集聚的任务，相当于该市产业新城的地位。

该市经济长期以来依赖重工业发展，其他产业发展缓慢，对人口的吸引力不足。另外，城市没有为企业提供良好的展示平台，不利于企业与外界交流、扩大影响力、争取合作机会，企业转型发展也遇到瓶颈。另外调研发现，虽然该市居民消费力强劲，其消费总量位居全省第二，但市内却没有与其需求匹配的消费休闲场所，导致许多居民需赴成都、上海、香港消费休闲。而且事实上该城市也具备良好的人文底蕴和生态基础，却因城市形象宣传不力以及配套不健全，导致公众知晓度偏低。

因此，对该市政府而言，它迫切希望建设的是：①城市主题公园：改善工业兴城锚固的重工业城市形象，扩大其古蜀文明之都的公众知晓度，塑造山水宜居的城市形象，增强城市竞争力。②会展中心：为该市的企业、商户提供重要的展示交流平台，产生商业辐射和带动作用。城市主题公园将免费对市民开放，属于公共项目；会展中心虽可收费，但通过参考四川省其他类似项目的运营情况可知，其收益率较低，属于准公共项目。若这两者完全由财政投资，将严重挤占其他公共项目的投资，而且由于财政预算属于软约束，公共部门缺乏运营管理经验，将造成效率低下等问题。因此，将城市主题公园、会展中心与收益良好的经营性项目捆绑，吸引社会资本及其管理能力，为缓解财政负担、提高公共服务效率提供了一个可行方向。

而该市存在的高端零售市场空白，对于开发商是难得的市场机会。但是对于商业的发展而言，虽然该项目位于城市主轴干线和一环干线交叉处，区位优良、交通便捷，且相当于城市的西大门，但目前该区域发展还很不成熟，需要先“聚人气”。城市主题公园恰能吸引大量休闲娱乐人流，会展中心又能吸引外来商务人士，两者都能为此区域起到“聚人气”的作用。此外，协助政府建设公共项目，也有助于开发商获得地价优惠、税收减免等政策支持。

政府能通过捆绑经营性项目吸引社会资本投资公园、会展中心等公共项目，而开发商则能通过协助政府建设公共项目为其经营性项目聚拢人气并获得政策支持，因此城市综合开发是双方达成合作的基础，也符合 2014 年以来中央力推政府和社会资本合作（PPP）的精神。

三、功能组合分析

（一）产业选择

城市的综合开发一般包括生产设施（工业厂房、办公设施、教科文基地等）、商业设施（各类商业网点）、居住设施（住宅、公寓等）和基础设施（市政工程、道路交通、公用事业、园林绿化、环保设施）的建设[4]。其中既有经营性项目，也有公共项目。项目是否可行，主要依赖于其中的经营性项目（商业、住宅等）能否有良好的盈利率，如前所述，这就需要生产和生活功能协调发展，首先要有因地制宜的产业支撑。

该市所属的成渝经济圈已成为中国第四增长极。成都地区的发展规划为“科技往南，商贸向北”，位于成都以北的该市成为承接成都商贸业的最佳区域。该地区交通路网四通八达，蓉欧铁路和中亚铁路的开通更增加了其外贸发展空间。综上，专业市场（以义乌小商品市场为典型代表的批发市场）是能够为该市创造就业、“聚人气”、带动经济转型和发展的产业，这在该市几大重工业企业相继衰弱后尤为重要。

项目所处片区在规划中以一类和二类工业用地为主，承接汶川地震灾区及东部沿海地区转移产业，发展相关配套产业。本项目的开发商在东部沿海地区从事专业市场的开发运营已逾三十年，行业协会、商会、品牌商资源丰富，具备培育商贸流通业并进一步吸引相关制造企业落地、复制东部“前店后厂”模式的实力。本项目选址紧邻四站一体（高铁、火车、城际巴士、城内公交）交通枢纽，具备发展商贸流通业并以此带动制造业、会展博览业、商务活动良性互动、实现城市综合开发的条件。

（二）其他功能选择

功能选择的原则是尽可能地实现它们之间相互助益的关系、实现生产和生活的协调发展。根据这一原则，本项目中策划的功能有：经营性项目包含“产”（专业市场、写字楼）、“商”（商场、汽贸城），“住”（住宅、宾馆酒店），公共项目包含城市主题公园和会展中心。专业市场是该产业新城的产业支撑，商场定位高端，以弥补当地高端零售市场空白，其他物业类型主要为它们提供相应的居住、商务配套。结合地块的规划条件，物业类型的分布及其建筑面积如图 7-16 所示。

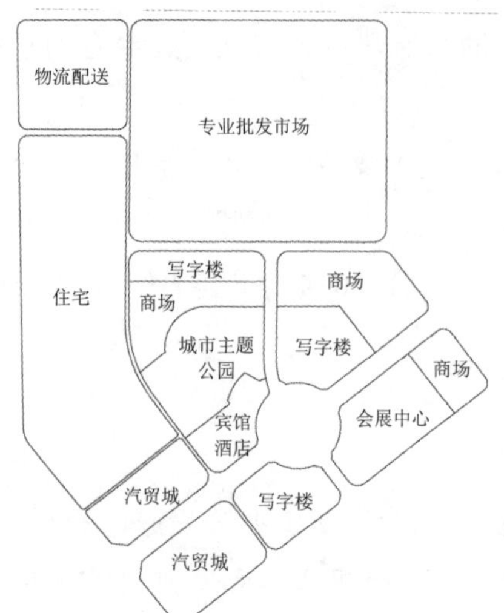

物业类型	建筑面积（m^2）
城市主题公园	200000
会展中心	360000
专业市场	1556000
物流配送	270000
汽贸城	390000
写字楼	635000
宾馆酒店	150000
商场	836000
住宅	1170000
合计	**5567000**

图 7-16　项目总体规划

各种物业类型之间的相互助益关系如图 7-17 所示。对于商场商户而言，“产”和“住”，以及公园和会展中心为其带来客源，增加经营收入。对于专业市场和写字楼的入驻商户和企业而言，“商”和“住”方便了员工生活和商务接待，会展中心有利于其展示交流。对于购房者而言，“产”和“商”提供了就近就业机会与购物场所，促进职住平衡，为生活带来便利。“产”、“商”、“住”在一定区域内的综合协调发展还给整个城市带来正外部性。孙斌栋等（2010）指出职住平衡是影响居民通勤最重要的因素，居住就业均衡性增强能减少出行量和出行长度，并降低机动车出行方式的比例[5]。于是，城市通勤交通流减少，道路拥堵减轻，由此引发的噪声、污染问题也将得以减少。

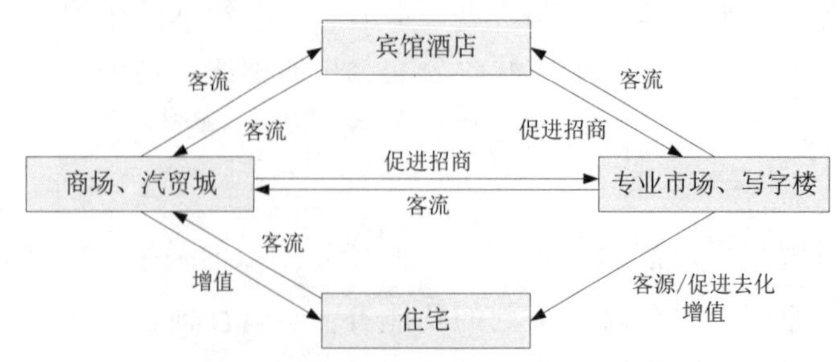

图 7-17　各种物业类型之间相互助益关系

四、开发时序分析

以上各功能项目的开发进度计划如图 7-18 所示，整个开发过程可大致分为三个阶段。

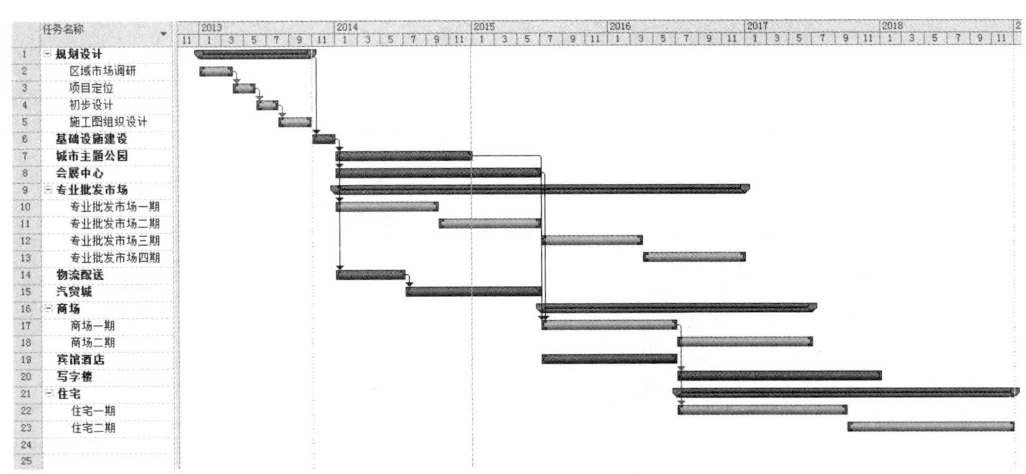

图 7-18 项目开发进度计划

第一阶段先建设城市主题公园和会展中心，起到聚人气的作用。因为根据现场踏勘的情况来看，虽然此处地理位置和交通优势非常明显，但目前该地块周围还十分荒凉，土地价值被严重低估。城市主题公园可以吸引大量休闲娱乐人群，会展中心可以吸引大量商务人流，随着人流量增加，土地价值也将得到提升。同时建设专业市场、物流配送场所和汽贸城，通过预售资金来平衡现金流。因为长期从事专业市场开发运营的本项目开发商有丰富经验和充足货源，专业市场开发的风险较小，其预售可较好地弥补城市主题公园和会展中心的建设成本、平衡现金流。另外，该区有大量的企业和工厂，能够形成“前店后厂”的格局，所以该地块已经具备了建设专业批发市场的良好基础。

第二阶段建设商场和宾馆酒店，随着城市主题公园和会展中心投入使用，休闲娱乐和商务办公人群的购物和居住需求逐渐显现，通过商场和宾馆酒店把这些人留住更长时间可以进一步汇聚人气。但该阶段由于地块价值尚未得到充分挖掘，因此先由公司持有运营再待升值。

第三阶段建设住宅、写字楼以及一部分写字楼底商。此时该地块已逐渐发展成熟，为住宅的销售奠定了良好基础。

五、项目经济可行性分析

在上述分析的基础上，本部分将通过经济测算进一步探讨项目功能组合和开发时序的可行性。

（一）成本和收益测算

项目成本包括开发成本和经营成本。开发成本中，土地费用方面，城市主题公园为政府所有，其他土地以出让方式取得，该地块的市场评估价约 1 600 元/平方米，但实际上除住宅外的土地获得了优惠地价约 432 元/平方米。建安工程费的估算参考利比公司造价指标[6]，并结合当地物价进行了修正（见表 7-4）。项目开发成本估算如表 7-5 所示，总投资约 189.6 亿。经营成本根据相应税费参数计算。

表 7-4　各功能项目的建筑规模

	单方造价（元/m²）	售价（元/m²）	租金（元/m²·月）
城市主题公园	300	—	—
会展中心	7 000	—	—
专业市场	2 250	6 000	—
物流配送	1 500	3 000	—
汽贸城	3 000	5 500	—
写字楼	3 000	—	30
宾馆酒店	8 600	—	50
商场	5 700	—	45
住宅	3 800	6 000	—

表 7-5　项目开发成本估算

项　目		投资金额（万元）
1	土地费用	160 852.50
2	前期工程费	15 533.90
3	房屋开发费	1 387 420.50
3.1	基础设施建设费	64 228.50
3.2	建安工程费	1 323 192.00
4	开发间接费	149 733.14
4.1	管理费用	46 914.21
4.2	销售费用	102 818.93
5	财务费用	71 112.21
6	开发期税费	5 100.00
7	其他费用	59 165.19
8	基本预备费	46 914.21
总计		1 895 831.64

项目收入包括：① 专业市场、物流配送、汽贸城和住宅的销售收入；② 宾馆酒店、商场和写字楼的出租收入，以及十年后的转售收入；③ 会展中心的经营收入。

根据搜房网等房地产中介网站数据，利用市场比较法估算得到各项目在起售时的初始售价或起租时的初始租金（见表 7-4）。根据目前三线城市的市场状况，假设持有期间宾馆酒店空置率为 50%[7]，商场和写字楼空置率为 30%[8, 9]，前三年免租，租金三年调整一次，年均上涨率为 5%，转售时资本化率取 8%。

会展中心的经营收入包括展会收入、广告收入和餐饮等其他收入，经营费用包括人工费、营销费、场馆维护费、能源费和税费等。根据中国会展门户网发布的展会信息，四川省每年的展会数量大约为 80 场，假设本会展中心建成后 2016 年举办展会 10 场、2017 年举办展会 20 场，2018 年起每年举办展会 30 场，参考类似案例计算其经营收入。

（二）经济效果评价

全投资基准收益率取 10%，分以下三种情形进行测算，结果如表 7-6 所示。

表 7-6　项目经济效果测算结果

	情形 1	情形 2	情形 3
全投资 IRR	15.10%	10.64%	17.41%
全投资 NPV	116 675.97 万元	22 639.98 万元	175 154.62 万元

情形 1：无公园和会展中心，所有土地的出让价格为市场评估价 1 600 元/平方米；

情形 2：有公园和会展中心，所有土地的出让价格为市场评估价 1 600 元/平方米；

情形 3：有公园和会展中心，除住宅外的土地出让价格为实际地价 432 元/平方米，住宅土地出让价格为 1 600 元/平方米。

从项目经济效果测算结果可以看出，城市主题公园和会展中心的建设使得项目的收益率大大降低，项目对社会资本的吸引力有限（情形 2）。但该项目实际上获得了政府很大的地价优惠，取得了更高的收益率（情形 3）。而对于政府来说，其在地价上给予的优惠总计 9.35 亿元，却获得了仅建安成本就达 12.52 亿元的城市主题公园和会展中心，政府和城市综合开发商实现了共赢。

（三）敏感性分析

根据前面的分析，首先，城市主题公园和会展中心有助于其他物业的销售和出租；其次，各种物业类型之间相互支撑，能够共享客源、促进招商和去化、产生溢价效应。由于目前尚缺乏各种物业类型之间相互助益产生的溢价数据参考，本文通过敏感性分析探讨这一因素对投资收益产生的影响。以情形 2 为基准，租金、空置率、售价、地价对全投资 IRR 的影响如表 7-7 所示，可以看出全投资 IRR 对售价、租金和地价最敏感。

表 7-7　情形 2 全投资 IRR 敏感性分析

	-30%	-20%	-10%	0%	10%	20%	30%	变化幅度	敏感性排序
租金	8.19%	9.05%	9.87%	10.64%	11.36%	12.04%	12.69%	4.50%	2
空置率	11.54%	11.24%	10.95%	10.64%	10.32%	10.00%	9.66%	1.87%	4
售价	3.37%	5.22%	7.52%	10.64%	14.64%	19.67%	26.41%	23.04%	1
地价	12.76%	11.99%	11.28%	10.64%	10.05%	9.50%	9.00%	2.77%	3

表 7-8 进一步分析了若要将全投资 IRR 恢复到没有城市主题公园和会展中心时的水平，需要售价、租金、地价分别发生多大幅度的变化。可见，要恢复没有城市主题公园和会展中心时的收益水平，需要售价或租金有较大幅度提高，或是地价有较大幅度优惠。

表 7-8　情形 2 单因素影响分析

恢复全投资 IRR=15.10%	变化幅度
售价	+11.00%
租金	+72.21%
地价（除住宅用地外）	-54.64%

虽然生产、商业和居住功能的综合开发给政府、社会和客户创造了巨大的价值，但只有当这些外部性真正内部化为开发商的收益，即售价和租金增加、地价降低，才能使项目真正可行。因此除了招商引资时的政策支持，后续政策的稳定性和开发商强大的综合运营能力都是成功的关键要素。若不具备以上要素，美好的蓝图也将沦为烂尾楼，如广州珠江新城烂尾后法律纠纷重重[10]。

对于开发商来说，除了上述投资收益的考虑外，功能组合还可以很好地抵御风险[11]。通过物业类型和利润来源的多元化，可以抵御宏观政策调控风险；通过销售性与经营性现金流的组合，可以抵御行业周期波动风险[12]。

六、结语

在我国新型城镇化、城市扩容进程中，只有通过各功能区的统筹发展，实现生产和生活的融合，才能提高新城的效率和竞争力，促进城市可持续发展。本案例中政府通过与商业、住宅等经营性项目捆绑并提供适当的激励，促进社会资本参与公共项目（城市主题公园、会展中心）的建设和运营，实现新城各功能的综合开发，使产业新城项目获得成功。对于开发商而言，基于多情景的分析表明，参与政府公共项目的建设获得了大量经营性项目开发所需的土地资源以及相对低廉的土地价格，这使得整体项目的收益率显著提高。在此基础上，功能组合和开发时序设计在实践中若能实现各种物业类型之间相互助益的目标，产生充分的聚拢人气和溢价作用，将进一步提高经营性项目的收益率。

当然，新城的综合开发既需要稳定的政策创造良好的外部环境，也需要企业自身强大的综合运营能力作保障。因此，政府一方面应致力于城市发展的科学规划，创造稳定的政策环境并降低开发企业的投资风险；另一方面在招商引资时应重点关注开发企业的操盘实力和资金实力，对项目可行性有充分的把握。有以上两方面的保障，才能提升新城开发、运营的总体效率，实现政府和开发商的共赢。

参考文献

[1] 方创琳，马海涛. 新城新区，如何让城市更美好？[N]. 光明日报，2014-07-01，(11).

[2] 高中岗. 城市综合开发基本问题五论[J]. 城市问题，1995（3）.

[3] 李艳飞. 基于承载力的城市综合开发项目评价模型与方法研究[D]. 天津：南开大学，2012.

[4] 黄汉江. 建筑经济大辞典[M]. 上海:上海社会科学院出版社，1990.

[5] 孙斌栋，李南菲，宋杰洁，吴晓松. 职住平衡对通勤交通的影响分析——对一个传统城市规划理念的实证检验[J]. 城市规划学刊，2010（6）: 55-60.

[6] Rider Levett Bucknall. RLB Hong Kong Cost Report March 2014[EB\OL]. [2014-04-07]. http://rlb.com/publications/rlb-hong-kong-cost-report-march-2014/?region=32.

[7] 每经网. 近半空置率难抑五星酒店投资潮 地产商逆势而动存隐忧[EB/OL]. [2014-01-27]. http://www.nbd.com.cn/articles/2014-01-27/806328.html.

[8] 无时尚中文网. 中国商场空置率将达 30% 商业地产降低姿态租金下降[EB/OL]. [2013-07-03]. http://www.nofashion.cn/a/1372785518772.html.

[9] 和讯网. 北京写字楼租金领跑全国 二线城市空置率超 30% [EB/OL]. [2013-07-09]. http://house.hexun.com/2013-07-09/155965498.html.

[10] 南方网. 珠江新城最大烂尾地陷连环官司.[EB/OL].[2010-07-07]. http://news.southcn.com/gdnews/xwxc/20100708/content/2010-07/07/content_13583640_2.htm.

[11] 张佳丽，杨德强. 资本逆城镇化在城镇化中的作用初探[J]. 建筑经济，2014（8）.

[12] 戚安邦，高跃. 城市综合开发项目价值与现金流量的配置模型和集成方法的研究与应用[J]. 项目管理技术，2013（5）.

（《建筑经济》2015 年第 5 期，第 64-68 页）

社会资本参与城镇化建设的范围和收益模式

作者：张子龙 王守清

目前，我国地方政府越来越希望和鼓励社会资本参与城镇化建设，但是社会资本的逐利性与城镇化特别是相关基础设施、公用事业和公共服务的公益性具有本质上的内在冲突，如果社会资本没有合理的收益模式，社会资本就不会参与，或者参与了也会出现问题。本文将就社会资本参与城镇化建设的作用、范围和收益模式进行分析和讨论。

一、社会资本参与城镇化建设的作用

近年来我国的城镇化建设出现了一定的问题。首先，城镇化需要大量的资金投入，一些地方政府在城镇化建设过程中，由于规划不合理、投资盲目、财政结构不健康等原因，产生了大量的不良债务。其次，规划不合理导致一批“鬼城”的出现，一些城市建成区人口密度过低，产业发展滞后，造成大量土地资源和资金的浪费。第三，新城的城市管理水平较低，一些城镇由于过分依赖市场作用，造成了城市空间的无序开发，人口居住与就业、医疗、教育的供需存在严重的不匹配，市政设施如交通、污水和垃圾处理等能力不足，运行效率低，服务水平低下。

随着这些问题的凸显，城镇化越来越需要社会资本的参与，首先，能够部分解决资金问题，缓解地方政府因不健康的土地财政所带来的债务风险。第二，能够有效发挥其专业知识和能力，积极参与到城镇化的规划、建设特别是运营等各个环节，实现全寿命期有效配置资源，避免盲目开发、过度开发、配套设施不均衡等问题的出现。

二、社会资本参与城镇化建设的范围

从参与城镇化建设的范围和深度，社会资本参与城镇化建设可以大致分为两类。第一类是全面参与城镇化的建设外包服务，在这种开发模式下，社会资本发挥着至关重要的作用。大到城镇开发的城市定位、整体规划、产业布局、招商引资，小到每一个项目的具体设计、建设和运营，都由一家城镇开发企业（一般是实力雄厚的一家或几家大企业）参与实施，并且该企业对城市整体开发的决策具有相当程度的建议权，形成社会企业与地方政府全面、深入的合作。这种模式的优势在于可以充分发挥社会力量在城镇建设中的专业知识和经验，有明确的城市规划和实施计划，能够提升整合开发的价值，避免了项目建设的盲目性和过度开发的问题，同时能够在长达 20 ~ 50 年的城镇开发建设过程中，城镇建设的目标及其实施保持相对的持续和稳定。其劣势在于对城镇开发企业的要求非常高，目前我国能够胜任这一角色的企业并不多，并且企业的逐利性和政府提供基础设施、公用事业和公共服务的公益性有内在的冲突，需要政府进行有效的监督和管理，对政府的管理水平和持续支持要求也较高。河北省固安新城的开发就属于这一类。

第二类是社会资本参与某一个或某一类基础设施的建设、公用事业和公共服务的提供。这种参与城镇开发的模式在形式上而言，与一般的 PPP 项目差别不大，但在实际操作过程中，仍具有一定的差别，需要具体情况具体分析。

三、社会资本参与城镇化建设的收益模式

根据社会资本参与城镇化的范围与深度不同，企业的收益模式也不尽相同。

在第一类全面参与城镇开发的模式下，企业与政府是在整个城镇建设层面上的全面合作关系，故其收益的内容和方式都非常广泛。土地一级开发的出让金、新兴产业的税收、新进驻企业的营业税收、新增就业的税收、房地产项目开发和市政设施经营都可以成为社会资本获取收益的来源。由于城镇开发的复杂性和长期性，具体的收益方式和比例，要视社会资本与政府合作的具体范围和深度而定，其定量的测算和计量则更为复杂，需要进一步的研究和实践探索，但其原则是达到城镇开发公益性和社会资本逐利性的平衡，既满足社会资本的合理利润，又达到了城镇健康可持续发展的目的。

如果企业只参与某个项目或某类项目的开发建设，其收益方式与一般的 PPP 项目并无明显差别，主要有三类，即用户支付、政府支付或二者的结合。但是，由于该项目或该类项目属于城镇化整体开发建设中的一部分，其收益保障、市场环境、政策环境有城市整体发展规划和政府支持做支撑，在实施过程中，较一般单一 PPP 项目具有一定的优势。以淮南市山南新城建设为例，中铁四局负责部分土地一级开发，实现了以项目形成的资产作为融资担保，以土地一级开发之后的收益权作为抵押物，从金融机构贷款获得部分项目建设资金。这在我国其他 PPP 项目中并不容易做到，其成功的关键因素在于两点，一是政府允许并支持投资人将土地收益权用于融资抵押，二是政府允许金融机构对这些土地的出让收入和资金支配流程进行监管。在此案例中，中铁四局出资进行土地一级开发，其收益来源是土地出让金收入的分享，但由于有了政府的支持和深入合作，其承担的风险、融资成本、审批流程、项目进度都得到了不同程度的优化；而作为地方政府，由于给予了社会资本大力支持，解决了土地一级开发的资金问题，同时加快了土地供给，促进了城镇化建设的进程，是社会资本参与城镇建设的成功案例之一。

参考文献

[1] 国家新型城镇化规划，2014.03.17，人民日报第 9-11 版.

[2] 李伟，陈民. 投融资规划——架起城市规划与建设的桥梁[M]. 北京：中国统计出版社，2009.

[3] 金永祥，徐志刚. 城镇开发投融资规划实务[M]. 北京：经济日报出版社，2013.

（《项目管理视点》2014 年第 4 期，第 34-37 页）

第8章

展望PPP

第1节 学习PPP没有捷径

PPP顾问的角色划分及其参与领域

作者：赵丽坤 王守清

一、PPP顾问的必要性

PPP项目一般投资额大、融/投资期长、收益不确定大，合同结构复杂，谈判难、耗时长，因此需要具有专门知识的人来完成。绝大多数的政府或投资者缺乏这方面的经验，需要聘请专业顾问。顾问在PPP中扮演着一个极为重要的角色，在某种程度上可以说是决定PPP成功的关键。

二、PPP顾问的角色划分

PPP顾问团队主要包括财务顾问、法律顾问、技术顾问和保险顾问三类。

财务顾问：财务顾问应帮助测算PPP项目收益、投资人收益、现金流情况，为PPP项目的双方提供财务测算结果，作为评价依据。此外，财务顾问还应结合财务测算数据开展物有所值评价和财政承受能力论证。

法律顾问：PPP合同结构的复杂性，决定了法律顾问的不可或缺性。但是，法律顾问不可能拥有PPP项目所需的各项专业知识。在PPP的不同阶段，可以看到参与不同专业领域、代表不同项目参与方的法律顾问出现。因此，“法律顾问”包括法律顾问（个人）、法律顾问团队和律师事务所。

技术顾问：尽管项目发起人可能清楚项目的具体建设特征，但是多数情况下放贷方确不具备这方面的知识，需要专业人士（技术顾问）来帮助他们对项目进行系统评估和决策。同时，项目发起人、建造商等也需要在项目不同阶段获得第三方的技术建议。技术顾问也不是一个人可以充当的角色，在 PPP 的不同阶段，有服务于项目发起人、建造商和放贷方等的不同技术顾问出现。

保险顾问：对于投资者或放贷方而言，通过制订保险计划和信用担保体系来减轻 PPP 风险通常是非常重要的，某些情况下，甚至是不可缺少的。具有保险专业知识的保险顾问将在 PPP 的实施过程中扮演一个极其重要的角色。同时，由于 PPP 项目信用担保体系除需要常规的保险、担保、抵押、质押等以外。还需要根据 PPP 项目的具体特点，设计诸如完工担保、长期供应合同质押、长期采购合同质押等完整信用保证体系。因此，PPP 保险顾问在具备保险专业知识的同时，还应该对 PPP 项目的自身特点有比较深入的了解。

三、PPP 顾问的参与领域

法律顾问：法律顾问需要参与到 PPP 的项目公司组建、项目商务开发、项目融资策划、项目建设与运营期融资管控四个领域的工作中。具体如表 8-1 所示。

表 8-1　法律顾问在 PPP 中的参与领域和职责

参与领域	职　　责	参与的法律顾问
1. 项目公司组建	组建项目公司	项目发起人的律师
	起草项目公司的公司条例	项目发起人的律师
	起草发起人合作/合资协议	项目发起人的律师
	落实无追索权或有限追索权基础上核实项目的可融资性	项目发起人的律师 项目公司的律师
2. 项目商务开发	起草项目文件	项目公司的律师 项目发起人的律师（当项目发起人是项目公司的一个合作者时） 融资安排人的律师（可融资性分析）
	尽职调查报告	融资安排人的律师
	处理法律意见书	项目发起人的律师 融资安排人的律师
3. 项目融资策划	起草授权书和投融资条款	融资安排人的律师 项目公司的律师
	起草融资文件	融资安排人的律师 项目公司的律师

续表

参与领域	职　　责	参与的法律顾问
4. 项目建设与运营期融资管控	辛迪加贷款阶段提供援助	融资安排人的律师
	与代理银行、项目发起人周期性交流	项目发起人的律师
		融资安排人的律师

技术顾问：技术顾问在 PPP 中执行的重要任务，可以简单分为以下几个阶段：

（1）处理尽职调查报告。在处理尽职调查报告的过程中，技术顾问将会参考项目、合同以及已经事先规划好的融资前景，对报告中的技术问题进行批判性分析。

（2）监控项目实施过程。技术顾问在 PPP 项目实施过程中，既要监督项目实施，又要进行项目过程确认。具体职责包括：工程建设过程监控、进展报告认定和工程竣工说明书确认。

（3）协助项目移交。在项目移交阶段，放贷方必须核实完工项目是否与合同规定一致，从而确认是否完成了项目融资计划中的所有内容。在这个过程中，技术顾问扮演着非常重要的角色，需要执行的协助工作包括：确认项目临时验收证书、监控工程测试和确认最终验收证书。

（4）监控项目运营。在最终验收证书确认之后，PPP 项目参与方的关注点集中在检查设备的管理与维护是否符合协议中规定的具体标准。此时，银行的技术顾问的主要任务是对项目设备进行定期检查，并通过维修报告对设备的历史操作进行分析。

保险顾问：一般情况下，在构建 PPP 项目信用保障体系时，银行作为活动的组织者提出聘请保险顾问提供专业服务的要求。PPP 项目可用的保险包括金融保险和常规保险两类。保险顾问需要在保险报告的初步形成阶段、保险报告的最终形成阶段（包括建设和经营两个阶段）提供服务。

（1）保险报告的初步形成阶段。保险顾问需要提供项目参与者关心的保险责任范围、保险法规等，并准备保险计划的合同条款清单。

（2）保险报告的最终形成阶段。在项目建设或经营阶段的筹资活动结束之后、资金发放之前，保险顾问需要对保险报告的最终文件进行核查，具体包括保险计划、保险公司等级、相关保险文件等。保证最终保险报告规定的保险计划与初始尽职调查报告的内容保持一致。

参考文献

Stefano Gatti. Project Finance in Theory and Practice [M]. Elsevier，2012.

（《项目管理视点》2015 年第 2 期，第 24-26 页）

PPP项目实施中的职业伦理要求研究

作者：王守清 刘婷

国家自然科学基金项目：PPP项目的控制权配置研究（71572089）

【摘要】 通过案例分析，识别出PPP模式存在增加权利寻租空间，合同周期长、不确定性大且不完备，以及依赖咨询机构的专业性等特征和隐患。因法律与合同的约束具有滞后性，制定并执行对政府部门、咨询机构以及投资企业从业人员的职业伦理规范，可作为改善以上问题更为灵活的补充监管机制。然后通过对比分析国际上四大代表性建设管理职业机构的职业伦理规范，提出PPP相关从业者的职业伦理核心要求。最后，阐述对PPP职业伦理制度建设的建议。

【关键词】 PPP 职业伦理 物有所值 监管机制

一、引言

PPP（即Public Private Partnerships），在我国称为政府与社会资本合作模式或特许经营。广义的PPP泛指政府与企业为提供公共产品或服务而建立的长期合作关系；狭义的PPP则是指一系列基于项目融资（“通过项目去融资”）的公共部门与私营部门长期合作、提供公共或准公共产品或服务的方式[1]。

我国自1990年起，鼓励社会资本（包括国企、民企和外资）参与基础设施开发，涌现了一批BOT项目（Build-Operate-Transfer，建造—经营—移交，PPP的一种具体形式）。2014年以来，在中央政府及相关部委的大力推动下，PPP模式形成新一轮的热潮，截至目前，财政部已公布两批共236个PPP示范项目，总投资达8 389亿元；发展改革委的PPP项目库已发布1 043个项目，总投资达1.97万亿元。然而实践中，以上项目的签约率仅为10%~20%，且已落地的项目中还有一些不太符合“风险共担，利益共享”和“伙伴关系”的原则。不仅我国如此，很多国家特别是发展中国家PPP的应用结果也并不理想。英国曼彻斯特大学财政管理学女教授 Jean Shaoul[2]根据英国PPP项目统计结果，对比政府传统采购模式后得出结论：大多数PPP项目并没有提高效率，成本比传统模式高，对政府和公众不利。国际上甚至有一种观点认为PPP是咨询公司和金融机构等利用政府资金缺乏又要做项目提供公共产品/服务的心理而创造出的复杂模式，以便增加自身的业务机会[3]。

PPP项目通常是大规模的公共项目，对社会和自然环境影响深远，因而需要通过法律与合同来约束政府和企业的行为，以实现项目的发展目标。然而，仅有这两方面的约束是不够的：首先，PPP模式意味着政（Public）企（Private）之间长达10~30

年甚至更长的合作/伙伴关系（Partnership），长期的风险和不确定性不可能准确预测，因此PPP合同本质上是不完备的，加上资产专用性强（不易用于其他项目中），更容易滋生“敲竹杠”等机会主义行为，导致项目失败，如企业撂挑子、政府换届违约等。此外，作为用户和重要干系人的公众不在PPP合同关系中，也缺乏参与机制保障自身利益，如果政府官员短视、腐败，企业缺乏社会责任感，咨询和律师等不专业或有意无意地不中立、不独立，PPP将成为政府推卸提供公共产品责任的借口，咨询、律师、投资者攫取短期利益的工具，这将严重损害公众利益，反过来又将损害政府的公信力、企业的投资收益、以及咨询机构/律所的声誉和未来的业务机会[4]。

因此，为了促进PPP模式的健康、可持续发展，在完善相关法规、政策以及合同机制以外，还应重视从业人员职业伦理规范的建设与执行。本文将通过案例分析，结合国际上涵盖建设管理的四大代表性职业机构对职业伦理的要求，提出加强我国PPP参与主体的职业伦理建设的建议。

二、PPP模式的陷阱

（一）案例一：翔鹰集团非法收购齐齐哈尔自来水公司

2003年，私营企业“哈尔滨翔鹰集团股份有限公司”收购处于盈利状态的国有控股公司“齐齐哈尔自来水公司”；2007年，该市自来水出现严重霉味且水质浑浊；2009年，该市饮用水价格高达4.2元/吨，成为“全国最高水价”，居民不满情绪高涨，市政府被迫补贴自来水公司以降低水价；2011年，翔鹰集团将股权转让给中国水务投资有限公司完成退出。

该项目在决策和执行过程中存在多处程序漏洞：

（1）齐齐哈尔自来水公司被收购前政府持股75.8%，职工持股24.2%，因大部分职工股东反对收购方案，公司仅挑选部分股东召开股东代表大会，形式上通过了收购方案，违反《公司法》。

（2）出售方案前后修改八次，由最初的“面向国内外招商”改为 “定向招商”，仅在招标拍卖会前夜通知另一家企业参与竞标，违反了《招标投标法》。

（3）翔鹰集团未按时付清收购款项，未履行二次供水统一管理、及时投资建设供水管网等义务，且不清洗管网，将水源由地下水改为地表水，屡次违反合同条款但未受追究，违反了《合同法》。

以上漏洞的背后，是不受约束的权力——主导此次收购的官员与资本勾结攫取利益，通过检察院立案调查等手段，对反对收购的人员打击报复，最终导致国有资产处置不当、自来水公司运营不善、居民饮水安全受到威胁。

（二）案例二：刺桐大桥 BOT 项目政企双方纠纷不断

福建泉州刺桐大桥是国内第一个由民营资本参与的 BOT 项目，由民企 “泉州名流实业股份有限公司”和 政府授权的“泉州市路桥开发总公司”分别出资 60%和 40%成立项目公司负责大桥的建设和运营。项目招标过程中，曾有 5 家外商参与，但因其提出的条件苛刻，谈判均未成功，最终政府以一纸红头文件将项目授予名流实业。项目提前半年完成建设，但运营期纠纷不断：

（1）双方对合同范围了解不同，企业认为自身对大桥周边的加油站、广告牌和房地产项目的开发具有优先权，而政府认为合同仅限于大桥的建设和运营，不涉及土地开发。

（2）政府相继建了 6 座竞争性桥梁，严重影响了刺桐大桥的车流量和项目收益，企业要求补偿，因合同没有约定，政府不同意补偿。

（3）泉州市人大代表多次递交取消刺桐大桥收费、以方便两岸交通的议案，但因合同尚未到期，无法强制取消收费，最终经协商，政府提前收回特许经营权。

刺桐大桥 BOT 项目的反复纠纷源于政府和企业对 PPP 模式的风险和长期伙伴关系理解不充分，前期工作没有咨询机构参与，项目产生过程不规范。五家外商投标时所提出的苛刻条件，反映出其对未来风险的考虑，而名流实业公司不带任何附加条件承担建桥任务，合同中对项目范围、竞争性项目、超额收益、特许期调节等关键问题均未做出约定，导致后期再谈判成本大大增加。

（三）案例三：美国 SC-185 公路需求测算重大错误导致项目破产

SC-185 公路为美国南卡罗莱纳州的一条 BOT 收费公路。咨询公司 Wilbur Smith 在 1997 年的咨询报告中预测第一年的日均车流量为 21 000 辆，据此测算，项目通过债券筹集的债务资金高达 92%。然而实际日均车流量仅为预测的三分之一，需求测算的重大错误导致财务安排不当，最终项目于 2010 年申请破产。

该项目的失败源于咨询公司在需求预测上的重大失误，事实上 PPP 项目的发起方往往倾向于高估收益水平，从而使项目通过评审，对此，咨询机构应保持客观和独立，不断完善工具与模型，提高咨询服务质量，减小隐患。

（四） 案例总结

以上案例从不同角度反映了 PPP 模式的隐患：① 公共项目进入市场化的环境，加上公众参与机制的缺乏，增加了权力的寻租空间，而法律的制裁有滞后性，当触及法律手段时，对公众利益的损害已经产生了；② PPP 项目周期长，未来的风险无法准确预测，因此 PPP 合同本质上是不完备的，加上政府和企业对风险认识不充分，不重视合同中针对未来风险的调节机制，前期决策投入少，导致后期的再谈判成本大大增加；③ 咨询机构出具的报告决定了项目实施方案和交易结构的设计，进而影响项目的成败，因此若发起人不聘请咨询机构，或咨询机构不专业、不独立，将为项目埋下巨大的隐患。以上三方面的问题无法通过法律与合同的约束来消除，相对而言，职业伦理规范（code of ethics）是改善以上问题更为灵活和有效的机制[5]。因此，下文将进一步讨论 PPP 模式职业伦理规范的建设。

三、国际机构对建设管理职业伦理的要求

职业伦理是具有同一职业的群体所应遵循的行为准则和价值判断，有助于遏制扰乱经济生活的冲突、维持秩序。职业伦理是群体的事务，只有在群体通过权威对其加以明确，并有舆论监督的共同作用下才能运转[6]。因 PPP 项目的客体是基础设施和公用事业，其建设、运营和维护管理属于全过程建设项目管理的范畴。因此，本节将对建设管理领域四大国际机构对会员的职业伦理要求进行对比分析，以供借鉴。

（1）英国特许建造师学会 CIOB（Chartered Institute of Building）成立于 1834 年，是建设管理领域最大的国际专业学会，旨在推动建筑业的专业化，目前有 5 万会员，来自 100 多个国家。

（2）国际咨询工程师联合会 FIDIC（Fédération lnternationale Des lngénieurs Conseils）于 1913 年成立，制定并发布了建设项目管理规范与标准化合同文本，旨在推动全球工程咨询行业的发展，会员组织遍布全球 97 个国家①。

（3）国际项目管理联盟 IPMA（International Project Management Association）初创于 1965 年，是第一个专业性国际项目管理组织，旨在推进项目管理学科发展、提升从业人员的胜任力，过去十年中为来自 60 余个国家的 25 万项目管理人员提供了职业资格认证，此外还拓展出对项目管理咨询师的资格认证，广受国际认可。

（4）美国项目管理学会 PMI（Project Management Institute）成立于 1969 年，建立了项目管理知识体系（Project Management Body Of Knowledge，PMBOK），为全球 290 万项目管理从业者提供知识、工具、资源等支持，会员遍布 195 个国家，其项目管理专业人士（Project Management Professional，PMP）认证是最受业界认可的项目管理职业资质认证。以上四大机构是与建设管理相关的最权威的专业组织，坚持高水平的职业道德和专业水准，且各有代表性和互补性：CIOB 主要面向承包商，FIDIC 面向工程设计和咨询，PMI 和 IPMA 面向更广泛的全过程项目管理，包括但不限于建筑业。

PMI 制定的《职业行为和道德规范（Code of Ethics and Professional Conduct）》从

① http://fidic.org/about-fidic

责任（Responsibility）、尊重（Respect）、公正（Fairness）、诚信（Honesty）等四个方面，分别规定了项目管理人员职业伦理的共识性标准（Aspirational Standard）和强制性标准（Mandatory Standard）[7]。PMI 鼓励会员向管理机构汇报违反伦理或违法的行为，将对有实质性证据的投诉立案，若有对举报人施加报复者，还将收到纪律处分。

IPMA 的《国际项目管理专业资质标准（IPMA - Competence Baseline）》根据 PMI 的《职业行为和道德规范》来评定项目管理人员的 “专业行为/态度”，并将其作为评估会员资质的三大因素之一（资质=应用知识+相关经验/技能+专业行为/态度）[8]。

FIDIC 也有相应的《道德规范（Code of Ethics）》来约束咨询工程师的职业行为，内容涵盖了责任（Responsibility）、能力（Competence）、正直（Integrity）、公正中立（Impartiality）、公平（Fairness）、腐败（Corruption）等六方面，并附有详细的政策说明（Policy Statement）[9]。

CIOB 也颁布了面向建筑管理专业人士的《会员专业能力与行为的准则和规范（Rules and Regulations of Professional Competence and Conduct）》，并定期进行行业腐败调查（industry corruption survey）[10]。

以上规范都强调从业人员应具备能胜任所承担的任务的能力；不得接受或提供贿赂以影响公平判断；应向利益相关方充分披露实际或潜在的利益冲突，包括咨询活动与采购（物资/工程）的冲突、同时给合作双方提供咨询的冲突、项目执行与项目评估之间的冲突等等；同时还应对相关政策、法律、法规进行持续学习（见表 8-2）。

表 8-2　国际机构对职业伦理的共性要求

内　容	PMI	FIDIC	CIOB
能力应与任务匹配（胜任力）	√	√	√
持续学习（政策、法律、法规等）	√	√	√
向利益相关方充分披露实际/潜在的利益冲突	√	√	√
不接受/提供贿赂，以防影响公平判断	√	√	√
配合主管部门打击反职业伦理行为	√	√	
正直、忠诚	√	√	
保守机密信息	√		√
行为公平、客观	√		√
不歧视他人	√		√
方案应维护公众利益		√	√
不损害他人/单位的职业声誉、业务		√	√

除以上共性要求之外，由于几大机构面向对象的不同，对职业伦理的要求也各有侧重。面向项目管理人员的 PMI 要求会员尊重项目相关方，确保决策、采购过程的公

正性，如：不得利用专业或职位影响他人决策、行为，以损害他人利益谋取私利；尊重他人的财产权；决策过程公开透明；招标过程中提供平等的获取信息的渠道和同等的机会。面向咨询工程师的 FIDIC 则要求会员保持咨询行业的尊严、单位和声誉，寻求与可持续发展原则相符的解决方案，推广“基于质量评审（Quality-Based Selection，QBS）”的理念。面向承包商建设管理专业人员的 CIOB 则鼓励提供咨询服务的会员应获取职业免责保险，并要求咨询费的取费应公平合理。

四、PPP 项目从业人员的职业伦理

职业伦理是多样化的，道德形式应与职业性质相统一。参与 PPP 项目实施并具有较大影响力的群体包括政府行政官员、投资企业管理人员、咨询师、律师等。他们共同参与了 PPP 项目的建设、运营和维护管理，正好属于全过程建设项目管理的范畴，从这一角度而言，其职业伦理可借鉴上述国际机构所拟定的行为规范，同时根据其工作上的分工而各有侧重（见表 8-3）。

表 8-3　参与 PPP 项目实施的主要职业群体的职业伦理

内　　容	政府官员	企业高管	咨询/律师
能力应与任务匹配	☆	★	★
持续学习（政策、法律、法规等）	★	☆	★
向利益相关方充分披露实际/潜在的利益冲突	★	☆	★
不接受/提供贿赂，以防影响公平判断	★	★	★
保守机密信息	☆	☆	★
行为公平、客观	★	☆	★
方案应维护公众利益	★	☆	★
不损害他人/单位的职业声誉、业务		★	★
招标过程中提供平等的信息获取渠道和同等的机会	★		☆
决策过程公开透明	★		☆
尊重他人的财产权	★	☆	☆
不利用专业或职位影响他人决策、行为，以损害他人利益谋取私利	★	☆	★
寻求与可持续发展原则相符的解决方案	★	☆	★
推广"基于质量评审（QBS）"的理念	☆	☆	★
咨询费应公平合理	☆	☆	★

注　☆—相应部门应有的职业伦理要求　　★—相应部门重点要求的职业伦理

当然，针对以上各群体的职业伦理要求还应更细致、明确，才能实际应用于对其道德品质、行为规范的考评和监督，本文仅讨论 PPP 职业伦理的核心原则和价值判断。

（1）从项目属性的角度看，PPP 模式复杂性大、交易成本高，并不必然带来效率的提升。中国目前大多数 PPP 项目的投资者是央企和地方国企，政府负债由此变为央

企和地方国企负债，虽然有助于促进政府债务透明化，但过程和结构复杂化、成本增加、矛盾后移等问题也不容忽视。实践中，不少决策官员选用 PPP 模式存在动机问题，只考虑填补资金缺口，而不考虑是否物有所值。咨询机构中也存在不专业或不尽职的问题，不愿搜集、积累数据以客观、中立地提供专业咨询意见，顺应官员意图走程序过场，如此，PPP 的结果会比传统政府投资模式差。目前，污水处理和垃圾处理是我国民营企业参与最多的公共项目，这很大程度上得益于环保行业较为完善的数据统计。作为 PPP 领域的专业人士，特别是咨询/律师，应推广和落实“物有所值评价”理念，在数据积累和工具开发上勤勉实干，体现专业性和独立性，根据实际情况合理选用适当的 PPP 模式和做法[8]。

（2）从合同属性的角度看，PPP 项目周期长、不确定性大，即便合同中设定了调节/调价等动态机制，仍然无法覆盖未来所有的或然情况（contingencies）及相应的行动对策，属于典型的不完全契约。在大多数国家，特别是民主化程度不高的发展中国家，政府与企业在契约关系中地位不对等，面对项目的不确定性加上政府的强势，企业无法保障未来的权益，只能借助信息不对称追求短期利润。虽然 PPP 模式将公共项目的部分控制权和风险转移给了企业，但终极责任仍然是政府的，一旦公共产品/服务出现问题，甚至企业提前终止履行合同，政府将为此付出巨大的代价。因此，PPP 中最重要的是第三个 P（Partnerships），即政企之间长期友好的合作和伙伴关系，在共同的目标下互相坦诚、信任、包容，对未预测到的事情及合同中未尽事宜友好商量，即使实在协商/谈判不成，也应妥善安排退出机制[9]。

（3）从干系人的角度看，PPP 项目参与方众多，成功的标准是实现“共赢”，即公众满意、政府获得好评、投资者得到合理的回报、银行收回贷款和本金。其中，公众作为用户和重要干系人，却不在正式的 PPP 合同关系中，也缺乏事先了解信息、参与决策的机制，若项目损害了公众的利益，却有可能在付诸实施后遭到公众的反对。因此，政、企双方及其咨询，特别是律师更应保证决策过程的公正、公开、透明，保证交易合规合法，并兼顾长远公平，不仅要考虑当事人的利益，还应考虑公众利益，促使 PPP 项目在签约后能持续健康发展[10]。

五、加强 PPP 项目职业伦理制度建设的建议

综上，PPP 项目各参与主体的职业行为应遵循以下原则：① 不是所有项目都适合采用 PPP 模式，项目的识别筛选需要通过物有所值、财政可承受力及项目环境成熟度等方面的独立专业性评估，且以上专业性论证应做到政府领导不行政干预、有利益冲突的实施机构不主导；② 政府和企业之间应建立信任、维持友好的长期伙伴关系，以合作的态度理解矛盾背后的原因，审视合同的合理性、公平性，尊重、维护对方的

权益；③ 项目决策过程应公正、公开、透明，交易应合规合法，项目方案应保护公众利益、兼顾长远公平和可持续性。

职业伦理建设不能仅依靠个体的自我约束，还需要权威行业组织通过“明确的规范要求+定期的考评+不定期的监督”来落实。要做好PPP，律师和咨询是最关键的，律师协会、PPP咨询相关的协会等可学习这四大国际机构等，制定对会员的要求，并将职业伦理（职业行为和道德规范等）纳入其中，建立考评和监督机制，对严重违反职业伦理的会员施行纪律处分，以提高会员的职业道德和专业水准，从而改善律师、咨询的整体地位，进而促进PPP模式健康、可持续地发展。

参考文献

[1] 王守清. 特许经营项目融资（BOT、PFI和PPP）[M]. 北京:清华大学出版社，2008.

[2] Edwards P，Shaoul J. Partnerships: for better，for worse?[J]. Accounting Auditing & Accountability Journal，1988，volume 16（3）:397-421.

[3] 王守清. 物有所值评估是做好PPP的前提[J]. 新理财/政府理财，2015，240（12）: 38-39.

[4] 王守清. PPP，赢在共同经营[J]. 新理财/政府理财，2015，238（11）:36-37.

[5] Roberts，Marc J.，A. G. Breitenstein，and Clement S. Roberts. “The ethics of public-privatepartnerships.” PUBLIC-PRIVATE （2002）: 67.

[6] 涂尔干. 职业伦理与公民道德[M]. 上海:上海人民出版社，2006.

[7] PMI. Code of Ethics and Professional Conduct [EB]. http://www.pmi.org/About-Us/~/media/PDF/Ethics/PMI-Code-of-Ethics-and-Professional-Conduct.ashx，2015-12-05.

[8] IPMA. Competence Baseline [EB]. http://www.ipma.world/certification/competence/ipma-competence-baseline/，2015-12-05.

[9] FIDIC. Code of Ethics [EB]. http://fidic.org/about-fidic/fidic-policies/fidic-code-ethics，2015-12-05.

[10] CIOB. Rules and Regulations of Professional Competence and Conduct [EB]. http://www.ciob.org/sites/default/files/Rules%20&%20Regulations_0.pdf，2015-12-05.

（《建筑经济》2016年第8期，第37-41页）

PPP 热潮中的冷静思考

作者：王守清　冯珂

自 20 世纪 80 年代中期我国在沙角二期电厂首次采用 BOT 以来，PPP（含 BOT、TOT 等）在中国已经经过了近三十年的发展，并先后经历了两轮高潮，一是 20 世纪 80 年代中后期到 2000 年初，大量港澳台和外商参与了我国公路、电厂等基础设施项目的建设；二是 2001 年到 2008 年，在国家计委 2001 年发布的《关于促进和引导民间投资的若干意见》（计投资〔2001〕2653 号）及建设部随后出台的《关于加快市政公用行业市场化进程的意见》（建城〔2002〕272 号）等文件指导下，大量民企涌入污水处理等市政公用事业项目。但随着 2009 年四万亿刺激计划的推出，地方政府获得了充裕的信贷支持，社会资本参与基础设施和公用事业项目的规模有所萎缩。

在前两轮 PPP 的热潮中虽然不乏成功的案例，但制度的缺失、经验的不足以及政府和企业对 PPP 模式存在的一些错误认识和不规范做法都导致了一系列问题的产生。2014 年以来，在中央及相关部委的力推下，PPP 以其吸引社会资本、减轻政府财政负担、促进政府治理模式改革中所可能发挥的作用而再次获得全社会各界的关注，形成了前所未有的新一轮热潮。本文在热潮中进行冷静思考，梳理对 PPP 的一些认识误区，对 PPP 的推广提出一些建议。

一、推广 PPP 模式中存在的认识误区

（一）PPP 适用范围方面的认识误区

对 PPP 模式的一种错误认识是认为 PPP 模式可适用于所有类别的公共产品供给。表现在实践中，很多本可以由公共部门高效提供的公共产品或服务也通过 PPP 模式进行了供给。事实上，由于 PPP 项目普遍具有投资大、期限长、涉及面广、风险多、合同复杂、谈判耗时耗力、前期费用高等特点，若所实施的 PPP 项目缺乏物有所值（Value for Money，下文简记作 VfM）和财政承受力评估等方面的论证支撑，就很可能会因谈判、合同管理、监管等方面成本的增加而使效率降低。正是因为 PPP 的这些特点，PPP 模式有其特定的适用范围，仅能作为政府主导的公共产品供给模式的一种补充而非替代。

一个项目是否适用 PPP 模式很大程度上取决于项目本身的性质，如技术的复杂性、收费的难易程度、生产或消费设施的规模、产品/服务产出要求的可明确界定性、政府的长期财政承受力（如果需要政府支付或补贴）、效率和服务水平的提高程度等因素。PPP 模式的选择还应充分考虑项目本身的特性和项目实施的内外部环境。综合

国内外实践，储量已探明的自然资源开发、独立式可经营性基础设施（如公路、桥梁、隧道、轨道交通、机场、港口）等最适合应用PPP模式，其次是燃气、供水、供热、污水和垃圾处理等市政公用事业类项目，再次为学校、医院、养老院、监狱等社会事业项目，最后是城镇化、产业新城等多类项目集合项目。反之，与国家安全密切相关（如国防和外交）或万一失败则后果严重（如核电站）或社会影响大（如公交汽车）的项目，或对项目的范围（如智慧城市）、产出和服务的质量要求难以清晰界定（如软件系统）或难以收费（如综合管廊、流域治理）的项目，一般都比较难或甚至不适合采用PPP模式。

（二）PPP化解地方债务的认识误区

在地方债务高企的背景下，PPP因其能引入社会资本、缓解公共产品供给的投资不足，而被当成了化解地方债务危机的灵丹妙药，这种认识毫无疑问也是有失偏颇的。按照PPP项目的支付模式，可以把PPP项目划分为经营性（用户支付）、准经营性（用户支付加政府支付或资源补偿）和非经营性（政府支付或资源补偿）等三种模式。在这之中，后两种模式能够在一定程度上延缓政府当期的财政支出，但归根结底政府还是需要支付的，只不过是把当期的支付义务分摊到未来的二三十年了，因此同样需经过政府财政承受力的论证。即使是仅需要政府部分支持或补偿的PPP项目，随着其数量的增加同样会让政府形成大量的长期债务。例如，采用PPP模式供给的城市轨道交通，虽然政府避免了建设期间大规模的一次性投入，但为维持项目的公益性，在项目的运营期间同样需对投资者支付不少的票价补贴。

2015年5月19日，国务院办公厅转发的《关于在公共服务领域推广政府和社会资本合作模式的指导意见》（国办发〔2015〕42号）中提出，要将融资平台存量公共服务项目逐步转型为PPP项目，推动融资平台公司与政府脱钩，为借助PPP模式化解地方债务危机提供了较为具体的实施方案。从政府的财政情况来看，在政府短期和长期财政均较为紧张的情况下，可优先将PPP应用于用户支付的经营性项目，如收费高速公路、桥梁、隧道等基础设施项目等；政府短期财政紧张，长期财政宽松时，可选择用户支付加政府资源补偿的准经营性项目，如供水、污水和污水处理、医院、养老院等公用事业项目；政府短期财政和长期财政均较为宽松时，可选择非经营性的社会公益项目，如公园、学校、博物馆等。

（三）PPP提高供给效率的认识误区

采用PPP模式并不必然带来公共品供给效率的提高，其作用的发挥离不开配套法规和制度的支持、规范透明的流程和公平的风险分担（通过合同落实）。在采用PPP模式的项目中，若合同签订得不够公平、政府监管和公众监督难以到位、项目执行过程公开透明不足，企业可能会以利润最大化为目标，而带来忽视社会责任、牺牲服务质量等现象。PPP 模式的本质在于政府购买的对象不再是某一项固定的资产，而是由企业所提供的满足特定质量、服务和价格等规则和要求的一整套产品或服务。因此，在是否采用 PPP 模式的决策中，政府应该着重关注应用 PPP 模式能否提高项目的建设和运行效率，如带来项目产品或服务价格的降低、服务水平的提高等。

项目建设质量的提高将有效减少项目运营阶段的维护更新费用支出，在 PPP 模式下，企业参与或主导了项目的规划、设计、融资、建造、运营、维修和移交等各个阶段，为企业采取新技术、新工艺以节约全寿命周期成本创造了条件。能否通过合理的机制设计，如前期设计、融资安排等，让企业承担专业风险、发挥技术优势和提高效率将成为 PPP 项目能否成功的关键。一般对于设计、建设和运营全过程集成要求高的项目而言，较易通过采用 PPP 的模式获得全过程的集成优化优势，可以有效降低项目的全寿命周期成本，取得较高的供给效率。

二、对推广 PPP 模式的几点建议

PPP 模式作用的发挥离不开配套制度的支持。我国目前的 PPP 实施环境仍存在着诸多制度性的缺陷和障碍，给 PPP 模式的成功推广造成了一定的阻碍。为进一步推广 PPP 模式，现针对 PPP 推广中存在的一些难点提出几点建议。

（一）相关法律法规有待完善

首先，与 PPP 实践成熟的国家相比，我国 PPP 实施的法律环境仍存在着上位法缺乏和配套措施不够完善等缺点。虽然中央政府各部委针对 PPP 模式的推广和实施已推出了一系列的规章制度，并取得了一定的效果，但考虑到以下原因仍有制定专门的特许经营法或 PPP 法的必要：① 现行法律制度中仍有部分阻碍 PPP 推行的制度，如土地招拍挂制度、税收制度、会计准则和银行法等，部委出台的规章政策的法律效力不如这些法律；② PPP 项目周期一般长达 10～30 年，靠三四年一修的短期规章政策文件来规范，在政府信用不足时不能给投资者足够的信心，甚至造成了投资者的风险；③ 缺乏一部上位法加以协调，当出现各部委之间出现不同政策甚至冲突时，容易让地方政府和投资者难以适从。

其次，对于 PPP 合同到底是行政合同还是民事合同，业界仍存在争议。由财政部 2014 年 11 月 29 日发布的《政府和社会资本合作模式操作指南》（财金〔2014〕113 号）第三部分“争议解决”中规定：在项目实施过程中，按照项目合同约定，项目实施机构、社会资本或项目公司可就发生争议且无法协商达成一致的事项，依法申请仲裁或提起民事诉讼。但按照 2015 年 5 月 1 日起施行的修订后的《行政诉讼法》中的相关规定，“认为行政机关不依法履行、未按照约定履行或者违法变更、解除政府特

许经营协议”的公民、法人和其他组织可向法院提起诉讼。《行政诉讼法》的有关规定意味着社会资本与政府部门签订的特许权合同属于行政合同的范畴，而不是同等地位的民事主体之间的民事合同。鉴于5月19日颁布的国发42号文中突出强调了政府与社会资本在PPP模式中应处于“平等协商”的地位，张燎在点评42号文时指出，PPP合同虽然不属于完全的民事法律关系，但涉及服务提供和对价支付的相关合同应被归入民事合同关系。综上，若将PPP合同简单的归类为行政合同，无疑会增加社会投资者的疑虑，应给予社会投资者依法申请仲裁甚至提出民事诉讼的一定权利。

最后，PPP实施有关的诸多法律配套措施仍存在着力度不足或难以落地的问题，如国务院2014年8月11日出台的《关于支持铁路建设、实施土地综合开发的意见》（国办发〔2014〕37号）、财政部与税务总局给予公共基础设施项目企业所得税“三免三减半”政策等。但目前的鼓励政策远不足以吸引企业特别是民营企业。国家发展改革委今年1月发布的《关于加强城市轨道交通规划建设管理的通知》（发改基础〔2015〕49号）称，创新投融资体制，实施轨道交通导向型土地综合开发，吸引社会资本通过特许经营等多种形式参与建设和运营。虽然，土地资产至今仍是地方融资平台手中最重要的资产，在如何PPP设计中发挥土地资产的作用，但目前国土部门并无具体的文件出台。2014年12月，国务院发布了《关于清理规范税收等优惠政策的通知》（国发〔2014〕62号），62号文的初衷是清理规范一些扰乱市场秩序的税收优惠政策，但在打破市场竞争壁垒的同时，客观上也压缩了企业能享受到的税收优惠扶持，加重了企业负担，因此颁发之初就引起了较为强烈的反应和质疑。2015年5月10日，国务院下发了《关于税收等优惠政策相关事项的通知》（国发〔2015〕25号），实质上暂停了62号文的相关工作。

（二）顶层设计有待推进

国内外经验表明，设立国家层面的PPP协调机构对于促进PPP的健康发展具有重要的作用。推进PPP发展、成立国家层面的PPP中心有其内在的必要性。首先，对于跨区域的PPP项目，涉及投资者与不同地区的政府之间的沟通，亟须PPP中心在协调沟通工作上予以支持。其次，PPP项目的实施过程中也涉及在政府不同行业主管部门之间的沟通工作。若采取一事一议的形式设立临时工作小组，则不够稳定，不能给投资者以信心。若由投资者自行与各部门进行沟通，则会增加协调成本和项目造价。

总之，PPP涉及领域众多，不是任何一个部委能够单独完全掌握的。因此，在国家层面，建议设立一专门的协调机构，承担协调和管理项目立项、评估、筛选、招投标、监管、统计、经验总结、制定实施指南和示范合同等功能。如果不能成立有形的实体机构，则也应成立一套由某部委牵头的跨部委协调机制，特别是发展改革委、财政部和所涉及的行业主管部委。所成立的 PPP 协调机构的主要精力不是主要负责具体项目的审批等相关工作，更主要的是以顶层设计的形式参与到 PPP 相关的先进经验和做法的推广中去，着力解决 PPP 相关法律法规之间的冲突，促进 PPP 实施环境和流程的改善。除国家层面设立的有形或无形的协调机构外，在省市层面虽然无须建立有形的机构，但也应有配套的协调机制，负责其行政管辖区域内 PPP 相关的协调等工作。

（三）绩效监管有待加强

建立完善的绩效监管和公众监督制度，是保障 PPP 项目运行效率的必然要求。PPP 项目的绩效监管应当包括准入和建设运营两个阶段的监管。准入监管是指在 PPP 项目的立项阶段和特许经营者的选择等的监管。在 PPP 项目立项阶段，应通过 VfM 评价和政府财政承受能力论证，来确保项目采用 PPP 模式实施的必要性和可行性。在特许经营者的选择中，应通过竞争性方式如公开招投标和竞争性磋商或谈判等方式挑选出报价合理、具有相应技术管理专长、能高效提供所需公共产品/服务的企业或联合体作为中标者。建设运营阶段监管是指对项目建设和运营期间绩效水平的监管。具体来讲，应当从 PPP 项目全生命周期的角度出发，对项目的质量绩效，运营绩效和移交绩效等内容进行考核，从企业提供的产品、服务质量、对环境的影响等维度进行评价，以避免项目公司“重眼前，轻长远”和“重建设、轻运营”等短视行为的发生。政府监管的主体可以是政府部门、政府授权的第三方，也可以是政府与第三方联合，也可吸纳放贷方债权人（如世行监管项目的招投标、财务和环境影响评价）的参与。

由于绝大多数 PPP 项目均属于公共基础设施或公用事业等公共产品，与公众利益密切相关，缺乏公众参与决策和监督的项目易出现投资者为追求个人利益的片面最大化，而减少项目建设期的成本投入、降低项目运营期内服务质量，最终造成对社会公共利益的损害。因此，必须建立公众参与决策和监督制度，这有助于保证项目实施过程中的公开透明和 VfM 的实现。在项目的立项阶段，可利用民意调查和公开听证等手段听取公众对项目实施的意见。从项目规划到签订特许权协议的整个过程中，也应充分重视民众的参与权和知情权，从项目实施的规章制度层面细化各个环节公众的参与机制。此类机制包括但不限于建立一定的信息公开制度和程序，对项目的资金使用情况适当加以公开，在 PPP 项目的公司治理中引入政府和相关代表的观察员等。

（四）物有所值有待细化

前面提及，并非所有的公共项目都适合采用 PPP 模式，在确定何种项目适合采用 PPP 模式的过程中，要应用 VfM 理念和评估方法。VfM 是国际上通行的用于评估传统上由政府负责供给的公共产品是否可运用政府和社会资本合作的模式加以提供的评价体系。我国目前的 PPP 实践中，尚缺少 VfM 评估制度，相应的评价方法也没有出台。虽然财政部2015年4月7日印发的《政府和社会资本合作项目财政承受能力论证指引》（财金〔2015〕21号）及国务院办公厅5月19日印发的42号文中都提到了应将财政承受能力论证作为项目筛选的标准之一，但对于项目前期立项中非常重要的VfM评价涉及不多。6月1日起开始施行的《基础设施和公用事业特许经营管理办法》中，提出了特许经营项目实施方案应当包括可行性分析，包括对 “降低全生命周期成本和提高公共服务质量效率的分析测算”，该表述实际上包括了VfM评价的主要内容，但对如何进行评价等细节仍不够具体。

一般而言，在对特定项目的VfM评价中需要从以下三个方面进行考虑，首先，是直观上的性价比，即企业所提供的产品和服务的性能和质量等与项目实施总成本相比应当最优；其次，是从全生命周期来衡量的价格最优，即从项目的建设、运营到移交整个阶段的单位价格最低。最后，是从整个项目的经济和社会效益的角度来综合考虑的性价比最高，即充分考虑项目实施过程中的经济表现和环境影响，将项目质量，价格和效益都纳入考虑的范围内。

同时，项目的VfM评价也应遵循以下一般性的原则：反映PPP项目的自身特点，全面客观的反映项目的社会效益，以及将定量与定性指标相结合。能定量评价的应当定量，不能定量的但重要的定性指标也应当加以考虑，不能一味追求定量指标而忽视了重要的定性指标。具体操作中，在项目的招投标环节，政府需要通过充分的竞争，选出能够提供VfM的产品或服务的投资者。在项目的实施运营阶段，政府应主要关注产品质量、服务水平和单位价格等要素。要注重对项目风险的合理分担，切忌对项目的回报率做出承诺，以免企业丧失提高效率和改进服务的动力。

（五）地方政府信用有待重视

PPP项目持续时间往往长达几十年，能否在漫长的项目期间内，保证企业投资的安全性并获得合理的回报是吸引企业参与PPP模式的核心问题之一。通过对PPP典型失败案例的分析可以发现，“政府信用” 问题是导致绝大多数项目失败的主要原因之一。在以往的PPP实践中，部分地方政府仅将PPP当作一种融资工具，在项目前期未对PPP实施中可能存在的风险和问题进行充分的考虑，也未在特许权协议中对双方的权责分配进行合理的设计，出于吸引投资者的目的而开出一系列空头支票，在后期执行过程中发现了问题拒绝履约，进而导致了诸多项目在运行中受阻，使原本是多方互利的项目陷入了政府与企业间相互扯皮的境地。

42号文中明确提出在PPP模式的推广中要遵从“重诺履约、公开透明、公众受益、积极稳妥”的实施原则，将促进政府诚实守信、树立契约意识摆在了重要的位置。政府履约守信意识的培养需要长期的努力。为保证企业投资的安全性，需要建立完善的回款支付保障体系，并在政府的年度财政预算中加以明确，对财政的支付形式等也需要由相应的配套措施。在目前法规政策、地方政府信用难以完全让投资者放心的条件下，社会投资者特别是民企肯定需要对 PPP 项目进行控股或拥有较强的控制能力。否则，企业可能会缺乏投资的意愿或者仅着眼于短期利益，在乎短期投资的快速回收而非长期投资的收益。当然，政府可出资并派遣代表作为项目的股东参与项目的治理，也可不参与日常的管理但对关键问题享有一票决策或否决的权利。另外，当产生涉及 PPP 合同的相关争议时，如何解决争议也是对政府信誉的一大考验。

三、结语

目前我国正处于新型城镇化的高速进程中，对基础设施和公用事业等公共产品有巨大需求。传统上由政府一手包办的公共品供给模式普遍存在着“政府失灵”问题，导致社会公共产品供给效率的低下，服务质量难以提高；而日益高攀的政府债务也给依靠地方土地财政的融资模式提出了挑战，并造成了社会公共产品供给的相对短缺。这些问题都给新型城镇化的顺利推进造成了阻碍。在此背景下，PPP 因其在拓宽项目融资渠道、增加公共产品供给、促进政府管理模式转变和提高效率等方面的重要作用而被各界特别是政府看好。但 PPP 并非新鲜事物，也绝非万能药。面对当下 PPP 火热的发展情形，更需要冷静客观对待 PPP，只有正确理解和规范运作，才能让 PPP 在新型城镇化中更好地发挥作用。

（《城乡建设》2015 年第 8 期，第 38-40 页）

中国 PPP 发展这三年——基于干系人 6P 视角分析

作者：王盈盈　王守清

一、引言

根据财政部建立的政府和社会资本合作（PPP）综合信息平台及项目库统计数据，自 2014 年初推广 PPP 模式以来，截至 2016 年 9 月末，按照要求审核纳入 PPP 综合信息平台项目库的项目 10 471 个，总投资额 12.46 万亿元，其中执行阶段项目共 946 个，总投资额达 1.56 万亿元；财政部示范项目 232 个（不含第三批），总投资额 7 866.3 亿元，其中执行阶段项目 128 个，总投资额 3 456 亿元[①]。相比我国过去三十多年的

① 财政部 PPP 中心网站，www.cpppc.org.

PPP 实践探索成果来看，这三年的 PPP 发展可谓是盛况空前。

再对比国际上其他国家，如新加坡 2004 年以来 13 个 PPP 项目、加拿大 1991 年至今 237 个 PPP 项目（1 000 亿加币）、澳大利亚 2005 年以来不到 100 个 PPP 项目、英国迄今为止 722 个 PFI（PPP）项目（577 亿英镑）[1]，我国这三年的 PPP 发展不仅速度非常快、项目数量非常多，还几乎覆盖所有基础设施和公用事业行业以及全国大陆绝大部分省市（除西藏）。

在我国 PPP 快速发展的这三年里，PPP 带给各行各业的思考和争议也不少，有关我国 PPP 的应用是否科学合理、是否提高效率、是否可持续等出现了大量的研讨性活动和文章，PPP 成为热议话题，很多人对 PPP 的发展和规范应用做了很多工作和贡献，暂且不表。本文仅从 PPP 的 6 个干系人（Six Partners，以下简称“6P”）的角度，管窥中国 PPP 发展这三年。

二、6P 发展现状

6P 在 PPP 项目中的关系如图 8-1 所示，他们之间的初步排序和关系也在图中体现，但受限于篇幅，本文并没有对他们之间的排序和关系进行进一步分析和验证。下文将分别分析 P1 ~ P6 这三年在中国的发展情况。

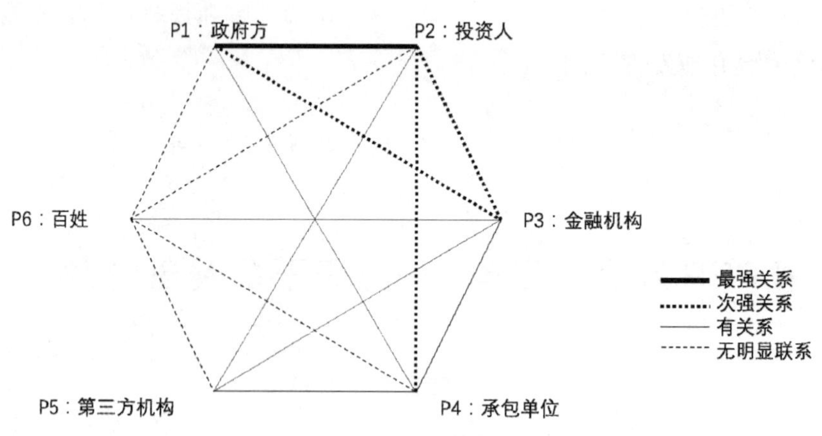

图 8-1　6P 关系结构图

（一）政府方（P1）

政府方是中国 PPP 项目中当仁不让的第一主角，其中国家发展改革委和财政部是这三年里 PPP 发展进程中最活跃的两大部委。

2014 年初，财政部针对 PPP 采取了一系列创新性举措，包括建立组织机构（PPP 领导工作小组、PPP 处、PPP 中心等）、发布政策文件（财金〔2014〕76 号、113 号、156 号，〔2015〕21 号、57 号、166 号、167 号，〔2016〕32 号、90 号、91 号、92 号，财库〔2014〕214 号、215 号等）、提出 PPP 两个论证（物有所值评价、财政承受能力论证）、推出 PPP 项目综合信息平台（示范项目、全国项目库等），不仅如此，财政体系自上而下的 PPP 改革推动迅速形成规模，地方政府陆续组建地方 PPP 中心，发布地方 PPP 政策，建立地方 PPP 项目库等。

2014 年起，发展改革委有关 PPP（特许经营）推广的一系列工作也在进行，包括 2 月启动“基础设施和公用事业特许经营法”立法并于 5 月发布了征求意见稿（奠定了后来国务院转发 6 个部委联合发布的国务院 2015 年第 25 号令的基础，成为至今曾经最高的文件），建立 PPP 项目推介库、发布发改投资〔2014〕2724 号（附通用合同指南）等文件、联合地方政府特别是国开行和农发行等金融机构开展 PPP 项目推介和优惠贷款等活动。到了 2016 年，发展改革委分别于 1 月与联合国欧经会 PPP 中心签署备忘录、4 月与保监会和清华大学联合发起成立清华大学 PPP 研究中心（兼联合国欧经会 PPP 中国中心职能），发展改革委于 2016 年强化了 PPP 推广，包括重启特许经营立法、支持清华大学 PPP 研究中心举办青岛中国 PPP 论坛、深圳国际 PPP 培训、组建发展改革委 PPP 专家库、发布更多政策文件（如发改投资〔2016〕1744 号、2213 号）等，为传统基础设施（6+1 类工程）推广 PPP 模式，以及地方发改系统应用 PPP 起到了重要的引导作用。

有关 PPP（特许经营）的立法工作在 2016 年 7 月也迎来重大改变，随着李克强总理的一锤定音，立法工作改由国务院法制办统一主导，财政部和发展改革委则由原来的 PPP 法和特许经营法的各自主导方转变为参与方。因 PPP（特许经营）立法工作涉及的项目投资规模大、适用领域广、合作周期长，参与主体、利益关系和风险也相对复杂，由法制办牵头统一推进两法合一的立法工作，一方面可以释放政府稳定政策、保障参与各方的合法权益等的信号，也可以防止两部委各自立法可能带来的问题[2]。

政府方为中国 PPP 这三年的发展做出了不可替代的贡献，只有政府部门能做到这么快速、广泛地推广 PPP 和引导相应改革，快速建立起 PPP 的理论认知、制度体系、监管机制等等，并促进地方政府 PPP 相关的能力建设，形成 PPP 实践中政府规制的初步体系。然而，有待政府方进一步探索解决的诸如地方政府履约机制、收益和风险动态调节机制、争议解决和法律救济机制、投资人进入和退出机制、信息透明和公众参与机制等问题，还需要政府方各部委之间、央地之间合力配合，此外，PPP 这三年暴露出来的中央改革与地方出发点差异、地域之间的发展和认知差异等问题，为政府方下一步推动 PPP 提出了更复杂的课题。

（二）投资人（P2）①

PPP 模式的第二个 P 在英文原文中是 private，翻译成中文是私企或民企（含外资在中国设立的企业），然而中国作为第二个 P 的投资人不仅仅局限于私企，反而更多是央企或地方国企参与。为了反映这些现实，2014 年以来我国的政策文件都把 PPP 翻译成“政府和社会资本合作”。虽然“社会资本”一词原来是相对于传统的生产因素（例如，物质资本、劳动、人力资本、技术水平等），用于解释信任、规范和社会网络等因素对经济增长的影响程度的一个经济变量[3]，但为了更好地解释第二个 P，我国政策文件为“社会资本”一词赋予了更多的内涵，指社会资本方，不过本文仍用投资人来代表 P2，应该更准确。

2014 年以来，参与 PPP 项目的投资人类型主要包括工程公司、运营企业、基金公司、信托公司等，其中有些还是上市公司；从所有制性质来看，占全国企业数量仅 2%的国企（含央企和地方国企）参与了 60%的 PPP 项目②，因此存在民企、外企难进入的现象。

现阶段参与 PPP 项目大部分是国企的原因有两点，一是 PPP 适用的领域越来越广，原本属于政府传统模式投资（含融资平台投资）或国企垄断的行业，现在大部分已开放探索 PPP 模式，因此，相对资本规模相对更大、建设和运营经验积累相对时间更长、资源关系更强、信用更佳的国企来说，非国企进入门槛较高，而国企参与 PPP 项目相对更有优势；二是地方政府选择社会资本合作伙伴时，也本能地认为与国企合作风险和责任更小，目标也更容易达成一致，使得非国企进入障碍更大。

然而，国企能否在 PPP 项目中一直坚挺至项目合作期结束、是否会在中途退出等问题值得现在开始深思和提前准备。一个明显的结论是，如果国企仍然是 PPP 项目的主要投资人，仍然由国企和地方政府合作，那么国企改革的成败就决定了 PPP 推广的成败，也就是说，需要跟踪国企参与的 PPP 项目是否相对传统政府投资模式提高了效率和服务水平、节约了成本。当然，只有民企参与的 PPP 项目效率也不一定会提高，美国、英国等发达国家均已有类似统计结论。因此，初步判断，未来可持续的中国 PPP 项目应该是实现部分国企退出、非国企进入，并形成国企带动非国企、国企与非国企合作的现象，发挥资本运作、建设运营管理、资产保值增值等综合优势。

与此同时，各个行业也呈现出竞争差异，例如，在市政工程、环境保护等应用

① P2 指的是投资人，即基于“两标并一标”政策实现投资和承包一体化的投资人，他们负责的承包业务的发展情况将在 P4 中进行分析。

② 财政部 PPP 中心第三季度季报，财政部 PPP 中心网站，www.cpppc.org.

PPP 历史相对较长的领域，投资人竞争激烈，且主要以资本竞争为主，尚未形成技术优势和壁垒，甚至出现低价抢占市场的恶意竞争现象；而在轨道交通、片区开发等相对复杂的领域，投资人竞争正日趋激烈，但由于总投资规模相对较大、运营经验要求高，尚未形成充分竞争的局面，而且主要以过去在这些领域参与施工或工程总承包的大型建筑央企或地方国企，联合在某地运营维护该类设施许多年的地方国企或融资平台，组成的投资人联合体为主要竞争主体；在综合管廊、海绵城市、智慧城市等新兴领域，投资人正跃跃欲试，希望通过抢占先机来获得某一新领域的强势地位。

此外，关于 PPP 项目的投资回报率也是这三年来热议的话题之一，随着利率市场化、人民币加速贬值等现象的出现，这几年 PPP 项目的投资回报率一直在下降，然而，合理的投资回报率空间到底应是多少，这样的问题目前并没有明确答案，主要是 PPP 项目尚没有形成系统的风险定价及项目评级体系。而且，关于投资回报率的测算方式也成了这几年实践发展中的一个重要技术性问题，例如关于选取静态指标还是动态指标是一个热议话题，关于该测算全投资还是资本金（股权）的回报也是备受关注的话题。

（三）金融机构（P3）

这三年来，金融机构作为 PPP 项目的资金提供方备受关注，“巧妇难为无米之炊”，没有贷款的 PPP 项目如空中楼阁般无法落地。各类希望做施工承包、运营管理、原材料或设备供应、资本上市的机构也纷纷把希望寄托在金融机构供给资金这一环上。

由于市场利率化导致金融机构投资回报水平下降，且金融机构近几年竞争趋于激烈，导致银行（含政策银行与商业银行）、保险、证券、信托等机构都对 PPP 项目关注有加，各自探索合适的参与路径，然而俗话说“谁先出手谁就输了”，所以金融机构对 PPP 的关注还处于纸上谈兵，有少量但并没有大量的实践（幸好是金融机构银根紧缩，否则 PPP 项目带来的债务风险将会快速积累并爆发）。而且，由于我国金融机构风控政策的存在且没有改变、其人才结构和知识对于 PPP 这类新生事物尚没有项目和风险评估等经验，以至于出现现在项目多、资金多，但落地难的现象。

虽然这三年来，以施工单位为首的投资人很希望金融机构成为 PPP 项目的真股投资人（P2），但是以金融机构作为真股投资的 PPP 案例还非常少。当然，这是由于《商业银行法》对绝大多数商业银行直接投资的限制。但是，即使没有这种限制，金融机构对于 PPP 项目审批、建设、运营等风险的未知，是他们不愿意大量投资 PPP 项目的主要原因之一，而 PPP 项目周期长、投资回报低等因素也是制约金融机构投资 PPP 的主要障碍。

不仅如此，金融机构作为债权、夹层资金参与 PPP 项目的难度也不小，一方面是已经提到的 PPP 项目相对他们来说是新生事物，另一方面是因为融资主体——项目公司的风险评估不稳定导致，因此银行贷款仍是PPP项目主要的融资方式，而未来可能会在PPP产业基金、PPP项目收益债、PPP险资投资计划、PPP资产证券化（ABS）等方面探索创新的融资品种，随之需要改革的是针对基础设施和公用事业领域的风险评估体系，以及金融机构对基础设施和公用事业领域资产的特殊权限（比如直接介入权等）。

（四）承包单位（P4）

本文将项目公司设立后，承包项目公司对外委托的各项执行业务的单位统称为P4，它包括施工单位、设备供应单位、监理单位、保险公司、运营单位等。其中，施工单位、设备供应单位、运营单位等都因为希望获得业务而可能成为P2即投资人的身份，因此他们在同一个PPP项目中具有双重身份，但具体承担主体和职责又有显著差异，这在过去几十年国内外的PPP实践中都很常见。过去3年项目规模较大的PPP项目，基本上都是工程公司和基金（含政府主导的基金和纯产业基金）联手做股东，工程公司从施工利润中切分部分给基金，这样既减少了工程公司资本金出资额，也满足了基金的回报要求，还避免了要求政府承诺固定回报或补足回报等的问题。但这三年来国内P4领域的变化主要是建筑市场内部竞争日趋激烈，要求他们向P2而且是长期P2转型，并向运营环节延伸，不仅对工程公司提出了全产业链集成的要求，也必然会对传统建筑市场的建设管理体系提出改革和创新的要求，例如，工程咨询、招标代理、造价、监理等第三方机构在PPP项目中的委托代理问题等。

（五）第三方机构或专家（P5）

这三年来，可以说PPP第三方机构（含专家们）是发展最快的一个群体，也是数量增长相对最快的一个群体，作为PPP方案牵头顾问、财务顾问、法律顾问的咨询公司、律师事务所、会计师事务所等机构如雨后春笋般涌现，也使得这个行业的竞争在短短三年内从蓝海变成了红海，咨询服务费的急剧下降可以作为重要的验证指标，随之带来的咨询服务模板化、短平快现象也越来越明显，这类现象反映出这个行业还处于一个快速发展、进步的阶段。

而且，为了帮助政府能力建设和规范咨询业的发展，两部委先后建立了各自的PPP专家库，同时，有些地方政府也各自建立起相关咨询机构库和专家库。

如此快速的发展虽然留下了一些问题，但对于推动PPP的发展还是起到了积极的作用，当然，很多实务专家也已经享受到了较大的经济收益。

此外，学术界对于PPP的关注也迅速加大，作为国内顶级的国家自然科学基金项目，这三年来获资助的PPP课题已达19项，虽然与其他传统学科相比算少，但对PPP这个新兴阳春白雪领域已属不少，研究的领域也逐渐从原来的项目管理、工程管理视角向公共管理、经济管理、组织管理等视角拓展，如PPP项目“契约关系”二元综合治理机制、PPP项目混合组织人为风险、PPP项目的契约设计与优化、PPP项目合作方利益侵占和协同控制、PPP项目争端谈判及其治理机制等。

（六）公众或百姓（P6）

这三年来，作为百姓可行使的PPP公众参与权似乎没有显著进展，百姓仍旧缺乏对PPP项目需求的直接表达渠道，不过财政部建立的综合信息平台和刚刚发布的PPP项目信息公开暂行管理办法（征求意见稿）的出台将为下一步公众的进一步参与打下了基础。

在百姓群体中，有两类特殊群体需要着重提出，他们在这三年PPP发展中发挥了重要作用也有了显著变化。第一类是高校和培训机构（含高校中的培训机构），培训机构在这几年的PPP发展中比高校对PPP人才培养的影响更大（当然他们也挣够了PPP的培训费），而有权威性的培训机构主要包括财政部PPP中心组织的系列培训、北京国家会计学院、清华大学国际工程项目管理研究院、清华大学PPP研究中心，以及有关行业协会等，社会上大量涌现的各类培训机构恕不在此提及。与此同时，部分高校开始成立PPP（研究）中心，建立博士后流动站，开始相关课程并筹备硕士学位，而已经对PPP有所研究的部分高校也积极向国家自然科学基金、社会科学基金等申请课题，PPP未来的人才将会呈现出专业素质更高的现象。

第二类是媒体（含纸质媒体、电子媒体，包括微信和微博公众号等），随着PPP变成热词，各大搜索引擎对PPP相关报道的推送大量增加、PPP检索频率也快速变大，而且各类包括主流媒体也都相继报道PPP、采访PPP专家。然而，媒体关于PPP的报道水平还有待进一步提高，目前他们只起到了PPP新闻传播的作用，仍无法替代PPP专业知识传播。

三、未来发展趋势

中国PPP这三年，可谓发展与问题并存、进步与矛盾齐飞，PPP不仅仅是市场行为，更是政府意志，期待未来的中国PPP在更有顶层的设计和协调、更加公平的环境、更加有远见和公开的理念支撑下，朝着更加可持续的方向发展，形成我国PPP发展常态化的局面，也为下一步中国PPP走出去做好充分的准备。

参考文献

[1] 王天义. 中国PPP，请量力而行[J]. 东方财经，2016，（10）.

[2] 赵超霖. 国务院法制办牵头的PPP立法思路是什么？[N]. 中国经济导报，2016-8-8.

[3] 严成樑. 社会资本、创新与长期经济增长[J]. 经济研究，2012（11）：48-60.

（《新理财》2016年第1期，第36-29页）

第 2 节　未来应关注 PPP 哪些重点

PPP 模式在中国的研究发展与趋势

作者：伍迪　王守清

基金项目：国家自然科学基金项目（70731160634）

【摘要】 PPP（Public-Private Partnership）模式在中国基础设施、公用事业等领域的投资与建设发挥越来越重要的作用，有必要对其相关领域的研究进行梳理以更好地指导实践。通过两阶段法分析 PPP 在中国的研究发展与趋势：整理国家自然科学基金自成立以来所有支持 PPP 相关研究的项目，对项目的年度数量、支持金额、研究范围等进行时序分析，将 PPP 在中国的发展划分为 3 个阶段并总结各阶段的特点；通过整理各基金项目负责人及申请单位信息，以及代表 PPP 在中国研究趋势的论文，建立并采用 P-P-P（Project-Partnership-Process）维度分类法将研究内容从 3 个维度进行了研究趋势的总结与分析，为 PPP 模式在中国今后的研究与实践提供一定参考。

【关键词】 PPP 公私合营　投融资模式　发展阶段　研究趋势

中国正处于高速的城市化进程中。2011 年，中国的城镇人口比例达到了 51.27%[1]，城市人口首次超过农村人口。随着中国城市化进程的推进和经济水平的提高，基础设施的建设需求越来越高，但政府有限的财政收入难以适应高额的基础设施建设的资金需求。随着投融资模式市场化的不断发展，PPP（Public-Private Partnership，公私合营）模式，引入民间资本，既能缓解政府的资金压力，又能提高开发效率，还为企业创造了市场，实现多赢，受到广泛的青睐[2]。PPP 模式因其在资金和效率上的优势，可广泛应用于自然资源开发、电厂、供水或污水处理厂、通信、公路、隧道或桥梁、铁路、地铁、机场、港口等建设领域[3]。2005 年、2010 年国务院相继发布新旧“三十六条”，2012 年国务院常务会议，要求各地区及有关部门采取有效措施，落实鼓励民间投资的相关政策[4]，2014 年党的十八大召开后，国家发展改革委法规司开始着手推进基础设施特许经营的立法工作[5]。相关政策的出台与政府的新举措不断为民间资本参与基础设施、社会公用事业等领域的建设拓宽了范围和渠道。而随着 PPP 模式在建设领域中的不断应用，其相关知识领域也成了许多学者们的研究热点[6]。

一、PPP 相关研究现状

近年来,有许多学者对 PPP 领域在学术研究中的发展进行了梳理与总结。Al-Sharif 等[7]选择了 4 种较有影响力的国际期刊，从国家、机构、作者的角度对 1998—2003 年 PPP 文章进行了梳理。Tang 等[8]选择了 6 种较有影响力的国际期刊，将 1998—2007 年发表的 PPP 文章进行了归类整理。Ke 等[6]选择了 7 种较有影响力的国际期刊，从 PPP 文章发表的年度数量、国家和地区、作者贡献等角度总结了 1998—2008 年 PPP 研究的发展。

PPP 在许多发达国家的研究与应用已比较成熟，可以为其在中国的推广和应用提供许多理论与实践的借鉴[9]。但 PPP 模式会受到政策法规、金融环境、经济体制等多方面的影响，中国作为世界上最大的发展中国家，独特的社会经济环境也为 PPP 的应用提出许多挑战，总结其在中国的研究趋势也将为其在中国的应用提供理论工具。现有研究很少涉及 PPP 模式在中国这个特定环境下的研究发展，一方面是因为中国并没有高水平的关于 PPP 的专题期刊，PPP 领域学术成果的搜寻成本很大，另一方面，PPP 相关领域的学术期刊水平参差不齐，没有公认的期刊评价排名，研究对象的选择缺乏依据，难以让人信服。李尧[10]尝试检索并筛选了 10 个中文期刊的 199 篇论文梳理 PPP 在中国的研究趋势，但其中有 102 篇来自同一期刊，极不均衡的分布一定程度上影响了分析结论。

1986 年，中国开始设立国家自然科学基金（National Natural Science Foundation of China，NSFC），至今二十多年来，NSFC 资助的科研项目受到国内外学术界普遍认可，被认为是具有国内甚至国际最高学术水准的基础研究。PPP 模式相关领域的研究也得到了 NSFC 的多次支持，而这些已立项研究课题的研究领域与方法，在一定程度上也代表了 PPP 模式在中国的研究发展与趋势。本文打破“整理总结研究趋势从期刊入手”的常规思路，从中国特有的且有普遍认可度的国家自然科学基金入手，基于基金成立以来支持的 PPP 领域的研究项目，总结 PPP 模式在中国的研究发展历程，并分析其研究趋势，即解决以下两个问题：

（1）国家自然科学基金支持了哪些关于 PPP 的研究项目，基于此而体现出中国 PPP 领域的研究有哪几个发展阶段。

（2）国家自然科学基金支持的这些项目由哪些学术机构、哪些研究团队完成，通过他们发表 PPP 论文可看出 PPP 在中国的研究变化趋势是什么。

二、研究范围与技术路线

PPP 直译为公共部门与私人部门之间的合作伙伴关系，简译为公私合营，在中国又常被翻译为公私合伙、政企合营等。加拿大 PPP 委员会[11]、英国财务部[12]、美国交通部[13]等机构都给出了 PPP 的定义，他们强调的角度不尽相同，但核心内容基本一致，可概括为，公共部门与私人部门通过合作，发挥各自的优势，提供基础设施、公用事业、自然资源等建设与服务。在 PPP 项目中，公共部门缓解财政负担，完成了建设与服务，私人部门常常负责融资，分担一定分险，并获得合理回报。PPP 项目包括多种模式，如 BOT、BOOT、DBFO、TOT 等[3]。需要强调的是，与许多国家不同，中国的国有企业通常在参与的 PPP 项目中进行融资，提高项目的效率并实现盈利，属于合作中的“私营部门”。

本文基于国家自然科学基金支持的 PPP 研究项目，采用两阶段分析的方法。

（1）首先在 PubMed 数据库中采用“名称/摘要/主题词”的检索方式搜索 NSFC 支持的 PPP 研究项目，得到所有关于 PPP 的基金项目列表。根据项目列表整理项目数量、基金支持金额、研究范围等相关年度数据，进行时序分析，划分 PPP 在中国研究的发展阶段，并总结各阶段的发展特点。同时，根据项目列表对项目申请单位、项目负责人进行统计分析。

（2）根据上述得到的申请单位与负责人信息，确定目标作者，采用作者检索的方式在 Scopus（英）、CNKI（中）数据库中检索论文，根据项目列表确定的目标主题进行手动筛选，整理出代表 PPP 在中国研究发展与趋势的文献，基于这些文献，多维度地分析 PPP 在中国的研究趋势。

三、国家自然科学基金支持的 PPP 研究项目

（一）项目数量与研究范围的时序分析

自 1986 年国家自然科学基金设立以来，截至 2012 年，PPP 相关研究项目共计 29 项，总支持金额 669.3 万元。PPP 的概念第一次出现在基金支持的项目中是 1994 年清华大学仝允桓主持的课题（项目批准号 79470051），提出 BOT 模式在交通基础设施应用的相关问题。从 1994 年 PPP 的理论首次出现在基金支持的研究项目中开始，PPP 相关研究越来越多地出现在基金支持的课题中。在 2012 年申请并立项的课题中，有 6 项与 PPP 相关，项目总金额达到了 228.6 万元。各年度基金支持的 PPP 研究项目数量与基金的总额如图 8-2 所示。

在图 8-2 中，基金支持的项目数量与金额的整体呈指数型增长，说明 PPP 受到了学者们越来越多的关注，且其研究的发展速度也越来越快。同时，项目数量与金额在增长的波动中存在 3 个极值，时间点分别为 2000 年、2007 年和 2012 年，考察各研究项目的研究范围与内容，发现 3 个极值时间点前后呈现不同的特点，即可将 PPP 研究在近年的发展分为 3 个阶段：

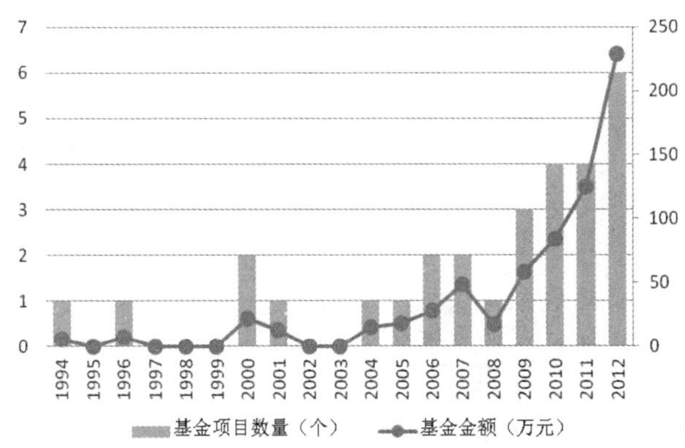

图 8-2 国家自然科学基金支持的 PPP 项目

（1）2001 年以前。这一阶段为 PPP 研究在中国的初始阶段，单个项目的研究范围比较广，且研究内容大多为概念性的解析与 PPP 在中国某行业或领域的推广与应用。例如，1996 年何伯森主持的项目（项目批准号 79670066）研究范围涵盖了 BOT 项目的立项、合同管理、风险等多个方面。2000 年李世蓉主持的项目（项目批准号 70073043）整理了英国 PFI 模式的发展并对将其应用于中国做了针对性的研究。2000 年周晶主持的项目（项目批准号 70071049）重点探讨 BOT 在交通领域中的应用。这一阶段研究为 PPP 在中国深入研究奠定了基础。

（2）21 世纪初至 2008 年。相比与第一阶段较为宏观的研究范围，第二阶段单个研究项目的范围往往集中于某一专业领域，这些都是 PPP 研究的核心内容，例如，王守清于 2004 年、2007 年主持的项目（项目批准号 70471004、70731160634）、2006 年叶晓甦主持的项目（项目批准号 70672011）、2007 年宋金波主持的项目（项目批准号 70702033）等都与 PPP 项目的风险管理或风险分担有关，2005 年戴大双主持的项目（项目批准号 70572097）、2008 年胡振主持的项目（项目批准号 70803038）等都与 PPP 项目的外部性或经济评价相关。这一阶段的研究更加深入，为 PPP 模式在中国的广泛应用提供了理论根据。

（3）2009 年至今。随着 PPP 在工程中应用的不断增加，实际工程项目中出现了许多问题，同时金融危机的爆发也为 PPP 的融资模式带来了挑战，而此时相关研究也反映了在实际中遇到的问题，这一阶段基金项目的研究范围产生了更多的细分领域并出现了许多新的名词，研究的视角与研究的对象也更加丰富。例如，2009 年张喆主持的项目（项目批准号 70902066）、2012 年王秀芹主持的项目（项目批准号 71202083）等都关注了 PPP 项目中的效率问题，2009 年刘继才主持的项目（项目批准号 70901065）、2012 年胡晓龙主持的项目（项目批准号 71203136）等都将实物期权理论应用于 PPP 项目中，此外，除了 BOT 的这一基本模式，BT（杜亚灵，项目批准号 71002066；叶苏东，项目批准号 71171017）、TOT（王松江，项目批准号 70962003）等模式成为新的研究对象。这一阶段的研究完善了还在实践中的 PPP 模式的理论框架。

以上所总结的 3 个阶段是基于国家自然科学基金支持的项目数量、金额和研究范围的时序分析，一定程度上反映了 PPP 在中国的研究发展历程及其特点，但基金支持的项目是对研究的投入，每项基金相关的成果相比于立项时间会有一定的滞后，且实际的时间界限并不会十分明确，但不可否认的是，经历了几个阶段的发展，PPP 受到越来越多学者们的关注，而此时，PPP 的研究又在经历一次热潮，研究热点的变化速度也越来越快。

（二）项目负责人

在 29 项国家自然科学基金支持的 PPP 研究项目中，负责人多达 25 人，主持过多项的学者仅 3 人，这说明 PPP 领域的研究在中国多元化的发展。分析这 25 位学者的信息，可总结 3 个特点：

（1）许多学者拥有国外教育、科研背景，尤其是英国、新加坡、日本等 PPP 应用较为成熟的国家，这说明 PPP 在中国的推广借鉴了国外的成功理论与实践。

（2）工程领域的专家较多，他们的研究相对宏观且注重应用，但近年来，随着 PPP 理论体系逐渐完整，越来越多的经济学、数学等领域的学者参与 PPP 的研究中，并借助多学科的模型完善 PPP 理论。

（3）PPP 领域的研究学者越来越年轻，这可以直接从青年基金项目的变化趋势反映出来（见表 8-4），这也从一个侧面说明 PPP 研究领域趋于成熟，已自成系统，许多学者在研究早期即开始系统地关注 PPP。

表 8-4　PPP 基金项目的类别

年　份	基金类别			年　份	基金类别		
	青年	面上	其他		青年	面上	其他
1994	0	1	0	2007	1	0	1
1996	0	1	0	2008	1	0	0
2000	0	2	0	2009	2	0	1
2001	0	1	0	2010	1	3	0
2004	0	1	0	2011	2	2	0
2005	0	1	0	2012	3	3	0
2006	0	2	0				

（三）项目申请单位

相比于项目负责人，国家自然科学基金支持的 PPP 研究项目的申请单位相对集中，共有 18 所大学，拥有多项的共 6 所大学（见表 8-5），通过教育部的学科评估[14]结果，可以看到这些学校拥有国内领先的管理学或土木工程学水平。

表 8-5　多项 PPP 基金项目的申请单位

学　校	项目数量	管理学排名	土木工程排名
天津大学	4	2	8
大连理工大学	4	14	8
清华大学	3	1	3
西安交通大学	2	2	46
东南大学	2	13	3
重庆大学	2	19	8

四、PPP 相关研究的趋势分析

（一）研究内容的分类

由于 PPP 研究领域涉及专业多、知识领域交叉，因此 PPP 相关研究内容的分类较为复杂，而分类方法也一直没有一个公认的标准。Al-Sharif 等[7]将 PPP 领域的研究内容笼统地分为三类：风险、采购和财务。Ke 等[6]在此基础上增加并丰富了类别，将研究内容分为七类：投资环境、采购、经济生存能力、财务工具、风险管理、治理问题和综合研究。随着 PPP 研究的进一步发展，为了更好地阐述其研究内容，开始出现了多级分类。Tang 等[8]采用二级分类，将研究内容分为实证研究和非实证研究，实证和非实证研究又分别进一步分为三类和四类。李尧[10]采用了三级分类方法，一级分类采用系统论的观点分为主体、客体、环境和综合研究四类，二级、三级进一步细分，总类别共十余项。

PPP 研究内容的分类方法随着研究的发展在不断变化，但以上分类方法都存在一个共同点，即每项研究都归为单一的研究分类名下。事实上，大多数 PPP 研究都会涉及多个知识领域，尤其是近年来，PPP 研究方法不断创新，多学科理论工具不断被应用到 PPP 研究中，同一研究内容应该从更多维度进行分析。首先，PPP 作为项目融资的一种模式，应该从常规的项目管理基本知识领域维度进行分类；第二，PPP 参与主体包括政府、企业与公众，三者的相互关系也是一个重要视角；第三，PPP 项目周期长，有必要对项目整个过程不同阶段进行分类。因此，本文建立并采用“P-P-P 维度分类法”，即项目管理、参与主体关系、项目过程（Project-Partnership-Process）3 个维度进行分类并分析趋势。

（二）P-P-P 多维度分析

1. P1——项目管理维度

在 PPP 的研究发展过程中，风险问题一直都是研究热点。亓霞[15]、Zhang [16]等从风险的识别、分析、应对等传统的风险管理角度进行 PPP 项目风险的研究。由于 PPP 项目具有多个参与主体，Ke [17]等讨论了 PPP 项目中各参与主体间的风险分担问题。基于以上风险管理与风险分担的理论，还可获得许多在实际工程中便于应用的工具，韩明杰[18]基于风险分担的理论得到特许定价调整机制，张水波[19]将风险控制考虑到合同框架中。从某种程度上讲，PPP 的许多问题归根结底即是风险问题。此外，PPP 研究在项目管理的维度上还包括：财务及其相关的经济评价方法问题[20]；投资环境、政策与法律问题[21]；采购、合同和谈判问题[22]。另外，近年来关于 PPP 的研究综合性越来越强，集成研究越来越多，如 PPP 在房地产领域中的综合运用[23]、PPP 项目的关键成功因素[9]，并特别强调了 PPP 参与主体间的合作效率问题[24]。

2. P2——参与主体关系维度

在 PPP 项目中，参与主体包括政府、企业和公众。其中，政府包括中央与地方政府，若是国际工程，可能还包括本国与东道国政府；企业包括参与项目公司的发起人、合伙人；公众经常受到 PPP 项目的直接影响，有些研究中以社会福利、外部效应代替。这里的关系既包括双向的合作，也包括单向的影响。由于 PPP 项目参与主体的复杂关系，关于 PPP 的问题往往都无法孤立地从某一主体的角度单独研究，相比于一般项目的利益相关者，PPP 项目参与主体之间的关系对项目有更深远的影响，三者之间关系如图 8-3 所示。目前，许多 PPP 相关问题都是从政企关系的角度进行研究的，如 Xiong[25] 通过对现金流的时序分析建立的政企之间关于特许期重新谈判的框架。近来商民关系也开始受到学者的关注，因为企业的行为往往会对公众产生影响，孙慧[26]利用博弈论的工具指出 PPP 项目中企业的市场行为可以为公众带来正的福利，张喆[27]利用不完全契约理论研究企业自身的利益最大化与较高的公益性投入的激励相容条件。

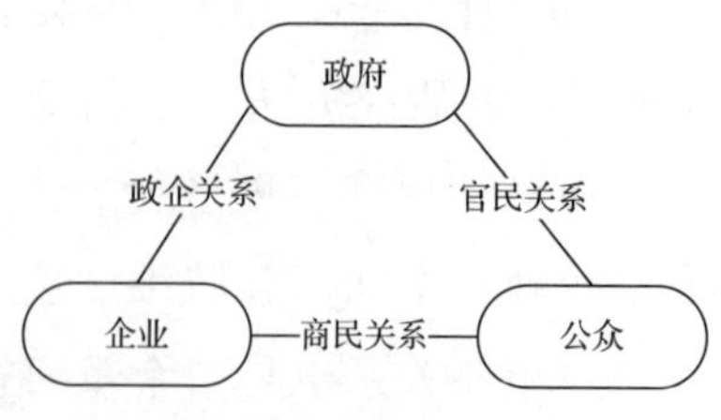

图 8-3　参与主体关系

3. P3——项目过程维度

PPP 项目可分为 4 个阶段[3]：准备阶段、招标阶段、融资阶段和实施阶段。在实际项目中，谈判等商业活动往往会贯穿于招标阶段、融资阶段交替进行。为了更明确地将 PPP 相关研究在项目过程的维度下进行分类，本文将 PPP 项目的过程分为立项、合同、实施 3 个阶段，具体过程及各阶段解决的主要问题如图 8-4 所示。中国早期的 PPP 项目大都是 BOT 模式，而且早期研究 PPP 的学者大多具有深厚的工程背景，因此项目实施阶段是最初 PPP 研究热点。随着经济、法律等知识领域的介入，合同阶段融资模式选择及决策依据[28]、合同谈判与安排[29]等问题的探讨开始深入。项目管理的重要程度随项目的进行而递减，因此也有学者对 PPP 项目立项阶段的问题展开研究[30]，立项决策中最常用物有所值（VfM）[31]等理论，但这些理论在中国实际工程中基本没有得到应用。

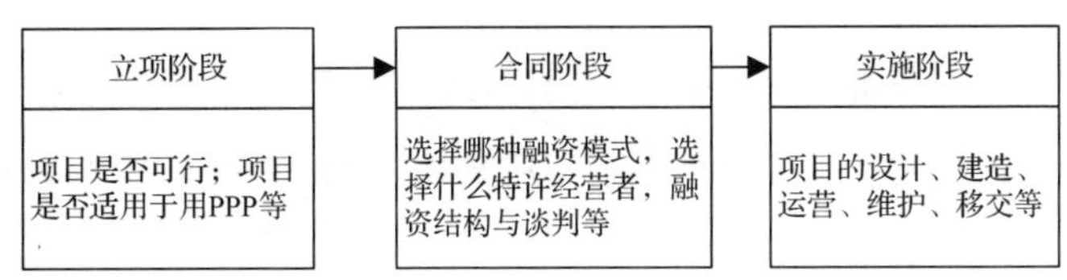

图 8-4　PPP 项目的一般过程

（三） PPP 相关研究趋势

以上将中国 PPP 相关研究根据 P-P-P 维度进行了分类，通过目前的研究可以看出：

（1）风险问题一直以来都是 PPP 领域的研究热点，但风险问题并不是研究的终极目标，许多研究基于风险理论转化为财务及评价技术问题、合同谈判问题、政策问题等，风险理论作为 PPP 研究理论工具越来越成熟。同时，近年来，越来越多的学者开始综合运用多个知识领域的工具对 PPP 进行集成研究，包括效率问题、成功因素分析、优势与制约研究等，集成研究[32]开始成为又一个研究热点。

（2）PPP 项目 3 个参与主体之间形成了一个三角关系，相比于一般项目，PPP 项目主体间的关系对项目的影响更大。科学研究源于实际工程，在实际工程中，参与 PPP 项目的企业有更大的动机去处理工程中的问题，因此许多学者的研究以企业为主体视角，探讨与政府间的谈判、特许权协议、商业活动等关系，但从政府及公众视角的研究[33]较少，且很多研究忽视了政府与公众的关系，甚至认为政府即代表公众，这也是中国 PPP 项目缺乏公众参与的一个重要原因。在 PPP 模式理论与实践不断成熟的过程中，政府视角乃至综合项目所有利益相关者视角的研究[34]将是一个趋势。

（3）项目决策的重要程度随着项目的推进而越来越低。PPP 项目往往周期很长，目前，学者们对项目实施阶段的研究越来越成熟。近年来，有许多学者开始研究特许经营人的选择问题、融资模式等合同谈判阶段的问题，也有部分学者对项目前期立项阶段的理论[35]有所涉猎，但在中国的实际 PPP 项目中并未得到全面应用。中国 PPP 研究兴趣的阶段正在逐渐向前移动，随着理论研究的深入，许多工具也将逐步得到应用。

五、结语

PPP 对于中国来说仍然是新生事物，但其应用又受到政治经济环境的影响，因此不能直接照搬别国的实践经验。本文采用两阶段分析，基于国家自然科学基金支持的 PPP 研究项目，将 PPP 在中国的研究发展分为 3 个阶段，建立并采用 P-P-P 分类法多维度分析研究趋势。随着中国 PPP 相关法规与制度的不断完善，PPP 模式将在中国的基础设施、公用事业等多项目的建设中发挥越来越重要的作用。

参考文献

[1] 屠启宇．国际城市发展报告（2012）[M]．北京：社会科学文献出版社，2012.

[2] 马生华，伍迪，王守清．某高铁站场再开发项目投融资方案设计[J]．项目管理技术，2012，10（2）：17-21.

[3] 王守清，柯永建．特许经营项目融资（BOT、PFI 和 PPP）[M]．北京：清华大学出版社，2008.

[4] 中金在线．国务院督促“新 36 条”实施细则落地[OL]．2012，7．http：//news.cnfol.com/120731/101，1277，12889345，00.shtml.

[5] 国家发展改革委．社会各界期待基础设施和公用事业特许经营法加快出台[OL]. 2014, 4. http: //www.sdpc.gov.cn/xwzx/xwfb/201404/t20140422_608309.html.

[6] Yongjian Ke，Shouqing Wang，Albert P. C. Chan，et al. Research Trend of Public-Private Partnership in construction journals[J]. Journal of Construction Engineering and Management，2009，135（10）：1076-1086.

[7] Al-Sharif F, Kaka A. PFI/PPP topic coverage in construction journals[C]. 20th Annual ARCOM Conference, Vol. 1, 711–719, Heriot Watt University, Edinburgh, Scotland, U. K.，2004.

[8] LiYaning Tang，Qiping Shen，Eddie W. L. Cheng. A review of studies on Public-Private Partnership projects in the construction industry[J]. International Journal of Project Management，2010（28）：683-694.

[9] 王秀芹，梁学光，毛伟才．公私伙伴关系 PPP 模式成功的关键因素分析[J]．国际经济合作，2007（12）：59-62.

[10] 李尧. PPP 模式在中国的研究趋势分析[D]. 天津：天津大学，2011.

[11] Canadian Council for Public-Private Partnerships. Definitions[OL]. http：//www.pppcouncil.ca/resources/about-ppp/definitions.html.

[12] HM Treasury. Public private partnerships[OL]. http：//www.hm-treasury.gov.uk/ppp_index.htm.

[13] United States Department of Transportation. Report to Congress on Public-Private Partnerships. December，2004.

[14] 中国学位与研究生教育信息网. 2012 年全国高校学科评估结果[OL]. http：//www.chinadegrees.cn/xwyyjsjyxx/xxsbdxz/index.shtml.

[15] 亓霞，柯永建，王守清. 基于案例的中国 PPP 项目的主要风险因素分析[J]. 中国软科学，2009（5）：107-113.

[16] Haobo Zhang，Zezhong Li，Shuo Zhang. ISM-HHM-based risk analysis for public-private-partnership projects [J]. Journal of Convergence Information Technology，2013，8（8）：326-332.

[17] Yongjian Ke，ShouQing Wang，Chan，A. P. C. Risk management practice in China's public-private partnership projects[J]. Journal of Civil Engineering and Management，2012，18（5）：675-684.

[18] 韩明杰，杨卫华. 基于风险分担的污水处理 BOT 项目特许价格调整研究[J]. 科技管理研究，2006（10）：158-162.

[19] 张水波，高颖. 国际 BOT 项目合同框架分析以及风险防范[J]. 国际经济合作，2010（1）：74-77.

[20] 赵国富，王守清. 城市基础设施 BOT/PPP 项目社会评价方法研究[J]. 建筑经济，2006（S2）：113-116.

[21] S. Ye，R. K. L. Tiong. Government support and risk-return trade-off in China's BOT power projects [J]. Engineering Construction and Architectural Management，2000，7（4）：412-422.

[22] Liu J，Cheah Y J. Real option application in PPP/PFI project negotiation[J]. Construction Management and Economics. 2009，27（4）：331-342.

[23] 胡晓龙，王雪珍，石薇. 我国典型城市房地产开发企业融资模式比较研究[J]. 税务与经济，2010（4）：34-38.

[24] Zhe Zhang，Ming Jia，Difang Wan. Allocation of control rights and cooperation efficiency in Public-private partnerships：theory and evidence from the Chinese

pharmaceutical industry. International Journal of Health Care Finance & Economics. 2009，9（2）：169-182.

[25] Wei Xiong，Xueqing Zhang. Concession renegotiation models for projects developed through public-private partnerships[J]. Journal of Construction Engineering and Management. 2014，140（4）.

[26] 孙慧，范志清，石烨. BOT 公路排他性条件对定价及社会效益影响研究[J]. 系统工程学报，2011，26（1）：68-73.

[27] 张喆，贾明. PPPs 合作中控制权配置实验[J]. 系统管理学报，2012，21（2）：166-179.

[28] Jingzhu Xie，Ng，S. T. Multiobjective Bayesian Network Model for Public-Private Partnership Decision Support[J]. Journal of Construction Engineering and Management，2013，139（9）：1069-1081.

[29] Shuibo Zhang，Qiubo Yang. Contractual arrangements under BOT project delivery approach：A behavioral framework[C]. IEEE WiCOM 2008，Oct. 12-17，2008. Dalian，China.

[30] LiYaning Tang，Qiping Shen. Factors affecting effectiveness and efficiency of analyzing stakeholders' needs at the briefing stage of public private partnership projects[J]. International Journal of Project Management，2013，31（4）：513-521.

[31] Jingfeng Yuan，Yajun Zeng，Miroslaw J. Skibniewski，et al. Selection of performance objectives and key performance indicators in Public Private Partnership projects to achieve Value for Money[J]. Construction Management and Economics，2009，27（3）：253-270.

[32] LiYaning Tang，Qiping Shen，Skitmore，M. Ranked Critical Factors in PPP Briefings[J]. Journal of Management in Engineering，2013，29（2）：164-171.

[33] 曹宏铎，李昊，郑建龙. 公共项目控制权配置研究[J]. 管理工程学报，2014，28（2）：55-63.

[34] Jingfeng Yuan，Miroslaw J. Skibniewski，Qiming Li，et al. Performance objectives selection model in Public Private Partnership projects based on the perspective of stakeholders[J]. ASCE Journal of Management in Engineering，2010，26（2）：89-104.

[35] Wei Peng，Honglei Liu. Using online simulation technique for revenue-based value for money assessment model in PPP project[J]. International Journal of Online Engineering，2013，9（3）：88-92.

（《工程管理学报》2014 年第 6 期，第 75-80 页）

PPP 在信息通信技术（ICT）项目中的应用

作者：胡一石　王守清

随着经济的发展，公众对公共服务的需求越来越高，PPP 的应用也开始从传统的基础设施、公共事业领域扩展到公共服务更广泛的范围，如文化、教育和信息通信技术（Information Communication Technology，ICT）领域。

一、PPP 应用于 ICT 项目的可行性与必要性

自计算机问世尤其是个人计算机普及以来，信息技术与通信技术逐步融合成一个体系，即 ICT。根据我国《国民经济行业分类》，ICT 产业主要指制造信息处理与传输载体的产业和通过电子手段满足信息处理和通信的服务业，包括：①电信、广播电视和卫星传输服务；②互联网和相关服务；③软件和信息技术服务[1]。

以高速宽带传输、互联网、物联网、移动互联网、数据库、大数据等为代表的信息通信技术及应用模式的不断涌现、发展和成熟，代表着世界向着信息化、数字化、智能化深刻变革。这种变革改变了社会生产和生活方式，并将持续改变公共服务的内容和提供方式。一方面，公众希望接受更全面翔实的公共信息服务，如政务信息、社保信息、医疗信息、天气信息等等。ICT 项目可以直接提供公众需要的服务内容；另一方面，公众希望公共服务更加准确高效、便捷周到，如交通管理、户籍管理、知识产权保护等等。ICT 项目可以改变这些服务的方式，显著提高其水平，以满足公众需求。

然而，ICT 项目与土建等基础设施项目相比有显著不同：①业务拓展的边际成本非常低。比如光纤传输网建成后，可以在不显著增加成本的前提下，出租闲置频段和时段。网站增加广告位对成本影响微乎其微，等等。②软硬件设施的折旧速度较快，对升级的需求比较频繁。③运营维护的专业性要求更高。

在建设、运营 ICT 项目时，相较于企业而言，公共部门拥有大部分公共信息资源，具有法规、政策、公信力的优势，但是在技术、运营和人员编制上存在相对劣势。如果公共部门独立建设 ICT 项目，势必面临技术门槛，难以成功；如果公共部门将研发建设任务外包给企业，自己运营，会面临增加人员培训成本和人员编制的两难抉择，而且 ICT 项目的经常性维护升级会耗费更多成本。在这两种情况下，研发建设成本将由财政或公共组织的经费承担，而且公共部门的非营利性必然浪费项目的业务拓展空间，实际上也是增加成本。

因此，如果在公共服务的 ICT 项目中应用 PPP 模式，有如下几个优势：

（1）减轻财政负担。引入社会资本，并利用项目的可营利性使其获得回报。

（2）提高项目效率。利用私人部门的技术和管理优势，且研发建设与运营相衔接，能显著降低成本和风险，提高效率。

（3）有助于公共部门特别是政府转变角色。政府可以专注于政策制定与监管。

正因如此，各国已经开始了这方面的探索，并已有一些成功范例。为表述方便，下文及以后系列文章中都将应用了PPP模式的公共服务ICT项目简称为PPP-ICT项目。

二、PPP-ICT项目的一些典型案例

（一）美国——Access Indiana

美国印第安纳州政府在电子政务建设方面以PPP模式运作“Access Indiana”项目著称。州政府成立了Intelenet Commission全权负责网站的组织管理及与私人部门合作，另有两个委员会对项目做运营和战略方向的监管。项目的私人部门合作方是Indiana Interactive，通过“自助投资”（Self-Funding）的方式（即该项目由私营企业自己提供资金，自负盈亏）建设、运营Access Indiana，不需政府任何资金，但政府拥有所有权。该项目有两个收益来源：①为用户提供比以往的传统方式更为便利的交易方式并对此收费；②对基础政务信息的增值业务收费。网站上99%的信息和服务是对公众免费提供的，另外1%所获得的利润足以维持整个网站的运营开销[2]。

（二）意大利——E-GOV 2012

意大利政府于2009年1月发布E-GOV 2012计划，从宽带基础设施建设入手，实施“跨越数字鸿沟”和“下一代接入网”两个建设计划，以提高用户带宽和普及率。采用公私合作模式建设较为典型的案例是布雷西亚省。为缩小数字鸿沟和促进各方经济力量协调发展，布雷西亚省采取“公私合作”——政府拥有全部网络所有权，同时选择无线厂商Megabeam公司和思科公司作为合作伙伴共担风险和分享市场机会。Megabeam公司获15年业务提供商资格，负责宽带网络的维护和接入，按年度向政府上交税费；思科公司在项目实施中分别为120、210个城镇提供宽带解决方案。该项目实现了政府消除数字鸿沟的预期目标，不仅让包括意大利最大的汽车和机械工程基地受益，而且惠及广大偏远地区[3]。

（三）香港——ESDlife

ESDlife是香港政府应用PPP模式中的BOO运作的一个双语电子政务中心，为香港700万居民提供了特区政府50个部门和机构的180项政务信息接口，办理业务量最高达到每月23 000件。私人合作方是ESD Services Limited（一个合资公司），由它负责系统的设计、开发、融资、运营和维护，政府负责监管。当服务达到合同约定标准时，政府向私人合作方支付服务费。合同允许运营商提供商业服务，如广告和电子商务，以赚取额外收入。项目特许期8年，现已由政府收回[4]。

其他案例还有很多，如荷兰的阿姆斯特丹城市网和北京的医疗保险信息系统等。

三、PPP-ICT 项目的问题

PPP 模式并非万能，应用到 ICT 项目中也存在一些问题。对于纯公共产品性质的项目特别是保密性较强的项目，并不适宜应用 PPP 模式，如国防通信网等；PPP-ICT 项目的移交不同于土建项目，其残值很可能所剩无几；PPP-ICT 项目特别是信息系统、软件类项目的产出难以精确测量，给特许期和价格确定、权责划分和监管等都带来难度；基本公共服务和增值服务之间需要合理权衡，等等。总体来看，PPP-ICT 项目还处在萌芽期和探索期，需要政界、商界、学界共同探讨，实践出一套科学可行的应用模式。

参考文献

[1] 国家统计局.国民经济行业分类[EB/OL]. http://www.stats.gov.cn/tjsj/tjbz/hyflbz/201310/P020131023306761818341.pdf.

[2] 陈雅芝. PPP 模式在电子政务项目中的应用研究[J]. 图书情报工作，2010（6）：142-143.

[3] 岳宇君，吴洪. 国外电信业公私合作模式及对我国的启示[J]. 管理现代化，2012（3）：59-61.

[4] Faizullah Khan. The Challenges of e-Government in Developing Countries: Study on Public-Private Partnership Model based on Cloud Computing [D]. 北京：北京邮电大学，2012.

（《项目管理视点》2015 年第 7 期，第 16-18 页）

中国 PPP 发展之我见，2017 年展望和前瞻

作者：王盈盈　王守清

一、引言

2016 年末撰文“中国 PPP 发展这三年”，从政府、投资人、金融机构、承包单位、第三方机构和社会公众 6 个干系人的视角进行了一些回顾小结。眼前在 2017 公历年已来、2017 农历年将至的时段里，PPP 领域很多人对 PPP 的热情不减反增，很多论坛、研讨会、社交媒体中都在议论 2017 年的中国 PPP 何去何从。这是一个可具体到细微、又可抽象到哲思的问题，本文正是在这样的感触下应运而生。

对于过去的事情，前文以“煮酒论英雄”的方式分析PPP各个干系人都做了什么，而对于未来的事情，本文拟用“把酒话桑麻”的方式畅想未来形成的PPP客观世界将会是什么样，拟从宏观环境、中观规制、微观项目三个层面展望2017年的PPP。

简而言之一句话，笔者预计2017年的中国PPP将出现“五化”趋势：法制化、国际化、信息化、成熟化、两极化。

二、2017年PPP展望

2017年的“五化”趋势将适度延伸到未来，这取决于实践结果，下文提出的“五化”趋势可以用图8-5表示2017年的PPP。

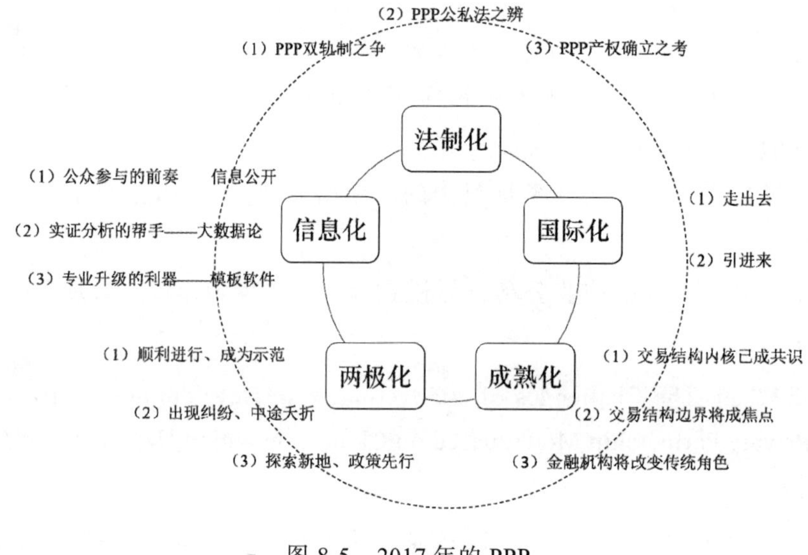

图8-5　2017年的PPP

（一）法制化

各国的PPP之路都是从一堆失败的教训和经历中走来，经过了一系列政策引导、示范项目探路、百家争辩之后，开始走向法制、系统评估、合理投资等理性局面。2017年中国政府会继续关注PPP相关法规政策完善，特别是PPP法制化落地。目前，基本达成的共识是，PPP立法很重要，但不可能一步到位，而是先条例后立法的分阶段方式实现。当然，PPP法也不是万能的，PPP法要起作用，仍然需要多层级多部门之间的共同理解和相互协调，真正体现政企双方平等、契约精神和争议解决机制等配套制度的建设。以下三点将是PPP立法中的主要焦点：

1. PPP双轨制之争

这是PPP立法的老问题之一，也就是政府和社会资本合作（PPP）、特许经营等名称之争，而折射出的背后本质仍旧是关于部委的权责划分问题。

2. PPP 公私法之辨

这是另一个重要的老话题，是 PPP 立法时需要着重考虑并解决的，也就是 PPP 合同到底属于公法（行政诉讼法）还是私法（民商法）？目前我国的相关政策和判例等指向 PPP 合同为公法的趋势更明显，但业界对 PPP 合同纳入私法的呼声则更高，目前比较大的共识是“一分为二”，估计这将是最终结果，关键是如何“分”及“分”到哪个地方，这个议题的结果值得期待。

3. PPP 产权确立之考

虽然社会资本和金融机构等对 PPP 项目产权归属问题的倾向性很明显，但仍是政府和理论界思考的核心，毕竟涉及公共产品。而且，由于我国有特色的政治和经济体制决定了我国对于这一问题的分析和研究没有成熟的国外理论可直接套用，因此，对这一问题的关注，相信很多人是内心在默念，表面却故作镇定。

（二）国际化

1. 走出去

随着中国近几年提“一带一路”战略以及我国国际工程承包及劳务输出的数十年积累，2017 年以央企为代表的企业投资海外 PPP 项目将会越来越多，当然，相比于国内，会理性很多。这一现象的后面可能是由于三大值得提前准备的要求：一是传统施工企业纵向或横向一体化的转型升级要求；二是英语、法语、西班牙语等国际语言的武装升级要求；三是 FIDIC（国际咨询工程师联合会）、TPP（跨太平洋伙伴关系协议）等国际惯例的熟练应用要求。

2. 引进来

在 20 世纪 90 年代我国四大经济特区试点和引导 FDI（对外直接投资）政策出台之时，大量的国外投资者有兴趣参与我国的 PPP 项目，并在市场竞争中取得了不小成绩。然而，这三年来的 PPP 推广，更像是政策性的引导和政府转型的方式，使得大量的外资跟民资一样被排除在外。无心插柳柳成荫，政府无意之中建立起的屏障可能最终也会束缚了自己的拳脚，如果民资和外资仍旧很难参与 PPP 项目（当然他们也有自身的问题），可以预见未来的 PPP 项目的效率提高可能有限，也难实现各种包括技术和管理等的创新，从而丧失了长远的解决就业、可持续减贫和提高效率的可能性。有鉴于此，2017 年政府会积极鼓励民资和外资，2016 年第四季度的有关政策出台就是迹象。

（三）信息化

1. 公众参与的前奏——信息公开

财政部牵头建立了两年的 PPP 项目平台已初具规模，而且 PPP 项目信息公开管理办法（征求意见稿）也已发布，如果如期正式出台，PPP 项目相关的各种信息将公布，对于公众参与 PPP 项目的决策和监督打下了扎实的基础。

2. 实证分析的帮手——大数据论

随着国家战略和经济全球化的趋势下，大数据分析已为各行各业所开始应用，PPP 领域也不例外。利用爬虫软件等将网站上的公开信息抓取下来，并建立数据库后进行实证分析，已成为一种潮流。因此，2017 年伴随着大数据应用和 PPP 信息进一步公开（加上国家发展改革委也在积极建立 PPP 项目库），学术界的研究和实务界的决策将越来越依赖于大数据分析的结果，也对研究和决策分析者提出了更高的模型构建、理论体系梳理要求。

3. 专业升级的利器——模板软件

业界流传着一句话："2016 年的 PPP 咨询服务从蓝海时代变成了一片红海。" PPP 的咨询服务越来越显现出其综合性和复杂性，需要用到财务、法务、金融、税务、项目管理、行业技术、规划等几乎各个领域的知识点，对于人才的复合性要求也越来越高。当然，目前复合型人才缺乏的背后，仍旧有我国对于知识和第三方机构生存环境的重视不够和咨询机构不够专业等问题，当然也反映出相关人士对 PPP 的认识越来越深入的好现象。为了让一部分咨询服务机构能更集中精力解决 PPP 中的棘手问题，预计 2017 年会有上心的软件公司将 PPP 中一些成熟的要点模板化，就好比买房贷款，签署的几十份文件均是银行系统经过多年摸索并结合国际惯例形成的约定俗成的内容。

（四）成熟化

1. 交易结构内核已成共识

三年下来，针对 PPP 项目实施方案和交易结构中的规划、设计、建设、运营、移交等组合形成的投资结构、资本金制度要求下的股权和债务资金等形成的融资结构已经形成基本共识，对应的操作流程、方案文本、合同体系等内容也已有基本模式。2017 年在进一步成熟化的基础上，等待着更多项目落地的检验和完善。

同时，中央与地方的监管政策和体系也会在 2017 年继续完善，例如，财政部于 2016 年 12 月 20 日印发了关于《财政部驻各地财政监察专员办事处实施地方政府债务监督暂行办法》（财预〔2016〕175 号）文件。

2. 交易结构边界将成焦点

以下与交易结构边界相关的要点将会成为 2017 年探讨热点：

（1）以资产证券化（ABS）等方式实现的进入和退出机制。

（2）围绕将来出现各种纠纷情况时需应用的争议解决机制。

（3）与真正实现项目融资挂钩的项目风险评估体系建立和金融机构风控体系的

变化。

（4）与未来项目收益挂钩的绩效指标体系建立，以及其中对于建设期金额挂钩比例的确定。

（5）老大难问题，即“地方政府不守信用的话，到底该怎么办？”预计 2017 年会继续针对地方政府增信等信用体系健全方式进行探索，中共中央和国务院 2016 年 11 月 4 日发布的“关于完善产权保护制度依法保护产权的意见”和最高人民法院 2016 年 11 月 28 日发布的“关于充分发挥审判职能作用切实加强产权司法保护的意见”等就是迹象。笔者估计，地方政府融资平台也会暗中帮助地方政府，虽然不会在明处明确认可，毕竟二者关系密切。

3. 金融机构将改变传统角色

近日，国家发展改革委和中国证监会联合公布了《关于推进传统基础设施领域 PPP 项目资产证券化相关工作的通知》，因此，相关投资者和金融机构 2017 年必将积极探索 PPP 项目的资产证券化，但因 ABS 对 PPP 项目有 4 个条件，故从中长期而言，该文对多元化 PPP 融资渠道、发展二级金融市场有好处，但就 2017 年而言，不会有太多项目实现 ABS。

另外一个与金融机构相关的趋势是，由于宏观经济形势不好，过去躺着挣钱的日子大不如前，加上政府政策的放宽，PPP 的投资主体会呈现多元化，改变过去“工程企业+基金”主导 PPP 投资的做法，金融机构除了参股和放贷，也会开始探索像西方国家一样去主导 PPP 投资并承担一些风险，2016 年金融机构中标贵阳地铁和杭绍台高铁等重大 PPP 项目就是一个迹象。

（五）两极化

由于篇幅所限，本文探讨的两极化没法考虑行业差异（这需要单独再写一篇），只能笼统地指项目本身由于前期 PPP 方案策划的周全性和合同的执行性，导致后续出现的抑或顺利执行，抑或出现纠纷甚至需要争议解决。

1. 顺利进行，成为示范

以财政部推出的三批近 800 个示范项目为代表，2017 年仍旧会看见优质项目顺利进行，当然也会出现坎坷。不过现在要下定论，判定项目是否成功，还为时尚早，就像常说的，“PPP 不是一场婚礼，而是一桩婚姻”，得过一段日子才知道。

2. 出现纠纷，中途夭折

地方政府方面，对 PPP 推广不积极的地方政府（多数是有钱的一线城市）依旧不积极，对 PPP 推广较积极的地方政府中则有些已接近甚至达到一般公共开支 10%的财政承受力上限，加上过去两三年已落地项目很多开始进入运营期，有些问题会逐步显现。2017 年，一些律师和咨询机构将会开始参与过去不规范或合同不完善 PPP 项目的争议解决，个别项目甚至会提前夭折，还有一些项目即使签订了合同，也可能难以落地。

3. 探索新地，政策先行

2016 年特别是下半年以来，国家发展改革委或财政部与各部委联合发布行业 PPP 政策的现象越来越多，如国家发展改革委和交通运输部刚刚联合印发《关于进一步做好收费公路政府和社会资本合作项目前期工作的通知》（发改办基础〔2016〕2851 号），国家发展改革委和农业部联合印发《关于推进农业领域政府和社会资本合作的指导意见》（发改农经〔2016〕2574 号），国家发展改革委和国家旅游局联合印发《关于实施旅游休闲重大工程的通知》（发改社会〔2016〕2550 号），住建部、国家发展改革委、国土资源部和环境保护部联合印发《关于进一步加强城市生活垃圾焚烧处理工作的意见》（建成〔2016〕227 号），等等，这些领域的 PPP 项目会在 2017 年被更多地关注和论证，进展顺利的项目也会在 2017 年落地。

三、结语

以上"五化"趋势是赶在年关对 2017 年 PPP 发展的展望，其最终实现的程度还取决于以后的各干系人包括政府各层级各部门的配合，因此，"五化"趋势也包含对更远未来我国 PPP 的发展。就像笔者常提到的"PPP 婚姻论"，在漫长的婚姻里，快乐与痛苦、和谐与争吵都会存在；PPP 不是诗词歌赋琴棋书画，而是柴米油盐酱醋茶糖。让我们少一些过高期望、多一些平常心去看待 PPP，不忘初心，为共同打造健康可持续的 PPP 事业而共同努力。

（《中国经济导报》，2017 年 1 月 11 日）

给 CFO 的一封信——PPP 模式挑战与应对

作者：王守清　冯珂

各位 CFO 朋友们：

过去 3 年里，在中央和地方各级政府的大力推动下，政府和社会资本合作（PPP）模式不仅成为热点，也得到了越来越多的应用，现已逐步进入规范发展阶段。然而，目前 PPP 项目的落地不及预期，在已经落地的项目中也存在着一些不符合 PPP 模式所强调的"物有所值"和"风险共担"等核心原则的不合理设计，给参与各方带来了一定的潜在风险，也严重制约了 PPP 模式的可持续发展。

据我们观察，目前 PPP 模式的推广和实践中仍存在一些挑战：首先，部分地方政府对 PPP 模式的认识仍不到位；其次，PPP 实施的制度环境仍不够规范；最后，融资困难仍是影响 PPP 项目推广的一大瓶颈。

PPP 模式的推广与应用是一个复杂的系统工程，CFO 需要在本轮 PPP 热潮中保持冷静的思考，才能从容应对挑战，把握 PPP 带来的发展机遇。在我们看来，尤其要做好以下 4 点工作。

第一，确保 PPP 项目及流程的合法合规。实施 PPP 必须以提高公共产品或服务的供给效率、实现项目的物有所值为出发点。如果在 PPP 项目的实施过程中，“物有所值”的理念没有得到充分的贯彻，对项目的实施方案评价、物有所值评价和财政承受能力论证流于形式，甚至出现各种伪 PPP、保底回报、明股实债或拉长版 BT 等不规范现象，会给项目未来的运作留下了隐患。总之，对于企业来说，“真做 PPP”和“做真的 PPP”非常重要。一个不合规的项目短期也许不会出问题，但长期必然会出问题。

第二，和政府建立良好伙伴关系。PPP 是一场婚姻，不是一场婚礼。PPP 项目合同的不完备性决定了合同文件很难针对项目的所有内容进行事无巨细的规定，这意味着在很多情况下，尤其是当项目运营与签约时的预测出现较大的偏差时，项目将难以按照合同字面上的规定进行执行，只能通过政府与企业之间的协商沟通解决。因此，为了降低未来就项目沟通所产生的成本和费用，甚至不利后果，企业应有与政府建立真正伙伴关系的意识，通过与政府建立良好关系，并向社会公众保持项目建设和运营中的公开透明，将有助于降低对项目的质疑，促进双方长期关系的维护和解决问题。

第三，注重 PPP 项目的融资管理。在 PPP 项目的融资活动中需要注意：一方面，并不是所有项目都适用于 PPP，也不是都适合（有限追索）项目融资，一般而言，适合项目融资的项目一般具有经济和法律上的独立性，项目本身能产生稳定的现金流以还本付息、项目有明确的边界条件且合同关系比较清楚；另一方面，要通过 PPP 合同体系的设计，对项目融资风险进行分担或转移，如通过设计合同条款（如动态调节和调价条款）、担保机制（如项目资产抵押、项目收益权的质押）等，从而更好地吸引外部投资者，降低项目的融资成本。

第四，做好 PPP 项目的风险管理。PPP 项目是政府与社会资本之间长达几十年的合作关系，静态的风险分担措施难以应对复杂多变的外部环境。因此，成功的 PPP 项目需要实现各方风险的动态分担。如可在合同中设置各方承担的风险上下限（可以用定性指标，但更多是也结合定量财务指标，特别是对很难预测且任何一方都无法独自承担的风险，如不可抗力），并有针对性地设计调节和调价机制（特别是对长期运营期中的通货膨胀、利率、汇率、市场需求、政府提供原材料的质量和价格等风险）。

（《新理财》2017 年第 1 期，第 54 页）

第 9 章

PPP 相关英文论著清单

国际期刊论文（International Referred Journal Papers）

1. Wang S Q, Tiong R L K, Ting S K, Chew D, Ashley D. Evaluation and Competitive Tendering of BOT Power Plant Project in China （中国 BOT 发电站项目的评估和竞标）. Journal of Construction Engineering and Management, ASCE, 1998, 124（4）: 333-341. （SCI 检索: 102MA）
2. Zhang W R, Wang S Q, Tiong R L K, Ting S K, Ashley D. Risk Management of Shanghai's Privately-Financed Yan'an Donglu Tunnels （上海私营融资延安东路隧道的风险管理）. Engineering, Construction and Architectural Management, 1998, 5（4）: 399-409.
3. Wang S Q, Tiong R L K, Ting S K, Ashley D. Risk Management Framework for BOT Power Projects in China （中国 BOT 发电站项目的风险管理模式）. The Journal of Project Finance, 1999, 4（4）: 56-67.
4. Wang S Q, Tiong R L K, Ting S K, Ashley D. Political Risks: Analysis of Key Contract Clauses in China's BOT Project （政治风险：中国 BOT 项目主要合同条款的分析）. Journal of Construction Engineering and Management, ASCE, 1999, 125（3）: 190-197. （SCI 检索: 198UP; EI 检索: 1999334708026）
5. Wang S Q, Tiong R L K. Case Study of Government Initiatives for PRC's BOT Power

Plant Projects （中国 BOT 发电站项目中政府的鼓励措施案例分析）. International Journal of Project Management, 2000, 18（1）: 69-78. （EI 检索: 2000044939247）

6. Wang S Q. Features of China’s New Tendering Law （中国新招标投标法的特点）（特约评论文章）, China Mail, Vol. 13, No. 1, pp. 28-33, China Information Centre, Singapore, January-March 2000.
7. Wang S Q, Tiong R L K, Ting S K, Ashley, D. Evaluation and Management of Foreign Exchange and Revenue Risks in China's BOT Projects （中国 BOT 项目的外汇和收益风险的评估和管理）. Construction Management and Economics, 2000, 18（2）: 197-207. （EI 检索: 2000085296660）
8. Wang S Q, Tiong R L K, Ting S K, Ashley D. Foreign Exchange and Revenue Risks: Analysis of Key Contract Clauses in China's BOT Project （外汇和收益风险：中国 BOT 项目主要合同条款的分析）. Construction Management and Economics, 2000, 18（3）: 311-320. （EI 检索: 2000085296645）
9. Wang S Q, Tiong R L K, Ting S K, Ashley, D. Evaluation and Management of Political Risks in China's BOT Projects（中国 BOT 项目中政治风险的评估和管理）. Journal of Construction Engineering and Management, ASCE, 2000, 126（3）: 242-250. （SCI 检索: 318CK; EI 检索: 2000065213703）
10. Qiao L, Wang S Q, Tiong R L K, Chan T S. Framework for Critical Success Factors of BOT Projects in China （中国 BOT 项目关键成功因素的框架）. The Journal of Structured and Project Finance, 2001, 7（1）: 53-61. （This paper was listed by the Journal as “The best of our original, market-leading articles for Practitioners - by Practitioners and Academics”；该文被该杂志列为“最佳原创实用论文”）
11. Qiao L, Wang S Q, Tiong R L K, Chan T S. Critical Success Factors for Tendering BOT Infrastructure Projects in China （投标中国 BOT 基础设施项目的关键成功因素）. The Journal of Structured and Project Finance, 2002, 8（1）: 40-52.
12. Wang S Q, Dulaimi M F, Aguria M Y. Risk Management Framework for Construction Project in Developing Countries （发展中国家建设项目的风险管理模型）, Construction Management and Economics, 2004, 22（3）: 237-252. （EI 检索: 2004208164996，该论文是该期刊 2005 年 6 月有电子版以来至 2007 年 7 月全文下载量最多的 10 篇文章之一）
13. Lu Y J, Wang S Q. Project Management in China （中国的项目管理）（特约封面故事文章）. Southeast Asia Construction, Trade Link Media Pte Ltd, Singapore, Issue

Sept/Oct 2004, pp. 158-163.

14. Sachs T, Tiong R L K, Wang S Q. Analysis of Political Risks and Opportunities in Public Private Partnerships （PPP） in China and Selected Asian Countries - Survey Results（中国和东南亚部分国家 PPP 项目的政治风险和机会分析——调研结果）. Chinese Management Studies, 2007, 1（2）: 126-148.［被 Emerald 列为 2007 年 6 月的"每月集萃/Monthly Highlights"，获"Emerald Literati Network Awards for Excellence 2008 （2008 年 Emerald 优秀奖）"的"Highly Commended Award （高度评价奖）"，是该期刊"Top 20 Most Downloaded Articles in 2007 and 2008 - No. 1 （2007 和 2008 连续 2 个年度下载量最多的 20 篇论文——排名第一）"］

15. Zou X W, Fang D P, Wang S Q, Loosemore M. An Overview of the Chinese Construction Market and Construction Management Practice（中国建筑市场和建设管理实践综述）. Journal of Technology Management in China, 2007, 2(2): 163-176.

16. Zou X W, Wang S Q, Fang D P. A Life-cycle Risk Management Framework for PPP Infrastructure Projects （PPP 基础设施项目的全寿命期风险管理框架）. Journal of Financial Management of Property and Construction, 2008, 13（2）: 123-142. ［获"Emerald Literati Network Awards for Excellence 2009"的"Outstanding Paper Award Winner（优秀论文奖）"，并于 2011 年 3 月被收录于 Emerald 的 Reading ListAssist］

17. Ke Y J, Liu X P, Wang S Q. Equitable Financial Evaluation Method for Public-Private Partnership Projects （PPP 项目公平财务评价方法）. Tsinghua Science and Technology, 2008, 13（5）: 702-707. （EI 检索: 20090511886944）

18. Ke Y J, Zhao X B, Wang Y Y, Wang S Q. SWOT Analysis of Domestic Private Enterprises in Developing Infrastructure Projects in China（民营企业参与中国基础设施项目开发的 SWOT 分析）. Journal of Financial Management of Property and Construction, 2009, 14（2）: 152-170.

19. Ke Y J, Wang S Q, Chan A P C, Cheung E. Research Trend of Public-Private Partnership in Construction Journals （建设期刊中的 PPP 研究趋势）. Journal of Construction Engineering and Management, ASCE, 2009, 135(10): 939-1113.（SCI 检索: 494WJ; EI 检索: 20094012350295）

20. Ke Y J, Wang S Q, Chan A P C and Lam P T I. Preferred Risk Allocation in China's Public-Private Partnership （PPP） Projects （中国 PPP 项目的风险分担偏好）. International Journal of Project Management, 2010, 28（5）: 482-492. （SSCI 检索号 IDS: 609FN; EI 检索号: 20102112952334）

21. Xu Yelin, John F.Y. Yeung, Albert P.C. Chan, Daniel W.M. Chan, Shou Qing Wang, Yongjian Ke （2010）, Developing a risk assessment model for PPP projects in China — A fuzzy synthetic evaluation approach （中国 PPP 项目风险分担模型的建立：综合模糊评估法）, Automation in Construction, Vol. 19, pp. 929-943. （SCI 检索: 669ZJ; EI 检索: 20103813243097）

22. Liu, Y.W., Zhao, G.F. and Wang, S.Q.（2010） Many Hands, Much Politics, Multiple Risks - The Case of the 2008 Beijing Olympics Stadium （多方参与、敏感政治、众多风险 - 北京 2008 奥运体育场案例）. Australian Journal of Public Administration, 69（S1）: 85-98. （SSCI 检索: 583QY）

23. Ke, Y.J., Wang, S.Q. and Chan A.P.C. （2010）. Risk Allocation in Public-Private Partnership Infrastructure Projects: Comparative Study （PPP 基础设施项目的风险分担：比较研究）. Journal of Infrastructure Systems, 16（4）: 343-351. （SCI 检索: 681AB; EI 检索: 20104713409640）（2014/03/12 补记：根据 CrossRef 统计，本论文是 SCI/EI 检索的 ASCE 期刊《Journal of Infrastructure Systems》已发表论文中被引用次数和下载次数最多的论文之一）

24. Chan, A.P.C., J.F.Y. Yeung, C.C.P. Yu, S.Q. Wang and Y.J. Ke （2011）. Empirical Study of Risk Assessment and Allocation of Public-Private Partnership Projects in China （中国 PPP 项目风险评估和分担的经验式研究）. Journal of Management in Engineering, ASCE, 27(3): 136-148.（SCI 检索: 789KZ; EI 检索: 20112914150736）

25. Ke Y.J., Wang S.Q., Chan A.P.C., Cheung E. （2011）. Understanding the Risks in China's PPP Projects: Ranking of Their Probability and Consequence （理解中国 PPP 项目中的风险：他们的可能性和后果评估）. Engineering, Construction and Architectural Management, 18（5）, 481-496.（EI 检索: 20114414460080）

26. Ke Y.J., Wang S.Q., Chan A.P.C. （2011）, Equitable Risks Allocation of Projects inside China: Analyses from Delphi Survey Studies （中国 PPP 项目的公平风险分担：德尔菲调研分析）, Chinese Management Studies, 5（3）, 298-310.（SSCI 检索 WOS:000295995200005, 834WM）

27. Ke Y.J., Wang S.Q., Chan A.P.C. （2012）. Risk Management Practice in China's Public-Private Partnership Projects （中国 PPP 项目的风险管理实践）. Journal of Civil Engineering and Management, 18（5）, 675-684. （SCI 检索 WOS: 000309445300007, EI 检索: 20124215585204, 2012 年 IF: 2.016，分区 Q1, 20160601 他引数: 11）

28. Wu Di, Shouqing Wang, Yishi Hu and Ting Liu （2013）. BOT for Green Buildings: a Decision-making Model for Government（绿色建筑中的 BOT：给政府的决策模型）. Applied Mechanics and Materials, Vols. 368-370, pp.1148-1153. Trans Tech Publications, Switzerland（SCI 检索: doi: 10.4028/www.scientific.net/AMM.368-370.1148, EI 检索: 待补）

29. Ke, Y.J., Wang, S.Q. and Chan, A.P.C. （2013）, Risk Misallocation in Public-Private Partnership Projects in China （中国 PPP 项目中的风险分担错误）. International Public Management Journal, 16(3): 438-460.（SSCI 检索: WOS:000324561300005）

30. Wang Chao, Liang Wei, Wang ShouQing （2014）, Real Option in Urban Rapid Rail Transit PPP Project（城市快速轨道交通 PPP 项目的期权）, Applied Mechanics and Materials, Vols. 505-506 （2014）, pp.437-442, Trans Tech Publications, Switzerland（doi: 10.4028/www.scientific.net/AMM.505-506.437, SCI 检索：WOS: 000338690100084）

31. Ling F., Ke, Y., Kumaraswamy, M., and Wang, S.Q. （2014）, Key Relational Contracting Practices Affecting Performance of Public Construction Projects in China（影响中国公共建设项目绩效的关系契约实践）. Journal of Construction Engineering and Management, 140（1）: 04013034-1 ~ 12. （SCI 检索: 13976506）

32. Ling Florence Yean Yng, Shi Ying Ong, Yongjian Ke, Shouqing Wang, Patrick Zou.（2014）, Drivers and barriers to adopting relational contracting practices in public projects: Comparative study of Beijing and Sydney（公共项目选择关系契约实践的驱动力和障碍：北京和悉尼的比较研究）. International Journal of Project Management, 32（2）: 275-285. （SSCI 检索: WOS:000329770500008）

33. Chan Albert P.C., Patrick T.I. Lam, Ernest E. Ameyaw, Yang Wen, Shouqing Wang, Yongjian Ke （2014）, Cross-Sectional Analysis of Critical Risk Factors for PPP Water Projects in China （中国水务 PPP 项目重要风险因素的断面研究）. ASCE Journal of Infrastructure Systems, 21（1）. （SCI 检索: WOS:000349903900008）

34. Xie Jing and Wang Shou Qing （2015）, PPP – The New Normal for China's Development （PPP：中国发展的新模式）, Infrastructure and Construction in Asia, 7（29）: 6-12, Oct 2015.

国际会议论文（International Conference Papers）

1. Wang S Q, Tiong R L K, Ting S K. Risk Management of BOT Projects in China （中国 BOT 项目的风险管理）. Proceedings of the Second International Conference on Construction Project Management, NTU, CIDB and Society of Project Managers of Singapore, Raffles City Convention, Singapore, 19-20 Feb. 1998, pp. 177-181.
2. Tiong R L K, Ting S K, Wang S Q, Ashley D. Evaluation and Management of Foreign Exchange and Revenue Risks in BOT Projects （BOT 项目中外汇和收益风险的评估和管理）. Dr Tan Swan Beng Memorial Symposium – Excellence in Infrastructure Engineering, Singapore, March, 1999, pp. 213-228.
3. Wang S Q, Tiong R L K. Managing the Unique and Critical Risks in China's BOT Power Projects（中国 BOT 发电站项目中独特和重要风险的管理）. Proceedings of the International Conference on Construction Process Re-engineering （CPR-99）, Building Research Centre, Faculty of the Built Environment, University of New South Wales, Sydney, Australia, 12-13 July 1999, pp. 21-32.
4. Koh B S, Wang S Q, Tiong R L K. Qualitative Development of Debt/Equity Model for BOT Infrastructure Projects （BOT 基础设施项目的负债/资本金比率模型的定量研究）. Proceedings of the International Conference on Construction Process Re-engineering （CPR-99）, Building Research Centre, Faculty of the Built Environment, University of New South Wales, Sydney, Australia, 12-13 July 1999, pp. 501-512.
5. Wang S Q. New Tendering System for Infrastructure Projects in China （中国基础设施项目的投标体系和环境）. Proceedings of CIB W092 Procurement System Symposium: Information and Management Systems in Procurement Systems, Departmento de Ingenier í ay Gesti ó n de la Construcci ó n, Pontificia Universidad Católica de Chile, Santiago, Chile, 24-27 April 2000, pp. 415-430.
6. Qiao L, Wang S Q. A Predictive Model for Evaluating the CSFs of BOT Projects in China （评估中国 BOT 项目关键成功因素的预测模型）. Proceedings of the 2nd International Project Management Forum: Project Management in the 21st Century - Knowledge Economy and the Development of Western China, Xi'an Municipal People's Government, China Project Management Research Committee （PMRC）,

UNESCO/UNISPAR Chinese Working Group and Northwestern Polytechnical University, Xi'an, China, Oct. 3-6, 2000, pp. 264-273.

7. Wang S Q. Analysis on the Two Rounds of Singaporean Investment in China （新加坡对华投资两轮热潮的分析）. Proceedings of 2002 CRIOCM International Research Symposium on Construction Management and Real Estate, The Chinese Research Institute of Construction Management, Yinchuan City Government, The Center of Real Estate Studies and Appraisals of Peking University and Dept of Building and Real Estate of The Hong Kong Polytechnic University, Yinchuan, Ningxia, China, Aug 25-29, 2002, pp. 357-366.

8. Li Z Z, Wang S Q. The Arbitration Validity of BOT Concession Agreement in China （中国BOT特许权协议的可仲裁性）. Proceedings of the 20th IPMA World Congress on Project Management: Development by Projects - A Key to the Innovation Age, International Project Management Association and China Project Management Research Committee, Shanghai International Convention Center, Oct 15-17, 2006, pp.30-35. （ISTP 收录）

9. Zhao G F, Wang S Q. Indicators of Social Impact Assessment for BOT/PPP Projects （BOT/PPP项目社会影响评价指标）. Proceedings of the International Symposium on Social Management Systems （ISMS2007）, Social Management Systems and co-organized by China Three Gorges Project Corporation, Tsinghua University and KoChi University of Technology, Yichang, Hubei, China, March 9-11, 2007, pp.64-72.

10. Liu Y W, Wang S Q. Tariff Adjustment Mechanism for Managing Flow-Rate Risks in PPP Hydropower Projects （管理 PPP 水电站项目水流风险的调价机制）. Proceedings of the Innovation & Sustainable Development Forum, Tongji University, Shanghai, May 18, 2007.

11. Ke Y J, Wang S Q, Chan A P C. Risk Allocation Mechanism for Public-Private Partnership （PPP） Projects in the PRC: a Research Framework （中国基础设施PPP项目风险定量分担研究框架）. Proceedings of 2007 Int'l Conf. on Concession Public/Infrastructural Projects, ed. Dai Da-shuang & Su Jing-qin, Hosted by Dept of Constr Mgmt / Institute of Int'l Eng'g Proj Mgmt, Tsinghua and School of Mgmt （SOM）, Dalian University of Technology （DUT）, Organized by SOM, DUT, pp. 305-311, Published by DUT Press, Aug. 24-25, 2007, Dalian, China.

12. Hu H R, Zhou Y Q, Wang S Q. Analysis on the Post-evaluation Framework for Public-Private Partnership Projects （公私合营项目后评价体系研究）. Proceedings of 2007 Int'l Conf. on Concession Public/Infrastructural Projects, ed. Dai Da-shuang & Su Jing-qin, Hosted by Dept of Constr Mgmt / Institute of Int'l Eng'g Proj Mgmt, Tsinghua and School of Mgmt （SOM）, Dalian University of Technology （DUT）, Organized by SOM, DUT, pp. 376-383, Published by DUT Press, Aug. 24-25, 2007, Dalian, China.
13. Wang S Q, Ke Y J. Risk Management of Infrastructure Projects in China with Case Study of the National Stadium （中国基础设施的风险管理及对国家体育场的案例分析）. Proceedings of the Inaugural Conference on Construction Law and Economics Circle in Asia and Pacific （CLECAP）, Kyoto University, Kyoto, Japan, October 27-28, 2008, pp. 103-113.
14. Ke Y J, Wang S Q, Chan A P C. Public-Private Partnerships in China's Infrastructure Development: Lessons Learnt （中国基础设施建设中的公私合伙：经验教训）. Proceedings of International Conference on Changing Roles（CR09）: New Roles and New Challenges. Edited by H. Wamelink, M. Prins and R Geraedlts. Published by TU Delft, Faculty of Architecture, Real Estate & Housing, Noordwijk aan Zee, The Netherlands, Oct 5-9, 2009, pp. 177-188.
15. Ke Yongjian, Wang ShouQing and Albert Chan, Equitable Risk Allocation in Chinese PPP Power Projects （中国 PPP 电厂项目的公平风险分担）, Keynote Speech, Proceedings of the 1st International Conference on Sustainable Construction & Risk Management, Edited by Dash WU and Maozeng Xu, pp. 47-51, June 12-14, 2010, Soc Management Sci & Engn; Univ Toronto, Risk China Res Ctr; Chongqing Jiaotong University, Chongqing Municipality, P. R. China. （SCI 检索: 000280237800009; ISTP 检索: ISTP: BPX47）
16. Wang S.Q. （2010）. Invited Keynote Speech: Reasonable Risk Allocation in China's PPP Projects （大会特邀报告：中国 PPP 项目风险的合理分担）. The 6th International Conference on Joint Venture: Towards New Paradigm of Partnership for the Increasingly Global Construction Markets. Jointly organized by the Kyoto University, International Islamic University of Malaysia and Manchester Business School, Kyoto, Japan, 22-23 Sept 2010.
17. Li, Songze; Wang, Yaowu; Wang, Shouqing （2010）, The Public Sector Comparator

and Restraining Factors in China （中国的公共部门比较因子与制约因素）, Proceedings of 2010 International Conference on Construction and Real Estate Management, Vols 1-3, pp. 702-705, Ed. Wang Y, Yang J, Shen GQP, Brisbane, Australia, Dec 01-03, 2010, Queensland Univ Technol, Australia; Harbin Inst Technol, P R China; Hong Kong Polytechn Univ, P R China; Univ Florida, USA; Univ Salford, UK; Univ W England, UK; Florida Int Univ, USA; Natl Univ Singapors, Singapore（SCI 检索）

18. Liang Wei, Song Xinyi and Wang ShouQing, Case study of the Bird's Nest: Risks and opportunities in China's PPP implementations in major sports facilities（鸟巢案例分析：中国大型体育设施 PPP 的风险和机会）, Advances in Civil Engineering and Architecture, Vol. 243-249, pp. 6332-6338, Trans Tech Publications, Germany（Proceedings of the 1st International Conference on Civil Engineering, Architecture and Building Materials, June 18-20, 2011, Haikou, China）（ISBN: 9783037851258, EI 检索: 20112314045983）

19. Ke Y., Ling F.Y.Y., Kumaraswamy M.M., Wang S.Q., Zou P.X.W. and Ning Y.（2011） Are Relational Contracting Principles Applicable to Public Construction Projects? （关系契约原理是否适用于公共建设项目？） Proceedings of RICS Construction and Property Conference COBRA 2011, 12-13 September 2011, School of the Built Environment, University of Salford, pp. 1364-1374.

20. Ke Y.J., Ling F.Y.Y., Zou P.X.W., Wang S.Q. and Kumaraswamy M.M. （2012） Positive and Negative Factors Influencing the Implementation of Relational Contracting in Public Construction Projects in Australia（影响澳大利亚公共建设项目关系契约的正负面因素）. Proceedings of Management of Construction: Research to Practice, Montreal, Canada, June 26-29, 2012, pp. 754-765.

21. Wu Di, Wang ShouQing, Ma Sheng-hua （2012）. Negotiation Scheme for a High-Speed Railway Station Redevelopment Project （高铁站改扩建项目的谈判方案）, Proceedings of the 17th International Symposium on Advancement of Construction Management and Real Estate, p.589-595, 2014, ISBN-13: 9783642355479; DOI: 10.1007/978-3-642-35548-6_60; Publisher: Springer-Verlag Berlin Heidelberg, Conference: 17th International Symposium on Advancement of Construction Management and Real Estate, CRIOCM 2012, Shenzhen University, China, Nov. 17-18, 2012 （EI 检索: 20142917942340）.

22. Wang S.Q., PPP Practices and Research in China（中国的 PPP 实践与研究）, invited keynote speech, PPP International Conference 2013 - Body of Knowledge, organized by CIB TG72, COST Action TU1001-P3T3 and University of Central Lancashire, Preston, UK, Mar. 18-20, 2013.
23. Ke, Y.J., Ling, F.Y.Y., Wang, S.Q., Zou, P.X.W., Kumaraswamy, M.M. and Ning, Y.（2013）, Relationships among Contracting Parties and Their Effects on Outcomes of Public Construction Projects in China （合同各方关系及其对中国公共建设项目结果的影响）. Proceedings of 2013 Architectural Engineering Institute Conference, Pennsylvania State University, State College, PA, USA, April 3-5, 2013, pp. 73-82.
24. Ke, Y., Ling, F.Y.Y. and Wang, S.（2013）Effects of Relationships on Public Project Delivery Process in China: A Case Study （关系对中国公共项目交付过程的影响：案例分析）. Proceeding of the 38th Australian Universities Building Education Association Conference. Auckland, New Zealand, 20-22 November 2013.
25. Liu T., Chan A., and Wang S.Q. （2014）, PPP Framework for Public Rental Housing Projects in China （中国公租房项目的 PPP 框架）. ICCREM ©ASCE 2014: pp. 573-581. （EI 检索 DOI：10.1061/9780784413777.067）
26. Wu Di, Liang Wei, Wang Shouqing, Constituent Elements of Feasible Financing Modes for Urban Rapid Rail Transit Project（城市快速轨道交通项目可行融资模式的构成要素）, Proceedings of the 2nd International Conference on Public-Private Partnerships. Austin, Texas, USA, May 26-29, 2015.
27. Wu Di, Wang Shouqing, Cui Qingbin, Legal System for Public-Private Partnerships Projects in China: Interpretation, Analysis and Recommendations（中国 PPP 项目的法律系统：解读、分析和建议）, RICS Legal Research Symposium COBRA 2015（CIB W113）, University of Technology, Sydney, Australia, July 8-20, 2015.

书中章节（Chapters in Books）

1. Alfen H W, Kalidindi S N, Ogunlana S, Wang S Q, et al. Public-Private Partnership in Infrastructure Development: Case Studies from Asia and Europe （基础设施建设公私合作：欧亚案例分析）. Germany: Publisher of Bauhaus-Universitat Weimar, 2009.（ISBN 978-3-86068-382-8）, including: a） Wang S Q, Ke Y J. Laibin B Power

Project – the First State-Approved BOT Project in China （来宾二期电厂：中国第一个国家级批准的 BOT 项目）, pp.101-129; b） Liu Y W, Zhao G F, Wang S Q. The National Stadium BOT Project for Beijing 2008 Olympic Games （国家体育场 BOT 项目：北京 2008 年奥运会主赛场）, pp.130-153.

2. Bridge, A.J., Tiong, R. and Wang, S.Q. （2010） Value for money: Procuring infrastructure （物有所值：基础设施采购）, in T. Yagitcanlar （ed.）, Sustainable Urban and Regional Infrastructure Development: Technologies, Applications and Management（可持续城市和区域基础设施开发：技术、应用和管理）, pp.295-309, IGI Global- Hershey PA. （ISBN 978-1-61520-775-6）
3. Wang S.Q., Ke Y.J. and Xie J （2012）, Public-Private Partnership implementation in China, in G.M. Winch, M. Onishi and S. Schmidt（ed.）, Taking Stock of PPP and PFI Around the World （评价全球 PPP 和 PFI）, The Association of Chartered Certified Accountants （ACCA）, Feb 2012. （ISBN: 978-1-85908-475-5）
4. Ke Y. J. and Wang S.Q. （2016）, Public-Private Partnership Development in China, in A. Akintoye, M. Beck and M. Kumaraswamy （ed.）, Public-Private Partnerships: a global review （政企合作：全球评述）, pp. 74-88, Routledge, Taylor & Francis Group, Oxon and New York. （ISBN: 978-0-415-72896-6）
5. Xie J., Wang S.Q., Ke Y.J. and M. Jefferies （2017）, Public-Private Partnerships in China: the Past, Present and Future, in M. Jefferies and S. Rowlinson （ed.）, New Forms of Procurement: PPP and Relational Contracting in the 21st Century （新采购模式: 21 世纪的 PPP 与关系承包）, pp. 216-234, Routledge （Taylor and Francis）, London and New York, ISBN: 978-1-138-79612-6 （hbk）, 978-1-315-75805-3（ebk）.
6. Wang S Q, Tiong R L K, Ting S K, Ashley D. Evaluation of Risks in BOT Projects（with Emphasis on China's Power Projects） （BOT 项目中的风险评估：侧重于中国的发电站项目）. School of Civil and Environmental Engineering, Nanyang Technological University, Singapore, June, 1998.
7. Wang S Q, Dulaimi M F. Building The External Wing of Construction: Managing Risk in International Construction Project （为建筑业增翼：国际建设项目的风险管理）. Research Report （R-296-000-044-112）, Dept of Building, National University of Singapore, March 2002.